고
락
학

모략학

인류 지혜의 결정체를 집대성한 넓고도 깊은 종합과학

ⓒ 차이위치우·김영수 2023

초판 1쇄	2023년 12월 15일			
지은이	차이위치우			
옮긴이	김영수			
출판책임	박성규	펴낸이	이정원	
편집주간	선우미정	펴낸곳	도서출판 들녘	
디자인진행	한채린	등록일자	1987년 12월 12일	
편집	이동하·이수연·김혜민	등록번호	10-156	
디자인	하민우·고유단	주소	경기도 파주시 회동길 198	
마케팅	전병우	전화	031-955-7374 (대표)	
경영지원	김은주·나수정		031-955-7376 (편집)	
제작관리	구법모	팩스	031-955-7393	
물류관리	엄철용	이메일	dulnyouk@dulnyouk.co.kr	
		홈페이지	www.dulnyouk.co.kr	

ISBN	979-11-5925-902-9 (04900)
	979-11-5925-900-5 (세트)

인류 지혜의 결정체를 집대성한 넓고도 깊은 종합과학

모략학

차이위치우 지음

김영수 편역

일러두기

- 이 번역서는 2003년 중국 군사과학출판사軍事科學出版社에서 출간한 차이위치우柴宇球의 『모략론謀略論』 (모략총서 수정판) 총 595쪽 466,000자를 완역한 것이다. (본문 번역량 200자 원고지 4,099매)
- 모략총서는 1992년부터 1996년까지 광서인민출판사廣西人民出版社를 통해 『모략고謀略庫』, 『모략가謀略家』(국내 번역서의 제목은 『역사를 바꾼 모략의 천재들』, 들녘, 2016), 『모략론』(이 책 『모략학』)의 3부작으로 1차 출간되었다. 그 후 2003년 군사과학출판사에서 같은 모략총서로 수정 재출간되었다.
- 국내에서는 이 책을 번역한 김영수가 광서인민출판사의 모략총서 중 『모략고』와 『모략가』를 번역하여 도서출판 들녘을 통해 출간했다. (자세한 경위는 역자 서문을 참고)
- 이번에 번역 출간하는 『모략학』(원제 '모략론')은 초판과 수정판을 서로 대조하여 수정과 보완을 거쳤다. 또 아주 일부지만 내용과 문맥상 필요한 부분을 역자가 가진 자료를 참고하여 보태거나 덜어내기도 했다.
- 독자들의 이해를 돕기 위해 역자가 필요하다고 판단한 부분은 각주와 본문에 역자의 주석을 덧붙였다. 원서에 붙은 주석은 '저자'라는 표기를 달았으며, 그 외에는 모두 역자의 주석이다.
- 이 책의 편저자는 중국 고급 장군 출신이자 국가적 차원으로 관리하는 국가급 인적 자원이다. 저자의 출신을 비롯하여 신분과 위치에서 오는 특수한 입장 때문에 책의 내용 중 일부는 우리의 실정과 맞지 않는 부분이 더러 눈에 띈다. 예를 들어 철두철미한 마르크스주의 철학에 기반한 논리, 공산당의 주요한 구호와 정책에 따른 홍보성 내용 등이 그것이다. 또 한국전쟁에 대한 입장 등도 눈에 거슬릴 수 있다. 하지만 고치거나 빼지 않고 그대로 두었다. 감안하고 읽어주었으면 한다.
- 모략총서와 국내 번역본 및 관련한 자세한 인연과 과정은 역자의 머리말에서 비교적 상세히 밝혀두었다.
- 본문의 중국 인명 표기는 우리 한자음으로 했다.

저자와 『모략학』 소개

1. 저자 소개

차이위치우柴宇球

저자는 1952년 장쑤성江苏省 쑤양沭阳 사람이다. 1968년 열일곱의 나이로 군 입대하여 소장으로 퇴역했다. 군에서는 군사작전훈련처 부처장, 보병단장, 교도단장, 난징南京 육군지휘학원 부원장 겸 교수(박사 지도교수) 등을 역임했고, 1986년에 국방대학을 졸업했다. 틈틈이 연구에 종사하며 87년에 중국 군사지도학과 최초의 전문서인 『군사영도학军事领导学』을 냈다. 각종 잡지에 수백 편에 달하는 논문과 군사에 관한 글을 발표했고, 많은 훈장과 표창을 받았다.

이 책이 중국에서 출간된 현재, 군사과학학회 상무이사, 중국 전략학회 고급 연구원, 중국 손자병법연구회 부회장, 중국 군사교육학회 부회장 등으로 활동했다.

그는 중국은 물론 국제적으로 이름난 모략학자, 전략학자, 영도학(리더십) 전문가, 군사전문가이다. 모략학을 구상하고 설립한 선구자로 국가가 관리하는 주요 인적 자원이다. 이런 성과와 명성으로 그는 국가 전략을 구상하고 수립하는 일에 참여하고 있다. 여러 차례 국가 중대 사건의 해결을 위한 전략 결정에 참여하는 한편 중국 군대에 유학하고 있는 외국 유학생들의 교육도 맡고 있다.

저서로는 『모략학(모략론)』을 비롯하여 『모략고』·『모략가』 3부작과 『모택동의 대지모毛泽东大智谋』 등이 있다. 이 저서들은 여러 차례 전국 도서 평가에서 높은 평가와 상을 받았다. 대표적인 저서인 『모략학』은 『손자병법』과 함께 미군의 필독서 중 하나로 꼽히며, 일찍이 서방 여러 나라의 대통령과 총리들이 그의 저서를 언급하며 높이 평가한 바 있다. 다른 저서로는 『육군 전략학』, 『전환 중인 군사교육과 훈련』, 『지혜와 모략—모략학의 정수智与谋—谋略学精要』 등이 있다. 그는 지금까지 수백 편에 이르는 학술논문과 군사 관련 글들을 발표하여 군과 관련 기관으로부터 최고의 상들을 수상했으며, 현재에도 왕성하게 집필 활동을 벌이고 있다.

관련 전문가들이 참고할 수 있게 최근 발표한 군사 영역의 영향력 있는 주요 논문 몇 편의 목록을 아래에 제시해둔다.

* 2004년 『중국군사과학中国军事科学』에 발표한 논문 「모택동 군사모략 및 그 현실적 가치」

* 2004년 『국방대학학보国防大学学报』에 발표한 논문 「손자의 선승先胜 사상과 중국 특색의 군사변혁 추진」

* 2006년 『중국군사과학』에 발표한 논문 「청 왕조의 대만 통일에 운용된 모략」

* 2006년 『세계경제조연世界经济调研』에 발표한 논문 「미·일 안전전략 조정 및 중국 해양 안전에 대한 영향」

* 2008년 『중국군사과학』에 발표한 논문 「정보와 조건 하의 군사훈련의 내용과 방법에 관한 체계적 연구」

2.『모략학』소개

모략에 대한 연구의 역사는 아주 오래고 풍부한 유산이 축적되어 있다. 당연히 이 방면의 연구는 흘러넘친다. 그러나 모략에 대한 앞사람들의 연구는 대부분 군사 영역에 집중되어 있다는 사실을 어렵지 않게 발견할 수 있다. 모략의 사례를 열거할 때면 예외 없이 전쟁과 군대를 입에 올린다. 물론 전쟁의 대항성·격렬성·잔혹성은 그것들이 모략 생성의 중요한 발원지임을 결정한다. 그러나 인류사회의 발전에 따라 경쟁의 영역이 더욱 넓어지고 복잡해지면서 수많은 영역에서 더 이상 단순히 군사모략을 차용하고 이를 확대 적용할 수 없게 되었다. 기존의 모략들을 빌리고, 비추어보고, 다른 영역과 접합하여 각 업종과 각계각층에서 나름 특색을 갖춘 모략군謀略群들의 형성이 현대사회 발전의 필연적 추세이기 때문이다.

이 책은 모략의 기초 이론으로부터 출발하여 모략의 연원에 대한 발굴, 모략의 역사에 대한 종횡 분석, 사회 각 업종에 대한 종적 분석과 각 계층에 대한 분석, 거시적 안목에서 전체적으로 착안하여 모략의 기리機理·구조·방식·원칙·창조 등과 같은 기본적인 문제를 두루 살피는 한편, 모략학과 전략학·심리학·사유과학 등과의 연계 및 차이를 탐구하고 있다. 이 책은 모략 연구의 입문서이자 기초 이론서다. 모략학 연구에서 보기 드문 귀중한 저서임에 틀림없다.

'모략학' 탄생을 축하하며

깊고도 멀리 내다볼 수 있는 지혜를 가졌으면 하는 희망은 혈기왕성한 젊은이건 반백이 넘은 장년이건 꿈에서조차 애타게 바라는 바이다. 그 갈망을 달성하는 데 근본이 되는 길은 배우고 실천하고 종합하고 높이는 것이다. 그리고 다시 배우고 다시 실천하는 순환과 반복을 통해 끊임없이 새로운 비약을 실현해야 한다.

지난날 사람들은 "아는 것이 힘이다."라고 말했다. 깊고 멀리 내다볼 수 있는 지혜는 폭넓은 지식에 뿌리를 두고 있다. 정보와 지식을 수치로 헤아리는 오늘날, 사람들은 지식은 지혜로 바뀌어야만 가치가 있고, 지혜는 지식보다 훨씬 중요한 '지혜=재산'으로 인식하고 있다. 그러나 좀더 파고들면, '지智'와 '모謀'에는 여전히 일정한 거리가 있음을 발견하게 된다. 과거의 지혜는 실용적인 꾀로 전환될 수 있을 때 의미를 가졌다. 사실 식識·지智·모謀의 상호관계는 일찍부터 살아 움직이는 말들로 뚜렷하게 밝혀져왔다. "識이 많아져야 비로소 智가 넓어지고", "智가 충족되어야 謀를 많이 낼 수 있다." 학식이 낡고, 들은 것이 별로 없거나 지력智力이 그저 그렇다면 기묘한 모계謀計를 생각해낼 수 없다. '많이 알고 넓게 아는' 것이나 '지혜를 늘리는' 것이 '모략을 증가시키는' 것과 같을 수는 없다. 모략에는 그 나름의 생성·발전·변화의 규칙이 있어, 공부하고 연구해야만 파악할 수 있고, 공부하고 실천해야만 뜻대로 운용할 수 있다.

모략에 대한 연구는 유구한 역사와 풍부한 유산을 갖고 있어 이 방면의 저작만도 엄청나다. 그리고 모략에 대한 연구들이 대체로 군사 영역에 집중되어 있음도 알 수 있다. 모략의 사례를 들 때면 으레 전쟁과 군대를 말한다. 물론 상대성·격렬함·잔혹성 때문에 전쟁은 모략을 생성하는 중요하고 결정적인 발원지다. 그러나 인류사회가 발전함에 따라 경쟁 영역은 더욱 넓어지고 복잡해져, 군사모략만을 차용하고 발휘해서는 수많은 영역의 다양한 필요성에 적응할 수 없게 되었다. 빌리고 본받고 결합해서 각종 사업, 각계각층과 여러 분야에서 특색 있는 '모략의 무리'를 형성해가고 있는 것이 현대사회 발전의 필연적 추세다. 거기서 더 나아가 구체적인 테크닉으로 실천되고 있다. 『삼략三略』·『육도六韜』는 물론 『삼십육계』·『백전기법百戰奇法』 등은 사회에 널리 유행하고 있는 모략서로, 구체적인 모략 방법을 하나하나 간략하나마 서술해놓고 있다. 과학기술이 고도로 발전한 오늘날, 특히 종합학과, 교차학과, 횡단학과 등이 대량으로 솟아오르는 상황에서 각종 사업과 각계각층에서 격렬한 경쟁을 하다 보면 모략의 필요성은 갈수록 절실해질 것이다. 그렇게 되면 과학적 수준에서 하나의 새로운 학문이자 학과가 될 '모략학'을 연구하고 창조해야 할 필요성이 머리를 치켜들 것이다.

차이위치우를 비롯한 여러 동지들이 '모략학'을 깊이 연구하여 잇달아 '모략총서'를 펴낸다 하니 기쁘고 축하할 일이다. 충심으로 기원한다. 그들이 과거의 총명한 재능과 지혜를 모아 연구하고, 모략 유산을 계승·발전시키고, 모략 연구를 하루빨리 하나의 과학으로 끌어올리는 데 적극적인 촉진 작용을 할 수 있기를. 아울러 여러 방면에서 열심히 모략을 연구하는 독자들의 많은 가르침을 바란다.

(전) 국방부장관

(전) 중앙군사위원회 부주석

츠파티엔遲法田

1990년 3월 17일

머리말

모략 3부작에 부쳐

'모략'은 친숙하면서 신비한 단어다. 수천 년 동안 이 단어는 인류의 사회적 실천과 인류 사유의 발전과 발걸음을 함께해왔다. 얼마나 많은 총명하기 그지없는 사람들이 기묘한 모략을 생각해내고 좋은 대책을 마련하기 위해 갖은 머리를 다 짜냈으며, 또 얼마나 많은 어질고 뜻있는 사람들이 그 하나하나의 묘책을 실천에 옮기려고 분골쇄신 용감하게 헌신했던가.

파란만장한 인류 발전사는 모략의 창조사이자 모략의 실천사로, 시공을 초월하여 인류 지혜의 불꽃을 불태우고 있다. 자연과 싸우고 생존에서 승리하는 것으로부터 국가의 통치와 민족의 중흥에 이르기까지, 군사통솔작전과 적을 제압하여 승리를 얻는 것으로부터 경제발전과 상품경제에 이르기까지, 인간 교제와 외교 활동에서부터 통제술과 스포츠 경기에 이르기까지, 차원 높은 모략의 작용과 그것이 가져다주는 영향이란 물질적 가치와 양으로는 헤아릴 수 없다. 노자老子가 "아무것도 하지 않는 것 같으나 천하는 다스려진다."는 뜻의 '무위이치無爲而治'와 "부드러움으로 강함을 이긴다."는 '이유극강以柔克剛'이라는 통치술을 제창한 것이나, 공자孔子가 "문으로 다스리고 무로 공을 얻는다."는 '문치무공文治武功'이나 "강함과 부드러움을 함께 갖추자."는 '강유병제剛柔幷濟'의 실천을 내세우며 "작은 일을 참지 못하면 큰일을 망친다."는 '소불인즉난대모小不忍則亂大謀'를 주장하고 '삼강오륜三綱五倫'의 운용을 주장한 사실은 일찍부터 우리 사회에 심대한 영향을 미쳤다. 그것은 수천 년 노예주 계급과 봉건 통치계급에게 마치 형체 없는 통제의 그물을 준 것이나 다름없는 것으로, 정치 계급의 지위를 수호하고 사회 통제를 강화하고 봉건사회의 안정을 확보하는 데 중대하게 작용했다. 손자孫子의 "군사란 나라의 대사다." "용병이란 지름길이다." "무릇 전쟁이란 정正으로 합쳐 기奇로 승리를 얻는 것이다." "제대로 된 승리를 추구하는 군대는 먼저 이기고 난 후에 전투를 벌이려 하지만, 패배하는 군대는 먼저 싸움부터 하고 승리를 추구한다." "싸우지 않고 상대를 굴복시키는 용병" 등과 같은 모략은 일찍이 군대 통솔과 전투에서 무궁무진한 힘을 발휘했다. 상인 출신의 여불위呂不韋는 "신기한 물건은 차지해두라."는 '기화가거奇貨可居'의 모략으로 국가권력을 탈취했던바, 이는 경제 수단으로 심원한 정치적 목적을 달성한 본보기다. 소진蘇秦의 '합종연횡合縱連橫', 범수范雎의 '원교근공遠交近攻', 모택동의 '반패反覇' 전략과 '제3세계' 이론 등은 그 당대 내지 특정한 역사 단계에서 국가와 민족의 안위를 결정하는 국가의 외교 틀로 엄청난 영향을 미쳤다.

모략은 정치·경제·군사·외교 및 체육·교육 등의 영역에서 중요한 작용을 한다. 이 점은 누구나 인식하고 있다. 크게는 국가의 정략과 전략의 결정에서, 작게는 사람들 사이의 빈번한 교류에 이르기까지 모략과 관련을 맺지 않은 것이 없다.

이름난 모략가들은 서로 다른 방법으로 자신의 모략관을 표명해왔고, 과거의 뛰어난 모략 방법에 대해서도 유익한 연구를 많이 생산해냈다. 서주西周 시대에 생산된 『주역周易』은 하늘·땅·천둥·바람·물·불·산·못의 여덟 가지 자연현상을 상징하는 팔괘八卦를 연역하는 방법으로 '괘사卦辭'와 '효사爻辭'를 지었는데, 그중에는 황당무계한 미신적 색채도 적지 않지만 심오하고도 소박한 유물주의와 변증적이고 과학적인 모략을 적지 않게 포함하고 있으며, 그 범위도 광장하다. '역易'이란 단어를 취한 것만 보아도 작자가 무엇을 연구 대상으로 삼으려 했는지 알 수 있다. 동한東漢 시대 위백양魏伯陽이 지은 『참동계參同契』는 "해와 달이 바뀐다."라고 말한 것처럼 하늘과 땅, 해와 달, 인생과 사물 변화의 대법칙을 연구한 일종의 거시적 모략서였다. 『한비자韓非子』는 오두五蠹·현학顯學·고분孤憤·세난說難·정법定法의 다섯 장으로 된 책인데, 이는 다시 난세難勢·유도有度·이병二柄·관행觀行·용인用人·문변問辯·궤사詭使 등으로 세분된 한비자 자신의 모략관을 대변하는 책이다. 『논어論語』는 학이學而·위정爲政·팔일八佾·이인里仁·공야장公冶長·옹야雍也·술이述而·태백泰伯·자한子罕·향당鄕黨·선진先進 등의 편으로 이루어져 있는데, 안연顔淵·자로子路 등의 제자, 위령공衛靈公 등의 통치자들과의 대화를 통해 공자 자신의 모략관을 펼쳐 보이고 있는 책이다. 『육도六韜』는 강태공姜太公과 주나라 문왕文王·무왕武王이 대화를 나누는 형식으로 되어 있는 책인데, 문도文韜·무도武韜·용도龍韜·호도虎韜·표도豹韜·견도犬韜 등 여섯 부분으로 나누어져 각각 국가 통치, 대적 책략, 지휘 포진 등 여러 조건하에서 채용되는 전술 등을 상세히 논술하고 있다. 『손자孫子』는 13편으로 된 모략 연구서다. 『삼십육계』는 각각 6개의 계책으로 구성된 여섯 조 총36개 모략으로 개괄되어 있는 책이다. 『백전기법百戰奇法』은 100종의 작전 유형에 따라 모략을 연구한 책이다. 이런 연구들은 모두 앞사람의 모략 유산을 종합·계승한 것으로, 인류 지혜의 보물창고를 풍부하게 하는 데 적극적으로 작용했다.

인류 사유의 긴 흐름은 한 번도 끊긴 적이 없다. 인간은 실천 속에서 점차 자신의 사유를 발전시키고 완전하게 다듬어 각종 기모묘계奇謀妙計를 창조해냈다. 뒷사람들은 앞사람의 사유 성과를 몸소 실천하고 운용하여 앞사람들이 남긴 모략의 이론과 실천을 총결했다. 인류의 '모략사유'에 대한 연구와 총결은 지금까지 멈춰본 적이 없다. 조상들이 남겨놓은 지혜의 창고 속을 구경하다 보면 모략이 놀랍게도 한 번도 끊어지지 않고 이어져왔다는 중요한 특성을 발견하게 된다. 그것이 굉장한 것이든 사소한 것이든, 음모든 양모든 사람들이 수백 수천 년 동안 이어받아 사용했지만, 모습은 변치 않았고 조금도 어그러짐이 없었다. 뛰어난 모략은 질긴 생명력을 갖고 있다.

이 놀라운 계승력과 생명력을 대하면서 우리는 모략에 대한 연구가 앞 시대의 경험을 총결하고 기술하고 주를 단 경우는 엄청나게 많지만, 창조적인 개척은 늘 부족함을 면치 못했다는 것을 느꼈다. 예를 들어『손자』에 대해서는 수많은 학자들이 주석을 덧붙였고, 그중 이름난 것만도 11종이나 된다. 오늘날에도 주석의 열기는 식을 줄 모르고 계속되고 있다. 이 주석들은 시대가 변천하고 인류 인식이 심화됨에 따라 과거의 인식을 부단히 보충하고 완벽을 기한 것이기에 필요한 것이며, 앞사람의 귀한 모략 유산을 계승하고 발굴하여 오늘날 사람의 지혜를 개발하는 데 도움이 될 것임은 의심의 여지가 없다. "장강의 뒤 물결이 앞 물결을 밀어내고", "총명한 지금 사람이 옛사람을 이긴다."는 말은 누구나 인정하는 상식이다. 앞 시대의 모략 경험을 계승하고 주석하는 기초 위에서 한 걸음 더 나아가, 현대적 의미의『노자』,『손자』와『논어』를 창조하는 일이야말로 더욱 긴박한 의의를 가질 것이다.

첨단 과학 이론과 방법이 대량으로 쏟아져 나오고 있는 오늘날, 모략에 대한 연구는 이제 개인의 경험을 총결하는 단계에서 집단의 지혜로 승화되고 있다. 모든 역사 단계에 흩어져 있는 인류 지혜의 결정체를 진보적이고 통일적으로 수집·정리하고 다듬어서 특정한 학문의 틀을 뛰어넘는 넓고도 깊은 종합과학으로 모습을 갖추도록 해야 할 것이다.

모략 연구를 위해 우리는 서로 다른 직업·경력·견해를 가진 친구들을 한데 모아, 모략에 관한 연구 성과의 기초 위에서 출발하여 '모략총서'를 펴내기에 이르렀다. 우선 모략학의 기본 구성 부분이 될『모략론謀略論』(모략학)·『모략고謀略庫』·『모략가謀略家』

(역사를 바꾼 모략의 천재들)를 모략 연구의 기초 3부작으로 펴냈다.

먼저 『모략학』은 '모략의 규율학'으로 모략의 기초 이론으로부터 연구를 시작해서, 모략 연원에 대한 발굴, 역사에 대한 종적 분석, 사회 각종 업종에 대한 횡적 분석과 인류 각 계층의 분석을 거쳐, 거시적 각도와 전체적 안목에서 모략의 틀을 이루는 이론·구조·방식·원칙과 모략의 창조 등 기본 문제를 통찰하고, 모략학과 전략학·심리학·사유학 등과의 관계와 차이를 검토했다. 모략 연구 입문의 기초 이론이라 할 수 있다,

다음, 『모략고』는 '모략의 방법학'으로 각종 구체적인 모략 방법의 연구로부터 손을 대서, 그 근원을 추적하여 모략 방법의 기원을 고증함으로써 가장 오래되고 가장 권위 있는 인용과 가장 전형적이고 생동감 넘치는 사례를 찾고, 간단하지만 우리의 사유를 계발할 수 있는 논평도 덧붙였다. 그렇게 모인 지혜로 다시 정치·통치·군사·외교·언변·경제 등 서로 다른 영역에서 활용될 수 있는 모략으로 수집·정리했다. 수준 높은 전당으로 들어선 국가 통치의 책략도 있고, 일상에서의 입신 처세나 경영 및 돈벌이에 활용되는 모략도 있다. 또한 더 깊이 있는 모략 연구를 위해 우리는 지명도가 비교적 높은 음모나 그릇된 방법도 수집하여('간사奸詐' 편) 세인에 대한 경고로 삼았다. 풍부하고 다채로운 모략의 창고는 세상 사람들이 흔히 습관적으로 바라보던 구체적 모략 방법에 대한 인식을 단숨에 바꾸었으며, 역사발전의 전후 순서에 따라 모략 사례의 방법을 수집했고, 역사책 여기저기 흩어져 있고 민간에 널리 떠돌며 인구에 회자되는 기모묘계를 여러 영역에 따라 분류하고 정리했다. 이는 각기 다른 직업과 다른 계층에 속한 사람들이 자신에게 알맞은 모략 방법을 찾아 모범으로 삼으려 할 때 매우 편리할 것이다.

끝으로 『모략가』는 '모략의 행위학'으로 인간의 모략 행위에 대한 연구에서 시작하여 역사 인물을 평가한 것이다. 여러 역사 시대의 정치가·사상가·군사가·전략가·외

교가 및 상인들은 모두가 모략가였다. 활동 영역의 차이 때문에 모략의 형식이 달랐을 뿐이다. 모략이 종합성을 띤 학과로 세상에 알려진 후, '제자백가'에 대해서도 모략이란 면에서 분석하고 연구할 필요가 있다는 인식이 제기되었다. 이 책에서는 수천 년 세계사에서 비교적 영향력이 크고 모략 성과가 두드러졌던 모략가 수백 명을 골랐다. 역사를 바로 보기 위해 '정수'와 '찌꺼기'가 서로 어울려 대조적인 효과를 내게 함으로써 정반正反 두 면의 거울을 동시에 볼 수 있게 했다. 우리는 또한 역사상 전형적인 음모가(간사 모략가)를 골라 그들의 계보를 그려보고 그들이 실행에 옮긴 음모와 위계를 약술하여 귀감으로 삼고자 했다.

이 기본적인 모략 3부작에 이어 우리는 '모략심리학'이나 '모략경제학' 등과 같은 분야별 저작을 계속 낼 생각이다. 우리의 연구가 모략 유산을 계승하여 인류의 모략 창고를 풍부히 하고 오늘날 우리의 사유를 계발하는 데 적극적인 작용을 할 수 있길 바랄 따름이다.

모략학에 대하여

1. 모략과 모략학

우리에게 '모략謀略'이란 단어는 친숙하면서 부정적인 뜻으로 다가온다. 간혹 신비감도 풍긴다. 먼저 모략의 사전적 의미로서 위키 낱말사전에는 이렇게 나온다.

> 뜻한 바를 이루기 위해 쓰는 꾀와 술책. 주로 다른 사람을 해치려는 목적으로 꾸미는 거짓된 술책.

위키의 정의는 모략보다는 '음모陰謀'에 가깝다. 그런데 수천 년 이 단어를 사용해온, 이 단어의 실질적인 저작권자라 할 중국에서의 해설은 사뭇 다르다. 중국의 최대 포털 바이두에 따르면 모략은 "눈앞의 문제나 장기적인 문제에 대해 그 나름의 사고를 거쳐 나온 해결책과 방안"이라 정의하고 있다. 즉, '인간의 사유'를 통해 정리되어 나온 어떤 문제에 대한 해결책 내지 방안이 모략이라는 뜻이다. 1911년 신해혁명 당시에는 군정부의 관직 이름에도 '모략'이 있었다.

1980년 중국의 개혁개방 이후 터져 나온 엄청난 학문적 성과나 학과들과 관련하여 눈여겨보아야 할 분야로 '인재학'·'개혁학' 등이 있는데, 그중에서도 '모략학'이 특별히 눈에 띈다. 100명 가까운 당대 최고 전문가들의 집단 작업을 통해 1990년대 초 『모략고謀略庫』, 『모략가謀略家』(역사를 바꾼 모략의 천재들), 『모략론謀略論』(모략학) 등과 같은 뛰어난 결과물이 잇따라 나왔고, 모략 심리학이나 모략 경제학과 같은 새로운 분야도 개척해오고 있다. 이 같은 성과들을 살펴보면, 모략은 수천 년 인류의 사유와 함께 발전·확대·심화되어온 특별한 영역이다. 수천 년에 걸쳐 내로라하는 천재들이 짜낸 기발한 생각과 실천 경험으로, 아주 창조적인 분야이기도 하다. 인류사는 '모략의 창조사이자 실천사'였다.

학술적으로 보자면 중국에서는 '모략'에 대해 두 가지 다른 해석을 내리고 있다. 동사와 목적어로 구성된 문장에서 사용할 때는 어떤 일에 앞서 세우는 계획적 활동을 가리키는데, 주체적으로 사유를 운용한 지식·지혜·능력이자 사고를 운용하는 과정을 말한다. 명사로 사용할 때는 사유활동의 결과를 가리킨다.

'모략학'이란 이런 모략 현상을 연구하고 모략의 규율을 총결하는 사회과학이다. 모략 현상은 역사가 유구하다. 처음에는 자연 현상과 생명 현상 중에 어지럽게 섞여 있었고, 그 뒤 인류사회에 집중되었다. 모략의 규율이란 모략 현상 속에 존재하는 객관적 규율이다. 모략학은 모략 현상 속에서 모략의 규율을 찾고 모략을 실천하면서 모략의 규율을 이용하여 모략의 성공 확률을 높이는 과학이다.

지난 수천 년 동안 모략의 꽃이 중국의 대지 위에서 홀로 피어났다면 지금은 세계라는 꽃밭에서 활짝 꽃을 피우고 있다. 미국·영국·러시아·한국·일본 등에서 모략의 연구와 운용을 중시하고 있다. 예를 들어 러시아의 블라드미르 로보프는 『전쟁 중의 모략』이란 책을 냈고, 영국의 마크 로이드는 『군사 속임수의 예술』이란 책을 냈으며, 스위스의 중국학자 폰 생어는 『지모智謀』라는 모략 관련 책을 출간했다. 이 연구서들은 서방 세계에서 큰 반응을 일으켰고, 여러 나라의 대통령과 총리 및 정관계 주요 인물들이 이에 대해 언급한 바 있다. 일본은 『손자병법』과 『삼십육계』 등을 기업 경쟁에 활용하여 비즈니스 경쟁에서 뛰어난 모략으로 수없이 승리를 거둔 바 있다. 미국은 20세기 말에 『손자병법』 연구 열풍이 불어 번역본을 참전하는 군인들 손에 들려주기까지 했다. 손무의 병법을 좀더 제대로 연구하고 운용하기 위해 미국은 중국 손자병법연구회의 조직과 활동 방식을 본받아 미군에 '전미 손자병법연구회'를 만들기까지 했다. 그 연구 성과는 실제 전쟁에 직접 활용되었다. 이라크 전쟁에서 미군은 외교를 통해 주도권을 확보하라는 『손자병법』의 '상병벌모上兵伐謀', 심리를 공략하여 기세를 빼앗으라는 '공심탈기攻心奪氣', 적을 잡으려면 최고 우두머리를 잡으라는 '금적금왕擒賊擒王', 하늘을 속이고 바다를 건너는, 즉 감쪽같이 상대를 속이는 '만천과해瞞天過海' 등등의 모략을 활용하여 큰 효과를 거두었다.

모략의 주요 발원지인 중국은 1980년 개혁개방 이후 모략 연구의 열기가 크게 높아졌다. 특히 경제모략에 대한 연구가 뜨거웠다. 군사모략은 이미 중국 군사과학 체계의 중요한 학과가 되었다. 모략에 대한 전문적인 연구서도 끊임없이 출간되어 모략 연구는 군사라는 틀에서 벗어나 사회 곳곳으로 성큼 걸음을 옮겼다. 모략 연구도 소수 전문학자로부터 누구나 연구하는 분야가 되었다. 모략에 관심을 가진 수많은 사람들, 특히 모략에 대한 젊은이들의 갈망을 만족시키기 위해 중앙TV(CC TV)는 전문가들을 초빙하여 세 차례 모략의 기초지식에 관한 강좌를 진행하여 모략학의 지식을 널리 보급한 바 있다.

모략 현상은 아주 오래되었지만 모략학은 아주 젊은 학문이다. 엄격한 의미에서 과학적 체계가 지금도 건설·발전 중이며, 현재 학계에서 공인하는 이론은 없다. 모략학은 20세기 후반 중국에서 태동하여 몇 개의 학파를 형성했다. 경사京師학파가 가장 대표적인데, 이 책『모략학』을 비롯하여『모략고』,『모략가』3부작을 저술하고 편찬을 주도한 차이위치우柴宇球가 그 중심에 있다.『군사모략학』등을 저술하여 군사모략학의 기초를 놓은 리빙옌李炳彦이 이 학파에 속하고, 손자병법연구회가 대표적인 기구다. 이 밖에 하진夏津학파와 주강珠江학파가 있다.

모략학은 민족성·계급성·공리성이 뚜렷하다. 아직까지는 주도적인 학문도 학파도 아니지만 사회 각계에서 주목하고 중시하고 있는 것만은 틀림없다. 차이위치우는 한국에도 모략학과 관련하여 연구가 진행되는 것으로 보고 있지만 실상은 그렇지 않다고 보아야 할 것이다. (차이위치우는 국내에서 자신이 편찬을 주도한『모략고』와『모략가』의 번역이 나온 것으로 미루어 이렇게 추정하는 것 같다.) 아무튼 우리도 이런 현상과 흐름에 관심을 가지는 것은 물론, 군이나 관련 국가기관 및 기업에 전문 연구 인력을 두고 상호 긴밀한 관계를 통해 국가의 미래를 위한 거시적·미시적 전략을 수립할 필요가 있다. 나아가 사관학교를 비롯하여 대학에서도 관련한 학과나 강의를 마련하여 모략과 모략학에 대한 인식의 범위를 넓혀나갔으면 한다.

2. 모략학 관련 주요 저서들

먼저 중국 모략학의 전문가를 대표하는 차이위치우의『모략학』(원제 모략론)을 들 수 있다. 모략의 기초 이론으로부터 출발하여 모략의 연원에 대한 발굴, 모략의 역사에 대한 종횡 분석, 사회 각 업종에 대한 종적 분석과 각 계층에 대한 분석, 거시적 안목에서 전체적으로 착안하여 모략의 기리·구조·방식·원칙·창조 등과 같은 기본적인 문제를 두루 살피는 한편, 모략학과 전략학·심리학·사유과학 등과의 연계 및 차이를 탐구하고 있다. 이 책은 모략 연구의 입문서이자 기초 이론서다. 동시에 모략학이라는 학문으로 진입하는 데 반드시 읽어야 할 필독서이기도 하다. 그 내용에 대해서는 이 책의 번역서가 있으므로 생략하고 여기서는 아래 서양 모략학의 선구자인 프론티누스의 저서를 집중 소개해둔다.

섹스투스 율리우스 프론티누스Sextus Julius Frontinus(35?-103?)의 『전술론*The Stratagems*』은 모략과 관련하여 서양 최초의 책이라 할 수 있다. (중국에서는 이 책의 제목을 '모략'으로 번역한다.) 프론티누스는 로마의 정치가이자 군사이론가다. 그는 로마의 집정관, 브리타니아 총독, 아시아 총독 등을 지냈다. 평생 많은 군사 관련 저술을 남겼지만 대부분 없어졌고 이 책만 남아 전하고 있다.

프론티누스의 일생에 대해서는 역사 기록이 적지만 이를 바탕으로 그의 일생을 정리하면 이렇다. 서기 70년 그는 행정장관을 지냈고, 그 뒤로 세 차례 집정관에 추천되었다. 1차 집정관의 임기를 마친 후 브리타니아의 총독이 되었다. 타키투스의 『역사』에 따르면 프론티누스는 재임하는 동안 전임자의 통치방식을 그대로 이어받아 이 지역을 잘 다스렸다고 한다. 특히 정복한 지역에 즉시 공공도로를 건설하고 자신의 이름을 붙였는데 웨일즈에는 율리우스라는 이름의 도로가 아직 보존되어 있다.

그는 43세에서 62세 사이에 다량의 저작을 써냈다. 78년에 『전쟁예술』을 완성했다. (이미 잃어버렸다.) 『전술론(모략)』은 84년에서 96년 사이에 완성된 것으로 보인다. 이 책은 전쟁에서 승리한 사례를 보충 설명하는 데 주안점을 두고 있는데, 이를 통해 군사학의 규율을 설명하는 한편, 이들 규율에 대한 충분한 인식으로 장수의 작전 지휘 능력을 높일 수 있게 했다. 4권 50장으로 구성되어 있고, 모두 581조항에 이르는 방대한 사례가 상세히 소개되어 있다. 앞 3권은 그 자신이 쓴 것이고, 제4권은 고증에 따르면 후대 사람이 보탠 것이다. 권1은 교전에 들어가기 전에 사용된 모략 12 종류의 사례를 제기하고 있고, 권2는 교전 자체와 관련이 있거나 적을 완전히 제압하는 데 영향을 준 사례 13종류를 개괄하고 있다. 권3은 포위와, 포위를 푸는 모략을 18종류로 나누어 언급하고 있다.

이 책은 전쟁과 관련한 각종 군사활동, 특히 모략의 실례들에 대한 분류집이다. 거기에는 아래 몇 가지 중요한 군사사상이 개관되어 있다.

① 교전 중에 승리하기 위해서는 주도면밀한 준비를 강조한다. 예컨대 교전 지점과 시간의 정확한 선택, 전투대형의 배치, 적을 무너뜨릴 수 있는 방법 등을 반드시 준비해야 한다.

② 전쟁에서의 주도권을 잡고 작전의 승부에 결정적 영향을 미치는 모략의 운용이 중요하다는 점을 강조한다.

③ 병력의 집중과 분산 문제, 병사의 사기와 기율의 지위와 작용 등을 중시한다.

책에는 다음과 같은 대량의 용병 법칙도 개괄되어 있다. 불시에 출격하라, 가짜를 보여 진짜를 숨겨라, 동쪽에서 고함지르고 서쪽을 공격하라, 간첩을 이용하라, 적을 항아리(덫)로 유인하라 등등…. 이런 것들은 중국 고대의 군사모략과 알게 모르게 서로 맞아떨어지는 것으로, 군사지휘 규율에서 공통된 내용을 띠고 있다.

『전술론(모략)』은 역사적 사례에 대한 분류집이긴 하지만 그 안에는 풍부한 고대 군사 철학사상과 용병의 방법이 포함되어 있다. 이를 중국 군사모략의 내용과 맞춰보면 이런 것들이다. "상대가 지치기를 느긋하게 기다린다."는 '이일대로以逸待勞', "약하면 지키고 강하면 공격한다."는 '약수강공弱守强攻', "(적의) 튼튼한 곳은 피하고 빈 곳을 친다."는 '피실격허避實擊虛', "용병은 신속이 관건"이라는 '병귀신속兵貴神速', "잡고 싶으

면 일부러 놓아주라."는 '욕금고종欲擒故縱', "연맹하여 적을 공격하라."는 '연맹출적聯盟
出敵' 등등….

이 책은 보편적인 군사지도의 규율에 관한 내용을 반영하고 있어 학술적 가치뿐
만 아니라 군사의 역사 방면에서도 연구할 가치가 있다. 내용의 절대다수가 역사적
사례로, 그리스와 로마의 중대한 전쟁들에서 나왔다. 이와 관련하여 다리우스, 키로
스, 필리포스, 알렉산드로스, 한니발, 케사르, 마리우스 등 세계적으로 이름난 군대
지휘관들의 사적이 언급되어 있다.

이상과 같은 특징은 이 책이 모략을 주로 하는 학술 저작이면서도 어느 정도는 고
대 전쟁사의 성질을 띠게 한다. 이 책을 잘 살피면 고대 전쟁의 특징과 규율에 대한 기
본적인 인식을 얻을 수 있다. 물론 일부 관점과 결론은 역사적 한계성을 보이기 때문에
당시 역사적 상황과 작자의 인식 수준이 갖는 한계 등을 고려해서 분석해야 한다.

역사적 사례를 연구하고 이를 운용하여 군사이론을 심화하는 방법은 서양 군
사이론 연구의 큰 전통이자 특징이다. 이 책은 이 방면에서 가장 이른 대표작의 하나
로 유럽과 미주 군사 학술계로부터 중시되고 있다. 이 책은 처음 라틴어로 출간되었
고, 그 뒤 여러 나라의 문자로 번역되었다. 중국의 경우는 위앤지앤袁堅이 롭 고전총
서Loeb Classical Library를 통해 1921년 출판된 베넷 교수의 영역본을 바탕으로 1991년
해방군사출판사를 통해 중문 번역본을 출간했다. 국내에는 번역본이 나오지 않았다.

3. 모략의 특징과 모략학의 필요성

모략은 기본적으로 군사와 군대에서 출발했고, 그 내용의 상당 부분은 군사와 관련

되어 있다. 그러나 최근 추세는 경제를 비롯한 인간 사회 모든 방면으로 확대되고 있다. 모략이 갖는 응용력이 그만큼 크다는 방증이다. 이 책을 잡은 독자들의 이해를 돕기 위해 모략의 특징을 간략하게 정리해보고, 이를 통해 모략학의 필요성을 제안하고자 한다.

수천 년 인류의 역사를 통해 인간의 사유思惟는 그 폭과 깊이가 무한히 넓어지고 깊어졌다. 이에 따라 모략도 함께 발전했다. 기본적으로 생존을 위한 모략을 시작으로 인간관계로 범위가 넓어졌고, 그 후 군사·통치·외교·경제·교육·스포츠·심리에 이르기까지 거의 모든 분야에서 모략을 요구하기에 이르렀다. 모략의 영역이 넓어지고 적용의 정도가 깊어짐에 따라 모략이론이 정립되었고, 거기에서 나오는 사상 또한 심화되었다.

지금으로부터 약 2,500년 전 춘추시대 중후기에 본격적으로 출현하기 시작한 『손자병법孫子兵法』을 위시한 병법서들은 상당히 체계화된 모략이론을 보여주고 있다. 이렇게 보면 본격적인 모략의 역사가 장장 2,500년에 이른다고 할 수 있다. 모략이론과 사상의 정립에 가장 큰 영감과 통찰력을 준 것은 모든 모략이 기본적으로 갖고 있는 많은 특징들이었다. 이런 특징들을 종합하고 분석하여 모략의 특징들을 다음과 같이 정리해보았다.

모략은 독창성(Creativity)을 가장 큰 특징으로 한다. 평범하거나 상투적이어서는 실제 상황에 쓸모가 없거나 아예 적용할 수 없기 때문이다. 같거나 비슷한 모략이 반복해서 활용되는 것 같지만 잘 들여다보면 틀림없이 기존의 모략과는 다른 점을 발견할 수 있다. 실제 경험을 통해 적어도 어느 한 부분에 변화를 주었기 때문이다. 독창성 없이 무조건 과거 유용했다는 이유만으로 특정 모략을 답습했다간 크게 낭패를 본다. 예를 들어 제갈량의 전매특허처럼 알려진 '공성계空城計'는 많은 사람이 재활용했지만 실패한 경우가 더 많았다. 창조적으로 재활용하지 못하고 답습에 집착했기 때문이다. 이런 점들을 염두에 두고 모략을 공부하고 분석해야 한다. 또 자칫 같거나 비슷하다고 무시해서는 큰코다친다. 보이지 않는 속에 묘한 변화가 얼마든지 숨어 있을 수 있기 때문이다.

다음으로 모략은 현실성(Reality)과 가능성(Possibility)이 전제되어야 한다. 현실성이 없으면 적용하지 못하고, 가능성이 없으면 폐기된다. 독창성, 현실성, 가능성은 모략의 3대 특징을 구성하고 있다.

모략은 상대와 상황을 전제로 하는 상대성(Relativity)이 기본이기 때문에 상대와 상황에 따라 임기응변할 수 있는 가변성(Variability)과 탄력성(Elasticity, 융통성)도 기본 특징을 이룬다. 또 모략 자체로 교차성(Intersectionality)이 폭넓고 풍부하다는 특징도 있다. 단순히 하나의 모략만 가지고 현실에 적용하는 것이 아니라 다수 모략을 동시에 특정 상황 내지 여러 상황에 적용할 수 있기 때문이다. 따라서 모략의 또 다른 특징으로는 복합성(Complexity)이 자연스럽게 따라 나온다.

이상 여덟 가지 큰 특징을 모두 갖춘 모략이라면 인류가 생존하는 한 거의 영구적인 생명력을 가질 수 있다. 수천 년 실천 경험을 다듬어 다양한 해석과 비판을 덧붙여왔고, 여기에 현대의 과학적 이론과 방법을 적용하여 더욱더 치밀해졌기 때문이다.

지금 세계는 촘촘한 그물망으로 연결되어 있다. 무한경쟁은 기본이 되었다. 창의력이 그 어느 때보다 절실하게 요구된다. 모략은 바야흐로 새로운 단계와 전에 없던 차원으로 승화되고 있다. 그럼에도 불구하고 그 본질과 풍부한 경험이 주는 통찰력을 제대로 인식하지 못하는 현실이다. 모략에 대한 막연한 편견과 기피가 가장 큰 원인이고, 모략과 관련한 학문을 진지하게 공부하지 않은 탓도 적지 않다. 이에 모략이란 개념과 특징을 간단하게 정리해보았다. 이와 같은 기초와 인식을 갖고 지난 수천 년 동안 활용되어온 다양한 모략 사례들을 재가공하고, 거기에서 영감과 통찰력을 얻어 새로운 시대, 새로운 경쟁에 맞는 모략들을 재창조해나가는 '모략학'이란 하나의 특별하고 특수한 학문으로 발전시키길 희망해본다.

2022년 10월 18일

역자 김영수

역자의 긴 서문

1. 인연因緣 1

이 서문은 길어질 수밖에 없는 사정이 있다. 이런 사정을 통해 이 대작을 번역하기까지의 인연, 번역하면서 느끼고 배운 바, 그리고 독자들이 이 대작을 읽기에 앞서 알고 넘어가면 도움이 될 참고 사항 등을 소개하고자 한다.

먼저, 이 책 『모략론謀略論』(모략학)을 입수한 경위다. 이 책의 초판은 1996년 출간되었다. 역자도 그 무렵 이 책을 입수했다. 당시에는 이 책을 번역할 엄두조차 내지 못했다. 분량도 그렇거니와 깊이는 헤아릴 수조차 없었고 내용도 너무 넓어 역자의 역량으로는 한참 부족했기 때문이다. 당시 역자는 이 책과 함께 모략 3부작으로 불리는 『모략고謀略庫』와 『모략가謀略家』(역사를 바꾼 모략의 천재들)를 약간의 시차를 두고 함께 입수했다. (『모략고』는 지인의 추천과 기증으로 몇 년 전에 입수했다.) 1996년부터 본격적으로 중국을 왕래하기 시작한 역자는 현지에서 틈만 나면 서점을 들러 전공인 역사 분야의 좋은 저서들과 관련 책들을 구입했고, 모략 3부작 역시 그 과정에서 자연스럽게 손에 넣었다. 무엇보다 제목 자체가 눈길을 끌었기 때문이다.

다음으로, 『모략고』(1992년 초판)의 번역 출간이다. 이 책은 동서양 수천 년 역사를 통해 확인되고 검증된 모략 활용의 사례들을 모은 것이다. 번역서로 세 권 분량의 방대한 사례집이다. 내용이 비교적 역자에게 익숙했고, 문장 또한 상대적으로 쉬운 편이었다. 『모략가』는 3부작 중 그 양이 가장 많아 일단 뒤로 밀쳐두고 『모략고』 전문을 우리말로 옮기고 각 사례의 소제목 등 책의 구성을 대폭 손질하여 1996년 『모략』이란 제목으로 출간했다. 이 번역서는 초판만 10만 부 이상 판매되어 당시 출판계에 잔잔한 파문을 일으킨 바 있다. 중국 처세서 출간 붐을 선도한 대표적인 책이 되었다. 초판은 2003년 양장본으로 개정되어 출간되었다.

다음은 『모략가』의 번역 출간이다. 2004년 전체 분량의 1/5 정도, 중국 인물들에 한정해서 발췌 번역본을 출간했다. 당초 이 3부작을 완역할 마음도 없지 않았지만 이 책들을 읽으면서 『모략론』은 거의 포기한 상태였고, 『모략가』는 분량이 너무 많아 손을 놓고 있다가 부분 번역으로 마음을 바꾸어 출간한 것이다. 그래도 아쉬움이 남아 2016년 분량을 대폭 늘인 증보판(『역사를 바꾼 모략의 천재들』)을 출간하는 것으로 마음의 짐을 덜었다. 이 증보판 작업에는 김영진 박사의 도움이 컸다.

『모략론』의 번역은 포기한 것이나 마찬가지였다. 마음 한구석에 흔적이 남아 있기는 했지만 실제 작업은 거의 가능성이 없어 보였다. 코로나가 모든 것을 바꾸어놓았다. 외부 활동이 거의 끊기면서 시간이 남기 시작했다. 처음에는 그 시간을 어떻게 활용해야 할지 막막했다. 그러다 책 정리를 하면서 『모략론』을 다시 집어 들었다. (이 때문에 『막료학幕僚學』이라는 흥미로운 책도 다시 보게 되었고, 이 책을 번역하는 작업도 함께 진행하게 되었다. 물론 이 책은 모략 계열의 책은 아니지만 그 성격이나 내용 면에서 연결되는 점이 많다. 무엇보다 독자들이 읽기에 아주 편한 책이라 작업에 들어갔다. 이 책 역시 분량이 엄청나서 부담스럽기는 마찬가지였지만 결국은 작업을 마무리해서 이 책에 앞서 출간했다.)

『모략론』은 구입 당시 앞부분을 포함하여 관심 있는 부분들을 군데군데 번역해 놓았다. 본격적인 작업에 앞서 원서를 다시 읽기 시작했다. 이어 번역한 부분들을 읽으면서 번역의 원칙을 잡아갔다. 원서에는 없는 사진을 절제 있게 보완했다. 중국식 표현으로 우리에게 낯선 단어에 영어식 표기도 달았다. 이렇게 해서 본격적인 작업이 시작되었다. 이상『모략론』을 번역하기까지의 인연을 간략하게 소개했다. (2021년 3월 23일 아침)

2. 인연因緣 2

『모략론』의 1차 번역은 2021년 8월 2일 끝났다. 무더위에 고전을 치렀지만 예상한 기일에서 벗어나지 않고 작업을 마쳤다. 이 과정에서 또 한 차례 우여곡절이 있었다. 당초『모략론』의 번역은 1996년 초판을 저본으로 해서 진행했다. 번역 작업과 함께 저자의 근황을 비롯하여 관련 자료들을 찾던 중 수정판이 있다는 사실을 알게 되었다. 수정판은 2003년 출판사를 달리해서 출간되어 있었다. 관련 정보들을 검색해보니 내용이 크게 달라진 것은 없어 보였다. 하지만 수정판을 검토하지 않을 수는 없었다. 중국에 들어갈 수 없는 상황이라 중국의 오랜 친구에게 부탁해서 수정판과 저자의 다른 저서 등을 부탁했다. (길림성 통화通化의 25년 지기 문석빈文石斌 선생께 깊이 감사드린다.)

수정판은 1차 작업을 끝낸 8일 뒤인 8월 10일 도착했다. 일단 초판과 대조를 시작했고, 예상대로 크게 달라지거나 보완되지 않았다. 다만, 1장과 몇 군데 보완된 부분이 있었다. 다시 보완 번역과 함께 1차 교정 작업에 들어갔고, 8월 16일 아침 원서 번역 작업을 모두 끝냈다. (제2부 기리론 제12장 '모략의 철학적 기초' 부분 중 역易과 관련한 상대적으로 난해하고 번잡한 내용 일부에 대한 번역은 과감하게 생략했다. 독자들의 양해를 미리 구하는 바이다.)

8월 10일 이후 나머지 작업, 즉 부록 만들기에 들어갔다. 일러두기, 저자와 책 소개, 모략총서 서문, 모략학 소개, 목차 작업을 비롯하여 지금 쓰고 있는 역자의 서문이 그것이다. 독자들께서는 200자 원고지 약 4,100매의 이 방대한 이론서를 읽기에 앞서 부록들을 먼저 읽었으면 좋겠다.

3. 『모략학』의 의미

이 책은 이론서이다. 여느 이론서들과 마찬가지로 어렵다. 그러나 모든 학문의 출발역과 종착역이 '잘 정리된 이론'이듯이 '모략학'이란 새로운 학문의 탄생을 알리는 최초의 이론서로서 중대한 의미를 갖는다. 모략학에 관해서는 바로 앞에 별도의 글을 마련했으므로 그 부분에 할애한다.

저자 차이위치우는 자신의 다른 저서에서 모략학이 바야흐로 전 세계적인 현상이 되고 있다고 진단했다. 그러면서 아시아에서는 일본과 우리나라를 거론한 바 있다. 이는 저자의 오해로 보인다. 자신의 대표적인 편저인 『모략고』와 『모략가』가 한국에서 출간되었기 때문에 이런 선입견을 가진 것 같다. 과문한 탓인지는 몰라도 우리

군軍을 비롯하여 국가 정보기관이나 국내 유수 기업들에 모략과 관련 연구소나 전문 기구가 있다는 이야기는 듣지 못했기 때문이다. 물론 비공개로 관련한 연구와 정보 수집이 이루어지고 있을 가능성을 배제할 수는 없다.

공개든 비공개든 이 책을 번역한 역자는 '모략'에 대한 진지하고 본격적인 공부와 연구가 지금 당장 필요하다는 입장이다. 국가 미래를 위한 원대한 전략 수립을 위한 가장 기본적이고 기초가 되는 관련 작업이 반드시 필요하기 때문이다. 이런 점에서 이번 『모략학』(원제는 『모략론』)의 번역은 적지 않은 의미를 가질 것이다. 국가 전략적 차원에서 우리도 이를 능가하는 정교하고 방대한 이론서가 절실하고, 특히 군대, 정부의 국가전략 관련 기관, 기업의 리더와 관련 인재, 교육 분야의 리더와 전문 기구들이 미래의 계획을 세우고 전략을 수립하는 데 큰 도움이 될 것으로 확신하는 바이다.

다음으로, 이 책의 한계에 대해 독자들께 미리 보고드린다. 우선 이 책의 문장이다. 이 책의 문장은 중복되는 표현이 많고, 내용도 부분적으로 중복된다. 가능한 한 독자들 입장에 서서 전달하기 쉽게 번역하려고 애를 썼지만 번역자의 역량 부족을 절감했다. 이론서가 갖는 전문용어, 특히 중국서의 관련 전문용어와 알파벳을 함께 표기해주지 않는 외래어 표기는 문장 번역 못지않게 우리말로 옮기기 어려운 부분이다. 철저하게 우리가 사용하는 용어로 바꾸는 데 최선을 다했고, 외래어 표기는 중국 지식검색과 역자의 참고서를 최대한 활용하여 찾아냈고, 특히 러시아와 동유럽의 외래어 표기는 러시아에 관한 해박한 지식과 경험을 가지신 한국사마천학회의 전한병 회장님의 도움을 많이 받았다. 이 자리를 빌려 감사드린다.

끝으로, 이 책을 손에 든 독자들에게 한 가지 당부드리고 싶다. 책을 읽으면서 내용의 난해함 등 때문에 벽에 부딪힐 때가 있다면, 그래서 책장을 덮고 싶을 때면 이 책의 자매편인 『모략고』와 『역사를 바꾼 모략의 천재들』(모략가)를 먼저 읽었으면 한다. 이 두 책은 적어도 모략과 관련하여 흥미 유발은 충분히 해낼 수 있을 것이다. 그런 다음 다시 『모략학』을 펼치면 틀림없이 이 책이 달리 보일 것이다. 역자 역시 그런 과정을 거쳤음을 고백한다. 모쪼록 아주 오랜만에 진지하고 두툼한 이 학문적 이론서가 보다 많은 분들의 관심을 받았으면 좋겠다.

이로써 완벽하지는 않지만 모략 3부작, 『모략고』, 『모략가』 그리고 『모략론』이 모두 역자의 손을 거쳐 세상에 선을 보이게 되었다. 이제 이 성과들을 기반으로 보다 쉬우면서도 깊이를 갖춘 새로운 모략 콘텐츠를 재창출하는 작업으로 시선을 옮기고자 한다. 지금까지 중국과 중국인 그리고 중국의 역사와 문화를 보다 깊게 이해하고자 벌여온 활동의 영역을 좀더 넓혀 종합적인 포럼과 강좌를 진행할 수 있는 기회가 함께 마련되었으면 한다. 중국은 싫든 좋든 우리의 미래와 뗄 수 없는 동반자이기 때문이다.

2021년 8월 17일 14시 43분

대장정을 마치다

2022년 10월 17일 23시 43분

역자 서문을 1차 마무리하고 11월 13일 오전 일부 수정하다

---

* 뱀의 다리: 앞서 잠깐 『모략학』 작업과 함께 『막료학』 번역도 마무리했다고 말씀드렸다. 이 두 책은 직업과 출신, 배경 등이 전혀 다른 두 사람의 역작이다. 체제와 내용 역시 판이하다. 양은 두 책 모두 손에 들기에 엄두가 안 날 정도로 많다. 그럼에도 두 책은 묘하게 통하는 점이 있다. 바로 '모략'이다. 『막료학』의 실체인 '막료'들의 언행이 '모략'과 뗄 수 없는 관계에 있기 때문이다. 여유가 되는 독자들께서는 이 두 책을 함께 읽으면 얻는 바가 있을 것이다. 『막료학』은 『모략학』에 비해 읽기가 한결 편하다. 내용도 대부분 흥미로운 사례 중심이라 이해가 쉽기도 하다. 일독을 권한다.

| 제2편 |

기리론機理論

모략의 철학·사유·심리·원칙   354

| 제3편 |

구조론構造論
모략의 운용과 구조

제
1
편

연원론 淵源論

모략의 뿌리

제1장
모략의 역사적 연원

모략은 대체 언제 시작되었는가? 모략 연구에 몰두하고 있는 사람들의 한결같은 관심사이자 명제가 아닐 수 없다. 오랫동안 이 명제를 놓고 갖가지 추론과 가설이 줄을 이었다. 모략은 노동에서 기원했다고 말하는 사람이 있다. 인류는 대자연과 투쟁하면서 지혜를 터득했고, 노동은 지혜를 기르는 온상이라는 것이다. 어떤 사람은 전쟁에서 기원했다고 한다. 인간끼리의 투쟁과 살인이 모략을 생산하는 토양이라는 것이다. 또 어떤 연구자는 모략이 사유에서 기원했다고 한다. 모략은 인류 사유의 발전과 함께 발전해왔고, 모략학은 '대항사유학對抗思惟學'이라는 것이다. 그런가 하면 모략의 기원을 군사학에서 찾기도 한다. 이 관점에서 보면 세상이 공인하는 동양 군사학의 시조 『손자병법孫子兵法』(이후 『손자』로 약칭)은 모략의 시조인 셈이다.

이상 여러 사람들의 설은 모두 나름대로 근거와 일리를 가진다. 모략이론의 연구는 여기에서 시작해야 할 것이다. 이 문제를 밝히는 일은 모략학과 일련의 문제들에 대한 연구에 중요한 영향을 미친다.

1. 어원 고찰

모략 연원에 대한 고증은 먼저 문자 기록을 탐색하는 것으로 시작하지 않을 수 없다. 문자의 생산과 활용은 인류가 일정한 역사 단계로 들어서는 산물이기 때문이다. 모략이 생겨나고 인류가 의식적이든 무의식적이든 그것을 운용했다는 사실이 꼭 문자의 생산과 운용에 발맞추어 진행되었다고 말할 수는 없다. 어떤 모략은 문자에 앞서 나타났을 것이다. 물론 모략의 대부분은 문자가 나온 뒤 생산되었을 것이다. 보편적인 의미에서 보자면, 인류의 모략 실천은 문자 기록의 중요한 특징이다. 단어 뜻을 가지고 살필 때, 인류는 오랜 역사를 통해 모략에 대해 아주 긴 인식 과정을 거쳤고, 문자 기록도 기나긴 발전 과정을 거쳤다. 어떤 사물들은 당시 사람들에 의해 실천에 옮겨졌지만 문자 기록으로는 남지 못했다. 또 어떤 것들은 그 당시 또는 그 뒤에 기록으로 남겨졌지만 천재지변, 전쟁, 사상 탄압 등으로 없어졌거나 축소 왜곡되었다. 오늘날 우리가 모략의 뿌리를 연구하고 고증하는 데 참고가 될 만한 자료는 엉성하기 짝이 없다. 계통적이지 못하고 심지어는 정확하지 못한 부실한 자료들을 독자에게 제시할 수밖에 없는 경우도 있을 것이다.

개념은 인간 두뇌의 사유 형식으로 언어의 도움을 받아 말이나 글로 나타낼 수밖에 없다. 사유는 전 인류의 공통된 것이며, 거기에 민족성 따위는 없다. 그러나 언어는 민족마다 다르기 때문에 민족성을 띨 수밖에 없다.

따라서 같은 개념의 모략도 서로 다른 민족의 언어로 표현되고 언어 형식도 같지 않다. 중국어의 '모략'은 영어로는 'stratagem'이라 한다.

중국어는 세계에서 가장 풍부하고 다채로운 언어의 하나다. 모략이라는 이 개념은 중국어로 단음절과 쌍음절은 물론 다음절로도 나타낼 수 있다. 단음절로 모략의 개념을 나타낸 주요한 것들로는 아래와 같다.

모謨: 『한어대사전漢語大詞典』에는 "모謨는 계모計謀, 모략이다."라고 했다. 『상서尙書』에 보이는 '모謨'라는 글자는 발음은 물론 뜻에서도 뒤에 나타나는 '모謀'와 서로 통했다. 그 당시 '謨'는 곧 '謀'였다. 『상서』에 「고요모皐陶謨」란 편이 있는데, 이 편에서는 고요皐陶·하우夏禹·우순虞舜이 정사를 토론하고 계획하는 것을 모두 '謨'라 했다.

모謀: 『한어대사전』에는 "모謀는 계책計策, 모략이다."라 했다. 『상서』「대우모大禹謨」에는 "의심스러운 모략은 취하지 않는다."는 대목이 있다.

략略: 『한어대자전』에는 "략略은 모략, 지모智謀다."라고 했다. 『상서』「무성武成」이라는 편에 '감저승상제敢祗承上帝, 이알난략以遏亂略'이라는 구절이 보인다. "감히 하늘을 공경하고 받들며, 반란의 모략을 막는다."는 뜻이다.

계計: 『사원辭源』에 "계計는 계획, 모략을 말한다."고 되어 있다. 『손자』「계計」 편에 "나라의 모략을 따른다면 작전은 틀림없이 승리하고 나는 남는다."고 했다.

지智: 『한어대자전』에 "지智는 기지機智, 모략이다."라고 되어 있다. 사마천의 『사기』「항우본기」에 보면 "내가 지智(모략)로 싸울지언정 힘으로 싸우지 않는다."는 대목이 있다.

권權: 『한어대자전』에서 "권權은 모략이다."라고 했다. 『좌전左傳』 선공 12년조에 보면 "중군은 권(모략)을 제정하고 후군은 부서를 강하게 한다."고 했다.

책策: 『한어대자전』에서 "책策은 계모, 모략"으로 풀이되어 있다. 『예기禮記』 '중니연거仲尼燕居' 조항에 "사냥 작전에서 그의 책(모략)을 잃었다."는 대목이 보인다.

도韜: 『한어대자전』에 "도韜는 육도六韜의 줄임말이다. 이 때문에 훗날 용병에서의 모략을 가리키게 되었다."고 했다.

유猷: 『한어대자전』에는 "유猷는 모략, 계획이다."라고 했다. 『상서』 「반경상盤庚上」에 보면 "너희들은 각자 이곳에서 오래 머무르며 너희들의 노동을 대가로 내놓도록 노력하면서 나 한 사람이 제정한 유(모략)에 따르라."는 대목이 있다.

서諝: 『한어대사전』에 "서諝는 계모다."라고 했고 『회남자淮南子』 「본경훈本經訓」에 보면 "패거리를 지어 사서詐諝, 거짓 모략를 꾸몄다."는 대목이 있다.

중국어에서는 쌍음절로 모략의 개념을 나타냈는데 주로 이런 것들이 있다.

모략謀略·권모權謀·지모智謀·계모計謀·계책計策·책략策略·유략猷略·기모機謀·지교智巧·지략智略·지계智計·지술智術·지책智策·지의智意·모책謀策·모유謀猷·모획謀劃·모유謀猷·모려謀慮·책모策謀·약술略術·기략機略·권지權智·권책權策·권사權詐·권수權數·권서權諝·권휼權譎·도략韜略·모유謨猷·약모略謀·전략戰略

중국어에서는 다음절로도 모략의 개념을 나타낼 수 있는데 주로 다음과 같은 것들이 있다.

계모책략計謀策略·지략권모智略權謀·재책모략才策謀略·장산원략長算遠略·웅재대략雄才大略·웅재위략雄才偉略·기모묘계奇謀妙計·웅재대략雄材大略·웅재위략雄材偉略·굉모위략宏謀偉略·문도무략文韜武略·문도삼략文韜三略·굉도대략宏韜大略·음모궤계陰謀詭計·족지다모足智多謀·노모심산老謀深算·영모웅산英謀雄算

이상, 모든 글자와 단어들 중 오늘날에는 '모략'이란 단어가 모략의 개념을 나타내는 데 빈도수가 가장 높다. '모략'이란 단어가 비교적 정확하고 간명하게 개념을 나타내기 때문에 자연스럽게 많은 사람들이 이 단어를 사용한다.

그렇다면 모략이란 개념과 단어는 각각 언제 출현했나?

구어口語는 대화 때 사용하는 언어고, 서면어書面語, 문어는 문학적으로 써내는

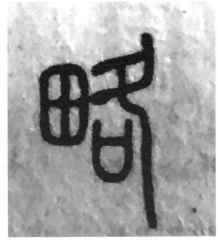

● 모謀와 략略의 옛날 글자

언어다.

원시시대 인류가 아직 문자를 발명하기 전에는 구어로만 의사를 표시하고 관계를 유지했다. 그 뒤 문자가 발명되면서 서면어, 즉 문어로 의사를 교환하기 시작했다.

문자가 발명되기 전의 원시시대에 인류가 모략을 실천하는 기초 위에서 모략이란 개념과 그것을 나타낼 수 있는 모략의 언어를 만들어냈을 수는 있다. 그러나 문자 기록이 없기 때문에 더 이상은 알 길이 없다. 모략의 개념과 그것을 나타내는 언어의 생산에 대한 연구는 문자 기록으로부터 착수할 수밖에 없다.

전설에 따르면 기원전 26세기 초 황제黃帝의 사관 창힐蒼頡이 문자를 처음 만들었다고 한다. 사실 문자는 한 사람의 독창이 아니라 사회에서 오랜 실천 과정을 거치면서 차츰 생산되었을 것이다. 창힐은 문자를 정리한, 최초로 이름이 알려진 인물일 가능성이 크다. 고고 발굴에 따르면 중국에서 가장 이른 문자는 상 왕조(기원전 약 17세기-기원전 약 11세기)의 갑골문이고, 현대 한자는 갑골문에서 진화한 것이다.

중국에 현존하는 가장 이른 상고시대 문헌인 『상서尙書』에는 모략의 개념과 모략 관련 단어의 탄생을 기록하고 있다. 「대우모大禹謨」 편의 기록이다.

"익益이 말하길… 의심스러운 모략은 쓰지 말고, 여러 생각을 넓혀야 할 것이다."

익은 순舜 임금의 대신이다. 익은 세계사 최초로 모략이란 개념을 사용했고, '모謀'라는 글자로 모략이란 단어를 나타낸 사람이다. 그 시기는 대략 기원전 22세기 말에서 기원전 21세기 초로 추정된다. 당시에는 '모략'이란 쌍음절 단어가 없었고, 익은 '모'라는 단음절로 모략의 개념을 나타냈을 뿐이다.

「대우모」 편에는 순 임금이 직접 모략의 개념을 사용하고 '모'라는 글자로 모략을 나타낸 것으로 나온다. 관련 대목이다.

"순 임금이 말하길… 검증을 거치지 않은 말은 가볍게 믿지 말고, 여러 사람의 의견을 듣고 자문을 거치지 않은 모략은 함부로 사용하지 말 것이며…."

"순 임금이 말하길… 여러 사람의 자문을 거친 모략을 모두 함께…."

모략의 개념 및 그것을 나타내는 '모'라는 글자가 이 시기에 탄생했을 가능성은 충분하다. 순 임금은 중국 원시사회 마지막 부락연맹의 우두머리이고, 그 뒤를 이은 우禹 임금은 중국 노예사회 최초의 왕조인 하 왕조의 개국 군주다. 「대우모」는 주로 순 임금이 우에게 임금 자리를 양보한 일을 기록하고 있다. 그 시기는 원시사회가 점차 노예사회로 넘어가는 변혁의 시대였다. 생산이 발전하여 생산물이 소비되고도 남아 이미 교환이 나타났고 사유제도 싹을 틔우고 있었다. 사회적 모순도 꽤 나타났다.

특히 기원전 26세기 초 황제黃帝와 치우蚩尤의 탁록涿鹿 전투는 전국적 규모의 전투였다. 치우라는 강적의 공격에 황제는 천시天時·지리地利·인화人和의 이치를 알아 적을 깊숙이 유인하는 모략을 사용했다. 적의 날카로운 기세를 피하고 그 약점을 공격하여 내게 유리하고 적에게 불리한 조건을 만들어냄으로써 치우를 크게 무찔렀다. 그 뒤로 요 임금과 순 임금이 삼묘三苗를 정벌하는 전쟁이 발생했는데 이 역시 전국적 규모였다. 사람들은 이렇게 복잡한 사회적 모순을 해결하는 실천을 통해 점점 모략이라는 개념을 두뇌에 형성했을 것이다.

익과 요 임금 때 형성된 모략이란 개념은 그 뜻이 좁지 않고 넓었다. 중국 역사상 최초의 자전인 동한 시기 허신許愼의 『설문해자說文解字』는 '모謀'를 번거롭고 어려운 문제나 모순을 고려하는 것이라는 뜻의 '여난慮難'이라 풀이했다. 즉, 이런 문제와 모순을 해결하기 위해 고려하는 방법이란 뜻인데, 당연히 사회적 모순을 해결하는 방법을 생각한다는 뜻도 포함되어 있었을 것이다. 여기서의 '모'는 동사다. 『설문해자』는 글자와 단어의 본래 뜻을 해석하는 자전이다. '모'의 본래 뜻이 '여난'임을 볼 수 있다.

본래 뜻이란 글자나 단어의 역사를 조사한 최초의 뜻이다. 본래 뜻은 이 글자나 단어가 갖는 다른 뜻의 기초에서 탄생하여, 본래의 뜻에 달라붙어 있는 비슷하거나 다른 뜻을 가지 친다.

「대우모」에서 모·모략·계모책략 등은 번거롭고 어려운 사회적 모순을 해결하는 방법을 가리키는 명사로서 본래의 뜻이 아닌 '모'에서 갈라져 나온 뜻이다.

서중서徐中舒가 편찬을 주도한 『한어대자전』은 '모'에 관한 뜻풀이로 아래 10개 항목을 나열하고 있다.

① 고려考慮, 모획謀劃

② 계모計謀, 책략策略

③ 자순咨詢, 자문

④ 상의商議

⑤ 심사審査

⑥ 도모圖謀, 영구營求

⑦ 회합會合, 접촉接觸

⑧ 회매晦昧 어둡고 어리석음, 불청초不淸楚 명확하지 않음

⑨ '매媒'와 통함. 매개媒介 사물을 발생시키는 유인誘因

⑩ 성씨姓氏

'모'가 여러 뜻을 가진 글자일 뿐만 아니라 같은 음을 가진 관련 단어들이 많다는 것을 볼 수 있다. 즉, ①이 본래의 뜻이고, ②~⑨는 파생되어나간 뜻들이다. ①~⑨와 ⑩은 글자 형태와 음은 같지만 뜻은 다른 동음어들이다.

어떤 언어 환경에서 모략을 뜻하는 '모'라는 글자가 나타났지만 위 자전이 나열한 10개 항목을 비교해야만 비로소 정확한 뜻풀이를 얻어낼 수 있다. 이 작업은 아주 복잡하고 잘못을 범하기 쉽다. 그래서 사람들은 정확하고 간명한 '모략'이란 두 글자를 창조하여 '모'를 대체하기에 이르렀다.

「대우모」에 모략이란 개념이 출현하긴 했지만 당시 사람들의 이에 대한 인식은 아주 소박하여 오늘날의 심오하고 전면적인 인식과는 거리가 멀었다. 「대우모」에 '모謀'라는 글자가 출현한 것과 거의 동시에 「우공禹貢」 편에 '략略'이란 글자가 출현했다. 관련 대목은 "우이를 경략經略한 뒤 유수濰水의 갈래 치수淄水도 이미 소통되었다."이다.

『설문해자』에서 '략'의 본래 뜻은 "토지를 경략한다."로 풀이되어 있다. 『한어대자전』은 토지를 경략하여 경계를 그어 정한다고 했다. 글자의 형태로 보면 '略'은 형성자이다. 왼쪽의 밭 '田'은 모양과 뜻을 나타내고, '各'은 소리를 나타낸다. 위에 든 「우공」의 예는 본래의 뜻으로 사용한 것이다.

『한어대자전』의 '略'이란 글자에 관한 뜻풀이는 아래의 12개 항목이다.

① 토지를 경략하여 경계를 그어 정하다

② 순행巡行, 순시巡視

③ 강계疆界 땅의 경계

④ 법도法度

⑤ 모략謀略, 지략智略

⑥ 간략簡略, 간소簡少

⑦ 대치大致, 개요槪要

⑧ 부사로 1.전全 2.초미稍微, 약미略微

⑨ 통달通達

⑩ 약기掠奇, 강취强取

⑪ '괄恝, 여유 없음'과 같음. 예리銳利

⑫ 성씨

이 항목들 중 다섯 번째 '모략, 지략'이 「무성」 편에서 이미 사용되고 있다. 그 대목은 "원컨대 하늘을 공경하고 받들어 난을 일으키는 모략을 제지한다."는 것이다.

춘추 초기 제나라의 재상 관중은 이런 말을 남겼다.(『관자管子』「패언霸言」)

"패업과 왕업을 이루는 것은 덕과 의리가 남보다 뛰어나고, 지혜와 계책이 남보다 뛰어나고, 용병 전략이 남보다 뛰어나고, 지형지세에 남보다 뛰어나고, 동작이 남보다 뛰어나기 때문이다. 그래서 왕이 된다."

위 대목은 중국 모략사에서 처음으로 '지智'와 '모謀' 두 글자를 합쳐 '지모智謀'라는 쌍음절어로 모략이란 개념을 나타낸 것이다. 이는 '지'와 '모' 한 글자만을 사용한 것에 비해 한 걸음 더 나아간 것이다. 여기서의 '지모'는 여전히 넓은 뜻의 모략이다. 관중은 같은 글에서 이런 말들도 남겼다.

"강한 나라가 많은데 왕업의 대세를 논하는 것은 어리석은 지혜[智]요, 강한 나라가 적은데 패도를 시행하려는 것은 일을 망치는 계책[謀]이다."

"강성함을 다투는 나라는 반드시 먼저 전략[謀]과 형세와 권력을 다툰다."

여기의 '지智'와 '모謀' 역시 넓은 뜻의 모략이다. 『관자』를 보면 관중이 여러 차례

'모謀'라는 글자를 사용하고 있음을 알 수 있다. 이런 점에서 관중은 중국 역사상 처음으로 비교적 많이 '모'라는 글자로 모략이라는 개념을 나타낸 사람이라 할 수 있다.

춘추 말기인 기원전 6세기 무렵의 인물인 병법가 손무는 '상병벌모上兵伐謀'('모공'편)라 했다. "최상의 용병은 (상대의) 모략을 공략하는 것이다."라는 뜻을 가진 이 대목의 '모'는 전적으로 군사모략을 가리킨다. 이로써 '모'가 좁은 뜻의 모략을 가리키는 선두주자로 나타났다.

대략 전국시대 말기에서 진·한 교체기에 이르는 사이 강태공姜太公이란 이름을 빌린 병법서로 추정하는 『육도六韜』('문도文韜·상현上賢' 제9)에 이런 대목이 보인다.

"지략권모智略權謀가 없는데도 큰 상을 내리고 작위를 높이는 것입니다. 그리되면 강하고 용감하지만 전쟁을 가볍게 여기는 자가 밖에서 요행을 얻게 됩니다. 왕께서는 이런 자를 장수로 삼지 않도록 신중하셔야 합니다."

이 대목은 중국 역사상 처음으로 '지智'·'략略'·'권權'·'모謀' 네 글자를 하나의 성어로 구성하여 모략이라는 개념을 나타낸 것이다. 이것도 좁은 뜻의 모략을 가리킨다. 이는 진보된 관점이긴 했지만 네 글자로 모략이라는 개념을 나타내고자 한 것은 아무래도 번거롭다.

서한 시대 유안劉安이 편찬을 주도한 『회남자淮南子』「병략훈兵略訓」이라는 편의 이름인 '병략'은 바로 군사모략을 가리킨다. 이에 대해 동한 말기의 고유高誘는 "병이란 전쟁을 막는 것이다. 적을 미리 막는 것이 모두 모략에 달려 있다."는 주석을 달았다. 이 대목은 글자의 앞뒤가 바뀌긴 했지만 역사상 처음으로 '略'과 '謀' 두 글자로 모략이란 단어를 구성한 사례다.

대략 동한 말기에서 위진에 이르는 시기에 나온 것으로 추정하는 『삼략三略』에는

'략'이란 글자가 여러 차례 사용되고 있는데 넓은 뜻을 갖고 있다.

삼국시기인 238년, 산기상시散騎常侍 하증何曾(199-278)이란 인물은 사마의司馬懿가 요동을 정벌하려 할 때 위나라 명제明帝에게 이름 있는 명장과 신하들을 사마의에게 보내 전시에는 함께 모략을 상의하고 평소에는 이런저런 일을 보좌하게 하라는 글을 올렸다.(『삼국지』「위지」)

이 기록은 『진서』「하증전」에도 보인다. 하증은 좁은 뜻의 '모략'을 군사모략의 개념으로 나타낸 것인데, 이는 처음으로 '모략'이란 단어로 좁은 뜻의 모략 개념을 나타낸 경우였다.

이상, 중국 모략의 역사에서 모략이라는 개념이 기록에 나타난 이후로 2천 년이 넘게 지나서야 비로소 본격적으로 '모략'이라는 단어로 그 개념을 나타내기 시작했음을 볼 수 있다. 이는 커다란 진보로 획기적인 의미를 갖는다. 종전에는 단음절로 모략 개념을 나타냈는데, 그중 일부 단음절어 항목이 10여 개에 이르러 골라 쓰기도 어렵고 뜻도 아주 불명확했다. 반면 '모략'은 하나의 뜻을 가진 단어다. 따라서 모략이라는 단어로 개념을 나타내면 아주 정확하고 간명하여 일목요연하다.

외국에서 처음 모략이라는 개념을 사용한 사람은 로마의 정치가이자 군사이론가였던 섹스투스 율리우스 프론티누스(35?-103?)였다. 그는 84~96년 사이에 군사학 저술인 『모략(Stratagems)』[1]을 완성했는데 그가 말하는 '모략'은 군사모략을 가리킨다.

'모략'이라는 단어는 두 개의 같은 뜻을 가진 글자, 즉 '모'와 '략'이 합쳐진 복합식 합성어다. 중국의 대표적 자전의 하나인 『사원辭源』에는 '모략'이라는 단어가 수록되어 있지 않다. 반면 『현대한어사전』을 비롯하여 『사해辭海』와 『한어대사전』에는 수록

---

[1] 프론티누스의 이 책의 라틴어 제목은 'Strategematon'이고 국내에서는 대체로 『전략론』 또는 『전술론』으로 번역하고 있다.

되어 있고, 그 뜻을 '계모책략計謀策略'으로 풀이하고 있다.

'모략'으로 모략이라는 개념을 나타내면 여러 장점이 있기 때문에 '모략'이라는 단어가 나타나자 날개도 없이 무수한 모략가와 보통 사람들의 입과 붓끝으로 날아갔다. 서진 시대의 이름난 역사가 진수陳壽는 『삼국지』를 편찬할 때 여러 차례 '모략'이라는 단어로 모략의 개념을 표현했다. 예를 들어 『삼국지』 「위서魏書」 '정욱곽가전程昱郭嘉傳'의 정욱과 곽가 등에 대한 평에 이들이 "재능과 책략 그리고 모략이라는 면에서 세상이 알아주는 기이한 인재"라는 대목이 보인다. 또 『삼국지』 「오서吳書」 '육손전陸遜傳'에 대한 논평에 보면 육손의 기묘한 '모략'과 손권孫權의 인재를 알아보는 능력에 감탄한다는 대목이 나온다. 현대에 와서 '모략'이라는 단어로 모략의 개념을 나타내는 사람은 더욱 많아졌고, 이에 이 책의 제목도 『모략학謀略學』이라 불렸던 것이다.

오늘날 중국에서 '모략'은 두 가지 다른 품사로 사용되고 있다. 동사와 목적어로 구성된 문장에서 사용할 때는 어떤 일에 앞서 세우는 계획적 활동을 가리키는데, 달리 말해 주체적으로 사유를 운용한 지식·지혜·능력이자 사고를 운용하는 과정을 말한다. 명사로 사용할 때는 사유활동의 결과를 가리킨다.

2. 본능모략

동물의 본능本能은 배워서 익힐 수 있는 것이 아니다. 동물의 본능과 인류의 모략은 본질적으로 구별되지만 둘은 관련이 있다. 인류의 모략은 동물의 본능에서 진화한 것이다. 인류의 모략을 연구하려면 먼저 동물의 본능을 연구할 필요가 있다.

본능을 어떻게 모략과 함께 거론할 수 있을까? 얼핏 말이 안 되는 것 같지만 너

● 지혜의 여신 사라스바티는 모략(지혜)에 대한 인간의 갈망을 투영하고 있다.

무 성급하게 결론 내리지 말고 자세히 연구한 후에 다시 판단하자.

인도네시아 발리 섬에서는 매년 '지혜절 智慧節'이라는 축제를 성대히 펼친다. 축제 날 사람들은 지혜의 여신을 찬양하는 노래를 부른다. 전해오는 이야기로는 이 여신은 '사라스바티'라 하는데, 이 여신이 인간에게 지혜를 전해줌으로써 비로소 인간이 총명해졌다고 한다. 지혜의 여신에 감사하기 위해 매년 12월 11일 발리 섬에서는 제사 의식을 거행하는 한편 상징적인 현대판 지혜의 여신을 뽑는다. 여신으로 뽑힌 여성의 아름다운 자태와 용모는 인간이 영원히 추구하고자 하는 지혜와 지식을 상징한다. 그녀는 한 손으로는 『베다Veda』경전을 들고 다른 한 손으로는 열쇠를 쥔다. 경전은 지식의 보물창고를 상징하며, 열쇠는 인간이 지혜를 활용하여 성공의 문을 연다는 것을 상징한다.

이 아름다운 전설은 발리 섬 사람들에 의해 이어져 내려오고 있지만, 인류의 지혜가 정말 사라스바티 여신이 내려준 것인지는 증명할 길이 없다. 이런 이야기는 전설로 귀착될 뿐이다. 모략은 실천을 통해 생겨나는 것이지 전설이 모략의 기원에 대한 객관적 실재를 밝혀줄 수 없음은 물론이다.

모략은 사유에서 기원한다. 사유는 생명에서 기원한다. 사유는 인간의 두뇌와 사회적 실천에서 나온다. 모략의 기원을 연구하다 보면 사유 연구만으로는 충분치 않고 생명의 기원까지 거슬러 올라가야 할 필요성을 느끼게 된다.

지금 인류가 생존하고 있는 이 지구에 대략 30억 년 전 무기물이 점차 변화하여 최초의 생명을 가진 물질이 탄생했다. 각종 생물질이 천천히 쉬지 않고 진화하는 과정에서 어떤 생물들은 크기도 커지고 저차원에서 고차원으로 계속 발전했다. 반면에 어떤 것들은 점차 쇠퇴의 길을 밟았다. 이런 느릿느릿한 발전과 변화 속에서도 늘 어떤 경쟁 같은 것이 벌어지고 있었다.

오늘날 과학자들은 자연계의 식물들이 서로 '사랑'하고 '미워'한다는 사실을 알아냈다. 양파와 당근은 좋은 친구다. 그들이 뿜어내는 냄새가 서로에 기생하고 있는 해충을 내쫓아주기 때문이다. 포도와 스톡(자라난화)은 함께 자라지만 포도의 향이 더 짙다. 콩과 아주까리도 함께 자라는데 아주까리가 뿜어내는 냄새는 콩에 피해를 주는 풍뎅이를 멀리 몰아낸다. 이와는 반대로 물과 불처럼 서로를 받아들이지 못하는 적대관계도 있다. 양배추와 갓은 함께 살면 둘 다 낭패를 면키 어렵고, 수선화와 은방울꽃도 함께 자라면 둘 다 죽는다. 금계꽃과 밀, 옥수수, 해바라기 등도 함께 살면 어떤 것은 씨를 전혀 못 거둘 수도 있다. 오이와 토마토, 메밀과 옥수수, 수수와 참깨도 원수지간이다. 식물의 생장과 번식에서 이런 현상은 보편적이다.

가장 오래된 생물들은 자극반응과 같은 가장 간단한 반응방식을 갖고 있다. 식물들은 이로운 자극이면 접근하고, 바람·햇빛·추위·열 등과 같이 불리한 자극이면 피한다. 낮은 단계의 아주 간단한 자극-감응반응은 무기물 세계의 반응과는 본질적으로 구별되는 가장 원시적이면서 '주동적 능력'이다. 생물이 진화함에 따라 그 반응방식은 자극과 감응에서 감각과 지각으로 발전하고 나아가서는 표상表象으로 나타나 낮은 단계나마 뇌신경 활동이 이루어진다. 생존경쟁과 자연도태의 자연계에 점차 서로 돕거나 물리치는 먹이사슬이 형성되었다.

진화론의 창시자 다윈은 고양이·들쥐·벌·토끼풀·양 사이에 뚜렷한 먹이사슬 관계가 존재한다는 사실을 발견했다. 고양이가 적은 곳에는 쥐가 많은데, 쥐가 벌집을 부숴버리는 통에 벌이 줄어들고, 벌이 줄어드는 바람에 토끼풀 꽃가루를 나를 수 있는 기회가 줄고, 이에 따라 양이 먹을 토끼풀도 줄어들어 양의 생장에 영향을 준다는 것이었다. 여기서 우리는 고양이·쥐·벌·토끼풀·양 사이에 놓인 먹이사슬이 파괴되면 어떤 생물은 멸종 위기에까지 몰린다는 사실을 알 수 있다. 계속 생존하고 번식할 수 있느냐 없느냐 하는 상황에서 식물은 일반적으로 주동적 능력을 발휘하지 못하고 그저 자연에 맡길 뿐이다. 그러나 어느 정도의 반응력과 초보적인 뇌신경 활동을 갖춘 동물은 생존을 위해 투쟁할 수 있다.

일정한 사유 능력을 갖춘 인류의 조상은 지구상에 나타난 뒤 생존과 후손 번식을 위해 힘들고 위험한 투쟁을 벌이지 않으면 안 되었다. 사나운 비바람, 찌는 더위와 살을 에는 추위 등과 같은 기후 조건은 인간으로 하여금 몸을 피할 수 있는 장소를 찾게 만들었다. 인간은 먼저 하늘과 싸웠다. 산이 무너지고 바닷물이 밀려들었다. 인간은 재해를 피하기 위해 가장 안전한 생존 구역을 찾아야만 했다.

인간은 땅과도 싸웠다. 얼어 죽지 않기 위해 인간은 해가 들고 바람을 등질 수 있고 출입이 쉽고 내부가 편안하고 널찍한 동굴을 찾아 살 곳으로 선택하는 슬기를 배워나갔다. 바닥에다 마른풀, 마른 흙, 나뭇잎 또는 짐승 가죽을 깔기도 했다. 굶어 죽지 않기 위해 먹다 남은 음식물을 한곳에 치워놓았다가 배고플 때 다시 먹는 법을 알게 되었고, 과일 따위를 저장해두기에 이르렀다. 그러면서 점점 동물을 사냥해 식량으로 삼을 수 있게 되었다. 간단한 사냥 도구도 만들 줄 알게 되었다. 피 흘린 경험과 교훈을 바탕으로 맹수를 상대하는 방법을 터득했다. 이러한 노력 덕분에 인간은 열악한 자연환경과 경쟁이 치열한 약육강식의 세상에서 생존하고 발전할 수 있었다. 인류 초기에 생존과 발전을 향한 걸음걸음은 '본능모략'을 기본으로 하는 호신용 '부적'에서 벗어나지 않았다.

인간뿐만 아니라 생존할 수 있는 어떠한 동물도 자기 보호법을 몸으로 터득하고 있다. 그렇지 않으면 멸종을 면키 어렵다.

솔개는 들비둘기의 천적이다. 비둘기 집을 습격하여 날개도 미처 나지 않은 새끼들을 잡아먹곤 한다. 그러나 어미 비둘기는 새끼를 보호하기 위해 솔개와 상대하는 방법을 터득했다. 솔개가 공중을 빙빙 돌다가 두려움에 떨고 있는 새끼 비둘기들에게 접근해 오면 어미 비둘기는 경계의 눈초리를 늦추지 않고 솔개를 노려본다. 솔개가 날개를 접고 번개처럼 비둘기를 향해 달려들면 어미 비둘기는 뜻밖에도 용감하게 솔개 쪽으로 날아간다. 갑작스럽게 날아드는 먹잇감을 본 솔개는 즉시 주의력을 날아드는 어미 비둘기 쪽으로 돌린다. 영리한 어미 비둘기는 솔개가 자기 쪽으로 달려드는 순간 잽싸게 몸을 돌려 도망친다. 솔개는 어미 비둘기의 뒤를 맹렬히 쫓는다. 솔개는 새끼 비둘기로부터 점점 멀어진다. 어미 비둘기는 빠른 속도로 가파른 절벽에 바짝 접근하여 몸을 크게 벌리고는 곧장 지면으로 급강하한다. 몸이 땅에 닿으려는 순간 느닷없이 몸을 돌려 다시 공중으로 날아오른다. 먹이에만 눈이 어두운 솔개는 무거운 몸무게와 빠른 속도에서 나오는 탄성 때문에 속도를 늦추어 제동을 걸지 못한다. 급작스러운 상황 변화에 통제력을 잃어버린 솔개는 절벽에 머리를 박거나 땅에 곤두박질치고 만다. 가볍게는 날개가 부러지고 심하면 온몸이 만신창이가 된다. 비둘기가 솔개를 상대하는 방법은 "약한 자가 강한 자를 이기는" '이약승강以弱勝强'의 절묘한 수라 할 수 있다.

멧돼지가 지구상에 처음 나타나기는 3,600만 년이 넘었다고 한다. 인류가 생겨난 이래로 멧돼지는 주요한 사냥감이 되었다. 인류는 잡아 온 멧돼지를 우리에 가두고 기르기 시작했다. 사냥하기 어려운 때 잡아먹기 위해서였다. 이로부터 돼지는 인류의 생활과 뗄 수 없는 인연을 맺게 되었다.

동물 세계에서 돼지는 반응이 느린 종류에 든다. 그러나 세상 사람 모두가 잘 아는 우둔한 돼지도 천적에 대항하는 기가 막힌 방법을 터득하고 있다. 비곗덩이인 몸통에 비길 데 없이 두꺼운 가죽을 가진 멧돼지도 우리에 갇혀 사육되면서 점점 변해갔다. 고기 맛도 연해졌다. 많은 맹수들이 돼지를 먹잇감으로 노렸다. 그중에서도 이리가 군침을 가장 많이 흘렸다. 그런데 행동이 느리고 우둔하기 짝이 없는 돼지가 이리와 싸우는 장면을 본다면 돼지에 대한 인식이 바뀌고도 남을 것이다. 그 장면은 정말로 볼 만한 구경거리다.

처음에 이리는 사나운 이빨을 드러낸 채 천천히 돼지에게 다가선다. 돼지는 두툼한 주둥이와 단단한 머리로 이리를 몰아붙인다. 몇 차례 공격이 헛수고로 돌아가자 이리는 하는 수 없이 전술을 바꾼다. 돼지의 옆과 뒤를 빙글빙글 돌면서 돼지의 불알을 물어뜯으려 한다. 불알을 물린 돼지가 고통을 참지 못하고 비틀거릴 때 잡아먹겠다는 의도다. 이리의 의도를 눈치챈 돼지는 재빨리 주둥이와 발로 구덩이를 판 다음 엉덩이를 그 안에 묻고서 급소를 보호한다. 이리가 공격하기 위해 방향을 바꾸면 돼지는 앉은 자리에서 하반신만 틀어 방향을 이리 쪽으로 바꾸면 그만이다. 이리가 제아무리 빨리 방향을 바꾸어도 돼지는 느긋하게 엉덩이를 돌리면서 이리가 지치기를 기다린다. 그러기를 한참 하고 나면 이리는 체력이 바닥나 제풀에 지쳐 사냥에 흥미를 잃고 발길을 돌린다.

돼지 면전에서 낭패를 당한 이리지만 사납고 약은 수단으로 사냥을 성공으로 이끄는 경우도 적지 않다. 떼를 지어 고라니를 잡아먹는 경우가 좋은 본보기다.

고라니는 잘빠진 몸매와 아름다운 자태, 온순한 성격 때문에 다른 동물의 부러움을 사지만 늘 사납고 큰 맹수의 사냥 목표가 된다. 그러나 고라니는 나름대로 자신을 지키는 방어술을 갖고 있다. 바람처럼 달릴 수 있는 네 발과 예민한 감각이 그것이다. 고라니는 순풍이 부는 산등성이를 찾아 먹이를 찾고 휴식을 취한다. 높은 곳에서 아래를 내려다보며 사방을 살피려는 것이다. 주위에서 조금이라도 이상한 소리나 기척이 나면 즉시 줄행랑을 친다. 고라니의 뛰는 속도가 여간 빠른 것이 아니기 때문에 호랑이·사자·표범 등 맹수도 그저 멀뚱멀뚱 바라만 볼 때가 많다. 잔인하고 약아빠진 이리는 뜀박질로는 고라니를 못 따라잡는다는 사실을 잘 알고 있다. 하지만 맛있는 고라니 고기를 차지하기 위해 갖은 궁리를 다 짜낸다. 그리하여 떼를 지어 출동하여 고라니를 포위한 뒤 공격하는 방법을 알아내기에 이르렀다. 이리가 고라니를 어떻게 공격하는지 보자.

고라니를 발견한 이리떼는 고라니에게 선뜻 다가서지 않고 천천히 고라니 주위의 산 위로 흩어진다. 그런 다음 한 마리가 큰 소리로 고라니를 향해 으르렁댄다. 소리를 들은 고라니는 겁에 질려 소리가 들리는 반대쪽으로 도망친다. 이리의 포위권 주위까지 도망치면 맞은편에 있던 이리가 다시 으르렁댄다. 고라니는 다시 반대쪽으로 도망친다. 이렇게 하길 너덧 차례, 고라니는 가쁜 숨을 몰아쉬며 땀을 비 오듯 흘린다. 체력이 떨어지고 뛰는 속도가 갈수록 느려진다. 이리는 서서히 포위망을 좁혀 힘 안 들이고 지칠 대로 지친 고라니를 잡는다.

여우가 백조를 잡는 방법도 절묘하다. 백조는 멀리 날아오르는 새이기 때문에 여우의 밥이 된다는 것은 상상조차 어렵다. 하지만 그런 경우가 분명 있기 때문에 여간 흥미롭지 않다. 백조는 천성이 명랑하고 부드러워 다른 새를 공격하는 법이 없다. 엄격한 조직과 고도의 경계심을 갖고 떼 지어 산다. 사나운 독수리 따위가 공격해 오면 떼를 지어 반항한다. 힘센 날개를 한껏 펼치고 단단한 부리로 반격을 가한다. 해가 지고 밤이 되면 짝을 지어 모래판의 풀숲에 몸을 숨긴다. 서로 목을 몸 뒤로 돌려 날개 밑에 파묻고 깊은 잠에 빠진다. 불침번을 맡은 백조만 한눈팔지 않고 시계가 좋은 곳에 서서 경계의 눈빛을 늦추지 않고 사방을 주시한다. 조금이라도 수상한 기적이 나면 긴 울음소리로 잠자고 있는 가족들을 깨운다.

백조가 잠들어 있는 장소를 발견한 여우는 한밤을 이용해 몸을 가리며 살금살금 백조들에게 다가선다. 발소리는 물론 풀잎에 스치는 소리조차 나지 않도록 조심스럽게 접근해야 한다. 아주 작은 기척이라도 불침번을 서는 백조가 눈치채면 바로 소리로 동료들을 깨워 서로 소리를 지르며 사태에 대비하기 때문이다. 이런 상황에서 백조를 공격한다는 것은 헛수고에 지나지 않는다. 약을 대로 약은 여우는 더 이상 다가서지 않고 땅바닥에 납작 엎드려 몸을 숨긴 채 꼼짝도 하지 않는다. 별다른 이상을 발견하지 못한 백조들은 다시 깊은 잠에 빠진다. 백조들의 이런 특성을 간파한 여우는 강공책으로는 별 효과를 거두지 못하리라는 것을 알고는 상대를 지치게 만드는 피로 전술과 상대를 갈라놓는 이간책을 동시에 구사하여 백조들을 지치게 만드는 동시에 서로를 불신하게 만든다. 불침번 백조의 경보가 더 이상 통하지 않을 때 습격을 가하는 것이다.

한번 상상해보라. 꼬리를 살랑살랑 흔들어 풀로 소리를 내서 불침번 백조가 2차 경보 울음을 내면 백조들은 화들짝 놀라 경계 태세에 돌입한다. 여우는 땅에 엎드려 꼼짝도 하지 않는다. 이렇게 하길 몇 차례, 백조들은 피곤에 지쳐 불침번 백조에게 화를 내며 날개로 그를 때리고 소리를 지르며 욕을 해댄다. 불침번 백조는 이런 곤욕을 치르고도 여전히 원망 없이 여우의 기척에 다시 경보의 울음소리를 낸다. 그러나 이제 백조들은 경보 울음에도 아랑곳 않고 깊은 잠에서 깨어나지 않는다. 이 순간 여우는 마음 놓고 백조에게 달려가 목덜미를 물어 동맥을 끊어버린다. 단잠에 빠져 있던 백조는 죽음의 비명을 울리며 온몸을 버둥거려보지만 때는 이미 늦었다. 갑작스러운 상황 변화에 백조들은 우왕좌왕하며 하늘로 날아오른다. 남겨진 동료의 시체는 여우의 풍성한 아침 밥상이 되고 만다.

여우는 사냥의 고수일 뿐만 아니라 강적의 습격을 막는 데 더욱 탁월한 능력을 보여준다. '호가호위狐假虎威'는 잘 알려진 고사성어의 하나다. 여우 사냥을 해본 사람은 누구나 이 고사를 거론한다. 어느 해 겨울, 내몽골 초원지대와 화북지방 산지의 접경지대에서 있었던 일이다. 지프를 몰고 온 세 명의 사냥꾼이 자동 엽총으로 100

여 미터 밖 작은 구릉에 있는 여우를 향해 집중 사격을 가했다. 콩을 볶는 듯한 요란한 총소리와 함께 여우가 쓰러지는 모습이 눈에 들어왔다. 몇 발의 총소리가 더 들리고 주위는 정적에 휩싸였다. 보아하니 명중한 것이 틀림없었다. 포수들은 여우가 쓰러진 곳을 향해 즐거운 발걸음을 옮겼다. 포수들이 산등성이로 다가서는 순간 총에 맞아 쓰러진 여우가 벌떡 일어나 눈 깜짝할 사이에 포수들 앞을 스쳐 사라져버리는 것이 아닌가. 포수들은 망연자실 너털웃음을 터뜨리고 말았다.

이와 비슷한 예는 수도 없이 많다. 방울뱀은 두꺼비를 잡아먹기를 좋아한다. 방울뱀은 두꺼비가 개미를 좋아하고 개미는 풀을 좋아한다는 사실을 알고 땅을 파고 몸을 숨긴 뒤 꼬리만 밖으로 내놓은 채 작은 풀처럼 위장하여 풀을 좋아하는 개미를 유인한다. 이렇게 해서 개미를 좋아하는 두꺼비까지 유인하여 잡아먹는다.

관심 있게 살피고 연구하면 이 방면의 생생한 사례들을 어렵지 않게 만날 수 있다. 동물의 뛰어난 자기보호 능력과 먹이를 잡는 기술은 그 하나하나가 뛰어나긴 하지만 그들의 행동이 능동적 사유에서 나온 것은 아니다. 기나긴 생존경쟁, 적자생존의 역사 속에서 서서히 형성된 본능일 뿐이다. 동물들의 이런 본능에서 나오는 탁월한 기술은 비체계적이지만 인류가 일찍부터 주목하고 모방해왔다.

인류의 사유가 발전하고 언어가 풍부해지면서 사람들은 동물들의 본능모략을 차분히 연구하여 입에 오르내리는 수많은 격언으로 정리했으며, 그로부터 심오한 모략 지혜를 끌어냈다. "매미가 껍질을 벗고 완전히 새로운 모습으로 탄생한다."는 뜻의 '금선탈각金蟬脫殼', "영리한 토끼가 자신의 안전을 위해 굴을 세 개나 마련해둔다."는 뜻의 '교토삼굴狡兔三窟', "여우가 호랑이의 위세를 빌려 행세하고 다닌다."는 뜻의 '호가호위狐假虎威' 등등 생생하면서 기억하기 쉬운 수많은 격언과 성어들이 그 결과물이었다. 이런 결과물을 통해 우리는 지혜를 얻고 인류 모략사유의 신천지를 개척한다.

손무는 군대를 부리면서 항산恒山의 뱀이 자신의 머리와 꼬리를 돌아본다는 사실에서 계시를 얻어 "군대를 잘 부린다는 것은 항산의 솔연이란 뱀에 비유할 수 있다. 솔연이라는 뱀은 머리를 치면 꼬리가 달려들고, 꼬리를 치면 머리가 달려들며, 가운데를 치면 머리와 꼬리가 한꺼번에 달려든다."(『손자병법』「구지九地」)고 했다. 군사전문가 유백승劉伯承(1892-1986)도 뱀의 이러한 습성에서 계발을 얻어 공격 전법을 만들어냈다. 즉, 머리를 조르고 꼬리를 당기고 허리를 잘라 사지로 몰아넣는 전법이었다. 『유백승용병록劉伯承用兵錄』을 보면, 동물들의 본능모략을 전법에 비유한 예가 많다. "사나운 호랑이가 심장을 끄집어낸다."는 뜻의 '맹호도심猛虎掏心', "한쪽을 깨문다."는 뜻의 '긍기일변啃其一邊', '참새 전술', '방게 전술', '이리 전술' 등등이 대표적인 본보기다.

어떤 사람들은 동물의 본능은 근본적으로 모략이라 할 수 없지 않느냐고 따지고 든다. 모략은 인류가 어느 정도 역사에 들어선 단계에서 창조된 것이며 본능과 모략은 근본적으로 서로 연관이 없지 않느냐는 지적이다. 물론 일리 있는 말이다. 그러나 우리는 동시에 이런 점을 잊어서는 안 된다. 인류는 기나긴 역사 단계를 거치면서 차츰 동물에서 떨어져 나왔고, 지금 인간의 특징들 중 일부는 동물의 특징과 비슷한 점이 매우 많다는 것이다. 동물과 인간의 여러 가지 본능모략은 그 당시 간단한 언어로 표현 못 하거나 정확한 문자로 기록하지 못했다고 해서 그 객관적 존재를 부인할 수 없다. 이는 후대인들이 앞사람의 모략 실천을 개괄하고 종합하여 세련된 언어와 문자로 표현하거나 기록했다고 해서 모략을 실천하고 창조한 것이 후대인이라고 할 수 없는 것이나 마찬가지다. 우리가 모략을 계통적으로 연구하고, 특히 모략을 종합적인 학과로 연구하려고 할 때, 모략의 근원을 뒤쫓기 위해서는 동물의 본능모략을 연구의 중요한 부분으로 인정해야 한다. 이 문제에 대해서는 마키아벨리

● 손무와 유백승은 동물의 본능모략으로부터 많은 계발을 얻어 고도의 모략사유로 승화시킨 인물들이다. 사진은 유백승이다.

가 『군주론』에서 말한 다음과 같은 대목을 음미해볼 만하다.

"야수의 방법을 취해야 하는 상황에서는 여우와 사자에게 배울 것이 있다. 즉, 함정을 알아내는 여우의 교활함과 늑대를 죽일 수 있는 사자의 힘을 갖추어야 하는 것이다."

3. 단향모략

'단향모략單向謀略'이란 좀더 쉽게 표현하자면 일방모략이라 할 수 있다. 같은 수준의 구체적인 상대에게 구사하는 모략이 아니라 일방적으로 구사하는 모략을 가리키는 용어다. 엥겔스는 1878년 출판한 『반뒤링론』이란 책에서 "마찰을 일으켜 불을 얻음으로써 처음으로 자연을 지배하게 되었고, 끝내는 인간을 동물계로부터 벗어나게 했다."고 했다. 인류의 사유가 어느 정도 발달한 뒤로 생존을 위한 투쟁에서 사유는 점차 본능적·수동적 대응 상태에서 능동적·적극적 상태로 전환해갔다. 그리고 자연을 정복하는 과정에서 주동적으로 뇌를 움직여 온갖 적절한 방법들을 생각해냈다.

모략은 사유의 결과다. 특히 '대항성對抗性 사유'는 모략의 발전을 힘 있게 추동했다. 그러나 모략이 오로지 '대항성 사유'에서만 나온 것은 아니다. 일반적으로 말해, 인간과 인간의 대항에서 모략이 필요하고, 모략은 사유를 통해 나오며, 인간과 동물 간의 대항 또는 투쟁에서도 모략은 필요하다. 모략이 없다면 사람은 독사나 맹수를 제압하지 못할 것이며, 영리한 여우나 빠른 독수리를 잡을 수도 없다. 가축을 기르는 일은 더욱 불가능할 것이다. 산속을 뛰어다니는 짐승들은 말할 것 없고 하늘을 날아

다니거나 바다를 헤엄쳐 다니는 동물들을 잡기란 하늘의 별을 따는 일보다 더 어려울 수 있다. 하물며 작은 연못 속의 미꾸라지를 잡는 데도 머리를 굴려 방법을 생각해내야 하지 않는가. 옛날 사람들이 당시 어떻게 했는지 그 상황을 현재 상상하기란 그다지 어렵지 않다.

미꾸라지는 반항 능력을 갖고 있지 못하다. 미꾸라지가 사는 환경이 인간의 미꾸라지 잡이에 별다른 위험을 주지도 않는다. 그러나 미꾸라지에게는 미끌미끌한 껍질과 탄력 넘치는 몸이 있으며, 교묘하게 도망치는 기술과 진흙탕에서 살 수 있는 능력이 있다. 미꾸라지는 겹겹이 쳐진 그물을 피해 갈 수 있으며, 인간들의 손가락 사이를 빠져나갈 수 있다. 다른 물고기와 똑같은 방법으로 잡으려 한다면 효과는 늘 엉망일 것이다. 손아귀에 넣었다가도 물 위로 건져 올리는 순간 놓쳐버리고 후회할 수도 있다. 영리한 사냥꾼이라면 몇 차례 실패를 겪고 나면 금세 적절한 방법을 찾아낼 것이다.

예컨대 "부드러움으로 부드러움을 제압"하는 '이유제유以柔制柔'의 방법이 있다. 미꾸라지가 '빠져나가는' 솜씨는 뛰어나지만 녀석에게는 서늘한 것은 좋아하는 반면 열을 겁내는 눈에 띄는 습성이 있다. 여름날 오후가 되면 내리쬐는 태양열을 피해 미꾸라지는 흙속으로 파고들어 피서를 즐긴다. 이때 그냥 구멍으로 손만 쑥 집어넣고 천천히 그러다가 빠르게, 또 느슨하게 잡았다가 바짝 힘을 주어 다섯 손가락으로 꽉 움켜쥐면 그만이다. 이렇게 하면 제아무리 미끈거리는 미꾸라지라도 속수무책이다. 이런 식으로 하지 않고 그저 힘으로만 밀어붙인다면 미꾸라지는 손가락 사이의 작은 틈만 있어도 순식간에 빠져나간다.

'타수간포打水看泡'라는 방법도 있다. 깊은 물속에서 미꾸라지를 잡는 것은 난이도가 아주 높은 방법이라 하지 않을 수 없다. 힘 위주의 강경한 방법으로 미꾸라지를 잡으려 했다간 성공할 확률은 극히 희박해진다. 하지만 미꾸라지가 작은 소리만 들어도 흙 구멍 속으로 얼른 숨는다는 습성을 잘 살펴서 손가락으로 물 표면을 퉁기는 이 '타수간포'의 방법을 모색하면 된다. 먼저 엄지와 검지로 둥근 원을 만들어 방아 쇠를 당기듯 수면에 손가락을 대고 '퐁'하는 소리가 나게 물을 퉁긴다. 이때 물속 어 디선가 거품이 뽀글 솟아오르면 그곳이 바로 미꾸라지가 숨어 있는 곳이다. 위치를 확인했으면 차분하게 그리고 가볍게 거품이 나온 곳의 흙덩이를 떠서 둑이나 물이 없는 곳에 두면 십중팔구 미꾸라지를 찾아낼 수 있다.

"못이 마를 때 고기를 잡는다."는 '갈택이어竭澤而漁'나 "구멍을 잘 살펴 잡는다."는 '관동이착觀洞而捉'과 같은 방법도 있다. 시냇물이나 연못이 마르려 할 때는 미꾸라지 가 잘 안 보인다. 이때는 되는 대로 흙을 떠서 말린 다음 손으로 대패 밀 듯이 흙을 쭉 한번 밀면 진흙에 파고들어 달라붙어 있는 미꾸라지를 어렵지 않게 잡을 수 있다. 겨울에서 봄으로 넘어가는 시기 얼어 있다가 녹은 논바닥에서는 가만히 살펴보기만 해도 반질반질한 작은 구멍들에 미꾸라지들이 틀림없이 숨어 있다. 손가락으로 구멍 을 후벼파거나 부삽 따위로 흙을 한 삽 뜨기만 해도 미꾸라지를 잡을 수 있다.

사유할 줄 아는 인간이 각양각색의 동물과 투쟁할 때는 사유의 틀을 활짝 열어 놓고 수준 높은 주의력을 발휘해야만 바라는 목적을 달성할 수 있다. 일반적으로 사 유할 줄 아는 인류와 사유를 모르는 동물의 투쟁에서 나타나는 사유 과정과 그 사 유를 통해 나오는 뛰어난 성과를 '단향모략單向謀略'이라 부른다.

"그물을 설치해놓고 참새를 잡는다."는 '설망포작設網捕雀', "붉은 콩으로 비둘기를 유인한다."는 '홍두유합紅豆誘鴿', "함정을 파서 호랑이를 잡는다."는 '함정엽호陷穽獵虎', "대나무 사이에 끼워 여우를 잡는다."는 '죽협착호竹夾捉狐' 등등은 인간이 단향모략를 구사한 성과들이다. 경험이 풍부한 사냥꾼이 이리를 잡을 때는 이리의 굴로 곧장 들 이닥친다. 일단 이리의 굴로 들어가기만 하면 사납고 지독한 어미 이리도 어쩔 줄 몰 라 하며 똥오줌을 싸거나 몸을 움츠리고 만다. 원숭이를 사냥할 때는 원숭이가 사람동작을 흉내내길 좋아한다는 특징을 이용한다. 원숭이를 술로 유혹하기도 하고, 일부러 집적거려 화를 내며 싸우게 만들거나 광주리 안에 먹을 것을 두고 원숭이를 유인하는 방법 등으로 영리한 원숭이를 잡는다. 모두 '단향모략'의 방법들이다.

오랜 세월을 거치면서 인간은 실천을 종합하고 다시 실천하고 그것을 종합하는 과정을 통해 점차 숙련되고, 단계가 올라갔다. 이에 따라 '단향모략'은 수많은 사람들의 입에 오르내리는 모략의 격언·경구 또는 성어가 되어 세상 사람들이 대대로 인용하기에 이르렀다. "풀을 헤쳐 뱀을 놀라게 한 뒤 잡는다."는 뜻의 '타초경사打草驚蛇', "산을 두드려 호랑이를 떨게 한다."는 '고산진호敲山震虎', "물을 흐려 물고기를 잡는다."는 '혼수모어混水摸魚', "기회를 봐서 힘들이지 않고 양을 끌고 간다."는 '순수견양順手牽羊', "뱀을 잡을 때는 일곱 마디 부분, 즉 급소를 치라."는 '사타칠촌蛇打七寸' 등등은 '단향모략'의 전형적인 예들이다.

이 밖에도 아직 사람들에 의해 제대로 개괄되지 못한 '단향모략'의 사례는 얼마든지 있다. 노르웨이 어부들이 잡은 정어리가 항구에 들어와서도 살아 있다면 죽은 것보다 훨씬 비싼 값을 받을 수 있다고 한다. 어부들은 항구까지 물고기를 산 채로 유지하기 위해 온갖 궁리를 다 했다. 하지만 많은 노력들은 실패로 돌아갔고 오로지 한 척의 배만 물고기를 산 채로 항구까지 가져오는 데 성공했다. 사람들은 그 어부가 죽고 난 다음에야 그 비밀을 알게 되었다. 그 늙은 선장은 늘 메기 한 마리를 정어리를 넣는 선창에 함께 넣어두었던 것이다. 메기는 낯선 환경에다 자기와는 다른 물고기들과 함께 있게 되자 사방을 쏘다니며 마찰을 일으킨다. 정어리들도 자신들과는 다른 놈을 발견하고는 긴장해서 계속 헤엄을 친다. 물이 살아 있으니 물고기들도 죽을 수 없다. 이렇게 해서 펄펄 뛰는 정어리를 항구까지 가져왔던 것이다. 아직 고급 문자로 세련되게 개괄되지 못한 이런 실천적 모략은 지금 이 순간에도 격렬한 사유 투쟁을 벌이고 있는 사람들에게 충분한 도움을 줄 수 있다.

일본의 하우스 메이커 기업 미사와 홈은 회사를 꼼꼼히 관찰한 끝에 많은 기업이 기본적으로 다음과 같은 세 종류의 사람들로 구성되어 있다는 것을 발견했다. 첫째는 없어서는 안 되는 유능한 인재로 이들은 약 20%를 차지한다. 둘째는 회사를 집처럼 생각하여 열심히 일하는 사람들로 약 60%를 차지한다. 마지막은 종일 빈둥거리며 여기저기를 쏘다니기만 하는, 그래서 결국은 회사를 후퇴시키는 쓸모없는 인간들이 20%를 차지한다.

그렇다면 세 번째 종류의 인간들을 줄이고 첫 번째 두 번째 사람들을 늘릴 방법이 없을까? 이 문제를 놓고 미사와의 창건자이자 회장을 맡고 있는 미사와 치요지三澤千代治가 사용한 방법이 바로 노르웨이 어부가 사용한 '메기 효과'(염어효응鯰魚效應)였다. 미사와는 외부로부터 유능하고 생각이 민첩한 25~35세의 힘이 넘치는 인재를 초빙하는 데 중점을 두었다. 심지어는 상무이사 직급에 해당하는 '대형 메기'를 일부러 초빙하여 회사 전체의 '크고 작은 정어리'들에게 충격을 가하기까지 했다. 미사와 회장은 자신의 실제 경험을 바탕으로 이렇게 말한다.

"사실 사람도 마찬가지다. 한 사람이 회사에 너무 오래 근무하다 보면 신선감과 경쟁력이 떨어져 게을러지기 쉽다. 외부로부터 '메기'를 초빙하여 회사 일에 관여시켜 일종의 긴장감을 조성하면 기업은 생기가 넘칠 수밖에 없다."

'단향모략'이 그렇다고 단순하게 사유할 줄 아는 인간과 사유를 모르는 동물의 투쟁에서 일어나는 인류 사유의 결과물만을 가리키지는 않는다. 인간과 인간의 간접적인 사유 대항이나, 대항 중에 한쪽이 특별히 지정하지 않은 투쟁 대상에 대한 모략도 '단향모략'이라 할 수 있다. 이런 '단향모략'은 인류가 아주 오래전부터 사용해왔다.

《해방일보解放日報》 1990년 2월 16일자 보도에 따르면 이집트 제18왕조의 국왕 투탕카멘 파라오의 무덤에서 명문을 새긴 두 조각의 석비가 발견되었는데 그 각각에 이런 글이 쓰여 있었다.

"누구든 파라오의 안녕을 방해하는 자는 죽음의 신이 펼친 날개에서 도망갈 수 없다. 파라오의 혼령이 거위의 목을 누르듯 도굴꾼을 죽일 것이다."

이 무덤은 1923년 영국 고고학자 카나번 경이 이끄는 고고 발굴단에 의해 다시 조사되었는데, 놀랍게도 이 발굴이 있은 지 6년 사이에 카나번을 포함해서 12명의 대원이 갑자기 사망했다. 몇 년 뒤 이곳을 지나갔던 다른 고고대원도 급사하는 일이 발생했다. 사건은 갈수록 미궁에 빠졌다. 1973년까지 발굴에 참가했던 세계적으로 이름난 고고학자 수십 명이 죽었는데 대부분 오장육부가 뒤틀리거나 온몸이 썩는 등 극도의 고통 속에서 죽어갔다.

지식인들은 파라오의 저주를 끝까지 믿지 않았지만 당사자들이 하나씩 죽어간 것만은 분명한 사실이었다. 파라오의 저주는 세상 사람들 모두가 관심을 갖는 미스터리가 되었다. 이들은 왜 그렇게 죽어갔을까? 그러던 중 독일의 한 연구소에서 이 문제를 연구한 끝에 새로운 과학적 해석을 내놓았다. 그에 따르면 그 많은 고고학자들을 살해한 원흉은 다름 아닌 곰팡이균이었다. 이 곰팡이균이 사람들의 몸속으로 들어가 치명적인 악성 암세포에 감염되게 했다는 것이다. 이 연구팀은 1923년 영국 고고대의 일원이었던 10여 명에 이르는 희생자들 병력을 상세히 분석한 끝에 같은 암으로 죽었다는 사실을 밝혀냈다.

그렇다면 파라오는 어떻게 이런 기막힌 방법을 생각해냈단 말인가? 그들의 해석에 따르면 이랬다. 파라오의 시신을 장례할 때 시신을 새 천으로 몇 겹을 싸는데, 그

천에는 곡식도 많이 들어간다. 이 곡식에서 곰팡이균이 발아했는데 공기가 희박하기 때문에 곡식을 영양분으로 삼아 자랐다. 그 포자가 수천 년 지하에서 시신과 함께 잠을 자고 있다가 무덤이 열려 공기와 접촉하는 순간 아주 빠른 속도로 생명력을 회복하여 인체에 달라붙어 대량으로 번식한 것이다. 그리고 살아 있는 인체에 잠입하여 끔찍한 결과를 초래했다는 것이다. 그럴듯한 해석이었다.

여기서 우리는 이런 생각을 해보지 않을 수 없다. 이집트는 제31왕조에 이르러 알렉산드로스에게 병합되었다. 그때가 기원전 332년이다. 그런데 파라오 투탕카멘은 제18왕조 때 인물이었으니 따져보지 않아도 연대가 얼마나 오래되었는지 알 수 있다. 그 당시 사람들이 이런 도굴 방지의 기막힌 방법을 생각해냈다는 사실에 놀라지 않을 수 없다. 물론 많은 사람들이 이 사건을 우연의 일치로 보기도 한다. 또 어떤 사람들은 이렇게 본다. 이집트 사람들은 죽은 뒤에도 생명이 계속 존재한다고 믿었다. 따라서 사람이 살아 있으니 음식이 필요하고 시체에 싸인 곡식은 바로 죽은 자의 음식이라는 것이다. 이러한 해석들은 나름대로 다 일리가 있어 보인다. 그러나 우리가 지금 이집트를 상대로 확인할 수 있는 사실은 제18왕조의 파라오가 세상에 존재하기 수백 년 전에 피라미드가 이집트 곳곳에 이미 건립되었고 제4왕조 때 전성기에 이르렀다는 것이다. 이런 사실들로 미루어볼 때 이 사건은 결코 우연이라고만 볼 수 없다. 그리고 죽은 자를 위해 양식을 주려면 무덤 안에 넣어주면 그만이지 굳이 시체를 싸는 천에다 넣을 필요가 어디 있는가? 어마어마한 피라미드를 건설할 정도로 높은 기술을 가진 당시에 음식물과 시체의 부패로 인해 생기는 악성 세균으로 도굴자를 징벌하려 한 발상이 결코 허황된 것만은 아닐 것이다.

'단향모략'은 오늘날 많은 사람들이 더 풍부한 의미와 내용을 부여하고 있고, 더 넓은 영역으로 끌어들이고 있다. 예컨대 경제활동에서 새로운 과학기술의 연구 성과를 세상에 알리는 일은 새로운 상품의 생산과 소비를 위해 필수적인 활동이 되었다. 전략적으로 접근하는 경우도 흔해졌다. 기업의 장기적인 발전과 운영을 위해서는 이런 전략이 더욱 필요하다. 사회활동에서 교육자는 여러 방법으로 피교육자가 예상한 교육 효과에 이를 수 있게 노력하며, 광고 제작자는 온갖 최신 방법과 참신한 아이디어를 통해 선전 효과를 노린다. 교육자건 피교육자건, 광고 제작자건 광고주건 모두 사유할 줄 알아야 한다. 이런 사유에 어떤 대항이 있을 수는 있지만 사유의 주체로 볼 때는 일방적인 경우가 많다. 즉, 교육자나 피교육자 모두가 함께 특정한 교육 목적을 실현하기 위해 노력하며, 광고 제작자와 광고주 역시 예상하는 선전 효과를 위해 함께 뛴다.

이상, 이런 모략들을 '단향모략'이라고 부른다. '단향모략'은 얼굴을 마주 대하고 벌이는 직접 경쟁이 아니기 때문에 대항 사유를 운용해야 하는 모략만큼 경쟁이 치열하지는 않다. 이 때문에 소홀하기 쉽다.

4. 항쟁모략
————

인류가 원시 군집사회와 씨족사회로 진입한 뒤 혈통, 나이, 체력, 지력, 생존 조건 등의 원인으로 인간관계가 날로 복잡해졌다. 씨족 내부의 연장자, 용맹한 자, 지혜로운 자, 어진 자가 서서히 우두머리로 등장했다. 내부를 어떻게 하면 더 단단하게 다질 수 있을까? 씨족 사이에 협력이 있기도 했지만 그보다는 더 나은 주거 환경, 식량을 위해, 또 각자의 통제 범위와 생존 공간을 넓히기 위한 투쟁이 많았다. 그러자 이런 투쟁에서 어떻게 하면 승리하여 더 나은 생존 조건을 획득할 수 있을까 하는 문제가 제기되었다. 이런 것들이 인류의 사유를 대자연으로부터 점차 인류 자신에게로 방향을 바꾸게 했다. 인류는 '하늘과 투쟁'하는 동시에 '인간과 투쟁'하는 일을 더 짊어져야 했다.

씨족 간의 상호 합병이나 정복 및 재난과 각종 생존 조건의 제약에 맞서면서 인류는 엉성하게 형성되어 있던 소규모 집단생활에서 점점 대규모 집단생활로 옮겨갔다. 이 대집단 안에 혈통 등과 같은 원인 때문에 약간의 소집단이 형성되기도 했다. 이렇게 넓어진 영역과 무리들을 이끌려면 그것이 내부 통제가 되었건 아니면 대자연과의 투쟁이 되었건 또는 다른 집단과의 충돌이 되었건 간에 이전 원시시대의 사유 수준으로는 어림없는 일이 되었다.

1989년 7월 하순, 국제 고고 발굴대가 이스라엘 북부 케르말산山 케바라의 한 동굴에서 약 6만 년 전의 네안데르탈인 뼈 화석을 발견했다. 그 화석 중에는 혀가 포함되어 있었다. 전문가들은 당시 네안데르탈인이 벌써 어느 정도 말하는 능력을 갖추고 있었다는 추정을 내놓았다. 말하는 능력이 있었다는 사실은 동물과는 비교도 안 되는 정보 교환의 방법을 소유했다는 뜻이다. 중국 섬서성 서안西安 반파半坡와 임동臨潼 강채姜寨의 신석기시대 앙소仰韶문화 유지에서는 동銅 조각이 하나씩 발견되었다. 약 6,000년 전의 선조들이 그들 나름대로 야금기술을 갖고 있었다는 것을 말해준다. 이 기술은 점차 생활과 전쟁 등 여러 방면에 널리 운용되었다.

인류가 혼돈과 황량함에 처해 있을 때 지혜의 빛이 비치기 시작했다. 지구상에는 세 갈래의 아주 오래된 지혜로운 민족이 있었다. 황하 유역에 살았던 중국 민족 외에 나일강 유역에 살았던 이집트 민족과 인더스강 유역에서 생활했던 인도 민족이었다. 그들은 인류 지혜의 역사에 큰 공헌을 남겼다. 세상 사람 모두가 알고 있는 이집트의 피라미드가 그 두드러진 본보기다. 일찍이 기원전 2560년 무렵 청동기시대, 제4왕조의 파라오 쿠푸가 카이로 남쪽 기자 지방에 세운 피라미드는 높이가 146m에 한 변의 길이가 230m에 이르는 거대한 건축물이다. 차지하고 있는 면적은 52,900㎡

(약 1만7천 평)이고 평균 무게 약 2.5톤이 나가는 거대한 돌 230만 개가 들었다. 이 돌들은 정교하게 다듬어 흙이나 회로 틈을 메울 필요가 없을 정도로 잘 맞추어 쌓아 올렸다. 얇은 칼날도 들어가지 않을 정도다. 피라미드 안의 경사진 무덤길도 큰 돌로 깔아 바로 무덤방으로 통하게 했다. 피라미드는 겉으로 보기에도 웅장할 뿐만 아니라 각도, 경사 및 흙과 돌의 압력 등이 치밀하게 계산되어 있었다. 이렇기에 수천 년이 지나도록 무너지지 않고 있는 것이다.

쿠푸 왕의 피라미드는 돌을 운반하기 위한 길을 까는 데 10만 명을 10년 동안 동원했고, 피라미드 자체는 다시 10만 명을 동원하여 30년이 걸려 완성했다. 그처럼 어마어마한 건축 규모, 그처럼 정확한 설계와 구상, 그 엄청난 인력과 오랜 시간… 이러한 공정을 진행한 조직자와 설계자에게 남다른 지력이 없었다면 피라미드는 존재할 수 없었을 것이다. 노예의 반항, 장기간에 따른 대자연의 영향, 엄청나게 복잡한 공정과 고난 등등은 깊이 생각하지 않아도 충분히 추론할 수 있을 것이다. 따라서 최초의 피라미드가 완성되었을 때 고대 이집트 사람의 모략 수준은 상당한 수준에 올라가 있었을 것이다.

인류끼리의 대항, 특히 잦은 전쟁은 힘겨루기인 동시에 지혜 겨루기다. 피와 생명을 대가로 하는 다툼 때문에 인간은 두뇌를 최대한 짜서 기발하고 뛰어난 모략을 생각해내지 않을 수 없게 되었다. 전쟁은 모략의 생성과 발전을 재촉하는 촉진제라 할 수 있다. "모략을 활용하지 않는 전쟁은 없다." 인류의 전쟁사는 사유의 대항사이자 모략의 투쟁사이기도 했다.

동방에서 '항쟁모략抗爭謀略'의 선두주자는 중국 민족의 시조로 추앙받는 황제黃帝다. 황제는 성이 공손公孫이고 이름은 헌원軒轅이다. 『국어國語』에 보면 "옛날 소전少典이 유교씨有蟜氏를 아내로 맞아 황제와 염제炎帝를 낳았다. 황제는 희수姬水에서 자랐고, 염제는 강수姜水에서 자랐는데 성장하면서 서로의 성품이 달라 황제를 희라 하고 염제를 강이라 했다."는 대목이 보인다. 황제는 군사 방면에서 혁혁한 공을 세웠을 뿐만 아니라 문치에서도 탁월한 업적을 남겼다. 예의를 발명하고 사관史官을 창립했으며, 사관 창힐蒼頡의 문자 발명을 지원하기도 했다. 황제 당시의 모략 능력과 모략에 대한 그의 공헌을 연구하려면 당시의 사회적 배경을 분석할 필요가 있다.

지금으로부터 약 7,000년 전 구석기시대 말기에서 신석기시대 초기에 중국 북부 황하黃河 유역에서 장강長江 유역에 이르는 지역 곳곳에 인류가 활동하고 있었다. 『관자管子』「군신君臣」(하편)에 보면 다음과 같은 대목이 눈길을 끈다.

> 옛날에는 군주와 신하의 구별이 없었고 부부 배필의 짝짓기도 없이 짐승이 있는 곳에 떼로 몰려 살았다. 힘으로 서로를 정벌했고, 지혜로운 자가 어리석은 자를 속이고 강한 자가 약한 자를 침범하니 늙고 어리고 혼자 사는 자들은 갈 곳이 없었다. 이에 따라 지혜로운 자가 여러 사람의 힘을 빌려 강하고 포악한 자를 막아 멈추게 하고, 사람들을 위해 해를 제거하고 이익은 일으켰다. 또 사람들의 덕을 바르게 하니 사람들이 그를 섬겼다."

관중管仲은 원시인류의 생활과 씨족사회 및 원초적 국가가 모습을 갖추어가는 대략적인 과정을 생동감 넘치게 설명하고 있다. 황하 유역과 장강 유역에서는 갈수록 많은 인류가 활동하면서 점차 하족夏族, 이족夷族, 묘족苗族의 삼대 종족이 형성되었다. 각 종족은 내부적으로 몇몇 민족들과 연맹을 맺기도 했다. 하족은 황하 중류에 해당하는 지금의 섬서성, 감숙성 남부, 산서성 남부, 하남성 서부에서 활동했다. 이족은 하북성 남부, 산동성 동부, 강소성, 안휘성 북부에서 활동했다. 묘족 집단은 지금의 하남성 중부 및 호북성과 호남성 등지에서 활동했다.

장강 중류에 거주하고 있던 묘족 집단 지역은 각종 광물이 많이 나고 삼림이 우거진 곳이었다. 숲에 불이 나서 지면의 광물이 녹고 나면 더욱 단단한 용암이 형성되었다. 이 용암은 석기보다 더 단단하고 날카로웠을 뿐만 아니라 어떤 기물을 만들기에도 편했다. 사람들은 동기와 철기를 제조하는 방법을 배웠다. 『관자』「지수地數」에 보면 치우蚩尤가 지금의 호북성과 강서성의 경계 지점에 해당하는 갈로葛盧 지방의 산에서 나는 철로 칼이나 창 따위를 만들었다는 대목이 보인다. 또한 『사기史記』「오제본기五帝本紀」에는 치우 형제 81인이 칼이나 창 그리고 석궁 따위를 믿고 천하에 맹위를 떨쳤다는 기록이 보인다. 치우를 우두머리로 하는 묘족 집단이 이미 금속으로 병기를 제조하는 기술을 소유하고 있었음을 말해준다.

치우는 81개 씨족을 연합하여 염제를 공격, 염제를 유망楡罔으로 내쫓고 자신이 그 자리를 차지해 중원을 통치했다. 하족은 포악한 이민족의 통치를 견디지 못하고 속속 반항하기 시작했다. 이때 하족 집단의 우두머리인 황제가 각 부락을 연합하여 공동으로 치우에 대항했다. 황제는 치우 부족이 사용하는 병기가 동과 철로 만든 것이란 사실을 잘 알고 있었다. 이에 비해 하족의 각 부락은 여전히 석기를 사용하고 있었다. 정면으로 맞섰다간 패배가 뻔했다. 황제는 치우 부족이 남방에서 발전해왔기 때문에 북방의 기후와 지형에 익숙하지 못하다는 점을 이용하여 먼저 한 발 물러서는 방법을 구사하기로 결정했다. 황제는 치우 부락을 기후와 지형에서 자신에게 가장 유리한 곳으로 끌어들여 작전했다.

황제 부족과 치우 부족이 처음으로 맞붙어 싸운 곳은 대략 지금의 하남성 중부에 해당한다. 치우와 접촉한 황제는 바로 군대를 이끌고 북쪽으로 후퇴했다. 치우는 황제의 뒤를 쫓았다. 치우는 하북 평원까지 쫓아왔다. 치우에게 이곳은 환경이 낯설고 기후가 달랐다. 상황이 불투명하고 너무 멀리까지 추격한 탓에 후방 보급도 어려웠다. 극도의 피로에 찌든 병사들은 정신적으로 두려움을 느끼지 않을 수 없었다. 이와 반대로 지리나 기후 면에서 유리한 조건에 올라선 황제 부락은 사기가 올랐고 주동성이 더욱 강해졌다. 최후로 황제는 탁록涿鹿(지금의 하북성 탁현) 일대에서 광풍이 몰아쳐 모래가 하늘을 뒤덮는 조건을 포착하여 치우에게 대대적인 반격을 가해 치우를 잡아 죽이는 데 성공했다. 황제는 중원을 회복한 기세를 몰아 자신의 명성을 사방에 떨치고 중원 각 부락의 추대를 받아 맹주가 되었다. 역사문헌 학자들은 이해를 기원전 2698년 전후라고 본다.

하 부족의 맹주가 된 황제는 승리의 기세를 몰아 주변 세력에 대한 정벌에 나섰다. 『사기』는 당시의 상황에 대해 "천하에 순종하지 않는 자는 황제가 정벌하여 다스렸다."고 기록했다. 당시 황제의 세력은 동으로는 바다, 서로는 공동산崆峒山, 남으로는 장강에 미쳤고 북으로는 훈육葷粥을 내쫓을 정도로 넓어졌다.

황제의 업적과 관련하여 「오제본기」는 다음과 같이 기록하고 있다.

헌원(황제)은 덕을 닦고 군사를 정비했다. 기후를 연구하고 오곡을 심어 백성들을 사랑으로 돌보았다. 사방의 토지를 측량하여 정리했다. 곰이나 호랑이 등과 같은 사나운 짐승들을 훈련시켜 판천 들에서 염제와 싸웠는데, 여러 번 싸운 뒤에 비로소 뜻을 이루었다. 치우가 다시 난을 일으켜 황제의 명을 듣지 않자 제후들의 군대를 징발하여 탁록 들에서 결국은 치우를 사로잡아 죽였다.

이와 비슷한 내용이 『열자列子』「황제黃帝」에도 보인다. 기록들이 간략하고 서로 모순되는 부분도 있지만 헌원이 덕을 쌓아 백성을 어루만지고 제후들을 호령하는 능력이 있었다는 사실은 의심할 필요가 없을 것이다. 또한 탁록 전투에서 치우를 잡아 죽이는 군사적 재능도 확인할 수 있다. 수준 높은 모략을 갖추지 못한 평범한 재능으로는 결코 이룰 수 없는 것들이었다.

황제와 관련된 이러한 역사적 사실들은 다른 고전 기록에도 적지 않게 나타난다. 『손자병법』「행군」에서는 황제가 4군의 이점을 이용하여 네 명의 제왕에게 승리를 거두었다고 했다. 『한서漢書』「예문지藝文志」에는 26편 분량의 『황제』라는 책 목록이 보인다. 유명한 병법서인 『위료자尉繚子』(『울료자』로도 읽는다)에는 황제와 관련하여 양혜왕梁惠王과 위료자의 다음과 같은 대화가 보인다.

양혜왕: 황제가 '형벌과 덕'에 의존하여 백전백승했다는데 그런 일이 있었소?
위료자: 형벌은 적을 토벌하는 것을 말하고, 덕은 나라를 다스리는 것을 말합니다. 이는 천시나 음양이나 앞뒤 등과 같은 것이 결코 아닙니다. 황제는 사람의 일을 했을 뿐입니다. 이것이 무슨 뜻이냐 하면 이렇습니다. 지금 이 성을 가지고 설명해보겠습니다. 동서남북 사방에서 성을 공격해도 함락시키지 못하는 것은 성 담장의 높이, 해자의 깊이, 무기 상태, 양식의 저장량, 장병의 단결된 마음 등등 때문입니다. 이런 것들이 갖추어져 있지 않을 때 성은 함락되는 것입니다. 이렇게 볼 때 천시는 인간의 작용만 못한 것입니다.… 황제는 귀신에게 비는 것이 자신의 지혜를 살피는 것만 못하다고 했습니다.

이상의 기록들을 통해 우리는 황제가 전쟁이 되었건 정치가 되었건 독특한 견해를 가지고 실천을 통해 성공을 거두었다는 사실을 알 수 있다. 황제의 이런 모략과 성취는 춘추전국에서 진·한 시대에 이르는 동안 사회에 매우 심대한 영향을 미쳤다.

황제의 이러한 지혜와 공적은 중국 공산당이 연안延安에 머무르던 시기 모택동毛澤東이 섬서성 황릉현黃陵縣의 황제 사당에 사람을 보내 올린 제문에도 반영될 정도였다. 황제는 오랫동안 흩어져 혼전을 벌이던 여러 부락을 통일했을 뿐만 아니라 부락민들을 이끌면서 누에치기를 가르치고 의관도 만들고 땅도 개간하게 하고 숫자를 세는 방법도 정하고 활과 수레도 만들고… 이는 중화민족의 오랜 문명에 기초를 닦는

● 역사 기록으로는 최초의 모략가인 황제는 중화민족의 시조로 추앙받고 있다. 사진은 섬서성 황릉현의 황제 사당의 모습이다.

공적이었다. 남다른 군사적 재능과 통치 수준 역시 그가 누구도 반박할 수 없는 동방 모략의 창시자임을 말해준다.

『악기경握奇經』은 헌원 황제의 대신 풍후風后가 지었다고 전하는 병법서인데, 황제의 용병도 주로 이 책에서 도움을 받았다고 한다. 책은 300자가 조금 넘는 적은 분량이고, 주로 진陣의 대형 전환에 관한 문제를 다루고 있다. 이에 따르면 군사에서의 진은 8진이 있는데 정공을 위한 4개와 기습이나 변칙 공격을 위한 4개가 있다. 대형은 합쳐 하나로 할 수도 있고, 여덟 개로 나눌 수도 있다. 전차의 머리와 꼬리 부분을 이어 하나의 둥근 원진으로 변환시키거나, 보병을 전차 안팎에 배치하거나 전차와 보병을 나누어 배치하여 8진으로 만들기도 한다. 이렇게 8진 자체를 정공과 변칙으로 변화시킬 뿐만 아니라 주장이 장악하는 기동부대, 즉 유격대를 구성하기도 한다. 이 부대의 임무는 적의 후방을 비롯하여 좌우를 기습하는 것이다. 그러면서 『악기경』은 정공 진법이 되었건 유격대가 되었건 진을 칠 때는 기후와 산천, 앞과 뒤, 이해관계 등을 따져서 때에 맞게 움직일 것을 강조한다.

오랜 기록인 『일주서逸周書』의 다음과 같은 기록도 『악기경』의 주장을 뒷받침하고 있다.

5×5=25, 이를 원졸元卒이라 한다. 원졸 가운데 앞에 나서는 졸을 개開라 하고, 뒤에 서는 졸을 돈敦, 좌우의 졸을 려閭라 한다. 이상 네 졸이 에워싼 것을 백伯이라 한다.

이 대목을 그림으로 나타내면 다음과 같다.

전차전은 전차에 탄 병사가 전차를 따르는 보병을 거느리고 작전하는 전투 형태를 말한다. 전차는 중앙에 위치하고 보병은 전차의 전후좌우 네 방위에 배치된다. 이 것이 기본 진법인데 고대에는 '오진五陣'이라 불렸다. 그림에서도 알 수 있듯이 전차와 보병이 차지한 다섯 군데의 진지 외에도 네 곳의 빈 공간이 남아 있다. 보병은 기본적으로 이 네 곳의 진지를 이용하여 작전을 수행하는데 정상적인 방법에 따라 공격하는 것을 정병正兵이라 하고, 남은 네 빈 공간을 이용하여 기동성으로 변칙 공격하는 것을 기병奇兵이라 한다.

모략의 무수한 변화는 모두 이 정正, 기奇로부터 시작되지 않는 것이 없다. 황제로부터 이러한 인식과 방법이 시작되었다면 대항모략의 근원도 황제로부터 논의해야 마땅할 것이다. 『악기경』이란 책이 이루어진 연대에 대해서는 말들이 많지만 그곳에서 말하고 있는 진의 대형과 그 변환이 황제 시대에 없었다고는 할 수 없다. 『한서』(「예문지」)에도 비교적 상세한 기록이 있다. 황제와 치우의 전쟁은 문자의 발전 속도가 더디고 그 연대도 오래되어 지금까지 보존되기 어려웠을 뿐이다. 하지만 이런 것들이 시조 황제가 갖춘 수준 높은 지혜와 모략을 인정하는 데 영향을 줄 수는 없다.

황제와 비슷한 시기에 호북성 수주시隨州市 북쪽 역산진歷山鎭 '열산석실烈山石室'이란 곳에서 염제 신농神農이 태어났다고 한다. 북에는 황제, 남에는 염제가 있었다. 이들은 각각 황하 문명과 장강 문명을 대표한다. 염제 신농에 관해서는 『산해경山海經』, 『좌전左傳』, 『사기』, 『형주기荊州記』, 『한서』, 『제왕세기帝王世紀』 등 수십 종에 이르는 고전 자료에서 행적을 찾을 수 있다. 그 내용은 주로 사람들을 위해 독초를 포함한 백 가지 풀을 직접 맛보았다는 것으로부터 무역을 일으킨 이야기, 오곡을 심은 이야기 등등이다. 염제의 탄생지와 관련해서는 문헌 기록과 서로 맞아떨어지는 유지, 비각, 전설, 민간제사 활동 등이 지금까지 남아 있다. 이런 것들은 모두 동방 모략의 연원을 고증하는 데 중요한 실마리가 된다.

정치상의 통치술과 군사상의 직접 대항 그리고 모략의 생산은 수동적 자극에서 점차 상대를 물리치기 위한 주동적 자극으로 변화되어왔다. 투쟁의 형식은 더욱 복잡해지고 다양한 변화를 보였다. '항쟁모략' 내지 '투쟁모략'의 생산은 모략의 발전이 양적 증가뿐만 아니라 질적인 변화의 단계에 들어섰음을 나타낸다. 이는 달리 말해

주동적 모략 운용의 단계로 들어섰다는 것
이다.

● 염제 신농씨는 인간을 위해 여러 가지를 발명하고 자신이 직접 독초를 맛보다 중독되어 죽었다고 한다. 그의 행적은 인간의 생활을 위한 모략의 원초적 형태를 짐작하게 한다.

5. 생존모략

모략의 발전은 '본능'과 '단향'에서 기원하여 '항쟁'으로 발전했다. 전쟁은 모략이 사납게 증가하는 촉진제였다고 할 수 있다. 예로부터 군사모략은 수많은 영역에서도 가장 빠르게 발전했고, 나아가 수많은 영역에 거대한 영향을 미쳤다. 그렇기 때문에 많은 사람들이 모략을 군사모략과 같은 것으로 여기고 모략은 전부 전쟁에서 나왔다고 오인했던 것이다.

어떤 학자는 모략을 활기차게 대항하며 부딪쳐 나온 불꽃으로 표현하기도 한다. 모략은 이런 대항 속에서 생산되었다. 특정한 조건에서 이런 점을 묘사하거나 강연하게 되면 매우 풍부한 계발성을 가진다. 따라서 과거 기록들에 나오는 모략에 대한 정의를 과학적으로 탐색할 필요가 있다.

전국시대 말기 진秦나라가 6국을 멸망시켜나가는 작전 중에 있었던 일이다. 기원전 225년, 진나라 장수 왕분王賁이 위魏나라에 대한 공격에 나섰다. 위나라 도성 대량성大梁城은 대단히 견고했다. 이에 왕분은 황하의 둑을 터서 대량성을 물에 잠기게 했고, 석 달 만에 성은 무너졌다. 위왕 가假는 성을 나와 항복했지만 왕분은 그를 죽이고 위나라는 망했다. 물을 이용한 왕분의 모략은 대항과 충돌 속에서 나온 '불꽃'이었다.

1919년 1월 19일 저녁, 혁명가 레닌은 자동차를 타고 스콜리키의 삼림학교로 가다가 도중에 비적들을 만났다. 총을 들고 길을 막아선 비적들은 미친 듯이 "멈추지 않으면 쏘겠다!"고 고함을 질렀다. 달리 방법이 없었던 레닌은 과감하게 차를 세우게 했다. 세 명의 비적은 레닌, 경호원, 기사를 차에서 끌어내리고 총구를 레닌의 이마에 겨눈 채 옷을 뒤졌다. 비적들은 레닌의 브라우닝 권총과 크렘린 출입증을 강탈하고는 레닌이 타고 온 차까지 훔쳐 스콜리키 방향으로 부리나케 도망쳤다. 레닌 일행은 걸어서 스콜리키 소비에트(대표회의)에 도착한 후 즉시 경찰력을 동원하여 비적들을 소탕했다. 비적들을 만난 레닌은 '대항'하지 않고 '타협'하여 순순히 총과 자동차를 비적들에게 내줌으로써 생명을 지켰다. 레닌은 '타협'이라는 모략을 운용했고, 이는 자발적으로 타협하고 인내하는 '불꽃'이었다.

1917년 러시아 10월 사회주의혁명이 터진 뒤 독일, 오스트리아-헝가리 제국, 불가리아 왕국, 터키 오스만 제국 등은 소련을 공격하기 위한 전쟁을 일으켜 신생 소비에트를 압살하려 했다. 레닌을 중심으로 한 소련 공산당은 월등한 역량의 적에 감히 맞서지 못하고 1918년 3월 3일 이 네 나라와 '브레스트-리토프스크 평화조약'을 맺었다. 조약은 전쟁 상태의 종결과 폴란드, 리투아니아, 에스토니아, 라트비아 등지에 대한 관할권을 포기하고 아르다한 등지에서 군대를 철수할 것 등 소비에트 러시아에 절대 불리한 요구였다. 소비에트 러시아는 이 조약을 받아들여 넓은 땅을 포기하는 대신 평화와 시간을 얻어내 경제를 발전시키고 정권을 안정시켰으며, 붉은 군대를 창설하여 역량을 끌어모았다. 그 결과 1918년에서 1920년에 이르는 기간에 구 러시아 군대를 궤멸시키고 영국·미국·프랑스·일본·폴란드 등의 무력간섭을 물리쳤다. 레닌은 평화조약이라는 모략을 활용하여 평화 속에 몸을 숨기면서 힘찬 '불꽃'을 피웠다.

위의 두 가지 모략 사례에서 우리는 때로는 모략이 힘으로 대항하는 중에서 생산되고 발전하는 것이 아니라 타협과 양보 또는 몸을 피하는 도피 속에서 생산되고 발전한다는 것을 볼 수 있다.

생각해보자. 레닌이 비적에 맞서 싸웠더라면 비적에게 죽임을 당하거나 부상을 입었을 것이다. 소비에트 러시아가 독일 제국 등에 맞섰더라면 신생 소비에트 러시아는 요절했을 것이다. 레닌의 타협·양보·평화·도피는 한마디로 '대항이 아닌 원대한 모략'이었다.

이렇게 보면 힘으로 대항하는 이른바 '활력대항活力對抗'은 모략의 속성들 중 하나이고, 모략은 이런 활력대항을 포괄한다.

논리학에서 정의를 내리는 규칙들 중 하나로, 정의는 서로 어울리고 서로 맞아야 한다는 것이 있다. 정의를 내려야 하는 해당 항목과 내려진 정의의 항목의 외연이 완전히 같아야 하고, 이 둘은 합동 관계여야 한다는 말이다. 이 규칙을 위반하면 정의의 범위가 지나치게 넓거나 지나치게 좁은 현상이 나타난다. 이렇게 해서 내려진 정의의 항목에 해당하는 '모략'의 외연은 동서고금의 모든 모략, 즉 군사모략과 비군사모략, 정확한 모략과 부정확한 모략, 중대한 모략과 중대하지 않은 모략을 가리킨다. 그런데 '활력대항'을 통해 부딪쳐 나온 불꽃의 외연을 억지로 동서고금을 통해 실시된 모든 화공(열병기를 사용한 작전까지 포함하여) 모략으로까지 확대시키는 경우가 있다. 이는 정의를 내린 외연이 너무 넓고 정의 자체는 너무 좁은 것이다. 이런 정의가 바로 정의 자체가 너무 좁은 논리적 착오라는 것이다. 이 정의의 외연에는 위에서 예로 든 왕분의 수공 모략은 포함되지 않는다. 일체의 비화공 모략에 속하는 군사모략과 일체의 비군사모략(정치·경제·외교모략 등을 포함하는)은 모두 정의의 외연 범위에는 들어 있지 않다. 이 모략들은 화염 공격이나 자연계의 화학적 반응현상처럼 '활력대항'에서 부딪쳐 일어난 불꽃이 아니기 때문이다. 정의를 내린 사람의 본래 뜻은 결코 이와 같지 않을 것이다.

논리학에서 정의를 내릴 때 두 번째 규칙은 "정의는 반드시 분명하고 확실해야 한다."는 것이다. 정의는 정의된 항목의 내용을 드러내야 한다. 다시 말해, 정의된 항목이 반영하는 대상의 본질적 속성을 분명하게 가리켜야 한다. 그러려면 정의를 나타내는 언어가 분명하고 확실하지 않으면 안 된다. 이 규칙을 어기면 논리적 착오가 나타나는데 '비유로 정의를 대신하거나' '정의가 애매모호해지는' 것들이다.

"모략은 활력대항으로 맞부딪쳐 나오는 불꽃이다." 이 말은 비유로 정의를 대신한 전형적인 경우다.

모략은 번거롭고 어려운 사회 모순을 해결하는 방법으로 사회의 의식 형태 중 하나다. 불꽃은 피어오르는 화염이고, 자연계의 화학반응에 따른 현상의 하나다. 이 둘은 거리가 아주 멀다. 모략을 불꽃에 비유하는 것은 그 모습은 생생하지만 모략의 내용은 애매모호해진다.

특히 '활력대항'과 '부딪친다'는 두 단어는 명확하지 않다. '활력대항'은 쌍방이 한데 어울려 격렬하게 죽을힘을 다하는 상태로, 대치·냉전의 상태 및 각종 각축·경쟁의 상태를 포괄한다. 활력은 주로 사유할 수 있는 살아 있는 사람, 또는 이런 살아 있는 사람들로 구성된 집단을 가리킨다. 실세로 쌍방이 한데 뒤엉켜 격렬하게 싸우는 상태는 '대항'이고 그 나머지 상태는 대항이 아닌 '비대항'이다.

모택동은 "대항은 모순투쟁의 한 형식이지 모순투쟁의 모든 형식이 아니다."라고 했다. 전쟁은 대항이고, 평화는 비대항이다. 죽을힘을 다해 싸우는 것이 전쟁이기 때문에 대항이다. 대치(타협)·냉전·각축·경쟁 등은 평화적 현상이기 때문에 비대항이다.

'활력대항'에다 '활력비대항'까지 포함시키는 것은 명확하지 않다.

제1차 국내 혁명전쟁 후기에 진독수陳獨秀의 '좌'경이 저지른 착오는 일체 연합을 내세워 투쟁을 부인한 것이었다. 제2차 국내 혁명전쟁 후기에 왕명王明의 '좌'경이 저지른 착오는 일체 투쟁을 앞세워 연합을 부정한 것이었다. 투쟁을 위한 투쟁이 모든 것이라면서 끊임없이 투쟁의 강도만 높이고 투쟁을 확대하려고 했다. 항일전쟁 시기에 모택동의 모략에는 투쟁과 연합 두 방면이 포함되어 있었다. 앞 두 사람은 형이상학적이었고, 모택동은 변증법적이었다.

이는 모택동이 "모순이 존재하는 대립면은 통일되면서 또 투쟁한다. 이로써 사물의 운동과 변화를 추동한다."고 말한 바와 같다.

홍군紅軍이 대장정 끝에 연안延安에 도착하자 장개석蔣介石은 말끝마다 대항과 공격을 입에 올리며 공산당을 박멸해야 한다고 했다. 반면 공산당의 모택동은 내전을 멈추고 평화를 실현하고 국민당과 공산당이 합작하여 함께 일본에 맞서야 한다고 했다. 서안사변西安事變 이후 실제 상황은 모택동의 주장대로 항일민족통일전선이 형성되어 왜구를 물리쳤다.

이렇게 볼 때 당시 '대항'이니 '공격'이니 하는 것은 좋은 모략이 아니고, '평화'와 '합작' 그리고 '연합'이 앞날을 내다본 큰 모략이었음을 알 수 있다. 국민당과 공산당 쌍방은 그 뒤 계속 투쟁하여 이런저런 대항에 나섰다.

관련하여 당시 이런 예가 있었다. 군의 우수한 인력들을 지지하고 정치로 인민을 사랑하겠다는 두 모략이 나왔다. 그런데 군과 우수한 인력들, 정치와 인민 사이에는 대항도 없고, 방향이 서로 같지도 않다. 더욱이 상대와 싸워 승리하려는 것도 아니었다. 이 두 모략은 군대와 그에 속한 인력, 정부와 인민 사이의 모순을 해결하여 단결을 강화하려는 방법이었다.

대만의 조원중曹元中은『군사모략학』에서 "모략이란 두 글자를 따로 떼어서 해석하면⋯ '모'는 속임수이고, '략'은 계획을 위한 방책·방안·방법이다. 붙여서 해석하면 모략은 적을 속이는 방법이 된다."고 했다.

앞서 우리가 '모'와 '략' 두 글자의 본래 뜻과 파생되어 나온 뜻을 거의 전부 열거한 바 있듯이 이 두 글자는 같은 뜻이다. 따라서 모략을 적을 속이는 방법으로 해석하는 것은 그 정의가 지나치게 좁은 것이 분명하다. 많은 모략이 적을 속이는 것이 아니다. 예를 들어 모택동이 정강산井岡山에서 투쟁할 때 공개적으로 사용한 '부상병을 치료해주고' '포로를 석방한' 모략은 적을 와해시켰고, 이 때문에 적은 "정말 독하다."는 감탄을 내뱉지 않을 수 없었다. 모택동은 "싸우지 않고 적의 군대를 굴복시키는" 모략으로 국민당의 부작의傳作義와 동기무董其武를 겪었다. 적을 속이지 않고 공산당의 정책을 있는 그대로 알려 적의 의심을 해소하여 적을 평화 쪽으로 돌려놓았을 뿐이다. 모략에 적을 속이는 방법이 포함되어 있기는 하지만 그것이 모략의 전부는 아니다.

미국의 패튼 훼리가 저술한 『모략: 전쟁 중의 속임수와 돌연성』(1969년판)의 관점 역시 정확하지 않다. 청나라 때 증국번이 태평군의 중요한 요충지인 안경을 공격하여 함락시켰을 때 돌연성이 아닌 1년이 넘는 장기 포위라는 모략을 채용했고 식량이 다 떨어진 적은 투항했다. 돌연성은 모략의 한 방면일 뿐이지 모략의 전부가 아니다. 모략의 개념을 지나치게 좁게 정의한 경우라 할 것이다.

소련의 블라드미르 로보프는 『전쟁 중의 모략』이란 저서에서 "모략, 이는 적을 속이고 모종의 이익을 얻기 위해 취하는 행동이다."라고 했다. 즉, 모략을 객관적 행위가 아닌 주관적 관념으로 보았는데, 이 역시 타당하지 않다. 모략의 실시는 어느 경우든 객관적 행동이다.

우리는 이렇게 말할 수 있다. 모략은 사유의 기교이자 복잡한 사회적 모순을 해결하는 교묘한 방법이라고.

제2장
모략의 역사적 작용

모략은 인류문명사에서 중요한 작용을 해왔다. 중국 민족은 모략을 숭상하고 '지혜의 응용'을 강구하는 민족이다. 군사나 정치투쟁이 격렬하고 어지럽고 불안한 시대는 물론, 국가를 안정시키고 평화를 건설할 때도 모략은 쇠퇴하지 않고 널리 퍼졌으며 위상 또한 높았다. 모략이 역사에 미친 작용을 볼 때 다른 어떤 학문도 따를 수 없을 정도였다. 인류문명사는 모략의 창조와 운용 그리고 그 발전사였다.

춘추시대 제나라의 관중은 군대를 동원하기에 앞서 반드시 지형이나 이해관계를 잘 살피는 사려 깊은 모략을 결정해야 한다는 점을 강조한 바 있다. 그는 또 강국이라면 무조건 무력 동원이 아닌 모략으로 먼저 다툴 줄 알아야 한다는 점도 지적했다. 계획이나 모략의 확정 없이 출병했다간 싸워도 스스로 무너진다고도 했다.(이상 『관자』「패언霸言」, 「참환參患」) 관중은 제후들이 패권을 놓고 투쟁하는 데 모략의 작용이 중대하다는 사실을 간파했으며, 그래서 싸움에 앞서 모략을 짜고 이해관계를 고려하라고 강조했다. 공자孔子는 일에 나서기 전에 신중해야 하며 잘 계획하여 일을 성사시키라고 했다. 그리고 작은 것을 참지 못하면 큰 모략을 혼란에 빠뜨린다고 했다. 어려움에 처해 모략을 잘 구사하면 적을 충분히 물리칠 수 있다는 말도 남겼다. 손무는 신중한 군사행동을 강조하여 다음과 같이 말했다.

전쟁은 국가의 중대사다. 국민의 생사가 달린 것이며 국가의 존망이 결정되는 길이니 신중하게 생각하지 않을 수 없다.(『손자병법』「시계始計」)

손무는 군사투쟁에서 모략이 미치는 중요한 작용을 특별히 강조했다.

일반적으로 전쟁을 시작하기 전에 '묘산廟算', 즉 '조정에서의 가상전쟁'에서 지는 결과를 얻는 것은 승산이 적기 때문이며, 그 반대로 이기는 것은 승산이 높기 때문이다. 전쟁을 시작하기 전에 승리할 요소를 많이 갖추고 있으면 승리할 가능성이 높은 것이요, 그 반대면 승리할 가능성이 낮은 것이다. 하물며 승리의 가능성이 보이지 않을 경우야 말해서 무엇 하겠는가? 이렇게 보면 승부가 절로 드러난다.(『손자병법』「시계始計」)

그는 전쟁에 앞서 시행해보는 가상전쟁, 즉 시뮬레이션의 중요성을 강조하고 있다. 또 군사 행동의 상책은 "싸우지 않고 적을 굴복시키는" 것이며 모략으로 승리를 거두는 것이라면서 "가장 뛰어난 군대는 모략으로 승리하고, 그다음이 외교로 승리하는 것이며, 그다음이 군대를 동원하는 것이며, 가장 못난 군대는 성을 공격하는 것"이라 했다.(「모공謀攻」) 이와 같은 손무의 모략은 그 뒤에 출현하는 '왕도王道'라는 개념과 여러 면에서 일치한다. 순자는 "싸우지 않고 이기고, 공격하지 않고 얻고, 군사를 피곤하게 만들지 않고 천하를 굴복시킨다면 이는 왕도를 아는 사람이다."(『순자』「왕제王制」)라고 말했다.

사람들은 흔히 "한 가지 대책으로 위기 국면을 전환시키고, 말 한마디로 대군을 물러가게 하며, 꾀 하나로 소란을 평정하고, 여러 가지 말로 나라의 기초를 안정시킨다."는 말로 모략의 작용을 평가하곤 한다. 여기서 말하는 모략의 지위와 작용은 영웅사관을 선전하고 역사를 창조한 인민의 존재를 부정하는 것이 아니다. 인민 자체가 모략 생산의 토양이기 때문이다. 모략의 사회적 작용은 주로 다음 몇 가지 방면에서 표현된다.

1. 정치: 강력한 응집력

나라를 다스리건 단체나 팀을 관리하건 지도자는 뛰어난 모략을 가져야 한다. 이는 큰일을 성취하기 위한 선결 조건의 하나다. 마르크스와 엥겔스는 『공산당선언』에서 가장 눈에 띄고 가장 두드러진 방식으로 "전 세계의 무산계급이 연합하자."는 행동구호와 강령을 제기했다. 대다수를 단결시키고 극소수를 공격하여 고립시키는 대단히 뛰어난 정치모략이었다. 이 모략은 무산계급 해방운동의 전 과정에서 거대한 작용을 일으켰다.

정치모략의 중요성은 『손자병법』「시계」 편에서 "도道, 즉 바른 정치란 백성들로 하여금 통치자와 뜻을 같이하게 하는 것으로, 그렇게 되면 백성들은 군주와 생사를 같이하며 위험을 두렵게 여기지 않는다."고 말한 바와 같다. 수준 높은 정치모략은 값으로 따질 수 없는 향심력向心力과 응집력을 만들어낸다. 중국 수천 년 봉건사회에서 뛰어난 업적을 남긴 제왕이든 농민봉기의 수령이든 이런 특출한 정치모략에서 득을 보지 않은 경우는 없었다.

무측천武則天은 역사상 최초로 여 황제로 집정했는데, 당시 봉건사회의 각 방면에서 받은 압박은 상상하고도 남음이 있다. 그러나 그녀는 인민을 근본으로 하는 정책을 추진하여 유능한 인재를 기용하고 정권을 단단히 통제하여 국가의 안정을 유지했다. 이는 마치 관중이 "정치가 잘 되는 것은 민심에 순종하기 때문이고, 정치가 어그러지는 것은 민심을 거스르기 때문이다."라고 한 것이나, 손무가 "승리를 아는 것에는 다섯 가지가 있는데… 위아래의 마음이 같을 때 승리한다."고 한 것과 같다.

뛰어난 지도자치고 정치모략으로 민심을 얻는 요체에 능숙하지 않은 사람은 없다. 이들은 이상적인 효과를 달성하기 위해 자신의 지혜를 다 짜내며 때로는 수단과 방법을 가리지 않는 경우까지 있다. 진秦나라 말기 농민봉기의 수령이었던 진승陳勝과 오광吳廣이 민심을 통일하기 위해 물고기와 여우까지 이용하여 군대를 일으킨 것이 좋은 본보기의 하나다. 그 과정을 한번 보자.

진 2세 호해 원년(기원전 209) 가을, 두 명의 군관이 900명의 장정을 어양漁陽(지금의 북경 밀운시密雲市 서남)으로 호송하고 있었다. 장정들은 변방에 배치될 예정이었다. 군관은 도중에 일이 터질 것을 걱정하여 신체가 건장하고 능력 있는 진승과 오광에게 무리를 통제하는 둔장屯長을 맡겼다. 행렬이 대택향大澤鄕(지금의 안휘성 숙주宿州 동남)에 이르렀을 때 큰비를 만나 정해진 날짜를 못 맞추게 되었다. 진나라 법에 따르면 날짜를 못 맞추면 목이 잘리는 참형이다. 모두들 공포에 떨지 않을 수 없었다.

진승과 오광은 은밀히 반란을 논의했다. 하지만 그들에게는 반란에 필요한 명망이나 위신이 없었고, 따라서 모든 사람의 일치된 호응을 얻을 수 없었다. 이에 진승은 천을 구해 붉은 글씨로 '진승왕陳勝王'이란 세 글자를 써서 이 천을 물고기 배 속에 몰래 넣고는 이 물고기를 동료에게 주었다. 동료는 요리를 위해 별다른 생각 없이 물고기 배를 갈랐다. 그런데 놀랍게도 그 속에서 '진승왕'이라 쓴 천이 나오는 것이 아닌가. 이 일은 빠른 속도로 다른 사람들의 귀에 들어갔다. 사람들은 "이는 우리의 둔장이 천하를 차지한다는 하늘의 계시다."라며 수군거렸다.

한편 오광은 폐허가 된 사당에서 불을 질러 사람들의 주의를 끈 다음 여우의 목소리를 가장하여 "위대한 초나라가 흥하고 진승이 왕이 된다."고 소리를 질렀다. 이에 장정들은 진승에게 더욱 의지하게 되었고, 그를 따라 큰일을 벌이기로 결심하기에 이르렀다. 진승과 오광은 군중들을 이끌고 봉기의 깃발을 높이 치켜들었다.

정치모략이 만들어내는 응집력에 대해서는 역대 거의 모든 사람들이 단편적으로 좁게 이해해왔다. 예컨대 응집력을 생산하는 정치모략이란 주로 좋은 일이나 착한 일을 많이 하고 나쁜 짓을 저지르지 않음으로써 얻어지는 것이라 생각하는 사람들이 적지 않았다. 자질구레한 인심 베풀기 등과 같은 지엽적인 방법으로 인심을 얻는 데만 급급했다. 이런 생각은 아주 천박한 것이다. 정치가가 먼저 계산하는 것은 정치적 계산서다. 이른바 "군자는 의리를 생각하고 소인은 은혜를 생각한다."는 말이 그 뜻이다. 작은 은혜 따위로 인심을 농락하려는 것은 수준 높은 정치가라 할 수 없다.

15세기 중엽 이탈리아의 유명한 정치이론가이자 역사학자인 마키아벨리는 세계 10대 저술의 으뜸으로 꼽히는 『군주론』을 저술했다. 그는 이 책 15장에서 말한다.

(군주가) 무슨 일에서나 그리고 어디에서나 스스로를 선한 인간으로만 내세워서는 많은 악인들 무리 속에서 파멸할 것이다. 스스로를 보존하려는 군주는 선하기만 해서도 안 되며 필요에 따라서는 선인도 악인도 될 줄 알아야 한다.

국가가 위기에 몰린 상황에서 나라를 위해 하지 않으면 안 될 일도 있고, 그것이

● 진승과 오광은 중국 역사상 최초로 농민봉기를 주도한 인물이자 당시 상황에 꼭 필요한 모략을 구사한 인물로도 평가받을 수 있다. 모략은 통치계급의 전유물이 결코 아니다. 민중들도 그 본질을 간파하고 있어야 한다. 사진은 진승의 봉기를 나타낸 조형물로 진승의 무덤과 사당 앞에 있다.

나쁜 일이라 설사 비난을 받더라도 두려워해서도 안 된다. 이것이 이른바 '필요악'이다. 마키아벨리는 때로는 무정함이 도리어 다정함이 될 수 있고 잔혹함이 인자함이 될 수 있다고 해석한다. 때로는 좋은 일이라고 해도 나쁜 일을 한 것처럼 타인의 증오를 살 수도 있다. 대하는 상대는 늘 다를 수 있다. 그들의 이해관계가 다 다르기 때문에 모든 것을 완전하게 갖추기는 어렵다. 때로는 선행이 적이 될 수 있다. 지나친 관용이 간사한 자를 기를 수도 있기 때문이다. 자신은 선행이요 관용이라고 생각할지 모르지만 사실은 다른 사람에게 나쁜 씨를 뿌린 꼴이 될 수 있다.

　마키아벨리의 이런 추론에 비추어본다면 정치모략은 전체 국면의 이익을 충분히 고려하여 깊이 생각하고 멀리 내다볼 수 있어야 한다. 한순간, 한때, 한 사람, 한쪽의 평론에만 치우쳐 좋고 싫음을 판단해서는 안 된다. 역사의 각도와 전체 국면의 높이에서 변증법적인 태도로 일을 대하고 처리해야 한다. 방법만 타당하다면 나쁜 일을 하고도 훨씬 더 많은 사람의 지지를 얻을 수 있고 좋은 결과를 얻을 수도 있다. 이 경우 나쁜 행위는 선한 행위가 된다. 이와는 반대로 착한 행위를 했는데도 많은 사람의 이익을 해치고 결과적으로 악한 결과를 낳을 수도 있다. 이 경우 선한 행위는 악한 것이 되고 만다. 수준 높은 정치가치고 상과 벌이라는 두 장의 킹 카드를 적절하게 구사하지 못하는 사람은 없다. 벌은 지위가 높을수록 무겁게 내리고, 상은 지위가 낮을수록 크게 주어야 한다. 하지만 모든 일을 상에만 의지하여 시도 때도 없이 상을 주면 상 받는 자의 간덩이가 갈수록 커져 상의 작용은 사라진다. 정치모략을 활용하는 지도자는 작은 대가로 아주 큰 향심력과 응집력을 이끌어내어 정해진 목표를 실현할 수 있도록 해야 한다.

2. 경제: 거대한 생산력

서방의 일부 모략가들은 일찍부터 만약 제3차 세계대전이 터진다면 1, 2차 세계대전과는 전혀 다른 양상이 될 것이라고 예언해왔다. 육지에서는 피와 불의 살상전이 벌어지고, 이 과정에서 군사력의 강성 여부가 결정적인 작용을 할 것이라고 보았다. 미래의 전쟁은 국력의 총체적 힘겨루기인 실력전이 될 것이고, 정보전이 될 것이며, 과학기술전이 될 것이고, 교육전이 될 것이며, 경제전이 될 것이라고 했다. 이러한 점은 걸프전에서 충분히 입증되었다.

《워싱턴 포스트》는 "제3차 세계대전은 경제전일 될 가능성이 크다."고 지적하면서 미국과 일본의 상황을 대략 다음과 같이 비교 진단한 바 있다.[2]

---

2   이 진단이 옳았는지 여부는 현재로서는 섣불리 판단을 내릴 수 없다. 특히 이 책이 출간된 시점이 1996년이란 점

겉으로는 평온하지만 안에서는 극렬한 지구전이 벌어지는 경제전에서 미국은 실패의 길을 걷고 있는데, 그 주요 상대는 일본이라는 것이다. 일본은 교묘한 경제모략을 운용하고 있다. 이를테면 일본은 내일을 위해 오늘을 대가로 희생시키고 있는 반면, 미국은 내일을 대가로 어제를 위한 정책을 실행하고 있다. 미국은 대량의 투자로 난관에 처한 경제를 완화시키려고 하지만 이는 가상에 지나지 않는다. 미국인은 "외국으로부터 차관을 들여올 생각만 하지 개혁할 생각은 하지 않고 허리띠를 졸라맬 생각도 없다. 상하 모두 기회를 잃었고 노동자 군단은 게을러졌다." 일본의 투자자들은 현재 미국의 예산을 위해 30%의 자금을 제공하고 있는데, 이 비율이 갈수록 늘어나고 있다. 일본은 이를 무기로 워싱턴을 단단히 통제할 수 있다. 일단 상황이 여의치 않으면 일본은 손실의 대가로 미국으로서는 통제할 수 없는 경제위기를 조성할 수도 있다. 경제전은 군사 역량으로는 도저히 얻을 수 없는 작용을 한다.

일본의 경제학자 가나모리 히사오金森久雄가 지은 『일본경제 21세기』에 보면 일본 경제는 규모 면에서 2000년이 되면 미국에 바짝 접근하겠지만 미국은 여전히 세계 최강대국을 유지할 것이라고 했다. 그는 이와 함께 약 50조 달러에 이르는 세계 총생산 중에 미국은 20% 가까이를 차지할 것이고 일본도 그에 근접할 것인데, 그때 일본의 1인당 국민총생산은 미국의 두 배에 이를 것이라는 전망을 내놓은 바 있다. (수출과 수입의 교역이란 측면에서만 볼 때 2003년 미국은 전 세계 교역량의 16.8%를 차지했다. 일본은 독일에 이어 3위를 차지했는데 비율로 보자면 5.7%를 차지했다.)[3]

도 고려해야 한다. 세계 각국의 치열한 경쟁은 여전히 진행 중이고, 2020년 갑자기 발생한 코로나 사태가 전 세계의 지형을 급격하게 변모시키고 있기 때문이다. 하지만 국가 간의 경쟁과 전쟁이 경제전쟁이 될 것이라는 전망은 상당 부분 일리가 있다고 하겠다. 당시로서는 저자의 주장과《워싱턴 포스트》의 분석이 상당한 설득력이 있어 그대로 옮겨둔다.

3   2018년을 기준으로 세계 주요국의 무역 규모는 중국이 미국을 앞질렀고 이 추세는 계속될 전망이다.

예로부터 국가의 경제건설은 말할 것 없고 개인이건 집단이건 경제의 발전은 정확한 경제모략에 의존하지 않은 바가 없다. 중국의 전국시대를 보면, 어떤 나라든 앞장서서 농업과 군사를 결합한 경제체제를 장려하고 인구를 늘리기 위해 백성들을 다독거린 나라가 경제면에서 먼저 발전했고 부국강병을 이룩했다.

제2차 세계대전에서 패배한 뒤 일본의 경제는 붕괴 직전에 처해 있었고 좁은 국토에 자원은 형편없는 상황이었다. 그러나 30년이 채 안 되어서 일본은 단숨에 미국 다음가는 경제와 과학기술을 자랑하는 나라로 성장했다. 일본의 말을 빌려 그 원인을 따져보면, 국가가 수준 높은 정책을 흔쾌히 수용하는 지혜를 발휘했기 때문이다. 2차 세계대전이 막 끝났을 때 일본의 뜻있는 지식인들은 자기 나라의 경제 기초와 자원 및 세계 경제의 형세에 근거하여 이른바 '무역입국'이라는 국책을 제기했고, 그 결과 일본은 '제2차 원항遠航'을 맞이하게 된 것이다. 과학기술 방면에서는 경제 형세가 낙후되어 있다는 특징에 맞추어 외국의 앞선 과학기술을 '흡취吸取'하는 전략을 택했다. 선진 기술을 본받고 소화하면서 새로운 창조를 추구한다는 것이었다.

80년대에 들어서면서 새로운 기술혁명의 도전에 맞서 일본은 '과학입국'이라는 국책을 정하고, 그에 발맞추어 과학기술에서 '자주창신自主昌新'이라는 전략을 수립했다. 일본은 '제3차 원항'을 실현하는 데 힘을 기울였다. 이런 전략들은 일본 경제를 비약시키는 데 큰 추진 작용을 했다. 일본 경제는 수출 의존형 경제 형태에서 내수 수입형으로 전환하면서 경제발전의 양성 순환을 초보적으로 실현했고, 국민총생산은 1년 평균 5% 성장률을 유지함으로써 20세기 말까지 안정 성장을 지속할 수 있었다.

한때 미국 기업계의 '민족 영웅' 또는 '세계에서 가장 존경받는 기업가'로 불렸던 리 아이아코카Lee Iacocca는 처음 포드 자동차에서 세일즈맨이라는 아주 낮은 직급의 판매원이었다. 1956년 회사가 불황에 처했을 때 그는 자동차 구매대금을 할부 납입하게 하자는 의견을 내놓았다. 고객이 자동차를 살 때 차 값의 20%만 내고 나머지는

3년에 걸쳐 나누어 낼 수 있게 하자는 것이었다. 이 아이디어 덕분에 포드는 7만5천 대의 신차를 팔 수 있었다.

포드의 사장으로 있을 때 그는 미식축구 훈련에서 영감을 얻어 '풀코트 프레싱 full-court pressing(전면 강압 수비)'이야말로 성공의 길이라는 것을 깨닫고, 총명하고 능력 있고 창조력 넘치는 젊은이들을 모아 일주일에 한 번씩 모임을 가졌다. 이 모임을 통해 그들은 고객을 끌어들이는 자동차가 갖추어야 할 필수조건들을 찾아냈다. 외관의 아름다움, 성능의 뛰어남, 저렴한 가격 등등…. 그들은 남아 있는 부품을 이용하여 설계와 외형만 바꾸어서 '와일드 호스Wild Horse', 즉 야생마라는 신차를 출시했다. 출시 1주일 만에 400만 명이 포드 대리점을 방문했고, 첫해에 약 41만 대를 팔았다. 2년 만에 11억 달러의 이윤을 남겼다. 이어서 고급 차인 '아메리칸 재규어American Jaguar'와 '마르퀴스Marquess(후작)'와 같은 대형 고급차를 출시했으며, 흥미로운 방식으로 개막식을 열어 아주 큰 성공을 거두었다. 이 차들은 한 대당 2천 달러의 이윤을 남겼으며, 링컨 시리즈로만 약 10억 달러를 벌어들였다.

아이아코카는 1970년 포드의 회장에 취임한 후 생산단가를 떨어뜨리는 전략과 밑지는 상품을 포기하는 전략으로 또 한번 성공을 거두었다. 1978년 회장 자리에서 물러난 뒤 석 달 만에 1억6천만 달러의 적자를 낸 크라이슬러의 회장으로 취임했다. 그는 여기서도 새로운 대출 방식과 세계 최초로 5년 또는 5,000마일 A/S를 제공한다는 대담한 전략으로 단숨에 적자 국면을 흑자로 바꾸어놓았다. 그 뒤 3년 사이에 35명이나 되는 부회장 자리를 없애고 새로운 인재 발굴 정책으로 회사 내부의 응집력을 높였다. 크라이슬러는 이로써 새로운 도약을 할 수 있었다.

수많은 사실들이 증명하듯 모략은 세계 각국의 경제발전에 지대한 작용을 했고 지금도 하고 있다. 경제학자나 기업가는 모략을 진지하게 배우고 연구하지 않고는 결코 승리할 수 없다. 불패의 입지를 구축하기는 더욱 어렵다.

3. 군사: 무형의 전투력

군사 영역은 공포와 희생의 위험으로 가득 찬 복잡한 영역이다. 잔혹한 군사의 역사는 정의와 사악의 힘겨루기 역사일 뿐만 아니라 어리석음과 지혜의 싸움이기도 했다.

군사 영역은 모략 발원지의 하나다. 모략의 투쟁은 군사 방면에서 가장 적나라하게 표현되었다. 모략은 장수의 두뇌에서 일어나는 사유 활동으로, 눈에 보이지 않는 것이다. 그러나 그것이 일으키는 작용은 유형의 병력이 일으키는 작용과는 비교가 되지 않는다. 손가락 하나로 천 근을 뽑고, 꾀 하나로 만 명의 병사를 조종한다. 한 움큼밖에 안 되는 한 사람의 힘으로 총칼을 든 만 명을 물리친다. 전국시대 제나라를 공격한 악의樂毅의 성공과 실패 사례는 좋은 본보기가 된다.

기원전 315년, 연나라는 왕위 쟁탈로 내분이 발생했다. 이듬해, 강력한 제나라가 이 틈을 이용하여 약소한 연나라를 공격해 왔다. 불과 50일 만에 연나라 도성 계薊(지금의 북경성 서남)를 점령하고 연왕을 죽였다. 연나라 민중이 분기하여 반항에 나섰고 제나라 군대는 철수하지 않을 수 없었다. 이로부터 두 나라의 갈등은 갈수록 날카로워졌다.

기원전 312년, 연나라는 젊은 소왕昭王이 즉위했다. 소왕은 원수의 나라 제나라에 복수하기 위한 적극적인 준비에 들어갔다. 우선 유능한 인재를 많이 모으고 정치를 개혁했다. 생산력을 높이고 국방을 강화했다. 외교적으로는 진秦·조趙·한韓·초楚·위魏와 제나라를 공격하기 위한 동맹을 맺었다.

기원전 284년, 소왕은 마침내 공격의 시기가 무르익었다고 판단하여 악의를 상장군으로 삼아 6국 연합군을 이끌고 제나라를 공격하게 했다. 제서濟西(지금의 산동성

고당高唐과 요성聊城 일대) 전투에서 제나라 군대는 크게 패하여 수도 임치臨淄(지금의 산동성 임치 북쪽)로 후퇴하여 수비에 들어가는 수밖에 없었다. 제나라의 주력이 섬멸되자 악의는 임치를 공격하여 점령했다. 이때 악의는 군대를 정돈하여 군기를 바로잡고 약탈을 금지하는 한편 인심을 얻는 공작을 펼쳐나갔다. 상층부 인사들에게는 관작이나 봉지를 미끼로 귀순시키고, 일반 백성들에 대해서는 세금을 가볍게 하는 등 제나라 왕의 가혹한 법령을 폐지함으로써 순식간에 제나라 인민의 마음을 기쁘게 하는 효과를 거두었다.

일련의 공작을 끝낸 후 악의는 군사를 나누어 제나라의 나머지 영토를 점령하기 시작했다. 연나라 군대는 악의의 통솔에 따라 반년이 채 안 되어 70개가 넘는 성을 점령했다. 이제 제나라에게 남은 것이라곤 거莒(지금의 산동성 거현)와 즉묵卽墨(지금의 산동성 평도平度 동남) 두 성뿐이었다.

연나라 군대가 거와 즉묵 두 성을 포위하여 공격하려는 결정적인 순간에 연 소왕이 세상을 떠나고 혜왕惠王이 새로이 즉위하는 돌발 사태가 발생했다. 제나라 장수 전단田單은 혜왕이 태자 시절 악의와 관계가 좋지 않았다는 사실을 알아내고 이간계離間計를 꾸몄다. 이간계는 간단명료했다. 악의가 제나라에서 스스로 왕이 되려 한다는 헛소문을 퍼뜨리는 것이었다. 갓 즉위한 혜왕은 이 유언비어를 믿고 악의의 병권을 박탈해버렸다. 악의의 퇴진으로 전단은 감당하기 어려운 적을 피할 수 있게 되었을 뿐 아니라, 연나라 군대의 장병들도 불만에 가득 차 군심이 흩어지는 이중 효과를 볼 수 있었다.

전단은 즉묵성을 굳게 지키면서, 제나라가 가장 두려운 것은 연나라 군대가 제나라 포로들의 코를 베서 성 앞에다 늘어세우는 것이라는 유언비어를 퍼뜨렸다. 그런 끔찍한 일이 벌어지는 날에는 즉묵성 사람들이 싸우기를 겁내게 되고 성을 지키기 힘들 것이라는 말도 함께 퍼뜨렸다. 이 말을 들은 연나라 군대는 헛소문대로 제나라 포로들의 코를 베어 성 앞에다 늘어세웠다. 이 광경을 목격한 즉묵성 사람들은 분노에 치를 떨며 결사의 의지를 한층 더 다졌다.

이어 전단은 간첩을 보내 자신이 제일 두려운 것은 즉묵성 밖의 무덤을 파헤쳐 즉묵성 사람들의 마음을 상하게 하는 것이라는 유언비어를 제나라 진영에 퍼뜨리게 했다. 연나라 군대는 이 말을 믿고 제나라 사람들의 무덤을 파헤쳐 시체를 꺼내 불태웠다. 성 위에서 이 광경을 본 즉묵성 사람들은 통곡을 하며 눈물을 흘렸다. 모두들 죽을 각오로 싸워 복수하겠다고 이를 갈았다. 전단은 때가 왔다고 판단하여 대대적인 반격을 준비했다. 그는 여러 가지 자질구레한 방법으로 적에게 약한 모습을 보여 적을 나태하게 만든 다음 온몸에 칼날을 꽂고 꼬리에 불을 붙인 소를 적진으로 돌진하게 하는 이른바 화우진火牛陣으로 적진을 혼란에 빠뜨리고 적을 추격하여 잃어버린 땅을 모두 되찾았다.

항우項羽의 초楚와 유방劉邦의 한漢이 천하를 다툰 초한쟁패 과정에서 열세했던 유방이 끝내는 승리자가 된 사실도 이러한 점을 증명하고 있다. 기원전 206년부터 본격화된 초한쟁패는 기원전 204년 무렵까지 여전히 항우가 우세한 형세였다. 유방은 진평陳平에게 천하의 이 큰 난리가 언제쯤 안정될 수 있을까를 물었다. 이에 진평은 다음과 같이 건의했다.

"항왕(항우)은 사람을 공경하고 아끼기 때문에 청렴하고 지조가 있고 예를 좋아하는 인재들이 대부분 그에게 귀순했습니다. 그러나 논공행상을 하고 작위와 봉지를 내리는 데는 너무 인색하여 선비들이 그를 완전히 가까이하지 않습니다.

이에 비해 대왕께서는 오만하고 예의를 가볍게 생각하시는 바람에 청렴하고 절개 있는 인재들이 오지 않습니다. 그러나 대왕께서는 작위와 봉지를 아낌없이 내리시기 때문에, 청렴함과 절개는 아랑곳하지 않고 이익을 탐내는 것을 부끄러워할 줄 모르는 자들이 대부분 대왕의 한나라에 귀순하였습니다.

만약 두 사람의 결점을 버리고 장점을 취하신다면 손만 내저어도 쉽게 천하를 평정하실 수 있을 것입니다. 그런데도 대왕께서는 마음 내키는 대로 사람들에게 모욕을 주기 때문에 절개 있는 선비를 얻을 수 없는 것입니다.

다만, 지금 초나라에도 내분의 가능성이 없지는 않습니다. 항왕의 강직한 신하라 해봤자 범증范增, 종리매鍾離昧, 용저龍且, 주은周殷 등 몇 사람에 지나지 않습니다. 대왕께서 수만 근의 황금을 내놓으시어 간첩으로 이간책을 쓰게 하여 초나라 군신들의 사이를 떼어놓고 그들로 하여금 서로를 의심하게 만들 수 있다면, 항왕의 사람 됨됨이로 보아 틀림없이 참언을 믿고 그들을 시기하고 의심하여 서로가 서로를 죽이게 될 것입니다. 우리 한나라는 그 틈을 타서 군사로 공격하면 틀림없이 초나라를 격파할 수 있을 것입니다.”

진평이 건의한 간첩을 이용한 이간책이란 적의 간첩을 이용하여 적의 내부를 어

● 전국시대 패권의 향방을 결정짓는 중요한 전쟁에서 악의(왼쪽)와 전단 두 사람이 보여준 모략은 상호경쟁으로 점철되었던 전국시대 '모략사상'의 총체적인 모습을 반영하고 있다.

지럽히고 그 틈을 타서 승리를 취하겠다는 것이다. 유방은 진평의 건의에 전적으로 동의하고 황금 4만 일鎰(1일은 20량)을 내어 진평의 뜻대로 처리하도록 했다. 진평의 대책은 한 치의 오차도 없이 맞아떨어졌고, 항우의 내부 진영은 사분오열되었다. 항우는 자신의 가장 유력한 보좌관인 범증마저 의심하기 시작했다.

진평의 주도면밀한 계책이 어떻게 진행되었는지 한번 살펴보자.

당시 항우는 사신을 보내 유방과 담판을 지으려 했다. 사신이 유방 진영에 도착하자 유방은 상다리가 휘어지도록 산해진미를 차려놓고 사신을 초대했다. 그런데 사신을 본 유방은 깜짝 놀라는 표정을 지으며, 이렇게 중얼거리는 게 아닌가. 중얼거림이었지만 사신이 또렷이 알아들을 수 있도록.

"난 또 아보亞父(범증)의 사신인 줄 알았더니 항왕의 사신이잖아!"

그러고는 산해진미 잔칫상을 물리고 평범한 상으로 다시 보아 오게 했다.

범증은 누가 뭐라 해도 항우의 가장 유력한 브레인이었다. 그런 범증이 항우를 위해 갖가지 계획을 수립하고 조언하지 않는다면, 공을 세우기 좋아하는 항우는 별다른 성과를 거두지 못한다. 범증의 역할과 중요성을 누구보다도 잘 알고 있는 진평과 유방이었기에 항우의 사신이 오자 일부러 그런 상황을 연출했던 것이다.

수모를 당하고 돌아간 항우의 사신은 자신이 보고 겪은 대로 항우에게 보고했다. 항우는 더 이상 범증을 믿지 않고 그를 멀리하기 시작했다. 꽁지 빠진 개꼴이 된 범증은 울분을 참지 못하고 자리를 내던지고는 고향으로 되돌아가다 화병으로 죽고 말았다.

항우는 계략에 걸려들어 유언비어를 믿었다. 이 때문에 모사들과 용맹한 장수들이 중용되지 못했으며, 심지어는 그를 떠났다. 항우의 운명을 결정한 해하垓下 전투에서 그를 따른 병사들은 수만 명 중 겨우 28명의 기병뿐이었다. 오도 갈 데 없는 막다른 상황에 몰렸음에도 항우는 여전히 자신이 모략이란 면에서 실패한 것을 깨닫지 못한 채 이렇게 강변했다.

"내가 군대를 일으킨 지 8년이 되었다. 70여 차례 전투를 치르면서 패배를 몰랐고 마침내 천하를 가질 수 있었다. 그런데 지금 이 지경이 된 것은 하늘이 나를 망하게 한 것이지 나의 죄가 아니다!"

그러고는 오강烏江(지금의 안휘성 화현 동북)에서 자결했다. 백 번 천 번을 승리한들 무슨 소용인가? 마지막 싸움에서 승리하는 자가 진짜 승리자인 것을.

이연李淵(훗날의 당 고조)이 태원太原(지금의 산서성 태원)에서 군대를 일으킬 수 있었던 것은 모사 유문정劉文靜 등의 모략이 중요하게 작용했다. 당시 유문정은 수隋 양제煬帝가 수도를 떠나 강남에 가 있는 상황, 각지의 크고 작은 도적과 반항 세력들이 길을 막고 있는 상황을 자세히 들여다본 후 이연의 세력 기반이라 할 수 있는 태원의 상황을 다음과 같이 면밀히 분석했다. 태원에 모인 사람들은 대부분 도적을 피해 온 사람들이고, 자신이 이 지역에서 벼슬을 하면서 호걸들을 많이 알고 있는지라 순식간에 이들을 모을 수 있다. 여기에 이연의 군대 수만을 합치면 모두가 이연의 호령에 따를 것이다. 그리고 허점을 타서 쳐들어가면 반년 안에 패업을 이룰 수 있을 것이다.(『구당서』 권57 「유문정전」) 유문정의 계략은 이연이 태원에서 기병하는 데 큰 힘이 되었을 뿐 아니라 이후 관중으로 들어가 당 왕조를 세우는 데도 기본 전략으로 작용했다.

주원장朱元璋이 명 왕조를 건립하는 과정에서도 모사들의 모략은 열쇠와 같은 작용을 했다. 그중에서 다음 세 차례가 가장 잘 알려진 사례다.

1차는 모사 풍국용馮國用 등이 펼친 천하 탈취의 계책이다. 그들은 금릉金陵(지금의 남경南京)이 용이 똬리를 틀고 호랑이가 웅크린 제왕의 도읍이므로 이를 근거지로 삼고서 사방을 정벌하되 인의를 앞세워 인심을 얻고 여자나 재물 따위를 탐내지 않으면 천하가 이내 안정될 것이라고 했다. 먼저 금릉을 근거지로 삼으라고 지적하고, 역사상 농민봉기군이 약탈 등과 같은 행위를 통해 도적으로 전락함으로써 실패한 경험을 교훈으로 삼으라고 했다. 주원장은 이에 따라 비교적 탄탄한 근거지를 확보할 수 있었다.

2차는 모사 주승朱升이 건의한 것으로, 성의 담장을 높이 쌓고 식량을 넉넉히 비축한 뒤 왕을 자칭하는 '칭왕稱王'을 늦추라는 요지였다. 이는 나무가 클수록 바람을 세게 맞듯이 여러 세력들에게 공격당하는 상황을 피하기 위한 것이었다. 은밀히 드러나지 않게 실력을 키워 남보다 "한 발 늦게 나서 상황을 제압하라."는 '후발제인後發制人'의 모략이었다.

3차는 유기劉基가 제안한 '선진후장先陳後張'이라는 중대한 전략이었다. 당시 주원장의 기반은 강동의 몇 개 군에 지나지 않았다. 이에 비해 경쟁 상대인 진우량陳友諒은 장강 상류를 차지하고 있었고, 장사성張士誠은 주원장의 심장부에서 위협을 하고 있었다. 이 때문에 주원장 진영에서는 서쪽의 진우량을 먼저 칠 것인가, 아니면 동쪽의 장사성을 없앨 것인가를 놓고 고민하고 있었다. 유기는 상황을 철저하게 분석하여 장사성은 현상 유지에 안주하고 있기 때문에 염려할 상대가 아닌 반면, 상류에 있으면서 주원장에 대해 하루도 경계를 늦추지 않고 있는 진우량

● 항우는 허점이 많았다. 개인적으로 그 허점은 낭만적으로 보이지만 천하를 얻어 나라를 경영하는 데에는 치명적인 약점이었다. 요컨대 그는 모략의 중요성을 간과했다.

을 먼저 없애야 한다는 점을 분명히 했다. 진우량이 제거되면 장사성은 고립되어 힘들이지 않고 소멸시킬 수 있다는 계산이었다. 그런 다음 중원으로 향하면 왕업은 성취될 것이라는 결론이었다.(이상『태조실록』권20)

유기는 진우량과 장사성의 전략적 태도를 분석하여, 장사성을 먼저 쳤다간 등뒤에서 진우량의 습격을 받아 양면에서 협공당하는 위기에 몰릴 가능성이 크다고 본 것이다. 반면에 진우량을 먼저 공격한다 해도 현상에 만족해하고 있는 장사성이 구원병을 보내는 일은 없을 것으로 판단했다. 주원장은 유기의 '선진후장, 선남후북先南後北'이라는 큰 틀의 전략적 방침을 받아들여 대성공을 거두었다.

예로부터 군대를 통솔하는 장수들치고 군사모략을 연구하지 않은 사람은 없다. 모략이 군사에서 차지하는 중요한 의의는『손자병법』「모공謀攻」편에서 심각하게 지적한 바 있다.

그러므로 최상의 용병법은 적의 전략을 꺾는 것이고,… 그러므로 용병을 잘하는 자는 적의 군대를 굴복시키되 직접 부딪쳐 싸우지 않으며, 적의 성을 빼앗되 직접 공격하지 않으며, 반드시 적을 온전히 보존한 채 이기는 방법으로 천하의 권세를 다툰다. 이리하여 군대가 무디어지지 않으면서도 그 이익은 온전하니 이것이 바로 '모공', 즉 계략으로 적을 공격하는 법이다.

한편『회남자』「병략훈」에는 이런 대목이 눈길을 끈다.

덕이 비슷할 때는 큰 쪽이 이기고, 힘이 비슷할 때는 지혜로운 자가 어리석은 자를 물리치며, 세가 비슷할 때는 술수가 있는 자가 없는 자를 사로잡는다.

● 유기(1311-1375)는 주원장으로부터 '나의 장자방(장량)'이라는 소리를 들을 만큼 뛰어난 책략가로서 명이 천하대업을 성취
하기 위한 큰 틀의 모략을 구상했던 인물이다. 사진은 유기의 동상이다.

이 말의 뜻을 좀더 쉽게 풀이하면 이렇다. 정치적 조건이 같을 경우에는 군대가 많은 쪽이 이기고, 군사적 역량이 비슷할 때는 지혜로운 자가 이기며, 전쟁 정세가 같은 때는 모략을 가진 자가 그렇지 않은 자를 물리친다. 관련하여 『병경오자兵境吳子』는 이렇게 단언한다.

군대의 용기와 겁은 모략 수준의 높고 낮음에서 결정되고, 부대의 강약은 처한 정세의 좋고 나쁨에 의지하게 된다. 계책이나 모략이 성공하고 정세가 유리하면 겁 많은 병사라도 용감하게 바뀔 수 있고, 그 반대면 용감한 병사라도 겁을 먹게 된다.

프로이센의 군인이자 군사전문가였던 클라우제비츠Carl von Clausewitz(1780-1831)

는 "만약 우리가 전쟁이 군인에게 무엇을 요구하는지를 좀더 연구한다면 지혜의 힘이 중요하다는 것을 발견하게 될 것이다."라고 했다. 뛰어난 지혜에 평범한 용기가, 남다른 용기에 평범한 지혜보다 훨씬 더 큰 작용을 한다.

4. 외교: 민첩한 변화력

차원 높은 외교모략은 거대한 물질적 역량을 생산할 수 있다. 친구는 물론 중립적 태도에 있는 자에 대해서도 큰 흡인력으로 나를 돕게 한다. 적에 대해서는 위협으로 작용하여 경거망동하지 못하게 만든다. 모택동이 제기한 제3세계 이론이 좋은 예다. 당시 미국과 소련이 패권을 다투고 있을 때 이 이론은 발전 중인 국가들을 단결시킴으로써 국제적으로 폭넓은 통일전선을 형성하는 근거가 되었다. 이 이론은 결과적으로 미국과 소련의 패권 경쟁과 세계 분할의 음모를 무산시킴과 동시에 중국의 국제적 지위를 높이는 데 결정적인 작용을 했다.[4]

수준 높은 외교모략은 다른 투쟁 영역에서는 이룰 수 없는 승리를 얻게 해준다. 20세기 초에 터졌던 러·일전쟁(1904-1905)을 한번 보자. 당시 국력이나 군사력에서 일본은 러시아와 도저히 맞설 수 없는 상황이었다. 이에 일본은 전쟁에 앞서 적극적인 외교활동을 펼쳐 영·일동맹을 체결하고 프랑스·독일·미국 등으로부터 도움을 받았다. 이 때문에 러시아는 유럽과 미국 등으로부터 얻을 수 있는 자금과 경제 원조의

---

4 제3세계 이론은 1949년 중화인민공화국이 건국된 이후 모택동이 아시아, 아프리카 신생국들을 '제3세계' 또는 '비동맹 국가'들이라고 정리하고, 중국의 외교적 근거를 제3세계에 두어 소련과 미국을 상대로 세력을 키워나가는 전략으로 세계 3분三分 전략이었다. 혹자는 이를 제갈량諸葛亮의 '천하삼분'과 비교하기도 한다.

길이 막혀버렸다. 전쟁이 시작된 뒤에는 여러 가지 수단으로 러시아 정부 안팎을 곤경에 빠뜨려 러시아의 실패와 일본의 성공을 재촉했다.

뛰어난 외교모략은 국가의 주권과 존엄성을 지켜준다. 그 대표적인 사례로 춘추시대의 탁월한 외교가 안영晏嬰(? ~기원전 500. 대개 안자로 높여 부름)이 초나라에 사신으로 가서 왕을 비롯하여 그 신하들과 벌였던 긴장감 넘치고 통쾌한 외교활동을 소개한다.

당시 초나라 영왕靈王은 초나라가 대국이라는 사실만 믿고 작은 나라를 깔보는 등 매우 오만했다. 그는 제나라에서 파견한 안자라는 자가 몸집은 작고 비쩍 마른 것이 볼품없다는 말을 듣고는 이 기회를 이용하여 안자에게 수치심을 주어 초나라의 위엄을 과시하고자 마음먹었다.

안자는 평소처럼 베옷에 마른 말이 이끄는 가벼운 마차를 탔다. 수행원들도 소박한 차림이었다. 안영 일행이 초나라의 수도 영도郢都 동문에 도착했다. 성문은 잠겨 있었다. 일행은 하는 수 없이 마차를 멈추고 큰 소리로 문지기를 불렀다. 그러자 한 시자가 임시로 뚫은 한쪽 편의 작은 쪽문을 가리키며 "상국께서는 그 문이면 충분히 출입하실 수 있을 겁니다. 굳이 대문을 열었다 닫았다 할 필요가 없으니까요."라고 말하는 것이 아닌가. 영왕이 일찌감치 이렇게 안배해놓았던 것이다. 자기 몸집만 하게 뚫려 있는 쪽문을 본 안자는 모든 것을 분명하게 알 수 있었다. 이는 초왕의 수작이다. 한 나라를 대표하는 사신을 이런 식으로 치욕을 주다니! 하지만 안자는 아무렇지 않다는 듯 고함을 질렀다.

"이건 개구멍 아닌가? 개구멍으로 사람이 드나들 수는 없지. 개의 나라에 사신으로 왔다면 개구멍으로 출입하겠지만, 인간의 나라에 사신으로 왔으니 사람이 출입하는 문으로 들어가는 것이 당연하지 않은가!"

문을 지키는 자가 재빨리 초왕에게 이 일을 보고했다. 초왕은 안자에게 한 방 먹었음을 알았고, 서둘러 대문을 열고 안자 일행을 맞이하도록 했다.

초의 궁으로 들어온 안자는 백관들과 상견례를 가졌다. 초 영왕은 미리 교윤郊尹 두성연斗成然을 보내 안자를 맞이하게 안배해놓았다. 안자를 맞이한 두성연은 "선생께서는 제나라의 상국 안평중晏平仲 아니십니까?"라고 말했다. 안자는 예를 갖추어 "그렇습니다만, 혹 무슨 가르침이라도."라며 정중하게 대답했다. 두성연은 기다렸다는 듯이 청산유수처럼 말을 뱉어내기 시작했다.[5]

"듣자하니 제나라는 강태공姜太公이 봉해진 나라로 무력은 진晉·초楚에 맞먹고 재력은 노魯·위衛도 못 따랐다는데, 어찌하여 제 환공이 패자로 군림한 이후 갈수록 쇠퇴하여 궁정에서는 정변이 잇따르고, 작은 송宋·진陳이 얕잡아보고 공격하질 않나, 신하들은 아침에는 진으로 저녁에는 초로 도망치는 등 하루도 편안할 날이 없으니 어찌된 일입니까? 지금 경공景公의 의지는 환공 못지않고 선생의 유능함은 관중에 비교할 정도인데, 어째서 한마음 한뜻으로 힘을 모아 발전을 꾀하여 지난날의 대업을 다시 한번 펼치지 않고 노복처럼 큰 나라를 섬기고 있으니 도무지 이해가 가질 않습니다."

명백한 조롱이었다. 그것도 아주 지독한 조롱이었다. 안영은 태연하게 두성연의 말을 되받아 공격했다.

"때를 맞추어 힘쓸 줄 아는 사람을 준걸이라 하고, 를의 변화에 통달한 사람을 영

---

5   이 부분은 여러 기록들을 참작하여 그 내용을 대폭 보완했다. 안자의 외교술을 좀더 소개하기 위함이다.

웅호걸이라 합니다. 주 왕조가 힘을 잃은 이래 제·진이 중원의 패자로 군림했고, 진은 서융 지역에서, 초는 남만 지역에서 패자로 군림했습니다. 이들 나라에서 인재가 배출되었다고는 하지만 기운과 대세가 그렇게 만든 면이 많습니다. 진 문후는 웅대한 포부를 가지고 있었으나 여러 차례 침략을 당했고, 진 목공은 강성함을 자랑했으나 그 자손 때는 쇠약해졌으며, 그대의 나라 초는 장왕莊王 이후 여러 차례 진·오 두 나라에게 멸시를 당했습니다. 사정이 이러한데 그대가 감히 지금 제나라가 지난날만 못하다고 말할 수 있습니까? 우리 제나라 왕께서는 천운의 성쇠를 잘 알고 있고, 틀의 변화에 따라 때맞추어 힘써야 할 것을 파악하고 있습니다. 그래서 장수와 병사들을 훈련시키면서 움직일 때를 기다리고 있습니다. 오늘 그대 나라에 온 것은 주 왕조가 마련한 의례에 관한 기록에 따라 이웃나라를 왕래하는 외교 행위인데 어찌하여 노복 운운하시는 겁니까? 선생의 조상 자문子文 선생께서는 초나라의 명신으로 시세의 변화에 통달하신 분인데 지금 보니 선생이 과연 그분의 후손이 맞는지 의심이 가는군요. 그렇지 않고서야 이렇게 사리에 맞지 않는 말을 하실 수가 없는데 말입니다."

안자의 논리정연하고 날카로운 반박에 두성연은 얼굴이 발개져 고개를 움츠린 채 자리를 뜨고 말았다. 초의 대부 양개陽匃가 나서 다시 안자를 비꼬았다.

"안영 선생께서는 스스로 때를 알아 힘쓰고 변화에 통달하고 있다고 자부하시는데, 그렇다면 귀국의 최저崔杼라는 자가 군주를 시해하고 난을 일으켰을 때 문거雯擧 등은 대의를 위해 죽었지요. 그런데 제나라의 명문가인 선생의 집안은 최저를 토벌하지도 않았고 자리를 피하지도 않았고 죽지도 않았습니다. 왜 이렇게 명예와 이익 그리고 자리에 연연해하는 것입니까?"

안자는 주저 없이 대답했다.

"대의를 가슴에 품은 사람은 자잘한 일에 얽매이지 않습니다. 멀리 내다보는 사람이 어떻게 눈앞의 득실을 따지겠습니까? 제가 듣기에 국군이 나라를 위해 죽으면 신하는 그를 따른다고 합니다. 우리 선왕 장공莊公은 나라를 위해 죽은 것이 결코 아닙니다. 그러니 그를 따라 죽은 자들은 모두 장공이 총애하던 자들이지요. 이 몸이 덕이 있는 사람은 아니지만 어찌 그런 총애를 받는 사람들의 대열에 끼일 수 있겠습니까? 어찌 한번 죽음으로 명예를 건져 올릴 수 있겠습니까? 신하가 국가의 위기를 만나면 달려가 그 위기를 구하는 것이 당연합니다. 능력이 없으면 떠나면 그만입니다. 제가 제나라를 떠나지 않은 것은 새로운 왕을 세워 사직을 지키고자 했기 때문이지 개인의 욕심을 채우기 위함이 아니었습니다. 모두가 떠나면 나라의 큰일은 누구에게 의지합니까? 하물며 군주가 시해당하는 정변 같은 변고가 일어나지 않은 나라가 어디 있습니까? 귀국에 만약 그런 정변이 발생하지 않았다고 해서 대신들 모두가 도적을 토벌하고 희생할 열사라 할 수 있습니까?"

안영의 반박은 강력하고 근엄했다. 양개는 입을 다물지 못한 채 아무 대꾸도 할 수 없었다.

이어 또다시 몇몇 대신들이 나와 안영을 향해 인신공격을 가했다. 안영이 너무 인색하고 지독하다는 비난부터 풍채가 보잘것없어 상국을 감당할 재목이 못 된다는 말도 있었고, 심지어는 닭 잡을 힘조차 없다는 어처구니없는 숙덕거림도 있었다. 안영은 상대방의 비열한 인신공격에도 전혀 화를 내지 않고 차분하게 논리적으로 반박했다.

"당신들의 견해가 참으로 천박하구려! 내가 상국이 된 이래 본가는 물론 외가와 처가의 생활이 전보다 훨씬 좋아졌소이다. 이뿐만 아니라 나는 70호 이상의 백성들을 구제할 수 있게 되었습니다. 내 집은 비록 근검절약하며 살지만 친족들은 부유해졌고, 나는 비록 인색하다는 소리를 듣지만 나머지 모두가 풍족해졌지요. 내가 이렇게 해서 국군의 은혜를 드러낼 수 있다면 더 좋은 일 아니겠소이까?"

"내가 듣기에 저울추는 작지만 천 근을 누를 수 있고, 배를 젓는 노는 길지만 물에서 사용할 수 있다고 합니다. 교여僑如는 키가 크고 몸집이 좋았지만 노나라에서 피살되었고, 남궁만南宮萬은 힘이 센 역사였지만 송나라에서 처형되었습니다. 낭와 선생 당신은 키도 크고 힘도 세니 이들과 같은 전철을 밟지 않도록 조심하십시오! 저는 스스로 무능하다는 것을 잘 알지만 질문이 있으면 바로 답을 얻습니다. 어찌 감히 말재주 따위를 부린단 말입니까?"

안자는 진작부터 자신을 골탕 먹일 준비를 하고 있었던 초나라 대신들에 맞서 차분하게 예의를 지켜가면서 하나하나 물리쳤다. 이는 그의 말재주가 좋았기 때문만이 아니라 그의 박학다식함이 큰 위력을 발휘했기 때문이다. 그는 상대방의 신분과 질문 등에 근거하여 정확하게 반박했으며, 논리에 근거가 있었기 때문에 상대를 굴복시킬 수 있었다.

이어 초 영왕이 궁전에서 안자를 접견했다. 영왕은 말로만 듣던 볼품없는 안자의 실제 모습을 보고는 싸늘한 미소를 흘리며 안자를 향해 "하하하! 당신 제나라에 인물이 없긴 없는 모양이군." 하며 비꼬았다. 영왕의 오만방자한 언행에 분노가 치밀어 올랐지만 안자는 자신이 지금 나라를 대표하는 사신이라는 신분을 상기하고는 마음을 가라앉혔다. 그는 정중하게 초 영왕을 향해 말했다.

"우리나라는 땅이 넓고 인구가 많습니다. 수도 임치성 사람들이 내뿜는 입김만으로 구름이 되고, 흘리는 땀은 비가 오듯 합니다. 사람들이 길거리에 나와 걸으면 어깨를 비비지 않고는 걸을 수가 없습니다. 무슨 근거로 제나라에 사람이 없다고 하십니까?"

어리석은 영왕은 안자의 말이 자신을 비꼬고 있다는 것도 모른 채 안자를 기만할 수 있다고 생각하여 더욱 무례하게 "인재가 그렇게 넘치는데 어째서 그대를 우리에게 파견했단 말인가?"라며 다그쳤다. 그러고는 고개를 한껏 젖힌 채 미친 듯 웃었다. 안자는 냉정하게 그러면서도 정중하게 영왕의 말을 맞받아쳤다.

"우리 제나라에는 한 가지 규칙이 있습니다. 조정에서 사신을 파견할 때는 늘 그 대상을 살펴서 보내는 것입니다. 상대국이 예의가 있는 나라의 군주라면 그에 맞추어 덕이 고상하고 명망이 높은 사람을 사신으로 보내고, 무례하고 거친 나라의 어리석은 군주라면 역시 그에 맞는 재주도 없고 비루한 자를 골라 보내지요. 제나라에서 저는 덕도 능력도 없는 인물이기 때문에 초나라에 이렇게 사신으로 파견된 것입니다."

초 영왕은 부끄러움에 얼굴이 벌겋게 달아올랐다. 쥐구멍이라도 있으면 숨을 판이었다. 영왕은 어쩔 줄 몰라 하다가 손을 휘휘 저으며 빨리 술상을 차려 안자를 접대하라고 명령했다.

영왕과 안자가 술잔을 들고 서로 축하를 드리려는데, 포졸이 죄수 한 명을 끌고 왔다. 영왕은 일부러 화가 난 표정을 지으며 "지금 뭣들 하는 짓이냐! 지금 이곳의 손님이 보이지 않는다는 말이냐!"라고 호통을 쳤다. 호통에 포졸은 당황해하며 "대왕,

노여움을 푸십시오. 우리가 잡은 이 도적은 다름 아니라 제나라 사람입니다."라고 말했다. 그는 '제나라 사람'에 힘을 주어 길게 외쳤다. 영왕은 안영을 째려보며 "당신들 제나라 사람은 모두 훔치기를 잘 하나보오."라고 다그쳤다.

영왕의 얄팍한 수작을 진즉에 간파하고 있던 안영은 수비로 공격을 대신한다는 전략을 구사했다. 그는 유머와 풍자를 섞어가며 이렇게 말했다.

"대왕, 제가 듣기에 귤나무를 회수 이남에다 심으면 귤이 열리고, 회수 이북에다 옮겨 심으면 탱자가 달린다고 하더군요. 잎도 비슷하고 과일의 생김새도 비슷하지만 맛은 전혀 다르답니다. 왜 그렇겠습니까? 회수 이남과 이북의 땅과 물이 다르기 때문이지요. 지금 제나라 사람이 제나라에서 살면 도적이 되지 않는데 초나라에 온 뒤로 도적이 되었으니 초나라의 풍토가 사람을 도적으로 만드는 것이 아니고 무엇입니까?"

● 안자 안영은 춘추시대 외교모략의 정수를 보여주는 인물이었다. 특히 안자가 보여준 날카로운 언변은 지금 보아도 수준이 만만치 않다. 정치와 외교에 종사하는 사람이라면 꼭 참고하고 배워야 할 인물이다.

이 대목이 저 유명한 "귤이 탱자로 바뀌다."는 '귤화위지橘化爲枳'라는 고사의 출처다. 보기 좋게 또 한 방 먹은 초 영왕은 난처해 어쩔 줄 몰라 했다. 하지만 내심 안영의 재능에 감탄하지 않을 수 없었다.

안자가 외교에서 승리한 것은 그의 말재주에 힘입은 바 컸지만 더 중요한 것은 그의 수준 높고 차원이 다른 외교모략이었다. 이처럼 국가 간의 외교투쟁에서 모략과 지혜는 국가의 이익과 존엄성을 지키고 국가의 위신을 높이는 데 결정적인 작용을 할 수 있다.

뛰어난 외교모략은 국가 간의 전쟁을 피할 수 있게 한

다. 다음 사례를 한번 보자. 기원전 627년, 진秦나라 목공穆公은 총사령관 백리맹명百里孟明에게 정예 군단을 이끌고 정鄭나라를 기습하게 했다. 원래 진나라 군대 일부가 정나라에 주둔하며 방어를 돕고 있었는데 정나라가 진晋나라와 가깝게 지내는 것을 보자 즉각 본국에 보고하는 한편, 현재 정나라의 성문을 열 수 있는 열쇠를 자신들이 보관하고 있으므로 기습을 감행한다면 정나라를 병합할 수 있을 것이라는 상황 분석까지 곁들였다. 하지만 당시로서 이런 기습은 지극히 곤란했다. 진나라의 수도 옹읍雍邑(섬서성 봉상鳳翔)에서 정나라 수도 신정新鄭(황제 왕조 헌원의 옛 도읍지로 하남성 신정)까지는 거리가 600km나 떨어져 있는 데다 길을 따라 험준한 산과 강 그리고 좁은 길이 부지기수여서 급히 군사를 움직인다 해도 30일이 넘어 걸린다. 그러니 비밀을 유지하기가 불가능했다.

아니나 다를까, 진나라 군대가 정나라에서 약80km 떨어진 활국滑國(하남성 언사偃師 동남)에 이르렀을 때 소식은 벌써 정나라에 전해진 뒤였다. 정나라 상인 현고弦高가 마침 소를 몰고 낙양洛陽으로 팔러 가다가 이 상황을 알게 되었다. 현고는 즉각 정나라 사신으로 위장하여 소떼를 몰고 진나라 군영으로 찾아가서 정나라 국군의 명령을 받고 군대에게 먹을 것으로 소를 드리러 왔다고 했다. (이것이 "현고가 먹을 것으로 군대를 접대하다."는 '현고호사弦高犒師'의 고사다.) 백리맹명은 깜짝 놀란 나머지 우물쭈물 자신들의 목적은 정나라가 아니라 활국이라고 둘러댔다. 그러고는 자신의 말이 거짓이 아니라는 것을 증명하기 위해 활국을 기습하여 멸망시킨 뒤 철수했다. 애꿎은 활국만 당한 셈이었다.

국가에서 정식으로 임명한 외교가는 아니었지만 상인 현고가 보여준 구국의 외교모략은 두고두고 사람들의 입에 오르내리고 있다.

차원이 다른 외교모략은 심지어 적을 친구로 만들며 절체절명의 위기에서 국가를 살려내기도 한다. 기원전 630년에 벌어졌던 사건을 통해 이 점을 좀더 분명히 해

● 상인 현고가 위기에 처한 나라를 구한 고사는 나라를 아끼는 상인의 용기 있는 민간 외교의 사례로 남아 있다.

보자. 당시 진秦은 진晉과 연합하여 약소국 정鄭을 공격했다. 정은 강대국 초楚와 동맹을 맺고 대항하려 했다. 하지만 진·진 양국의 군사적 압력 때문에 초는 선뜻 구원에 나서지 못했다. 진·진 연합군이 도성 아래에까지 쳐들어와 나라가 곧 망할 위기 상황에서 정 문공은 말을 잘하고 사리에 밝은 촉지무燭之武를 진秦의 군영으로 보내 군대를 철수시키고자 했다. 당시 두 나라 군대는 각각 성 동쪽과 서쪽에 나누어 주둔하고 있었기 때문에 서로의 동정을 바로 알 수는 없었다. 촉지무는 한밤중에 밧줄을 타고 성을 내려와 진秦의 군영으로 달려가 군영의 문 앞에서 대성통곡을 하기 시작했다. 목공이 울음소리를 듣고는 부하를 시켜 촉지무를 잡아오게 하여 심문했다.

"너는 누구냐?"

"촉지무라 합니다."

"왜 그리 통곡을 하느냐?"

"정나라가 곧 망할 것 같아 우는 것입니다."

"그런데 하필 우리 군영에 와서 우는 까닭은 뭐냐?"

"정나라 때문에 우는 것이기도 하지만, 진秦나라 때문에 우는 것이기도 합니다."

"뭐라?"

"정나라의 멸망은 이미 불가피하기 때문에 그다지 안타깝지 않습니다만 진나라는 정말 안타깝습니다!"

촉지무는 진·진 두 나라가 힘을 합쳐 정나라를 멸망시키는 일이야 손바닥 뒤집기보다 쉬운 일이지만 그것이 진秦나라에 도움이 되기는커녕 도리어 손해를 가져다줄 것이라고 분석했다. 촉지무는 그 이유에 대해 진秦이 정을 멸망시켜봐야 지리적으로 정은 진秦과 천리나 떨어져 있는 반면 진晉과는 국경을 접하고 있어 결국 뺏은 땅은 자연스럽게 진晉으로 넘어갈 것이라고 했다. 그리고 최근 진晉은 군비 확장에 열을 올리고 있어 정나라 땅이 저들에게 넘어가는 날에는 지금 팽팽하게 균형을 이루고 있는 두 나라의 군사력이 한쪽으로 기울게 된다. 결국은 진秦에게 진晉은 동맹관계가 아니라 위협 세력으로 등장하게 될 것이다. 게다가 진晉은 지금까지 국제사회에서 신의를 잃어왔다. 지난번 길을 빌린다고 해놓고 괵虢을 멸망시킨 경우가 대표적인 사실이다.

진 목공은 촉지무의 분석을 듣고 꿈에서 깬 듯 정신이 들었다. 그리고는 정나라가 장차 동쪽 통로의 길잡이 역할을 한다는 조건으로 즉시 진晉과의 동맹을 철회하고 정나라와 동맹을 맺었다. 이와 함께 3명의 대장과 2,000명의 군사를 남겨 정나라가 성을 지키는 데 도움이 되도록 했다. 이 소식을 접한 진晉은 진 목공의 배신에 치를 떨었지만 손바닥도 마주쳐야 소리가 난다고, 하는 수 없이 철수하여 자기 나라로 돌아갔다.

역시 춘추시대 정나라의 정치가 자산子產은 연회의 술자리에서 외교관계를 절충한다는 뜻의 '절충준조折衝樽俎'라는 유명한 고사성어를 남겼다. 그는 또한 자신의 힘이 약하면 강국을 예로 섬겨야지 욕심에만 매달려서는 안 된다는 이론도 제기했다. 그는 강국인 진나라에 해마다 공물을 바치면서도 외교관을 위한 여관의 담장을 허무는 과감한 행동을 보여 진과 초를 놀라게 만들었다. 이러한 외교 이론과 실천으로 국력이나 군대가 보잘것없었던 약소국 정나라는 약육강식의 시대에서 수십 년 동안 별 탈 없이 나라를 보존할 수 있었다. 이는 정나라가 외교에서 성공했기에 가능한 일

이었다.

진秦나라도 외교투쟁을 잘 활용하여 국가의 안전을 유지하면서 '원교근공遠交近攻' 같은 탁월한 외교모략으로 6국을 차례로 무너뜨리고 중국을 통일할 수 있었다.

동한 시대 반초班超는 명제에게 올린 글에서 '이이제이以夷制夷'라는 불세출의 외교 이론을 건의하여 31년 동안 서역 50여 국을 별 탈 없이 잘 다독거렸다. 이들 나라는 모두 동한 왕조에 대해 신하를 자처하면서 공물을 바치고 서로 협조하여 흉노의 남침을 적절하게 막아냈다. 동한 왕조도 이에 힘입어 통치 기반을 다질 수 있었다.

● 정나라의 자산은 탁월한 외교 이론과 실제 경험으로 늘 강대국에 침략을 당하던 정나라가 더 이상 침략당하지 않도록 했다.

동서고금을 막론하고 외교에서 모략이 성공하느냐의 여부는 국가의 통일과 강성에 지극히 중요하게 작용했음을 알 수 있다.

5. 치국: 안정된 통제력

모략은 격렬한 군사·정치투쟁에서 적을 제압하고, 자신을 지키고, 전쟁에서 승리하고, 정권을 탈취하는 데 지대한 작용을 발휘한다. 천하가 건립된 뒤에는 나라를 다스리고 사회적 생산을 발전시키는 데도 무시할 수 없는 작용을 한다.

서한 초기 모신 육고陸賈와 유방 사이에 오간 대화를 한번 들어보자. 육고는 유방에게 천하를 어떻게 얻었냐고 물었다. 유방은 의기양양하게 "말 위에서 얻었지."라고 큰소리를 쳤다. 이에 육고는 "말 위에서 얻었다고 말 위에서 다스릴 수 있다고 생각하십니까?"라고 반문했다. 여기서 육고의 반문은 중요한 문제 하나를 제기하고 있다. 통치자가 천하를 얻은 뒤에도 천하를 얻는 데 사용했던 모략들을 가지고 국가를 다스릴 수 있느냐 하는 것이다. 또 전쟁 때 정치와 군사에 집중시키느라 소홀했던 정력과 모략을 사회 생산의 발전에 사용할 수 있느냐는 문제 제기였다. 육고는 이런 의문 제기를 통해 유방에게 이제 주의력을 '창업創業'에서 '수성守成'으로 돌리라고 건의한 것이다. (당 태종 이세민李世民도 위징魏徵의 "수성이 창업보다 어렵다."는 말을 받아들였다.) 군사투쟁을 평화 시기의 '치국治國'과 '부민富民'으로 돌려 백성들을 편하게 하고 이익을 얻게 하는 정책으로 바꾸라는 것이었다. 유방은 육고의 건의를 받아들여 생산을 회복하고 발전시키는 일련의 정책을 취하여 한나라 초기 사회경제의 회복과 발전을 촉진했다.

육고의 모략이 전쟁기에서 평화기로 넘어가는 데 필요한 치국모략이라면 이와 비슷한 조보趙普의 '배주석병권杯酒釋兵權'이라는 모략은 봉건사회에서 천하를 평정한 후 천하를 오래도록 안정시키는 데 없어서는 안 될 모략이었다. 송 태조 조광윤趙匡胤이 송 왕조를 건립한 뒤 조보에게 "당나라 이래 수십 년 동안 제왕이 열 이상 바뀌었고 전쟁은 끊이지 않았소. 그 까닭이 무엇인가?"라고 물었다. 조보는 "절도사와 같은 번진의 힘이 너무 커져 군주는 약하고 신하가 강해졌기 때문입니다. 따라서 지금은 병권을 빼앗고 정예병을 거두어들이면 천하가 절로 안정될 것입니다."라고 대답했다. 이 말에 조광윤은 무엇인가 깨닫는 바가 있어 대신 석수신石守信, 왕심기王審琦, 고회덕高懷德 등을 불러 술을 마시면서 그들에게 병권을 내놓고 편히 살라고 위협했다. 이것이 저 유명한 "술잔을 돌리면서 병권을 내놓게 했다"는 '배주석병권'이다. 이렇게 해서 송 왕조는 당唐 이래 막강한 군사력을 소유한 번진 세력들을 자중시키고 내란의 국면을 면할 수 있었다. 조보의 모략은 자신이 차지한 천하를 남에게 빼앗기지 않기 위해 노골적으로 공신들을 살상하는 것과 목적이란 면에서는 일치한다. 하지만 황권에 위협이 되거나 위협이 될 잠재력이 있는 모든 역량을 한 번에 제거했다는 점에서 조보의 모략은 살육을 통한 방법보다 훨씬 차원이 높다고 할 수 있다.

새로운 정권이 서고 그것을 다지는 과정에서 집권자가 모든 수단을 통해 안정과 오랜 평화를 유지한다 하더라도 정권 탈취를 위한 투쟁이나 반란의 가능성은 늘 잠복해 있다. 이때 치국의 모략이 얼마나 수준 높으냐는 국가의 안정에 매우 중요한 작용을 한다. 당 태종 이세민이 '현무문玄武門의 정변'을 통해 정권을 탈취하자 형제이자 정적이었던 건성建成과 원길元吉 집단의 일당들은 장안 주변으로 흩어졌다. 산동에 있던 측근은 막강한 병력을 가지고 언제든지 새로 일어날 반란 세력과 안팎으로 호응할 준비를 하고 있었다. 이 문제를 어떻게 해결하느냐는 전국적으로 혼란상이 발생하느냐 아니면 정국이 안정을 찾느냐와 직접 관계되는 것이었다. 이 문제를 놓고 위지경덕 尉遲敬德은 잔당들을 모조리 없애는 방법에 반대하면서 이세민에게 건의했다.

"건성과 원길 두 원흉이 이미 죽었는데 다시 그 죄를 잔당들에게까지 물으면 너무 많은 사람이 죽게 되고, 이는 천하를 안정시키는 데 불리합니다."

이세민은 이 건의를 받아들여 현명하게 관부 내의 잔당을 다독거림으로써 이들의 저항감을 없애나갔다. 구체적으로 이세민은 자신의 측근들에게 잔여 세력들을 함부로 잡아들이거나 죽이지 말라고 엄명을 내리는 한편, 아버지 고조 이연의 명의로 천하에 대사면령을 내렸다. 사면령은 아니나 다를까 상당한 파급 효과를 낳았다. 관부에 남아 있던 잔당들이 속속 자수했다. 이세민은 이들이 주인을 위해 충성을 다한 의로운 사람들이라면서 그 자리에서 석방시켰다. '불안에 떨고 있는 자들을 자수시키는' 모략을 취함으로써 이세민은 잔당의 무력을 성공적으로 소멸시키고 발생할지도 모르는 반란을 잠재웠다. 정국은 안정을 찾았고 천하도 평화기에 접어들었다.

● 유방(위 왼쪽)과 육고(위 오른쪽), 이세민(가운데 왼쪽)과 위지경덕(가운데 오른쪽), 조광윤(아래 왼쪽)과 조보(아래 오른쪽) 사이에 오간 수준 높은 대화는 통치모략의 진수를 보여준다. 정권을 잡을 때와 잡고 난 뒤의 통치모략이 달라야 한다는 이들의 지적은 모략의 핵심이 상황 변화에 대한 적응이라는 점을 잘 간파한 결론이었다.

제3장
모략의 역사적 필연성

1. 고대 모략방식의 특징

1) 군주 모략의 비체계성

중국 고대의 모략은 주로 두 가지 형식을 갖고 있다. '군주君主의 모략'과 '모사謀士의 모략'이다. 군주-리더는 모사-인재를 자신의 모략을 위해 이용하며, 동시에 국가의 정치나 중대한 문제를 처리할 때는 자신이 직접 모략을 구사하기도 한다. 군주 모략의 내용은 선례로 삼을 만한 것이 없어 논리적으로 추출하여 엄격한 논증을 가할 수 없다. 군주는 하루에도 만 가지 일을 처리하는 자리로, 국가의 내정과 외교 등 각 방면을 돌보아야 하는 데 정력을 쏟아야 하기 때문에 어떤 특정한 모략에 전력투구할 수 없고, 엄격한 과정과 체계를 가진 모략을 생각할 수도 없다. 군주 모략은 비체계성과 비규범성을 특징으로 한다.

이런 비체계적인 모략에는 군주 개인의 가치관이 매우 중요하게 작용한다. 따라서 개성화라는 요소가 뚜렷하다. 군주는 지고무상한 권력을 소유하고 있기에 모사를 자신의 의지에 복종시켜 모사의 모략을 통해 자신의 의지를 반영할 수도 있고, 자신의 모략이 적절하든 않든, 뛰어나든 않든 자신이 좋고 자기만 만족하면 바로 실시할 수도 있다. 역사상 능력 있는 일부 제왕들의 모략은 아주 특출해서 자신의 강산을 세우고 정권을 안정시키는 데 도움이 되었다. 반면 자질이 모자란 제왕들이 보잘것없는 자신들의 모략을 억지로 실시한 결과는 늘 비극이었다.

춘추시대 송나라의 양공襄公은 적이 강을 다 건너 진열을 정비한 뒤에 공격하다가 군대는 패하고 자신도 부상을 당했다. 유비劉備는 관우關羽의 죽음에 복수하기 위해 "오나라와 연합하여 조조에 대항한다."는 기본 정책을 내던지는 바람에 700리 군영이 불타는 처절한 패배를 당했다. 오대 시대 후량後梁과 진晉, 후당後唐의 위주魏州 쟁탈전에서 양의 주우정朱友貞은 대장 유심劉鄩이 신현莘縣을 굳게 방어하자는 정확한 방침을 받아들이지 않고 두 번 세 번 강경하게 밀고 나가다가 패배했다. 군주는 자신의 권위를 지키기 위해 모략을 잘못된 방향으로 이끌기보다는 올바른 가치관을 충분히 체현해야 할 것이다.

군주의 모략이 완전히 자신의 주관적 사상이나 편향된 의사에서 나온다는 말은 결코 아니다. 어떠한 제약이나 속박을 받지 않는다는 말이다. 군주의 위로는 아무도 없지만 그 모략은 강산을 얻고 통치를 수호하는 근본 목적에서 벗어나서는 안 될 것이다.

2) 모사 모략의 비독립성

모사는 자신의 지능知能으로 주인을 위해 모략을 내고 건의하는 것을 의무로 삼는 사람들이다. 모사는 모략에서 주인에 종속되어 있으며, 그 모략도 비독립적이다. 모사의 모략이 갖는 가장 큰 특징은 '비독립성'이다. 모사라는 '털'은 주인의 '거죽'에 붙어 있기 때문에 주인의 말에 따라야 하며 주인의 안색을 살펴가며 행동해야 한다. 모략에도 주인의 의지가 관철되어야지 자신의 독립된 의지가 작용할 수 없다. 모략에 주인의 의지가 관철되지 못하거나 모략이 주인의 입맛에 맞지 않으면 일을 꾀할 수 없거나 주인으로부터 냉대를 받거나 심하면 목숨까지 잃는다. "가죽이 없는데 털이 어디 가서 붙을 것인가?"

다음으로, 모략의 실시 여부는 일반적으로 주인의 손에서 결정난다. 모사는 주인에게 영향을 줄 수 있고, 이런저런 방법으로 주인이 자신의 모략을 받아들일 수 있는 유리한 조건이나 환경을 창조할 수는 있지만, 최종적으로 받아들이는 것은 어디까지나 주인이다. 아무리 뛰어난 모략이라도 모사의 의지에 따라 받아들여지지는 않는다.

예를 들어보자. 서한 시대의 모사 가의賈誼는 재능이 넘치고 나라를 위한 원대한 모략이 가슴에 가득 차 있는 인물이었다. 하지만 한 문제는 그를 가까이하지 않았음은 물론 그의 모략을 듣지도 않았다. 당나라 때 시인 이상은李商隱은 이런 가의를 위해 불평을 털어놓으며 안타까워했지만 안타까움으로 그만이었다.

3) 경험직관성

신농神農이… 백 가지 풀의 맛을 보고, 샘이 달고 쓴지를 맛보아 백성들에게 알려주었다. 이때 하루에 70가지의 독을 맛보기도 했다.(『회남자』「수무훈脩務訓」)

중국 고대의 모략은 군주의 비규범적인 모략이든 규범적인 모략이든 일반적으로 "신농이 백 가지 풀을 맛보는" 식의 경험적 특성이 강하다.

중국인은 "일을 겪지 않으면 지혜가 늘지 않는다."거나 "도랑에 한 번 빠질 때마다 지혜로워진다."는 식의 격언을 좋아한다. 지혜의 획득은 실천 경험과 종합을 통해 이루어지며, 마찬가지로 모략 수준의 향상도 반드시 실천을 통해 끊임없이 난관을 겪고 좌절을 겪어야 한다는 뜻이다.

모략을 운용하면서 사람들은 흔히 정확한 이론적 지도에 대해 충분히 주목하지 않고 옛날 사람이나 다른 사람 또는 자신의 이전 경험과 습관에 의존해서 계획을 짠다. 경험형 모략은 생산력이 발달하지 못하고, 과학기술 수준이 낮고, 사람들의 지적 수준과 인식능력에 한계가 있었던 고대사회에서 의존하던 방법이다. 인류 모략의 방식들 중 하나로서 경험형 모략은 같은 유형의 문제를 처리하는 데 그 효과의 정도는 다르지만 시간을 절약하고 효율을 높이는 것만은 사실이다. 오늘날에도 여전히 경험형 모략을 배제할 수는 없다.

"신농이 하루에 70가지의 독을 맛보았다."는 전설처럼 경험형 모략은 때로는 중대한 대가를 조건으로 요구한다. 서로 다른 문제에 대해 모략을 진행할 때 경험에 의지한 모략 적용은 왕왕 계산 착오를 일으킨다. 그런 모략은 투기성과 우연성이 비교적 크기 때문이다. 『삼국연의』제95회에 보면 마속馬謖이 가정街亭을 지키지 못하는 바람에 제갈량諸葛亮은 낭패하여 사마의司馬懿의 추격을 받다가 하는 수 없이 '공성계空城計'를 연출하는 장면이 나온다. 다행히 사마의가 이 모략에 걸려들어 제갈량은 밤을 틈타 군사를 이끌고 한중漢中으로 돌아올 수 있었고, 사마의는 촉군을 섬멸할 수 있는 절호의 기회를 놓쳤다. 사마의의 실책은 경험에 의존해 모략을 진행했다는 데 있다. 그는 지금까지 자신의 경험에 의존하여 상대방 제갈량을 이렇게 분석했다.

"제갈량은 평생 신중하고 근신하면서 함부로 모험을 하지 않았다. 지금 성의 대문을 활짝 열어놓았다는 것은 매복이 있다는 말이다. 군사를 진군시켰다간 계략에 걸려드는 것이다."

이상은 잘 아는 모략 사례들이다.

역사상 뛰어난 모사들은 경험형 모략을 절대로 그냥 믿지 않았으며, 거기에 맹목적으로 따르지도 않았다. 『자치통감』에 다음과 같은 역사적 사실이 기록되어 있다.

항우와 유방의 초·한이 천하를 다툴 때 유방이 형양滎陽에서 항우의 군대에 포위당한 일이 있었다. 유방은 역이기酈食其와 항우를 압도할 방법에 대해 상의했다. 역이기는 과거의 6국을 다시 세울 것을 건의했다. 6국을 모두 부활시켜 그들 나라가 한왕(유방)을 패주로 받들게 하면 초를 압도할 수 있다는 생각에서였다. 유방은 역이기의 건의에 따라 막 조치를 취하려는 순간 밖에 있던 장량이 들어와 이 이야기를 듣게 되었다. 장량은 즉각 이 일을 중지시켰다. 그는 반대하는 이유로 여덟 가지를 들었다. 그중 가장 중요한 두 가지는 이런 것이었다.

첫째, 천하의 인재들이 고향과 가족을 떠나 폐하(유방)를 따랐는데 지금 목표를 눈앞에 둔 상태에서 다시 옛날로 돌아가 각자 주인에게로 돌아간다면 폐하는 누구와 더불어 천하를 얻을 것인가?

둘째, 지금 상황은 항우의 초가 강하고 폐하가 약한데 6국이 다시 들어서면 즉시 우리 한을 배반하고 초에 가서 붙을 것이니 이는 한의 부담만 키우는 꼴이다.

장량의 말을 들은 유방은 꿈에서 깨어난 듯 6국을 재건하겠다는 뜻을 바로 포기했다.

여기서 우리는 이런 점을 파악할 수 있다. 역이기는 앞사람의 경험, 특히 전국시대 '합종연횡合縱連橫'이라는 실패한 경험모략을 따르려 했고, 장량은 앞사람의 경험을 무턱대고 믿지 않고 객관적 사물의 변화에 따라 대책을 강구함으로써 큰 잘못을 피할 수 있었다.

직관성 모략은 경험형 모략과 관련 있을 뿐만 아니라 경험형 모략의 일종이라고도 할 수 있다. 이 모략은 초기 인류가 세계를 직관적으로 인식하고 이해한 것과 연관된다.

● 장량이 천하에 둘도 없는 책략가라는 평가를 들을 수 있었던 것은 상황 변화에 대한 냉철한 판단과 대처 능력 때문이었다. 그는 '경험모략'이 갖고 있는 원초적 한계를 잘 알았던 모략가였다.

다. 어떤 모략가는 풍부한 실천 경험을 바탕으로 하여 형세를 한 번만 보고도 바로 모략을 이끌어낸다. 이른바 "눈썹을 한 번 움직이니 꾀가 마음으로부터 솟아난다."는 말이 그것으로, 엄격한 체계도 따르지 않고 논리적 추리에 의해 이끌어내지도 않는다. 다른 사람이 보기에는 오리무중이고, 오로지 모략가 당사자만 마음으로 알 수 있는 것이다. 왜 그렇게 되는지 말로는 못 한다. 마치 성 아우구스티누스가 "시간이 무엇입니까?"라는 질문을 받자 "네가 묻지 않았을 때는 잘 알고 있었는데, 네가 묻고 나니까 모호해졌다."라고 대답한 식이라고나 할까.

4) 중용성

'중용中庸'은 글자 그대로 중간을 사용한다는 뜻이다. 중간과 화합의 방법으로 일에 대처하는 것으로, "사물이나 일의 양쪽 끝을 잡고 그 중간으로 백성에게 적용한다." 유명한 문화학자 양수명梁漱溟 선생은 세계의 문화는 세 개의 지향성을 보인다는 견해를 제기한 바 있다. 즉, 서구 문화는 앞을 향하는 문화이고, 인도 문화는 뒤로 물러서는 문화이며, 중국 문화는 그 중간이라는 것이다. 양 선생은 짧은 몇 마디로 중국 민족의 사유 특징 및 중용의 문화 전통을 간파했다.

중국인의 모략도 중용성이라는 특징을 보인다. 먼저 모략은 안정과 타협을 추구하며 실패를 두려워한다. "좋은 점이 보이면 나아가 거두고, 적당하면 멈춘다." "궁지에 몰린 도적을 끝까지 추적하지 말라." "물에 빠진 개는 때리지 말라." 이런 모략들은 그 안에 변증법적 사상 법칙을 포함하고 있기는 하지만, 결국은 "승리를 극단적으로 추구하지 않는다."는 중용적 사유를 나타낸다. 서양 사회에 비해 중국의 모략은 상대적으로 안전성이 남아도는 반면 모험성은 부족하다. 경험형 모략은 많지만 위험을 무릅쓰는 위험성 모략은 적다. 하지만 어떤 모략들은 모험성이 강해야만 승리할 확률이 훨씬 높고 효과도 두드러진다. "궁지에 몰린 적은 더 이상 쫓지 말라."는 모략에 얽매여 승세를 몰아 적을 섬멸할 수 있는 기회를 놓친다면 적이 재기할 수 있는 기회를 주어 큰 후환을 남기기 십상이다.

다음으로, 모략의 중용성은 완벽한 승리를 추구하기 위해 결정적인 행동을 취하는 것이 아니라 자신을 패하지 않는 위치에 놓은 다음 차츰 상대를 제압하려는 것으로 표현된다. 우리는 전국시대 군사전문가 손빈孫臏이 대장 전기田忌의 경마를 도운 고사를 잘 알고 있다. 당시 손빈은 세 판 모두 승리할 생각이 전혀 없었다. 세 판 중 두 판만 확실하게 승리하면 된다는 판단이었다. 중국 모략사에서 널리 성행했던 상·중·하 3책 또는 3계가 이런 중용성의 특징을 가장 잘 반영한다. 『삼국연의』 제62회에서 방통龐統이 유비에게 제안한 상·중·하 세 가지 계책을 대표적인 사례로 꼽을 수 있는데, 유비는 아니나 다를까 상책과 하책은 버리고 중간 계책을 선택한다.

5) 인간관계에 편중된 모략의 내용

모략의 내용은 다음 두 가지가 가장 일반적이다. 하나는 인류와 자연의 투쟁으로, 자연을 정복하고 개조하는 모략이다. 전국시대 진秦의 촉군 군수 이빙李冰 부자가 건설한 도강언都江堰을 대표적인 예로 들 수 있다. 민강岷江의 물을 보병구寶瓶口를 거쳐 광활한 성도成都 평원에 대어주는 엄청난 대역사로 매우 경제적이고 실용적인 사업이었다. 그 결과 이 댐은 지금까지 사용되고 있다. 이는 기술상의 문제였지만 동시에 모략의 문제이기도 했다.

두 번째는 인류 자신, 즉 사회에 대한 모략이다. 이 모략은 주로 인간관계(인간 사이의 정치관계, 경제관계, 도덕관계, 법률관계 등을 포함하는) 방면에서 나타난다. 인류 역사상 권리를 쟁탈하기 위한 정치모략, 격렬한 투쟁을 동반하는 군사모략, 천변만화하는 외교모략 등을 모두 인간관계 모략의 범주에 넣을 수 있다.

중국 전통문화는 윤리-정치형 문화였다. "의리를 중시하고 이익을 가볍게 여기며", "의리를 밝히되 이익을 따지지 않으며, 도리를 밝히되 공은 따지지 않는" 가치관이 주류를 이루었다. '삼강오륜三綱五倫'과 같은 윤리사상이 이런 관념을 이끌었다. 이러한 문화 관념이 중국인을 인간사에 편중하고 자연을 경시하게 만들었다. 또 '천인합일天人合一'이나 자연계와의 조화 통일에만 치중했고, 인간과 자연계의 대립과 분열은 소홀히 다루었다. 이 때문에 중국은 근대 과학기술에서 상대적으로 뒤떨어졌고, 중국의 모략은 인간사와 인간관계에 치우치게 되었다.

중국에서 '권술權術' 모략이 유별나게 발달한 것도 이러한 배경 때문이다. 인민을 통치하는 '왕도王道'와 '패도霸道', '토사구팽兎死狗烹' 식으로 공신을 살육하는 현상, 너도나도 공을 다투는 과열 경쟁, 권위를 유지하기 위한 피뢰침(희생양) 방식의 처세술, 당겼다 놓았다 하는 통제술, 군신을 제어하는 '권력 균형술' 등등이 모두 사람의 입을 다물지 못하게 할 정도의 모략 수준을 체현하고 있으며, 이로써 치국평천하를 위한 아주 풍부한 모략을 축적해왔다.

모략의 발전사를 상하좌우로 훑어보면 간단한 것에서 복잡한 것으로, 일방에서 쌍방 내지 다방면으로, 완만한 변화에서 극렬한 변화로 발전하는 것이 전체적인 추세였다. 앞으로도 이런 추세에 따라 발전할 것이 틀림없다. 모략의 발전 추세를 정확하게 파악하는 일은 모략의 수준을 높이고 모략의 효과를 충분히 발휘하는 데 아주 중요한 의미를 갖는다.

2. '모사'에서 '지혜 군단'으로

사회 생산력의 발전과 계급사회의 출현에 따라 인류의 생존 환경에서 경쟁이 더욱 치열해졌다. 이에 따라 통치계급을 위해 계책만을 전문적으로 짜내는 계층이 역사에 서서히 모습을 드러내기 시작했다. 이 계층이 바로 모신謀臣이니 책사策士니 하는 존재였다. 말하자면 모략가謀略家가 하나의 계층으로 등장한 것이다. 역대 중국 문헌에는 이 방면에 대한 기록이 많다. "앞에는 제갈량諸葛亮이요, 뒤에는 유백온劉伯溫[6]이라." 이런 말도 생겼고, 역사상 이름만 대면 누구나 다 아는 모략가들이 대부분 처음에는 개체의 형태로 출현했다.

역대로 식견이 있는 통치자들은 유능한 인재를 끌어들여 우대하는 데 주의력을

6　주원장을 도와 명나라 건국에 공을 세운 공신이자 걸출한 책략가 유기劉基(1311-1375)를 말한다. 개국공신들 대부분이 반역 등으로 몰려 비참한 최후를 맞이했지만 유기는 숱한 모함에도 불구하고 무사히 생을 마쳤다. 『백전기략百戰奇略』이라는 병법서도 남겼다고 전한다.

기울였다. 구름처럼 모여든 모신들은 사회에서 영명함과 강대함의 상징으로 공인되었다. 계획을 잘 세우고 앞날을 잘 헤아리는 군사軍師와 모사는 총명과 지혜의 상징으로 인정받았다.

모략으로 살고 모략으로 입신하면서 기묘한 모략들이 줄을 이었다. 가장 이른 모략가로는 이윤伊尹과 강상姜尙(강태공)을 꼽을 수 있다. 춘추전국시대에 오면 제후들이 각 지역을 차지하며 다투던 국면이라 격렬한 군사투쟁과 빈번한 외교활동이 주류를 이루었다. 이 때문에 모략을 전문 직업으로 삼는 대량의 식객食客, 모신, 책사가 탄생했다. 제나라의 맹상군孟嘗君, 위나라의 신릉군信陵君, 초나라의 춘신군春申君, 조나라의 평원군平原君은 이른바 4공자로 불리며 각자 3,000명의 식객(또는 문객)을 거느렸다고 한다. 그중에서도 "모수가 자기 자신을 추천했다."는 '모수자천毛遂自薦'의 고사가 가장 전형적인 본보기다.

전국시대라는 각축장에서 진秦나라가 점차 힘을 키워 6국을 합병할 수 있었던 것도 인재를 중용했기 때문이다. 자기 나라 사람을 기용한 것은 물론 높은 관직과 많은 녹봉으로 외국인을 초빙하여 객경客卿이란 이름으로 중책을 맡겼다. 이사李斯는 「간축객서諫逐客書」라는 글에서 이런 객경들의 이름과 공을 거론한 바 있다. 상앙商鞅, 장의張儀, 이사 등은 진나라가 강국으로 탈바꿈하는 데 적극적인 작용을 한 객경들이었다. 전국 말기 상인 출신의 여불위呂不韋도 문객 3,000명을 길렀는데, 이들에게 세상 사람 누구나 다 알 수 있는 『여씨춘추呂氏春秋』라는 종합 백과전서를 편찬하도록 했다. 그는 이 사업

● '백가종사百家宗師'라는 별칭으로도 불리는 강태공은 모략과 관련하여 병법서이자 통치방략서인 『육도六韜』를 저술했다고 전한다.

에서 "남의 장점을 빌려 단점을 보완했으며", 이것이 진나라가 국가를 다스리고 천하를 통일하는 큰 방략으로 작용했다.

춘추전국시대에 모신과 책사가 양적인 면에서 엄청나게 늘었지만 조직과 형식이란 면에서는 여전히 느슨하여 개별적이고 산만한 계책을 내놓는 활동 위주에 머물렀다. 간혹 임시로 몇 개의 모사 집단을 조직하여 활동하기도 했지만 전면적인 것은 아니었다. 사회의 진보와 전쟁의 발달에 따라 무기와 장비가 혁신되었다. 작전 방식도 변화될 수밖에 없었다. 동한 시대가 되면 군대 작전에는 전차·보병·기병·수군이 등장했고, 전쟁의 규모도 날로 커져 쌍방의 교전 병력이 수십만에서 백만에까지 이르렀다. 전쟁터의 범위도 더욱 넓어져 군대의 행동반경이 수백 리에서 수천 리까지 확대되었다. 전쟁의 형세는 더 복잡하고 변화무쌍해서 군사투쟁은 물론 정치·경제·외교투쟁이 한데 어우러졌다. 이런 요소들이 정책 결정자와 지휘관들에게 더 높고 더 많은 무엇을 요구하게 되었다. 이제 장수는 몇몇 모사들로 구성된 조직이나 모사들이 각각 올리는 계책을 이용하는 것으로는 객관적 형세의 필요성에 더 이상 적응할 수 없게 되었다. 그리하여 조직체계를 갖춘 모략집단이 출현하기에 이르렀다.

동한 시대에 '사방의 군대'를 관장한 태위太尉와 '정벌이나 반란'을 관장하는 장군 밑으로 '부府'가 설치되었고, '부' 밑으로는 다시 '조曹'가 설치되었다. '조'에는 작전을 주관하는 '병조兵曹', 정보를 주관하는 '적조賊曹', 운송을 주관하는 '위조尉曹', 후방 보급을 주관하는 '금조金曹'와 '창조倉曹' 등등이 있었다. 이런 조직을 총괄하는 오늘날의 참모장이나 비서장 같은 직권을 가진 '장사長史' 1명을 두었다. 태위부(막부)에는 48명의 막료가, 대장군부에는 64명의 막료가 배치되었다. 그중에는 참모회의를 주관하는 중랑中郞 2인이 포함되어 있었다. 이것이 초기 막부와 참모(막료) 기구의 규모였다.

원소袁紹의 눈에 조조曹操는 남의 밑에서 수발이나 드는 그런 보잘것없는 인물이었다. 그러나 조조는 참모집단의 지력을 빌려 원소의 세력을 소멸시켰다. 조조의 막부에서 모략을 전문직으로 삼았던 저명한 책사들로는 정욱程昱·순욱荀彧·순유荀攸·곽가郭嘉·모개毛玠·가후賈詡·동소董昭·유엽劉曄·화흠華歆·종요鍾繇·두습杜襲·조엄趙儼·사마의司馬懿 등이 있었다.

● 삼국시대의 진정한 영웅으로 주저 없이 조조를 꼽는 까닭은 그가 시대의 변화상을 정확하게 읽고 그에 맞는 인재 풀pool을 적절하게 가동했기 때문이다.

조조는 가장 먼저 참모제도에 중대한 개혁을 단행하여 참군제參軍制를 창설했다. 사공부司空部와 승상부丞相府에는 '군사좨주君師祭酒', '군모좨주軍謀祭酒', '군좨주軍祭酒' 등과 같은 주임참모 또는 참모장 직무에 상당하는 관원을 두었다. 또 참모직에 상당하는 '군사君師', '참사공군사參司空軍事', '참승상군사參丞相軍事', '군모연軍謀掾' 등을 설치했다. 조조는 치국과 용병술에다 학식과 모략을 두루 갖춘 인재들을 이런저런 자리에 배치하여 적시에 자신을 위해 계획과 대책을 건의하도록 했다.

이렇게 조조는 인재를 알아보고, 그들을 포용하고, 그들을 활용하고, 그들을 부릴 줄 아는 능력으로 약한 기반과 적은 군대의 열세를 보완함으로써 탄탄한 기반의 원술袁術, 가장 용맹한 여포呂布, 중원을 주름잡고 있던 원소 등을 물리쳤다. 『삼국지』 「촉서」 권5에 보면 이와 관련하여 제갈량의 다음과 같은 분석이 기록되어 있다.

조조는 원소에 비해 명성도 미미했고, 군사력도 열세였다. 그런데도 조조가 원소를 이긴 것은 천운이 아니라 인재의 모략 때문이었다.

모략방식은 개체에서 집단으로, 지혜가 많은 개인 위주에서 지혜집단으로 발전했다. 이는 모략의 생성·발전 곡선과 거의 일치한다. 또한 춘추전국과 삼국 두 시대

를 최고조기로 겪었다. 그 후로 모략방식은 퇴조한 느낌이 없지 않다. 당·송 시기에
도 모사의 책략 제시는 산발성이 주된 특징이자 전형이었다. 예를 들어 당 태종은 바
른 소리를 잘 하는 위징魏徵을 중용하여 그를 '간의대부諫議大夫'에 임명했다.

위징은 당 왕조가 통일을 이룬 뒤 사회 현실을 어떻게 정확하게 인식하고 적절
한 정책을 실시할 것인가에 대해 적지 않은 모략을 제안했다. 당 태종 이세민李世民의
이런저런 결점에 대해서도 용감하게 직언하여 이세민의 잘못을 그때그때 바로잡아
주었다. 이세민이 집정한 뒤 한때 천하가 태평하다고 생각하여 위징의 바른 소리를
청취하지 않았다. 그러자 위징은 지방에서 반란이 일어난 것을 기회로 삼아 열 개 방
면에서 이세민의 잘못과 나라를 다스리는 방략을 제시하는 글을 올렸다. 이 글이 유
명한 「십점불극종소十漸不克終疏」다.

위징은 이 글에서 당이 나라를 처음 세울 때 출발은 아주 좋았지만, 건국 이후
끝이 좋지 않아 좋은 정치적 조치를 밀고 나가지 못하고 있다고 지적했다. 그는 처음
과 끝이 좋아야 하는 이유를 하나하나 열거하면서, 사전에 방지해야 할 것들과 이세
민의 결정을 간절하면서 교묘한 언어로 지적해내고 있다. 이 글을 본 이세민은 감동
하여 위징에게 자신의 잘못을 알게 되었으니 기꺼이 고치겠으며 좋은 정치적 조치들
을 끝까지 관철하겠다는 의지를 표시하는 한편, 위징에게 큰 상을 내렸다. 그리고 위
징의 글을 병풍으로 만들어 아침저녁으로 보았다.

위징은 약 200차례 이상 이세민에게 직언했는데, 시정에 필요하지 않은 경우가
없었다. 이세민이 역사상 가장 훌륭한 군주가 될 수 있었던 것은 위징의 직언이 큰
역할을 했다. 위징이 죽자 이세민은 통곡을 하면서 이렇게 말했다.

"동으로 거울을 만들어 의관을 바르게 할 수 있고, 과거를 거울삼아 흥망성쇠를 알
수 있으며, 사람을 거울삼아 득실을 밝힐 수 있다. 짐은 이 세 거울을 보물처럼 여

기며 나 자신의 잘못을 미리 막을 수 있었다. 그런데 지금 위징이 가고 없으니 거울 하나를 잃었구나!"(『정관정요貞觀政要』「논임현論任賢」)

사회 생산력이 크게 발전하면서 사회의 변동 요인도 갈수록 많아지고 있다. 과학기술의 진보도 갈수록 빨라지고 사회활동도 그만큼 복잡해지고 있다. 개인의 경험, 사회와 과학기술 사이의 관계는 더욱 밀접해지고 상호 영향력도 커지고 있다. 전체적인 국면을 조명할 수 있는 모략은 한 번의 실행으로 전체를 움직이지만, 반대로 한 번의 착오로 전체 국면을 혼란에 빠뜨릴 수 있다. 그 복잡한 정도와 손실과 영향은 자급자족의 폐쇄된 소농경제를 위주로 한 시대의 모략가로서는 상상할 수 없다. 소농경제의 폐쇄된 작은 세상에서는 작으면 향리의 우두머리, 크면 황제에 이르기까지 자기

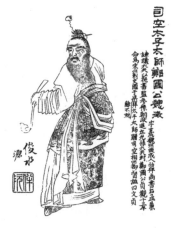

● 당 태종 이세민에게 위징은 자동차의 브레이크와 같은 존재였다. 모략가의 고유한 기능 중 하나가 주군의 판단과 결정에 문제가 있을 때 제동을 걸 줄 아는 것이었다. 위징은 그 어떤 모략가보다 이 점에서 뛰어났다.

멋대로 판단하고 행동할 수 있었다. 그들의 말이 곧 법이었다. 오늘날 상황에서 만약 고대처럼 개별적으로 모사에 의존하여 그들의 재능과 경험에만 기대어 정책을 세우고 결정한다면 국가 대사와 기업경영은 큰 실패를 면키 어려울 것이다. 기업은 파산하고 나라와 백성은 재앙에서 허덕일 것이다.

이 때문에 일부 선진국의 총명한 정치·군사 지도자들과 기업가들은 다방면의 지식을 소유한 전문가들을 대량으로 포섭하여 이른바 '지혜군단brains trust'을 형성하고, 국가전략, 정치방침, 경제발전, 과학기술, 기업경영 등의 문제에 대해 크게는 전략적 범위에서 작게는 전술적 기술까지 각기 다른 방법과 다른 각도에서 연구를 진행하고 있다. 전체적 국면을 두루 살피고, 시세를 헤아리고, 이해득실을 재서 수많은

단서 속에서 문제의 관건이 되는 핵심과 상호 관계의 소재를 찾아낸다.

인재들은 상호 교류를 통해 장점은 살리고 단점을 보완하며, 각자의 견해를 종합하고 분석하여 하나로 모은다. 지혜의 불꽃이 서로 부딪치면서 서로를 계발하게 되고, 이렇게 해서 점차 약간의 서로 다른 견해와 방안을 만들어나간다. 이는 지도자의 정책 결정을 위한 참고자료가 되어 문제를 적시에 합리적이고 타당하게 해결할 수 있게 도움을 준다. 현대 모략은 개별적인 것에서 집단적이고 종합적인 방향으로 발전하고 있으며, 무조직 상태 또는 저급한 조직 상태에서 고도도 잘 짜인 조직 상태로 진화하고 있다.

서양 '지혜군단'의 형성은 나폴레옹 전쟁에서 기원한다. 나폴레옹은 보병·기병·포병 등 각종 병종을 포함하는 50만 대군을 지휘했다. 당시 나폴레옹의 군사참모였던 베르티에 장군은 나폴레옹이 워털루 전투에서 웰링턴에게 패한 뒤 나폴레옹과 자신의 경험을 종합적으로 검토하여 군대에는 참모기구가 반드시 필요하다는 견해를 제출했다. 그는 이 참모기구는 군사행동의 목표를 제정하고 각종 작전 방안을 결정하며, 군사행동에서 일어날 수 있는 변화를 예측하여 작전이 진행되는 과정에서 조직적으로 협조할 수 있는 기구여야 한다고 주장했다.

1806년 프로이센의 군사 개혁가 샤른호르스트는 프러시아 군대에 비교적 완벽한 참모본부 체제를 갖추었다. 사령관의 정책 결정 과정은 반드시 참모집단을 거치게 했다. 프로이센 군대가 1870년 프랑스와의 전쟁(보불전쟁)에서 승리를 거둠으로써 참모본부 체제는 각국이 본받기에 이르렀다.

제2차 세계대전은 과학기술의 진보에 따라 교전 쌍방이 선진 군사기술과 관련된 부서를 만들고 이를 운용하면서 투쟁의 범위가 훨씬 넓어졌다. 과학자와 기술자가 참모기구에 참여하여 일하고 정책을 결정하는 과정의 필요성이 한결 절실해졌다. 당시 미국과 영국, 캐나다는 전술을 결정하는 연구 프로젝트에 과학자와 기술자들을 수천 명씩 투입했다. 전쟁이 끝난 뒤에도 이들 과학자와 기술자가 참여했던 참모조직은 그대로 남게 되었다.

현대사회에서 공업 발달을 맹목적으로 추구한 나라에서는 전에 없던 사회문제가 속출하고 있다. 자원, 에너지, 교통, 전기 공급, 공해 등과 같은 문제들이 사회경제와 과학기술의 발전에 새로운 한계와 장애가 되고 있다. 이런 문제들의 해결은 사회·자연·생태·정치·경제·법률·과학기술 등 각 방면에서 종합적으로 분석하고 연구해야만 과학적이고 합리적인 해결 방안을 찾을 수 있다. 자연과학과 사회과학 등 여러 학과를 결합하고 과학기술과 경제를 결합한 연구기구를 통해 총체적으로 문제를 해결할 필요가 있다. 이에 따라 보다 방대한 종합적 성격을 띤 '지혜군단' 기구가 탄생하기에 이르렀다.

과학적 법칙과 조직된 '지혜군단' 기구는 현대 과학기술의 발전과 더불어 나타난 필연적 산물이다. 이 기구의 생산은 '대과학'이 몰고 온 관리의 복잡성 때문이기도 하다. 19세기 이전은 과학자들이 실험실에서 실험하고 발명을 했는데, 이들의 과학 연구 활동은 대부분 개인 활동방식이 많았다. 그 뒤 연구실이 출현하여 집단으로 협조하면서 연구하는 방식이 시작되었다. 2차 세계대전 이후 사회의 과학적 연구 능력은 큰 폭으로 높아졌고, 세계에는 수백만 과학자 집단이 형성되었다. 수백억 달러에 해당하는 실험기술 장비가 생겨났고, 여기에 엄청난 도서 정보가 계통적으로 갖추어졌다. 이렇게 해서 사회 전체적으로 층차가 분명하고 종횡으로 교차되는 과학 노동 구조가 형성되었다.

현대 과학기술 활동은 여러 학과의 연합과 합작을 필요로 하며 정책 결정의 복잡성이 뒤따른다. 과학기술 각 영역의 상호 침투, 학과 전문화에 따른 고도의 분화 등은 현대 과학기술 문제를 갈수록 더 종합적으로 만들고 있다. 해양 문제를 예로 들어보자. 해양 문제는 지질·물리·생물·화학·역학·기상·해양 등과 같은 다양한 학과와 접촉하지 않을 수 없다. 수리 공정의 문제에 대한 연구는 수리학·유체역학·구조역학·재료역학·전기공학·환경보호·농업 방면의 지식이 없이는 불가능하다. 현대 과학기술 문제의 이와 같은 다양한 구조성과 종합성은 학과의 전문가로 하여금 복잡한 과학기술 활동의 조직 관리와 과학정책 결정을 혼자서 완수할 수 없게 만들었다.

현대 과학기술과 사회 각 방면의 관계는 날이 갈수록 친밀하면서 복잡해지고 있다. 현대사회의 중대한 정책 결정은 다목적인 경우가 많다. 정치·경제·군사·외교·문화·교육·위생·심리·생태·환경 등 다양한 방면과 연계될 수밖에 없고, 각 학과는 상호 협조가 필요하다. 이제 정책 결정자가 직면한 모든 문제는 특정한 표준이나 모델로 개괄할 수 없다. 현대사회의 다목적 정책 결정은 대량의 임기응변적 요인을 파악할 것을 요구하고 있을 뿐만 아니라, 지혜 군단에게 정책 결정을 위한 과학적 근거를 제공하라고 요구한다. 이는 지식의 깊이와 넓이를 동시에 요구한다. 단순히 하나의 학문이나 학과의 전문가가 담당할 성질의 것이 아니다.

과학기술의 획기적 전진에 따른 지식 누적과 정보 팽창은 이제 개별 전문가의 수집·전달·분석·처리로는 절대 상대할 수 없다. 현대 과학기술은 각종 지표가 증가하고 전문 지식이 끊임없이 누적되어 관련 자료들의 양이 갈수록 많아지고 있다. 과학자들의 교류도 날로 빈번해질 수밖에 없다. 하나의 문제를 처리하는 데 많은 정보를 장악하고 처리할 것을 요구한다. 국내외의 관련 상황에 대해 계통적으로 조사하고 연구하는 것은 물론 대량의 참고문헌과 데이터들을 검색하여 순간순간 변화하는 엄청난 수량의 살아 있는 정보를 분석해야 한다. 이러한 일은 소수의 정책 결정자나 개인 전문가가 할 수 있는 것이 아니다.

2차 세계대전 이후 정치·경제·군사·과학기술을 포함하는 고급의 종합 두뇌집단으로부터 서비스를 제공받는 기업이 출현했다. 이것이 바로 '지혜군단'이니 '사상창고'니 '두뇌기업'이니 하는 것들로, 미국의 랜드Rand 종합전력연구소, 스탠퍼드 국방연구소를 비롯하여 일본의 노무라野村 종합연구소, 미쓰비시三菱 종합연구소 등이 대표적이다. 이와 동시에 다국적기업이나 연구소도 늘어나는 추세다. 영국의 '런던 국제전략연구소', 미국과 소련 등 17개국이 공동으로 조직한 '국제발전문제 독립위원회'('브란트 위원회'), '키신저 자문 주식회사' 등이 그것들이다.

이와 같은 국제적인 모략기구는 세계 각국의 정치·경제·군사 및 공동으로 직면한 문제에 대해 토론하여 가치 있는 건의를 제공하고, 각국 정부와 유엔이 정책을 결정할 때 참고할 수 있는 자료를 제공함으로써 중요한 작용을 발휘하고 있다

두뇌집단의 끊임없는 출현은 선진국에서 나타나는 두드러진 특징 가운데 하나다. 미국의 각종 모략기구는 약 1만 개에 육박하고 있는데, 그중 종합적인 성격을 띤 두뇌집단만 500곳이 훨씬 넘는다. 일본의 경우는 500개 이상에, 종합성의 기구는 100곳을 넘는다. 서독의 경우는 700여 개에 120곳이 넘고, 프랑스는 약 1,000개에 30곳이 넘는다. 영국은 약 2,000개에 이르고, 인도도 100개가 넘는다.

이들 모략기구는 정부의 위탁을 받아 각종 대책과 방법을 제공하는 곳도 있고, 인원을 정부 요직에 파견하여 직접 정책 결정에 참여하는 경우도 있다. 또 자신들의 정책 주장을 즉각 전달하여 통치 당국에 영향을 미치는 곳도 있다. 정부 관리가 공직을 떠난 뒤 이 기구에 합류하는 경우도 적지 않다. 이런 두뇌집단의 가장 큰 특징은 정계·금융기업계·학술계의 역량을 집중하여 각 방면의 재력과 지력을 운용하고 이를 서로 융합하여 하나의 결과를 이끌어낸다는 데 있다. 예를 들어 미국의 '삼변三邊위원회The Trilateral Commission'[7]는 여론에 의해 '지식과 권세를 갖춘 인물들의 집합소'로 불린다. 또한 미국의 '대외관계 위원회'는 '제국의 두뇌집단'으로 불린다. 이 집

7　이 위원회는 북미, 유럽, 일본 세 지구 14개 나라로 이루어진 민간 조직으로 실제로는 서방의 국제금융재단과 그 통제를 받는 다국적기업의 정책 협조기구다. 회의 내용은 주로 금융, 무역, 에너지 등이다.

단의 구성원들은 세 가지 신분과 자리를 동시에 소유한 채 정계·금융계 그리고 학술계를 종횡으로 떠돌기도 한다.

이상을 종합해볼 때 모략은 모사에서 두뇌집단을 향해 발전해왔으며, 과학기술과 생산력 수준의 발전과 함께 발전해왔음을 어렵지 않게 확인할 수 있다. 이는 거스를 수 없는 역사의 추세였다. 이런 추세에 따르는 정책 결정자에게 돌아오는 이익은 무궁할 것이다. 정치와 경제 영역은 말할 것 없고 군사와 외교 영역에서도 마찬가지다. 이러한 추세를 바로 보지 못한 채 여전히 개인의 지혜를 맹신하여 밀실에서 계획을 세우고 자신의 머리에만 의존하여 정책을 결정하는 자는 가는 곳마다 장애에 부딪히지 않을 수 없을 것이다.

3. 인간 두뇌에서 인간과 기계의 결합으로

모략은 정보에서 기원한다. 정보는 모략의 근본이다. 모략의 생산은 완전한 정보 자료의 기초 위에 건립되었다. 사람들은 대량의 정보에 근거하여 이를 걸러내고 진위를 판단한 다음 자신의 지식으로 가공·정리·창조한다. 정확하고 신속하고 완전하게 수집·처리·전달·사용할 수 있는 정보만 있다면 연구가 가능하다. 정보가 없다면 모략은 근원 없는 물이요, 뿌리 없는 나무나 마찬가지다.

사회가 발전함에 따라 정보의 외연도 끊임없이 확대되고 있다. 정보는 사회경제와 과학기술을 발전시키는 형체 없는 재부요, 아무리 사용해도 마르지 않는 귀중한 자원이다. 정보는 여러 방면에서 온다. 국방 정보도 있을 수 있고, 정부 각 부처의 정보도 있을 수 있다. 학술 정보는 물론 기술·경제·시장·기업·가정 등 각 방면에서 정보가 나온다. 어떤 사람은 현대사회를 정보 폭발의 사회라고 말한다. 가장 많이 가장 새로운 정보를 얻고 이 정보를 과학적으로 분석하고 종합하고 걸러내는 일은 현대 모략에 대한 객관적 요구 조건이다.

현실은 우리에게 두뇌의 기억 정보에만 의존해서는 정보를 활용할 수 없고 감당할 수 없다는 사실을 알려준다. "눈썹 한 번 치켜세우면 계략이 마음에서 나오는" 식의 전통적인 모략 방법도 부족하기는 마찬가지다. 이렇게 복잡하고 시스템이 방대한 큰 관건이 되는 문제를 장악하고 문제 해결의 가장 좋은 방안을 도출하려면 경험형 연구 방법에 머물러서는 도저히 감당할 수 없다. 반드시 현대적이고 과학적인 방법으로 모략을 연구하지 않으면 안 된다.

컴퓨터의 출현은 현대 모략에 새로운 세계를 열어주었다. 컴퓨터는 과학기술의 급속한 발전과 더불어 출현한 통제론·정보론·계통론·미래학 등과 같은 교차과학과 종합과학을 모략 연구에 활용할 수 있는 가능성을 열어놓았다. 정확히 말해 현대의 컴퓨터는 '정보 처리기'로 불러야 마땅하다. 그것은 인류의 두뇌노동을 위한 공구이기 때문에 '전뇌電腦'라 통칭할 수 있다. 컴퓨터는 대규모 집적회로와 슈퍼 대규모 집적회로를 계산 기능과 결합한 특징과 장점을 갖고 있으므로 적용성과 의존성이 매우 뛰어나다. 그것은 인간 두뇌의 부족한 점을 보충하는 것이자 두뇌사유의 연속이다.

현대 전쟁에서 지휘관으로 말하자면 정책 결정의 수준과 신속한 반응력의 경쟁이다. 컴퓨터는 전쟁터에 발을 들여놓고 이 경쟁을 위해 군인들에게 모략의 연장과 확대를 위한 조건을 제공한다. 컴퓨터의 발전은 자동화된 지휘계통의 출현을 불러들였고, 상대방에 대한 정보 수집과 우수한 정책 결정, 공격과 방어의 전체적인 작전 과정 등이 컴퓨터의 참여하에 진행되고 있다. 컴퓨터가 없다면 군사지휘관은 정보화된 전쟁터에서 작전계획을 제대로 운용할 수 없다.

2차 세계대전에서 미국과 일본의 태평양 결투의 막이 오르자마자 미군의 전함은 일본 전투기의 맹렬한 폭격으로 심각한 손실을 입었다. 미군 지휘관들은 개인의 경험에 의존하여 이러한 참상이 공중 경계와 방공 화력의 부족이라고 판단하여 전함에 방공 화력을 증강하는 한편 공중 경계만을 전담하는 비행기를 배치했다. 그러나 효과는 그다지 좋지 못했다. 전함은 계속 일본 전투기의 공격을 받았고 손실률이 62%에 이르렀다. 긴급한 위기 상황에서 미군은 급히 대량의 전문가들을 동원하여 477개 전례를 수량화하고 분석하여 다음과 같은 결론을 이끌어냈다.

첫째, 일본 전투기가 고공에서 낙하하여 충돌해 올 때 전함이 급히 움직여 피하는 전술을 취할 경우 손실률은 20%인 반면 느리게 움직이는 방법은 손실률이 100%였다.

둘째, 일본 전투기가 저공으로 비행하다 충돌해 올 때 미군의 전함이 급히 움직여 피하는 전술을 택하거나 천천히 움직여 피하는 전술을 택할 경우 손실률은 57%였다.

미군은 이른바 O.R(Operations Research)[8] 중의 대책론에 나오는 '최대·최소화 원리'에 근거하여 가장 효율적인 방안을 찾아냈다. 즉, 급히 움직여 피하는 전술을 채택함

---

8 운영 연구 또는 작전 연구라는 뜻의 O.R은 수학이나 행동과학 등 과학적 방법을 통해 의사결정을 하는 것을 가리킨다. 여러 분야 전문가의 협력을 통해 여러 입장에서 계량적으로 문제를 해결하려는 이 O.R은 제2차 세계대전에서 문제 해결을 위해 체계적이고 과학적인 분석이 필요함에 따라 등장하게 되었다. 레이더망 배치, 호송선단 편성, 잠수함 수색 활동 등 군사적 의사결정을 위해 개발, 발전되어온 수리모형은 전후에 경영 분야에서 활발히 활용하게 되었다. 점차적으로 경영 분야에서 O.R의 적용 범위가 넓어지자 O.R를 사용하는 경영 분야를 일컫는 경영과학(management science)이라는 용어가 생겨났다. 오늘날은 선형계획법(LP: linear programming), 시뮬레이션, PERT(program evaluation and review technique, 계획평가 및 재검토 기술), 게임이론 등 광범위하게 응용되고 있다. (출처: 네이버 지식백과)

으로써 함선의 생존율을 높였다.

이상 두 가지 정책 결정은 완전히 다른 결과를 낳았다. 전자는 개인의 경험에만 의존하여 직관적 판단으로 얻은 결론이고, 후자는 현대 수학이론을 운용하여 수량화 분석을 거친 결론이었다. 수량화 분석은 사물의 물리량을 수치로 나타내는 과정이다. 이 과정에서 정책 결정자는 이 이론에 대한 지식(O.R)과 현대화된 연산도구(컴퓨터)를 활용할 줄 아는 기능을 갖추고 있어야 한다. 사람들은 이 둘을 과학적 정책 결정의 '두 다리'라고 부른다. 오늘날 서양 선진국들의 모략기구에서는 너 나 할 것 없이 컴퓨터와 팩스 등 현대화된 통신수단을 이용하여 대량의 정보를 수집하고 분석하고 나아가서는 이를 종합적으로 귀납한다. 아울러 각종 수학적 모형으로 정책의 결과와 실시 상황을 점검한다. 이것이 컴퓨터를 이용한 '모의 조작', 즉 '시뮬레이션'으로 정책 결정의 눈과 귀 나아가서는 참모의 작용까지 해내고 있다.

컴퓨터의 출현은 현대 모략 방법의 생산에 날개를 달아주었다. 혹자는 이 때문에 다음과 같은 결론을 내리기까지 한다.

컴퓨터가 미국 도서관을 담을 수 있다면, 사람의 두뇌도 대신할 수 있다.

컴퓨터가 인간의 두뇌를 무색하게 만든 것은 사실이다. 하지만 이 문제는 본질적인 면에서 많이 다르다. 컴퓨터의 사용은 인간 두뇌의 보충일 뿐이지 인간 두뇌의 대체는 아니다. 인식이란 객관적 세계에 대한 인간의 반응 내지 반영이다. 이 반영은 객관적 사물이 인간의 감각기관을 자극함으로써 나타난다. 객관적 사물은 인간의 감각기관에 작용하고 인간 두뇌에 반응을 일으켜 감각과 사상을 생산해낸다. 유물주의의 반응론은 우리에게 의식이 인간 두뇌의 기능이며 물질적 반응임을 알려준다. 컴퓨터의 기능은 인간이 부여한 것인 동시에, 역으로 인간이 세계를 인식하고 개조하는 활동을 돕는다.

최근에는 인공지능이 빠른 속도로 발전하며 전문가 그룹에 광범위하게 응용되고 있다. 전문적 지식과 사고 및 문제 해결의 방법을 다듬고 순서를 정해 컴퓨터에 넣어 전문적 지능을 갖게 함으로써 인간에게 큰 혜택을 주고 있다. 이런 전문가적 기능을 체현하는 소프트웨어를 전문가 시스템이라 부른다. 이는 인간과 기계가 결합된 'brains system'이기도 하다.

1980년 이래 세계 각국은 전문가 시스템 개발 영역을 갈수록 확대하고 있다. 예컨대 의학진단·탐사·유전자공학·화학합성·기업관리·법률조항·군사목표·추적·전략계획 제정….

컴퓨터는 인간 두뇌의 연장으로 인간의 두뇌로 하기 어려운 작용을 해낼 수 있다. 대량 정보량의 저장과 처리, 복잡한 수치 계산 등은 인간의 두뇌로는 어려운 부분이다. 모략 전문가들이 컴퓨터의 도움을 받을 수 있다는 것은 호랑이에 날개를 단 격이다. 그럼에도 불구하고 컴퓨터는 인간의 두뇌를 완전히 대체할 수 없다. 무작위성이 강하고 불확정 요소가 아주 많은 모략 대항은 아무리 복잡한 컴퓨터가 있어도 방법이 없다.

4. 모략의 체계화를 향하여

고대 모략을 해부해보면 절대다수가 경험직관형 모략에 속한다는 것을 알 수 있다. 이런 유형의 모략은 엄격한 논리적 추리나 일정한 단계와 순서를 따라서는 나올 수 없다. 이런 모략은 비체계성 또는 비규범성 모략이라 부를 수 있다. 비체계적인 모략은 무작위성이 많다. 이런 무작위성은 모략가 개인의 경험·경력·관찰 등과 같은 요소에 의존하여 판단할 수밖에 없다. 그 모략이 얼마나 뛰어난지, 성공률은 어느 정도인지 등은 모략가의 종합적 판단에 따라 파악될 수밖에 없다.

반면 계통성이 있는 모략은 모략가 개인의 경험과 경력 등과 같은 요소를 배제하지 않고도 일정하게 작용할 수 있다. 이런 모략은 완전히 또는 주로 경험과 경력에 의지하지 않고 과학적 이론과 엄격한 논리적 추리에 따라 얻어낼 수 있다. 이런 '체계성'에는 어느 정도 시간이 필요하고 정력도 요구되기 때문에 귀찮게 생각할 수도 있다. 그러나 모략의 착오를 줄이고 우수한 모략을 선택할 수 있게 해준다. 현대사회에서 비교적 중요한 모략 운용과 모략 선택에서 체계성의 요구는 갈수록 높아지고 있다. 비체계적이었던 모략이 체계성을 갖춘 모략으로 바뀌는 것은 역사의 필연적 추세다.

5. 독립된 틀을 갖춘 모략으로

고대 모략의 비독립성은 주로 다음 세 방면의 의미를 포함하고 있다.

첫째, 모략가의 지위가 독립되어 있지 못하고 타인에게 의존하여 남의 말을 들어야 한다는 점이다. 따라서 주군의 모략과 다른 독립된 의지를 가질 수 없었고, 모략을 받아들이느냐의 여부는 오로지 주군에 의해 결정되었다. 모략의 내용도 독립적일 수 없었음은 물론이다.

둘째, 모략의 책정과 결정이 독립되어 있지 못했다. 주도면밀한 계획이 흔히 직접 흘러들어가 책정되거나 결정되는 것이 아니고 별다른 준비 없는 권력자가 임의로 선택하는 경우가 많았다. 이런 임의성은 전적으로 정책 결정자의 두뇌에 의존할 수밖에 없기 때문에 지식과 감정 등 여러 방면의 제약을 받았다. 현대의 모략 자문 방식과는 크게 구별되는 점이다.

셋째, 모략의 과학성이 독립되어 있지 않았다. 다른 과학에 의존하거나 그 안에 포함되어 고대 과학기술과 문화 사업의 발전 과정에 적응할 수밖에 없었다.

모략의 비독립성은 모략의 발전과 그 수준 향상을 구속했고, 동시에 사회발전에 일정한 장애와 손실을 가져다줄 수밖에 없었다.

현대사회에서 문화 사업의 발전과 사회의 진보는 모략학 발전을 위해 광활한 천지를 제공하고 있다. 모략을 배우고 연구하는 사회적 풍조가 갈수록 강렬해지고 있다. 지고무상한 황제의 권력은 폐지되었고, 사회 구성원은 지위 고하나 경제적 차이를 막론하고 누구나가 모략을 인식하고 배우려 한다. 황제를 위해 꾀를 짜내고 황제의 말이라면 무조건 복종하던 상황에 근본적인 변화가 발생했다. 모략가는 독립 의지를 상실한 채 지도자 개인에게만 복종하는 존재가 더 이상 아니다. 모략이 지도자에게 접수되느냐의 여부는 이제 지도자에 의해 결정 나지 않는다. 지도자는 정확한 어떤 모략을 잠시 배척하고 받아들이길 거부할 수는 있지만, 실패를 가져올 잘못된 모략을 영원히 받아들이지도 못하고, 실시할 수도 없다. 모략가는 하나의 기준만을 가지면 되고 하나의 의지에만 복종하면 된다. 객관적 법칙과 진리다. 모략가의 의지는 상대적으로 독립되어 있으며, 그 모략이 받아들여지지 않으면 어쩌나 걱정할 필요도 없다.

6. 질과 양을 겸비한 모략으로

고대 모략은 '정성定性 연구'를 주로 했고, 그 실제는 질의 모략이었다. 사물의 수량 관계에 대한 분석은 절대 부족이었다. 이런 모략방식은 인간의 사물에 대한 인식의 직관성과 관련이 있다. 즉, 고대인의 사물에 대한 인식능력과 방법 및 사유의 특징에 적응한 결과였다. 이런 모략방식은 오늘날에도 배척당할 이유가 없다. 다만 중대한 모략, 특히 수량 관계가 상대적으로 복잡한 모략에서는 그 과학적 정확성이 일정하게 영향을 받을 수밖에 없다. 과학기술이 하루가 다르게 발달하고 인간의 모략 수준이 끊임없이 향상되고 있는 현대사회에서 그와 같은 감각을 가진 추상적 모략은 적응할 수 없다. 대량의 수리통계와 조작분석operations research이 필요하다. 모략에서는 사물의 질도 중요하지만 사물의 양에 대한 분석도 대단히 중요하다. 그것이 경제모략이 되었건 군사모략이 되었건, 아니면 통제술이 되었건 규칙 제정이 되었건 예외는 없다.

모택동은 「당 위원회의 작업 방법」이란 글에서 다음과 같은 말을 남긴 바 있다.

상황과 문제에 대해서는 그것들의 수량 방면에 주의해서 기본적인 수량 분석이 있어야만 한다. 어떤 질량도 일정한 수량으로 표현될 수 있고, 수량 없이는 질량도 없다. 지금까지 우리는 사물의 수량이란 측면에 주의하지 않았고, 그 기본적 통계나 주요한 백분비에 주목하지 않았다. 때문에 사물의 질량을 결정하는 수량의 경계에 주의하지 않았다. 가슴에 '수'란 개념이 전혀 없었던 것이다. 그 결과 착오를 범할 수밖에 없었다.

이는 사물의 수량 방면에 대한 분석이 모략에 중요하게 작용한다는 것을 지적한 인식이다.

7. 당대 모략의 발전 추세

당대 모략의 발전 추세를 크게 보면 다음 세 가지 정도로 압축된다.

첫째, 개인모략이 집단모략으로 발전하고 있다. 과학기술이 생산과 사회생활의 실천을 위해 제공하는 빠른 리듬은 모략의 사유 활동을 가속화하고 있다. 사람들은 가능한 한 빨리 결단하여 수시로 움직이는 상황 변화를 파악해야 한다. 그렇지 못하면 통제력을 잃고 엄청난 손실을 입는다. 생산과 사회생활에서 엄청난 규모로 쏟아져 나오는 동태적 정보를 모략가 개인이 수집·분석·정리·귀납·종합하여 정확한 판단과 결정을 내릴 수 없게 되었다. 정확하고 과학적인 모략은 더 빠른 정보 수집·정보 처리·정보 분석·귀납·종합을 요구할 뿐만 아니라 방대하고 치밀한 합작, 체계적인 조직, 다양한 전문가로 구성된 집단의 기능을 발휘할 것을 요구한다. 고도의 유기적 체계를 갖추고 총체적으로 기능을 발휘할 수 있어야만 현대적 모략 활동을 완성하여 과학적이고 정확한 정책을 이끌어낼 수 있다.

둘째, 단순 목표를 위한 권모술수에서 다목적 종합모략으로 발전하고 있다. 과학기술의 발전, 생산 규모의 확대는 인류에게 거대한 물질적 이익과 현대 문명을 가져다주었다. 자연에 대한 인간의 인식은 늘 한계가 있기 마련이어서 한 방면의 이익만을 위해 모략을 발휘해왔다. 이것이 때로는 성공을 거두기는 했지만 더 큰 범위, 더 긴 역사발전 과정을 보면 대자연은 무정하게 인류에게 보복해왔다. 단순 목표를 추구하는 모략의 성공과 실패에서 얻은 경험으로 인간은 더욱 총명해졌고, 이에 따라 단순 목표를 위한 이익을 추구하는 동시에 목표를 멀리 잡거나 다목적을 추구하기 시작했다. 예컨대 경영상의 이익 관념은 오랫동안 최고의 목표였다. 그러나 오늘날 현대화되고 산업화된 국가에서 대기업, 공사, 그룹의 정책 결정자들이 각종 정책을 수립하고 방침을 결정할 때 이익이라는 목표는 더 이상 유일한 목표가 아니다. 그보다는 사회를 위해 재부를 창조하고, 사회를 위해 취업 기회를 제공하며, 소비자를 위해 생활 수준과 문화 수준을 높이는 데 목표를 둔다. 뿐만 아니라 경쟁 상대를 비롯하여 보편적인 공공사회의 법칙·도덕·심리·법률·규범을 고려하여 가장 효과적으로 자연자원을 이용하고 자연자원을 보호하며 공해를 방지하는 등등의 목표도 함께 추구한다. 과학기술과 생산의 발전, 생산 효율의 제고, 사회의 물질적 재부의 증가, 인간의 지적 수준의 향상, 사회와 자연법칙에 대한 인식의 심화 등에 따라 단순 목표를 위한 모략은 다목적이고 종합적인 모략으로 발전할 수밖에 없다. 이는 모략 발전의 필연적 추세다.

모택동은 「상공업 정책에 관하여」라는 글에서 해방전쟁 시기의 경험을 종합하고 결론지으면서 이렇게 말한 바 있다.

우리가 정책에서 잘못을 저지르면 승리를 거둘 수 없다. 구체적으로 말해 전쟁에서, 당을 바로잡고, 토지개혁을 진행하고, 상공업을 발전시키고, 반혁명을 진압한다는 이 다섯 개 정책의 문제에서 어느 하나라도 원칙적으로 잘못을 범하고 고치지 않으면 우리는 실패할 것이다.

이는 다목적 종합모략의 중요성을 강조한 것이다.

셋째, 이제 모략은 더 먼 미래를 전망할 수 있어야 한다. 과학과 사회의 발전에 따라 단기 목표를 위한 모략의 약점과 착오가 갈수록 드러나고 있다. 이런 약점이 초래하는 결과는 그 피해가 심각하여 때로는 단기적으로 이룩한 이익을 뛰어넘기 일쑤다. 예컨대 단기적으로 식량 생산을 높이기 위해 초원을 개간한 결과 환경과 기후 조건이 크게 변하여 개간한 초원이 사막으로 변한 경우를 들 수 있다. 이러한 변화는 그 자체에만 머물지 않고 그 주변의 도시와 농촌에도 영향을 미치고 결국은 당초 목표로 삼았던 식량 생산 자체에도 영향을 미쳐 사막 개조와 환경 복구에 막대한 비용을 지불하지 않으면 안 되게 만든다. 눈앞의 모략에도 눈을 돌려야 하지만 동시에 먼 미래를 위해 사고하지 않으면 안 된다. 이 역시 모략 발전의 또 다른 추세다.

제4장
모사의 역사적 지위

1. 역대 모사의 사회적 작용

모략이 국가와 민족, 사회 각 영역에 얼마나 중요한 작용을 하는가는 역사의 검증을 끊임없이 받아왔다. 뛰어난 모략가는 자석과 같은 힘으로 끊임없이 많은 사람들의 웅대하고 아낌없는 모략을 흡수해왔다. 이를 위해 목숨까지 바친 인물도 적지 않았다. 그들은 세상 사람들로부터 존경과 숭배를 받았으며 당대에는 물론 이후 역사에도 길고 깊은 영향을 남겼다.

중국사 최초의 왕조로 인정하는 하夏 왕조는 470년의 역사를 가졌다. 마지막 왕 걸桀에 이르러 포악하고 무도한 정치로 결국 나라를 멸망으로 이끌었다. 원래 하 왕조 소속이었던 소국 상商이 하를 대신하여 하루하루 힘을 키워갔다. 상의 국군 성탕成湯은 매년 하 왕조의 도성에 가서 왕에게 인사를 드렸는데, 가는 도중에 걸왕을 저주하는 백성들의 목소리가 끊이질 않았다. 걸왕이 나라를 멸망의 지경으로 이끌고 있다는 것을 확인한 탕의 마음은 불안했다. 그는 우선 유능한 인재를 구하여 걸왕에 추천하려 했다. 그들로 하여금 바른 소리를 하여 걸왕의 마음을 돌려보자는 생각이었다. 그러던 중 이수伊水 강변에서 뽕나무를 기르는 집에 이윤伊尹이라는 현인이 있다는 소문을 듣게 되었다. 이윤은 뽕나무를 기르고 누에를 치는 와중에도 공부를 게을리하지 않아 삼황오제三皇五帝와 하우夏禹 등 훌륭한 군왕들이 베푼 정치의 득실에 대해 깊이 연구했다. 성탕은 사람과 함께 귀한 예물을 새 마차에 실어 다섯 차례나 이윤에게 보내 그를 초빙했다. 이윤은 성탕이 큰 포부와 어질고 큰 덕을 지닌 군왕이자 겸손하고 진지한 자세로 천명을 따르는 사람이라는 것을 알고 있던 터라 마침내 성탕을 돕기로 결심했다.

이 소식을 들은 성탕은 몸소 측근들을 이끌고 나와 이윤을 맞이하고 귀빈의 예로 대접했다. 며칠 밤낮을 가리지 않고 이야기를 나눈 성탕과 이윤은 의기투합했다. 성탕은 하걸에게 편지를 써서 이윤이 뛰어난 재원이라며 추천했다. 하지만 이윤은 걸왕에게 제대로 기용되지 못했다. 그 뒤 성탕은 이윤을 돌아오게 하여 상相으로 삼고 국정을 맡겼다. 이윤은 성탕을 도와 농업을 발전시키고 병기를 만들면서 군대를 착실하게 훈련시켰다. 상의 국력은 전보다 더욱 강대해졌다.

상이 점점 강성해진다는 정보를 입수한 걸왕은 성탕을 도성으로 불러들여 하대夏臺에 가두어버렸다. 국군이 갑자기 감금되자 상의 신하들은 어찌할 바를 모르며 당황해했다. 이윤의 심경은 더 말할 것 없었다. 이윤은 침착하게 상황을 파악하고 방법을 생각해냈다. 그는 우선 사방으로 사람을 보내 절세 미녀를 찾고, 귀하디귀한 보물들을 구하여 걸왕과 그 측근인 조량趙梁이란 자에게 보냈다. 미녀와 재물에 눈이 먼 걸왕은 성탕에 대한 의심을 풀고 그를 석방했다.

상의 도움으로 돌아온 성탕은 이윤의 도움으로 군대 조련에 박차를 가하며 군량을 모았다. 기원전 1776년, 마침내 하와 상이 무력으로 충돌했다. 명조鳴條로 불리는 곳에서 벌어진 이 전투에서 성탕은 이윤의 건의에 근거하여 적의 날개 부분을 자르는 전략으로 하의 군대를 고립시키고, 정치·외교·군사투쟁을 긴밀하게 결합시켜 전개했다. 군사적으로는 매복으로 적을 함정으로 유인하여 단숨에 하를 섬멸했다. 걸왕은 산 채로 잡혀 남소南巢라는 작은 부락으로 추방되었다. 이어 상탕은 이윤의 모략에 따라 한韓·고顧·곤오昆吾 등 하 왕조의 속국들을 차례대로 정복했다. 제후들은 성탕을 천자로 추대했고 상 왕조가 건립되었다. 이윤은 성탕을 도와 천하를 안정시켰다. 성탕이 죽은 뒤 이윤은 성탕의 세 아들을 천자로 추대하여 도왔다. 이윤은 가슴에 가득 찬 모략으로 뽕나무를 기르고 누에를 치던 일개 농사꾼에서 중국 역사상 가장 유명하고 존경받는 훌륭한 재상이 되었다.

때는 기원전 11세기, 상나라 말기에서 주周나라 초기에 이르는 격변기였다. 고희 70세를 넘긴 평범한 늙은이 여상呂尙(성은 강姜이고 자는 자아子牙, 속칭 강태공姜太公)은 그

● 상탕(왼쪽)과 이윤. 모략은 그 수준과 정도에 따라 작게는 개인의 성공은 물론 크게는 한 나라의 국운을 좌우할 수 있는 기제로 작용할 수 있다. 이윤은 모략의 폭과 깊이를 실감케 한 최초의 모사라 할 수 있다. 그 뒤에는 이윤을 발탁한 성탕의 안목이 있었다.

● 바늘 없는 낚싯대를 드리운 채 기회를 기다렸다는 강태공 여상은 문왕과 무왕 부자를 보좌하여 상 왕조를 무너뜨리는 데 절대적인 공을 세웠다. 여상은 모사, 모략가의 전형적인 인물로 역사에 확실하게 자리매김했다. 사진은 강태공이 낚시를 했다는 조어대釣魚臺의 모습이다.

날도 다른 때와 다름없이 반계潘溪(지금의 섬서성 보계시寶鷄市 동남)의 자천磁泉에서 낚싯대를 드리우고 있었다. 이때 마침 주 문왕文王이 밖으로 사냥을 나왔다가 여상과 만나게 되었다. 이야기를 나눈 문왕은 여상이 원대한 포부를 품은, 보통 사람이 아니라는 것을 알게 되었다. 문왕은 "우리 조상 태공太公께서 장차 훌륭한 인물이 주나라로 오게 되고 주나라는 틀림없이 크게 일어날 것이라고 예언하셨는데, 그대가 정말 그 인물이 아닌가? 우리 태공께서 그대를 기다리신 지 오래요."라며 기쁨을 감추지 못했다. (강태공의 별칭인 '태공망太公望'이 여기서 비롯되었다. 태공이 갈망하던 사람이란 뜻이다.)

주 문왕은 여상을 자신의 수레에 모셔 함께 돌아와 국사를 논의했다. 여상의 보좌를 받게 된 문왕은 서쪽으로 견융犬戎(지금의 섬서성 봉상鳳翔 경내)과 밀수密須(지금의 감숙성 영대靈臺 서쪽) 등지의 부족을 정벌했다. 얼마 뒤에는 동으로 여黎(지금의 산서성 여성黎城), 한지邘地(지금의 하남성 심양沁陽 서북)와 숭崇(지금의 섬서성 풍수灃水 일대)을 정벌하여 상의 도성 조가朝歌(지금의 하남성 기현淇縣)를 향한 길을 열었다.

문왕이 죽은 뒤 그 아들 무왕武王이 뒤를 이었다. 여상은 문왕에 이어 무왕도 보좌했다. 상과 벌인 '목야牧野 전투'의 결전은 여상의 수준 높은 모략과 일사불란한 지휘력에 크게 의존했다. 이 전투로 주의 군대는 상의 군대를 완전히 무너뜨리고 잔혹한 상의 통치를 뒤엎었다. 새로운 주 왕조는 이렇게 탄생했다.

춘추 이후에 열국들이 패권을 다투면서 사회는 불안하게 소용돌이쳤다. 『사기』의 마지막 권인 「태사공자서」 부분에 보면 이 당시의 상황을 "춘추시대는 살해된 국군이 36명, 망한 나라가 52개국, 제후가 도망쳐 사직을 보존하지 못한 자는 수를 헤아릴 수 없을 정도였다."고 기록하고 있다. 격렬하게 소용돌이치는 사회환경은 지력 활동을 밑천으로 삼아 모략을 창출해내는 것을 직업으로 삼는 이른바 유사游士(또는 모사)들의 대량 출현을 자극했다. 시대가 그들을 위해 재능을 마음껏 펼칠 수 있는 사회적 조건을 창출했고, 역사무대를 제공했다. 고힐강顧頡剛 선생은 이와 관련하여 다음과 같이 분석했다.

갈수록 농업에 힘쓰지 않게 되었다. 소진蘇秦 같은 사람은 공업이나 상업에도 종사하지 않았다. 오로지 독서에만 열중하여 사람의 마음을 헤아리는 것을 수완으로 갖추고 부귀영화를 목표로 삼는 사람들이 속출했다. 이들을 이름하여 '사士'라 했는데 과거와 다를 바 없었지만 그 말솜씨는 과거 사람들과 달랐다. 그리하여 무사武士가 문인文人으로 탈바꿈하기에 이르렀다.(『사림잡식초편史林雜識初編』)

춘추시대 최초의 패자였던 제나라의 환공은 유사 80명을 거느리고 있었다고 한다. 이들은 마차에다 옷이며 돈 따위를 싣고 사방을 떠돌면서 스스로를 천하의 유능한 인재라며 호소했다. 당시 이런 유사들을 많이 거느린 것으로 말하자면 소위 '사공자四公子'가 가장 유명했다. 『사기』「춘신군열전」에는 이런 대목이 눈에 띤다.

"춘신군春申君이 초나라 재상이었을 당시 제나라에는 맹상군孟嘗君이 있었고, 조나라에는 평원군이 있었으며, 위나라에는 신릉군信陵君이 있었다. 이들은 서로 인재들을 공손히 접대하고 빈객들을 초빙하는 데 경쟁하였고, 이 빈객들의 힘을 이용하여 나라의 정치를 돕는 한편 자신들의 권력을 굳히려 했다."

"당시 춘신군의 문객은 3천이 넘었는데 상객들은 모두 구슬로 장식된 신발을 신고 있었다."

그런가 하면 「맹상군열전」에는 이런 대목이 보인다.

맹상군이 설 땅에 있으면서 제후와 빈객 그리고 죄를 짓고 도망친 사람들을 불러 모으니 모두 맹상군에게 모여들었다. 맹상군은 자기 재산을 털어 빈객들을 잘 대접했다. 그러자 천하의 인재들이 다 모여들었다. 식객이 수천은 넘었지만 귀천의 구별 없이 자기와 똑같이 대우했다.

한편 「평원군열전」과 「위공자(신릉군)열전」에도 비슷한 내용이 있다.

"(평원군이) 식객을 좋아하니 몰려든 빈객이 수천에 이르렀다."
"(신릉군은) 어질고 인재를 존중하였고, 인재가 어질거나 불초하거나를 막론하고 모두에게 겸손한 예로 사귀었고, 자신이 부귀하다고 그들을 교만하게 대하지 않았다. 이 때문에 인재들이 사방에서 천리를 멀다 않고 몰려드니 식객이 3천이나 되었다."

여불위呂不韋도 유능한 인재를 잘 대우하여 초빙하니 식객이 3천에 이르렀다고 한다. 역대로 모사를 중시한 것에서 나아가 '참모'나 '모사' 같은 관직을 전문적으로 설치하기까지 했다. 『삼국지』에 보면 유방劉放이 비서감이 되어 요동을 평정할 때 참모로 공을 세워 상을 받았다고 했다. 『신당서新唐書』 「백관지百官志」에는 장수 밑에 '행군참모行軍參謀'를 두었다고 했는데, 군에 있으면서 모략 구상에 참여하는 자리였다. 기타 소수민족도 한족의 '참모' 시스템을 모방했다. 산해관山海關 밖에 머물고 있던 여

진족이 세운 후금後金의 황태극皇太極은 참모들의 권유를 받아들여 멀리는 요·순 등과 같은 전설 속 황제들과, 가깝게는 한 고조와 송 태조의 제도를 본받고 역대 제왕의 득실을 거울삼아 방대한 참모기구를 만들었다. 그는 이를 바탕으로 한 시대를 호령하는 군주가 되고 청 왕조를 건립할 수 있었다.

● 청 태종 황태극은 한족의 문화를 잘 알았고 그에 맞추어 방대한 참모기구를 활용하여 산해관을 넘어 한족을 지배했다.

　　고대 모사는 모략을 전문으로 하는 인재였다. 모사가 높은 자리에 기용되느냐의 여부와 모사의 수준이 높고 낮으냐는 국가의 홍망성쇠와 정권의 존망에 직접 관계되었다. 『전국책戰國策』에서 "옛날 이윤이 하를 떠나 은으로 가니 은은 왕이 되고 하는 망했다. 관중管仲이 노魯를 떠나 제齊로 가니 노는 약해지고 제는 강해졌다."고 한 것과 같다. 전국시대의 한비자韓非子는 자신의 저서에서 "내가 전차 천 대를 얻느니 독과獨過 한 사람의 말을 듣고 행동하는 것이 차라리 낫다."고 한 조간자趙簡子의 말을 인용하고 있다. 조간자가 말한 독과가 어떤 사람인가? 다름 아닌 조간자 곁에 있던 모사였다. 조간자가 보기에 독과의 모략이 천군만마보다 더 쓸모 있었던 것이다.

　　『여씨춘추呂氏春秋』에 이런 이야기가 실려 있다. 춘추시대 진晉이 정鄭을 공격하려고 국군이 숙향叔向에게 정나라에 유능한 인물이 있는지 살펴보라고 명령을 내렸다. 정나라 자산子産은 숙향에게 "그대가 날 사모한다면 치마 걷고 유수洧水라도 건너리다. 그대가 날 사모하지 않는다면 설마 다른 남자 없을라구."라는 시를 들려주었다. 숙향은 돌아가 "정나라에 인재가 있습니다. 자산이 거기에 있는 한 공격은 안 됩니다. 진과 초가 가까이 있는 데다 자산의 시에 딴마음이 담겨 있으므로 공격해서는 안 됩니다."라고 보고했다. 진은 정에 대한 공격을 포기했다. 공자는 이를 두고 "『시경詩經』에 '비할 데 없이 착한 사람'이라는 구절이 있는데 자산은 한 수의 시로 정나라의 화를 면하게 했구나."라고 칭찬했다.

　삼국시대 조조는 자신의 모사 곽가를 평가하면서 "장차 나를 도와 대업을 이룰 수 있는 사람은 틀림없이 이 사람일 것이다."라고 했다. 당 태종은 "정관貞觀(627-647) 이전에 나와 함께 온갖 어려움을 헤치고 천하를 평정한 공으로 말하자면 방현령房玄齡을 따를 자 없고, 정관 이후 나라와 백성을 안정시켜 지금의 공업을 이루게 한 것으로 천하에 칭찬받을 사람은 위징뿐이다."라고 했다. 당 태종의 모사 방현령은 깊은 식견과 몸과 마음을 다하는 충심으로 당의 건국에 절대적인 공을 세웠다. 태종은 이런 그를 두고 "천리 밖에 있어도 얼굴을 마주 대하고 이야기하는 것 같다."고 평가할 정도였다.(『정관정요』권2「임현任賢」) 역시 당 태종 때의 마주馬周라는 인물은 비천한 출신이었지만 일이 돌아가는 상황을 기민하게 파악하여 모든 일을 공평하게 처리했으며 바른말도 잘 해서 태종의 사랑을 받았다. 이런 그를 두고 태종은 "내가 마주를 잠시라도 보지 않으면 바로 생각이 난다."고 했다.(『구당서』권66「방현령전」)

　서한 초기 유방의 모사 소하蕭何가 논공행상에서 1등 공신이 되었다. 군부의 장수들 일부가 이에 불복하면서 소하는 입과 붓만 놀렸지 공로가 크지 않은데 어째서 높은 자리를 줄 수 있냐며 불만을 터뜨렸다. 유방은 다음과 같은 비유를 들어 이들의 불만을 잠재웠다.

　"사냥에서 짐승이나 토끼를 쫓아가 잡는 것은 사냥개이지만, 개의 줄을 놓아 짐승이 있는 곳을 지시하는 것은 사람이다. 너희들은 짐승을 잡을 줄만 알기 때문에 공으로 따지자면 사냥개와 같다. 소하로 말하자면 개의 줄을 놓아 목표물을 잡아오게 지시하는 사람이니 그 공로는 사냥꾼과 같다."(『사기』「소승상세가」)

사냥개의 공과 사냥꾼의 공을 어떻게 같은 선상에 놓고 따질 수 있느냐는 유방의 반박에 장수들은 아무 말 하지 못했다. 유방은 천하를 얻은 다음 베푼 연회에서 공신들과 자신이 천하를 얻고 항우가 천하를 놓친 까닭에 대해 토론을 벌였다. 공신들은 항우는 유능한 인재를 시기하고 질투했지만 폐하는 그와 반대였기 때문이라는 등등의 분석을 내놓았다. 유방은 스스로 이렇게 분석했다.

"공들은 하나만 알고 둘은 모르는군. 군영에서 계략을 짜내 천리 밖에서 승리를 결정짓는 일이야 내가 장자방(장량)만 못하고, 나라를 안정시키고 백성을 달래며 양식을 공급하고 운송로가 끊이지 않게 하는 일이야 소하만 못하고, 백만 대군을 이끌고 싸우면 반드시 승리하고 공격하면 반드시 점령하는 일에서는 한신보다 나을 수 없지. 이 세 사람은 모두 걸출한 인재고, 내가 바로 그들을 기용했기 때문에 천하를 얻은 것이야. 항우는 범증 한 사람조차 끝까지 믿지 못했지. 그래서 내게 패한 것이야."(『사기』「회음후열전」)

이는 모사의 진퇴가 사업의 성패와 관계된다는 점을 유방이란 군주의 입을 통해 다시 한번 똑똑하게 밝힌 것이다.

모사가 천하를 평정하고 나라를 안정시키는 데 중요한 작용을 하기 때문에 역대 제왕이나 장수들은 인재들을 우대하여 중용했다. "유능한 인재가 있는 곳이면 군주는 존중하지 않는 바가 없었고, 번영을 이루지 않는 나라가 없었다."(『전국책』) 이와 관련하여 묵자墨子는 이렇게 말한다.

"활 잘 쏘는 병사를 많이 기르고 싶으면 그들을 배부르게 하고 귀하게 여기고 존경하고 명예롭게 하면 활 잘 쏘는 병사를 많이 얻을 수 있다. 하물며 덕행이 남다르고 말재주가 뛰어나며 법술에 해박한 유능한 인재야 말해서 무엇 하겠는가? 그들은 국가의 보배이자 사직을 돕는 사람들이다. 역시 부유하게 하고 귀하게 여기고 존경하고 명예롭게 해야만 유능한 인재를 많이 얻을 수 있는 법이다."

이와 관련해서는 명나라 때 사람 풍몽룡馮夢龍이 엮은 『지낭智囊』에 이런 일화도 전한다. 전국시대 연나라 소왕昭王이 곽외郭隗에게 나라 다스리는 법을 물었다. 곽외는 "천자의 신하는 스승이요, 왕의 신하는 친구며, 제후의 신하는 손님이고, 위기에 처한 나라의 신하는 장수입니다. 이 중에서 왕이 선택하시면 됩니다."라고 대답했다. 연왕이 배우고는 싶지만 스승이 없다고 하자 곽외는 "왕께서 정말로 바른길로 가시고 싶다면 천하를 향해 길을 열어놓으십시오."라고 건의했다. 연왕은 곽외를 위해 집을 지어주고 그를 지극하게 섬겼다. 3년이 못 되어 소진蘇秦이 주에서 왔고, 추연鄒衍이 제에서 왔으며, 악의樂毅가 조에서 왔고, 굴경屈景이 초에서 귀순해 왔다. 연 소왕이 곽외를 우대한 것은 천하의 인재를 불러들이기 위해서였다. 곽외를 극진히 대접했으니 곽외보다 더 큰 능력과 재능을 가진 인재야 말해서 무엇 하겠는가.

유비의 삼고초려도 마찬가지였다. 지극한 정성이 결국은 제갈량을 감동시켰고, 제갈량은 와룡臥龍(융중隆中)에서 나와 자신의 몸과 마음을 다했다.

"그럼에도 선제(유비)께서 미천한 신을 천하게 여기지 아니하시고 외람되게도 귀한 몸을 낮추어 세 번씩이나 신의 초가를 찾아주시어 신에게 현실에 당면하여 해야 할 일들을 물으셨습니다. 이 일로 신은 너무 감격하여 마침내 선제를 위해 신명을 바쳐 일할 것을 허락하였던 것입니다."(「출사표出師表」)

주공周公은 밥 먹다가 하루에 세 번씩이나 먹던 밥을 토해내고 사람(인재)을 만났으며, 머리카락을 감다가 하루에 세 번씩이나 머리카락을 말리지도 못한 채 사람(인재)을 만났다고 한다. 이로써 천하의 인심이 주나라로 기울었다. 천하의 인재를 두루 구하기 위한 주공의 마음이나 제갈량을 세 번이나 찾은 유비의 마음은 다 마찬가지였다.

천하를 다툴 때만 인재를 애타게 찾는 것은 아니다. 천하가 안정된 뒤에도 역대 제왕들은 나라를 다스릴 좋은 재목들을 찾아다녔다. 당 태종은 대단한 황제였다. 그는 인재에 대한 선발과 운용을 몹시 중시했다. 한번은 봉덕이封德彝라는 대신이 뛰어난 인재를 찾기 힘들다고 변명하자 인재를 어떻게 앉아서 기다릴 수 있냐며 핀잔을 주

● '삼고초려'는 결국 제갈량의 '융중대隆中對', 즉 '천하삼분지계'를 이끌어내는 작용을 했다. 그림은 제갈량이 삼분지계를 올리는 장면이다.

었다. 중국의 '과거제도'는 후대로 갈수록 심각한 폐단을 많이 남기기도 했지만 인재를 선발한다는 측면에서는 나름대로 역할을 했다.

2. 역대 제왕의 모사 활용

1) 아침에는 정원 관리사, 저녁에는 천자의 집으로

봉건적 계급제도 내지 등급제도와 문벌 관념은 보잘것없는 출신의 인재들이 관료사

회로 진출하는 장애물로 작용했다. 하지만 생각 있는 봉건 제왕들은 인재를 구하고 모사를 기용할 때 이런 관념의 굴레를 벗어던졌다. 모사의 출신이나 집안 형편을 따지지 않고 능력에 따라 발탁하고 중요한 자리에 앉혀 재능을 발휘하게 했다.

중국 상 왕조 무정武丁 시기의 재상 부열傳說은 노예 출신이었다. 바늘 없는 낚싯대를 드리운 채 자신을 낚아줄 주인을 기다렸다는 강태공은 소를 잡고 술을 팔아 생계를 유지한 사람이었다. 제갈량은 남양南陽 융중에서 농사를 지었으며, 위징은 어려서 집이 하도 가난해 도사道士 노릇을 한 적이 있다. 마주馬周는 궁색한 서생이었다.

한신은 유방의 대장이자 중요한 모사였다. 유방이 천하를 얻을 수 있는 방법을 묻자 한신은 유방에게 "(항우의) 반대로만 하면 관중 땅을 어렵지 않게 차지할 수 있으며, 나아가서는 천하도 어렵지 않게 얻을 것입니다."라고 대답했다. 한신은 뼈대 있는 집안 출신도 고귀한 신분도 아니었다. 그는 젊었을 때 동네 건달들에게 "가랑이 밑을 기는 치욕(과하지욕胯下之辱)"을 당하기도 한 별 볼 일 없는 인물이었다. 한신은 집안이 가난하고 어려서 부모를 일찍 잃었는데 고향 회음淮陰 지역의 부잣집 자식들이 그를 깔보았다. 한번은 젊은 백정 아들이 "야! 이 한가 놈아. 네놈이 칼만 차고 다니면 다냐? 어디 한번 찔러봐. 그럴 용기가 없으면 내 가랑이 밑을 기어가."라고 모욕을 주었다. 가슴에 큰 포부를 품고 있던 한신은 이런 건달 놈에게 자기 목숨을 거는 것은 개죽음이나 마찬가지라고 생각하고 머리를 숙이고 허리를 굽혀 건달의 가랑이 밑을 기었다.

같은 시대의 유경劉敬은 일찍이 유방에게 관중關中에 도읍을 정하고 흉노匈奴와 화친할 것 등의 중요한 정책을 건의한 인물이었다. 그는 수레나 몰던 보잘것없는 군사 출신이었다. 한 고조 유방이 그를 만나겠다고 마음먹고 불렀을 때 유경과 가까운 누군가가 새 옷을 입고 가라고 충고했다. 유경은 "내가 본래부터 좋은 옷을 입고 살았다면 좋은 옷을 입겠지만, 내가 원래 평범한 옷을 입고 살았으니 그냥 이대로 입고 가겠다."고 말했다. 유경은 남루한 원래 차림 그대로 천자 유방을 만났다.

● 한신은 젊은 날 건달들의 가랑이 밑을 기는 보잘것없는 존재였다. 사진은 한신의 고향 강소성 회음淮陰시 '과하지욕'의 현장이다.

　　전국시대 합종책을 창안한 소진蘇秦은 "당시 천하의 정세, 만민의 동향, 왕후의 친척, 모신의 권리가 모두 소진의 정책에 의해 결정된다."고 할 정도의 위세를 떨쳤다. 그런 그도 당초 자신의 모략이 진에서 받아들여지지 않아 낭패한 꼴로 "집에 돌아오자 마누라도 형수도 심지어 부모도 모르는 척" 쌀쌀맞게 대했다. 소진은 "마누라는 남편으로 여기지 않고 형수는 시동생 취급을 하지 않고 부모조차 자식으로 보지 않으니 이 모두가 진나라의 죄로다."라며 탄식했다.

2) 과거의 애증을 따지지 않으며, 기용했으면 의심하지 않는다

춘추시대 제나라 양공襄公에게는 소백小白과 규糾라는 두 동생이 있었다. 제 양공이 피살되자 두 동생은 서로 국군의 자리를 차지하기 위해 다투었다. 이때 포숙은 소백을, 관중은 규를 모셨다. 두 형제는 국군의 자리를 놓고 다투던 중 결국 무력충돌까지 갔고, 관중이 소백이 먼저 수도로 들어가는 것을 막기 위해 소백에게 화살을 쏘아 하마터면 소백은 죽을 뻔했다. 소백이 국군(환공桓公)으로 즉위한 뒤 노나라에 있던 관중은 소환되어 환공 앞으로 끌려왔다. 모든 사람이 다 환공이 관중을 죽일 것으로 예상했다. 그러나 환공은 관중의 과거는 따지지 않고 오히려 그를 재상으로 발탁했다. 제나라는 관중의 부국강병책으로 하루가 다르게 발전했고, 환공은 마침내 춘추시대 최초의 패주가 될 수 있었다.

제 환공이 관중을 죽이지 않은 까닭은 관중이 자신을 쏘아 죽이려 한 것은 관중이 모시는 주군 때문이라는 사실을 잘 알고 있었기 때문이다. 이제 그 주군은 없어졌고, 관중을 죽이지 않음으로써 관중이 자신의 은혜와 덕에 감사하고 자신을 위해 신명을 바칠 수 있을 것으로 판단했기 때문이다. 게다가 '인자仁慈'니 '관용寬容'이니 하는 좋은 명성까지 얻을 수 있었으니 일석삼조나 마찬가지였다.

이런 방법은 역사상 많은 사람들에 의해 답습되고 재활용되었다. 쌍방의 충돌과 투쟁에서 적대 집단 중에 자신에 대해 강렬하게 반대하는 자일수록 자기 주군에 대한 충성심이 강한 자라는 의미다. 그런 자를 사로잡은 뒤 죽이지 않고 더욱 후하게 대접하고 자기 곁에 남겨서 중요한 자리에 기용하는 것이다.

주인을 배반하고 자신에게 몸을 맡기는 사람은 깔보이기 마련이다. 삼국시대 위연魏延이 옛 주인을 배신하고 촉한에 투항하자 제갈량은 그에게 배신자라는 낙인을 찍어 죽이려 했다. 여러 사람이 나서서 말리는 바람에 위연은 간신히 목숨을 건졌다. 제갈량이 위연을 죽이려 한 것은 원래 주인에게 불충한 자가 새 주인에게는 충성하겠느냐는 생각 때문이었다. 당 태종 이세민은 '현무문의 정변'이 끝난 뒤 건성과 원길 쪽에 가담했던 자신의 정적 수백 명을 기용했다. 이들은 그 당시 각자의 주인에게 충성과 의리를 다했던 인물들이다. 본래 태자 건성의 모사로서 여러 차례 이세민을 죽여야 한다고 건성에게 건의했던 위징 역시 이세민에 의해 중용되었다.

조조는 유능한 인재면 기용하고 본다는 원칙으로 지난날의 애증을 따지지 않았다. 그가 진림陳琳을 중용한 일화는 역사적으로 아주 유명하다. 삼국시대 '건안建安 7자'의 한 사람으로 명성을 떨치고 있던 진림은 한때 원소袁紹 밑에서 일하면서 그 시대 모든 사람을 놀라게 만든 조조를 치라는 격문을 썼다. 그는 이 격문에서 조조는 물론 3대 조상까지 들먹이며 격렬한 욕을 퍼부었다.

"사마 조조의 할아비 중상시 조등曹騰은 좌관左悺, 서황徐璜과 함께 사악한 길로 흘러서 온갖 요사한 짓을 다하고 탐욕과 횡포를 일삼아 교화를 해치고 괴롭혔다. 그 아비 조숭曹嵩으로 말하자면, 본래 조등의 양자로 들어가 자랐으며 뇌물을 써서 벼슬에 오른 자였다. 황제에게 아첨하고 황금과 벽옥을 수레 통째로 권문에 바쳐 재상의 지위에 오르는 등 나라의 법도를 어지럽힌 자였다. 조조는 더러운 환관의 후예로 인덕이 없고 교활하며 표독하고 난을 일으키길 좋아하니 세상의 재앙을 즐기는 자이다."

그 뒤 진림은 조조의 포로가 되었다. 조조는 진림에게 "전에 그대가 격문을 지었는데 나야 그렇다 치고 내 아버지와 조부까지 들먹일 필요가 있었는가."라고 물었다. 진림은 "어차피 활시위를 떠난 화살 아닙니까?"라고 대답했다. 좌우에서 모두 진림을 죽이라고 했지만 조조는 진림의 재주가 아까워 종사從事라는 벼슬을 주고 곁에 두었다.(『삼국지연의』제22회, 제32회)

진림은 목숨을 살려준 것은 물론 자신의 능력까지 다시 발휘할 수 있게 해준 조조를 위해 최선을 다해 보필했고, 마침내 삼국통일이라는 대업에 나름의 역할을 할 수 있었다.

3) 결점이 있는 모사를 잘 활용하라

한 무제武帝 유철劉徹은 「구현조求賢詔」라는 유능한 인재를 구한다는 조서에서 "남다른 공이 있으면 남다른 사람을 얻기 마련이다. 말이 달리다 보면 사람을 밟기도 하지만 천리를 달린다. 마찬가지로 인재는 속세에서 잘못을 했더라도 공명을 세울 수 있다."라고 했다. 조조는 건안 19년인 214년에 내린 「인재를 발탁함에 편견과 단점을 갖지 말라」는 칙령에서 다소 결점이 있더라도 인재는 똑같이 임용해야 한다고 말하면서 다음과 같이 강조했다.

사람에게 결점은 피하기 어렵다. 이것 때문에 그들을 임용하지 않겠는가? 관리를 선발하는 사람이 이 점을 분명히 안다면 인재가 묻혀버릴 가능성은 크게 줄어들 것이다.

진평陳平은 유방을 도와 천하를 안정시키는 데 중대한 공을 세운 인재였다. 그런 그가 유방에게 발탁되어 도위都尉에 임명되던 그날 누군가 진평이 형수와 간통하고 뇌물을 받았다고 모함을 했다. 유방은 진평을 의심하기 시작했다. 다행히 위무지魏無知가 제때에 나서서 다음과 같이 해명했다.

"지금 초·한이 서로 다투고 있는 이 마당에 진평은 승부를 결정짓는 데 도움이 되는 뛰어난 모사입니다. 그런데 그런 약점 때문에 대담하게 그를 기용하지 않을 수 있단 말입니까?"

유방은 진평을 한 등급 올려 기용했고, 진평은 그 뒤 남다른 모략을 여섯 번이나 제기하여 더 많은 땅과 관작을 받았다. 유방은 그의 모략을 채택하여 마침내 항우의 초를 멸망시킬 수 있었다.

조조는 장군감으로 오욕의 명에를 쓰더라도 웃으면서 행동하고, 어질지 못하고 불효를 하더라도 치국과 용병술을 가진 사람이라면 중용했다. 희지재戱志才와 곽가郭嘉 등은 명성이 그다지 좋지 않았으며, 두기杜畿는 오만하고 글이 짧았지만 이들은 모략으로 끝내는 이름을 떨쳤다.

군주의 신변에는 모사가 많았다. 그들이 올리는 모략은 서로 같을 수 없을뿐더러 때로는 서로 대립하기도 한다. 문제는 군주가 모사들이 제기한 모략들을 어떻게 분석하여 좋은 쪽을 따르는가 하는 것이다. 모사가 제기한 모략의 채택 여부를 가지고 그 모사와 군주의 관계를 좋다거나 나쁘다고 단정해서는 안 된다. 전국시대 최고의 모사 중 한 사람이었던 장의張儀는 진秦을 위해 '연횡책連橫策'을 제기하여 큰 명성을 떨쳤다. 하지만 '촉 정벌' 문제에 대한 그의 모략은 결코 높은 수준이 아니었다. 장의는 "한을 공격하여 주 왕실을 압박하고" 이를 통해 "천자를 끼고 제후를 호령하면 따르지 않는 자가 없을 것이니 이것이 바로 왕업이다."라고 했다. 촉 정벌과 관련해서는 "촉은 서쪽 구석에 있는 융적의 우두머리다. 군사와 인민을 힘들게 하면서까지 촉을 공격하는 것은 명분이 약하다. 게다가 그 땅은 얻어봐야 득 될 것이 없다."고 분석했다.

반면 사마조司馬錯는 촉을 정벌하자는 주장을 펼치면서 "진이 초를 공격하게 하는 것은 이리가 양떼를 모는 것과 같다. 그 땅을 얻으면 나라를 넓힐 수 있고, 재물을 얻으면 인민을 부유하게 할 수 있다. 군대를 잘 대접하고 인민을 상하지 않게 하면 저들도 충분히 복종할 것이다."라는 분석을 내놓았다. 사마조는 "한을 공격하여 주 왕실을 압박하자."는 장의의 주장이 갖는 문제점을 지적했다.

진 혜왕惠王은 사마조의 모략을 받아들여 "촉을 정벌하여 마침내 촉을 평정했으며" "진은 촉 정벌로 더욱 강력해지고 제후들은 약화되었다."(『전국책』「진책」1)

배구裴寇는 당 고조 이연李淵이 태원太原에서 기병했을 때 중요한 모사로 활약했다. 그러나 이연이 관중을 공격하는 도중에 군대를 돌려 태원으로 철수하여 다시 훗날을 도모하자는 잘못된 건의를 올렸다. 다행히 이세민과 이건성 형제의 정확한 주장으로 큰 실수는 면할 수 있었다. 이 일로 이연은 "겁 많은 작자 때문에 하마터면 큰일날 뻔했다."며 배구를 미워했다.

당 왕조가 건립된 뒤 이세민은 관동關東 정벌에 나서 왕세충王世充과 결전을 벌이게 되었다. 이세민은 낙양洛陽으로 왕세충을 몰아넣고 포위했다. 보아하니 낙양은 곧 함락될 판이었다. 이때 하북河北의 두건덕竇建德이 10여만의 구원병을 이끌고 왕세충에게 달려왔다. 당의 모사들은 새롭게 전개된 형세를 놓고 왈가왈부 논쟁을 벌였고, 저마다 다른 대책을 내놓았다. 초우肖瑀, 굴돌통屈突通, 봉덕이封德彝 등은 우리 군대는 피로에 지쳤고 왕세충의 수비는 견고하여 단번에 공격하여 함락하기 어렵다고 보았다. 여기에 두건덕이 때맞추어 구원에 나서는 바람에 그 기세가 대단하여 앞뒤로 적을 맞이하는 상황이 되었으니 일단 신안新安으로 퇴각하여 기회를 엿보는 것이 낫다는 진단이었다.

반면 곽효각郭孝恪과 설수薛收는 왕세충의 군대는 강회江淮의 정예병이긴 하지만 지금 식량이 떨어져 궁지에 몰려 곧 무너질 판이라고 분석하면서, 만약 왕세충과 두건덕 군대가 합류하여 운하를 이용하여 식량을 낙양으로 운송하는 날에는 전투가 길어질 것이라고 했다. 따라서 일부 병력은 낙양을 포위한 채 깊은 참호를 파고 높은 망루를 세워 적을 압박하는 동시에, 정예병을 뽑아 성고成皋의 요충지를 지켜 서로의 관계를 단절하고, 대군은 즉시 무뢰武牢로 달려가 험준한 곳을 차지한 채 적군을 막고 기회를 봐서 격파하면 두건덕의 단 한 번의 패배로도 왕세충은 버티지 못할 것이라고 진단했다. 이세민은 후자의 주장을 받아들여 무뢰에서 두건덕의 군대를 대파했다. 낙양의 왕세충은 절로 무너져 투항했고, 관동의 통일전쟁은 가속도가 붙었다.

3. 역대 모사의 인격적 특징

1) 모순된 인격적 색채

"가죽이 없으면 터럭은 어디 가서 붙나?" 중국 고대의 모사는 자신의 몸을 남에게 맡겨야 하는 경향이 농후했다. 문무를 갈고 닦아 제왕의 집에 가서 먹고산다는 말이 그것으로, 이를 통해 그들의 특수한 사회적 신분이 결정된다. 모사는 농사·기술·장사는 물론 무예도 하지 않거나 관심을 갖지 않는다. 오로지 자신들의 지력 활동을 통해 남을 대신해 계획을 세우고 꾀를 내는 것을 직업으로 삼는 사람들이다. 이를 통해 자신의 생활을 영위하고 자신의 재능을 펼치고 나아가서는 나라와 천하를 다스리는 목적을 달성하려 한다. 하지만 "지혜 주머니에 아무리 많은 묘책이 들어 있어도 주인이 써주지 않으면 소용없다."는 말처럼 모사가 군주나 모주謀主에게 발탁되어 기용되지 못하면 재주가 제아무리 뛰어나고 학식이 높고 경륜이 풍부하고 가슴에 모략이 가득 차 있어도 세상에서 구제받지 못한다. 평생 품은 뜻을 실현할 수 없을 뿐만 아니라 자신의 생계도 해결하지 못한다. 역사상 가슴에 웅대한 지략을 품은 지사로서 산속에 숨어 나오지 못한 채 말없이 사라진 사람이 얼마나 되는 줄 아는가? 그 뜻이 마땅한 보상을 받지 못하고, 한숨 속에 한을 품은 채 세상을 등진 모사들이 얼마나 많은 줄 아는가?

송나라 때 육유陸游는 애국 시인으로 그 이름을 길이 남겼지만, 평생 남송 정부의 눈에 들지 못해 기용되지 못한 채 일생을 마쳤다. 그는 나라에 보답한다는 공허한 뜻과 한을 품은 채 세상을 버렸다. 그는 「자식에게 남기노라」라는 시에서 이렇게 자신의 심경을 밝혔다.

죽으면 만사 헛됨을 본디 알고 있지만
그래도 비통한 건 구주 땅 통일을 보지 못함이라.
훗날 송군이 북벌하여 중원을 평정하는 날
행여 잊지 말고 제사 올려 이 늙은이에게 알리거라.

「충정을 알리노라」라는 작품에서는 나라의 부끄러움을 설욕하지 못하고 장한 뜻이 보상받지 못하는 비분의 감정을 토로했다.

그제 공훈 세워 작위를 받고자
천리 멀다 않고 말 달리며 양주 변방을 지켰나니
동관과 황하 요새는 꿈길 속에 아득하고
종군 때 입은 갖옷에는 먼지만 앉았구나.
오랑캐를 아직 무찌르지 못했는데
머리엔 흰서리 내렸으니
눈물만 하염없이 흘러내리는구나.
이생에 그러리라 짐작도 못 한 일

불불는 마음 천산에 닿아 있건만

이 몸이 창주에서 늙어갈 줄!

육유와 같은 시대에 살았던 또 한 사람의 이름난 애국지사 신기질辛棄疾도 그 처지가 육유와 다를 바 없어 평생 뜻을 이루지 못했다. 그는 「영우락永遇樂」이란 시에서 "어느 누구에게 물으랴? 염파 장군 비록 늙었으나 밥은 잘 드시는지."라며 자신은 늙었지만 기용만 되면 나라에 보답하겠다는 비분의 감정을 토해냈다.

제갈량은 유비의 삼고초려가 아니었더라면 평생 남양에서 농사지으며 와룡에서 나오지 못했을지 모른다. 유백온劉伯溫도 주원장을 만나지 못했더라면 중국 역사에서 '지혜의 별'이란 모습으로 나타나지 못했을 것이다. 이런 의미에서 보자면 모주가 모사의 보좌를 필요로 하긴 하지만 모사는 모주의 곁을 더욱 떠나지 못한다. 모

● 육유(왼쪽)와 신기질(오른쪽). 뜻을 이루지 못한 지사와 모사들은 죽는 순간까지도 한을 품었다. 모사가 갖는 근원적 한계를 역설적으로 입증하는 것이다.

주는 모사에게 역사 활동의 무대를 제공하며, 평생 뜻을 펼칠 기회를 제공하는 존재다. 모사 혼자로는 자아가치를 실현할 길이 없으며, 모사의 자아가치 실현은 모주나 제왕장상에 의지할 수밖에 없다. 이런 점에서 모사는 다른 공구들과 마찬가지로 필요할 때 모주가 언제든 가져다 사용하고, 필요가 없을 때 한쪽으로 치워놓거나 내다버릴 수 있는 공구에 지나지 않는다. 물론 이는 모주의 각도에서 본 것이고, 모사가 모주를 선택할 수 있다는 점도 부인할 수는 없다. 모사의 모략은 그 모주를 위해 봉사하는 것이고, 모사의 모략활동은 모주의 한계 범위에서 반드시 모주의 의지에 복종해야지 그 의지를 위배해서는 안 된다. 모사의 인격적 독립도 상대적이어서 남에게 의존해야 하는 특색이 농후할 수밖에 없다.

그러나 모사의 이런 색채와 인격적 독립의 상대성이 모사에게는 독립된 인격이 전혀 없다는 말은 아니다. 모주가 모사를 선택할 수 있는 것과 마찬가지로 모사도 자신의 상대적으로 독립된 가치관에 따라 모주를 선택할 수 있다. 중국의 수많은 모사들이 "천하의 일을 자기 책임으로 여기는" 수준 높은 사회적 책임과 인심을 감동시키는 인격적 역량을 보여주었다. 이는 중국의 전통적인 유가 문화의 가치관에서 영향을 받았기 때문이다.

"가난해도 사치하지 않으며, 부귀해도 음탕하지 않으며, 위세와 무력에 굴복하지 않는다."

"지사는 샘의 물을 훔쳐 먹지 않으며, 청렴한 사람은 던져주는 음식은 받지 않는다."

"선비를 죽일 수는 있어도 욕보일 수는 없다."

"선비는 자신을 알아주는 사람을 위해 죽는다."

"천하의 근심을 먼저 걱정한 후에 자기 걱정을 하고, 천하가 즐거워한 다음이라야 내가 즐거워한다."

"나는 하루에 세 번 나 자신을 반성했다."

모사는 최선을 다해 자신의 독립적 인격을 지켜내면서 자신의 인격 이상을 실현시키려 했다. 모사의 독립적 인격은 다음과 같은 세 방면으로 표출된다.

(1) 현명한 주군을 만나 섬기다

중국 역사상 불가피하게 투기적으로 자신을 팔아 명예를 구하는 경우가 없는 것은 아니었다. 이른바 "젖 주는 자가 어미다."라는 말이 그런 경우를 꼬집는 격언인데, 이런 인간들은 인격과 지조를 상실한 비열하고 간사한 인간들이다. 그러나 절대다수의 모략가들은 독립된 인격을 갖추고 있어 옹졸하고 비속한 인간들과는 다르다. 그들은 "훌륭한 새는 나무를 골라 둥지를 틀고, 유능한 인재는 주인을 택하여 섬긴다." 는 말처럼 자신들의 행위에 가치를 부여할 줄 안다. 봉건적 제왕장상에 의존해야만 자신의 가치를 실현할 수 있다고는 하지만 절대 맹목적으로 섬기거나 굴욕적으로 섬기지는 않는다. 그들은 현명한 군주를 만나 섬긴다. 모사와 모주의 관계는 뜻이 맞으면 머물고 그렇지 않으면 떠나는 관계다. 『손자병법』(「시계」)에서 "나의 계책을 듣고 활용하면 반드시 승리할 것이니 남아 있을 것이요, 그렇지 않으면 패할 것이 뻔하니 떠날 것이오."라고 한 대목이 이런 뜻이다. 자신의 인격과 절개를 절대 잃지 않고, 자신의 '신념'을 배반하여 모주에게 환심을 사려 하지 않으며, 구걸로 높은 관직과 많은 녹봉을 탐하지 않는다.

동진東晉의 태위 환온桓溫이 군대를 이끌고 북벌에 나서자 왕맹王猛은 초라한 옷차림으로 환온을 찾아가 거리낌 없이 바른말을 했고, 환온도 일부러 그에게 동진으로 남하하자고 청했다. 왕맹은 거절했다. 왕맹이 왜 거절했을까? 왕맹은 동진의 문벌

제도가 워낙 살벌하여 자기와 같은 보잘것없는 출신이 발을 디딜 수 없다고 판단했기 때문이다. 자신의 능력을 마음껏 펼칠 수 있는 무대는 말할 것도 없었다. 그 뒤 왕맹은 전진前秦의 부견苻堅을 선택했고, 부견은 왕맹을 전적으로 신뢰하며 그를 크게 기용했다. 이 부분을 『진서晉書』는 "왕맹이 유능하다는 말을 부견이 듣고는 불러다 함께 일을 해보니 유비가 제갈공명을 만난 것 같았다."라고 기록했다.

역사상 모사가 처음부터 현명한 주군을 만난 것은 아니었다. 한순간 모주의 진면목을 못 알아보거나 생계에 쫓기거나 잠시 모주에 호감을 가졌다가 그 뒤 실망하는 경우도 적지 않았다. 일단 기회가 오면 그들은 옛 주군을 떠나 새로운 주군에게 몸을 맡긴다. 진평은 원래 초 패왕 항우 밑에서 일하다가 항우가 사리에 맞지 않게 일을 처리하고 사람을 의심하는 등 큰일을 할 수 있는 인물이 아니라고 판단하여 한왕 유방 진영으로 도망쳐 위무지의 추천을 받아 유방의 모사로 활약했다. 삼국시대 허유許攸는 원소 밑에서 모사로 있었으나 원소가 그의 모략을 채택하지 않아 조조에게로 몸을 돌린 인물이다. 그는 조조에게 "제가 주인을 잘못 선택해서 원소에 몸을 굽혔으나 말을 해도 듣지 않고 꾀를 내도 따르지 않아 지금 이렇게 모든 것을 버리고 옛 주인에게 달려왔으니 거두어주시기 바랍니다."라고 했다. 조조는 "그대가 멀리서 기꺼이 내게 왔으니 내가 받아들이리라. 나를 위해 원소를 깰 계책을 가르쳐주기 바라오."라고 말했다. 서서徐庶는 유표劉表에게 몸을 맡겼다가 나중에 유비에게 달려간 인물인데, 유비에게 몸을 맡긴 지 얼마 되지 않아 조조의 계략에 걸려 하는 수 없이 조조 진영으로 팔려 가게 되었다. 떠나기에 앞서 서서는 제갈량을 추천했고, 조조 진영으로 간 뒤에도 "몸은 조조 진영에 있지만 마음은 유비를 버리지 못하고" 조조를 위해서는 단 하나의 계책도 내지 않았다.

현명한 군주를 만나면 섬기겠지만 '현명한 군주'가 있다고 해서 다 기용될 수 있는 것은 아니다. 이 때문에 평생을 산속에 처박혀 나오지 못한 채 자신의 뜻을 이루지 못한 모사들이 적지 않았다. 어떤 모사들은 차라리 옥에 갇히거나 목숨을 내놓을지언정 자신들이 보기에 '어리석은 주군' '포악한 주군' '못난 주군'들 밑에서는 절대 벼슬하지 않았다. 명나라 때의 문학가 풍몽룡馮夢龍의 『지낭보智囊補』에 보면 이런 이야기가 전한다.

태공망(강태공)이 제나라에 봉해졌다. 제나라 땅에 화사華士라는 자가 있는데, 천자를 섬기지도 않고 제후와 어울리지 않았다. 사람들은 이런 그를 현자라고 칭찬했다. 태공이 사람을 보내 그를 세 번이나 불렀으나 오지 않았다. 태공은 그를 죽이라고 했다. 이 소식을 들은 주공은 "그 사람은 제나라의 고고한 선비라는데 어째서 죽이라고 했소?"라고 물었다. 태공은 이렇게 대답했다.

"화사라는 자는 천자를 섬기지도 않고 제후와도 사귀지 않는 사람입니다. 그런 자를 신이 어떻게 다스릴 수 있겠습니까? 천자나 제후가 다스릴 수 없는 사람은 하늘이 버린 자입니다. 신이 세 번을 불렀는데도 오지 않는 것은 그자가 딴마음을 품은 자라는 뜻입니다. 이런 자를 백성들이 모범으로 따른다면 제후가 어떻게 나라를 다스릴 수 있겠습니까?"

화사의 죄가 무엇인가? 부르는데도 오지 않고, 벼슬하지 않은 죄다. 유능한 인물로 벼슬하지 않는 것도 황권의 존엄성을 건드리는 것이다. 이는 달리 보면 밝은 군주를 선택하여 벼슬하겠다는 화사의 굳센 의지를 반영하는 일화이기도 하다.

명 왕조가 건국된 뒤 새로운 정부에 대해 적대감을 품고 있던 모사들은 죽어도 관직에 나가지 않기로 했는데, 귀계貴溪 지방의 유학자 하백계夏伯啓는 조카와 함께 손가락을 잘라 맹서까지 했다. 산음山陰 지방의 명사 양유정楊維楨은 명 태조 주원장의 초청을 거절하면서 자신은 머지않아 관에 들어갈 사람이라 재가할 이유가 없다고 말했다. 머리 숙여 신하가 되고 싶지 않았던 모사들은 자신의 고결한 이상과 인격을 지키려다 주원장에 의해 죽임을 당하거나 갇히거나 유배되었다.

역시 명나라 때의 방효유方孝孺는 조카를 죽이고 황제에 오른 성조成祖 영락제永樂帝 주체朱棣를 증오했다. 주체가 북경으로 진입한 뒤 자신의 즉위 조서의 초안을 작성하라고 하자 그는 죽어도 할 수 없다며 버티다 10족이 몰살당했고, 이에 연루되어 무려 870여 명이 죽음의 피를 보아야만 했다. 방효유는 참으로 엄청난 대가를 치르고 자신의 자유로운 인격을 지킨 셈이다.

(2) 천하의 일을 자신의 소임으로 여긴다

"막히면 홀로 자신의 몸을 깨끗하게 닦고, 길이 열리면 천하를 구제한다." 이는 봉건시대 중국 모사들의 행동 원칙이었다. 그들은 자신이 기용되지 못하고 벼슬길이 막히면 세상살이의 어려움을 간파하고 도가에서 말하는 세상을 벗어나는 '출세出世' 관념을 신봉하거나 자연산천을 벗삼거나, 신선귀신에게 도를 묻거나, 꿈에 의지하거나, 술과 더불어 해탈을 추구하면서 자신의 몸을 깨끗하게 함으로써 정신상의 평형과 초탈을 얻으려 한다. 그러나 이런 상황에서도 천하의 일을 자신의 소임으로 여긴다는 사명감을 잊지 못한 사람들이 적지 않았다.

전국시대의 애국시인 굴원屈原은 먼저 초나라에서 일을 꾀하여 회왕懷王의 깊은 신임을 얻었다. 사마천은 이런 굴원의 모습을 "조정에 들어가서는 왕과 나랏일을 의논하여 명령을 내리고, 조정에서 물러나서는 빈객을 만나고 제후를 응대했다."고 묘사했다. 이렇게 국내 정치와 외교 방면에서 중대한 역할을 했다. 그러나 초나라의 왕은 어리석은 군주라 간신배들의 근거 없는 모함만 믿고 굴원을 내침으로써 굴원은 정치의 핵심에서 떨어져 나갔다. 굴원은 꿈과 이상을 잃고 비애에 잠겼다. 그는 「어부漁父」라는 시에서 "세상이 온통 흐린데 나만 맑고, 사람들은 모두 취했는데 나만 깨어 있구나."라며 한탄했다. 굴원은 자신의 조국을 깊이 사랑했다. 뜻을 버리지 않고 고국에 남아 있으면 언젠가는 다시 기용되어 치국평천하의 뜻을 펼칠 수 있을 것이라고 믿었다. 하지만 굴원은 다시 기용될 기회를 갖지 못했고, 끝내 절망감을 안은 채 강에 스스로를 가라앉혀 목숨을 버렸다.

아래에 소개하는 시는 경양왕 2년(기원전 297) 굴원이 수도 영郢에서 쫓겨나 길을 떠나다 난민들을 만나 쓴 것으로, 고향에 대한 그리움과 백성들에 대한 사무치는 동정심을 읽어낼 수 있다.

"천명이 한결같지 않구나. 백성들이 무슨 죄란 말인가? 백성들은 서로 흩어져 이 봄날 동쪽으로 쫓겨나는구나. 고향을 떠나 멀리 장강과 하수를 따라 떠도는구나. 성문을 나서 비통한 마음으로 갑일 아침 나는 떠난다. 서울 영도를 출발하여 마을 문을 나서니 갈 길 아득하구나. 노를 들고 마음을 달래보지만 다시 만날 수 없는 임금 생각에 애가 탄다. 큰 가래나무를 바라보며 크게 탄식하니 눈물이 싸라기 눈처럼 하염없이 내리는구나. 하수의 어구를 지나 서쪽으로 떠가다 용문을 돌아보니 보이지 않도다. 마음이 끌리어도 아프기만 하고 아득히 멀어 닿을 곳을 모르겠네. 풍파와 흐르는 물을 따를 뿐 의지가지없는 나그네 신세라. 출렁이는 양후신의 큰 파도를 타고 쫓아 날아올라 어디에 머물까? 마음에 맺혀 답답하여 풀리지 않고 생각이 복잡하여 트이지 않도다. 배를 띄워 동정호로 올랐다가 다시 장강으로 내려가네. 조상의 땅을 떠나 이제 덧없이 동쪽으로 왔구나. 아! 넋이라도 돌아가고 싶으니 어찌 잠시라도 잊으리오!"(「애영哀郢」)

공자는 "천하에 도가 있으면 나서고, 도가 없으면 숨는다."고 했다. "써주면 행동하고 버리면 숨는다."고도 했다. 그러나 고대 모사들은 이 경지에 오르기가 아주 어려웠다. 그들은 "천하의 일을 자신의 책임으로 여긴다."는 책임감에서 벗어나기 힘들었다. 이 때문에 굴원과 같은 비극이 탄생했고 천하를 걱정하는 많은 명작들을 남겼다. 북송 때의 범중엄范仲淹은 「악양루기岳陽樓記」에서 자신이 자리에 있을 때도 걱정, 자리에서 물러나서도 걱정이라면서 "먼저 천하의 근심거리를 걱정하고, 천하가 편해진 다음 나도 편해지리라."라는 유명한 글을 남겼다.

위진魏晉 시대의 완적阮籍·계강稽康·유령劉伶 등으로 대표되는 '죽림칠현竹林七賢'은 술에 빠졌다. 『세설신어世說新語』에서는 이런 이들을 두고 "일곱 명이 작당하여 대나무 숲에 모여 마음껏 마시고 노니 세상에서는 이들을 죽림칠현이라 불렀다."고 했다. 그렇다고 이들을 무작정 세상을 기피하는, 소극적 태도로만 일관한 사람들이었다고 평가할 수는 없다. 그들은 어두운 현실정치에 대한 불만과 자신들로서는 어찌할 수 없는 고통스러운 심적 상태를 표현하는 한편, 술을 빌려 이런 고민을 피하려 했던 것이다. 그들은 세상일에 나 몰라라 하면서 사회적 책임감을 완전히 망각했던 것은 아니었다. 사마씨가 '명교名敎'라는 구실을 붙여 정권 찬탈을 포장하려 하고, "효로 천하를 다스린다."는 명분을 표방하여 불효의 죄명을 씌워 조씨 황제를 폐위시키고 죽이려 하자 계강 등은 명교를 지킨다는 명분을 내세워 명교의 실질을 훼손하려는 사마씨의 기만적 행위를 폭로하고 그에 맞서 "명교를 뛰어넘어 자연에 맡기자."는 주장을 내세웠다.

"천하의 일을 자신의 책임으로 여긴다."는 고대 모사의 책임감은 사회가 불안하고 백성들의 생활이 어려울 때도 표출되었다. 조국 산하가 깨지고 민족이 생사존망의 위급한 상황에 처했을 때 모사들은 너 나 할 것 없이 대국적인 관점에서 민족과 백성의 이익을 가장 앞에 내세웠다. 개인의 이해득실과 지난날의 원한을 따지지 않고 산을 나와 자신의 재능을 펼쳤다. 그들은 총명한 재능으로 있는 힘을 다해 위기에 처한 나라와 백성들을 구했다. 사회의 이익과 인류에 보탬이 될 수 있는 행동을 통해 자신들이 내세우는 "천하의 일을 자신들의 책임으로 여긴다."는 인격적 이상을 실현했다.

(3) 남의 모범이 되다

일부 모사들은 완전한 인격을 자신의 독립된 인격의 상징으로 추구했다. 그들은 자신의 재능과 지혜로 세상 사람들을 감복시킬 뿐만 아니라 자신들의 인격도 칭송받길 원했다. 그들은 도덕규범이나 행위준칙 등에서 엄격하게 자신을 통제하여 세상 사람의 모범이 되었다. 전국시대 노중련魯仲連은 뛰어난 모략으로 피 흘리지 않고 조나라의 도성 한단을 포위한 진나라 군대를 철수시켰다. 평원군은 그에게 땅을 주려 했다. 노중련은 세 번이나 사양하며 받지 않았다. 평원군은 술자리를 베풀어 그를 초청했다. 분위기가 무르익자 평원군이 일어나 천금을 주며 노중련을 치하했다. 노중련은 싱긋이 웃으면서 이렇게 말했다.

> "천하호걸이 귀중한 까닭은 타인을 위해 곤란함을 해결하고 재난을 없애주기 때문인데, 분규를 해결하고도 보수 따위를 받지 않기에 더 귀한 것입니다. 보수를 받는다면 장사꾼과 다를 바 없지요. 나, 노중련은 장사치가 될 수 없습니다."

말을 마친 노중련은 평원군에게 인사를 하고 그 자리를 떠났고 다시는 모습을 드러내지 않았다. 제갈량은 죽는 순간까지 온몸이 부서지도록 최선을 다했고, 이런 그의 인격을 두고 세상에서는 "군대를 동원하여 승리하지 못한 채 몸이 먼저 죽으니 영웅들의 눈물에 옷깃이 젖는구나."라며 칭송을 아끼지 않았다. 당 태종 이세민의 모사 방현령은 자신을 알아주는 태종을 만나 몸과 마음을 다 바쳤으며, 위징은 개인의 이해득실을 따지지 않고 죽을 각오로 바른 소리를 했다.

고대 모사는 제왕이나 장상에 몸을 맡길 수밖에 없는 처지였지만 동시에 자신의 독립된 인격을 추구했다. 계급 사회에서 이를 갖추기란 대단히 어려웠고, 이런 경지에 도달한 사람은 지극히 소수였다. 그러나 이런 독립된 인격은 상대적이어서 고대 모사의 이상적 인격일 뿐이었다. 사실상 중국 역사에서 대부분의 모사는 이처럼 모순된 인격적 소용돌이 속에서 헤어나지 못했고, 결국은 비참한 운명을 맞이할 수밖에 없었다.

● 대단히 희귀하고 어려운 요건이었지만 모사의 고매한 인격은 후대의 모범이 되었고, 이 점이야말로 모사의 역사적 지위를 결정하는 중대한 요인으로 작용했다. 노중련은 그럼 점에서 수준 높은 인격을 소유한 모사의 전형으로 꼽힐 만하다.

2) 역대 모사의 비참한 운명

고대 모사는 "자신을 알아주는 사람을 위해 목숨을 바친다."는 것을 행위준칙으로 삼았다. 군주가 자신을 알아주고 제대로 기용하여 모략을 받아들이기만 하면 전력을 다해 달려가 주인을 위해 온 힘을 바친다. 끓는 물이나 활활 타오르는 불속이라도 서슴없이 뛰어든다.

중국 유가 문화 가치관의 교육과 영향으로 모사 형성의 가장 기본적인 규범은 '충忠'이었다. 모사에 대한 모주의 가장 근본적인 요구사항도 바로 '충'이었다. 증자曾子는 "나는 하루에 세 번 나 자신을 되돌아본다. 사람들과 함께 일을 하면서 불충하지는 않았는가?"라고 말했다. 민간에는 "말 한 마리에 안장 둘이 필요 없고, 충신은 두 군주를 섬기지 않는다."라든가 "충신은 두 군왕을 모시지 않으며, 열녀는 두 남자에게 시집가지 않는다."라는 말이 있다. 이 역시 모사는 모주를 배신해서는 안 되며 절대 충성해야 한다는 점을 말하고 있다. 군신관계에서도 "군주는 신하를 예의로 대하고, 신하는 군주를 충성으로 섬긴다."고 했으며, 아울러 '충'을 도덕적 인격규범으로 끌어올렸다. "군주를 섬기는 데 충성스럽지 못한 것은 불효와 같다."는 말은 이런 점을 반영한다.

역사상 밝은 판단력으로 모주를 새롭게 선택하여 섬긴 모사가 없었던 것은 아니지만 전통 유가의 인격 역량은 모사의 독립된 인격을 억누르고 가두어놓음으로써 모사가 '충'이란 관념의 속박에서 벗어나지 못하게 만들었다. 일부 모사들은 심지어 '우매한 충성'에 함몰되어 자신들을 돌보지 못했다. 모주에 대한 모사의 '충성'은 자신의 총명과 재능을 바치는 것으로 나타났을 뿐만 아니라 자신은 물론 자기 가족들의 목숨까지 바치는 것으로도 나타났다. 역사상 이런 사례가 적지 않았다.

『전국책』에 이런 일화가 보인다. 전국시대 신릉군의 문객 후영侯嬴은 주인 신릉군을 위해 위기에 처한 조나라를 구할 수 있는 대책을 바쳤고, 그것도 모자라 자신의 충심을 더 확실하게 표시하기 위해 스스로 목숨까지 끊었다. "군주가 죽으라고 하면 죽지 않을 수 없다."고 하는데 만약 어리석고 못난 군주를 만나면 어떡하자는 것인가? 하릴없이 목숨을 던져 군주의 아무 쓸모 없는 부장품이 되겠다는 말인가? 역사상 많은 모사들이 '충'이라는 한 글자에 얽매여 비극적인 운명을 맞이했다.

모사가 모주에 대해 충성으로 섬기고 몸과 마음을 다해 지혜와 계책을 짜낸다고 하지만 봉건 전제 통치에서 황제는 무한한 권력에 모사의 생사여탈권까지 쥐고 그때그때 기분에 따라 행동하기 일쑤니 그야말로 "호랑이와 함께 사는" 꼴이었다. 일반적으로 말해 모사는 자신의 비참한 운명에서 벗어나지 못했다. "모사는 나라를 다스리기는 하지만 자기 한 몸은 어쩌지 못한다."는 말이 이를 증명하고 있다.

역대 제왕은 천하를 탈취한 뒤 권력과 강산의 장기적 안정을 확보하기 위해 공이 높은 문무대신을 여러 방법으로 제한하고 심지어는 죽이기까지 했다. 송을 개국한 조광윤은 이런 점을 인식하고 석수신石守信 등 개국공신들에게 인생이란 눈 깜짝

할 사이에 지나가는 것이니 부귀영화를 누리면서 편안하게 살다가 죽는 것이 어떻겠
냐고 권유했다. 이른바 "술잔을 돌리며 병권을 내놓게 했다."는 '배주석병권杯酒釋兵權'
은 대단히 너그럽고 이상적인 결말의 사례에 속한다. 하지만 대규모로 공신을 살육
한 사례가 역사에서는 끊임없이 나타났다. 명나라를 개국한 주원장은 승상 호유용
胡惟庸을 제거하기 위해 공신과 관료 등 무려 3만여 명을 끌어들여 죽였다. 주원장의
통치에 조금이라도 불만이 있는 사람들과 연루된 문무관원, 대지주가 멸문지화를
당했다. 그중에는 모사들도 적지 않았으니 그야말로 "적이 사라지면 모사는 죽음을
면키 어렵다."는 말 그대로였다.

월왕 구천句踐이 오나라를 멸망시킨 후 공신들에게 상을 내렸는데 그 자리에 모
사 범려范蠡가 보이지 않았다. 범려는 이름을 숨긴 채 다른 나라로 떠난 뒤였다. 범려
는 떠나기에 앞서 또 다른 모사이자 1등 공신인 문종文種에게 편자를 보내 다음과 같
이 권유했다.

> "날던 새를 다 잡으면 활과 화살은 소용없는 법이요, 사냥하던 토끼가 잡히면 사냥
> 개는 삶아먹는 법이오. 구천은 어려울 때는 우리와 함께할 수 있었지만 지금 권력
> 을 얻었으니 우리의 위세가 자신을 앞지르지 않을까 두려워하고 있소. 그러니 하루
> 빨리 떠나도록 하시오!"

문종은 이 말을 믿으려 하지 않았다. 하지만 마음이 편치 못해 병이 나고 말았
다. 어느 날 구천이 직접 문종을 찾아와 병문안을 하고는 검 한 자루를 남겨놓고 갔
다. 문종이 검을 보니 다름 아닌 오왕 부차夫差가 오자서伍子胥에게 준 그 검이었다.
오자서는 그 검으로 스스로 목숨을 끊지 않았던가! 문종은 범려의 말을 듣지 않은
것을 후회했지만 때는 늦었다. 문종도 오자서와 마찬가지로 그 검으로 자결했다.

군주나 모주가 보기에 모사는 그 재능으로 자신을 도와 천하를 얻게 해줄 수 있는 존재다. 하지만 그 모사가 다른 사람을 도와 자신의 천하를 빼앗지 말라는 법이 있는가? 자신의 강산이 남에게 넘어가는 것을 막는다는 명분으로 많은 군주들이 통치정권을 수립한 뒤 대대적 살육을 단행했고 많은 모사들이 이 불행에서 빠져나오지 못했다. 그래서 군주를 도와 대업을 이룩한 후 범려와 같은 모사들은 용감하게 물러나 몸을 숨겼던 것이다.

서한의 개국공신인 장량은 유방이 천하를 얻자 유방에게 밭과 집을 요구하고는 스스로 향락에 빠짐으로써 군주의 의심에서 벗어났다. 자신의 몸을 지키는 또 다른 모략을 구사한 셈이었다. 조조의 모사 가후賈詡도 여러 차례 기막힌 모략을 구사했지만 자신의 모략 때문에 의심을 사지 않을까 두려워 문을 걸어 잠그고 스스로의 몸을 지켰다.

군주는 모사가 다른 사람을 위해 일하지 않을까 두려워 모사를 죽인다. 그리고 모사의 모략이 자신의 구미에 맞지 않을 때도 모사를 죽이는 경우가 적지 않았다. 이는 군주의 위세를 과시하거나 불안한 심리적 상태가 표출될 때 벌어진다. 모사 양수楊脩에 대한 조조의 경우가 대표적인 사례에 속한다. 조조는 양수를 몹시 미워하여 진작부터 죽이려 했다. 그러다 마침 양수가 조조의 명령도 없이 조조의 심정을 헤아려 군대의 철군을 준비시키자 군심을 멋대로 어지럽혔다는 구실을 달아 양수를 죽였다.

춘추시대 오왕 부차가 제나라를 정벌하려 하자 오자서가 반대하고 나섰다. 부차는 오자서의 만류를 뿌리치고 제나라를 공격하여 승리했다. 문무관원들이 모두 축하를 드리는 자리에서 오자서는 이 승리는 작은 승리에 불과하며 월나라에 대비하지 않으면 큰 재앙이 닥칠 것이라며 들뜬 분위기에 찬물을 끼얹었다. 부차는 화가 머리끝까지 뻗쳐 사람을 시켜 오자서에게 보검을 보냈고 오자서는 자결했다. 그 뒤 오자서의 예언대로 월나라는 오나라를 공격했고, 대패한 부차는 자결을 강요받았다. 죽기에 앞서 부차는 무슨 낯짝으로 오자서를 대하겠냐며 천으로 자신의 얼굴을 가리게 하고 자결했다.

삼국시대 전풍田豊은 관도 전투에 앞서 원소에게 출병하면 안 된다며 강력하게 말렸다. 귀에 거슬리는 충고를 받아들이지 못한 원소는 성이 나서 전풍에게 매질을 했다. 전투 결과는 전풍의 예언대로 원소의 대패로 끝났다. 누군가가 전풍에게 당신의 예상이 신기하게 맞았으니 장차 큰 자리로 승진할 것이라고 말했다. 전풍은 담담한 목소리로 말했다.

"만약 승리했더라면 내 목숨은 보전될 수 있겠지만, 지금 우리 군대가 패했으니 나는 죽은 목숨이다."

회군한 원소는 전풍을 죽였다.

일반적인 제왕장상들이 모략이 맞지 않아 모신들을 마구 죽인 것은 말할 것도 없고, "세 차례나 명령을 내려 유능한 인재를 구했던" 조조도 예외는 아니었다. 『삼국연의』 제40회에 나오는 대목이다. 조조가 손권과 유비를 토벌하기 위해 준비하고 있는데 태중대부 공융孔融이 "유비와 유표는 한 왕실의 종친이라 함부로 토벌해서는 안 되며, 손권은 6개 군에 장강의 험준함을 차지하고 있기 때문에 쉽게 취할 수 없습니다. 승상께서 의미 없는 군대를 일으켰다간 천하의 신망을 잃을까 두렵습니다."라고 말렸다. 조조는 "이자들은 명을 거역한 역신들이니 어찌 토벌하지 않을 수 있단 말인가."라며 성을 내며 야단을 쳐서 공융을 물러가게 한 뒤 "앞으로 다시 이 따위 소리를 지껄이는 자는 목을 베겠다."는 명을 내렸다. 공융은 하늘을 올려다보며 "어질지 못한 자가 어진 자를 토벌하니 어찌 패하지 않으리오."라고 탄식했다. 이때 어사대부 치려郗慮의 가신 하나가 이 말을 듣고 치려에게 일러바쳤다. 공융에게 늘 무시당하고 있던 치려는 바로 조조에게 달려가 다른 일까지 얽어 공융을 해치는 말을 했다.

> "공융은 평소 승상을 업신여깁니다. 게다가 예형禰衡과 어울려 지내면서 공자가 죽지 않았느니 안회가 다시 살아났느니 하며 서로를 칭찬합니다. 지난번 예형이 승상을 욕보인 것도 공융이 시켜서 그런 것입니다."

● 공융은 당대가 알아주는 인재였지만 그 꼬장꼬장한 성품이 결국 조조의 심기를 건드려 전 가족이 몰살당하는 비극을 당했다.

그렇지 않아도 공융을 못마땅하게 생각하던 조조는 벼락같이 화를 내며 공융을 잡아들여 공융의 가산을 몰수하고 가족들까지 모조리 목을 베었다.

중국 명·청 시대의 '문자옥文字獄'은 일종의 사상 통제이자 봉건 통치자가 모사를 마구 죽일 수 있는 구실로, 모사들이 비극적 운명을 맞이하게 된 중요한 빌미가 되었다. 주원장은 한때 중노릇을 하다가 홍건군紅巾軍에 참가한 적이 있는데, 이 전력 때문에 혹시나 다른 사람이 알까 봐 몹시 예민해져 있었다. 보고서를 읽다가도 '적賊'이나 '구寇' 같은 글자가 나오면 유별나게 반감을 드러냈다. 항주杭州의 서기徐夔라는 자가 올린 글 중에 '광천지하光天之下, 천생성인天生聖人, 위세작칙爲世作則'이란 구절이 있었다. 내용으로 보자면 "하늘이 성인을 내렸으니 세상의 원칙이로구나."라는 것으로 말 그대로 찬양 일변도였다. 그런데도 주원장은 그를 잡아죽였다. 문장의 '光'은 머리를 깎은 까까중머리를 뜻하고, '生'은 중을 뜻하는 '僧'과 발음이 비슷하고, '則'은 도적

'賊'과 발음이 비슷하다는 이유였다. 이런 경우가 수도 없이 많았다.

청나라 전기의 강희康熙, 옹정雍正, 건륭乾隆에 이르는 100여 년 동안에도 '문자옥'이 수도 없이 일어나 많은 사람이 죽었다. 문자로 기록된 모든 저술에 대해 청의 통치자들은 군주의 권한을 건드리거나 자신의 통치에 방해가 된다고 생각하면 바로 이단이니 반역이니 해서 대대적으로 공안 사건을 조작했다. 강희 2년(1663)에 일어난 장莊씨의 『명사明史』 사건이 대표적이었다.

절강성 호주湖州의 부유한 상인 장정농莊廷鑨은 사람을 구해 명나라 역사를 편찬하게 했다. 명나라 말기의 천계天啓와 숭정제崇禎帝 시기에 있었던 건주위建州衛와 명의 관계 등과 같은 역사를 사실대로 기록했다. 이를 본 강희제는 청에 반대하려는 뜻이 있다고 우겨서 장씨의 전 가족과 이 책에 관여한 70여 명에 이르는 사람을 처형하고 관련자 수백 명은 변방으로 보내 군에 복무하게 했다. 당시 장정농은 벌써 죽고 없었는데, 굳이 관을 파내 시체를 토막 냈다.

이런 경우도 있었다. 1726년 강서성 시험관으로 있던 사사정査嗣庭이 출제한 시험 문제 중에 '유민소지維民所止'라는 구절이 있었다. 청 정부는 '維'와 '止' 두 글자가 옹정제雍正帝의 '雍正' 두 글자를 뜻한다고 해석해서 사사정을 옥에 가두었다. 사사정이 옥에서 죽자 그 시체까지 토막을 냈다. 가족들은 죽거나 변방으로 쫓겨났다.

문자옥은 모사들에게는 심각한 족쇄였다. 한 글자, 한마디 때문에 죄를 뒤집어쓰는 것은 물론 수많은 사람을 끌어들여 피해를 주었으니 이 얼마나 비참한 일인가.

모사의 모략활동은 두 가지 결과를 가져다준다. 하나는 아침까지 밭 갈며 살다가 저녁에 천자가 사는 궁궐로 들어가 높은 관작과 많은 녹봉을 얻어 집안과 조상을 빛내는 경우다. 다른 하나는 자기 한 몸은 물론 9족까지 죽음으로 내모는 결과다. 이것이 고대 중국의 모사들이 벗어나지 못했던 비극적 운명이었다.

제5장
동방 모략의 원조

『서유기西遊記』와 함께 중국 환타지 소설을 대표하는 명나라 사람 허중림許仲琳의 『봉신연의封神演義』에 서문을 쓴 청나라 사람 저인획褚人獲은 그 처음을 다음과 같이 시작하고 있다.

맹자는 이렇게 말했다. "태공은 은 왕조의 주 임금을 피해 동해 가에 머물고, 백이도 주를 피해 북해 가에 머물렀다." 이들은 왜 주를 피했을까? 주의 포악무도함을 피한 것이다. 문왕이 노인을 우대한다는 이야기를 듣고 백이와 숙제 두 늙은이는 함께 주나라에 귀순했다. 문왕은 태공을 수레 뒤에 태우고 스승으로 모셨다. 문왕이 죽자 무왕도 똑같이 대접했다. 태공은 주공과 함께 천하를 다스렸는데, 주공은 문으로 태공은 무로 다스렸다. 상 왕조[9]의 주 임금이 날이 갈수록 음탕해졌다.

---

9   중국 역사상 두 번째 왕조로 기록되어 있는 상商 왕조에 대한 호칭은 학계에서도 확실하게 통일되지 않고 있다. 사

망국의 요괴인 달기妲己를 총애하고 포락炮烙이라는 잔인한 형벌을 만들어 바른말을 하는 신하들을 죽였다. 술을 가득 채운 연못과 고기를 잔뜩 매단 숲을 만들어 재물을 낭비하고, 자신이 만든 녹대鹿臺에다가는 금은보화를 잔뜩 긁어모아놓고 백성들의 삶은 아랑곳하지 않으니 거의 모두 죽을 지경이었다. 이에 태공은 무왕을 도와 주 임금을 토벌하고 물과 불에 빠진 백성들을 구했다. 주 임금의 군대는 무려 72만이었으니 숫자도 많고 강력했다. 태공이 용맹스럽게 정벌에 나서니 주 임금의 군대는 너 나 할 것 없이 창끝을 반대로 돌렸다. 상(은) 왕조 주 임금은 스스로를 불태워 죽고, 달기의 목은 깃대에 꽂혔다. 비렴飛廉이나 오래惡來 같은 무리들은 주공이 몰아내 죽였다. 태공의 공적이 어찌 빛나지 않으리! 무왕은 천하를 평정하고 1,800여 나라를 분봉하니 맨 먼저 태공을 제나라에, 주공을 노나라에 봉했다."

신화소설의 묘사라서 역사 연구의 증거로 삼을 수는 없지만, 요령 있게 잘 정리가 되어 있기 때문에 굳이 이러저러한 역사적 상황을 소개할 필요 없이 당시 역사를 개괄적으로 이해할 수는 있을 것 같다.

상 왕조와 주 왕조가 교체되는 시기는 계급 간의 모순이 날카롭게 대립하던 때였다. 상의 통치자들은 갈수록 그 힘을 잃어갔다. 게다가 최고 통치자 주 임금의 황음무도함으로 내부 분열은 더욱 격화되었다. 기자箕子·미자微子·비간比干 등과 같은 어질고 바른 신하들이 있긴 했지만 주 임금은 이들을 기용하기는커녕 비중費仲·오래 등과 같은 소인배들을 더 믿었다. 『사기』의 기록도 대체로 비슷한데 주 임금이 대단히 총명하고 힘도 센 남다른 능력의 소유자였음을 특별히 기록하고 있다. 또 남의 충고

마천의 『사기』에는 「은본기」가 있어 오랫동안 은殷이라 불렀으나 최초의 도읍이 상이었기 때문에 상으로도 써왔다. 은은 마지막 도읍지의 이름이다. 그래서 은상 또는 상은으로도 부른다. 이 책에도 상·은·상은·은상이 혼용되고 있지만 모두 같은 왕조를 가리킨다. 역자는 대체로 상으로 옮겼다.

를 물리치고 자신이 잘못을 꾸밀 정도의 언변도 갖추고 있었다.

이렇듯 기록들은 주 임금의 타고난 총명함을 충분히 보여주고 있다. 하지만 주 임금은 재주만 믿고 교만에 빠져 자기 멋대로 행동했다. 신하들과 협조하여 나라를 위해 있는 힘을 다하지 않고 먹고 마시고 노는 데만 정신이 팔렸다. 그 음탕하고 사치스러운 생활에 신하들과 인민들은 분노했다. 그러나 상나라는 벌써 600년 넘게 나라를 다스려왔다. 속된 말로 "발이 100개 달린 벌레는 죽어도 시체가 되지 않는다."고나 할까? 상 왕조의 통치를 뒤엎기란 결코 쉬운 일이 아니었다. 상 왕조에서 주 왕조로 통치권이 넘어가는 과정을 잘 살펴보면 지혜와 용기가 담긴 당시 인류의 수준 높은 모략을 충분히 확인할 수 있다.

주 왕조 통치계급의 성은 희姬, 신농神農과 후직后稷의 자손으로 전한다. 물산이 풍부한 위수渭水 유역에서 농사를 지으며 살았다. 고공古公-왕계王季-문왕文王으로 이어지는 3대 동안에 부근의 부족들을 잇달아 정복하여 경계를 넓혔다. 서쪽으로 밀密(지금의 감숙성 영대현), 동북으로는 려黎(지금의 산서성 여성현), 동으로는 한邗(지금의 하남성 심양현)에까지 영역이 미쳐 상 왕조의 도읍 조가朝歌(지금의 하남성 기현)를 압박하는 형세를 만들어냈다. "천하의 2/3가 주나라로 돌아갔다."는 말이 이런 상황을 설명한다. 이 기초 위에서 주 왕조는 단숨에 상 왕조를 뒤엎었던 것이다.

주 왕조가 발전을 꾀하면서부터 천하를 탈취하기까지, 그리고 다시 정권을 다지기까지 정략과 전략 등 여러 방면에서 특별한 공을 세운 인물이 넷 있었다. 문왕, 무왕, 강태공姜太公, 주공周公 단旦이 그들이었다.

문왕은 계력의 아들로 이름이 희창姬昌이었다. 일찍이 상 왕조의 마지막 왕인 주 임금으로부터 서백西伯에 봉해졌다. 무왕은 이름이 희발姬發이고 문왕의 아들이자 주 왕조의 개국 군주였다. 이 두 왕은 웅대한 지략을 갖추었고 권모술수에도 능숙했다. 사람을 잘 기용했고 통제술에도 뛰어났다. 그 품은 뜻은 깊은 계곡 같았고, 유능한 인사를 깍듯한 예로 대우할 줄도 알았다.

강태공은 앞에서도 보았듯이 여상呂尙·여아呂牙·강자아姜子牙·태공망太公望 등 여러 이름으로 불린다. 『사기』「제태공세가」에서는 그를 동해東海 사람이라 했는데, 하남성 급현汲縣 사람으로 보는 기록도 있다. 『초주고사고譙周古史考』라는 책에는 "여상은 (상의 수도인) 조가에서 소를 잡아 맹진孟津에다 팔았다."는 기록이 보인다. 『손자병법』(「용간用間」)에는 "주나라가 흥기할 때 여아(강태공)는 은에 있었다. 이치에 밝은 명군과 뛰어난 장수만이 지략이 뛰어난 인재를 첩자로 활용하여 대업을 이룰 수 있다."고 했다. 『사기』(「제태공세가」)는 보다 구체적으로 이렇게 기록하고 있다.

서백 창은 유리에서 벗어나 돌아와서는 여상과 은밀하게 모의하여 덕을 닦아 상 정권을 쓰러뜨렸으니, 그 일에 용병술과 기이한 계책이 많이 쓰였다. 그래서 후세에 '용병'과 '주의 은밀한 권모'하면 태공을 원조로 받들었다.

태공이 주 왕실에 남긴 공헌이 어느 정도였는지 넉넉하게 짐작할 수 있다. 태공은 인류 모략의 보물창고에도 적지 않은 공헌을 보탰다.

주공 단은 무왕의 동생으로, 무왕이 나라를 열 때 여러 방면에서 그의 힘을 빌렸다. 무왕이 세상을 떠나고 어린 조카 성왕成王이 뒤를 이을 무렵 주 왕조의 통치 세력은 아직 뿌리를 내리지 못하고 있었다. 주공은 성왕을 대신해 7년 동안 섭정하면서 반란을 평정하고 동서로 영역을 넓혔다. 여기에 주 왕실을 운영하는 데 필요한 각종 전장제도까지 만들어냈다. 주공은 중국 고대사에서 공자와 함께 나란히 추앙을 받고 있다. 전하기로는 공자가 평생 가장 존경한 인물이 바로 주공이었다고 한다. 공자는 만년에 자신의 꿈에 주공이 보이지 않는다며 한탄까지 했다.

이상 네 사람은 모략이란 측면에서 각자 다른 특징으로 공헌을 남겼다. 문왕은 사람을 조종하는 통제모략에서 뛰어났고, 유능한 인재를 최고의 예로 발탁하기도 했다. 강가에서 낚시하고 있는 강태공이란 늙은이를 자신의 몸을 굽혀가며 맞아들인 사실은 이러한 문왕의 장점을 단적으로 보여주는 예다. 강태공은 문무를 겸비한 인물로 군대를 이끌고 작전하는 데 장점을 보였다. 이들 네 사람은 정권을 탈취하여 나라를 안정시키는 데 상호보완 작용을 하며 효과적으로 일을 성사시켰다. 주 왕조 800년의 튼튼한 기초를 놓은 셈이었다. 모략이란 측면에서 이들이 남긴 걸출한 공헌은 전체적으로 보아 다음 몇 가지 방면으로 요약할 수 있다.

1. 도회대기韜晦待機: 드러내지 않고 기회를 기다리다

주의 위세와 명망이 갈수록 높아지고 세력이 강해지면서 제후들이 서백 희창(문왕)에게 쏠리자 상의 주 임금은 신경이 쓰이지 않을 수 없었다. 주 임금은 구실을 달아 서백을 유리羑里(지금의 하남성 탕음현湯陰縣 북쪽)에 가두어버렸다. 주나라의 대신들은 주 임금이 음탕하고 주색을 밝히며 여자의 말을 잘 듣는 따위의 약점에 맞추어 미녀를 두루 선발하여 바침으로써 주 임금이 허구한 날 술과 여자에만 빠져 조정 일을 내팽개치도록 했다. 그러면서 주 임금의 측근 신하들을 구슬려 문왕을 석방하도록 했다. 이런 역경 속에서도 문왕은 냉정하게 사태를 파악했다. 상의 군사력과 경제력 등이 여전히 자신보다 강하다는 현실을 인정하고 무력으로 상을 뒤엎기에는 시기가 성숙되지 않았다고 판단했다.

문왕은 하루라도 빨리 상을 없애고 중원의 주인이 되기 위한 계책을 여상(강태공)에게 물었다. 여상은 "독수리가 사냥감을 공격할 때는 날개를 움츠리고, 맹수가 먹이를 잡으려 할 때는 귀를 당기고 몸을 웅크립니다. 이처럼 성인이 움직이려 할 때는 반드시 어리석은 기색을 보여야 합니다."라고 대답했다. 이 모략의 핵심은 유리한 기회가 올 때까지 기다렸다가 중요한 순간 단숨에 공격하는 데 있다.

문왕은 여상의 모략을 완전히 받아들여 자기 뜻대로 운용했다. 주 임금에 대해서는 아주 공손한 태도로 무슨 일이든 명령대로 복종했으며, 서부의 제후들을 이끌고 주 임금을 찾아 많은 예물과 인사를 드렸다. 주 임금이 만든 '포락炮烙'이라는 가혹한 형벌에 대해서는 문왕과 제후들이 모두 못마땅해하고 있었는데, 문왕은 이에 대해 주 임금 앞에서 낙서洛西 지역의 땅을 내놓으면서 이를 조건으로 포락형을 없애달라고 요청함으로써 목적을 달성함과 동시에 민심을 크게 얻었다.

문왕의 이런 행동으로 인해 주 임금은 문왕에 대한 경계심을 늦추었다. 주 임금의 눈과 귀를 보다 확실하게 가리기 위해 문왕은 대대적인 여론 조작을 통해 자신에게는 큰 뜻이 없음을 알렸다. 주 임금은 더욱 마음을 놓았고, 동이東夷 정벌 쪽으로만 힘을 집중했다. 그리고 활과 화살, 큰 도끼를 내려 정벌권까지 줌으로써 서쪽 지역의 일을 문왕에게 위임했다.

드러내지 않고 자신을 숨기는 모략으로 문왕은 주 임금의 경계를 늦추었다. 이로써 문왕은 보다 큰 권력과 더 높은 지위를 얻었다, 또 한편으로 문왕은 역량을 비축하여 전쟁 준비를 위한 시간을 벌었다. 강상과 주 문왕의 이런 모략은 『육도』에 아주 잘 묘사되어 있다. 『육도』가 강상이 직접 편찬한 것이 아니라 후세인들의 손을 거친 것이긴 하지만 주요한 성분으로 볼 때 강상을 필두로 한 서주 시기 모략 실천의 종합이자 정수라는 점은 의심할 필요가 없을 것 같다. 『육도』의 한 대목을 보자.

문왕: 무력을 쓰지 않고 적을 정벌하는 방법에는 어떤 것이 있소?
강상: 대개 열두 가지 중요한 방법이 있습니다.

하나, 적이 특별히 좋아하는 것을 알아 그것에 맞춥니다. 그러면 적은 마음이 점차 교만해지고, 자연히 그 신변에 불길한 일들이 생기기 마련입니다. 적의 성향을 이용하는 것이 적을 제거할 수 있는 지름길이 됩니다.

둘, 적의 군주가 총애하는 측근에게 접근하여 친분을 가지면서 측근의 권위가 군주와 어깨를 나란히 할 수 있도록 공작을 벌입니다. 그 측근이 두마음을 가지게 되면 적국은 쇠퇴할 것입니다. 그리고 그 조정에 충신이 없다면 그 나라는 틀림없이 위태로워집니다.

셋, 비밀리에 적국 왕의 측근에게 후한 뇌물을 써서 우리에게 관심을 돌리게 합니다. 몸은 그곳에 있으나 마음은 우리에게로 기울어진다면 그 나라에는 재앙이 생길 것이 틀림없습니다.

넷, 적국 군주가 음란한 즐거움에 빠지도록 부추겨 마음이 더욱 풀어지고 늘어지게 만들고, 많은 금은보화로 환심을 사며, 미인을 신변에 보내 쾌락에 빠지게 합니다. 그리고 말을 낮추어 겸손한 태도를 취하면서 그의 말에 귀를 기울입니다. 명령에 순종하면서 그 뜻에 맞춥니다. 그러면 그의 사악한 행위가 한결 더 드러나서 싸우지 않아도 절로 멸망을 기다려야 하는 운명이 될 것입니다.

다섯, 적국의 충신에 대해서는 극진한 예의를 갖추어 융숭하게 접대해야 합니다. 적국 군주에게 보내는 예물은 일부러 약소하게 해서 중간에 충신이 가로챈 것처럼 의심을 품도록 하여 군신 사이를 갈라놓습니다. 적국의 사신이 왔을 때는 사신을 오래 머물게 하여 그들의 요구가 받아들여지지 않을 것처럼 보이게 합니다. 그러면 적국의 군주는 사신을 믿지 않고 다른 사람을 보낼 것입니다. 새로 온 사신에 대해서는 거짓으로 정성과 믿음을 다해 대하면 적국의 군주는 이 사신을 더욱 신뢰하게 되고, 전에 보낸 사신은 의심하여 멀리하게 될 것입니다. 적국의 충신을 후하게 대하면서 모략을 구사하는 것, 이것이 지혜로 적을 공격하는 것입니다.

여섯, 적국 조정의 신하들을 매수하고, 군신 사이를 이간질하는 것입니다. 재능 있는 신하는 외부에서 지원하여 그 신하로 하여금 적국의 내부를 무너뜨리게 만듭니다. 이렇게 해서 망하지 않는 나라는 거의 없습니다.

일곱, 군주의 마음을 사로잡으려면 후한 뇌물이 꼭 필요합니다. 그리고 측근 충신들의 마음을 매수해서 우리 쪽으로 기울어지게 하는 것입니다. 여기에 신하들에게 이익을 암시하여 각종 사업에 힘쓰게 함으로써 적국의 경제를 파탄으로 몹니다.

여덟, 적의 군주에게 우리의 귀중한 보물을 뇌물로 주는 것입니다. 이렇게 해서 그와 더욱 가까워지고, 공동으로 영리를 꾀하여 상대가 이익을 얻게 된다면 상대는 우리를 더욱 신뢰하고 더욱 가까운 관계를 맺게 됩니다. 이런 일이 되풀이되면 우리가 틀림없이 저들을 이용할 수 있습니다. 한 나라의 군주가 외국에 이용당하는 상황에 놓이면 그 나라의 패배는 보나 마나입니다.

아홉, 적의 군주에게 제왕과 같은 명분뿐인 이름을 주어 높이고 그 마음을 편안하게 만듭니다. 또 그를 강력한 세력이라고 추켜세우고, 순종하는 태도를 취하면 틀림없이 자기 자신을 과신하고 기고만장할 것입니다. 거기에 빈 명예를 더 얹어주며 성인의 덕을 가졌다고 추켜세우면 그 나라는 갈수록 게을러지고 점차 쇠퇴할 것입니다.

열, 몸을 낮추어 적국의 군주를 받들면 상대는 이를 믿게 되고, 따라서 그의 마음을 살 수 있습니다. 그의 뜻에 따라 일을 처리하고, 마치 그와 생사를 같이할 것처럼 보이는 겁니다. 그의 신임을 잔뜩 얻은 다음 은밀히 적을 공략할 모략을 진행시킵니다. 시기가 무르익으면 하늘이 적을 멸망시키기라도 하는 것처럼 절로 무너집니다.

열하나, 적의 군주를 묶어두어 그 총명함을 틀어막는 방법입니다. 남의 밑에서 신하 노릇을 하는 자는 누구나 부귀에 마음이 약해지기 마련이며, 위험이나 허물이

자기에게 돌아오는 것을 꺼립니다. 그런 약점을 이용해서 은근히 존경한다는 뜻을 보이고, 남모르게 귀한 보물들을 보내 뛰어난 인물들을 매수합니다. 그리고 우리가 아주 궁핍한 것처럼 보이면서 비밀리에 지략이 뛰어난 인사들을 적국 조정에 투입하여 모략을 진행시키는 한편, 용사들을 적국으로 들여보내 우리의 국력을 경멸하는 분위기를 조장합니다. 적의 뛰어난 인물들이 부유해지고 이익을 거두게 되면 반드시 우리 쪽에 가담하여 내통하게 될 것이며, 이는 적의 내부에 우리 편이 생긴 것입니다. 이것이 바로 적국 군주의 총명함을 가리는 방법입니다. 한 나라의 군주가 적국에 놀아난다면 어떻게 안전을 보장할 수 있겠습니까?

열둘, 적국을 어지럽히는 난신을 길러 그 군주를 어둡게 만들고, 미인과 음탕한 음악 따위를 바쳐서 그 군주를 현혹하게 만들며, 좋은 개와 말을 보내 놀이나 사냥에 열중하도록 만듭니다. 때로는 그의 강력한 힘에 꼼짝도 못 하는 것 같은 태도를 보여서 그들의 타성과 자만심을 조장하고, 형세를 잘 살펴서 천하 사람들과 함께 계획을 추진해나가는 것입니다.

이상 열두 가지 방법이 완전히 갖추어져야만 비로소 무력을 동원할 수 있습니다. 즉, 위로는 때를 살피고 아래로는 주변 상황을 살펴서 적국에 패망의 징조가 나타난 다음에야 비로소 정벌군을 일으키는 것입니다. (「문도文韜·문벌文伐」)

이상 열두 가지에 이르는 '도회술'은 서주 초기의 모략이 벌써 상당한 수준에 올랐음을 잘 보여준다. 후대에 나타난 뛰어난 모략들의 역사적 흔적을 여기서 찾을 수 있다. 즉, 역대 모략의 계승과 발전의 맥락을 확인할 수 있다. 자신의 장점을 은밀히 숨기는 이런 도회의 모략으로 서주는 조용한 가운데 힘을 키웠고, 적대적인 쌍방의 역량에 근본적인 변화가 발생하여 "천하의 2/3가 주나라에게로 쏠리는" 결과로 나타났다. 상의 주 임금은 동이 정벌에 국력을 소모했고, 주나라는 싸우기도 전에 승리하는 전략 의도를 달성했다.

2. 은위병시恩威幷施: 은혜와 위엄을 함께 구사하다

역사 기록에는 문왕이 유리성에서 풀려난 뒤 주 임금에게 땅을 바치는 등 성의와 충성을 표하는 한편 덕을 닦고 선행을 베풀어 국내를 안정시키고 제후들을 끌어들여 대외 확장에 나섰다고 한다.

내부적으로 주 문왕은 은혜를 널리 베푸는 애민愛民을 기본 정책으로 펼쳤다. 어진 마음으로 뜻있는 인재를 존중하고 노약자를 보호하며, 음주와 사냥을 금지하고 근검절약을 실천하여 백성과 농가를 부유하게 했다. 문왕 자신이 솔선수범했다. 몸소 힘들게 일하고 백성들의 상황을 직접 살폈다. 이런 '애민' 사상은 『육도』 곳곳에서 찾아볼 수 있다. 「문도·문사文師」 편의 대목이다.

문왕: 어떻게 민심을 얻어야 천하가 내게 돌아오겠소?

태공: 천하는 군주 혼자만의 천하가 아니고, 이 천하에서 삶을 누리고 있는 만백성의 천하입니다. 군주가 천하의 이익을 백성들과 함께 나누고자 하는 마음을 가지면 틀림없이 천하를 얻을 수 있습니다. 반대로 천하의 이익을 혼자 차지하려고 하면 천하를 잃게 됩니다. 하늘에는 천시가 있고 땅에는 재물이 있습니다. 조금도 사심 없이 하늘의 천시와 땅의 재물을 사람들과 함께 나누어 가지고자 하는 것은 어질다고 합니다. 이런 인덕이 있는 곳으로 천하 사람들이 따르게 마련입니다.

또 「무도武韜·순계順啓」와 「무도·발계發啓」 편에 보면 태공의 다음과 같은 견해가 나온다.

"그러므로 천하의 백성들을 이롭게 하려는 자에게는 천하 사람이 길을 열어주고, 천하의 백성을 해롭게 하려는 자에게는 천하 사람이 그 길을 막습니다. 천하의 백성을 살리고 키우려는 자에게는 천하 사람이 그 덕을 찬양하고, 천하의 백성을 해치고 죽이려는 자는 천하 사람이 도적으로 여깁니다. 천하의 백성을 이해하고 그들의 생업을 안정시키려는 자에게는 천하 사람이 그 의지를 관철할 수 있도록 힘쓰며, 천하의 백성을 궁지로 몰아넣으려는 자는 천하 사람을 원수처럼 여깁니다. 천하를 평화롭게 다스리려는 자는 천하 사람이 이를 믿고, 천하를 위태롭게 하려는 자는 천하 사람이 이를 재앙으로 여겨 멀리합니다. 천하는 결코 한 사람의 사유물이 아닙니다. 오로지 성스러운 덕을 가진 군주만이 그 자리에서 다스릴 수 있습니다."

"천하는 군주 한 사람의 사유물이 아니라 천하 사람의 천하입니다. 특정인에게 속한 것이 아닙니다. 천하를 차지하려는 것은 마치 들짐승을 쫓는 것과 같아서 모두들 짐승을 잡은 뒤 고기를 나누는 일에 참여하기를 바랍니다. 또 마치 작은 배를 타고 강을 건너는 것과 같아서 무사히 건너면 이익을 다 같이 차지하고 못 건너면 그 해를 다 함께 받게 되는 것입니다."

이런 기록들은 하나같이 강태공의 모략을 잘 보여준다. 문왕의 이익과 천하 사람의 이익을 일체로 보아, 영예도 함께 피해도 함께 해야 한다는 뜻이다. 이렇게 해서 문왕은 자연스럽게 천하 이익의 대표자가 될 수 있고 그 호소력은 상상을 초월할 정도로 엄청났다. 백성을 근본으로 하여 어진 정치에 힘을 씀으로써 자연스럽게 민심

● 주 문왕의 모략은 강태공의 조언에 힘입은 바 컸지만 그 스스로가 책략들을 상황에 맞게 조정하고 변형시켜 적용함으로써 큰 효과를 거두었다. 주나라 건국의 기초는 문왕이 대부분 다 놓았다.

을 얻고 한마음 한뜻이 될 수 있었다.

외부적으로 주 문왕은 제후국들을 끌어들이고 나누고 때로는 무력으로 정복하는 방법들을 번갈아 효율적으로 운용했다. 이때 문왕은 본국의 이익을 최고 기준으로 삼아 대책을 수립했다. 예를 들어 북방의 견융犬戎(지금의 섬서성 봉상현)과 밀수(지금의 감숙성 영대현)에 대해서는 군사를 동원하여 단숨에 섬멸함으로써 후방의 걱정거리를 해소했다. 동방에 대해서는 무력으로 합병하는 방법을 주로 구사했다. 숭崇(지금의 섬서성 호현鄠縣), 기耆(지금의 산서성 여성현), 한邗(지금의 하남성 심양현) 등 중요한 지점은 공격해서 합병했다. 남방은 지세가 험하고 기후가 나빠 무력 정벌이 쉽지 않았다. 그래서 문왕은 정치적 수완을 발휘했다. 예를 들어 죽웅鬻熊을 형만荊蠻 지역으로 초빙하여 정중하게 모심으로써 남방의 형만·파촉 지역의 민심을 얻었다. 이런 명성을 듣고 귀순해 온 태전太顚·굉요閎天·산의생散宜生·신갑辛甲 등과 같은 씨족 추장들을 중용했다. 『죽서기년竹書紀年』에 따르면 문왕은 유리성에서 풀려난 지 얼마 되지 않아 위수 가에서 강상을 얻었다. 따라서 이 당시 문왕의 행동은 모두 강상의 계획에 따른 것이라 할 수 있다.

확장 정책을 전반적으로 검토해보면, 정치와 군사를 연계한 고차원의 정책이라 할 수 있다. 정치적 모략으로 각지의 제후들을 연결하고, 남방의 각 민족들은 회유했다. 군사력으로 후방을 안정시켜놓고 전략 요충지들을 차지하여 하남과 산서로 나가는 동쪽 출로를 통제함으로써 은을 포위하는 형세를 만들어냈다.

은혜와 위엄(무력)을 동시에 구사하는 이 책략으로 주 문왕은 내부를 안정시키고 대외적으로 세력 범위를 갈수록 확장시켰다. 문왕이 세상을 떠나기 전에 주는 섬서성 중부와 남부, 감숙성 남부, 산서성 남부 및 하남성 중부를 통제함과 동시에 강한江漢 지구의 형초荊楚와 파촉巴蜀 지역까지 이르렀다. 주를 추종하는 제후국들이 증가했음은 말할 것도 없었다. 천하의 2/3가 주를 섬겼다는 공자의 말은 바로 이 사실을 가리키는 것이었다.

3. 선모후사先謀後事: 먼저 꾀한 다음 일을 이루다

주나라는 아주 작은 소국에서 출발하여 나라를 세운 지 600년이 넘은 상을 무너뜨렸다. 그 성공의 가장 큰 비결은 무력으로 싸우지 않고 이기는 '문벌文伐'을 강조했다는 것이다. 『육도』 「문도」에 제시된 12편의 내용이 이를 충분히 입증하고 있다. 문벌을 운용할 때 보여준 가장 큰 특징의 하나는 지혜로운 모략으로 적을 극복하는 것을 중시한 반면 군대를 동원한 무력 공격은 가능한 한 피했다는 사실이다. 이는 대개 『손자병법』에서 "백 번 부딪쳐 백 번 이기는 것은 최상의 용병법이 아니다. 싸우지 않고 적을 굴복시키는 것이 최상이다."라고 한 것이나 "용병을 잘하는 자는 적의 군대를 굴복시키되 직접 부딪쳐 싸우지 않는다. 적의 성을 빼앗되 직접 공격하지 않으며, 적국을 정복하되 오래 끄는 방법을 쓰지 않으며, 반드시 적을 온전히 보존한 채 이기는 방법으로 천하의 권세를 다툰다. 이런 군대는 무뎌지지 않고도 이익을 제대로 챙긴다. 이것이 바로 모공謀攻, 즉 계략으로 적을 공격하는 법이다."(이상 「모공」) 등과 같은 모략사상의 중요한 근원이 되고 있다. 강상의 '문벌'이 보여주는 또 하나의 뚜렷한 특징은 "먼저 모략을 구사한 다음 일을 벌이는" '선모후사先謀後事'에서 찾을 수 있다.

주 무왕이 맹진孟津에서 제후들을 집합시켰는데, 약속도 없이 800여 제후가 모였다. 그로부터 2년 뒤인 기원전 1122년, 주 임금은 포악무도함이 도를 넘어서 비간을 죽이고 기자를 감금했다. 미자는 주나라로 도망쳐 왔다. 무왕은 태공에게 "어진 사람과 유능한 사람이 잇달아 해를 당하고 있으니 이제 상을 정벌해도 되겠소?"라고 물었다. 태공은 먼저 모략으로 구사한 다음 일을 꾀하는 사람이 승리하는 법이고 때는 얻기는 어렵지만 잃기는 쉽다고 하며 무왕을 만류했다. 태공은 주 문왕과 무왕을 위한 원대한 책략을 세우고 있었기 때문에 이렇게 말했던 것이다.

주나라는 천하의 2/3를 차지하는 역량을 갖추고도 상을 공개적으로 토벌하지 않고 한 단계 더 나아가 모략을 구사하여 형세를 더욱 자기에게 유리한 방향으로 돌리는 데 신경을 썼다. 그 구체적인 방법을 보면 이렇다. 첫째, 매수라는 수단으로 상 조정 내부의 단결을 깨고 부패를 촉진하여 그 세력을 약화시켰다. 둘째, 상과 하夏의 관계를 갈라놓았다. 여러 방법으로 중원의 하족이 상에 등을 돌리고 주 쪽으로 오게 선동함으로써 상을 계속 고립시켜나갔다. 셋째, 멀리 변경에 분포한 민족들의 지지와 옹호를 얻어 상에 반대하는 세력을 확대해나갔다.

치밀한 모략은 종합적인 효과를 얻기 마련이다. 상의 주 임금이 상황을 깨닫지 못한 채 여전히 주색에서 헤어나지 못하고 있는 동안 상의 친족과 신하들이 속속 주나라로 발을 돌렸다. 중원의 여러 하족들도 상을 떠났고, 일부 강족羌族과 만족蠻族들도 무왕에게로 귀순했다. 상은 오갈 데 없는 고립무원의 처지에 빠졌다. 이런 상황에서도 무왕은 강상의 건의에 따라 '선모후사'의 모략을 구사했다. 먼저 "백성을 구하고 죄를 벌한다."는 정의의 기치를 치켜들고 천하에 주 임금의 죄상을 공개하면서 "하늘로부터 버림을 받고, 백성들은 한을 품었다. 그 해독이 사해에 미치고 있다."고 꾸짖었다. 주 임금의 이런 죄상은 지나가는 사람도 다 알 정도로 천하에 드러났다면서 자신은 하늘의 뜻을 받들어 죄를 묻는다고 선전했다. 출병의 명분을 쌓은 것이다.

이어 중원 제후들에게 맹진에서 집결하자고 호소하는 한편 병력을 집결하여 치밀한 준비를 거친 다음 정벌에 나섰다. 병력 집중, 포진, 소수민족과의 연계, 출병 노선, 결전지로서 목야牧野 지역 선택 등등이 모두 주도면밀한 계획 아래 결정되었다. 그 결과 전차 300승, 돌격대 3,000명, 보병 4만5천의 열세 병력으로 70만 대군을 자랑하는 상을 단번에 무찌를 수 있었다. 주 임금은 녹대로 달아나 스스로 몸에 불을 질러 자결했다.

주나라가 구사한 '선모후사'의 모략은 『손자병법』에서 말하는 "계획이 치밀하면 승리하고 그렇지 못하면 이길 수 없다."는 사상보다 무려 700년 넘게 앞선다. 문장에 약간의 변동은 있었겠지만 그 모략의 역사적 지위는 결코 흔들릴 수 없다.

4. 불수일술不守一術: 한 가지 수에 매이지 않다

군사모략의 시조는 대부분의 사람이 『손자병법』으로 알고 있다. 물론 가장 전면적이고 계통적이며 심오한 군사모략의 논술로서 『손자병법』의 위치는 확고부동하다. 그러나 군사모략의 진수를 가장 먼저 파악한 사람이라면 역시 강상이 맨 앞자리에 서야 할 것이다.

모략의 변용이나 속임수 또는 임기응변을 강조하는 '권변權變'과 '궤도詭道' 등과 같은 이론은 군사모략의 요지에 속한다. 이 사상은 강상이 군대를 움직일 당시 이미 운용되었다. 무왕이 주 임금을 정벌한 맹진 전투의 경우 강상이 군대를 지휘했다는 상세한 기록은 없지만 무왕의 병력이 열세였던 것만은 확실하다. 열세인 군대로 우세한 적을 물리칠 경우 기묘한 작전이나 모략 없이 그저 불변의 용병술만을 구사해서는 단 한 번의 싸움으로 승리를 거둘 수 없다.

일부 역사학자들은 서주 시대 주나라는 '예禮'로 천하를 다스렸고, 군사가들은 '어질고 의로운 군대'라는 논리를 앞세워 "줄을 지어 북을 울리며 전진하는" 정도正道를 주장했다고 보았다. 미처 전열을 가다듬지 못한 적은 공격하지 않으며, 패하여 도망치는 궁지에 빠진 적은 뒤쫓지 않는다는 것이었다. 이후 춘추시대 초기 관중은 제나라 환공을 보좌하여 그를 패자로 올려놓으면서 '어질고 의로운 군대'를 공개적으로 부정하고 '절제할 줄 아는 군대'를 주장하는 한편, 주 왕실을 존중하면서 외적을 물리친다는 '존왕양이尊王攘夷'를 강조하고 강력한 국력과 군사력으로 호응하지 않는 제후국을 제압했다. 춘추 말기 손무孫武는 '절제할 줄 아는 군대'를 부정하고 '임기응변과 속임수에 능숙한 군대'를 내세웠는데 이것이 바로 군사모략의 탄생을 알리는 표지였다.

손무가 새로운 군사모략을 제시하기 이전에 '어질고 의로운 군대'나 '절제할 줄 아는 군대'와 같은 논리가 분명 존재했다. 적이 미처 강을 건너지 못했다 하여 강을 다 건널 때까지 기다리고, 적이 전열을 다 갖추지 못했다고 해서 공격하지 못하게 하다가 결국은 패배하여 도주한 송나라 양공襄公의 어리석음은 모택동조차 비웃은 적이 있다. 소수의 전형적인 사례와 개별적인 이론으로는 강상과 주공 등이 일찍이 '임기응변과 속임수에 능숙한 군대'와 그에 따른 용병술을 실천적으로 구사했다는 사실을 부정할 수 없다. '어질고 의로운 군대'나 '절제할 줄 아는 군대'와 같은 논리가 갖는 그 자체의 의미를 분석해볼 때, 그것들을 싸잡아 모략이라고 할 수도 없는 어리석고 교조적인 논리라고 부정할 수 없다. 무왕이 주 임금을 칠 때나 주공이 동방을 정벌할 때 모두가 인의와 절제를 내세웠기 때문이다. 이때 인의니 절제니 하는 것은 심리전과 정치전에 속하는 모략이다. 군대를 동원할 때는 명분이 있어야 한다. 인의로 대중을 모으고 절제로 적을 제압하는 것이다.

서주 시대에 사람들은 이미 '불수일술不守一術' 등과 같이 '권변'을 강조하는 모략사상을 운용할 줄 알았다. 이는 열세로 우세를 이긴 사실로 입증되었다. 고전에 보이는 여러 기록들도 이 점을 증명하고 있다. 예건대 『육도』의 "완전한 승리를 거둔다는 것은 싸우지 않고 이기는 것이며, 왕자의 위대한 군대는 적군이나 아군을 막론하고 상처를 입지 않고 승리를 거두는 것"(「무도·발계」)이라는 전략사상, "동쪽을 치려면 먼저 서쪽을 습격한다."(「문도·병도兵道」)는 전술사상, "무릇 군대를 동원하는 데는 장수의 명령이 있어야 하고, 명령은 군대 전체의 생사를 쥐고 있다는 뜻이다. 따라서 변화에 적응하면서 기민하게 조치를 취하고 자유자재로 변화해야지 한 가지 술수만을 고집해서는 안 된다."(「용도龍韜·왕익王翼」)라든가 "어떤 일을 막힘없이 물 흐르듯 처리하는 것은 모략이다." 등과 같은 논리는 불후의 모략들이다.

『육도』의 문장이 평이하여 고서로 분류할 수 없다고 보는 사람도 있다. 그런데 1972년 산동성 은작산銀雀山의 한나라 무덤에서 나온 죽간들 중에 『육도』와 관련된 죽간 조각 54매가 나왔다. 이는 『육도』가 서한 이전부터 널리 퍼져 있었다는 사실을 추정하게 하는 증거다. 지금으로서는 서주 시기의 완전한 모략 서적들을 볼 수 없지만 여러 고전 기록에서 서주 시기의 모략 수준은 대체적으로 확인할 수 있다. 세상에 존재하지 않는 『군지軍志』 「군정軍政」은 주나라 시대의 중요한 모략의 대표작이라 할 수 있다. 전국시대 전기에 이루어진 것으로 보는 『좌전左傳』에서는 세 군데에 걸쳐 『군지』의 대목을 인용하고 있다. 송나라 때의 『십일가주손자十一家注孫子』에는 『군지』 「군정」의 일부 대목들이 인용되어 있다. 그 내용을 보면 "어려움을 알았으면 물러나라." "덕이 있는 자는 대적할 수 없다." "강하면 피하라." 등과 같은 것들이다.

주나라 시대에 기원한 일부 모략들은 의심할 바 없이 모략의 가장 기본적인 특징인 '권변權變'을 직접 건드리며, "한 가지 수에만 매이지 말라"는 '불수일술' 등과 같은 권변모략을 장악하고 있다. 이는 그 당시에 이미 모략의 실질과 진수를 충분히 드러내고 있음을 보여준다.

5. 상례이치尙禮而治: 예를 받들어 다스리다

상 왕조의 통치를 뒤엎은 뒤 주 왕조는 상 왕조가 폭정을 남발하여 망한 교훈을 받아들여 그에 대신하여 어진 정치를 시행했다. 서두르지 않음으로써 은 백성의 반발 심리를 누그러뜨렸다. 민심을 얻는 것을 중점으로 하여 예의로 다스리는 모략을 취했다.

첫째, 백성들을 두루 안심시키고 달래는 정책을 실시했다. 주 임금으로부터 박해를 받은 제후나 옛 신하 및 유족들에 대해 너그러움을 베풀고, 힘들게 사는 백성들에게는 양식과 재물을 나누어주었다. 궁녀들은 돌려보냈다. 주 임금에게 해를 당한 중신 비간의 무덤을 손질하고, 쫓겨났던 어진 신하 상용商容을 표창했다. 이렇게 해서 민심은 안정되고 주나라를 따르게 되었다.

둘째, 안정책을 강하게 시행했다. 원래 상에 속했던 제후나 신하들에 대해 주나라의 정권을 인정하기만 하면 기득권을 그대로 보장하고 예의로 대접했다. 예를 들어 주 임금의 아들 무경武庚으로 하여금 상의 유민들을 그대로 다스리게 했으며, 원래 상에 속했던 옛 신하들을 제후로 많이 봉했다.

셋째, 어질고 신뢰받는 정책을 강조했다. 『육도』「무도·순계」편에 "천하를 덮을 만한 큰 도량이 있어야만 천하를 포용할 수 있으며, 천하를 덮을 만한 신의가 있어야만 천하를 결속시킬 수 있습니다. 천하를 덮을 만한 인애仁愛가 있어야만 천하의 백성을 따르게 할 수 있으며, 은혜를 널리 베풀어야만 천하를 보전할 수 있습니다."라는 대목이 나온다. 전쟁이 막 끝나고 나라가 아직 소용돌이에 싸여 다시 뒤집어질지도 모르는 위험한 상황에서 서주가 취한 통치법은 무력에 의존하는 것이 아니라 문치의 기치를 선명하게 내걸고 믿음과 신뢰를 천하에 표시하는 것이었다. 대단히 수준 높은 정치모략이 아닐 수 없다.

넷째, 예의를 숭상하여 다스렸다. 주나라 사람이 보기에 예로 다스리는 것이 법으로 다스리는 것보다 한 차원 높았다. 국가가 형벌과 법을 남용하여 통치하면 백성의 준법은 법을 두려워하는 기초 위에서만 움직인다. 이는 해볼 만한 통치법이긴 하지만 수준이 높다고는 할 수 없다. 반면에 예의를 숭상하여 이를 바탕으로 다스리는 것은 예의를 통해 의지를 이끌고, 예의로 멀고 가까움을 정하고, 혐의를 가려내고, 차이를 구별하고, 시비를 밝히기 때문에 남을 아끼는 마음을 계발하여 사회를 진보시킬 수 있다. 주나라 사람들이 권력을 숭상하는 대신 예치를 중시하고 법전을 가볍게 보는 대신 교화를 중시한 것은 나름대로 일리가 있다고 하겠다.

6. 분이치지分而治之: 나누어 다스리다

1) 봉건封建으로 다스리다

상 시대에는 제후를 마구 책봉하는 바람에 하·상 두 왕조는 국왕이란 명칭은 있었지만 제후들이 독자적으로 정치를 행하는 등 집중 통제가 어려웠다. 그러다 보니 국왕의 세력이 어떻게 달라지느냐에 따라 반발과 복종이 반복되었다. 주 왕조는 이런 교훈을 받아들여 주공 단이 3년에 걸친 동방 정벌로 상 유민의 반란을 잠재운 후에, 상의 중원 통치 600년을 되돌아보니 세력과 관계가 복잡하고 여전히 위기가 잠재되어 있음을 발견할 수 있었다. 이에 무왕의 유훈을 근거로 "나누어 다스리기로 했다." 중요한 지구는 우선 종실의 종친 및 공신에게 나누어주었다. 예를 들어 무왕의 동생

강숙康叔을 위衛에 봉하고 도읍은 조가朝歌로 삼았다. 주공의 맏아들 백금伯禽은 노魯에 봉했는데, 도읍은 지금의 산동성 곡부曲阜인 엄奄이었다. 주 왕조 건국의 일등 공신이라 할 수 있는 강태공 여상은 제齊에 봉했다. 도읍은 지금의 산동성 임치臨淄에 해당하는 영구營邱였다.

봉지를 받은 제후들은 친족과 소속 인원 및 군대를 데리고 봉지에 정착하는 한편 국왕의 지도 아래 봉국의 영토를 단단히 다스리게 되었다. 이는 달리 말해 '땅을 나누어 다스리는' 방식이기도 했다. 이렇게 해서 '왕신공王臣公, 공신대부公臣大夫, 대부신사大夫臣士', 즉 "왕은 공을 신하로 삼고, 공은 대부를 신하로 삼고, 대부는 사를 신하로 삼는다."는 피라미드 형식의 사회조직이 형성되어 "하늘 아래 왕의 땅이 아닌 곳 없고, 다스리는 땅에 왕의 신하 아닌 자 없다."는 기본 통치원리가 자리잡았다. 『순자荀子』「유효有效」편에 따르면 주공이 "천하를 통제하여 71국을 세웠는데 주 왕실의 희성姬姓이 53명이나 되었다."고 한다.

땅을 나누어주어 그 지역의 지배권을 인정하는 대신 주 왕실에 정치·군사적으로 충성하게 한 분봉제도에 따라 주 왕실의 친족과 신뢰할 만한 공신들이 각 지역을 통제하게 되었다. 이들 제후는 주 왕실을 대신해서 해당 지역과 사람들을 감시하고 통제하고 진압할 수 있는 권리를 행사했다. 이리하여 상의 부활을 꿈꾸는 세력은 강력한 통제를 받으면서 분열되어 세력을 형성하지 못했다. 제후국의 안정과 확충은 주 왕실의 통치를 장기간 안정시키고 확대시켰다. 주 왕실을 800년 넘게 지속시킨 가장 중요한 치국모략이 바로 이 봉건제도였다고 할 수 있다.

2) 종법宗法으로 다스리다

주는 봉건제를 실행하는 동시에 종법제도도 밀고 나갔다. 종법제도란 적자 계승제를 말한다. 천자天子·제후諸侯·경卿·대부大夫 계급에서 어떤 계급이 되었건 종통宗統(대종大宗/종가宗家)은 모두 적장자가 계승하며, 다른 적자와 서자는 봉지 밖에 다시 분봉하여 스스로 집안을 열게 하니 이것이 소종小宗이었다. 이 이론은 법률 이론상 계승권 문제를 근본적으로 해결하는 것으로, 계승권 때문에 서로 죽이고 죽는 바람에 왕왕 통제권을 잃곤 했던 통치계층에 안정성을 확보해주었다. 주 천자는 당연히 '천하의 대종'이 되었다. 분봉된 제후와 경·대부는 천자에 비하면 소종이었지만 자신들의 종족에 대해서는 대종이었고, 사士는 소종이었다. 대종은 백세가 지나도 바뀌지 않지만, 소종은 5세가 지나면 변화가 생긴다. 말하자면 소종은 대종에서, 대종은 공실公室에서, 공실은 종주宗周에서 나왔다.

천하가 크고 백성은 많았지만 모두 주 천자를 지존으로 하는 가장家長 방식의 통치에 편입되어 '천하일가'의 윤리관념과 통치제도를 형성하니 이른바 "조상을 존중하기 때문에 대종을 존경하고, 대종을 존경하기 때문에 종족을 거둔다."는 관념이 자리를 잡았다. 백세가 지나도 바뀌지 않는 대종과 영원히 보존되는 천자와 제후의 혈통관계 때문에 백세가 지나도록 쇠퇴하지 않는 국면이 형성될 수 있었다. 5세가 지나면 소종은 변화되었기 때문에 흔히 귀족이 서민으로 변하여 소종은 보다 큰 힘을 만들기 어려웠다. 문화가 위에서 아래로 전해지고 친족이 널리 퍼지면서 "왕(주 천자)의 자손 아닌 사람이 없는" 상황이 만들어졌다.

국가와 사회의 통치를 이렇게 지극히 존엄한 가장家長 방식의 통치로 변화시킴으로써 강력한 구속력과 통제력을 갖추게 되었다. 제후와 경·대부는 천자에 정치적으로 절대복종해야 했으며 종법이나 윤리적으로도 감히 태만할 수 없었다. 이런 윤리 관념은 공자 등 유가의 가공과 윤색을 거쳐 '삼강오륜三綱五倫'으로 변모함으로써 수천 년 봉건통치를 지탱해주는 강력한 무기가 되었다.

3) 정전井田으로 다스리다

『맹자』「등문공滕文公」(상편)에 보면 주나라 때 시행된 정전제도에 관한 기록이 나온다. 네모난 모양의 일정한 구역의 땅 900무畝를 아홉 등분하여 중앙은 공전公田으로 삼고 나머지는 여덟 집에 각각 100무씩 사전私田으로 나누어주되, 공전은 이 여덟 집이 공동으로 경작하여 나라에 세금으로 바치게 하는 제도다. 이를 알기 쉽게 그림으로 나타내면 아래와 같다.

사료가 부족하여 맹자의 말에 의문을 나타내는 학자들도 있다. 당시에는 호적과 측량제도가 제대로 갖추어지지 않았으며, 인구가 비교적 집중된 도시 부근에는

사전	사전	사전 100무 (약 182m²)
사전	공전	사전
사전	사전	사전

1리
(약 405m)

이렇듯 많은 땅이 없었다는 것이 주요 이유다. 이런 의문 제기는 근거가 부족하다. 봉건제도와 분봉제도를 만들었다는 것은 호적이 없이는 불가능하다. 『주역周易』으로 8괘를 64괘로 늘리고 풀이할 정도였다면 주나라 사람의 측량 기술을 의심할 필요는 없을 것이다. 또 당시의 인구 밀도는 근대와는 비교가 되지 않을 정도로 희박했다. 오늘날 사고방식으로 과거를 판단하려 해서는 아무리 애를 써도 문제를 풀 수 없다. 사실 당시 땅을 받은 대상은 서민이 아니라 제후를 따라 봉지에 주둔해 있던 무사들이었다. 제후가 가신과 무사를 거느리고 봉지에 온 다음 자신의 봉지를 차례로 다시 나누어주는데 마지막 단계가 무사로 각각 100무씩 받은 것이다. 땅을 받은 무사는 서민에게 경작하게 하여 생활과 군수품을 해결했다. 이렇게 해서 국가는 군비 지출을 절약하고, 무사는 나름대로 응분의 사회적 지위를 얻어 함께 서민을 조직하고 통제했다. 『국어』「진어晉語」에 "공은 공납으로 먹고살고, 대부는 읍으로 먹고살고, 무사는 밭으로 먹고살고, 서민은 노동력으로 먹고산다."고 했는데, 서주 시기의 분배 관계를 아주 명쾌하게 묘사한 것이다.

이상을 통해 우리는 주나라의 나누어 다스린다는 통치모략이 대단히 수준 높고 먼 앞날을 내다본 것임을 어렵지 않게 확인할 수 있다. 분봉제도는 실제로는 무장 식민지를 목적으로 한 군사 주둔 제도로서, 전국 제후들이 공동으로 주 천자를 천하의 공주로 추대하여 군사상의 분할 통제와 정치상의 고도의 통일을 추구한 것이었다. 종법제도는 국가와 사회의 통치와 피통치 관계를 가족 방식의 종속관계로 바꾼 것으로, 주 천자는 전국 대가족의 족장이 되어 윤리와 제도의 통일을 이룸으로써 주 왕실의 영원한 통치를 보장하려 한 것이다. 정전제도는 기층 경제이자 통제체제였다. 또한 국방상 보급체제이기도 했다. 이상 세 가지 제도는 서로 보완적으로 촉진 작용을 일으킴으로써 적극적인 효과를 발휘했다. 이로써 주 왕실의 통치는 오랫동안 안정을 유지했고 사회는 번영을 이루었다. 나라를 다스리고 통제하는 모략이란 측면에서 대단히 창조적인 가치를 가지는 모략이라 할 수 있다.

이상이 주나라 모략의 주요 부분이었다. 주나라는 하·상이 남긴 습속에 근거하여 제사제도와 예악제도 등을 제정했다. 이러한 제도는 사회의 문명화를 비롯하여 경제 번영과 통치 안정에 중요한 작용을 했다. 여기서는 일일이 거론하지 않겠다.

모략의 연원에 대한 연구는 서주 시기가 생명수와 같은 근원지라 할 수 있다. 춘추전국 시기가 되면 제자백가가 일어나 온갖 모략들을 제기하면서 인류 모략사의 가장 찬란한 장면을 연출했는데, 이는 서주 시기의 모략을 계승하고 발전한 결과라 하지 않을 수 없다. 이런 점에서 서주 시기는 더 많은 발굴을 기다리고 있는 보물창고와 같다.

제6장
백세 정략의 스승: 공자

장강의 도도한 흐름과 같은 동방 모략의 역사에는 걸출한 모략의 대가들이 적지 않게 출현했다. 그들이 창조한 모략이론과 방법은 후대인에 의해 줄곧 활용되었고, 원래의 기초 위에서 더욱 풍부해지고 발전하고 완벽해져왔다. 그중 가장 오래되었으면서도 모략 색채가 짙은 것으로 역학易學이 있다. 복희伏羲의 8괘로부터 시작하여 상·주 시기에 주 문왕과 주공 및 공자 등 세 성인聖人의 연구와 저술을 거쳐 갈수록 완비되었다. 이 문제는 뒤에서 전문적으로 분석해보기로 한다. 여기서는 먼저 역학 연구의 대가 중 한 사람이었던 공자의 모략사상을 연구해보자.

공자는 중국 사람이라면 누구나 다 아는 성인이다. 역대로 공자에게 씌운 엄청나게 많은 월계관의 대부분은 사상가 아니면 교육가였다. 모략학 내지 모략과학이라는 새로운 유형의 종합적 학과가 세상에 선을 보인 지금, 우리는 비교적 가난한 가정에서 출생하여 관리 생활을 거쳐 치국과 관련한 수준 높은 정략政略을 가지고 여러 나라를 떠돌며 유세하여 당시 사회에 지울 수 없는 영향을 남겼던 공자를 계통적으로 연구할 필요가 있다. 『논어』를 비롯한 공자의 학설과 내용은 지난 수천 년 동안 수많은 사람들을 가르쳤고, 역대 봉건 제왕들치고 공자를 '사표師表'로 추앙하지 않았던 사람은 없다. 이 모든 것이 사상가이자 교육가로서 공자의 면모를 말해주는 데 부족함이 없다. 그러나 정확하게 말해 공자는 교육가와 사상가이기에 앞서 모략가였다.

공자의 수준 높은 치국 방략은 백 세대가 지난다 해도 시들지 않을 것이다. 중국은 1949년 공산당이 주도하는 사회주의 국가를 건설하고 약 반세기에 걸친 반봉건 운동을 전개하며 오랫동안 사회주의 정신문명과 물질문명의 건설을 진행해왔지만 사회 각 계층과 구석구석에는 여전히 공자가 제시한 정략의 그림자가 짙게 배어 있다. '문화대혁명文化大革命' 중에 일어난 '비림비공批林批孔' 운동에서 임표林彪는 자신의 구린내는 비판하지 않고 공자에 대해서만 "공자라는 이 조상의 무덤을 파헤치는 인민전쟁"이라며 공격했다. 그럼에도 불구하고 공자가 남겼다고 하는 해독과 영향은 청소하지 못했고, 도리어 공자에 대해 전혀 모르고 있던 사람들마저 공자의 이론을 잘 알게 만들었다.

무산계급의 계급적 입장과 정치적 관점에서 공자를 분석하면, 공자는 여러 면에서 보수와 퇴행적 의식 형태를 대표하는 인물로서 사회 개혁이나 새로운 창조와는 전혀 맞지 않다는 것을 확인할 수 있다. 모략 연구는 이런 시각의 제약을 받아서는 안 된다. 확고한 실사구시實事求是의 사상적 노선에서 공자가 지키고자 했던 당시 사회 통치의 특징과 정략을 주체로 하는 영원히 시들지 않는 그의 모략을 객관적으로 분석해야 할 것이다.

공자는 이름이 구丘, 자가 중니仲尼였다. 노나라 추읍鄹邑 창평향昌平鄕(지금의 산동성 곡부)에서 기원전 551년 태어나 기원전 479년 73세를 일기로 세상을 떠났다. 공자의 선조는 송宋나라의 대귀족이었으나 정치적 이유 등으로 배척되어 노나라로 망명했다. 아버지 숙량홀叔梁紇은 노나라 추읍을 관리하는 하급 관직인 재宰라는 벼슬을 지냈다. 공자가 태어난 지 얼마 뒤 아버지가 세상을 떠났고, 17세 때 어머니마저 잃었다. 공자는 가난하고 구차한 환경에서 성장했으며, 한때 창고와 소·양 따위를 관리하는 작은 관리직을 지내기도 했다. 청년기 공자는 원대한 포부와 근엄한 학구 정신을 바탕으로 당시로서는 독보적이었던 사상 체계와 모략의 방법을 형성해갔다. 그의 남다른 재능은 제齊나라 경공景公, 위衛나라 영공靈公, 초

● 노나라에서 대사구 벼슬을 하던 때의 공자 모습이다. 이 시기는 정치가로서 공자가 가장 두드러진 활약을 보인 때였다.

楚나라 소왕昭王 등 여러 군주들의 눈에 띄었으나 경대부들의 반대로 중용되지는 못했다.

노나라 정공定公 때 잠시 정치적으로 뜻을 얻은 적이 있었다. 공자는 자신의 재능과 지혜로 정공을 도와 당시 노나라의 실권자인 계씨季氏의 가신 공산불뉴公山不狃가 양호陽虎와 연합하여 일으킨 반란을 평정한 뒤 정공에 의해 중도재中都宰라는 중급 관직을 받았고, 1년 뒤 고위직인 대사구大司寇에 임명되었다. 이 기간에 공자는 정공을 수행 '협곡의 회담'에 참가하여 제나라로 하여금 빼앗아 간 노나라의 땅을 돌려주게 하는 외교적 승리를 거두기도 했다. 그러나 당시 실권자였던 계씨의 견제 때문에 공자는 불과 석 달 만에 대사구에서 파면되었다.

이후 공자는 장장 14년 동안 여러 나라를 떠돌며 자신의 사상과 모략을 각국 군주들에게 유세하는 방랑의 삶을 보여준다. 공자는 뜻을 얻지 못했다. 그의 사상과 모략이 당시 현실적 상황과는 어울리지 않아 보였고, 공자 사상의 본질을 제대로 파악하는 군주도 없었다. 현실정치에서 공자는 처절하게 실패했다. 하지만 교육에서는

이와는 정반대로 72명의 수제자와 3천 명의 제자를 길러내는 큰 성공을 거두었다. 이들을 통해 공자의 정치모략과 교육모략은 영원히 시들지 않는 불후의 모략으로 남게 되었다. 공자가 죽은 뒤 제자들은 그의 언행을 모아 『논어』라는 책으로 편집했고, 이 책은 중국의 모략 보물창고에서도 가장 귀중한 보물로 간직되었다. 공자의 모략사상은 주로 다음 몇 가지 방면으로 구체화되었다.

1. 창정명倡正名: 명분을 밝히다

공자가 살았던 춘추 말기는 정치적 변란과 사회적 혼란이 갈수록 격화되던 시기였다. 신하가 국군을 살해하는 일도 비일비재했다. 노나라 은공隱公 4년인 기원전 719년에 위나라의 주우州吁라는 자가 국군 완完을 살해했고, 환공桓公 2년인 기원전 710년에는 송나라의 독지督之가 국군 여이與夷를 살해했으며, 문공文公 16년인 기원전 615년에는 송나라 국군 저구杵臼가 살해되었다. 아들이 아버지를 살해하는 경우도 적지 않았다. 초나라의 세자 상신商臣이 아버지 성왕成王을 죽였고, 채나라 태자 반般이 아버지 고固(영후靈侯)를 죽였다. 본래 천자만이 국군을 소환할 수 있었지만 진晉 문공文公이 천자를 소환하는 일까지 발생했다. 이런 사회현상에 대해 공자는 "이런 일도 참는데 무슨 일인들 못 참겠는가."(『논어』「팔일八佾」)[10]라며 한탄했다. 이렇게 뒤죽박죽이 되어버린 사회질서를 어떻게 바로잡을 것인가? 공자의 고민은 여기에 있었다. 그는 정치상의 모든 조치는 "명분을 바르게 세우는" '정명正名'으로부터 시작되어야 한다고

---

10   이하 따로 언급이 없으면 모두 『논어』의 편명이다. 『논어』는 생략한다.

믿었다.

공자의 주장은 이렇다. 명분을 바로 정하는 방식으로 사회질서를 다시 규정해야 한다. "군주는 군주다워야 하고, 신하는 신하다워야 하며, 아비는 아비다워야 하고, 자식은 자식다워야 한다."는 '군군신신부부자자君君臣臣父父子子'의 여덟 자가 그것이다. 각자 자신의 바른 자리를 지키며 함부로 넘보지 말아야 한다는 뜻이다.

이 모략은 사회를 서로 다른 단계로 엄격하게 나누는 것으로, 천자가 물론 으뜸이었다. 각 단계의 사람들은 각자의 본분을 지켜야 하며, 만약 본분을 지키지 않고 궤도를 벗어나는 행위를 하면 사회 각층으로부터 견책을 받게 된다. 아들이 옳지 못한 행위를 했다면 국가의 형법으로 다스릴 필요 없이 그 아비가 책임지고 아들을 가르치고 벌을 주면 된다는 것이다. 신하는 군주를 존중해야 한다. 그렇지 못할 경우에는 천하가 모두 나서서 그 신하를 공격한다. 춘추 초기 제나라의 대신 관중은 대단히 높은 자리의 신하였다. 그런데 관중은 당시 예의에 어긋나게 국군만이 진열할 수 있는 병풍이나 그릇을 자기 집에다가도 마련했다. 이 일에 관해 누군가 공자에게 관중이 예를 알던 사람인가를 질문하자 "만약 관중이 예를 알았다면 누군들 예를 몰랐겠는가."라고 반문했다.

군주는 군주다운 모습을 갖추어야 한다. 그렇지 않았다간 군주 노릇을 할 수 없다. 공자는 「자로子路」 편에서 "군자는 말을 함부로 해서는 안 된다."고 했고, 「계씨季氏」 편에서는 "사회 지도층이 예의를 말하고 도덕이 있어야 하층의 서민들이 이러쿵저러쿵하지 않는다."고도 했다.

명분을 바르게 세워야 한다는 공자의 모략은 공자 이후로 수천 년 봉건사회에서 역대 제왕들이 통치를 실행하는 귀중한 자산이 되었다. 이를 이론적 기초와 통치 지침으로 삼아 봉건 왕조들은 대부분 수백 년 왕조를 지속했다. 무능의 극치를 달린 어리석은 군주라 할지라도 늘 층층으로 이루어진 이 통치의 그물에 의지해서 어느 정도 정국을 통제하곤 했다.

2. 거중용擧中庸: 중용을 내세우다

공자의 정치모략이 탄생하게 된 연원을 탐색해보면 주로 네 방면에서 비롯된다. 공자는 중국 노예사회 및 봉건사회 맹아기의 민본民本사상, 종법宗法사상, 중용中庸사상, 대동大同사상을 계승했다. 공자는 이 네 가지 연원을 가지고 '인仁'을 주요한 내용으로 삼고, '예禮'를 주요한 표현 형식으로 하며, '중용'을 주요한 방법과 책략으로 삼고, '대동'을 최종 목표로 하는 사상과 모략체계를 형성했다.

공자는 「옹야雍也」 편에서 "중용이라는 도덕은 당연히 최고이지만 모두가 오랫동안 그것이 부족했을 뿐이다."라고 했다. '중용'에서 '중中'은 절충과 조화의 뜻이다. '용庸'은 평상平常이란 뜻이다. 공자로부터 약 1,600년 뒤 주희朱熹(1130-1200)는 『중용장구中庸章句』라는 자신의 책 제목에 대해 설명하면서 '중'은 '정正'이고, '용'은 '용用'이라는 뜻의 주석을 달았다. 여기에 포함된 의미는 일체의 사물을 인식하고 처리함에 있어서 치우치지 않고 기대지 않는 태도와 방법을 취해야 한다는 것이다.

공자가 뽑아낸 '중용'이란 두 글자는 공자의 도덕 중에서 최고 수준의 개념이자 정략을 밀고 나가는 가장 기본적이 방법임을 보여준다. 아울러 '유학儒學' 전체의 체계를 관통하는 개념이기도 하다. 「요왈堯曰」 편에 보면 이런 대목이 나온다. 요 임금이 순 임금에게 자리를 양보할 때 나라의 정권뿐만 아니라 나라를 다스리는 요결을 네 글자로 요약해서 주었는데, '윤집기중允執其中'이 그것이다. 이것을 못 하면 천하 백성은 가난과 고난에 빠지고 하늘이 내린 지위도 영원히 끝장날 것이라고 요 임금은 말한다. 이 '윤집기중' 또는 '윤집궐중允執厥中'이라는 요결은 순 임금을 거쳐 다시 우 임금에게로 전수되었다고 한다.

공자와 그 제자들은 '윤집궐중'에 대해 많은 해석을 내렸다. 『중용』에서는 공자의 말을 인용하여 "양끝을 잡고, 그 가운데서 백성을 위해 힘을 쓰는 것"이라고 했다. 이 해석에 따르면 '궐厥'은 '양끝'이란 뜻이 되고, '궐중厥中'은 '양끝의 중앙'이란 뜻이 된다. 따라서 '윤집궐중'은 양끝의 가운데를 확실하게 붙잡아서 지나치지도 않고 모자라지도 않게 균형을 유지한다는 뜻으로 이해할 수 있다. 가운데를 차지해야만 평형을 유지하기에 유리하고, 평형을 유지해야만 안정을 유지할 수 있기 때문이다. 「선진先進」편에는 애제자 자공子貢과 나눈 이런 대화가 나온다.

자공: 자장子張과 자하子夏 중에서 누가 더 현명합니까?

공자: 자장은 지나치고, 자하는 모자란다.

자공: 그럼 자장이 낫다는 말씀입니까?

공자: '과유불급過猶不及'이니라.

"지나친 것이나 모자란 것이나 다 좋지 않다."는 '과유불급'의 성어가 여기서 나왔다. 『예기』에도 비슷한 내용이 실려 있는데, 여기에서는 정나라 자산子産을 언급하며 자산이 백성을 다스리면서 너그러울 때는 너무 너그러운 반면 엄해야 할 때는 너그러움에 미치지 못했다고 했다. 그러자 자공이 어떻게 해야 그 중간을 유지할 수 있냐고 물었고, 공자는 '예禮'가 결정한다고 대답했다.

공자는 정치에서 중용의 실천을 강력하게 추천했다. 문화가 덜 발달했던 고대에 통치자가 극단을 피하여 정확한 방법으로 나라를 다스리고, 정확한 태도로 백성을 대하는 일은 적극적인 영향을 미칠 수밖에 없다.

오늘날로 말하자면, 과거의 이른바 '투쟁 철학'이나 '계급투쟁의 강령' 등이 가져다준 결과를 냉정하게 되돌아보면서 정책상 소홀함이나 잘못은 없는지 점검하려 할 때 공자의 중용사상을 진지하게 연구해보면 아주 유익한 정보나 지혜를 얻을 수 있을 것이다.

3. 시인정施仁政: 어진 정치를 펼치다

'인仁'은 공자가 발명한 것이 아니다. 공자 이전 상·주 통치자들도 '인'을 외쳤다. 상나라 시대 거북이 껍데기나 소뼈 등 갑골甲骨을 이용하여 점을 치고 그 내용을 글자로 새긴 복사卜辭(점을 친 내용)에 이미 어질 '인'자가 보이기 때문이다. 그러다 공자에 이르러 그 이전의 모든 통치층의 도덕관념을 포괄하는 '인'의 개념을 거의 완벽한 정도로 인식하고 연구하게 되었다.

공자가 말하는 '인'은 효孝·친親·충忠·서恕·예禮·지智·신信·용勇·공恭·관寬·민敏·혜惠·제弟 등등의 내용을 모두 포괄한다.

먼저 '효孝'는 '부위자강父爲子綱(아비와 자식 사이에 지켜야 할 도리)'에 대한 고차원의 개괄적 개념으로 '친親'과 서로 호응한다. 공자는 '효'를 '인'의 기본적인 내용이라 하여 크게 강조했다. 그 한 예로 제자 재여宰予가 부모가 돌아가신 다음 3년 복상하는데, 그 기간이 너무 기니 1년 정도면 충분하지 않겠냐고 물었다. 공자는 재여가 불효하다고 느껴 재여는 '불인不仁'하다고 야단을 쳤다. 공자는 주의 통치를 유지하려면 먼저 주의 통치층인 씨족이 단결해야 하며, 이 목적을 이루기 위한 가장 효과적인 방법은 씨족들이 서로 친하고 효성스러워야 한다고 보았다. 「태백泰伯」 편에 "군자가 친지에게 독실하면 백성들 사이에 '인'이 크게 일어나고, 옛 친지를 버리지 않으면 백성들이 각박해지지 않는다."고 했다. 통치층이 서로를 잊지 않고 돌보고 단결하면 백성들이나 노예층도 따르기 마련이라고 본 것이다. 공자의 이러한 사상은 당시 통치자로서는 대단히 수준 높은 통치술로 인식되었다.

다음 '충忠'은 '삼강三綱', 특히 '군위신강君爲臣綱(군주와 신하 사이에 지켜야 할 도리)'을 고차원으로 개괄한 개념으로 '서恕'와 긴밀하게 호응한다. 당시는 이미 노예제가 어지럽게 무너지고 있던 상황이라 백성의 역량을 어떻게 정부 쪽으로 집중하느냐, 대부를 어떻게 국군에게 집중시키느냐, 국군을 어떻게 천자에게로 집중시키느냐 하는 문제가 시급했다. 공자가 생각해낸 가장 좋은 방법은 모두가 천자에 대해 '충'을 이행하라는 것이었다. "정치적 명령과 군대 지휘권은 천자에게서 나온다."거나 "정치적 권력은 대부에게 있지 않고, 서민이 정치에 대해 왈가왈부할 수 없다."는 등이 다 이러한 공자의 생각을 대변하는 말이다. 이와 관련하여 「헌문憲問」 편의 자로子路와 나눈 대화를 들어보자.

자로: 환공이 공자 규를 죽였을 때 소홀召忽은 따라 죽었지만 관중은 죽지 않았습니다. 관중을 인仁하다고 할 수 없겠지요?
공자: 환공은 제후를 아홉 번이나 규합하면서도 군대를 쓰지 않았다. 이는 관중의 공이다. 누가 그의 인에 미치겠느냐! 누가 그의 인에 미치겠느냐!

관중과 소홀은 둘 다 제나라 공자 규를 주군으로 모시고 있었다. 정쟁에서 공자 규는 환공에게 패하여 죽었다. 소홀은 주군을 따라 죽었지만 관중은 죽지 않았다. 이를 두고 자로는 관중을 불충하다고 본 것이다. 공자의 생각은 자로와 달랐다. '충'은 최고 통치자의 절대적 통치 지위를 수호하고, 부하가 어떤 위험이나 복잡다단한 환경에 처하더라도 통치자의 명령을 자발적으로 지키게 만드는 데 아주 중요한 심리적·정신적 통제 작용을 한다. 또 그러한 환경을 조성하는 데 감독과 같은 작용을 한다.

'충'을 강조함과 동시에 '서'를 또 다른 측면에서 강조한다. '서'가 있기 때문에 '충'을 얻고, '충'을 위해 '서'를 행하는 것이다. '서'에 대한 가장 명확한 언급은 「안연顏淵」편에 "내가 하고 싶지 않은 것을 남에게 베풀지 말라."는 대목이다. 부하에게 '충'을 요구하려면 "널리 여러 사람에게 베풀어야만 한다." 고도의 통치모략으로서 '충'과 '서' 두 가지를 없애거나 어느 한쪽에 치우칠 수 없다.

'예'는 정치적 강령을 고도로 개괄한 개념이다. 공자 당시는 노예제 사회가 전면적으로 붕괴되어가던 시대였다. 상·주 이래 예제禮制가 근본적으로 파괴되는 사태가 곳곳에서 벌어지고 있었다. 노나라의 경우는 계손季孫·숙손叔孫·맹손孟孫 등 권신들이 공실을 삼분 내지 사분하여 권세를 휘둘렀다. 계손은 공실의 노예들을 전부 해방시키기까지 했다. 공자의 제자였던 염구冉求도 계손의 이 일을 도왔다. 주나라의 예제를 굳게 신봉하던 공자에게 이러한 사태는 용납될 수 없었다. 그리하여 공자는 '극기복례克己復禮'라는 정치적 주장을 제기하기에 이르렀다. 여기서 말하는 '예'는 일반적으로 주례周禮로 해석한다. 이 하나만으로 공자를 반동이나 퇴보 또는 복고로 몰아붙여서는 안 된다.

공자가 말하는 예가 오롯이 주례 그 자체인가? 당시 사회에서 주례의 진보적 의의와 반동적 요소는 각각 어느 정도였는가? 사실 이런 문제들에 대한 해답은 매우 어렵다. 다만 공자의 사상체계 전체를 놓고 보면, 그는 안으로는 '인'을 밖으로는 '예'를 주장했으며, 인을 먼저 예를 뒤에 놓고 있어 인과 예가 서로 표리관계를 이루고 있음을 알 수 있다. 인이 없으면 예는 헛된 형식에 지나지 않으며, 예가 없으면 인을 표현할 길이 없다. 공자가 말하는 예는 인에서 출발한다. 『논어』를 분석해보면 '예'라는 글자는 74번 이상 나오는데 대부분 이와 연계되어 있다. 고증이 어려운 이런저런 역사적 사실을 무시하더라도 이미 밝혀진 사실을 통해 우리는 공자가 당시 사회질서를 회복하고 통치자의 지위를 지키기 위해 '극기복례'와 같은 통치모략을 내세웠다는 점을 어렵지 않게 확인할 수 있다. 이는 달리 말하자면 '예치禮治'로 '덕치德治'를 대체하려 했다고도 할 수 있다.

"어진 정치를 베풀라."는 공자의 훌륭한 주장도 『논어』 곳곳에서 확인된다. "너그러우면 백성의 마음을 얻을 수 있다." "믿음을 세우면 백성이 명령을 따른다." "은혜를 베풀면 사람을 복종시키고 부릴 수 있다." 이런 말들은 크게 돋보인다.

이와 관련된 내용도 매우 풍부하다. 다음은 그 주요한 내용들이다. '효'로 사회의 혈통관계를 유지하고 각 종족 사이에 장유長幼와 존비尊卑의 서열을 지키게 함으로써 종적인 통제를 달성하려 했다. '제弟'로써 종족 간의 횡적 관계를 유지함으로써 횡적 제약을 달성하려 했다. '충'으로 최고 통치자의 권위를 유지하여 전체적인 통제를 확보하려 했다. 또 '극기복례'를 주된 요지로 삼아, '극기복례'를 이룰 수만 있다면 "천하가 인으로 돌아갈 것이다."라고 했다.

목적과 강령을 갖춘 이러한 통치술은 그물처럼 촘촘한 통제망을 갖춘 사회를 조직할 수 있다. 가령 젊은이가 윗사람을 해치는 따위의 난을 일으키더라도 천자가 나설 필요 없이 그의 가족들이 충심으로 천자를 대하듯이 자신들의 자제를 처벌할 것이다. 2천 수백 년 전의 사회에서 이런 통치술이 제기되었다는 것 자체가 참으로 감탄하지 않을 수 없다.

4. 강박애講博愛: 박애를 강구하다

공자의 사상체계를 종합적으로 살펴보면 박애博愛와 인애仁愛를 이야기한 곳이 많다. 박애와 인애는 사회의 기층인 가정과 종족의 내부를 화목하게 촉진할 수 있다. 또한 가정과 가정, 가정과 종족, 종족과 종족의 단결을 촉진하고, 나아가서는 사회 각계각층이 안정된 단결을 유지하여 최고 통치자의 지위를 보다 다질 수 있게 한다.

『논어』 첫 편에 보면 "1천 대의 전차를 가진 나라를 다스리려면 나랏일을 엄숙하고 진지하게 대하여 속임 없이 성실하게 비용을 절약하며 백성을 사랑해야 한다. 백성을 동원할 때는 농한기를 택하여 농사가 잘못되게 하는 일이 없어야 한다."는 대목이 나온다. 『한비자』 「외저설外儲說」(우상)에는 공자의 박애에 대해 좀더 진전된 논의가 나온다.

> "무릇 예禮라고 하는 것은 천자가 천하를, 제후가 자신의 영역을, 대부가 관직을, 사士가 집을 사랑하는 것이다."

공자가 박애를 거론한 예는 이 밖에도 많지만 이 정도로도 충분할 것이다. 사회의 고위층을 비롯하여 모든 영역에서 박애의 기풍이 성행하면 백성들의 생활이 편안해질 것은 의심할 여지가 없다. 폭력적인 행동이나 무법자들은 강력하게 통제를 받을 것이다. 이런 상황이 오랫동안 잘 유지되면 사회의 도덕 수준도 따라 올라간다. 노인은 존경을 받고, 약한 사람과 어린이는 보살핌을 받게 된다. 백성들의 생활은 순조롭고, 길에 물건이 떨어져도 줍지 않으며, 밤에 문을 열어놓아도 아무 문제가 없는 환경이 조성된다. 악한 사람이 줄어들고 도적이 사라질 것이다. 박애라는 공자의 통치술은 그 당시 사회를 근본적으로 치료하여 사회와 국가의 생산력을 응집시키는 적절한 처방이었다고 할 수 있다.

5. 용현재用賢才: 바르고 똑똑한 인재를 쓰다

사회를 효과적으로 다스리기 위해 어진 정치를 베풀고 도덕윤리라는 면에서 깨끗함을 유지하는 외에 공자는 '똑똑한 인재의 추천'을 중요한 요소로 들고 있다. 「위정爲政」 편의 한 대목이다.

> 애공: 어떻게 해야 백성들이 복종할까요?
> 공자: 정직한 사람을 뽑아 삐뚤어진 사람 위에 올려놓으면 백성들은 복종하지만, 그 반대면 따르지 않습니다.

공자는 정치에서 인재 기용과 관련하여 '똑똑한 인재를 추천'할 것을 강조하고 있다. 이때 똑똑한 인재란 바른 사람을 말한다. 이는 노자가 경쟁을 피하기 위해 평범한 사람을 쓰라고 한 것에 비하면 크게 진보한 것이다. 이 방면과 관련하여 두 가지 실제 사건을 가지고 더 설명해보자.

먼저 『사기』 「공자세가」에 나오는 내용이다. 우虞라는 나라의 귀족 백리해百里奚가 진晉의 포로가 되어 귀족 신분을 잃었다. 훗날 목희穆姬가 시집을 갈 때 백리해는 양가죽 다섯 장의 값이 매겨져 진秦으로 딸려 갔다. (말하자면 양가죽 다섯 장 정도의 혼수품이었다.) 진秦나라 목공穆公이 백리해의 재능을 발견한 뒤 관례를 깨고 그에게 작위를 주어 행정권을 쥐게 했다. 백리해는 기대를 저버리지 않고 진나라가 서융西戎 지역을 장악하게 했다. 제나라 경공景公이 공자에게 서방 한쪽 귀퉁이에 있던 진나라가 어째서 패권을 쥘 수 있었냐고 묻자 공자는 진 목공이 과감하게 '양가죽 다섯' 대부를 기용했기 때문이며, 이렇게 하면 패권은 물론 왕도 될 수 있다고 대답했다.

다음은 『좌전』 소공昭公 28년(기원전 514)의 기사다. 진晉의 위서魏舒가 기씨祁氏와 양설씨羊舌氏의 땅을 빼앗아 10개 현으로 나눈 다음 10명을 보내 현의 대부로 삼았는데, 그중 하나가 위서의 서자였고, 두 명은 공실에 공을 세운 인물이었다. 이 일을 알게 된 공자는 "가깝다고 친척을 배제하지 않고, 멀다고 인재를 배제하지 않았으니" "똑똑한 인재를 천거하는 일이야말로 의로운 것이다."라며 위서를 칭찬했다.

이상 두 가지 사례를 놓고 보아도 정치에서 공자의 기본적 주장이 바른 인재 기용에 있음을 알 수 있다. 인재를 선발할 때는 가깝고 먼 관계를 지나치게 따져서는 안 되고 똑같이 취급해야 한다. 이러한 정치모략은 현대사회에서도 중요한 현실적 의의를 갖는다.

6. 중예교重禮敎 : 예의와 교육을 중시하다

사회와 국가를 다스릴 때는 어떤 경우는 '예'를 중시하고 어떤 경우는 '법'을 중시한다. 공자가 보기에 '법치'를 중시하는 것은 표면을 다스리는 방법이고, '예치'를 중시하는 것은 근본을 다스리는 대계였다.

「위정」 편에서 공자는 "정치로 백성을 이끌고 형벌로 그들을 정돈하고 제재하면 법이 두려워 잠시는 죄를 짓지 않겠지만 염치를 모르게 된다. 도덕으로 이끌고 예교

● 만년에 고국으로 돌아와 교육에 전념한 공자는 자신의 사상과 철학을 여기에 한껏 쏟았다. 그 결과 기라성 같은 인재들을 길러냈고, 이것이 훗날 수천 년 동양의 통치 이데올로기로서 유교로 정착하는 힘이 되었다. 제자들과 강학하는 공자의 모습을 그린 그림이다.

로 백성들을 정돈하면 염치를 알 뿐만 아니라 마음으로 복종하게 된다."고 했다.

"예로 백성을 교화한다."는 공자의 방법은 실제로는 "너그러움과 사나움을 함께 구사하고" "은혜와 위엄을 같이 베푸는" 통치술로 오늘날 사회에서도 중대한 의의를 가진다. 현대사회에서 법으로 나라를 다스리는 일은 대단히 중요하다. 사회 진보를 위해 반드시 거쳐야 할 길이기도 하다. 하지만 국민에 대한 일상적 교육을 경시하고 오로지 법에만 의존하거나 법을 맹신하고 심지어는 '법치 만능'에 빠지는 일은 적절치 않다. 이런 점에서 예교를 중시한 공자의 통치술을 진지하게 연구해볼 필요가 있다.

제7장
불후의 통제술: 노자

사회가 발전하여 춘추시대에 이르면 새로 일어난 지주계급이 두각을 나타내고 노예제는 차츰 와해되기 시작했다. 지역을 나누어 가진 제후 세력이 형성되고, 제후들끼리 서로를 병합하는 약육강식의 기운이 지배하게 된다. 빈번하고 격렬한 전쟁이라는 객관적 환경이 사람들의 두뇌를 자극했다. 경쟁 속에서 생존해야 함은 물론 자기발전도 이루어야만 했다. 제후국의 국군들은 유능한 인재를 갈증이라도 난 듯 다투어 초빙했다. 인재를 보물처럼 여겼다. 집안도 나이도 따지지 않았다. 가슴에 큰 지략을 품고 있기만 하다면 상객으로 대우했다. 이렇게 해서 인류의 사상이 전에 없이 활기를 띠기 시작했다. "온갖 꽃이 일제히 피고, 숱한 사람들이 앞을 다투어 자기주장을 펼치는" 이른바 '백화제방百花齊放, 백가쟁명百家爭鳴'이라는 전대미문의 국면이 전개되었다. 이러한 상황을 『사기』는 "진秦이 상앙商鞅을 기용하여 부국강병을 이룩하고, 초楚와 위魏는 오기吳起를 등용하여 강적을 물리쳤다. 제齊나라 위왕威王과 선왕宣王은 손자孫子(손빈孫臏)와 전기田忌 등을 기용하니 제후들이 제나라를 받들었다."고 기록하

● 모략사상과 논리는 춘추전국 제자백가 시대에 와서 화려한 꽃을 피웠다. 이 시대를 깊게 들여다봐야 하는 까닭이기도 하다. 백가쟁명을 나타낸 그림이다.

고 있다.

　제자백가諸子百家는 서로 경쟁하면서 나름의 영역을 확보했다. 『수서』「경적지經籍志」 '자부子部'에 따르면 당시 주요한 제자들로는 유儒·도道·법法·명名·묵墨·종횡縱橫·잡雜·농農·소설小說·병兵·천문天文·역수曆數·오행五行·의방醫方 등 14가家가 있었고, 지금까지 전해오는 제자백가의 책은 20여 종에 이른다. 제자백가가 학파를 형성하며 사회로부터 폭넓은 인정을 받고 존경을 받는 인물을 가질 수 있었던 까닭은 각 학파가 너 나 할 것 없이 사람들을 설득할 수 있는 이론을 가지고 있었으며, 경쟁에서 살아남을 수 있는 방법을 가지고 있었기 때문이다. 제자백가의 이론에는 스스로를 강하게 만들고 여러 사람을 설득할 수 있는 모략적 색채가 농후했다.

　이렇듯 수많은 배가 경쟁하며 달리던 시대에 노자·장자·공자·묵자·맹자·손자·손빈·오자·순자·한비자·위료자尉繚子 등과 같은 기라성 같은 사상가·모략가·군사가·종

● 노자는 말 그대로 베일에 싸인 신비한 존재다. 그가 속세를 떠나면서 남겼다는 5천 자의 『도덕경道德經』 역시 신비한 책이다. 깊게 들여다보면 통찰력을 얻을 수 있다. 조맹부趙孟頫의 작품으로 전하는 노자의 모습이다.

횡가들이 찬란한 빛을 발했다. 이들은 제후국의 생존과 발전 그리고 세력 확대를 위해, 또 개인의 출세와 명성을 위해 앞다투어 책략을 건의했다. 이 때문에 어느 순간부터인가 수준 높은 모략과 기묘한 계책들이 잇달아 쏟아져 나와 당시 사회의 정치·군사·경제 발전을 강력하게 밀어붙였으며 후대에 엄청난 영향을 남겼다. 당시 비교적 빨리 모략사상을 체계적으로 형성한 대표적인 인물로는 노자와 공자 그리고 손자를 꼽을 수 있다. 이들은 서로 다른 특색을 가지고 있었다. 공자의 『논어』는 주로 정치모략 방면의 내용이 많고, 『손자』는 주로 군사학과 전략 방면에서 뛰어난 견해를 많이 보여주고 있다.(다른 언급이 없으면 『손자』는 손무의 『손자병법』을 가리킨다.) 그리고 『노자』는 통제모략의 집대성이라 할 수 있다.

　『노자』는 『도덕경道德經』이라고도 한다. 사람들에게 노자老子로 불리는 은자가 쓴 것으로 전해온다. 노자는 누구인가? 선진시대 언제쯤 사람인가? 이에 대해서는 진·한 때부터 여러 가지 설이 있었다. 사마천은 『사기』에다 이런 설들을 소개했다. 우선 『노자』는 당시 주 왕조에서 기록을 보존하던 일을 맡았던 초나라 출신 은사의 저작일 가능성이 있으며, 이 은사는 공자와 동시대 사람이거나 약간 빠른 이이李耳, 즉 노담老聃일 것이라는 설이 있다. 공자와 동시대 사람인 노래자老萊子일 것이라는 설과 공자가 죽은 뒤 120여 년 뒤 전국시대 태사太史를 지낸 담儋이라는 설도 있다. 이 어려운 문제는 역사학자들이 좀더 고증해야 할 것 같다. 아무튼 『노자』는 도가 이론의 주춧돌이 되는 저작이라는 점에서는 의문의 여지가 없다. 이와 함께 몇몇 기록에는 공자가 노자를 찾아가 예에 대해 물었다는 내용도 보인다.

철학가들은『노자』를 연구하면서『노자』의 철학이 유심주의냐 아니면 유물주의

냐를 놓고 많이 논쟁한다. 정치가들은『노자』가 어떤 계급을 대변하는 저작이냐에

관심이 많고, 아울러 이 저작이 진보적이냐 반동적이냐도 따지는 편이다. 우리는 지

금까지와 마찬가지로 모략이라는 각도에서, 그리고 여러 방면에서 초탈적인 입장에

서『노자』를 연구할 것이다. 이것도 옳고 저것도 옳다는 양비양시론적 방법은 채택하

지 않을 것이며, 글자 하나하나를 따지는 고증 방식도 따르지 않을 것이다. 지혜라는

측면에서 사람들에게 유익한 점을 계발했다면 그 점을 취할 것이다. 이러한 기초 위

에서『노자』의 모략이란 측면을 분석한 결과 사람을 통제하는 '통제모략'이라는 뚜렷

한 특징을 발견했으며, 그중에서도 아래 몇 가지 방면이 가장 두드러졌다. (이하 인용

문은 특별한 지적이 없으면 모두『노자』에서 나온 것이다.)

1. 유승론柔勝論: 부드러움으로 이긴다

"부드러움으로 강함을 이긴다."는 '이유극강以柔克剛'은 노자 모략사상의 핵심이다. 노

자는 식물에 대한 관찰을 통해 어린 싹은 약하지만 그 약한 상태에서 성장하며, 반대

로 장성하고 나면 죽음에 가까워진다는 사실을 발견했다. "사물이 강해지고 커지면

곧 노쇠해지기 마련이다. 따라서 일부러 사물을 강하고 크게 만드는 것은 반대로 그

것을 일찍 죽게 부추기는 것이다. 이는 도道의 규율을 어기는 것이다."(76장, 30장) 이

에 노자는 "강하고 폭력적인 것은 좋게 죽지 못한다."(42장)고 말한다. "강한 군대는

전멸하고 강하고 큰 나무는 잘린다. 단단하고 강한 것이 열세에 놓이고 부드럽고 약

한 것이 우세를 차지한다."(76장) 이에 "약한 자가 강한 자를 이기고, 부드러운 것이

센 것을 이긴다."(78장)는 논리로 나아간다.

　이런 논리의 오류는 뚜렷하다. 하지만 그 의미는 매우 심오하다. 사람들에게 이 규율에 따라 행동할 것을 경고하면서 "굽혀야 반대로 보전할 수 있고, 굽은 것이어야 펼 수 있으며, 낮춰야 채울 수 있고, 낡아야 신기해질 수 있다. 적어야 많아질 수 있고, 많이 가지면 도리어 분간을 못하게 된다."(22장)고 말한다. 이를 위해 노자는 생생한 비유를 들고 있다. "이 세상에 물만큼 부드러운 것은 없다. 하지만 아무리 단단하고 강한 것이라도 물을 이기지 못한다."(78장) 이는 훗날 많은 사람들이 공감한 "톱이 나무를 자르고, 물이 바위를 뚫는다."는 이치와 같다. 겉으로 보기에 부드럽고 약하면 무능한 것 같다. 겸손하게 자신을 낮추면 멍청한 것 같지만 실제로는 유리한 자리를 차지한 것이다. 나라를 다스리는 국군이라면 이런 정치모략을 장악하고 깊이 있는 인식을 갖추어야 한다. 노자는 "나라 전체의 굴욕을 감당할 수 있어야 국군이라 할 수 있고, 나라의 재앙을 짊어질 수 있어야 천하의 국왕이라 할 수 있다."(78장)고 말한다. 노자의 이러한 모략은 오늘날 사회 각 영역에서 널리 운용되고 있다.

2. 무위론無爲論: 억지로 일삼지 않는다

"억지로 일삼지 않고 다스린다."는 '무위이치無爲而治'는 노자 모략의 주체다. 노자가 보기에 큰일을 이루려면 "아주 지혜로운 사람은 어리석은 것처럼 보이고, 용기가 대단한 사람은 겁먹은 것처럼" 해야 한다. 지혜와 모략을 베풀고 활용할 때의 상책은 상대방에게 아무것도 하지 않는 것처럼, 무지한 것처럼, 무능한 것처럼 보이게 하는 것이다. 그래야만 어떤 일의 목적을 달성할 수 있다.

『중국대백과전서』 '철학' 조항에는 노자와 관련하여 이렇게 말하고 있다.

그(노자)는 "도道는 늘 일삼지 않으면서도 하지 않음이 없다."고 했다. 이는 도를 우주 본체의 자연이 자연스럽게 천지 만물을 생성하는, 즉 자연스럽게 오는 것으로 인식하고 이를 억지로 일삼지 않는다는 뜻의 '무위無爲'라 했다. 그렇게 해서 만물이 생성하는 것을 "하지 않음이 없다."는 '무불위無不爲'라 불렀다. 인간의 행위는 큰 도를 본받고 자연에 순응하며 규율을 따라야지 멋대로 행동해서는 안 된다. 이것이 인간의 '무위'다. 그렇지 않으면 "하려고 해도 실패하고, 잡으려 해도 잃는다." 노자는 『노자』 제57장에서 권력자를 향해 "내가 아무것도 일삼지 않으니 백성들이 스스로 교화되고, 내가 차분함을 좋아하니 백성들이 스스로 바르게 되고, 내가 아무 일도 꾸미지 않으니 백성들이 스스로 부를 누리고, 내가 아무 욕심도 내지 않으니 백성들이 스스로 소박해지는" 정책을 시행하라고 건의하면서 "일삼지 않아도 다스려지는" '무위이치無爲而治'를 제창했다.

노자의 무위 사상은 억지로 일삼는 것을 배척했는데, 이는 인간의 주관적 능동성을 소홀히 한 관점이기도 하다.

노자는 "하지 않는 것을 하는 것으로, 일 없는 것을 일로, 맛없는 것을 맛으로 여겨야 한다."(63장)고 말한다. 또 "일삼지 않으면 일이 잘못될 수 없으므로 손실이 없다."(64장)고도 말한다. 노자가 말하는 '무위'는 객관적 세계에 대해 힘을 쓰지 않고 자연에 맡기라는 것으로, 억지로 강요하지 말라는 소극적 천명관天命觀이자 인생관이다. 그러나 매우 깊이 있는 모략이기도 하다. 48장에서는 이렇게 말한다. "천하를 얻으려면 흔히 아무것도 하지 않는 것처럼, 가슴에 별 뜻을 품지 않은 것처럼 해야 한다. 반대로 천하를 얻으려는 큰 뜻을 드러내면 반대로 천하를 얻을 수 없다." 이와 관런하여 춘추시대 월왕 구천句踐의 성공을 예로 들어보자.

오나라 왕 합려闔閭가 월나라를 공격하다가 오른발에 중상을 입고 죽었다. 그 아들 부차夫差는 복수를 위해 월나라 수도 회계會稽를 공격하여 월왕 구천 부부를 포로로 잡아서 돌아갔다. 구천은 합려의 무덤 옆, 돌로 지은 방에서 살면서 무덤을 돌보고 말을 키웠다. 구천은 자신의 목숨을 보전하고 언젠가 나라를 되찾기 위해 갖은 방법으로 자신의 무능한 모습을 고의로 드러냈다. 가슴에다 원대한 포부는 말할 것도 없고 별다른 생각조차 없으며, 복수할 생각은 꿈에도 품지 않고 있다는 것을 오왕 부차가 믿게 했다. 부차는 구천에 대한 경계심을 완전히 풀고 3년 만에 귀국을 허락했다. 돌아온 구천은 와신상담臥薪嘗膽 20년 동안 생산을 늘리고 백성을 교육하여 마침내 오나라를 물리쳤다. 포로로 잡혀간 구천이 '무위'의 모략을 사용하지 않았더라면 부차에게 살해되었을 가능성이 크다. 그랬다면 와신상담의 기회는 갖지 못했을 것이다.

『도덕경』을 전체적으로 살펴볼 때, 노자가 말하는 '무위'의 주된 요지는 일을 하지 말라는 뜻이 결코 아니다. 그 실질은 일을 하되 하지 않는 것처럼 보이라는 것이다. 능력이 있어도 무능한 것처럼 보이고, 가지고 싶어도 그렇지 않은 것처럼 보이라는 뜻이다. 이 사상은 7장에 아주 심오하게 표현되어 있다. "따라서 성인은 자신을 맨 뒤에 두지만 오히려 먼저 차지하고, 자신을 전혀 아랑곳하지 않지만 생명을 보전한다. 자기 개인의 욕심은 추구하지 않은 것처럼 보이지만 결국은 자기가 하고자 하는 목적을 달성한다."

노자의 '무위이치'라는 모략은 어디서든지 남에게 다스림을 당하는 모습으로 나타나지만 결국은 언제 어디서든지 남을 다스리겠다는 목적을 달성한다.

3. 우치론愚治論: 어리석게 만들어 다스린다

백성을 통제하기 위해 역대 봉건 제왕들은 기가 막힌 수들을 많이 만들어냈다. 잘 알다시피 공자의 "백성은 따르게는 할 수 있지만 알게 할 수는 없다."(『논어』「태백」)는 우민정책愚民政策 같은 것이 그런 경우다. 이 우민정책은 공자에게서만 나온 것이 아니다. 노자로부터도 나온다. 확실한 고증을 거쳐 공자가 노자에게 예를 물었다는 역사가 밝혀진다면 '우민愚民'이란 모략으로 통치를 제창한 최초의 인물은 노자가 되어야 할 것이다.

노자가 보기에 백성들은 아는 것이 적으면 적을수록 좋고 두뇌는 단순할수록 좋다. 그래야만 말을 잘 듣고 통치하기가 편하다. 노자는 이렇게 말한다.

> "따라서 성인聖人이 천하를 다스리려면 백성의 두뇌는 단순하게 하고 배는 채우고, 백성의 의지는 약하게 육체는 강하게 만들어서 영원히 아는 것과 욕망이 없게 해야 한다."(3장)
>
> "옛날 도를 지키고 나라를 잘 다스린 사람은 백성들을 영악하게 만들지 않고 반대로 우둔하고 소박하게 만들었다. 백성들을 다스리기 어려운 까닭은 그들이 지나치게 영악하기 때문이다. 따라서 교묘한 지혜를 가지고 나라를 다스리려는 자는 나라에 대한 역적이고, 진솔하고 소박한 도로써 나라를 다스리려는 자는 나라에 대한 복이다."(65장)

여기서 노자는 자신의 치국모략을 노골적으로 드러내고 있다. '도'라는 원칙을 관철하려면 '도로써 백성을 총명하게 가르치지 말고, '도'를 가지고 백성을 어리석게 만들라는 것이다.

노자는 이어서 "백성들이 문자를 버리고 다시 새끼줄을 묶어 의사를 표기하게 한다. 자연 속에서 맛있게 먹고, 잘 입고, 편안하게 살고, 제멋대로 즐긴다. 이웃나라와 마주보며 닭이나 개 우는 소리가 들리기도 하지만 백성들은 차분하게 살면서 늙어 죽을 때까지 서로 귀찮게 왕래하는 일도 없다."(80장)고 말한다. 이런 '우민' 모략과 폐쇄적 방법으로 백성의 기본인 의식주 등과 같은 조건을 충족시키면서 편안하게 자기 일을 하게 하면 천수를 누리려는 욕망이 갈수록 커져 분수를 지키게 되고 반역을 꾀하려는 마음 따위는 없어진다는 것이다.

노자가 제기하고 있는 우민을 통한 통제모략은 노예제 사회에서도 활용되었고 수천 년 봉건사회의 역대 통치자들도 사용했다. 그리고 자본주의 제도에서도 여전히 활용되고 있다. 물론 오늘날 이런 방법을 사용해서는 안 되고, 사용할 수도 없다. 오히려 이와는 반대로 국민들의 지적 능력을 더 높이는 '지민智民'을 통해 정신문명과 물질문명을 보다 풍요롭게 창조할 수 있게 해야 살아남을 수 있다.

우리는 노자의 '우민' 모략을 비판함과 동시에 이로부터 다른 계발을 얻어야 할 것이다. 이를테면 국가의 큰일이나 기밀까지도 국민들에게 남김없이 알려야 할 것인가 하는 문제 등이다. 물론 안 될 말이다. '지민'이라고 해서 지도층이 가지고 있는 정보를 분간 없이 모두 국민들에게 알려야 한다는 뜻은 절대 아니다. 그랬다간 불필요한 손실과 혼란이 초래될 가능성이 크기 때문이다. 일반 국민들이 장악하지 못하고 있는 정보를 국가정책 실행의 '투명도'와 혼동해서는 안 된다. 이것이 안 되면 통치모략이고 뭐고 다 소용없는 말이 된다.

이런 점은 이제 예로 드는 몇 가지 분명한 사례들에서 잘 드러난다. 마르크시즘에 입각한 사회주의 국가에서 계급과 계급투쟁이라는 기본적인 이론이 국민들에게 충분히 교육되지 않는 상황임에도 너무 서둘러 계급투쟁이 거의 존재하지 않는 것처럼 선전하여 국민들의 경각심이 느슨해지면 민중계급과 적대되는 계급이 이 틈을 파고들 수 있다. 또한 국제적 전략과 형세 분석에 근거하면 앞으로 수십 년 이내에는 세계대전이 일어날 가능성이 없다고 한다. 세계 형세의 추세는 대항에서 대화로, 긴장에서 완화로 바뀌고 있어 국가의 현실적 전쟁 위협이 줄어들었다. 현실적 전쟁이 주는 위협이 잠재적 위협으로 바뀜으로써 국가는 정력을 경제건설에 집중할 수 있게 되었다. 그런데 이런 방침은 그 시작부터 신중하게 접근해야 한다. 점진적이어야 하고 단계와 수준을 나누어 여러 가지 형식으로 국민들에게 알리고 교육시켜야 한다. 만약 이렇게 하지 않고 그저 싸잡아 모든 상황과 정보를 한꺼번에 알려버리면 상당수가 평화의 기초가 대체 무엇인지도 모른 채 그저 맹목적으로 평화만 떠들어 적국에 대해 마땅히 갖추어야 할 경계심을 늦추고 말 것이다. 군대와 국민의 관계를 더 깊게 체계적으로 교육시키지 못하면 심각한 결과가 초래될 것이다. 앞으로 수십 년 동안 전쟁이 없다면 군대는 뭘 할 것이며, 군대는 왜 가며, 초소를 파서 뭐 하며, 간부는 왜 훈련시키는가? 이런 말도 안 되는 질문들이 속출할 것이며, 황당무계한 결론으로 치달을 가능성이 크다.

전략은 전략가의 몫이며, 전술가는 전술 문제를 다루어야 한다. 전략 중 여러 가지 기밀에 속하는 문제가 누구나 다 아는 것이 되어버리면 전략으로서의 의미는 완전 상실된다. 전략 문제는 모든 전술가 내지 일반 국민들이 이해하거나 파악하고 있어야 될 성질의 것이 아니기 때문이다. 물론 전략이 전략가의 전유물은 결코 아니다. 보통 사람이라도 수준 높은 전략을 제기할 수 있다. 하지만 이는 특별한 경우이지 일반적 상황이 아니다. 그렇지 않다면 전략가나 전술가의 구분이 필요 없어진다. 이제 모든 국가가 '우민'이 아닌 '지민'이라는 치국모략을 채용하고 있다. 하지만 우리가 '우민'과 '지민'이라는 모략을 더욱 깊이 있게 비교하고 분석할 때는 나름대로 이런저런 계발을 얻어야 할 것이다.

4. 민본론民本論: 백성을 근본으로 삼다

역대 봉건 통치자들 중 탁월한 업적을 남겨 당시 백성들로부터 환영을 받은 군주들이라면 대개 이 민본사상을 적극적으로 관철한 사람들이었다. 민본사상의 원류는 노자로 거슬러 올라간다. 『도덕경』 총 81장 중 1/3 이상에서 '민'과 '백성'을 언급하고 있다. 노자 모략의 출발점은 그것이 '우치愚治'가 되었건 '무위無爲'가 되었건, 아니면 '유승柔勝'이 되었건 모두 어떻게 백성을 통치할 것인가에 대한 연구이며, 시종일관 이 출발점을 관철하고 있다. 특히 제10장에서 노자는 '애민치국愛民治國'을 분명하게 밝히고 있다. 39장에서는 "귀한 것은 천한 것을 뿌리로 삼으며, 높은 것은 낮은 것을 바탕으로 삼게 마련이다."라고 말한다.

가장 완전하면서도 정확한 민본사상은 49장에 잘 나타나 있다. 원문 총 60여 자에 달하는 49장의 내용은 이렇다.

성인은 고정된 마음을 갖고 있지 않으며 모든 백성들의 마음을 자기 마음과 같이 여긴다. 선량한 사람에게 선량하게 대하고 그렇지 못한 사람에게도 선량하게 대하니 성인의 덕은 결국 참다운 선량이다. 믿음직하고 성실한 사람에게도 그렇게 대하고 그렇지 못한 사람에게도 그렇게 대하니 결국 성인의 덕은 참다운 믿음과 성실이다. 성인이 천하를 다스리는 자리에 있으면 욕심이 줄어들게 하고, 천하를 위해 자기 마음을 도와 혼연일체가 되게 한다. 백성들은 눈과 귀를 집중시키고 성인은 이들을 아이처럼 만든다.

여기에 명백하게 드러나듯이 노자의 근본 사상은 백성을 진정으로 근본이나 주춧돌처럼 중요하게 여기는 것이 결코 아니다. '애민愛民'을 위해 몸과 마음을 다하거나 백성을 믿어 백성의 뜻을 자신의 뜻으로 여기거나 백성의 좋고 싫음에 근거하여 사물을 대하는 것은 더욱 아니다. 노자의 사상은 일종의 통치모략일 뿐이다. 즉, 수준 높은 통치자는 백성의 의지와 바람을 잘 이용하여 그것을 자신의 의지와 바람으로 삼아 자신을 영원히 백성들의 이익과 의지를 대표하는 사람으로 만든다. 이런 식으로 신임을 얻고 위엄과 명성을 얻어 백성을 아무것도 모르는 아이처럼 걱정 없이 착하고 순하게 살아가게 함으로써 자신의 통치 지위를 더욱 굳힌다는 것이다. 백성이 선하지 못한 의지와 믿을 수 없는 의지를 보이더라도 선량하게 믿음으로 그들을 대한다. 이 방면에서 노자는 한 걸음 물러섰다가 나아가는 것과 굽혔다가 편다는 통치모략을 발견했으며, 또 다른 방면에서는 백성의 의지가 갖고 있는 거대한 힘과 대항할 수 없는 역량을 발견하여 대세에 맞추어 이들을 이끌라고 말한다. 노자는 이 점을 너무 잘 알고 있었고, 이런 점에서 그는 통치예술의 정수를 잘 보여주고 있다고 말할 수 있다.

'민본'사상으로 나라를 다스린다는 측면에서 노자는 이 밖에도 매우 심오하면서도 빛나는 인식을 보여주고 있다. 57장의 한 대목이다.

나라는 바른 도리로써 다스리고 용병은 기발한 전술로 치러야 하지만, 천하를 다스리는 것은 무위無爲로 대처해야 한다. 어떻게 그렇다는 것을 아는가? 바로 무위자연의 도로써 알 수 있는 것이다. 천하에 하지 말라는 금기가 많으면 백성들은 더욱 가난해지고, 통치자가 지략이나 권모술수를 많이 쓰면 나라는 더욱 어둡고 혼란스러워지며….

이어 58장에서는 이렇게 말한다.

정치가 흐리멍덩하면 백성들이 순박해지고, 정치가 까다로우면 백성들은 불만과 원망을 품게 된다.

여기서 노자는 보편적인 사회규칙 하나를 드러내고 있는데, 국가나 통치집단의 정치가 넓고 너그러우면 백성들의 성품이 후하고 충성스러워진다는 것이다. 반면에 정치가 가혹하면 원망과 불만이 많아진다. 이렇게 보면, 노자의 정치적 주장은 각박한 정치를 반대하고 관용의 정치를 주장하고 있음을 알 수 있다. 너그러운 정치는 사람을 후하게 만들지만, 가혹한 정치는 원망과 한을 품게 만들기 때문이다. 수준 높은 통치예술은 66장 곳곳에서 미묘하면서도 유감없이 드러나고 있다.

강이나 바다가 모든 계곡의 왕이 될 수 있는 것은 스스로 낮은 곳에 머물면서 모든 골짜기의 물을 받아들이기 때문이다. 도를 터득한 성인은 백성들 위에 오르고자 할 때도 반드시 공손한 말로 스스로를 낮추고, 백성들 앞에 서고자 할 때는 자신은 반드시 뒤에 처지게 한다. 그렇기 때문에 성인이 백성들 위에 있어도 백성들은 귀찮게 여기지 않고, 백성들 앞에 있어도 백성들이 해치려 하지 않는 것이다. 그렇기 때문에 온 천하가 즐거운 마음으로 추대하고 언제까지나 싫어하지 않는다. 그는 다투지 않으므로 천하 누구도 그와 다툴 수 없다.

『노자』의 이러한 논리는 오랜 봉건사회의 통치계층에게 아주 중요한 영향을 주었다. 많은 인식과 관점들이 걸러지고 정화되고 격려되어 오늘날까지 각계각층의 지도자들에게까지 적극적인 작용을 하고 있다. 현대사회에서 제창하고 있는 여러 통치술 중에는 『노자』에서 직접 기원하는 것이 많다. 표현의 방법과 습관상 일부 변화가 생긴 것도 있다.

5. 검약론儉約論: 검소함과 절약

노자는 사람을 다스리고 하늘을 받드는 데 중요한 원칙의 하나로 검약을 제시하고 있다. 노자의 검약론은 차라리 인색에 가깝다. 돈이나 재물을 사용할 때 함부로 쓰지 말고 절약해야 힘이 쌓이고 나라는 부강해진다는 뜻이다. 제59장은 이런 논리를 가장 잘 보여준다.

백성을 다스리고 하늘을 섬기는 데는 검약이 최고다. 오직 절약해야만 일을 만나도 일찌감치 차분히 준비할 수 있다. 이는 '절약'과 '덕'을 끊임없이 쌓는 것으로, 이렇게 하면 이기지 못할 것이 없고 그 힘은 헤아릴 수 없다. 헤아릴 수 없는 힘이 있기에 나라 정치를 관리할 수 있다. 나라를 다스리는 근본이 있기에 통치는 오랫동안 유지될 수 있다. 이것이 바로 뿌리가 깊고 굳은 것이며, 오래 살고 오래 통치할 수 있는 원칙이자 도리인 것이다.

제67장에서 노자는 스스로 자신의 '도道'가 갖고 있는 신통한 위력을 설명하고 있는데, 도가 그렇게 널리 신통력을 발휘할 수 있는 것은 세 개의 비법을 장악하고 있기 때문이란다. 관련 대목을 보자.

천하의 모든 사람들이 내가 내세우는 도가 다른 어떤 구체적인 사물과 달리 너무나 크다고 말한다. 너무나 크기 때문에 현상계에 있는 만물과 같은 수 없는 것이다. 만약 그것이 무슨 구체적인 물건 같은 것이었다면 일찌감치 보잘것없는 작은 것이 되고 말았을 것이다. 내게는 세 가지 보물이 있는데 내가 그것을 장악하고 보존하

고 있다. 첫째는 관용이요, 둘째는 검약이요, 셋째는 감히 천하 사람들 앞에 나서

지 않는 것이다. 너그러워야 용감할 수 있고, 검약해야 너그러울 수 있으며, 천하

사람 앞에 나서지 않아야 사물의 우두머리가 될 수 있다.

검약으로 국가를 부강하게 하고 백성의 습속을 바르게 한다는 노자의 이 통치

술은 『역경易經』의 관점과 맞아떨어진다. 『역경』에서는 '절약'을 이야기하면서 세 가지

태도를 제시하고 있는데, '감절甘節'·'안절安節'·'고절苦節'이 그것이다. '감절'은 절약을 맛

있는 음식을 먹듯이 즐거운 일로 여겨야 한다는 뜻이다. '안절'은 '감절'은 못 하더라도

향락을 추구하지 않고 편안하게 절약할 수 있어야 한다는 뜻이다. '고절'은 절약을 고

통스러운 일로 여긴다는 뜻이다. 『역경』의 이러한 세 가지 태도는 결국 세 가지 다른

결과를 낳는다. 즉, '감절'할 수 있으면 길하고, '안절'할 수 있으면 순리에 통달할 수

있고, '고절'은 흉하다는 것이다.

여기서 우리는 도대체 공자가 『역경』을 저술할 때 노자를 찾아 예를 물었는지,

아니면 『도덕경』의 저자가 『역경』을 참고로 했는지에 대한 탐구까지는 할 필요가 없

다. 다만 『도덕경』과 『역경』에서 '검약'을 나라를 다스리고 백성을 가르치는 요소로 보

았다는 측면에서 보면 이 이론이 얼마나 중요한가 알 수 있다.

어쩌면 『도덕경』과 『역경』의 강조와 주장이 있었기 때문에 중국이 오래전부터

근검절약의 미덕을 수립한 것은 아닌지 모르겠다. 상세한 고증을 거친 것은 아니지

만 노자와 공자가 근검절약을 제창한 데는 두 가지 의미가 있다. 한편으로는 통치자

에게 사치는 자신과 집안과 나라를 망치는 것이니 사치하지 말라는 경고의 의미가

있고, 또 한편으로는 이를 통치술로 이용하여 가난한 백성들에게 경거망동하지 말고

그 생활에 만족할 것을 권유하는 의미도 있다.

『도덕경』에서 제창한 '검약'은 『역경』에서 말하는 '감절'이다. 이는 현대사회의 여

러 영역에서 중요한 의미를 가질 수 있다. 한 사회나 국가가 날로 상승하여 더 큰 번영을 누리고 부강해지려면 검약의 기풍을 크게 일으켜야 한다. 가정이나 개인으로서 어떤 사회제도에서 생활하든지 간에 검약의 관념이 없으면 집은 쓰러지고 개인은 파산할 것이 뻔하다. 이것이 계속되면 사회에 발을 내릴 수 없다. 검약의 의의에 대해서는 당나라 때의 시인 이상은李商隱이 수준 높게 개관한 바 있다.

지나간 나라와 집안을 두루 살펴보면 성공은 근검절약에서 비롯되었고, 실패는 사치에서 비롯되었더라.

그런데 지금 사회 풍조는 사치가 갈수록 기승을 부리고 있다. 입으로는 청렴한 정치, 근검절약을 떠들지만 행동은 낭비와 향락에 빠져 지난날 없던 시절의 고통을 깡그리 잊고 있다. 그 낭비와 향락의 정도는 가진 자들도 혀를 내두른다. 공무원들과 정치권의 접대와 예물 그리고 뇌물은 상상을 초월한다. 다들 한 통속이 되어 진흙탕을 뒹굴고 좋은 게 좋은 거라면서 허구한 날 먹고 마시고 즐긴다. 이런 현상이 민간에서 성행하는 것이라면 국민들의 생활이 풍족해졌구나 하고 얼마든지 보아 넘길 수 있다. 그런데 대단히 유감스러운 것은 이런 풍조가 사회 각계의 지도층에 만연해 있다는 사실이다. 이들은 그 돈이 어디서 나왔는지, 누구의 돈인지를 불문하고 닥치는 대로 먹어치운다. 이런 행위는 사회 풍조를 나쁘게 만들며, 그 피해가 얼마나 큰지는 말하지 않아도 다 안다. 이런 의미에서 우리 지도층이 노자의 '검약'론을 진지하게 연구하면 크게 도움을 받을 수 있을 것이다.

6. 교화론敎化論: 가르침을 통해 변화시키다

백성을 통치하려면 제대로 된 이론을 가지고 백성을 교육하여 자신의 통치에 복종하도록 해야 한다. 백성을 교화하는 체계적인 실력이 없으면 통치자로서 자격이 없다. 백성들에 대한 교화를 늦추는 것은 통치를 스스로 포기하는 것이나 마찬가지다. 이는 수천 년 사회발전의 역사가 증명한다. 백성에 대한 교육을 중시하고 교화를 통해 통치 목적을 달성하고자 했던 원조는 역시 공자다. 그가 세상 사람에 의해 '교육가'로 추앙받는 것도 이 때문이다. 이런 교화를 주장하고 실시하라고 이야기한 옛사람들 중에는 노자 역시 중요한 역사적 지위를 차지하고 있다.

『도덕경』에 보이는 '무위론'과 '우치론'은 백성에 대한 교육을 포기하겠다는 논리가 아니라 백성을 교육하여 '무위無爲'와 '우愚'의 단계에 이르게 하겠다는 의지의 표현이다. 그렇게 되면 통치에 유리하기 때문이다. 이런 가르침은 사실 실천하기가 훨씬 힘든 교화의 실력이자 예술이다. 제3장에 이런 대목이 보인다.

재능 있는 사람을 존중하지 않으면 백성들이 경쟁하지 않는다. 희귀한 상품을 중시하지 않으면 백성들이 도둑질을 하지 않는다. 욕망을 불러일으키는 사물을 보여주지 않으면 백성들의 마음이 혼란하지 않다.… 백성은 영원히 지식도 없고 욕망도 없는 상태가 된다. 스스로 총명하고 유능하다고 하는 자들이 함부로 망령된 주장을 못 하게 할 수 있다.

이 3장의 원문은 불과 60여 자에 불과한데, "백성을 어떻게 한다."는 표현이 다섯 군데나 보인다. 노자의 '우민'과 '무위'의 모략이 적절한 방법으로 백성을 교화한다는 기초 위에 서 있음을 알 수 있다.

『도덕경』에 나타난 교화술을 대조해보면 오늘날 각계각층의 지도자들을 부끄럽게 만드는 부분들이 많다. 교육을 얼마나 천시하면 백년대계라고 하는 교육이 1년 농사만도 못한 것으로 취급당할까? 얼마나 교육을 무시하면 심지어 교육의 목적이 무엇인지도 모르고 교육 어쩌고저쩌고 떠들어대기만 할까? 다음의 경우도 마찬가지다. 국민들이 아직 가난과 신용불량에서 벗어나지 못했는데 '소비'를 부추긴다. 자기 조상들의 문명이 어떤 것인지도 제대로 알지도 못하면서 '서양문명'을 떠들고 숭배한다. 결과는 한푼 한푼 낭비하다 빈털터리가 되고, 자기 나라의 계승자나 자기 사업의 후계자를 길러내는 것이 아니라 자기 나라와 자기 조상을 모조리 부정하는 매국노와 자기 사업을 야금야금 파먹는 도굴꾼을 길러낸다. 이런 비극은 『도덕경』의 '우치론'과 비교해도 한참 뒤떨어진다. 노자의 교화술을 진지하게 해부하여 그 속에서 현실적 의미를 찾아내야 할 것이다.

모택동은 인민을 잘 교화한 고수였다. 그는 스스로 '위대한 인도자', '위대한 영도자', '위대한 장수', '위대한 조타수'라는 네 개의 위대한 명함을 버리고 '위대한 교사' 하나만을 원했다. 그는 평생 인민에 대한 교육을 첫 번째 직업으로 여겼다. 국민에 대한 교육이 국가 통치에 얼마나 중요하며, 단 한시도 소홀히 할 수 없는 영역이라는 점을 잘 말해준다.

7. 전화론轉化論: 자리바꿈의 논리

노자는 사물은 상호의존적 관계이지 고립된 관계가 아님을 계통적으로 설명했다.

아름다움과 못생김, 쉽고 어려움, 길고 짧음, 높고 낮음, 앞과 뒤, 있고 없음, 더하기와 빼기, 단단하고 부드러움, 강하고 약함, 화와 복, 명예와 치욕, 지혜와 어리석음, 정교함과 거침, 크고 작음, 죽음과 삶, 승리와 패배, 지키고 잃음, 나아가고 물러섬, 조용하고 시끄러움, 무겁고 가벼움 등등 모든 것이 상호의존적 관계에 있다는 것이다. 어느 한쪽이 존재하지 않으면 나머지 한쪽도 존재할 수 없음을 노자는 일찍이 인식했다. 노자는 이렇게 말한다.

> 따라서 유와 무는 서로 상대적으로 나타나고, 어려움과 쉬움도 상대적으로 이루어지고, 길고 짧은 것도 상대적으로 형성되고, 높고 낮음도 상대적으로 대비되고, 음과 소리도 상대적으로 어울리고, 앞과 뒤도 상대적으로 존재하기 마련이다.(제2장)

이 논리는 세상 만물이 대립하면서도 통일된다는 규칙을 매우 심오하게 보여준다. 객관적 사물에 대한 이 같은 변증적 인식에 기초하면 대립-통일에 처해 있는 사물이 수시로 변화하지 않는 경우가 없다는 규칙도 어렵지 않게 발견하게 된다. 그리고 노자는 모든 사물이 상반된 방향으로 자리바꿈하려는 규칙을 지키고 있다고 보았다. 제40장에서는 "반대로 돌아 복귀하려는 것이 도의 활동이다."라고 했고, 제58장에서는 "바른 것이 방향을 바꾸어 부정으로 변하고, 착한 것이 되돌아 악한 것이 된다."고도 했다. 따라서 "화禍 속에 복福이 깃들어 있고, 복 안에 화가 숨어 있는"(58장) 것이다.

노자는 '도'를 가지고 우주만물의 변화를 설명했다. 약 5,000자에 이르는 『도덕경』 전체에서 '도'는 74차례 사용되고 있다. 여기서 노자는 "도는 하나를 낳고, 하나는 둘을 낳고, 둘은 셋을 낳고, 셋은 만물을 낳는다."(42장)는 관점을 제기하면서, '도'는 "간섭하거나 주어지지 않아도 늘 저절로 그렇게 되는" 것으로 보았으며, 따라서

"사람은 땅을 법도로 삼고, 땅은 하늘을 법도로 삼고, 하늘은 도를 법도로 삼으며, 법은 자연을 법도로 삼는다."고 했다.

'도'는 객관적 자연규칙으로 해석할 수 있으며, 동시에 홀로 바뀌지 않고, 쉬지 않고 돌고 도는 영원하고 절대적인 본체의 의의를 갖고 있다. 또 "반대로 돌아 복귀하려는 것이 도의 활동"이라고 한 것은 "천하 만물은 유에서 생겨나고, 유는 무에서 생겨난다."는 인식과 맞물린다. 이는 노자가 사물의 대립과 자리바꿈의 기본 원칙을 예측했다는 것을 말해준다. 이러한 기본 원칙은 중국 철학의 발전에 거대한 영향을 주었을 뿐만 아니라 현대에 새로 일어난 사유과학에도 영향을 주고 있다.

당시의 역사 조건에서 노자는 이미 우주만물의 끊임없는 자리바꿈을 인식하고, 상생상극相生相克이라는 법칙을 운용하여 자연을 해석했다. 나아가서는 나라를 다스리고 안정시키는 모략으로 활용하여 각 방면에 적용했다. 제64장의 대목을 예로 들어보자.

안정된 상태의 사물은 유지하기가 쉽다. 싹이 트는 단계이거나 아직 드러나지 않은 상태에서는 무엇인가를 계획하기가 쉽다. 나약한 물건은 소멸되거나 합쳐지기 쉽다. 미세한 물건은 흩어지기 쉽다. 발생하지 않았거나 모양을 갖추지 않은 사물을 처리하기가 쉽듯이, 나라에 아직 난이 발생하지 않았을 때 다스리는 근본적인 방법을 움켜쥐면 효과를 쉽게 볼 수 있다. 두 팔로 껴안을 만큼 큰 나무도 털끝 같은 작은 싹에서 자랐고, 9층 높이의 높은 축대도 흙을 쌓아서 올린 것이며, 천리 길도 한 걸음부터 시작된다.

이상은 사물의 변화 과정과 변화의 규칙을 말한다. 이런 변화, 즉 자리바꿈의 원칙을 파악하는 것은 일을 꾸며 성사시키는 기초가 되며 승리를 향한 탄탄한 길을 찾을 수 있다.

노자의 모략은 여러 면에서 소극적인 요소를 드러낸다. 그 시대와 계급이란 한계 때문에 노자의 '도'는 객관적 유심주의에 속한다. 그가 '사물의 전화轉化'라는 변증법을 인식하긴 했지만 '전화'의 조건에 대한 인식은 부족했다. 그의 변증법은 적극적이고 진취적인 것이 아니라 소극적이고 보수적이며 심지어 퇴화적인 부분도 많다. 노자의 모략은 착취계급을 대변하고 있어 역대로 착취계급이 중시했다. 이름난 모략가라 할 수 있는 진평陳平과 육고陸賈 등이 노자의 사상과 일맥상통하는 황로 사상을 신봉했다.

전체적으로 보아 노자의 사상은 후세에 아주 심대한 영향을 남겼다. 특히 정치 모략과 통제술 방면에서는 지금도 『도덕경』 곳곳에서 그 흔적을 찾을 수 있다.

제8장
나라를 다스리는 근본 모략: 한비자

선진先秦 시기[11]의 모략이론 중 유가와 도가 외에 아주 중요한 파가 하나 더 있었다. "오로지 법에 의해 다스려야 한다."고 목놓아 외친 법가法家가 바로 그것이다. 법가는 선진 시기에 실제 정치에 중점을 두어 뚜렷한 성과를 보인 학파로, 법으로 나라를 다스린다는 이론은 역대 통치자들에게 귀중한 행동지침이 되었다. 법가의 이론은 신불해申不害·신도愼到·상앙商鞅 등의 창조와 발전을 거쳐 한비자에 와서 법法·술術·세勢가 결합된 완전한 이론체계를 갖추었다. "오로지 법으로 다스린다."는 법치이론은 진·한 이후 명실상부 실천으로 옮겨졌고, 법률은 중국인이 나라를 다스리는 중요하고 귀중한 보물이 되었다. (물론 이 법률체계와 서방의 그것은 근본적으로 다르다.) 이 장은 법가의 대표적 인물인 한비자韓非子의 모략사상을 큰 줄기로 삼아 서술을 진행한다.

11 　선진은 진나라의 시황이 중국 역사상 최초로 천하를 통일한 기원전 221년 이전을 통째로 가리키는 용어다. 여기서의 선진 시기는 기원전 221년에서 멀지 않은 전국시대(기원전 403-202)를 가리키고 있다.

1. 입법연기立法緣起: 법을 세우는 동기

한비자는 대략 기원전 280년에 태어나 기원전 233년 마흔여덟의 나이로 죽었다. 전국시대 한韓나라 출신으로 할아버지 때만 해도 귀족 집안이었으나 자신에 와서 사士 계급으로 떨어졌다. 훗날 통일 진秦나라의 승상이 되는 이사李斯와는 동문으로 유가의 대가인 순자荀子에게 배웠다. 그러나 두 사람은 스승의 곁을 떠나 법가의 대표적인 인물들이 되었다. 한비자는 법가의 중요한 인물이자 선진 제자백가의 사상을 집대성한 장본인이기도 하다.

● 한비자는 비운의 사상가였다. 동문에게 배신당하고, 한 번만 만나면 죽어도 여한이 없겠다던 진시황에게 배척당해 쓸쓸히 독배를 들어야만 했다. 하지만 그의 처절한 사상은 진나라가 천하를 통일하는 밑거름이 되었고, 그 후 2천 년 넘게 동양 사회 전반에 큰 영향을 주었다.

한비자는 전국시대 말기에 태어났다. 당시는 사회제도가 거대한 변화의 소용돌이에 처해 있었고, 사회 전체가 불안했으며 분쟁이 끊이질 않았다. 제후국은 라이벌을 제거하고 패주가 되기 위하여 간사하고 파렴치한 수단도 마다하지 않았다. 모든 것이 기력氣力, 즉 힘에 의해 결정되었다. (이하 인용문들은 특별한 표시가 없는 한 모두『한비자』에서 나온 것이다.) 이긴 자가 왕이요, 패하면 도적이었다. 낡은 귀족 세력은 숨이 끊어졌지만 아직 완전히 고꾸라지지 않고 시시각각 반격에 나서 새로 일어난 지주계급을 없애려 했다.

이런 복잡다단한 상황에서 어떻게 하면 자기 나라를 누구에게도 패하지 않는 위치에 올려놓느냐가 초미의 관심사가 되었다. 온갖 정치이론들이 비 온 뒤 죽순처럼 곳곳에서 생겨났다. 유가는 "덕으로 교화하라."는 '덕화德化'와 "어진 정치" '인치仁治'를 내세웠으나 현실정치 투쟁에서 바로 기세가 꺾였다. 도가는 '작은 나라 적은 인민'과 '자연으로의 회귀'와 같은 정치이론을 내세웠으나 사실 이는 안정을 희망하는 미약한 도가의 정치 이상에 지나지 않았다.

한비자로 대표되는 법가는 세상을 구하겠다는 강렬한 책임감을 안고 절박하게 강자가 되는 길을 탐색했다. 한비자는 이괴李悝와 오기吳起가 위魏와 초楚에서 실천한 변법개혁의 경험을 종합하여 "오로지 법으로 다스린다."는 '유법위치唯法爲治'라는 정치적 주장을 내세우기에 이르렀다. 그는 법으로 나라를 다스려야만 나라는 강해지고 인민은 부유해져 영원히 불패의 입지를 굳힐 수 있다고 보았다. 그는 이렇게 말한다.

천하의 모든 사람이 지혜와 역량을 다해 표준과 법도를 따르면 어떤 일이라도 성사될 것이고, 가만히 있더라도 마음이 평온할 것이다.(「안위安危」 제25)

이 이론은 당시 형세의 발전에 적응했다. 천하를 통일하겠다는 큰 뜻을 품은 진왕 영정贏政(훗날 진시황)은 한비자의 저작을 보자 책상을 치며 감탄을 금치 못했다.[12] 그리고 무력을 동원하여 한비자를 진나라에 포로로 잡아와 그와 무릎을 맞대고 대화를 나눈 결과 좀더 일찍 만나지 못한 것을 한탄했다. 그 뒤 이사李斯와 요고姚賈 등의 모함을 받아 한비자는 진나라 감옥에서 억울하게 죽었지만 그의 사상은 진나라에 의해 정치적 실천으로 옮겨졌다.

---

12   기록에는 한비자를 한 번이라도 만날 수 있다면 죽어도 여한이 없겠다고 했다.

2. 입법 근거: 법을 세우는 근거

"오로지 법으로 다스린다."는 '유법위치唯法爲治'라는 정치모략은 심사숙고한 결론이지 일시적 충동이나 혈기에서 나온 것이 결코 아니다. 또한 종래의 사상을 단순하게 전승한 것도 아니다. 이제 그 이론적 근거를 주로 다음 몇 가지 점으로 나누어 설명해 보겠다.

1) 역사 진화론

한비자의 역사 진화론은 대체로 같은 법가의 인물인 상앙이 저술한 것으로 알려져 있는 『상군서商君書』의 관점을 계승하고 있다. 한비자는 원시에서 현재에 이르는 역사를 상고上古·중고中古·근고近古·당금當今의 네 시기로 나누어 전체 사회역사의 진전 과정을 분석했다.

한비자는 사회역사는 전체적으로 진화한다고 보았다. 이는 선진 시대 대다수 학파가 고대 선왕을 미화한 것과는 상반된다. 그는 아울러 물질생활이라는 조건으로 정치와 도덕 현상을 해석했다.

옛날에 재물을 중시하지 않은 것은 사람들이 어질어서가 아니라 재물이 풍족했기 때문이며, 지금 사람들이 서로 재물을 차지하기 위해 다투는 것은 사람들이 탐욕스러워서가 아니라 재물이 모자라기 때문이다.(「오두五蠹」 제49)

요컨대 현재는 인구의 증가로 인해 먹을 것이 모자라기 때문에 고루 나눌 수 없고 그래서 투쟁이 발생한다는 논리다. 그의 논리는 다음과 같은 구체적인 분석으로 이어진다.

그런데 지금은 한 사람이 다섯 명의 자식을 낳고도 많다고 여기지 않는다. 그 자식이 또 다섯 명씩의 아들을 낳으면 할아버지는 생전에 스물다섯의 자손을 보게 된다. 이처럼 인구는 늘어나고 재물은 부족하게 되어 힘들여 일을 해도 풍족하게 살 수 없게 되어 사람들이 서로 다투게 되는 것이다.(「오두」제49)

인구 증가가 생산 증가의 속도를 앞지를 때 사람들은 생활과 생존을 위한 필수품을 차지하기 위해 모순을 일으키고 투쟁을 벌인다. 이런 관점은 오늘날의 인식으로 보면 아주 유치하지만 지금으로부터 2천 수백 년 전의 전국시대를 감안한다면 아주 심오한 역사 관점이라 하지 않을 수 없다.

한비자는 사회 변화의 궤적을 "상고시대에는 도덕道德으로 경쟁했고, 중세에는 지모智謀를 다투었으며, 지금은 기력氣力을 다투고 있다."고 묘사했다. '기력을 다투는' 현재는 혼란과 분쟁의 국면을 방지하기 위해 사람들이 공동으로 지켜야 하는 행위규범과 준칙을 제정해야 한다. 그리고 일련의 물질화된 시설과 수단을 이용하여 강제적으로 모종의 사회질서와 의지를 밀고 나가 사람들을 능가하고 사람들의 행동을 지배하는 객관적 역량이 되게 해야 한다. 이런 객관적 역량이 바로 '법法'이다. 한비자는 법을 일정한 역사 단계의 산물로 보고 천명이니 신권이니 하는 사상을 포기했다. 아울러 물질적 생활 조건이라는 방면의 원인으로 법이 생산된 까닭을 설명하려 했다. 이는 그 당시로는 대단히 귀한 이론이 아닐 수 없다.

2) 이익을 좋아할 수밖에 없는 인성

한비자의 논저 중에는 명확하게 '인성人性'이란 개념이 사용되고 있지 않지만 문장 중 곳곳에 인성과 관련된 한비자의 논술이 충만해 있어 그의 모략사상을 구성하는 유기적인 한 부분이 되고 있다.

한비자는 당시 사람들의 활동을 고찰하여 인간의 심리상태를 통찰함으로써 독특한 인성론인 '자위론自爲論'을 이끌어냈다. 이 '자위론'의 중심은 인간은 천성이 이기적이라는 것이다. 그가 보기에 나라와 나라, 인간과 인간의 관계는 모두 이익으로 연계되고 유지된다. 이익이 충돌할 때는 부자·모녀·형제·자매·부부 사이라도 등을 돌리고 원수가 된다. 이와 관련하여 그는 이렇게 말한다.

> 부모들은 사내아이를 낳으면 축하하지만 여자아이를 낳으면 물에 던져 죽이지 않는가. 여자아이나 남자아이나 부모가 임신하여 태어나지만 남자아이는 축하를 받고 여자아이는 죽임을 당하는 것은 뒷날을 고려하여 장기적 이익을 꾀하기 때문이다."(「육반六反」 제46)

다 같이 부모가 임신해서 낳은 아이의 처지가 이렇게 상반된 것은 결국 부모의 이기심 때문이라는 지적이다. 또 이런 대목도 보인다.

> 미모가 시든 여자라면 색을 밝히는 남자를 받들면서 푸대접을 받지나 않을까 어찌 염려하지 않겠는가. 또 그녀의 자식이 왕위를 계승하지 못할까 염려하지 않겠는가. 이것이 바로 후비와 부인들이 군주가 빨리 죽기를 바라는 까닭이다.(「비내備內」 제17)

나이 들고 미모가 시든 여자들이 예외 없이 남편이 일찍 죽기를 바라는 것은 왜인가? 남편에게 버림받지 않을까 두렵기 때문이다. 재산을 물려받을 자기 아들의 법적 계승권이 사라지지 않을까 겁내는 것이다. 인간관계가 이렇게 가까운 사이도 계산적인데 남한테야 말해서 무엇하랴! 이득이 된다면 원수하고도 손을 잡고 이익을 서로 나눌 판이다. 한비자는 보다 구체적인 사례를 들어가며 이렇게 말한다.

> 수레를 만드는 장인은 수레를 만들면서 사람들이 부귀해지기를 바란다. 관을 만드는 목수는 사람들이 빨리 죽기를 바란다. 그렇다고 해서 수레를 만드는 사람은 다 착하고, 관을 만드는 목수는 다 악하다고 할 수 없다. 사람이 넉넉하지 못하면 수레가 팔리지 않을 것이고, 사람이 죽지 않으면 관을 팔 수 없기 때문이다. 목수가 사람이 미워 빨리 죽기를 바라는 것은 결코 아니지만 빨리 죽어야만 자기에게 이익이 돌아오기 때문이다.(「비내」 제17)

여기서 한비자는 사회의 직업이 다 다르기 때문에 사람들은 각자 자신의 이익을 고려하여 다른 방식으로 사람을 대하는 것이라고 지적한다. 그 목적은 단 하나, 이익을 좇아 생존을 추구하는 것이라고 말한다.

> 고용인들이 열심히 밭을 갈고 풀을 뽑으며 애써 논둑을 정비하는 것은 땅 주인을 사랑하기 때문이 아니라 그렇게 해야 식사가 융숭해지고 노임으로 받는 돈과 옷감의 질이 좋아지기 때문이다. 이는 순수한 노동과 임금의 교환 관계이다. 부자간의 정에도 자신의 필요만을 충족시키고자 하는 이기적인 마음이 있거늘 더 말해서 무엇하랴.(「외저설外儲說」 좌상 제32)

한비자는 고용주와 고용인의 관계란 적나라한 이익 관계일 뿐이지 거기에 자비니 사랑이니 하는 것은 없다고 지적한다.

인간의 본성이 "스스로를 위하는" '자위'나 '이기심'이라면 인류사회의 모든 관계는 이익으로 맺어질 수밖에 없다. 한비자가 보기에 한 나라의 군주는 인간의 이 같은 이기심의 본성을 이용하여 통치해야 한다. 한편으로는 법률로 폭력이나 난을 막아 사회질서를 유지하는 동시에 이익으로 유혹하여 모두가 용사가 되게 하고 농사를 잘 짓게 해서 부국강병이라는 목적을 실현해야 한다. 한 나라의 군주는 모든 정책을 의식적으로 '이익'이란 기초 위에서 수립하여 사람들이 '이익'이란 축을 중심으로 상호 작용하게 만들어야 한다. 동시에 상호 투쟁하게 만들어 통치의 최고 효과를 달성해야 한다.

이렇듯 한비자는 이론상 계통적으로 법치를 실행해야 할 필요성과 필연성을 논증함으로써 "오로지 법으로 다스린다."는 '유법위치唯法爲治'의 사상에 깊은 이론적 뿌리를 내렸다. 이는 한비자 이전의 법가 인물들 중 누구도 하지 못했던 것이며, 그 깊이 또한 다른 학파의 정치사상이 따르지 못한다.

3. 입법 원칙: 법을 세우는 원칙

법을 집행하려면 먼저 법을 만들어야 한다. 한비자는 법이 나라를 세우는 근본이며 전제정치 실행을 보증하는 근본이라고 생각했다. 즉, "법이란 제왕의 근본"이다. 따라서 입법권은 의문의 여지 없이 군왕이 장악해야 한다. "법을 만드는 것은 군주다." 그러나 군주가 법률을 제정할 때 자기 마음대로 해서는 안 되며 반드시 다음 두 가지 기본 원칙을 지켜야 한다.

1) 인정론人情論

한비자는 "무릇 천하를 다스릴 때는 반드시 인간의 심리에 기초해야 한다."고 지적한다. 여기서 말하는 인간의 심리가 바로 '인정人情'이다. 그는 "인간의 심리에는 좋고 나쁜 것이 존재하기 때문에 상벌을 이용하여 백성들을 조종할 수 있으며, 상벌을 이용할 수 있으면 법령 또한 집행될 수 있으므로 정치술이 갖추어지는 것이다."(이상 「팔경八經」 제48)라고 말한다. 다시 말해 군주가 법을 만들 때는 그 당시 그 지역의 문화전통과 풍속에 맞는지 고려해야 하며, 시행 대상의 가치관과 일치해야 한다. 이래야만 법률이 제 기능을 발휘하여 기대한 목적을 이룰 수 있다. 그렇지 못하면 어떤 법률도 한낱 헛된 조항이 되어 의미를 잃게 된다. 이는 중국 고대 법률사의 중요한 경험이자 법제사에 대한 한비자의 일대 공헌이기도 했다.

'인정론'은 실제에서 출발하여 사람들이 받아들일 수 있는 능력을 살펴야 한다. "현명한 군주는 (백성들이) 얻을 수 있는 포상제도를 제정하고, 피할 수 있는 형벌제도를 만드는 법이다."(「용인用人」 제27) 법률조항은 엄격하면서도 구차하지 않아야 하며, 느슨한 것 같으면서도 빠진 것이 없어야 한다. 공도 없이 녹봉을 받거나 너무 쉽게 상을 타거나, 조금만 잘못해도 심한 벌을 받는다면 이런 상벌은 작용하기 힘들고 나라도 제대로 다스려지지 않는다. 한비자는 이렇게 말한다.

따라서 군주가 상을 내리는 데 잘못이 있으면 민심이 동요할 것이요, 형벌을 가하는 데 잘못이 발생하면 백성들이 법을 두려워하지 않을 것이다. 상을 내리더라도 선행을 권장하는 작용을 하지 못할 것이고, 벌을 주더라도 나쁜 행동을 금지하는 역할을 제대로 해내지 못할 것이다. 이렇게 되면 나라의 땅과 백성이 아무리 넓고 많아도 위기에 빠질 것이 틀림없다.(「식사飾邪」 제19)

군주는 상벌의 정도를 잘 장악하여 상으로 격려하고 벌로 교훈을 줌으로써 법의 기능을 충분히 발휘할 수 있게 해야 한다.

2) 정법론定法論

군주가 입법할 때는 법이 상대적 안정성과 일치성을 갖추도록 해야 한다. 한비자는 이를 '정법定法'이란 말로 표현했다. 통치자의 정책과 명령이 순조롭게 관철되도록 하기 위한 중요한 방침이다.

'정법'을 보증하려면 "법에만 의존해야 한다." 군주는 법률을 제정하는 대권을 장악해야 하고, 각급 관리들은 법률을 집행하는 권력만 갖도록 해야 한다. 이와 관련하여 한비자는 이렇게 말한다.

> "상벌이란 나라를 다스리는 데 아주 유효한 도구다. 군주가 이를 장악하면 신하들을 일률적으로 통제할 수 있지만 반대로 신하들의 손에 넘어가면 군주를 꼭두각시로 만든다."(「내저설」 하 제31)
>
> "나라를 다스리는 자는 법을 공평하게 실시하지 않으면 안 된다."(「외저설」 좌하 제33)
>
> "통치술은 군주가 장악하고, 법은 관리들이 받드는 것이다."(「설의說疑」 제44)

이는 정치적 법령이 여러 경로로 나가는 통에 백성들이 누구를 따라야 할지 모르는 상황을 피하고 전국을 통일된 법령으로 이끌자는 것이다.

한비자는 신불해가 한韓에서 17년 동안 재상으로 분전했음에도 패업을 이루지 못한 근본적인 원인은 정치적 법령이 한 통로로 나가지 못하고 여러 갈래로 나뉘어 나가고 법령도 자주 바뀌었기 때문이라고 보았다.

진晉의 옛 법률이 아직 폐기되지 않았는데 한은 새로운 법을 제정했고, 선왕의 명령이 미처 거두어지지 않았는데 군주가 또 명령을 내렸다.(「정법定法」 제43)

이렇게 되면 간사한 자들이 신구 법률의 사이에 존재하는 틈을 이용하여 이익을 챙기고, 결과적으로 백성들은 말할 수 없는 고통을 당하게 되는 것이다.

마찬가지로 법령이 바뀌면 사람들 간의 이해관계에도 변화가 일어난다. 이해관계에 변화가 발생하면 사람들의 작업도 따라서 바뀌게 된다. 사람들의 하는 일이 바뀌는 것, 이를 변업變業이라 부른다. 사리에 맞춰 살펴보건대, 사람들에게 작업을 시키고 자주 변동을 일으키면 일의 성취는 아주 적을 것이다. 대형 기물은 한번 한자리에 배치했으면 자주 옮기지 말아야 하는데, 그렇지 못하면 손해가 클 수밖에 없다. 작은 생선을 요리하는 데 너무 자주 뒤적이면 제맛을 잃는다. 나라를 다스리는 데도 법령을 자주 바꾸면 백성들이 고달파진다.(「해로解老」 제20)

법령이 자주 바뀌면 사물의 가치 표준이 상실된다. 법이란 거울이나 저울과 같은 것이어서 함부로 어지럽혀서는 안 된다.

그것은 마치 거울이 맑음을 유지하고 흔들리지 않아야 아름다움과 추함을 비춰낼 수 있으며, 저울이 균형을 잡고 흔들리는 일이 없어야 무게를 헤아릴 수 있는 것과 같다. 거울이 흔들리면 모습을 제대로 얻을 수 없고, 저울이 흔들리면 무게를 달 수 없는 것과 마찬가지로 법률도 흔들려서는 안 된다. 따라서 법의 상대적 안정성과 일치성을 유지해야 하는데, 이 목적을 실현하는 전제조건은 군주가 반드시 절대 권력을 장악하는 것이다. 그렇지 못하고 "법으로 금한 바를 쉽게 바꾸면서 툭하면 신하들에게 명령을 내리는 군주가 다스리는 나라는 망할 것이다."(「망징亡徵」 제15)

이상 두 가지 기본 원칙에도 주의해야 할 점들이 있다. 예를 들어 법률조항은 이해하기 쉬운 일반성을 갖추고 있어야 한다. 법률은 전국을 상대로 공포되는 것이기 때문이다. 또 법률조항은 상세하고 빈틈이 없어야 하며, 명확하고 착오가 없어야 한다. 그렇지 못하면 소송이 끊이질 않게 된다. 남편 소리도 옳고 아내의 말도 옳은 혼란한 국면이 초래되면 법률의 위엄을 수립하기 어렵기 때문이다. 또한 새로운 법을 제정하려면 옛날 법과의 이해관계나 득실을 잘 따져야 한다. 새로운 법이 이익이 많다면 굳센 의지로 개정해야 한다. 일부 통치자들의 이익과 상충하더라도 절대 포기해서는 안 된다.

4. 집법준승執法准繩: 법을 집행하는 잣대

입법이 중요하긴 하지만 법의 집행은 더 중요하다. 법률은 집행 과정을 거쳐야만 제자리를 찾을 수 있고, 좋고 나쁨과 우열을 가릴 수 있다. 또한 이 과정을 거쳐야만 그 효과를 충분히 발휘하여 그 작용을 나타낼 수 있다. 사용하지도 않으면서 높은 곳에만 올려놓으면 법률조항이 아무리 상세하고 치밀하다 해도 심기만 낭비하는 꼴이 된다.

법을 집행하기 위해서는 먼저 법률을 대중에게 공표하여 보통 사람 누구나가 법률의 내용을 알게 해야 한다. 이것이 한비자가 말하는 '명법明法'으로 "법이 일단 확정되면 변하지 않아야 백성들이 알게 된다."(「오두」 제49)는 것이다. 한비자는 이렇게 말한다.

법은 책에 기록하여 관청에 비치하고 백성들에게도 공표하는 것이다. 통치술은 가슴에 품고 있다가 여러 가지 상황에 대처하고 은밀히 관리들을 통제해주는 것이다. 법은 드러내는 것이 좋고, 통치술은 감추는 것이 좋다.(「난삼難三」 제38)

법을 모든 사람에게 공표하는 '명법'은 죄와 죄가 아닌 것 사이의 경계를 분명히 해주고 대중에게 알림으로써 행동의 잣대를 제시하는 것이다. 이렇게 되면 "관리들이 감히 법을 어기지 않으며, 속리들이 감히 사사로운 이익을 추구하지 않으며, 백성들이 감히 뇌물을 주고받지 못하게"(「팔설八說」 제47) 된다. 한비자는 한 걸음 더 나아가 '명법'의 필요성과 효능을 이렇게 설명한다.

군주는 신하가 제아무리 지혜와 능력을 가졌다 하더라도 법을 위반하는 횡포를 부리게 해서는 안 된다. 재능이 있는 자라도 공을 넘어서는 상을 주어서는 안 된다. 충절과 신의로 칭찬을 받는 사람이라도 법을 어겼을 때는 군주가 법을 무시하고 사면하는 행동을 하지 않아야 법도를 밝혔다고 할 것이다.(「남면南面」 제18)

● 고대 법률의 공표는 대형 청동솥에 주조하여 관청 문 앞에 세우는 방식이었다. 그래서 법을 형정刑鼎 또는 법정法鼎이라고도 했다.

'명법'은 상벌을 분명히 하고 공과 죄를 가려서 대하자고 주장하는 것으로, 이는 노예주 귀족들을 위한 법률에 대한 부정이자 통치자의 자아의식 수준이 높아졌다는 표현이다. 노예제 사회에서는 "형벌(법)은 알게 해서는 안 되고, 권위는 예측되어서는 안 된다."는 논리를 가지고 노예주가 노예를 부리는 권력을 보증해왔다. 동시에 생사여탈권을 남용하는 방편이 되기도 했다. 그런데 춘추시대 정鄭나라의 자산子産은 법률을 청동기에 새겨 최초로 일반인들에게 공개했다. 이때 숙향叔向을 비롯한 보수 귀족 세력들은 대대적으로 자산을 욕하면서 정나라가 자산 때문에 망할 것이 틀림없다며 강력하게 반발했다. 그들이 내세운 이유는 일반인이 법을 알면 끊임없이 소송이 일어난다는 것이었다. 다시 말해 민중이 법률을 가지고 귀족의 특권에 도전해 올 것이 두려웠던 것이다.

그러나 변법이라는 역사 조류는 도도한 장강의 물처럼 어떤 세력도 막을 수 없었다. 진晉·초楚·위魏·진秦 등이 잇달아 성문법을 공표했다. 한비자는 이 전통을 이어받아 '명법'을 굳건하게 주장했다. 실제로 '명법'은 통치자의 특권을 취소하자는 것이 결코 아니라 특권에 대해 제한을 가하여 남용을 막자는 의미였다. 통치계급의 지위를 위협하는 요소를 미리 방지하여 장기적인 안정을 실현하자는 취지였다. 법률적 각도에서 보면 '명법' 주장은 현대 법리학 중 죄형법정주의 요소를 포함하고 있다. 이는 사회 진보의 요구를 실현하는 것이자 정치와 법률생활에서 민중들의 민주의식 각성을 완곡하게 반영하는 것이기도 했다.

모든 법률의 집행은 사람을 떠나 이루어질 수 없다. 일정한 인원을 통해 집행할 수밖에 없다. 그래서 한비자는 관리를 신중하게 선택할 것을 주장한다. 법을 집행하는 관리를 신중하게 골라 제멋대로 하지 못하도록 해야 한다는 것이다. 국가의 치란이나 흥망성쇠와 관계되기 때문이다. 즉, "사람을 발탁하여 나랏일을 맡기는 것은 존망치란이 관건이다."(「팔설」 제47) 관리는 법을 직접 집행하는 자이고, 군주는 관리를 통해 전국에 대한 통치를 실행하는 것이다. "따라서 관리들 역시 백성들에 대하여 나무줄기를 흔든다든지 그물의 벼리를 당기는 방법을 사용해야 한다."(「외저설」 우하 제35)

군주는 관리를 임용할 때 그들이 절대 자신에게 충성하도록 해야 한다. 즉, "작은 지혜를 가진 사람에게 국정을 계획하게 할 수 없고, 작은 충성을 가진 사람에게 국가의 사법권을 맡길 수 없다고 하는 것이다."(「식사」 제19) 군주는 임용한 관리를 오랫동안 기용하지 말고 정기적으로 교체해야 한다. 그렇지 않으면 "세력을 키운 자는 당파를 만들 것이고, 힘이 약한 자는 외세를 끌어들이는"(「설림說林」 상 제22) 국면이 초래된다. 이 밖에 관리의 법 집행은 반드시 자신의 직분에 맞아야 하고 또 그 직분을 다해야 한다. "일을 맡은 관리가 능력이 부족하면 파직당하기 마련이다."(「팔경」 제48) 관리를 어떻게 임용하고 통제할 것이냐에 대해 한비자는 法법·術술·勢세를 함께 사용하라는 이론을 제시하고 있는데 이에 대해서는 아래에서 상세하게 검토하겠다.

법은 일종의 관념적인 존재일 뿐만 아니라 직접적이고 현실적인 객관적 특징을 갖추고 있다. 따라서 법을 집행하는 과정에서 법률의 객관성을 체현하여 법의 평등성을 유지해야 하며, 형벌은 "친하고 귀하게 여기는 자를 가리지 말고 가장 아끼는 자라도 똑같아야 한다."(「외저설」 우상 제34) 진정으로 법 앞에서는 개인적인 감정에 얽매이지 말고 누구에게나 평등하게 대해야 한다는 뜻이다. 본래 '법法'이란 글자는 '표灋'란 글자를 줄인 것이다. 『설문해자說文解字』에는 이 '표'를 '형刑'으로 해석하면서 물처럼 고르게 하는 것이라고 했다. 그리고 '표灋'에서 물 수 변을 떼어낸 '포廌'는 뿔이 하나인 동물을 가리키는 글자인데, 이 동물의 뿔이 똑바로 자라지 않으면 잘라낸다. '포'란 동물은 총명하고 정직하여 인간의 시비곡직을 판단할 줄 알아 공정치 못한 인간을 정확하게 가려내어 뿔로 떠받아버린다고 한다. 법은 공정무사하고 공평하고 합리적이라는 본래의 의미에 충실해야 한다.

이괴·오기·상앙 등 선배들의 변법 실천 경험을 종합하여 한비자는 "법이 제대로 실행되지 않는 것은 윗사람부터 법을 어기기" 때문이라는 것을 깊이 있게 인식했다. 그는 아주 무거운 어조로 "예로부터 전하는 말과 『춘추』에 기록된 것들 중에 법에 저촉되고 군주를 배반하며 중대한 죄를 범한 사례들은 거의가 직위가 높고 권세가 막중한 국가 대신들에게서 나왔음을 보여주고 있다."(「비내」 제17)고 지적한다. 그는 군주가 법을 어긴 대신들을 엄격하게 징벌하여 죽을죄를 용서해서는 안 되며 봐주어서도 안 된다는 점을 특별히 강조한다. 이를 위해서는 "신하들로 하여금 법 밖에서 행동하지 못하게 하고, 법 테두리 안에서도 임의로 은혜를 베풀지 못하게 하여 모든 행동이 법을 벗어나지 않게"(「유도有度」 제6) 해야 한다. 그렇지 않으면 법령이 실행되지 않고 법률은 효력을 잃게 된다. 왜 그런가? 법 밖에 특권자가 존재한다는 것은 사회 혼란의 화근이 되기 때문이다. 그들은 자신들의 사리사욕을 위해 지위와 권세를 믿고 나쁜 짓을 함부로 저지르면서 백성들에게 해독을 끼치며 호화사치, 포악, 음탕함 따위로 계층 간의 갈등을 대대적으로 격화시켜 통치의 근본을 흔들어놓는다. 이같은 관점은 신흥 세력을 대표하는 한비자의 탁월한 식견을 표현한 것이다.

법이 객관적 특성을 갖춘 이상 모든 것은 법에 따라 처리되어야지 법을 자기 하고 싶은 대로 마음대로 해석해서는 안 된다. 그렇지 않았다간 "이익을 얻고자 했던 일에서 도리어 금지시키는 것만 못한 결과를 낳고,… 상을 주며 격려했던 자가 도리어 욕먹을 짓을 저지르곤 하는…"(「외저설」 좌하 제33) 혼탁한 국면이 나타난다. 이렇게 되면 나라는 다스려지지 않고 간신을 막을 수 없다. 관련하여 한비자는 이렇게 말한다.

군주가 공명정대한 법을 도외시하고 한 개인의 사적인 견해를 좇아서 국정을 운영
한다면 신하들은 자신의 지혜와 능력을 최대한 꾸미려 들 것이다. 그렇게 해서 본
질을 가리게 되면 나라에 국법이 바로 설 수 없다. 이런 식으로 모두가 법을 지키지
않는 행태가 두루 퍼지면 나라에 바로 다스려질 정도가 사라질 것이다.(「식사」 제19)

모든 것을 법에 따라 처리해야만 나라는 부유해지고 백성은 강해져 나라와 백
성 모두가 편안해질 수 있다.

사사로이 법을 어기려는 마음을 없애고 공법을 지킬 수 있으면 현재 국력의 강약을
떠나 백성들을 편히 살게 하며 나라를 치세로 이끌 수 있을 것이다. 또 사사로운 행
동을 버리고 공법을 실행할 수 있으면 국력은 강해지고 상대적으로 외적을 약화시
킬 수 있다.(「유도」 제6)

한비자는 법을 임의대로 해석하는 것에 반대한다. 그래야만 법을 집행하는 과
정에서 나타날 수 있는 불공정한 현상을 피할 수 있고, 사법 심판에서 관리의 뜻에
맞추어 죄와 형벌을 정하는 폐단을 끊을 수 있다. 이렇게 되면 '죄형법정주의'로 '죄형
무단주의'를 대신할 수 있고, 이는 인권과 이익을 보장하고 정확하게 형량을 처리하
는 데 대단히 적극적인 의미를 갖는다.

법을 집행하는 과정에서 나타나는 여러 방면의 다양한 저항력을 피할 수는 없
다. 이런 상황에서는 법을 집행하는 자의 굳센 의지가 중요하다. 힘든 것을 감수하
는 것은 물론, 심지어는 집이 파산하고 사람의 목숨까지 잃을 수도 있는 위험을 무릅

쓸 수 있는 굳센 의지가 필요하다. 즉, "무도한 군주에게 화를 당하는 것도 두려워 않고" 오로지 한마음으로 "백성들을 통일시키고 이익을 얻을 수 있도록" 법의 존엄성을 굳게 지킨다면 "어질고 지혜로운 행동"이라 할 수 있다.(이상 「문전問田」 제42) 이는 법가 계통의 인물들이 일관되게 주장하고 실천해온 법치정신의 표현이자 관련한 일에 종사했던 자신들에 대한 굳건한 신념의 표출이었다.

5. 이법교심以法教心: 법으로 마음을 교화시키다

법이 나라를 다스리는 큰 법보法寶인 이상 모든 것은 법에 따라 움직여야 한다. 사상과 문화도 예외일 수는 없다. 당연히 법의 테두리 안에서 말하고 행동해야 한다. 한비자는 "법으로 마음을 교화시킨다."는 '이법교심'이라는 정치모략을 제기했는데, 이는 실제로는 일종의 '문화 전제주의專制主義'였다.

한비자는 전 국민의 사상은 정부의 법령 위에 통일되어야 한다고 지적한다. 봉건국가는 법령을 선포할 뿐만 아니라 법령을 선전하여 여자와 어린애들까지 다 알게 해야 한다. 따라서 "백성을 같은 궤도로 통일시키는 데 법도를 준수케 하는 것보다 나은 것은 없으며"(「유도」 제6) "경내 백성들의 논의는 반드시 법의 테두리 안에서 이루어져야 한다."(「오두」 제49)고 주장한다.

한비자가 여기서 말한 법은 통치계급의 의지와 다름없다. 특히 군주 개인의 의지다. "언론이 법의 테두리에 맞아야 한다."는 것은 통치질서를 수호하는 효과적인 방법이다. 그 목적은 백성들에게 법을 준수할 것을 요구하는 것임은 물론, 더 중요하게는 사상의 자유를 취소하자는 데 있다. 법으로 인간의 행위를 규범 짓겠다는 사고방식은 본래 선진 시대 법가의 공통된 주장으로, 한비자는 여기서 한 걸음 더 나아가 법 자체도 인간 사상의 규범이 되어야 한다고 주장한다. 그래서 그는 "간악한 죄를 방지하는 방법 중 최선은 그 마음을 금하는 것이고, 그다음이 간악한 말을 금하는 것이며, 그다음이 행동을 금하는 것이다."(「설의」 제44)라고 말한다. 이렇게 인간의 정신활동을 근본적으로 말살하여 문화 전제주의의 잔혹성과 배타성을 체현하겠다는 것이다.

한비자는 문화 전제주의를 주장했기 때문에 기타 여러 학파, 특히 유가와 묵가에 대해 맹렬한 공격을 퍼부었다. 유가가 존재하기 때문에 "천하에 패망하는 나라, 멸망하는 왕조가 끊이지 않으며, 이는 조금도 이상할 것이 없다."(「오두」 제49)고까지 생각했다. 한비자는 법가를 제외한 나머지 학파는 현실 사정에 너무 어둡고 논의가 비현실적이라고 본다. 말만 앞세우고 경험이 없다고 몰아붙인다. 급기야 백가를 근절시키고 시서詩書를 불태워야 한다고 주장한다. 이 이론은 훗날 한비자의 동창이었던 이사가 제기하여 진 왕조가 받아들임으로써 천고에 악명 높은 '분서갱유焚書坑儒'로 폭발했다.

이런 문화 전제주의의 제기는 당시 백가쟁명의 필연적 결과이기도 했다. 표면적으로 보아서는 전국시대 모든 사상 영역에 여러 인물과 학파가 존재하면서 백화제방百花齊放이라는 분위기가 형성된 것 같다. 하지만 각 학파와 학설을 덮고 있는 안개를 걷고 그 안을 들여다보면 당시 사상 대논쟁에 참여하여 목소리를 냈던 모든 학파가 상대방을 자기 존재의 조건으로 인정하지 않고 서로 공격만 했다는 사실을 발견할 수 있다. 모두가 독존만을 고집하면서 다른 학설을 배척했던 것이다. 한비자가 제기한 '이법교심'이라는 문화 전제주의의 이론도 자연스러운 결과였다. 진이 중국을 통일하여 전제통치를 실행하면서 이 문화 전제주의를 추진했음은 당연했다.

6. 보이술세輔以術勢 : '술'과 '세'로 뒷받침하다

한비자의 통치모략에서 법·술·세는 삼위일체로 어느 하나에 치우칠 수 없다. 이는 치국이론의 중요한 부분이기도 하다. 그는 이 세 가지가 군주의 손에 쥐어져 있는 공구여야 한다는 점을 분명하게 선언했다. "군주에게 가장 큰일이란 법 아니면 술이다."(「난難」 3 제30)라든가 "세란 군주에게 이빨과 발톱 같은 것이다."(「인주人主」 제52)라고 한 것이다. 이 셋 가운데 한비자는 그래도 '세'에 더욱 치중한다. '세'는 법과 술을 실행하는 전제이기 때문에 세를 잃으면 군주는 더 이상 군주가 아니다. 즉, "군주가 세를 잃으면 신하가 나라를 차지한다."(「고분孤憤」 제11) 그는 두 번 세 번 군주에게 '세'를 단단히 움켜쥐라고 충고한다. 그는 "신하라는 위치에 있는 자는 군주와 골육의 친분을 맺고 있는 것도 아니며, 단지 군주의 위세에 속박되어 섬기지 않을 수 없는 입장에 있을 뿐이다."(「비내」 제17)라고 말하면서, 아부하는 무리들이 권세를 사취하지 않도록 시시각각 방비해야 한다고 지적한다. "무릇 간신들이란 군주의 뜻에 순종함으로써 총애와 신임을 얻으려고 한다."(「간겁시신姦劫弑臣」 제14) 말의 엉덩이를 두드리는 것은 말에 올라타기 위함이다. 이는 당연한 규율이다. 그러나 군주 전제체제에서는 아부를 일삼는 간신들이 권세를 훔치는 일들이 심심치 않게 발생했다.

'세'에 관한 한비자의 논의 중 가장 큰 특징은 '세'를 '자연지세自然之勢'와 '인위지세人爲之勢'로 나눈 것이다. '자연지세'란 시세에 순응하면서 대권을 장악하는 것을 말하는데, 권력을 움직일 수 있어야 한다는 의미도 포함한다. '인위지세'란 객관적 조건이 완전히 갖추어지지 않았지만 가능성이 있는 조건이라면 유동적으로 권력을 운용하라는 지적이다. '인위지세'는 대체로 두 가지 의미를 함축하고 있는데, 하나는 '총명지세聰明之勢'다. 이와 관련하여 한비자는 다음과 같은 말을 하고 있다.

현명한 군주는 천하 사람들로 하여금 자신이 보고 듣는 것을 돕지 않을 수 없게 만든다. 그렇기 때문에 자신은 깊은 궁궐에 있으면서도 눈빛은 천하를 비출 수 있으니 세상 누구도 가리거나 속일 수 없다.(「간겁시신」 제14)

군주는 타인을 잘 부려서 다른 사람의 총명을 자신의 총명함으로 바꾸고 천하 사람의 눈과 귀를 자신의 눈과 귀로 바꿀 수 있어야 한다는 것이다.

두 번째는 '위엄지세威嚴之勢'로, "대체로 엄격한 집안에 흉악한 자식 없고 자상하기만 한 어머니 밑에 패륜아들이 생겨나니, 나는 이러한 사실에서 위세로는 포악함을 막을 수 있지만 후덕함으로 변란을 막을 수 없다는 사실을 발견했다."(「현학顯學」 제50)라고 한 대목이나 "위세란 군주의 근력이다."(「인주」 제52)라고 한 것이 이를 말한다. 군주에게 위엄이 없으면 신하를 굴복시킬 수 없다. 한비자는 이런 두 가지 종류의 세를 장악하기만 하면 군주가 굳이 성현이 아니더라도 천하를 다스릴 수 있다고 보았다.

'술'은 군주전제를 지키는 신하를 다루는 술이다. "술이란 가슴에 품고 있다가 여러 상황에 대처하고 은밀히 관리들을 통제하는 것이다."(「난」 3 제38) 술과 법은 다르다. 법은 공개해야 하는 것이고 밝혀야 하는 것이다. 술은 신비해야 하고 어두운 곳에 감추어져 있어야 한다. 즉, "법은 드러내는 것이 가장 좋고, 술은 감추는 것이 좋다."(상동上同) 친근한 사람을 대할 때라도 술은 드러나서는 안 된다. "술을 운용할 때는 주위 측근들조차 모르게 해야 한다."(상동) 한비자가 말하는 신하들을 부리는 술에는 다음 몇 가지가 있다.

첫째, 반대로 말하기다. 신하들 앞에서 일부러 틀린 말을 하여 신하의 성의와 신하들이 자신에게 충성하는지를 살피는 것이다. 한비자는 다음과 같은 예를 들려준다.

자지子之가 연의 재상이었을 때 하루는 당상에 앉아 있다가 "지금 문밖으로 지나간 것이 무엇이냐? 백마가 아닌가?"라고 거짓으로 물었다. 모두들 보지 못했다고 대답하는데 한 사람이 밖으로 쫓아갔다가 돌아와서는 "백마였습니다."라고 보고했다. 자지는 이런 방법으로 수하들의 불성실함을 알았다.(「내저설」 상 제30)

둘째, 깊이 감추고 드러내지 않는 것이다. 어떤 사건이 발생했을 때 군주는 먼저 자신의 태도를 밝히지 않고 방법을 강구하여 신하들의 의견을 발표하게 하는 것이다. 이와 관련하여 한비자는 "군주가 군주다우려면 신하들로 하여금 반드시 자신이 한 말에 책임을 지게 하며, 의견을 내야 할 때 내지 않는 책임도 물어야 한다."고 말한 다음 계속해서 "신하가 군주에게 의견을 올리는 데 말의 시작과 끝이 없고, 사실에 대한 증거도 없이 함부로 발언한다면 이 발언에 대한 책임을 지도록 해야 한다. 어떤 사안에 대해 제출할 말에 대한 책임 추궁이 무서워 침묵으로 일관하면서 지금 자리를 지키기에 급급한 신하가 있다면 그에 대한 책임도 물어야 한다."(이상 「남면」 제18)고 지적한다.

셋째, 귀머거리와 벙어리인 것처럼 조용히 변화를 지켜본다. "도의 실체는 볼 수 없는 곳에 존재하며, 그 작용은 알 수 없는 곳에 있다. 군주의 도 또한 그와 같아서, 사사로운 잡념 없이 차분하게 아무 일도 하지 않는 것처럼 보여도 드러나지 않게 신하들의 과실을 살핀다. 군주는 신하들의 행실을 보고도 보지 못한 듯, 들어도 듣지 못한 척, 알아도 모르는 척해야 한다."(「유도」 제5)

넷째, 언로를 활짝 열어야 한다. 충고를 들을 때 개인의 감정이 끼어들지 않게 하고, 오로지 일에 유리한지의 여부만을 보아야 한다. "충고의 말은 귀에 거슬리지만 현명한 군주는 이를 경청하는데, 이는 충고의 말을 들으면 공업을 이룰 수 있다는 사실을 알기 때문이다."(「외저설」 좌상 제32)

다섯째, 형식과 명분을 참고하고 대조하여 실제를 추구해야 한다. "현명한 군주
는 말을 들으면 반드시 그 쓸모를 살피고, 행동을 보면 반드시 그 효용성을 따지기 때
문에 사람들이 헛되거나 진부한 학문은 이야기하지 못하고 교만하고 허황된 행동으
로 위장할 수 없는 것이다."(『육반』 제46)

이상, 한비자가 말하는 신하를 부리는 술은 그 자체로 소극적인 점이 없지는 않
지만 군주 전제제도에서는 버릴 수 없는 것이기도 하다. 이 이론들은 오늘날에도 참
고할 만한 의미를 가지고 있긴 하지만 반드시 대상을 가려가며 적용해야 할 것이다.

제9장
인류 병법의 바이블: 『손자병법』

춘추시대 말기에 태어난 손무孫武(기원전 545?-기원전 470?)[13]는 정치적으로는 전설 속의 제왕들, 이를테면 황제·요·순·우·탕 및 주 문왕·주 무왕·주공 단 등의 치국 통치모략을 계승했다. 사상의 방법이란 면에서는 그의 선배인 노자나 그와 대체로 같은 시대를 살았던 공자와 여러 가지 점에서 같거나 비슷하다. 예컨대 군대를 다스리는 문제에서 이들은 모두 '애인愛人'을 기본으로 삼고 병사 훈련을 가장 우위에 두고 있다. 공자는 "백성을 가르치지 않고 전쟁에 내보내는 것은 그들을 버리는 것이다"(『논어』「자로」)라는 유명한 말을 남긴 적이 있다. 손무는 "병사들을 교육시키는 데는 덕으로

---

[13] 손무는 흔히 손자로 많이 불린다. 여기서는 그의 성과 이름인 손무로 통일하고, 그의 병법서인 『손자병법』은 『손자』라는 약칭을 쓴다. 총 13편으로 이루어져 있는데, 13편의 이름은 이렇다. 제1 「계計」, 제2 「작전作戰」, 제3 「모공謀攻」, 제4 「형形」, 제5 「세勢」, 제6 「허실虛實」, 제7 「군쟁軍爭」, 제8 「구변九變」, 제9 「행군行軍」, 제10 「지형地形」, 제11 「구지九地」, 제12 「화공火攻」, 제13 「용간用間」.

● 손무와 그 병법의 출현으로 전쟁의 형태와 수준은 물론 그에 따른 모든 개념이 완전히 바뀌었다. 그를 '병가兵家의 성인'이란 뜻으로 '병성兵聖'이라 부르는 것도 이 때문이다.

하고, 통제하는 것은 엄격함으로 한다."(「행군」 제9)[14]는 입장과 "용병을 아는 장수는 국민의 생명을 좌우하는 사람이며 국가의 안위를 책임지는 사람이다."(「작전」 제2)라는 입장을 기본 사상으로 삼는다. 군사상 그는 이윤·강상(강태공)·관중 등과 같은 모략가의 용병 필승책을 계승했다. 이를테면 기정奇正(기습과 정공), 이해관계, 음양, 신속, 경계와 대비 등등과 같은 것들이다. 당시 복잡한 사회적 배경과 빈번한 용병 실천을 기초로 하고, 그 기초를 계승한 위에서 창조성을 발휘하여 깊고 넓은 영원히 사라지지 않을 불후의 『손자』를 탄생시켰다. 손자의 용병모략은 공자의 정치모략이나 노자의 통제모략과 함께 중국 고대 역사에 지극히 큰 영향을 미친 찬란한 빛이었다.

---

14   이하 별다른 주석이 없으면 모두 병법서인 『손자』의 편명이다.

1. 현대적 의의

예로부터 지금까지 역대 정치가·군사가·전략가 등과 같은 모략가들은 군사모략을 중시했다. 『손자』에 대한 연구는 심지어 죽을 때까지 심혈을 기울인 사람도 있다. 조조는 "군을 이끈 지 30년 동안 손에서 책을 놓지 않았는데, 낮에는 군사 대책을 논의했고 밤에는 경전을 읽으며 생각했다."고 했다. 조조는 배우기를 좋아하고 경전에 밝았으며, 특히 『손자』를 좋아하여 『손자』에 대한 연구에 일가견을 보였다. 그는 『손자』 13편의 원래 모습을 회복하여 처음으로 『손자』에 주석을 다는 선구자가 되었다. 이는 『손자』에 대한 후대 연구를 위한 주춧돌이 되었다.

당나라 때 『손자』는 중국에서 일본으로 전해져 도쿠가와 막부 시대에 『손자』를 연구한 사람이 50명을 넘을 정도였다. 현대에 와서도 『손자』는 사람들에게 잊히지 않았을 뿐만 아니라 과학문화가 발달한 서양에서조차 『손자』 열풍이 불었다. 미국의 핵전략 이론은 『손자』의 도움을 받았으며, 일본의 기업들은 기업의 발전을 위해 『손자』를 빌렸다.[15]

『손자』의 영향은 서양에도 미쳤다. 미국 의회의 국방문제 고급 전문가이자 국방대학 전략연구소 소장인 존 콜린스John Collins가 자신의 저서 『대전략大戰略』에서 "손무는 고대에 최초로 전략사상을 수립한 위대한 인물이다. 그는 기원전 400년에서 기원전 300년 사이에 최초의 명저 『손자』를 저술했다. 손무의 13편은 클라우제비츠의 저작을 포함한 역대 명저들에 비견될 만하다. 오늘날 전략의 상호관계, 고려해야 할 문제 그리고 동반되는 제한 등에 대해 그보다 더 심오한 인식을 보여준 사람은 없다."

---

[15] 우리의 경우는 삼국시대에 이미 『손자』가 전래되었고, 현대에 와서도 한때 『손자』 열풍이 불었다.

고 말했다.[16] 그런가 하면 영국의 군사이론가이자 전략가인 리델 하트Liddell Hart는 『손자』 영문판 서문에서 "손무의 학설은 불후의 생명력을 가지고 있다."고 했다.

　『손자』의 현대적 의의는 고기술·고강도의 걸프전을 통해 입증된 바 있다. 여러 자료에 근거하여 걸프전의 진행 상황을 분석하면서 『손자』의 기본 이론으로 고찰해 볼 때 아래 몇 가지 점이 특별히 눈길을 끈다.

1) 전략상 '신전', '벌모', '벌교' 사상의 운용

오늘날 국지전에 따른 고도의 소비를 비롯하여 정치·외교·경제·심리 등의 종합적인 작용 및 값비싼 선진 기술 장비의 폭넓은 사용 등은 전쟁 결정, 전쟁 준비, 전쟁 시작에서 종전에 이르기까지 공격자로 하여금 손무의 '신전愼戰'·'벌모伐謀'·'벌교伐交' 사상을 실천하게 하고 있다. 이것들은 각각 "전쟁을 신중히 대하여 가능한 한 공격을 늦추고", "공격보다는 정책과 외교로 해결하라."는 사상이다. 보도에 따르면 걸프전이 시작된 이후 전장에는 '손무 신드롬'이 출현하여 부시(아버지 조지 H. W. 부시)는 『손자』를 보물 다루듯 하면서 늘 읽고 연구했다고 하며, 해병대원들도 『손자』를 필독서로 선정하여 전체 사병들에게 『손자』를 몇 번이고 읽어 완전히 외우고 통달하게 했다고 한다. 이라크의 쿠웨이트 출병 및 다국적군의 페르시아만 출정은 한편으로는 '벌모'나 '벌교'와 같은 전략을 사용하여, "싸우지 않고 적을 굴복시키는 것이 최상의 용병이며" "반드시 적을 보존한 채 이기는 방법으로 천하의 권세를 다툰다. 이렇게 해

16　콜린스가 말한 손자의 저술 시점은 정확하지 않다. 『사기』 「오자서열전」에 따르면 상한은 기원전 512년으로까지 거슬러 올라간다.

서 군대가 무디어지지 않으면서도 이익을 제대로 지키는"(이상 「모공」 제3) 정치적 목적을 위해 노력했다. 수준 높은 전략이자 정책 결정이었다. 정치, 외교, 군사력의 위협이 심각한 저항에 부딪혀 전쟁이 아니면 문제를 해결할 수 없을 때도 손자는 '신전'을 주장한다. "전쟁은 국가의 중대사다. 국민의 생사가 달렸고, 국가의 존망이 결정되니 깊이 생각하지 않을 수 없다." "세勢라는 것은 적과 나의 일반적인 비교에서 나타나는 이로움을 바탕으로 부딪히는 상황에 따라 유리한 방법을 씀으로써 승기를 잡는 것이다."(이상 「계」 제1) 손자는 이런 논리를 전략적 목적을 달성하는 전제조건으로 삼아, 기분대로 전쟁 규모를 확대하지 말고 전쟁 과정을 늦추어서 전쟁의 등급을 제한할 것을 주장한다.

첫째, 전쟁의 결정은 신중해야 한다. "이익이 없으면 군대를 움직이지 말고, 이득이 없으면 군대를 사용하지 말 것이며, 국가가 위태롭지 않거든 전쟁을 하지 말아야 한다." "현명한 군주는 전쟁을 신중히 생각해야 하고, 훌륭한 장수는 전쟁을 경계해야 한다. 이것이 국가를 안전하게 보전하고 군대를 온전하게 하는 길이다."(이상 「화공」 제12) 국가에 유리하지 않고 일정한 정치·경제적 이익도 없는 군사행동을 취하는 것은 적절치 않다. 다국적 군대가 페르시아만에 출병하는 과정을 놓고 볼 때, 전쟁 결정은 신중해야 하며 모든 면을 두루 살펴야 한다는 점을 잘 보여준다. 어느 한구석이라도 착오가 발생하면 바로 수동적인 상황에 몰리게 된다. 군대가 국지전에서 국가의 정치적 목적을 달성하는 과정에서 합리적으로 운용되려면 정책 결정자는 달성하고자 하는 목적의 가치를 분명히 알고 있어야 하며, 그 가치와 목표를 달성하는 데 지불해야 하는 대가와 모험에 따른 위험 부담 등을 제대로 비교해야 한다.

'정치가 우선'이지 전쟁 자체는 목적이 아니라 정치적 목적을 달성하기 위한 수단이라는 원칙을 강조해야 한다. 초강대국은 정치나 경제적 목적을 달성하기 위해 부득이한 경우가 아니면 직접 출병하지 않는다. 출병한다 하더라도 통상 결정을 신중히 하며 규모를 통제한다. "폭력은 수단이고, 목적은 상반된 경제 이익"이므로 합리적이면 움직이고 그렇지 않으면 멈추는 것이다. 오늘날 국지전의 거대한 대가 때문에 전쟁의 득실 문제를 고려하지 않을 수 없게 되었고, 더 이상 형식상 승리로는 만족할 수 없게 되었다. 그보다는 전략적 효과와 이익에서 출발하여 어떤 대가로 승리할 수 있는가 하는 문제를 고려할 수밖에 없게 되었다.

'사막의 폭풍' 첫날 미군은 5억 달러를 쏟아부었고, '사막의 방패' 작전에는 111억 달러를 소모했다. 이런 엄청난 전쟁 비용은 아무리 경제 대국이라 하더라도 장기간 유지할 수 없다. 따라서 전쟁 쌍방이 전쟁의 목표, 사용할 작전, 구사할 기술적 수단, 작전 선택 등 전쟁 결정을 확정했다 하더라도 더욱 신중해야 하며 전쟁의 효율을 더욱 추구해야 한다. 직접적인 작전 효율을 따져야 할 뿐만 아니라 전쟁을 통해 달성하려는 전략적 목적을 더 중시해야 한다.

둘째, 초반전을 신중히 하라. "전쟁을 이끄는 데서 승리하더라도 오래 끌게 되면 군대가 무뎌지고 병사들의 사기가 떨어지게 된다." "무릇 전쟁을 오래 끌어 국가에 이로운 예는 아직 없었다."(이상 「작전」 제2) 현대 국지전과 걸프전의 중요한 특징은 첫째는 전쟁 목적의 한계성이고, 둘째는 전쟁 범위와 사용 수단의 통제성에 있다. 목적의 한계란 전쟁이 일반적으로 적국의 영토 전부를 점령하는 것을 목적으로 하지 않는다는 것이다. 대신 신속한 행동을 통해 가능한 한 빨리 절제된 정치·경제적 목적을 달성한다. 전쟁 목적의 한계성은 전쟁의 규모나 수단의 한계를 결정한다. 교전 쌍방은 상대방의 잠재력(대국의 그림자와 동맹국) 및 세계 여론을 고려해야만 한다. 또 작전(특히 작전 초기) 행동에 대한 지리적 한계, 작전에 투입되는 병력과 병기의 종류와 수량에 일정한 한계가 있기 마련이다. 쌍방 모두 전쟁의 전체 과정을 통제하는 데 주의해야 하며, 일반적으로 상대방 국가와 민족의 생존을 위협하지 않도록 전쟁 등급을 통제하는 데 최선을 다해야 한다.

이는 한편으로는 빠른 속도로 예정된 목적을 실현하는 데 유리하며 다른 한편으로는 작전의 한도를 보증할 수 있다. 예를 들어 다국적 군대가 '사막의 폭풍' 제1차 공격을 가할 때 바그다드의 일부 중요한 목표와 이라크-쿠웨이트 경내의 유도탄 기지, 지휘본부, 비행장, 정유공장, 전기공장 등과 같은 시설들을 폭격했으며, 이라크의 화학무기공장, 바그다드 비행장, 시리아 공격을 위해 사용된 유도탄 기지를 중점으로 파괴했다. 전후, 특히 70년대 이후 국지전은 보편적으로 목적의 한계성이 따르고, 전쟁 과정을 통제할 수 있다는 특징을 감안하여, 각국의 군대는 새로운 조건에서 언제든지 흐트러지지 않고 준비한다는 사상으로 새롭게 무장했다. 국지전은 전쟁 준비, 전쟁 전개에 필요한 시간에 한계가 있어 신속하고 효과적으로 사전 준비를 강화하지 못하거나, 정력의 많은 부분을 초전에 기울여 범위와 시간을 통제하여 첫 전쟁에서 승리하지 못하면 신속하게 전략적 목표를 달성하기 어려워진다.

셋째, 정치·외교적 작용이 뚜렷해지고 있다. 지금의 국지전은 정치·외교투쟁의 엄격한 제약과 영향을 받기 때문에 군사행동에 정치·외교적 색채가 뚜렷하며, 전쟁의 고저강약도 정치·외교의 변화로부터 직접적인 제약을 받는다. 전쟁이 정치·외교 요소의 제약을 더욱 뚜렷하게 받고 있다는 의미다. 전쟁 전부터 전쟁이 끝날 때까지 정치·외교투쟁은 물밑에서 치열하게 진행되며, 전쟁의 마무리는 대부분 정치적 해결로 끝맺음을 한다. 걸프전의 군사행동은 국가와 지역적 한계를 직접 건드리고 있지만 해당 지역은 물론 모든 국제전략 형세에 상당히 큰 영향력을 낳았다. 군사행동의 선택이란 면에서 군사투쟁의 승리를 확보해야 할 뿐만 아니라 그보다 더욱더 정치·외교투쟁의 필요성에 적응해야 한다.

걸프전에서 교전 쌍방은 긴장된 정치·외교활동을 전개했다. 쌍방은 정치·외교활동을 통해 자신들의 목적을 달성하기 위해 온 힘을 기울였다. UN은 10개의 결의안을 잇달아 통과시켜 이라크에 대해 전면적인 경제 제재와 정치 제재를 실시하여 심리적으로 압박을 가하고도 여의치 않자 국제사회는 평화적 수단으로 중동 위기를 해결하기 위해 노력했다. 당시 UN 사무총장 페레즈 드 쿠엘라는 이라크와 여러 차례 회담을 가졌고, 프랑스 대통령, 러시아 대통령, 일본 수상 등이 잇따라 중동 국가들을 방문했으며, 요르단 국왕, 팔레스타인 해방기구 지도자 등이 줄줄이 이라크와 인근 국가들 사이에서 조정과 화해를 주선했다.

한편 이라크는 중동 위기의 해결과 시리아의 레바논 침공을 이스라엘의 팔레스타인 점령과 연계시켜 문제를 복잡하게 만들고 정치화했다. 외교투쟁과 군사투쟁이 전쟁의 정치적 목적을 위해 긴밀하게 연계되었다. 미국과 기타 서방 국가들은 UN의 이라크 제재를 내세워 폭넓은 지지를 얻었고, 냉전기 미국과 대립했던 러시아와 손을 잡음으로써 오랫동안 반미 감정을 가지고 있던 아랍 세계 대부분 국가들을 이해시키고 묵인을 얻어냈다. 미국 국내에서는 부시의 페르시아만 출병 정책이 폭넓은 지지를 받았다. 반대로 이라크는 주권국가를 침공한 대가로 정치적으로 아주 수동적인 처지에 놓였을 뿐만 아니라 주변국의 도움과 이해를 상실했다.

넷째, 손무의 실력론(위력론)은 여전히 특별한 의미를 가진다. 외교를 중시하는 '벌교伐交'는 손자의 필승전략 사상의 중요한 구성 부분이다. 이는 실력을 든든한 배경으로 강조하는 모략사상이다. 손자는 실력을 중시할뿐더러 강력한 군사력으로 적을 위협할 것을 주장한다. "승리하는 자가 병사들을 싸우게 하는 전쟁 수행법은 마치 천 길 계곡 위에 막아놓은 물을 트는 것과 같은데, 이것을 형形이라 한다."(「형」 제4) 절대적으로 우세한 위치를 확보한 정책 결정자가 군대를 지휘할 때는 군사상 주도권을 쥐는 것 외에도 외교적으로도 적을 막다른 골목으로 몰 수 있어야 한다. 손무는 실력에 의한 위세를 매우 중시했다. "위세가 적에게 미쳐 적의 외교적 노력이 효과가 없도록 한다."(「구지」 제11) 강력한 군사력으로 적국을 공격(위협)하면 다른 나라들도 그 위세에 눌려 적국과 감히 외교하거나 동맹을 맺거나 참전하지 못한다. 이는 완전히 실력으로 적국을 정치·외교·군사상 고립무원으로 몰아 굴복하게 만드는 것이다.

걸프전에서 "싸우지 않고 적을 굴복시키는 군대"라는 개념이 새롭게 발전했는데, 하나는 무력시위를 통해 적의 군사행동을 저지하는 목적을 달성했다. 미국은 가장 새롭고 비싸고 위력적인 무기를 페르시아만으로 이동시켰다. 그중에는 F-117(스텔스 전투기), F-117A(스텔스 폭격기), A-10(탱크 공격용 비행기), B-111(폭격기), B-52(전략폭격기), 수직으로 뜨고 내리는 탱크 공격용 헬기 '아파치' 등이 포함되어 있었다.

둘째는 군사 실력을 바탕으로 일단 공격에 나서면 효과적으로 다른 군사 세력이 끼어드는 것을 억제하고 전쟁의 제한적 규모를 통제하여 주도권을 잡아야 한다는 것이었다. 미군의 '사막의 방패' 작전은 계획 수립부터 행동에 이르기까지 불과 4시간밖에 걸리지 않았다. 명령을 받은 첫 부대들이 비행기에 올라 전선에 이르기까지는 5시간 안팎이었다. 미국은 당초 20만 명의 지상부대를 배치했고, 거기에 절대적 우위의 육·해·공군의 역량으로 거대한 종합적 작전능력을 갖추었다. 그러나 위협적 효과가 뚜렷하게 나타나지 않자 육군을 계속 증강시켜 적시에 주도권을 장악했다.

셋째는 유한한 병력과 병기, 훈련이나 한정된 전쟁 규모를 통해 적에 대해 효과적인 군사적 압력과 심리적 압박을 가해 적을 긴장된 분위기로 이끌어 적이 함부로 행동에 나서지 못하게 하는 것이다. 미군은 초보적인 배치를 완성한 뒤, 사우디 군대와 빠르고 우레와 같은 대규모 상륙전 연습을 거행하여 무력으로 쿠웨이트를 탈환할 수 있다는 능력을 과시했다. 그 후에도 계속 연습을 진행하여 언제든지 무력을 행사할 수 있다는 점을 인식시켰다.

전장에서 직접적인 군사 목표를 실현할 수 있고, 정치·외교투쟁의 목적을 보다 효과적으로 달성할 수 있다는 보장이 선다면 단숨에 전력을 기울여 적을 압도하는 작용을 발휘할 수 있다. 미국과 동맹국은 열흘 안에 신속하게 10만이 넘는 정예부대를 페르시아만에 결집시켜 태산조차 무너뜨릴 기세로 이라크에 대해 군사적 봉쇄와 경제적 제재, 외교적 고립과 심리적 불안을 조성했다. 그 목적은 강력한 군사와 정치적 압력으로 이라크를 더욱 긴장시키거나 내부 불안 및 내란을 조성하는 데 있었다. "가까우면 떼어놓으라."는 손무의 이론은 이 경우 대단히 심오한 의의를 발휘한다.

2) 작전 지도指導에서 시간·공간·인간의 세 가지 요소

『손자』는 여러 차례 '전도戰道'라는 개념을 거론하고 있는데, 전쟁을 이끄는 규칙 같은 것을 말한다. 이 개념은 특별히 연구할 만한 가치가 있는 과제라고 본다. 이와 직접 관련이 있는 시간과 공간 그리고 인간이라는 세 가지 작용 요소가 걸프전에서 아주 두드러지게 표현되었기 때문이다.

첫째, 시간이란 요소는 엄밀함을 요구하며, 따라서 "군사는 승리가 중요하지만 오래 끄는 것은 좋지 않다."는 점을 강조한다. 손무는 전쟁의 돌발성을 크게 강조하면서 "전쟁을 이끄는 데는 승리하는 것이 중요하며" "용병은 다소 미흡해 보이더라도 속 전속결해야 한다는 것은 들어보았지만 교묘하게 오래 끈다는 말을 아직 듣지 못했다."(「작전」 제2)고 말한다. 전쟁 법칙상 신속함을 최대한 강구하여 적이 미처 생각하지 못할 때 행동하고, 먼저 기회를 잡아 주도권을 쟁취하는 것이 전쟁의 승패를 가르는 중요한 요소다. 시간 이용과 관련해서는 시간을 단축하여 시간의 이용률을 높여야 한다.

'사막의 폭풍' 제1차 공격은 목표도 많고 복잡한 상황이었지만 단 몇 시간 만에 임무를 완수했다. 빠르게 공격할 수 있는 공군력으로 군사 목표를 직접 공격하는 작전은 직접 출병하여 점령하는 것보다 더 큰 작용과 효과를 거두었다. 시간이 늘어지는 국지전은 전쟁을 일으킨 쪽으로 보자면 이익보다 손해가 많다. 하나는 엄청난 소비로 경제적 부담이 증대하고, 또 하나는 전쟁을 끌수록 전쟁의 등급이 올라가 통제하기 어려운 상황에 직면하게 된다. 세 번째는 대내외적으로 압력이 커져 통치집단에 불리해진다. 속전속결의 전쟁이 공격자에게는 훨씬 유리하다. 방어하는 쪽에서 보아도 지구전은 적절치 않다. 전쟁이 자기 나라에서 오랫동안 계속되면 백성들의 생명과 재산에 중대한 손실이 일어날 수밖에 없고, 국가경제는 심각한 타격을 받는다. 그리고 빠른 시간 내에 전쟁을 끝내라는 요구가 터져 나올 수밖에 없다. 따라서 군사강국은 경제·군사·기술 등 종합적 실력에서의 우위를 바탕으로 속전속결을 강조하기 마련이다.

둘째, 공간은 넓어져 '구지九地'·'육형六形'이 더욱 발전했다. 전쟁은 일정한 공간에서 진행된다. 손무는 당시 전쟁이 발생하는 공간의 한계를 인식하고, 몇 가지 지형과 내륙의 호수와 강의 이용 등을 상세히 언급하면서 구체적인 분석을 가했다. 그 결과 "지형은 전쟁에 보조적인 도움을 준다."(「지형」 제10)는 뛰어난 결론을 얻었다. 그는 자연지리와 인문지리를 결합하여 그것이 전쟁에서 차지하는 위치와 작용을 논의했다. 그리하여 "하늘과 땅의 변화를 알고 용병하면 그 승리는 완벽하다."(「지형」 제10)라든가 "하늘과 땅의 조건에 대해 어느 쪽이 더 정확하게 파악하고 있는가."(「계」 제1)라는 점을 지적하고 있다. 전략적 측면에서 지리가 적을 물리치는 데 중요한 작용을 한다는 점을 강도 높게 강조한 것이다. 지리가 전쟁에서 중요한 자리에 있는 만큼 손무는 행군이나 작전에서 반드시 지리적 조건을 살피고 파악할 것을 누누이 강조한다. 그는 이렇게 말한다.

그러므로 싸움할 시간과 장소를 알면 천리를 행군해서도 작전할 수 있다. 언제 어디서 싸울지를 모르면 왼쪽 부대는 오른쪽 부대를 오른쪽 부대는 왼쪽 부대를 구원할 수 없게 되며, 전방 부대는 후방 부대를 후방 부대는 전방 부대를 구원할 수 없게 되는데, 하물며 이 부대들 간의 거리가 멀리는 10리, 가까워도 몇 리 떨어져 있을 때는 말해 무엇 하겠는가.(「허실」 제6)

손무의 빛나는 명언들은 지금도 군사지리를 연구하는 데 훌륭한 실마리가 되며 국지전에서 쌍방이 용병작전에 경계해야 할 대책으로 작용하고 있다. 작전에 임하는 어느 쪽이 되었건 간에 군사지리에 대한 연구와 운용을 소홀히 한다면 열세에 놓이는 것은 물론 실패를 초래하게 된다. 미군과 다국적 군대는 페르시아만 지구의 군사지리적 상황을 충분히 익히고 장악한 후에 성공적으로 공격 시각표를 만들었고, 기후와 지리 등과 같은 요소가 미치는 작용도 충분히 고려했다.

1991년 2월 24일 새벽 '사막의 칼'로 이름 붙여진 지상전을 발동했을 때는 "동쪽에서 소리 지르고 서쪽을 친다."는 '성동격서聲東擊西'의 전략을 취해, 무기와 장비의 한계가 극심한 사막지구를 대담하게 뛰어넘고 생각하기 어려운 난관을 여러 차례 극복하면서 전혀 생각하지 못한 서부 전선에서 이라크 남부 지구를 곧장 치고 들어가 이라크 군대의 퇴로를 끊음으로써 남북 협공의 기세를 성공적으로 만들어냈다.

용병의 주안점은 속도에 있다. (적보다 빨리 움직임으로써) 적이 나의 속도에 미치지 못하는 것을 이용하여 적이 생각하지 않은 길을 통과해 적이 대비하지 못한 곳을 공격한다.(「구지」 제11)

용병의 이치는 신속함이 중요하다. 적의 손이 미치지 못하는 시기를 타고, 적이 생각하지 못한 길을 가며, 적이 방비하지 못하거나 방비가 소홀한 곳을 공격한다. 이라크 군대가 미군이 상륙작전 지역으로 예상하고 있는 쿠웨이트 연해지역에 1만7천에 이르는 육해군을 결집시켜 수시로 상륙작전 모의훈련을 시행하는 한편, 서방 언론을 통해 끊임없이 육해군이 합동해서 해상으로 대규모 상륙작전을 단행할 것이라는 정보를 흘려 이라크 군대를 흔들어놓음으로써 다국적 군대가 성공적으로 작전 공간을 이용하여 기습공격을 가능케 했다. 미군은 F-117A 폭격기로 적을 기습했다. 새로운 역사 조건과 새로운 기술로 "경계하지 않는 곳을 기습한다."는 고전적 논리를 실천으로 보여주었다.

셋째, 관계자들의 소질과 수준이 더욱 요구되는 것은 물론 정예병과 강인한 장수를 더욱 강조한다. "어떻게 용병해야 하는가를 철저하게 알지 못하면 어떻게 용병을 하면 이익이 되는가도 알지 못하게 된다."(「작전」 제2) 걸프전의 규모는 한정되어 있었지만 기동 범위가 넓고 거리는 멀었다. 1만km를 지나려면 몇 개 나라와 지역을 지나고 몇 개의 기후대를 뛰어넘어야 했다. 이렇게 작전지구의 조건과 환경은 매우 열악하여 작전에 참여하는 사람들의 개인 기능과 생리·심리적 자질의 수준이 대단히 높아야만 했다. 경험이 풍부하고 강인한 지휘관을 최대한 소집해야 하는 것은 당연했다.

1990년 12월 12일, 사담 후세인은 세상의 이목이 집중된 중요한 순간에 초강경파에 속하는 50세의 사디 투마 아바스 장군을 국방부 장관에 임명했다. 70세가 넘은 압둘 자바르 샨샬 중장은 물러났다. 한편 부시는 56세의 중동전쟁 전문가인 노먼 슈워츠코프 대장을 페르시아만 미군 총사령관에 임명했다. 영국은 56세의 피터 드 라빌리에르 중장을 페르시아만 주둔 영국군 총사령관에 임명했다. 이집트는 50세의 살라흐 할라비 소장을 사우디아라비아 주둔군 총사령관에 임명했다. 프랑스는 55세의 제11장갑군 사령관이자 1954~1962년 알제리아 전쟁에 참전한 바 있는 미셸 로크주프레 대장을 사우디아라비아 주둔 프랑스 지상부대의 사령관에 임명했다. 사우디아라비아는 41세의 칼리드 빈 술판 중장을 사우디아라비아 주둔 아랍·이슬람국 15만 군대의 총사령관에 임명했다.

이렇듯 각국은 정치적 자질이 좋고 군사적 능력과 강인하고 능동적인 장병들을 선발하여 작전행동을 책임지게 했다. 이라크가 쿠웨이트를 점령한 6일째 되던 날 부시는 미 육군 제82사단과 101 공중투하사단 등 정예부대를 페르시아만으로 진공하게 했다. 이라크는 즉각 쿠웨이트 공격의 주력인 최정예 공화국수비대를 발동했다. 공화국수비대는 과거 두 차례에 걸친 이란과의 전쟁에서 점령당했던 포 반도(Al Faw)를 해방시키는 등 전쟁의 우위를 차지함으로써 이란으로 하여금 정전에 동의하게 만든 적이 있었다.

세勢에 맡긴다는 것은 사람들을 싸우게 하되 나무와 돌을 굴리는 것과 같이 하라는 말이다. 나무와 돌의 성질은 안정된 곳에 있으면 정지하고 위태로운 곳에 있으면 움직이고, 모가 나면 정지하고 둥글면 굴러간다. 따라서 전쟁을 잘하는 사람이 장병들을 싸우게 만드는 세는 마치 둥근 돌을 천 길이 되는 급경사의 산에서 굴려 내려가게 하는 것과 같으니, 이것이 바로 세다.(「세」 제5)

군대는 『손자』에서 말하는 '나무와 돌'과 같아, 위험하고 중요한 곳에 처해 있어야만 최대의 기세와 능력을 뿜어낼 수 있다. 평화 시기에 세계 각국의 군대는 각종 훈련 방법을 통해 훈련의 강도와 난이도를 증강하여 군대의 실전 능력을 높이려 한다. 그러나 훈련은 어디까지나 훈련이다. 훈련이 실제 전투를 대신할 수 없다. 아무리 강도가 높고 난이도가 높고 실전을 방불케 하는 연습일지라도 실전과는 비교할 수 없다. 군대는 늘 실전을 통해서만 실전 능력을 높일 수 있다. 실전이라는 조건의 피와 불을 뿜는 분위기에서라야 전략전술의 사상과 무기장비의 발전을 점검하고 활용할 수 있다.

미국은 2차 세계대전 이후 약 반세기 동안 거의 몇 년 간격으로 국지전을 치러 정치·경제적 이익을 얻는 동시에, 군대를 "천 길이나 되는 급경사의 산에서 돌을 굴리는" 상태로 유지했다. 끊임없이 새로운 작전 모델과 수단을 탐색하여 훈련과 군사사상의 조정과 변화를 꾀했다. 이렇게 해서 전쟁을 치를수록 많은 이익을 얻고, 국지전이라는 조건하의 전략·전술 사상과 원칙 및 방법 등이 계속해서 풍부해지고 발전했다. 미군의 전투력이 따라서 증강했음은 말할 것도 없다.

3) 작전지휘의 돌발성·신속성·확신성과 손무의 사상

『손자』를 전체적으로 살펴볼 때 돌발성과 신속성 그리고 확신성을 대단히 강조하고 있음을 알 수 있다. 전략적 공격이라는 각도에서 손무는 돌발성, 달리 표현하자면 기습을 강조하고 있는데, 「구지」(제11) 편이 주로 이 문제를 논의하고 있다. 은밀한 정책 수립과 주도면밀한 준비, 전쟁 시기에 대한 예측에서 돌발적 습격에 이르는 일련의 내용은 다음과 같은 점을 철저하게 나타내고 있다.

> 그러므로 군대가 동원을 선포하는 날에는 국경의 관문을 막고 통행증을 폐기하며 적의 사신을 통과하지 못하게 한편, 조정에서는 장병들을 격려하고 적의 잘못에 대해 엄중히 질책함으로써 그 비위 사실을 널리 공표한다. 적이 관문을 여닫으며 동요를 보일 때는 전력을 다해 쇄도한다. 먼저 적이 중시하는 곳을 장악한 다음 결전 날짜를 비밀에 부친 채 은밀히 적을 따라 움직이다가 최종적으로 결전을 치르는 것이다. 그 행동은 처음에는 마치 처녀가 움직이는 것처럼 조용하고 차분하게 행동하다가, 일단 적이 틈을 보이면 마치 달아나는 토끼가 후다닥 뛰는 것처럼 신속하게 진공하여 적이 저항할 수 없게 만든다.(「구지」 제11)

속전속결은 지구전을 반대하는 사상으로, 손무는 「작전」(제2) 편 등에서 이 문제를 전문적으로 논술하고 있다.

- 전쟁에서는 승리가 중요하다.
- 전쟁을 오래 끌어 국가에 이로운 경우는 아직 없었다.
- 용병이 다소 미흡해 보이더라도 속전속결해야 한다.
- 따라서 전쟁은 승리가 중요하고 오래 끌지 않는 것이 중요하다.

손무는 또 다음과 같이 말한다.

"적의 대병력이 정돈되어 장차 공격해 오려고 할 때는… 먼저 적이 중요시하는 곳을 탈취하면 된다."(「구지」 제11)

"내가 원치 않는 곳에 적이 오지 못하게 하는 것은 적으로 하여금 해로움이 있을 것이라고 생각하게끔 내가 행동하는 것이다."(「허실」 제6)

"위세가 적에게도 가해지면 성은 쉽게 탈취할 수 있고 적국을 파멸에 이르게 할 수도 있다."(「구지」 제11)

위 대목들에서 말하는 세 가지 요소는 걸프전에서 두드러지게 실현되었다. 이제 그 요소들을 차례로 검토해보자.

첫째, 돌발적 기습과 치밀한 준비에 관한 것이다. 손무는 적이 대비하지 못한 곳을 불의에 공격하여 각개격파로 승부를 결정하라고 강조한다. 미국을 필두로 한 다국적 부대는 전투의 돌발성을 달성하기 위해 1월 15일 이후 이라크에 대해 무력을 발동한다고 일찌감치 공개적으로 선포했다. 전략상 돌발성을 확보할 수 없는 상황에서 개전 시기에서 돌발성을 발휘했다. 유엔 안보리가 쿠웨이트에서의 이라크 철군을 결정한 지 20시간이 채 안 되어서 군사행동을 취했기 때문이다. 이는 이라크의 예상을 완전히 벗어나는 행동이었다. 첫 공습을 받았을 때 이라크의 바그다드에는 불이 환하게 켜져 있었고, 공습 후 40분이 지나서야 등화관제를 실시했다. 어떤 저항도 거의 할 수 없었는데, 이는 이라크가 전투를 앞두고 고도의 경계를 갖추지 못했음을 뜻한다.

전쟁을 앞두고 미국은 끊임없이 무력 위협을 가했지만 반복적으로 발표된 성명서를 통해 유엔 안보리가 규정한 날짜 전에는 절대 공격하지 않을 것과 미국 지상부대가 아직 작전 준비를 완전하게 갖추지 못했다는 것을 흘려 어느 정도 이라크군의 눈과 귀를 미혹시켰다. 미국은 1991년 1월 15일 12시부터 무선통신 방해를 실시하여 이라크의 통신망을 정상적으로 작동할 수 없게 만들었다. 작전이 시작된 뒤 이라크군대는 비교적 긴 시간 동안 미군 전투기의 공격 방향을 판명하지 못하여 때맞추어 조직적이고 효과적인 반격을 가할 수 없었다. 미군은 먼저 첫 공격 시간을 달이 없는 어두운 밤으로 잡아 행동을 개시함으로써 습격의 은폐성과 돌발성을 높였다. 이라크는 당연히 즉각 반응하기 어려웠다. 미군은 야간작전에 익숙할 뿐만 아니라 고감도 야간장비를 갖추고 있어 효과적으로 각종 무기의 효능을 발휘할 수 있었다.

둘째, 속전속결을 통해 빠름으로 느림을 제압한다. 손무는 다음과 같이 강조한다.

"용병은 승리를 귀하게 여기되 오래 끄는 것을 귀하게 여기지 않는다."(「작전」 제2)

"거세게 흘러내리는 물이 돌을 떠내려가게 만드는 것과 같은 것이 바로 세勢다. 빠른 매가 내리꽂듯이 날아들어 새의 목을 부수고 날개를 꺾는 것과 같은 것을 절도라고 한다. 그러므로 전쟁을 잘 하는 사람의 용병법은 그 세는 맹렬하고 그 절도는

짧다. 세는 석궁의 시위를 잡아당긴 것과 같고, 그 절도는 시위를 놓는 동작과 같다."(「세」 제5)

"용병의 주안점은 속도에 있다."(「구지」 제11)

용병에서 신속함은 손무의 중요한 사상이다. 지상 공격을 가하면서 다국적 부대는 여러 방향에서 빠른 속도로 밀고 들어갔고, 진공 속도도 빨랐다. 공중 화력과 지상 포병 그리고 함대 사격의 엄호를 받으면서 세 방향에서 이라크군을 맹렬하게 공격했다. 이라크군은 다양한 방어시설을 구축했지만 고도의 기술과 무기로 무장한 다국적군의 강력한 공세에 밀려 순식간에 제1선 방어력을 상실했다. 단 하루 만에 미군은 40~50km를 밀고 들어갔다.

돌발성이 강하고 시간과 규모의 한계 속에서 전투를 통해 전략적 목적을 달성해야 하는 국지전에서는 시간이 지체되고 규모가 확대되는 것을 피해야 한다. 짧은 시간 안에 중대한 전과를 올려 적에게 정전 내지 철군을 압박하거나 담판에 나서게 하여 속전속결해야 한다. 따라서 국지전의 특징에 맞는 병종을 선택하여 이 임무를 완수해야 한다. 공군은 시위를 당기고 그것을 놓는 기세와 절도로 고도의 기술과 에너지, 다용도, 전방위, 신속한 반응과 공격성 등과 같은 특징을 갖추고 있었다. 적을 훨씬 뛰어넘는 고도의 현대 기술은 지상군에 대한 의존도에서 벗어나 레이더를 통해 적을 감시하면서 공간을 자유롭게 선택했다. 습격 시간이 짧을수록 돌발성과 그 힘은 커지고 전쟁의 효능도 높아진다. 격류가 돌을 쓸고 내려가듯, 사나운 매가 내리꽂듯 말이다. 공군력을 위주로 한 습격은 처음부터 끝까지 '사막의 폭풍' '사막의 군도軍刀'와 같은 행동을 관통하여 속전속결과 기습을 통한 승리 획득이라는 목적을 달성할 수 있었다.

4) 과감한 결단력으로 적이 아끼는 곳을 빼앗는다

우세한 역량을 든든한 방패로 삼아 일정한 실력으로 형세를 조성하고 유한한 역량을 결합하여 중점적으로 공격하면 적에게 강렬한 심리적 동요를 일으키게 하고 효과적인 군사 압력의 척도를 유지하기에 충분하다. 정치·외교투쟁의 약속을 준수하면서 충분한 역량, 한정된 강도, 한정된 목표를 가지고 선택적으로 절도 있게, 적에 대해 유리하고 절제 있게 효과적으로 중점 공격한다. 정확하게 목표를 선정하고 작전에 좋은 시기를 파악하여, 공격하지 않을지언정 공격했다 하면 상대에게 반드시 충격을 주어야 한다. 엄격하게 때를 잘 파악하여 때로는 적당한 때 멈출 줄도 알아야 하고, 유리하더라도 거둘 줄 알아야 한다. 잘못 공격하여 정치·외교투쟁의 한계를 벗어나 불필요한 전쟁 분위기를 고조시킴으로써 정치적 해결에 영향을 주어서는 안 된다. 더 많은 군사력을 투입하지 않도록 힘을 써야 하며, 본국의 정상적인 정치·경제질서에 영향을 주지 않도록 해야 하며, 국제적으로 주도적인 위치에 처한 상황에서 유한한 작전 공간에다 충분히 터를 잡아 과감하고 결단에 찬 행동으로 정치·외교투쟁이 추구하는 목표를 속히 실현하여 주도권을 잡아야 한다. 손무는 일찍이 약 2,500년 전에 "적이 아끼는 바를 먼저 뺏어라."는 작전원칙을 제기한 바 있는데, 이 원칙은 걸프전에서 둘도 없는 중요한 작전지침이 되었다.

적이 관문을 여닫으며 동요를 보일 때는 전력을 다해 쇄도해 들어간다. 먼저 적이 중시하는 곳을 장악하여 결전의 날을 비밀에 부친 채 몰래 적을 따라 움직이다가 결전을 치른다.(「구지」 제11)

우세한 병력을 이용하여 확고하고 결정적인 기습을 가해 전략 목표와 중요 군사시설에 타격을 가하는 것이다. 적의 관건이 되는 중요한 부위를 갑자기 공격하는 것인데, 이는 군사적 고려일 뿐만 아니라 정치·외교·경제·심리 등 종합적인 효과와 반응을 고려한 것으로 적의 군사·경제·정치시스템 전체를 동요시키는 것이다. 한 지점에 대한 공격으로 전반적인 효과와 반응을 일으키려는 것이고, 한 번의 전투로 엄청난 위협 효과를 달성하려는 것이다.

미국과 다국적 군대는 '사막의 폭풍' 작전에 엄청난 병력을 투입했는데, 비교적 치밀한 조직으로 이라크 군대의 대공 반격 능력을 타격하는 데 중점을 두었다. 미국과 동맹군은 첫 이틀에 걸쳐 3,300대의 전투기를 출동시켰는데 페르시아만에 배치된 2,000여 대의 전투기가 모두 이 작전에 투입되었다. 이 공습은 월남전 이래 가장 큰 규모의 공습작전이었다. 중점 공격 목표는 이라크 군대의 주요 군사시설을 비롯하여 핵시설과 생화학무기시설로, 단숨에 이라크 군대의 대공 반격 능력을 빼앗고 이라크의 전쟁 잠재력을 약화시킴으로써 제공권을 통제하고 탈취하여 이후 전개될 지상전에 유리한 조건을 조성하자는 것이었다. 이 첫 공격으로 이라크의 미그 29기와 F-1 전투기가 대부분 파괴되었고, 중요 시설들도 심각한 타격을 입어 대외 통신이 모두 두절되었다.

걸프전은 『손자』가 과거는 물론 오늘날에도 사회적으로 많은 영역에서 엄청난 영향력을 발휘했거나 발휘하고 있음을 입증했다. 미래에 인류는 끊임없이 진보하며 새로운 과학, 새로운 방법, 새로운 기술을 계속 창출하여 인류의 지식과 사유 방법을 한껏 높일 것이다. 그리고 2,500년 전에 이룩한 『손자』의 사상과 실천력은 인류사회에 여전히 적극적이고 중요한 작용을 할 것이다.

2. 모략적 의의

『손자』가 모략에 미친 공헌은 아주 크다. 좀더 정확하게 말하자면 전무후무하다. 명나라 말기 군사학 전문가 모원의茅元儀(1594-1640)는 "손무 이전에 손무는 남길 것이 없었고, 손무 이후로는 손무를 남길 수 없었다."고 했다. 손무라는 인물 자체가 전무후무하다는 말이다. 2천 년이 넘게 지난 지금 『손자』를 읽어봐도 날아갈 듯한 산뜻한 문장에 계발을 받으며, 곳곳에서 총명과 지혜의 불꽃이 피어오르는 것을 느낄 수 있다. 모략에 대한 『손자』의 공헌은 다음 몇 가지 방면에서 두드러지게 나타난다.

첫째, 손무는 모략을 고도로 중시했다. 손자는 최초로 모략을 당연히 자리해야 할 높이에서 그 중요성을 인식했다. 『손자』는 「계」 편으로 시작하는데, 이 편의 300여 자 중에서 고도로 정교한 글자인 '계計'가 다섯 군데나 사용되고 있어 이 글자가 책 전체를 통틀어 가장 중요한 문제를 가리키고 있음을 알 수 있게 한다. 손무가 말하는 '계'란 실제로는 모략이나 계책을 가리킨다. 손무는 제3 「모공」 편에서 명확하게 "따라서 최상의 용병법은 적의 전략을 꺾는 것이고, 그 차선은 적의 외교를 혼란에 빠뜨리는 것이며, 그다음은 적의 군대를 공격하는 것이고, 가장 못난 용병은 적의 성을 공격하는 것이다."라고 밝혔다. 손무가 말하는 적의 전략을 꺾는 '벌모伐謀', 적의 외교를 혼란에 빠뜨리는 '벌교伐交', 적의 군대를 공격하는 '벌병伐兵', 적의 성을 공격하는 '공성攻城'의 네 가지는 실제로는 용병작전 및 군사행동과 관련된 외교활동의 모든 문제를 포함하는 것이다. 이 용병작전의 모든 문제 중에서 '모謀'가 맨 앞자리를 차지한다. 모략은 "싸우지 않고 적을 굴복시키는 최상의 용병술"로서의 위력을 발휘할 수 있다. 또 "적의 군대를 굴복시키되 직접 부딪쳐 싸우지 않으며, 적의 성을 빼앗되 이를 직접 공격하지 않으며, 적을 정복하되 오래 끌지 않을" 수 있다. 나아가서는 "우리 군대를 무디게 하지 않으면서도 이익을 온전히 보전할 수도 있다."(이상 제3 「모공」)
모략의 위치를 이렇게 인식하고 모략의 작용을 중시하는 사상은 2천 수백 년 전 냉병기를 주된 전투력으로 삼던 시대적 한계를 감안한다면 그 놀라운 탁견에 감탄하지 않을 수 없다.

둘째, 『손자』는 군사모략의 본질적 특징을 보여준다. 군사모략의 본질적 특징은 '궤詭'와 '사詐' 단 두 글자로 대표된다. 둘 다 속임수란 뜻을 갖고 있는 글자다. 첫 편인 「계」에서는 이렇게 지적하고 있다.

병법이란 상대를 속이는 것이다. 그러므로 능력이 있으면서 없는 것처럼 보이고, 늘 생각을 갖고 있는데도 쓰지 않는 것처럼 보이고, 먼 곳에 있으면서도 가깝게 있는 것처럼 보이고, 가깝게 있으면서도 멀리 있는 것처럼 보인다. 적에게 이익을 던져 적을 유인하고 혼란스럽게 만듦으로써 적에게 이기는 것이다. 적이 충실하면 단단히 지키고, 적이 강하면 피한다. 적을 화나게 해서 어지럽히고, 비굴하게 보여서 교만하게 만들고, 적이 편안하면 지치게 만들고, 적이 단결되어 있으면 그것을 흩어 놓음으로써 적이 준비하지 못한 곳을 공격하고 적이 예상치 못한 곳으로 전진하는 것이다. 이렇게 하는 것이 전쟁을 아는 사람의 승리법이니, 미리 어떻게 하는 것이라고 틀에 넣어 말할 성질의 것은 아니다.

제6 「허실」 편에서는 한 걸음 더 나아가 다음과 같이 논술하고 있다.

무릇 용병의 모습은 물과 같은 모습이어야 한다. 물은 높은 곳을 피하여 낮은 곳으로 흐른다. 용병은 강점을 피하고 약점을 공격한다. 물은 땅의 모습에 따라 자연스러운 흐름을 만든다. 용병도 적에 따라 적절한 방법으로 승리를 만든다. 용병에는 고정된 틀이 없으며 물도 고정된 형상을 갖지 않는다. 적의 변화에 맞추어 능숙하게 승리를 이끌어내는 사람을 신神이라 부른다.

제7 「군쟁」 편에서는 "그러므로 용병은 적을 속임으로써 성립하고, 이익으로 적을 움직이고, 병력을 집중하기도 하고 분산시키기도 하여 변화를 만드는 것이다."라고 했다. '궤'와 '사' 이론은 '기奇'와 '정正' 이론을 크게 진보시킨 것이다. 손무는 군사모략의 본질적 특징이 '속임수를 다루는 방법'임을 보여준 것이다. 이는 모든 모략이론의 기초라고 할 수 있으며, 수없이 변하면서 그 본질에서 벗어나지 않는 모략의 규율을 지목한 것이기도 하다. 이런 의미에서 『손자』는 모든 후배 모략이론에 논리적 기점을 제공하여 이론의 뿌리를 내리고 모략 실천을 주도할 열쇠를 찾았다고 말할 수 있다.

셋째, 『손자』는 수백 가지의 모략 방법을 논술하고 있다. 수천 년 동안 사람들은 『손자』에 대해 다양한 주석과 해설을 붙이면서 『손자』의 모략 방법을 분류하고 정리하여 계통적으로 논술하려 했다. 그중에는 성공한 사람도 공헌한 사람도 있어 『손자』 연구에 매우 적극적인 작용을 했다. 그러나 만족할 만한 성과를 내지 못한 연구들도 태반이다. 장님 코끼리 더듬는 식의 연구도 있고, 부분 부분만 잘라 짜깁기한 연구도 있으며, 심지어는 자기 필요한 대로 요리한 연구도 있다. 이에 우리는 『모략고謀略庫』를 편찬하면서 『손자』 중 사람들 입에 자주 오르내리는 것들의 출처와 주석, 용례와 평가에 편리하도록 모략 조목들을 수백 조항이나 만들어낸 바 있다. 『손자』의 어떤 단락에는 금과옥조와 같은 글자들이 알알이 박혀 있어 구구절절 훌륭한 모략들이 속출한다. 『손자』의 모든 단락, 심지어는 모든 구절이 모략의 창고에서 가장 값진 보물이다. 『손자』는 과거에도 현재에도 인류에게 결코 다함이 없는 지혜를 제공했고 제공하고 있다. 미래에도 더할 수 없이 밝은 진주가 될 것이다.

3. 백과사전적 의의

『손자』가 수천 년 위력을 발휘할 수 있었던 까닭은 후세 사람들이 끊임없이 해석하고 계발하여 그것에 담긴 심오한 이치를 깨달아 계속 생기와 활력을 주입했기 때문이다. 더 중요한 측면은 『손자』 자체가 가진 불후의 가치다. 6,000여 자, 105 단락의 경전에 백과를 섭렵한 지식과 지혜가 담겨 있기 때문이다. 독자들도 가만히 천천히 자세히 살펴보면 어진 사람은 어짊을 볼 것이고, 지혜로운 사람은 지혜를 볼 것이다. 전략가들은 이를 나라를 안정시키고 군을 완전하게 만드는 방법이라고 생각한다. 사상가는 철학경전으로 보며, 외교가는 종횡으로 누비는 외교술을 터득하게 되며, 기업가는 기업운영의 기술을 이끌어낸다. 군사가는 이를 빌려 수많은 난제들을 해결할 수 있다.

선진국이라면 국가전략을 수립하면서 『손자』 중의 "그러므로 백 번 부딪쳐서 백번 이기는 것이 최상의 용병법이 아니라 싸우지 않고 적을 굴복시키는 것이 최상의 용병법이다." "반드시 적을 온전히 보존한 채 이기는 방법으로 천하 권세를 다툰다. 그렇게 하면 군대가 무디어지지 않으면서도 그 이익은 온전하니 이것이 바로 모공謀攻, 즉 계략으로 적을 공격하는 법이다." "그러므로 승리하는 군대는 우선 승리의 조건을 다 갖춘 다음 전쟁을 시작하고, 패배하는 군대는 전쟁부터 시작해놓고 승리를 구한다." 등과 같은 대목들을 지극한 이치이자 명언으로 떠받든다. 1960년대 초 영국의 이름난 전략가 리델 하트는 『손자』의 정수를 현대 핵전략에 사용했다. 그는 『손자』 영역본 서문에서 이렇게 말했다.

인류를 서로 죽이고 인성을 말살시킬 수 있는 핵무기가 제조에 성공한 후 『손자』가 더욱 중요해졌고 이를 더욱 완전하게 번역할 필요가 생겼다.

리델 하트는 2천 수백 년 전 중국의 한 병법가가 가진 사상이 핵시대의 전쟁을 연구하는 데 매우 큰 도움이 된다고 판단한 것이다. 미국의 전략가들도 계발을 얻어 손무의 사상으로부터 미국의 '파괴 확보' 전략이 실패한 전략이란 것을 인식하게 되었다. 미국 전략연구센터 스탠포드연구소 소장이자 미국의 일류 전략가인 포스터는 소련의 핵전략 중점은 미국의 핵전략 역량에 타격을 주는 데 맞추어져 있는데 이것이 손무가 말하는 '벌병伐兵' 사상이라고 말한다. 손무가 보기에 이는 가장 졸렬하고 정말 할 수 없을 때 취하는 전략으로 '공성攻城' 전략과 같다. 이 때문에 손무는 '싸우지 않고 승리하는' 사상을 제출하여 '상호 생존과 안전을 확보'하는 것으로 '상호 파괴 확보'를 대신하라고 했다. 이런 의미에서『손자』는 명실상부한 '대전략' 연구의 텍스트다. 동시에 전역·전술·군제·군대지휘 등 여러 방면에서 후세 군사학의 기본 이론을 발전시키기 위한 길을 깔았다. 이를테면 "상대를 알고 나를 알면 백 번 싸워도 위태롭지 않다." "방어를 잘 하면 내가 남고, 공격을 잘 하면 적은 부족하게 된다." "용병의 주안점은 속도에 있다." 등등과 같은 논술은 지금까지도 군사학의 각 영역에서 불후의 의의를 발휘하고 있다.

『손자』는 용병의 학문일 뿐만 아니라 치국의 학문이기도 하다.『손자』는 그 시작부터 "전쟁은 국가의 중대사다. 그것은 국민의 생사가 달려 있는 것이며 국가의 존망이 결정되는 길이니 깊이 고찰하지 않을 수 없다."고 말한다. 치국을 위해서는 먼저 군대를 생각해야 한다. 이것이 치국의 기본 방략이다. "나라에 군대가 없으면 불안하며" 부유하지만 강력한 군대가 없으면 더욱 빈약해진다. 산유국으로 부자 나라인 쿠웨이트가 순식간에 전쟁 때문에 폐허로 변하여 하는 수 없이 국제사회의 원조를 요청한 것이 전형적인 사례다. 이런 의미에서『손자』는 '국책國策'이다. 곽화약郭化若

의 『현대문 손자』에 따르면 『손자』 105 단락 중 정치에 착안하여 서술한 곳이 20단락이 넘는다. 정치의 득실과 민심의 향방에 주목하여 정치를 투명하게 하고 법제를 확보하라는 확실한 주장을 제기하고 있다. 즉, "정치를 잘하여 전 국민을 하나로 만드는 한편 용병의 방법을 완전하게 갖추는 것이니 이렇게 하면 적을 물리치고 승리를 얻을 수 있다."(제4「형」) 또 "도道(정치)란 백성들로 하여금 윗사람과 뜻을 같이하게 하는 것으로, 그렇게 되면 백성들은 군주와 생사를 같이하며 위험을 두렵게 생각하지 않는다."(제1「계」)고도 말한다. 이런 모략들은 국가를 탄탄히 다지는 방법이자 백성의 심리를 공략하는 통제술로, 이런 의미에서 보자면 『손자』는 전략학이자 정책학 또는 정략학이라고 할 수 있다.

『손자』에는 소박하지만 변증법적인 유물사상이 충만해 있다. 전편에 전쟁과 관련된 아군과 적군, 군사의 많고 적음, 강약·공수·진퇴·허실, 기습과 정공, 다스림과 혼란, 움직임과 고요함, 용기와 비겁, 승리와 패배 등 여러 방면의 변증적 논술로 가득차 있다. 아울러 천문기상이나 지리적 요건을 이용할 수 있으며, 귀신이나 미신을 믿어서는 안 된다고 말하며, 법칙은 인식될 수 있다는 등등과 같이 빛나는 철학사상도 적지 않다. 이런 의미에서 『손자』는 군사체계의 철학서라 할 수 있다.

『손자』 중에서 "싸움에 앞서 승리할 요소를 많이 갖고 있으면 승리할 가능성이 높은 것이요, 그 반대면 승리할 가능성이 낮은 것인데, 하물며 승리할 가능성이 거의 보이지 않는 경우야 말해서 무엇 하겠는가."(제1「계」)라고 했는데, '전쟁에 앞서 승리할 수 있는 요인'을 갖추라는 이런 명언은 사회의 거의 모든 영역에서 통하지 않는 데가 없는 이치라 할 수 있다. "병법은 다섯 단계를 갖는데 도度·량量·수數·칭稱·승勝이다. 땅이 있으므로 가늠하고, 그 가늠에 의해 산정하고, 그 추산에 의해 판단하며, 적과 나의 전력을 저울질하여 아군의 강대한 힘을 적의 취약점에 집중하여 엄청난 전력차이를 만들어냄으로써 승리를 얻는 것이다."(제4「형」)라는 논술 역시 정교하기 짝이 없다. 여기서 말하는 '도度'는 토지 면적의 크기를 가리키며, '량量'은 자원과 물산의 많고 적음을 말한다. '수數'는 병력의 많고 적음, '칭稱'은 군사 역량의 강약, '승勝'은 작전의 승패를 가리킨다. 토지 면적의 크기가 있기 때문에 물산과 자원의 차이가 나고, 물산과 자원의 차이는 작전 잠재력의 차이와 관계되어 얼마나 많은 병사를 동원하고 먹일 수 있는가로 나타난다. 병사의 수는 군사 역량의 강약과 관계되는데, 쌍방 역량의 차이는 승패의 기초를 구성하므로 객관적 분석 비교가 가능한 것이다.

제1「계」편에서는 '오사五事', 즉 도道·천天·지地·장將·법法을 연구하고 나아가서는 '오계五計'를 이용하여 이해관계를 가늠하고 작전의 결과를 예측함과 동시에 이를 근거로 투쟁책략과 행동계획을 정하라고 말한다. "통치자는 어느 편이 더 바른 정치를 하는가? 장수는 어느 편이 더 유능한가? 하늘의 변화와 땅의 조건에 대해서는 어느 편이 더 정확하게 파악하고 있는가? 법령과 상벌은 어느 쪽이 더 공정하게 시행되고 있는가? 병력은 어느 쪽이 더 강한가? 장교와 병사들은 어느 편이 더 잘 훈련되어 있는가? 나는 이런 것들을 헤아려 승패를 아는 것이다." 즉, 적과 나 쌍방의 우열과 조건에 대해 종합적인 비교와 평가를 거쳐 어느 쪽 지도자가 정치를 투명하게 하는가, 어느 쪽 장수의 지휘력이 나은가, 어느 쪽이 천시와 지리를 유리하게 이용하나, 어느 쪽 법령이 확고하게 집행되고 있는가, 어느 쪽 군사력이 강한가, 어느 쪽 사병이 훈련 상태가 좋은가, 어느 쪽이 상벌을 엄격하게 시행하고 있는가 등을 보는 것이다.

『손자』에는 이 밖에 여러 곳에서 전쟁에 따른 소모, 식량 공급, 운송, 역량 대비 등등에 대해 언급하고 있는데 한결같이 현대의 운송과 물류 소통의 원리와 통한다. 이런 측면에서 볼 때『손자』를 현대 '운용학運用學(Operation Research)'의 원조라 불러도 지나친 말은 아닐 것이다.

『손자』는 전체적으로 인간의 심리, 특히 작전심리와 집단심리에 대한 연구가 관철되고 있다. 예를 들어 제9「행군」에 이런 대목이 있다.

적의 병사들이 지팡이를 짚고 있는 것은 굶주림에 허덕이고 있다는 것이다. 물을 서로 먼저 마시려는 것은 매우 목말라 있다는 징후다. 이익이 눈앞에 보이는데도 진격하지 않는 것은 피곤하다는 증거다. 새들이 모여드는 것은 그곳에 적의 병력이 없다는 증거다. 밤에 서로를 부르는 것은 두려움에 가득 차 있다는 징후다. 부대가 동요하는 것은 장수가 진중하지 못하기 때문이다. 깃발 따위가 질서 없이 움직이는 것은 부대가 혼란하다는 징후다. 간부가 화를 내는 것은 병사들이 게으르기 때문이다.

이런 분석들은 개인과 집단심리에 대해 깊게 연구하고 분석한 결과다. 오늘날 우리가 집단으로 행동할 때도 늘 이런 규율들을 준수하고 있다. 손무는 이와 관련하여 다음과 같은 결론을 끌어내고 있다.

그러므로 전군은 적의 기를 빼앗을 수 있고, 장군은 적장의 마음을 흔들어놓을 수 있다. 무릇 사람들이 그렇듯 아침에 일어나는 기는 예리하고, 시간이 흘러 낮이 되면 그 기는 나태해지고, 저녁이면 저무는 기는 돌아가 쉬고 싶어 한다. 따라서 용병을 잘하는 사람은 적의 사기가 왕성할 때는 공격을 피하고, 나태해지고 쉬고 싶어 하는 적을 공격한다. 이것이 기를 다스리는 방법이다. 다스려진 상태에서 혼란한 것을 치고, 안정된 상태에서 적의 소란하고 흥분된 것을 치니 이것은 마음을 이용하는 방법이다. 나는 (전장에) 가까이 있으면서 멀리서 기동해 오는 적을 상대하고, 편안한 상태에서 지친 적을 상대하며, 충분한 식량을 가지고 식량이 부족한 적을 상대하니 이는 힘을 이용하는 방법이다. 통제가 잘 되어 깃발이 정연하고 진의 위세가 당당한 적은 공격하지 않는 것이니 이것이 바로 변화를 이용하는 방법이다. 거짓 패한 척하는 적은 쫓지 말고, 사기가 높고 날카로운 적 부대는 공격하지 말 것이며, 미끼로 던지는 적의 부대는 잡아먹지 말고, 본국으로 철수하는 적의 부대는 막지 말 것이며, 포위된 적에 대해서는 반드시 한곳을 열어놓고, 궁지에 몰린 적은 지나치게 압박하지 않는다. 이것이 용병법이다.(이상 제7「군쟁」)

이 밖에도 향간鄕間(연고지가 있는 자를 첩자로 이용), 내간內間(적의 관직에 있는 자를 이용), 반간反間(적의 첩자를 역이용), 사간死間(거짓 정보를 국경 밖에 흘려 아군 첩자가 이를 알게 하여 적에게 전달), 생간生間(돌아와 적의 정세를 보고) 등과 같은 간첩 활용법에 관한 논술과 외교를 통해 문제를 해결하는 '벌교'의 예술 등은 작전을 앞둔 집단심리, 장수와 병사들의 개인심리 및 적의 심리에 대해 매우 빛나는 분석들이다. 『손자』를 고대 심리학 텍스트라 불러도 하나 부끄러울 것이 없다.

『손자』에서는 '천天'을 음과 양, 추위와 더위, 시기로 해석하면서 작전계획은 날씨와 계절을 잘 이용할 것을 강조하고 있다. 예컨대 제12「화공」편에 보이는 "불을 놓을 때는 반드시 불이 잘 탈 수 있는 조건이 고려되어야 하고, 불이 왕성하게 타오르게 하기 위해서는 화공의 기구가 갖추어져야만 한다. 따라서 불을 놓는 것은 적당한 시간을 고려해야 하고, 또한 불이 잘 타오르는 날이 있으니 이를 고려해야 한다. 그 시간은 공기가 건조해 있을 때여야 하고, 그 날짜도 골라야 하니 일반적으로 한 달 중에서 특정한 날짜가 바람이 일어날 수 있는 가능성이 높은 날이다."라는 대목이나 "화공은 적 방향으로 바람이 불 때 사용해야지 우리 쪽으로 바람이 불 때는 사용해선 안 된다." 등등과 같은 대목들이다. 또 "낮에 부는 바람은 (그 효과를 예측할 수 있기 때문에) 화공에 이용하고, 야간에 부는 바람은 (불타는 곳 외에 어둠 속에서는 지리에 밝지 못해 아군이 오히려 공격당할 위험이 있으므로) 화공에 이용하지 말아야 한다." 등과 같이 바람의 변화에 따른 법칙도 언급하고 있다. 귀신을 헛되이 믿고 하늘을 숭배하던, 현대 문명으로부터 2천 년 넘게 떨어진 역사에서 우리는 소박한 유물주의에 입각한 군사천문학의 원조를 보게 된다.

지형은 대치하고 있는 쌍방의 작전 기초다. 당당하게 진을 치고 북을 두드리지 않으면 전열을 갖추지 않던 기존의 전술에만 습관이 들었던 춘추전국 시기에 지형이라는 이 기초는 받아야 할 만큼의 대접을 받지 못했다. 손자는 용병과 작전에서 하늘과 땅을 반드시 알아야 한다고 강조한다. "산림과 험한 지형, 늪지나 연못 등과 같은 지형의 세세한 형태와 이에 따른 용병원칙을 모르는 사람은 군대를 기동시킬 수 없다. 지방의 지리에 밝은 안내자를 이용하지 않는 사람은 땅의 이점을 제대로 이용할 수 없다."(제11 「구지」) 손자는 최초로 '구지九地'·'육형六形'·'육해六害' 등과 관련된 설을 제기했다. 그 각각의 항목은 다음과 같다.

구지: 산지散地(자국 내에서 방어전을 치르는 경우), 경지輕地(적국에 들어가되 깊게 들어가지 않은 경우), 쟁지爭地(쌍방 간 전략적으로 중요한 요충지), 교지交地(쌍방의 진퇴가 가능한 전략상 교통의 요지), 구지衢地(여러 나라 국경이 동시에 접한 곳), 중지重地(적진 깊은 곳), 비지圮地(자연적 장애물이 많은 지역), 위지圍地(후방은 험하고 전방은 애로가 있는 지역), 사지死地(활로가 보이지 않는 경우). (이상 제11 「구지」)

육형: 통형通形(사통팔달의 지형), 괘형掛形(진출은 쉬우나 퇴각은 어려운 지형), 지형支形(먼저 진출하면 불리한 지형), 애형隘形(좌우에 장애물이 많은 지형), 험형險形(굴곡이 많은 지형), 원형遠形(평탄하나 쌍방 모두 도전하기에 먼 지형). (이상 제10 「지형」)

육해: 절간絶澗(높은 절벽 사이의 골짜기), 천정天井(사방이 높고 가운데는 낮은 분지), 천뇌天牢(사방이 둘러싸여 있는 지형), 천라天羅(초목이 무성한 지형), 천함天陷(함몰된 지형), 천극天隙(두 산 사이의 좁고 장애가 많은 지형). (이상 제9 「행군」)

이상은 제각기 다른 지형에서 어떻게 하면 피해를 줄이고 이익을 높일 수 있는 용병작전을 구사할 것인가를 지적한 것으로, 공격을 가하는 자는 이런 것들을 잘 파악하고 운영하여 신속하게 적의 의표를 찔러 적이 어디를 지켜야 할지를 모르도록 해야 한다. 방어하는 자는 이런 것들을 잘 운용하여 귀신도 모르게 후퇴하고 몸을 숨겨 적이 어디를 공격해야 할지를 모르도록 해야 한다. 이 같은 논술은 현대 군사지형학이나 군사위장학에서 없어서는 안 될 지적들이다.

『손자』는 외교모략학이라 불러도 손색이 없다. 제3 「모공」 편에서는 "그러므로 최상의 용병법은 적의 전략을 꺾는 것이고, 그 차선은 적의 외교관계를 혼란에 빠뜨리는 것이며, 그다음은 적의 군대를 공격하는 것이고, 최하위의 용병은 적의 성을 공격하는 것이다."라고 말한다. 적의 성을 공격하는 것은 부득이한 경우에만 하는 최하책이며, 외교를 공격하는 것은 군대를 공격하는 것보다 한 차원 위라는 것을 알 수 있다. 다시 말해 외교를 적의 군대나 성을 공격하는 것보다 더 중요한 지위에 올려놓고 있는 것이다. 마지막 편인 제13 「용간」 편은 전체가 수준 높은 외교모략을 보는 것 같다. 그 결말 부분에서는 외교모략의 의의와 작용에 대해 매우 심오한 논의를 펼치고 있다.

오간五間(다섯 종류의 간첩)의 능숙한 활용법은 군주가 반드시 알고 있어야 한다. 이러한 활동은 모두 반간反間을 통해서 이루어질 수 있는 것이므로 반간은 후하게 대접하지 않을 수 없다. 오로지 명석한 군주와 현명한 장수만이 뛰어난 지혜로 간첩을 써서 대업을 성취할 수 있다. 이것은 용병의 요체이니 전군이 이에 의지하여 움직이는 것이다.

『손자』는 정략·전략·운용·심리·외교 및 천문·지리·위장 등 여러 방면에서 심오한 모략사상으로 충만해 있다. 또한 군대의 관리, 장수의 모략 수양 방면 등에서도 불후의 논술이 적지 않다. 제12 「화공」에는 다음과 같은 대목이 보인다.

군주는 분함을 못 이겨 군대를 일으켜서는 안 되고, 장수는 성이 나서 싸움에 빠져들어서는 안 된다. 철저하게 계산하여 이익이 있으면 움직이고 이익이 없으면 행동을 그쳐야 한다. 한번 성냈다가도 시간이 지나면 다시 기쁜 마음이 될 수 있지만, 국가가 망하면 다시 존재할 수 없고 죽은 사람은 다시 살아날 수 없기 때문이다. 그러므로 현명한 군주는 전쟁을 신중히 생각해야 하고 훌륭한 장수는 전쟁을 경계해야 한다. 이것이 국가를 안전하게 보전하고 군대를 온전하게 하는 길이다.

한편 제8 「구변」 편에서는 더욱 심각하게 다음과 같이 말한다.

장수에게는 다섯 가지 위험한 일이 있다. (지모를 써야 할 때) 지나치게 용기만 내세워 (죽는 것을 두려워하지 않으면) 죽임을 당할 수 있다. (죽기를 각오해야 할 때) 반드시 살고자 하면 사로잡히게 된다. (차분히 정세를 판단하고서 행동해야 할 때) 분을 이기지 못하여 급하게 행동하면 수모를 당할 수 있다. 지나치게 성품이 깨끗하여 (적을 속일 줄 모르면) 치욕을 당할 수 있다. 병사들에 대한 사랑이 지나쳐 (아군 병력의 희생을 지나치게 우려하게 되면) 번민이 많아져 (필요한 때에 과감한 행동을 못 한다.) 군이 적에 의해 파멸에 이르고 장수가 죽음을 겪게 되는 것은 반드시 이러한 다섯 가지 장수의 위태로운 자질 때문이니 심각하게 숙고하지 않을 수 없다.

손무가 지적한 대로 장수가 이상의 다섯 가지에서 실수하게 되면 국가와 군대에 재난을 가져다줄 수밖에 없다. 장수는 모략 수양에서 군대를 이끌고 작전할 때 희로

애락 등 감정에 좌우되어서는 안 되며, 번거롭고 사소한 일에 얽매여서도 안 된다. 이 다섯 가지 위험한 일과 관련된 사례는 얼마든지 있다. 조조가 백만 대군만 믿고 상세한 정황을 살피지 않고 교만하게 군대를 일으켰다가 적벽赤壁에서 패한 경우가 그렇다. 유비는 관우가 동오에 의해 피살되자 화를 참지 못하고 군대를 동원했다가 연환계에 걸려 참패하고 하마터면 포로가 될 뻔했다. 국력이 갈수록 탄탄해지던 촉한은 이 패배로 완전히 주저앉았고 천하삼분의 정세는 균형이 깨지고 말았다.

모략의 수양修養 방면에서 손무가 보여준 여러 견해와, 기질과 성격을 도야할 수 있는 방법 등은 오늘날 장수들은 물론 각급 간부, 기업의 경영자, 관리자 등에게 널리 적용하여 자신의 좌우명으로 삼기에 충분하다. 이런 의미에서『손자』는 한 편의 수양서이기도 하다.

최근 누군가가『통전通典』권4「식화지」(제4) 가운데서『손자서록孫子敍錄』중 알려지지 않은 문장을 발견했다. 그 내용의 요점은 손무가 서주 시기의 종법제도를 분석하고 있는 것이다.

주나라 왕은 천하의 군주로서 노예주 정권을 다지기 위해 자신의 자제들을 제후나 공경에 봉한다. 제후들은 자신의 봉국 내에서 효과적으로 주왕의 조직 방법을 모방하여 통치한다. 제후들은 산천과 연못 등에서 나는 수확을 누리고 백성들을 부리는 권력을 가지며 세금을 거둔다. 왕실은 따로 세금을 징수할 필요가 없고, 요역도 마찬가지다.

이상은 주 왕실에 대한 손무의 분석이자 연구인데 이를 통해 손무의 사회관을 볼 수 있고 나아가서는 춘추 말기에서 전국 초기에 이르는 시기의 통치모략을 대략 엿볼 수 있다.

『손자』는 각 영역의 모략에 심대한 영향을 주었다. 경제모략 방면 같은 경우는 계통적이지는 않지만 독창적인 견해가 적지 않다. 예를 들어 제2「작전」편에서는 전쟁에서의 소모와 국력·인력의 관계에 대해 뛰어난 분석을 내린 결과 "적으로부터 식량을 탈취해 사용한다."거나 "적에게 승리하되 나날이 강해진다." 등과 같은 귀중한 방법을 제안하고 있다. 이어 "용병은 승리를 귀하게 여기되 오래 끌지 않는다."는 과학적 논단을 끌어낸다. 손무는 제7「군쟁」편에서는 "군은 전차가 따르지 않아 망하고, 양식이 없어 망하고, 비축해둔 물자가 없어 망한다."고 지적한다. 이런 논단은 오늘날 경제모략, 특히 국방 경제모략을 연구하는 데서 중요한 의미를 갖는다.

이상에서 살펴본 바와 같이『손자』는 장수를 선발하는 선장選將, 사람을 활용하는 용인用人, 자기수양, 군대통술 등등과 같은 방면에서 독특한 견해를 보이고 있다.

손무의 장점과 특징을 이야기하면서 사람들은 일반적으로『손자』13편만 알고 거론하지만 사실『손자』는 13편 외에 다른 문장이 있다. 1972년 발굴된 산동성 임기臨沂 은작산銀雀山 한나라 무덤에서 나온 죽간『손자』중의 '오간吳間' 등 5칙은 지금까지 전해온『손자』에는 없는 것들이다.『한서』「예문지」에 따르면『손자』는 모두 82편이었다고 한다. 그러던 것이 줄고 떨어져 나가 현재 13편이 되었으니 원래 분량이 얼마나 많았는지 짐작이 갈 것이다. 청나라 때 필이순畢以珣은 각종 고적에 흩어져 있는 『손자』의 잃어버린 문장을 하나하나 찾아 바로 위에서 말한『손자서록』이란 제목으로 편집해냈는데,『손자』를 연구하는 데 참고하지 않을 수 없는 책이다. 그러나 오랜 세월을 거치면서 적지 않게 변했고, 개인의 수집 능력에도 한계가 있기 때문에『손자서록』역시 손무의 논술 전모를 밝히기에는 역부족이라 하겠다.

손무의 여러 모략이론에 대한 분석을 통하여 우리는 이렇게 말할 수 있다. 손무는 확실히 그 당시까지의 수준 높은 모든 모략의 정수를 집중하여 그것을 고도로 다듬고 개괄한 다음 자신의 독창적인 견해를 보탬으로써 계통적이고 심오한 모략이론을 형성했다. 그의 모략이론은 중국인의 지혜 발전사 내지 세계인의 지혜사에 우뚝 솟은 봉우리와 같은 존재다. 일찍이 모택동은 "손무가 말한 '상대를 알고 나를 알면 백 번 싸워도 지지 않는다'는 법칙은 과학적 진리다."라고 지적한 바 있다. 후대인들도 모략이론에서 많은 발전을 이루고 새로운 창조를 이뤄냈지만 이런 발전과 창조들 중 많은 부분이 손무의 모략이론을 정성껏 연구하고 새로운 역사적 조건에서 응용한 것들이며, 또 이런 응용을 통해 발전하고 창조를 이끌어낸 것들이다. 손무의 빛나는 성취에 대해서는 영국의 유명한 전략이론가 리델 하트의 말을 인용하여 결론을 대신하고자 한다.

『손자』는 세계 최초의 군사 명작으로 그 내용의 폭넓음과 그 논술의 정교함은 후세에 따를 자가 없다. 『손자』는 전쟁을 이끄는 지혜의 결정체로 역대 수많은 군사전문가들 중 클라우제비츠 정도가 손무와 견줄 정도다. 하지만 클라우제비츠의 저작은 손무의 저술보다 2,000년 이상 늦을 뿐만 아니라 시대의 한계성이 뚜렷하다. 이들을 비교하자면 손자의 문장은 더욱 심오하고 더욱 철저하여 영원한 신선감을 주고 있다.

그럼에도 『손자』는 그 시대와 계급의 한계성을 피할 수 없다. 그 철학사상은 소박한 유물변증법일 뿐이지 변증법적 유물주의와 역사유물주의의 차원에 이를 수는 없었다. 예컨대 손무는 운동전, 속결전, 반드시 빈 곳을 포위하라, 높은 곳을 올려다보지 말라, 각개격파, 튼튼한 곳을 피하고 약한 곳을 공격하라 등을 강조했다. 그러면서도 이와 모순되는 주장들도 함께 제기했다. 청나라 말의 증국번曾國藩은 태평군을 섬멸하면서 주로 진지전과 지구전 그리고 비어 있는 곳이 아닌 곳을 포위하는 모략으로 성공을 거두었다. 공산혁명의 지도자 진의陳毅는 높은 언덕을 거슬러 올라가는 모략으로 국민당 왕패王牌의 74사단을 섬멸했다. 중국 혁명전쟁 후기에는 늘 각개 격파와 약한 곳을 피하고 튼튼한 곳을 공략하는 모략 등으로 전쟁 과정의 속도를 높였다. 『손자』는 반드시 중시되어야 하지만 『손자』의 한계를 소홀히 하는 것도 타당치 않다.

제10장
서양 모략사상의 정수

서양 역사에 밝은 사람이라면 중국 고대의 막료나 빈객과 같은 직업 '참모'가 서양에서는 근대 이전까지 존재하지 않았을 뿐만 아니라 모략에 관한 전문적인 저술도 희귀하다는 것을 안다. 이러한 사실은 서양인들은 모략을 모른다는 오해를 하게 만든다. 실제로 서양인들은 모략사상이 되었건 모략 실천이 되었건 그 넓이와 깊이는 동양과 견주어 전혀 손색이 없다. 서양의 모략은 동양의 모략과 같은 방식으로 표현할 수 없지만 뚜렷한 서양식 지혜의 특색을 갖추고 있다.

서양 역사상 위대한 인물들은 대부분 생각이 깊고 멀리 내다볼 줄 아는 남다른 공을 세운 모략가들이었다. 아리스토텔레스, 칸트, 마르크스 등과 같이 심오한 사상을 소유한 철학가들도 있었고, 카이사르, 나폴레옹, 맥아더 등과 같이 전장을 달렸던 군사가들도 있다. 그런가 하면 비스마르크, 키신저 등과 같이 국제무대를 종횡으로 누빈 외교가들도 있었고, 벨, 포드, 아이아코카 등과 같이 나라와 국민을 부유하게 만든 사업가들도 있다. 이런 사람들이 헤아릴 수 없이 많다. 그들은 각자의 역사무대에서, 각자의 영역에서 온갖 궁리를 다 짜내고 분발하여 인류문명의 진보와 발전을 위해 남다른 공헌을 했다. 물론 지면의 제한 때문에 여기에서 이들 모략가의 업적을 일일이 다 소개할 수는 없고 그 모략사상의 원천에 대해서만 개괄적으로 설명하려 한다. 뿌리와 근원을 찾아야만 서방 모략가들의 정신적 역량이 어디에 있는지 인식할 수 있고, 또 서양 문명의 발전사 역시 모략과 뗄 수 없는 관계에 있었다는 사실도 알 수 있기 때문이다.

다들 알다시피 서양 문명의 근원은 둘이다. 하나는 히브리 문명으로 기독교에 역사적 배경이 되는 많은 자료를 제공했다. 거기에는 십계명, 창조신화, 하느님과 관련한 법률 제정자와 최고 심판자 관념 등등이 포함되어 있다. 바이블의 2/3 이상이 히브리 문화에서 나왔다. 또 한 갈래는 그리스 문명으로 인간의 자유와 이성에 관한 철학을 제공했다. 여기서는 자유 탐색의 이성정신理性精神이야말로 인류의 지고무상한 권리이자 필수불가결한 의무라고 본다. 또 인간은 우주에서 가장 대단한 창조물이라고 찬양하면서 인류의 존엄과 가치를 충분히 긍정한다. 그리스 철학가들의 계발을 받아 로마의 법학자들은 세세한 법률제도를 제정하여 그에 상응하는 이론적 근거를 마련했다.

기독교 개창자들은 그 이전까지의 여러 대문명이 제공하는 영양분을 섭취하여 점차 방대하고도 복잡한 종교와 정치의 이론체계를 창립했으며, 중세 사람들의 두뇌를 모조리 섭렵하여 서양 역사상 매우 깊은 영향을 남겼다. 중세 후기 자본주의가 흥기하고 자산계급이 나타나면서 서양에서는 문예부흥과 종교개혁이 일어났다. 그 결과 고대 문명 중 비교적 합리적인 요소들이 새롭게 부각되었다. 상업혁명과 공업혁명이 추진되면서 근대 서양 사람들은 사회의 합리적인 정치·법률이론을 열광적으로 추구하고 자연을 정복하는 과학적 법칙을 찾았으며 자원과 재부를 쟁탈하는 경로를 찾았다.

서양인의 모략사상과 실천에는 위에서 언급한 이성정신, 법률제도, 종교신앙 외에도 두 가지 중요한 관념이 관통하고 있다. 하나는 이익利益 지상주의 관념이다. 시대와 사람에 따라 구호는 달랐지만 그 실질은 '이익'(개인·단체·민족·국가의 이익)을 앞세운다는 원칙에서 벗어나지 않았다. 이익을 쟁취하기 위해서는 수단과 방법을 가리지 않았다. 또 하나는 개척과 진취적인 정신이다. 이는 역대 제국들의 영토 확장, 침략성에서 충분히 나타났고, 근대 이후 생기발랄하면서 참신한 과학 실천과 부국강병을 앞세운 기업정신 등에서도 유감없이 표현되었다. 이제 서양 문명에서 가장 특색 있는 다섯 방면을 핵심으로 하여 서양 모략사상의 연원을 간단하게 서술하고자 한다.

1. 이성정신

고대 세계에서 모든 민족들 중 그 문화에서 서양 정신을 가장 잘 반영하고 있는 모델은 그리스 사람들이었다. 그리스 사람들의 빛나는 문화 중에서 세계 문명에 가장 큰 공헌을 하고 가장 오래 영향을 미친 것은 그리스 철학의 이성정신이다. 그리스 사람들의 사상에는 토론하지 못할 문제란 존재하지 않았으며, 이성이라는 영역 밖에서 배척되어야 할 문제들 역시 존재하지 않았다. 지식은 신앙보다 한 차원 높았으며, 지혜는 모든 것보다 우위에 있었다. 그들은 자유로운 탐구정신을 찬양했다. 자연계에서 인류사회에 이르기까지 그리스 철학가들의 탐색이 미치지 않은 곳은 없었다. 그리스 철학은 인류사회를 위해 마르지 않는 정신적 원천이 되었다.

엄밀하게 말해 이성정신은 철학가들이 헌신하는 목표로서 소크라테스와 그 제자 플라톤의 '변증법辨證法'으로부터 시작되었다. 변증법이란 대화, 문답, 반복된 해석,

지식과 진리에 대한 끊임없는 근원 추적을 통해 형이상학을 추구하는 근본적 관념을 그 내용으로 한다. 소크라테스를 회상하는 플라톤의 『대화』에는 이런 장면이 여러 곳에서 생동감 넘치게 묘사되어 있다. 못생기고 주변 정리도 제대로 못하는 소크라테스는 늘 그리스 자유인들 틈에서 막힘없이 철학 문제를 토론했다. 그는 남다른 언변을 갖고 있어서 사람들을 가장 구체적이고 소소한 생활로부터 가장 심오한 철학적 이치로 이끌어 자신들도 모르는 사이에 엄청난 계발과 자극을 받도록 했다.

서양 특유의 많은 형이상학적 관념들은 소크라테스와 그 후계자들이 이런 '변증법'적 방식을 통해 탐색해낸 것들로, 서양인들은 지난 수천 년 동안 확고하게 믿어 의심치 않았다. 예를 들어 진·선·미·정의·자유·평등 등 6대 관념은 영원한 생명력을 갖추고 있다. 이것들은 인성의 보편적 요구를 반영하며, 시대에 따라 표현 방식이나 구체적 내용은 조금씩 달랐지만 모략가들이 일단 이것들을 드러내고 선전하여 사람들의 마음속에 침투시키는 순간 그에 따른 정신적 역량이란 헤아리기 힘들 정도로 엄청났다. 프랑스 대혁명 때 자코뱅당의 우두머리 로베스피에르는 계몽주의 사상가인 루소의 영향을 깊이 받아 일찍부터 정의·자유·평등 등 사회질서의 중대한 원칙들에 대해 깊게 생각하게 되었다. 이런 것들이 그로 하여금 대혁명이라는 폭풍 속에서 날카로운 사상적 무기를 갖추게 했다. 그는 격앙된, 그러나 설득력 넘치는 연설들을 수도 없이 했고, 이를 통해 인간의 의지가 모든 것에 앞선다고 강조했다. 나아가 그는 보통선거를 강렬하게 호소하면서 특권 계급이 인간의 자유를 짓밟고 있다고 공격했다. 많은 사람들이 그의 연설에 강렬한 반응을 보였다. 로베스피에르는 이를 통해 당시 '풍운아'가 되었다. 마지막에는 실패했지만 그가 선전한 정의·자유·평등과 같은 관념은 후세에 엄청나게 깊은 영향을 남겼다.

서양의 이성정신은 사람들 마음속에 깊이 파고들어 오래도록 시들지 않았다. 그것은 철학가들이 평생 추구하는 사업이었을 뿐만 아니라 제왕장상에서 보통 백성들에 이르기까지 누구나 추구해야 할 사업이기도 했다. 플라톤 이래 '철학의 왕'은 능력 있는 수많은 모략가들의 이상이었다. 그들은 너 나 할 것 없이 형이상학적 관념에 큰 흥미를 가졌다. 예를 들어 16세기 영국의 엘리자베스 1세는 어렸을 때부터 총명하고 조숙하여 철학과 문학에 관한 수많은 명저들을 공부하는 등 학업에 힘써 인문주의 교육과 신교 윤리의 가르침을 받았다. 이런 이성주의 교육은 그녀를 엘리자베스 1세로 성공하게 만드는 필요조건이 되었다. 그녀는 사람을 잘 골라 기용할 줄 알았고 나라를 다스리는 방략도 갖추었다. 정치적 식견이 풍부했고, 문예부흥과 종교개혁을 이끌었으며, 자본주의를 빠른 속도로 발전시켜 영국을 당시 세계 최강국으로 끌어올렸다.

칸트의 『순수이성비판』이 출판되자 18세기 유럽은 한순간 흥분했다. 수많은 사람들이 이 책을 찾았다. 이 심오한 철학서가 왕후귀족은 물론 젊은 남녀들 사이에서 유행처럼 퍼져나갔다. 보편적인 철학적 흥미와 이성주의의 가르침이 없는 사회였다면 이런 현상은 상상조차 할 수 없었을 것이다.

서양인이 가장 귀하게 여기는 정신적 지주는 성공과 실패, 이익과 손해를 따지지 않고 탐색을 강조하는 객관성이며, 이렇게 탐색하고 추구하는 진리야말로 독립성을 갖는다. 이것이 바로 객관적 진리를 존중하고 객관적 진리를 탐색하는 정신으로 근대과학을 불러일으킨 가장 강력한 추진력이 되었다. 세계를 인식하고 세상을 바꾸는 것이 모략의 주요한 목적 가운데 하나라면, 어떤 모략이 그리스 철학가들이 주창한 이 이성보다 더 큰 위력을 가질 수 있을까?

서양 과학사상이 성장해온 역사를 연구하는 일은 의미 있는 것이다. 자본주의 발전사에서 가장 주목되는 것은 이성정신이 새롭게 발견되고 더욱 크고 빛나게 선양되었다는 점이다. 이성정신과 자본주의는 서로 자극을 주고받으면서 근대의 과학과 기술을 탄생시켰다. 과학기술은 역으로 이성정신을 더욱 빛내고 자본주의를 더욱 발

전시켰다. 1300년부터 3세기 동안 계속되었던 문예부흥운동은 표면적으로는 고전
문화의 부흥이었지만 실제로는 이성주의와 세속주의에 대한 인간의 애정이 표출된
것이었고, 중세기 종교의 미신적 통치에 맞서려는 인간의 소망을 반영하고 있다. 또
한 16세기부터 시작된 종교개혁은 표면적으로는 바이블과 원시 기독교의 교의로 돌
아가자는 것으로 반이성적 신앙숭배의 경향이 없는 것은 아니었지만, 다른 한편으로
는 자유와 평등에 대한 인간의 욕구를 표출하는 것이었다. 루터는 신앙으로 구원을
얻을 수 있으며, 믿음만이 의롭다는 것을 강조했다. 이는 인간 누구나가 구원을 얻을
수 있다는 메시지였고, 인간은 모두가 평등하며 누구나 자유롭게 하느님을 믿을 수
있으며, 하늘 아래 생명체는 모두 형제자매라는 원시 교의를 반영하는 것이었다. 캘
빈교는 경건하고 고상하고 적극적인 생활이야말로 기독교인들의 장엄한 의무라고 강
조하면서 근검절약과 노동을 통한 상업적 도덕을 숭고한 위치로 올려놓았다. 신교의
이런 교의는 천주교 로마교회의 정신적 질곡으로부터 사람들을 해방시켜 자본주의
발전을 촉진했으며, 이는 객관적으로 볼 때 이성정신의 선양에도 유리했다. 사람들
은 새삼 자신의 존엄성과 가치를 긍정하기 시작했고, 더 이상 황제 발아래에 엎드려
한 발짝도 나가지 못하던 종교적 미망에 빠져 있지 않았기 때문이다. 문예부흥과 종
교개혁이 인간의 정신적 자유를 해방시킴으로써 근대과학의 이성이 자본주의의 유
럽에서 싹을 틔우고 성장하고 발전하고 커졌다.

　사실 서양의 이성정신은 중세기 암흑시대에도 결코 잠들지 않았다. 특히 중세
후기에 기독교는 아카데미 철학의 번거로운 논증 따위로 자신을 빠져나올 수 없는
궁지로 몰아넣었다. 유실론唯實論과 유명론唯名論 사이의 기나긴 논쟁(철학에서 '이성주
의'란 명사는 이 논쟁에서 기원한다)으로도 하느님의 존재를 명쾌하게 밝히지 못한 채 종
교신앙의 반대쪽으로 달려갔다. 토마스 아퀴나스는 이성주의의 태도로 기독교 교리
의 합리성을 증명하려 했다. 그는 우주란 이성과 지혜의 목적으로 결속된 질서 있는

완전체이며, 하느님은 인간에게 이성과 지혜의 능력으로 그것을 인식하도록 부여했다고 믿었다. 그의『신학대전』은 아리스토텔레스의 이성정신과 기독교 교리를 결합하려 한 것이지만 객관적으로 볼 때 현실과 이상이 어긋나 고대 그리스 철학의 이성정신을 종교라는 큰 건물의 담장 밑에다 파묻어버렸다. 하지만 부인할 수 없는 사실은 근대 과학자들은 이런 신학체계를 통해 적지 않은 영양분을 섭취했다는 것이다. 데카르트, 라이프니츠, 뉴턴 등과 같은 위대한 과학자들은 경건한 기독교 신자들이었고, 그들의 사상에는 토마스주의의 흔적이 뚜렷하다. 이는 그들의 과학정신과 그 종교신앙이 어긋나지 않고 병행했음을 말한다.

과학이 20세기에 이르면 이성정신은 더욱 막강한 생명력으로 나타났다. 아인슈타인의 상대성 이론, 코펜하겐학파의 양자론, 컴퓨터 혁명, 정보시대, 우주시대… 과학상의 혁명치고 인류의 이성정신이 창조하지 않은 것은 없다. 기술상의 진보와 돌파는 모두 인류 이성정신의 정수가 응축된 것이다.

여기에 이르러 우리는 이렇게 감탄하지 않을 수 없다. 서양의 이성정신은 그 자체로 가장 우수한 모략사상이며, 이성정신의 횃불을 들고 대대로 이어져온 철학가와 과학들 역시 그 자체로 세계에서 가장 우수한 모략가들이다!

2. 법률제도

고대 로마인들은 그리스의 사상과 문화를 이어받았다. 다른 방면에서의 성취는 그리 크지 않았지만 대단히 상세한 법률제도를 창립하여 인류문명의 귀중한 유산으로 남겼다.

로마법의 최초 형태는 '12동판법'이다. 이 가장 원시적인 성문법은 로마 공화제

밑에서 평민이 귀족과 투쟁하여 승리한 결과물이다. 그중 대부분 조항들이 낡은 관습을 그대로 이어받은 것이긴 하지만 집정관과 원로원들이 멋대로 법률을 해석하던 국면을 바꾸어 법에 따라 국가질서를 유지하고 인민의 권리를 보장한다는 점을 분명히 알게 했다. 이리하여 이는 서양인이 시종일관 지키고자 하는 기본적인 관념의 하나가 되었다. 그 뒤 로마 정치체제가 끊임없이 변하면서 '12동판법'도 점차 개정되어 많은 새로운 조항과 원칙이 추가되었다. 습관상 변화에서 비롯된 것이 있는가 하면 옛 로마 철학인 스토아학파의 교의에서 온 것도 있으며, 판결문에서 온 것도 있었다. 더욱이 대법관의 고시문은 법학자들이 법정에서 사건을 심판하면서 벌인 법률적 논쟁에서 나왔다. 이렇게 해서 로마법은 차츰 느슨하긴 하지만 시민법(로마 및 그 시민에 관한 법률), 만민법(로마제국이 관할하는 모든 거주민에 관한 법률)과 자연법의 세 부분으로 구성되기에 이르렀다.

로마법 중 가장 추상적이면서 후대에 가장 큰 영향을 남긴 것은 자연법이라는 사법 개념이다. 자연법사상은 그리스의 '스토아학파'에서 기원하지만, 법률 원칙으로서 자연법의 아버지는 옛 로마에서 가장 유명한 연설가이자 정치가였던 키케로다. 키케로는 진정한 법률이란 모든 사람에게 널리 적용되는 영원불변으로 인간의 천성과 일치하는 정상적인 이지理智라고 선언했다. 하느님은 모든 인간에게 똑같은 이성을 부여하여 그것으로 선악을 구분할 수 있게 했다. 따라서 자연법 앞에서 모든 사람은 평등해야 한다는 것이다. 이런 추상적 법리학은 유럽에 매우 깊은 영향을 주었고, 그 후로 미국과 다른 국가의 법률제도에도 같은 영향을 미쳤다.

16세기부터 시작하여 유럽과 북아메리카에서 일련의 자산계급에 의한 혁명이 폭발했고, 이와 함께 자연법 이론을 기초로 하는 정치·법률 학설을 내세우는 많은 사상가들이 잇따라 나타났다. 네덜란드의 에라스무스와 스피노자, 영국의 홉스와 로크, 프랑스의 루소와 몽테스키외, 미국의 페인과 제퍼슨 등이 대표적이다. 이들 중 가장 유명한 인물이라면 자산계급의 혁명사상을 고취한 존 로크와 장 자크 루소를 꼽을 수 있다. 그들의 이론은 자연상태·자연권리·자연법·사회계약을 주된 내용으로 하는 자연법사상이었다.

로크는 인류가 문명사회로 진입하기 이전에 일종의 자연상태가 존재했다고 인식한다. 그의 주장은 대체로 이렇다. 자연상태는 모든 사람이 준수해야 할 자연법이 지배적인 작용을 한다. 이성도 자연법이며 의식적으로 이성에 따르도록 전 인류를 이끈다. 사람들은 모두 평등하고 독립적이기 때문에 누구도 타인의 생명이나 건강 그리고 자유와 재산을 침해하지 않는다. 그러나 자연상태에서 문명사회로 진입한 뒤로는 부분적으로 자연권을 포기했고, 사람들은 그들의 생명·자연·재산의 안전을 보호할 목적으로 정부를 세웠다. 이런 천부적인 인권을 보장하기 위해 정부는 자연법의 기초 위에서 법률과 법령을 제정하되 정부는 한정된 조건 안에서만 그 권력을 운용해야 한다.

루소는 로크의 이론을 흡수하면서도 보다 심각하고 격렬하게 자신의 논리를 펼쳤다. 그는 이렇게 생각한다. 자연법의 원칙에 따라 진정으로 이성의 요구에 부합하는 국가는 당연히 사회계약의 산물이다. 사람들은 완전한 평등 위에서 자발적으로 결합하고 국가를 건립하고 법률을 제정한다. 국가의 주권은 인민에 속하며 법률도 인민의 공공의식을 체현한 것이 된다. 인민의 주권은 공공의지의 운용이자 체현이며, 공공의지는 대다수 인민의 의지와 이익을 대표한다. 따라서 인민의 주권은 양보할 수도 나눌 수도 대신할 수도 없는 지고무상한 절대 권위를 가진다. 이는 급진적인 혁명 민주주의 이론으로 프랑스 대혁명에서 자코뱅당의 혁명투쟁을 직접 이끄는 주도적 의미로 작용했다. 로베스피에르는 자칭 루소의 충실한 신도였다.

로크와 루소의 정치·법률학 이론은 자산계급의 정치·법률제도를 건립하는 데 중대한 영향을 미쳤다. 자산계급 혁명이 성공한 뒤 반포된 일련의 중요한 문헌과 헌법, 예컨대 1776년 미국의 '독립선언', 1789년 프랑스의 '인권선언', 1787년 미국 헌법, 1791년과 1793년 프랑스 헌법 등등은 이 위대한 사상의 영향력을 충실히 반영하고 있다. 미국의 '독립선언'에는 이렇게 명시되어 있다.

모든 사람은 평등하게 태어났고, 창조주는 몇 개의 양도할 수 없는 권리를 부여했으며, 그 권리 중에는 생명과 자유와 행복의 추구가 있다. 이 권리를 확보하기 위하여 인류는 정부를 조직했으며, 이 정부의 정당한 권력은 인민의 동의로부터 유래하고 있는 것이다.

프랑스 '인권선언'에는 다음과 같이 선언하고 있다.

"인권 방면에서 인간은 태어난 이래 처음부터 끝까지 자유 평등한 존재다."
"모든 정치 결합의 목적은 인간의 자연적이고 흔들릴 수 없는 권리를 보호하는 데 있다. 이 권리는 자유·재산 그리고 압박에 대한 저항이다."
"법률은 공공의지의 체현이며, 전국의 공민은 자기 스스로 또는 대표를 통해 법률의 제정에 참가할 권리를 가진다."

근대 이후 서방의 중대한 변동들은 사상적인 원인을 배경으로 하여 발전해왔다. 하나의 운동이 진정한 혁명의 궤도에 오르기까지는 반드시 사상의 지지를 받아야 한다. 이 사상은 행동의 강령이 될 뿐만 아니라 최후로 실현할 새로운 질서의 빛나는 전경이 된다. 낡은 질서를 뒤엎고 새로운 질서를 세우는 과정에서 보다 많은 민주·자유·평등을 쟁취하는 것이 인류 모략의 주요한 목적이라고 한다면 서방의 자산계급 혁명 시기의 사상가들은 나무랄 데 없는 대모략가들이었다. 그들의 모략사상이 추상적이긴 했지만, 그리고 구체적인 실천 과정에서 다소 결함이 있긴 했지만, 현대 자본주의 사회가 갖춘 민주·자유·평등에 대한 공로는 무엇보다 이들 위대한 사상가들의 계몽으로 돌리지 않을 수 없다.

서방의 법률제도는 서양 문명의 정수가 집중된 지점이다. 고대 로마법으로부터 근현대의 자산계급 법률제도에 이르기까지 서방 역대 사상가들의 이성의 산물이자 서방 근대 모략가들의 실천적 결과이다. 서방 역사상 나름대로 역할을 한 정부가 성립되어 당시 사회 상황에 적합한 법전을 반포할 때마다, 또는 정치모략가들이 업적을 남길 때마다 법률제도를 새롭게 다듬는 일을 잊지 않았다. 이는 결코 우연이 아니다. "법으로 나라를 다스린다."는 원칙은 옛 로마의 아우구스티누스, 영국의 엘리자베스 1세, 프랑스의 나폴레옹, 러시아의 표트르 1세, 미국의 워싱턴·링컨·루즈벨트 등 혁혁한 치적을 남긴 인물들의 금과옥조였다. 알맹이는 취하고 쭉정이는 버린다는 원칙에 근본을 둔 이들 위대한 정치가들의 모략은 우리가 추구하고자 하는 사회 건설에 거울과 같은 작용을 할 것이다.

'11월 정변'으로 프랑스 최고 통수권을 장악한 나폴레옹은 프랑스 군대를 지휘하여 영국·러시아·오스트리아 등 반 프랑스 동맹군을 격파한 뒤 즉각 법학자들을 동원하여 법전 편찬에 착수하는 한편, 그 자신이 직접 편찬 과정에서 일어난 중대한 문제들이나 중요한 조문의 수정을 위한 토론에 여러 차례 참석하기도 했다. 나폴레옹은 법학자들에게 이렇게 요구했다. 정치가가 되어야지 법률 제조자가 되어서는 안 된다. 즉, 새로 일어난 자산계급의 이익과 자산혁명의 성과를 보호하는 것을 원칙으로 삼으라고 했다. 4년이 넘는 노력 끝에 저 유명한 '나폴레옹 법전'이 1804년 3월 21일 탄생했다. 이 법전은 총 2,281조항이며, 자본주의 사유제도를 규정하고 사유재산은 침범받을 수 없음을 보증하고 있다. 이로써 소농의 토지소유제를 안정시켜 농민이 작지만 자신의 땅을 사용할 수 있게 보증했다. 또 공민의 모든 평등과 자유계약 등의 원칙도 규정하여 프랑스 공민의 일부 권익을 보증했다. 이 법전은 그 후 100년이 넘는 기간에 걸쳐 개정되어 프랑스와 벨기에의 법률이 되었고, 상당 부분이 독일·이탈리아·스위스·일본·미국 루이지애나주의 법률체계로 흡수되었다. 뛰어난 법전 하나가 얼마나 많은 수준 높은 모략을 파생시키는지 알 수 있다. 이 때문에 나폴레옹은 걸출한 군사가로서는 물론 자본주의 역사상 흔치 않은 정치가의 한 사람으로 꼽히는 것이다. 서방 역사상 이런 예는 적지 않았지만 여기서 일일이 소개하지는 않겠다.

3. 종교사상

기독교의 탄생과 발전은 서방 문명사에서 가장 중요한 사건이었다. 기독교가 빠른 속도로 일어나 전파되고 마침내 서방의 '보편적 구원의 종교'가 되어 서방 세계의 종교·정치·경제·사상·문화 등 각 방면에 지울 수 없는 복잡한 영향을 남길 수 있었던 것은 창시자 예수와 이후 '사도'들의 차원 높은 모략 예술과 뗄 수 없는 관계가 있다. 기독교는 다른 어떤 종교보다 인간의 종교적 열정을 자극하여 종교에 헌신하게 만들며, 특히 사람들의 종교적 감정을 이용하여 "세상을 구원한다."는 이상을 실현하고자 한다.

기독교는 로마 통치하의 중동 유태인 사이에서 일어났다. 종교에 대한 정서와 정치적 불만 정서가 충만한 분위기에서 목수 출신의 예수가 전도 활동을 시작했다. 그는 마귀를 내쫓고 환자를 치료하면서 자신의 교리를 선전했다. 그는 염치를 모르고 탐욕을 부리고 방탕하게 사는 것을 배척하고, 자신의 행위를 표본으로 삼아 사람들에게 겸손하고 자제하는 생활을 요구했다. 그는 하느님을 자애로운 아버지라고 불렀으며 세상의 모든 사람들이 형제자매라고 했다. 하느님은 악을 벌하고 선을 선양한다. 세상의 종말이 닥치면 악인은 지옥에 떨어지고 선인은 천당으로 올라가 하느님과 함께할 것이다. 예수는 사람들을 로마 통치에 반대하도록 이끌고, 인류를 잘못과 죄악으로부터 구원하는 것이 자신의 사명이라고 믿었다. 그의 전도는 많은 신도를 이끌어냈다. 때문에 그는 대사제와 로마 통치자의 두려움의 대상이 되었다. 로마인은 예수를 십자가에 못 박았지만 그것이 기독교의 '세상 구원'의 상징이 되리라는 것은 생각하지 못했다.

예수의 추종자들은 예수가 죽어 부활할 것임을 퍼뜨렸고, 그가 진정한 신임을 믿었다. 그의 죽음은 인류를 위한 '속죄'라는 것이었다. 사도 바울과 베드로 등은 곳곳을 다니며 이 신비한 전설을 선전하면서 박해받는 많은 사람들을 단결시켰다. 그들은 끊임없이 비밀 모임을 가졌고, 이 때문에 로마 정부의 박해도 끊이질 않았다. 누가 알았겠는가? 이 박해가 오히려 기독교를 크게 발전시키는 데 유리한 요소로 작용할 줄을. 죽음에 직면해서도 늠름한 태도를 잃지 않는 희생자의 태도는 기독교 신앙과 죽음에 가장 좋은 선전이었다. 이 선전은 극복과 순종, 원수를 사랑하라고 강조하는 기독교를 신속하게 성장시켜 311년 로마 황제는 어쩔 수 없이 그들에 대한 박해를 포기하고, 일련의 법령들을 통해 기독교는 로마제국 '유일의 합법'적인 신앙이 되었다.

476년, 내부 봉기와 '야만족'의 침입으로 서로마제국이 멸망했다. 하지만 '국교'인 기독교는 제국의 멸망으로 쓰러지지 않았다. 오히려 더 발전할 수 있는 좋은 기회를 가졌다. 당시 서파 교회는 신속하게 이에 상응하는 대책을 수립했다. 첫째, 동파 교회의 압박과 견제로부터 벗어난다. 둘째, 야만족이 세운 국가를 승인하고 그 지역들에 전도사들을 보내 포교 활동을 펼치는 등 역량을 축적하여 교회의 권위를 다시 떨치도록 한다.

전도사들의 줄기찬 노력으로 그들은 '야만족'의 스승이 되었고, 라틴 문화의 여러 성과들을 전수했다. 거기에는 언어·문학·과학·철학·예술·정치제도·교회의 조직 등등이 포함되어 있었다. 이런 문화 성취를 섭취하면서 야만족의 수령들은 통일된 봉건국가를 형성하기 위한 필요성 때문에라도 기독교를 접수했다. 그들은 부하들에게 세례를 받게 했고, 씨족 내부의 다신교 신앙을 포기하도록 했다. 그리고 기독교를 다시 '국교'라는 보좌에 올려놓았다. 당시의 혼란한 국면 속에서 기독교는 서구 사회에서는 유일한 질서정연한 조직이 될 수 있었고, 이는 객관적으로 사회를 다시 안정시키고 고대 그리스-로마 문화를 전승시키는 데 적극적인 작용을 했다.

사실 중세 전체를 통해 기독교는 사상과 문화를 농단하면서 유럽인들을 신학의 연못 속으로 빠뜨리기도 했다. 그들은 마음으로 기꺼이 기독교 신앙을 접수하고 교회 통치에 따랐다. '사람의 두뇌를 점령'함으로써 통치 목적을 달성하는 이런 모략은 로마교회와 기독교의 사도들이 가장 노숙하게 운용했는데, 그 공과시비는 역사가 평가할 것이다.

중세 후기 교회의 세력은 매우 강대해져 로마 교황을 우두머리로 하는 서유럽 각국의 기독교 연방이 종교 법정을 설립하여 교회제도를 개혁하고 교당과 학교를 대대적으로 건설했다. 교회의 대표들은 신생아를 위해 세례를 주고, 신혼부부를 위해 축복을 내리고, '죄를 지은 사람'을 위해 기도하고, 죽음을 앞둔 사람의 참회를 듣는 등 인간사 거의 모든 일을 주관했다. 그들의 권력 밖에 있는 일이라곤 거의 없을 정도였고, 이 때문에 교회가 국왕 귀족들과 세속의 권력을 놓고 싸우는 지경에까지 이르렀다.

교황과 세속의 권위 사이에 벌어진 충돌은 400년 넘게 계속된 뒤에야 겨우 가라앉았다. 이 기간에 발생한 충돌은 대단히 드라마틱하고 모략이 난무하는 장면들이었다. 그중 가장 유명한 몇 가지 사례만 소개해둔다.

최초의 가장 격렬했던 충돌은 이른바 클뤼니 수도원을 중심으로 한 '클뤼니 부흥'에서 기원한다. 당시 교회 개혁자들은 수도승 내부를 정화하고 봉건귀족의 통치로부터 벗어나기 위해 애를 썼다. 당시 이 수도원 출신의 열광적인 교황 그레고리 7세는 교황만이 주교를 임명하거나 파면할 수 있는 권력과 황제를 축출할 수 있는 권력을 갖고 있음을 선언했다. 또 교황은 사악한 통치에 대해 인민들의 서약을 해제할 수 있는 권리가 있다고도 했다. 공공연하게 세속의 권위를 멸시하는 이 선언은 당시 신성로마제국의 황제 하인리히 4세의 분노를 샀다. 그는 그레고리 7세를 '거짓 수도사'라고 욕하며 교황의 칙령을 거부했다. 이에 그레고리 7세는 '파문'이라는 비장의 카드를 꺼내들었다. 하인리히를 교적에서 제명하고 독일과 이탈리아에 대한 그의 통치권을 취소하는 한편 신성로마제국의 백성들이 하인리히에게 한 모든 서약을 취소시켰다. 이 조치로 한순간 왕공 귀족과 주교들이 하인리히에 반대하며 들고일어났고, 하인리히는 사면초가에 몰렸다. 그는 하는 수 없이 교황과 화해하려 했다. 교황은 그를 거들떠보지 않았다. 하인리히는 '고육계'를 쓸 수밖에 없었다. 그는 엄동설한에 알프스산을 넘어 맨발로 그레고리가 있는 카노사 성 앞에서 빌었다. 이 사건이 이른바 '카노사의 굴욕'이다.(1076년) 그레고리 7세는 그제야 그의 '죄'를 사면했다. 원한을 품은 하인리히 4세는 그걸로 만족하지 않았다. 그는 얼마 뒤 군대를 이끌고 로마를 공격하여 교황을 갈아치웠고, 그레고리 7세는 도망길에 올라 울분을 품은 채 죽었다.(1085년)

그레고리 7세를 이어 교황이 된 우르바누스 2세는 모략과 정치 수완이 대단한 인물이었다. 그는 외유내강 스타일에 목적 추구욕이 매우 강했다. 표면적으로 그는 하인리히 4세와 그 측근 및 주교에 원만하게 대응하는 것 같았지만 은밀히 교황의 지지자들을 이용하여 하인리히 진영의 실력파들을 이간시키고 포섭하는 활동을 벌였다. 이와 동시에 하인리히가 세운 가짜 교황 클레멘스 3세를 배척했다. 적대 세력을 철저하게 패배시키기 위해 우르바누스 2세는 1095년 투르크가 동로마제국(비잔틴제국)을 공격한 사건을 기회로 잡았다. 비잔틴제국은 로마 교황에게 구원을 요청했고, 우르바누스 2세는 하늘이 주신 이 기회를 놓치지 않고 클레르몽에서 회의를 소집했다. 그는 이 자리에서 서유럽 귀족과 기사들의 정서를 격렬한 연설로 선동했다. 그는 특별히 '저주받아 마땅한 이교도'들이 기독교인들을 박해하고 있다는 점을 강조하는 한편 비잔틴제국의 풍요로움을 하나하나 열거했다. 분노와 탐욕에 사로잡힌 귀족들과 기사들은 십자군전쟁을 일으키기에 이르렀다.

십자군전쟁은 당시 유럽 사회의 종교·정치·경제 등 여러 방면의 복잡한 요인들과 뒤엉켜 벌어졌다. 여기서는 교회 방면만 알아보자. 우르바누스 2세와 그 후계자들이 십자군전쟁을 일으킨 주요 목적은 로마 교황의 권위를 높여 '구원의 종교'라는 기독교의 이상을 실현하고자 하는 것이었다. 십자군의 무력과 종교적 열정을 이용하여 교회 발전에 불리한 각종 세속 세력에게 타격을 주자는 것이었으며, 서유럽 사회의 각종 불안정한 요인들을 동방의 전쟁터로 전가하려는 것이기도 했다. 말 그대로 돌멩이 하나로 여러 마리의 새를 잡겠다는 고차원의 모략이었다.

로마교회의 다방면에 걸친 노력 끝에 교황의 권위는 중천의 태양처럼 높아졌고, 1095년부터 13세기 중엽까지 최고 전성기를 누렸다. 그러나 십자군이 동방에서 대량의 재물을 약탈함으로써 서유럽 통치집단과 교회에 부패와 타락상이 보편화되었고, 교황과 주교들의 음탕하고 몰염치한 생활이 시작되었다. 로마교회는 이로부터 점점 쇠퇴하여 기독교인들의 신뢰를 잃었다. 이에 문예부흥과 종교개혁이 발생했다. 이 운동은 로마 천주교 교회의 부패 상황에 대한 반발이었다. 유럽인들은 종교의 열광에서 평정을 되찾았다. 고전 문화의 이성적 요소가 다시 중시되었고, '인간'이 신권의 질곡에서 해방되기 시작했다.

4. 이익 관념

중국 봉건사회의 주기적인 내란과 대비하여 서방 역사에서는 크고 작은 전쟁과 충돌이 끊이지 않았다. 중국과 마찬가지로 피비린내 진동하는 역사 장면이었다. 그런데 그 실질을 파고들면 한결같이 이익을 둘러싼 다툼에서 비롯된 것들이었다. 다만 중국은 주로 대통일을 이룬 국가 내부에서 발생했고, 서방은 주로 국가와 민족 간의 전쟁이나 충돌로 표현되었을 뿐이다. 바로 이 점에 동서 문명의 동질성과 차이점이 반영되어 있다.

그리스와 로마 시절에도 도시국가의 이익은 민중에 대한 정치가들의 중요한 구호 가운데 하나였다. 서양인들은 이처럼 오랜 '애국' 전통을 갖고 있는데, 이는 고대 그리스 로마 사회의 민주공화제와 관련이 있다. 도시국가 내부의 각 계층과 집단 사이에도 이해충돌이 적지 않았고, 때로는 무력에 호소하는 경우도 있었다. 하지만 일반적인 상황에서는 이른바 '민주'적 방식(예컨대 원로원회의를 소집하거나 시민투표를 실시하는 등)으로 서로 협조하여 대규모 내전이 일어나는 것을 피했다. 도시국가의 각종 모순이 아주 첨예하게 맞서 정치·경제적으로 곤경에 처하면 통치집단은 이를 기회 삼아 대외 확장을 꾀했는데, 이는 내부 모순을 해결하려는 희망을 다른 도시국가를 약탈하는 데 거는 경우였다. 강적이 침입하여 도시국가가 멸망의 위기에 몰리면 각 집단은 지난날의 증오를 잊고 일치단결했으며, 때로는 다른 이웃 도시국가와 연맹하여 공동으로 적에 맞섰다. 그렇게 강적이 일단 소멸되고 나면 연맹은 대개 빠른 속도로 해체되고 각자의 이익을 위해 서로 투쟁했다. 이것이 서양 고대에 진행된 여러 차례의 전쟁에서 나타나는 공통된 모델이다. 페르시아와 그리스 사이에 벌어진 침략과 반침략 전쟁을 비롯하여 펠로폰네소스전쟁(아테네와 스파르타 사이에 벌어진 이익 쟁탈전), 포에니전쟁(로마와 카르타고 사이에 벌어진 전쟁), 알렉산드로스의 페르시아 원정, 카이사르의 갈리아 원정 등이 대개 이런 경우였다. 키루스 등이 건립한 페르시아제국, 알렉산드로스 대왕이 건립한 마케도니아왕국, 카이사르 등이 세운 로마제국의 침략적 확장 행위는 근대 이후 서방 각국의 제국주의 정책에 본받을 만한 '표본'을 제공했다. 또한 서양인이 국가와 민족의 이익을 문패로 내걸고 약탈 행위에 일삼은 유구한 역사적 전통을 보여주는 것이기도 했다.

근대 이후의 서방은 자본주의 생산의 발전, 민족국가의 홍기, 각국의 전제주의 제도의 건립 등에 따라 국가와 국가 사이의 관계는 날이 갈수록 번거롭고 복잡해졌다. 식민지·자원·시장 등등을 쟁탈하기 위한 이익의 충돌이 시도 때도 없이 발생했고, 쟁탈의 수단도 치열하게 변해 단순한 전쟁 방식에서 각종 음모와 계략이 가지를 쳤으며, 도덕과 정의는 갈수록 국가의 이익 충돌 속에서 서로를 속고 속이는 공허한 휴지조각이 되어갔다.

'강권이 곧 진리'라는 이런 시대에 조국이 유럽 열강들에 의해 쪼개지는 것에 대해 강렬한 울분을 느낀 이탈리아의 사상가 마키아벨리는 1513년『군주론』을 저술하여 처음으로 '국가 이익'이 모든 것에 앞선다는 사상을 분명하게 제기하고 나섰다. 그는 이탈리아 군주들에게 일체의 도덕적 속박과 종교 신조로부터 완전히 벗어날 것을 강력하게 권했다. 군주의 유일한 목표는 '국가 이익'이기 때문이다. 이는 역사 경험을 종합한 인식이었으며 후대 정치가들을 계발시켰다. 이로부터 정치 영역의 연맹이나 반연맹의 조약 체결과 파기, 외교 영역에서의 기만·매수·첩자 활동 등등은 거의 바뀔 수 없는 진리처럼 되었고, '국가 이익'이란 구호는 모든 음모와 침략 행위를 가리는 차단막이 되었다. 아래에 대표적인 사례를 몇 가지 들어본다.

1740년, 오스트리아의 황제 카를 6세가 후계자를 남기지 못하고 죽자 딸 마리아 테레지아가 자리를 이었다. 이는 본래 국가의 내정에 속하는 사건이었지만 프로이센의 국왕 프리드리히 2세는 마리아 테레지아에게 오스트리아의 중요한 공업지구인 슐레지엔을 자신에게 떼어달라고 요구했다. 그녀의 왕위를 프로이센이 보장하는 대가로 말이다. 욕심으로 가득 찬 이 만행은 당연히 거절당했고, 프리드리히 2세는 이를 구실 삼아 군대로 슐레지엔 지방을 공격했다.

과거 '30년 전쟁'에서 프랑스와 오스트리아는 깊은 원수지간이 되었는데, 프랑스는 이를 기회로 전리품 획득을 위해 양국의 전쟁을 조장하고 나섰다. 그런데 누가 알았으랴. 프리드리히 2세야말로 남을 속이는 사기술에 천부적인 재능을 타고난 사람이란 것을. 그는 "속임수를 꼭 써야 한다면 내가 다른 사람을 속이는 것이 가장 좋다."는 신조를 굳게 믿고 있었다. 그는 양면 수법을 써서 한편으로는 프랑스와 동맹관계를 맺고 또 한편으로는 오스트리아와 비밀리에 정전협정을 맺었다. 그리고 프랑스를 지원하기 위한 군대를 파견하여 기회를 틈타 슐레지엔을 점령해버렸다.

이렇게 전쟁이 시작되었고, 프랑스는 같이 닭을 훔쳐놓고도 닭발 하나 얻지 못한 채 돈과 병력만 소모한 꼴이 되었다. 오스트리아 여왕 마리아 테레지아는 프로이센으로부터 인정을 받긴 했지만 많은 땅을 잃었다. 프리드리히 2세는 가볍게 자신의 목표인 슐레지엔 공업지구를 손에 넣었다. 그는 약속과 신의를 진즉 한쪽으로 치워놓았다.

이어지는 '7년 전쟁'(1756-1763)에서 구사된 영국의 책략은 한 수 위였다. 영국은 교활한 프리드리히 2세를 가지고 놀면서 실질적인 이익을 많이 챙겼다.

영국은 줄곧 오스트리아의 '우방'이었다. 그런데 프로이센이 오스트리아를 물리치는 것을 보고 입장을 바꾸어 프로이센과 동맹을 체결했다. 러시아는 영국과 동맹하여 공동으로 프로이센의 세력 확장에 대응할 생각이었는데 생각지도 않게 영국과 프로이센이 동맹하는 것을 보고는 수치와 분노로 프랑스·오스트리아와 손을 잡았다. 프랑스와 오스트리아의 동맹이 가능했던 것은 얼마 전 프로이센에게 당한 경험이 있기 때문이다. 프랑스-오스트리아-러시아 삼국은 공동으로 영국과 프로이센을 공격하여 승리한 뒤 프로이센 영토를 나누어 갖기로 약정했다. 영국은 사면이 바다로 둘러싸인 섬나라인 데다 해군력이 막강해서 쉽게 공격하기 힘들었기 때문에 3국 연맹군은 프로이센을 집중 공격했고, 그 결과 프리드리히 2세의 왕국은 위급한 처지에 놓였다.

영국에게는 그 나름의 속셈이 있었다. 프로이센에게는 금전적 원조와 표면적인 군사행동을 취하는 척하면서 주력은 프랑스 식민지를 탈취하는 데 동원했다. 이렇게 해서 큰 힘 들이지 않고 캐나다·인도·루이지애나 일부를 차지했다. 가련한 프로이센은 영국의 방패막이가 되어 아무것도 얻지 못했다. 러시아 여제 예카테리나가 병으로 죽는 통에 차르가 방향을 선회하여 프로이센과 동맹하지 않았더라면 프로이센은 멸망이라는 비참한 국면을 면키 어려웠을 것이다. 이처럼 세계적인 규모의 충돌에서 영국은 모든 편의를 다 차지했고, 프랑스·스페인·오스트리아·러시아·프로이센 등의 나라는 본의 아니게 영국이 부상하는 데 힘을 보탠 꼴이 되었다.

오랫동안 서방 국가들은 각자의 이익을 위해 서로 미루고 서로 모함하고 해치는 일을 반복해왔다. 이런 열악한 전통은 20세기 30년대에 와서 악명 높은 '타협주의'로 변질되어 독일·이탈리아·일본의 파시즘에게 절호의 기회를 주었고, 결과적으로 인류에 처참한 상처를 남긴 제2차 세계대전을 초래했다.

1935년, 독일 정부는 히틀러의 지령에 따라 독일군의 군비를 제한하고 감축시키는 베르사유조약(제1차 세계대전의 정전협정)을 파기하고 국민 개병제를 회복한다고 선언했다. 히틀러는 외교 수단으로 영국과 협의를 거쳐 막강한 해군을 다시 건설했다. 1936년, 히틀러는 공공연히 라인란트 군사지구에 군대를 파견했다. 베르사유조약을 멸시하는 이런 모든 행위에 대해 영국과 프랑스는 형식적으로 유감을 표시하는 정도에 그쳤다. 마찬가지로 1936년 이탈리아는 에티오피아를 침공했고, 이보다 앞선 1931년 일본은 중국의 동북 3성을 침입했다. 국제연맹이 있긴 했지만 강제성을 띤 어떤 조치도 내리지 못하고 시종 무기력하게 대처했다. 이탈리아와 에티오피아의 전쟁 이후 독일과 이탈리아 양국 파시즘은 손을 잡고 스페인의 인민전선 정부를 공격했다. '적화'가 퍼질 것을 두려워한 영국과 프랑스는 이번에도 손을 놓고 구경만 했다. 스페인이라는 전략적 요충지를 잃더라도 개의치 않겠다는 태도였다. 1938년 독일이 오스트리아를 병합했다. 소식이 전해지자 영국 수상 체임벌린 등은 전쟁의 위협을 강하게 느끼면서도 모든 노력을 기울여 히틀러를 달래겠다는 생각만 했다. 같은 해 9월의 뮌헨회의에서 영국·프랑스·이탈리아는 함께 체코슬로바키아를 팔아버림으로써 '타협주의'의 추한 연극은 클라이맥스에 이르렀다. 이로써 제2차 세계대전을 '피할 수 없는' 기정 사실로 만들어버렸다.

현대사회에서 '국가이익'은 확실히 듣기 좋은 구호다. 하지만 정의의 기초 위에 서지 못하고 침략전쟁의 형태로 나타나거나 '전쟁 미치광이'의 행동을 용인한다면 정의의 힘이 내리는 징벌에서 벗어나지 못하고 자신의 몸을 불태우고 말 것이다. 국제관계가 갈수록 가까워지는 오늘날 신의를 저버리거나 약탈성의 '국가주의'와 '민족주의'를 내세우는 자들은 평화와 정의를 사랑하는 사람들에게는 부끄러움 그 자체다. 물론 이익 분배와 이익 충돌은 없어질 수 없다. 따라서 국제법의 협조와 평형이 갈수록 큰 힘을 발휘할 것이다.

5. 개척정신
────────

서양인의 영토 개척은 출발부터 무력 정복과 연관되어 있었다. 고대에서 '식민지'란 단어는 익숙한 것이었다. 적어도 서양인의 관념에서 이 단어는 정의의 완전한 부족함을 뜻하는 것도 아니었다. 하지만 그중에는 피정복자에 대한 도살과 약탈이란 뜻이 들어 있고, '야만' 민족(실제로는 문화가 상대적으로 원시적이거나 낙후된 민족)에 대한 개화와 문화의 전파라는 의미도 들어 있다. 거기에는 '피'의 잔혹함, '불'의 희망도 있다. '피'와 '불'이 교차하는 모습에서 카노사, 다리우스, 알렉산드로스, 카이사르, 표트르 1세, 나폴레옹 등등과 같은 '정복자'의 이미지가 역사의 기억 속에서 얼룩져 남아 있다.

마케도니아 왕국의 알렉산드로스가 즉위할 당시 그의 나이는 20세의 약관이었다. 그는 쾌도난마와 같이 빠른 속도로 마케도니아 통치하의 그리스 각 폴리스들의 반란을 잠재우고 정국을 안정시킨 다음 페르시아제국에 대한 원정을 결정했다. 그가 아시아 원정을 결정한 목적은 그리스 각 폴리스들의 경제와 정치적 위기를 줄여보려는 것임과 동시에 마케도니아 귀족과 그리스 노예주들의 탐욕을 만족시켜 자신에 대한 시민들의 지지를 얻으려는 데 있었다. 당시 페르시아제국은 이미 사양길로 접어들어 겉으로만 번영과 강대함을 유지하고 있었을 뿐 실제로는 응집력을 완전 상실했고 군인들도 전투 의지를 잃은 상태였다. 알렉산드로스의 벼락같은 공격에 페르시아가 통치하던 많은 도시들이 싸우지도 않고 항복했음은 물론 알렉산드로스를 구원의 별로 생각했다. 페르시아의 국왕 다리우스 3세는 방대한 군대를 소유하고 있었지만 부하들의 사기를 고무하고 자신이 용감하게 앞장서는 알렉산드로스와 같은 지도력을 갖고 있지 못했다. 몇 차례 격전을 치른 끝에 알렉산드로스는 다리우스 3세를 물리치고 몇 년 안에 끝도 없는 광대한 페르시아제국의 영토를 정복했다.

알렉산드로스의 정복에 대한 역사학자들의 평가는 일치하지 않는다. 하지만 어찌되었건 마케도니아의 청년 국왕은 그 특유의 가장 빨리 가장 깊숙이 들어간다는 전략으로 동서 문화의 융합과 경제의 교류를 촉진했다. 알렉산드로스는 잘 알고 있었다. 마케도니아의 군사력에만 의존해서는 이처럼 넓은 제국의 강역을 통치할 수 없다는 사실을. 그는 그리스 문화를 아시아에 주입하는 한편 페르시아의 옛 제도를 많이 이어받았다. '그리스화된 문명'이 이렇게 형성되었다. 그리스화된 문명은 많은 방면에서 근대 문명과 비슷하다. 이를테면 대규모 상업의 성장, 무역의 확장, 물질적 향유, 대도시의 흥기 등등이며, 이 모든 것이 알렉산드로스 대왕이라는 이름과 엮여 있다. 그리스화 시대는 기독교 탄생을 위한 역사·문화적 조건을 준비했다. 이 역시 알렉산드로스의 짧은 일생이 서양 역사에 얼마나 중요한가를 잘 나타낸다. 전하는 바에 따르면 알렉산드로스는 동방 원정에 앞서 자신의 전 재산을 부하들에게 나누어 주었다. 누군가 "폐하께서는 자신에게 무엇을 남기시렵니까?"라고 묻자, 알렉산드로스는 자신만만하게 "희망! 나는 희망을 나 자신에게 남기련다."라고 대답했다고 한다. 알렉산드로스 대왕의 '희망'은 서양인과 세계 문명을 위해 무궁한 유산으로 남아 있다.

표트르 대제의 일생도 마찬가지로 서양인의 개척정신을 잘 보여준다. 그는 일찍부터 큰 뜻을 품고 부지런히 공부하고 깊게 생각하는 습관과 예민한 두뇌를 기르는 훈련을 했다. 즉위 후 그는 가난하고 뒤떨어진 러시아의 현실을 절감하고 1697년 러시아 사절단을 따라 비밀리에 출국하여 유럽의 선진 정치제도와 과학기술을 배우는 한편 남방의 얼지 않는 부동항을 얻기 위한 준비에 들어갔다. 귀국 후 치밀한 계획 아래 신속하게 개혁을 추진하며 유럽의 발달한 국가를 본받아야 한다고 주장했다. 그의 개혁은 러시아 귀족의 타성과 저항력을 돌파하고 봉건 농노제도를 확고히 다지고 발전시킴으로써 경제력과 군사력을 증강시켰다. 이런 기초 위에서 표트르 대제는 대외 확장 정책을 실천에 옮기기 시작했다.

17세기의 러시아를 보면 광활한 영토가 있었지만 해안선이 터키와 스웨덴 등에 의해 단절되어 폭넓고 값싼 해운을 이용하여 대외무역을 할 수 있는 기능을 잃었다.

모략가로서의 눈을 갖춘 표트르 대제는 러시아가 부강해지기 위한 첫걸음은 항구를 여는 길이라는 것을 간파했다. 1695년과 1696년, 그는 두 차례 군대를 동원하여 터키의 영토인 아시리아를 공격하여 아시리아 해상의 패권을 통제했다. 하지만 흑해로 진입하지는 못했다. 1697년, 표트르는 비밀 탐방 중에 발트해를 통제하고 있는 스웨덴이 폴란드·덴마크 등과 큰 갈등을 겪고 있다는 사실을 확인했다. 프로이센과 작센 등도 스웨덴의 땅을 노리고 있다는 사실도 알게 되었다. 그는 계획을 바꾸어 이들 국가와 동맹하여 발트해의 스웨덴 항구를 탈취하는 전략적 조치를 취했다.

1700년부터 1721년까지 장장 20년 동안 표트르는 러시아 해군을 크게 발전시키는 동시에 다자외교를 추진했다. 스웨덴과는 무력으로 충돌했다. 거듭 실패하고 국제관계가 부단히 변화했지만 표트르의 목표는 조금도 흔들림 없이 계속 추진되었다. 그는 러시아 국민과 군대의 투지를 자극하고, 기동성 있는 전략과 전술을 택해 마침내 1709년 폴타바 전투에서 결정적인 승리를 거두었다. 전쟁 막판에 표트르는 외교 사절을 스웨덴에 보내 '고자세' 전략을 구사하면서 발트해의 항구만 내준다면 나머지 점령 지역은 다 반환하겠다는 담판 조건을 제시했다. 그리고 화친정책이라는 외교적 수완을 통해 마침내 스웨덴을 옭아매는 데 성공했다. 이로써 러시아는 낙후된 내륙 국가에서 일약 해상 강국으로 발돋움할 수 있었다. 마르크스와 엥겔스는 『공산당선언』에서 이렇게 말했다.

아메리카 및 아프리카를 두르는 항로의 발견은 흥기하고 있는 자산계급에게 새로운 활동 장소를 열어주었다. 동인도와 중국이라는 시장, 아메리카의 식민화, 식민지에 대한 무역, 공구 교환 및 일반 상품의 증가는 상업과 해운업 그리고 공업에 전례 없는 자극을 주었고, 이에 따라 붕괴해가는 봉건사회에 혁명이라는 요소가 신속하게 발전하게 되었다.

이 말은 서양인의 개척정신이 자본주의의 흥기와 발전에 미친 작용을 생동감 넘치게 개괄한 것이다. 항해 탐험에서 식민지 개척에 이르기까지, 자원 약탈에서 시장 쟁탈에 이르기까지, 흑인 노예 매매에서 인디언 학살에 이르기까지 자본주의 발전사는 모험과 개척에 따른 분투사를 표현하고 있는 동시에 죄악으로 가득한 피로 얼룩진 식민사를 대변한다.

오늘날에 이르러 서양인의 개척정신은 과학적 실천과 상업 경쟁에 많이 활용되고 있다. 현대사회의 리듬은 끊임없이 빨라지고 있으며, 자연을 정복하고 개조하는 인류의 솜씨도 계속 향상되고 있다. 국제간의 정치·경제·문화 각 방면의 관계도 전에 없이 고도로 증가하고 있다. 개척과 창조 때문에 20세기 이래 과학기술에 동반된 일련의 혁명이 가능했으며, 인류는 '정보시대'·'우주시대'·'지능화시대'·'세계화시대'로 진입했다. 개척과 창조정신이 있었기에 국가와 지역 간의 경제교류는 날로 가까워지고, '무역전쟁'은 날로 치열해지고 있으며, 그리하여 '경제공동체'와 '경제권'이 나타나고 무역관계를 조율하는 '무역협정' 등등이 나타났다. 서양인의 개척정신은 전 세계의 의식 있는 사람들이 공동으로 누리는 재산이 되고 있다.

제국주의의 침략적 본성은 바뀌지 않을 것이다. 방식과 방법에 변화가 있을지는 몰라도. 발전 중인 사회주의 국가로서 중국은 개혁과 개방의 과정에서 근대 중국이 흘린 피의 교훈을 잊어서는 안 될 것이다. 중국은 정치적으로 자존심을 지키고 자강해야 하며, 경제적으로 기민하게 대응하여 개척과 창조, 독립과 자주를 이룬 강국의 길로 나아가야 한다.

제11장
모략과 제자백가

모략의 철학적 사고에서 첫 임무는 시대정신을 충분히 반영하는 것이다. "진정한 철학은 어떤 것이 되었건 자기 시대정신의 정화이자" "문명의 살아 있는 영혼이다."[17] 전체적 방법론상 모략은 이런 철학사상의 기초 위에 건립되어야 한다.

무엇이 시대정신인가? 이는 과학적 역사관이 대답해야 하는 중대한 이론의 문제이자 모략학이 파악해야만 하는 문제이기도 하다. 통상 '대세의 추이'는 통속적으로 '시대' 또는 '역사시대'의 주요한 내용을 나타낸다. '인심의 향배'라는 것은 '시대정신'의 주요한 내용을 나타낸다. 대세의 추이는 역사가 진보하는 과정에서 나타나는 객관적 흐름이다. 객관적 추세는 인간의 주관적 세계에 반영되어 사회심리나 사회의식 속에서 체현되는데 이것이 바로 시대정신이다.

정치모략은 먼저 시대정신의 실질을 반영하는 철학적 기초 위에서 형성된 치국

---

17 『마르크르 엥겔스 전집』 제1권, 121쪽. (저자)

의 강령과 지도 원칙을 가리킨다. 전통적인 치국모략사상의 줄기를 구성하는 것은 중국 철학에서 국가 관리활동의 전체적 방침에 대한 인식으로, '다스림의 길(치도治道)', '군주의 길(군도君道)', '정치의 요체' 등과 같은 것들이다.

춘추전국시대 백가쟁명도 알고 보면 실질상 치국방침과 책략을 둘러싸고 전개된 격렬한 논쟁이었다. 제자백가는 나름의 주장을 펼쳤고, 이는 당시 사회 변혁에 영향을 주었을 뿐 아니라 중국의 전통적인 치국과 용병 및 외교 등 모략사상의 확립에 철학적 기초를 제공했다. 이런 철학사상들이 중국의 정치·군사·외교모략의 발전에 정도는 다르지만 적지 않은 영향을 주었다.

중국 철학과 정치는 뗄 수 없는 관계에 있다. 유가의 '인仁'·'의義'·'예禮'가 되었건 도가의 '도道'·'무위無爲'가 되었건 이것들은 철학적 개념이자 윤리학 개념이며 정치학 개념이다. 철학·윤리·정치를 하나로 녹여 한 몸으로 만든 것이다. 노자의 '도'는 자연의 속성을 갖추고 있으면서 사회적 속성도 갖추고 있다. 그것은 한편으로는 초월적 경험의 객관적 존재지만 또한 천지만물 중에 내재하여 경험세계와 분리할 수 없다. 또 다른 면에서 그것은 인류을 초월하지만 인간의 사회윤리 생활 속에 내재하여 인간을 중개로 삼아 일상적 인륜과 분리될 수 없다. 도의 경계란, 즉 하늘과 인간, 하늘의 도와 인간의 도, 자연과 인생이 서로 틈 없이 결합되어 혼연일체가 된 경계. 이러한 특징을 결정짓기 위해 노자가 제출한 자연과 무위 관념은 필연적으로 하나의 철학적 원칙이 될 수밖에 없고, 윤리원칙과 정치·군사·통치모략의 원칙이 된다. 한 걸음 더 나아가 노자의 모략사상은 '도'를 철학적 근거로 삼고 '무위'를 주된 실마리로 삼아 전개해나가는 독특한 체계라고 말할 수 있다. 중국 철학은 시대정신, 정치투쟁, 군사투쟁의 산물인 동시에 모략의 영혼을 구성하고 있음을 볼 수 있다. 이러한 철학적 견해들은 대부분 정치적 평가와 주장으로 직접 발표되어 통치자에게 모략사상을 제공하고 있다.

1. 유가의 치국모략

제자백가 중에서 유가의 치국모략은 유가철학의 핵심인 '인학仁學'이란 구조 위에 건립되어 있다. 다시 말해 인성에 대한 충분한 긍정과 사회등급과 위계질서에 대한 진지한 수호 정신 위에 서 있는 것이다. 인간의 남다른 작용, 특히 제왕장상들이 치란흥쇠治亂興衰의 과정에서 보여준 작용으로부터 '인치人治'를 숭상하게 되었다. 유가는 도덕의 완비를 인류가 추구해야 할 최고의 가치로 보기 때문에 '예'와 '인'을 도덕의 최고 표준으로 삼았다. 공자는 나라를 다스릴 때는 "덕으로 이끌고 예로 갖추라."(『논어』「위정」)고 주장했다. '인치'는 달리 말해 '덕치'이자 '예치'였다.

공자의 관점은 그 후 새로운 발전을 보았다. 『중용中庸』과 『대학大學』은 '수신修身'이 '천하를 다스리는 근본'이라는 관점을 제기했다. "수신이 무엇인지 알면 사람을 다스리는 것이 무엇인지 알게 되고, 사람을 다스리는 것이 무엇인지 알면 천하 국가를 다스리는 것이 무엇인지 알게 된다."(『중용』) 따라서 "천자로부터 서민에 이르기까지 첫째는 모두가 수신을 근본으로 삼는다."(『대학』) 이상은 도덕으로 나라를 다스리는 인치사상을 극단으로 밀고 올라간 것이다. 맹자는 열국의 흥망이 주는 교훈을 종합하여 "천시天時는 지리地利만 못하고 지리는 인화人和만 못하다." "도를 얻은 자는 도움을 많이 받지만, 도를 잃은 자는 도움이 적다."는 결론을 얻었다.(『맹자』「공손추」하) 순자 역시 "물은 배를 띄우기도 하지만 배를 엎기도 한다."(『순자』「왕제」)는 말로 군주와 백성의 관계를 묘사함으로써 군주가 백성의 작용을 무시해서는 안 된다는 점을 일깨웠다. 군주와 백성의 관계에 대한 이러한 인식에서 출발하여 『안자춘추』는 현명한 군주가 나라를 다스리는 모습을 "그 정치는 유능한 인재를 임용하고, 그 행동은 백성을 사랑하는" 것으로 묘사했다. 유능한 인재의 임용을 백성 사랑을 위한 보증으로 본 것이다. 유가의 치국학설의 출발점이 "정치는 사람이 한다."는 것에 있음을 알 수 있다. 이는 예로 인간의 도덕을 규범 짓고, 유능한 인재를 기용하여 어진 정치를 베풂으로써 민심을 얻는다는 점을 강조한 것인데, 궁극적으로는 개개인이 도덕적으로 완전함을 추구하여 깨끗한 정치와 안정된 사회를 이루자는 논리다. 이러한 주장들은 가족 윤리관념이 지극히 강한 중국 사회에 적합했다. 따라서 통치자가 모략사상을 연구하고 모략사상을 짜는 데 핵심적인 역할을 하게 되었다.

2. 법가의 치국모략

지주계급이 사회 변혁을 진행함에 있어서 직접적인 모략이 되었던 것은 법치의 철학과 정치사상이다. 법가는 인성을 '악'하다고 본다. 법령으로 '악'을 억제하고, 국가와 사회에 해를 끼치는 행위들을 제지함으로써 국가를 잘 다스려야 한다고 주장한다. 전국시대의 상앙商鞅은 법은 나라를 다스리는 데 없어서는 안 될 도구라고 생각했다. 그는 "법을 밝히지 않고 땅을 지키려 했다간 위기와 멸망이 바로 옆에 다가온다."(『상군서』「약민弱民」)고 말한다. 법가의 집대성자 한비자는 한결 더 준엄한 법을 강조한다. 그는 "법이란 왕의 근본이다."라는 전제하에서 "지금 사사로운 왜곡을 버리고 공정한 법으로 나아가면 백성을 안정시키고 나라를 다스릴 수 있다."고 말한다.(『한비자』「유도」) 한비자는 사람과 사람의 관계는 적나라한 사리사욕의 관계라고 지적한다. 그는 모든 사람이 자신을 위해 계산하는 마음을 갖고 있다고 본다. 사람의 모든 도덕·감정·행위는 자신에게 이익이 있느냐 없느냐에 따라 결정된다. 타고난 충·효·인의 등과 같은 도덕관념이란 근본적으로 말할 것조차 없다. 모든 사람이 이익을 위한다는 관점에서 출발하여 그는 인의 따위의 설교조로 나라를 다스리는 것에 반대한 반면 '엄격하고 무거운 형벌'을 통해 나라를 다스려야 한다고 주장했다. 통치자가 신하와 백성을 잘 다스리려면 상(덕)과 벌(형) 두 권력만 장악하면 된다. 신하와 백성들이 이룬 성적은 군주의 의도와 명령에 맞아야만 상을 내린다. 조금이라도 지나치거나 모자라면 엄하게 처벌해야 한다. 상과 벌 둘 중에서 특히 벌은 엄하고 무거워야 한다. 한비자는 분명히 지적한다. 상이건 벌이건 군주 혼자 장악해야지 그렇지 않았다간 군주가 신하에게 통제당한다는 점을. 따라서 한비자의 통치술은 극단적인 군주집권제를 전제로 한다. 한비자는 전기前期 법가의 각 학파의 설을 결집하여 "법을 위주로 하되" '법'·'술'·'세'를 서로 결합한 군주집권제의 통치술로 종합했다. 봉건 군주는 이 셋을 결합한 통치술을 장악하기만 하면 권력을 군주에게 집중하여 전국을 통일할 수 있다는 것이다.

단순한 인치나 법치는 이론적으로나 실천적으로나 성립하기 힘들다. 진시황은 한비자의 정치적 주장을 채용하여 중국을 통일하긴 했지만 그 잔인한 전제통치 때문에 너무 빨리 백성들에 의해 뒤집혔다. 전국 후기 순자는 '예'와 '법'을 결합한 치국 강령을 제기하면서 "착한 자는 예로, 착하지 못한 자는 형으로 대하라."(『순자』 「왕제」)고 주장했다. 이 모략사상은 국가 정치 관리에 대한 지주계급의 인식이 한 걸음 더 높아졌음을 나타내며, 동시에 봉건사회 초기 모략사상 발전의 전체적인 추세를 반영하기도 한다.

진·한 이후 여러 통치자들이 유능한 인재의 기용과 법도를 밝히는 것, 이 둘 중 어느 하나라도 없어서는 안 된다는 관점을 받아들이긴 했지만 둘 가운데 어느 쪽에 중점을 둘 것인가에 대해서는 차이가 났다. 북송 시대의 개혁가 왕안석王安石은 양자의 지위는 대등해야 한다고 주장했다. 그는 이렇게 말한다. "천하의 큰 틀은 법도를 크게 밝히지 않고는 유지하기 힘들고, 유능한 인재를 많이 키우지 않으면 지키기 부족하다."[18] 소동파蘇東坡는 한 걸음 더 나아가 "사람과 법이 나란히 가되 서로 이기려 하지 않을 때 천하가 편안해진다."[19]고 했다. 사람과 법의 작용에 일정한 한계가 있음을 인정한 것이다. 만약 이 한계를 넘어설 경우, 즉 사람이 법을 간섭하든 법이 사람의 능동성을 제약하든 정치상 위기가 조성된다. 남송 시대의 엽적葉適과 명 왕조의 해서海瑞는 법의 작용이 중요한 것만은 틀림없지만 그 실행 효과는 집행자의 소양 여부에서 결정된다고 보았다. "법을 충분히 집행할 수 있는 사람을 임용해야지 법을 알기에 지혜가 부족한 사람이나 법을 집행하기에 역부족인 사람을 임용해서는 안 된다."[20] 합격한 관리가 좋은 법을 집행해야만 천하를 제대로 다스릴 수 있다. 따라서 "사람이든 법이든 자질을 겸해야만 천하가 다스려진다."[21] 이들의 논리는 실제로는 사람의 소질에 편중되어 있다. 명말 청초의 사상가인 황종희黃宗羲는 이러한 견해에 동의하지 않는다. 그는 관리가 능력을 발휘할 수 있느냐 없느냐의 관건은 법제의 좋고 나쁨에서 결정난다고 보고 "법을 다스린 후 사람의 다스림이 있다."[22]고 했다. 법률제도에 편중된 이런 관념은 훗날 정치모략에 심대한 영향을 미쳤다.

그러나 법률은 어디까지나 사람이 만드는 것이다. 수준 높고 뛰어난 사람이라야 뛰어나고 좋은 법률을 만들어낼 수 있다. 뛰어난 사람이 없다면 뛰어난 법률을 만들어낼 수 없다.

---

18 『왕문공문집王文公集』 권1 「상시정서上時政書」. (저자)

19 『경진동파문집사략經進東坡文集事略』 권4 「상양제서上兩制書」. (저자)

20 엽적葉適, 『수심별집水心別集』 권14 「신서新書」. (저자)

21 『해서집海瑞集』 상편 「치려책治黎策」. (저자)

22 『명이대방록明夷待訪錄』 「원법原法」. (저자)

3. 도가의 치국모략

유가와 법가 외에 도가철학과 모략사상도 후대 통치자에게 비교적 큰 영향을 남겼다.

노자의 철학에는 대립되는 사물과 개념이 많이 예시되어 있다. 그것들은 서로 의지하고 서로 전환된다. 이를테면 이런 것들이다. 있고 없음(유무), 어렵고 쉬움(난이), 길고 짧음(장단), 높고 낮음(고하), 앞과 뒤(전후), 밝고 어두움(명암), 나아가고 물러섬(진퇴), 검은 것과 흰 것(흑백), 정교함과 소박함(교졸), 변칙과 정석(기정), 착한 것과 악한 것(선악), 강한 것과 약한 것(강약), 굽음과 곧음(곡직), 많고 적음(다소), 크고 작음(대소), 얻고 잃음(득실), 화와 복(화복), 삶과 죽음(생사)…. 노자는 이렇게 말한다.

> "그러므로 있고 없음은 상대적으로 나타나고, 어려움과 쉬움도 상대적으로 이루어지고, 길고 짧은 것도 상대적으로 형성되고, 높고 낮음도 상대적으로 대비되고, 음과 소리도 상대적으로 어울리고, 앞과 뒤도 상대적으로 있게 마련이다."(2장)
>
> "화가 복 속에 깃들어 있고, 복 안에 화가 숨어 있다."
>
> "정석이 되돌아 변칙으로 변하고, 착한 것이 되돌아 악한 것으로 된다."(58장)

변증법 사상이 충만한 노자의 이 같은 철학사상은 어느 하나 버릴 것 없이 귀중한 보배같다. '도道'·'덕德'·'무無'·'일一'·'박朴'·'무위無爲'·'자연自然' 등과 같은 개념은 노자 철학의 핵심이자 그 모략사상의 기초로 심층적인 의미를 갖고 있다.

먼저 그 정치모략이 갖는 의미를 보자. 선진 시대 각 파의 철학은 기본적으로 사회논쟁 위주의 정치철학이었다. 도가 역시 마찬가지였다. 노자는 병가의 군사투쟁

학설을 정치적 차원의 '군주 통치서'로 끌어올렸다. 이른바 '무위無爲'는 일종의 '군도君道로서 군주는 반드시 '무위'해야만 '무불위'할 수 있다. 즉, 겉으로는 관여하지 않는 것 같지만 실제로는 모든 것을 다 관여한다는 뜻이다. 그렇지 않고 사사건건 관여하려 든다면, 그때 통치자는 '무'에 처한 것이 아니라 '유'를 차지하고 있는 꼴이 되어, 그 통치 범위가 아무리 크고 넓다 하더라도 한정적이고 잠정적이며 부분적일 수밖에 없다. 다만 '무無'·'허虛'·'도道'가 있을 뿐인데, 이는 겉으로 보기에는 공허한 부정적 논리로 전체를 혼란시키는 것 같지만 실제로는 모든 '유有'·'실實'·'기器'보다 우월하고 그것을 초월하고 있다. 그것이야말로 전체이자 근원이자 진리이자 존재이기 때문이다. 이것이 바로 군주가 처해야 할 무상無上의 위치이며, 가져야 할 우월적 태도이며, 취해야 할 통치모략이다. 이와 관련하여 한비자는 다음과 같이 해석한다.

> 무릇 덕이란 인위적이 아닌 행동, 즉 무위를 통하여 모이고, 욕심이 없는 상태, 즉 무욕에서 이루어지며, 인간의 사고행위를 빌리지 않고 평온해지며, 목적을 향한 수단을 사용하지 않고서 고정되는 것이다. 반대로 인간이 이성에 입각하여 행동하고, 감성에 따른 욕구를 분출한다면 덕이 내면에서 정착할 수가 없으며 인격도 완성될수 없다.(『한비자』 「해로」)

이는 『손자』에서 말하는 "할 수 있으면서도 못 하는 것처럼 보이고, 활용할 수 있으면서도 활용하지 못하는 것처럼 보인다."는 병가의 속임수와 일맥상통한다. 노자의 주요 사상인 "크게 성취하는 것은 뭔가 빠진 것 같고", "가득 찬 것은 뭔가 빈 것같고", "제대로 곧은 것은 굽은 것 같고, 아주 정교한 것은 서툰 것 같고, 아주 말 잘하는 것은 어눌한 것 같고" 등등이 이런 뜻이다. '같고'라는 말은 '그렇게 보인다'는 뜻으로 해석된다. 어떤 사람은 이것이 "실제로는 하나의 '위장'에 지나지 않는다."[23]로 보거나 "후세 음모가들이 본받은 것"[24]이라고도 한다. 후세 여러 부류의 통치자·정치가·군사가 심지어는 일반 민중들까지도 '자신을 감추거나' '위장'하는 것으로부터 "물러나는 것이 전진하는 것이다." "지키는 것이 공격하는 것이다." 등등에 이르기까지 적지 않은 처세학을 배웠다. 노자는 군사투쟁에서 나타나는 대결성을 추상화하고 보편화했지만 그 구체적인 응용성을 잃지는 않았다. 따라서 모략에서 그 실용성과 적응 범위는 전례없이 확대될 수 있었다.

도가의 모략사상은 그 철학사상과 마찬가지로 유가나 법가 등의 학파와 대립한다. 노자는 "대도가 쇠진하자 인의의 도덕이 나타났고, 지혜를 짜내자 인위적인 거짓 속임수가 있게 되었다. 가족 사이가 화목하지 못하자 효도나 자비 따위의 윤리를 내세우게 되었고, 국가가 어지럽고 흩어지면서 충신이란 존재가 두드러지게 되었다."(18장)고 본다. 인의도덕은 큰 도가 상실된 뒤 비로소 출현한 사회현상이라는 것이다. 도덕의 전환이 구세의 방법이기는 하지만 그것은 겉만 다스리고 근본을 다스리지 않는 방법이다. 만약 큰 도가 성행하여 모든 사람이 덕을 잃지 않는다면 인의의 전환을 부르짖을 필요가 없다. 이는 마치 병이 없는 사람의 몸은 약을 먹을 필요가 없는 것이나 마찬가지다. 노자는 심지어 도덕관념과 도덕행위를 사회의 혼란을 일으키는 근원으로 본다. "무릇 예란 것은 충신이 희박해짐으로써 나타난 것이며 모든 환란의 시초다."(38장) 따라서 노자는 인의를 끊고 버려야만 백성이 다시 효성스럽고 자애로울 수 있다고 주장한다. 노자가 버린 것은 전통이자 세속에서 말하는 이른바 도덕, 예컨대 유가의 인의나 충효임을 알 수 있다. 그가 존귀하게 여긴 것은 도덕의 절대 순수성으로, 그가 말하는 '상덕上德'이란 자연무위다. 인의충효와 같은 번거롭고 거추장스러운

---

23   장순휘張舜徽, 『주진도론발미周秦道論發微』. (저자)

24   장태염章太炎, 『구서訄書』 「유도儒道」. (저자)

허례와 도덕의 절대 순수성은 물과 불처럼 어울릴 수 없다. 모든 일은 자연무위에 착안해야만 진정 도덕에 부합하고 도덕과 간극 없이 서로 결합할 수 있다. 그렇지 않으면 도덕의 반대쪽으로 갈 수 있다.

'지智(영악함이나 잔꾀)'로 나라를 다스린다는 것도 노자의 공격 대상이 되었다. "백성들을 다스리기 어려운 까닭은 그들이 지나치게 영악하기 때문이다. 교활하고 영악하게 나라를 다스리는 자는 나라에 대한 역적이고, 그것이 아닌 질박하고 소박한 도로 나라를 다스리는 자는 나라에 대한 복덕이다."(65장) 노자가 말하는 '지'는 일반적으로 가리키는 지혜나 지식이 아니라 기교나 위선 또는 속임수까지 포함하는 의미다. 노자가 말하는 '우愚' 역시 일반적으로 말하는 총명과 반대되는 뜻이 아니라 순박하고 후덕하며 성실하다는 뜻으로까지 끌어올리고 있다. 노자가 '지'로 나라를 다스리는 것에 반대한 것이 지식문화를 운용하여 국가를 다스리는 것에 반대한 것은 아니다. 지식문화에 따르는 허례허식과 속임수 및 위선 등과 같은 현상을 없애고 극복하자는 뜻이다. '우민愚民'이라는 주장 역시 백성을 무지한 길로 이끌자는 것이 아니라 순박하고 성실한 자연상태로 회복하자는 뜻이다.

노자는 법으로 나라를 다스리자는 주장도 날카롭게 비판한다. "천하에 금기가 많으면 백성들이 더욱 가난해지고, 통치자가 지략이나 권모를 많이 쓰면 나라는 더욱 어둡고 어지러워지고, 사람들이 간교한 꾀를 많이 부리면 간사한 일들이 더욱 많이 나타나게 되고, 법령이 엄할수록 도적은 더 많이 생긴다."(57장) 이를 좀더 해석해보자면 이렇다. 천하의 금기나 법령은 자연무위의 원칙과는 갈수록 멀어지고 백성의 능동적이고 창조적인 정신을 갈수록 제한하기 때문에 결과적으로 백성을 더욱 빈곤하게 만든다. 사회 각 계층의 사람들이 흉기를 들고 센 힘만 믿고 싸운다면 국가는 혼란스러워진다. 사람에게 지혜와 기교가 많다는 것이 꼭 사회의 진보 발전을 뜻하는 것은 아니다. 반대로 그것은 이것저것 번잡하고 이상한 사회현상을 동반한다. 국가의 법령이 갈수록 완비되고 정확해질수록 백성들은 그 틈 사이로 파고들고 도적이 벌떼처럼 일어난다.

"덕德과 지智와 법法으로 나라를 다스리는" 것을 주된 특징으로 하는 '유위有爲'의 정치는 인간사와 인위를 지나치게 강조한다. 유위의 모략관은 인치주의人治主義로 귀결된다. 이와 상반된 무위의 모략사상은 "일을 하되 억지로 일삼지 말 것이며 말하지 않는 가르침을 행하라."고 강조한다. 무위의 모략은 천치주의天治主義로 귀결된다. 유위와 무위의 대립은 인치와 천치의 대립이다. 이때 천치란 다스리지 않는다거나 다스림이 없다는 것과는 다르다. 천치는 무위라는 수단을 통해 천하를 크게 다스린다.

노자의 변증법이 갖는 또 하나 두드러진 특징은 서로 대립되는 여러 항목들 중 특별히 '유柔'·'약弱'·'천賤'을 중시한다는 것이다. 이것이 저 유명한 '수유왈강守柔曰强(부드러움을 지키는 것이 강함이다)'이라는 모략사상이다. 노자는 "약弱은 도道의 쓰임"이란 점을 여러 차례 강조한다.

> "제후나 왕이 하나밖에 없는 도를 잃고 바르게 다스리지 못하면 온 천하가 쓰러지고 말 것이다."(39장)
>
> "군대가 강하면 패배하고, 나무가 강하면 부러진다."(76장)
>
> "그러므로 귀해지려면 천함을 뿌리로 삼고, 높아지려면 낮음을 기초로 삼지 않으면 안 된다."(39장)
>
> "그러므로 천하에서 가장 유약한 것, 즉 물은 천하에서 가장 단단한 것, 금석도 마음대로 부릴 수 있다."(43장)

이상은 통치자에게 겸손과 근신 및 기초의 중시를 가르치는 것 외에 주요하게는 사람들에게 '부드럽고' '약한' 쪽에 처해야만 영원히 싸우지 않을 수 있다는 사실에 주의할 것을 요구한다. 지나치게 자신의 재능이나 역량 그리고 우세를 드러내지 말고 우세나 강대함을 잘 숨기라는 뜻이며, 강대함을 경쟁하거나 쟁탈하지 말라는 것이다. "부드러움을 귀하게 여기고" "만족을 알아야" 자신을 지킬 수 있으며, 오래도록 질김을 유지할 수 있으며, 상대와 싸워 먹히지 않고 이길 수 있다.

이러한 모략사상은 세상사 경험을 종합하고 인생의 지혜를 계발하는 데 일정한 작용을 했다. 노자의 "천하에 앞서지 말라." "먼저 한 발 양보한 다음 반격하라." 등과 같은 논리로부터 "슬픈 군대가 반드시 이긴다." "가랑이 밑을 기는 치욕을 견디다.", "사나이 복수는 10년이라도 늦지 않다." 등등과 같은 논리는 참고 양보하고 굽히는 중에 생존과 역량을 비축하여 최후의 승리를 탈취하라는 뜻이다.

노자가 제기한 부드럽고 약한 것이 단단하고 강한 것을 이긴다는 논리는 이 세상 만물이 운동하고 변화하고 발전하는 오묘함이라 할 수 있다. 군주가 정치모략이라는 면에서 국가의 치욕과 위기를 감당하는 책임만 질 수 있어도 한 나라의 군주로서는 물론 천하의 왕을 감당할 수 있다. 이른바 "나라의 수치를 짊어졌다."거나 "나라의 상서롭지 못한 짐을 졌다."고 하는 말들은 스스로 유약함을 자처하는 것이다. 외교모략에서 대국은 소국에 대해 자신을 낮추는 겸손한 자세를 품어야 한다. "큰 나라는 아래로 흐르고" "큰 것은 낮게 처해야 옳다."는 말이 그런 것들이다. 상하·귀천·대소의 관계를 처리하려면 유약의 모략으로 자리는 높은 곳에 앉아 있되 아래에 있는 것처럼 겸손해야 하며, 신분은 귀하되 비천함을 근본으로 해야 한다. 유약을 지키는 것이 사회정치의 최종 목표가 아님은 물론이다. '백성을 높이고' '크게 성취'하기 위한 기본 수단일 뿐이다.

이와 관련된 것으로 '부쟁不爭'이란 관점이 있다. '부쟁'의 진정한 의의는 인류사회에 근본을 두거나 인류사회를 초월하는 것이다. 객관적 모순과 투쟁의 존재를 인정하되 모순 때문에 제한을 받거나 좌우되지 않는다. 노자의 말을 빌리자면 "만물을 이롭게 하되 다투지 않는다."는 것인데, '부쟁'의 전제는 만물을 이롭게 하고 사람을 위하는 것이다. 사물을 이롭게 하되 사물과 공을 다투지 않으며, 사람을 위하되 사람과 다투지 않는 행위는 강조하고 본받을 만한 가치가 있다.

노자의 천치주의天治主義의 중심 명제는 억지로 일삼지 않고 다스린다는 '무위이치無爲而治'다. 노자는 이렇게 말한다.

> 내가 아무것도 하지 않으니 백성들이 스스로 교화되고, 내가 허정虛靜을 좋아하니 백성들이 스스로 바르게 되고, 내가 아무 일도 꾸미지 않으니 백성들이 스스로 부를 누리고, 내가 아무 욕심도 내지 않으니 백성들이 스스로 소박하게 되더라.(57장)

백성들 스스로 교화하고, 바르게 되고, 부를 누리고, 소박해진다는 말은 천하 사람들 모두가 각자 자신의 재능·개성·소질을 발전시키되 서로 방해하거나 충돌하지 않는다는 것이다. '무위'와 '부쟁'의 관점에서 출발하여 노자는 통치자에게 시세와 민심에 순응하고 자신의 의지를 사회에 강요하지 말라고 충고한다. 그러기 위해서는 인간사 '무위'의 자세로 임해야 한다.

역사적으로 볼 때 진·한 이후 큰 혼란이 평정되고 백성들이 하루라도 쉬면서 기운을 회복해야 할 때마다 노자의 '무위이치' 사상은 통치자들이 매우 중시하는 통치 모략으로 역할을 해왔다. 서한 초기 사회가 빈곤하고 인구는 여기저기 흩어져 물가가 폭등하여 "천자는 네 마리 말이 끄는 수레를 탈 수조차 없고, 장상들은 소가 끄는 수레를 타고 다닐"[25] 정도였다. 큰 도시와 유명한 성들은 무너지거나 황폐해져 호구라 해봤자 열 중 두서넛에 지나지 않았다.[26] 유방은 황제로 칭한 후 진 왕조가 불과 2세로 망한 교훈을 종합하여 그 원인을 찾게 했다. 이에 육고陸賈는 다음과 같은 견해를 올렸다.

"말 위에서 천하를 얻으셨지만 말 위에서 천하를 어찌 다스릴 수 있겠습니까? (중략) 진나라는 가혹한 형벌만 사용하고 바꾸지 않다가 결국 멸망하였습니다."(『사기』「역생육고열전」)

유방은 육고의 견해를 칭찬하면서 '무위이치'의 통치방침을 실행하여 "백성들과 더불어 휴식한다."는 정책을 취했다. 당나라 초기 태종 이세민도 "군주가 맑고 고요한데 백성들이 어찌 안락하지 않겠는가."(『정관정요』 권1 「정체政體」)라고 했다.

진·한 이후 각 유파와 모략의 철학사상은 점점 결합되는 추세를 보였다. 상호 침투와 혼합을 거쳐 유학을 형식으로는 하는 큰 틀이 잡히고 유가·도가·법가의 세 철학사상을 주요 내용으로 하는 중국 전통 모략사상이 형성됨으로써 서방 모략사상과 점차 소통하고 상호 영향을 주고받았다.

동한의 반고班固는 『한서』「예문지」에서 이렇게 말했다.

제자 10가들 중 볼 만한 것은 9가 정도이다. 모두 왕도가 쇠퇴하고 제후들이 힘으로 정치할 때 일어난 것들이나 당시 군주의 좋고 싫음이 다 달랐다. 이에 따라 9가가 벌떼처럼 함께 일어나 한 방면을 잡고 그 좋은 점을 숭상하여 그 설을 전하면서 제후들에 부합하려 했다. 그 주장들이 물과 불처럼 다 다르긴 하지만 서로 없애기도 하면서 서로를 보완하기도 한다. 인仁과 의義, 경敬과 화和처럼 상반되지만 서로를 완성시킨다.

---

25 『사기』「평준서」. (저자)

26 『사기』「고조공신후자연표」. (저자)

제
2
편

기리론機理論

모략의 철학·사유·심리·원칙

제12장
모략의 철학적 기초

인류사회와 자연계에 대한 인식에서 만능열쇠가 존재한다면 그 열쇠는 철학일 것이다. 동서고금을 통해 나라를 다스리고, 군대를 통솔하고, 집안을 일으키고, 한 분야에서 일가견을 이룬 사람들은 철학을 깊이 이해한 대가들이었다. 역사상의 명군·영도자·모략가·정치가·군사가·종횡가, 과학자·기업인·종교인 심지어 무술인들도 철학과 관련이 없는 사람은 없었다. 전문적으로 이 길을 공부한 사람도 있고, 우연히 섭렵한 사람도 있으며, 신경을 곤두세워 경험이 던지는 교훈을 종합한 사람도 있다. 그런가 하면 법칙 같은 것을 모색한 사람도 있다. 그들이 공을 세우고 인간과 자연계의 기기묘묘한 자물쇠를 열 수 있었던 것은 철학이라는 예리한 무기를 장악하고 능수능란하게 운용했기 때문이다.

모략의 성공은 깊은 철학적 공력을 바탕으로 삼아야 한다. 사유의 보편적 법칙을 연구하는 철학이라는 과학은 사유의 특수한 법칙을 연구하는 모략이라는 과학의 영혼이자 핵심이 될 수밖에 없다. 모략을 연구하려면 철학을 연구하지 않으면 안 된다. 사유의 특수한 법칙을 파악하고, 특히 창조적 사유를 펼치려면 먼저 사유의 일반적 법칙을 파악해야 한다.

1. 모략의 철학적 연원

모략의 발전과 철학의 발전 그리고 사유의 발전은 뗄 수 없는 밀접한 관계에 있다. 모략의 연원과 철학·사유의 연원은 그 뿌리가 하나다. 인류 최초의 철학적 사유와 모략 사유는 같은 나무에 달린 잎과 뿌리의 관계와 같다. 모략의 연원을 추구하고 모략의 메커니즘을 연구하려면 철학과 사유의 근원을 찾는 작업이 동시에 진행되어야 한다.

인류 고대문명의 근본은 노동에서 기원한다. 노동이 있었기에 물질과 정신의 재부인 문명을 창조할 수 있었다. 인류는 문명의 주체이기도 했다. 인간이란 존재가 없으면 문명을 말할 수 없다. 초기 인류의 집단 거주지 또한 인류문명의 중요한 근거지였다.

중국의 고대 동방 문명에서는 세 개의 기원을 탐색할 수 있다. 서쪽의 주周와 동쪽의 상商 그리고 남쪽의 초楚에서 기원한 세 개의 서로 다른 부락은 각각 서로 다른 점복占卜의 방법인 오행五行·팔괘八卦·음양陰陽을 가지고 있었다. 사유체계도 세 가지가 생산되었다. 서로 다른 세 가지 점복 방법과 사상체계는 세 가지의 서로 다른 문화를 파생했다. 지역과 지리가 거리 면에서 가깝기 때문에 이 세 가지 문화와 사상체계 그리고 점복의 방법은 오랜 세월 폭넓은 접촉과 교류 및 동화를 거쳤다. 주 왕조의 발전과 체제 정비, 춘추전국시대의 대융합[27]을 통해 음양오행의 틀을 갖추었고, 중용사상을 내용으로 구비했으며, 윤리도덕을 특색으로 하는 고대 중국 문화와 철학을 형성하기 이른 것이다.

오행은 오방五方을 벼리로 한다. 방위는 단순한 공간 개념이 아니다. 소도 먹어 치울 수 있고 양도 먹을 수 있으며, 바람과 비도 불러들일 수 있다. 오방 관념은 나를 중심으로 하는 사실事實과 자각自覺을 전제로 하여 오신五臣이니 오화五火니 하는 것 들을 파생해냈다. 이는 정치나 모략이라는 면에서 천하를 영유하는 사실적 관념을 표현한 것이다. 팔괘는 원래 점을 쳐서 얻어낸 부호체계다. 나무를 가지고 점을 치는 방식은 초나라 사람들이 의문을 푸는 방법으로, 나무를 공중으로 던져서 땅에 떨어 진 모양, 즉 엎어진 모양인가 선 모양인가로 길흉을 판단했다.[28]

이상, 세 가지 고대문화와 철학은 서로 접촉하고 교류하면서 서로를 받아들이고 융합되어갔다. 서로를 배척하기도 하고 충돌하기도 했다. 어떤 일을 꾀하거나 점을 치는 구체적인 문제에서는 서로 어울리기도 했고 대립하기도 했다. 배척과 투쟁, 그 러면서도 서로를 받아들이면서 인류의 변증법적 사유를 발전시켜 소박하나마 유물 론적 철학을 형성하기에 이르렀다. 모략사유의 발전을 위해 보다 깊이 있고 비약적인 조건을 창조했다.

오행·팔괘·음양 등 오랜 점복 방법에는 미신적 색채가 많지만 합리적이고 변증법 적인 요소도 적지 않다. 이것이 모략사유를 합리적이고 변증적인 방향으로 나아가도 록 촉진 작용을 했다. 오늘날 복사卜辭를 연구해보면 중국 고대 문화에 철학적 사유 가 포함되어 있는 것은 물론, 매우 깊은 모략과, 모략을 연구하는 철학적 기초가 대 량으로 포함되어 있는 점을 분명하게 볼 수 있다.

---

27 중국 역사, 특히 서주시대를 전문으로 연구한 허탁운許倬雲 선생은 춘추전국시대의 이 대융합을 '이질적 공동체' 의 형성으로 표현했다. 허 선생의 대중 역사서로 『CEO를 위한 중국사 강의』 경영 편과 리더십 편 두 권이 국내에 출간되어 있다.

28 우리의 전통 놀이인 윷놀이에서 윷을 던지는 것과 거의 같다고 보면 된다.

2. 모략의 변증적 사유의 근원[29]

인류가 모략적 사유를 배우기 위해서는 변증적 사유방식을 점진적으로 장악할 수밖에 없었다. 그렇다면 이런 변증적인 모략사유의 근원은 어디일까? 가장 이른 것으로 '하도낙서河圖洛書'를 들 수 있겠다. 다른 말로 화하華夏 문명의 서광이라고도 불린다.

『역易』「계사繫辭」(상)에 "옛날에 황하와 낙수에서 하도와 낙서가 나왔다고 하는데 성인이 이들의 문양에 의거하여 역의 수리數理를 고안해냈다."는 대목이 있다. 전설에 따르면 복희씨伏羲氏 시대에 하늘에서 상서로운 조짐이 내려왔는데, 용마龍馬가 등에

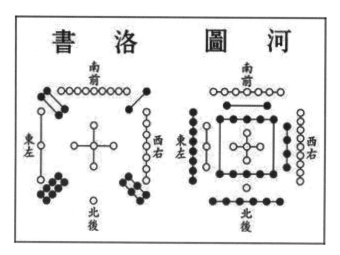

● 하도낙서도

---

29 수정판은 이 부분을 적지 않게 보완했다. 다만 내용이 대부분 『주역』과 그 괘에 대한 해설이고, 중복되는 부분이 많다. 해설 또한 이해하기 어렵다. 이에 가독성을 고려하여 보완된 부분들의 번역을 생략했다. 독자들의 양해를 구한다.

● 태극원도

'하도'를 지고 황하에 나타났고, 신귀神龜가 등에 '낙서'를 지고 낙수에 나타났다는 것이다. 복희는 이것이 천하가 문명으로 진입하는 길조라 생각하고는 이 '도서圖書'에 따라 팔괘八卦를 그리니 이것이 훗날 주역周易의 근원이 되었다고 한다. 학자들은 '하도낙서'의 10개 숫자가 단순한 숫자가 아니라 고대인의 마음속에 새겨진 생명의 숫자이자 우주에서 시간과 공간을 대표하는 것이라고 본다. 선인들은 이것을 가지고 우주만물 생식 변화의 철학적 원리를 설명했다.

인류의 변증적 모략사유의 오묘함을 가장 분명하게 볼 수 있는 것으로 우리가 흔히 보는 태극도太極圖만 한 것이 없다.

태극도의 바깥은 원형으로 하늘을 상징한다. 옛날 사람들은 하늘은 둥글다고 생각하여 천정을 둥근 집에 비유했다. 태극은 한도 끝도 없는 원으로 만물이 태극 가운데 있다. 태극도는 'S'자 선을 이용하여 두 부분으로 나누는데 각각 물고기 모양이다. 하나는 검고 하나는 희다. 대립하는 두 개의 면을 이루며, 우주만물로서 서로 대응하지 않는 것은 없다는 뜻을 나타낸다. 검은 것은 음이고, 흰 것은 양이다.

이와 관련하여 송나라 때의 철학자 주돈이周敦頤는 다음과 같이 말한 바 있다.

무극無極이 태극太極이고, 태극이 움직이면 양陽을 낳는다. 움직임이 극에 이르면 고요함을 낳고, 고요함은 음陰을 낳는다. 고요함이 극에 이르면 다시 움직인다. 움직임과 고요함이 반복되며 서로의 뿌리가 된다.

태극도에서 검은 것은 흉사나 재난의 징조를 표시하며, 흰 것은 경사나 기쁨의 표상이다. 또 이로부터 더 유추하여 흰 것으로 굳셈(剛), 이로움(利), 차 있음(實), 움직임(動), 정正, 복福 등의 속성을 부여할 수 있고, 검은 것에는 부드러움(柔), 해로움(害), 비어 있음(虛), 차분함(靜), 기奇, 화禍 등의 속성을 부여하여 만사만물의 안과 겉의 모순관계를 해석할 수도 있다.

태극도는 암수 물고기 두 마리가 꼬리를 맞댄 채 쫓고 쫓기는 모습을 만들어내기도 한다. 음은 양의 뿌리이며 양은 음의 뿌리로, 모든 사물이 멈추지 않고 운동한다는 것을 상징하기도 한다. 양이 음을 삼키는 듯한 모습과 음이 양을 먹어치우는 듯한 자세는 우주 만물 사이에 존재하는 모순과 투쟁을 나타내는데, 상호 대립의 관계가 존재한다는 것이다. 모순이 있기에 사물은 비로소 운동하고 발전하는 것이다.

"음양은 하늘과 땅의 이치이며, 만물의 기강이며, 변화의 부모이며, 생사의 본원이며, 신명의 집이다." 음양은 자연계 사물 변화의 규칙이며, 모든 사물을 분석하고 귀납하는 강령이며, 사물의 변화는 음양의 상호 대립과 작용으로 발생하며, 사물이 발전하고 쇠망하고 소멸되는 유래이기도 하며, 사물의 운동과 변화는 사물 내부에 상반되면서도 상생하는 음양이라는 두 방면이 존재하기 때문이다. 이와 관련하여 노자는 "반대로 돌아 복귀하는 것이 도의 움직임이다."(40장)라는 견해를 밝힌 바 있다. 일정한 조건에서 사물은 각자 상반된 방향으로 발전하려 한다. 이것이 노자가 말하는 이른바 "화는 복이 의지하는 곳이고, 복은 화가 숨은 곳이다."(58장) 또 "바른 것이 되돌아 바르지 못한 것으로 변하고, 착한 곳이 되돌아 악한 것이 된다."(58장) 이런 것들은 사물 발전의 대립과 통일이라는 규칙을 충분히 체현하고 있다. 모순되는 쌍방이 서로를 의지하면서도 서로를 없애려 한다. 흑이 없으면 백도 없다. 백이 있어야 흑이 있다. 이 관계는 우리 선조들이 자연과 인류를 관조하는 방법론을 깊게 보여주며, 인류가 세상을 파악하는 모략적 특징을 드러내고 있다.

병법 이론에서는 이익이 있으면 손해도 있고, 빈 곳이 있으면 튼튼한 곳이 있고, 단단한 곳이 있으면 약한 곳이 있고, 움직임이 있으면 고요함이 있기 마련이라고 본다. 그 반대도 마찬가지다. 이런 범주들은 어떤 의미에서 각각의 속성들에 상생하고 상극하는 요소가 있기 때문이다. 비유컨대 저울에 쌀 한 되를 올려놓고 거기에다 깃털 하나를 더하면 한 되의 원래 모습을 잃는 것과 같다. 사물의 한쪽만 가지고 이야기하면 모순된다. 『손자』 제6 「허실」편에 보면 이런 대목이 있다.

따라서 앞을 수비하려고 하면 뒤가 약한 것 같아 걱정을 하게 되고, 뒤를 강화하여 수비하려고 하면 앞이 약해질까 염려하게 되고, 왼쪽을 보강하고자 하면 오른쪽이 약해질까 걱정하고, 오른쪽을 보강하고자 하면 왼쪽이 약하지 않을까 염려하게 되어, 수비하지 않을 수 없는 곳이 없게 되니 약해지지 않는 곳이 없다. 적의 병력이 적어진다는 것은 수비하기 때문이고, 아군의 병력이 많아진다는 것은 적으로 하여금 수비하게 만들기 때문이다.

이 모순된 법칙에 근거하여 용병 모략에서는 튼튼한 것으로 빈 곳을 공격하고, 부드러움으로 강함을 제압할 수 있다고 하는 것이다. "아군의 병력이 적의 10배가 되면 포위하고, 5배가 되면 공격하고, 2배가 되면 병력을 나누어 적을 상대하고, 대등하면 능숙하게 적과 싸우고, 열세이면 능숙하게 적과의 정면 대결을 피하고, 아주 열세면 능숙하게 적을 회피하는 것이다."(제3 「모공」)

이렇게 볼 때 태극도는 병법에 보이는 기본적인 변증적 관계를 보여줄 뿐만 아니라 모순을 해결할 수 있는 오묘함도 드러내 보인다. 이 오묘함이란 『손자』에서 말하는 "나를 알고 적을 알면 백 번 싸워도 위태롭지 않다."(「모공」)는 말과 상통한다. 손무는 문제를 고려할 때 이해관계가 한데 섞여 있음을 인식하고 이익이 눈에 보일 때 손해를 생각하고, 손해 상태에 있을 때 이익을 찾으라고 말한다. 전체 국면을 보라는 뜻이다. 이는 태극도가 체현하고 있는 철학적 이치와 일맥상통한다. 음과 양, 이익과 손해, 빈 곳과 채워진 곳은 완성을 향해 서로 보완하는 관계다. 적을 안다는 것은 군대가 믿고 움직일 수 있는 근거가 된다. 나를 알아야만 위아래가 한마음이 되어 아군 병력의 많고 적음을 적절하게 활용할 줄 알게 된다. 이로써 공격할 때와 그렇지 않을 때를 알 수 있다.

태극도의 두 대립 면으로 볼 때 음과 양에는 확실히 상호 대립하는 요소가 존재한다. 검은 물고기 모양이 흰 눈이 되고, 흰 물고기가 검은 눈이 되는 것은 음 중에 양이 있고 양 중에 음이 있음을 나타낸다. 눈알의 면적은 아주 작지만 물고기 몸체와 서로 대립하면서 만물에 절대적으로 동일한 것은 없다는 것을 나타낸다. 속담에 "100% 순도의 황금 없고, 완전한 인간 없다."는 말처럼. 흑백의 눈은 작지만 엄연히 객관적 존재다. 미약하다는 것과 죽었다는 것은 다르다. 적합한 조건이 되면 약이 강으로 변하고, 작은 것이 큰 것으로 바뀐다.

수천 년 중국 역사에서 무수히 많은 농민봉기가 있었다. 봉기의 출발은 몇 사람으로 시작되었지만 갈수록 늘어 수만, 수십만 심지어는 백만을 넘기도 했다. 이 역시 노자가 말한 "그러므로 천하에서 가장 유약한 것, 물이 천하에서 가장 단단한 것, 즉 금석도 마음대로 부릴 수 있다."(43장)는 이치다. 총체적으로 적이 강하고 내가 약할 때는 부분적이라도 내가 강하고 적이 약한 국면이 조성되도록 노력해야 한다. 이 것이 손무가 말하는 "나는 온전하되 적은 분산되는 것이다. 나는 온전하여 하나가 되고 적은 분산하여 열이 되니, 이는 열의 힘으로 하나의 힘을 공격하는 것이다."(제6 「허실」) 적의 숫자가 많으면 그 날카로운 기운을 잠시 피한다. 그러면 적이 아무리 용 감해도 싸움 자체가 없어진다. 그런 다음 적이 방비하지 않는 곳, 즉 그 허를 찔러 들 어간다. 약한 것으로 강한 것을 이길 수 있다는 논리는 불씨 하나가 온 들판을 태울 수 있는 것과 같은 이치다.

공산혁명 전쟁 때 적은 강하고 우리가 약할 때 정강산井岡山[30]을 근거지로 하여 유격전과 캠페인 형식으로 적을 공격했는데, 이는 좁은 틈에서 생존을 추구하면서 여러 방법과 꾀로 적을 섬멸하는 것이었다. 약을 강으로 바꾸는 철학적 이치의 실천 이기도 했다. 항일전쟁 초기에 강력한 일본군을 맞아 우선은 그 예봉을 피하면서 전 선을 장기전으로 끌고 갔다. 적의 병력을 분산시켜 강을 약으로 돌려놓았다. 한편 아 군은 병력을 집중하여 각개격파함으로써 약을 강으로 바꾸었다. 이런 이치는 반대 로 강한 쪽에도 계발을 줄 수 있다. 즉, 아무리 강하더라도 모든 경우를 꼼꼼하게 살 펴야 한다는 교훈을 준다. 백을 알면 흑을 지키고, 수컷임을 알았으면 암컷을 지키 고, 영예를 알면 치욕을 막는 것이다. 강한 것만 믿고 원인을 잊은 채 오만하게 굴어 서는 절대 안 된다. 항상 준비해야만 불패의 땅에 발을 단단히 디딜 수 있다.

태극도에서 음양의 물고기 머리와 꼬리는 서로 물려 몸통의 끝이 머리의 시작 이 된다. 이로써 운동이 생기고 끊임없이 돌고 돌아 다시 시작되는 것이다. 이는 또 양변量變과 질변質變의 관계를 나타낸다. 음이 생기는 지점은 새로운 사물의 전성기

30　강서江西성 서남부에 있는 고원 형태의 산으로 중국 공산혁명의 성지 중 한곳이다. 여기서 중국인민해방군의 전신 인 홍군紅軍이 탄생했고, '중국 혁명의 요람'으로 불린다.

를 나타낼 수 있다. 동시에 쇠락의 시작이다. 불리한 요소들이 싹트고 악화의 정도가 갈수록 심해지면서 새로운 것은 낡은 것이 되고, 양이 생기는 지점으로 접근하여 도태된다. 반면 양이 생기는 지점은 새로운 사물이 탄생하여 발전하고 점점 장대해짐을 나타낼 수 있다. 이러한 양변과 질변의 관계는 노자가 말하는 "움츠리고자 하면 반드시 먼저 펴야 하고, 약하게 만들고자 하면 반드시 먼저 강하게 해주고, 없애고자 한다면 반드시 먼저 흥성하게 해주고, 빼앗고자 한다면 반드시 먼저 그에게 주어야 한다."(36장)는 이론을 체현한 것이기도 하다.

노자의 이 대목은 사물이 발전하는 자연적 추세를 가리킨다. 즉, 수렴하기에 앞서 먼저 확대하고, 쇠퇴하면 먼저 한 차례 힘을 키워야 하고, 버리기에 앞서 한번 떨치게 하고, 무엇인가를 빼앗기에 앞서서는 어느 정도 좋은 것을 대가로 지불해야 한다는 뜻이다. 이런 것들을 '미명微明', 즉 '앞선 조짐'이라고 부른다. 움츠리고 펴고, 약하고 강하고, 없애고 일으키고, 빼앗고 주고는 모두 모순되고 대립되지만 언제든지 서로 바뀔 수 있는 개념이다. 모략에서는 어떤 대상을 펼치게 하고 강하게 만들고 일어나게 하고 주는 방식으로 상대방을 마비시키고 그를 반대쪽으로 돌게 유인하여 움츠리게 하고 약하게 하고 없애고 빼앗는 목적을 달성한다. 이를 뒤집으면 잃지 않도록 경계를 일깨우는 의미도 포함한다. 『손자병법』에는 이 원칙이 잘 체현되어 있다. 다음 대목을 보자.

병법이란 상대방을 속이는 것이다. 따라서 능력이 있으면서도 없는 것처럼 보이게 하고, 쓸 생각을 갖고 있으면서도 쓰지 않을 것처럼 보이게 하고, 먼 곳에 있으면서도 가까이 있는 것처럼 보이게 하고, 가까이 있으면서도 멀리 있는 것처럼 보이게 한다. 적에게 이로움을 보여주어 적을 유인하고 혼란스럽게 만듦으로써 적에게 승리하는 것이다. 적이 충실하면 단단히 지키고, 적이 강하면 피한다. 적을 화나게 만들어 교란하고, 비굴하게 보여 적을 교만하게 만들고, 적이 편안하면 피곤하게 만들고, 적이 결속되어 있으면 그 결속을 흩어놓음으로써 적이 미처 준비하지 못한 곳을 공격하고 적이 예상치 않은 쪽으로 나가는 것이다. 이렇게 하는 것이 전쟁을 아는 사람의 승리법이나 미리 어떻게 하는 것이라고 틀에 넣어 말할 수 있는 성질의 것은 아니다.(제1 「계」)

이런 병법이론들은 태극도에서도 그대로 체현될 수 있다. 흑과 백은 전체 역량이 변화하는 대비의 개념을 나타낸다. 도형으로 볼 때 강한 백은 약한 흑을 대하고 있고, 강한 흑은 약한 백을 대하고 있다. 이는 강한 것을 피하고 빈 곳으로 나아가는 원칙을 보여준다. 일정한 조건에서 백과 흑은 변화·발전한다. 한쪽이 다른 한쪽에 대해 그런 것처럼 꾸미고, 피하고, 교만하게 만들고, 지치게 만들면 쌍방의 역량이나 형세에 변화가 발생하게 되고, 이에 따라 상대는 강함에서 약함으로, 나는 약함에서 강함으로 변화하여 결국 상대방에게 승리하게 되는 것이다. 이것이 약하고 부드러움으로 강하고 단단한 것을 이긴다는 병가의 모략이다.

태극도는 넓고 깊은 철학적 이론을 간단명료한 도상으로 응축한 것으로, 수천 년 동안 그 위력이 조금도 약화되지 않고 전해지고 있다. 태극도를 창조한 옛사람들이 거기에다 얼마나 많은 함축적 의미를 부여했는지 지금 우리로서는 전부 알기 어렵다. 관건은 그것이 갖는 심오한 변증법을 이해하고 실제와 결합하여 원활하게 운용하는 것을 배우는 데 있다고 하겠다.

태극도는 고대 중국 문화를 연구하는 중요한 도상이다. 그것은 자체에 천지만물의 공통된 규칙을 포함하고 있다. 혹자는 그것이 우주의 모델이자 과학의 등대라고까지 말한다. 어떤 의미에서 그것은 우리가 사물을 살피는 총체적 방법론의 원칙을 나타내는 것이라고도 할 수 있다.

『주역』「계사전」은 맨 먼저 "태극이 양의兩儀를 낳고, 양의가 사상四象을 낳고, 사상이 팔괘八卦를 낳았다."는 대목으로 시작한다. 이에 대해 당나라 때 사람 공영달孔穎達은 "태극이란 하늘과 땅이 나누어지기 전, 즉 원기元氣가 하나로 섞여 있는 상태를 말한다. 이것이 태초태일太初太一이다."라고 해석했다. 명나라 때 사람 내지덕來知德은 "태극이란 음양이 한데 뒤섞인 것일 따름이다."라고 했다. 주희朱熹는 태극도를 자신이 저술한 『주역본의周易本義』 앞에다 붙였는데, 이것이 오늘날 우리가 보는 태극도상이다.

점쟁이 등 미신가들의 부적으로 사용하기도 하는 등 태극도의 운명은 기구했다. 하지만 이런 것들로 태극도 속에 존재하는 소박하지만 심오한 변증적 사유방식과 과학적 이치를 가릴 수는 없다.

태극도는 '팔괘도'라고도 부른다. 동서고금을 막론하고 많은 학자와 과학자들이 '팔괘도'에서 심오한 학문적 이치에 대한 계발을 얻어 적지 않은 기적을 창조했다. 예를 들어 중의학에서는 팔괘 이론으로 음양오행 학설을 계통적으로 밝혔고, 태공太公의 『음부경陰符經』은 팔괘의 이론으로 기문둔갑奇門遁甲을 엮어냈으며, 제갈량은 팔괘도의 이론에 따라 팔진도八陣圖를 펼쳐 군사를 훈련시키는 데 활용했고, 라이프니츠는 팔괘 도상에 근거하여 2진법을 연역해냈으며, 아인슈타인의 상대성 이론도 팔괘 원리에서 계발을 얻었다. 최근 유자화劉子華는 『우주팔괘론』에서 열 번째 행성의 존재를 예측했으며, 채복예蔡福裔는 『팔괘와 원자』를 저술하여 멘델레프의 원소 주기율의 기초 위에서 새로운 화학 원소 주기율을 제기함과 동시에 우주 공간에 존재하는 많은 새로운 원소의 실마리를 발견했다. 과학 분야에서 팔괘와 팔괘도가 갖는 가치를 충분히 알 만하다.

이상에서 보았다시피 이 간단하고 간단한 도상 속에 얼마나 풍부하고 심각한 철학적 이치가 포함되어 있는가를 알 수 있다. 그것은 세상 만물의 각종 이론을 고도로 추상화한 도해다. 태극도는 중국 고대 철학의 지혜와 역량을 응축하고 있는 중국 민족문화 유산의 보배다. 자연계, 인류사회 및 철학·물리학·의학·무술·기공氣功 등 다양한 방면에서 고유한 변증적 성질과 방법론을 체현하고 있다. 마찬가지로 심각한 변증적 모략사상도 고스란히 함축하고 있다.

3. 모략의 철학적 사유의 개척과 확대

『역경』은 중국 민족문화의 살아 있는 원천이다. 그 철학사상은 당시 중국 문화를 종합하여 완성한 것이다. 『역경』은 육경六經[31]의 으뜸으로 인류 문화사에서 인도의 『베다』, 서양의 『성경』과 더불어 세계 문명에 가장 큰 영향을 미친 3대 경전으로 꼽힌다. 『역경』은 그 독특한 이론구조 때문에 3대 경전 중에서도 특히 주목을 받아왔다. 『역경』에 '철학'이니 '모략'이니 하는 단어는 없지만 사유 영역에서 고대 철인哲人들이 보여준 강인한 탐색의 눈빛이 번득이지 않는 곳이 없다. 중국 사상사에서 『역경』에서 계발을 얻은 철학가·사상가·모략가·과학자들은 『역경』으로부터 헤아릴 수 없이 많은 창조적 영감을 얻었다. 우리는 점복과 미신이라는 표피를 뚫고 그 뒤에 웅크리고 있는 합리적인 논리와 이론을 발견할 수 있을 것이다. 그것은 사실상 일종의 '예측학'임과 동시에 '모략학'이다. 그것이 『역전易傳』으로 발전해서 우주 철학이 되었다. 당시 사람들은 객관적 세계에 대한 인식에서 큰 제약을 받긴 했지만 그들이 이미 인식한 범

---

31   육경은 대표적인 유가의 경전들로 『시詩』·『서書』·『예禮』·『역易』·『악樂』·『좌전左傳』을 합친 이름이다. 이 부분에서 저자는 『역경』과 『주역』을 섞어 사용하고 있는데 하나로 통일하지 않고 원문에 따라 그대로 두었다.

위 내에서 인간과 자연, 개인과 개인, 부족과 부족, 나라와 나라 사이의 투쟁 경험과 책략을 종합하기 시작했다. 『역경』을 중국 선조들의 지혜의 결정체라 하는 것도 이 때문이다. 『역경』은 창조성과 영성을 서로 통일한 학설이 되었다. 역사성을 갖추고 있을 뿐만 아니라 미래성도 갖추고 있어 중국 문화는 물론 인류 문화의 비약에 심대한 계발을 줄 수 있다.

『주역』의 철학체계는 점복占卜에서 천도天道로, 천도에서 도덕道德으로 전향하고 있다. 그것의 가치는 동양식 사유방식을 제공한다는 데서 찾을 수 있다. 이를테면 도道를 실체로 하여 형상의 추상을 중시하고, 경험 형식의 사유방식 및 전체적으로 모호한 성격을 띤 직관성에 편중된 사유방식 등은 모두 『주역』 철학과 관련이 있다. 『역경』은 복잡한 자연현상과 사회현상을 음과 양이라는 추상적이고 가장 기본적인 범주로 개괄하고 있다. 음과 양은 모든 사물이 공통적으로 갖고 있는 상호의존과 상호대립이라는 두 가지 세력을 형상화하고 있으며, 이것을 대단히 추상적으로 나타낸다. 모든 사물의 형성과 변화는 음양·강유·동정 등과 같이 대립면의 교감·마찰·활동 등으로 인해 일어난다. '역'의 체계는 한 층 한 층 사물을 두 개의 대립면으로 분화하는 것이다.

> "태극이 양의兩儀를 낳고, 양의가 사상四象을 낳고, 사상이 팔괘八卦를 낳았다."(「계사전」)
>
> "하늘의 양기와 땅의 음기가 조금의 틈도 없이 섞여, 기가 엉켜 점차 만물의 형태를 이룬다."(「계사전」)
>
> "두 기가 감응하여 서로 친화한다.… 천지에 감응하여 만물이 형태를 이룬다.(31 「함咸·단전象傳」)
>
> "천지가 섞여 만물이 통하고, 위아래가 섞여 그 뜻이 같다."(11 「태泰·단전」)

만물의 생성과 변화는 두 대립면의 교배·교합·교접의 결과다. "음과 양을 도라 한다."는 대목에서 '도'는 가장 근본이 되는 규율을 음과 양이라는 대립면의 상호작용으로 개괄한 것이다. 이런 해석은 자연현상에 대한 당시 자연과학 지식과 유물주의 사상의 해석 등을 흡수한 것인데 여기에는 소박하나마 변증법 사상이 포함되어 있다.

『주역』의 철학과 모략사상은 후세 사람들에게 아주 큰 계발이었다. 『주역』 중의 정교한 객관적 유심주의는 아직 싹이 트는 상태에 있고, 필요한 중간 고리들이 많이 빠져 있어 노자에 와서 보완되었다. 그 순환론과 선험론 역시 노자에 의해 더욱 구체적으로 논술되었다. 모략사상이란 면에서도 노자는 반복해서 언급하여 보다 계통적이고 완전하게 만들었다. 이렇게 볼 때 도가는 『주역』을 직접 계승하여 발전시킨 장본인이다. 공자는 『주역』의 원시적 객관적 유심주의의 천명론만 계승하다가 만년에 와서 비로소 주관적 유심주의 경향을 일부 보였다. 공자의 손자인 자사子思도 공자와 같았지만 그것을 주관적 유심주의로 발전시키는 한편 그 정도도 철저한 편이었다. 순환론과 선험론은 단순히 반복했을 뿐이다. 모략 방면에서 공자와 자사가 『주역』을 계승한 부분은 많지 않다. 유가는 『주역』의 곁가지다. 법가의 한비자가 보여준 철학관과 모략사상은 『주역』과 아주 다르다. 다만 젊은 날 한비자는 노자의 '도'를 이어받았고, 또한 『주역』의 영향을 뚜렷하게 드러냈다.

『주역』은 여덟 개의 물체로 우주와 운동 변화의 관점을 구성하고 있어 그 영향력이 심대하다. 순환론은 유물변증법에서 말하는 나선형 운동 이론의 선구로서 그 의미를 결코 무시할 수 없다. 그 심오한 모략사상은 오늘날에도 정치·외교·군사 그리고 현대화된 매니지먼트 방면에서 여전히 귀감으로 삼을 만하다.

『주역』의 모략사상은 구체적인 내용을 통해 구현되고 있다. 따라서 그 구체적인 내용을 결합하여 검토를 진행하지 않으면 안 된다.

기원전 8세기 서주 말기의 상황은 "항룡亢龍이 있다. 후회가 따른다."거나 "용이 들에서 싸우니 그 피가 검붉다."와 같았다. 그러나 『주역』의 작자가 보기에 이런 상황은 마침 "용이 잠겨 있으니 사용하지 말라."나 "서리를 밟으니 단단한 얼음 바닥이 된다."의 과정이기도 하고, 나아가서는 "나는 용이 하늘에 있고" "황색 치마가 크게 길한" 시기로 발전한다.(이상 『주역』 제1 '건위천乾爲天'; 제2 '곤위지坤爲地') 따라서 잠시 낮고 약하고 뒤떨어진 자리에 있더라도 끝내는 숭고하고 강하고 앞선 방향으로 바뀌고 발전하는 것이다. 하지만 어쨌거나 그 당시는 낮고 약하고 뒤떨어진 것이지 숭고하고 강하고 앞선 것은 아니다. 모략가들은 서주 말기 군왕이 펼치고자 했던 정치투쟁의 모략은 자신의 낮은 처지에 기반을 두고 적의 숭고함과 맞서 싸움으로써 자신을 더욱 숭고하게 만들고, 먼저 자신의 약함에 기초를 두고 강한 적과 싸워 자신을 보다 강하게 만들고, 자신의 낙후함을 기반으로 하여 앞선 적과 싸워 이김으로써 자신을 보다 앞서게 만드는 것으로 보았다. 이에 상응하는 책략으로 이른바 물러섰다 나아가고, 뒤에 처졌다 앞서 나가는 것을 제안했다. 당시 『좌전』의 작자와 같은 식견 있는 사람들은 서주 왕조가 한껏 떨치지는 못하지만 천명을 아직 바꿀 단계는 아니라고 본 것이다. 하지만 실질적으로는 적보다 강했다. 게다가 적이 득의만만 교만하게 굴고 있으므로 자신은 상황을 엿보며 늦게 출발하여 적을 제압하는 것이다. 이렇게 해서 그들을 물리치고 서주 초기와 같은 전성기를 다시 회복하는 것이다.

이런 모략사상은 『주역』의 괘들에 적지 않게 반영되어 있지만 다음 두 괘가 이러한 점을 비교적 집중적이고 전형적으로 표현하고 있다. 먼저 '소과괘小過卦'로 알려진 제62 '뇌산소과雷山小過'의 괘사卦辭다.

뇌산소과: 소과는 통한다. 바른 도에 맞아야 좋다. 소사小事는 되지만 대사大事는 안 된다. 나는 새는 그 소리를 남긴다. 올라가면 좋지 않고 내려오면 좋다. 크게 길

하다.

여기서 먼저 지적하는 것은 '소사'는 긍정하고 '대사'는 부정해야만 바른 도에 맞아 길하고 형통하다는 것이다. 여기서 말하는 '소사'란 낮고 약하고 뒤떨어진 것이며, '대사'란 숭고하고 강하고 앞서는 것이다. 당시 서주 왕조의 상황으로 볼 때 과거와는 달라서 '작은' 것이 좋고 '큰' 것은 좋지 않았다. 따라서 '소사'는 자신에게 속하고, '대사'는 적에 해당하는 것이었다. 자신의 '소사'를 긍정하고 적의 '대사'를 긍정한 이상, 자신의 '소사'는 보다 걸출한 '대사'로 전환될 수 있다.

이런 이치를 『주역』의 작자는 날면서 우는 새로 설명한다. 새가 아주 높이 날면 사람들은 그 울음소리를 잘 들을 수 없지만, 새가 낮게 날면 울음소리는 상대적으로 잘 들린다. 그래서 "올라가면 좋지 않고 내려오면 좋다."고 말한 것이다. 이는 "소사는 되지만 대사는 안 된다."는 것과 같으며, 그래야만 "통한다. 바른 도에 맞아야 좋다."고 한 것이다. 자기가 보기에 연약하고 무능하지만 실제로는 강하고 힘이 있으며, 적이 보기에는 강력하지만 실제로는 약하고 무능하다는 것을 의미한다. 따라서 싸워 적에게 승리할 수 있을 뿐만 아니라 강대함으로 전환될 수 있는 것이다. 이런 사상들은 이 괘에 딸려 있는 여섯 개의 효사爻辭에 잘 설명되어 있다.

1. 초육初六의 "나는 새는 흉하다."는 말은 날고 있는 새는 장차 위험을 당할 수 있다는 말이다. 뜻을 얻어 높이 날고 있으니 사냥꾼이 그 새를 노릴 가능성이 많기 때문이다.

2. 구삼九三의 "넘지 못하니 막아라. 따르면 그에게 죽임을 당할 것이니 흉하다."는 말은 지금 기가 살아 기세등등할 때 특히 발생할 수 있는 재해를 방지하라는 것이다. 어느 날 죽음이 닥칠지 모르기 때문이다.

3. 구사九四의 "가면 위험하다. 반드시 경계하여 주의하라."는 대목은 무조건 앞으로만 매진하면 위험에 처하기 십상이므로 경계심을 높여야 한다는 말이다.

4. 상육上六의 "만나지 않는다. 이에 지나친다. 나는 새, 이것에 걸린다. 흉하다. 이를 재생災眚이라 한다."는 것은 이미 만나지 못하고 지나가버려 운이 아닌데도 억지로 무엇인가를 하려는 것은 나는 새가 그물로 뛰어드는 것처럼 위험하니 재앙이라는 말이다. 이는 육이六二의 "그 할아비를 지나치고 증조모를 만난다. 그 군주에 미치지 못하고 그 신하를 만난다. 화를 초래하는 일이 없다."는 대목과 대비된다. 뜻인즉, 한 걸음도 나아가지 못하고 뒷걸음질쳐서 보기에는 뜻을 얻지 못한 것처럼 보이지만 높지만 위험하지는 않은 잘못이 없는 상황이 될 수 있다는 것이다.

5. 구사九四의 "쓰지 마라. 평생 바른 도를 굳게 지킬 일이다."는 대목은 필요치 않은 일이나 작용을 하지 않는 것이 오히려 영원히 정도에 부합한다는 말이다.

6. 초오初五의 "구름이 잔뜩 끼어 있어도 비는 내리지 않는다. 서쪽 교외에서 일어났기 때문이다. 천자가 작살로 그 구멍에 있는 것을 잡는다."는 대목은 사물이 곤란한 지경에 처해 있을 때에도 그중에는 성공의 요소가 포함되어 있고 끝내는 성공한다는 뜻이다.

괘사들과 연계시켜 볼 때 이상은 모두 서주 말기의 군왕은 자신은 약소해 보이지만 실제는 강대하며, 싸워 이길 수 있는 적은 강대한 것 같지만 실제로는 약소하여 현재의 위험한 처지는 좋은 방향으로 전환될 수 있다는 말이다. 다음은 '겸괘謙卦'로 알려진 '지산겸地山謙'의 괘사다.

지산겸: 겸은 통한다. 군자에게 끝이 있다.

서주 말기의 군주는 겸양하기만 하면 좋은 결과를 얻을 수 있고 왕조의 사업도 형통할 수 있다는 말이다. 겸허와 양보를 수단으로 삼아야만 승리를 거둘 수 있음을 잘 보여준다. 효사도 같은 맥락에서 이런 의미를 더욱 구체적으로 밝히고 있다. 즉, 초육初六의 "겸손하고 겸손한 군자여. 큰 하천을 건너면 길하다."라든가 육이六二의 "겸손함에 화답하여 운다. 바른 도에 맞아 길하다."나 구삼九三의 "수고롭고 겸손하다. 군자여, 겸손의 덕을 끝까지 지키는구나." 등등이 모두 서주 말년 군왕은 겸손하고 겸손해야 하며 양보하고 양보해야 만천하에 호소할 수 있다는 말이다. 설사 힘들더라도 사양해서는 안 된다. 이렇게 해야만 아무리 큰 난관이라도 큰 하천을 건너듯 극복하여 자신과 적의 위치를 서로 바꿀 수 있다. 이보다 더 구체적으로 밝히고 있는 것은 다음 두 효사들이다.

육오六五: 부귀를 의식하지 않고 그 이웃과 함께한다. 그로써 정벌하니 이롭다. 불리함이 없다.

상육上六: 겸손에 화답하여 울린다. 군대를 출동시켜 읍국을 정벌함에 이롭다.

이런 것들은 거리낌 없이 신하가 군왕을 각성시켜야 한다는 것으로, 준비하지 않으면 근심이 생기니 반드시 자신의 겸허함과 양보로 적을 마비시키고 속여야 하며, 그런 다음 적을 공격하되 불시의 용병작전으로 싸워 승리하라는 것이다. 이는 한 걸음 더 나아가 모략을 배합한 전쟁을 분명하게 말한 것으로, 전진을 위한 후퇴와 잠시 물러섰다 주도권을 잡으라는 모략이다.

『주역』의 적지 않은 괘들이 강약은 상호 전환될 수 있다는 이론을 보여주고 있다. 제28 '택풍대과澤風大過'의 괘사를 보면 "용마루가 아래로 휘었다. 나아가는 것이 좋다. 통한다."라고 했는데, 이는 기둥이 이미 휘었으므로 펴서 바로잡을 수 있다는 말이다.

제57 '손위풍巽爲風'의 초육初六 괘사에는 "나아갔다 물러갔다 일정치 않다. 무인武人은 마음을 확고부동하게 먹는 것이 좋다."고 나와 있는데, 너무 멀리 나아갔으므로 뒤로 물러나야 무인으로서의 정도를 걷는 데 유리하다는 뜻이다.

제7 '지수사地水師' 괘는 용병에 관한 것이다. 괘상을 보면 물이 땅 밑에 눌려 있어 곧 지면을 뚫고 나올 형상이다. 이는 전쟁이 일어날 것을 상징한다. 여기서 하감下坎의 땅 밑에 눌려 있는 물은 말년에 접어든 서주 왕조를 비유한 것으로, 당시 억압당하고 있는 상황과 같을 뿐만 아니라 구이九二 효사의 내용도 주왕이 병사를 통솔하여 승리한 장수를 표창하고 있다는 것이다. 여기서 말하는 장수는 괘사에서 말한 『주역』의 작자가 책략을 잘 운용하여 전략적 목적을 달성한다고 칭찬한 군대의 총지휘관, 즉 '장인丈人'이다.

이를 다시 다음 상황과 결합해보면 이렇다. 하감의 육삼六三은 전쟁에 패하여 시체를 수레에 싣는 형상이므로 하감 초육初六은 군대의 규율을 엄격하게 해야 한다는 것으로 연결된다. 이는 결국 물러났다 전진하고 뒤처졌다 앞서는 것이 확실하게 적을 극복하고 승리를 거두는 중요한 모략임을 말하는 것이다. 이렇게 함으로써 하감은 도도히 대해로 흘러들어 군왕과 적의 지위가 서로 뒤바뀌게 할 수 있는 것이다.[32]

『주역』을 전체적으로 살펴면 작자의 다음과 같은 정치·군사모략 방면의 사상을 읽어낼 수 있다. 물러남으로 전진하고, 뒤처짐으로 앞서서 부드러움으로 단단함을 이기고, 약함으로 강함을 이기는 효과를 거둔다. 모략사상이라는 면에서 보면 심오한 역사성과 미래 지향성을 갖추고 있으며, 그 활동성과 창조성은 오늘날에도 계발

---

32 이하 『주역』의 괘들이 몇 개 더 소개되고 있는데 비슷한 내용들이라 읽기가 번거롭다. 따라서 일부 생략하고 끝부분의 요약만 옮겼다.

할 점이 없지 않다. 또 전통적인 정치모략과 병가모략이 서로 통한다는 점을 어렵지 않게 확인할 수 있다. 방법론으로 말하자면 『역경』은 모략의 철학적 사유의 어떤 본질이라는 방면에서 무궁하고 오묘함을 드러내고 있다.

4. 모략과 윤리가치관

마르크스주의 철학에서 인류의 특성은 인간의 자유롭고 자각적인 활동이며, 실천을 통해 객관적 세계를 개조하는 객관과 주관 세계의 활동이라고 하였다. 인간의 가치를 실현하려면 인간의 자유롭고 자각적인 창조력을 실현하여 사람들이 인식과 실천 과정에서 자신의 본질적인 힘을 관조하고, 실천적 성과를 통하여 그것을 확증하고 실현해야 한다.

이런 각도에서, 모략은 인류 사유의 고급스러운 창조 활동으로서 그 자체가 특정한 윤리가치관을 체현하고 있다. 그리고 인식과 실천의 중간 고리와 인류의 실천 활동을 지도하는 창조성 사유의 성과로서 실천적 성과로 전환하는 과정에서 인간의 가치를 한층 더 충분히 실현하였다.

모략의 발생으로부터 볼 때 모략가는 언제나 일정한 윤리 환경에 처해 있으며, 이런 환경의 영향과 제약을 떠날 수 없다. 여기에서 말하는 윤리 환경에는 모략가 자신의 가치관과 특정한 모략이 미리 설계해놓은 가치 취향 등을 포함한다. 이러한 것들은 모략의 생산 과정과 모략이 체현된 상태에 영향을 줄 수 있다. 예를 들면 중국 봉건사회 후기에 황제들은 '충忠'을 으뜸으로 요구했고, 신하들의 모든 행동은 이 가치 규범에서 벗어날 수 없었다. 그렇지 않으면 목숨을 잃는 재앙을 피할 수 없었다. 이런 가치규범 아래서 뛰어난 모략들이 황제에게 기피당할까 봐 실천에 옮겨지지 못했다. 걸출한 모략가들도 황제의 우매함 때문에 수없이 억울한 죽임을 당했다. 많은 교활한 황제와 그 앞잡이들은 신하들의 충성심을 이용하여 악독한 음모를 꾸민다. 이런 현상들이 역사에서 끝없이 이어졌다.

'문화대혁명'이라는 전례 없는 큰 재앙의 와중에서 임표林彪와 '사인방四人帮' 등과 같은 반 혁명집단은 모택동에 대한 인민들의 무한한 충성심을 이용하여 매일 모 주석의 어록을 송독하고, '충'자 춤을 추며 자신의 결심을 발표하고 축원을 표현했다. 반면 모 주석에게 '불충'하는 사람들에 대해서는 마구 비판을 가하는 일련의 추악한 연극판을 벌였다. 이렇게 사회주의 건설 사업을 파괴하고 사회의 안정과 단결을 파괴함으로써 자신들의 추악한 목적을 이루려 했다.

모략의 선택이란 점에서, 어떤 모략을 선택하여 실행할 것인가는 늘 일정한 가치 척도에 걸릴 수밖에 없다. 선택성은 인류의 의지, 마음의 지혜, 이성의 특유한 성질이며 인간의 주체성을 나타내는 형식의 하나다. 이 때문에 가치 척도와 관계되지 않을 수 없다. 이런 가치 척도는 특정한 사회의 역사적 전통으로부터 영향을 받고, 당시의 사회 상황과 관련된다. 다시 말해, 모략의 선택은 전통과 현실 속의 가치 표준에서 벗어날 수 없다. 프롤레타리아계급 혁명을 예로 들자면, 프랑스 사람들이 선택한 것은 격렬한 폭력 형태이고, 영국 사람들이 선택한 것은 온화한 개량 형태였다. 같은 프롤레타리아계급 혁명이었지만 이렇게 다른 형태가 나타나게 되는 데는 많은 원인이 있다. 그중 하나가 바로 사회의 가치 척도다. 유구한 역사적 전통의 영향으로 프랑스 사람들은 현실에 반항하고 암흑 세력을 쳐부수는 낭만주의를 신봉했는데 로베스피에르가 그 대표적인 인물이었다. 그가 의지한 가치 척도는 "공포 없는 덕행은 연약하며, 덕행 없는 공포는 잔혹하다."는 것이었다. 하지만 영국 사람들은 어두운 면이 존재한다는 것을 인정하는 편이며, 꼭 폭력적인 수단을 취해야 할 때도 '온화하고

● 모략의 선택은 일정한 가치 척도, 역사적 전통, 당시 상황을 벗어날 수 없다. 프랑스와 영국의 계급혁명에서 나타난 차이는 이 점을 선명하게 보여준다. 로베스피에르(왼쪽)와 크롬웰의 모습이다.

우아한' 태도와 행동을 취했는데 크롬웰이 그 대표적인 인물이었다. (어느 조각가는 크롬웰의 형상을 한 손에는 보검을 쥐고 있고, 다른 한 손에는 성경책을 쥐고 있는 것으로 나타냈다.)

모략의 운용에서 볼 때 어떠한 모략의 실천 활동도 일정한 윤리 수단을 떠날 수 없다. 모략을 구체적으로 실시하려면 그에 대한 사람들의 이해와 동의를 얻어야 한다. 여기서 윤리적 요소의 작용이 체현된다. 어떤 모략은 윤리적 요소가 아주 강해서 그것을 적극적으로 운용하고 강화시키면 큰 성공을 이룩할 수 있다. 반면에 합당하게 이끌지 않거나 소홀하면 성공은 물론 처절하게 실패할 수 있다.

중국 혁명의 역사에는 이런 생생한 사례들이 많다. 손중산孫中山이 이끄는 구민주주의 혁명은 처음 시작할 때는 극소수의 혁명으로 일부 열혈 청년들의 소규모 봉기·암살·매수 등과 같은 활동에 의존하면서 광대한 민중의 힘을 믿지 못했고, 윤리정신을 이용하여 민중의 혁명 열정을 자극할 줄도 몰랐다. 때문에 늘 실패한 것은 물론 도리어 군벌이나 관료들에게 이용당하기만 했다. 그 후 손중산은 공산당의 건의를 받아들여 '러시아와 연합하고', '공산당과 연합하며', '노동자 농민을 돕는' 3대 정책을 세우고 나서야 북벌을 단행하여 일정한 효과를 낼 수 있었다. 모택동이 이끈 신민주주의 혁명은 손중산의 경험과 교훈을 받아들여 토지개혁, 혁명 근거지 건설 등으로부터 시작하여 농촌에서 도시를 포위하는 노선을 걸으면서 수십 년 힘들고 힘든 싸움 끝에 마침내 전 중국을 해방할 수 있었다.

구민주주의 혁명과 신민주주의 혁명의 과정을 비교해보면, 모략에서 윤리적 요소가 얼마나 중요하고, 또 어떤 윤리적 요소를 중시할 것인가의 문제가 얼마나 중요한가를 알 수 있다. 모택동 사상의 남다른 점은 치밀한 정치모략과 입신의 경지에 이른 군사모략에 있었다. 모택동과 주은래周恩來 등을 대표로 하는 제1세대의 공산당 사람들은 모든 힘을 민중에게 집중하며 사심 없이 봉사하고 함께 동고동락했다. 신민주주의 혁명의 과정은 윤리 수단을 모략으로 운용한 모범 사례임을 너무 잘 보여주고 있다.

모략의 결과로 볼 때, 어떠한 모략의 실천 활동도 그 나름의 윤리적 효과를 가져온다. 모략은 인류의 실천 활동 속에서 실현되어왔다. 즉, 자연계와 인류사회를 인식하고 개조하면서 모종의 윤리적 효과를 실현할 수밖에 없었다. 겉으로 봐서는 인간이 자연계를 인식하고 개조하는 일은 윤리와 아무런 관계가 없는 것 같지만 사실은 그렇지 않다. 과학기술의 발전은 인류문명의 진전을 크게 바꾸었고, 이에 따라 개인과 부류의 본질과 그 관계도 심각하게 바뀌었다. 예를 들어, 공업혁명의 직접적인 결과는 자본주의 대량생산의 흥기였다. 이 때문에 인간과 인간, 인간과 사회의 관계가 복잡하게 변화했다. 노동자와 자본가의 대립, 착취와 반착취, 자본주의의 번영과 위기 등 일련의 문제들이 초래한 윤리의 변혁은 일찍이 겪은 적 없는 미증유의 것이었다. 착취계급은 권세와 영화에만 집착하던 귀족 윤리로부터 미친 듯이 금전과 이윤

● 손중산(왼쪽)으로부터 시작된 민주혁명은 여러 시행착오를 거쳐 모택동(오른쪽)에 이르러 성공할 수 있었고, 그 과정에서 다양한 모략, 특히 민중의 정신을 격려하고 격발시키는 윤리적 요소가 얼마나 중요한가를 확인했다.

을 추구하는 자산계급 윤리로 방향을 바꾸었고, 피착취계급은 인신 자유의 권리에 대한 요구로부터 생활 보장에 대한 요구로 방향을 틀었다.

다시 말하지만, 사회에 대한 인간의 인식과 개조활동 자체가 윤리화 과정이다. 자신에 대한 인식, 인간관계에 대한 인식이 깊어지면 윤리가치관 역시 깊어질 수밖에 없다. 사회 개조, 인간과 인간, 집단과 집단, 국가와 국가 사이의 대립과 항쟁이 그에 상응하는 사회윤리의 변화를 초래했다. 예컨대 제2차 세계대전 이후 서방 세계에는 정신적 위기가 보편적으로 나타났다. 사람들은 우울하고 절망적인 정서를 보였다. 문명과 생활의 가치, 인간 자신에 대한 가치, 금전과 이윤의 가치에 깊은 의문을 품고 새로운 평가를 내림에 따라 서양 역사상 또 한 차례 윤리상의 일대 변화가 이루어졌다. 자본주의의 흥기가 인간의 시선을 하느님으로부터 금전으로 옮기게 만들었다면, 이 윤리상의 일대 변화는 금전으로부터 인간 자신에게로 방향을 틀었다. 사상가들은 자본주의의 배금사상이 인간 소외를 초래한 점을 격렬하게 비판하면서 인간 자신의 가치를 다시 살피며 인격의 힘을 존중하라고 호소했다.

총체적으로 볼 때, 모략 활동의 모든 고리와 고비마다 사회윤리와 그 가치관의 침투가 있었다. 따라서 모략과 윤리가치관의 상호영향과 상호작용은 더욱 진지하게 연구해볼 필요가 있다.

앞서 말한 바와 같이 모든 모략의 실천 활동은 일정한 윤리 수단을 떠날 수 없다. 여기서 우리가 말하는 '윤리모략'이란 주로 윤리 수단이 주도적인 자리를 차지하는 것을 가리키며, 모략가들은 사회윤리의 힘으로 정치·경제·군사·외교 등 각 방면에서 그 나름의 목적을 달성하길 희망한다. '윤리모략'은 일반적으로 단순하게 실시되지 않고 다른 수단의 보조를 받으면서 실시된다. 그러나 윤리적 요소가 부족할 경우 이런 보조 수단들도 그 힘을 제대로 발휘할 수 없다. 아래에 예를 든 것은 몇 개의 전형적인 사례로서 모두 큰 방면에 속하는 것이며, 독자들이 모략사상의 정수를 쉽게 파악하게 하기 위한 것이자 이 편 제목의 요구에 맞추기 위한 것이다.

1) 유가윤리儒家倫理

유가사상은 늘 '인학人學'이란 이름을 자처했다. 창시자 공자를 시작으로 윤리도덕을 핵심으로 하는 사상체계를 수립했다. 유가 최고의 경전인 『논어論語』에는 인간의 가치와 이상, 도덕수양과 인간관계 등 윤리와 관련한 논술이 많다. 공자는 인간의 가치와 이상에 대하여 "인간이 진리를 발견하고 널리 알릴 수 있지, 진리가 인간을 발견하고 알리지 않는다."[33]고 하였는데 이 여덟 글자는 중국 사상사에서 처음으로 인간의 주체의식을 나타낸 말이다. 인간의 가치는 진리를 발견하고 그것을 알리며, 자신의 이상을 위하여 헌신해야 한다고 생각한 것이다. '군자'의 이상은 '도(진리)'이며, 그

가치는 인간의 생명을 초월하므로 "도의 존엄을 지키기 위해서는 조금도 머뭇거리지 않고 모든 것을 희생할 수 있어야 한다." 이것이 바로 "뜻 있는 사람과 인을 행하는 사람은 살기 위하여 인을 해치는 일 없고, 내 몸을 버려 인을 이루는 일은 있다."[34]는 말이다. 이런 고상하고 이상적인 인격은 『맹자孟子』에서는 '호연지기浩然之氣'로 표현되어 있다. 맹자는 이 대단히 크고 강고한 정기正氣가 천지에 가득 차 있다고 생각했다. 이 바른 기운 '정기'를 기르면 '군자'는 "부귀에도 현혹되지 않고, 빈곤함에도 흔들리지 않으며, 권세와 무력에도 굴복하지 않는다."(「등문공」 하)고 하였다.

중국 역사상 많은 민족 영웅들이 초기 유가 경전으로부터 마음의 계시와 정화를 얻고, 위대한 인격의 힘을 느끼고 받아들였기 때문에 나라가 위기와 혼란에 빠졌을 때 자기 한 몸의 안위를 돌보지 않고 앞장서서 나라와 백성을 구함으로써 한순간 대세를 돌려놓을 수 있었다. 누구나 알고 있는 송나라의 구국 영웅 악비岳飛와 문천상文天祥 등은 이런 '호연지기'의 훌륭한 본보기다. 악비의 「만강홍滿江紅」, 문천상의 「영정양零丁洋을 지나며」와 같은 시를 읽노라면 비분에 찬 그들의 심경과 온몸을 던져 나라에 충성하려는 열망을 읽을 수 있으며, 그로부터 깊은 격려를 받게 된다. 유가윤리의 정수는 이런 민족 영웅들을 통해 가장 잘 체현되었다.

유가윤리의 모략적 작용은 주로 유가에서 윤리도덕을 기점으로 삼아 일련의 사회관리 학설을 끌어낸 것이다. 유가의 경전인 『중용中庸』(제20장)에서는 "문왕과 무왕의 정치는 모두 전적에 기록되어 있다. 이런 사람들이 세상에 있을 때 그 정치가 시행될 수 있고, 그들이 세상을 떠나면 그 정치 또한 폐기된다."고 했다. 뜻인즉, 정치

---

33 「위령공」 29의 "인능홍도人能弘道, 비도홍인非道弘人"이라는 대목이다. 전후 문맥과 내용을 고려하여 '도'를 '진리'로 의역해보았다.

34 「위령공」 9: "지사인인志士仁人, 무구생이해인無求生以害仁, 유살신이성인有殺身以成仁."

의 요체는 '사람을 얻는 것'이다. 지난날 뛰어난 제왕들은 이 점을 잘 인식하고 있었다. 당 태종 이세민李世民은 백성의 힘을 잘 알고 있었기에 백성과 제왕장상의 관계를 물과 배에 비유하면서 "물은 배를 띄울 수도 있고 배를 가라앉힐 수도 있다."고 했다. (『순자』에 나오는 구절을 태종이 인용한 것으로 보인다.) 『대학大學』에서는 개인과 사회의 관계를 긴밀히 연계시켜 수신修身·제가齊家·치국治國·평천하平天下의 인생 노선을 설계하였는바 이는 중국 봉건사회 사대부들의 사상에 결정적인 영향을 미쳤다.

유가 사회관리 학설의 가장 큰 특징은 인간과 사회윤리의 본질을 파악하고, 이런 윤리의 본질을 목적으로 삼고 있는 예악禮樂을 교화 수단으로 관철하자고 주장한 것이다. 유가의 예악에는 심오한 윤리적 내용을 포함한다. 그 안에는 사회 등급의 차별과 각종 윤리규범들이 포함되어 있다. 인간은 예의의 가르침에서 반드시 복종해야 하는 위엄을 느끼고, 장엄한 분위기 속에서 인격에 대한 존중도 느껴 자신도 모르는 사이에 감화되는 효과를 일으킨다. 이와 같은 사회관리 학설은 기나긴 봉건사회에서 인심을 안정시키고 사회를 번영시키는 작용을 해냈다. 그러나 봉건사회 후기로 가면서 인성을 압박하는 연한 칼날과 통치계급의 잔혹한 수단의 하나가 되었다.

2) 병가윤리兵家倫理

중국은 본디 '예의의 나라'로 불리고 있었는데 이는 윤리도덕 관념이 일찍부터 중국 고대사회의 모든 방면에 침투되었음을 말한다. 병가의 모략에도 이 점이 잘 나타나 있다. 송나라 때 편집된 병법서 모음집인 『무경칠서武經七書』에는 인의를 강조한 군사, 장수의 도덕수양, 사병의 투지 격려 등 병가의 윤리 문제를 다루지 않은 것이 없다.

『손자병법孫子兵法』의 첫 편인 「계計」에서는 '도道'·'천天'·'지地'·'장將'·'법法'을 전쟁의 승패를 가르는 기본 요소로 제시했다. '장'은 장수가 당연히 구비해야 할 자질을 말하는데 '지智·신信·인仁·용勇·엄嚴' 다섯 가지 항목이 들어 있다. 즉, 지혜·신용·인애·용기·엄격함인데, 이는 장수의 중요한 도덕수양을 가리킨다. 또 「행군行軍」 편에서는 이렇게 말한다.

> 병사들과 가까워지기도 전에 작은 잘못을 처벌하면 병사들은 마음으로 승복하지 않는다. 마음으로 승복하지 않는 병사를 이끌고 싸우기란 매우 어렵다. 반대로 가까워졌는데도 벌을 제대로 내리지 않으면 이들을 이끌고 적과 싸울 수 없다. 장수는 '문'으로 명령을 내리고, '무'로 바로잡는다. 이를 (싸웠다 하면) 반드시 승리한다는 '필취必取'라 한다."

요컨대 장수는 윤리적 수단으로 병사들을 거느려야 하는바 자상함과 사랑을 베풀어 기꺼이 따르도록 하되 엄격한 규율로 그들의 행동을 일치시켜야 한다는 것이다. 『사마법司馬法』의 첫 편에서는 군대를 일으켜 작전하는 목적을 "폭력을 제거하여 인민을 안정시키는" 것이자 '어진 정치'를 추진하는 것이라 하였다. 이 편에서는 '인의仁義의 군대를 일으키는' 중요성과 어떻게 '인의의 군대를 일으킬 것'인가에 대해 밝히고 있다. 『사마법』에서는 군주는 어짊과 사랑으로 인민과 자신을 가깝게 하고, 정의로 자신을 좋아하게 하고, 지혜와 정책으로 자신을 의지하게 하고, 용기로 자신을 본받게 해야 하고, 성실로 자신을 신임하게 해야 한다고 했다. 이렇게 하면 인민의 옹호와 추대를 받을 수 있을 뿐만 아니라 적에 대한 위협으로 작용할 수 있다. 『사마법』에서는 또 "나라가 제아무리 커도 전쟁을 좋아하면 망할 수밖에 없고, 천하가 편안하다 해서 전쟁을 잊으면 위태로울 수밖에 없다."는 진리를 말하고 있다. 이는 무력 남용의 위험성, 편안하다고 전쟁을 잊는 위험성 등에 대한 옛사람들의 깊은 통찰력을 보여준다.

『오자吳子』의 「여사勵士」 편에서는 어떻게 병사들의 투지를 격려할 것인가에 대하여 논술하고 있다. 즉, 공로에 따라 상을 주고 전사자의 유족들을 보살피는 방법 등을 제기하는 등 역시 윤리적 효과에 크게 주목하고 있다.

『위료자尉繚子』「전위戰威」 편에서는 병사들의 사기를 돋우는 중요성과 그 방법을 더욱 상세하게 논술하였다. 거기에는 예신禮信·친애親愛·효자孝慈·염치廉恥 등과 같은 윤리적 요구의 응용이 첫 자리에 놓여 있는데, 관련 대목은 다음과 같다.

> 그러므로 나라에 예의와 믿음, 친근함과 사랑의 기풍이 있으면 백성은 굶주림을 감수한다. 나라에 효성과 자애로움, 염치의 풍속이 있으면 백성은 기꺼이 목숨을 바친다. 그래서 옛날에는 백성을 이끌 때 반드시 예의와 믿음을 우선시하여 벼슬을 내리고, 염치를 앞세우고 형벌을 나중에 두었으며, 친근함과 사랑을 앞세운 다음 그 자신을 단속했다.

그 뒤에 나온 병서에는 장병들에 대한 윤리적 요구가 더욱 엄격하고 구체적으로 제시된다. 예를 들어 명나라 때 무명씨의 『초려경략草廬經略』에는 윤리가 병가의 모략에서 발휘하는 작용과 그 표현 형태에 대한 분석이 아주 상세하다. 장수의 윤리적 품격으로는 용감·근면·겸양·청렴·자제력·직언 수용 등을 논하고 있다. 또 병사를 거느리고 싸움을 할 때의 윤리적 요소, 예를 들면 은혜와 믿음, 과감한 결단, 중심 유지, 화합 중시, 평정심 유지, 참을성 강조, 기분 다스리기, 일치단결 등과 같은 군사투쟁에서의 윤리적 요소, 즉 '사람의 작용'이 차지하는 중요성을 더할 바 없이 강조하고 있다.

3) 기독교 신교新教(프로테스탄티즘)[35]의 윤리

독일의 학자 막스 베버Max Weber는 후대에 큰 영향력을 남긴 『프로테스탄티즘의 윤리와 자본주의 정신』을 저술한 바 있다. 이 책에서는 16세기 종교개혁 이후 캘빈파 프로테스탄티즘과 서방 자본주의 정신의 관계를 분석하였다. 베버는 캘빈파의 교리가 자본주의 정신을 새롭게 수립하는 데 활기차고 결정적인 힘으로 작용했으며, 합리적인 경제활동의 사상과 실천에 윤리적인 격려와 지지를 제공했다고 보았다.

베버가 제시한 논거의 출발점은 캘빈교의 숙명론적 교리인데, 이 교리에서는 하느님은 물론 심지어 모든 사람들이 모태에 있을 때부터 최종 운명이 결정된다고 했다. 베버가 보기에 신교의 신도들은 '구원의 갈망'에 시달리며 거대한 심리적 부담을 갖고 있고, 그 때문에 '천직天職'과도 같은 윤리적 명령에 따라 부지런히 질서정연하게 일하면서 끊임없이 자신을 완벽하게 만들어야지 그렇지 않으면 하느님이 내리신 은총을 저버리게 된다는 것을 느낀다. 이는 캘빈교의 교도가 일상적인 일에서의 성공을 통해 벌을 받고 지옥에 들어가는 것을 면하는 방법을 찾았다는 의미다. 최선을 다해 시장에서 성공을 쟁취하고 사업에서 활약하면서 하느님의 각별한 사랑을 받아 천당에 오르는 구원을 받을 수 있다는 것을 공공연히 나타냈다.

캘빈교도의 이런 신념 때문에 광대한 노동자들조차 그에 감염되어 자본가를 위해 일하는 것이 당연하며, 그것이 하느님께서 부여한 사명이라고 느끼게 되었다. 베버의 이런 관점들은 어떤 면에서는 성립될 수 없는 것이었다. 그러나 종교적 색채가 짙었던 16·17세기 서방의 프로테스탄티즘 윤리는 목사들의 대대적인 부추김으로 자

---

35 Protestantism은 '기독교 신교'로 번역하는데, 천주교·동방정교와 함께 기독교 3대 종파의 하나다. 16세기 유럽 종교개혁운동 중 로마 가톨릭교회로부터 떨어져 나온 새로운 종파로 루터교, 캘빈교 등과 그 후 다시 이들로부터 갈라져 나간 많은 종파를 포함한다. 문맥과 문장에 따라 프로테스탄티즘과 신교를 함께 사용한다.

본주의의 합리성을 확실하게 논증했고, 자본주의의 흥기를 여론으로 촉진하고 정신적으로 격려했다. 이는 부인할 수 없는 사실이다. 예를 들어 영국의 여왕 엘리자베스 1세가 바로 캘빈교의 교도였는데, 그녀는 즉위 초에 영국에서의 신교 세력을 회복시키는 한편 '국왕지존'[36]과 '신교 통일'이라는 두 개의 신교 교회법을 다시 반포했다. 이는 신교의 윤리가 신흥 자산계급의 환영을 받는 역사적 흐름을 일정하게 이용한 조치였다. 영국은 엘리자베스 1세 통치기에 빠르게 강해졌는데, 신교가 영국에서 득세한 것과 관계가 있다.

또 다른 예로 초기 아메리카 대륙에 정착해 살던 사람들은 대부분 엄격하고 근면한 청교도(신교의 일종)였다. 그들의 종교 신앙은 아주 경건했고, 윤리적 요구도 매우 엄격했다. 기록으로 남은 자료에 의하면, 초창기 이민들이 제정한 법률에는 윤리·도덕적인 잘못들에 대해서도 법에 호소하여 법적 제재를 가했다. 예를 들면 간통·낙태·사기 등은 호된 처벌을 받아야 했다. 이런 엄격하고 부지런한 청교도와 그들의 후손들이 북아메리카의 넓고 황량한 땅 위에 아메리카 합중국을 세웠고, 사람들의 마음을 격동시키는 '아메리칸 드림'을 실현했다. 자본주의 발전의 역사에서 신교의 윤리는 분명 엄청난 작용을 했지만, 이는 기독교 전통이 유구하고 깊었던 서방이었기에 출현이 가능했던 것이다.

---

4) 유가 자본주의 윤리

한국·일본·싱가포르는 유가사상의 문화전통이 깊이 침투해 있는 나라들이다. 오늘날 이들 나라의 기업들은 이른바 '유가 자본주의' 윤리를 신봉한다. 그 특징은 기업의 모든 운영이 '사람 중심'으로 이루어진다는 것으로, 사람의 능력과 기업에 대한 감정을 가장 중요한 위치에 놓는다. 사실 기업을 경영하는 사람들은 이익 추구를 결코 포기하지 않는다. 사용하는 수단이 더욱 수준 높아졌을 뿐이다. 이는 2차 세계대전 이후 서방을 중심으로 불어닥친 '인본주의' 사조에 대한 호응임과 동시에, 타인의 인격을 존중하고 인간관계를 중시하는 중국의 전통적인 유가의 윤리를 기업경영에 활용한 것이다.

한 학자는 일본 '기업문화'의 특징은 충성과 헌신 정신이며, 경영자와 직원 사이의 인정미 넘치는 관계라고 논평한 바 있다. 일본 기업 마쓰시타전기의 경우가 이 점을 잘 보여준다. 1929년 불경기에 하마구치 내각은 황금 수출에 대한 금지령을 해제했다. 많은 기업들이 파산하고 공장들이 잇따라 문을 닫았다. 마쓰시타의 매출은 확 줄고 재고품은 크게 늘었다. 경영진은 생산을 대폭 줄이고 인원을 정리하자고 제안했다. 그러나 기업의 총재인 마쓰시타 고노스케松下幸之助는 다른 묘수를 찾아냈다. 직원을 단 한 명도 줄이지 않는 대신 반나절만 근무하게 하는 것이었다. 동시에 마쓰시타는 직원들이 일요일과 휴일을 이용하여 제품을 판매하는 데 힘을 쏟도록 했다. 직원들은 자발적으로 뛰어다녔고, 재고품은 금세 팔렸다. 기업은 위기를 무사히 넘겼다. 사실 이 묘수는 갑자기 떠올린 임시변통이 아니라 마쓰시타라는 기업의 일관된 스타일이었다. 고노스케는 전통적 유가의 신념을 줄곧 지켜온 사람이었다. 그는 기업의 이익을 잠시 희생시킬지언정 기업에 대한 직원의 감정은 결코 손상시키지 않겠다는 것이었다. 이는 일본을 비롯한 몇 나라들이 지키고 있는 '유가 자본주의'의 기본적인 특징의 하나다.

'유가 자본주의' 윤리는 기업 자체의 이미지를 중시하면서 경영진·직원·고객의 삼각관계를 잘 조화시키는 데 힘을 쏟는다. 이는 일본 등에서 자본주의가 발전하는 원동력이 되었다. 거의 모든 기업(특히 서비스업과 정보업 등)에서는 고객의 만족과 수요를 최고의 임무이자 문명 경쟁에서 이기는 방법으로 생각한다. 고대 중국에서 흔히 말하는 "조화로운 기운이 재산을 만들어낸다"는 '화기생재和氣生財' 윤리경영의 수단이다.

사회와 소비자에게 서비스하는 이런 과정을 통해 자본가·직원·소비자는 각자 원하는 것을 얻는다. 자본가는 제품을 많이 팔아 더 많은 이윤을 얻고, 직원은 그에 따라 더 높은 급여를 받으며, 소비자는 좋은 서비스를 받아 제품의 사용에 따르는 심리적 만족감을 채울 수 있다. 더 중요한 것은 기업이 사회와 소비자들에 대해 신용을 지키고 끝까지 책임을 지는 자세는 보다 나은 사회적 기풍을 만드는 데 추동 역할을 할 수 있다는 점이다. 그렇다면 유구한 유가사상의 역사를 가진 중국은 사회주의 시장경제체제에 '유가 자본주의'의 윤리를 나름대로 참고하여 적용할 수 있을 것이다.

5) 마르크스주의 윤리

마르크스는 생산력을 핵심으로 하는 사회발전이 윤리도덕의 진보에 결정적으로 작용한다는 관점을 제기했다. 이와 동시에 인간 자체에 관한 심오한 이론을 제기한바 사회윤리의 본질과 인간의 가치 특징에 대하여 보다 깊은 고찰과 논증을 진행하였다. 마르크스의 윤리가치 학설을 다음과 같은 몇 개의 요점으로 귀납해볼 수 있다.

첫째, 실천성이다. 인간의 활동은 실천을 통하여 주객관적 세계를 개조하는 활동이다. 이 활동은 자주·자유적 창조로 표현되며, 인간의 가치는 이런 실천 활동 속에서 체현된다.

둘째, 사회성이다. 인간의 실천성은 개체와 부류(집단), 개인과 사회가 고도로 통일되어야 하며, 개인의 창조 활동은 직접적으로 그 사회활동으로 나타나야 한다. 마찬가지로 사회활동 또한 개체의 풍부한 형식으로 완전하게 체현되어야 한다. 때문에 개인의 가치는 언제나 사회 혹은 집단의 가치와 연결되어 있다.

셋째, 주체와 객체의 상관성이다. 인간이 주체로서 자연계를 대면할 때 주체와 객체는 상관성이 있다는 것을 잊지 말아야 한다. 인류와 자연의 조화와 통일은 인류가 생존하고 발전하는 기초이며, 자연계를 정복하고 개조하는 활동이 이런 조화와 통일을 파괴하였다면 자연계의 징벌을 받을 수밖에 없고, 나아가서 인류 상호관계에도 긴장이 초래되기 때문이다.

넷째, 역사성과 상대성이다. 인간의 실천 활동은 역사적인 변화 발전의 과정이다. 인간의 본질과 가치도 끊임없이 바뀌고 완벽해지는 역사성과 상대성으로 표현된다. 인류는 이런 역사의 과정에서 기타 사물과는 다른, 자연을 초월하는 특수한 가치를 드러낸다.

인간에 대한 마르크스 이론의 탄생은 인류의 자아의식이 제대로 성숙했음을 나타낸다. 그는 무산계급(프롤레타리아) 의식과 공산주의 이상이라는 높이에 서서 지난날의 모든 윤리적 가치의 허위성을 비판했다. 인간 실천의 본질, 인간과 사회와의 관계, 인간과 자연과의 관계, 인간 본질의 역사성과 상대성의 원칙 등에 대한 탐구를 통하여 새로운 사회윤리를 건설하고 인간의 주체적 가치를 천명하는 데 바른 방향을 가리켰다.

유감스러운 것은 역사적 조건과 현실적 사회환경의 영향 때문에 마르크스주의 윤리는 사회주의 혁명과 건설에서 오랫동안 무시·왜곡당해온 결과 인간의 본질, 인간의 완전함, 인간의 해방에 관한 이 위대한 학설의 내용이 그에 어울리는 광채를 발산하지 못했다는 것이다. 사회주의의 새로운 시대를 건설하고 있는 지금 새삼 마르크스주의 윤리의 현대적 품격과 시대적 의의에 주목하여 개혁개방의 위대한 모략에 합리적으로 응용한다면 의심할 바 없이 중국의 현대화 과정에 거대한 추진 작용을 해낼 것이다.

현대문명에 관해 이런 비유를 들 수 있겠다. 즉, 과학기술은 뿌리, 경제 기초는 줄기, 정치·사상·문화·군사·외교 등은 가지라고 한다면, 가지가 많고 잎이 무성한 하늘로 치솟는 큰 나무가 된다. 이런 비유가 꼭 합당하다고는 할 수 없지만 경제생활은 현대사회에서 가장 활발하고 기본적인 부분이고, 과학기술의 창조성과 운용은 경제와 기타 모든 현대문명의 중요한 추동력이다.

현대적 관리(management)는 현대 모략의 주요한 표현 형식이고, 관리 철학은 가장 생동감 넘치고 구체적인 시대정신의 반영이다. 현대 경제사회의 요구와 과학기술의 발전과 진보의 추동력으로서 점진적 발전을 이루고 마침내 성숙함에 이르는 것이다. 아래에서 현대 관리학의 발전 과정을 간단히 서술하여 현대 모략과 시대정신을 연구하는 데 보탬이 될까 한다.

● 테일러의 과학적 관리법은 기업경영은 물론 경영에 따르는 모략(전략)의 변화와 다양화에도 적지 않은 영향을 미쳤다.

관리는 인간에 딱 맞추어 실시하는 특수한 모략방식인데, 그 일반적인 의미는 두 사람 이상의 행위 활동을 조화시키는 것이다. 이런 의미에서 보자면 관리 사상은 아득히 먼 고대로 거슬러 올라갈 수 있다. 하지만 관리학은 하나의 학과로서 비교적 최근의 일이다. (앞서 말한 유가의 사회관리 학설은 학과라는 뜻으로 말한 것이 아니므로 현대 관리학과 많은 차이가 있다.) 서양에서 공인하는 최초의 관리학에 관한 바이블과 같은 저서는 미국인 프레더릭 윈즐로 테일러Frederick Winsloe Taylor가 1911년에 출판한 『과학관리원리科學管理原理(The Principles of Scientific Management)』[37]다. 관리학은 특히 제2차 세계대전 이후 빠르게 발전했다. 미국이 먼저 바람을 일으켰고, 서유럽과 일본이 그 뒤를 따랐다. 이후 1970년대 말에 이르러 관리학은 최고 번영기를 맞이했다. 1980년대 이후 관리학의 주류에 어느 정도 변화가 생겼지만 발전 추세는 전혀 꺾이지 않았다. 우리는 여기서 본론의 주제와 관련을 가진 몇 개의 대표적인 관리학 흐름을 소개하는 것으로 관리학의 주요한 취지를 설명한다.

(1) 테일러의 과학적 관리

그 주요 내용은 다음의 몇 가지로 요약해볼 수 있다. 첫째, 과학적 작업 과정과 방법을 설계하여 순전히 경험에 의존했던 작업을 대체한다. 둘째, 노동자에 대하여 선택·훈련·실력 향상을 진행하여 작업의 기능을 기른다. 셋째, 관리자는 노동자들과 긴밀히 합작하고 모든 작업이 이미 정해진 과학적 원칙에 따라 진행되도록 해야 한다. 넷째, 관리 직능과 집행 직능을 분리시키고, 계획부서를 설치하여 엄격하고 전문적인 분업을 실행해야 한다. 이렇게 볼 때 테일러의 관리이론 설계는 '순이성적純理性的' 모형임을 알 수 있다. 그 출발점은 노동자를 돈 버는 기계로 여기는 데 있었기에 당연히 결점이 많았다. 그럼에도 테일러식 과학적 관리는 관리학의 기초를 닦았으며, 이후 모든 관리학 학설은 과학정신에 근본을 두게 되었다. (테일러식의 관리 자체에 대해 가장 심하게 부정한 이른바 '비이성주의' 학파도 예외는 아닌 것 같다.)

---

37 테일러의 대표적인 저서로 원서의 제목은 *The Priciples of Scientific Management*이다. 국내에서는 『과학적 관리법』이란 제목으로 번역서가 나와 있다. 그는 과학적 관리법을 처음으로 창안하여 공장 개혁과 경영 합리화에 크게 기여함으로써 '테일러 시스템', '테일러리즘', '과학적 관리의 아버지' 등과 같은 용어를 탄생시켰다. 그람시를 비롯한 사회주의 학자들은 테일러리즘은 노동자의 노동을 착취하는 수단에 불과하다고 비판한다.

(2) 메이오의 인간관계 학파

하버드대학의 메이오[38] 등은 유명한 '호손 실험Hawthorne Experiment(호손의 공장에서 진행한 노동자들의 사업 효율에 관한 일련의 실험)'을 통하여 이런 결론을 얻었다. 노동자는 테일러가 생각하는 단순한 '경제인' 또는 조직되지 않은 '떠돌이 집단'이 아니라 복잡한 사회계통의 구성원이다. 그들이 작업에 적극적으로 나서도록 영향을 주는 것은 급여 외에 여러 가지 요구에 대한 만족 여부다. 기업은 개개인의 집합일 뿐만 아니라 하나의 사회계통이다. 그중에서 사람과 사람 사이의 관계는 행위의 결정에 대단히 중요하게 작용한다. 테일러에 비해 메이오는 기업 관리에서 윤리적 요소에 상대적으로 많은 주의를 기울였다. 그런 그의 '인간관계'에 대한 연구는 윤리의 표면적 단계에 머물렀을 뿐 진정으로 인간이 필요로 하는 것, 인간의 가치와 본질 등 보다 깊은 내용을 발굴하지 못한 한계를 보이고 있다.

(3) 맥그리거 등의 행위학파

제2차 세계대전 이후 미국의 노조 세력은 이미 방대한 조직과 큰 영향력을 갖추고 있었다. 미국 기업의 경영자들은 노동자들의 심리적 요구와 행동방식에 대해 연구하지 않으면 안 되는 상황에 직면했다. 행위학파는 심리학·사회학·인류학 등의 지식을 종합적으로 응용하여 인간의 요구, 동기와 행위 관계의 이론을 제기하여 당시 기업의 절박한 요구에 부응했다. 가장 유명한 학설이 맥그리거[39]가 내놓은 X이론과 Y이론이

---

38 조지 엘튼 메이오George Elton Mayor는 호주 출신의 학자로 1922년 미국으로 이주하기 전까지 대학에서 지리·윤리·철학을 가르쳤다. 1927년부터 1937년까지 하버드대학 경영대학원의 교수로 재직했다. 1차 세계대전 이후 기업에서 노사관계가 크게 악화하자 이 문제를 직접 해결하기 위해 나서 관리학의 '인간관계론'을 정립하는 업적을 남겼다. 『산업문명의 인간 문제*The Human Problems of an Industrial Civilization*』(1933)는 이 분야의 대표적인 저서로 남아 있다. 국내에 번역서는 아직 출간되지 않은 것으로 보인다.

39 더글러스 맥그리거Douglas McGregor는 미국의 심리학자이자 경영학자로 인간관계론 학파의 중심인물로 분류

다. X이론은 사람들이 천성적으로 편한 것만 좋아하고 일하기를 싫어하며, 생존 때문에 어쩔 수 없이 일을 한다는 가정 아래 이들을 채찍질하지 않으면 기업의 목표를 실현하기 위해 열심히 일하지 않는다는 이론이다. 이에 반해 Y이론은 사람들은 일을 하면서 많은 즐거움을 느끼므로 적절하게 격려하면 잠재해 있는 창조성을 발휘하고 기업의 목표를 위해 최선을 다하리라는 것이다. 이렇게 보면 경영자가 어떤 이론을 채용하는가에 따라 직원에 대한 태도와 직원의 적극성에 근본적인 영향을 미친다는 사실이 금세 드러난다. 맥그리거 등은 미국 기업은 당연히 Y이론을 경영의 근거로 삼아 직원과 노동자들을 경영에 참여시킴으로써 그들의 활력을 높여야 한다고 보았다.

(4) 바나드의 가치관 이론

뉴저지 벨 전화회사의 사장을 맡은 적이 있던 바나드[40]는 1938년 『경영인의 역할The Function of Executive』이라는 관리학 분야의 기념비적인 저서를 냈다. 그는 이 책에서 조직 내의 합작을 위한 전면적인 이론을 제시하고 있다. 가장 특색 있고 영향력이 컸던 것은 기업의 가치관에 관한 이론이다. 바나드는 기업을 경영하는 총책임자의 가장 중요한 역할은 기업 전체가 공유할 수 있는 가치관을 만들어 관리하는 것이라고 했다. 이렇게 만들어진 가치관은 하나의 활력체로서의 기업 전체를 보증하는 요소로서, 최고경영진에게 시시각각 행동으로 나타낼 것을 요구한다. 이 가치관은 기업 구

된다.(행위학파도 크게는 인간관계론 학파의 범주에 넣을 수 있기 때문이다.) 그가 제기한 X·Y 이론은 조직에서의 자기실현 가능성을 보여주었고, 그가 제기한 이론은 경영자들에게 '행동과학'으로 불리면서 큰 호응을 얻었다. 대표적인 저서로 『기업의 인간적 측면The human side of Enterprise』(1960)이 있다. 국내에 같은 제목의 번역서가 출간된 바 있다.

40 체스터 어빙 바나드Chester Irving Barnard는 미국의 관리학자로 근대 관리이론의 기초를 다진 인물로 평가받고 있다. 그의 대표적인 저서 『경영인의 역할The Function of Executive』(1938)은 이 분야의 기념비적인 저서로 꼽힌다. 같은 제목의 번역서가 출간되어 있다.

성원 전체가 철저하게 이해하여 마음 깊이 파고들어야 하는 것이기도 하다. 바나드의 가치관 이론은 상당 기간 주목을 받지 못하다가 1970년대 말에 이르러 중요한 가치와 내용이 재발굴되어 '기업문화' 이론의 주춧돌 역할을 하기에 이르렀다. 바나드의 이론은 대단히 수준 높은 기업윤리 모략이긴 하지만 적절한 사회적 조건이 있어야만 큰 작용을 발휘할 수 있다.

(5) 당대 '기업문화'의 흐름

1973년 전 세계에 몰아친 석유 파동이란 위기를 맞이하자 미국 경제는 장기침체 상태에 있었다. 그러나 일본은 전후 폐허 위에서 빠르게 재기하여 '경제 기적'을 창출해냈다. 기업문화에 대한 연구는 이 같은 미국과 일본의 경제경쟁 와중에서 활기를 띠었다. 기업문화의 내용과 외연에 대한 기업관리 학계의 의견은 일치하지 않는다. 이런 의견들을 개괄해서 본다면 기업문화는 기업을 구성하는 구성원 전체가 공유하는 가치관, 사업 스타일, 예의습관, 도덕규범, 행위준칙 등으로 표현된다. 이런 것들은 구성원 전체가 인정하는 정신현상으로서 기업이 문명경쟁에서 생존과 발전을 추구하는 것과 긴밀히 연계되어 있다. 이로써 기업문화에서 가장 중요한 부분이 윤리적 수단을 운용하여 기업의 생존과 발전을 추구하는 모략이 하나의 방식이 될 수 있음을 알 수 있다.

관리학자들은 성공한 기업은 모두 그 나름의 독특한 문화전통을 갖고 있다는 것을 발견했다. 이는 기업관리에서 '발전기'나 '윤활유'와 같은 다양한 기능을 발휘하는데, 기업이 성공하고 발전하는 정신적 원천이기도 하다. 가치관은 기업문화의 핵심적인 관념으로 시대정신의 중요한 요소로 더욱더 많이 표출된다. 여기에는 기업 구성원들의 이상과 꿈이 깃들어 있을 뿐만 아니라, 경제가 돌아감에 따라 집집마다 침투하여 현대인의 인격을 형성하고 현대인의 심신 건강에 과소평가할 수 없는 작용을 한다.

톰 피터스Tom Peters와 로버트 워터맨Robert Waterman의 『성공의 길』과 『성공에 뜻을 품다』는 1980년대 미국 관리학 저서로 베스트셀러이자 당대 기업문화 연구의 대표작이기도 하다. 이 책에서는 미국의 뛰어난 기업들을 소개하고, 이들 기업의 문화와 가치관을 분석하였다. 먼저 조직에 있는 사람들이 기본적으로 무엇을 필요로 하는가를 살폈는데, 다음과 같은 네 개의 기본 요소가 있다고 하였다.

① 사람들은 생활에 의미가 있는 것을 필요로 한다. ② 사람들은 자기에 대해 일정한 통제를 요구한다. ③ 사람들은 적극적 강화를 요구한다. ④ 상당한 정도 사람들의 행동이 신념을 만들지 그 반대가 아니다.

이어서 저자들은 미국의 뛰어난 기업들이 따라야 할 기본 가치관을 여덟 가지로 종합했다.

① 내 회사가 '제일 좋다.' ② 실시 과정에서 사람들이 갖춘 기본 기술이 아주 중요하다. ③ 개인으로서 인간을 존중한다. ④ 뛰어난 품질, 우량한 서비스. ⑤ 사람마다 창조력을 갖고 있다. ⑥ 실패한 영웅을 인정한다. ⑦ 격식에 얽매이지 않고 정보의 소통을 견지한다. ⑧ 경제성장과 이윤의 중요성에 대한 보편적인 공유 인식.

이상에서 우리는 저자들이 나타내고자 한 것이 '아메리칸 드림'의 핵심적인 관념들임을 알 수 있다. 즉, 완전무결을 추구하는 것은 인간의 본성이라는 것이다. 이는 저자들이 책에서 "당연히 인정해야 할 것은 완전무결을 추구하는 사람은 느긋하고 자유자재하고 편안한 개성을 갖기 어렵다는 것이다. 완전무결의 추구를 호소하는 환경은 역시 대부분 차분하고 편안하지 않을 것이다. 그러나 완전무결을 힘껏 다투는 일은 늘 전진을 위한 채찍이었다."고 말한 바로 그것이다.

여기에서 미국의 몇몇 출중한 회사의 신념을 볼 수 있다. IBM(International Business Machines Corporation)의 "IBM은 서비스를 의미한다", 듀퐁S.T. Dupont화학의 "화학을 통하여 아름다운 생활을 더 아름답게 하자", 로스Rose주택의 "사람들을 위하여 아름다운 환경을 창조하자", 다나허Danaher Corporation의 "평범한 사람이 생산율을 창출한다" 등등 모든 표어들을 한마디로 개괄해본다면 "모든 것을 사람에 초점을 둔다." 바로 이것이다.

종합해보면 20세기 '인본주의' 사조와 나란히 당대 기업문화의 가치관은 한 차례 심각한 전환을 겪었다. 즉, 단순한 이윤추구와 재생산의 규모를 확대하는 것으로부터 사람—관리자, 고용인과 고객들—의 다양한 수요에 대한 주목과 만족으로 바뀌었다. 여기서 그 최종 목적을 거론하는 것은 그다지 큰 의미가 없다. 성공한 기업들은 수없이 많은 심층적인 2차 필요성을 개척했고, 이런 필요성을 이용하기도 했다. 그러나 개척했건 이용했건 그 효과는 같았다. 즉, "모든 것을 사람에 초점을 둔다."는 것, 그리고 기업 리더의 솔선수범을 통해 보통 사람들이 일과 생활에서 의미를 찾게 하는 것, 보통 사람들이 스스로 자신의 운명을 장악하게 하는 것, 보통 사람들이 기꺼이 사회와 자기 회사에 이바지할 힘을 주는 것이다. 이는 그 자체로 문명의 진보와 인류 정신의 또 한 차례 승화를 의미한다.

이상, 서양 관리학 흐름을 간단하게 돌아보면서 우리는 그 큰 흐름이 기계적 관리로부터 윤리와 과학을 결합한 관리, 순수한 이론적 관리로부터 감성과 이성을 결합한 관리로 발전해온 노선을 볼 수 있었다. 사실 이는 공업화 이래 현대문명의 발전 노선이기도 했다. 미국이 경제침체에서 헤어나고, 서유럽·일본 등이 전후 폐허 위에서 다시 일어나고, '사소룡四小龍(대만·홍콩·싱가포르·한국)'이 '비약적인 발전'을 이룰 수 있었던 것도 이에 힘입었다. 우리가 말하는 시대정신의 두 가지 큰 바탕인 (과학적) 사유방식과 (윤리적) 가치관이 당대 사회에서 그 어느 시기보다 더 단단히, 더 구체적으로, 더 변증적으로 잘 융합되었다.

물론 이상은 낙관적인 관점으로 서방 문명을 본 것이고, 실제 사회현상은 언제나 매우 복잡하다. 서방 문명은 결코 완전무결한 것이 아니다. 더욱이 자본주의의 본성인 이윤추구와 금전만능의 사상은 바뀌지 않을 것이기 때문에 현대 산업사회는 여전히 이런저런 도덕적 난제에 직면하고 있다. 예를 들어 생태 문제, 젠더 문제, 마약 문제, 인간관계 등은 늘 현대인들의 마음을 시도 때도 없이 혼란스럽게 한다. 사실 지금 중국이 개혁을 진행하는 중에도 해결하기 힘든 '역설逆說(패러독스)'들이 속출하고 있다.

개혁은 상품의 유통과 생산의 발전을 촉진하였고, 사람들의 생활방식을 바꾸었으며, 생각을 바꾸게 했다. 하지만 모든 부분에서 보편적인 도덕적 요구와의 날카로운 모순, 즉 효율과 공평, 돈과 인간의 길, 경쟁과 상호협조 등이 발생했다. 개혁은 개인의 창조력을 발휘하고, 개인의 이익에 대한 관심과 추구를 불러일으켰다. 한편으로 독립적이고 자주적이고 자존적이고 자강적인 가치관을 세웠지만, 또 한편으로 탐욕·이기심·권모술수로 사욕을 꾀하고 눈을 속이고 함정에 빠뜨리고 몰래 빼앗고 기만하는 등 추악한 현상들도 나타났다.

이런 것들로부터 우리는 사회의 발전 상황이 결코 단순한 색조가 아니라는 사실을 알 수 있다. 과학과 윤리는 단선 궤도 위를 따로 달려서는 안 된다. 그럴 경우 사회생산력이 정체에 이르거나 도덕의 상실이 보편화될 것이다. 사회주의 건설이라는 위대한 실천 과정에서 서양 문명이 겪은 경험과 교훈을 섭취하고, 시대정신의 주류인 '인간의 주체성 천명'을 꽉 붙들고, 사회공공의 도덕을 세우고, 국제적 교류와 합작을 촉진하는 등등은 중차대한 현실적 의의를 갖는다. 현대 모략은 이런 주류에 순응해야만 성공할 수 있으며, 인류문명의 진전 과정에 빛나는 발자국을 남길 수 있을 것이다.

5. 현대 철학과 모략

19세기 마르크스주의가 탄생한 이래 현대적 의미의 철학도 따라서 태어났다. 마르크스주의의 탄생은 획기적인 의의를 가진다. 이로써 고전 철학, 스콜라 철학, 유심주의 철학 등은 모두 비과학적인 철학인 반면 변증법적 유물주의 철학만이 객관적 세계를 가장 잘 반영하는 철학이라는 선고가 내려졌다. 마르크스주의 철학의 참신한 내용인 변증법적 유물주의와 역사적 유물주의는 크게 주목을 받았으며, 특히 사회주의자와 공산주의자의 신앙이 되었다. 이 새로운 철학사상은 거센 기세로 전 세계를 강타했다.

참신한 철학사상체계는 세계를 인식하고 바꾸는 신식 무기에 비유할 수 있다. 이 무기를 진보적인 사람들이 장악하여 활용하면 세계를 뒤바꾸는 거대한 힘으로 탄생한다. 인간이 자신의 운명을 장악하고 객관적 세계를 바꾸어 자신의 필요성에 맞추려면 먼저 세계를 정확하게 인식해야 한다. 마르크스주의 철학은 과학적인 세계관과 방법론으로서 객관적 세계를 인식하는 현미경이자 망원경이다. 이 현미경과 망원경을 통해 우리는 인류사회와 자연계의 발전에 객관적인 법칙이 있다는 사실을 알 수 있다. 자기 의지로 객관적 세계를 바꾸려면 그 의지가 세계 발전의 객관적 법칙에 순응해야 성과를 이룰 수 있다. 마르크스주의 철학의 탄생으로 세계는 혁명적인 변화를 맞이하게 되었고, 이는 누구도 부정할 수 없는 사실이다.

20세기 인류사회에서 발생한 큰 사건들을 되돌아보고 종합해볼 때 가장 큰 사건이라면 전 세계를 통해 일어난 피압박 민족과 프롤레타리아계급의 독립해방운동이 될 것이다. 이 운동은 20세기 인류 진보와 세계 발전의 큰 흐름이자 방향이었다. 미국 제37대 대통령이었던 닉슨은 1988년 출간된 자서전 『1999, 싸우지 않고 이긴다 *1999 Victory Without War*』에서 "20세기에서 그 의미가 가장 중대한 발전이라면 식민주의의 종결이나 민주 세력의 진군이 아니라 극도로 강력한 극권極權(Totalitarian) 공산주의의 성장이다."라고 했다. 이 문제를 뒤집어 설명하면 이렇다. 즉, 그중에서도 마르크스주의 철학의 세계관과 방법론이 결코 지워버릴 수 없는 큰 작용을 하였다. 따라서 마르크스주의 철학의 탄생은 천지를 울린 큰일이었다고 말할 수 있다.

　　부르주아계급과 그에 속한 학자들은 이런 식으로 말한 적이 있다. "계급의 존재는 그 나름의 경제적 기초와 연계되어 있다는 마르크스의 관점은 가난한 사람들을 동원하여 반란을 일으켜 '멀쩡한' 사람들을 대립되는 계급으로 구분함으로써 한쪽 부류의 사람들을 사주하여 다른 부류의 사람들과 투쟁하기 위한 것이다." 그들 말대로라면 인류는 원래 서로 싸우지 않고 '평등하게', '자유롭게', '널리 사랑하며' 화목하게 잘 살 수 있었는데 마르크스의 투쟁 철학이 이 평화로운 세상을 어지럽혔다는 것이다. 이런 관점에 대해서는 반박조차 필요 없다. 여기서 말하고자 하는 것은, 마르크스주의 철학의 과학성과 이에 따라 생산된 모략이 갖는 의미다.

　　경제적 기초를 가지고 계급을 분석하는 방법은 유물주의 철학의 체현일 뿐더러 특히 수준 높은 모략의 하나다. 마르크스주의 철학은 피압박 계급, 피압박 민족을 계몽하였고, 다수를 교육하고 소수를 고립시켰으며, 세계의 전선을 분명히 했으며, 목표를 명확하게 만들었다. 부르주아계급과 반동세력들은 아연실색 두려움에 떨면서 지난 수십 년 동안 내내 전전긍긍해왔다. 이 때문에 마르크스주의를 사지로 몰아야 성에 차는 적대감을 가지게 되었다. 따라서 우리는 마르크스주의 철학은 동원력을

● 마르크스주의의 탄생은 세계사의 일대 변혁이었다. 이 사상과 철학 그리고 실천 과정은 현재진행형이며 수많은 추종과 비판이 따르고 있다. 마르크스주의는 싫건 좋건 세계 각국이 어느 정도씩은 수용하고 있는 현실이다. 사진은 창시자 카를 마르크스Karl Marx(1818-1883)다.

가지고 있을 뿐만 아니라, 특히 어떤 철학과도 비교할 수 없는 과학성을 가지고 있다고 말하는 것이다.

　마르크스주의 철학은 인류사회와 자연계 발전의 역사적 법칙과 객관적 본질을 제시했다. 혁명가는 이를 혁명과 건설에 필요한 유력한 무기로 삼았다. 이치대로라면 마르크스주의 철학으로 혁명을 지도한다면 가는 곳마다 승리할 것이다. 하지만 사실은 그렇지 않았다. 과거 사람들은 이런 환상을 품었다. 혁명이론이 있고, 여기에 행동을 보태면, 즉 이론을 실천으로 옮기면 성공하는 것 아닌가? 그러면 힘들게 살아가는 수많은 민중이 억압에서 벗어나 해방을 맞이할 것 아닌가? 그러나 이 두 가지만으로는 결코 충분치 않다. 세상에 얼마나 많은 정의로운 사업이 정의롭지 못한 쪽에게 깨지고 패하고 박멸당했는가? 파리코뮌이 실패했고, 중국 공산당이 진행했던 기세등등한 토지혁명 전쟁도 실패했다. 이 모두 마르크스주의 철학사상으로 지도

했고, 같은 힘과 객관적 환경 조건이었다. 그러나 승리하기도 했고 실패하기도 했다. 왜? 뛰어난 리더와 리더집단에 마르크스주의 철학을 기초로 만들어낸 승리의 모략이 부족했기 때문이다. 모택동은 "정책과 책략은 당의 생명이다. 각급 지도자 동지들은 반드시 이에 주목해야지 대충 대충 해서는 결코 안 된다."고 했다. 모택동이 책략을 정당의 생명으로 간주한 것은 결코 지나친 것이 아니다. 마르크스주의 철학의 기초 위에서 만들어진 모략은 신에게 빌고 점을 치고 꿈을 풀이하는 짓보다 몇 십 배, 몇 백 배 앞선 것인지 모른다. 이런 모략의 선진성은 튼튼한 물질적 기초, 정확한 인식, 투철한 이론을 배경으로 삼고 있다. 그것은 모든 미신과 왜곡되고 사악한 사상과는 분명히 구별된다. 마르크스주의 철학의 기초 위에서 나온 모략은 그것이 서비스하고자 하는 전문적인 방향을 갖고 있다. 예컨대 광대한 인민군중에 의존하는 책략은 포악한 독재자들에게 실시하기 어렵고 실시해서도 안 된다. 혁명을 이끄는 이론이 있고, 대담한 실천이 따르는 위에 승리를 거둘 수 있는 모략이 있어야만 모든 혁명과 건설에서 승리를 낚아챌 수 있다.

6. 모략방식의 생기와 도전

마르크스주의 철학으로 무장한 정당(또는 이런저런 이름의 혁명조직)이 이끄는 프롤레타리아계급과 노동자 민중은 봉건주의·제국주의 등 반동세력과 투쟁하여 전 세계가 주목할 만한 위대한 승리를 거두었다. 그러나 세상일은 아주 복잡하여 맹목적인 낙관은 금물이다. 한 번 고생으로 영원히 편안함을 누리려는 환상은 더더욱 안 된다. 누구든 세상을 너무 단순하게 생각한다면 그 사람은 볼 것도 없이 실패할 것이다. 상대의 힘과 간사한 계략을 한순간도 얕잡아 보아서는 안 된다.

물리적 힘은 일반적으로 금세 눈에 띈다. 간사한 계략은 안 보이는 곳에 숨어 있다. 반동세력 역시 같은 지구상에 존재하는 사람들로 이루어져 있고, 같은 지적 능력을 갖고 있다. 철학의 관점으로 말하자면 대립하는 면은 언제나 대립과 통일을 통해 온전한 모습을 갖춘다. 승리자의 비결을 상대가 연구하고 참고하지 않을 리 없다. 승리자에게 적이 없다면 그 자신의 몸에서 대립자가 자생한다. 이는 보편적인 상식이다. 백화점에서 값싸고 품질 좋은 어떤 상품이 시장을 주도하면 많은 사람들, 특히 그럴 능력이 있는 사람들이 공개 또는 비공개적으로 그 상품을 모방하여 가짜를 만들어낸다. 같은 이치로 마르크스주의 철학의 과학성과 실용성은 모든 계급·계층 또는 집단에 큰 영향을 준다. 마르크스주의는 프롤레타리아계급과 광대한 노동자 민중의 해방을 위해 헌신한다고 밝힌다. 그러나 마르크스주의의 '합리적 핵심 내용'과 '통용되는 부분'은 반동계급과 세력의 참고자료가 되어 그들의 모략에 섞어 넣어서 프롤레타리아계급에 맞설 수 있다.

마르크스주의 철학이 전 세계에 거대한 영향을 일으킨 후 대부분의 오래된 자본주의 국가의 자본가와 노동자와의 관계에 코미디 같은 변화가 발생했다. 가장 대표적인 것은 '주식제도'라는 것이다. 주식제도란 적나라한 착취와 피착취, 압박과 피압박의 계급관계에다 '공동관리'니 '공동주인'이니 하는 허울 좋은 면사포를 씌운 것과 다름없다. 자본주의 세계의 통치자들은 비록 공산주의자들이 신봉하는 정치철학과 확연히 다른 철학을 갖고 있지만 그들은 과학기술의 진보와 물질적 재부의 발달을 이용하여 인식 수준과 세상을 통제하는 능력을 높였다. 그들은 완강하게 자신들의 의지대로 세상을 바꾸려 한다. 예컨대 미국을 선두로 하는 자본주의 국가가 사회주의 국가에 대해 실시한 'Beyond Containment Strategy(봉쇄정책을 넘어서)', 즉 평화적 수단으로 사회주의 국가를 자본주의 체제로 변화시키려는 전략이 가장 설득력 있는 예가 될 것이다. 그렇다면 그들이 사용하는 무기에는 어떤 것이 있을까? 첫째는 풍부하고 다채로운 물질적 유혹이다. 둘째는 '자유''민주''인권' 따위의 정치적 구호들이다. 그런데 가만히 들여다보면, 다름 아닌 마르크스주의가 제창하고 적극적으로 추구하는 것들 아닌가? 마르크스주의 철학은 쇠퇴하지 않았을 뿐만 아니라 도리어 왕성하게 발전하고 갈수록 세계를 정복하고 있으며, 패배시킬 수 없는 생명력을 가지고 있다. 자본주의 세계가 일시적으로 물질적 부를 이루었지만 그들의 철학과 정치는 쇠퇴의 길을 걸으며 악화되고 있다. 미국의 전임 대통령 닉슨은 『1999, 싸우지 않고 이긴다』라는 회고록에서 "1999년, 우리들이 20세기를 돌이켜볼 때 우리는 이러한 사실에 직면하지 않으면 안 될 것이다. 인류의 군사적 역량과 물질 방면에서의 진전이 인류가 평화적인 정치 기교와 제도, 기술 진보의 자본화 등에서 발전을 유지하는 것을 방해했다는 사실을. 우리의 기술 수준과 가엾고 낙후한 정치 기교 사이의 불균형을 끝내는 일이 21세기 우리들의 임무가 될 것이다."라고 했다.

등소평鄧小平은 개혁개방 정책을 언급하면서 "중국은 좋은 것을 포기하지 않는다."고 했다. 자본주의 국가의 총명한 리더들 역시 자기 나라에 유용한 물건을 포기하지 않는다. 세계는 융합되면서 통일로 나아가고 있다. 동시에 세계는 분화되면서 다극화되고 있다. 원래 분명했던 전선이 뒤엉키어 복잡해지고, 원래 뚜렷했던 시비 관념이 애매모호해지거나 혼란스러울 수 있으며, 원래 정상적이던 것이 비정상이 될 수도 있다. 하지만 이 모든 것이 규칙에 맞는 것이다. 마치 일반이 개별에 포함되어 있고, 공통성이 개성에 포함되어 있는 것처럼 비정상도 정상 속에 들어 있는 것이다.

사회주의 사업의 탄생과 발전은 필연적인 추세다. 그것이 나아가는 궤적은 평탄한 직선이 아니라 굴곡이 있을 수밖에 없다. 올라갈 때도 있고 내려갈 때도 있다. 올라간다고 꼭 승리한 것이 아니고, 내려간다고 실패한 것이 아니다. 남보다 앞선 사물은 파도 모양으로 전진하고 나선 모양으로 상승한다.

마르크스주의 철학은 이미 그리고 지금 또다시 한 단계 심화된 검증과 시험에 들어 있다. 우리는 굳게 믿는다. 마르크스주의 철학은 쇠락하지 않을 것이며, 실천을 통해 끊임없이 진리를 발전시키고, 진리의 발전을 위해 새로운 길을 개척할 것이라는 사실을. 마찬가지로 사회주의 사업 또한 쇠퇴하지 않을 것이다. 새로운 시험에 직면할 뿐이다. 우리는 내리막에서 빠져나오자마자 바로 평탄한 길로 들어설 것으로 기대하지는 않지만 믿음과 희망으로 넘친다.

마르크스주의는 진리를 종결하지 않았고, 마르크스주의 철학도 발걸음을 멈추지 않았다. 사회과학과 자연과학의 발전에 따라 철학도 발전한다. 철학적 사유의 기초 위에 세운 모략은 그 방식을 계속 발전시키고 변화시킬 것이다. 현대 과학기술 사조의 충격으로 순전히 사유에만 의존하던 전통적 모략방식은 점차 새로운 방식으로 대체되고 있는데, 다름 아닌 새로운 기술을 응용한 모략방식이다. 첨단 과학기술을 끊임없이 개발하고 이용하게 됨으로써 전통적 모략방식은 여기에 갈수록 큰 영향을 받을 수밖에 없다. 모략은 혁명적인 변혁에 직면할 수밖에 없다. 단순한 사유의 골짜기를 빠져나와 물질과 기술이 단단히 결합된 새로운 단계로 진입하고 있다.

현대 모략은 고도 기술이 합성된 모략이며, 인간과 기계가 결합된 산물이다. 광범위한 컴퓨터의 응용, 기술 발전의 지능화가 가장 설득력 있는 사례다. 모략은 더 이상 단순히 두뇌의 사고에서 나오는 결과물이 아니다. 과거 수많은 사람들이 머리를 쥐어짜고 생각해도 해답을 찾을 수 없었던 문제들이 컴퓨터를 통해 눈 깜짝할 사이에 해결된다. 인류 모략사의 거대한 혁명적 진보가 진행 중이다. 이런 상황은 우리에게 심각한 문제를 던졌다. 장차 이 세계에서 자립하려면 단순히 인간의 두뇌로 컴퓨터의 도움을 받고 있는 상대의 두뇌에 대처하려 해서는 결코 안 된다. 누군가 먼저 첨단 과학기술 영역의 감제고지瞰制高地를 장악했다면, 그것은 곧 모략의 감제고지를 장악한 것과 마찬가지며 승리할 가능성도 크다.

옛사람들의 모략은 휘황찬란하다. 하지만 역사적 원인 때문에 전통 모략들은 거의 대부분 소박한 변증법으로 모략 원리를 밝히는 정도였다. 특히 『역경易經』등에서 보다시피 현학玄學의 색채가 농후하여 이해하기가 막막하고 난해하여 어리둥절하게 만든다. 현대의 새로운 기술과 새로운 이론의 급부상은 전통 모략의 모습을 새롭게 바꾸었다. 우리들이 여전히 모략의 새로운 발전을 탐색하고 있을 때, 서방에서는 선진 이론과 기술을 발전시킨 후 전통 모략을 연구하기 시작하였다. 동서양 모두 모략의 역사적 교차점과 현재의 위치를 추구하고 있다. 정보론, 통제론, 계통론, 회색이론, Fuzzy 수학, 돌변론, 모산구조론耗散構造論(Dissipative structure theory), 협동론, 심리학, 행위학, 생물공정학 등 새로운 이론들이 날로 모략의 실제 정체를 깊게 드러냄으로써 고대 모략은 심오하고 신비한 면사포를 벗기 시작했다. 이제 사람들은 보다 직접적이고 뚜렷하게 모략 본래의 면모를 인식하기 시작했다. 모략은 파악하기 어려운 것이 아니며, 이것도 되고 저것도 되는 것도 아니며, 예측하지 못하는 신비로운 것도 아니다. 어떤 모략, 예컨대 '전기田忌의 경마[41]'는 수학으로 계산해낼 수 있다. 모략학의 외연도 새로운 기술, 새로운 이론의 응용에 따라 부단히 개척되고 풍부해지고 있다. 현대 과학이론과 새로운 기술의 장악이 모략의 발전에 중요한 조건이 되었다. 마르크스주의 철학의 지도하에서 이제 모략은 현대 과학이론과 첨단기술을 결합하여 더욱 강력한 경쟁력을 갖추게 될 것이다.

---

[41] 전국시대 군사전문가 손빈孫臏이 제나라로 탈출한 후 장수 전기가 왕과 3판 2승제의 경마를 할 때 전기를 도와 승리하게 해준 일을 가리킨다. 손빈은 경마에 나서는 세 마리 말의 실력을 감안하여 상·중·하로 나눈 다음 왕이 출전시키는 말에 맞추어 상대할 말을 냄으로써 2승 1패로 경마에서 이기게 했다. 구체적인 방법은 이렇다. 왕이 상등의 말을 내면 손빈은 하등의 말을 내서 진다. 그러면 이후 왕이 어떤 말을 내든 이길 수 있다. 상등의 말을 이미 써버렸기 때문이다. 중등을 내면 상등을, 하등을 내면 중등의 말을 낸다.

제13장
철학·사유·모략

1. 현대적 사유와 현대의 모략

정확한 모략은 정확한 사유와 정확한 사유방식으로부터 온다. 정확한 사유와 정확한 사유방식은 객관적 세계에 대한 실천과 인식으로부터 온다. 사유방식과 모략은 긴밀히 연계될 수밖에 없다.

모략은 중요한 사유 활동이자 인식 활동으로 실천이며, 유효하고 순조롭게 진행되도록 설계된 방안이고, 계통적인 사유와 인식 활동의 결과이다. 때문에 모략은 인식이 실천으로 바뀌는 중간 고리이며, 사유와 인식을 운용하여 실천을 지도하는 활동 과정이기도 하다. 모략의 과정에서는 일련의 사유방식을 운용해야 한다. 혹은 모략 활동은 사유방식과 이론의 실제적인 운용을 체현한다고 말한다. 모략은 인류의 실천 활동에 중요한 의의를 가지고 있으며, 사회관리 직능의 각계 지도자와 관리자에게는 특히 기본적인 직책과 활동 내용이기도 하다.

　모략과 사유방식은 갈라놓을 수 없는 내재적 관계에 있다. 모든 모략 활동은 일정한 사유방식을 관통하고 있다. 사유방식은 시대의 변화에 따라 변화한다. 현대사회의 사유방식은 직관과 경험을 주된 특징으로 하던 것으로부터 과학적인 사유방식으로 바뀌었다. 따라서 경험에 의존하던 모략방식을 현대적이고 과학적 방식으로 바꿀 수밖에 없다. 고대사회에는 생산과 기술력이 낮고 사회의 발전 속도가 느렸다. 사람들의 생활 리듬도 느렸고, 활동 범위 또한 아주 좁았다. 사회적 연계와 사회현상은 오늘날에 비하면 그렇게 복잡하지 않았다. 때문에 사람들은 직관과 경험으로 결단을 내릴 수 있었다. 이것이 바로 직관적이고 경험적인 사유방식이자 이에 상응한 직관적이고 경험적인 결정 또는 모략이었다. 모략의 성격을 가진 이런 결정은 주로 모략가 개인의 경험과 지혜에 의거했다. 결정과 결정된 모략의 정확 여부는 흔히 모략가 개인의 경력·지식·담력 등으로 판가름났다.

　현대에 이르러 사회화된 대규모 생산은 사회활동의 근본적인 변화들을 줄줄이 가져왔는데, 사회활동의 규모가 날로 커지고 사회활동의 리듬이 갈수록 빨라짐에 따라 일련의 대과학, 대공정, 대기업, 글로벌 범위의 정치·경제·군사·문화 등이 연동되어 사회활동이 더욱 복잡해지는 것으로 나타났다. 한 분야의 사회활동이라 해도 많은 분야가 서로 얽혀 네트워크를 형성하여 행동하고 협동해야만 효과를 볼 수 있게 되었다. 정책을 결정하는, 특히 국가의 정책을 결정하는 지도자라면 이렇게 방대하고 변화무쌍하며 영향이 큰 사회활동의 형세를 염두에 두고 전체 국면을 살피고, 시기와 형세를 잘 판단하여 복잡하게 얽힌 실타래에서 실마리를 잡아낼 수 있어야 한다. 수많은 일 가운데서 관건이 되는 부분을 찾아내어 적시에 결정을 내려야 한다. 이미 개인의 경험으로는 대처할 수 없는 현실이다.

　직관과 경험에 의존하는 사유방식으로는 현대사회의 실제 상황을 인식할 수 없게 되었으며, 그에 상응한 경험적 모략방식도 현대사회 활동의 요구에 적응할 수 없게 되었다. 현대사회의 발전은 과학적인 사유방식으로 사회현상을 관찰하고 인식할 것을 요구하며, 과학적인 이론과 방법으로 모략 활동을 이끌 것을 필연적으로 요구하고 있다.

현대 서방 국가의 정책 결정에 따른 이론과 방법은 제2차 세계대전 이후 과학기술의 진보, 생산력의 신속한 발전, 높아진 생산의 사회화 정도 등과 같은 상황에서 빠르게 발전했다. 과학기술의 진보는 사유방식의 과학화에 조건을 마련해주었으며 현대적 사유방식이 나타날 수 있게 했다. 예를 들어, 계통론係統論이 생겨남으로써 형성된 계통적 사유방식, 구조적이고 기능적인 방법, 정보론과 통제론으로부터 나오면서 형성된 피드백, 컴퓨터의 발명과 활용이 가져온 사유방식의 정량화·정밀화·고효율 등등이다. 이렇게 앞선 과학적 수단으로 형성된 새로운 사유방식은 현대 모략의 객관적 조건을 구성하였으며 모략의 현대화 진행 과정을 촉진시켰다.

모략의 현대화는 사유방식의 현대화와 과학화에 따라 생겨났을 뿐만 아니라 현대화·과학화의 사유방식을 그 존재의 필수조건으로 삼고 있다.

모략 활동은 반드시 달성하려는 목적을 과학적으로 선택해야 하며, 과학적으로 미래를 예측하려면 미래를 통찰하는 사유방식에 적응해야 한다. 여기에 도달하려면 체계적인 방법, 가설하고 상상하는 수단, 앞서가는 사유방식 등을 운용해야 한다. 미래의 상황을 머릿속에 구상하고 설계하며, 미래에 대한 설계의 결과를 모형으로 응집하고 이를 분석하고 논증하여 완벽하게 개선함으로써 명확한 목표를 세워야 한다. 이것이 사유 실험의 과정이다. 모략의 목표를 세우는 일은 모략 활동의 핵심이다. 목표 선택이 적절한지의 여부는 결정된 모략의 실시 여부와 실시한 후의 성공 여부와 관계된다. 이 모두는 과학적 사유방식으로 미래를 정확하게 예측했는가에 달려 있다.

1950년대 중국의 인구정책 실패는 정확한 예측에 실패했다는 사실을 무시하고는 설명할 수 없다. 당시 극좌사상의 영향으로 그저 일방적으로 "사람이 많으면 힘이 세다." "사람이 많으면 일을 쉽게 할 수 있다."는 주장만 내세웠지 발전적이고 체계적 관점과 방법으로 인구증가와 경제성장의 상호제약 관계를 분석하지 못했다. 이 때문에 인구증가를 그대로 방임하는 정책을 실시했고, 결과적으로 인구 과중으로 인한 각종 심각한 사회문제를 초래하기에 이르렀다. 비록 공업과 농업의 총생산액이 엄청나게 증가했지만 과도한 인구 때문에 1인당 평균생산액과 국민소득은 후진국 대열에 서고 말았다. 침통한 교훈이 아닐 수 없다.

20세기 말에 이르러 중국은 공업과 농업의 총생산액을 두 배로 실현하겠다는 전략적 목표를 제정했다. 이 목표를 둘러싸고 사회발전의 각 영역에 대하여 과학적 예측을 진행하고 이 기초 위에 세부 목표를 세웠는데, 그중에 인구증가를 일정한 속도로 통제한다는 조항이 포함되었다. 물론 그에 상응하는 인구정책도 세웠다. 그래야만 경제가 예상한 속도로 20세기 말까지 발전하고 생활수준도 '소강小康'[42] 수준에 이를 수 있기 때문이다.

정확한 결정과 모략을 만들어내려면 현황을 과학적으로 분석해야 한다. 눈앞의 사물이 존재하는 상황을 잘 파악해야만 사물의 발전 추세를 파악할 수 있다. 그러나 과학적으로 상황을 분석하려면 마찬가지로 일련의 과학적 사유방식에 따라야 한다. 사유방식의 차이는 객관적 실제를 대하는 태도의 차이를 결정하고, 실제 문제를 분

---

42 중국 유가에서 말하는 가장 이상적인 사회인 '대동大同'으로 가기 위한 과정이자 단계를 가리키는 단어가 '소강'이다. 1979년 등소평은 '소강'을 의식주가 해결되는 단계에서 부유한 단계로 가는 중간 단계의 생활수준을 이르는 말로 사용하면서 20세기 말까지 1인당 국민소득 800달러를 달성하겠다고 했다. 2002년 강택민江澤民은 2020년까지 1인당 국민소득 6,000달러에 이르는 사회를 건설하겠다면서 역시 '소강'을 언급했다. 한편 현 주석인 시진핑은 2020년까지 '소강' 사회를 건설하겠다고 공언했다. 2019년 기준으로 중국은 지도자들이 언급한 목표를 훌쩍 넘어 1만 달러를 넘어섰다.

석하고 연구하는 방법과 착안점의 차이를 결정한다. 동시에 정확한 모략을 제정하려면 창조적 사유를 운용해야 한다. 모략이 직면한 과제는 늘 현실생활에서 끊임없이 발생하는 새로운 정황과 새로운 문제다. 이런 새로운 문제와 새로운 정황을 해결하려면 기존의 경험과 방법을 따를 수는 없다. 창조적 사유를 필요로 하며, 스스로 새로운 땅을 개척하여 문제를 해결하는 새로운 방법을 탐구해서 창조적 과학적 모략을 만들어내야 한다. 모든 모략의 제정과 실시에는 그 나름의 창조성이 있다. 동서고금을 통해 완전히 같았던 모략은 없다. 예를 들어, 많은 사람들이 잘 알고 있는 '공성계空城計'는 역대에 많은 사람들이 답습했다. 그러나 주·객관적 조건에 따라 성공한 사람도 있었지만 실패한 사람이 더 많았다.

사회주의 건설에서 누군가 다른 나라의 현대화 모델을 그대로 모방하여 응용하려고 했지만 결국 바라는 대로 성과를 내지 못했다. 창조적 혁명정신을 충분히 운용하고, 마르크스주의의 보편적 진리를 중국 현대화 건설의 구체적인 실천과 결부시킴은 물론, 자본주의 국가가 경제건설에서 이룬 유익한 경험을 섭취하되 우리들의 길을 굳세게 걸음으로써 중국 특색의 사회주의의 전략적 결정과 모략을 제정해야만 사회주의 혁명과 건설 사업을 끊임없이 밀고 나갈 수 있을 것이다.

모략의 과학화는 사유방식의 과학화를 떠날 수 없고, 사유방식 과학화의 목적과 의의는 모략의 과학화에 있다.

일정한 사유방식을 세상을 바꾸는 물질적인 힘으로 바꾸고 구체적 실천 활동으로 변화시키려면 모략을 결정하는 단계를 통과하지 않으면 안 된다. 그래야만 모략은 사유방식이 세계를 인식하는 단계에서 세계를 바꾸는 과정의 첫 '생산품'이 되고, 사유방식이 여러 방면에서 활성화되어 행동을 일으키게 하는 '관념응집물關念凝聚物'이 된다. 아울러 그것을 통해 직접 실천 활동을 지도하기도 한다. 모략을 통해야만 사유방식은 비로소 행동의 방안과 활동의 절차 등으로 체현된다. 이로부터 우리는 사유방식이 반드시 결정을 통해야만 세상을 바꾸는 위력을 발휘할 수 있으며, 사물을 변혁시키는 목적에 도달할 수 있다는 사실을 알 수 있다. 과학적 사유방식도 과학적 모략을 통해야만 실시 과정에서 세상을 바꾸는 유효한 위력을 발휘하여 사물을 변혁시키는 목적에 이를 수 있다.

지금 중국은 엄청난 규모의 사회주의 현대화와 개혁에 나섰다. 중국은 세계 각국과 갈수록 광범위하게 경제·정치·문화 등에서 교류할 수밖에 없고, 각 방면의 지도자들은 복잡하고 변화무쌍한 객관적 환경에 직면하게 될 것이다. 이런 상황은 직관과 경험에 의존하는 사유방식으로는 파악할 수 없으며, 경험에 입각한 모략으로는 효과를 낼 수 없다. 사유방식과 모략의 과학화는 더욱더 중요해졌다. 현대 모략은 고도로 복잡하고 종합적인 공정이다. 과학적인 사유방식을 운용하여 과학적인 '조작규정操作規程(Operation Procedures)'에 따라야지 조금이라도 소홀하거나 부주의하면 큰 잘못을 초래한다.

2. 현대 철학과 현대 사유

현대화 시대는 현대식 철학을 낳을 수밖에 없다. 현대식 철학은 새 시대 사유방식의 영혼이다. 오늘날 세계는 나라마다 현대화된 과학기술로 무장한 채 경제·정치·문화·철학 등 모든 방면에서 자신들만의 발전 전략을 기획하고, 자신의 특징에 알맞은 발전 모델을 만들어 여러 방식으로 현대화의 길에 나서고 있다. 새로운 기술혁명이 일어나는 현대화의 큰 흐름 속에서 새로운 도전과 기회에 직면하여 실제에 부합하는 어떤 모략을 만들어내는가는 한 나라의 앞날과 운명에 관계된다.

마르크스는 일찍이 이런 말을 한 바 있다. 진정한 철학은 그 시대정신의 정수로서 역사시대와 같이 호흡할 수밖에 없는데, 역사시대의 본질, 기본적 추세, 특징을 집중적으로 반영하기 때문에 그 시대정신의 승화이자 결정체다. 진정한 철학은 마치 스포트라이트와 같이 시대 발전과 사회 진보의 전체적인 모습을 응집하고 있다. 그것은 그 시대와 그 시대 인민들의 산물이며, 인민들의 가장 정교하고 진귀한 보이지 않는 정수들이 철학사상에 집중되어 있다.

현대 철학의 유파는 대단히 많고 형형색색이며 모략에 대한 작용은 주로 새로운 사유방식에 체현되고 있다.

사유방식이 바로 사상의 방법이고, 방법론과 우주관은 철학의 주요한 의제이며, 사유방식과 철학은 긴밀히 하나로 연결되어 있다. 사유방식의 범주는 고도의 개괄적 성질을 갖고 있는 철학의 범주이자 인간 대뇌에 내화內化되어 있는 세계관과 방법론의 이성적인 인식방식이자 사유방식이다. 모든 철학과 마찬가지로 특정한 사유방식은 언제나 특정한 역사시대의 산물이며 특정한 역사 실천의 기초 위에서 형성되고 발전한 것이다. 모략과 연관된 사유방식을 연구하려면 반드시 역사시대 및 그 사회적 실천을 연계시켜야 한다. 사유방식은 시대성과 역사성을 가지고 있기 때문에 역사 위에서 발전하고 변화하는 것이다.

역사상 변치 않는 이론과 사유는 없으며, 움직이지 않는 고정된 사유방식도 없다. 일정한 사유방식은 언제나 역사시대의 실천과 과학 발전의 토양에 뿌리를 박고 있으며, 이 기초 위에서 사유의 꽃이 피고 역사시대의 추이에 따라 변혁이 발생한다. 인류가 탄생하고 300만 년 동안 사유방식은 자연을 인식하고, 사회를 인식하고, 자연을 정복하고, 사회를 개조하는 투쟁 과정에서 낮은 단계로부터 높은 단계로, 간단한 것에서 복잡한 것으로 끊임없는 과학적 발전 과정을 겪었으므로 서로 다른 역사시대마다 서로 다른 특징을 보였다.

인류 역사발전의 기나긴 과정을 놓고 볼 때 인류의 철학과 사유방식은 원시적인 의인화擬人化 사유방식, 혼돈스럽고 전체적인 성격을 띤 소박한 변증법적 사유방식, 분해分解를 특징으로 하는 형이상학적 사유방식, 자각적 변증의 사유방식 등을 거쳤다. 인류사회 발전의 초기, 즉 원시사회는 인류가 원인에서 갈라져 나온 지 얼마 되지 않았기에 생산력 수준이 매우 낮고 사회적 실천의 규모도 대단히 좁았다. 이에 맞게 인류의 사유방식도 아직 개화되지 못했고, 지적 수준과 정신적 역량 역시 유년 단계라 사물을 인식하고 파악하는 데 아주 단순한 원시적 사유방식밖에 사용할 줄 몰랐다. 원시인들은 자아의식 능력이 모자라 자신과 자연계 사물을 구별할 줄 몰랐다. 그래서 그들은 인간의 겉모습과 속성으로 자연계의 사물을 대하며 자연계의 사물에 인간의 특징을 부여했다. 그들의 사유 연산演算(arithmetic)은 간단한 감성적 직관이란 기초 위에 건립된 것이며, 연산 인자因子(factor)는 사물의 표상과 감성적 형상이다. 원시인의 사유방식은 현대적 의미의 사유방식과는 거리가 멀다. 그것은 이성적 사유의 맹아 상태이자 이성적 사유방식의 준비 단계에 지나지 않았다.

고대사회에 이르러 생산도구가 개선됨에 따라 노동 기능이 높아졌고, 생산력도 일정하게 발전함으로써 실천 규모와 수준이 대폭 커지고 많아졌다. 자연과학도 발전하여 세계관과 방법론으로서의 철학이 이 시기에 탄생했다. 고대 그리스의 철학과 중국 고대의 철학이 바로 이 시기 철학의 숲에서 탄생한 찬란한 두 보석이었다.

고대 철학의 가장 큰 특징은 이 세계를 서로 연계되어 변화·발전하는 하나의 통일된 전체로 보아 이 세계에 대해 소박한 변증법적 해석을 가한 것이다. 전체성을 특징으로 하는 소박한 변증법적 사유방식은 중국 고대 철학에서 중요한 위치와 독특한 특색을 갖고 있다. '오행상극五行相克', '만물교감萬物交感'과 같은 관념을 비롯하여 '천인합일天人合一' 사상, 노자의 '도법자연道法自然' 논리 등은 유물주의와 유심주의 요소가 있긴 하지만 특유의 방법으로 전체성을 띤 소박한 변증법적 사유방식을 나타냈다는 공통점을 갖는다. 이와 같은 소박한 변증법적 사유방식은 봉건사회에 들어와 한 걸음 더 발전했다. 왕충王充(27-97?)과 왕부지王夫之(1619-1692)를 대표로 하는 유물주의 사상가들은 춘추전국 이래 유물론과 변증법 사상을 풍부하게 만들어 소박한 변증법적 사유방식뿐만 아니라 중국의 사상문화에 중요한 업적을 남기는 빛나는 공헌을 해냈다.

연계와 발전이라는 소박하고 전체적인 관점과 방법으로 문제를 관찰하는 것은 고대 사유방식의 특징이자 장점이었다. 하지만 큰 한계도 있었다. 엥겔스가 말한 것처럼 "이런 관점은 비록 정확하게 현상의 전체 화면으로 나타나는 일반적 성질을 파악하긴 했지만 이런 전체 화면을 구성하는 세부의 고리들을 충분하게 설명하기에는 부족했다. 이런 세부의 고리들을 알지 못하면 전체 화면을 제대로 볼 수 없다."

소박한 변증법적 사유방식의 이런 한계는 그 당시 역사시대의 조건, 실천 규모의 협소함, 충분히 분화·발전되지 못한 과학 수준에 의해 결정된 것이어서 불가피했다. 고대인은 자연계 각 방면의 특성과 관계 및 규율에 대해 깊이 이해하지 못하고 혼돈과 모호한 채로 세계의 대략적인 윤곽을 파악했다. 역사의 진보와 시대의 변천에 따라 소박한 변증법적 사유방식이 새로운 사유방식으로 대체되는 것은 역사의 필연적 결과였다.

자본주의가 봉건주의를 대체함으로써 인류 역사에 참신한 시대를 열었다. 근대 사회다. 자본주의의 공업화된 대량생산은 자연계의 속성과 규율을 연구할 것을 요구했고, 자연과학의 발전을 추동했다. 근대 자연과학의 흥기와 위대한 성취는 자본주의 사회의 생산 실천과 서로 적응한 결과였다. 근대 유물주의 철학은 근대의 실천과 근대 자연과학의 기초 위에서 자랐다. 즉, 근대의 형이상학적 유물주의다. 이와 연계되어 근대의 형이상학적 사유방식이 탄생했다. 형이상학적 사유방식은 당초 과학 연구의 방법으로 출현했다. 사물에 대한 해부와 분석이라는 연구 방법이었다.

자본주의 시대에 공업화된 대량생산이 크게 일어나면서 과학기술의 발전을 강렬하게 요구했다. 이를 위해 물질의 속성과 그 관계 등과 같은 세부적 방면에 대한 연구가 요구되었고, 인간은 해부·분석·화학실험 등과 같은 방법을 운용하여 이런 세부적인 사항들 또는 역사의 전체적 관계로부터 뽑아내어 서로 다른 방면에서 그것들의 특성·규율·과정·인과관계 등등을 연구하기 시작했다.

사물에 대해 해부·분석·분류로 진행하는 이런 연구 방법은 근대 자연과학의 발전에 중대한 작용을 했다. 물론 이 연구 방법에도 한계가 있었다. 사물의 세부·부분·과정을 연구하면서 사물의 전체적 연계성은 포기하고 그것들을 떼어놓고 살폈기 때문에 사물의 정지 상태만 연구하고 그것이 발전·변화하는 부분을 소홀히 했다 즉, 분석만 중시하고 결과를 가볍게 취급한 것이다. 형이상학적 사유방식은 당시 과학 발전의 수준 위에서 부문별로 나누는 연구 방법을 절대화·보편화하고, 그것을 일반적 세계관과 방법론의 수준으로 올려놓음으로써 형성된 것이다.

자각적 변증법의 사유방식은 헤겔Hegel(1770-1831)의 철학·변증법·세계관과 연계되어 있다. 헤겔은 처음으로 자각적 변증법과 그 사유방법을 이야기한 사람이다. 이에 대해서는 마르크스와 엥겔스도 높이 평가했다. 하지만 자각적 변증법의 과학적 형태와 이로부터 형성된 과학적 사유방식, 즉 유물변증법의 사유방식은 마르크스와 엥겔스가 처음 세운 것이다. 19세기 40년대, 마르크스와 엥겔스는 실천과 경험을 종합하고 과학적 성과를 개괄한 기초 위에서 기존의 철학, 특히 헤겔의 변증법과 포이어바흐Feuerbach(1804-1872)의 유물주의 사상을 비판적으로 수용하여 과학적 세계관-변증법적 유물주의와 역사유물주의를 처음으로 내세웠다. 사유방식의 과학적 형태, 즉 유물주의의 기초 위에 세워진 변증법적 사유방식이 시대의 요구에 따라 생겨났고, 이에 따라 사유방식에도 심대한 변혁이 일어났다.

19세기 이후 실천과 과학의 발전은 유물변증법의 사유방식이 형성될 수 있는 조건이 되었다. 이는 실천과 과학 발전의 객관적인 요구이자 역사시대 발전의 필연이었다. 변증법적 사유방식의 과학적 형태는 19세기 40년대에 형성되어 100년 이상의 역사를 가지고 있다. 이 100년이 넘는 시간 동안 역사적 실천이라는 고된 시험을 치렀고, 사회적 실천과 과학 발전의 과정에서 더욱 풍부해지고 심화되고 발전되었다. 이것은 지금 시대의 과학적 사유방식으로 여전히 자리잡고 있다.

마르크스와 엥겔스가 세운 변증법적 사유방식의 과학적 형태는 지금 시대에 새로운 단계, 더 높은 수준으로 발전했다. 엥겔스는 철학의 전진을 추동하는 진정한 힘은 주로 강력한 자연과학과 사회적 실천으로, 이에 힘입어 날로 더 빨리 진보하는 것이라고 했다. 그러나 "자연과학의 영역에서 획기적인 발견이 일어날 때마다 유물주의도 자신의 형태를 바꾸어야 한다."는 지적도 빼놓지 않았다.

마르크스의 철학도 마찬가지로 이러한 발전 규율을 따르고 있으며, 현대적 실천과 과학기술의 추동 아래 심각한 변화를 겪고 있다. 그것은 지금의 역사시대에 적응하면서 과학적 세계관과 방법론으로서 더욱 과학적이고 더욱 현대화된 형식으로 구축되고 있다. 마르크스 철학의 내용과 형식이 더욱더 발전함으로써 사유방식은 심각한 변혁을 겪으면서 날로 과학화와 현대화의 길을 걸을 수밖에 없다. 특히 현대의 과학기술이 빠르게 발전하고, 새로운 기술혁명이 세계적인 범위로 일어나고 있는 오늘날, 중국의 사회주의 현대화 건설과 개혁 및 창조적 실현은 마르크스주의 철학의 심화된 발전, 사유방식의 변혁, 갈수록 더해지는 과학화, 현대화를 위한 튼튼하고 두터운 토양이자 사유를 위한 풍부한 영양을 제공하고 있다. 변증법적 사유방식은 새로운 역사 조건 아래에서 새로운 내용과 새로운 특징을 보탤 수 있게 되었다.

이상, 변증법적 사유의 규율과 방법들을 다음과 같이 정리할 수 있는데, 더 깊은 토론은 여기서 더 이상 거론하지 않고 전문가들의 검토가 필요할 것이다. (다만 다음 장 '모략사유의 방법' 쪽에서 도식을 통해 좀더 설명될 것이다.)

규율: 대립 통일, 질량의 상호 변화, 부정의 부정

방법: 귀납과 연역, 분석과 종합, 추상과 구체, 논리와 역사

3. 모략사유방식의 변혁

지금 인간의 사유방식은 또 한 차례 심각한 변혁을 겪고 있다. 이 변혁은 인류문명, 현대의 실천과 발전의 산물이자 현대 경제·정치와 사상·문화 발전의 객관적인 필요이기도 하며, 중국 현대화 건설과 전면 개혁에 필요한 모략에 대한 절박한 요구이기도 하다. 이미 또는 지금 한창 벌어지고 있는 사유방식의 심각한 변혁은 대세이자 역사의 필연이며, 변혁하고 있는 현대 모략의 근거이기도 하다.

앞서 말한 대로 사유방식과 그 발전은 결국 역사시대 및 사회 실천에 의해 결정된다. 지금 겪고 있는 사유방식의 심각한 변혁은 바로 현시대 및 그 사회 실천을 기초로 하는 것이며, 새로운 역사 조건, 실천 수준, 광범위한 사회적 배경 아래에서 발생하는 것이다. 우리가 처한 시대는 모든 방면에서 큰 변혁과 변동이 발생하고 있다. 세계적으로 볼 때 새로운 기술혁명이 왕성하게 발전하고 있는 시대다. 안을 들여다볼 때 중국은 경제체제 개혁을 중심으로 전면 개혁을 진행하여 '사회주의 현대화 건설'이라는 새로운 국면을 만들어 '중국 특색 사회주의'를 건설하는 새로운 시대다. 이 위대한 시대에 사회 실천과 역사발전에는 대단히 복잡하고 눈으로는 따라잡을 수 없는 새로운 특징들이 나타나고 있다. 사회 영역 각 방면에서의 변화, 예컨대 생활방식, 행위방식, 사유방식, 정신상태 등의 변화는 현시대와 사회적 실천에서 그 근원을 찾아볼 수 있다. 현대의 실천과 사회발전의 특징들을 요약하자면 다음과 같다.

첫째, 실천 주체의 능동성이 전에 없이 강화되었고, 주체의 자유 정도도 날이 갈수록 커지고 있다. 자연계에 대한 인간의 인식이 깊이와 넓이에서 한층 깊고 넓게 표현되고 있을 뿐만 아니라 자연을 정복하는 능력에서 여실히 드러나고 있다. 현대의 실천 조건 아래서 보다 많은 '자연의 물질'이 '나를 위한 물질'로 변한다. 인간, 즉 주체의 적극적인 작용으로 이전에는 접촉해보지 못한, 또는 접촉할 수 없었던 자연물이 인간에게 유용한 물질로 바뀌어 끊임없이 인간의 필요성을 만족시킨다. 다시 말해, 자연계가 갈수록 사람의 지배에 놓이면서 자연계라는 왕국에서 더 많은 자유를 얻고 있다. 오늘날 실천의 이러한 특징은 인간의 인식 능력과 사유 능력이 높아지고 있다는 표시이며, 주체의 사유방식이 날로 새로워지고 과학화되고 있음을 나타낸다.

둘째, 과학기술이 갈수록 빠르게 직접 생산력으로 바뀌면서 실천의 강력한 지렛대가 되고 있다. 물질 생산을 핵심으로 하는 이 실천은 현대의 과학기술과 뗄 수 없으며, 과학기술에 대한 의존도가 날로 커져가고 있다. 인간은 보다 앞선 과학기술, 예컨대 전자기술, 생물공정기술, 우주비행기술과 해양기술 등으로 세계를 능동적으로 개조하고 있다. 이런 과학기술은 실천의 강력한 수단이 되었다. 이와 함께 힘차게 발전하고 있는 주변과학周邊科學[43], 횡단과학橫斷科學[44] 등과 일련의 신흥 학과, 예컨대 계통론, 통제론, 정보론, 소산구조이론, 협동론과 돌변론 등도 현대 모략에 인식상의 새로운 무기와 사유의 도구를 제공하고 있다. 이 모든 것들이 인식능력과 사유방식의 수준을 높이는 데 튼튼한 기초와 강력한 동력을 제공하고 있다.

---

43 '주변과학'은 '변연과학邊緣科學'이라고 하며, 영어로는 Boundary Science라 한다. 원래 있던 학과끼리 상호 교차·침투하여 형성된 과학을 가리키는 용어다. 1870년대 엥겔스가 당시 과학 발전으로 원래 있던 학과의 경계가 무너지는 현상에 근거하여 "원래 학과와 인접한 영역이 새로운 학과의 생장점이 될 것이다."고 예언하면서 발생했다.

44 '교차과학交叉科學(Cross Science)'이라고도 한다. 여러 학과를 개괄하고 종합한 기초 위에서 형성된 학과를 가리킨다.

셋째, 과학이 고도로 분화하고 전체화되면서 모략의 협동화協同化라는 요소가 갈수록 두드러지고 있다. 현대과학의 발전은 날로 세분화되고 학과와 그 갈래도 갈수록 많아지고 있다. 과학적 분화의 기초 위에서 서로 다른 학과 사이의 연계는 더욱 밀접해져 다과학多科學, 다부문多部門의 일체화 또는 전체화라는 발전 추세가 나타나고 있다. 과학 분화라는 기초 위에서 각 학과 사이의 상호 침투와 상호 보충은 사물에 대한 분석과 종합을 보다 높은 차원에서 통일시킬 수 있게 했다. 과학이 고도로 분화하는 상황에서 종합화 추세는 필연적으로 기술 발전의 전문화, 기술들 사이의 협동화와 종합화를 요구한다. 복잡한 현대화 공정과 실천 활동은 하나 또는 몇 가지 과학기술로는 감당할 수 없다. 다과학·다기술이라는 합동공격과 협동작전이 필요하다. 이런 새로운 특징들이 현대 모략사상에 큰 영향을 주고 있다.

넷째, 세계의 전체화와 객체화 추세가 같은 걸음으로 발전하고 있다. 세계는 지금 다양화, 개체화로 나아가는 동시에 다양화·객체화가 서로 연결되고 통일되는 전체화 국면으로 나아가고 있다. 이런 이중적인 추세와 그 유기적인 결합은 여러 방면에서 나타난다. 경제발전에서 서로 다른 경제제도, 서로 다른 사회제도 및 동일한 경제제도, 동일한 사회 형태는 그 나름의 경제발전 전략이 있고, 그 나름의 경제발전 모델을 추구하기 때문에 세계의 경제발전이 다양화와 객체화가 동시에 나타나는 것이다. 모두들 현대 과학기술로 자신들의 경제·정치·군사활동을 무장하고, 시기를 장악하여 현대화와 개혁으로 나아가고 있다. 나라와 나라 사이, 한 나라의 내부에서는 거미줄 같은 횡적 경제관계를 보다 강화함으로써 지역경제와 민족경제가 더 큰 범위의 사회화 경제와 세계화 경제로 나아가고 있다. 중국 역시 경제체제 개혁을 진행하면서 횡적인 연계를 강화했기 때문에 경제발전의 다양화와 전체화, 분산과 집중의 유기적 통일이라는 추세가 확실하게 나타나고 있다. 경제발전의 이러한 특징들은 사유방식에 강렬한 영향을 주었고, 모략사유의 발생에서 이에 상응하는 변혁을 요구하고 있다.

다섯째, 세계의 변동성이 커지면서 실천의 리듬도 빨라지고 있다. 지금 세계는 경제생활·정치형세·사상문화의 변동성이 격화되고 있다. 세계 각국은 이런 변동성에 적응하기 위해 개혁을 조종하여 자신들의 활기와 발전을 추구하고 있다. 특히 현대과학의 신속한 발전으로 조성된 정보량의 급격한 증가, 빨라진 정보 전파의 속도와 원활함 등이 이런 변동성을 강화하고 있다. 급격히 변화하는 세계적 추세 속에서 사람들은 실천 활동의 리듬을 빠르게 조절하여 효과와 이익을 높이지 않으면 이런 추세에 적응할 수 없다. 현대 실천의 이러한 특징들은 사유의 시간과 공간적 관념, 사유의 착안점, 사유의 효과와 이익 등에 대해, 또 모략의 요소에 대해 새롭고 보다 높은 수준의 청구서를 제출하고 있다.

여섯째, 세계 각국과 인간 사이의 교류 활동이 날로 빈번해지면서 인류의 생존과 발전이라는 공동의 문제를 해결하라는 요구가 나타났다. 지금도 장래에도 서로 다른 사회제도와 사회의식 형태, 서로 다른 계급과 민족 사이의 대립과 투쟁은 여전할 것이다. 분명한 것은 새로운 형태로 지속될 것이라는 사실이다. 서로 다른 나라와 계급, 서로 다른 사회집단 사이의 활동은 갈수록 가까워지고, 접촉과 대화 또한 갈수록 빈번해지면서 하나의 문제를 놓고 타협과 협의를 통해 문제를 해결해야 할 가능성이 커졌다. 당장 인류가 공동으로 관심을 보이는 자원·생태·환경보호·반테러·인구 등과 같은 사회문제들이 나타났다. 이러한 문제들은 인류의 생존과 발전 그리고 공동의 이익과 관계되기 때문에 만인의 주목을 받고 있다. 이런 문제들의 해결은 국제적인 합작·조정·통제가 필요하고, 전 인류가 함께 노력해야 한다. 국제적 왕래와 나라 사이의 경제 기술 합작과 사상문화의 교류가 날로 늘어나는 까닭도 이 때문이다. 세계적으로 사회적 연계가 강화됨으로써 세계는 갈수록 작아지고 개방되고 있다. 이런 변화들은 인간의 시야를 넓히고 모략사유를 개방해야 할 조건을 제공하고 있다.

오늘날 실천과 역사의 발전은 현대 사유의 방식을 창조하며, 현대의 사유방식은 또한 모략의 새로운 기초가 된다. 오늘날 변혁을 겪고 있는 사유방식의 특징은 시선을 현대화·세계·미래로 돌리고 있다는 것이다. 이는 현대의 실천이 사유방식의 발전·변화에 대해 던지는 근본적인 요구이기도 하다. 모략의 눈을 현대화에 돌리고, 세계와 미래로 돌려야만 현대 모략과 현대의 사유방식을 세울 수 있다. 이런 대세에 부응하고 있는 현대 사유방식의 주요한 특징들을 개괄해보자면 다음과 같다.

1) 폐쇄적 사유에서 개방적 사유로의 진전

현대의 실천과 역사발전은 전통적인 폐쇄형 사유방식에 충격을 주어 사유방식을 해방형과 개방형으로 바뀌게 하였다. 일부 공업 대국의 경제 상황이 전 세계에 영향을 주고 있다. 각국의 경제발전은 갈수록 더 큰 범위의 사회화로 나아가고 있으며, 과학기술에서의 상호 교류와 상호 견제적인 세계적 규모의 연계도 날로 확대되고 있다. 이제 문을 닫아거는 정책으로 자기들만의 경제·과학기술·사상·문화를 발전시키기란 불가능해졌다. 인간의 사유와 현대화 건설의 여러 가지 실천 활동은 세계를 향해야 하며, 각국과의 왕래를 강화하지 않으면 안 된다. 인류의 진보에 공헌하는 한편 세계라는 넓은 공간에서 앞서 있고 유익한 것들을 흡수하여 자기 발전을 꾀해야 한다. 모택동은 일찍이 "중국은 큰 나라로서 당연히 인류의 발전에 크게 기여해야 한다."고 했다. 현재 중국이 실행하고 있는 "대외로는 개방, 대내로는 활기차게"라는 발전 전략은 개방식 사유방식을 실현하고 있는 것이다.

2) 단일성 사유에서 다양성 사유로의 전환

중국의 경제생활에서 한때 단순하고 고정적인 경제체제가 사회생활의 여러 방면에 영향을 주었고, 사람들의 사유방식까지 제약한 적이 있었다. 단일화, 한칼에 쳐버리기, 한데 묶어 처리하기 등은 사유 활동의 고정된 모델이었다. 사람들의 사유방식이 단조롭고, 생동감과 풍부함 그리고 다양성이 모자라서 오로지 '하나'만 강조하고 '여럿'을 소홀히 하면 융통성이 없고 그게 그것인 사유방식이 형성되기 쉽다. 사회주의 사회에서는 단일한 경제 연계와 경제 형식을 채택할 수밖에 없고, 단일한 경영 수단과 유사한 관리방법밖에 사용할 수 없다는 생각을 가지기 쉽다. 그래야 마르크스주의의 '경영'과 사회주의의 '길'이라는 정해진 사유에 부합한다는 것이다. 이렇게 되면 실제 일을 진행하면서 대립 통일과 다양성의 통일을 염두에 두고 사유하지 못하고, 양극의 절대적 대립에만 얽매여 이것이 아니면 저것이라는 절대로 용납되지 않는 양극의 대립으로만 문제를 생각하게 된다. 결국 아무런 중간 절차와 조정의 여지도 없이 절대 긍정 또는 절대 부정과 같은 형이상학적 처리만 남게 된다. 이런 단일화되고 절대화된 사유방식은 중국의 현대화 건설과 개혁의 실천에 어울리지 않는다.

사회주의 현대화 건설과 개혁 실천이 신속하고 건강하게 발전하려면 사유의 단일화를 다양화로 바꾸어야 하고, 현대화 건설과 개혁 실천의 객관적 필요성으로부터 출발하여 다면적이고 다층적이며 다변적인 사고를 해야 하며, 대립 통일과 다양성 통일의 사유방식을 세워야 한다. 이것이 지금 우리 시대의 요구다.

20세기 들어서서 인류의 실천 활동과 과학 발전에서 과학은 이미 고전적인 과학으로부터 비고전적 과학으로 바뀌어 2,000여 개의 전문화된 업종으로 구성된 다층적·다구조적·다서열적 과학 네트워크가 형성되었다. 이와 관련된 기술도 단일화로부터 다양화로, '기계기술'로부터 '지능기술'로, '하드웨어 기술'로부터 '소프트웨어 기술'

로 변화·발전·교차·융합되고 있다.

과학기술의 다양화는 다양한 실천 활동으로 옮겨가기 마련이다. 위에서 말한 바와 같이 현대의 중대한 실천 항목은 고도의 전문적이고 종합적인 성격을 가지고 있다. 따라서 여러 과학기술의 성과를 집중시켜 다학과多學科·다기술多技術·다병종多兵種의 연합작전을 펼쳐야 한다. 인류가 직면한 문제들과 진행 중인 실천 활동은 복잡하게 얽혀 있고 다양성의 통일로 표현되고 있다. 인간의 사유방식은 단일성에서 다양성으로 바뀌고 있으며, 다양성 통일이라는 사유로 일을 진행한다. 이는 필연적 추세다.

3) 정태적 사유에서 동태적 사유로의 전환

이는 현대 사유의 두드러진 특징이자 실천과 사회발전이 사유방식의 변혁에 제기하는 중요한 요구다. 사유의 보수성은 호된 충격을 받고 있다. 자본주의 사회 이전에는 생산력의 발전이 느렸고, 그로 인해 경제·정치 등 각 방면으로부터 제약을 받은 사유의 보수성은 사회생활의 특징들 중 하나였다. 통치자들은 자신의 이익과 통치를 지키기 위해 사회 진보에 유리한 모든 개혁과 변동을 "일상의 도리에 어긋난 것"이라 우기면서 배척하고 박해했다. 이런 정적인 사유방식은 인간의 두뇌를 속박하여 사회발전을 가로막는 원인의 하나가 되었다.

인류사회가 자본주의 시대로 들어서자 사회의 정치·경제·사상 문화는 거대한 변화를 맞이했다. 시대의 발걸음이 빨라지고, 조용하고 전원시 같았던 생활은 대체되거나 심지어는 완전히 끝났다. 사회 전체가 끊임없이 변화하고 흔들리면서 사유방식에도 변동이 발생했다. 20세기에 들어서 사회의 변동성은 더욱 가속화되었고 시대의 발걸음이 더욱 빨라졌다. '변동'·'조절'·'통제' 등등과 같은 새로운 관념이 생활 각 영역에 깊게 들어왔다. 주목할 만한 것은 과학기술이 빠른 속도로 발전하고, 과학 발명이 즉시 생산으로 전환되는 주기가 짧아져 사유방식의 변혁에 강렬한 영향을 끼치고 있다는 사실이다. 19세기 증기기관은 발명에서 생산까지 100년이란 시간이 걸렸다. 전화는 56년, 진공관은 31년, 자동차는 21년이 걸렸다. 20세기에 들어선 후 레이더는 15년밖에 걸리지 않았고, 텔레비전은 12년, 트랜지스터는 5년 걸렸다. 레이저가 실험실에서 발명되어 공업에 응용될 때까지는 단 1년밖에 걸리지 않았다. 이런 사실들은 시대의 변동성과 시대의 발걸음이 빨라졌음을 잘 보여준다. 인간의 사유방식 또한 보수적이고 정적인 상태를 벗어나 변동에 적응하고 끊임없이 진보하는 동태적인 과정으로 바뀌지 않으면 안 된다. 정태적인 사유로부터 동태적인 사유로 전환되어야 한다.

정태적 사유방식에서 동태적 사유방식으로의 전환은 사람들의 두뇌에 과학적 시간과 공간의 좌표를 세우고 동태적 사유 속에서 정보를 처리하는 능력을 높일 것을 요구했다. 사물의 과거·현재·미래에 대한 종합적 분석을 통해 사물의 발전 과정에서의 변화·차이·추세 등을 파악해야 한다. 동시에 사물에 대한 횡적이고 동시적인 연구를 잘 해내야 한다. 사물의 주변(기업의 안팎, 성의 안팎, 나라의 안팎)과도 제대로 비교해야 한다. 이런 대비를 통해 자신의 장단점과 우열을 찾아내서 장점은 살리고 단점은 피하여 보다 나은 발전 방향을 명확하게 해야 한다. 즉, 실천 활동 속에서 통시성通時性[45]과 공시성共時性[46]을 결합시켜 종횡 양면으로 문제를 고찰하면서 끊임없이 기업이나 사업을 조절하고 기업 또는 사업의 발전을 위한 우수한 방안을 찾아야 한다. 특히 동태적 사유의 정확성을 보증하여 즉각 정확하게 정보를 장악하고 정보와 정보의 교환 작용을 중시하여 정보를 가공하고 처리하는 능력을 높여야 한다. 끊임없이 변동하고 변화하는 조건에서 제때에 정보를 파악하여 자신의 필요에 따라 정보를 가려내고 운용하며 정보의 피드백 조절과 회수 과정의 속도를 높여야만 사유의 정확성·영활성靈活性·변통성을 증강시킬 수 있고, 사유의 효율과 이익을 높일 수 있다. 이렇게 해서 사회의 물질문명과 정신문명 건설을 가속화하고, 개혁 실천의 발걸음을 빨리할 수 있다.

종합해보자. 현대 세계의 사회 실천, 중국의 사회주의 현대화 건설과 경제체제, 정치체제, 교육체제의 개혁은 사유방식과 사상관념의 변혁을 논의의 일정에 올려놓았을 뿐만 아니라 날로 절박해지고 있다. 사회의 진보와 사회 개혁에 헌신하려는 모든 건설 인력, 특히 이 위대한 사업의 조직자와 지도자들은 사유방식에 대한 연구를 강화하고, 현대화 모략의 중요한 의의를 충분히 인식하고, 과학적 현대화의 사유방식으로 자신을 무장하여 자신의 조직 활동, 리더십 발휘, 정책 결정 등 여러 가지 기획 활동을 더욱 과학적으로 만들어야 한다. 이는 필요를 넘어서서 절박한 것들이다.

45　역시성歷時性이라고도 하며 영어로는 diachronique라 한다. 지속적으로 변하고 진화하는 활동의 서열을 연구하는 일종의 이론 경향을 가리킨다. 역사적 변천에 따라 종적으로 연구하는 입장으로 처음 언어학 연구에서 시작되었지만 심리학에서도 응용하고 있다.

46　칼 융이 사용한 개념으로 영어로는 synchronicity라 한다. 인간 정신 내의 주관적 경험과 외부 현실에서 같은 시간에 다른 장소에서 일어나는 객관적 사건이 서로 의미를 가진다는 이론이다.

제14장
모략의 사유 과정

사유는 인간이 뇌를 움직여 이끌어내는 객관적 현실에 대한 개괄적이고 직접적인 반영이며, 뇌로 객관적 현실을 반영하는 고차원의 형식이다. 사유는 모략을 운용하는 무형의 체제로서 모략의 생산과 발전에 기초가 되는 작용을 한다. 모략의 발전사는 사유의 발전사이기도 하다. 사유를 통해야만 객관적 세계의 진실한 상황에 알맞은 모략사상을 제시할 수 있기 때문에 사유의 진보는 모략의 발전을 추동했고, 모략의 발전은 인간의 사유에 더욱 높은 수준을 요구해왔다. 사유는 객관적 현상의 하나로 그 나름의 운동 규칙이 있다. 모략사유는 추상사유, 형상사유, 영감사유와 같은 사유의 일반 규칙과 방법 외에 특수한 사유 규칙과 방법을 찾아볼 수 있다. 모략사유의 규칙과 그 방법을 파악하는 것은 모략과학의 발전을 추동하는 데 아주 중요한 의의를 갖는다. 모략사유는 대체 어떤 규칙과 특징을 갖고 있을까?

1. 모략사유의 원천

지금 우리는 '정보화 사회'라는 시대에 살고 있다. 정보를 얻고 정보를 이용하는 것은 오늘날 과학기술과 일상에서 해결해야 할 보편적인 의미를 가진 문제다. 모략의 생산도 정보의 수집과 이용을 떠나서는 생각할 수 없다. "살림 잘하는 여자도 쌀 없이는 밥을 짓지 못한다." 정보는 사유의 기초다. 정보가 없으면 모략이 있을 수 없다. 모략의 성공 여부와 선결 조건은 정보를 얻는 속도, 정보의 양과 질에 달려 있다. 정보가 빠르고 정확하고 양이 많으면 승리할 수 있지만 그렇지 않으면 실패할 수밖에 없다. 모략가가 정확하고 확실하고 빠른 정보원과 경로도 없이 눈과 귀를 닫고 있으면 실패는 보지 않아도 뻔하다. 정보화라는 개념은 최근에 제기된 것이다. 정보는 정보를 수집하는 사람에게 전에는 몰랐던 새로운 내용과 소식을 가져다준다. 정보·서신·방송·텔레비전 등등이 그것들이다.

정보는 통상 소식을 가리키지만 이 둘은 구별된다. 누군가 어떤 소식을 들었을 때 이 소식의 내용은 이미 알고 있던 것이나 모르고 있던 것일 수 있다. 이미 알고 있는 것은 새로운 것이 아니기 때문에 정보가 아니다. 새로운 것을 전하여 인식의 불확실성을 해소할 수 있어야 정보가 된다. 정보는 인간의 감각기관을 통해 직접 혹은 간접적으로 감지할 수 있는 모든 의미 있고 새로운 것을 말한다.

모략사유를 성공적으로 진행하려면 제때에 대량의 정확한 정보를 얻어야 한다. 모략 정보의 구체적인 수집 방법으로는 정찰이나 조사가 될 수 있고, 관찰이나 실험도 될 수 있으며, 책과 잡지 등에서 찾을 수도 있다. 이런 방법을 사용하고도 사유를 운용하여 보다 깊이 있는 연구를 진행하지 않으면 정확하고 빠른 대량의 정보를 얻을 수 없다. 심하면 바로 눈앞에 있는 정보도 그냥 날려버릴 수 있다. 제대로 사유하면 평범해 보이는 사실 속에서 중요한 정보를 걸러낼 수 있다.

일본이 중국의 대경유전大慶油田에 관한 정보를 얻어낸 사례가 이 문제를 잘 말해준다. 그들은 관련 화보 표지에 거위 털처럼 눈이 내리는 날에 커다란 털옷을 입고 찍은 강철왕 왕진희王進喜의 사진이 실린 것을 보고는 분석을 거쳐 대경大慶이 동북 지방에 있다는 결론을 내렸다. 그들은 《인민일보人民日報》의 보도에 "왕진희가 마가요馬家窯에서 "아주 큰 유전이다! 이제 우리는 중국 석유의 뒤떨어진 모자를 태평양에 던져버려야겠다."라고 말했다는 기사를 분석하여 마가요가 대경의 중심으로 판단했다. 신문을 통해 대경의 설비들을 공장 노동자들이 어깨로 메어 날랐다는 보도를 보고는 마가요가 기차역에서 멀다면 어깨에 메고 나를 수 없기 때문에 틀림없이 역에서 가깝다는 추론을 내렸다. 그 후 왕진희가 중앙위원회에 참가한 보도를 보고 대경에서 이미 대량의 석유가 발굴되었으리라고 판단하였으며, 《인민일보》에서 관련한 설비 사진을 근거로 유전의 직경을 계산해냈다. 나아가 국무원의 보고를 통해 전국의 석유 생산량에서 기존의 석유 생산량을 빼고 남은 것이 대경의 생산량이라는 것도 알아냈다. 그들이 직접 얻은 것은 몇 장의 사진이나 몇 장의 신문 보도뿐이었다. 그들은 사유의 추리를 통하여 사진과 보도에는 없는 다른 정보들을 끌어냈다. 이처럼 모략을 구사하기 위한 대량의 정보를 얻으려면 적극적으로 사유의 틀을 작동시켜야 한다.

모략에서 필요한 관련 정보를 어떻게 얻고, 정보를 어떻게 분석하고 이용할 것인가? 일본이 대경유전의 지점, 생산량, 원유를 채취하는 설비 등을 추정해낸 것처럼 관련한 과학 지식과 강력한 사유 능력을 갖추어야 수집한 여러 자료를 놓고 사유를 통해 가공할 수 있다. 이런 사유의 가공을 거쳐야만 수집한 여러 자료들에서 정보를 가려낼 수 있다. 사유 능력이 강할수록 사유의 가공은 더욱 깊어지고, 더 많은 정보를 얻어낼 수 있다. 나아가 보다 깊고 정확하게 정보 하나하나의 의미와 가치를 평가할 수 있다.

2. 모략사유의 방법
_____

정보론의 관점을 운용하고 계통적인 운동 과정을 정보의 전달과 전환 과정으로 삼아 정보 흐름의 분석과 처리를 통하여 복잡하고 계통적인 운동 과정의 규칙에 대한 인식을 얻는 것, 이것이 정보를 제대로 활용하는 방법이다. 이런 방법이 사유의 순서에 작용하는 특징은 정보의 획득·전파·전송·가공처리와 사용 등과 같은 절차를 통해 연구 대상의 성질과 규칙을 드러내어 모략의 운용을 완성하는 데서 찾을 수 있다. 이 방법을 운용하여 모략사유의 전 과정을 연구하면 모략사유의 모든 절차를 서로 연결되어 작동하는 하나의 덩어리로 간주하여 정보의 입수·가공처리, 방출 정보의 피드백 등으로 구성된 정보의 유동 과정을 형성하게 된다. 이 과정은 과학적 사유의 일반적인 절차이자 일반적 인식 과정이 발전해가는 규칙에 부합한다. 물론 모략의 사유 과정에도 부합한다.

먼저, 정보를 획득해야 한다. 얼마나 가치 있는 정보를 필요로 하는가, 가치 있는 정보를 얼마나 장악하고 있는가는 모략의 질에 직접 영향을 미친다. 이는 공간에서 어느 한 점의 위치를 확정하려면 세 개의 숫자가 있어야 하는 것과 같다. 하나 또는 두 개의 숫자로는 안 된다. 모략을 연구하는 데 어떤 정황과 지식을 장악해야 할지 모른다면 아무리 많은 정보가 눈앞에 있어도 그림의 떡이다. 또한 필요로 하는 정보가 정확하게 어떤 것인가를 알아야 어디에서 얻고 어떻게 해야 할지 알 수 있다. 정보의 획득에는 그 나름의 기교와 예술이 있어야 한다. 그리고 어떤 정보들은 오랫동안 힘들여 정교하게 다듬어야 얻을 수 있다.

다음, 정보의 처리다. 즉, 날것의 정보를 거르고 진위를 가리고, 겉에서 속으로, 이것에서 저것으로 확대·심화하는 가공의 과정이다. 이 과정은 모략의 일반적인 사유 과정과 사유방법을 과학적으로 제시한다. 날것의 정보는 왕왕 혼란하고 모호하며, 거짓 정보 또는 쓸모없는 정보들이 섞여 있다. 같은 정보라도 정보 처리의 방법에 따라 다른 결론이 나올 수 있다. 때문에 정보 처리는 정보 작업에서 매우 중요한 고리다. 정보를 처리하는 공작의 기술은 오늘날 전문적인 방법과 수단으로 발전해 있다. 데이터가 아주 큰 경우에는 컴퓨터의 전문적인 시스템을 빌린다. 모략은 일반적으로 각 개체의 사유 활동이 우선이다. 어떤 사유의 주체는 순식간에 상황이 변하는 복잡다단한 상황에서 과감하고 정확하게 일을 처리하는 반면, 어떤 사유의 주체는 무딘 칼처럼 지지부진 고기를 제대로 썰지 못한다. 경력과 학식의 차이는 사유방법의 차이를 만들어내고, 사유방법의 차이는 사유 구조의 차이를 만들어낸다. 사유 구조는 모략의 질과 속도에 직접 영향을 준다.

정보 처리에서 두 가지 주의해야 할 것이 있다. 첫째, 정보원에서 나온 정보가 정상적으로 나온 것인지, 나올 수밖에 없었던 것인지, 또 어떤 특정한 조건에서 생산된 것인지, 우연히 나온 것인지를 일괄적으로 단정하지 말고 전면적으로 분석해야 한다. 다양한 경로를 통해 상황을 이해하고 사실 여부를 서로 대조해야 한다. 둘째, 선입견을 피하고, 일정한 틀에서 정보를 접수·분석·처리하여 사실로부터 결론을 얻는 데 치중해야 한다. 정보가 생산된 원인을 분석할 때 정보원에 대한 자신의 영향을 고려하여 자기의 행위가 정보의 정확성에 영향을 주지 않도록 해야 한다. "여산廬山의 진면목을 모르는 것은 내 몸이 그 산에 있기 때문이다."는 시가 바로 이를 가리킨다.

충분한 정보를 장악하고 나면 다양한 사유방식으로 각 정보를 분석하고 종합하는 과정으로 들어선다. 일반적이고 기본적인 사유방식은 대체로 다음과 같이 나

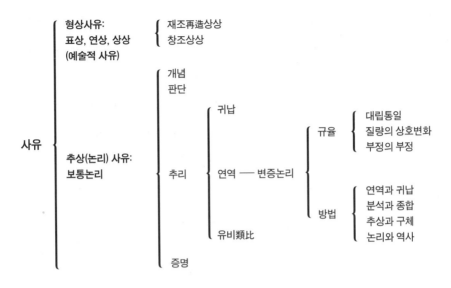

● 사유방식의 도식

타낼 수 있다. 미리 이 도식을 눈에 넣어두면 이해가 훨씬 수월할 것이다.

경험사유經驗思惟는 이성적 활동을 전혀 포함하지 않는 것이 아니라, 아직 감성적 사유 단계의 비교적 간단한 이성적 사유를 벗어나지 못한 것이다. 하지만 경험사유는 가장 보편적이고 가장 일상적으로 사용하는 사유방법이다. 처리하고 결정해야 할 문제에 부딪혔을 때 예전의 경험을 사고의 '참조물'로 삼아 의식적 혹은 무의식적으로 자신의 경험과 비교하여 이전에 성공했던 행위 방식으로 지금의 행동을 결정하는 것이다. 『손자병법』에서 "나무가 많이 움직이면 적이 온다는 것이고, 풀에 장애물이 많으면 의심스럽다."고 한 것은 경험적 사유로 적의 상황을 판단한 것이다. 일반적으로 경험이 많이 쌓이고 풍부할수록 그 경험을 받아들이고 그것을 반사적으로 무의식으로 전환할 가능성이 더욱 커져 유사한 문제에 대한 처리가 더욱 빨라진다.

경험사유에 뚜렷한 한계가 있다는 사실도 보아야 한다. 모든 경험은 감지에 머물러 있고, 감지 차체는 큰 한계를 갖는다. 특히 개인의 경험은 실천적 인식 수준에 제한을 받기 때문에 한계를 피하기 더욱 어렵다. 과학기술의 발전과 수시로 변하는 객관적 상황 때문에 모략을 가늠하는 사람은 갑자기 나타나는 새로운 사람, 새로운 사상에 직면하여 경험에 따른 '참조물'을 잃어버리기 쉽다. 하물며 일부 성공한 경험에는 실수의 요소까지 포함되어 있지 않은가. 개인의 경험은 이중성을 갖고 있다. 새로운 실적을 내는 데 도움을 주고 사유의 민첩성을 높이는가 하면, 경험의 신뢰성을 지나치게 강조하면 사유상의 실수를 초래할 수밖에 없다. 경험을 과학적으로 추상하고 비과학적인 성분을 없애서 이성으로 상승시켜야 한다.

이성사유理性思惟는 과학적이고 보편적 의의를 가지고 있다. 이성사유에서 나오는 형상사유形象思惟와 추상사유抽象思惟는 인류가 이성적으로 세계를 파악하는 두 가지 방식이다. 추상사유는 논리사유論理思惟라고도 불리는데, 거기에는 공리사유公理思惟와 변증사유辨證思惟가 포함되어 있다. ('공리'란 사회에서 일반적으로 두루 통하는 진리나 이치를 말한다. '공리사유'를 영어로 표현하면 'axiomatic thinking'이다.)

형상사유는 직관적인 형상과 표상에서 벗어나지 않고 진행하는 사유 활동이다. 형상사유는 이성사유의 범주에 속한다. 형상사유를 감성적 인식과 혼동해서는 안 된다. 형상사유는 인류의 이성 인식의 중요한 형식으로서 추상사유와 같이 감성적인 인식의 기초 위에서 시작된다. 주로 전형화典型化의 방식으로 개괄하고, 형상적 재료(도형·표·실물 등)로 사유를 진행한다.

공리사유는 모략이론의 원칙에 근거하여 정황을 판단하고, 정보를 처리하여 모략의 실행을 가늠하는 것이다. 공리사유는 '규칙에 따른 사유'라고도 하는데, 공리란 경험의 개괄이다. 먼저 경험이 있고 나서야 공리가 있다. 마찬가지로 경험사유가 있은 다음 공리사유가 있다. 공리사유가 모략을 가늠하려는 사람에게 실현될 때는 공인된 원칙·원리·규칙 등에 근거하여 직면한 상황과 문제에 대한 모략을 세운다.

1941년 6월 23일, 소련과 독일의 전쟁이 터지자 일본 제국주의도 이에 호응하여 동쪽에서 전쟁을 일으키려 했다. 이 당시 일본 파쇼는 어떤 움직임을 보였던가. 북쪽 러시아로 진공할 것인가 남쪽 동남아로 내려올 것인가. 모택동은 일련의 분석을 거쳐 이런 결론을 내놓았다. 일본은 나라가 작고 자원이 부족하기 때문에 "싸우면서 전투력을 기르는" '이전양전以戰養戰'이라는 군사상의 공리를 강조해왔다. 북쪽 소련으로 진공한다면 굵은 뼈다귀만 핥는 격이 되어 '기름'을 얻어먹을 수 없다. 반면 동남아는 군사력이 약하고 자원도 풍부해서 '기름기'를 얻어먹을 수 있다. 이것이 일본 제국주의자들의 구미를 당겼다. 결론은 일본의 전략 방향은 남하한다는 것이었고, 사실로 입증되었다.

공리사유가 모략의 실행에서 실수를 초래할 수도 있다. 공리는 추상 단계의 차이에 따라 다른 생명력으로 나타나기 때문이다. 일반적으로 추상적인 단계의 수준이 낮을수록 유효기간이 더 짧다. 사물은 발전하고 공리도 발전한다. 기존의 공리를 포기하지 않고 '각주구검刻舟求劍'[47]한다면 교조주의의 착오를 범할 수밖에 없다.

공리도 불안정성을 갖고 있다. 이미 존재하는 공리로는 정치·경제·심리·기술·조직 등 복잡한 사회현상을 개괄하기 어렵다. 게다가 공리는 모략을 구사하는 쌍방이 함께 공유하는 것이다. 모략을 가늠하는 과정에서 우리는 공리에 대하여 그것이 갖고 있는 선구적 의미를 인정함과 동시에 그 상대성도 인정해야 한다. 관건은 고착화된 사유로 공리를 활용해서는 안 된다는 것이다.

모략은 변증사유를 훨씬 많이 운용한다. 러시아의 군사가 발렌틴 바실예비치 드루지닌이 쓴 『사고思考, 계산計算, 결책決策』이라는 책에서는 "경험주의와 공리주의

---

47 '각주구검'은 움직이는 배에서 검을 물에 빠뜨린 사람이 배 위의 그 자리에다 표시를 해놓고 검을 찾으려 했다'는 고사성어로, 판단력이 둔하여 융통성이 없고 세상사에 어두운 것을 비유한다.

는 과거의 경험을 기초로 한다. 변증법은 경험에 주로 의거하는 것이 아닌 특정한 상황의 본질이다. 공리사유는 연속적이고, 변증사유는 질적인 비약을 포함한다."고 지적하였다. 변증사유는 모략을 가늠하는 사람이 모략적 사유를 시작할 때 우선 객관적 사실과 현실 상황에 눈을 돌려 수량과 질량 두 방면의 요소를 정확하게 판단하여 현상을 통해 사물의 본질을 잡아야 한다고 요구한다. 변증사유는 사유 결과의 구체성을 강조한다. 하지만 이는 '사유의 구체성'이지 '감성의 구체성'이 아니다. 후자는 자연스럽게 '구체적 추상'이 된다. 따라서 변증사유는 창조성 사유다. 더 정확히 말하자면, 창조성 사유는 변증사유의 지도에 따라 여러 사유방식을 고도로 종합하고 운용하는 것이다. '종합운용'이란 각도로부터 볼 때, 그것은 하나의 독립된 사유방식을 나타내는 것이 아니라 사유 기능으로 발휘된 일종의 상태이자 수준을 나타낼 뿐이다.

이상에서 경험사유, 형상사유, 공리사유, 변증사유는 각기 서로 다른 단계와 수준에 놓여 있음을 볼 수 있다. 경험사유는 공리사유의 앞에 있는데, 경험사유와 공리사유는 모두 상대성과 한계성을 가지고 있다. 경험사유를 지나치게 강조하면 흔히 기계적 반영론을 일으킬 수 있고, 공리사유를 지나치게 강조하면 교조주의에 쉽게 빠질 수 있다. 경험사유와 공리사유는 논리사유를 사용한 것이다. 하나면 하나, 둘이면 둘, 사유의 노선이 이론적 원칙에서 실제에 이른다. 이 때문에 보통은 새로운 것을 창조하지 않고 습관적 사유를 진행하기 쉬운 까닭에 정보가 사실이나 진상과 어긋나고 모략의 운용에 실수를 초래할 수 있다. 대부분의 경우, 특히 복잡하고 난해한 문제를 해결할 때는 흔히 추상사유와 형상사유를 결부해서 사용하는데, 역할을 나누어 합작하여 장점은 발휘하고 단점은 피한다. 변증사유의 과정은 실제로부터 착수하여 객관적 현실이 자연스럽게 모략의 원칙에 부합하게 하는 것이므로 사유방법의 최고 단계라 할 수 있다. 하지만 몇 가지 사유는 서로 연계되고 보완하는 관계이기 때문에 뗄 수 없다. 변증사유를 잘 모르면 경험사유와 공리사유는 생명력을 잃게 되고, 반대로 변증사유가 경험사유와 공리사유를 떠나면 기초를 잃게 된다. 따라서 여기서 꼭 지적해야 할 점은 경험사유와 공리사유를 운용하려면 반드시 그 정도가 적절해야 한다는 것이다. 몇 가지 사유방법이 최적의 사유 구조에 놓여 있어야만 신속하고 정확한 모략의 운용을 보증할 수 있기 때문이다.

3. 모략사유의 정수

창조성 사유는 모략사유의 '아름다운 황후'와 같다. 간명하게 정의하자면, 돌파성과 새로운 것을 만들어내는 성질을 가진 모든 사유가 곧 창조성 사유다.

모략을 가늠하고 실행하면서 누구나 불가피하게 여러 문제와 부딪힌다. 인간의 사유는 주관적 능동성을 갖고 있기 때문에 이런 문제들을 고려하고 해결할 때 정도의 차이는 있지만 창조성을 띠게 된다. 여기서 말하는 창조성 사유는 상식을 뛰어넘는 사유다. 그것은 실천에서 비롯된 이미 존재하는 과학 지식과 경험 논리를 기초로 하되 동시에 그것으로부터 속박받지 않으며, 사유의 일반적 법칙과 낡은 습관을 늘 뛰어넘는다. 따라서 어느 정도 전통적 결론에서 벗어나며, 심지어 어느 정도 전통적인 논리적 사고방식에서도 벗어나 기이한 모략을 기르고 실현하는 사유 활동의 일종이다.

모략의 창조성 사유는 경험사유, 공리사유, 변증사유, 형상사유 등을 결코 배척하지 않는다. 이런 사유들 역시 그 나름의 창조성을 가지고 있다. 상식을 뛰어넘는 창조성 사유는 오로지 변증사유의 지도하에 이런 사유방식들을 고도로 종합하고 고도로 집중하고 고도로 원활하게 운용할 뿐이다. 이와 함께 지적해야 할 것은, '직접사유直接思維'[48]가 상식적 사유를 뛰어넘는 창조적 활동에서 특수하고 중요한 위치를 차지하며, 그 자체로 어떤 종합적 성질을 가지고 있고, 종합적이고 창조적인 모략의 핵심이기도 하다는 점이다.

직접사유는 막혔던 것을 한순간 트고, 샘물처럼 생각이 솟아나고, 병 속의 물을 높은 곳에서 떨어지게 하는 순간적인 깨달음의 상태다. 직접사유가 이성을 초월하지는 않지만 일반적 이성사유의 논리 과정과는 다르다. 일반적인 논리의 사유 과정은 감성 자료의 분석에서 시작하여 "조잡한 것은 걸러내고, 가짜는 버리며, 여기서 저기로, 밖에서 안으로"라는 엄격한 단계를 거쳐 이성적 인식을 얻는다. 직접사유는 사유의 주체가 그 나름의 지식과 경험의 기초 위에서 감성적이고 형상적인 재료 중에서 사물의 본질을 순간적으로 포착하여 빠르게 깨닫는 활동이다. 즉, 직접 느끼고, 복잡하게 체험하고, 깊이 이해한 것들을 순식간에 하나로 융합하는 과정이다.

직접사유는 '연상聯想-상상想像-직각直覺'으로 나타낼 수 있다. 곧바로 깨닫는 직각에 이르는 사유의 과정은 이렇다. 연상을 통하여 문제를 해결할 수 있는 쓸모 있는 정보들을 대뇌의 방대한 정보 창고에서 꺼내 취합하고 검색한 후 이런 재료들을 상상을 거쳐 가공하고 개조하고 새로 조합한다. 그런 다음 직각의 힘을 빌려 여러 가지 상상한 결과에 대하여 순간적이고 직접적인 선택과 판단을 내린다. 그것으로부터 사물의 본질과 규칙을 인식한다. 직각이란, 생각으로 상상한 것에 대해 순식간에 직접 도달한 진일보한 깨달음을 가리킨다. 또한 갑자기 나타난 외부로부터의 새로운 정보의 도움을 받아 처음 선택하여 사고하던 문제나 상상의 결과에 대하여 민감하고 신

---

48 이 책에서 말하는 '직접사유'란 심리학에서 말하는 자유성·자발성·영활성 등을 특징으로 하는 '직관사유直觀思惟'와 그 뜻이 거의 같다. 대개 '논리사유'와 상대되는 용어이며, 편하게 '직관intuition'으로 이해해도 무방하다. 또 이 책에서 언급하고 있는 '직관사유直觀思惟'도 비슷한 뜻으로 사용되고 있다. 문맥을 고려하여 적절하게 골라 번역한다.

속하게 내린 선택과 판단을 가리키기도 한다. 그것은 인간 두뇌에 잠재된 의식 활동을 전제로 하는데 그 출현은 두뇌에서 돌발적으로 번쩍하며 나타난다.

그 주된 특징은 이렇다. 첫째, 직각은 일종의 전체적 판단이다. 즉, 분석을 거치지 않고 전체에서 직접 형세의 상태와 본질을 파악하는 판단이다. 여기에는 경험사유와 공리사유의 그림자가 있으며, 형상사유와 변증사유의 성분도 들어 있다. 둘째, 직각의 본질은 농축된 도약적 추리다. 상상이 추리적 전제와 논리적 고리를 찾아볼 수 없는 사유 활동이라면 직각은 논리 조작의 압축 또는 간략화다. 그것은 평상 속의 약간의 논리적 절차를 '직접적인 깨달음'으로 변통시킨다. 사고자가 사유 대상을 인식하고 장악하는 데 풍부한 경험과 숙련된 기교를 가지고 있기 때문이다.

예를 들어보자. 1944년 9월 미·영 연합군이 시칠리아 섬을 전진 기지로 삼아 연합군 편으로 돌아선 이탈리아 군대와 함께 이탈리아 본토로 진군했다. 이탈리아에 주둔해 있던 독일군 최고사령부의 작전참모들은 연합군이 로마 북쪽 약 50km 지점에서 상륙하여 로마 부근에서 공중으로 내려올 것이 두려웠다. 이렇게 되면 이탈리아 남부에 있는 독일군의 퇴로가 막히기 때문이다. 그러나 독일 공군 총사령관인 케셀링Albert Kesselring은 차분했다. 그는 연합군의 상륙지점이 로마 이북이 아니라 로마 이남에서 1,000km 떨어진 살레노Salreno일 것으로 판단했다. 결과는 케셀링의 판단과 같았으며, 연합군의 이후 행동도 그의 예상에서 벗어나지 않았다. 케셀링은 자신의 경험을 통해 다음과 같이 직각했다. 즉, 원래 조심성이 많은 영국의 알렉산더Alexander와 미국의 몽고메리Montgomery가 지휘하는 연합군은 "지금까지 공군의 활동 반경을 벗어나서 작전하지 않았다."는 것을. 케셀링은 연합군의 작전방법을 모두 적시에 엄밀하게 분석하지는 못했지만 연합군의 행동규칙은 알아냈다. 이는 귀납과 연역이라는 두 종류의 추리를 종합적으로 운용한 사례로, 직각이라는 요소가 일정하게 작용하기도 했다.

사실 우리가 여기서 말하는 직각은 다름 아닌 인간의 '영감사유靈感思維'다. 이는 모략의 사유 과정 중 가장 높은 단계에서 나타나는 창조성이 가장 풍부한 심리상태다. "눈썹만 찡그리면 마음에 계책이 떠오른다."는 말이 영감사유를 잘 나타내고 있다. 모략사유 중에 모략을 가늠하고 활용하는 사람이 심리상 영감사유라는 경지에 도달했느냐 여부는 그의 재능과 지혜를 판정하는 주요한 표지가 된다. 영감사유는 모략을 가늠하고 운용하는 사람이 열렬히 그리고 완강하게 창조적으로 문제를 해결하는 데 온 힘을 다한다는 아주 뚜렷한 특징을 가지고 있다. 그것은 돌발적이고 비약적이며, 양호하고 건전한 정신상태에서 탄생한다. 이것이 올 때는 늘 크게 팽창한 정서와 고도의 집중력을 동반하며, 영감은 언제나 모종의 돌발적인 촉발로 나타난다. 그러나 이런 돌발적 촉발은 오랜 실천을 기초로 한다. 영감은 하늘에서 떨어지는 빗방울이 아니며 당사자의 머릿속에 원래부터 있던 불꽃도 아니다.

사회 실천은 영감을 생산하는 원천이다. 인간은 오랫동안 부지런히 실천하면서 얻은 경험 지식을 잠복 상태로 대뇌에 저장한다. 그러다가 어떤 문제를 해결하고자 할 때 대뇌에 쌓여 있는 정보들을 기억해내서 이리저리 움직이고 그것들을 상호관계를 가지는 어떤 것으로 만든다. 그리고 어느 정도 시간을 들여 생각을 거치면 갑자기 어떤 새로운 정보가 앞의 것들을 연결시키는 다리와 같은 작용을 일으키는데, 바로 이때 영감이 생산된다. 저명한 심리학자이자 정신분석학의 창시자인 프로이트 Freud(1856-1939)는 "영감을 잉태하는 것도 하나의 과정인데 다만 의식 밖에 있을 따름이다. 그러다 익고 성숙해지면 갑자기 뚫려 의식으로 용솟음쳐 영감이 된다."고 했다.

직각은 이상과 같은 특징 때문에 모략에서 다음과 같은 중요한 의미를 갖는다.

첫째, 독창적 모략의 선구다. 많은 상황에서 새로운 모략은 직감사유를 통해 제기되며 착오를 없애려고 논리적 논증과 실천에 의거한다. 예를 들자. 제1차 세계대전 이후 영국의 풀러Fuller와 프랑스의 드골de Gaulle 등은 "탱크로 제압하여 승리한다." "탱크를 집중한다." 와 같은 전술 문제를 제기한 적이 있다. 그러나 이런 저런 원인 때문에 영국과 프랑스 군부는 "탱크는 하나하나 접근하는 보병을 엄호하는 것이 목표"라는 관념의 장애를 끝내 돌파하지 못했다. 반면 독일의 구데리안Guderian은 직감사유의 작용을 통해 풀러 등의 저서에서 탱크 사용에 관한 새로운 이론을 발견하고는 바로 다음 전쟁에서 진가를 발휘할 것이라 인식했다. 그는 이 문제를 자신이 힘쓸 목표로 선택했다. 그는 배에서 사용하는 돛대의 재료인 천으로 모형 탱크를 만들어 모의실험과 전쟁연습을 실시했다. 이를 통해 탱크와 다른 병기와의 합동 관계를 알아내고, 합리적인 편제 규칙을 찾아냄으로써 이른바 '전격電擊'의 기초를 닦

● 모략에서 심리가 차지하는 비중은 대단히 크다. 자신의 심리는 물론 상대의 심리상태를 통찰하는 힘은 승부의 중대한 변수로까지 작용하기 때문이다. 프로이트는 근대 인물이지만 그의 심리학 이론은 고대 모략가들의 심리와 영감을 분석하여 모략학 연구의 토대로 삼는 데 유용할 뿐만 아니라 현대 모략의 창조와 운용에도 상당한 도움을 준다.

았다. 여기서 지적할 것은 모든 발명과 창조는 새로운 사물과 사상에 대한 선택이라는 점이다. 모든 지혜와 모략의 생산은 정확한 선택과 관계될 수밖에 없다. 그것이 지혜와 모략을 창조할 수 있는 가능성을 개척했고, 목표를 명확하게 했기 때문이다. 선택은 이런 점에서 모략 활동에서 대단히 중요한 위치에 있다.

둘째, 응급모략의 중요한 공구다. 모략가들은 이 점에 대하여 훨씬 강렬한 흥미를 갖는다. 지적해야 할 것은 일부 긴급한 상황들은 마치 불이 눈썹을 태우는 것처럼 즉각 감지할 수 있다는 점이다. 하지만 어떤 긴급한 상황은 "평온하고 아무 일 없는 듯한" 겉모습에 깊숙이 숨어 있다. 이 때문에 제때에 정확하게 이런 상황의 존재를 인식하려면 직각사유가 필요하다.

직각사유가 인식과 창조적 작업에서 중요하게 작용한다는 점을 강조한 것은 일정한 범위, 일정한 조건을 전제로 한 말이지, 이런 작용을 무한대로 확대해석해서는 안 된다. 또 직각사유에도 다음과 같은 결점이 있다는 것을 볼 수 있어야 한다. 첫째, 직각사유는 논증의 힘이 부족하다. 둘째, 직각사유의 일부분은 상식, 즉 경험이라는 범주 안의 것이며, 상식은 늘 보수적일 뿐만 아니라 심지어 착오를 일으킨다. 셋째, 직각사유는 치밀함이 부족한 두리뭉실한 인식이기 때문에 많은 힘을 들여 완벽하게 만들어야 한다. 따라서 모략 활동 과정에서 우리는 그것의 적극적인 작용을 충분히 발휘함과 동시에 그 결점을 극복하는 데도 주의해야 한다.

제15장
모략의 심리 규칙

모략은 인류 최고의 지혜와 재능의 표지로서 인류의 의식적인 대항 활동과 연계되어 있다. 의식적인 대항 활동은 복잡한 사회생활에서 나타나는 현상의 하나다. 이런 활동은 인류에게만 있다. 모략은 인간의 활동을 통해야지 인간의 활동에서 떨어져서는 표현될 수 없다. 인간의 행위는 의식의 지배를 받으며, 의식은 심리 현상이다. 이런 각도에서 보자면 모략은 이성적인 것이며, 인간 심리 활동의 산물이며, 인류 사유의 성과이며, 객관적 현실에 대한 주관적 영상映像이다. 모략이 포함하는 의미를 심리학적으로 이해하자면, 공격적 의식이자 객관적 사물의 법칙성을 고도로 개괄한 이성적 관념이다. 그것은 동기라는 일정한 요소의 작용으로 이미 정한 목적과 목표에 일정한 범위와 시기의 객관적 사물에 합당하고 객관적으로 베푸는 활동 과정이다.

모략은 인류사회의 지식과 경험의 결정체이자 투쟁의 예술로서 인류가 객관적 세계를 개조하는 과정에서 중요한 자리를 차지하며, "장막 안에서 전략과 전술을 수립하여 천리 밖 승부를 결정짓는" 중대한 작용을 한다. 인간은 각종 활동 영역에서 모략이라는 실천 활동을 벌이고 있다. 모략의 대항은 아주 복잡한 심리 활동 과정이다. 모략의 대항 활동을 진행하는 것은 이 심리 과정을 인식하기 위해서다. 이렇게 하려면 모략의 심리 기초, 심리 특징, 심리 원칙, 심리 규율, 심리 예술 등 구체적인 문제에 대하여 한 걸음 더 탐구하지 않으면 안 된다.

1. 모략의 심리 기초

모략은 사회 속성에 따라 총체적으로 정치모략, 경제모략, 군사모략, 외교모략, 스포츠모략 등으로 나눌 수 있다. 이런 모략들은 어떤 범위와 어떤 영역에 속하든, 자기에게 쓰든 다른 사람에게 쓰든 모두 인간의 일정한 심리 활동의 결과다. 인간의 심리 활동을 떠나 모략은 생산될 수 없다. 따라서 모략은 인간의 뇌가 인간관계에 대해 대항하고 자극하는 정보와 지식 경험을 흡수하고, 이를 따라서 발생하는 일련의 심지心智 사유 활동이다.

　　본질적으로 모략은 인간의 뇌가 객관적 사물을 대하는 주관적 반영이다. 외계 사물의 자극이 없으면 인간의 뇌는 아무것도 반영해낼 수 없다. 객관적 사물은 인간의 뇌가 심리적 반응을 일으키게 하는 원천이다. 하지만 객관적 사물만 있고 인간의 뇌 기능과 인간의 심리적 반응이 없으면 객관적 사물은 여전히 객관적 사물일 뿐 객관적 사물에 대한 이성적 인식이나 주관적 영상은 생산할 수 없다. 바로 이런 의미 때문에 심리 활동은 모략을 생산하는 기초라고 생각하는 것이다. 심리 활동을 생산하는 모략 의식으로서 그것은 심리, 즉 의식의 능동적 작용의 생동감 넘치는 체현이다. 인간이 동물과 구별되는 점은 환경에 소극적으로 적응하고 소극적·수동적으로 현실을 반영하기 위해서가 아니라 적극적·주동적으로 현실을 반영하고 객관적 사물의 본질과 규칙을 드러내어 사물의 발전 과정을 예견함으로써 목적과 계획을 가지고 객관적 사물을 파악하기 때문이다.

심리 활동은 객관적 사물을 반영한다. 하지만 영상은 객관적 사물 그 자체와 같지 않다. 그것은 실제 물질과 구별되는 관념적인 무엇이다. 또한 객관적 사물에 대해 인간의 뇌가 반영하는 것임과 동시에 개체(반영자)가 갖고 있는 조건 때문에 굴절되는, 즉 개인의 지식·경험·개성 등과 같은 특징으로부터 제약을 받는다. 따라서 개체라는 색채를 가진 주관적 특징을 띠고 있다. 모략은 사유의 성과다. 관념적이고 이성적인 무엇이다. 인간 심리 현상의 가장 근본적인 특징을 집중적으로 체현하고 있는 것이다. 이런 의미에서 모략은 인간의 심지心智를 움직이는 사유 활동의 최고 생산품이다.

2. 모략의 심리 특징

모략이 체현하는 것은 객관적 사물의 규율성에 대한 인간의 인식과 구사驅使, 즉 부림이다. 먼저 객관적 사물에 대한 인식은 심리 활동을 통해 실현한다. 다음으로 객관적 사물에 대한 구사도 일정한 심리 활동 과정을 통해 달성한다. 모략의 심리 활동이라는 가공을 통하여 나온 생산품은 예외 없이 인간의 심리적 특징을 체현한다. 모략은 변화무쌍하며, 그 심리적 특징도 복잡하고 다 다르다. 그것들과 같은 종류에 속한 사물이라면 공통된 특징을 드러내는데, 개괄하자면 주로 다음 몇 가지다.

1) 대항성

모든 모략은 모순이라는 성질을 갖고 있다. 그중 일부 모략은 대항성對抗性을 갖고 있다. 대항성은 모략의 형식들 중 하나이지 모략의 모든 형식이 아니다.

모략은 모순의 산물로, 의심스럽고 어려운 사회 모순의 해결에 관한 방법이자 의식이다. 모순 해결의 대상으로부터 모략을 보자면 모두 다른 사람에 대처하거나 자신에게 시행하는 것이다. 다른 사람을 대처하는 동기는 상대방을 약화시키고 상대방에게 이기기 위한 것이다. 자신에게 시행하는 동기는 자신을 보존하고 키우고 발전시키기 위한 것이다. 다른 사람을 대처하는 모략은 강렬한 적대성을 가지고 있어 심하면 죽이고 죽는 적대적인 대항이다. 자신에게 쓰는 모략은 이런 적대적·대항적 성격은 없지만 그 지향성으로 볼 때 마찬가지로 대항적 요소를 가지고 있다.

우리가 말하는 모략의 대항성은 그것이 갖고 있는 또 하나의 뚜렷한 특징인 상호성에 비추어본 것이다. 즉, 다른 사람에 대응하기 위한 모략 행위는 동시에 첨예하게 상대되는 상대방의 모략 행위로부터 저항을 받는다. 이 때문에 모략의 대항성은 더욱 극렬해진다. 이는 모략을 만들고 실시하는 중에 상대방이 보고 만지는 현실 상황에 근거하여 방침을 결정하고, 상대가 어떤 모략 수단으로 자신을 공격하고 자신과 어울리려 하는가를 잘 판단하고 추측할 것을 요구한다.

2) 실천성

모략은 사상·의식·관념·이성적인 것이지만 실천적 특성도 뚜렷하다. 첫째, 모략은 인간들 사이의 투쟁이라는 실천적 필요성에 응하여 생산된 것으로, 실천에서 나오고 실천을 반영하는 실천 경험의 종합이자 개괄이기 때문이다. 둘째, 모략은 이성적인 것으로 실제 내용은 실천을 통해 실현되고, 그 작용은 실천을 통해 발휘되며, 실천 속에서 끊임없이 발전하고 완벽에 가까워진다. 셋째, 모략은 실천을 이끌고 실천을 위해 서비스한다. 모략을 운용하는 지향점은 대항의 또 다른 쪽으로 인간 투쟁의 현실을 위해 서비스하고, 실천의 발전을 이끈다. 이렇게 보면, 현실의 실천을 위한 모략이 존재할 뿐 단순한 모략을 위한 모략은 존재하지 않는다. 실천을 떠나서는 모략의 생산과 발전은 없으며, 실천을 떠나서는 모략의 실제 가치를 잃는다.

3) 동태성

모략의 동태성動態性은 심리 활동 결과로서의 모략을 가리킨다. 한번 만들어졌다고 변하지 않는 것이 아니라 발전하고 변화하는 과정에서 완전해지고, 이 과정 속에서 그에 맞게 실시되는 것이다. 그것은 간단한 심리 현상이 아니라 복잡하고 계통적인 심리 과정이다. 이 과정 속에서 객관적 현실을 반영하고 이끄는 모략의 심리 활동으로 반드시 수시로 발전하고 변하는 객관적 상황에 따라야 하며, 새로운 정보를 끊임없이 감지하고, 고정된 사유의 모델에 영향을 받지 않으며, 변화 속에서 모략의 내용을 채우고, 변화 속에서 모략을 완벽하게 만들며, 변화 속에서 그 실천적 가치를 실현한다.

4) 단계성

모략을 실천에 옮기는 최종적인 목적은 모순의 쌍방에 전환 내지 변화를 가져오므로 이미 정해진 목적에 따라 모순을 해결하는 것이다. 인간이 객관적 세계를 바꾸는 것은 근본적으로 말하자면 모순을 자기 쪽에 유리하게 바꿀 수 있는 조건을 창조하는 것이다. 세상을 바꾸려는 현실생활에서 각자의 위치가 다르고, 대하고 있는 객관적 세계의 범위, 객관적 사물을 관찰하는 시각과 성질 등이 다 다르기 때문에 인간이 활용하고 생산해내는 모략은 단계성段階性이라는 특성을 띨 수밖에 없다. 이를테면 전체 국면을 총체적으로 보는 사람이 구상하는 것은 전략성이 강한 모략이고, 부분적으로 구체적인 책임을 진 사람이 생각해내는 것은 전술적인 모략, 즉 구체적으로 실천에 옮기는 방침·방법·조치·계획·책략 등이다. 그 밖에 모략으로 발생하는 실제적인 효과로 볼 때도 단계적인 구별이 있다. 하나의 모순을 해결하는 데는 여러 가지 방법이 있고, 여러 가지 모략이 적용된다. 어떤 모략 수단을 사용할 것인가는 당시의 복잡한 상황과 주관적인 판단으로 선택하는 것이다. 그러면 선택한 모략이 객관적 실제에 완전히 부합되거나 비교적 부합되거나 부합되지 않는 경우가 나타날 수 있고, 모략은 상책·중책·하책의 구분이 뚜렷하게 나타난다.

5) 간접성과 개괄성

모략은 객관적 현실의 주관적 영상이자 사유의 성과로서 객관적 현실을 직접적으로 반영하는 것이 아니라 간접적·개괄적으로 반영한다. 간접적·개괄적으로 객관적 사물을 반영하는 모략의 진리성이 어떠한가는 객관적 사물이 어떤 상황에 놓여 있느냐에 따라 결정되는 것이 아니라 객관적 사물을 반영하는 인간의 뇌 활동이 어떠한가로 결정되며, 또 인간의 심리 활동의 수준에서 결정된다는 점에서 어렵지 않게 확인할 수 있다.

모략의 간접적·개괄적인 특징은 다음과 같은 것들을 요구한다. 첫째, 모략가는 특히 모략을 구상하는 초급 단계에서 예민한 감지 능력을 가져야 한다. 모략가는 대항 정보를 접수하고, 대항 정보를 얻는 시기에 시각과 청각이라는 통로의 예민한 감수성을 발휘하여, 모략가가 얻고 선택한 정보의 심리적 기능을 최대한 발휘해야 한다. 둘째, 모략가는 정확한 분별력이 있어야 한다. 대항 정보는 이리저리 무질서하게 섞여 있어 아주 복잡하다. 진위를 가리기 어려운 이렇게 많은 정보의 흐름 속에서 진정으로 자신에게 쓸모 있는 자료를 선택하려면 명석하고 투철한 분석 능력이 없으면 안 된다. 그렇지 않으면 모략을 정확하게 구상할 수 없고, 모략의 가장 이상적인 심리적 효용도 발휘할 수 없다. 셋째, 모략가는 창조적 사유 능력이 있어야 한다. 가장 이상적인 모략을 구상하려면 한 가지 틀에만 얽매이지 말고 집중적 사유, 발산적 사유, 역발상적 사유, 기능 모방적 사유, 변증 논리적 사유 등 여러 가지 사유방식을 원활하게 운용할 줄 알아야 한다. 모략의 감성적 인식은 이상과 같은 인간의 주관적 능력을 가공하고 창조하여 질적인 단계로 올라서고 고도로 개괄되고 이성화된 의식으로 변한다. 요컨대 모략의 간접적·개괄적 특징은 모략이 생산되는 심리적 기초에서 결정되는 것이자 생산된 모략의 형성 과정에서 결정되는 것이며, 모략 자체가 가지고 있는 의식·이성 등과 같은 속성에 의해 결정된다.

인간이 모략을 구상하는 심리적 능력은 타고나는 것이 아니라 후천적으로 습득하는 것이다. 부지런히 배우고 제대로 생각하며, 실천하면서 특수한 훈련을 보태면 모략을 구상하는 인간의 능력은 최대한 향상될 것이다.

3. 모략의 심리 과정

모략의 심리 과정이 바로 사유 과정이기도 하다. 정보론의 이론에 따라 그것을 정보의 섭취·입력·가공·추출 등으로 이해할 수 있다. 모략의 방침을 세우는 전체 과정은 대체적으로 세 개의 큰 단계로 나누어볼 수 있다. 첫째, 인식 단계라 부를 수 있는데 정보의 섭취와 입력이다. 모략가는 자신의 지식과 경험을 결부하여 감성으로부터 이성으로의 변환을 완성한다. 둘째, 창조적 사유 단계라 할 수 있다. 정보에 대한 가공인데, 주로 마음과 지혜를 이용한 사유 활동으로 이성적이고 공격성이 풍부한 모략 의식과 모략을 실행하는 책략 수단을 만들어낸다. 셋째, 모략의 실시 단계다. 이 단계에서 모략 정보의 흐름은 두 개의 경로를 통하여 흐른다. 하나는 모략을 행위와 구체적 대항 수단으로 바꾸어 실천 중의 형식에 맞추어 흐르는 것이다. 여기서 모략은 수백만 심리 활동의 모형이 되어 조화로운 공명 효과를 생산함으로써 모략의 대항적 가치를 실현한다. 또 하나는 모략 방침을 세우는 사람의 대뇌 안에 숨어 있는 형식으로 흐르는 것이다. 모략을 실시하는 과정에서 각종 정보를 더 많이 접수하여 모략가에 대하여 끊임없이 살피고, 판단하고, 최적화하고, 관리하여 그 운용을 완벽하게 함으로써 모략의 최종 목적과 직접적인 목적을 목표로 삼아 각종 사유와 지혜를 충분히 조정하여 모략 구상과 운용의 가장 이상적인 효과를 쟁취하는 것이다.

일반적 의미로 이해하자면, 모략에 맞추어 실시하는 심리 과정을 모략이 형성되는 심리 과정의 한 부분으로는 결코 보지 않는다는 것이다. 그러나 모략의 실시 단계에는 여전히 모략의 변화·발전·충실·조정·완벽이라는 내용이 들어 있다는 점을 고려해야 한다. 따라서 우리는 모략 형성의 심리적 실시 단계에 맞춘 심리 활동을 그 안에 포함시켜 이해한다. 이런 모략 형성의 심리 과정을 그림으로 나타내면 오른쪽과

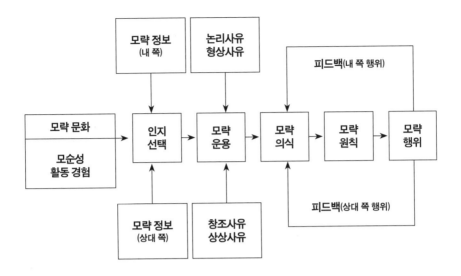

● 모략 형성의 심리적 과정

같다.

　모택동은 군사모략의 결정을 이야기하면서 지휘관의 정확한 배치는 정확한 결심에서 오고, 정확한 결심은 정확한 판단에서 오며, 정확한 판단은 치밀하고 필요한 정찰과 그 정찰 자료를 연관지어 생각할 수 있는 능력에서 나온다고 했다. 지휘관은 가능하고 필요한 모든 정찰 수단을 사용하여 정찰한 상대의 각종 자료들에서 찌꺼기는 걸러내고, 가짜는 버리고 진짜를 남기고, 여기에서 저것을 취하고, 겉에서 속을 들여다보는 사색을 거친 다음 여기에 자기 쪽 상황을 더하여 쌍방의 대비와 상호관계를 연구하여 판단하고 결심하여 계획을 만들어낸다. 모택동은 군사모략가가 모든 전략·전역 또는 전투를 계획하기 전에 정황을 완벽하게 인식하고 분석하고 판단하는 과정을 뚜렷하게 그려낸 것이다.

　어떤 사람이 되었건 타인을 대처하는 책략과 문제 해결의 방법을 찾으려 할 때는 언제나 인류 문화의 결정체를 기초로 하여 자신의 활동 경험과 결부시키고, 외부

정보의 자극 아래 변증법적 사유와 창조적 사유를 통하여 정보를 의식으로 내면화하는 과정을 거친다. 모략은 인간 두뇌가 가장 이상적으로 진행한 심리 활동의 결정체이기 때문에 모략 또한 이를 통해 형성되는 심리 과정의 발전 순서를 따른다. 따라서 모택동의 정교한 이론은 군사모략으로 형성되는 심리 과정에 대한 인식일 뿐만 아니라 그 심리 과정의 변화와 발전 규칙의 제시로서 보편적이고 주도적인 의미를 갖는다.

4. 모략의 심리 원칙

모략 활동에는 얼기설기 엉킨 복잡한 요인들이 있을 뿐만 아니라 아주 치열하고 수없이 변한다. 때문에 모략의 수단도 변화무상하다. 하지만 어떻게 변화하든 심리적 요구에는 그에 맞게 준수해야 할 나름의 원칙이 있어야 한다. 그 주요한 원칙들로 객관성 원칙, 효용성 원칙, 적합성 원칙, 그리고 다소 낯선 표현이지만 '제상制上' 원칙이란 것이 있다.

1) 객관성 원칙

객관성 원칙은 모략을 구상하고 심리적으로 겨루는 과정에서 모략을 조종하는 사람이 여러 가지 노력을 통해 자신의 주관적 의지가 자주적·능동적으로 객관적 실체 상황에 맞도록 만드는 것이다. 주관적 지도가 객관적 사물의 규율에 부합되도록 하는 것, 이는 모략을 구상하고 심리적으로 겨룰 때 근본이 되는 원칙이자 반복된 실천을 통해 증명된 진리이기도 하다. 즉, 모략이 객관적 상황에 맞으면 승리하고, 그 반대면 실패한다는 것이다.

이 원칙을 관철하면 주로 다음과 같이 실현된다. 모략은 민족의 문화·전통·풍속에 부합하고 그 민족의 자존심에 착안해야 한다. 모략은 대다수 사람들의 필요·의향·소원 및 그 당시의 심리적 경향 등과 같은 요소와 맞아야 한다. 모략은 그 대상의 기질·성격·정감·의지 등 심리적 바탕의 변화와 그 방향성에 맞아야 한다. 요컨대 객관성 원칙은 역사의 흐름에 순응해야 하고, 민심에 부합해야 하며, 사회적 심리의 경향성을 파악해야지 그것에 역행해서는 안 된다.

태평천국이 청 왕조에 저항하면서 "하느님 아버지께서 화주花州에서 주를 구원하라고 하셨다."는 사건이 있었다. 홍수전洪秀全은 종교 형식을 이용하여 1843년에 풍운산馮雲山과 함께 광동성廣東省 화현花縣에서 '배상제교拜上帝敎'를 설립하여 반청혁명의 '비밀단체'를 만들었다. 1848년, 풍운산이 광동에서 체포되자 홍수전은 그를 구하러 화현을 떠났다. 홍수전이 떠나자 '배상제교'는 지도자를 잃은 꼴이 되어 사람들이 떠나고 조직이 흔들리는 상황이 발생했다. 그때 교회 책임자의 한 사람이었던 양수청楊秀清은 벙어리가 된 것처럼 가장하고 하느님의 '전언傳言'을 몸에 붙이는 방법으로 교인들을 단결시키고 효과적으로 군중을 조직함으로써 민심을 진정시켰다. 1850년 11월, 홍수전과 풍운산이 화주에서 거사를 꾀하다가 청나라 군대에 포위당했다. 이때도 많은 교도들이 흔들렸다. 양수청은 다시 하느님 아버지의 '전언'을 빌려 사람들을 격려하여 용감하게 싸우도록 한 결과 단숨에 승리를 거두고 홍수전과 풍운산을 구해냈다. 두 번에 걸친 일촉즉발의 위기를 넘길 수 있었던 까닭은 양수청이 다름 아닌 중국 민족의 문화전통을 이용하여, 그 지역에 널리 알려져 있었던 "신령이 누군가의 몸에 들어가 내려온다."는 '강동降僮'이라는 종교의 미신적 습관으로 인심을 단합시켰기 때문이다.

역사상 유명한 "초나라 노래를 삼백 번 부르니 8천 자제를 강동으로 돌아가게 했다."는 '사면초가四面楚歌'의 고사 역시 마찬가지다. 두 사례 모두 인간의 필요·의향·소원·정감 및 심리적 경향에 맞춤으로써 커다란 심리적 효능을 실현한 경우였다.

2) 효용성 원칙

모략을 구상하고 겨루는 과정에서의 효용성이란 작은 대가로 최대의 승리를 거두는 것을 말한다. 이익이 되어야 한다는 말이다. 모략 활동은 이성적이고 관념적인 대항일 뿐만 아니라 현실에서 어떤 형태를 가진 물질적·정신적 힘의 투쟁이기도 하다. 즉, 인력·물자·재력·정력의 소모다. 따라서 어떻게 하면 가장 작게 소모하여 가장 큰 승리를 얻을 수 있는가, 이런 문제가 존재할 수밖에 없다. 모략을 구상하고 실시한 결과 승리를 거두긴 했지만 득실이 엇비슷하거나 얻은 것보다 잃은 것이 많다면, 이런 효용성은 취할 바가 못 된다.

효용성의 원칙은 모략의 실시 과정에서 주로 다음과 같이 실현된다. 첫째, 가장 작은 소모와 대가로 가장 큰 이익을 꾀한다. 둘째, 실시 과정에 위험이 가장 작고, 실패 가능성도 제일 작으며, 노력을 통하여 기본적으로 승리의 가능성이 파악된다. 셋째, 예정된 모략의 목적을 원만하게 달성해야 한다. 실제로 부분적인 투쟁의 결과가 수지에 맞지 않을 때가 종종 있다. 그러나 모략의 전략적 목적에서 볼 때는 합당하고 승리한 것일 수 있다. 부분이 아니라 전체적으로 모략의 효용성을 따져야 한다. 넷째, 주도권을 잡았는가를 보아야 한다. 주도권은 모략을 구상하고 겨루기를 진행할 때 생명과도 같다. 투쟁의 주도권을 누가 장악했느냐에 따라 승부는 기본적으로 결정난 것이나 마찬가지다. 모략을 구상하고 실행할 때는 눈앞의 이익만 보아서는 안된다. 장기적 이익을 추구하고 최종 결과를 추구해야 한다. 훗날의 승리를 위한 기초를 마련한 다음 수동적인 상황을 바꾸어 주도권을 차지할 수 있다면 잠깐의 손해는 가치가 있다. 이런 효용성이라면 얼마든지 추구해도 된다. 정치에서 "늦게 출발해서 상대를 제압한다."는 '후발제인後發制人'이나 군사에서 한 도시 한 지역의 득실을 따지지 않는 것, 사업에서 처음에는 밑지더라도 신용을 얻는 것, 바둑에서 한 걸음 양보하고 대국 전체의 주도권을 쥐는 것 등등이 이런 사상의 실현이다.

실제로 이런 상황이 왕왕 일어난다. 취할 이익이 있을 때 큰 이익과 작은 이익의 구분이 있고, 손실이 불가피할 때도 큰 손해, 작은 손해의 구별이 있다. 이때 모략의 효율성을 추구해야 하는데, 이렇게 하려면 "두 이익을 가늠하여 큰 이익을 따르고, 두 손해를 가늠하여 가벼운 쪽을" 선택해야 한다.

3) 적합성 원칙

적합성은 두 가지를 포함한다. 정도의 적절함 '적정適定'과 시기의 적절함 '적시適時'가 그것이다. 적정하고 적절한 원칙은 모략을 구상하고 실시하는 과정에서 심리적으로 받아들일 수 있는 한도에 맞추어 시기를 정확하게 맞추어야 한다.

인간의 심리 활동은 모두 자극의 결과다. 자극은 일정 정도에 이르러야만 그에 상응하는 심리 현상을 일으킨다. 따라서 모략을 구상하고, 특히 모략을 실시하는 과정에서 자극의 정도를 잘 파악하여 심리적 부담이 모자라거나 지나치는 것을 피해야 한다. 예를 들어, 진짜를 숨기고 가짜를 보이고자 할 때 자극의 정도가 모자라면 사람들이 인정하지 못하고 다른 반응을 보일 수 있다. 반대로 자극의 정도가 지나치면 사람들은 의문을 품게 되어 '요지경'이 깨지는 역효과를 낼 수 있다.

시기의 적절성은 모략을 구상하고 실시함에 있어서 가장 뚜렷한 특징의 하나다. 모순이라는 형세와 상황은 변화무상하기 때문에 자칫 잘못하면 유리한 시기는 뜬구름처럼 사라진다. 모략의 효과는 시기를 놓치지 말아야 하고, 두 번 다시 오지 않는 상태를 유지해야 볼 수 있다. 좋은 모략이 적절한 시기를 놓치면 아주 잘못된 모략으로 변질될 수 있다. 따라서 모략을 조정하는 사람은 적시에 행동하라는 원칙에 충실해야 한다. 심리상태에 변화가 생기고, 시간이 흘러 상황이 변했을 때는 절대 기존 관례를 그대로 고수해서는 안 된다. 이때는 임기응변하여 적시에 상황에 맞는 모략 수단을 강구해야 한다.

4) '제상制上' 원칙

'제상制上'이란 "최상, 또는 최선의 상태를 통제한다."는 뜻인데, 모략 실행에서 '심리 전술'의 하나로 보면 된다. 제상 원칙은 다양한 심리적 수단을 원활하게 운용하여 주된 대상을 목표로 그 심리를 교란하고 공격하거나 영향을 주어 그 심리 활동을 왜곡시키고 변질시키며 나아가 행동에서 착오를 일으키게 하는 것을 말한다.

병법에서 말하는 "심리를 공략하는 것이 최상이고, 성을 공략하는 것은 최하다."라는 것이 이를 잘 대변하는데, 중국 군사의 역사에서 아주 두드러진 모략사상의 하나다. 이를 심리적 시각에서 해석해보면, 무장하지 않은 마음의 힘을 이용하여 개체 또는 집단의 심리에 영향을 주어 상대를 어지럽히고, 착각을 유도하여 태도와 의지를 변화시켜 사기를 떨어뜨리는 것이다. 심하면 의식과 관념에까지 변화가 생겨 그 행동도 바뀐다. 이것이 가능하기 때문에 "싸우지 않고도 굴복시키고", "칼날에 피 한

방울 묻히지 않고 싸워 이겨 천하를 얻는" 목적을 이룰 수 있다. 용병에 능한 사람은 군대가 진을 치기를 기다리지 않으며, 근심을 잘 없애는 사람은 근심이 생기기 전에 없애며, 싸워서 제대로 승리하는 사람은 전쟁이 시작되기 전에 승리한다. 최고의 모략은 세상 사람들을 나의 적으로 만들지 않는 것이다.

'제상' 원칙을 관철하는 데서 왜 모략을 구상하는 사람을 주요한 목표로 삼는가? 『손자』「군쟁軍爭」 편에 보면 "그러므로 삼군의 사기를 빼앗을 수 있고, 장수의 마음을 빼앗을 수 있다."고 되어 있다. 이것이 가능한 까닭은 이렇다. 인간에게는 의식이 존재하기 때문에 그 사회생활이 물질 운동과 같은 형식과는 구별된다. 따라서 객관과 주관이라는 떼어놓을 수 없는 두 방면을 구성한다. 특히 헤아릴 수 없이 복잡한 인간의 활동에서 일부 주관적인 개별 요소는 흔히 실질적인 객관적 현상의 한 구성 부분으로 바뀐다. 또 한편으로는 대립하고 있는 쌍방을 통솔하고 있는 자는 대립의 리더와 조직자이다. 그들은 대립의 책략·방침·계획·수단을 비롯하여 대립의 배치에 영향을 미치는 행위·의지·정감·태도 등에 빠짐없이 중대한 위치에 있으며 결정적인 작용을 한다. "지휘자가 없으면 군대도 없다."는 말은 역사와 전쟁의 실제 경험에서 나온 격언이다.

『오자병법吳子兵法』에서는 장수를 특성에 따라 '지智(지혜로움)', '우愚(어리석음)', '탐貪(욕심이 많음)', '교驕(교만함)', '의疑(의심이 많음)'의 다섯 가지 유형으로 나누고 있다. 그러면서 유형에 따라 서로 다른 공략책을 써서 그 심리를 빼앗아 모략을 어지럽혀야 한다고 지적했다. 이것이 모략을 구상하는 기본 원칙이라 본 것이다. 한편 『통전通典』에서는 "전국시대 제나라의 손빈孫臏이 제왕齊王에게 '나라를 정벌할 때는 심리를 공략하는 것이 최상이니 먼저 그 마음을 복종시키는 데 힘을 써야 합니다'라고 했다."는 기록이 있다.

제2차 세계대전에서 독일이 노르웨이를 대상으로 구사한 외교모략의 사례는 심리를 공략하는 것이 가장 좋다는 것을 증명했다. 1940년 독일은 노르웨이를 공격하기 전날 밤, 외교모략의 일환으로 심리적 공세를 진행했다. 그 일환으로 영화시사회를 열었다. 시사회에 초대된 사람들은 노르웨이의 정치와 군사 방면의 주요 인사, 산업과 상업계의 거물, 저명인사들이었다. 영화는 〈불의 세례〉로, 200만 대군이 벼락처럼 폴란드를 공격하는 내용이었다. 그중에는 비행기 폭격으로 단 몇 시간 만에 폴란드의 수도 바르샤바가 폐허로 변하는 장면도 있었다. 영화는 장면 하나하나가 무겁고 무서운 외교 폭탄이 되어 노르웨이 지도부의 심리를 어지럽혔다. 여기에 독일 대사는 전쟁이냐 평화냐를 계속 암시하는 발언을 내뱉었다. 이튿날 아침 독일군은 오슬로에 상륙했고, 총알 한 방 쓰지 않고 노르웨이를 점령했다.

'제상' 원칙을 관철하는 데는 조건이 따른다. 우선 물질과 실력이라는 투쟁 수단이 서로 단단히 결합되어 있어야 한다. 그래야만 보다 양호한 심리 효과를 만들어낼 수 있다. 노르웨이에 대해 독일이 실시한 심리적 외교모략의 공세가 이를 잘 말해주고 있다.

5. 모략의 심리 법칙

모략의 운용에는 수없이 많은 변화가 따르지만 운용과 겨루기에서 성공하려면 따라야 할 심리 법칙이 있다. 그 주요한 것들은 다음과 같다.

1) 심리적 수요를 만족시켜라

심리적 수요는 심리 활동의 전제 조건이자 개성과 적극성의 원천이기도 하다. 심리학자 매슬로우Maslow는 인간이 원하는 욕구 내지 요구를 낮은 단계에서 높은 단계로 각각 생리·안정·사랑·귀속·존중·자아실현의 다섯 단계로 나누었다. 인간의 이런 욕구는 상호 대항하는 과정에서 나타나기 마련이다. 모략을 구상하고 운용할 때 이런 수요를 잘 이용하면 아주 생생한 드라마를 많이 연출해낼 수 있다.

"심리적 수요를 만족시켜라."는 말은 매슬로우의 다섯 단계 외에 총체적으로 모략을 운용할 때 대항 중에서 나타나는 심리적 수요까지 포함하는 것이란 점을 특별히 지적해둔다. 즉, '나를 알고' '상대를 아는' 수요다. "나를 알고 상대를 알면 백번 싸워도 위태롭지 않다."는 것 역시 모략을 운용하고 겨룰 때 필요한 기초이자 관건이다. 나와 상대의 상황을 제대로 모르면 상대에 대해 효과적인 대책을 세우지 못한다. 맹인이 말을 타고 달리는 것처럼 곳곳에서 장애와 부딪히게 된다.

모략을 운용하는 사람은 일부러 또는 거짓으로라도 심리적 수요를 만족시켜야 성공할 수 있다. 이는 수많은 사실이 증명하고 있다. 제2차 세계대전에서 "단 한 구의 시신으로 수만 정예부대를 무찌른" 시칠리아 섬 전역은 상대의 심리적 수요를 만족시킴으로써 크게 승리한 단적인 사례라 할 수 있다. 이 전역은 영국 정보기관에서 기획하고, 영미 연합군 참모부와 영국 3군 참모장들이 직접 허가한 속임수를 이용한 심리전략이었다. 당시 영·미 연합군은 신원불명의 시신을 상륙용 함정 전문가로 위장하고 비행기가 바다로 추락하여 조난당한 것처럼 꾸며놓고, 그의 품에서 나온 편지에서 기밀 사항, 즉 연합군의 공격 방향을 독일군에 고의로 누설함으로써 시칠리아 섬에 있던 독일군의 주력을 샤르데냐Sardegna 섬으로 이동시켰다. 그런 다음 연합군은 시칠리아를 기습하여 단숨에 시칠리아를 점령하고 무려 22만7천 명을 섬멸하는 대승리를 거두었다. 이 모략이 중대한 승리를 거둘 수 있었던 까닭은 세부적인 모든 사항을 합리적이고 사실처럼 꾸몄기 때문이다. 이보다 더 중요한 것은 연합군의 공격 방향을 알고 싶어 하는 독일군의 절박한 심리를 잘 이용했기 때문이다.

당초 1943년 6월, 연합군이 판텔렐리아Pantelleria 섬을 점령했을 때 독일 지휘부에서는 연합군의 다음 공격 목표가 시칠리아 섬일 것으로 예상했다. 그러나 시칠리아는 목표가 분명하여 그 사실을 숨기고 기습으로 효과를 보기는 어려웠다. 독일 지휘부는 이 때문에 연합군의 작전계획을 알아내려고 갖은 방법을 다 썼다. 영국 정보부는 독일군의 이런 심리적 동향을 알아차렸고, 독일의 그러한 심리적 수요에 맞추어 죽은 시신을 이용하여 거짓 기밀을 누설하는, 즉 가짜 정보를 독일에 흘렸던 것이다. 모략의 심리적 사기술이 이렇게 해서 순조롭게 성공을 거두었다.

전쟁사에서 상대의 심리적 수요에 맞추어 사기술로 승리한 사례는 적지 않다. 1805년 아우스테를리츠Austerlitz 전역에서 승리한 나폴레옹, 1943년 드네프르Dniepet강 대회전에서 승리한 소련군 등등의 사례는 이 모략을 운용하여 거둔 크고 대표적인 승리였다. 중국 인민해방군의 전쟁사에서도 이런 모략을 운용한 사례를 낯설지 않게 볼 수 있다. 해방전쟁 초기, 장개석將介石은 군사력을 집중하여 해방군의 산동山東·섬북陝北 근거지를 공격했다. 이와 동시에 화동과 서북의 산서·하북·산동·하남의 야전군을 섬멸하려는 양면 작전을 전개했다. 모택동은 "적의 계책에 맞추어 계책을 취하는" '장계취계將計就計'를 운용하여 흐르는 물에 배를 띄우는 격으로 장개석의 심리적 수요에 박자를 맞추어주었다. 화동 지역의 야전군에게 산동성 동쪽에서 결전을 벌이고자 하는 태세를 취하게 해서 적의 '오른쪽 주먹'을 발해渤海 쪽으로 옮기게 하는 한편, 서북부의 야전군에게는 적의 '왼쪽 주먹'을 북쪽으로 끌고 가게 하였다. 적의 심장이 드러난 틈에 유소기劉少奇와 등소평鄧小平은 천리 밖 대별산大別山으로 약진하여 날카로운 검으로 적의 심장을 찔렀다. 장개석의 공격 전략은 방어 전략으로 바뀔 수밖에 없었다.

이 모략의 심리 법칙은 일찍이 고대 군사전문가들에 의해 철저하게 해부되어 있었다. 『손자』「구지九地」편에서는 "아홉 가지 지형의 변화와 굽히고 펴는 이로움과 병사들의 감정의 이치를 잘 살피지 않으면 안 되는 것이다."라고 하였다. 여기에서 말하는 감정의 이치가 사람의 심리상태를 가리킨다. "잘 살피지 않으면 안 된다."는 말은 전쟁의 심리를 장악하고 심리의 변화를 파악하라는 뜻이다. 『병경백자兵經百字』에서는 "일반적으로 무리하게 공격하면 난관에 부딪히기 마련이니 적의 의도에 따르면서 적이 실수하도록 유도하는 것이 더 좋다. 적에게 전진하려는 의도가 보이면 일부러 약한 것처럼 가장하여 적을 깊숙이 유인하고, 적이 퇴각하려고 하면 일부러 놓아주어 포위를 돌파하여 후퇴하도록 하여야 한다. 적의 군사력이 강할 때에는 굳게 지키면서 싸움을 피하여 적을 교만하게 만들어야 한다. 적이 자신의 위세를 믿고 우쭐대면 일부러 약한 척 몰래 힘을 쌓아놓고 시기를 기다려야 한다."고 했다. 여기서 말하는 '전진하려는' '퇴각하려고 하면' '위세를 믿고' 등은 상대의 의향과 심리상태를 가리킨다. 또 '일부러 약한 것처럼' '일부러 놓아주어' '일부러 약한 척 몰래 힘을 쌓아놓고' 등은 상대의 마음에 맞추어 심리적 수요를 만족시키라는 뜻이다. 무수한 실천적 사례들이 증명하다시피 조건이 구비된 상황에서 거짓으로 상대의 심리를 만족시키고 그 수요에 맞추어주면 순조롭게 승리를 거둘 수 있다. 이런 심리 법칙은 군사모략을 운용하는 데 많이 활용될 뿐만 아니라 군사·정치·외교모략에서도 지켜야 할 중요한 법칙이다.

단순히 경제 영역의 활동만 놓고 보더라도 심리적 수요를 만족시키는 것은 상품경제를 발전시키는 전 과정에서 지키지 않으면 안 되는 법칙이다. 상품의 개발, 원가계산, 가격 확정, 포장방식, 판매방식, 애프터서비스 및 상품시장을 점령할 때까지 모두 이 모략이 실현되고 있다. 상품의 판매가를 정하는 일을 예로 들어보자. 심리학자들은 이른바 '소매가'가 소비자의 심리에 가장 미묘한 영향을 준다는 사실을 발견했다. 즉, 상품의 가격을 확정할 때 마지막 자리의 수를 '0'으로 하지 않고 '9' 또는 '90'으로 할 때 소비자를 가장 크게 유혹한다는 것이다. 이런 숫자가 소비자에게 값도 싸고 질도 좋다는 느낌을 주어 상품에 대한 신뢰도를 높일 수 있기 때문이다. 결국 소비자의 심리적 요구를 어느 정도 만족시키기 때문이다.

2) 심리적 약점을 이용하라

"심리상의 혼란, 감각의 충돌, 우유부단, 심지어 공포심까지 이 모든 것들이 우리의 무기다."

전쟁범 히틀러Hitler의 말이다. 인간의 심리적 약점에 대한 해설로 손색이 없다. 사람마다 심리상 약점을 갖고 있다. 심리적 약점은 대체로 두 방면으로 나눌 수 있다. 하나는 심리적 바탕과 활동 수준의 약점인데, 존재의 감각과 지각 방면의 결함이다. 또하나는 심리의 품격과 적응력 방면의 결함이다. 이 두 방면의 약점은 흔히 뒤섞여 나타난다.

인간의 심리는 객관적 현실의 사물을 반영한다. 하지만 여러 가지 주·객관적 요인의 영향 때문에 때로는 객관적 사물을 완전하고 정확하게 반영할 수 없다. 객관적 사물을 정확하게 반영했더라도 인간의 심리적 바탕과 활동 수준의 제약을 받는다. 또 이성적 사유의 과정이라는 단계를 거친다 해도 실제와 완전히 부합되는 판단을 내릴 수 없다. 정확한 사유의 결론을 얻었다 할지라도 객관적 현실의 적응에 따라 일어나는 인간의 심리상태가 객관적 현실의 요구를 꼭 만족시킨다고 할 수 없다. 일련

의 과정에서 이런 폐단들이 일어나는 까닭은 인간의 심리적 약점이라는 제약 때문이
다. 이런 심리적 약점이 모략을 운용하고 겨룰 때 이용할 수 있는 조건이 된다. 모략
을 운용하고 겨루어서 성공한 경우는 대부분 심리적 약점을 교묘하게 이용한 결과
다. 인간의 심리적 약점은 주로 아래와 같이 나타난다.

(1) 시각의 오차

시각視覺기관에서 발생하는 지각 영상의 착각을 말한다. 인간의 지각 범위는 한정되
어 있어 모든 대상을 감지할 수는 없다. 인간이 시각을 통하여 지각을 얻는 모든 순
간은 늘 소수의 사물을 감지의 목표로 선택하여 특별한 주의를 일으키는 것에 습관
이 되어 있다. 이런 현상은 사실 배경과 지각의 대상을 어떻게 인식하는가라는 관계
의 문제다. 대상과 배경의 차이가 클수록 대상은 배경 속에서 더욱 두드러지게 나타
난다. 시각 오차의 존재는 맞서고 있는 쌍방이 서로를 속이고 위장할 수 있는 가능성
을 제공한다.

(2) 청각의 엄폐

'소리의 엄폐'라고도 할 수 있다. 여러 가지 소리가 동시에 청각聽覺 분석 기관을 자극
할 때 한 가지 소리만 청각에 접수되는 현상을 가리킨다. "소리는 물체가 내지만 듣
는 것은 귀로 듣는다." 이는 자연현상이다. 하지만 여러 가지 소리가 동시에 존재할
때 소리의 강도가 제일 크고 빈도가 높은 소리가 맨 먼저 청각에 접수된다. 청각기관
의 이런 결함은 소리 전달의 객관적 규칙이며, 청각의 이런 감수성 특성은 왕왕 사람
들이 객관적 사물을 감지하고 사유를 통해 판단하는 데 착오를 일으킨다.

　　많은 실천적 경험으로 볼 때 아름다운 소리는 미적 즐거움을 누리게 하고, 난잡
한 소리는 불량한 심리적 반영을 일으킨다. 인간은 대항과 경쟁에서 이런 엄폐 법칙

을 이용하여 일부러 크고 센 소음을 만들어 강압적으로 이런 자극을 받아들이게 하여 신경 활동의 계통을 어지럽히고 나아가 심리적으로 이상 현상을 일으키게 만든다. 과부하의 소음은 인체의 에너지를 급격하게 소모시키고 정서를 크게 흔들 수 있으며, 주의력을 흩어놓고 의지를 약화시키며, 심지어 몸과 마음에 병이 생기게 할 수도 있다. 이런 것이 대항과 경쟁에서 모략을 운용하고 겨룰 때 직접 추구하는 심리적 효과로 작용한다.

(3) 심리의 태세

'마음의 방향'이라고도 한다. 인간이 사유를 진행할 때는 과거 경험의 영향들 때문에 고정된 심리 활동의 모델을 이용하여 같은 유형에 영향을 준 다음 계속 활동하는 추세가 발생하기 쉽다. 이는 상당히 안정된 상태로 심리 활동이 진행되기 때문에 문제를 인식하고 해결하는 데 일정한 경향성·집중성·취향성을 보인다. 심리의 태세는 적극적으로 작용한다. 하지만 모략으로 맞설 때는 더 많은 상황에서 소극적으로 작용한다. 그 결과 '태세의 착각'을 일으켜, 흔히 보고 겪은 일에 대해 익히 보고도 못 본 것 같은 태도를 취하게 된다. "준비가 충분하면 의지가 약해지고, 흔히 보는 것에 의심을 가지지 않는다."는 심리적 약점을 표출하여 상대가 파고들 틈을 준다.

(4) 심리의 피로

새로운 환경의 자극과 과거의 경험을 통해 저장된 정보의 내부 모델이 서로 충돌을 일으켜 심리적으로 감당할 수 있는 능력이 파괴당하는 것을 말한다. 인간의 심리가 감당할 수 있는 힘은 환경·사건 자체 및 인간에 대한 자극의 정도에 의해 결정되는 한편, 환경과 사건에 대한 인간의 평가·희망·예견·경험 등이 방해를 받아 파괴되는 정도에 의해 결정된다. 만약 외부 환경과 사건이 인간의 심리를 자주 강하게 방해하거나 인간의 희망·평가·예견 등이 아주 고르지 못해 뜻하지 않게 변화한 환경에 대처할 힘을 잃으면 일련의 심리적 피로 증상이 나타난다. 예를 들면 근육에 경련이 일거나 가슴이 답답하고 초조하고 불안하며, 기억이 떨어지고 주의력이 흩어지며, 의기소침해져 정서에 불안이 나타나 생각이 혼란스러운 등등의 증상이 나타난다. 이런 것들은 인간의 자제력을 약화시켜 정책을 세우고 결정하는 사람이 모략을 운용하면서 실수를 범하게 하거나, 수동적 상황으로 몰려 심리적 대항에서 우세를 잃게 하며, 나아가 심리적으로 대항할 능력을 떨어뜨리거나 아예 없애버림으로써 끝내는 상대에게 당하게 만든다.

(5) 생존의 본능

살길을 찾는다는 것은 생존에 대한 욕망이다. 생존의 길을 찾는 것은 인간의 본능이자 급소와도 같은 심리적 약점이다. 사람은 언제 어디서든 어떤 상황에 부딪히더라도 자신을 보존하고 생존의 길을 찾는 심리가 존재한다. 이런 생존본능은 비상 상황에서 인간의 능력과 열정을 초인적으로 발휘하게 하여 인간의 심리를 격려하는 적극적인 작용을 한다. 반면 어떤 조건에서는 마음이 흩어지고 의지가 약해지며, 믿음을 잃고 자기 한몸 지키며 구차하게 살고자 하는 선택으로 나타난다. 진나라 말기 항우가 결행한 "취사용 솥을 깨고 배를 가라앉히는" '파부침주破釜沈舟'나 한신이 선택한 "물을 등지고 진을 치는" '배수열진背水列陣'과 같은 행동은 인간의 생존본능이라는 심리를 교묘하게 운용한 결과였다. 손무가 말하는 "망할 땅에 던져져야 생존할 수 있고, 죽을 곳에 빠져야 살아날 수 있다."는 특이한 심리적 효과를 충분히 보여준 사례였다.

6. 모략의 심리 예술

모략의 심리 예술이란 모략을 구상하고 운용하고 겨루는 책략의 수단을 가리킨다. 이는 동시에 인간의 사유방식을 실현하는 것이기도 하다.

이것이 성공할 수 있는가의 여부는 모략의 책략적 수단을 선택하고 지배하는 데 달려 있으며, 선택한 모략의 책략적 수단이 시기·장소·상황에 맞게 원활하게 사용되었는가를 보는 것이다. "운용의 묘는 오로지 한마음에 달려 있다."고도 말할 수 있다. 같은 모략의 수단이라도 객관적 상황을 무시하고 억지로 응용하면 전혀 다른 심리적 효과를 낼 수 있다. 항우와 한신이 '파부침주'와 '배수지진'으로 대승을 거두었지만 마속馬謖이 가정街亭을 지키지 못한 것은 "망할 곳에 던져진 다음에라야 생존할 수 있고, 죽을 땅에 빠진 뒤라야 살 수 있다."는 책략을 틀에 박힌 그대로 사용한 결과로, 궁지에 몰린 짐승이 사람을 물지 못하게 만들었을 뿐만 아니라 도리어 심리적으로 흩어져 전군이 궤멸당하고 말았다. 모략을 운용하고 겨루는 책략이라는 예술적 수단은 천변만화하고 예측불허이지만 결코 허무맹랑한 것이 아니다. 이제 그 주요한 책략 수단들을 소개한다.

1) 암시

암시는 함축적이고 간접적인 방식으로 다른 사람의 심리와 행위에 영향을 일으키는 과정을 말한다. 암시는 흔히 사람들로 하여금 자각적 또는 비자각적으로 일정한 방식의 행동을 하게 하거나 선택 없이 일정한 의식과 신념을 접수하게 만드는 작용을 발휘한다. 암시가 효능을 일으키는 경로는 시각·청각·동작 등 직관적 수단을 통하여 이해하고 영향을 주고받고 표현된다. 예를 들면 문자·그림·언어·방송·손짓·형태 등과 같은 것이다. 암시의 효능을 얻으려면 일정한 조건이 있어야 한다. 반드시 일정한 객관적·물질적 환경과 심리적 환경이 어울려야만 예상한 효능을 일으킬 수 있다. 모략을 운용하고 대결하는 중에 암시의 책략적 방법은 아주 많다. 상대방을 심리적으로 유도하여 상대의 주관적 희망과 일치하거나 반대되는 쪽으로 이끌 수도 있고, 사상과 감정의 교류를 통해 공감의 효과를 만들어낼 수도 있으며, 상대방을 우롱하고 협박하여 착각을 일으키고 정신적으로 공포를 느끼게 만들 수도 있다.

2) 시형

'시형示形'이란 상대에게 허상虛像이나 가상假像을 보여주는 것으로 군사에서 많이 활용하는 속임수의 일종이다. 시형은 통속적으로는 드러난 사물의 외적 징표로 이해할 수 있다. 여기에서는 명시와 암시의 방식을 가리킨다. 모종의 매개체를 통해 내 쪽의 의도를 특정한 사람의 감지 목표 시스템으로 보내는 것이다. 이는 모략가가 유형의 가짜 정보로 적을 유혹하는 기본적인 책략 수단이다. 중국 고대의 위대한 군사가였던 손무는 『손자』「계計」편에서 속임수 열두 가지를 제기했는데, 시형의 일반적인 원칙을 "할 수 있지만 못하는 것처럼 나타내고, 쓸 수 있지만 못 쓰는 것처럼 하고, 가까운 것을 먼 것처럼 나타내야 한다."고 명확하게 기술하고 있다.

화약을 사용하지 않던 이른바 냉병기 시대에 시형은 주로 '위장'이란 방법으로 진행했다. 역사가 발전한 지금 시형은 대단히 많은 현대화 수단을 실현하고 있다. 이스라엘이 이라크의 핵시설을 폭격했을 때 14대의 비행기를 밀집형 대열로 편성했는

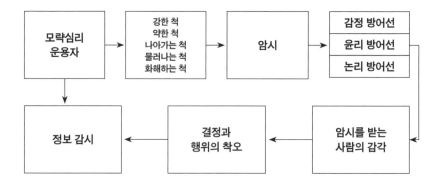

● '시형' 모략의 심리적 과정 모형도

데 상대방 레이더에는 마치 대형 비행기 한 대처럼 보이는 '시형'을 만들어냈다. 이렇게 상대방의 착각을 유도하여 심리적으로 세 방어선에서 돌파구를 마련할 수 있었다. 시형으로 상대가 일단 착각을 일으키면 감정 방어선, 윤리 방어선, 논리 방어선 등 심리의 세 방어선을 뚫을 수 있다. 심지어 상대방이 던지는 '시형' 정보를 진짜로 여겨 잘못된 선택과 행동까지 하게 된다. 이 간단한 심리적 과정은 위의 그림처럼 나타낼 수 있다.

'시형'이라는 책략 수단은 모략 방침을 운용하여 대결할 때 널리 채용되었다. 이 때문에 예로부터 지금까지 많은 모략 전문가들이 활용하여 빛나는 역사의 한 페이지를 장식했다. 제2차 세계대전 중 제임스 중위는 몽고메리 원수로 분장하여 적군 10만을 유인하는 효과를 이루어냈다. 모택동은 "적수赤水를 네 번 건너는" 전투를 지휘하면서 이 시형술로 적들을 혼란에 빠뜨려 지치게 만들고 결국 수동적으로 얻어터지는 상황으로 몰아넣었다. 이런 사례들은 시형이라는 책략 수단을 교묘하게 운용한 결과들이다.

3) 가치부전

'가치부전假痴不癲'49이란 "거짓으로 바보 노릇을 한다."는 뜻이다. 일부러 어리석은 체하거나 모르는 체하는 모습을 나타냄으로써 상대방을 홀려 속이는 것이다. 이렇게하려면 반드시 '얻으려면 먼저 주고' '이익으로 유도하는' 원칙을 준수해야 한다. 상대방의 욕심이라는 심리적 특징을 틀어쥐고, 나는 기운이 없는 듯 실력을 감추고서 이익으로 판단을 흐리게 하여 덫에 걸리게 하는 것이다. 이는 미끼를 던져 물고기를 잡는 유혹이자, 미끼 전술의 수단이자, 늦게 출발하여 상대를 제압하는 '후발제인'의 책략이기도 하다. 통속적으로 말하자면 상대가 무엇을 필요로 하면 무엇이든 만족시켜 상대로 하여금 "내가 이렇게 하자면 이렇게 하는구나."라는 생각을 갖게 만드는것이다. 그렇게 상대의 뜻에 순순히 맞추고 좋아하는 것을 던져준다.

모택동이 창조한 '적을 깊숙이 유인하는' 전략사상과 전술원칙도 이런 모략술의생생한 실현이었다. 이 모략은 정치와 외교투쟁에서도 활용된다. 1945년의 얄타회담에서 트루먼은 핵으로 스탈린을 위협하려 했다. 스탈린은 이런 트루먼의 심리상태를진즉 파악하고 못 들은 척, 모르는 척 태연하게 처신했다. 얄타회담이 끝나자 소련은곧바로 원자탄 연구와 제조에 박차를 가해 4년 뒤 첫 번째 핵실험에 성공했다. 트루먼은 이를 전혀 예상치 못했고, 전 세계가 깜짝 놀랐다. 이로써 소련은 미국의 핵 농단에 종지부를 찍었고, 정치는 물론 심리적으로도 우세를 차지했다.

---

49 '가치부전'에서 '치痴'란 어리석고 멍청한 것을 말하고, '전癲'은 정신착란을 말한다. 거짓으로 어리석고 멍청한 체하는 것이기 때문에 정신착란이나 미친 것은 물론 아니다. 그 뜻은 형세가 불리한 상황에서 겉으로 멍청하고 어리석어 아무것도 못하는 것처럼 가장하여 내심 품고 있는 정치 포부를 숨김으로써 자신을 경계하는 적의 눈길을 피하려는 것이다. 이 계책은 흔히 물러섰다가 나아가고, 늦게 출발하여 상대를 제압하는 것으로 표현된다. 따라서 '가치부전'의 중점은 꾸민다는 뜻의 '가'자에 있다. 못 듣는 척, 말 못하는 척, 멍청한 척 위장한다는 것이다. 하지만 정신과 두뇌는 생생하게 깨어 있고 또 그래야만 한다.

1953년 6월, 79세의 고령 영국 수상 처칠은 버뮤다에서 열린 영국·미국·프랑스 3국 정상회담에 참석했다. 그는 나이를 핑계로 못 들은 척하며 미국의 아이젠하워 대통령, 프랑스 외무장관 조르주 비도Georges Bidault와 주거니 받거니 상대를 애먹이고 골치 아프게 만들었다. 처칠에게는 아주 효과 있는 방어무기였다

역사·정치·경제·군사·외교 등 파란만장한 투쟁사를 종합해보면, 맞서고 있는 쌍방은 투쟁에서 일정한 목적을 달성하기 위해 혼신의 힘을 다해 수를 내서 불리한 국면을 벗어나려 한다. 따라서 '가치부전'은 모종의 상황에 따른 강압적 필요성 때문에 취할 수밖에 없는 책략 수단이다. 자주 하는 말로 "모략은 지혜에서 나오고, 비밀을 지키면 성사되고, 새어나가면 실패한다." 총명한 리더는 마음속의 중대한 포부를 감춘 채 정치·군사·정치·외교 목적을 실현하기 위하여 늘 이런 책략 수단을 써서 세상 사람들의 눈과 귀를 가린다. 이는 모략의 중요한 원칙이 되었다. 『삼십육계三十六計』에서는 '가치부전'이란 계책을 명확하게 제시하고 있다. 제27계에 배치된 이 계책은 다음과 같다.

거짓으로 모르는 체, 못하는 척하는 것이 낫지, 모르면서도 아는 척 경거망동해서는 안 된다. 침착하게 본색을 드러내지 않는 것이 마치 『역易』의 '둔屯' 괘처럼 구름이 위에서 천둥을 누르고 있는 형상이다.

4) 출기와 불의

"무릇 작전이란 정규병으로 적과 맞서며, 기습부대로 승리를 쟁취한다." 여기서 말하는 '기습한다'는 단어가 바로 '출기出奇'다. 기존의 틀대로 행동하지 않고, 상식을 뛰어

넘어 사유하고 상식과 반대로 군대를 움직여서 상대를 놀라게 하여 선제적으로 상대의 기를 빼앗는 심리 태세를 만들어내는 것이다.

"(상대가) 달려 나오지 못할 곳을 치고, 상대가 생각하지 못한 곳으로 달려 나간다." 여기서 '상대가 생각하지 못하는' 것이 '불의不意'다. 상대의 예상을 벗어나는 방법으로 공격해 들어가는 것을 말한다. 이런 점에서 '출기'와 '불의'는 서로 뗄 수 없는 관계로 서로 돕고 보완한다. '출기'는 '불의'를 달성할 수 있고, '불의'하려면 대부분 '출기'해야 한다. 손무는 "군사에 늘 같은 형세란 없고, 물은 늘 같은 형태를 하지 않는다.", "따라서 '출기'를 잘하는 자는 하늘과 땅처럼 무궁하고 강물처럼 마르지 않는다."고 했다.

모략이 맞서는 중에 '출기'와 '불의'의 모략 수단을 운용한 사례는 헤아릴 수 없이 많다. 1937년 10월, 유백승劉伯承 원수가 평정현平定縣 칠궁촌七亘村 전투에서 '거듭된 매복공격'으로 승리한 것은 그 전형적인 사례다. 첫 매복에서 아군은 일본군 300명 이상을 죽이고 노새와 말 300여 필 및 대량의 군수물자를 얻었지만 아군의 사상자는 10여 명에 지나지 않았다. 하루 뒤 같은 지점의 두 번째 매복으로 적군 100여 명을 죽이고 노새와 말 수십 필을 얻었지만 아군 사상자는 20여 명에 지나지 않았다. 이렇게 두 차례의 매복으로 큰 승리를 거두었다. 이는 적의 예상을 벗어난 '불의'로 '출기'했기 때문에 가능했다. 옛사람들은 "용병은 반복하지 않는 것이 중요하다."고 했다. 유백승은 일상적인 방법과 반대로 움직였다. 상대의 심리적 습관을 역이용하여 기습병과 불의의 공격으로 중대한 승리를 거둘 수 있었다. 이런 고차원의 모략 예술에 실로 감탄하지 않을 수 없다.

5) 용간

'용간用間'이란 말 그대로 간첩을 활용한다는 뜻이다. 간첩이나 헛소문이나 거짓 정보를 흘리는 이른바 '유언비어流言蜚語'를 활용하여 상대 진영을 갈라놓는 '이간책'을 가리킨다. 이런 수단으로 상대를 이간하여 조직을 부수고 자기 진영으로부터 떨어져 나가려는 이심력離心力을 증대시킨다는 목적을 달성한다. 놀랍게 2,500년 전의 병법서인 『손자』에는 「용간」이라는 간첩 활용에 관한 문장이 있어 이 책략을 전문적으로 논하고 있다. 「용간」 편의 한 대목이다.

> 따라서 군대 전체의 일 중에서 간첩만큼 친밀하게 대해야 하는 것도 없고, 간첩에게 주는 상보다 더 후한 상은 없으며, 간첩의 운용만큼 비밀을 요하는 일도 없다. 사람을 알아보는 고도의 지혜를 갖추지 못하면 간첩을 활용할 수 없고, 극진한 애정과 의리를 보여 사람을 감복시키지 못하면 간첩을 움직일 수 없으며, 치밀하게 비교·평가하지 못하면 간첩에게 얻은 첩보 중에서 진짜 정보를 골라낼 수 없다. 미묘하고 미묘하여 간첩을 활용할 수 없는 일이란 없다. 간첩을 보내기도 전에 이런 내용이 흘러나가면 간첩과 함께 이에 관련된 일을 들은 사람도 모두 죽여야 한다.

'용간'이 모략에서 중요한 위치에 있음을 알 수 있다. 간첩 활용이 성공하면 그 결과는 백만 대군보다 낫다. 모략의 겨루기에서 '용간'이 널리 쓰이는 수단이 되는 까닭이다. 정치·경제·군사·외교투쟁은 말할 것 없고 일상에서도 이 수단이 활용된다. 이를 통해 물질이나 무력으로 좀처럼 실현하기 어려운 목표나 달성하기 쉽지 않은 목적을 달성하는 것이다. 견고한 성은 내부에서 무너뜨리는 것이 가장 쉽고 편하다. 간첩의 이용은 상대의 내부를 와해시켜 공격하지 않아도 절로 무너지는 효과를 거둘 수 있다.

제2차 세계대전이 터지기 전에 히틀러의 정보기관은 일련의 가짜 정보를 만들어내 소련 총사령부의 고위급 장교인 미하엘 투하쳅스키가 독일과 몰래 결탁하여 군부를 동원, 스탈린 지도체제를 엎으려 한다고 모함했다. 독일 정부기관은 온갖 방법을 동원하여 소련 간첩들이 이 정보를 믿게 만들었다. 소련 간첩들은 이 정보를 무려 10만 루블의 거액을 주고 사들였다. 소련 총사령부 역시 이 정보를 믿고 투하쳅스키를 죽였다. 뿐만 아니라 많은 장교들까지 연루되어 전쟁 초기 소련군은 작전에서 큰 난관을 겪지 않으면 안 되었다.

● 투하쳅스키는 러시아 귀족 출신으로 소련에서 가장 이른 시기의 다섯 장성 중 하나이자 군사 전략가로 '붉은 나폴레옹'이란 별명까지 얻은 명망 높은 인물이었다. 독일이 이 인물을 목표로 삼은 데는 당시 투하쳅스키를 경계하던 소련 지도부의 의중을 제대로 파악했기 때문이라는 설도 있다. 아무튼 '용간'의 위력은 백만 대군보다 더 큰 위력을 발휘할 수 있다는 사실을 잘 보여준 생생한 사례였다.

중국 고대사에도 이런 일이 비일비재했다. 진시황은 조나라의 간신 곽개郭開를 매수하여 조나라의 유능한 장수들인 염파廉頗와 이목李牧을 모함했다. 염파는 쫓겨났고, 이목은 살해되었다. 조나라는 얼마 뒤 진나라에 망했다. 진평陳平은 이간책으로 항우項羽와 범증范增을 갈라놓음으로써 항우의 패배에 큰 역할을 했다. 모택동이 확립한 "전군을 와해시킨다."는 원칙은 민주혁명 시기에 큰 작용을 했고, 지금도 적과 싸우는 책략의 원칙으로서 가치를 잃지 않고 있다. 이런 것들은 모두 '용간'이란 모략사상의 실현이라 할 수 있다. (이상 사례를 비롯한, 이 책에 수록된 모략 사례의 자세한 내용은 『모략고』를 참고.)

6) 사기를 격려하라

군은 사기를 먹고 산다고 했다. 민족 역시 자존심을 잃어서는 안 되며, 나라는 세계 여러 민족 속에서 자립해야 한다는 자신감이 없어서는 안 된다. 믿음과 사기는 모략의 대항에서 승리를 얻는 가장 근본이 되는 보증수표와 같다. 모략의 대결은 궁극적으로 많은 사람들의 구체적이고 눈에 보이는 대항을 통해 실현되기 때문이다. 승리는 이 대항에 참가하는 사람들의 믿음과 사기에 의해 판가름난다. 하나의 단체 또는 집단으로 말하자면 사기는 이 단체와 집단의 심리상태다. 군인 집단의 사기는 그 집단의 의지와 정신상태가 가장 집중된 표현이다. 사기는 모든 군인의 인식, 사상 경향, 집단에 대한 동질감, 귀속감, 책임감, 의무감 등 여러 가지 요소를 나타낸다. 군인 집단의 사기는 지휘관이 부대를 이동시키고 지휘하고 결정을 내릴 때 필요한 주요한 지지 요인이다.

앞서 언급한 바 있는 유백승 원수는 "믿음은 군인의 영혼이다."라고 지적한 바 있다. 믿음과 사기는 무형의 강력한 정신적 힘인 동시에 일종의 동태적 과정이다. 이런 정신적 힘의 폭발은 절로 나오는 것이 아니라 조건이 필요하다. 일정한 외부적 조건의 힘을 빌리고 적절한 모략의 책략 수단, 즉 심리 격려의 방법을 통해 터져 나온다. 믿음과 사기는 두 가지 발전적 방향을 보인다. 하나는 적극적이고 커지고 향상하는 발전이다. 또 하나는 아래로 처지는 소극적 발전이다. 모략 운용의 목표와 책략 수단의 직접 목적은 내 쪽으로 보자면 사기를 북돋우는 것이고, 상대에 대해서는 사기와 믿음을 떨어뜨리는 것이다.

믿음과 사기는 대체 어떤 구체적인 형태로 나타나는가? 관련하여 『손자』「군쟁」편에서는 이렇게 말한다.

따라서 적군 전체의 사기를 꺾을 수 있고 장수의 정신을 빼앗을 수 있다. 사기는 아침에는 높고 낮에는 해이해지며 저녁에는 사라진다. 그렇기 때문에 용병에 능한 사람은 적의 사기가 높을 때는 피하고, 사기가 해이해졌거나 사라진 때에 공격한다. 사기를 다스린다고 하는 것이 바로 이 말이다. 차분하게 어지러워지는 것을 기다리고, 고요하게 소란스러워지기를 기다린다. 이는 마음을 다스리는 것이다. 가까운 것으로써 먼 것을 기다리고, 편안한 것으로 피로한 것을 기다리고, 배부름으로 굶주림을 기다린다. 이것은 힘을 다스리는 것이다. 정정당당한 깃발과 군영은 공격하지 않는다. 이것은 변화를 다스리는 것이다. 그러므로 군사를 쓰는 방법은 높은 언덕에 있는 적을 올려다보며 공격하지 말고, 언덕을 등지고 있는 적에게는 덤비지 말고, 거짓으로 도망하는 적을 쫓아가지 말아야 한다. 날카로운 적의 군졸을 공격하지 말고, 미끼로 던져주는 것을 먹지 말고, 돌아가는 적의 군사를 막지 말고, 적의 군사를 포위하면 반드시 한쪽을 비워두고 궁지에 몰린 적군을 핍박하지 말아야 하는 것이다. 이것이 군사를 운용할 줄 아는 방법이다.

『태백음경太白陰經』(2) 「여사편勵士篇」은 이렇게 말한다.

마음을 격려하고 사기를 북돋아 명령이 떨어지면 기꺼이 따르고, 군사를 대거 동원하면 기꺼이 싸움에 뛰어들어 죽기를 원하도록 만들 수 있다. 이것이 바로 전쟁으로 전쟁을 격발하고, 병사로 병사를 격려하는 것이다.

이상은 믿음과 사기의 구체적인 표현 형태에 대한 기본적인 개괄이라고 할 수 있다. 그렇다면 한 걸음 더 나아가 어떻게 해야 상대의 심리를 효과적으로 약화시키고 우리 병사들의 사기를 북돋을 수 있을까? 마음을 유효하게 약화시키고 사병들의 사기를 북돋울 것인가? 전국시대의 걸출한 군사가 손빈孫臏은 이와 관련하여 다음과 같은 구체적인 방법을 제시하고 있다.

군대에는 다섯 가지 유형이 있다. 첫째는 위엄 있고 강대한 군대고, 둘째는 거리낌 없고 교만한 군대며, 셋째는 독선적이고 고집이 센 군대고, 넷째는 탐욕스럽고 의심이 많은 군대며, 다섯째는 우유부단하고 결단력이 없는 군대다. 위엄 있고 강대한 군대를 대할 때는 약하고 부드럽게 상대한다. 거리낌없고 교만한 군대는 짐짓 공경과 겸손한 자세로 상대하면서 시기를 기다린다. 독선적이고 고집이 센 군대에 대해서는 공격하도록 유인한 뒤 제압한다. 탐욕스럽고 의심이 많은 군대는 선봉대를 먼저 공격하거나 허장성세로 좌우 양쪽을 혼란스럽게 만들되 아군은 해자를 깊게 파고 보루를 높이 쌓아 방어를 단단히 하면서 적의 보급로를 끊는다. 우유부단하고 결단력이 떨어지는 군대에 대해서는 허장성세로 적을 두렵게 하고, 약간의 병력으로 공격을 취해 반응을 살핀다. 응전하면 전면 공격으로 단번에 물리치고, 응전하지 않으면 포위로 항복을 기다린다.

현대 작전심리이론은 군대 지휘관 개개인의 심리적 품질 여부가 작전 수행이나 결단의 정확성에 직접 영향을 준다고 인정한다. 심리적 안정, 사유방식, 의지력, 좌절에 대한 감당 능력 등은 지휘관이 판단하고 결단하는 데 영향을 미치는 중요한 요소들이다. 이상이 바로 손빈이 서로 다른 심리적 특징을 가진 각 장수들을 제압하기 위해 제기한 모략의 책략 수단이다. 작전심리의 연구 결과가 입증하듯이 모략의 수단을 운용하여 상대 장수에게 압박을 주는 것은 간접적으로 상대의 사기를 떨어뜨리는 효과적인 방법이다. 전쟁터라는 응급 상황은 군인에게 심한 자극을 주어 전투에 임하는 마음을 흔들어놓거나 심리적 혼란을 조성하여 두려움을 갖게 할 수 있으며,

나아가 군인 집단 내의 인간관계에 불리한 영향을 줄 수 있다. 이런 관점에서 볼 때 "지휘관은 노여움 때문에 군대를 동원해서는 안 되고, 장수는 감정 때문에 전쟁에 나서서는 안 된다. 유리하면 공을 세우고, 불리하면 멈추어라. 분노가 기쁨이 될 수 있고 화가 즐거움이 될 수 있지만, 한번 망한 나라는 다시 살릴 수 없고 죽은 사람은 다시 살아나지 못한다. 따라서 현명한 군주는 신중하게 판단하고, 좋은 장수는 경계를 늦추지 않는다. 이것이 나라와 군대를 안전하게 지키는 이치다."

사기를 북돋우는 책략 수단도 매우 많고 경험도 많이 쌓였는데 주로 다음 몇 가지가 있다.

첫째, '동심同心'이다. 마음과 행동을 하나로 한다는 뜻이다. 손무가 "위아래가 같은 욕심을 가지면 이긴다."고 했듯이, 마음이 한곳으로 향하고, 같은 방향으로 힘을 쓰고, 위아래가 한마음으로 단결하면 반드시 이길 수 있다. 이는 누구나 아는 이치다. 이것이 가능하려면 윗사람이 솔선수범하여 아랫사람들에게 본보기를 보여야 한다. 『군참軍讖』에서는 "장수는 우물가에서 목마르다고 말하지 않으며, 밤이 오지 않으면 피곤하다고 하지 않는다. 밥이 다 되지 않았는데 배고프다고 하지 않는다. 겨울에 가죽옷을 찾지 않고, 여름에 부채를 찾지 않으며, 비가 내려도 막을 것을 찾지 않는다."고 했다. 장수는 솔선수범하여 병사들과 고락을 함께하면서 장병들과 마음으로 교류하여 가까워지면서 깊은 정감과 우애를 나눌 수 있어야 한다. 이것이 강력한 전투력의 심리적 기초다.

둘째, 사랑과 위로다. 사랑하는 마음으로 부하들의 정서를 움직이게 만드는 것이다. 장수가 병사를 아끼면 병사는 전쟁터에서 죽음을 불사하며 싸운다. "병사를 아끼는 장수는 영원히 병사들의 사랑을 받으며, 병사를 존중하는 장수는 영원히 병사들의 존경을 받는다." 이는 누구나 다 아는 전통적인 심리가 되었다. 인간의 적극성은 심리를 추동하는 일종의 동력이다. 이런 심리적 동력은 인간의 심리 그 자체에서 나오지만 또 한편으로는 외부의 자극을 받아 나온다. 사람들이 필요로 하는 것과 희망하는 것을 만족시키는 일은 심리적 동력의 근원이다. 장수가 부하들에게 관심을 보이고 보살피고 아끼며, 그들이 바라는 바를 들어주고 필요한 것을 만족시키면 이에 고무되고 감동하여 분발해서 장수를 믿고 따르면서 몸과 마음을 다 바쳐 적을 무찌를 수 있는 부하들의 응집력과 감화력을 만들어낼 수 있다.

셋째는 은혜와 위엄을 병행하는 것인데, 다시 말하자면 설득하고 교육하는 방법과 법으로 다스리는 방법을 함께 시행한다. 이 방법은 병사들을 격려하는 중요한 관리 예술이다. 삼국 시기의 유명한 군사가인 제갈량은 『장원將苑』에서 "군사를 다스리는 방법으로 관직을 주고 재물을 내리면 오지 않는 병사들은 없다. 예로 맞이하고 신의를 앞세우면 목숨을 바쳐 싸우지 않는 병사가 없게 되고, 끊임없이 은혜를 베풀고 법을 엄격히 하면 복종하지 않는 병사는 없을 것이며, 어려움에 먼저 뛰어들고 좋은 일은 남에게 양보하면 용감하게 싸우지 않는 병사가 없고, 작은 선행이라도 꼭 적어두고 작은 공이라도 꼭 상을 내리면 노력하지 않는 병사는 없다."고 했다. 또 「답법정서答法正書」라는 글에서는 "내가 이제 법의 위엄을 보이고자 한다. 법이 집행되면 그 위엄을 알 것이다. 벼슬을 내리면 그 노고를 알 것이다. 은혜와 영예가 함께하면 위아래에 절도가 생긴다."고도 했다.

회유와 압박을 동시에 잘 활용해야 장수와 병사들이 단결 협력하고 한마음 한뜻이 되어 맡은 바 임무를 완수할 수 있다는 논리다. "물방울 하나의 은혜라도 솟아나는 샘물처럼 갚아야 사람을 얻는다."는 말처럼 장수가 병사의 실수를 이해하고, 그들의 공을 기억하고, 그들의 단점을 용인해야 전투에 대한 그들의 열정을 극대화할 수 있다. 이는 역사적 경험으로 입증되고도 남는다.

사기를 돋우는 책략 수단은 이런 것들만이 아니다. 자존심을 자극하여 격정적인 상태로 만드는 것도 사기를 돋우는 좋은 책략이다. 실천 과정에서 사기를 격려하는 각종 책략 수단은 결코 하나로만 실행되지 않는다. 서로 교차시켜가며 종합적으로 운용해야 한다. 자기 편의 마음을 격려하고 상대의 사기를 꺾는 것은 한 문제의 두 방면이기 때문에 어느 하나라도 무시하거나 없어서는 안 된다.

7. 모략의 심리 장애

모략의 심리 장애는 모략가가 모략의 방침을 세우기 전이나 세우는 과정에서 마음속에 어떤 고치기 어려운 버릇이나 사유의 태세가 이미 형성되어 있어 자각 또는 비자각적으로 사유의 방향을 객관적 사물의 주관적 상상 또는 희망에서 벗어나 잘못 계산된 모략과 실수를 만들어내는 쪽으로 틀어버리는 것을 말한다. 모략의 운용에서 흔히 볼 수 있는 심리 장애로는 아래와 같은 것들이 있다.

1) 자주 보는 사물은 의심하지 않는다

새로운 사물에 대해서는 강한 관심과 흥미를 보이지만 늘 보던 일에는 무관심한 것이 심리의 일반적 특징이다. 이런 심리적 특징은 모략가의 심리 장애가 될 뿐만 아니라 심지어 그릇된 상황 판단과 그릇된 결정으로 이어진다.

1942년 6월 4일부터 7일 사이에 벌어진 미드웨이 전투 직전 미국의 조셉 로슈포트가 이끄는 팀은 일본의 암호를 해독하는 데 성공했다. 그 결과 일본이 진행하는 모든 일의 상황을 환하게 관찰할 수 있었고, 이에 맞추어 일본에 대한 공격을 준비하고 있었다. 그런데 어디서 문제가 생겼는지 시카고의 한 신문사가 이 기밀 사항을 독점 보도하는 돌발 상황이 발생했다. 이 정도 뉴스라면 일본으로서는 당연히 큰 관심을 가져야 했고, 암호도 바꾸어야 했다. 그러나 일본 정보부는 늘 가짜 뉴스를 보도하는 등 이 통제 불능의 신문을 믿지 않았다. 진짜 뉴스를 가짜로 치부하여 결과적으로 미드웨이 전투에서 참패하고 말았다.

히틀러가 프랑스를 공격할 때도 몇 번이나 가짜 공격 명령을 내려서 상대를 지치게 한 다음 갑자기 공격했다. 제4차 중동전쟁 때 이집트 군대는 매년 진행하는 군사훈련을 이용하여 밤중에 한 개 여단 병력을 앞으로 이동시키고 저녁에는 한 개 군영을 철수시키는 방법으로 이스라엘의 코앞에서 비밀리에 두 개 군을 집결시켰다. 이스라엘은 이집트 군대가 매년 하는 군사훈련이라고 무시한 채 별다른 경각심을 갖지 않았다. 이집트 군대의 기습을 받고 나서야 꿈에서 깨어났지만 때는 이미 늦었다.

2) 눈앞의 성공과 이익에 매달린다

이론적으로는 모략을 운용할 때 누구든지 멀리 내다보고 깊게 생각하려 하며, 누구나 작은 대가로 큰 성공을 거두려 한다. 하지만 사람들은 모략을 운용하면서 흔히 눈앞의 성공과 이익에 급급해하는 심리적 속박에서 벗어나지 못하며, 심지어 부분적인 이익을 얻기 위해 전체 이익을 포기하거나 눈앞의 이익 때문에 먼 장래의 이익을 놓치기도 한다. 단기적 효과 때문에 정확한 방식과 방법에 대한 연구를 소홀히 하는 것인데, 눈앞의 이익과 부분적인 이익을 자신의 감각만 믿고 그것을 아주 중요한 미래의 이익이자 전체적인 이익이라고 착각하는 것이다. 눈앞의 성공과 이익에 매달리는 이런 모략 심리는 그보다 수준이 높은 모략 상대에게 이용당한다.

우리가 일상에서 값싸고 질 좋은 물건을 얻으려는 심리는 보편적인 것이다. 조금이라도 돈을 덜 쓰면 심리적으로 만족하고 성취감을 느낀다. 경험이 풍부한 경영자는 작은 이익을 바라는 고객의 이런 심리를 이용하여 작은 미끼로 큰돈을 번다. 군대가 마주보고 진을 치고 있을 때 "얻으려면 반드시 먼저 주라."는 모략을 운용할 줄 알아야 한다. 이는 뛰어난 리더들이 자주 쓰는 군사모략이자 성공한 사례가 무수히 많은 모략이기도 하다. 그다지 뛰어난 모략 같아 보이지 않는데도 먹히는 까닭은 성공과 이익에 매달리는 상대의 심리적 태세가 이 모략의 성공을 촉진하기 때문이다.

3) 선입견의 문제

어떤 모략이 되었건 객관적 상황에 대한 파악은 반드시 시간과 공간의 순서에 따라야 한다. 시간적으로 먼저 눈에 들어오고 먼저 귀에 들려오는 사물에 대한 인상은 상대적으로 깊을 수밖에 없고, 그 뒤에 따라오는 사물에 대한 판단에도 영향을 미친다. 마찬가지로 공간적으로 자신과 가까운 사물일수록 더 선명하고 강렬하다.

사람들이 방침을 세우고 대책을 짤 때 선입견이라는 심리적 태세에 영향을 많이 받는다. 심하면 객관적 상황에 대해 잘못된 결론을 내려 정확하게 방침을 세울 수 있는 전제 조건을 놓친다.

제2차 세계대전 초기, 독일은 1941년에만 몇 십 척의 잠수함을 만들었고, 이에 따라 잠수함 부대에 복무할 수천 명의 독일 청년들이 필요했다. 당시 카를 되니츠 해군 장성은 잠수함 부대 병사들을 모집하는 전단지를 전국 각지에 뿌렸는데 잠수함을 "강철로 된 관"으로 그리고 "잠수원이 되면 위험하다"는 문구를 넣었다. 한 번도 잠수함을 본 적이 없는 독일 청년들이 강한 선입견을 주는 이 전단지에 놀라 병을 핑계 대는 바람에 모집 시기가 몇 달이나 늦어졌다.

모략가들은 상대가 이런 선입견을 가지는 심리적 태세를 즐겨 이용한다. 하지만 모략 방침을 세우는 과정에서 자신도 불가피하게 선입견을 가지게 되는 소극적인 영향도 받게 된다. 제2차 세계대전에서 스탈린이 전략을 이끌 때 본부의 참모들은 초기 국면으로 볼 때 독일이 영국을 정복하기 전에는 소련을 공격하지 않을 것으로 판단했다. 이 때문에 독일이 이런저런 공격의 조짐을 보일 때 민감하게 반응하지 못했고, 소련은 전쟁 초기에 수동적인 입장에 처했다.

베트남과 미국의 전쟁 때 중국은 "미국에 저항하고 베트남을 돕는다."는 '항미원월抗美援越'이라는 선전 구호를 내걸었다. 그러나 중국은 베트남과 우리는 동지이자 형제라는 감정, 즉 선입견 때문에 베트남이 점차 지역 패권주의로 나아가는 현실을 제때에 인지하지 못했다. 베트남이 국경에서 사건을 일으키고 중국이 자위적 차원에서 반격하자 일부 사람들은 이미 변화된 이런 객관적 현상을 보지 못하고 매우 놀라고 심지어 이해조차 하지 않으려 했다. 수많은 사실이 입증하다시피 선입견은 모략가가 큰 착오를 저지르게 되는 중요한 원인의 하나다.

4) 투기 심리

모략가가 자신이 세운 방침이나 계획을, 성공의 기초로서 객관적 상황에 대한 정확한 판단 위에 세우지 않고, 요행을 바라며 투기로써 최종 목적을 이루려는 경우가 흔히 있다.

객관적으로 말해 어떤 모략이든 100% 객관적 현실에 부합할 수는 없다. 전쟁터에서도 정계에서도 사업에서도 스포츠 경기장에도 운용하는 모략 방침이 의지하는 객관적 상황은 크게는 구름 위를 떠도는 것처럼 일정한 거리밖에는 관찰하지 못한다. 따라서 모략을 운용할 때도 어느 정도 모호함이 있을 수밖에 없고, 위험성도 따르기 마련이다. 어떤 모략가든 전쟁터에서 피 흘리고 희생당하는 위험이나, 정계에서 쫓겨나거나, 경영에서 밑지는 등 나름대로 모험한 경력이 있기 마련이다. 뛰어난 모략가는 이런 위험에 직면해서 이성적이고 지혜롭게 대책을 강구한다. 정확하지만 모험성도 있는 모략은 이런 모험에 대한 객관적 분석에서 나온다.

투기 심리는 객관적 사물에 대한 과학적 분석을 소홀히 한 채 위험과 풍파가 무사히 지나가길 바라는 아름다운 주관적 소망에서 나온다. 이 아름다운 주관적 소망은 늘 전혀 다른 결과를 초래한다.

1982년 영국과 아르헨티나 사이에서 터진 포틀랜드 전쟁에서 영국은 아르헨티나의 각종 군사행동이 그저 위협이자 영국을 회담장으로 끌어들이려는 수단으로만 판단했다. 아르헨티나에게는 그만한 국력도 군사력도 없기 때문에 포틀랜드를 공격한다는 것은 상상할 수 없는 일로 판단했다. 그러다 보니 아르헨티나의 기습에 영국은 당황해서 쩔쩔맸다. 포틀랜드를 점령한 아르헨티나 역시 착각을 범했다. 영국이 포틀랜드로부터 수천 리 밖에 떨어져 있기 때문에 섣불리 공격할 수 없을 것으로 판단했다. 그러나 아름다운 꿈에서 깨기도 전에 영국군의 원정대에게 굴복하고 말았다.

많은 사실로 입증되었다시피 투기 심리나 요행 심리는 모략을 운용하는 데 금기 사항이다. '절대 가능하지 않다'고 생각하는 바로 그곳이 상대방의 의외로 뛰어난 계책이 파고들 수 있는 기회가 된다. 이런 교훈은 엎드리면 바로 주울 수 있을 정도로 많다.

5) 모험을 두려워하다

당사자가 아닌 외부 사람이 볼 때 모략과 도박은 비슷한 점이 많다. 쌍방이 감수해야 할 위험은 본질적으로 거의 같다. 노련한 모략가는 수많은 모험과 장애를 뚫고 지나온 사람들이다. 모략을 운용한 경력이 많을수록 모험심은 강하다. 풋내기 모략가든 산전수전을 다 겪은 노련한 모략가든 가장 적은 대가로 가장 큰 성공을 거두려 하지 않는 사람은 없다. 그들은 모략의 전체 과정에서 얼마의 대가를 치르고 어느 정도 모험을 겪었는가에 가장 관심이 많다.

안정을 추구하고 모험을 두려워하는 것은 정상적인 환경에서 생활하는 사람들의 공통된 심리적 특징이자 모략을 운용하는 중요한 심리적 특징이기도 하다. 이런 특징은 일반인에게는 안정된 생활을 위한 중요한 기초로서 이익이 손해보다 훨씬 많다. 하지만 모략가에게 모험을 두려워하는 심리적 특징은 모략을 과학화하는 데서 큰 장애가 된다. 모험을 두려워하면 원래 힘들지 않던 문제도 힘들어지고, 이미 손에 다 넣은 승리도 수포로 돌아갈 수 있다.

삼국시대 유력한 세력이었던 원소袁紹는 모험이 두려워 조조曹操를 제거할 기회를 여러 차례 놓쳤고, 그 결과 우세가 열세로 바뀌고 안전이 위험으로 변했다. 제갈량은 "위험을 감수하지 않아", 조조의 심장부로 곧장 쳐들어가자는 위연魏延의 건의를 받아들이지 않았고, 그 결과 중원을 정벌할 시기를 놓쳤다. 사마의司馬懿는 위험을 꺼려하여 빈 성에 앉아 있는 제갈량을 공격하지 못하고 제갈량의 거문고 소리에 대군을 물리고 말았다.

어떤 모략이 되었건 위험이 따른다. 위험성의 확률과 공을 세울 확률은 정비례한다. 속담에 "큰일을 하려면 그만큼의 모험이 따른다."고 했다. 다소 부족한 점이 있긴 하지만 모험과 기회, 위험과 성공이 늘 함께한다는 보편적 이치를 말하고 있다. 모략가는 자신의 심리상태에서 두려움을 없애야만 정신적 압박을 줄일 수 있고, 두려움 없이 개척하고 창조해야만 뛰어난 모략을 설계해낼 수 있다.

제16장
모략의 일반 원칙

원칙이란 사람들이 사물의 발전 규율에 따라 만든 행위 준칙이다. 사물을 관찰하고 처리하면서 감정에 따라 마음대로 처리해서는 안 되며 반드시 일정한 준칙에 따라야 한다. 엥겔스는 『반뒤링론』에서 "원칙은 연구의 출발점이 아니라 최종적인 결과다. 이런 원칙은 자연계와 인류 역사에 응용되는 것이 아니라 그안에서 추상되어 나온다. 자연계와 인류가 원칙에 적응하는 것이 아니라 자연계와 역사에 적응되는 정황에서만이 정확하다."[50]라고 했다. 원칙은 객관적 사물의 요구를 반영하는 주관적 원칙이다. 그 정확성 여부는 객관적 사물로 점검하고 검증한다.

    모략은 일종의 사회 행위로서 반드시 일정한 원칙을 준수해야 한다. 모략의 원칙은 모략의 규율로부터 출발하여 전통적인 모략사상과 경험을 계승하고 시대와 현실의 객관적 조건을 결합하여 제기해야 한다. 사람들은 지략이나 모략을 운용할 때

---

50   『마르크스엥겔스선집』 제3권, 74쪽. (저자)

일반적으로 다음과 같은 원칙을 따른다.

1. 이익의 원칙
———

'이익의 원칙'이란 이익이 없으면 모략을 쓰지 않는다는 것이다. 이익은 모든 개인과 사회집단 심지어 계급·계층·국가에서 추구하는 목표이자, 인간 행위와 활동의 동력이기도 하다. 관련하여 마르크스는 이런 말들을 남겼다.

> "사상이 일단 이익을 떠나면 반드시 절로 망신을 당하게 된다."[51]
>
> "사람들이 힘들여 쟁취한 모든 것은 그들의 이익과 연관이 있다."[52]
>
> "이익은 멀리 내다볼 수 있는 식견이다."
>
> "이 세계가 위험으로 충만해 있는 것은 이 세상이… 많고 많은 이익으로 이루어진 천하이기 때문이다."[53]

이익은 인간이 객관적 세계를 개조하기 위한 자각적 활동을 자극하는 객관적 동인이다.

이익은 인간의 필요성을 만족시키기 때문에 인간의 사상과 감정에 큰 영향을 미치고, 인간이 벌이는 모든 활동의 동기와 목적이 된다. 이익은 여러 가지로 나눌 수

---

51 『마르크스엥겔스선집』 제2권, 103쪽. (저자)

52 『마르크스엥겔스선집』 제1권, 82쪽. (저자)

53 『마르크스엥겔스선집』 제1권, 164-165쪽. (저자)

있다. 집단이익으로는 계급이익, 민족이익, 국가이익, 단체이익 등이 있다. 어떤 집단

이익이 되었건 전체적으로 보아 그 안에서 다시 물질이익과 정신이익, 경제이익과 정

치이익, 눈앞의 이익과 미래의 이익, 전체의 이익과 부분적 이익 등으로 나누어진다.

인류의 모든 활동은 자신의 이익 추구에서 벗어날 수 없다. 미국의 전 국방부 장관이

중국 국방대학(國防大學)에서 강연하면서 첫 마디로 "영원한 적 없고, 영원한 친구 없다. 하지

만 이익은 영원하다."고 했다. 이는 서양 세계에서 공인된 진리다. 본질적으로 인간의

모든 모략 활동의 실질 역시 이익 추구다.

우리는 이익의 실현 과정을 통해 이익과 모략의 내재적 연관성을 인식하고, 모

략 활동 중에 자각적으로 이익의 원칙을 견지한다. 이익의 실현 과정은 다음과 같이

몇 단계로 나눌 수 있다.

첫째, 이익으로부터 자극을 받아 이익이라는 목표를 추구하는 과정이다. 이익

을 역사 활동의 원동력이라고 말하는데, 이는 먼저 이익이 사람을 자극하고 격려하

여 욕망의 충동을 불러일으킴으로써 이익에 대한 관심과 인식을 형성하게 하고 계속

해서 이익이라는 목표를 지속적으로 추구하게 만들기 때문이다. 이익에 자극을 받

아 이익을 목표로 추구하는 것, 이것이 이익을 실현하는 첫 단계이자 가장 중요한 요

소다. 이익의 자극이 없으면 모략은 작동할 수 없다.

둘째, 이익을 꾀하는 활동이다. 모략 활동은 인간이 의식적으로 목적성을 가지

고 이익을 꾀하는 사회활동이다. 이 활동은 인간이 일정한 물질적 욕망의 유혹과 이

익의 자극을 받아 이익에 대한 어떤 인식에 끌려 지속적으로 이익을 꾀하고 추구하

는 사회활동이다. 이익을 꾀하는 활동은 이익을 실현하는 가장 기본적인 단계이자

요소다. 이익을 꾀하는 활동에는 반드시 일정한 도구와 수단 및 기타 자료들을 필요

로 한다. 그중에서도 모략은 이익을 꾀하는 가장 중요한 수단이다. 1946년부터 1949

년까지 진행된 중국 해방전쟁 초기에 공산당이 이끄는 인민해방군은 중국 인민들의

근본적인 이익을 위하여 국민당과 생사를 건 투쟁을 벌였다. 이 전쟁에서 공산당이 승리한 근본적인 원인은 공산당이 인민들의 가장 근본이 되는 이익을 대변했기 때문이다. 여기에 모택동 등 우수한 정치가·군사가·모략가들이 많아서 전략과 전술 면에서 상대보다 뛰어났기 때문이다.

셋째 이익의 경쟁이다. 이익은 사람들을 자극하고 사상적 동기를 충동하여 이익 추구를 위한 경쟁에 나서게 한다. 이익을 동력이라고 말한 것도 이익의 경쟁이라는 의미에서 나온 것이다. 이익을 추구하는 과정에서 발생하는 이익의 경쟁은 사회발전의 동력이다. 이익의 경쟁은 자연스럽게 모략의 생산과 발전에 동력을 제공한다. 모략의 수준이 빠르게 발전하고 끊임없이 수준이 높아지면서 이익 경쟁 역시 심해지고 있다. 이익의 다양한 형식은 이익의 경쟁을 복잡하게 만들었고, 모략을 복잡하게 만들었다. 이익이 없으면 머리를 쓰지 않고, 이익이 없으면 모략은 만들어지지 않는다. 이익이 없으면 모략을 말할 것도 없다.

사람들이 어떤 이익을 꾀하든 모략을 떠나서는 생각할 수 없다. 대중 전체를 위하여 이익을 추구하건 상대가 이익을 꾀하건 모략에서 벗어날 수 없다. 눈앞의 이익과 먼 미래의 이익을 놓고 보자. 전자는 아주 급하게 이익만 있으면 달려든다. 눈앞의 이익을 차지하기 위해, 이 목표를 둘러싸고 갖은 수단과 방법을 다해 급한 중에 꾀를 내고 임기응변해가며 방책을 짜낸다. 후자는 오랫동안 깊게 생각하여 눈앞의 득실이 아닌 먼 이익을 위해 심하면 일부를 희생시켜 큰 이익을 꾀하기도 한다. "작은 손해를 보고라도 큰 이익을 얻는다."는 것이다. 전자는 수준과 단계가 좀 낮은 사람들의 행위이고, 후자는 수준 높은 전략가들이 추구하는 것이다.

베이징에 중국과 미국이 합자한 켄터키 프라이드치킨(KFC) 패스트푸드 지점이 처음 열렸을 때의 일이다. 여기서는 두 시간이 지난 후 팔리지 않은 프라이드치킨은 버린다는 규정이 있었다. 이 규정에 대해 많은 중국 사람들이 값을 깎아주거나 직원들에게 나누어주라고 건의했다. 멀쩡한 치킨을 그냥 버리기가 아까웠기 때문이다. 미국 측 지배인은 이런 계산이 아니라 신용이 중요했다. KFC는 기름에서 건진 후 두 시간 안에 먹어야 그렇지 않으면 맛이 변한다. 할인해서 팔면 맛이 바뀐 치킨을 먹게 되고, 그러면 KFC 명성에 흠이 간다. 직원들에게 나누어주면 직원들이 치킨의 질을 중시하지 않게 되고, 심하면 치킨을 얻어먹는다는 작은 이익 때문에 일부러 팔리지 않게 할 수도 있다. 맛이 달라진 치킨을 버리는 일이 눈앞의 이익을 포기하는 일이긴 하지만 먼 미래의 이익으로 볼 때 그것은 전략적인 안목이 아닐 수 없었다. 이익의 균형이라는 면에서 작은 이익을 잃고 큰 이익을 지킨다는 전략 때문에 KFC는 초기엔 손해를 봤지만 개업 후 불과 석 달 만에 폭넓은 신용을 얻었고, 치킨은 남기는커녕 갈수록 공급이 딸리게 되었다.

식견이 있는 기업가라면 득실과 관련한 이런 장부를 잘 들여다볼 줄 안다. 어떤 방직 공장은 하자가 있는 원단을 많은 사람들이 보는 앞에서 불태웠고, 한 약품 공장은 불합격한 약품들을 깊은 구덩이에 파묻었다. 청도青島(청따오)의 한 냉장고 공장은 품질검사를 통과하지 못한 76대의 냉장고를 대중이 보는 앞에서 박살냄으로써 품질에 승부를 걸었고, 그 결과 국제적으로 금상을 타기도 했다.

모략은 이익을 추구한다. 그러나 많은 이익 가운데서 전략적 이익과 미래를 내다보는 이익은 눈앞의 부분적 이익 추구에 비하면 고상하고 귀중하다. 모택동은 "한 걸음 걷고 한 번 쳐다보는 방식의 리더십은 정치에 불리할 뿐만 아니라 전쟁에서도 불리하다."고 했다. 또 "이런 계산 없이 눈앞의 이익에만 얽매이는 것, 이것이 실패의 길이다."라는 실감나는 말들을 남겼다.

모략에도 우열이 있다. 우열은 상대적이다. 어떤 이익을 추구하든 얻어낸 이득의 많고 적음으로 모략의 우열을 평가한다. 이익을 많이 얻을수록 우수한 모략이다. 『손자』에서도 모략을 평가할 때 "최상의 방법은 적의 모략을 간파해서 적의 의도를 미리 봉쇄하는 것이다. 차선은 적의 외교를 봉쇄하는 것이다. 그다음은 적의 군대를 공격하여 봉쇄하는 것이다. 최하의 방법은 적의 성을 공격하는 것이다."라고 했다. 군대를 공격하고 성을 공격하는 것은 적의 외교를 봉쇄하는 것, 적의 모략을 간파하는 것에 비교해 하책에 속한다. 그런 방법은 대가를 치러야 하기에 "적 3천을 무찌르면 자신도 800을 손해 보기" 때문이다. 손무가 첫손가락에 꼽은 것은 "싸우지 않고 적을 굴복시키는 것"과 "병력의 큰 손해 없이 완승을 거두는" 것이다. 어떤 대가도 치르지 않고 승리를 거둘 수 있는 모략은 모략을 구상하고 운용하는 최고의 경지다.

2. 변화의 원칙

모략의 운용에서는 기존의 관례를 무작정 지키려는 것을 가장 꺼린다. 한마디로 변화에 대한 거부를 가장 꺼린다는 말이다. 고대부터 모략가들은 임기응변에 능했다. 『손자』는 "그러므로 군사는 속임수를 통해 우위에 서고, 이익을 위해 움직이며, 분산과 집합으로 변화를 추구한다."고 했다. 또 "상대의 변화에 맞추어 승리할 수 있으니 이를 (용병의) 신이라 한다."는 생생한 말을 남겼다. 『병뢰兵罍』「삼십육자해三十六字解」에서 '변變'이 그중 하나인데, 이 '변'을 해석하면서 "우수한 장수가 병사를 거느리는 것은 마치 우수한 의학자가 통증을 고치는 것과 같다."는 대목이 있다. 뛰어난 장수는 뛰어난 의사가 환자의 이런저런 증상에 따라 다른 약을 쓰듯이 병사들에 맞추어 통솔한다는 뜻이다. 병이 달라졌는데 처방이 바뀌지 않으면 병을 치료할 수 없다는 해석도 내놓았다.

'각주구검刻舟求劍'이라는 고사성어가 있다. 배를 타고 가다가 검을 물에 빠뜨렸는데 빠뜨린 지점을 찾겠다며 배 바닥에다 표시를 했다는 이야기로 사물의 변화에 무지한 사람을 비유한 전형적인 고사이다. 전국시대 조나라의 장수 조괄趙括이 늘 종이 위에서 병법을 논한 것도 실제 상황에 따라 병사들을 지휘할 줄 모르는 것과 같은 사례다. 세상 사람들이 다 알고 있는 조조曹操와 유비劉備가 술을 마시며 영웅을 논할 때, 조조가 유비의 포부를 간파하자 유비는 교묘하게 위험한 고비를 넘겼다. 『삼국연의』는 다음과 같이 유비의 임기응변을 칭찬했다.

> 범의 굴에 빌붙어 구차하게 살던 터에
> 영웅이라 설파하니 놀라 간이 철렁한다.
> 임기응변으로 우레 소리에 놀란 척
> 둘러대는 그 임기응변이 귀신과도 같구나.

사유의 각축을 주된 특징으로 하는 모략투쟁에도 따라야 할 법칙 같은 것이 있다. 예를 들어 사람들은 모략 예술을 추상적으로 개괄하여 모략이 탄생하는 일반적 규율, 모략 사유의 일반적 방법, 모략 사유가 지켜야 할 원칙 등과 같은 것을 제기한다. 하지만 이런 규율에 대한 파악은 인간이 물질세계를 파악하는 것과는 확연히 다르다. 물질세계의 규율성에 대한 파악은 원칙에서 구체적인 것까지 파악이 다 가능하다. 모략의 규율은 원칙을 파악할 수는 있어도 구체적인 것까지 파악하기는 불가능하다. 모략의 생산이 변화하고 있는 객관적 물질의 조건에 의존하고 있을 뿐만 아니라 물질적 조건 외에 보이지 않고 만져지지도 않는, 하지만 대단히 중요한 작용을 일으키는 많은 것들이 있기 때문이다. 모략가는 늘 변화 속에서 변화를 파악하려 애를 쓴다.

전투가 되었건 경영이 되었건, 외교무대건 스포츠 경쟁이건, 지혜와 모략을 쓸 때 임기응변은 가장 기본적인 원칙의 하나다.

『삼국연의三國演義』에서 "맹획孟獲을 일곱 번 사로잡다."라는 대목은 제갈량諸葛亮의 일생에서 가장 빛나는 부분일 것이다. 이른바 '칠종칠금七縱七擒'의 일곱 번 사로잡고 일곱 번 놓아주는 생동감 넘치는 과정은 제갈량의 일관된 용병 책략을 잘 보여준다. 일곱 번 사로잡고, 일곱 번 놓아줄 때마다 맹획의 상황에 따라 임기응변하여 사로잡았는데 그 방법이 다 달랐기 때문이다. 여기서 가장 두드러진 특징은 상대가 변하면 나도 변화를 주어 원활하게 병법을 활용하는 것이었다. 처음 사로잡을 때 양쪽은 처음 맞상대라 서로의 상황을 잘 몰랐다. "이길 수밖에 없는 조건을 먼저 만들어 놓은 후 싸우는 것"에 능한 제갈량은 기선을 잡아 승리했다. 이후 맹획은 실패를 통해 경험을 쌓아 방법을 바꾸었다. 그러자 제갈량은 맹획의 심리적 맥점을 정확하게 눌러 기세를 따라 끊임없이 새로운 수법을 사용하여 맹획을 유인하여 우리에 가두었다. 예컨대 "세 번째로 사로잡을" 때 제갈량은 승리에 급급한 맹획의 심리를 유추하여 병가에서 절대 범하지 않는 금기를 일부러 범했다. 나무가 무성한 숲속에다 군영을 설치하여 맹획으로 하여금 자신의 허점을 보게 하여 달려와 불을 지르게 유인했다. 제갈량은 항복하는 척하면서 맹획의 계책을 역이용하여 이미 설치해둔 올가미로 끌어들였다.

옛말에 "시기가 변하면 형세도 달라지고, 형세가 달라지면 정세가 변하며, 정세가 변하면 방법도 달라진다."고 했다. 모략은 사유의 투쟁을 실현하고, 사유 투쟁의 변화는 객관적 물질 환경의 변화에 비해 훨씬 더 복잡하고 파악하기 힘들다. 모략 사유는 객관적 정황의 변화에 영향을 주어 상대방 사유의 변화를 조종함으로써 자기 쪽의 모략을 결정한다. 이것이 바로 모략가들이 변화 속에서 변화를 파악하는 뛰어난 점이다. "이길 수밖에 없는 조건을 먼저 만들어놓고 싸우는" 제갈량의 주도적 모략사상은 맹획의 심리적 궤적, 즉 그의 모략 사유에 나타나는 변화의 규칙 같은 것을 파악하는 것이었다. 그렇게 해서 여섯 차례 맹획을 사로잡으면서 자신의 변화로 맹획의 변화를 이끌어내고, 다시 새로운 모략으로 맹획의 변화에 대응했다. 이것이 변화 속에서 변화를 파악하여 승리를 거두는 제갈량의 기본적인 보증수표였다.

모략 투쟁은 쌍방 모두 한 가지 방법에만 매이지 않고 모략 방침을 세우는 것이다. 내가 머리를 쓰면 상대도 심사숙고한다. 내 쪽의 변화만 생각하지 말고 상대의 변화도 고려해야 하고, 변화라는 사실을 꿰뚫어 변화된 상대의 사유를 유추해내서 변화에 변화로 대응해야 승리의 티켓을 따낼 수 있다.

3. 전체의 원칙

모택동은 『중국 혁명전쟁의 전략문제中國革命戰爭的戰略問題』라는 글에서 "전체 국면을 지휘하는 사람은 주의력을 전쟁의 전체적인 국면에 집중하는 것이 제일 중요하다."고 지적한 바 있다. 모택동은 전쟁을 지휘하고 전체적인 국면을 돌보는 것을 여러 차례 '바둑'에 비유하면서 "한 수를 신중히 두지 않으면 전체 판의 승부에 영향을 준다."고 했다. 모략에 뛰어난 자는 형세 전체를 도모하고, 모략에 서툰 자는 부분에 매달린다. 부분적인 면보다 전반적 형세를 중시하라는 말이다. 전체의 원칙은 모략의 여러 원칙들 중 하나로 다음과 같은 특징을 갖고 있다.

1) 전체 국면성

전체 국면을 이끄는 법칙을 중점적으로 연구하고, 부분은 전체 국면을 따르고 전체 국면이 부분을 이끈다. 전체 국면을 위해 심지어 부분을 희생하거나 버릴 수 있다. 때로는 부분이 손실을 입기도 하지만 전체 국면에 눈길을 돌리면 부분의 포기로 전체 국면의 승리와 맞바꿀 수 있다. 모택동은 "전쟁의 상황을 전체적으로 고려한 뛰어난 계획이 없으면 절대로 좋은 첫 전투를 이끌어낼 수 없다. 첫 전투에서 승리하더라도 이 전투가 전체 전투에 유리한 것이 아니라 불리한 것이라면 승리하더라도 패배한 것이나 마찬가지다."라고 했다.

　　기업경영에서 즐겨 쓰는 '할인'이란 방법이 바로 부분적인 이익을 희생시켜 전체적인 이익을 취하는 것이다. 경제 수익을 최대한 거두기 위해 경영인들은 적정가의 10%, 거기에 다시 10%를 할인하여 일부 상품을 밑지고 팔더라도 더 많은 고객을 끌어들여 결국은 더 많은 이윤을 추구한다. 전체의 원칙에서 내세우는 전체 국면성이라는 특징은 "얻으려면 먼저 주어야 한다."는 원칙으로 실현된다.

2) 장기성

전체의 원칙이 착안하고 있는 점은 눈앞이 아니라 미래다. 크게 멀리 내다보는 식견을 가진 모략가는 눈앞의 이익도 고려하지만 먼 미래의 이익까지 고려한다. 어떤 일들은 바로 앞을 볼 때는 이익이 되지만 장기적으로 볼 때는 오히려 손해가 된다. 눈앞의 이익을 위해 먼 미래의 이익을 희생하는 것을 '세勢'에 대한 안목이 부족하다고 말한다. 미래는 현재를 출발점으로 삼고, 미래의 발전 추세에 대한 예측 또한 과거와 현재를 근거로 삼는다. 현재에 발을 딛고 먼 미래를 내다보고 눈앞의 이익과 미래의 이익이 가져올 관계를 잘 고려하는 것, 이것이 전체의 원칙을 실현하는 요점이다.

3) 층차성

모략은 전체적 국면성이란 특징을 갖고 있다. 전체의 범위는 차이가 난다. 크기도 하고 작기도 하기 때문이다. 이른바 시스템은 그것이 어떤 것이든 하나의 전체적 국면으로 간주된다. 시스템이란 일정한 기능을 갖춘 약간의 요소들로 이루어진 복합체다. 이런 시스템은 단계와 비슷한 층차層次가 있어 크고 작은 시스템, 위아래의 시스템 등등이 있다. 서로 다른 층차의 시스템마다 서로 다른 층차의 모략이 있어야 서로 다른 층차의 전체성을 실현할 수 있다.

전체와 부분의 구분은 상대적이다. 하위 시스템의 전체라 하더라도 상위 시스템에게는 부분일 뿐이다. 부분은 당연히 전체에 종속되어야 한다. 따라서 다음 단계, 다음 층차의 모략을 만들 때는 상위 층차의 전략적 필요성에 부합해야지 서로 어긋나서는 안 된다.

현대의 모략은 이런 전체의 원칙을 특별히 중시하고 견지해야 한다. 현대 모략가는 오케스트라의 지휘자와 같다. 지휘자는 단원들이 연주하는 모든 악기를 연습하지도 연주하지도 않는다. 그의 일은 연주자들을 지휘하여 서로 조화를 이룬 연주를 만들어내는 것이다.

고대에는 전체의 원칙을 견지하는 일이 그다지 두드러지지 않았지만 현대사회에서는 갈수록 중요해지고 있다. 이는 고대사회와는 다른 현대사회의 특징으로 결정된 것이다.

먼저, 현대사회는 갈수록 복잡해지고 있다. 현대사회는 소규모 생산에서 사회적 규모의 생산으로 발전했다. 사회적 규모의 생산체제에서 경제는 단순히 생산뿐만 아니라 시장의 수요, 발전 계획, 과학적 연구, 기술개발, 생산에 따른 연구와 제작, 공장 생산, 포장과 운송, 도매와 소매, 시장에서의 서비스 등등과 같은 유동적이고 복잡한 고리들을 수도 없이 가진 어마어마한 시스템이다. 이 고리들 모두가 중요한 의미를 갖고 있어 어느 고리 하나가 잘못되면 전체 활동이 중단되어 전체 계획에 영향을 준다. 거시적 관점에서 합리적이고 전체적인 계획을 세워 이 대규모 경제활동을 유기적으로 조직하지 않으면 안 된다.

다음으로, 사회활동이 날로 다양해지고 있다. 고대사회에서는 과학이 생산과 분리되어 있었고, 기술의 진보도 경험의 누적에 의존했기 때문에 사회 전체의 발전이 느렸고, 일 처리도 오랜 관습에 따랐다. 전체적으로 일과 상황을 파악해야 하는 모략의 중요성이 지금처럼 두드러지지 않았다. 현대사회는 과학·기술·생산이 긴밀히 연계되어 있어 경제발전이 빠르며 그 속도는 점점 더 빨라지고 있다. 과학의 발견과 발명이 사회적 생산력으로 전환하는 주기가 갈수록 짧아지고 있다. 기계설비와 공업제품의 갱신 속도가 가속화되었으며, 과학기술의 발전이 하루가 다르게 새로워지고 있다. 이 모든 것들이 경제·정치·사회생활 방면의 형세를 급격하게 변모시키고 있다. 이는 모략가들에게 선견지명을 요구하고 있으며, 끊임없이 변화하는 상황에 맞추어 사물의 발전 추세를 예견하여 정확하고 전체적인 모략을 세울 것을 요구하고 있다. 제자리걸음만 하고 낡은 것만 답습하면서 미래와 전체성을 고려하지 않으면 실패밖에 남는 것은 없다.

셋째, 사회활동의 영향력이 날로 커지고 있다. 고대사회는 생산 규모가 작고 분업과 합작이 드물었다. 지역이 서로 떨어져 있어 시장도 아주 작았다. 현대사회에는 사회생활의 규모가 커졌을 뿐만 아니라 인력·재력·물력의 대량 집중이 필요하고, 사회적 협력과 분업이 발전하여 하나의 활동이 다른 방면의 활동과 뗄 수 없는 관련을 가진다. 머리카락 한 가닥만 건드려도 온몸이 움직이는 것처럼 연쇄반응을 일으킨다. 때문에 현대 모략에서는 짧은 안목을 가장 꺼린다. 눈앞의 부분적 이익만 보지 말고 먼 앞을 내다보는 전략적 사고를 요구한다. 그렇지 못하면 엄중하고 심하면 돌이킬 수 없는 결과를 보게 된다.

중국은 1949년 건국 이래 도시 발전을 수립하는 큰 계획에서 소비도시를 생산도시로 변화시키는 것만 단편적으로 강조하면서 건설의 중점을 공업 생산에 지나치게 집중한 반면 그것이 도시 건설이나 제3차 산업과 밀접한 관계에 있다는 점을 소홀히 했다. 이 때문에 '뼈'와 '살'이 균형을 이루지 못하는 상황이 보편적으로 나타났다. 교통 체증, 부족한 주택지, 환경오염, 문화와 복지시설의 부족 등과 같은 문제들이 속속 출현했다. 이런 문제들은 공업 생산의 발전까지 방해하고 있다. 경험과 교훈은 잘 말해준다. 모략가들은 단 한순간이라도 전체적 국면을 돌아보는 전체의 원칙을 지켜야 한다고. 전체의 원칙을 떠나 계획하면 부분적인 눈앞의 이익은 얻을지 몰라도 미래의 전체적인 이익은 결국 손해를 본다.

4. 주도면밀의 원칙

『노자』 제73장에 "하늘의 그물은 넓고 엉성하지만 아무것도 놓치지 않는다."는 말이 있다. 『위서魏書』 「임성왕전任城王傳」에도 똑같은 말이 있다. 하늘의 이치라는 것이 보기에는 아주 성근 큰 그물 같지만 나쁜 자는 한 놈도 그냥 놓아주지 않는다는 뜻이기도 하다. '하늘의 이치'라는 그물도 그렇지만 어부가 다루는 그물 또한 마찬가지다.

큰 그물이 보기에는 엉성하지만 물속의 그물에 걸리는 물고기는 한 마리도 빠져나가지 못한다. 엉성하지만 새지 않기 때문이다. 그물에 큰 구멍이 생기면 그물은 가져야 할 기능을 잃는다.

모략을 설계하는 것도 그물을 치는 것과 같다. 천 번을 생각하고도 하나를 놓치고 한 삽이 모자라 성취하지 못한다면 천고의 한이 될 것이다. 『삼국연의』의 「가정街亭을 잃다」를 두고 정치와 군사전문가들은 서로 다른 각도에서 연구하고 분석한 결과 제갈량의 인재 선발과 장수 기용에서의 실수가 '가정을 잃은' 가장 중요한 원인이라고 했다. 주도면밀한 모략가의 화신인 제갈량도 한 번은 실수할 수 있다. '가정'의 전투만 놓고 볼 때 제갈량은 주도면밀하고 합당한 모략을 설계했지만 마속馬謖의 기용이 착오였다. "어릴 때부터 병법서를 많이 읽어 병법에 익숙한" 마속이었지만 죽은 글만 읽어 병법을 기계적으로 답습했다. 마속은 산을 끼고 물이 있는 곳에 군영을 설치하라는 제갈량의 명을 따르지 않고 산꼭대기에 군영을 설치하여 적에게 포위되어 "죽을 곳에 빠진 뒤라야 살 수 있다."는 병법서에서 말하는 효과를 거두려 했다. 그러나 사마의司馬懿는 마속이 산꼭대기에 군영을 설치한 실착을 역이용하여 적을 피로하게 만들어 가두는 책략으로 대응함으로써 촉나라 군대는 사생결단은커녕 사기까지 떨어져 맥없이 패했다. 한 사람을 잘못 기용하여 일 전체를 망쳤고, 제갈량은 크게 후회하였지만 때는 이미 늦었다.

모략으로 승리하려면 신중하고 또 신중해야 한다. 주도면밀의 원칙을 견지하는 것, 이를 모략가들은 숭배한다. 이를 '노련한 계획과 깊은 계산'이라고 말한다. 모략가들이 모략을 설계할 때 늘 빠짐없이 완전하고 타당한 것을 추구하는 자세를 반영하고 있는 지점이다.

이 세상에 완전무결한 사물은 없다. 완벽한 모략도 없다. 모략가들이 장악한 객관적 상황은 다양한 주객관적 요소로부터 제약을 받기 때문이다. 주관적으로 볼 때 모략가들의 지식, 담력, 지혜, 사유방법 등은 다들 장단점이 있다. 100% 순도의 황금이 없듯이. 객관적으로 복잡다단한 상황은 사람들의 의지로 바꿀 수 있는 것이 아니다. 모략은 100% 완전무결을 추구하는 것이 아니라 완전무결하지 않은 가운데서 완전무결을 추구하는 것이다. 주도면밀은 상대적이고, 주도면밀하지 못하다는 것은 절대적이다. 수만 번 변화하는 중에 불변을 추구하고, 주도면밀하지 못한 중에 주도면밀을 추구해야 불패의 땅을 디디고 설 수 있다.

어떻게 해야 모략을 운용하는 과정에서 주도면밀의 원칙을 지킬 수 있나? 주된 모순을 파악하는 것, 이것이 중요한 조목의 하나다. 주도면밀하게 모략을 설계한다는 것은 주된 것과 부수적인 것, 가벼운 것과 무거운 것 등을 가리지 않고 한꺼번에 처리하는 것이 아니라 사물이 갖고 있는 본질의 변화와 발전을 결정하는 관건을 중점적으로 파악하는 것이다. 이 관건은 때로는 아주 큰 문제 같아 보이기도 하고, 또 어떤 때는 아주 사소한 문제처럼 보이기도 한다. 그래서 거친 것은 버리고 정교한 것을 취하고, 거짓을 없애고 진실을 남기며, 주객을 가리고 중심을 파악할 필요가 있다.

유명한 청도靑島 립벨LIEBHERR(리페르)[54] 냉장고는 아름다운 외형과 선진 기술, 확실한 품질로 고객들의 칭찬을 얻었다. 립벨이 전국적으로 뛰어난 경영 실적을 거둔 중요한 까닭은 냉장고 생산의 전체 과정에서 주도면밀의 원칙을 실현한 경영 모략 때문이었다. 특히 경영에서 관건이 되는 부분을 제대로 파악했다. 예컨대 제품의 질이라는 관건을 꽉 쥐고 계통적인 제품 질량검사제도를 도입하여 제품 합격률 100%를 이루어냈다. 립벨은 제품의 질이 경영의 생명이라는 점을 잘 알고 있었다. 모든 제

---

54 립벨은 1949년 한스 립벨이 스위스에서 창립한 중기계 제조회사로 크게 성공했다. 그 후 독일을 중심으로 발전했고, 중국에도 진출하여 큰 성공을 거두었다. 중국어로 이발해이利勃海爾(리보하이얼)로 표기하며 여기서 세계적인 가전제품 기업인 하이얼이 갈라져 나왔다.

품이 마치 큰 그물과 같아 만에 하나 불합격 제품이 하나라도 발생하면 그물에 구멍이 나고, 그 구멍 하나가 전체 그물을 망가뜨린다. 불량 냉장고를 산 고객은 한 사람일지 모르지만 그 영향이 전체 고객에 미친다는 것이다. 어느 제품의 값이 떨어지면 전체 제품과 명성을 무너뜨린다. 관건이 되는 지점과 부분은 때로는 중점이 되기도 하고 때로는 덜 중요한 차점이 되기도 한다. 조건이 맞으면 서로의 위치가 얼마든지 뒤바뀔 수 있다. 불합격한 냉장고 하나는 전체 국면으로 보자면 부차적이지만 그것이 계속 발전하면 중점이 될 수 있다.

주도면밀의 원칙을 견지한다고 해서 모략의 설계 과정과 운용 과정에서 나타나는 임시 상황에 대한 긴급한 처리를 부정하는 것은 아니다. 마찬가지로 돌발적인 상황을 파악하는 것을 배제하지도 않는다. 돌발적 상황의 출현 자체가 모략이 완벽하게 주도면밀을 유지할 수 없음을 말해준다. 돌발 상황이 나타나고 그것을 해결하는 것 역시 그 모략을 끊임없이 주도면밀하게 만들어가는 과정이기 때문이다.

모략의 과정에서 주도면밀의 원칙을 강조하는 것은 의심할 바 없이 매우 중요하다. 그러나 모략을 시행하는 과정에서 서로 보완하고 다듬어 더욱더 주도면밀하게 만들고 그 결과 모략의 생산과 실시의 전 과정을 더욱 주도면밀하게 만드는 것을 소홀히 해서는 안 된다.

5. 신중의 원칙

『손자』(「형形」 편)는 이렇게 말한다.

전쟁을 잘하는 사람은 패하지 않는 위치에 서서 적의 허점을 놓치지 않는다. 따라서 승리하는 군대는 먼저 이길 수 있는 조건을 갖춘 다음 싸우고, 패배하는 군대는 대책 없이 먼저 싸운 다음 승리를 찾는다.

고대 군사전문가들은 "군사는 나라의 큰일이다."라는 점에서 역대로 '신중'이란 사상을 믿고 지켜왔다. 군사모략은 물론 정치와 경제 등 다른 모략들도 이 원칙을 떠날 수 없다. 신중하고 또 신중해야 한다. 단 한 수를 신중히 두지 않으면 전체 국면에 불리하고, 심하면 중대한 영향을 끼치게 된다. 노자는 "나라를 다스리는 일은 마치 물고기를 튀기는 것과 같다."고 했다. 뜻인즉, 나라를 다스리는 일은 마치 작은 물고기를 튀기는 것 같아 자주 뒤집어서는 안 된다는 말이다. 자주 뒤집으면 고기의 살이 다 흩어진다. 이렇듯 나라의 전략과 정책은 반드시 상대적 안정성을 유지해야지 그렇지 못하면 혼란이 일어나고 불안해진다. 나라는 말할 것 없고 모든 기업에 이르기까지 하나의 전략을 설계할 때는 그것이 안정적으로 효과를 가져올 수 있게 보장해야 하며, 만족스럽게 발전할 수 있어야 하고, 비용을 덜 들이거나 비용이 들어가지 않게 해야 한다. 아침저녁으로 바꾸는 경솔한 '조령모개朝令暮改'로는 전체 국면이 큰 좌절을 맛보게 된다.

"준비가 없는 싸움, 자신이 없는 싸움은 하지 않는다. 모든 싸움에 있는 힘을 다 해 준비하고, 나와 상대의 조건을 비교하여 승리를 확실하게 파악하는 데 힘을 쓴다." 이는 중국 해방전쟁 때 내세웠던 10대 군사원칙의 하나다. 실천이 입증하다시피 이 조목 역시 보편적 법칙이다. 무슨 일을 계획하든 주도면밀한 계획과 준비가 있어야 한다. 예를 들어 전쟁이 시작될 때의 작전은 전쟁 이전의 국면, 이후의 작전과 뗄수 없는 관계이기 때문에 반드시 첫 전투를 신중하게 승리해야 한다는 원칙을 견지해야 한다. 결전의 성격을 띤 모든 전역, 전략과 작전 등은 반드시 힘 있게, 유익하게,

자신 있게 세워야 하며 조직적 계획과 준비 작업은 있는 최선을 다하되 적을 가볍게 여기는 어리석은 짓은 절대 피해야 한다.

모택동은 『중국 혁명전쟁의 전략문제』라는 글에서 군사모략에서 '신중'이라는 문제에 대해 중요한 논술을 남긴 바 있다. 그는 전략적 반격의 문제를 논의하면서 '초전初戰(첫 전투)' 또는 '서전序戰(첫 전투에 앞선 탐색전)' 문제를 중점적으로 언급했다. 그는 "다수의 프롤레타리아 군사전문가들은 초전을 신중히 하라고 주장한다. 전략적 방어든 전략적 공격이든 마찬가지다. 방어는 특히 그렇다."고 했다. 그러면서 제5차 '반위초反圍剿'[55]의 경험과 교훈을 결합하여 "초전에 신중하라."는 문제에 대해 깊이 있는 연구를 진행했다. 그리고 마지막으로 하나의 결론을 제출하였는데 그것이 바로 세 가지 경험이란 것이다. 즉, 첫 전투의 승패는 전체 국면에 거대한 영향을 끼치며, 심지어 마지막 전투에까지 계속 영향을 준다. 이로부터 경험에서 비롯된 다음과 같은 결론을 얻을 수 있다.

첫째, 반드시 승리해야 한다. 적의 정황·지형·인민 등 여러 가지 조건이 자기에게 유리하고 적들에게 불리해야 하며, 확실하게 자신이 있을 때 손을 써야 한다. 그렇지 않으면 뒤로 물러나 기회를 기다려야 한다. 기회는 늘 있다. 경솔하게 응전하지 말라.

둘째, 초전의 계획은 반드시 전체 전역의 계획과 유기적으로 연계된 서막이어야 한다.

셋째, 다음 전략 단계도 고려해야 한다. 그저 반격에만 집착하여, 반격하여 승리한

---

55 '위초'란 "포위하여 섬멸한다"는 뜻으로 장개석의 국민당 군대가 공산당 군대인 홍군紅軍에 대해 취한 작전을 가리키기도 한다. 국민당은 다섯 차례에 걸쳐 공산당중앙 혁명 근거지에 대해 이 작전을 펼쳤다. 공산당 홍군은 다섯 차례에 걸쳐 이 작전에 반격을 가했는데 이를 '반위초'라 한다.

후 또는 반격에 실패한 후에 어떻게 할 것인가를 고려하지 않으면 전략을 지도하는 사람으로 책임을 다하지 않은 것이다.

"초전에 신중하라."는 사상은 군사모략사상에서의 '신중의 원칙'을 집중적으로 보여주고 있다. 초전은 전체 국면과 연관되어 있기 때문에 전투를 하지 않으면 몰라도 일단 전투를 시작하면 반드시 이겨야 한다. 물론 초전뿐만 아니라 다른 모든 전역과 전투 역시 신중의 원칙이 견지되어야 한다.

모든 일은 모략의 활용을 필요로 하고, 모략을 운용했으면 반드시 승리를 추구해야 한다. 성공에 자신을 가지고 모략을 설계해야 한다는 것은 모략가들이 지켜야 할 원칙이자, 모략가들이라면 누구나 추구하는 목표이자 경지이기도 하다. 평형관平型關 전투는 이 '신중의 원칙'을 잘 체현한 전형적인 사례다. 평형관 전투에 앞서 팔로군八路軍은 일본의 비교적 큰 부대와 싸워볼 유리한 시기가 있었다. 하지만 '초전의 신중성'과 여러 이유 때문에 포기한 바 있다.

1937년 9월 중순, 팔로군 제115사단은 산서 평형관 전선에 도착하였다. 이때 일본군은 마침 국민당 군대 제2전투구인 평형관에서 여월구茹越口에 이르는 장성 방어선을 공격하고 있었다. 적들의 미친 듯 날뛰는 기세를 꺾기 위해 평형관의 팔로군은 우군과 연합작전을 펼쳤다. 팔로군 제115사단은 당시 적의 정황과 지형 조건에 근거하여 평형관 부근에서 매복 기습전으로 영구靈邱에서 평형관으로 진공하는 적들을 섬멸하기로 결정했다. 24일 밤, 제115사단은 비를 무릅쓰고 평형관 동북 도로 오른쪽 고지에 매복했다. 25일 아침 7시 무렵, 적군 제51사단 제21여단의 주력군과 군수품 차량이 아군 매복 지점에 들어섰다. 아군은 맹공을 퍼부었고, 하루 종일 격전을 벌인 끝에 적 3천 명 이상을 섬멸했다. 군수품 차량은 전부 부수었다. 전국적 규모의 항전이 시작된 이후 첫 대승이었다. 이 승리는 전국 인민들에게 항전에서 승리할 수 있다는 믿음을 주었고, 공산당과 군부의 정치적 영향력을 확대했다. 아울러 "일본은 싸워 이길 수 없다."는 신화를 깨부수었다. 이 사례는 신중의 원칙을 견지하는 것이 모략에서 얼마나 중요한 것인가를 잘 보여주었다.

6. 기승奇勝의 원칙[56]

'기승奇勝의 원칙'은 기奇와 정正이 상생하면서 기로 승을 제약하는 것이다. 그 핵심은 '기'에 있다. '기', 그리고 그에 상응하는 '정'을 정확하게 파악하려면 고대부터 지금까지 이 문제를 탐구해온 모략가들의 인식을 좀더 이해해야 한다. 먼저 『노자』(57장)에서 "나라는 정상적인 방법으로 다스리고, 군대는 기발한 전술로 이끈다."고 했다. 여기서 "군대는 기발한 전술로 이끈다."는 '이기용병以奇用兵'이 나왔다. 『손자병법』에서는 "전쟁은 정상적인 방법으로 치르되 기발한 모략으로 승리를 거둔다."고 했다. 송나라 때 사람 왕석王晳은 이 부분을 해설하면서 "기와 정의 활용은 군대를 동원하고 승리를 거두는 관건이자 핵심이다."라고 했다. 기와 정의 개념에 대하여 전국시대의 병법서 『위료자尉繚子』에는 "정상적인 용병에서는 선수가 중요하고, 기발한 용병에서는 나중이 중요하다. 조조는 '정면으로 적과 맞서지만 기습에 동원되는 군대는 적의 허점

---

56 군사 방면에서 '정正'과 '기奇'의 개념에 대해 간략하게 설명하고 넘어간다. '정'은 옳다거나 바르다는 가치 판단이 아니라 정상적이고 일상적인 행동이나 전술을 가리킨다고 보면 된다. 이에 상응하는 '기'는 예상을 벗어난 뜻밖의 행동이나 전술이다. 일반 상식을 깨거나 뛰어넘는 방법으로 이해하면 된다. '임기응변'과도 통한다. 전투에서는 늘 이 두 가지를 상황에 맞게 변화시켜가며 구사해야 승리할 확률이 높다. 이것이 본문에서 말하는 '기'와 '정'이 서로 보완하여 서로를 살리는 '기정상생奇正相生'이다. '정'은 원칙에 가깝고, '기'는 변칙에 가깝다. 승리의 관건이 '정'보다는 '기'에 달려 있다는 것이 이 부분의 핵심이다. 빤히 보이는 방법으로는 승리할 확률이 낮기 때문에 '정'으로 주도권을 잡고 '기'로 확실하게 승리하라는 뜻이다.

을 측면에서 공격하는 것'이라 했다."는 대목이 보인다. 남송 때 사람 매요신梅堯臣은 "움직이는 것이 기라면, 움직이지 않는 것이 정이다."라고 했다. 이런 해설들은 기정의 개념을 구체화한 것들이다. 당 태종은 명장 이정李靖과 나눈 대화록인 『이위공문대李衛公問對』에서 손무의 기정에 관한 사상을 발전시켜 "정으로도 승리할 수 있고, 기로 도 승리할 수 있다."고 했다. 이는 "정상적인 방법으로 치르고, 기발한 전술로 승리한 다."는 손무의 이론에서 크게 한 발 더 나아간 것이다.

1) 모략은 '기'의 활용이 중요하다

"기발한 전술을 내어서 승리를 잡으라."는 '출기제승出奇制勝'은 자주 인용되는 성어다. 모략가라면 모두가 이 사상을 높이 받드는데, 군사모략에서 더욱 두드러지고 특히 중 요하다. 전쟁의 역사를 두루 살펴보면, 기정의 원칙을 원활하게 사용하고 기발한 병 법을 잘 활용한 군사가들은 상식과 관습 등을 뛰어넘어 뜻밖의 시간, 뜻밖의 지점에 서 승리를 거두었다.

1950년 7월 초, 미국의 극동군 총사령관 맥아더는 미국의 패전 국면을 만회하고 전쟁을 좀더 확대하기 위해 북한군의 후방인 인천에 상륙하여 북한군을 협공하자고 제안했다. 미국 합참의장, 해군 작전사령관, 육군 참모총장 등은 단호히 반대했다. 그 들은 인천 앞바다의 상황 등 상륙작전을 펼칠 수 없는 이유를 들이댔다. 이에 대해 맥아더는 펜타곤 회의에서 "여러 사람들이 제기한 상륙 불가능의 이유 그 자체가 기 습의 효과를 거둘 수 있는 이유이기도 하다. 적의 지휘관들은 우리가 이렇게 경솔한 작전을 펼칠 것으로 예상하지 못할 것인데, 기습이야말로 전쟁에서 승리할 수 있는 가장 유력한 요소다."라며 자신의 생각을 밀어붙였다. 결국 맥아더는 다수의 의견을 물리치고 상륙작전을 성공적으로 이끌었다.

2) 기습은 '뜻밖'에 달려 있다

'기'를 활용한다는 것은 "준비하지 않고 있는 허점을 공격하되 뜻밖의 곳을 찔러야 한다."는 것이다. 돌연성과 돌발성을 강조하는 말이다. 이 역시 모략의 출발점이자 입각점이다. 어떤 모략이 여러 사람이 예상하고 있던 것이라면 모략이라고 할 수 없다. '뜻밖'이란 뜻을 가진 '의외意外'는 모략에서 가장 뛰어나면서 가장 위험한 영역이기도 하다. 이름이 알려지지 않은 신인은 말할 것 없고, 평생 뜻밖의 일을 무수히 겪은 나폴레옹조차 그의 운명을 가른 워털루 전투에서 이 '뜻밖'에 대응하지 못해 파란만장한 군인의 생애를 끝냈다.

　'뜻밖'의 필요성과 그에 대한 방비는 나와 상대 모두 동등한 기회를 갖는다. 내가 상대를 헤아리면 상대도 온갖 방법으로 내 사유의 빈 공간을 차지하려 한다는 사실을 잊지 말아야 한다. 누구든 상대의 '뜻밖'을 움켜쥐었다면 승리의 디딤돌을 찾은 것이다. '뜻밖'은 모략가들이 목숨을 걸고 온 힘을 다해 추구하는 영역이다. '기'와 '정'은 나와 상대에 대한 완전한 계통을 말한다. 내가 운용하려는 모략이 상대도 잘 아는 흔히 사용하는 방법일 수 있다. 그 모략이 흔한 것일수록 상대는 경계를 늦춘다. 이때 이 모략을 사용하는 것, 이것이 바로 '기'를 활용하는 방법이다. 그러나 상대도 다른 사람들도 익히 알고 있는 방법을 단단히 경계하고 있는데 그대로 사용한다면 그것은 '기'가 아니라 '정'이고 흔한 수법이 되고 만다. '기'와 '정'을 구별하는 관건은 상대의 '뜻밖'에서 나온 것이냐 아니냐에 달려 있다.

3) '기'는 '정'에서 나온다

속담에 "법에 묶여서 법이 나온다."는 말이 있다. 먼저 방법을 배워야 기발한 것이 나온다. 무림 고수들의 초식 하나하나는 몇 년을 공들여 연습한 것이다. 소림사 본전의 돌바닥을 보면 깊게 파인 발자국들이 남아 있는데, 소림 무술의 기초를 닦으면서 생긴 것들이다. 무술의 기본 훈련은 모략에서 말하는 '정'과 같다. '정', 즉 기본 훈련이 되어 있어야만 전쟁에서도 자유롭고 원활하게 기본기를 운용하여 급할 때 좋은 방법을 생각해낼 수 있다. 이는 어린애들이 장난감으로 집을 짓는 놀이와 같다. 집을 짓기 위한 기초는 나무토막 하나하나지만 이를 잘 배합하면 근사한 집이 된다. '기'의 활용은 상당 부분 '정'의 임기응변이다. 변화에 응하여 기발한 방법을 내고, 계속 변화하면서 기발한 생각을 내고 적절히 잘 변화하면 상대를 '뜻밖'으로 몰 수 있다. 변법變法, 즉 변칙은 상법常法, 즉 원칙에서 나온다. '정'을 운용하지 못하면 '기'도 활용할 수 없다.

4) '기'와 '정'은 서로 도와 서로를 살린다

앞서 말한 '기정상생奇正相生'이다. '기'는 '정'으로, '정'은 '기'로 바뀔 수 있다. 일반적으로 전통적인 사유가 일반적 규칙에 부합될 때 '정'이라 한다. 반면 비정상적 사유로 일반적 규칙이나 법칙을 깨는 것, 이것이 '기'다. 모략가는 이 둘의 변화와 상호 전환에 따른 요점과 그 오묘함을 장악해야만 "뜻하지 못한 방법을 내어 대비하지 못한 곳을 공격하는" 효과를 거둘 수 있다. 그렇지 않으면 도리어 상대의 '기정상생'에 걸려든다.

　　1939년 9월, 독일군이 폴란드를 침공하여 점령했다. 눈앞에 닥친 독일군의 위협에 대하여 프랑스 총지휘부에서는 독일군이 라인강 서쪽을 돌파하여 프랑스 동북부로 진공할 것으로 판단했고, 이 판단은 정확했다. 그런데 구체적인 돌파 방향을 판단하는 데 착오가 생겼다. 프랑스는 마지노 방어선 북부 아르덴 산지는 지형이 복잡하고 삼림이 우거져 독일군 기계화부대가 행군하기에 불리하기 때문에 이곳으로 진공하지 않을 것으로 판단했다. 프랑스는 독일군이 벨기에 중부를 거쳐 프랑스의 주요 거점을 공격할 것으로 예측했다. 실제로는 이와 정반대였

● 손무가 제기한 '기정상생'의 이치는 그 후 수많은 경험과 이론이 쌓이면서 그 내용이 깊어졌다. 이정은 특히 이 이치를 잘 이해했던 군사가였다.

다. 독일군은 지형이 험악하고 프랑스의 경계가 약하면서 프랑스의 요충지인 아르덴 지구를 직접 공격했다. 뜻밖의 공격을 받은 프랑스군의 전선이 전체적으로 무너졌다. 프랑스의 실패는 지휘부가 일상적인 '정'에 얽매여 독일군이 '기'로 공격할 수도 있다는 점을 지나쳐버렸기 때문이다.

당나라 때의 군사전문가 이정李靖은 "용병에 능한 자는 '정'과 '기'를 가리지 않기 때문에 적으로 하여금 예측하지 못하게 한다. 따라서 정공법으로도 승리하고, 기습으로도 승리한다."고 했다. '기'와 '정'의 변화는 모략을 운용하는 변증법이다. 이 둘은 서로 대립하면서 서로 바뀌고 서로 통일을 이룬다. 모략을 설계하는 사람은 모략을 설계할 때 필요한 통상적인·방법을 알아야 할 뿐만 아니라 "운용의 묘는 한마음에 달려 있다."는 이치도 알아야 한다. 정상적이고 일반적인 방법을 사용할 줄 모르면 비정상적이고 뜻밖의 방법도 사용할 수 없다. 즉, '정'을 모르면, '기'도 알 수 없다는 말이다. 이것이 기정의 원칙이고, 이 원칙의 의미를 정확히 파악해야만 모략으로 승리를 거둘 수 있다.

제17장
모략이 쇠하지 않는 비밀

도도한 역사의 흐름 속에서 인류는 한 세대 또 한 세대 번성해나가고, 한 왕조 한 왕조씩 교체되었다. 사람들은 헤아릴 수 없이 많은 발명과 창조를 이루어냈고, 모든 발명과 창조는 그 당시 생산력의 발전을 추동하고 사회 변혁에 일정한 작용을 했다. 인류는 나무를 비벼 불을 피우고 그로부터 음식을 익혀 먹는 습성을 길렀다. 농작물을 기르는 기술을 배워 사냥한 것을 먹던 것에서 곡식을 심어 먹는 것으로 변모했다. 인간의 인식능력이 높아지고 과학이 진보함에 따라 발명과 창조는 끊임없이 역사를 통해 '정화淨化'되었다. 파도의 맨 꼭대기까지 치고 올라갔다가 깊은 계곡으로 떨어진 것도 있고, 과학의 발전이라는 파도에 휩쓸려 바닥으로 가라앉기도 했다.

어떤 발명과 창조는 사회를 따라 오랜 여정을 거친 후 점차 새로운 발명과 창조에 녹아들거나 대체되었다. 시대를 앞서가고 실용적인 부분은 계승되지만 뒤떨어진 것은 점차 버려지거나 잊혀졌다. 그러나 놀랍게도 인간이 탐색하고 종합해낸 각종 직업과 다양한 모략사상은 역사의 흐름 속에서 사라지기는커녕 더욱 빛을 내고 있으며, 끊임없이 계승되고 발전하고 개선되면서 각각의 역사 단계에서 새로운 생기와 활력을 불어넣고 있다.

현대사회에서 사람들은 달과 화성에 가고, 우주를 탐험하기 위한 연구를 부지런히 하는 동시에, 더 많은 사람들이 춘추전국시대의『손자孫子』를 읽는가 하면 말달리며 칼을 휘두르는『삼국연의三國演義』를 펼쳐본다. 과학기술이 발달한 나라들에서 동양의 유구한 모략의 보물창고를 발굴하는 데 큰 열정과 흥미를 나타내고 있다.

동양의 오랜 모략사상의 일부가 현대사회를 살고 있는 사람들에게 새로운 계시를 준다는 사실을 어렵지 않게 볼 수 있다. 사람들은 이 오랜 모략의 보물창고에서 끊임없이 영양을 섭취하여 정신의 양식을 얻으며, 자기만의 해석으로 이 오랜 모략의 방법에 활력을 불어넣어 큰 효과와 이익을 생산하고 있다. 이런 효과와 이익은 '벌병伐兵'이나 '벌교伐交' 등과 같은 전통적인 영역에만 제한되지 않고 사회적 실천의 각 단계와 방면에 큰 영향을 미치고 있다.

그렇다면 인류의 과학 발명은 천 년에 한 번 피는 우담화優曇華처럼 잠깐 나타났다가 사라지는 데 반해 모략사상은 어째서 쇠퇴하지 않고 날로 번성하는 추세를 보이는가? 이는 수많은 요소들이 한꺼번에 작용하는 복잡한 사회현상이기 때문에 단 몇 단락의 문장으로 정확하게 해석할 수는 없다. 그럼에도 필자가 보기에 그 직접적이고 주된 이유는 다음 몇 가지로 요약할 수 있다.

1. 모략은 인간이 객관적 세계를 인식하는 기본 규율을 제시한다

객관적 세계의 가장 기본적인 특징은 매우 복잡하고 끊임없이 변화한다는 점이다.

객관적 세계에 대한 인간의 인식은 멈춘 적이 없다. 그러나 객관적 세계를 인식하는 뚜렷한 단계성과 충차성은 확인할 수 있다. 인간이 광물질에서 금속을 뽑아내는 제련술을 배우자 돌로 칼과 도끼를 만들던 기술은 자연스럽게 청동기와 철기를 만드는 방법으로 대체되었다. 인간이 성냥을 만들면서 돌을 부딪치거나 나무를 비벼 불을 얻던 방법을 버렸다. 새로운 기술이 창조되고 발명됨에 따라 낡고 뒤떨어진 기술은 도태되었다. 도태의 주기는 달랐지만 전체적으로 보아 '도태의 비율'은 아주 높다.

상대적으로 인류의 귀중한 모략사상들도 일정한 역사 단계에 대한 인간의 인식을 반영하는 결과물이기 때문에 뚜렷한 역사적 한계를 긋는다고 할 수 있다. 하지만 총체적으로 볼 때, 모략은 객관적 세계를 인식하는 내재적 규율을 보여준다. 객관적 세계는 수없이 변화하지만 "아무리 변해도 벗어날 수 없는 근본"이라는 것이 있다. 이런 기본 규율을 인식하는 방법에도 '나름의 규칙'이 있다. 물론 모략의 이론이 인간의 가치 있는 모든 실천적 활동을 말해주지는 않는다. 모략의 뛰어난 점은 이런 '나름의 규칙'을 가진 것을 더 심화하고 걸러서 불필요한 것들을 버리고 사회가 보다 쉽게 받아들일 수 있도록 정교하게 만들어 나중 사람들에게 더 넓은 사유공간을 남겨주었다는 데 있다. 문무로 나라를 다스리는 방법, 원칙과 법으로 나라를 안정시키는 책략, 속임수를 마다않는 용병술, 시세에 따라 인재를 뽑아 적절하게 배치하는 방법, 원만하게 처리해야 하는 외교적 수단, 선수를 치는 판매전략 등등과 같은 인간의 사회적 실천은 지난 수천 년 동안 그 주체가 진시황이 되었건, 한 무제가 되었건, 당 태종 이세민李世民이 되었건, 명 태조 주원장朱元章이 되었건, 또 정치로 나라를 다스리든, 병사를 거느리고 싸움을 하든, 또는 경영을 하든, 외교를 하든 모두 이런 법칙을 따랐다. 이런 법칙을 벗어나면 난관에 부딪힐 수밖에 없었다.

객관적 세계에는 헤아릴 수 없이 많은 변화가 있었고, 인간의 인식 수준 또한 갈수록 높아져왔지만 이 근본적인 법칙을 인식한 후로 이 법칙은 실천을 위한 장기적이고 주도적인 의미를 갖게 되었다. 그 역사 시기에 따라 서로 다른 내용이 더해졌을 뿐이다. 문무겸비로 말하자면 일찍이 주 문왕과 무왕의 실천, 제자백가의 논리로부터 현대 문명사회의 세계열강에 이르기까지 이 법칙을 따르지 않은 경우는 없었다.

기원전 500년, 노나라 정공定公은 공구孔丘(공자)를 대리 재상으로 위임하여 제나라 경공景公과의 회맹을 돕게 했다. 제 경공은 이 회맹을 단순하게 생각하여 군대의 호위도 없이 수행원들만 데리고 출발했다. 공자는 정공에게 문과 무는 반드시 함께 해야 한다면서 "제후가 국경을 나서면 관원들과 군대를 이끄는 좌우 사마를 함께 데려가야 합니다."[57]라고 건의했다. 정공은 공자의 건의에 따라 신구수申句須와 악기樂頎 두 장군을 사마로 삼아 전차를 거느리고 뒤를 따르게 했다. 대부 자무玆無에게는 전차 300승을 거느리고 회맹지 십 리 밖에 병영을 설치하게 하였다. 든든한 무력이 뒷받침되어 있었기 때문에 회맹에서 부드러운 전략을 마음놓고 쓸 수 있었고, 끝내 강대국 제나라를 설득했다. 회맹이 끝난 지 얼마 뒤 공구는 대사구大司寇에 임명되었다.

나라를 잘 다스리고 안정시키는 실천을 통해 이른바 '문무겸비'나 '문치무공文治武功'이란 결론을 얻어낼 수 있었기 때문에 역대로 모든 왕조와 나라들이 사실을 통해 그 정확성을 점검해왔다. 무수히 많은 역사적 사실이 입증하다시피 문치와 무공이라는 두 개의 큰 기둥은 나라를 안정시키는 팔다리이자 부국강병을 위해 없어서는 안 될 기본이다. 문치무공은 나라를 다스리는 큰 치국 방략으로서 자연스럽게 진리에 가까운 명언이 되어 영원히 시들지 않고 있다.

---

57 『사기史記』「공자세가孔子世家」. (저자)

2. 모략은 과학적 변증법 유물주의의 핵심을 갖추고 있다

어떤 모략사상의 탄생은 특정한 단계에 있는 인간의 실천적 경험을 종합한 결과로서 그 나름 보편적 의미를 가진다. 그러나 인간의 인식능력은 좁고 짧다. 예컨대 고대 병가에서는 "궁지에 몰린 적을 쫓지 말라."는 것을 성경처럼 받들었다. 관련하여 "도적이 궁지에 몰리면 목숨을 걸고 대들며, 개도 호되게 쫓으면 담장을 넘는다."는 속담도 있다. 궁지에 몰린 자의 최후 발악은 당연히 모든 것을 아랑곳하지 않는다. 이럴 때는 급하게 서두르기보다는 천천히 취하는 쪽이 낫다.

하지만 이 용병 모략이 모든 곳에 다 적용되지는 않는다. 춘추시대 송나라 양공襄公과 같이 어리석은 인의도덕을 내세우다 처절하게 패한 사실, 패왕 항우項羽가 홍문연鴻門宴에서 유방劉邦을 놓아주는 바람에 해하垓下에서 실패한 뒤 오강烏江에서 자결을 한 사실 등이 증명하다시피 궁지에 몰린 적을 끝까지 쫓아 사납게 공격하여 숨 돌릴 기회를 주지 않아야 하는 경우도 많다. 그렇게 하지 않으면 호랑이를 산으로 돌려보낸 꼴이 되어 자신이 목숨을 잃는 재앙을 당한다. 이 때문에 중국 공산당이 인민 혁명전쟁을 이끄는 실천 과정에서 모택동은 "궁지에 몰린 적들을 끝까지 추격해야지 패왕(항우)의 사례를 배워서는 안 된다."는 전략을 제기하면서 장개석의 장씨 왕조를 철저하게 쳐부수자는 진군의 나팔을 힘차게 불었다. 상호 비교를 통해 일정한 역사적 조건과 객관적 환경에서 지키고자 하는 "궁지에 몰린 적은 쫓지 말라."는 사상과 "궁지에 몰린 적을 끝까지 추격해야 한다."는 사상은 서로 결합되어 호응하면서 상호 보완하면 혼연일체가 될 수 있다.

또 다른 예로 "승리는 반복되지 않는다."는 말이 있다. 그러나 앞서 보았다시피 유백승은 매복을 반복하는 모략으로 칠궁촌七亘村 전투를 승리로 이끌었다. "승리는 반복되지 않는다."는 것과 "매복을 반복하여 승리한" 사례는 서로 보완작용을 한다.

　　수많은 실천과 수많은 모략사상이 서로 충돌을 거치면서 우열과 승패가 갈렸다. 우수한 사상은 상호 연계되고 집중되어 차츰 변증법적인 모략론으로 상승되었다. 한계성과 단편성이 수정되고, 과학성과 변증성이 충실해지고 발전하여 특정한 역사 단계 또는 특정한 사회계층이나 개인의 산물이 아닌 인류 전체에 적용되는 뛰어난 사상의 결정체가 되었다. 이 결정체는 폭넓은 실용성과 대표성을 갖고 있다. 정치모략의 예禮와 병兵, 이利와 해害를 비롯하여 통제모략의 종縱과 금擒, 신信과 의疑, 군사모략의 기奇와 정正, 공攻과 수守 등등은 과학적 변증사유로 충만한 불후의 생명력과 가치를 갖추고 있다.

3. 모략은 무수한 역사 경험의 과학적 총결이다

모든 모략사상은 실천의 산물이다. 실천의 규모가 크고 시간이 길수록 그에 대한 인식은 더욱 깊고, 그에 따라 나오는 모략사상의 생명력은 더욱 강하고 그 영향력도 크다. 이는 마치 "사마귀가 매미를 잡으려 하는데 새가 그 뒤에 서 있는 것"과 같다. 오왕吳王이 초나라를 정벌하려고 결정하자 많은 사람들이 말렸다. 오왕은 모두 물리쳤다. 오왕은 "누구라도 다시 반대 의견을 제기하면 바로 사형에 처하겠다."는 엄명을 내렸다. 오왕을 모시는 사인舍人의 아들이 오왕에게 충고하기 위하여 아침 일찍 일어나 새총을 들고 후궁의 화원으로 가서 새를 잡았다. 오왕이 이슬에 젖은 소년을 발견하고는 그 까닭을 물으니 소년은 이렇게 대답했다.

"화원 나무 위에 매미가 있습니다. 매미는 높은 곳에 앉아 이슬을 마시고 있는데 사마귀가 뒤에 서 있는 것을 모르고 있었습니다. 사마귀가 목을 빼서 매미를 잡아 먹으려 할 때 꾀꼬리가 옆에 있는 것을 모르고 있었습니다. 꾀꼬리가 목을 쑥 빼들고 사마귀를 잡아먹으려 할 때 아래서 새총이 겨누고 있다는 것을 모르고 있었습니다. 이 셋은 모두 자기가 얻게 될 이익만 알고 자기가 당하게 될 재난을 모르고 있습니다."

사마귀가 매미를 잡으려 할 때 새가 그 뒤에 있는 것을 모르고 있다는 소년의 이야기에 오왕은 문득 깨닫는 바가 있어 초나라 정벌을 포기했다.[58] 이와 같은 사회적 실천, 이처럼 뛰어난 견해는 당연히 세상에 전해져 내려가 후세에 계승되었다.

4. 모략은 고도로 간명하고 응축된 특징을 갖고 있다

대대로 전해오는 모략과 관련한 경전들은 하나같이 고도로 간결하고 응축되어 있다. 어떤 것은 한 글자 한 글자가 주옥과 같은 경지에 올라 있다. 예를 들어 『병뢰』의 글자에 대한 해석은 글자 하나하나가 심오한 모략의 이치를 나타내고 있다. 헌원軒轅 황제의 이름을 빌리고 대신 풍후風后가 지었다는 『악기경握奇經』이라는 병법서는 글자가 300자 조금 넘지만 상·주 시대 군진의 작전과 그 대형의 변화를 아주 잘 서술하고 있다. 『삼십육계』에서 30계는 네 글자로 이루어져 있고, 뒤의 6계는 세 글자

---

58 한漢, 유향劉向, 『설원說苑』「정간正諫」. (저자)

로 이루어져 있다. 모두 100자가 조금 넘지만 그 내용은 대단히 풍부하다. "용병은 속임수다."라는 뜻을 가진 '병자궤도야兵者詭道也'라는 『손자』의 유명한 대목에서 '궤詭'는 단 한 자이지만 군대를 거느리고 작전할 때 지혜와 힘을 겨루면서 발휘하는 변화무쌍한 특징과 규율을 잘 나타내고 있다.

모략의 이론은 가장 짧고 간결하며, 가장 정제된 문자로 가장 심오한 의미를 나타낸다. 지혜를 펼치고 모략을 활용한 중대한 역사적 사건들조차 몇 글자로 그 상황을 반영하고 있다. 예컨대 "위나라를 포위하여 조나라를 구하다."는 '위위구조圍魏救趙', "몰래 진창으로 군사를 보내 기습하다."는 '암도진창暗渡陣倉' 등과 같은 것은 읽기도 좋고 기억하기도 편하다. 오랜 시간이 흐르면서 이와 같은 중요한 모략사상은 사회적으로 널리 알려지고 수많은 사람들의 입에 오르내리는 성어의 원천이 되었다.

5. 모략은 끊임없이 새로운 계시를 준다

제왕이든 장상이든, 또는 큰 뜻을 품었지만 아직 이루지 못한 사람이든, 남겨놓은 것이 나라를 다스리는 웅대한 계획과 책략이든, 거리와 골목의 보잘것없는 재주든, 후손들은 많고 적든 그중에서 이익을 얻을 수 있다. 웅대한 계획과 책략은 세상에 훤히 드러나고, 보잘것없는 재주들도 점차 사람들의 입에 자주 오르내리면 그중 어떤 것은 높은 자리에 오른다. 『삼십육계』의 '타초경사打草驚蛇', '순수견양順手牽羊', '혼수모어混水摸魚'와 같은 계책들은 민간 생활에서 실천을 통해 나온 경험담들이다. 후손들은 여기에서 어떤 계시를 받아 그것에 새로운 내용을 보태 훨씬 더 생기발랄하게 만들었다. 어떤 계책은 원래 특정 직업의 전문적인 용어였다가 다른 직업에서 차용하면서 빠르게 여러 직종에 두루 통용되는 모략, 견해 또는 이론으로 올라가고, 나아가 더욱 간결해지고 통속화되기도 했다. 『손자』에서 "계산을 많이 하면 승리하고, 계산을 덜 하면 승리하지 못한다."는 대목, "전투는 승리가 중요하지 오래 끄는 것은 좋지 않다."는 대목 등이 시간이 흐르면서 "용병은 신속이 중요하다."는 이론으로 대체된 것과 같다. 많은 사실들이 입증하다시피 모략의 이론을 담고 있는 경전들은 시간과 공간을 초월하는 신비한 마력을 갖고 있다. 후손들은 앞사람의 이런 모략의 보물 창고에서 그 시대에서는 만들어낼 수 없는 상대와 모든 난관을 이겨낼 수 있는 무기를 발굴하곤 한다.

지금까지 논의한 내용들로부터 우리는 모략이론이 영원히 쇠퇴하지 않는 까닭은 모략이론 자체에 내재되어 있는 객관적 요소가 작동하기 때문이라는 것을 알 수 있다. 즉, 과학성·합리성을 비롯하여 온갖 복잡한 상황에 적용할 수 있는 고도의 적응력 때문에 대대손손 끊임없이 전해지고, 대대손손 존경받고 계승되고 운용되면서 더욱 빛을 발하고 있는 것이다.

모순은 공통성·일반성·보편성을 갖추고 있는 한편 개성·개별성·특수성도 갖추고 있다. 개성·개별성·특수성에도 공통성·일반성·보편성이 있고, 공통성·일반성·보편성에도 개성·개별성·특수성이 있다. 변증법에서는 세상 만물이 영원히 생성하고 소멸하는 과정에 있고, 조금의 틈이나 단절 없이 흐르는 중에 있으며, 처음부터 끝까지 멈추지 않고 운동하고 발전하고 변화하는 중에 있다고 인식한다. 한번 완성되었다고 변하지 않는 것은 없다. 모든 모략은 시간·공간·조건에 따라 바뀌고 이동하고, 이동하면서 바뀐다. 이렇게 시간·공간·조건에 따라 변화하는 모략은 모순의 개성·개별성·특수성을 반영한다. 이들 개성·개별성·특수성 중에는 공통성·일반성·보편성이 포함되어 있다. 오래도록 시들지 않는 모략은 바로 모순의 개성·개별성·특수성을 반영하는 것이다.

이렇게 보면 오래도록 시들지 않는 모략은 순식간에 천변만화하는 모략 속에 깊이 감추어져 있음을 알 수 있다.

제 3 편

구조론 構造論

모략의 운용과 구조

제18장
모략의 운용 과정

속담에 "눈썹 한 번 찡그리면 계책이 마음에서부터 나온다."는 말이 있다. 이 말대로라면 모략은 전혀 힘들지 않고 복잡하지도 않은 것처럼 보인다. 고대 모사들이 모략을 낼 때 말로 하면 바로 모략이 되었는데 단계가 전혀 필요 없어 보인다. 이는 오해다. 모략 사유의 전체 과정을 분석해보면 모략은 다음 몇 단계를 거쳐야 한다.

문제 제기 – 정보 수집 – 방안 결정 – 선택 – 가능성 논의 – 실행과 피드백 – 평가

비교적 간단한 개인의 경험성 모략이라면 이상의 단계가 하나로 융합되어 대뇌를 통해 종합적으로 완성되기도 한다. 일부 모략은 단계가 아주 짧기도 하지만 그렇다고 단계가 불필요한 것은 절대 아니다. 이 단계들이 모략을 실행하기 이전에 이미그의 대뇌에 완성되어 있고, 경험으로 축적되어 있을 뿐이다. 실제 모략, 특히 비교적간단한 경험 모략에는 모든 단계를 엄격하게 요구하지 않는다. 그러나 중대하고 복

잡하며 규범화된 모략들은 이런 단계들이 생략될 수 없다. 하나하나 단계를 밟아야 수준 높은 모략이 될 수 있다.

1. 문제 제기와 정보 수집

문제를 발견하고 제기하는 것은 모략의 전제다. "변하기 전에 꾀하고, 어지러워지기 전에 다스려야 한다." 사물에 변화가 발생하기 전, 질적 변화가 일어나기 전에 계획을 세워야 한다는 말이다. 계획, 즉 모략을 잘 세운다는 말은 일이 변하기를 기다렸다가 수동적으로 모략을 세우라는 뜻이 아니다. 이 점을 제대로 알아야 문제를 제대로 제기하고 문제를 정확하게 발견할 수 있다. "문제 제기가 문제 해결보다 더 중요할 때가 흔히 있다."는 아인슈타인의 명언이 이 점을 잘 말해준다.

좋은 모략가는 문제의 발견과 제기에 뛰어나며, 이를 위해 미리 일을 계획하고 준비한다.

『삼국연의』 제103회에 이런 내용이 있다. 사마의와 제갈량의 군대가 대치하고 있을 때였다. 사마의는 제갈량에게 보냈던 사신의 말 속에서 문제를 발견했다. 두 사람의 대화다.

"공명의 침식과 식사 그리고 일하는 모습은 어떠신가?"
"승상은 밤늦게 잠자리에 들고 웬만한 처벌에 해당하는 일까지 일일이 처리합니다. 식사는 아주 조금밖에 들지 않았습니다."
"공명이 그렇게 적게 먹고 많이 일하는데 오래가겠는가?"

사마의는 제갈량이 오래 살지 못할 것으로 예상하여 군에 촉나라 군사가 어떤 도발을 해오든 단단히 수비만 하고 나가 싸우지 말라고 명령했다. 제갈량은 얼마 뒤 오장원五丈原에서 병사했고, 촉나라 군은 왔던 길로 되돌아갔다. 사마의는 무사히 군대를 돌려 낙양으로 돌아왔다.

당 왕조를 세우는 이연李淵 부자와 그 모사들은 수 왕조 말년 수 왕조의 기력이 다해 그 통치가 오래가지 못할 것임을 날카롭게 간파했다. 방현령房玄齡은 수 왕조 개황 연간(581-600)에 부친을 따라 장안에 왔다. 장안의 모습을 본 방현령은 부친에게 수나라가 "나라를 온전히 지키기 힘들 것 같습니다. 지금은 평온해 보이지만 멸망이 발꿈치를 들고 기다리고 있는 상황입니다."[59]라고 말했다. 바로 이 점을 제대로 발견했기에 이연 부자는 조용히 군대를 모으면서 수나라에 맞서 천하를 탈취할 모략을 설계하기 시작했다. 당 왕조 초기 '현무문玄武門의 정변'에서 큰 공을 세운 위지경덕尉遲敬德은 제거된 이건성李建成의 잔당과 그 세력이 여전히 준동하며 기회를 엿보고 있다는 점을 발견하고 "불안한 자로 하여금 스스로 안정을 찾게 하는", 즉 이들을 다독거리는 정책을 적시에 건의하여 인심을 안정시키고 국면을 통제했다.

문제를 제대로 발견하면 일찌감치 모략을 설계하여 전쟁에서의 승리와 사업에서의 성공에 도움을 줄 수 있다. 문제를 제때에 제대로 발견하여 제기하지 못하면 수동적 위치에 빠진다. 이렇게 되면 마치 대문호 노신魯迅(루쉰) 선생이 뇌봉탑의 벽돌이 한 장 한 장이 빠져나가 어느 날 천둥이 치듯 주저앉는다고 표현한 그 꼴이 난다. 문제가 나타난 뒤에, 심지어 변화가 시작된 뒤에 모략을 세우면 이미 늦었을 뿐만 아니라 모략을 세우는 족족 다 쓸모가 없어진다. 물론 사후에 모략을 세우는 일이 완전히 백해무익한 헛수고는 아니다. "소 잃고 외양간을 고친다."고 해서 늦은 것이 아닐

---

59 『구당서』 권66 「방현령전」. (저자)

수도 있다. 다만 대세가 이미 기울고 유리한 시기를 놓쳤다면 만회하기 어렵다. 이럴 때는 모략을 구사해도 형세를 되돌릴 수는 없다. 진나라가 천하통일 이후 불과 얼마 되지 않아 진 2세 호해胡亥 때 멸망한 사실을 두고 문장가 사마상여司馬相如는 이렇게 진단한 바 있다.

> (진 2세는) 자기 몸을 삼가지 못해 나라가 망하고 대세를 잃었다. 거짓말만 믿고 깨닫지 못해 종묘가 끊어졌다.

사마상여의 말 속에서 가장 중요한 점은 2세가 자기 강산이 기울어 곧 망하려 한다는 사실을 제때에 발견하지 못한 채 주색에 빠지고, 조고趙高 등 간신들의 '지록위마指鹿爲馬' 따위와 같은 거짓과 속임수에 빠져 자신의 천하를 탈취하려는 음모를 모른 채 손놓고 있다가 몸은 죽고 나라는 망했으니 후회해도 이미 늦었다는 것이다.

애만 쓰고 효과는 없는 안이한 모략은 쓸모가 없다. 기대하는 만큼의 효과를 거두려면 그만한 대가와 노력을 기울여야 한다. 미국의 응용수학자이자 통제론의 창시자로 사이버네틱스(인공두뇌학)의 선구자인 노버트 위너Nobert Wienner는 "우리가 정확하게 문제를 제기하지 못하면 문제의 정확한 해답은 영원히 기대할 수 없다."[60]는 명언을 남긴 바 있다. 이 역시 정확한 문제의 발견과 제기가 정확한 모략을 위해 얼마나 중요한 의미를 가지는가를 잘 말해준다.

문제를 발견했으면 다음은 모략으로 해결하고자 하는 중심 문제가 무엇인가를 확정해야 한다. 또 달성하고자 하는 목적이 무엇이며, 어떤 효과를 얻으려 하는가를 확정해야 한다. 목표를 분명히 하지 못하면 모략으로도 요령을 잡을 수 없어 어찌할

---

60 『위너 저작선』(上海譯文出版社, 1978), 175쪽. (저자)

바를 모른 채 오리무중을 헤매게 된다. 목표를 찾았으면 목표를 둘러싼 각종 정보를 수집해야 한다. 그 정보 안에 문제 해결에 도움이 되는 정보와 상황이 포함되어 있고, 반면에 이 일을 해결하는 데 불리한 정보 자료도 포함되어 있다. 상황을 충분히 이해하고, 각종 자료와 정보를 장악해야만 정확한 모략을 설계하기 위한 전제조건을 제공받을 수 있다.

모략으로 보자면 정보는 아주 중대한 의미를 갖는다. 모략의 수준이나 정확성 여부와 직접 관계될 뿐만 아니라 사업의 성패와도 연계되기 때문이다. 동서고금의 모략가들은 당연히 정보의 작용을 매우 중시했다. 손무는 "상대를 알고 나를 알면 백번 싸워 위태롭지 않다."(「모공」 편), "따라서 현명한 군주와 장수가 움직였다 하면 적을 물리쳐 남들보다 뛰어난 공을 이루는 까닭은 적의 실정을 먼저 알기 때문이다. 적의 실정을 먼저 안다는 것은 귀신에게 얻을 수 있는 것도 아니고, 일에서 본받을 수 있는 것도 아니며, 법칙으로 검증할 수 있는 것도 아니며, 반드시 사람에게 취하여 적의 실정을 알아야 하는 것이다."(「용간」 편)라고 했다. 『경무요략經武要略』에서는 "병가에게서 정찰은 사람 몸의 눈귀와 같은 것이다. 눈귀가 없으면 폐인이듯이 군대에 정찰이 없으면 폐군이나 마찬가지다."라고 했다.

모택동은 『중국 혁명전쟁의 전략문제』라는 글에서 "지휘관의 정확한 부서 배치는 정확한 결심에서 나온다. 정확한 결심은 정확한 판단에서, 정확한 판단은 주도면밀하고 필요한 정찰에서 나온다. 그리고 이는 각종 정찰 자료와 연관되어 있는 사색이다."라고 했다. 미국의 전 대통령 카터는 1979년 '미국 도서관과 정보공작 백악관 회의'에서 서면으로 발표한 연설문을 통해 "정보는 우리가 숨 쉬는 공기와 마찬가지로 국가의 자원이다. 정확하고 쓸모 있는 정보는 국가와 개인에 대해 산소가 우리의 건강과 행복을 위해 필요한 것과 마찬가지로 필요하다."라고 했다.

군사투쟁에서 적과 나 쌍방의 정황을 이해하는 일은 정확한 정보를 설정하고 적을 극복하여 승리하는 중요한 요소다. 상나라 탕湯 임금의 모신이었던 이윤伊尹은 하나라 걸桀 임금의 전력을 탐색하기 위해 탕에게 계책을 올렸다. 걸의 군사력이 어느 정도인지, 호소력은 얼마나 강한지 파악하기 어려우니 걸에게 바치는 공물을 바치지 않는 방법으로 그 군사력과 호소력의 정도를 파악하자고 했다. 탕은 이 모략을 받아들여 걸에게 그해에 바쳐야 할 공물을 바치지 않았다. 걸은 크게 화를 내며 구이九夷를 동원하여 탕을 공격했다. 이윤은 걸의 힘이 아직 강하니 서둘러 사과하고 공물을 보내 싸움을 피하게 하여 걸의 분노를 가라앉혔다. 이듬해도 공물을 바치지 않았다. 걸은 똑같이 대처했다. 그러나 군대 동원에 지친 구이 중 일부만 동원에 응했고 나머지는 거부했다. 이윤은 걸이 이미 호소력을 잃었고, 나머지 군대도 그리 강하지 않으니 걸과 싸울 수 있다고 건의했다. 탕은 다른 제후의 군대와 연합하여 산서성 안읍安邑의 명조鳴條에서 적을 유인하여 하를 크게 물리치고 상 왕조를 세웠다. 이윤의 모략은 '공물을 거부'하는 것으로 하나라 걸의 정보를 얻고, 이 정보들을 파악한 후에 때를 기다렸다가 하걸을 멸망시켰다.

또 다른 사례를 보자. 제2차 세계대전 때 연합군은 원래 1944년 6월 5일 잉글랜드해협을 노르망디에서 상륙하여 제2전투지를 열기로 했다. 당시 잉글랜드해협의 기후 조건이 아주 좋지 않아 이 목적은 실현되기 어려워 보였다. 연합군은 기상 자료를 치밀하게 분석하여 폭풍우 속에서 빈틈을 예측한 결과 6월 6일의 기상 조건이 좋은 것을 알았다. 연합군은 예정일을 5일에서 6일로 바꾸었고, 노르망디 상륙작전은 성공리에 끝났다. 독일군은 6일 이날의 날씨를 분석하지 않고 그저 날씨가 계속 나쁜 것으로 파악하여 대규모 군사행동을 감행하지 못할 것으로 판단했다. 장교들은 휴가를 갔고, 해상에 대한 공중의 정찰도 느슨하여 거의 무방비 상태나 다름없었다. 이는 연합군의 기습작전에 더없이 좋은 조건이 되었다. 정보의 수집과 그 정확성 여부가 모략에 대해 일으키는 작용이 얼마나 중요한지는 더 이상 말이 필요 없을 것이다.

독일의 철학가 니체는 "내가 영원히 알 수 없는 많은 일들에 대해 지혜는 그 한계를 인식할 수 있게 해주었다."는 말을 남긴 바 있다. 모략에서 정보 수집은 한도 끝도 없는 일이 결코 아니다. 정신과 육체의 힘을 이렇게 낭비하는 일은 모략에서는 필요하지 않다. 정보 수집의 범위가 넓고 전면적이면 당연히 좋다. 하지만 목표를 중심으로 수집되어야 하고, 수집과 모략이 관련을 가지는 쓸모 있는 정보여야 한다. 작용을 일으키지 못하는 무관한 정보여서는 안 된다.

2. 방안 설정과 우량 선택

모략 목표를 둘러싼 각종 재료와 정보가 수집되면 이 재료들에 대해 진지한 분석과 연구를 진행해야 한다. 분석과 연구의 내용은 아래 몇 방면을 포함한다.

① 이 정보들이 진실한가?

② 이 정보들이 전면적인가, 아니면 어디 빠진 곳은 없는가?

③ 이 정보들의 출처가 합당하고 합리적인가?

④ 어떤 정보들이 모략과 직접적으로 관계되며, 어떤 정보들이 모략과 간접적으로 관계되는가?

⑤ 각 정보 사이에 서로 모순되는 점은 없는가? 있다면 다시 감별하여 오차를 배제한다.

분석과 연구의 과정은 "조잡한 것은 걸러내고 정교한 것을 취하며, 가짜를 없애고 진짜를 남기며, 여기서 저기로 겉에서 속으로"라는 감성적 인식을 이성적 인식으로 끌어올리는 과정이기도 하다. 이 기초 위에서 여러 다른 모략의 방안들을 설정하는 것이다.

이런 격언이 있다. "단 하나의 길밖에 보이지 않는다면 그 길은 잘못된 길일 가능성이 크다." 이 격언은 인간의 인식 세계의 객관적 규율에 부합한다. 객관적 세계는 지극히 복잡하고 객관적 사물을 해결하는 방법 또한 여러 경로가 있고, 그 객관적 세계와 그 규율에 대한 인간의 인식은 하나의 과정을 필요로 하는데, 모든 사람의 인식 과정과 방법은 다 다르기 때문이다. 인간이 문제를 해결하려 할 때 이런 방법으로 모략을 활용할 수 있고, 그 경로를 통해 모략이 나올 수도 있다. 각종 모략 방안들은 너 죽고 나 살자거나 서로 배척하는 관계가 아니다. 때로는 서로 보완하고 서로 융합하며, 상대의 장점은 취하고 내 단점은 배척하는 관계다. 하나의 모략 방안을 찾았다고 해서 그 모략 방안이 가장 낫다는 의미는 결코 아니다. 좋고 나쁘고를 서로 비교하고 우열을 구별하기 어렵기 때문에 선택하지 않으면 되돌아갈 여지도 없다.

영국에서 있었던 실화다. 1631년 케임브리지대학에서 말을 기르고 빌려주는 사업을 하는 토머스 홉슨은 말을 팔거나 대여할 때 모든 말들을 마장에 다 내놓고 고르게 했다. 이때 홉슨은 한 가지 단서를 달았는데, 마장으로 나오는 입구를 통과한 말들에 한해서만 팔거나 대여한다는 것이었다. 문제는 마장의 출입구가 너무 좁아 키가 크고 건강한 말들은 빠져나올 수 없다는 것이었다. 누군가 이를 두고 '무선택의 선택'이라고 비꼬았다.[61] 모략으로 선정된 방안은 여러 개여서 거르고 선택할 수 있어야 한다. 선택하면서 비교하고, 비교하면서 우량한 것을 택해야 한다. 관련하여 손무는 다음과 같은 명언을 남겼다.(「구변」편)

---

61 훗날 이에 '홉슨의 선택' 또는 '홉슨의 선택 효과'라는 이름을 붙여 선택의 여지가 없는 선택을 나타내는 용어가 되었다.

이런 까닭으로 지혜로운 사람의 생각에는 반드시 이해利害가 한데 섞여 있을 수밖에 없다. 이로움에도 해로움이 섞여 있기 때문에 함께 힘을 합할 수가 있고, 해로움에도 이로움이 섞여 있기 때문에 뜻하지 않은 환난을 해결할 수 있다.

손무의 말에는 이중의 뜻이 함축되어 있다. 하나는 사물에는 좋고 나쁜 것이 섞여 있어 세상에 폐단이 전혀 없는 모략은 있을 수 없다는 것이다. 아무리 뛰어난 모략가라도 모략을 설계할 때 이해가 한데 섞여 있다는 점을 고려해야 한다. 즉, 유리한 상황에서도 불리한 면을 생각해야 일이 순조롭게 풀리고, 불리한 상황에서도 유리한 면을 찾아내야 문제를 해결할 수 있다는 뜻이다. 이는 모략 방안을 설정할 때 필요할 뿐만 아니라 여러 개의 모략 방안들 중 나은 것을 선택할 때도 맨 먼저 염두에 두어야 한다.

모든 모략에 좋고 나쁜 것이 섞여 있기 때문에 절대적으로 높거나 절대적으로 낮은 모략의 구분은 없다. 좋고 나쁘고의 정도 차이만 있을 뿐이다. 보다 나은 모략 방안을 선정하는 일은 가벼운 일처럼 보이지만 실제로는 결코 쉬운 일이 아니다. 거기에 사람의 이해관계에 간섭을 하게 되면 더욱 어려워진다. 역사상 많은 모략가와 왕후장상들이 우량한 모략을 선택할 때 머뭇거리면서 적절한 것을 고르지 못한 것은 이 때문이다. 『전국책』「진책秦策」에 이런 사례가 기록되어 있다.

세 나라가 진秦을 공격하여 함곡관에 들어왔다. 진왕은 누완樓緩에게 삼국의 군대가 깊이 들어왔으니 황하 동쪽 땅을 떼어주고 강화하고자 한다고 했다. 누완은 "황하 동쪽 땅을 떼어주는 것은 큰 대가요, 그로써 나라의 화를 면하는 것은 큰 이익"이라며 공자 지池에게 계책을 물으라고 권했다. 왕이 공자 지를 불러 물으니 공자 지는 "(삼국과) 강화해도 후회하고, 강화하지 않아도 후회합니다."라고 대답했다. 왕이 그 까닭을 묻자 공자 지는 이렇게 답했다.

"왕께서는 황하 동쪽 땅을 떼어주고 강화하여 삼국이 물러가도 틀림없이 '아깝다! 삼국이 물러갔는데 괜히 성 세 개만 날렸으니'라고 하실 것입니다. 이것이 강화해도 후회한다는 말입니다. 반대로 강화를 거부하여 삼국이 함곡관을 넘어 함양을 위협하면 왕께서는 또 '아깝다! 성 세 개를 아끼다가 강화하지 못했으니'라고 하실 것입니다. 이것이 강화하지 않아도 후회한다는 말입니다."

왕은 도성 함양이 위협을 당하니 성 세 개를 잃고 후회하는 것이 낫겠다며 마침내 성 세 개를 떼어주고 강화하는 쪽을 선택했다. 어떠한 대가 없이 완전무결한 모략은 근본적으로 불가능하다. 링컨은 이런 말을 남겼다.

"완전히 좋고 완전히 나쁜 일은 없다. 어떤 사물이든, 특히 정부의 정책과 관련된 일은 좋고 나쁜 것이 거의 반반씩 섞여 있다. 따라서 그 사이의 우세한 쪽을 향해 가장 좋은 판단을 내려야 한다."

일마다 완전하기는 불가능하다. 좋은 모략 방안을 선택할 때는 선택도 잘해야 하지만 선택에 용감해야 한다. 선택의 기준은 최소의 대가, 최대의 성과에 있다. 선택에서 실수하거나, 머뭇거리며 결단하지 못하거나, 득실만 따지거나, 앉아서 좋은 기회를 놓치면 일을 그르치는 모략이 나올 수밖에 없다. 다들 잘 아는 '위위구조圍魏救趙'의 고사를 보자. 손빈孫臏은 위나라 수도인 대량大梁으로 곧장 쳐들어가 조나라를 구한다는 목적과 위나라의 공격을 받고 있는 조나라의 수도 한단邯鄲으로 가서 방연과 결전하여 포위를 푼다는 두 가지 모략 방안 중에서 앞의 것을 선택했고, 그 선택은 옳았다.

명나라 말기 이자성李自成이 이끄는 농민 봉기군은 호남·하남·사천을 전전하다

향후 작전 방향을 계획하면서 세 가지 방안을 놓고 선택해야 할 상황에 놓였다. 첫째는 우금성牛金星의 제안으로 먼저 하북을 취하고 곧장 북경으로 달려간다는 것이었다. 둘째는 양영유楊永裕의 제안으로 내려가 금릉金陵을 격파하여 하북의 식량로를 끊는다는 것이었다. 셋째는 양군사楊君思의 제안으로 관중關中을 먼저 취하여 터를 닦은 다음 북경으로 향해야 한다는 것이었다.

세 방안 모두 장단점이 있었지만 세 번째가 그중에서도 나았다. 이 방안은 경중과 완급을 고려하여 공격에도 순서가 있고 후퇴에도 절도가 있었다. 특히 관중을 차지하는 것은 천하의 2/3를 얻는 것이라 먼저 든든한 기반을 갖춘 다음 세 방향으로 공략하면서 병력을 보충하여 산서를 취하고 이어 북경으로 향하면 진퇴가 모두 용이했다. 이자성은 세 번째 방안을 제대로 선택했고, 그 결과 순조롭게 명나라의 도성을 점령하는 전략적 목표를 달성했다.

해방전쟁 중 평진平津 전역에서 당시 화북에 고립되어 있던 부작의傅作義는 몇 가지 방안을 놓고 거취를 결정하지 못하고 있었다. 부대를 이끌고 강화 제안을 조건부로 받아들이는 것, 바닷길을 통해 남쪽으로 철수하는 것, 서쪽 수원으로 숨는 것, 인민해방군과 함께 결전을 벌이는 것, 이런 몇 가지 선택이 놓여 있었기 때문이다. 공산당의 설득 등을 거쳐 부작의는 첫 번째 노선을 선택하여 북평을 해방시켰다.

1960년대 초 소련은 중거리 유도탄을 쿠바로 이동시켰다. 이로써 카리브해의 위기, 또는 쿠바 사태가 터졌다. 이 위기를 돌파하기 위해 미국 정부는 이에 대응할 수 있는 여섯 가지 모략을 내놓았다.

① 모른 체한다.

② 외교적 압력을 행사한다.

③ 여러 경로를 통해 카스트로와 담판을 짓는다.

④ 전면 공격을 단행한다.

⑤ 유도탄 기지를 공습한다.

⑥ 간접적인 군사행동으로 해상을 봉쇄한다.

우량한 방안을 선택하는 과정을 거쳐 케네디는 앞 다섯 개 방안을 물리치고 마지막 여섯째 방안을 선택하여 위기를 넘겼다.

이상에서 보았다시피 우량한 모략 방안을 선택하는 일은 모략의 운용에서 대단히 중요한 것이다. 이 선택을 두고 득실을 너무 걱정하거나 과감하게 결단하지 못하겠다면 루즈벨트의 다음과 같은 말을 기억하기 바란다.

"자신이 확신하고 있는 일에 75%의 정확성만 있다면 대단히 만족할 것이다. 이 75%는 더는 올릴 수 없는 최대한의 수치다."[62]

3. 실행 가능성 여부의 분석

간단한 모략이든 복잡하고 중대한 문제에 관한 모략이든, 또 은폐 방식으로 분석하든 공개로 하든, 구두로 분석하든 서면으로 분석하든, 기본적인 문제의 하나, 즉 모략이 실천 중에 통하겠느냐의 여부는 피해갈 수 없다. 실행 가능성의 분석은 모략에서 빠질 수 없는 고리다. 실행 가능한 모든 방안을 찾아야만 만족스럽거나 최선의 모략을 선택하여 수준이 떨어지는 모략, 일을 그르칠 모략이 가져올 위험과 손실을 피

---

62   『인성(人性)의 약점』(國際文化出版公司, 1987), 95쪽. (저자)

할 수 있다. 실행 가능성의 분석 내용에는 다음과 같은 것들이 포함된다.

① 실시할 필요성이 있는가?

② 주·객관적 조건이 갖추어져 있는가?

③ 유리한 조건, 필요한 조건 및 제한적 조건들로는 어떤 것이 있나?

④ 어떤 효과를 달성할 수 있는가?

사례를 들어본다. 해방전쟁 기간에 공산당중앙과 모택동 주석은 장개석 군대와 전략적으로 결전하면서 그 중점을 우선 동북에 두기로 결정하는 한편 요녕성 심양 전역을 위한 부서를 확정했다. 당시 실행 가능성 분석의 내용은 다음과 같았다.

① 대규모 병단으로 작전을 수행하여 대량으로 적은 섬멸하는 것은 인민해방전쟁 의 결전 단계에 필요한 요구다. 동북을 돌파구로 삼아 대대적으로 전국 해방전 쟁의 과정을 추동할 수 있다.

② 주·객관적 조건이 갖추어졌다. 객관적 조건이라는 면에서 적과 나의 역량에 이 미 근본적인 변화가 발생하여 인민해방군은 약세에서 강세로, 소규모에서 대규 모로 바뀌었다. 따라서 인력과 무기 장비 모두에서 대병단 작전의 요구에 응할 수 있게 되었다. 주관적 방면에서는 공산당 중앙의 정확한 지도하에 사기가 충 만하고 전투력은 강화되어 "장개석을 쓰러뜨리고 전 중국을 해방한다."는 요구 가 사람들 마음 깊이 파고들어 전국의 인민들이 받아들이고 있다.

③ 유리한 조건은 동북 지역의 아군과 적군의 병력은 비슷하거나 아군이 조금 앞 서 있다. 아군은 이미 몇 군데 큰 도시를 비롯한 광대한 지역을 해방했고, 대규 모 병단 작전과 도시 공격 작전은 어느 정도 경험이 축적되어 있다. 제한적 조건

(불리한 조건)은 적군의 전력이 아직 강력하고 무기와 장비도 비교적 좋아 아군의 공격을 받으면 관내에서 전력을 증원할 가능성이 있다. 아군은 무기와 장비를 비롯하여 경제력이 상대적으로 떨어지고, 대규모 협동작전에서 경험이 충분하지 않다.

④ 효과로 보자면 요녕성 심양 작전의 승리는 적을 대량으로 섬멸하는 역량을 만들어낼 수 있어 동북 전역을 해방할 수 있다. 아군은 이로써 완벽하고 소련에 가까운 공업의 기반이 비교적 좋은 후방 기지를 확보하여 전국 해방전쟁의 과정을 가속화하는 데 의심할 바 없는 중요한 작용을 일으킬 수 있다.

중국 공산당 중앙위원회와 중앙군사위원회는 위와 같은 실행 가능성 분석과 논증을 거친 다음 과감하게 이 전역을 밀어붙여 기대했던 목적을 달성했다.

이런 우스운 이야기가 있다. 강도 두 사람이 우연히 교수대를 지나게 되었다. 그중 하나가 "세상에 교수대라는 이 형틀이 없다면 우리 직업이야말로 정말 좋은 직업이 될 텐데."라고 했다. 그러자 또 한 강도가 "아이고, 이 바보야! 교수대가 우리 은인이야. 세상에 교수대가 없으면 얼마나 많은 사람이 강도질을 하고 다니겠냐? 그럼 우리 두 사람은 밥도 못 얻어먹어."라고 했다.

교수대와 같은 형틀은 강도에게는 제한적 조건인 동시에 다른 사람들이 밥그릇을 빼앗지 못하게 보호하는 유리한 조건이기도 하다. 모략의 진행에서 실행 가능성을 분석할 때 우리는 불리한 조건을 충분히 분석하고 주의해야 함과 동시에 이 불리한 조건에 완전히 얽매여서도 안 된다. 아주 많은 상황에서 불리한 조건이 유리한 조건으로 바뀔 수도 있기 때문이다. 전쟁사를 보면 불리한 조건에서도 승리를 거둔 사례가 대단히 많다.

816년, 당나라의 절도사 이소李愬는 군대를 이끌고 오원제吳元濟의 반란을 진압하러 나섰다. 이듬해 겨울, 이소는 눈 내린 밤에 채주蔡州를 공격하여 오원제를 생포했다. 땅이 얼어붙은 눈 내리는 밤중에 행군한다는 것은 불리한 조건이 아닐 수 없었다. 이소는 이 불리한 조건과 장병들의 반대에도 불구하고 이 계획을 취소하지 않았다. 그는 이런 악천후 때문에 반란군은 당나라 군대가 공격해 오지 못한다고 판단할 것으로 예상했다. 이소의 예상대로 반란군은 경계를 풀었고, 불리한 조건은 유리한 조건으로 바뀌었다. 이소의 군대는 그 틈을 타서 기습을 가해 승리를 거두었다.

역사상 유명한 항우의 '파부침주破釜沈舟'의 고사는 의식적으로 불리한 조건을 만들어 병사들의 퇴로를 끊음으로써 죽기 살기로 전투에 나서게 한 경우다. 손무가 말한 "사지에 놓여야 살 수 있다."는 말 그대로였다. 기원전 207년 11월, 항우는 주력 부대를 이끌고 장하漳河를 건너 거록鉅鹿 대전을 펼쳤다. 장하를 건넌 항우는 "타고 온 배를 모두 가라앉히고 취사용 솥은 깨부수게" 했다. 막사까지 불태운 항우는 한 사람에게 사흘 치 식량만 나누어주었다. 이기지 못하면 물러날 길조차 없는 사지로 모는, 말하자면 자진해서 불리한 조건을 만드는 행동이었다. 항우는 이 방법으로 전진만 있을 뿐이며 죽기로 승리를 거두겠다는 결심을 나타냈다. 이는 전군을 크게 고무시키는 작용을 일으켰고, 병사들은 용맹하게 죽음을 각오하고 결전에 임했다. 항우의 군대는 파죽지세로 사흘 동안 아홉 차례 승리를 거두었다. 불리한 요소와 조건을 적극적이고 유리한 조건으로 바꾼 대표적인 사례였다.

실행 가능성 분석에서 중요한 방면은 모략을 분석할 때의 조작성操作性 원칙이다. 이 조작성 원칙은 이중의 뜻을 포함하고 있다. 하나는 간략성의 원칙이다. 모략은 반드시 간단하고 명료해야 하며, 알기 쉬워야 하며, 모략을 실행하는 주체가 쉽게 이해하고 받아들일 수 있는 것이어야 한다. 오묘하고 신비한, 마치 소귀에 경 읽듯이 이해하고 받아들이고 실시하기 어렵다면 아무리 뛰어난 모략도 모략가의 바람과는 반대로 치달아 이상적 효과를 달성하지 못한다. 둘째, 간편하고 실행하기 쉬워야 한다. 모략의 내용이 되었건 형식이 되었건 실제로 실행될 수 있어야 하고 성공 가능성이 있어야 한다.

제갈량의 '초선차전草船借箭', 즉 "풀로 덮은 배로 화살을 빌린" 고사를 예로 들어보자. 제갈량은 "사흘 안에 화살 10만 개를 만들라."는 주유 쪽의 군령을 받아들였다. 도저히 실현할 수 없는 군령이었다. 여기에는 이를 빌미로 제갈량을 해치려는 주유의 의도가 들어 있었다. 그러나 제갈량은 사흘 뒤 안개가 짙게 낄 것으로 예측하고 수십 척의 작은 배를 빌려 그 위에 허수아비와 베로 만든 장막 등을 설치하여 조조의 군대를 공격하는 것처럼 꾸몄다. 조조는 이 의도를 눈치채지 못하고 활로 막으면 된다고 판단하여 무수히 화살을 날렸다. 제갈량은 이렇게 조조 진영에서 화살 10만 개를 빌렸다. 이 계책의 실시에는 주·객관적 조건이 모두 갖추어져 있어 실행이 가능했고, 특히 조작성이 강했다.

모략의 실행 가능성 분석과 동시에 실행 불가능성에 대한 분석도 중요하다. 즉, '역방향逆方向' 논증도 중요하다. 할 수 있다고만 생각하고 할 수 없다는 생각은 하지 않는 것은 단편성을 면하기 어렵다. 일상에서 만나는 모략에 대한 분석은 대부분 실행 가능성 논증이고, 실행 불가에 대한 논증은 공교롭게 취약한 고리에 해당하므로 새삼 주목하지 않으면 안 된다.

4. 모략 실시의 피드백

피드백은 통제 계통에서 정보를 내보내고, 결과를 돌이켜본 후 다시 내보낸 정보에 영향을 발생시키는 과정이다. 모략의 피드백은 모략을 실행하는 사람이 모략의 실시 과정에 동원된 각종 상황을 수집하여 분석과 연구를 진행하고, 다시 상황의 변화에 따라 원래의 모략에 수정·조정·보충을 가하거나 새로운 모략의 채용을 결정하는 과정이다.

혹자는 모략에는 피드백이 존재하지 않는다고 말한다. 하나의 모략은 하나의 단계로서 원래의 모략을 조정·보충·수정한다면 그것은 또 다른 모략이 되기 때문이라는 이유에서다. 역사상 누군가 하나의 모략을 내어 실천하는 중에 예상한 효과를 달성하지 못하자 이어 또 다른 사람이 모략을 냈다면 앞의 것과 뒤의 것을 같은 모략이라 할 수 있겠는가, 이런 뜻이다. 물론 이 말에도 일리가 없지는 않다. 하지만 모략이 하나의 과정이라는 점을 인식해야 한다. 객관적인 조건의 변화에 따라 끊임없이 조절하는 과정이다. 앞뒤 두 모략이 한 사람의 것이 아니고, 같은 유형에 속하지 않으면서 심지어 서로 완전히 배척하더라도 뒤의 모략이 나타나게 된 것은 앞의 모략에 대한 피드백의 결과일 수밖에 없다.

병법에 "장수가 밖(전쟁터)에 있으면 군주의 명령이라도 받지 않는다."는 말이 있다. 장수는 전쟁터에 나가면 상황에 따라 임기응변할 권한을 부여받기 때문이다. 이에 따라 원래 정한 전략이나 책략을 원활하게 운용하고 조정할 권리가 있다. 해방전쟁 기간에 인민해방군은 전사에 기록될 회해淮海 전역을 거행한 바 있다. 인민해방군이 황유黃維의 병단을 섬멸하자 장개석은 그의 통치 후방인 남경이 급해졌다. 병력도 부족했다. 장개석은 평진平津의 군대를 바다로 남하시켜 전장을 수축시키려 했다. 인민해방군은 남하를 막기 위해 과감하게 군대의 부서를 조정하여 두율명杜聿明의 부대에 대해 2주 동안 공격을 하지 않았다. 장개석으로 하여금 회해 전선의 군대가 아직 버틸 만하다는 판단을 내리게 하려는 결단이었다. 이렇게 하지 않았다면 장개석은 틀림없이 평진의 부대를 남하시켜 증원했을 것이고, 인민해방군은 작전에서 상당한 곤란을 겪었을 것이다.

위나라 명제明帝 태화太和 원년인 227년, 신성新城 태수 맹달孟達은 비밀리에 촉·오와 연계하여 반란을 꾀했다. 당시 완성에 주둔해 있던 사마의는 이 중대한 정보를 얻자 맹달을 칠 준비를 했다. 사마의가 이를 결행하려면 먼저 낙양에 있는 명제에 보고를 올려 허락을 받아야 했다. 완성에서 낙양까지는 왕복 1,600리 이상으로 오가려면 반달이나 걸리는 거리였다. 또 완성에서 맹달이 반란을 준비하고 있는 상용성上庸城까지는 1,200리로 열흘 이상 걸리는 거리였다. 명제의 성지를 기다렸다가 반란을 평정하려 한다면 맹달이 일을 일으키고도 한 달 뒤에야 상용성에 겨우 이를 수 있다. 맹달은 그 한 달 동안 얼마든지 준비할 수 있다. 사마의는 시간을 벌기 위해 관례를 벗어나 명제의 명령을 기다리지 않고 몰래 대군을 밤낮없이 이동시켜 8일 만에 상용성에 들이닥쳐 맹달의 반란을 진압했다.

사마의의 승리는 객관적 상황이 변화함에 따라 계속 그 모략을 조정한 데 있었다. 『여씨춘추』(「신대람慎大覽」 '찰금察今')에 보면 이런 대목이 있다.

초나라가 송나라를 습격하고자 먼저 옹수澭水에다 장대를 꽂아 건널 곳을 표시해 두게 했다. 옹수가 갑자기 불어났지만 초나라 군대는 이를 모르고 장대의 표시를 따라 밤에 강을 건너다가 강물에 빠져 죽은 자가 천 명이 넘었다. 이 때문에 도성의 큰 집이 무너지는 것처럼 병사들이 놀랐다. 앞서 그들이 미리 장대로 표시할 때는 그것이 물을 건너게 해줄 길잡이가 될 수 있었지만 지금은 물이 훨씬 불어났는데도 여전히 그 장대의 표시를 따라 군대를 이동시켰으니 그것이 패배한 까닭이었다.

초나라의 실패는 상황의 변화에 따라 원래의 모략을 조정하거나 바꾸지 않고 계속 원래 방안을 따랐기 때문이다. 다소 황당하고 가소로운 사례였다. 결국, 모략은 끊임없이 피드백을 통해 조절해야만 실시 중에 패하지 않는 자리에 설 수 있다.

5. 모략 성과의 객관적 평가

모략에 대한 평가는 모략을 실행하는 몇 단계의 과정에서 중요한 단계다. 물론 다른 단계들도 다 중요하다. 이 단계는 일정한 원칙에 따라, 일정한 방법을 통해 모략의 기능 구조, 실시 수단, 도달한 효과, 사회적 의미 등에 대해 가치 판단을 내린다. 모략 평가는 충분히 분석하고 논증하여 이 모략이 미래에 갖는 의미를 평가하고 실시 여부를 결정하는 '사전 평가'로 시작한다. 다음은 평가를 통해 모략에 대해 끊임없이 수정·조절·완비하여 객관적 상황의 변화에 적응하는 '과정 중의 평가'다. 마지막 단계는 '사후 평가'다. 그런데 많은 사람들이 이 사후 평가를 두고 '사후 약방문'이니 '사후 제갈량'이니 하면서 놀려댄다. 하지만 사후 평가는 실제로 중요한 의미를 갖는다. 모략에 대한 사회적, 도덕적 평가를 통해 좋은 점은 칭찬과 격려를 하고, 뒤떨어지거나 사람과 일에 좋지 않은 작용을 한다면 채찍질을 가해야 한다. 이것이 그 모략에 대한 사회적 요구이자 반영이다. 또 다른 면에서 모략의 평가는 경험 축적과 교훈 흡수에 도움을 주어 끊임없이 인류의 모략 수준을 높이고 모략사상을 풍부하게 한다.

모략에 대한 평가를 제대로 내리려면 평가에 따른 특징을 이해하고 장악해야만 한다. 그렇다면 모략에 대한 평가에는 어떤 특징이 있나? 주로 다음 세 가지로 요약할 수 있다.

1) 시간성

"길이 멀면 말의 힘을 알고, 시간이 오래되면 사람의 마음을 안다."는 속담이 있다. 어떤 사물이든 시간의 검증(역사의 시험이기도 하다)을 거쳐야 그 진위·시비·선악 등을 가릴 수 있다는 말이다. 당나라 때의 시인 백거이白居易의 「방언오수放言五首」 중 한 편의 시가 이 시간성의 의미를 잘 말해준다.

> 그대에게 의심 잘라낼 방법을 드리니
> 거북점 따위 점을 칠 필요는 없다네.
> 옥을 시험하려면 사흘을 구워봐야 하고
> 인재를 가리려면 7년은 기다려야 한다네.
> 유언비어는 주공도 두려워했고
> 왕위를 찬탈하기 전에는 왕망도 겸손했다네.
> 만약 그 일들이 있기 전에 그들이 죽었다면
> 그 일생의 진위를 어찌 알겠는가?

이 시는 한 사람의 공과·시비에 대한 평가가 짧은 시간에 정확한 결론을 낼 수 없으며 오래 살펴야만 그 언행의 진위를 판단할 수 있다는 뜻이다. 때로는 관 뚜껑을 덮고도 결론을 내릴 수 없어 역사의 검증을 거쳐야 한다.

모략에 대한 평가에도 시간성의 문제가 존재한다. 일시적이고 순간적인 득실로는 부족하며, 일시적·순간적 칭찬과 비판도 공정하지 않다. 춘추시대 사례를 한번 보자. 월나라에 가뭄이 들어 오나라에 식량을 빌리려 했다. 오자서伍子胥는 주어서는 안 된다고 반대했으나 오나라 왕은 받아들이지 않았다. 당시 사람들은 오자서의 판단을 인자하지 못한 것으로 생각했던 것 같다. 그러나 그 뒤 월나라가 오나라를 멸망시키자 오자서의 판단이 선견지명이었고 정확했음을 알게 되었다. "여섯 차례 기산祁山을 나서 중원을 토벌한다."는 제갈량의 원대한 모략은 그 당시에는 사람들의 지지와 동정을 얻었다. 그러나 "군대를 내어 승리를 거두기 전에 몸이 먼저 죽으니 영웅의 눈물에 옷깃이 젖는구나." 한 구역을 겨우 차지하고 있는 촉나라가 중원을 정벌하는 일은 인력과 물자를 소모하여 촉나라의 멸망을 재촉한, 실패가 뻔한 모략이었음은 역사가 증명했다.

모략 평가의 시간성은 사물을 인식하는 규율로 결정된다. 객관적 사물이 그 진면목을 드러내는 데는 시간이라는 과정이 있다. 단번에 사물의 진면목을 알아내기란 불가능하다. 모략, 특히 장기적이고 중대한 문제와 관련한 모략 역시 점진적으로 완벽을 기하는 과정이 따른다. 이런 모략을 평가하는 데도 당연히 시간의 과정이 있다. 모략의 평가와 관련해서는 엥겔스의 다음과 같은 말을 기억할 필요가 있다.

그러나 우리는 자연계에 대한 우리의 승리에 지나치게 도취해 있어서는 안 된다. 이런 승리가 있을 때마다 자연계는 우리에게 보복했다. 승리 때마다 우리는 첫걸음에서 예상한 결과를 확실하게 얻었지만 두 번째, 세 번째 걸음은 우리의 예상을 완전히 벗어났고, 그 결과 첫 번째 결과는 사라졌다. 메소포타미아, 그리스, 소아시아 및 기타 각지의 거주민들이 농경지를 얻기 위해 삼림을 모조리 베어냈다. 그러나 그들은 꿈에도 생각하지 못했다. 그 땅들이 지금 그 때문에 불모의 황무지로 변했다는 사실을.[63]

---

63 『마르크스·엥겔스 선집』, 제3권, 517쪽. (저자)

모략에 대한 평가는 시간성이라는 검증을 거쳐야 하고, 역사를 통해 그 시비와 득실을 증명해야 한다는 점을 잘 말해주고 있다.

2) 다인성

다인성多因性이란 모략의 평가에서 단순히 한 가지 일을 한 가지 요인으로 논의해서 평가의 결론을 내려서는 안 되고 여러 요인을 고려해야 한다는 것이다. 서로 관련된 각종 요인들을 종합적으로 분석하고 다시 평가의 결론을 내려 평가 중에 빠질 수 있는 단편성을 피해야 한다는 뜻이다.

이런 예를 들어보자. 역사에 흔히 등장하는 '타협'이라는 문제에 대해서는 각종 요인들을 종합적으로 분석하고 평가와 결론을 내리는 것이 옳다. 이는 레닌의 다음과 같은 말과 일맥상통한다.

> 다양한 타협이 있을 수 있다. 이 타협에 대해서는 타협 그 자체를 분석하거나 타협을 만들어낸 환경과 구체적인 조건을 잘 분석해야 마땅하다. 예컨대 다음과 같은 두 종류의 인간을 구분해내는 공부를 해야 한다. 먼저, 강도가 끼칠 위험과 피해를 줄이고 나중에 보다 쉽게 이 강도를 체포하거나 죽이기 위해 돈과 무기를 강도에게 넘겨주는 사람이 있다. 또 그 강도와 한패가 되어 이익을 나누기 위해 돈과 무기를 강도에게 넘기는 사람도 있다.[64]

---

64 『레닌선집』, 제4권, 194쪽. (저자)

역사적 사례로서 서한 초기 외교에서 취한 '화친和親' 책략에 대해 단순히 타협 투항이자 굴욕 외교라 말할 수 없다. 한나라가 당시로는 무력으로 흉노를 정복할 수 없는 상황에서 흉노의 끊임없는 남침과 소란을 잠재우기 위한 부득이한 타협성의 모략이었다. 이런 '타협'은 시간을 벌어 힘을 기르면서 흉노를 물리칠 유리한 조건을 만들기 위한 것으로, 역사상 한족과 서북 소수민족의 평화우호 관계를 촉진하는 데 큰 작용을 했다.

모략 평가의 다인성은 모략을 결정하고 모략에 영향을 주는 다양한 요소에서 비롯된다. 객관적 사물은 서로 연계되어 영향을 주기 때문이다. 그러나 각종 관계와 영향이라는 요인 중에서 주도적인 작용을 일으키는 요인과 부차적인 작용을 일으키는 요인의 구별이 있다. 모략을 평가할 때는 당연히 주도적인 요인과 방면을 더 고려해야 한다. 즉, 주류를 볼 줄 알아야 한다. 이는 마치 한 사람이 우연히 범한 작은 실수를 가지고 그 사람은 좋은 사람이 아니라고 부정해서는 안 되는 것과 같다. 그래야만 모략 평가에 따른 단편성을 피할 수 있다.

3) 계급성

같은 언어를 교제 도구로 사용한다면 누구든 똑같이 사용할 수 있다. 모략 자체에는 계급성이 없다. 어떤 계급이든, 어떤 이익집단이든, 개인이든 누구나 모략을 이용하여 자신의 목적을 달성할 수 있다. 모략은 성군인 요 임금을 위한 것도 아니고, 폭군인 걸 임금을 위한 것도 아니다. 모략은 그 사람이 진보라고 해서 보수적인 사람에 비해 수준 높거나 일으키는 작용이 커지는 것이 아니다. 보수적이고 뒤떨어진 사람도 모략을 운용하여 놀라운 효과를 이룰 수 있다. (물론 진보적 계급과 그를 대표하는 사람이 제정한 모략이 사회발전의 객관적 규율을 더 잘 파악하긴 한다.) 그러나 계급사회에서 모든 사상에 계급이란 낙인이 찍히지 않는 경우는 없다. 모략의 운용과 평가에도 당연히 계급성이라는 특징이 따른다. 특히 모략의 평가에서 계급이 다른 이익집단 내지 다른 가치관을 가진 사람은 자신의 입장과 관념에 따라 다른 결론, 심지어 확연히 반대되는 결론을 내린다.

프롤레타리아계급은 지금까지 자신들의 관점을 감춘 적이 없다. 모략의 평가에서도 자신들의 계급적 입장을 부인하지 않는다. 우리는 초계급주의자들이 아니다. 초공리주의자들도 아니다. 이는 모택동이 다음과 같이 말한 바와 같다.

세상에 무슨 초공리주의란 없다. 계급사회에서는 이 계급의 공리주의 아니면 저 계급의 공리주의가 있을 따름이다.[65]

따라서 우리는 모략의 평가에서 프롤레타리아와 공산당의 원칙을 견지하고, 마르크스주의의 계급 분석 방법을 이용하여 사회와 역사 속에서 모략이 갖는 기능과 그 의의를 평가한다.

관련한 역사 사례를 한번 보자. 명 왕조 때 재상 서계徐階가 간신 엄세번嚴世蕃을 죽이는 사건이 있었다.[66] 당시 서계가 사용한 수법은 결코 광명정대한 것이 아니었다. 하지만 모략의 평가라는 점에서 세상으로부터 '지혜'라는 칭찬을 들었다. 이 사건의 경과는 이랬다.

---

65 『모택동선집』(합정본), 821쪽. (저자)

66 엄세번은 중국 역사상 지식인 출신의 간신으로 가장 악명이 높은 엄숭嚴嵩의 아들이다. 두 부자가 함께 간신 명단에 이름을 올렸다.

엄세번의 간행이 만천하에 드러나 황제의 명령으로 옥에 갇혔다. 대신들은 합의 끝에 엄세번의 죄상을 낱낱이 적어 보고하자고 했다. 예를 들면 양초산楊椒山이나 심간沈諫 같은 신하들을 모함하여 죽인 일 등이었다. 서계는 이 글을 보고는 "이 글이 올라가면 황상께서는 바로 엄세번을 석방할 것이오. 왜냐? 엄세번이 죽인 이 사람들은 모두 황제의 뜻에 따른 것으로, 황상이 자진해서 죽이라고 한 사람들이오. 그러니 이 글이 올라가면 황상은 즉각 '이 자들을 죽인 것은 다 내 뜻이었는데 어째서 엄세번에게 뒤집어씌우려 하는가'라며 그를 풀어줄 것이오."라고 했다. 이어 서계는 "황상께서는 왜구를 몹시 미워하시니 왜구들과 사사로이 내통했다고 하면 될 것이오."라며 방법까지 제안했다.

당초 대신들이 황제에게 올릴 글의 내용에 대해 듣고 엄세번은 속으로 기뻐했다. 그러다 바로 "왜구와 사사로이 내통했다."는 내용으로 바뀌었다는 이야기를 듣고는 절망했다. 아니나 다를까, 황제는 엄세번을 죽였다.

마키아벨리는 "통치자가 자신의 목적을 달성하기 위해서는 수단과 방법을 가리지 않을 수 있다."고 했다. 부르주아계급의 극단적 이기주의인 마키아벨리즘은 당연히 받아들여서는 안 된다. 하지만 마키아벨리 당시 이탈리아는 외적의 침입에 국가와 민족이 분열된 상황이었고, 마키아벨리는 이런 수단으로라도 부르주아 통일공화국을 세우고자 했다. 이는 역사적으로 볼 때 그 나름 진보적 의미를 갖는다.

역사상 사리사욕을 추구하는 모략을 어떻게 대할 것이냐를 놓고 프롤레타리아계급은 순전히 도덕 중심론의 각도에 서서 이를 일괄적으로 부정한 적은 없다. 또한 순전히 공리주의 입장에서 이를 대대적으로 부추긴 적도 없다. 구체적으로 상황을 분석해왔을 뿐이다. 엥겔스는 『루트비히 포이어바흐와 독일 고전철학의 종말』이라는 글에서 프롤레타리아계급의 극단적 이기주의의 실체를 신랄하게 폭로하고 포이어바흐의 다음과 같은 명언을 인용한 바 있다.

계급이 서로 대립한 이래 열악한 정욕, 즉 탐욕과 권세는 역사발전의 지렛대가 되었다. 이 방면에 관해, 예컨대 봉건제도와 프롤레타리아계급의 역사는 유일무이하고 지속적으로 그리고 끊임없이 이 점을 증명하고 있다.

중국 역사상 모략에 대한 평가는 일반적으로 두 극단으로 흐르기 쉬웠다. 첫 번째 극단은 공리주의 관점에서 평가하여 유용하기만 하면, 실천 중에 이익이 생기기만 하면, 바로 좋고 진보적인 것이고, 그렇지 않으면 나쁘고 낙후된 것으로 평가하는 것이었다. 그러다 보니 모략의 동기나 실시 중에 취하는 수단 및 사회에 미친 영향 등은 고려의 대상이 되지 못했다. 두 번째 극단은 도덕 중심론이다. 무엇이든 도덕으로 선을 그어놓고 사회도덕이란 규범에 부합하는 모략이어야만 긍정하고 칭찬한 반면 그렇지 않으면 모조리 부정했다. 모략이 실현되면서 얻게 되는 공리적 효과는 따지지 않고, 동기만 중시하고 효과는 경시하며, 윤리도덕은 중시하면서 공리는 소홀히 했다. 이는 중국의 전통문화에서 특히 많이 보이는 공통점이다. 따라서 두 번째 극단이 모략 평가에서 두드러진 위치를 차지했다.

우리는 이 두 가지 극단 모두를 반대한다. 모략 평가의 동기와 효과, 혁명성과 공리성을 통일하여 모략에 대해 과학적이고 공정한 평가를 내려야만 한다.

제19장
모략 연구의 기본 임무

과거 오랫동안 모략은 개인의 영감에서 나왔다. 그것은 경험의 총결이자 지혜의 승화였다. 시간도 달랐고 공간도 달랐지만 거의 모든 시기마다 대표적인 모략 전문서가 탄생했다. 『논어』는 고대의 전형적인 정치모략을 대표하는 저작이었고, 『도덕경』은 통제 예술의 진품이었다. 『손자』는 세상이 다 아는 군사모략에 관한 전문서였다. 선배들은 서로 다른 방식으로 모략을 표현하고 개괄하고 다듬었다. 이렇게 해서 모략과 관련한 많은 유파와 각종 모략 전문서가 솟아나왔다.

『육도六韜』는 용병과 작전을 짐승들의 싸움에 비유하여 용도龍韜, 호도虎韜, 표도豹韜, 견도犬韜와 같은 모략들을 만들어냈다. 유백온劉伯溫의 『백전기략百戰奇略』은 전쟁을 여러 유형으로 나누고 어떤 작전과 모략을 사용할 것인가를 논술한 병법서다. 『손자』는 '계계計'부터 시작하여 '용간用間'까지 13편의 전문적인 영역을 나누어 연구를 진행했다. 그러면서 계책과 용병을 벌모伐謀·벌교伐交·벌병伐兵·공성攻城 등으로 나누어 비교 연구했다. 그 결과 손무는 "용병에서 가장 좋은 방법은 적의 계략을 공략하는 '벌모'다. 차선책은 외교관계를 이용하여 공격하는 '벌교'이며, 그다음은 군사를 통하여 정벌하는 '벌병'이다. 최하책이 성을 공격하는 '공성'이다."라고 하여 그 층차를 넷으로 나누었다. 또 다음과 같은 대목도 눈에 띤다.

> 무릇 군사를 쓰는 방법은 나라를 온전하게 하는 '전국全國'이 최선책이고, 나라를 깨뜨리는 '파국破國'은 그다음이다. 이 때문에 군을 온전하게 하고 굴복시키는 전군全軍이 상책이고, 적군을 깨뜨리는 '파군破軍'은 그다음이다. 여旅를 온전하게 한 채 투항시키는 '전려全旅'가 상책이고 여를 격파하는 '파려破旅'는 그다음이며, 졸卒을 온전하게 굴복시키는 '전졸全卒'이 상책이고 졸을 섬멸하는 '파졸破卒'은 다음이다. 또 오伍를 온전하게 생포하는 '전오全伍'가 상책이고 오를 깨부수는 '파오破伍'는 그 다음이다. 이런 까닭으로 백 번 싸워 백 번 이기는 것이 '최선最善의 선善'이 아니고 싸우지 않고서 굴복시키는 것이 '최선의 선'이다.

요컨대 손무는 국·군·여·졸·오라는 크기에 따라, 전투와 모략에 따라, 모략의 등급에 따라 연구를 진행한 것이다. 동한의 역사가 반고는 『한서』「예문지」에서 많고 많은 병법서와 각종 모략서들을 53가 790편으로 정리하고, 이를 다시 병권모兵權謀, 병형세兵形勢, 병음양兵陰陽, 병기교兵技巧의 네 부류로 나누었다.

『삼십육계』는 크게 여섯 개의 범주, 즉 승전계勝戰計, 적전계敵戰計, 공전계攻戰計, 혼전계混戰計, 병전계兵戰計, 패전계敗戰計로 나누고 각각의 범주 아래로 다시 여섯 개씩 총 36개의 계책을 소개한 책이다. 어떤 학자가 기억하기 편하게 삼십육계에서 한 글자씩 골라 순서대로 다음과 같은 시로 만들었다.

> 금옥단공책金玉檀公策, 차이금겁적借以擒劫賊.

어사해간소魚蛇海間笑, 양호도상격羊虎桃桑隔.

수암주치고樹暗走痴故, 부공고원객釜空苦遠客.

옥량우미시屋梁有美尸, 격위연벌괵擊魏連伐虢.

이 시에서 '단공책' 세 글자는 『삼십육계』를 편찬한 사람으로 전하는 단도제檀道濟(?-436)를 가리킨다. 이 세 글자 외 나머지는 모두 36계 중의 한 글자를 포함하고 있다. 위 시의 순서대로 36계를 나열하면 아래와 같다.[67]

금선탈각金蟬脫殼: 금매미가 껍질을 벗다.(혼전계 21)

포전인옥拋磚引玉: 벽돌을 버려 옥을 끌어오다.(공전계 17)

차도살인借刀殺人: 남의 칼을 빌려 사람을 죽이다.(승전계 3)

이일대로以逸待勞: 편안하게 상대가 지치기를 기다리다.(승전계 4)

금적금왕擒賊擒王: 적을 잡으려면 우두머리를 잡아라.(공전계 18)

진화타겁趁火打劫: 불난 틈을 타서 공격하고 빼앗다.(승전계 5)

관문착적關門捉賊: 문을 잠그고 적을 잡다.(혼전계 22)

혼수모어混水摸魚: 물을 흐려 물고기를 잡다.(혼전계 20)

타초경사打草驚蛇: 풀을 들쑤셔 뱀을 놀라게 하다.(공전계 13)

만천과해瞞天過海: 하늘을 속이고 바다를 건너다.(승전계 1)

반간계反間計: 적의 간첩을 역이용하다.(패전계 33)

소리장도笑裏藏刀: 웃음 속에 칼을 감추다.(적전계 10)

---

67 삼십육계 원래의 순서와는 다르기 때문에 뜻풀이와 함께 해당 범주 및 순서로 숫자로 따로 표시해둔다. 각 계책에 대한 자세한 내용은 『삼십육계』 관련 번역서 등을 참고하면 된다.

순수견양順手牽羊: 슬그머니 양을 끌고 가다.(적전계 12)

조호리산調虎離山: 호랑이를 유인해 산에서 내려오게 하다.(적전계 15)

이대도강李代桃僵: 복숭아나무 대신 자두나무를 희생하다.(적전계 11)

지상매괴指桑罵槐: 뽕나무를 가리키며 홰나무를 욕하다.(병전계 26)

격안관화隔岸觀火: 강 건너편에서 불구경하다.(적전계 9)

수상개화樹上開花: 나무 위에 꽃을 피우다.(병전계 29)

암도진창暗渡陳倉: 몰래 진창을 건너다.(적전계 8)

주위상走爲上: 줄행랑이 상책이다.(패전계 36)

가치부전假痴不癲: 어리석은 척하되 진짜 미치지는 마라.(병전계 27)

욕금고종欲擒故縱: 잡고 싶으면 일부러 놓아주어라.(공전계 16)

부저추신釜底抽薪: 솥의 밑바닥에서 장작을 빼내다.(혼전계 19)

공성계空城計: 성을 비워 적을 물러가게 하다.(패전계 32)

고육계苦肉計: 자신을 다치게 해 적을 속이다.(패전계 34)

원교근공遠交近攻: 먼 곳과는 사귀고 가까운 곳은 공격하다.(혼전계 23)

반객위주反客爲主: 주객이 바뀌다.(병전계 30)

상옥추제上屋抽梯: 지붕 위에 오르게 한 뒤 사다리를 치우다.(병전계 28)

투량환주偸梁換柱: 들보를 빼내 기둥과 바꾸다.(병전계 25)

무중생유無中生有: 무에서 유를 만들다.(적전계 7)

미인계美人計: 미인을 이용하다.(패전계 31)

차시환혼借尸還魂: 시체를 빌려 영혼을 되살리다.(공전계 14)

성동격서聲東擊西: 동쪽에서 소리 지르고 서쪽을 공격하다.(승전계 6)

위위구조圍魏救趙: 위나라를 포위하여 조나라를 구원하다.(승전계 2)

연환계連環計: 여러 계책을 연계해서 구사하다.(패전계 35)

가도벌괵假道伐虢: 길을 빌려 괵을 정벌하다.(혼전계 24)

이런 모략의 연구와 표현 방법, 모략에 대한 기술과 개괄 그리고 정제 등은 높은 응집력과 생동감을 갖추고 있어 불후의 가치를 갖는다. 그러나 인류의 모든 모략 실천을 놓고 볼 때 한 권의 책은 망망대해와 같은 인류의 모략에서 쌀 한 톨을 찾아낸 것과 다름없었다. 이런 모략들의 수집에 신경을 쓴다면 오묘하고 훌륭한 모략 수백 개는 어렵지 않게 찾아낼 수 있었다. 인간의 행동과 실천 범위가 전례없이 넓어진 오늘날 이런 구체적인 노동만으로는 모략의 진수를 제대로 드러내기 어렵다. 새로운 연구 방법과 새로운 사유방법이 세상에 선을 보인 이후 모략학이라는 이 굉장한 주제에 대해 거시적으로 사고할 수 있게 되었고, 모략의 발전과 응용의 근본적인 규율을 파악할 수 있게 되었다. 선배들이 남긴 모략이라는 이 귀중한 재산은 어쨌거나 일정한 역사 단계의 산물이다. 그들의 인식 수준과 연구 방법은 역사 조건의 제약을 어느 정도 받을 수밖에 없었고, 그 표현도 뚜렷한 한계를 드러낸다. 과거 모략에 대한 연구의 내용과 방법이 갖는 한계와 문제점은 대체로 다음 몇 가지로 정리할 수 있다.

첫째, 전문 연구가 많은 반면 종합적인 연구는 적었다. 현존하는 모략 관련 저서는 대부분 특정한 분야의 필요에 따른 연구였다. 특히 군사·정치·외교 등과 같은 영역의 모략 방법이 상대적으로 많았고, 여러 분야에 통용될 수 있는 종합적 연구 내용은 많지 않았다. 분야를 뛰어넘어 응용하고 계발할 수 있는 일부 모략사상들도 견강부회牽强附會가 많고 실제와는 거리가 먼 기계적인 응용을 피하기 어려웠다.

둘째, 구체적 연구가 많고 추상적 연구가 적었다. 『백전기략』이나 『병경백자』 등과 같은 저서들은 용병과 작전 방면에서는 엄청난 용량을 갖고 있지만 당시 작전의 구체적 상황에서 출발한 것이 대부분이어서 개괄과 추상은 부족하다. 추상적인 기술도 있긴 하지만 구체적 방법과 특정한 역사적 환경에만 눈을 돌린 한계 때문에 추상의 수준은 높지 않고 포괄하고 있는 범위도 비교적 좁다. 사실이 보여주듯 모략 연구는 실제 운용을 위한 구체적 방법이 많으면 많을수록 연구의 수준은 떨어진다. 포괄하는 내용의 범위도 작아지고, 생명력도 짧아져 사람들이 쉽게 잊는다. 따라서 우리는 모략의 방법을 한 걸음 더 깊고 구체적으로 연구해야 하고, 통용될 수 있는 방법을 고도로 개괄할 수 있어야 한다.

셋째, 개인의 연구가 많고 집단 연구는 적었다. 현존하는 모략 저서들 중에는 당시 권력자들이 많은 지식인들을 모아 정리하고 편찬한 것들이 없지 않다. 그러나 전체적으로 보아 대부분 개인의 경험을 종합하고 정리한 것으로 개인의 인식 수준, 지식 수준, 직업, 능력 등과 같은 조건으로부터 제약을 받을 수밖에 없었다. 또한 폐쇄적인 당시 사회 조직의 제약 때문에 내용의 폭과 인식의 깊이도 영향을 받을 수밖에 없었다.

물론 새로운 연구 방법이 끊임없이 세상에 선을 보이고 있는 오늘날, 우리가 모략을 연구하면서 옛사람에 대해 인색하게 굴 필요는 전혀 없다. 선배들이 남긴 귀중한 유산을 한쪽으로 치워버려서도 안 된다. 지름길은 선배들이 남겨놓은 이 귀중한 모략의 유산을 종합적으로 정리하여 거칠고 정교한 것을 가려내고, 이 바탕 위에서 창조하고 승화시켜야 하는 것이다. 이에 그 기본적인 임무와 방법을 이야기하려고 한다.

1. 분산에서 계통으로

선배들이 남긴 모략 관련 저서들은 사회 각계각층, 각종 업종, 구석구석에 흩어져 있다. 이 유산은 당대 모략의 실천 활동에 따른 경험을 고도로 개괄하고 종합한 것이자 대부분 생명과 피로 맞바꾼 교훈으로 실로 귀중한 보배와도 같다.

우리가 조금만 연구해보아도 역사상 경쟁이 격렬했던 시기와 지역은 군사·정치·문화·경제 등 모든 방면의 모략이론을 수확할 수 있는 시기이자 지역이었음을 발견할 수 있다. 『논어』·『손자』·『손빈병법』을 비롯하여 제자백가의 저서 등은 춘추전국시대 군웅들이 사방에서 일어나고 제후가 정치·경제·외교·군사에서 경쟁한 경험을 종합한 결과물이라 할 수 있다. 앙투안 앙리 조미니의 『전쟁 예술 개론』이나 클라우제비츠의 『전쟁론』은 부르주아계급 군사이론가가 프랑스 혁명과 나폴레옹 전쟁 등을 겪으면서 경험한 것을 이론으로 종합한 저서들이다. 모택동 모략사상의 생산과 발전이 중국의 인민들이 무장투쟁으로 정권을 탈취하는 실천과 혁명의 완수에 도움을 주었다는 사실은 의심할 바 없다.

이와 동시에 우리는 경험을 통해 개괄하고 종합한 선조들의 모략이론들 대부분이 길지 않은 특정한 역사 시기, 사회의 특정한 부분 또는 특정한 업종에서 나왔다는 사실도 볼 수 있어야 한다. 물론 있어야 할 것들은 다 있고, 그 표현은 명쾌하고 풍부하며, 끊임없이 출현했지만, 여기저기 흩어져 있어 보다 계통적으로 학습하고 인식할 필요가 있으며, 좀더 연구하고 정리할 필요가 있는 것도 사실이다.

선조들이 남긴 경험을 후배들이 거울삼아 배우고 연구하고 평가할 때, 그 사실에만 집착하거나 이론으로만 접근한다면 역사적 관념과 계통적 관념의 결핍에 빠지기 쉽다. 전체 국면을 이해하지 못한 상황에서 이른바 "얼룩만 보고 표범을 아는" 방법으로 같은 이론, 같은 사물, 같은 전형적 모략 사례를 연구할 경우 각자 자신들이 필요로 하는 것만 얻을 뿐이며, 서로 다른 관점에서 출발하여 그중 한 부분만 관찰하고 연구한다면 결론은 실제와 거리가 멀어지고 심하면 모략을 창조한 사람의 본래 뜻과는 완전히 상반되는 결론을 얻을 수 있다.

같은 『논어』를 놓고 정치가는 그것을 나라를 다스리고 안정시키는 경전이라 말하고, 사상가는 영혼을 정화시키는 성서라 하고, 교육가는 중화민족의 영원한 스승이라고 말한다. 『논어』로 공자를 평가하면 공자는 위대한 정치가라 할 수도 있고, 위대한 사상가라고 할 수도 있고, 위대한 교육가라고 할 수도 있다. 이런 결론들 모두일리가 없는 것은 아니다. 오늘날 모략을 연구하는 우리의 임무는 역사의 가장 높은 지점에 서서 마르크스주의의 역사 유물론과 변증법적 유물론을 활용하여 선조들이처했던 각각의 역사 단계, 가졌던 다양한 직업, 서로 다른 층차로부터 겪은 모략의 경험에 대해 멀고 깊게 내려다보면서 그들이 남긴 모략의 유산을 총체적으로 계통적으로 전면적으로 해부하고 각종 유형의 모략 행위와 방법을 분석하고 연구하여 그 단편성과 한계 등을 극복하는 데 있다. 오늘날 모략 연구는 '분산에서 계통으로'라는 방법을 요구하고 있는 것이다.

2. 단과에서 다과로

모략의 전적들을 읽다 보면 두 가지 특징을 발견할 수 있다. 첫째, 군사와 관련한 모략이 가장 많다는 점이다. 최초로 제기된 각종 모략이론 대부분은 전형적인 군대 통솔과 작전 사례에서 나왔고, 비교적 유명한 모략의 전문서 역시 역사상 이름난 군사 전문가인 병가兵家로부터 나왔다. 이는 군사 영역의 특수성과 관련이 있다. 너 죽고나 살자는 피 튀기는 싸움에 인간의 지혜와 잠재력이 고도로 발휘될 수밖에 없고, 기묘한 모략과 계책들을 창조해내는 기회가 훨씬 더 많았다. 생사의 선택이 없는 평범한 환경에서는 격렬한 대항이 있을 수 없고, 따라서 수준 높은 좋은 생각들이 나오기 힘들다.

모략이 군사 영역에 집중된 것은 천하는 "합쳐진 지 오래면 나뉘고, 나뉜 지 오래면 합쳐진다."는 역사의 진행 과정, 특히 군사투쟁을 주체로 하는 전란기에는 정상적이었다. 평화기에도 인류의 생활은 경쟁으로 충만했지만 경쟁의 강도는 전란기에 비하면 손색이 날 수밖에 없었고, 경쟁의 형식 또한 대부분 유혈과 희생을 대가로 한 것이 아니었다. 이런 경쟁 속에서 각종 직업의 다양한 전문가와 지혜로운 사람들은 군사모략을 통해 계발을 얻어 경쟁에서 살아남고 승리할 수 있는, 자신만의 밑천과 실력을 바탕으로 한 모략을 형성해갔다. 경쟁 영역에서의 경영전략, 판매 경쟁에 따른 그 사상의 정수는 군사모략에서 덕을 보지 않은 것이 없다. 예를 들어 오락 분야인 바둑·장기·체스에서 구사되는 놀라운 전술과 기교는 군사모략으로부터 이식된 것들이 아주 많다. 사회의 발전과 과학의 진보 및 인구의 급증에 따라 생존 환경은 좁아지고 자원은 부족해졌다. 각자의 생존과 발전을 위한 각 분야에서 경쟁은 갈수록 치열해졌고, 따라서 각 분야에서는 자신의 창조와 종합을 통해 자기만의 독특한 특징을 갖춘 모략이 탄생할 수밖에 없었다. 이런 모략들은 귀감과 교훈 위주의 한계를 벗어나 접목·창조·종합·완전을 추구하는 모략으로 체계를 갖추어갔다. 이는 모략 연구의 임무이자 사회발전에 따른 필연적 결과였다. 비유컨대 오늘날 모략 연구는 단과單科에서 다과多科, 즉 모노에서 스테레오로 이동하고 있다.

3. 고층에서 다층으로

모략에 대한 전문적 연구는 역대로 고층高層 통치자의 전유물이었다. 가장 이른 모략은 대부분 치국의 방법으로 나왔고, 전쟁을 이끄는 방략에 대한 연구가 많았다. 이 기초 위에서 점점 하층으로 전파되었다. 모략의 저서들에서 발견되는 뚜렷한 특징의 하나는 층차가 나누어져 있지 않다는 점이다. 같은 모략이 국가의 생존과 발전을 위한 전략으로 차용될 수도 있고, 시골에 사는 보통 사람들도 빌릴 수 있다. 이런 현상은 우리 선인들이 창조한 모략들이 아주 뛰어나서 보기만 해도 계발을 얻을 수 있다는 사실을 말해준다. 과학의 끊임없는 발전과 사업 분업의 세분화에 따라 각종 사회활동의 층차가 날수록 강해지고 있다. 모략 연구는 통용성이 강한 기초연구에 중점을 두는 동시에 상대성이 강한 맞춤형 응용연구에도 중점을 두어야 한다. 내용의 층차성으로 말하자면 과거처럼 저층·중층·고층을 한데 묶어놓은 채 전술·전역·전략으로 구분하지 않고는 더 이상 적용할 수 없게 되었다. 모략의 운용이라는 방면에서 사회의 각 층차는 상대적으로 종합성을 가진 동시에 독립된 지식체계를 갖게 되었고, 또한 필연적으로 그 안에서 상대적으로 독립된 모략체계를 형성할 수밖에 없다. 다시 말해, 모략은 고층차에 해당하는 치국이나 군대 통솔과 같은 큰 모략과 임무를 연구하기도 하지만 민간의 경영기술과 같은 작은 책임에 관한 연구도 있고, 국가의 외교전략과 전술 운용 등과 같은 큰 방략을 연구해야 하기도 하지만 동시에 인간관계 방면에 속하는 개별적인 자잘한 기교도 연구해야 한다. 서로 다른 층차에 대한 연구가 갈라져 나오고 있다는 뜻이다. 이 역시 모략 연구에서 소홀히 해서는 안 되는 중요한 임무다. 이를 한마디로 나타내자면 높이 한 층만 쌓던 것에서 여러 방면의 여러 층으로 쌓는 '고층에서 다층多層으로'의 임무라 할 수 있다.

4. 주석에서 창조로

중국의 모략 유산은 대단히 풍부해서 각 영역에서 후배들이 바이블처럼 떠받드는 저서들이 아주 많다. 이 고귀한 정신 유산은 중국 민족 자신들에게 영향을 주고 있을 뿐만 아니라 이 영역에서 저 영역으로 영향을 미치고, 나아가 나라 밖에까지 영향력을 넓히고 있다. 이제 동양의 모략은 서양의 여러 영역, 즉 전략 연구에서 경제발전, 군사투쟁에서 외교투쟁에 이르기까지 뜨거운 연구 과제가 되고 있다. 이는 물론 좋은 일이다. 여기서 눈여겨보아야 할 지점이 있다. 우리 조상들이 남긴 소중하고 많은 모략의 유산들 때문에 일부 후손들이 이 유산 위에 드러누워 득의만만, 자화자찬하고 있다는 사실이다. 이런 사람들은 민족의 창조정신을 크게 드러내기는커녕 타성만 늘어날 뿐이다.

『손자』에 대한 주석注釋은 수천 종류에 이르며, 『삼십육계』 역시 역대로 모략 연구의 고수들이 새로운 해설과 주석을 달았다. 모략 전문서들은 오늘 이 판본에 수록되고, 내일 저 판본에 들어간다. 이런 작업이 사회와 후손들에게는 당연히 유익하다. 하지만 이 점을 놓쳐서는 안 된다. 선배들의 해설과 주석은 많지만 자기만의 창조는 상대적으로 드물다는 사실이다. 조조처럼 위대한 모략가조차 앞장서서 『손자』에 대한 주석을 남겼다. 그런데 전쟁 경험으로 따지자면 조조가 손무보다 훨씬 많다. 삼국 시기의 생산력 기초나 군대의 편제 및 장비 등등 각 방면은 춘추전국에 비해 훨씬 발달했다. 조조는 『손자』보다 훨씬 높은 곳에 서서 자신의 보다 앞선 병법을 종합하고 창조할 수 있었다. (물론 남아 있는 조조의 병법이 적지 않다.) 그런데도 조조는 『손자』라는 거대한 저서의 그림자 안에서 배회했을 뿐이다. 주석을 중시하고 창조력은 결핍된 이런 습성은 모략의 수준을 높이는 데 큰 장애가 아닐 수 없다. 명나라 말기

● 조조는 『손자』에 처음으로 주석을 달 정도로 학식이 뛰어났다. 그러나 군사 방면에서의 엄청난 경험과 성과에도 불구하고 그만의 병법이나 전문서를 남기고 못하고 『손자』의 그림자 주위를 배회하는 한계를 보였다. 앞으로의 모략 연구는 과거 성과에 대한 해설과 주석에서 벗어나 창조 단계로 나아갈 전망이다. 사진은 하남성 허창許昌의 승상부에 조성되어 있는 조조의 작품 조형물들이다.

에서 청나라 그리고 민국에 이르는 수백 년 역사에서 그 영향력이 깊은 모략의 전문서는 찾아보기 어렵다. 이는 우리의 창조정신 부족, 위기의식 결핍으로밖에는 설명할 길이 없다. 선조의 업적 위에 누워 진취성을 추구하지 않은 사실과 중대한 관련이 있다.

오늘날 우리의 모략 연구는 주석들을 모으고, 선배들의 모략 경험을 정리하고, 선조들의 모략 유산을 계승하고 있다. 하지만 여전히 많이 부족하다. 예를 들어 전국 각지의 기념비와 기념관은 많다. 그런데 세계적으로 존경을 받는 동양 군사학의 비조인 손무의 기념비와 기념관은 거의 없다.[68] 산동성에서 개최한 국제 『손자』 학술

---

68 손무의 출신인 산동성에서는 기념관과 전시관 및 각종 조형물들을 조성하고 있지만 종합적인 성격의 기념관 내지 박물관은 여전히 필요한 형편이다.

토론회에서 일본의 중소기업 대표는 북경에다 '손자 국제 연구센터'를 짓자며 자금을 후원하겠다고 자청했다. 그는 그 뒤 5천만 엔을 내어 이 센터 건설에 미력하나마 힘을 보태겠다고 했다. 1989년 6월, 그는 북경으로 와서 중국 군사과학학회가 앞장선 이 센터 건설을 위한 후원금을 냈다. 상대적으로 염황 자손을 자처하는 우리는 이런 열정이 부족하다. 이런 점을 소홀히 해서는 안 된다. 동시에 우리는 모략 연구의 주안점을 창조라는 방면에 두고 공부하고 연구해야 한다. 그 옛날 돌을 손대어서 금으로 만들 듯이 전통을 계승하는 기초 위에서 중국 민족 나름의 새로운 모략을 창조하여 갈수록 치열해지는 현대사회의 경쟁에 적응해야 한다.

모략 연구의 방향과 임무를 '분산에서 계통으로', '단과에서 다과로', '고층에서 다층으로', '주석에서 창조로' 촉진하는 일은 사회과학 발전의 요구이자 인류가 사회적 실천을 실행하는 절실한 필요성이기도 하다.

제20장
모략의 분류 연구

유형을 나누어 모략을 연구해온 옛 선인의 성과와 실천은 매우 풍부하다. 『논어』는 봉건시대 치국의 경전이었고, 『손자』는 고대 용병의 바이블이었으며, 『한비자』는 법으로 관리하라는 봉건사회 사상의 집대성이었다. 모략에 대한 종합적 연구와 분류 연구는 『삼십육계』가 선두에 섰다. 이 책은 앞서 소개했듯이 많은 모략을 승전·적전·공전·혼전·병전·패전이란 여섯 개 큰 범위로 나누어 연구를 진행했다.

인류 모략의 실천적 경험이 끊임없이 쌓이고, 실천 범위도 갈수록 넓어지고, 인식 수준도 계속 올라가면서 모략의 분류 방법도 계속 개선되고 갱신되었다. 오늘날 우리가 모략을 독립된 종합적 학과로 연구하려 할 때 모략의 분류 방법을 전문적으로 중요한 주제로 삼을 필요가 있다. 우리는 모략 연구를 대체로 다음 몇 가지 유형으로 나누어 진행하고자 한다.

1. 모략 직업관

인간의 사회적 실천은 모략의 생성과 발전의 온상이다. 고대 사람들은 생존을 위해 먹을 것 때문에 사나운 맹수나 약한 동물들과 싸워야 했다. 인류사회가 어느 단계까지 발전하자 인간과 인간, 사회집단들 사이의 빈번한 경쟁과 전쟁이 모략을 만들고 발전시키는 촉진제가 되었다. 사회적 분업이 갈수록 세분되고 규범화되면서 수많은 생업이 갈라져나갔고, 자연스럽게 새로운 직업들이 속속 생겨났다. 새로운 직업들은 사회적 필요성에 따라 생겨났다. 새로운 직업들의 생산은 사회적으로 새로운 영역에 새로운 경쟁을 가져왔다. 이 경쟁은 전쟁에서의 각축과 여러 면에서 다르지만, 전쟁과 경쟁을 통해 숱한 경험을 축적한 인간은 새롭게 나타난 경쟁 영역에서 알게 모르게 이런 축적된 경험에서 나온 모략들을 빌릴 수밖에 없었다. 이 새로운 영역에서 새로운 경쟁의 실천이 어느 정도 발전하면 실천에 대한 인간의 인식능력을 추동하여, 과거의 모략 경험으로는 더 이상 새로운 경쟁을 이끌 수 없고, 끊임없는 창조와 종합을 통하여 새로운 영역에서 군사·정치 영역의 흔적이 많이 남아 있는 새로운 모략 방법을 만들어가야 한다는 사실을 깨닫게 되었다.

스포츠를 예로 들어보자. 사회의 물질문명과 정신문명의 충차가 아주 낮은 단계였을 때 스포츠는 사회적으로 영역이라 할 것조차 없는 분야였고, 따라서 틀을 갖춘 스포츠 모략은 불가능했다. 현대사회에서 스포츠 분야의 경쟁은 갈수록 보편화되고 있고 스포츠 모략은 급증하고 있다. 스포츠는 전체적으로 그 수와 양이 상당할 뿐만 아니라 스포츠 경쟁 내부는 전문적인 업종까지 형성되었다. 구기 종목을 비롯하여 바둑·장기·체스와 같은 분야, 포커 게임 분야 등과 같은 전문 분야와 관련한 모략이 갈수록 세분화되고 있다. 이 분야들은 서로 통용되면서도 특수한 성격을 가진 전문화와 체계화된 과정을 밟고 있다.

　　인류의 사회적 분업이 세분화되면서 모략 연구 영역의 끊임없는 확장을 이끌었고, 모략 방법 또한 직업화되는 추세를 보였다. 오늘날 우리가 모략에 대해 분류 연구를 진행할 때 가장 주요한 분류법이 직업으로 나누는 것이다. 직업에 따라 경쟁의 환경도 다 다르다. 사회의 다른 직업과 경쟁하며 발전과 생존을 추구해야 한다. 또 같은 직업 내부의 경쟁에서 승리하여 자신을 발전시켜야 한다. 직업으로 나누어진 경쟁은 끊임없이 그리고 쉴 새 없이 서로 다른 모략 방법을 생산해내고 있다. 새로운 모략 방법은 많은 부분에서 기존의 모략 방법을 빌리고 거울삼고 있지만 기존의 모략 방법으로는 새로 생산된 모략 방법을 결코 대체할 수 없다. 예건대 경제모략에 해당하는 '차계생단借鷄生蛋(닭을 빌려 알을 낳게 하다)', '차풍행선借風行船(바람을 빌려 배를 운항하다)', '투제등루偸梯登樓(사다리를 훔쳐 누에 오르다)', '초윤장산礎潤張傘(주춧돌이 축축해지면 우산을 준비하라)' 등등은 과거 많은 사람들에게 익숙한 모략 방법과 비슷한 점이 분명 있다. 그러나 최근 나온 새로운 모략에는 직업적 특색이 뚜렷하고 농후하다.[69]

　　모략에 대한 과학적 연구의 필요성과 인류의 사회적 실천에 따른 요구로 볼 때 모략의 발전에는 모략 직업관을 크게 강조할 필요가 있다. 관련하여 직업에 따라 수없이 많은 독특한 모략체계가 형성되고 있다. 모략을 정치·군사·경제·외교·스포츠·교육 등등의 영역 또는 직업으로 나누어 연구하는 것이 모략의 지속적인 발전에 유리할 뿐만 아니라 사회적 실천에서 비롯된 모략 연구가 다시 사회적 실천에 이바지하는 데 유리하다는 사실을 우리는 잘 알고 있다.

　　직업관으로 모략을 연구하는 것은 상대적 의미만 있을 뿐이다. 많은 모략 방법이 고도의 추상성과 통용성을 갖추고 있고 많은 영역이 여기를 벗어나 특정한 하나

69　여기에 소개되어 있는 경제모략 항목들에 대한 자세한 소개는 『모략고』의 경제모략을 참고하기 바란다.

의 영역 또는 직업에 귀속되기 어렵기 때문이다. 그렇다고 직업 분류의 방법으로 모략 연구를 배척하는 것은 결코 아니다. 과거로부터 존재했던 모략은 이 방법을 통해 대체적으로 분류할 수 있고, 앞으로는 실천 속에서 직업에 따른 분류 연구로 끊임없이 새로운 모략을 창조할 필요가 있다.

2. 모략 기능관技能觀

누군가 어떤 모략의 실천을 종합하고 개괄하여 외우기 좋은 경구나 명언으로 만들 때 그 근거는 해당 모략이 갖고 있는 특정한 기능에서 나온다. 모략의 기능에 따라 분류하는 일도 보편적 의미가 있을 것이다. 모략의 기능에 따라 다음 몇 가지로 분류해본다.

1) 공방류攻防類

각 영역의 모든 경쟁 모략은 공격과 방어라는 두 가지 형태에 놓일 수밖에 없다. 모략이 진행되면 어느 쪽이든 공세 아니면 방어 태세에 놓인다. 이런 대치 또는 복잡한 교착 상태는 공격 또는 방어로 전환하기에 앞서 나타나는 현상이다. 모략의 분류를 공격과 방어라는 두 기능으로 분류하는 일은 그 포괄 범위가 아주 넓다. 직접 공격 기능을 나타내는 모략으로 다음과 같은 것들이 있다.[70]

공기무비攻其無備: 수비(대비)하지 않는 곳을 공격하라.

공기불수攻其不守: 지키지 않는 곳을 공격하라.

공기필구攻其必救: 반드시 구원하러 나오는 곳을 공격하라.

공심위상攻心爲上: (상대의) 심리를 공략하는 것이 상책이다.

'공攻'이란 글자는 없지만 공격의 특색을 뚜렷하게 갖춘 모략들로는 다음과 같은 것들이 있다.

선발제인先發制人: 먼저 출발하여 상대를 제압한다.

선성탈인先聲奪人: 먼저 고함을 질러 상대의 기를 빼앗는다.

선타약적先打弱敵: 약한 적을 먼저 쳐라.

방어 기능을 나타내는 모략들로는 다음과 같은 것들이 있다.

와신상담臥薪嘗膽: 장작더미에 누워 쓸개를 맛보다.

양장호도佯裝糊塗: 어리석은 척 멍청한 척 꾸미다.

이수대공以守待攻: 지키면서 공격을 기다리다.

견벽청야堅壁淸野: 벽을 단단히 쌓고 들판(식량)을 깨끗이 비우다.

---

70 이 모략의 내용과 사례들에 대해서는 앞서 언급한 대로 『모략고』의 해당 항목을 참고하면 된다.

2) 지승류智勝類

차원 높은 지혜에 완전히 의존하여 상대와 싸워 승리하는 것을 말한다. 예컨대 정치 모략의 '이이제이以夷制夷', 군사모략의 "싸우지 않고 상대를 굴복시키는 용병", 경제모략의 "바람(남의 손)을 빌려 명예를 전파한다."는 '차풍파예借風播譽' 등등은 지혜로 승리를 거두는 대표적인 모략에 속한다. 이런 모략들은 예로부터 모략가들로부터 최고의 경지로 평가받았다. 『손자』의 다음 대목들도 같은 맥락이다.

> "따라서 용병을 잘하는 자는 싸우지 않고 상대의 군대를 굴복시키고, 공격하지 않고도 상대의 성을 공략하고, 상대 나라를 허물되 오래 끌지 않으며, 반드시 온전하게 천하를 쟁취한다. 그래야 군사는 둔해지지 않고 이로움을 온전히 취할 수 있으니 이것은 모략으로 적을 공격하는 방법이다."
> "이런 까닭으로 백 번 싸워 백 번 이기는 것은 최선의 선善이 아니요, 싸우지 않고서 남의 군사를 굴복시키는 것이 최선의 선인 것이다."(이상 「모공」편)

지승류에 속하는 모략들은 오늘날에도 모략가들이 추구하는 최고의 목표다.

3) 역승류力勝類

'역승'의 글자 뜻은 힘으로 이긴다는 것이다. 그렇다고 모략을 빌리지 않고 그저 힘에만 의존한다는 뜻은 결코 아니다. 여기서 말하는 '역승'이란 우세한 역량에 의존하여 빠르고 완벽하게 승리하는 책략이다. "엉킨 실타래는 칼로 빠르게 자른다."는 '쾌도참

난마快刀斬亂麻, "문을 걸어 잠그고 적을 잡는다."는 '관문착적關門捉賊, 『손자』 「모공」 편의 "(전력이) 열 배면 포위하고, 다섯 배면 공격하고, 두 배면 나누어라." 등등이 강력한 역량을 배후로 삼은 뒤에 모략의 작용을 충분히 발휘하라는 것들이다. 말하자면 지혜와 힘을 단단히 결합하여 운용하는 모략으로, 모략의 종류 중에서 그 수량이 일정한 비중을 차지하고 있다.

4) 기승류技勝類

이 종류는 지혜에다 기예와 기교를 빌려 성공을 거두는 모략이다. 정치모략의 다음과 같은 것들이 이에 속한다.

> 일전쌍조一箭雙雕: 화살 하나로 독수리 두 마리.
> 쌍관제하雙管齊下: 두 자루의 붓으로 가지런히 그림을 그리다.
> 장수선무長袖善舞: 소매가 길어야 춤이 예뻐 보인다.
> 포전인옥抛磚引玉: 벽돌을 버려 옥을 끌어낸다.

경제모략으로는 "등뒤로 돌려 비파를 연주하다."는 뜻의 '반탄비파反彈琵琶' 등등이 기예와 기교를 빌려 지혜로 승리를 얻는 모략이다. 지혜와 기예·기교는 여러 면에서 비슷한 뜻을 함축하지만, 차원 높은 기예와 기교는 뛰어난 지혜와 떨어질 수 없다. 하지만 구별되는 것도 사실이다. 뛰어난 지혜는 뛰어난 기예·기교를 빌려 보다 뛰어난 모략을 형성하며, 이는 사회생활과 모략의 실천에서 늘 보는 것들이다.

3. 모략 변증론

모략의 형성을 사유라는 측면에서 분석하면 변증사유의 결과가 아닌 것이 없다. 변증사유 없이 그저 이익만 생각하고 손해는 생각하지 않거나, 승리만 생각하고 패배는 무시하거나, 힘을 덜 쓸 것만 고려하고 힘쓰는 것은 생략한다면 한순간, 한 가지 일에서는 성공할 수 있을지 모르지만 오래도록 생명력을 가지는 절묘한 모략은 결코 나올 수 없다. 모략의 분류에서 변증적 방법으로 전체 모략체계를 관통해보면 가장 많이 볼 수 있는 변증모략 방법으로는 아래와 같은 것들이 있다.

1) 기奇와 정正

이런 말이 있다. "전쟁은 공격과 수비에 지나지 않고, 방법은 기奇와 정正을 벗어나지 않는다." 기와 정의 변증적 사고는 모략에서 상당한 포용성을 갖는다. 어떤 모략이든 최종적으로는 기와 정으로 구분할 수 있기 때문이다. 예를 들어 수학의 홀수와 짝수는 0을 제외하고 어떤 정수도 홀수 아니면 짝수다. 물론 자세히 분석하고 연구하면 기와 정으로 명확하게 나누기 어려운 모략도 적지 않다는 것을 발견할 수 있다. 어쨌든 기와 정으로 모략을 나누는 것은 예로부터 지금까지 사용하고 있는 일상적 방법이다. 이는 역사가 반고가 『한서』「예문지」에서 "모략을 운용하는 사람은 정으로 나라를 지키고 기로 군대를 부린다. 먼저 계산한 후에 싸우고, 형세와 음양을 함께 포용하고 기교를 사용하는 사람이다."라고 한 것과 같다. 모략에 대한 반고의 이런 인식 방법은 오늘날 우리가 모략을 분류하고 연구하는 데 폭넓은 참고사항이 된다. 관런한 예는 너무 많아 일일이 열거하지 않는다.

2) 곡曲과 직直

목표는 하나라도 그 목표를 실현하는 길은 여럿이다. 산을 오르는 길은 천 갈래지만 올려다보는 달은 하나라는 말이 있듯이 모략을 운용하는 것도 이와 같다. 겉으로 드러나는 형식으로 보아 어떤 것은 지름길을 통해 목표를 직접 달성한다. 또 어떤 것은 굽은 길을 돌아서 간접적으로 목표를 달성하기도 한다. 어떤 어려운 문제를 풀려 할 때는 지름길을 통해 목표에 도달하는 방법을 강구하지 않는 모략가는 없다. 그러나 주·객관적 조건이란 제약 때문에 때로는 직접 목적을 달성하는 모략을 채용해서는 결코 성공할 가능성이 없기 때문에 하는 수 없이 "굽은 길이 곧은 길이다."라는 모략을 채택한다. 우리가 모략을 평가할 때 굽은 길이냐 곧은 길이냐를 가지고 우열을 논해서는 안 된다. 가늠의 영원한 기준은 대가와 효과의 유기적 통일이다. 즉, 대가는 적고 효과가 큰 모략일수록 좋은 모략이다. 대가를 치르지 않고 예상한 효과를 달성할 수 있다면 그것은 기모奇謀라 할 수 있다. 직접 목표를 달성하는 모략 형식으로는 아래의 것들이 많이 알려져 있다.

> 금적금왕擒賊擒王: 적을 잡으려면 그 왕을 잡아라.
> 선입위주先入爲主: 먼저 들어가는 사람이 주인이다.
> 파부침주破釜沈舟: 취사용 솥을 깨고 타고 온 배를 가라앉히다.

반면 간접적인 모략 형식으로 가장 보편적인 것들은 감추고 굽히는 수단으로 정해진 목표를 달성한다. 아래와 같은 것들이 대표적이다.

>위위구조圍魏救趙: 위나라를 포위해서 조나라를 구하다.
>
>차도살인借刀殺人: 남의 칼을 빌려 사람을 죽이다.
>
>장계취계將計就計: 상대의 계책에 맞추어 계책을 취하다.

3) 지智와 력力

승리를 얻는 방법은 많다. 지혜로 이길 수 있고, 힘으로도 이길 수 있다. 힘을 적게 들이거나 아예 들이지 않고 승리하면 당연히 최선이다. 그런 경우는 극히 드물다. 손무가 말하는 "싸우지 않고 상대의 군대를 굴복시키고" "군사는 둔해지지 않고 이로움을 온전히 취하는" 모략은 모략의 최고 경지다. 대부분은 힘으로 이기는 것이다. 그러려면 필요한 대가를 치러야 한다. 힘으로 이길 때도 지혜가 필요하고, 어떻게 역량을 교묘하게 사용할 것인가의 문제가 있다. 힘을 제대로 사용하지 못하면 힘은 있으나 마나. 힘은 교묘하게 사용해야만 머리카락으로 천근을 들어 올리는 효과를 거둘 수 있다.

횡적으로 각 종류의 모략을 살펴보면, 그 운용과 성공은 예외 없이 지혜와 힘의 교묘한 결합, 기민한 운용이라는 두 가지 기본적 특징을 실현한 경우다. 즉, 지혜로 힘을 통제하거나 힘으로 지혜를 통제한 것이다. 지혜로 힘을 통제하는 경우는 대부분 고도의 지혜에 의존하고, 여기에 비교적 적은 역량을 대가로 비교적 높은 목표치를 달성한다. 다음과 같은 것들이 그렇다.

좌수어리坐收漁利: 앉아서 어부지리를 얻다.

후발선지後發先至: 뒤에 출발해서 먼저 도착하다.

첩족선득捷足先得: 발 빠른 자가 먼저 얻는다.

교능성사巧能成事: 교묘한 능력으로 일을 이루다.

힘으로 지혜를 통제한다는 것은 손실은 겁내지 않고 그저 힘만 쓰라는 뜻이 아니다. 강한 역량을 배경으로 과감한 결단으로 단숨에 목적을 달성하라는 모략이다. 다음 모략들이 흔히 활용하는 것들이다.

위삼궐일圍三闕一: 세 면을 포위하고 한 곳은 비워두라.

망개일면網開一面: 그물 한 면을 열어두어라.

허류생로虛留生路: 일부러 살 길을 남겨두어라.

지혜와 힘, 그 운용 방식과 형태는 늘 상호 포용과 상호 전환으로 나타난다. 지혜를 발휘하면서 힘을 쓰고, 힘을 쓰면서 지혜를 발휘한다. 성공에서 지혜가 높으면 힘은 줄고, 힘을 많이 쓰면 지혜가 생략된다. 지혜를 힘으로 바꾸고, 지혜로 힘을 대신하는 것, 모략에서 달성하고자 하는 효과다. 힘이 센 자가 약한 자를 이기는 것은 상식이다. 역량의 크기는 모략을 운용하는 자의 수준과 운용 방식에 따라 달라지고 나타나는 효과도 다를 수 있다. 축구나 농구에서 양쪽 선수의 숫자는 같다. 그러나 실력이 센 쪽은 같은 수를 가지고도 유리한 국면을 만들어낸다. 관련하여 모택동은 "전쟁은 역량의 시합이지만 역량은 전쟁 과정에서 그 원래의 모습을 바꾼다."는 명언을 남긴 바 있다. 이를 위해서 모략가는 군사적 역량을 교묘하게 분해하고 조합하여 적시에 정세에 맞게 운용할 줄 알아야 한다.

4) 이利와 해害

모략을 운용하는 과정에서 이익과 손해는 모략가가 관심을 기울이는 핵심이다. 자신의 손해는 최대한 피하면서 최대의 이익을 얻으려 하지 않는 모략가는 없다. 이해관계를 둘러싸고 이루어지는 모략은 아주 많다. 내 쪽으로 보자면 주된 특징은 이익을 좇고 손해는 피하는 데 있다. '이익을 좇는' 특징을 주로 보이는 모략으로는 '순수견양順手牽羊(순조롭게 양을 끌고 가다)', '주졸보차丟卒保車(졸을 버리고 전차를 지키다)' 등이 있다. 반면 상대에 대해 이해관계를 둘러싸고 운용하는 모략은 주로 이익으로 유혹하고 손해로 압박하는 특징을 보인다. 이익으로 유혹하는 모략으로는 다음과 같은 것이 있다.

> 할수환포割須換袍: 수염을 깎고 옷을 바꾸다.
>
> 향이현어香餌懸魚: 맛난 미끼로 고기를 낚다.
>
> 장욕취지將欲取之, 필선여지必先與之: 무엇인가를 갖고 싶으면 반드시 먼저 주어야 한다.

한편, 손해로 상대를 압박하는 모략은 상대에게 힘을 자랑하거나 위협하여 적을 이미 만들어놓은 틀로 끌어들이는 목적을 달성하는 것이다. 전자의 이익으로 유혹하는 방법과 호응 관계를 이룬다. 이 방면의 모략으로는 '고산진호鼓山震虎(산을 울려 호랑이를 떨게 하다)', '살계경후殺鷄警猴(닭을 죽여 원숭이에게 경고하다)' 등이 있다.

4. 모략 층차론層次論

모략의 생성과 운용은 일정한 시간과 공간 안에 있다. 모략에 대한 분류 연구에서 층차로 모략을 분류하는 것 또한 중요한 방법이다. 층차의 성격이 비교적 뚜렷한 몇 가지 구분 방법을 아래에 소개한다.

1) 원대한 모략, 중간 정도의 모략, 자잘한 기교

모략의 사용 범위에 따라 국가의 앞날과 운명을 계획하는 방략方略이 있다. 국가의 정략과 전략 등이 이에 해당한다. 흔히 활용하는 모략으로는 '문치무공文治武功(문으로 다스리고 무로 공을 세운다)', '수도보법修道保法(도를 닦고 법을 보전하다)' 등이 있다. 그 특징은 적용의 범위가 넓고 시간이 길다는 것이다. 이런 방략은 대부분 먼 앞날을 내다보는 정치가·전략가·모략가의 손에서 나오며, 국가와 사회의 앞날에 중대한 영향을 미친다.

중간 정도의 모략은 국가 아래의 한 지역 또는 한 사업에서 나오는 계획된 책략이다. 경제 영역의 산업 발전에 관한 계획, 지역 발전을 위한 기획, 군사 영역의 전역을 위한 지도 방침 등은 내용상 중간 정도의 모략에 속한다.

자잘한 기교는 사회의 각종 직업, 각 계층에 속한 사람들이 개인과 가정 내지 작은 사회집단의 생존과 발전을 위해 흔히 운용하는 모략을 가리킨다. 관료사회의 권력과 명성 다툼에서 시장에서의 이권 경쟁에 이르기까지, 애정의 무대에서 벌어지는 이성 간의 시기와 질투에서 도박장의 투기에 이르기까지 그곳에서 구상되고 운용되는 모략은 대부분 이런 자잘한 기교들이다.

이런 모략들의 구별은 공간에서만 상대적 의미를 가질 뿐이다. 인간은 습관적으로 자신의 모략을 원대한 방략이라 생각하지, 자잘한 기교로 인정하는 사람은 드물다. 기업, 작은 사회단체를 보더라도 '발전전략'과 같은 용어를 흔히 본다. 인간의 습성으로 보자면 별것 아니지만 모략의 분류 방법으로는 연구 범위의 엄격한 층차 구별이 필요하다. 원대한 방략과 자잘한 기교를 한데 묶어볼 경우 이런저런 불량한 결과가 초래될 수밖에 없기 때문이다.

2) 깊고 멀리 내다본 모략, 계산된 모략과 임기응변

시간관념으로 모략을 연구하면 모략의 보물창고에는 깊고 멀리 내다보는 절묘한 모략들을 많이 찾아낼 수 있다. 예컨대, 성탕을 보좌하여 하나라를 멸망시킨 이윤의 계책, 주 문왕과 무왕을 보좌하여 주나라 건국의 기틀을 놓은 강태공의 모략, 융중에서 나오기에 앞서 천하삼분을 알았던 제갈량의 전략은 그 당시 국가와 사회 전체에 직접적인 영향을 주었다. 정치모략에 속하는 "덕을 근본으로 삼다."는 '이덕위본以德爲本', "오랑캐로 오랑캐를 다스린다."는 '이이치이以夷治夷' 등과 경제모략의 '가축외양家丑外揚(자기 집 허물을 밖으로 드러내다)'이나 '지혜성본智慧成本(지혜를 밑천으로 삼다)' 등이 이런 깊고 멀리 내다본 모략에 속한다.

깊고 멀리 내다보는 이런 모략과 상대적으로 짧은 시간에 특정 상황에 대응하기 위해 채용하는 모략을 계산된 모략이라 부를 수 있다. 급한 상황에서 채용하는 대책은 흔히 말하는 임기응변이라 부른다. 임기응변은 시간상 가장 짧을 뿐만 아니라 심지어는 "눈썹 한 번 찡그리자 계산이 마음에서 나올" 정도다. 조조와 유비가 "청매정

● 모략의 층차성이란 시간과 공간의 관계 속에서 크기와 넓이 그리고 깊이가 구분된다. 크고 넓을수록 깊으며, 따라서 시간과 공간에 더 많은 영향을 미친다. 사진은 청매정에서 영웅을 논하는 조조와 이에 놀라 젓가락을 떨어뜨린 유비와 모습을 나타낸 조형물이다.

靑梅亭에서 술을 데우며 영웅을 논하는" 장면에서 조조가 영웅을 설파하자 유비가 놀라 젓가락을 떨어뜨리는데, 이때 유비는 임기응변으로 우레 소리로 자신의 속마음을 감추었다. 유비는 눈 깜짝할 사이에 재치를 발휘하여 난관을 교묘하게 넘겼다. 사실 계산된 모략과 임기응변이 운용의 범위는 훨씬 더 넓다.

공간과 시간으로 모략의 종류를 나누는 것은 모략의 넓이라는 특징을 나타내는 것이다. 일반적으로 말해 전체 국면을 이끌어가는 원대한 방략은 깊고 멀리 내다본 결과이며, 깊게 멀리 내다봐야 하는 문제는 또한 원대한 방략이기도 하다. 자잘한 기교는 이런 범주에 포함될 수 없음은 당연하다. 마찬가지 이치로 임기응변의 모략은 일반적으로 원대한 모략이 될 수 없다. 모략의 공간이라는 범위가 클수록 시간의 작용은 길어진다. 시간이란 의미에서 임기응변의 모략은 대체로 공간상 자잘한 기교와 뗄 수 없는 관계를 갖는다. 따라서 모략의 층차성은 매우 뚜렷하고, 공간과 시간이라는 의미에서 늘 불가분의 관계를 갖는다.

5. 모략 특징론
────────────

모략은 직업·기능·충차·변증법 등과 같은 특징으로 분류를 진행하는 방법 외에 분류 연구를 돕는 다음과 같은 뚜렷한 특징들이 있다.

1) 방생류倣生類

'방생'이란 생물을 모방한다는 뜻이다. 생물의 생존과 발전에 나타나는 기술은 인류 모략의 중요한 원천의 하나다. 모략의 항목들을 들춰보면 생존과 발전을 위한 이런 생물들의 움직임을 모방한 모략이 상당한 비중을 차지하고 있음을 어렵지 않게 확인할 수 있다. 대표적인 것들을 소개한다.

> 당랑포선螳螂捕蟬, 황작재후黃雀在後: 사마귀가 매미를 잡으려 하는데 참새가 뒤에서 노리고 있다.
>
> 금선탈각金蟬脫殼: 금 매미가 껍질을 벗다.
>
> 순수견양順手牽羊: 순조롭게 양을 끌고 가다.
>
> 호가호위狐假虎威: 여우가 호랑이의 위세를 빌리다.
>
> 교토삼굴狡兔三窟: 약은 토끼는 굴을 세 개 마련한다.

방생류의 모략을 중요한 종류로 나누어 연구하는 일은 모략 연구의 중요한 내용일 뿐만 아니라 방생학 연구에도 소홀히 할 수 없는 항목이다.

2) 차고류借古類

옛사람들은 모략을 실천하면서 엄청나게 많은 성공의 경험과 실패의 교훈을 축적했다. 그러나 이 귀중한 자료들은 당시는 물론 그 후로 오랫동안 역사가들에 의해 그저 전형적인 또는 사유를 계발하는 사건 정도로만 기록되었을 뿐이다. 시간이 흐르면서 인류는 실천 속에서 옛사람들의 실천 사례를 빌리거나 거울삼았다. 그중 일부 전형적인 의의를 갖춘 사례들은 끊임없이 다듬어지고 귀납되어 이를 익힐 때마다 의미 있는 계시를 얻곤 했다. 전형적인 사례들은 점점 많은 사람들의 입에 오르내리는 모략으로 승화되었다. 예를 들자면 아래와 같은 것들이다.

> 퇴피삼사退避三舍: 군대를 사흘 거리 뒤로 물리다.
> 진정지곡秦庭之哭: 진나라 궁정 뜰 앞에서 통곡하다.
> 항장무검項莊舞劍, 의재패공意在沛公: 항장이 칼춤을 추는 것은 그 의도가 패공(유방)에게 있다.
> 창주양사唱籌量沙: 큰 소리로 모래를 세다.

이런 모략들은 당시에는 전형적인 사건이었다. 그러나 후세 사람들이 이를 종합하고 한 차원 끌어올린 다음에는 거기에 함축된 의미가 본래 의미의 범주를 한참 벗어나 강력한 계발성과 통용성을 갖추기에 이르렀다.

3) 술수류術數類

"수數 안에 술術이 있고, 술 안에 수가 있다." 일정한 수를 이용하여 일정한 술을 나타내고, 일정한 양으로 일정한 질을 반영하는 것은 모략의 보물창고에서 흔히 볼 수 있는 종류다. 예를 들면 아래와 같은 것들이다.

살일경백殺一儆百: 하나를 죽여 백에게 경고하다.

양면삼도兩面三刀: 두 얼굴에 세 개의 칼.

쌍관제하雙管齊下: 두 자루의 붓으로 동시에 그리다.

삼군가탈기三軍可奪氣: 삼군의 기를 빼앗을 수 있다.

유원사방귀柔遠四方歸: 멀리 있는 자를 다독이면 사방이 귀의한다.

십즉위지十則圍之, 오즉공지五則攻之, 배즉분지培則分之: 열 배면 포위하고, 다섯 배면 공격하고, 두 배면 나누어라.

이상은 일정한 수를 가지고 일정한 술을 반영하는 교묘한 방법들이다.

이상, 모략을 분류해보았다. 이는 처음 해보는 시도다. 그 외에 더 많은 분류법이 있을 수 있다. 여기서는 주요한 것 몇 가지를 소개했을 뿐이다. 모략은 인류의 가장 귀중한 정신적 재산이다. 총체적으로 연구하던 방향에서 한 걸음 한 걸음 분류하는 연구로 나아갈 때 보다 계통적이고 완전한 모습을 갖추어 전면적인 계승과 발전을 이룰 수 있을 것이다.

제21장
모략학의 이론체계

1. 현대 과학의 발전과 그 특징

현대 과학기술의 발전으로 새로운 유형의 학과가 우후죽순처럼 생겨나면서 세 가지 뚜렷한 특징을 보이고 있다.

첫째, 가속분화加速分化다. 아주 빠른 속도로 나뉘고 있다는 것이다. 하나의 큰 학과 안에는 그 자체로 발전하는 내재적 규율이 지배하고 있어 끊임없이 많은 2차 학과와 3차 학과들이 생겨난다. 때로는 2, 3차 학과가 제대로 갖추어지기도 전에 새로운 아들 학과와 손자 학과가 뚝 떨어져 나온다. 이로써 과학 연구는 갈수록 잘게 분업화되면서 연구 과제는 갈수록 전문화, 영역은 갈수록 새롭게, 내용은 갈수록 깊어지고 있다.

둘째, 폭넓은 교차성交叉性이다. 모든 학과의 발전 과정은 직선 운동이 아니다.

발전하면서 분화하고 융합한다. 분화하면서 발전하고, 융합하면서 발전하며, 분화하면서 융합하고, 융합하면서 분화한다. 이렇게 해서 끊임없이 주변 학과가 대량으로 출현하는 동시에 그에 상응하는 교차 학과도 하나하나 생겨난다.

셋째, 고도의 종합성綜合性이다. 새로운 학과들이 고도로 분화하는 과정에서 사람들은 어느 날 갑자기 많은 학과의 명제, 특히 전문적인 연구일수록 더 이상 앞으로 나아갈 방법이 없고 늘 반대로 돌아가는 것을 발견하게 된다. 이럴 때는 고도의 종합적인 방식으로 정면으로 넓게 연구해야만 더욱더 만족스러운 효과를 거둘 수 있다. 현대 과학 발전의 분산·교차·종합의 발전 모습을 도형으로 나타내면 아래와 같다.

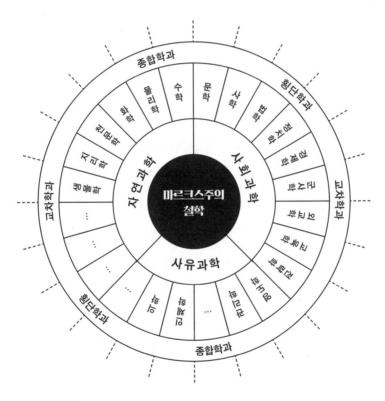

● 현대 과학의 발전 추세도

한 걸음 더 나아가 문자로 과학의 발전 추세를 표현한다면 자연과학과 사회과학은 과학이라는 넓은 뜰에서 멀리 떨어져 있지 않은 큰 나무에 비유할 수 있다. 초기 단계에서 줄기는 끊임없이 굵어지고 가지들이 하나하나 생겨난다. 이 가지들이 자연과학 영역의 수학·물리·화학·천문·지리·생물 등등과 같은 2차 학과들이다. 사회과학 영역에서는 문학·사학·철학·법학·경제학 등등과 같은 2차 학과들이다. 가지가 계속 성장하면서 연한 가지와 잎들이 계속 자라나고 2차 학과는 다시 분해된다. 자연과학의 이과에서 소리·빛·전파·자기·열 등등과 관련한 다른 갈래의 학과들이 이에 해당한다. 이런 갈래들이 많아질수록 연구는 더욱 전문화된다. 이과를 예로 들어보자. 이과가 생겨난 이래 지금까지 그 아래로 500개가 넘는 아들 학과와 손자 학과들이 생겼다. 큰 나무는 뿌리가 깊고 잎이 무성하며, 가지도 더 뻗어 가지와 가지, 잎과 잎 사이에 폭넓은 교차가 일어났다. 생물학의 주된 가지는 화학이나 물리학과 같은 주된 가지와 교차되면서 생물화학, 물리화학, 생물물리학 등과 같은 교차 학과를 생성했다.

인류의 계급투쟁 때문에 투쟁과 과학실험이라는 활동 가지가 나타났고, 이로써 사회과학과 자연과학이라는 큰 두 학과가 생겨났다. 이 두 학과는 본래 그 떨어진 거리가 멀지 않았다. 과학기술이 갈수록 번영하고 있는 오늘날, 이 큰 나무의 줄기와 가지는 끊임없이 밖으로 뻗어나가면서 계속 새로운 주변 학과, 아들 학과, 손자 학과들을 생산해내고 있다. 이와 동시에 두 거목 사이의 가지와 잎이 서로 이어지고, 가지와 가지가 교차되고, 잎과 잎이 서로 겹치면서 보다 큰 규모의 교차 학과도 출현했다. 하나의 가지에서 두 개 이상의 교차점이 생기면서 더 복잡한 종합 학과와 횡단 학과가 생겨났다. 최근 출현한 계통系統(System)·정보·통제·협동·돌연변이·모산구조론耗散構造論(Dissipative structure theory) 및 영도학(리더십)·관리학·예측학·미래학·의사결정학·운용학 등등이 종합 학과와 횡단 학과를 대표한다. 이를 도식화하면 다음과

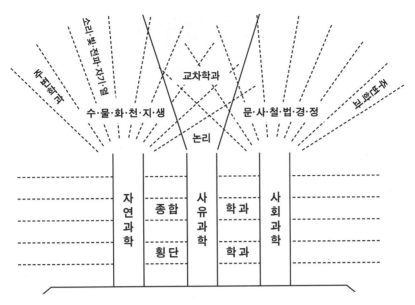

그림 속 라벨들:

수학기하

소리·빛·전파·자기열

교차학과

수·물·화·천·지·생

논리

문·사·철·법·경·정

사유방법론

| 자연과학 | 종합 | 사유과학 | 학과 | 사회과학 |

| | 횡단 | | 학과 | |

● 자연과학과 사회과학의 발전 추세

같다.

2. 현대 과학에서 모략학의 지위

사회과학과 자연과학 같은 큰 학과들에 비해 모략학은 층차의 무게로 보나 연구 대상과 연구 내용의 용량으로 보나 아들 학과 정도의 지위에 있음을 확인할 수 있다. 큰 구조와 층차로 볼 때 모략학의 지위는 대체로 아래 그림과 같다.

물론 이 그림은 보다시피 전체 학과의 체계에서 모략학의 위치를 정확하게 반영하는 것은 결코 아니다. 모략학은 사회과학의 정치학, 경제학이나 또는 자연과학의

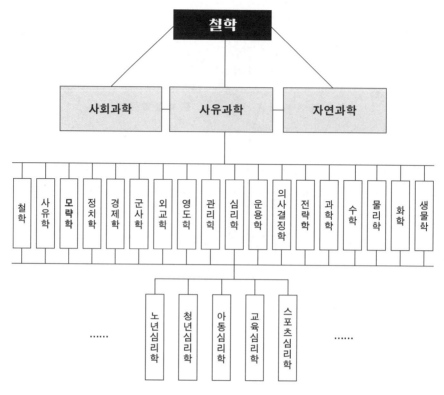

● 사회과학, 자연과학의 갈래와 모략학의 위치도

물리학이나 화학 등이 2차 학과로서 안정된 위치를 차지하고 있는 것과는 완전히 같지 않기 때문이다. 모략학은 새로 일어난 고도의 종합적인 학과로 사회과학 영역의 많은 학과들, 예를 들어 사유학·심리학·의사결정학·운용학 등등과 광범위한 교차성을 가진다. 뿐만 아니라 자연과학의 수학·두뇌학 등등과 가까운 관계를 가지는 진정한 종합적 학과다.

3. 모략학의 구성체계

모략학의 이론체계 틀을 하루빨리 세우려면 흩어져 있는 연구, 엉성한 연구, 다방면의 연구, 중복 연구를 과학적 체계 안에서 규범화하고, 각종 연구와 탐구의 전체 국면을 명확히 하고, 자체 연구의 내용이 속하는 위치를 정확하게 해야 힘을 덜 들이고 효과를 거둘 수 있다.

초보적인 구상으로 모략학의 연구를 네 개의 위도緯度, '사위四緯'와 세 줄의 선, 즉 '삼선三線'으로 나누어 진행해볼까 한다.

'사위'란 시時·공空·직職·능能을 가리킨다.

'시'란 시간을 순서로 삼고 역사발전을 맥락으로 삼아 모략의 역사를 연구하는 것이다. 모략 발전사, 모략 행위사, 모략 방법사, 모략 인재사 등의 내용을 종적으로 연구하여 서로 다른 역사 시기에 일어났던 모략 활동의 객관적 규율을 탐색하고, 역사의 진전 과정에 모략이 미친 영향을 살핌으로써 현실과 미래의 모략 연구를 이끄는 것이다.

'공'이란 공간을 순서로 삼고 사회구조를 단계로 삼아 모략의 충차를 연구한다. 거시巨視모략학, 중시中視모략학, 미시微視모략학의 분층 연구를 통해 모략 연구의 높낮이를 구분하지 않고, 충차를 혼동하고, 손 가는 대로 억지로 빌려다 응용하는 지금의 상황을 개선하는 것이다. 전체 국면을 운용하는 큰 그림을 중점적으로 연구하여 중시하지 않던 '자잘한 기교'를 한데 묶어 제대로 된 큰 틀의 모략으로 바꾸어 상층 구조에 도움이 될 뿐만 아니라 거시적으로 의사를 결정하는 동시에 사회 각계각층에도 도움이 되는 모략 연구를 진행하는 것이다.

'직'은 사회 분업을 횡적으로 펼치고 사람들이 가장 관심을 가지는 주요 직업을 돌파구로 삼아 먼저 정치모략학, 경제(경영)모략학, 외교모략학, 통제모략학, 교육모략학, 체육모략학 등등과 같은 학과의 연구를 전개하여 모략 연구를 가능한 한 빠르게 산업화하고 전문화하여 서로 다른 실천 영역에서도 도움을 받을 수 있게 하는 것이다.

'능'은 모략의 내부 기능을 횡적으로 펼쳐 지식과 논리에 따라 분류하는 것이다. 사람들에게 가장 익숙하고 가장 많이 보는 내용을 돌파구로 삼아 모략심리학, 모략우생학, 모략방법학, 모략자문학, 모략훈련학, 모략운용학에 대한 연구를 통하여 빠르게 현실 속에서의 사회적 실천에 봉사하게 하고 다시 기타 약간의 직능에까지 미치게 하는 것이다.

'삼선'은 '사위'에서 연구를 펼치기 전이나 이와 동시에 모략철학, 모략과학학, 모략계통학 등 세 분야의 종합 학과를 깊게 연구하여 광범위한 모략 연구에 정확한 방법론이라는 무기와 과학적이고 계통적인 주도 이론과 주도면밀한 계획을 보증하는 것이다.

물론 '사위'와 '삼선'의 구분은 모략학이 아직 씨를 뿌리는 단계에 있다는 점을 감안하면 초보적이고 개략적인 구상에 지나지 않는다. 모략 연구를 실천하고, 특히 이에 대한 연구를 진행하는 과정에서 틀림없이 보다 과학적이고 합리적인 모략학 이론의 틀을 연구해낼 것이다. 여기서 말한 이론의 틀을 도식으로 나타내면 다음과 같다. 누구나 참고하고 연구하여 보다 나은 틀을 만들어낼 수 있을 것이다.

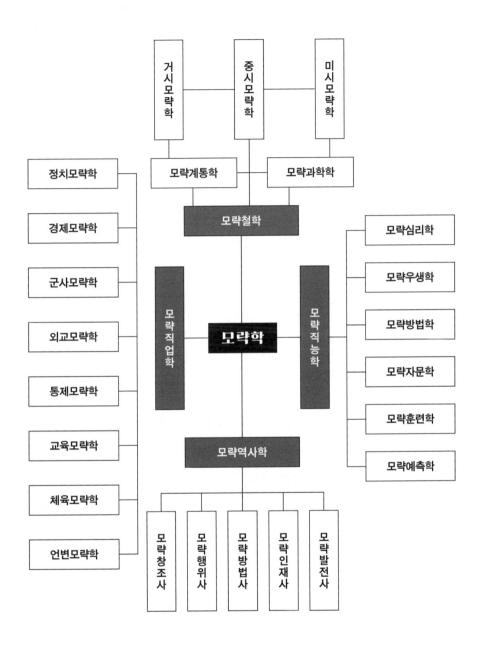

● 모략학의 구성체계

제22장
모략학과 이웃 학과의 관계

1. 모략학의 이웃

오늘날 모략이라는 이 늙고도 젊은 학문을 과학적 방법을 통해 연구할 때 그 깊은 내용과 엄청난 용량, 그리고 폭넓은 범위에 대해 놀라게 된다. 깊게 연구할수록 그것과 이웃한 종합 학과 및 횡단 학과와 아주 복잡하고 빈번한 교차 관계에 있음을 확인하게 된다. 이들 학과가 크게 발전하던 시대에 모략 연구도 경험 단계에서 과학적 이론 단계로 상승하여 이웃한 학과와 어깨를 나란히 경쟁하고 발전해야 할 필요성이 더욱 두드러지게 나타났다. 거시적으로 학과의 맥락을 파악하기 위해 그와 이웃한 학과와 공동 연구할 때 서로를 촉진하면서도 중복을 피하려면 모략학과 이웃 학과의 관계에 대한 진지한 연구가 필요하다. 모략학과 이웃한 학과의 관계를 도식화하면 다음과 같다.

● 모략학과 이웃 학과의 관계도

2. 모략학과 전략학

어떤 사람은 전략 중에 모략이 포함되어 있고 전략학戰略學(Strategy Science)이 있기 때문에 모략을 하나의 학과로 연구할 필요가 없다고 말한다. 또 어떤 사람은 모략과 전략은 아주 가깝고 심지어 같은 것이라고도 한다. 이런 인식들은 전면적이지 못하다. 전략과 모략은 모든 면에서 연계되어 있고 교차하고 있지만 아주 뚜렷한 차이가 있다. 대략 아래 몇 가지 방면을 들 수 있다.

1) 전략은 전쟁에서, 모략은 사유에서 기원한다

'전략'이라는 단어의 유래에 대해서는 현재 두 가지 설이 있다. 중국에서 흔히 말하는 전략은 가장 이른 것이 서진 시대(265-317) 사마표司馬彪가 저술한『전략戰略』이다.『삼국지』,『이십일사전략고二十一史戰略考』등과 같은 역사 사료에 이 전략이라는 개념이 등장하고, 거기에 포함된 의미는 현대의 전략과 기본적으로 같다. 서방에서 '전략'이라는 단어가 처음 등장한 것은 580년이다. 당시 비잔틴 제국의 황제 마우리키우스가 고급 장교들을 훈련시키기 위한 군사 교과서로『상략將略(Strategicon)』을 썼는데 그리스어로 '장수의 길'이란 뜻이고, 영문의 전략을 뜻하는 strategy가 바로 여기서 나왔다. 19세기 말 중국 유학생들이 서방에서 이 단어를 도입했다.

전략의 개념은 전쟁의 실천에서 생산되었다. 전쟁 없이는 전략을 말할 수 없고, 전쟁의 실천이 일정한 규모까지 발전하지 않으면 전략을 말할 수 없다. 중국 고대의 전략은 전쟁 모략으로 공인되어 있다. 전략의 원래 뜻은 '전쟁을 이끄는 예술'이고, 전략은 군사 영역에서 오랫동안 폭넓게 활용되어왔다.

반면, 모략의 기원은 전략보다 훨씬 오래되었다. 모략은 대규모 전쟁에서 나온 것이 결코 아니다. 대규모 전쟁이 있기 전부터 인류는 모략을 실천해왔다. 인류에게 사유가 생겨나고 두뇌에 사고능력이 생긴 후부터, 즉 주의注意가 생기고, 방법을 생각하면서 모략도 생겨났다.

2) 전략은 장수의 길이고, 모략은 관리의 길이다

전략, 특히 고대 전략의 실질은 장수의 길을 연구하는 학문으로 군사적 색채가 짙었다. 예로부터 장수가 군을 지휘하여 작전하는 것이 그 주제였다. 시대가 발전함에 따라 전략 개념의 내용도 끊임없이 변화하고 외연을 확장했다. 제2차 세계대전의 폭발과 그 이후 전쟁의 형태가 발전하면서 전략은 국가경제 잠재력, 후방 병력 등과 같은 요소들이 그 안에 포함되었고, 경제·군사·정신역량 등의 종합적인 응용을 두루 가리키게 되었다. 오늘날 전략의 외연은 군사 영역을 훌쩍 벗어나 정치·경제·과학기술·문화·교육·체육·인재·인구·환경·생태 등등 거의 모든 방면에까지 들어와 있다. 그러나 전략은 본래의 의미든 발전된 의미든 그 연원인 군사적 특징은 아주 뚜렷하다.

모략 또한 장수의 길을 연구하고 싸움을 연구하는 학문이며, 이 방면의 성과 역시 가장 많다. 그러나 모략의 연구 영역은 출발부터 아주 넓어 사회 각계각층과 모든 직종에 스며들어 있었다. 전략이 군사적 특색이 강한 것과 상대적으로, 모략은 군사적 색채뿐만 아니라 사회와 기타 영역의 특색이 풍부하다. 초기 단계에서 전략은 순전히 군대를 이끌고 작전하는 것에 대한 연구였다. 모략은 이뿐만 아니라 나라를 다스리는 큰 방략과 특히 관료사회의 생존과 발전을 위한 각종 기법을 포괄하고 있었다. 그 안에는 좋은 모략과 나쁜 모략이 공존했다. 전략이 처음에 주로 장수의 길과 장군으로서의 요령을 연구했다면, 모략은 관료의 길을 주로 연구했다. 물론 장수 역시 관료의 범위 안에 들어 있었지만 그 주된 특성은 아주 달랐다.

3) 전략은 거시적巨視的이고 모략은 전시적全視的이다

거시巨視와 전시全視는 자세히 분석하지 않으면 거의 같아 보인다. 그러나 실제로는 크게 다르다. 거시적으로 전략을 연구하는 것은 전문적이고 큰 연구 학문이다. 공간적인 의미에서 관찰한다면 전략·전역·전술은 조합을 이루며 한 덩어리를 이룬다. 전략은 거시적 문제를 중점적으로 연구하고, 전역은 중시적中視的인 문제를, 전술은 미시적인 문제를 중점적으로 연구한다. 저명한 군사이론가 클라우제비츠는 전략을 다음과 같이 정의한 바 있다.

전략은 전쟁의 목적을 달성하기 위한 전투에 대한 운용이다.

이는 달리 말해 전체 국면에 대한 운용과 계획이 아니면 전략이라 부를 수 없다는 것이다. 우리가 흔히 하는 "전략적 두뇌가 있어야 한다."는 말은 전제 국면을 파악하라는 뜻이다. 전체 국면을 도모하는 사람은 전략가고, 한 영역을 도모하는 사람은 전술가다. 거시적 연구는 전략의 연구고, 미시적 연구는 전술의 연구다.

모략은 공간 개념에서 출발하여 전체 국면을 도모해야 하고 동시에 한 구역을 도모하기도 해야 한다. 큰 형세를 도모해야 하고, 자잘한 일들도 꾀해야 한다. 두뇌를 작동시키고, 주의하고, 생각과 방법을 내야 하는 영역이라면 모략은 모두 간섭한다. 따라서 모략은 전시적 방략이다. 공간이란 의미에서 말하자면 모략이 없는 곳이 없고, 모략이 운용되지 않는 것이 없다. 그렇다 하더라도 공간상 전략·전역·전술이라는 세 개념 모두로도 모략을 완전히 대체할 수는 없다. 모략 연구는 이런 특징 때문에 전략·전역·전술 연구와는 다르며, 특정한 실천 활동에 완전하고도 직접적으로 쓰인다. 또한 모략은 특정한 직접적인 실천 목표를 대상으로 하지만 다수의 실천 목표를 대상으로 하는 경우가 훨씬 더 많다. 모략사상을 활용하여 어떤 실천 활동을 이끌 경우 어느 정도는 '초월성'과 '추상화'를 보이기 때문에 전략처럼 공간의 크기로 그것을 개괄하기가 적절하지 않다. 그래서 '전시적'이라고 하는 것이다.

4) 전략은 장기적이고 모략은 종합적이다

시간이라는 개념으로 말하자면 전략은 장기적인 문제를 연구한다. 이를 '심모원려深謀遠慮'라고 흔히 표현한다. 깊게 생각하고 멀리 내다본다는 뜻이다. 눈앞의 이익에만 급급한 사람을 우리는 전략적 안목이 없다고 비판한다. 부분적 이익만 생각하는 사람에 대해서는 전략적 두뇌가 부족하다고 한다. 국가의 전략이 되었건 아니면 군사전략, 경제전략, 기업 발전전략이든 공간이라는 의미에서는 당연히 전체 국면에서 출발해야 한다. 또 시간이란 의미에서는 길고 멀리 잡고 출발해야 한다. 장기적인 계산 없이 눈앞의 보이는 것에만 대응하는 조치는 전략이라 부를 수 없다.

모략은 이런 점에서 전략과 크게 다르지 않다. 당연히 '심모원려'해야 한다. 그러나 이와 함께 급한 상황에서 꾀를 내야 하고, 재빠르게 움직여 대처해야 한다. 모략에는 정책 결정자가 연구하는 나라의 큰일이 있고, 길거리에서 물건을 팔아 돈을 버는 장사꾼의 자잘한 판매 기술도 있다. 전략가의 깊고 먼 안목과 전술가의 기민한 두뇌를 함께 갖추어야 한다. 모략이 연구하는 문제는 전략가나 전술가처럼 공간과 시간상 특정한 성격을 갖추고 있지 않다. 따라서 시간의 길이와 공간의 크기로 그것을 표현하기가 마땅치 않다. 모략은 시간과 공간상 종합성과 통용성을 갖추고 있다.

모략과 전략의 차이점들을 이렇게 열거하긴 했지만 이 둘 사이에는 공통점이 아주 많다. 예컨대 이 둘은 두뇌의 사유라는 가공을 거치며, 모종의 심리적 영향을 받고, 경쟁을 배경으로 하며, 뚜렷한 대항성을 갖고 있는 점 등등이다. 우리는 이 둘이 갖고 있는 여러 가지 개성 때문에 공통점을 잊어서는 안 된다. 즉, 서로의 개성에만 집착해서 전략과 모략은 "얼음과 석탄 같아 서로 섞이지 않는다." 식의 황당한 결론을 내려서도 안 된다. 또 이 둘의 다양한 공통점 때문에 그 개성을 소홀히 해서도 안 된다. 나아가 전략 연구를 강화해야만 모략 또한 틀림없이 그 안의 결론을 포함할 수 있을 것이라 생각한다.

요컨대 모략과 전략의 관계는 공통성과 개성, 일반과 개별, 보편과 특수의 관계다. 모략은 전략을 제약하고 규범하지만 대체하고 끌어안을 수는 없다.

3. 모략학과 심리학

심리학은 인간의 심리 현상과 그 규율을 연구하는 과학이다. 심리학은 모략학과 여러 공통점이 있다. 예를 들어 심리와 모략은 둘 다 두뇌를 연구하고, 신경·감각·지각·반응 등등 여러 심리와 생리 현상을 연구한다. 그러나 이 둘 사이의 차이점도 아주 뚜렷하다.

옛날 사람들은 심리 연구를 '영혼에 관한 학문'이라 불렀다. 순자荀子로 많이 알려진 전국시대 사상가 순황荀況(기원전 340-245)은 「천론天論」이라는 글에서 "형체가 생기고 비로소 마음이 생겼고, 마음은 사람의 형체와 떨어질 수 없다. 좋아함, 미워함, 기뻐함, 노함, 슬퍼함, 즐거워함 등 감정의 심리 현상은 다 사람의 형체에서 나온다."고 했다. 순황의 유물론에 입각한 '심신일원론心身一元論'은 현대 심리학의 중요한 기초가 되었다. 그런가 하면 동한 시기의 왕충王充(27-97)은 그의 걸출한 저서 『논형論衡』에서 "인간의 정신은 형체 안에 담겨 있다."는 유명한 말을 남겼다. 그는 "인간이 총명함과 지혜를 갖고 있는 것은 오상五常의 기운을 포함하고 있기 때문이고, 오상의 기운이 사람의 몸에 존재할 수 있는 것은 오장五臟이 신체에 있기 때문이다."라고도 했다. 그는 인간의 영혼은 물질적인 '기氣'로 구성되어 있다고 본 것이다.

서양의 객관적 유심주의의 원조인 플라톤(기원전 424-347)은 영혼은 죽지 않는다고 생각하여 "만물에 영혼이 있다."고 주장했다. 플라톤의 제자 아리스토텔레스(기원전 384-322)는 『영혼에 관하여』라는 책에서 영혼은 생활의 동력이자 생명의 원리이며, 신체의 존재 형식이라고 보았다. 그는 영혼을 식물적 영혼, 동물적 영혼 그리고 인간적 영혼의 셋으로 나누었다. 식물은 그저 자라나기만 하는 영혼이고, 동물은 영감이 있는 영혼이며, 인간은 이성적 영혼으로 가장 높은 단계라 했다.

근대에 이르러 독일의 생리학자이자 철학가인 빌헬름 분트Wilhelm Wundt(1832-1920)는 1879년 라이프치히대학에 세계 최초의 심리 실험실을 열고 감각·지식·연상 그리고 감정 등에 대한 계통적 연구를 주도했다. 이로써 심리학은 영혼 연구라는 괴이한 울타리에서 벗어나 독립된 실험과학이 되었다.

러시아의 생리학자이자 심리학자인 이반 미하일로비치 세체노프Ivan Mikhaylovich Sechenov(1829-1905)는 처음으로 심리의 반사성과 활동적 심리 조절에 관한 사상을 제기했다. 이 사상은 '파블로프의 개'로 유명한 행동주의 학파의 창시자인 이반 페트로비치 파블로프Ivan Petrovich Pavlov(1849-1936)의 실험 연구를 거쳐 확인되고 구체화된 후 최종적으로 두 가지 신호 계통의 학설로 제출되었다. 레닌은 1894년 이 두 학자의 연구 성과를 높게 평가하면서 이렇게 말했다.

형이상학적 심리학자들은 영혼이 무엇인지를 논의한다. 이 방법은 아주 황당무계하다. 각종 심리 과정을 구별하여 설명하지 않고는 영혼을 논할 수 없다. 여기서 좀 더 앞으로 나아가려면 영혼이 무엇이냐에 관한 일반론적 철학 논의를 버리고 과학적 기초 위에서 이런 또는 저런 심리 과정에 대해 설명하는 사실적 연구를 본령으로 삼아야 한다. (중략) 이 과학적 심리학자들은 영혼에 관한 철학이론을 버리고 곧장 심리 현상과 물질의 본체(신경 과정)를 연구했다.

위에 열거한 실례들에서 우리는 다음과 같은 점을 발견할 수 있다. 고대의 심리학은 '영혼에 관한 철학 이론'이고 현대 심리학은 '심리 현상의 물질적 본체(신경 과정)를 직접 연구'하는 것으로 연구 대상, 연구 목적, 연구 방식 등에서 모략 연구와는 여러 면에서 뚜렷한 차이점을 나타낸다.

모략의 연구 대상은 예로부터 종교 전당의 주재, 즉 영혼과는 거리가 아주 멀었다. 대신 현대 심리학의 연구 대상인 물질적 본체(신경 과정)와는 일정한 관계가 있다. 예컨대 모략의 심리 과정, 모략의 심리 특징에 대한 연구는 필요하다. 그러나 이 연구는 신경 단계에 머물러 있지 않고 인간의 행위와 사회적 실천을 주체로 한다. 모략 심리 방면의 연구는 모략이라는 큰 건축물 중 하나의 유기적 부분일 뿐이지 주체 내지 전부는 결코 아니다.

연구 목적에서 심리학은 신경 과정의 규율을 찾는 학과다. 그러나 모략학은 지혜와 계책을 활용하는 규율을 연구하는 과학이다. 전자는 심오하지만 하나의 색을 가진 지향성이 뚜렷하고, 후자는 다양한 색을 가진 세계로 광범위한 성격이 뚜렷하다.

연구 방식에서 심리 연구는 실험 연구를 주로 한다. 파블로프의 제2 신호계통의 증명이 되었건, 감각·지각·연상·감정계통에 대한 분트의 연구가 되었건 이것들은 주로 실험실 안에서 해결한 문제다. 그러나 실험실 안에서의 모략 연구는 힘을 전혀 쓸 수 없다. 심리 연구가 실험이라는 선명한 특색을 갖고 있다면, 모략 연구는 사회적 실천과 행위라는 뚜렷한 특색을 갖고 있다고 말할 수 있다.

이 밖에도 모략 연구와 심리 연구의 차이는 많지만 여기에서 일일이 논하지는 않겠다.

4. 모략학과 사유학

사유학思維學(Noetic Science)은 새로 일어난 종합적 학과로, 그 기본 임무는 인간의 의
식과 사유에 나타나는 특징과 규율 및 역사발전과 인공적 모방 등을 연구하는 것이
다. 심리학과 폭넓게 교차되며 모략학 연구와도 혈연상 비교적 가깝다. 사유학은 우
리가 사유의 규율을 인식하여 자각적으로 이 규율에 따라 문제를 사고함으로써 사
유의 능력과 사유의 효율을 높이는 데 도움을 준다. 사유학의 발전은 새로 나타난
사유 공구(계산기, 컴퓨터)의 탄생으로 이론적 기초를 마련했고, 더 나아가 두뇌노동
에서 인간을 해방시키기 위한 창조적 조건을 갖추어가고 있다. 사유학 연구의 주요
내용은 사회적 사유, 논리적 사유, 형상적 사유, 영감적 사유 등등이다. 이런 것들은
모략학의 연구와 치밀하게 얽히는 관계에 있다.

사유학은 사유의 규율을 연구하는 과학이다. 모략 연구도 사유 연구를 떠날 수
없다. 그렇다면 사유학이 모략학을 대체할 수 있는가? 답은 당연히 부정적이다.

일반적으로 말해 사유 연구는 인간의 보편적이고 공통적인 사유 특징과 사유
규율을 대상으로 한다. 반면 모략 연구는 특정한 사회활동 중에 사람들의 개별적이
고 특수한 사유 실천과 사유방식을 주체로 한다. 모략의 사회성·실천성·경쟁성 등등
과 같은 특징은 사유학 연구로는 섭렵하기 힘들다.

사유에 대한 연구는 대단히 복잡하다. 하지만 그 나름의 규율성이 있다. 이런
규율성은 단계적으로 인식할 수 있을 뿐만 아니라 단단히 파악할 수도 있다. 부분적
으로는 인공적으로 모방하여 대신할 수도 있다. 즉, 부분적으로 컴퓨터를 이용하여
인간의 두뇌를 대신할 수 있지만 모략의 주요한 성분은 대체할 수 없다. 미래에 과학
이 더욱더 발전한다 해도 이 대체는 부분적으로만 의미를 가질 것이다. 변화는 끝이

없고, 기발함이 없으면 창조도 없다. 이 역시 하나의 규율이다. 하지만 이 규율이 인공적 모방이란 방법으로 정해진 법이 없는 동서고금의 모략을 완전히 대체할 수는 없다.

이 밖에 사유의 연구는 주로 실험실 안에서, 또는 현대화된 설비를 통해, 과학자의 책상 위에서 진행된다. 반면 모략은 넓은 사회 실천 속에서 그 흔적을 찾는 직접적인 응용성을 갖고 있다.

사유의 연구는 모략을 대체할 수 없고, 모략의 연구 역시 사유의 연구를 대체할 수 없다. 서로 보충하고 돕고, 함께 발전하며 서로 이익을 얻는 것이 사유 연구와 모략 연구 내지 전략 연구와 심리 연구가 요구하는 바다.

5. 모략학과 의사결정학

의사결정[71]은 특정한 목표를 실현하기 위해 과학적 이론과 방법을 운용하여 주·객관적 조건을 계통적으로 분석하고 대량의 관련 정보를 장악한 기초 위에서 약간의 예상된 방안을 제출하고 그중에서 인간의 행동강령으로 가장 좋은 방안을 선택하는 것을 가리킨다.

의사결정학意思決定學(Science of Decission making)은 의사결정의 원리, 과정과 순서 및 방법을 연구하는 종합적인 학과다. 의사결정과 모략, 의사결정학과 모략학은 비슷한 점이 대단히 많다. 하지만 그들 사이의 차이점 또한 아주 뚜렷한데, 대체로 이

---

71   원문에서는 '결책決策'으로 나온다. 우리에게 익숙하고 가장 뜻이 가까운 '의사결정'으로 번역했다.

런 것들이다.

첫째, 주안점이 다르다. 의사결정학은 결정과 선택에 대한 연구가 중점이다. 그 기본 목적은 여러 방안들 중에서 어떻게 하면 가장 나은 방안을 고르냐를 연구하고, 나아가 과감하게 집행하여 사람들의 행동강령이 되게 하는 데 있다. 이는 미국의 경영학자 헨리가 "의사결정은 몇 가지 방안 중에서 선택하는 것"이라고 정확하게 지적한 것과 같다. 반면 모략학은 창조에 중점을 둔다. 그 기본적인 목적은 어떻게 하면 여러 방안을 창조하고 설계할 수 있는가를 연구하는 데 있고, 더 나아가 주도면밀한 운용과 계획을 진행한다. 의사결정 연구의 중점은 우수한 방안의 선택에 있고, 선택과 결정이 중점이다. 모략 연구의 중점은 방안을 설계하는 데 있고, 창조를 중점으로 삼는다.

둘째, 기본 내용이 다르다. 어떤 방안 또는 결심이라는 점에서 말하자면 의사결정이 착안하는 내용은 마지막 단계, 즉 책상을 두드리며 방안을 결정하는 단계다. 중점 연구는 바로 책상을 두드리는 이 단계로, 어떻게 적시에 결정하고 합당한가를 판단하는 것이다. 결단의 정확성을 보증하기 위해 의사결정의 원리·과정·방법을 깊게 연구한다. 반면 모략 연구의 기본 내용은 어떻게 하면 창조적 사유를 정확하고 원활하게 운용하여 수준 높은 행동 방안을 만들어내는가이다. 하나의 방안을 설계부터 실시까지 완전한 과정으로 해부하고 분석하는 것이다. 따라서 의사결정 연구의 중점이 방안의 제정에서 실시까지 마지막의 비교적 짧은 단계에 집중되어 있다면, 모략 연구의 중점은 방안 제정의 전 과정에 고루 퍼져 있다. 물론 이 모두는 가장 일반적인 정황과 상대적 의미로부터 토론된 것들이다. 의사결정 연구가 방안 제정의 과정에 관여할 수밖에 없기 때문에 모략 연구 또한 방안의 결단에 간섭할 수밖에 없다. 그러나 각자 연구 내용의 중점 또한 뚜렷하다.

셋째, 주요 대상이 다르다. 의사결정을 실시하는 사람은 대부분 다양한 직업, 각

계각층의 결정권을 쥐고 있는 사람이다. 권한과 권력을 손에 쥐고 있지 않으면 의사결정을 말할 수 없다. 과감하게 의사결정을 내리는 사람이 2인자거나 3인자여서는 안 된다. 1인자가 아니면 안 된다. 모략을 연구하고 실시하는 사람은 진시황이나 모택동 같은 1인자일 수도 있고, 제갈량이나 장량 같은 2인자일 수도 있다. 또 모수毛遂와 같은 다수의 말단 내지 장인, 노점상 등과 같은 사회의 평민일 수도 있다. 대상이란 점에서 의사결정 연구의 범위는 모략 연구에 비해 많이 좁다.

이상, 몇 가지를 통해 의사결정학과 모략학은 아주 가깝긴 하지만 서로 맞바꿀 수 없다는 점을 확인할 수 있다. 의사결정은 모략 연구와 모략의 운용을 필요로 하며, 모략은 의사결정 연구와 운용을 필요로 한다. 그러나 각자의 역사적 사명은 다르다.

6. 모략학과 운용학

"장막 안에서 전략과 전술을 운용하여 천리 밖 승부를 결정짓는다."는 말은 장량에 대한 유방의 칭찬이었다. 여기서 유방이 말한 '운용'[72]이란 모략을 만들어내고 계책을 세운다는 뜻이다. 이 명언은 새롭게 발전한 운용학運用學(Operation Research)에 대한 정확한 이해에 영향을 주어, 운용학이란 모략을 세우고 운용하는 학문으로 모략학과 별반 다르지 않다는 인식이 심어졌다. 그러나 사실 이는 오해다.

운용학은 제2차 세계대전 중에 태어났다. 병력의 부서, 무기의 배치, 군수물자

72　원서에는 '운주運籌'라는 단어를 사용하고 있지만 우리에게 익숙하고 비슷한 뜻의 '운용'이란 단어로 번역했다.

의 운반 등의 문제를 연구하기 위해 레이몬드 로위Raymond Loewy(1893-1986)가 처음 운용학이라는 개념을 제기했다. 세계대전이 끝난 뒤 군대에서 운용학 관련 일에 종사하던 사람들이 영국에서 민간 조직인 운용학 서클을 만들어 어떻게 하면 운용학을 민간에서 활용할 것인가의 문제를 정기적으로 토론했다. 이로써 운용학은 경제의 각 부문에서 점점 더 응용되기 시작했다. 50년대를 전후로 LP(Linear Programming)로 불리는 선형계획법, 대기행렬이론Queing Theory 및 우량선택, 통일계획, 그래프이론, 네트워크, 가격효과분석, 가격분석이론 등이 생겨났다. 70년대에는 운용학의 수학계획이론이 크게 발전하면서 정수整數계획Integer Programming, 확률계획Stochastic Programming, 조합계획, 다목표계획 등등과 같은 새로운 분과가 나타났다.

운용학의 탄생과 발전 과정에서 우리는 그것이 경제활동과 군사활동에서 수량으로 나타낼 수 있는 운영·계획·관리 등과 같은 방면의 문제를 연구하는 과학이라는 사실을 분명히 볼 수 있다. 틈을 내서 운용학 관련 서양의 잡지나 중국의 잡지들을 들춰보면 대학의 운용학 과정을 제대로 이해할 수 있을 것이다. 그리고 운용학과 모략학의 비슷한 점이 전략학이나 의사결정학 등에 비해 훨씬 적다는 점을 바로 느낄 수 있을 것이다. 가장 두드러진 점들은 다음과 같다.

운용학은 하드웨어 학과인 반면 모략학은 소프트웨어 학과다. 운용학이 연구하는 문제는 대량으로 계산기와 컴퓨터를 통해 계산하고 처리하는 조작성이 강한 것들이다. 모략학은 주로 인간의 두뇌와 창조 예술에 의지하여 완성된다.

운용학은 숫자 계산에 중점을 둔다. 대부분의 연구 방법이 수학과 직접 관계된다. 모략학은 심리적 계획, 두뇌의 사고에 중점을 둔다. "운용의 묘는 마음에 있다."는 말이 이를 잘 나타낸다.

운용학은 정확성이 중요하여 정확도를 강조한다. 모략학도 정확성을 중시하지만 임시응변의 성격을 강조하며 '모호성'의 파악에 중점을 둔다.

운용학은 상대적으로 구체적이고 확실하며 실행 가능하다. 모략은 상대적으로 추상적이고 불명확하며 잘 변하고 또 잘 변해야 한다.

운용학은 상대적으로 일정한 영역과 공간에서 전개되지만 모략학은 더 큰 포용성과 넓은 범위를 갖추고 있다.

모략학과 운용학이 서로 통하는 지점도 아주 많다. 예컨대 연구 대상이 평면의 공간과 시간 구간에 놓여 있다는 점이다. 연구 방법도 서로 빌려 참고할 수 있고 서로 보완할 수 있다. 과학성은 종합적이라는 특징을 갖고 있는바, 둘 다 수학계산과 계산기 그리고 컴퓨터의 도움을 빌릴 수 있다는 점 등의 공통점을 갖는다.

제 4 편

예술론 藝術論

모략의 창조성과 예술성

제23장
모략의 운용[73] 예술

모략은 기술과 다르다. 기술은 사람들이 고정된 절차와 방식에 따라 자연계를 바꾸는 한 가지 방법이고 기교다. 여러 사람이 그 기술을 장악하고 실천을 통해 기술을 응용한다. 따라서 기술이나 기교는 일반적으로 서로 같거나 비슷한 실제적인 효과를 낸다. 인간의 인식 방식과 사유 모델로서 모략을 볼 때 둘 다 객관적 인식의 규율이라는 제한과 영향을 받고, 대체로 서로 같은 인식의 정해진 과정과 절차를 거친다. 특히 일정한 순서를 가진 형식과 규범적인 형식의 모략은 더욱 그렇다. 그럼에도 모략은 운용되는 과정에서 사람에 따라 다르게 나타나며 모략가 개인의 특성이 더 많이 반영된다. 이는 방식에서뿐만 아니라 겉으로 드러나는 모습과 내용에서도 다르게

---

73 원서의 제목에는 운주運籌로 쓰고 있다. '운주'란 치밀한 계산을 통해 수립된 책략을 가리키는 용어로 가장 유명한 사례가 유방劉邦이 장량張良을 두고 "운주유악運籌帷幄, 결승천리決勝千里"라 한 것이다. "장막 안에서 전략과 전술을 운용하여 천리 밖 승부를 결정짓는다."는 뜻이다. 이 번역서에서는 우리에게 익숙하고 뜻이 가장 비슷한 운용運用으로 번역한다.

나타난다. 또 같은 내용의 모략이라도 사람에 따라 다르며, 얻게 되는 실제 효과도 같지 않다. 이것이 바로 모략의 예술이다. 모략에 이런 예술이 있기 때문에 형형색색에 사람을 기절초풍하게 만드는 기묘한 계책이 나오는 것이다.

1. 멀리 보라

'예측豫測의 예술'은 모략에서 특히 중요하다. 옛사람이 남긴 많은 명언들은 '예측의 예술'이 모략에서 얼마나 중요한가를 잘 보여준다.

> "무릇 천하와 국가를 다스리는 데는 구경九經이 있지만 이를 실행하는 사람은 하나다. 모든 일을 예측하면 바로 서고, 예측하지 못하면 무너진다."(『예기』「중용」)
>
> "뜰 앞에 일을 축하하는 사람이 있다면, 대문 앞에는 불행을 위문하려는 사람이 와 있는 법이다. 재난과 행복은 바로 이웃하고 있어서 그것이 언제 어디서 어떻게 나타날지 알 수 없다. 예측하여 준비하라, 예측하여 준비하라!"(『순자』「대략大略」)
>
> "안정된 것은 유지하기 쉽고, 징조가 나타나지 않은 일은 처리하기 쉽고, 취약한 것은 풀어지기 쉽고, 미세한 것은 흐트러지기 쉽다. 일은 발생하기 전에 처리해야 하고, 나라는 어지러워지기 전에 다스려야 한다. 두 팔로 안을 만큼 큰 나무도 털끝만 한 싹에서 자라고, 9층 높이의 높은 축대도 흙을 쌓아올려서 그렇게 된 것이고, 천리 길도 발밑의 한 걸음에서 시작한다."(『도덕경』제64장)

'예측 예술'의 수준 여부는 모략의 수준에 직접적인 영향을 주며, 사업의 성패에도 영향을 준다. 역사상 뛰어난 모략가들은 남다른 '예측의 예술'을 소유했다. 『여씨춘추呂氏春秋』(「중동기仲冬紀」)에 이런 기록이 있다. 오기吳起가 서하西河에 도착하자 왕조王錯가 위魏 무후武侯에게 오기를 헐뜯었다. 무후가 사람을 시켜 불러오게 했다. 오기는 안문岸門에 이르러 수레를 멈춰 세우고 서하를 바라보며 눈물을 흘렸다. 시종은 그가 걱정되어 "평소 공의 뜻을 살펴보면 천하도 가볍게 내려놓으셨는데 오늘 서하를 떠나면서 눈물까지 흘리는 것은 왜입니까?"라고 물었다. 오기는 눈물을 훔치며 "네가 잘 모르고 하는 말이다. 군주가 진실로 나를 알아 힘을 다하게 해주면 진秦나라는 틀림없이 망하고, 그러면 서하의 왕이 되실 수 있다. 그런데 지금 군주는 헐뜯는 말만 듣고 내 마음을 몰라주니 서하는 진나라가 차지할 날이 멀지 않았다. 위나라는 이제부터 쇠약해진다."고 했다. 오기는 결국 위나라를 떠나 초나라로 갔다. 얼마 뒤 서하는 진나라에 편입되었고, 진나라는 더욱 커졌다. 오기가 예견하고 눈물을 흘렸던 까닭이 바로 이 때문이었다.

기원전 494년, 오왕 부차夫差는 군대를 동원해서 월나라를 공격하여 회계會稽를 포위하였다. 범려范蠡와 문종文種은 월왕 구천勾踐에게 화의를 요청하라고 권했다. 부차는 공격을 멈추고 이를 받아들였다. 오자서伍子胥는 극력 반대했다. 부차는 오자서의 의견을 물리치며 물러가 쉬라고 했다. 오자서는 한숨을 쉬며 나오다가 대부 손웅孫雄을 만나 "월나라는 앞으로 10년 동안 인구를 늘리고 생산력을 높일 것이고, 다시 10년 동안 과거의 교훈을 되새기며, 20년 안에 오나라를 멸망시킬 것이다."라고 예언했다. 손웅은 그 말을 믿지 못하고 그저 웃기만 했다. 월왕 구천은 '와신상담臥薪嘗膽' 끝에 오나라를 멸망시켜 오자서의 예언을 입증했다.

'예측의 예술'을 장악하는 관건은 모략에서 장기성長期性이라는 문제를 파악하는 데 있다. 눈앞의 부분적 이익에만 눈이 어두워지지 말고 먼 미래의 이익에 눈을 돌려야 한다. 『여씨춘추』(「효행람孝行覽」)의 또 다른 사례는 이 관계를 어떻게 처리해야 하는지를 잘 보여주고 있다.

춘추시대 진晉나라 문공文公이 성복城濮에서 초나라와 일전을 벌일 준비를 하고 있었다. 문공은 구범咎犯을 불러 "초나라의 수가 우리보다 많으니 어떻게 하면 좋겠소?"라고 대책을 물었다. 구범은 "신이 듣기에 번거롭게 예를 따지는 군주는 꾸미는 데만 신경을 쓰고, 전쟁을 자주 일으키는 군주는 속이는 일을 마다하지 않습니다. 주군 역시 속이면 됩니다."라고 답했다.

문공이 구범의 말을 옹계雍季에게 전하자 옹계는 "연못의 물을 다 퍼내고 고기를 잡으면 어찌 잡지 못하겠습니까? 하지만 다음 해에 잡을 물고기는 없습니다. 숲을 태워 사냥을 하면 잡지 못할 짐승이 어디 있겠습니까? 하지만 다음 해에 사냥할 짐승은 없습니다. 속이는 방법은 당장은 구차하지만 이득을 얻을 수는 있습니다. 그러나 다시는 이득을 얻을 수 없기 때문에 장기적인 술책이 못 됩니다."라고 답했다.

문공은 구범의 계책으로 성복에서 초나라 군대를 물리쳤다. 돌아와 논공행상에서는 옹계가 으뜸이었다. 좌우의 신하들이 "성복 전투의 공은 구범의 계책 때문이었는데, 주군께서는 그의 계책을 쓰시고 정작 그에 대한 배려는 뒷전이니 이는 안 될 말입니다."라고 했다. 문공은 "옹계의 말은 백세 후의 이로움을 내다본 것이고, 구범의 계책은 한때에 임시로 대응한 것이었소. 한때 임시로 대응한 일을 백세 후의 이로움까지 내다본 일보다 어찌 앞세울 수 있단 말이오."라고 했다.

진 문공은 눈앞의 이익을 지키면서도 먼 미래의 이익까지도 고려한, 정말로 선견지명의 군주라 하겠다.

『전국책戰國策』에는 사태의 발전을 예측하여 먼 미래를 깊게 고려함으로써 나라의 멸망을 피한 사례가 기재되어 있다.(「한책韓策」1) 다섯 나라가 진秦나라를 공격하기로 약속하고 초나라를 종약장縱約長(합종책의 맹주)으로 삼았다. 그러나 진나라를 이기지 못하고 물러나 성고成皐에 머물러 있었다. 위순魏順이 시구市丘의 군주를 찾아가

"다섯 나라가 진나라 공격을 멈추었으니 틀림없이 시구를 공격하여 군비를 충당하려 할 것입니다. 군께서 저에게 경비를 대주시면 군을 위하여 시구에 대한 공격을 막겠습니다."라고 했다. 시구의 군주가 허락했다. 위순은 남쪽으로 가서 초나라 왕을 만나 "왕께서 다섯 나라와 약속하여 서쪽 진나라를 공격하다가 이기지 못했으니 이제 천하는 초나라를 우습게 보고 진나라를 중시합니다. 왕께서는 어찌하여 외교로 해결하려 하지 않으십니까?"라고 했다. 초나라 왕이 대책을 묻자 위순은 "천하가 진나라에 대한 공격을 멈추었기 때문에 틀림없이 시구를 공격하여 군비를 충당하려 할 것입니다. 왕께서는 시구를 공격하지 말라는 명령을 내리십시오. 다섯 나라가 왕을 중시한다면 왕의 말을 들을 것이고, 그게 아니라면 시구를 공격할 것입니다. 이를 통해 왕을 가볍게 여기는지 중시하는지는 알 수 있습니다."라고 했다. 초나라 왕은 외교로 상황에 대처했고, 시구는 살아남았다. 위순이 시구에 대한 다섯 나라의 공격을 예측하고 사전에 초나라 왕을 설득하지 않았다면 시구의 생사존망은 예측하기 어려웠을 것이다.

조조曹操가 동한 말기 군벌들이 혼전을 벌이는 와중에서 군웅들을 물리치고 북방을 통일한 것은 그의 탁월한 선견지명과 무관하지 않다. 특히 농업생산을 회복하고 발전시키는 데 주목한 일은 아주 중요한 작용을 불러일으켰다. 조조는 건안 원년인 196년에 황건黃巾 기의를 진압하고 둔전제屯田制를 시행했다. "주州에 전관田官을 두어 곡식을 축적해두면 사방을 정벌할 때 군량을 바쳐야 하는 수고를 하지 않아도 되었다."[74] 이렇게 해서 "몇 년 동안 쌓아놓은 곡식이 창고마다 가득 찼다."[75] 그러나 이런 식견이 없었던 군벌은 한 해의 계획조차 세우지 않고 배고프면 약탈하고 배부르

---

74 『삼국지三國志』「무제기武帝紀」. (저자)
75 『삼국지三國志』「임준전任峻傳」. (저자)

면 남은 것을 버렸다. "원소袁紹는 하북河北에 있었는데, 그 군사들은 뽕나무 뿌리로 배를 채웠고, 원술袁術은 강회江淮에서 조개를 잡아먹었으며" 심지어 "사람들이 서로를 잡아먹는 등 어지럽기 짝이 없었다." 조조가 농업생산을 발전시킨 것은 조조에게 원대한 식견과 상대적으로 강한 미래 예측력이 있기 때문이었고, 이로써 끝내 패권을 얻을 수 있었다.

풍몽룡馮夢龍의 『지낭보智囊補』에는 예견력이 없어 거대한 손실을 입은 사례가 기록되어 있다. 손중순孫仲純이 해주海州에서 벼슬을 하고 있을 때 발운사發運司에서 낙요洛要·판포板浦·혜택惠澤 세 염장鹽場에 대한 개발을 논의했는데 손중순은 이에 반대했다. 발운사發運使가 직접 군에 와서 개발을 한사코 고집했다. 손중순은 여전히 강력하게 반대했다. 그러자 백성들까지 관청을 겹겹이 에워싸고 염장 개발은 좋은 일이라며 손중순을 성토했다. 순중순은 이에 대해 "너희 같은 어리석은 백성들은 원대한 계획을 모른다. 관에서 소금을 팔면 바로 이익을 본다. 하지만 관청에서 소금을 관리할 경우 문제는 팔지 못할 때 있지 모자라는 데 있지 않다. 소금은 많지만 팔지 못하는 문제는 30년 뒤에 나타날 것이다."라고 했다. 손중순이 이곳을 떠나자 관병들은 바로 염장을 개발했다. 그 뒤 범법자들을 해주 염장으로 보내자 소금 생산량은 더 늘어났다. 산더미처럼 쌓인 세 염장의 소금은 당연히 팔리지 않았다. 손실이 심하여 사업이 파산하기 일쑤였다. 백성들의 걱정은 태산 같았다. 멀리 내다보는 식견과 예측력 없는 모략이 초래하는 결과가 어떤지를 보여주는 사례였다.

『삼국연의』 제54회에 이런 대목이 있다. 조운趙雲이 유비劉備의 혼사 때문에 유비를 수행하여 동오로 가게 되었다. 떠나기에 앞서 제갈량은 조운에게 비단 주머니 세개, 즉 세 가지 묘책이 든 주머니를 주었다. 이 대목은 역사적 근거는 없지만 작가는 상황의 발전을 잘 파악하는 제갈량의 뛰어난 예측력을 부각시키고 있다. 동오에 도착한 조운은 첫 번째 주머니를 열었다. "수행한 5백 명의 군사들에게 붉은 비단을 몸에 두르게 하고, 남서南徐에 들어가면 물품을 장만하여 현덕玄德(유비)이 동오의 데릴사위가 되기 위해 왔다는 사실을 성안의 모든 사람이 알게 하라."는 내용이었다. 또 "현덕을 교국노喬國老와 만나게 하라."는 내용도 있었다. 제갈량은 손권孫權과 주유周瑜의 마음은 형주荊州에 있고 혼담은 비밀에 부치고 있다는 사실을 알고 있었다. 제갈량의 첫 번째 묘책은 모든 사람들이 이 일을 알게 하는 것이었다. 오나라는 난감해졌다. 만약 유비를 죽이면 "내 딸이 명망 있는 집안의 과부가 되었는데 장차 어떻게 다시 시집을 가겠는가? 이렇게 하면 딸의 한평생을 망치게 된다." 그러니 "이 계책(유비를 죽이는 일)을 써서 형주를 얻었다 한들 천하 사람들의 비웃음을 살 것이다." 이렇게 하여 손권으로 하여금 가짜 결혼을 진짜로 만들게 했다.

손권은 강경책이 실패로 돌아가면 틀림없이 거듭 잘못된 수를 쓸 터인데, 이번에는 부드러운 방법으로 유비를 인질로 잡아 동오에 남게 할 것이다. 제갈량은 이렇게 예측했다. 그렇게 되면 유비는 편안한 곳에서 여색에 빠져 촉으로 돌아올 생각을 버리고 대업마저 잊게 될 것이다. 주머니에 든 공명의 두 번째 묘책은 "오늘 아침 공명이 사람을 보내 아뢰기를 조조가 적벽赤壁의 패배를 갚으려고 정병 50만을 거느리고 형주로 쳐들어오고 있으니 주공께서는 서둘러 돌아오십시오."라고 독촉하여 유비를 동오에서 도망쳐 나오게 한 것이었다. 또한 공명은 주유가 틀림없이 길목에 병사를 보내 지키고 있다가 유비가 도망치면 추격할 것이라고 예상했다. 그래서 가장 중요한 시각에 군주의 권위를 빌려 길을 막고 추격하는 동오의 장병들을 철수시켰다. 이런 예측에 따라 공명은 세 개의 비단 주머니라는 계책을 구상했던 것이다. 공명의 예측력에 따라 나온 계책 때문에 동오는 "부인도 잃고 군대도 꺾였다."

상나라 말기 강태공은 상을 토벌할 수 있는가 하는 질문에 이렇게 말한 바 있다.

미리 계획한 뒤에 일하는 사람은 번창하고, 일부터 하고 계획하는 사람은 망한다.

이 대목은 모략가로서 사태의 변화를 예측하는 것만으로는 부족하다는 지적이다. 예측은 더 나은 모략을 위해 조치를 취하고 조건을 창조하여 충분히 준비한 기초 위에서 행동하게 하는 것이다. 강태공은 상의 멸망을 예측했을 뿐만 아니라 주나라를 도와 상을 정벌하기 위한 만반의 준비를 갖추었다. 강태공은 문왕에게 "독수리가 먹이를 공격하려면 먼저 몸을 낮추고 날개를 움츠리며, 맹수가 싸울 때면 먼저 귀를 내리고 땅에 엎드립니다. 성인이 행동을 취할 때는 먼저 어리석은 기색을 보입니다."라고 했다. 문왕에게 상을 토벌하기에 앞서 아무 일도 못 하는 것처럼 하라고 했다.

주 무왕 11년(기원전 1066), 무왕은 상나라 왕 주紂의 숙부 비간比干이 주에게 직언하다가 피살된 사실, 숙부 기자箕子가 주의 폭정과 음란함에 불만을 터트려 옥에 갇힌 사실, 주의 서형庶兄인 미자微子가 국세가 기울어 위험에 처한 것을 보고 여러 번 간언했지만 주가 듣지 않자 나라를 버리고 떠났다는 사실 등을 알게 되었다. 이에 무왕이 강태공에게 "어질고 현명한 이시여, 상을 토벌할 수 있겠습니까?"라고 묻자 강태공은 이렇게 답했다.

"미리 계획한 다음 일하는 사람은 번창하고, 일부터 하고 계획하는 사람은 망합니다. 여름의 버들은 광주리를 엮을 수 있고 겨울의 얼음도 깰 수 있습니다만, 시기는 얻기 어려워도 잃기는 쉽습니다."

무왕은 정월에 "전차 300승, 용사 3천, 중무장한 병사 4만5천"을 이끌고 맹진孟津에서 제후들과 합류했다. 이어 2월 5일, 목야牧野에서 진을 쳤다. 목야 전투는 단 한

번의 전투로 승부가 났다. 수십만에 이르는 상의 군대는 흙더미가 무너지듯 기왓장이 깨지듯 붕괴되었다. 왕 주는 녹대鹿臺에 올라 분신자살했고, 상 왕조 600년 통치는 끝장이 났다. 공자는 이렇게 말했다.

> 모든 일을 예측하면 바로 서고, 예측하지 못하면 무너진다. 말에 앞서 생각하면 헛디디지 않고, 일을 시작하기 전에 미리 준비하면 당황하지 않고, 행동에 앞서 제대로 준비하면 결함이 없고, 배움에 앞서 준비하면 궁색해지지 않는다.(『예기』「중용」)

무슨 일이든 먼저 예측하고 사전에 준비하면 성공할 수 있다. 준비가 없으면 실패한다. 이상의 사례들을 통해 우리는 사물의 발전을 예측하는 일이 모략가에게 얼마나 중요한 것인가를 알 수 있었다. 예측해야 미리 준비할 수 있지만 예측하지 못하면 준비조차 할 수 없다. 예측은 모략을 구성하는 중요한 부분이다. 모략가는 예견의 능력을 갖추어야 한다. 모략가로서 남다른 예측 예술을 갖추어야만 보통 사람보다 더 멀리 볼 수 있고 더 깊게 인식할 수 있다. 미국의 저명한 역사가 브루스 캐턴Bruce Catton(1899-1978)은 예측의 예술이 리더에게 미치는 작용을 언급하면서 링컨 대통령을 예로 들어 "이 사람에 대해 말하자면, 어떤 때는 하늘이 지평선을 접하지 못하기도 하지만 그는 하늘 밖에서 움직이고 있는 물체를 본다."고 평했다.

2. 시세에 순응하라

『삼십육계』의 첫머리에 이런 대목이 눈길을 끈다.

육육은 삼십육, 숫자 속에 술術이 있고, 술 속에 숫자가 있다. 음양 변화의 이치 속에 낌새가 있다. 그 낌새를 예상하지 못하면 적중하지 않는다.

뜻인즉, 모략은 객관적 실제 속에 숨어 있으므로 객관적 사물을 인식하고 객관적 실제의 발전에 따라야만 수준 높은 모략을 만들어낼 수 있다는 것이다. 객관적 조건이 갖추어지지 않았는데 주관적으로 굳이 실행하려 한다면 그 모략의 수준은 보지 않아도 뻔하다.

객관적 상황이 실제로 발전해나가는 것에 의거하고 객관적 규율에 맞추어 모략을 세우는 것은 주로 시세에 순응하는 것으로 나타난다. 시세란 즉 시대의 발전 추세다. 『전국책』(「제책齊策」 5)에 유세가 소진蘇秦은 이런 말을 하고 있다.

"남의 힘을 빌리는 것은 만물을 이끄는 원천이며, 시세는 만사를 이끄는 으뜸입니다. 따라서 남의 힘을 빌리지 않고 시세를 등지고 일을 성취한 경우는 거의 없습니다."

「조책趙策」 2에는 이런 대목도 있다.

"주군께서는 용병을 모를 뿐만 아니라 그 시세도 파악하지 못하고 있습니다."

모략을 설정하는 데서 시세에 대한 정확한 파악이 얼마나 중요한가를 잘 보여주는 대목들이다.

수 왕조 말기 농민봉기가 폭풍처럼 거세게 일어났다. 수 왕조의 통치가 위태로울 때 이세민李世民(당 태종)은 천하의 변화를 조용히 관찰하면서 군사력을 증강시키고 밤낮으로 훈련시키다가 아버지 이연李淵(당 고종)에게 적절한 시기에 태원太原에서 병사를 일으킬 것을 건의했다. 이렇게 시세에 순응하고 주도권을 쥐고 수 왕조에 반대하는 기치를 높이 들어 민심을 얻고 대업을 성취했다. 각지에서 봉기가 일어나고 천하가 혼란한 유리한 시기를 장악하지 않았더라면 아무리 뛰어난 이세민이라도 당 왕조를 세울 수는 없었을 것이다. 이것이 이른바 "시세가 영웅을 만든다."는 말이다. 이는 러시아의 혁명가 게오르기 플레하노프Georgii Valentinovich Ple-khanov(1856-1918)가 "만약 프랑스의 낡은 제도가 75년 더 지속되었더라면 나폴레옹도 평생 이름 없는 보나파르트 장군 또는 장교에 머물렀을지 모른다."고 말한 것과 같다. 또한 진 왕조의 통치가 계속되었더라면 유방이 함양 거리에서 진시황의 행차를 보고는 "대장부라면 당연히 저래야지."라고 내뱉은 호언장담은 호주색하던 건달의 영원한 탄식으로만 남았을 것이다. 진나라 말기 농민전쟁과 초한쟁패의 불길이 유방에게 잠재력을 발휘하고 재능을 펼칠 수 있는 넓은 무대를 제공했다.

"시세가 모략을 만든다." 역사상 유명한 모략가들과 절묘한 모략들은 대부분 사회가 어지럽고 불안정하며, 천하를 놓고 다투는 난세이거나, 난세에서 평화기로 나아가는 중대한 역사적 전환기에 나타났다. 강태공이 주 문왕과 무왕에게 상나라를 멸망시킬 계책을 올렸을 때, 제갈량이 천하삼분을 설계하여 삼국의 정립기를 창출했을 때, 남북이 분열하여 대립하던 시기 동진의 왕맹王猛이 올린 계책, 원나라 말기 농민봉기의 와중에서 유백온劉伯溫이 올린 계책 등등이 그런 시기였다. 역사가 모략을 꾀하는 사람들에게 활동무대를 제공했을 뿐만 아니라 시세가 그들의 총명한 재능을 발휘할 수 있게 기회를 주어 뛰어난 모략을 세울 수 있게 했다. 사람들을 깜짝 놀라게 만드는 모략은 시세의 산물이며, 시세에 순응하여 얻어낸 열매다.

제갈량은 융중隆中에서 시세에 순응하는 "천하를 삼분하여 정립한다."는 모략을 제출했다. 이에 유비는 사천으로 들어가 촉한 정권을 세웠다. 그러나 "천하대세는 오래 갈라져 있으면 합쳐지기 마련이고, 합친 지 오래면 나뉘기 마련이다." 공명과 그의 후임 강유姜維가 작은 촉나라를 기반으로 삼아 중원으로 진출하여 중국을 통일하려 했던 큰 꿈은 객관적 조건이 갖추어지지 않았고 시세에 맞지 않는 것이었다. 정서대 장군征西大將軍 장익張翼이 "촉은 작고 돈과 양식이 풍부하지 못하기 때문에 먼길을 원정하기 어렵습니다. 험한 곳에 자리를 잡고 나라를 지키며 백성들을 아끼는 것이 나라를 유지하는 방책입니다."라고 하자 강유는 이렇게 받아쳤다.

"그렇지 않소. 지난날 승상(제갈량)이 집 안을 나서지 않고도 천하를 정했고, 여섯 번이나 기산祁山을 떠나 중원으로 진출했지만 불행하게 세상을 뜨는 바람에 공적을 이룩하지 못했을 뿐이오."

이 말을 듣던 중산대부中散大夫 초주譙周는 "근래 조정(유선)은 주색에 빠져 황호黃皓만을 신임하고 총애하며 나라의 일을 돌보지 않고 쾌락만 추구합니다. 대외 정벌에만 힘쓰고 군사軍士를 보살피지 않으니 나라가 위험합니다."라고 탄식하면서 「구국론仇國論」이란 글을 강유에게 보내 이렇게 권했다.

시기가 된 후에 움직이고 힘을 합친 후에 거사해야 한다. 탕 임금과 무왕의 군대는 싸우지 않고도 이겼다. 진심으로 백성의 노고를 헤아리고 시세를 잘 살폈기 때문이다. 탕 임금과 무왕의 군사가 전쟁을 멈췄지만 승리를 거둔 것이다. 계속 원정을 고집하면 불행한 난관에 부딪혀 아무리 지혜로운 사람이라도 어쩔 수가 없다.[76]

이는 이전에 공명이 산을 나올 때 수경水鏡선생 사마휘司馬徽가 "와룡(제갈량)이

---

76 『삼국연의三國演義』 제110, 112회. (저자)

비록 주인은 잘 만나겠지만 시기는 얻지 못할 것이니 안타깝다."고 탄식한 것과 같다. 최주평崔州平도 유비에게 이런 말을 한 적이 있다.

"공이 난을 다스리는 군주가 된 것은 인자한 마음 덕분이지만 예로부터 다스림과 혼란은 늘 바뀝니다.… 지금은 마침 안정으로부터 난세로 나아가는 때이기 때문에 경솔하게 결정해서는 안 됩니다. 장군께서 공명과 함께 천하를 거꾸로 돌려세우고 하늘과 땅을 보수하려는 일는 결코 쉬운 일이 아니고, 괜히 마음과 힘을 허비하는 것입니다. '하늘을 따르는 사람은 편안하고 거스르는 자는 피곤하다'는 말을 듣지 못하셨습니까? 또 '수가 있으면 이치로도 빼앗을 수 없으며, 천명이 정해지면 사람의 힘으로 억지로 얻을 수 없다'는 말도 못 들으셨습니까?"[77]

'천하삼분'은 역사가 만들어낸 대란大亂으로부터 대치大治로, 오랜 분열에서 통합으로 가는 과도기다. 제갈량에게 아무리 뛰어난 모략이 있다 해도 시대를 뛰어넘을 수는 없다. 제갈량 역시 이런 역사의 대세를 모르지는 않았다. 제갈량은 단지 자신을 알아준 은혜에 보답하려 했고, 나중에는 어린 아들 유선을 부탁하는 유비의 유언을 받들어 최선을 다했을 뿐이다. 청나라 때『삼국연의』를 새로 정리한 모종강毛宗崗은 제갈량의 '융중대隆中對'에 대해 다음과 같이 평가했다.

삼국의 정립을 말했고, 중원을 도모하겠다고 했다. 정립은 천시에 따른 것이고, 중원을 도모한 것은 사람으로서 할 일을 다한 것이다. 공명의 계책은 이로써 모두 끝이 났다.

77　『삼국연의』 제37회. (저자)

공명의 '천하삼분'은 시세에 따라 세운 모략이었다. 그러나 중원을 빼앗고 중국을 통일하는 일은 시세에 맞지 않고 역부족이었다.

제갈량만 이런 불행을 당한 것이 아니다. 일찍이 전국시대 맹자 역시 "시대를 잘못 타고 태어난" 느낌이다. 맹자의 사상은 당시의 시세와 어울리지 못했다. 『사기史記』의 기록에 따르면 맹자는 '왕도王道' 정치를 주장했는데, 수백 명에 이르는 수행원을 데리고 제후에게 유세했다고 한다. 하지만 당시의 시세는 "모두가 전쟁이 옳다고 여기고 있는데 맹자는 저 전설시대 요순의 덕을 내세웠으니" 이는 역사의 흐름을 거스르는 것이었다. 이 때문에 제나라 선왕宣王에게 유세했지만 선왕은 그를 기용하지 않았다. 또 위魏나라를 찾았지만 혜왕惠王 역시 그의 말에 귀를 기울이지 않았다. 이렇게 가는 곳마다 벽에 부딪히자 하는 수 없이 고향으로 돌아와 제자 만장萬章 등과 함께 『시경詩經』『서경書經』 등에 글을 보태고, 공자의 뜻을 풀이하면서 『맹자孟子』 7편을 남겼다. 시세가 불리하니 성인 맹자도 별다른 모략이 있을 수 없었다.

시세에 순응하는 중요한 표지의 하나는 "민의에 순응하는" 것이다. 즉, 모략은 사람의 마음을 따라야만 대중의 옹호와 지지를 얻을 수 있지 "민심을 등져서는 안 된다." 민심을 잃은 자는 천하를 잃는다. 맹자는 "올바른 길을 얻은 사람은 도움을 많이 받는다." "많은 도움이 있으면 천하가 따른다.… 따라서 군자는 싸우지 않을 수는 있어도 싸우면 반드시 이긴다."고 했다. 또 "걸주桀紂가 천하를 잃은 것은 백성을 잃었기 때문이다. 백성을 잃은 자는 그 마음을 잃은 것이다. 천하를 얻는 길은 백성을 얻는 것이고, 백성을 얻으면 천하를 얻는다. 백성을 얻는 데도 길이 있으니 바로 마음을 얻는 것이다. 마음을 얻으면 백성을 얻는다."고도 했다.

유명한 비수淝水 전투에서 전진前秦의 100만 대군이 동진東晉에게 패한 것은 민심을 잃었기 때문이다. 383년, 부견苻堅이 이끄는 전진의 군대와 사현謝玄이 이끄는 동진의 군대는 비수에서 서로 대치하고 있었다. 사현은 사람을 보내 부견에게 전진의 군대가 조금만 뒤로 물러나면 동진의 군대도 강을 건너 결전하겠노라 제안했다. 부견은 동진의 군대가 강을 반쯤 건넜을 때 공격하면 되겠다고 판단하여 군대를 이동시켰다. 그런데 병사들이 뒤로 물러나면서 큰 혼란이 생겨 통제 불능이 되었다. 사현이 이 틈을 타서 공격을 가해 전진의 군대를 대파했다. 사실 전진은 몇 년 동안 계속 전쟁을 치르느라 병사들과 백성들이 지칠 대로 지쳐 곳곳에서 불만이 높은 상황이었다. 병사들 대부분이 참전을 꺼렸고, 여기에 복잡한 민족 관계 등 내부 모순까지 겹쳤다. 전진은 민심을 얻지 못했고, 결국 패배로 끝났다.

마케도니아의 왕 알렉산드로스 대왕이 전쟁에서 승리를 거두자 어떤 사람이 "기회가 있다면 두 번째 도시를 공격하여 차지하고 싶지 않으십니까?"라고 물었다. 알렉산드로스는 버럭 고함을 지르며 "기회? 기회는 내가 만드는 것이다."라며 호통을 쳤다고 한다.

시세에 순응한다는 것은 기회를 잘 틀어쥘 줄 알아야 한다는 뜻이다. "하늘이 주는데도 잡지 못하면 도리어 그 재앙을 받는다." 기회를 잘 잡으면 성공을 향한 첫걸음을 내디딘 것과 같다. 성공한 모략가는 기회를 잘 잡을 뿐만 아니라 기회를 창출하는 데 공을 들인다. 기회는 슬그머니 왔다가 슬그머니 사라진다. "이 마을을 지나가면 상점은 없다."

한나라 건안 원년인 196년, 헌제獻帝는 장안長安에서 낙양洛陽으로 도망치고 있었다. 모사 허욱許彧은 조조에게 이 기회에 헌제를 맞이하여 다시 황제 자리에 앉히라고 건의하면서 이렇게 말했다.

"참으로 지금 같은 때 주상을 받들어 백성의 바람을 따르는 것이야말로 큰 순응입니다. 아울러 이로써 공께서 천하 영웅들을 복종시키는 것이야말로 큰 지략입니다. 넓은 의리로 뛰어난 인재들을 받아들이는 것이야말로 큰 덕입니다."

이에 조조는 즉시 헌제를 맞아들였고, 헌제라는 이 정치 자본을 이용하여 이후 여기저기를 정벌할 때 "천자를 끼고 제후들을 호령하는" 여론의 주도권을 차지할 수 있었다.

유방이 황제로 칭하고 서한 왕조를 세울 수 있었던 것도 시세에 순응하여 시기를 움켜쥐고 모략을 잘 운용했기 때문이다. 유방은 사천四川과 한중漢中의 왕으로 있을 때 "겉으로는 잔도를 수리하는 척하면서 몰래 진창을 기습하는" '명수잔도明修棧道, 암도진창暗渡陳倉'의 모략으로 항우를 속였다. 그런 다음 기회를 잡아 팽성彭城을 공격했다. 항우가 군사를 거느리고 돌아와 유방의 한군을 참패시키고 한군의 식량 보급로를 계속 공격했다. 한군은 식량 공황 상태가 벌어져 항우에게 휴전을 요청했다. 항우가 이에 응하려 하자 책사 범증范增은 "지금 한군은 대처하기가 쉽습니다. 만약 휴전에 응하면 장차 크게 후회하게 될 것입니다."라고 말렸다. 항우는 급히 출병하여 형양滎陽을 포위했다. 이에 유방은 이간책으로 범증이 항우의 곁을 떠나게 만들었다. 항우의 처지는 점점 불리해졌고, 유방의 기세는 갈수록 강해졌다. 항우가 진퇴양난에 빠지자 유방은 다시 항우에게 휴전을 제의하여 마침내 초와 한 두 진영은 경계선을 정하고 군대를 철수하기로 했다. 항우는 동쪽으로, 유방은 서쪽으로 군대를 철수할 준비를 했다. 이때 유방의 책사인 장량張良은 "항우의 군대는 이미 지칠 대로 지쳤기에 지금이 바로 초나라를 없앨 절호의 기회입니다. 이번에 항우를 놓아준다면 호랑이를 길러 자기를 해치기를 기다리는 꼴이 됩니다."라고 했다. 유방은 철수를 멈추고 군대를 동원하여 항우를 추격했다. 한신은 30만 대군으로 해하垓下에서 사방으로 항우를 포위한 채 돌아가며 공격을 가했다. 사면초가四面楚歌에 빠진 항우는 자결했다. 장량이 초를 소멸할 수 있는 이 유리한 기회를 파악하여 계책을 올리지 않았더라면 초한쟁패는 얼마를 더 갔을지 알 수 없을 뿐더러 천하가 누구 차지가 되었을지도 오리무중이었을 것이다.

3. 터럭 하나까지 빠짐없이 살펴라

'관찰觀察 예술'의 수준 여부는 모략가들에게 아주 중요하다. 모략 수준의 높낮이와 성패에 직접 연결되기 때문이다. 관찰한 상황이 진실하고 정확한가는 모략가의 수준에 달려 있다. 『여씨춘추呂氏春秋』에 이런 내용이 있다.(「신대람慎大覽」 '찰금察今')

> 깨우친 사람은 가까운 것에서 먼 것을 알고, 오늘로 과거를 알며, 보는 것으로 보지 않는 것을 추론하는 것을 중시한다. 대청 아래 해와 달의 그림자를 살펴 그 운행과 음양의 변화를 알고, 병에 담긴 얼어 있는 물을 보고 세상이 추워졌고, 물고기와 자라가 잠을 자려고 숨었음을 알며, 고기 한 덩어리를 맛보고 가마솥 안의 맛을 안다.

관찰도 개성에 따라 다르게 나타나는 특징이 있다. 모략가가 다르면 문제를 관찰하는 방식도 다르기 때문에 시각이 다르고 얻는 결론도 다르다. 따라서 실행된 모략이 실제로 얻어내는 효과도 많이 다르다. 같은 책에 이런 이야기도 있다.(「사순론似順論」 '사순似順')

> 초나라 장왕莊王이 진陳나라를 치기에 앞서 사람을 보내 진나라 정세를 먼저 살피게 했다. 보낸 사람이 돌아와 "진나라는 칠 수 없습니다."라고 보고했다. 장왕이 까닭을 묻자 "진나라는 성곽이 높고 해자가 깊으며 비축된 식량도 많기 때문입니다."라고 답했다. 이에 영국寧國은 "그렇다면 진나라를 칠 수 있습니다. 진나라는 작은 나라입니다. 식량을 많이 쌓아놓았다는 것은 세금을 무겁게 매겨 백성들의 원망이

높다는 뜻입니다. 높은 성벽과 깊은 해자는 백성들이 지쳐 있다는 것입니다. 군대를 일으켜 치면 빼앗을 수 있습니다."라고 했다. 장왕은 그 말에 따라 마침내 진나라를 빼앗았다.

같은 현상이라도 관찰하는 사람이 다르면 얻는 결론은 같지 않다. 이로부터 나오는 모략 역시 확연하게 상반되는 경우가 많다. 이렇게 보면 관찰 예술이 모략에서 차지하는 지위가 중요하다는 것을 알 수 있다. 다음 사례는 이 문제를 잘 말해준다.

서한 초기 흉노는 끊임없이 남쪽으로 내려와 한나라 땅을 침범했다. 기원전 200년, 한 고조는 군사들을 직접 이끌고 흉노 토벌에 나섰다. 유방은 10명의 척후병을 계속 보내 흉노의 상황을 알아보게 했다. 돌아온 척후병들의 보고는 하나같이 출병하여 공격할 수 있다는 것이었다. 흉노에는 늙고 약한 병사들만 보이기 때문이라고 했다. 유경劉敬은 자신이 직접 가서 정탐한 후 "두 나라가 싸울 때는 서로 자기 병력을 과시하려 합니다. 지금 제가 흉노에게서 본 것은 늙고 약한 자들뿐이었습니다. 틀림없이 기병들을 매복시켜놓고 공격할 준비를 하고 있을 겁니다. 지금은 공격하지 않는 것이 나을 듯합니다."라고 보고했다.

당시 유방의 30만 대군은 이미 충돌한 상태였고, 유방은 유경의 권고를 받아들이기는커녕 군심을 어지럽힌다며 그를 가두어버렸다. 유방은 적을 가볍게 보고 무작정 공격에 나섰다. 군대가 평성平城에 이르자 흉노의 늙고 약한 병사들은 하나도 보이지 않고 강력한 기마병들이 사방팔방에서 몰려나왔다. 한의 군대는 7일 낮밤을 포위당한 채 꼼짝하지 못했다. 그 뒤 진평陳平의 계책에 따라 흉노의 우두머리인 선우單于의 아내를 협박과 뇌물로 회유하여 겨우 포위에서 풀려날 수 있었다.

유경의 관찰 예술은 수준이 달랐다. 유방이 유경의 말을 들었다면 그 지경에 이르지는 않았을 것이다. 춘추시대 조귀曹劌가 노나라를 도와 제나라를 격파한 것도 상황을 잘 관찰하고 분석했기 때문이다. 당시 조귀는 이렇게 말했다.

"첫 번째 진격의 북이 울릴 때 병사들의 사기는 최고조이며, 두 번째 북이 울리면 조금 떨어지고, 세 번째 북이 울리면 북소리가 아무리 커도 병사들은 기진맥진합니다. 저들이 힘이 빠졌을 때 우리는 단 한 번의 북소리로 사기를 높여 공격한다면 어찌 이기지 않겠습니까?"

또 적이 도망칠 때 왜 바로 추격하지 않는가 하는 물음에 조귀는 "적이 도망치는 것은 어쩌면 계략일지 모릅니다. 앞에 매복이 있을 수도 있습니다. 저들의 전차 바퀴 자국이 어지럽고 깃발이 쓰러진 것을 확인해야만 비로소 거리낌없이 추격할 수 있습니다."라고 답했다.

역사상 관찰에서 실수하여 그릇된 판단을 내리고, 이 때문에 패배하거나 나라를 망치게 만든 모략이 적지 않았다. 기원전 341년, 북방의 강대국 위魏나라가 한韓나라를 공격해 왔다. 한은 동방의 강국 제齊나라에 도움을 청했다. 제나라는 손빈孫臏의 모략에 따라 "일부러 약한 모습을 보여 적을 유인했다." 손빈은 사흘 동안 병사들의 취사용 솥을 10만에서 5만으로, 다시 5만에서 3만으로 줄이는 이른바 "취사용 솥을 줄여 적을 유인"하는 '감조유적減灶誘敵'의 모략을 구사했다. 위나라의 장수 방연龐涓은 이것이 계책인 줄도 모르고 제나라 병사들이 사흘 동안 절반 이상이나 도망갔다고 판단했다. 방연은 소수의 병력만 데리고 급히 제나라 군대를 뒤쫓았다. 그 결과 마릉馬陵에서 매복해 있던 제나라 군사의 습격을 받고 참패했다. 위나라의 참패는 장수 방연이 관찰에서 실수하여 잘못된 판단을 내렸기 때문이다.

기원전 260년, 진나라 군대가 조나라를 공격하자 조괄趙括은 장평長平에서 반격을 가했다. 진의 군대는 패한 척 도망쳤다. 조괄은 제대로 살피지 않고 승세를 몰아무턱대고 추격하다가 진의 군대에 완전 포위당했다. 무려 46일 동안 포위당하는 동안 양식은 다 떨어졌고, 포위를 돌파하려고 애를 썼지만 실패하고 조괄은 화살에 맞아 전사했다. 결과는 40만 조나라 대군이 생매장당해 죽는 처참한 패배로 끝났다. 모략가나 지휘관으로서 갖추어야 할 관찰력이 얼마나 중요한가를 잘 보여주는 사례였다. 관찰 수준의 높고 낮음은 모략의 정확성 여부를 결정하며, 사업의 흥망성쇠와 성공과 실패를 좌우한다.

관찰을 잘 하려면 겉으로 드러나는 사물의 현상에 현혹되지 말고 가상假像을 잘 가려낼 줄 알아야 한다. 현상을 꿰뚫고 본질을 보아야만 실제 상황을 이해하고 그 상황을 파악하여 정확한 모략을 제정할 수 있다. 풍몽룡馮夢龍의 『지낭보智囊補』에 보면 관찰에서 현상을 뚫고 본질을 잘 파악해야 한다는 것을 보여주는 두 개의 이야기가 있다.

먼저 왕융王戎의 고사다. 왕융이 일곱 살 때 다른 아이들과 놀러 다니다 길옆의 자두나무에 자두가 많이 열려 있는 것을 보았다. 다른 아이들은 자두를 보자 주저 없이 달려갔다. 왕융은 자두에는 아랑곳하지 않았다. 그 까닭을 묻자 왕융은 사람이 많이 다니는 길옆 자두나무에 자두가 그대로 달려 있다는 것은 자두가 틀림없이 떫기 때문이라고 했다. 자두나무로 달려간 아이들은 자두를 베어 물자마자 바로 뱉어내고 있는 중이었다. 맛난 자두였다면 진작 다 따 먹고 없었을 것이다. 어린 왕융이었지만 주렁주렁 매달린 자두라는 현상의 이면을 정확하게 인식하고 판단했다. 유명한 '도방고리道傍苦李' 고사다. "길옆의 떫은 자두"라는 뜻이다.

또 하나는 송나라 때 이야기다. 언젠가 이윤칙李允則이 군사들을 모아놓고 연회를 베풀고 있었는데 마침 갑옷을 보관하는 무기고에 불이 났다. 그러나 이윤칙은 아무 일도 없다는 듯 계속 술을 마시며 즐겼다. 불이 꺼지자 이윤칙은 몰래 영주瀛州로 사람을 보내 차를 담는 상자로 갑옷을 무기고로 옮겼다. 열흘이 되지 않아 갑옷은 원래대로 배치되었고, 이를 아는 사람이 별로 없었다. 그런데 추밀원樞密院에서 이윤칙이 불이 났는데도 끄지 않았다며 황제에게 고발했다. 진종眞宗은 "이윤칙에게도 분명 할 말이 있을 테니 먼저 그에게 물어야 되지 않겠느냐."고 했다. 불려온 이윤칙은 "무기를 보관하는 창고는 불을 막는 방화시설이 철저합니다. 그런데 신이 연회를 시작하자마자 불이 났으니 간사한 자의 소행이 분명합니다. 만약 연회를 멈추고 불을 끄러 갔다면 예기치 못한 일이 일어났을 수도 있습니다."라고 답했다.

이윤칙은 가상에서 사물의 본질을 보았다. 정치투쟁이나 군사투쟁에서 실제 모습을 감춘 채 가상을 만들어 상대를 속이거나 현혹하여 속이는 것은 흔히 사용하는 모략의 방법이다. 뛰어난 모략가는 표면적 현상과 가상을 잘 가려낼 줄 알아야 할 뿐만 아니라 가상을 만들어내어 상대가 관찰에서 실수하고 이로써 잘못된 판단을 내리도록 유도하는 모략을 구사할 줄도 알아야 한다. 그리고 이 기회를 이용하여 상대를 실패의 깊은 연못 속으로 한 걸음 한 걸음 끌어들여야 한다.

앞서 소개한 제갈량이 구사한 '공성계', 유방의 '명수잔도, 암도진창', 손빈의 '감조유적' 등과 강태공이 주 문왕에게 "성인이 움직일 때는 먼저 어리석은 기색을 보여야 한다."고 한 말 등등은 모략가가 가상을 만들어내거나 이용하여 상대가 관찰에서 실수하도록 유도하고, 이로써 적절치 못한 모략을 세우게 만든 전형적인 사례들이다.

4. 주도권과 융통성

모략의 주동성은 모략가가 모략을 제정할 때 장악하는 주도권을 말한다. 군대로 말하자면 "주도권은 군대 행동의 자유권이다." "주도권을 잃으면 패배한 것과 마찬가지고 결국은 소멸당할 것이다."[78] 주도권은 모략가들에게 아주 중요하다.

융통성(또는 탄력성)과 주동성은 한데 연결되어 있다. 융통성이 있어야 주도권을 발휘할 수 있고, 주도권은 융통성 발휘에 더 많은 조건을 창출해준다. 『손자』 「허실」 편에 다음과 같은 대목이 있다.

용병은 물과 같다. 물은 높은 곳을 피해 낮은 곳으로 흐른다. 용병도 적의 강한 곳을 피해 허점을 공격하는 방식으로 해야 한다. 물은 지형에 따라 방향을 결정한다. 용병도 적의 내부 사정의 변화에 따라 다양한 전술을 구사해야 승리할 수 있다. 용병에 정해진 형태가 없는 것은 물에 정해진 형태가 없는 것과 같다. 적의 내부 변화를 따라 승리를 거두는 것을 '신무神武'라 한다.

모택동도 관련하여 이렇게 말한 바 있다.

옛사람들의 "운용의 묘는 한마음에 있다."는 말에서 '묘'를 우리는 융통성이라 부르고, 이는 총명한 지휘자가 만들어낸 결과물이다. 융통성은 함부로 움직이는 경거망동이 결코 아니다. 경거망동은 당연히 거부해야 한다. 융통성은 총명한 지휘자가 객관적 정황에 기반하여 "시기와 형세를 잘 살펴"(여기서 말하는 형세에는 적의 형세, 우리의 형세, 지세 등이 포함된다) 때맞추어 합당한 처치 방법을 취하는 능력이다. 이것이 이른바 '운용의 묘'이다.

---

78 『모택동선집』 제2권, 462쪽. (저자)

이 대목은 융통성의 본질을 심오하게 제기하고 있다.

손빈은 "전투를 잘 하는 사람은 그 형세에 따라 유리하게 이끌어야 한다."[79]고 했다. 뛰어난 모략가와 리더는 경쟁에서 승리를 거두기 위해 일반적으로 "상대의 상황에 따라 변화를 주도하면서" 능동적이고 융통성 있게 병사를 지휘하고, 끊임없이 변화하는 객관적 상황에 따라 모략을 만들어낸다.

기원전 205년, 한신韓信은 황하를 사이에 두고 위왕魏王 표豹를 공격하러 나섰다. 한신은 먼 곳에 있는 하양夏陽에서 위왕 표의 근거지인 안읍安邑을 습격하기 위해 일부러 가까운 임진臨晉에서 강을 건너는 도구들을 준비하여 적을 현혹했다. 적들은 주력부대를 임진 일대에 배치했고, 이 때문에 후방 안읍은 텅 비었다. 하양도 물론 무방비 상태가 되어 한신은 성공적으로 황하를 우회해서 건넜다. 한신의 성공은 주동적이고 융통성 있게 군대를 움직인 전형적인 사례라 할 수 있다.

오대 시기, 후량後梁과 진晉(후당後唐)은 위주魏州를 두고 다투었다. 먼저 진이 위주를 차지했다. 후량의 장수 유심劉鄩은 당시 정황에 근거하여 신현莘縣을 지키면서 기회를 노려 진격하는 작전 방침을 취하였다. 그러나 작전이라고는 눈꼽만큼도 모르는 후량의 황제 주우정朱友貞은 이 정확한 방침을 받아들이지 않았을 뿐만 아니라 유심이 적을 공격하려 하지 않는다며 거듭 출전을 강요했다. 결국 앞뒤로 진나라 군대의 공격을 받아 7만이 넘는 후량의 병사는 거의 전멸당하고 유심은 겨우 기병 몇 십 명만 데리고 도주했다. 이 전역에서 후량이 대패한 주된 까닭은 변화된 적의 정세에 맞추어 자신의 전력을 조정하지 않고 오로지 공격에만 몰두했기 때문이다. 물론 가장 큰 책임은 어리석은 황제에게 있었다.

『삼국연의』 제76회의 내용이다. 공명이 동오의 형주荊州를 빌려 차지한 이후 동

79　『사기』「손자·오기열전」. (저자)

오는 형주를 돌려받을 가망이 없자 무력으로 **빼앗으려** 했다. 당시 형주는 촉의 명장 관우關羽가 지키고 있어 **빼앗기**가 만만치 않았다. 손권孫權은 여몽呂蒙의 계책을 받아들여 먼저 조조에게 편지를 써서 조조의 군대와 남북 두 길로 형주를 공격하자고 약속했다. 이어 여몽은 "호랑이를 건드려 산을 떠나게 하는" '조호리산調虎離山'의 계책을 썼다. 즉, 여몽은 거짓으로 병이 나서 건업建業으로 휴양을 간다고 하면서 손권에게 육손陸遜을 추천하여 자신의 자리를 대리하게 했다. 이 소식을 접한 관우는 육손이 서생에다 젊고 작전 경험이 없다며 깔보았다. 그리고 강남 쪽은 우려할 필요가 없다고 판단하여 정예부대를 몸소 이끌고 북쪽의 양양襄陽, 번성樊城을 공격하는 한편 미방糜芳과 부사인傅士仁을 남겨 형주荊州와 공안公安을 지키게 했다.

'조호리산'의 계책으로 관우를 형주에서 떼어놓는 데 성공한 여몽은 기회를 잡아 강을 따라 건설되어 있는 요새들을 **빼앗은** 뒤 대군으로 미방과 부사인을 공격하여 투항하게 만들었다. 관우는 북상하여 계속 승리를 거두었지만 형주가 함락되자 크게 후회하며 맥성麥城 쪽으로 철수했다. 맥성에 이르자 관우는 바로 오나라 군대에 포위당해 포로로 잡혔고, 결국 참수되었다. 여몽은 융통성 있게 모략을 구사하여 주도권을 잡고 형주를 탈취하는 기회를 창출했고, 명성이 자자한 명장 관우를 물리쳤다.

주동적이고 융통성 있게 군대를 지휘한 또 다른 전형적인 사례로 홍군紅軍의 대장정 때 모택동이 적수赤水를 네 번이나 건넌 전역을 들 수 있다. 1935년 1월 말, 모택동은 당시 적과 아군의 정황에 근거하여 중앙의 홍군을 준의遵義 지역에서 북진시켜 동재桐梓와 송패松壩를 지나 서쪽으로 토성土城을 넘어 1차 적수를 건너기로 결정했다. 이 행동은 적을 당황하게 만들었다. 뒤를 쫓던 중앙군과 사천四川·귀주貴州·호남湖南 군벌의 부대들은 급하게 집결하여 홍군에 대한 포위망을 형성했다. 모택동은 적수를 건널 수 있는 가망이 없음을 보고 이 지역에서 새로운 기회를 찾아 적을 섬멸하기로 했다. 아군이 집결하자 모택동은 귀주 경내의 적에게 허점이 있다는 점을 간파하고 갑자기 동쪽으로 진군하여 2월 18일과 19일 사이 두 번째로 적수를 건넌 후 다시 동재와 준의 지역으로 진격하여 적의 사단 20개를 섬멸하였다. 패한 장개석蔣介石은 여러 갈래의 군대를 지휘하여 준의 지역에서 홍군을 포위하여 섬멸하려고 했다. 이에 모택동은 적을 현혹, 움직이게 만들기 위해 3월 16일 홍군을 이끌고 세 번째로 적수를 건너 북진하여 사천 이남의 오린五藺지구로 진입하라고 명령했다. 장개석은 홍군이 또다시 북으로 장강을 건너 네 방면의 군대와 합류한다고 판단하여 세 성의 군벌들과 중앙군을 다섯 갈래로 나누어 홍군을 섬멸하려 했다. 모택동은 적이 이미 뜻대로 움직인 상황에 근거하여 홍군의 방향을 동쪽으로 돌려 네 번째로 적수를 건너 적의 오른쪽에서 남쪽을 습격하여 오강烏江을 깨고 귀양貴陽으로 직진했다. 여기서 홍군은 또 적을 움직이게 만들려고 귀양을 공격하는 척하면서 군사를 나누어 동쪽 귀주성으로 진격하게 했다. 동시에 운남雲南의 적군을 움직여 귀양 쪽에 증원하게 만들기 위해 홍군은 곤명昆明을 대거 공격했다. 속았다는 사실을 안 적이 천리 밖에서 군대를 돌려 곤명을 구하러 왔을 때 홍군은 이미 금사강金沙江을 건너 사천 남쪽에 이르러 다른 부대와 합류했다. 이로써 홍군은 수십만 적의 포위와 추격에서 벗어나 전략적인 대이동을 실현할 수 있었다.

이상은 군사투쟁에서 주동적이고 융통성 있게 모략을 세워 상대방이 생각지도 못한 승리를 이룩한 사례들이었다. 주동적이고 융통성 넘치는 모략은 다른 영역에서도 성공을 보장한다. 이런 예를 들어보자. 제갈량은 나라를 다스리는 방법은 "법을 실행하고 상벌을 분명하게 하는 것"이라고 했다. 엄격한 법 집행을 강조한 것이다. 촉군의 태수 법정法正이 제갈량에게 법 집행을 조금 느슨하게 하고 금지령을 풀자고 권했다. 이에 제갈량은 "정책을 베풀고 법을 세우는 일은 시기에 따라 달라야 한다. 관용의 장점만 알고 엄격한 법치의 중요성을 몰라서는 안 된다."고 했다.

진 왕조가 가혹하게 세금을 거두고 폭력적인 정치를 했기 때문에 관중에 들어간 유방은 가혹한 법을 모두 폐지하고 "법을 세 항목으로 줄이겠다."는 '약법삼장約法三章'을 제시할 수 있었다. 유장劉璋 부자가 촉을 다스릴 때 위엄도 없고 법도 없었기 때문에 토착 지주들이 제멋대로 권력을 휘두르니 부패가 만연했다. 이에 관용과 은혜로는 더 이상 씨가 먹히지 않게 된 것이고, 그래서 제갈량은 "법으로 위험을 보이고", "벼슬을 제한하는", "은혜와 위엄을 함께 구사"하여 정상적인 통치질서를 회복시키려 했던 것이다.[80]

이상에서 알 수 있듯이 나라를 다스리는 방법에서 구체적이고 실제 상황에 따라 나라를 다스리고 백성을 안정시키는 방법을 꾀해야만 실효를 거둘 수 있다.

5. 중점을 포착하다

객관적 사물의 발전에는 주요 모순과 부차적인 모순의 구별이 있다. 주요 모순은 그 사물의 발전 방향과 앞길을 결정하고 전체 국면에 영향을 주는 모순이다. 주요 모순을 움켜쥐면 사건 해결에 열쇠가 되는 요소를 찾은 것과 같다. 주요 모순을 해결하면 다른 문제는 쉽게 풀릴 수 있다. 서양에서 말하는 '80 대 20'의 원리는 주요 모순을 틀어쥐는 중요성을 잘 설명하고 있다. '80 대 20' 원리는 이탈리아 학자 빌프레도 파레토 Vilfredo Pareto(1848-1923)가 제기한 "중요한 소수少數와 자질구레한 다수多數의 원리"인데 대략 80%의 가치가 그중의 20%의 요소에서 나오고, 나머지 20%의 가치는 그

---

[80] 毛書徵, 「嚴刑峻法治療史」, 光明日報, 1989년 8월 13일자. (저자)

나머지 80%의 요소에서 나온다는 것이다. 예를 들면 80%의 전화가 20%의 발신자로부터 나오고, 행정부 업무 중 80%가 20%의 업무에 집중되어 있으며, 80%의 보고서는 20%의 상황을 반영하고 있다는 등등이다. 이렇게 20%가 다른 80%를 결정한다는 원칙은 우리에게 주요한 맥락과 모순을 장악하여 중점을 돌파하고 나머지 대부분을 데리고 움직이되 경중과 완급을 구분할 것을 요구한다.[81]

모택동은 "지도자는 구체적인 역사 조건과 환경에 따라 전체 국면을 통째로 계획하여 사업의 중점과 순서를 정확하게 결정해야 하며, 그 결정을 굳세게 관철해서 반드시 일정한 결과를 내도록 해야 한다. 이것이 리더십의 예술이다."[82]라고 했다. 목적과 임무를 명확히 하고 주요 모순을 파악해야만 승리를 거둘 때까지 흔들리지 않을 수 있다.

기원전 154년, 한 경제景帝가 '오초칠국吳楚七國의 난'을 평정하기 위해 주아부周亞夫에게 군사를 거느리고 동쪽 오나라와 초나라를 공격하게 하였다. 주아부는 오·초 연합군의 병력이 강력하여 바로 맞서기 어렵다고 판단하고 양梁나라에게 오·초의 진격을 막아 시간을 끄는 한편 식량 보급로를 끊는 전략을 사용했다. 주아부는 창읍昌邑(지금의 산동성 금향金鄕 서북)에 주둔하여 보를 단단히 쌓은 채 싸우러 나오지 않으면서 오·초 연합군이 양나라를 공격하는 것을 일시적으로 놔두었다. 양나라의 저항을 이용하여 이들을 1차 견제하자는 것이었다. 이어 주아부는 군대를 하읍下邑으로 퇴각시키고 높은 보루와 깊은 해자로 더 단단히 수비에 들어갔다. 오·초 연합군은 지쳐

---

81 '파레토의 법칙'으로 불리는 80 대 20 법칙을 예로써 좀더 쉽게 설명하면 이렇다. 백화점 매출의 80%는 20%의 고객에게서 나오고, 기업이 만들어내는 생산량의 80%가 20%의 직원에게서 나온다는 것이다. 이 법칙은 선택과 집중이라는 관점에서 중요한 의미를 담고 있다는 평가다. 제한된 인력과 자원으로 최대의 이익을 추구하는 기업에게 매우 중요하기 때문이다. 따라서 20%의 고객과 20%의 우수한 직원을 잘 관리해야 한다는 것이다.

82 『모택동선집』제3권, 856쪽. (저자)

갔고, 결국 퇴각하지 않으면 안 되는 지경에까지 이르렀다. 주아부는 이때를 놓치지 않고 추격하여 승리를 거두었다.

주아부가 보루를 쌓은 채 출전하지 않다가 기회를 노려 적을 섬멸할 수 있었던 것은 목표가 명확했고 전쟁 중에 유리한 시기와 주요 모순을 장악하여 작은 일로 큰 일을 그르치지 않았기 때문이다.

이와 비슷한 사례로 이세민李世民이 서진의 설인고薛仁杲와 싸우면서 주요 모순을 파악하여 상대의 어떤 움직임에도 흔들리지 않은 경우를 들 수 있다. 618년, 이세민은 군대를 거느리고 고척성高摭城에서 설인고와 작전을 벌였다. 설인고는 대장군 종라후宗羅睺를 파견하여 맞서게 했다. 종라후는 여러 차례 당군을 자극하며 도전했다. 당의 장수들은 나가 싸우자고 요청했지만 이세민은 굳건히 응전을 피하면서 "우리는 얼마 전에 패했다. 병사들의 사기가 떨어진 상황이다. 반면 적은 승리에 취해 교만해져 우리를 깔보는 심리가 있다. 진지를 잘 지키면서 기회를 기다려야 한다. 적이 한참 교만해졌을 때 분발하면 한 번에 적을 크게 부술 수 있다."고 했다. 그리고 "출전하자고 요구하는 자는 군법으로 다스리겠다."고 엄명을 내렸다. 쌍방은 이렇게 60일을 넘게 대치했다. 설인고 군영의 양식이 떨어지자 일부 장병들이 당군에 투항하기까지 했다. 적 진영의 사기가 흩어진 것을 본 이세민은 진을 쳐서 종라후를 유인했다. 종라후는 정예병 전부를 데리고 당군을 공격했지만 며칠이 지나도록 성과를 내지 못했다. 적이 지쳤음을 확인한 이세민은 공격 명령을 내렸고, 종라후는 대패했다.

전쟁 중에 주요 모순을 장악하지 못한 채 막연히 결정을 내리면 작은 것 때문에 큰 것을 잃는 경우가 있다. 기원전 203년, 한군은 항우가 동으로 팽월彭越을 습격한 틈을 타 성고成皐를 포위하여 공격했다. 초군의 장수 조구曹咎는 처음에는 "성고를 단단히 지키면서 한의 도전에 응전하지 말고 신중하라."는 항우의 명령에 따라 나와 싸우지 않았다. 그러나 한군의 쏟아지는 욕설과 도전을 참지 못하고 홧김에 출격했다.

한군은 초군이 사수泗水를 절반쯤 건넜을 때 맹공을 퍼부었고, 초군은 맥없이 대패했다. 조구가 실패한 원인은 전투를 못해서가 아니라 주요 모순을 장악하지 못한 채 "성고를 엄수하라."는 중요한 임무를 망각했기 때문이다.

춘추시대 오왕 부차夫差가 제나라를 공격하려 했다. 오자서伍子胥가 다음과 같이 말하며 공격을 말렸다.

> "안 됩니다. 제나라와 오나라는 습속이 다르고 언어가 통하지 않기에 우리가 제나라 땅을 얻었다 한들 그 백성들을 제대로 다스릴 수 없습니다. 반면 오나라와 월나라는 국경이 붙어 있고, 습속이 같으며 말도 통합니다. 따라서 우리가 월나라 땅을 얻으면 잘 다스릴 수 있습니다. 월나라도 우리와 마찬가지입니다. 오와 월은 공존할 수 없습니다. 오나라에게 월나라는 배 속의 질병이나 마찬가지입니다. 아직 발작은 없지만 그 안에 있는 한 피해가 큽니다. 그러나 오나라에게 제나라는 작은 병과 같은 존재로 치료 못 할 위험도 없거니와 그 피해도 크지 않습니다. 지금 월나라를 놔두고 제나라를 치는 것은 마치 범이 무서워 멧돼지를 사냥하려는 것과 같아 이길 수는 있지만 그 후환이 그치지 않을 것입니다."[83]

오자서는 오나라의 주적은 월나라이지 제나라가 아니라고 지적하고 있다. 제나라를 치면 제나라와 원수가 될 뿐만 아니라 힘도 빠져 승리하더라도 화근인 월나라가 여전하기 때문에 모략의 중점을 월나라에 두어야 한다는 것이다. 오왕 부차는 오자서의 말을 받아들이지 않았다. 대신 간신배인 태재太宰 백비伯嚭의 꼬드김대로 제나라를 공격하여 승리를 거두었다. 그리고 꼬투리를 잡아 오자서에게 자결을 강요

---

[83] 『여씨춘추呂氏春秋』 권23, 「귀직론貴直論」 제3. (저자)

했다.

오나라는 주적인 월나라에 대비를 소홀히 했고, 결국 오자서가 예견한 대로 몇 년 뒤 월나라의 공격을 받아 나라가 망했다. 오나라는 강산이 무너진 것은 물론 조상의 무덤까지 파헤침을 당하는 수모를 겪었고, 부차는 자결로 생을 마감했다.

삼국시대 관우가 지키던 형주를 오나라에 빼앗기자 유비는 대책도 없이 대군을 일으켜 오나라를 공격했다가 육손의 화공에 걸려 700리에 이르는 군영이 불타는 참패를 당했다. 그 주요한 원인은 유비가 주요 모순과 부차적인 모순을 가려내어 제대로 처리하지 못했고, 모략을 운용하면서 주요 모순을 파악하지 못했기 때문이다. 일찍이 제갈량이 '융중대隆中對'를 통해 제기한 전략 방침의 중요한 내용 중 하나가 다름 아닌 "동으로 (오나라) 손권과 연합하여 북으로 조조에 맞서면서 내부적으로 정치를 가다듬는다."는 것이었다. 유비는 이 점을 소홀히 하여 이 원칙을 중시하지 않는 관우에게 형주를 맡겼다. 손권은 사람을 보내 관우의 딸을 며느리로 달라고 청했다. 관우는 손권의 사신을 욕하며 혼사를 거부했다. 이 때문에 형주를 잃었고, 촉·오동맹은 깨졌다. 유비는 관우가 피살되고 형주가 함락되자 대부분의 신하들이 반대하는 것도 물리치고 군대를 일으켜 동오를 쳤지만, 결국 작은 것 때문에 큰 것을 잃는 꼴이 되었다. 이는 다음과 같은 조운趙雲의 말과 같았다.

"국적國賊은 조조이지 손권이 아닙니다. 뿐만 아니라 위를 없애면 오는 따라서 항복합니다. 지금 조조는 죽어 없고 조비는 찬탈한 도적이므로 이때 사람들의 불만을 이용하여 서둘러 관중을 먼저 차지해야 합니다.… 위를 놓아둔 채 오나라와 전쟁을 시작해서는 안 됩니다. 전쟁이 시작되어 바로 결판을 내지 못하면 그 후과가 이만저만이 아닐 것입니다."[84]

제갈량도 글을 올려 반대했다. [84]

"우리가 오의 꾐에 넘어가서는 안 됩니다. 그러면 형주를 잃을 수 있고, 싸우다 장수를 잃으면 초를 지탱하는 기둥이 부러질 수도 있습니다. 이런 애통함을 잊어서는 안 됩니다. 한을 멸망시킨 죄는 조조에게 있고, 유씨 정권을 바꾼 사람은 손권이 아니라는 사실을 잊어서는 안 됩니다. 위를 제거하면 오는 절로 복종합니다. 바라옵건대 폐하께서는 진복秦宓의 귀한 건의를 받아들여 군대의 힘을 기른 후에 다시 나은 방법을 강구하십시오. 그렇게 하시면 사직에도 천하에도 큰 행운이 될 것입니다."[85]

유비는 이 글을 땅바닥에 내던지며 "짐이 이미 마음을 먹었으니 더 이상 말하지 말라."며 기어코 대군을 동원하여 오나라를 치다가 끝내 참패를 당했다. 다시 지적하자면 유비는 두 가지 큰 실수를 했다. 첫째, 동오와 우호관계를 맺으려 하지 않은 관우에게 형주의 수비를 맡기지 말았어야 했다. 둘째, 부분적인 이익 때문에 동맹을 깨지 말았어야 했으며, 특히 동오를 친 것은 결정적인 패착이었다. 주요 모순을 파악하여 중요한 것과 부차적인 것, 가벼운 것과 무거운 것, 급한 것과 그렇지 않은 것을 분명하게 가려서 먼저 조조를 친 후에 손권을 도모하는 것이 전체 국면을 돌보는 상책이었다. 이 사례는 모략가와 리더가 주요 모순을 파악하여 중요하고 그렇지 않은 것을 잘 가리는 일이 전쟁의 승패와 사업의 성패에 얼마나 중요한가를 잘 보여준다.

해방전쟁에서 모택동과 중앙 군사위원들은 모략 방침을 세울 때 주요 모순을 장

---

84 『삼국지』「조운전趙雲傳」. (저자)

85 『삼국연의』 제81회. (저자)

악했기에 국민당 군대의 공격을 분쇄하고 3대 전역을 성공적으로 조직할 수 있었다. 특히 '요심遼沈 전역'[86]의 승리는 중점을 장악하여 모략을 세운다는 원칙을 입신의 경지에 오를 정도로 잘 지켰다. 이 전역에서 공산당 동북 야전군의 주요 공격 방향은 북녕선北寧線이었는데 먼저 금주錦州를 공격했다. 금주는 화북과 동북의 요충지로서 동북의 장개석 군대는 화북을 공급기지로 삼고 있었다. 금주를 공격하면 동북의 공급을 끊을 수 있기 때문에 국민당군은 동북에 오랫동안 머물러 있지 못하게 되며, 동시에 화북과 동북에 있는 군대의 협동작전을 막을 수 있다. 이를테면 문을 걸어 잠그고 개를 때리는 격이었다. 금주를 공격하면 국민당은 무조건 군대를 증원할 수밖에 없기에 전략상 저들의 군대를 움직이게 만들고 주도권을 쥘 수 있었다. 또 국민당이 전력을 증원하면 그 움직임에 맞추어 개별적으로 소멸시킬 수도 있었다. 과연 동북 야전군이 금주를 포위 공격하자 화북의 국민당 군대가 증원에 나섰고, 심양 탑산塔山에서 동북 야전군의 저지를 받았다. 심양의 국민당 군대가 대규모 증원에 나섰지만 대호산大虎山에서 공산당 동북 야전군에게 포위당하고 격전 끝에 모두 섬멸당했다. 장춘의 국민당군은 마지못해 투항했다. '요심 전역'에서 공산당은 금주라는 이 돌파구를 장악하여 금주를 선제공격함으로써 국민당 47만 정예군을 섬멸하고 동북 전체를 해방시킬 수 있었다. 주요 모순을 장악한 후 주요 모순을 먼저 해결하는 것, 이것이 모략의 기본 원칙의 하나라는 사실을 잘 보여준 사례였다.

---

86 중국 근대사의 중대한 사건으로 해방전쟁 중에 있었던 '3대 전역'의 하나를 가리킨다. 3대 전역이란 '요심 전역'을 비롯하여 '회해淮海 전역', '평진平津 전역'을 말한다. '요심 전역'은 요녕성과 길림성 지역에서 장개석의 국민당 군대와 공산당 동북 야전군 사이에 벌어진 전역으로 1948년 9월 12일 시작되어 11월 2일 동북 야전군의 승리로 끝났다.

6. 엄밀한 계통성

"전체가 각 부분의 합보다 크다." 고대 그리스의 위대한 사상가 아리스토텔레스의 명언이자 모략의 계통성系統性 또는 계통사상을 잘 설명해준다. 계통이란 상호작용, 상호의뢰, 약간의 구성 부분이 결합하여 이루어진 것으로 특정한 기능을 가진 유기체다. 계통적 모략의 운용은 모략 방침을 세울 때 종합적이고 전체 국면을 고려하는 것에서 착안하여 총체적 효과를 강조하되 부분적 이익과 효과에 얽매이지 않아야 한다. 특히 전체 국면을 버리고 부분적 이익만을 고려해서는 안 된다. 그래야만 실천을 통해 가장 좋은 효과를 얻어낼 수 있다.

『좌전左傳』소공昭公 32년(기원전 510)의 기록을 한번 보자. 춘추시대 진晉나라의 사미모士彌牟가 주성周城을 쌓았다. 그는 먼저 전체 공정의 길이·높이·너비를 비롯하여 골짜기의 깊이, 사용되는 흙의 양, 운송 거리, 준공일, 필요한 인력, 소비되는 양식 등에 대해 아주 정밀하게 계산했고, 그에 따라 30일 안에 이 큰 공사를 훌륭히 해낼 수 있었다.

송나라 때 소식蘇式이 항주杭州의 서호西湖를 정비할 때 역시 계통적 모략사상을 채택했다. 풍몽룡馮夢龍의 『지낭보智囊補』는 당시 상황을 이렇게 기록하고 있다. 소식이 서호 주위를 한참 둘러보다가 말했다.

"지금 밭처럼 변한 이 진흙을 파낸다면 그 많은 흙을 어디에 버리면 좋을까? 호숫가에 사는 사람들이 호수를 빙 돌아 남북 30리 길을 다니느라 하루가 걸리지 않는가. 만약 흙을 호수 가운데다 둑으로 쌓아 남북을 연결한다면 파낸 흙을 처리할 수 있고, 다니는 사람도 훨씬 편리하지 않겠는가. 오나라 사람들은 봄에 보리를 심을

때 풀을 철저하게 뽑는다고 한다. 진흙을 다 파내고 사람들을 모아 보리를 심어 수
확하여 그 돈으로 호수를 수리하면 호수는 더 이상 막히지 않을 것이다.”

이렇게 제방을 쌓고 연꽃을 심고 버드나무도 옮겼는데 마치 한 폭의 그림과 같
았다. 항주의 사람들은 그 제방을 소동파의 성을 따서 '소공제蘇公堤'라 불렀다.

군사나 정치투쟁에서 계통적인 모략을 구사하느냐의 여부는 전쟁의 승부는 물
론 나라의 흥망에 직접 관계된다. 군사모략가들은 계통적인 모략을 중시하여 적의
공격을 받을 수 있는 아주 작은 허점이라도 남기지 않으려고 한다. 관련하여 손무孫
武는 다음과 같은 구체적인 방법을 제시한 바 있다.

“적과 아군 쌍방을 다섯 가지 사안과 일곱 가지 상황으로 비교하여 승부를 잘 짚
어내야 한다. 다섯 가지 사안이란 병도兵道·천시天時·지리地利·장수將帥·법제法制
다.”(『손자병법』「계」편)
“따라서 지혜로운 장수라면 반드시 이익과 손해 두 측면을 고려해야 한다. 불리한
상황에서 유리한 조건을 찾아 대비하면 믿음을 얻을 수 있다. 또 유리한 상황에서
위험한 요소를 찾아 대비하면 재난을 해결할 수 있다.(『손자병법』「구변」편)

손무의 계통적인 모략사상이 말하고자 하는 점은 이것이다. 현명하고 지혜로운
장수는 병도·천시·지리·장수·법제의 다섯 방면에서 전쟁 승부의 가능성을 연구하고,
문제를 고려할 때는 늘 이익과 손해 두 방면을 함께 고려해야 한다는 것이다. 유리한
상황에서도 불리한 면을 고려하여 결심하면 순조롭게 진행할 수 있고, 불리한 상황
에서도 유리한 측면은 없는지를 고려하면 화를 피할 수 있다.

역사상 성공한 전쟁 사례는 모두 계통적 모략의 산물이다. 전체 국면을 돌아보

지 않고 머리가 아프면 머리만 치료하고, 발이 아프면 발만 치료하는 식으로 나무만 보고 숲은 보지 않는다면 그 모략은 틀림없이 중대한 실책을 저지르게 된다.

모략의 계통사상은 우선 전체 국면과 종합적 관념을 필요로 한다. 그래야만 군사와 정치투쟁에서 보다 큰 승리를 거둘 수 있다. '회해淮海 전역'이 한창일 때 인민해방군은 단숨에 두율명杜聿明 집단을 소멸할 수 있었다. 하지만 전체 국면을 고려할 때 두율명을 빠르게 소멸시켜버리면 화북의 부작의傅作義 집단이 서둘러 병력을 거두어 들일 가능성이 있었기 때문에 해방군이 적을 따로 섬멸하려는 작전에 불리했다. 이에 공산당중앙과 중앙군사위원회는 회해 전선의 장병들에게 두율명을 2주 동안 놔 두라고 명령했던 것이다.

한 가지 사례를 더 든다. 해방전쟁 기간에 공산당 서북 인민해방군은 주동적으로 연안延安을 포기한 바 있다. 이 역시 전체 국면을 고려하여 계통적으로 모략을 선택한 결과였다. 전쟁의 승부는 성 하나, 지역 하나의 득실로 따질 수 없다. 연안의 포기는 도시 하나를 잃는 것이었지만 호종남胡宗南이 연안을 차지할 경우 그 부담이 더욱 커질 수 있었기 때문이다. 승부의 관건은 상대의 실제 역량을 대량으로 섬멸하는 데 있었고, 그러기 위해서는 전체 국면 또는 최종 승리를 보아야 한다.

모략의 계통사상은 이익이 가장 크고 폐단이나 대가가 가장 적은 모략을 골라야 한다는 것이다. 제2차 세계대전 때 미군에서는 상선에다 대포를 설치할 것인가를 두고 논쟁이 벌어졌다. 대포가 격추할 수 있는 상대 비행기의 숫자만 생각하면 상선에 대포를 설치하는 것은 바람직하지 않다. 시험 삼아 설치한 대포로 격추한 상대의 비행기는 전체의 4%에 지나지 않았기 때문이다. 게다가 대포는 비싸고 대가도 높기에 반대 주장이 많았다. 그러나 계통적인 관점에서 보자면 대포 설치의 궁극적인 목적은 상선을 보호하는 것이고, 또 격추할 수 있는 비행기의 수량이 보잘것없다 하더라도 이 대포 때문에 상대 비행기가 감히 낮게 날 수 없기 때문에 상선의 손실도

25%에서 10%로 줄어든다.

모략의 계통사상은 현재를 고려해야 할 뿐 아니라 미래도 고려해야 하고, 눈앞의 이해득실을 고려해야 할 뿐 아니라 장기적인 이익도 고려해야 한다. 이와 관련하여 춘추시대 '삼가분진三家分晉'의 사례를 소개한다. '삼가분진'은 일시 양보하면서 공격할 기회를 기다린 계통적 모략의 대표적인 사례다. 정鄭나라 장공莊公이 언鄢에서 단段을 꺾은 사건도 같은 사례다. 이 사례는 상대의 행동을 충분히 드러내어 일이 극단까지 발전하게 만든 후, 그 일이 반대쪽으로 방향을 돌릴 때 강력한 조치를 취하여 단숨에 승부를 낸 모략의 사례다.

장공은 친동생 공숙단公叔段이 어머니와 함께 안팎으로 세를 결집하여 정권을 빼앗으려 한다는 움직임을 일찌감치 파악하고 있었다. 장공은 이를 막기는커녕 공숙단이 자신의 봉지에 성을 쌓는 등 모반의 준비에 대해서도 못 본 척했다. 이윽고 공숙단과 그의 어머니의 음모가 백일하에 드러나자 장공은 "이제 수습할 때가 되었다."며 주도면밀한 배치와 과감한 결단으로 이들을 단숨에 꺾었다. 장공의 계통적 모략은 상대의 음모가 충분히 드러나지 않고 자신의 준비가 불충분할 때는 절대 행동을 취하지 않는다는 점을 잘 보여준다. 그렇게 하면 성공의 가능성은 높아지고 패하지 않는 위치에 서게 된다.

모략의 계통사상은 계통에 이미 존재하는 부분에 대한 구조적 조절과 새로운 배치를 진행하는 것이기도 한데, 이 역시 좋은 효과를 거둘 수 있다. 탄소라는 같은 원소로 구성되어 있지만 다이아몬드와 그라파이트(흑연)의 강도는 하늘과 땅 차이다. 원소의 구조가 다르기 때문이다. 우리가 잘 알고 있는 사례 하나를 통해 이 점을 이해해보자. 전국시대 군사전문가 손빈孫臏이 제나라 장수 전기田忌를 도와 제나라 왕과의 경마에서 이기게 만든 사례는 구조를 조정하여 일에 질적인 변화를 가져오게 하는 계통적 모략사상을 잘 보여주고 있다.

제나라 왕의 상·중·하 세 등급의 말은 모두 전기의 말보다 뛰어났다. 전기가 자신의 상등급 말로 제나라 왕의 상등급 말과 경주하고, 중등급으로 중등급을 상대하고, 하등급으로 하등급에 맞섰다면 이길 수 있는 가능성은 전무했다. 손빈은 전기에게 상등급으로 제왕의 중등급과 경주시키고, 중등급으로는 제왕의 하등급과, 하등급으로는 제왕의 상등급과 상대하게 했다. 이렇게 해서 2승 1패로 승리했다.

나폴레옹의 군대는 기마술에 정통하지 못했다. 대신 협동작전에 능숙한 프랑스 기병은 기마술에는 정통하지만 군기가 느슨한 맘루크Mamluk 군대와 의미심장한 전투를 치렀다. 당시 맘루크 병사는 두 명으로 세 명의 프랑스 병사를 물리칠 수 있는 전력이었다. 그러나 프랑스군은 100명으로 맘루크 100명과 엇비슷하게 싸웠고, 300명으로는 대부분 승리를 거두었고, 1,000명으로는 완승했다. 이것이 바로 구조를 최적화하여 모략으로 얻는 종합적인 우세이자 계통적 모략으로 얻는 성과다.

7. 다른 사람의 힘을 빌리다

이런 속담이 있다. "도깨비도 숲이 있어야 재주를 피운다." 또 "울타리 하나에 기둥 셋", "구두 만드는 장인 셋이면 제갈량 하나" 등과 같은 속어도 있다. 이런 말들은 한 사람의 지혜에는 한계가 있기 때문에 집단의 지혜와 힘을 빌려야 하며, 여러 사람들의 장점을 잘 활용해야 뛰어난 모략을 만들어낼 수 있다는 이치를 담고 있다.

"군자의 몸이라 해서 별 다를 바 없다. 다른 사물을 잘 빌릴 뿐이다."고 했다. 군자도 보통 사람과 다를 바 없으며, 군자가 총명한 것은 다른 사물이나 타인의 힘을 빌려 잘 이용할 줄 알기 때문이다.

역사상 무엇인가를 해낸 제왕과 장상, 뛰어난 모략가들의 남다른 점은 집단의 지혜를 잘 활용하고 타인의 힘을 빌려 모략을 실행했다는 데 있다. 고대 중국의 군주들이 구사한 모략은 대부분 모사, 즉 모략가들의 모략을 빌린 것이고, 일부는 군주와 모사가 함께 만든 결과였다. 군주가 모략가를 제대로 활용할 수 있느냐는 그들의 모략 수준을 직접 반영한다.

청나라 때 사람인 고사협顧嗣協(1663-1711)이 쓴 「잡흥雜興」이라는 시 중에 다음과 같은 멋진 대목이 있다.

駿馬能歷險, 犁田不如牛.

준마가 험한 길은 잘 다니지만 밭을 가는 데는 소만 못하다.

堅車能載重, 渡河不如舟.

단단한 수레는 많은 물건을 실을 수 있지만 강을 건너는 데는 배만 못하다.

舍長以就短, 智者難爲謀.

장점은 버리고 단점을 살리려니 지혜로운 사람도 꾀를 내기 어렵다.

生才貴適用, 慎勿多苛求.

재능은 잘 활용하는 것이 귀중하니 제발 가혹하게 요구하지 말라.

이 시는 인재를 등용함에 장점을 잘 살려 최대한 활용하라는 의미를 담고 있다. 명나라 때 소설가 풍몽룡馮夢龍의 『지낭보智囊補』에도 같은 이치를 보여주는 다음과 같은 일화가 실려 있다.

공자가 외지에 나갔다가 타고 다니던 말이 남의 집 밭의 곡식을 먹어버렸다. 밭주인이 화가 나서 말을 묶어놓고 돌려주지 않았다. 자공이 가서 사정했지만 소용이 없었다. 이에 공자는 "알아듣지 못하는 말로 그 사람을 설득하려는 것은 들짐승에게 종묘 제사의 음식을 먹이고, 날짐승에게 우아한 음악을 들려주는 것과 같다."면서 마부를 보냈다. 마부는 밭주인에게 "당신이 동해에서 농사를 짓는 것도 아니고 내가 서해를 떠도는 것도 아닌데 내 말이 당신의 곡식을 먹지 않는다는 법이 어디 있겠소?"라고 했다. 이 말에 밭주인은 기꺼이 말을 돌려주었다.

마부의 말에 일리가 있었기 때문에 밭주인이 말을 돌려주지 않을 이유가 없었다. 유유상종類類相從이라 했다. 시와 책으로 밭주인에게 설교하듯 하는, 이런 진부한 지식인이 나라를 망친다. 그런데 마부의 말이 이치에 맞기는 했지만 만약 이 말을 자공이 했더라면 밭주인이 받아들였을까? 아마 받아주지 않았을 것이다. 왜? 자공과 밭주인은 학식과 수양 등에서 큰 차이가 나서 서로 통할 수 없기 때문이다. 성인은 사람들의 심리를 잘 알고 있기에 사람을 잘 쓸 줄 안다.

모략 문제에서도 사람의 장점을 잘 활용해야만 그 사람도 나를 위해 갖은 정성을 다한다. 적당하게 활용하지 못하면 모략가의 불행으로 돌아올 뿐만 아니라 내가 그 모략을 제대로 활용하지 못함으로써 손실을 입게 된다.

마속馬謖은 모략에 뛰어난 인재였다. 하지만 그에게 군대를 거느리고 싸우게 하는 바람에 가정街亭을 거점으로 지키다가 결국 가정을 잃었다. 제갈량은 눈물을 흘리며 그의 목을 베었다. 이 일은 많은 사람을 탄식하게 만들었다. 『삼국연의』 제87회를 보면 공명의 대군이 남만南蠻 지역에 깊숙이 들어가기 전에 마속이 올린 다음과 같은 모략 하나가 나온다.

"어리석은 이 몸이 한 말씀 드리오니 승상께서 잘 살피시길 바랍니다. 남만 지구는 길이 멀고 산이 험한 것을 믿고 우리를 섬기지 않은 지 오래입니다. 오늘 격파하면 내일 또 돌아설 것입니다. 승상의 대군이 그곳에 이르면 틀림없이 평정하여 굴복시킬 수 있을 것입니다. 하지만 우리가 군대를 돌리면 북으로 조비曹丕를 칠 수밖에 없고 남만의 군대가 우리 내부의 허점을 알면 바로 반격할 것입니다. 따라서 용병의 방법으로 '심리를 공략하는 것이 상책이고, 성을 공격하는 것은 하책이다. 심리전이 상책이고 전투는 하책이다'라고 했듯이 승상께서는 저들의 심리를 굴복시키면 충분할 것입니다."

공명은 "유상幼常(마속의 이름)은 내 마음을 잘 알고 있구나."라며 감탄을 금치 못했다. 공명은 이 계책에 따라 맹획孟獲을 일곱 번 사로잡았다가 놓아주는 '칠종칠금七縱七擒'으로 남방을 안정시켰다. 이 사례는 우리에게 타인의 장점을 활용하여 나를 위한 모략을 세우게 하려면 반드시 인재를 합리적으로 기용하여 그 모략을 활용해야 한다는 점을 잘 보여준다.

『전국책』「초책」(2)에 이런 이야기가 있다. 초 양왕襄王이 태자였을 때 인질로 제나라에 잡혀 있었다. 제나라는 태자를 귀국시키는 조건으로 초나라에 500리 땅을 떼어달라고 요구했고, 태자는 이를 받아들였다. 태자는 귀국하여 왕위를 이어받으니 이가 양왕이다. 제나라는 마차 50대를 보내 초나라 동쪽을 받으러 왔다. 양왕은 신자愼子에게 대책을 물었고, 신자는 신하들을 다 모아놓고 계책을 내게 하라고 일렀다. 다음 날 신하들 중 자량子良이 다음과 같은 대책을 올렸다.

"왕께서는 땅을 주지 않으면 안 됩니다. 전에 주신다고 약속했는데 만약 주지 않으면 신용을 지키지 않은 것이 되기 때문에 이후 제후들과 동맹하기 어려워집니다. 청하옵건대 준 다음 다시 공격하면 됩니다. 땅을 떼어주는 것은 신용이고, 공격하는 것은 무력입니다. 신은 그래서 주어야 한다고 말하는 것입니다."

소상昭常은 자량의 대책에 반대하며 이렇게 말했다.

"땅을 떼어주면 안 됩니다. '만승萬乘'이란 땅이 넓다는 것입니다. 지금 동쪽 땅 500리를 떼어주면 초나라의 절반을 떼어주는 것입니다. 그럼 '만승'은 이름뿐이고 '천승'에 지나지 않기 때문에 안 됩니다. 만승이란 이름만 있을 뿐 천승도 쓸모가 없어지니 안 됩니다. 때문에 이 소상은 절대 주어서는 안 되며 잘 지키길 청합니다."

경리景鯉도 이에 찬성하면서 좀 다른 대책을 내놓았다.

"땅을 떼어 주어서는 안 됩니다. 초나라 혼자서는 이 땅을 지킬 수 없지만 강력한 제나라에 이미 주기로 약속했으니 이제 와서 주지 않으면 천하를 등지는 불의한 결과가 됩니다. 그러나 초나라 혼자 이를 지킬 수 없으니 신은 진나라에 사람을 보내 도움을 청했으면 합니다."

왕은 이 세 가지 의견을 신자慎子에게 전하며 어떤 의견을 들어야 하냐고 물었다. 신자는 세 가지를 다 쓸 수 있다고 했고, 양왕은 버럭 화를 냈다. 신자는 이렇게 자신의 대책을 설명했다.

"이렇게 하시면 됩니다. 먼저 제나라의 요구에 성의를 보이십시오. 대왕께서는 자량에게 수레 50승을 내어 북쪽 땅 500리를 제나라에 떼어준다고 하십시오. 그렇게 자량을 보낸 다음 날 소상을 대사마大司馬로 임명하여 동쪽 땅을 지키게 합니다. 소상을 보낸 다음 날에는 경리에게 수레 50승을 주어 서쪽으로 진나라에 도움을 청하게 하십시오."

양왕은 무릎을 치며 신자의 말대로 실행했다. 자량이 제나라에 이르자 제나라는 군사를 보내 동쪽 땅을 접수하게 했다. 그러자 동쪽 땅을 지키고 있던 소상이 제나라 사신에게 "동쪽 땅은 내 책임이고 목숨이다. 내가 5, 6척에 지나지 않지만 30만 남짓 군대가 있으니 한번 겨루어보고자 한다."고 했다. 보고를 받은 제나라 왕은 "너는 땅을 주겠다고 오고, 자량이란 자는 그것을 지키겠다고 하니 무슨 영문인가?"라고 물었다. 자량은 "나는 대왕의 명을 받고 왔고, 자상 그놈은 제멋대로이니 왕께서는 그놈을 치십시오."라고 했다.

제나라가 군사를 동원하여 소상을 공격하러 나섰다. 그런데 국경에 이르기도 전에 진나라 50만 대군과 맞닥뜨렸다. 진나라는 제나라를 향해 "초나라 태자를 가두고는 나가지 못하게 했으니 어질지 못한 행동이요, 게다가 동쪽 땅 500리까지 요구하니 의롭지 못하다. 철수하면 그냥 넘어가겠지만 그렇지 않으면 전쟁이다."라고 엄포를 놓았다.

이 말을 들은 제나라 왕은 겁을 먹고 자량을 돌려보내는 한편 진나라에 사신을 보내 제나라의 근심을 해소했다. 초나라는 단 한 명의 병사도 쓰지 않고 동쪽 땅을 지켰다.

초 양왕은 세 사람의 모략을 모두 합쳐 활용함으로써 동쪽 땅 500리를 무사히 지켜냈다. 한 사람의 지혜에는 한계가 있다. 많은 모략이 여러 사람의 장점을 흡수하여 탄생한다. 많은 모략이 집단 지혜의 결정체라는 사실이다. 우리가 모략을 세우는 과정에서 다른 사람의 장점을 충분히 활용하여 나의 단점을 메우고, 모략을 잘 활용하는 사람도 다른 사람의 도움을 받아 자기 모략의 수준을 끊임없이 높일 수 있어야 한다.

8. 옛사람들의 권위를 빌리다

이탈리아의 역사학자 베네데토 크로체Benedetto Croce(1866-1952)는 "생활의 발전이 그것들을 필요로 할 때 죽은 역사는 부활하고, 과거사는 현대사가 된다. 문예부흥 시대 유럽인들의 정신이 새롭게 성숙했을 때 무덤에 누워 있던 로마와 그리스 사람들을 깨웠다."고 했다. 모략 중에는 옛사람과 전통의 힘을 빌려 모략에 보호막을 쳐줌으로써 무시당하거나 묻히지 않게 하고, 나아가 모략의 권위와 정확성을 높여 사람들이 쉽게 받아들이고 응용할 수 있게 된 것들이 많다.

중국 근대사에 일어난 '무술변법戊戌變法' 운동을 이끌었던 인물로 강유위康有爲 (1858-1927)가 있다. 당시 중국은 외세의 침탈과 국내 정치의 부패로 국력이 약화되고 재난이 심각하여 총체적 위기에 처해 있었다. 강유위는 남다른 용기로 새로운 개혁을 통해 나라와 백성을 안정시키고, 외세의 침략에 저항하는 정치모략인 유신변법維新變法의 깃발을 높이 치켜들었다. 이 과정에서 강유위는 전통 수구세력의 힘이 너무 크다는 사실을 확인했다. 모략을 강구하지 않으면 그가 내세운 '유신변법'의 주장은 그 존재조차 알려지지 않을 것이 뻔했다. 이에 강유위는 공자를 소환했다. 그는 공자를 방탄복으로 삼아 『신학위경고新學僞經考』와 『공자개제고孔子改制考』 등과 같은 글을 썼다. 그는 자신의 목적을 이루기 위해 죽은 지 2천 년이 넘은 공자를 시세에 순응하는 용감한 개혁가로 분장시켰다. 강유위는 전통의 힘을 빌렸던 것인데, 중국인에게 전

● 뛰어난 모략가는 역사에 정통하다. 역사가 남긴 숱한 사례들을 분석하고 통찰하여 모략에 활용한다. 과거가 남긴 권위는 모략가들이 가장 잘 활용하는 부분들 중 하나다. 강유위가 2천 년 전의 공자를 끌어낸 것은 고육책이기도 했지만 절묘한 모략이기도 했다.

통의 위력이 그만큼 컸기 때문이다.

수천 년 동안 봉건통치를 받은 중국은 입만 열었다 하면 조상을 언급하는 나라였다. 먼 옛날을 존중하고, 천명에 따르며, 성인을 숭상하는 심리는 무슨 일을 하든지 늘 죽고 없는 조상에게 가르침을 청하여 그 지지를 얻는 것이 합리적이라는 생각을 갖게 만들었다. 그 결과 "우리 조상들은 벌써 얼마 얼마 전에 이런 사상을 제기했다."느니 "우리 조상들이 얼마 얼마 전에 이미 이런 일을 했다."느니 하는 말들을 입에 달고 다닌다. 조상들이 제기하지 않고 해본 일이 아니면 마음대로 해서는 안 된다. 그렇지 않으면 대역무도하다는 꾸짖음을 듣는다. 이는 "이미 죽은 선배들의 모든 전통이 마치 악몽처럼 살아 있는 사람들의 머리를 휘감고 있다."[87]는 마르크스의 지적과 하나 다르지 않았다.

수천 년 봉건통치를 겪은 중국인에게는 '정통'이란 관념이 뿌리 깊게 박혔다. "천하의 땅은 모두 왕의 땅이고, 땅 위의 사람은 모두 왕의 신하"라는 황권 사상은 아주 넓은 시장을 갖고 있고, 이 사상은 고대에서부터 강력한 전통적 역량이 되었다. 마치 마르크스가 "모든 의식 형태의 영역에서 전통은 거대한 보수의 힘이다."[88]라고 말한 바와 같다.

역사상 큰일을 해낸 사람들은 모략을 만들 때 전통의 힘을 충분히 고려하고, 그 힘을 이용하여 목적을 이루었다. 수 왕조 말기에 나라가 어지러워지자 각지의 세력들이 들고 일어나 천하를 다투었다. 이연李淵(훗날 당 고조)은 일찍부터 반란을 생각하고 있었지만 막상 떨치고 일어나지 못했다. 시기가 아직 무르익지 않고 준비가 부족하다는 이유 외에 수 왕조에서 벼슬을 하고 있는 몸으로 군주와 신하의 예의라는 관

---

87 『마르크스-엥겔스선집』 제1권, 603쪽. (저자)
88 『마르크스-엥겔스선집』 제4권, 253쪽. (저자)

넘에 영향을 받고 있었기 때문이다. 이를테면 "하늘에는 기강이 있고 이 이치를 거슬러서는 안 된다."는 것이었다. 수 양제가 대역무도하고 폭정을 일삼는 군주이기는 하지만 신하로서 군주를 나무라서는 안 되며, 군대를 일으켜 반항하는 일은 더더욱 안 되는 일이었다. 그렇지 않으면 평생 '주인에게 반역'했다는 죄명을 덮어써야 한다. 농민봉기군이 수 왕조와 한창 싸울 때도 이연은 상황을 지켜보다가 말하자면 불이 난 틈에 밤을 줍겠다는 식이었다. 수 왕조가 유명무실해지고 대부분의 지역이 다른 세력들에게 넘어가자 그제야 이연은 반기를 들었다. 이렇게 해서 "당이 어렵사리 얻은 천하는 도적들 손에서 빼앗은 것이지 수나라로부터 빼앗은 것이 아니다."라는 인상을 남기고, 양현감楊玄感에게 씌워진 '군주를 배반한 반역자'라는 낙인도 피했다. 그러고는 교묘하게 "정당한 명분으로 군웅들을 소탕하고 백성들을 위기에서 구했다."는 아름다운 명성을 얻기에 이르렀다.[89] 사람들에게 깊이 박혀 있는 정통이라는 관념을 이용하여 자신의 목적을 달성한 이연은 이런 점에서 절묘한 고수가 아닐 수 없다.

　이연이 '군주를 배반했다'는 죄명을 두려워했다면 삼국시대 사마의司馬懿는 '황권'의 관념을 이용하여 자신의 명령을 행사했다. 이 역시 사람들의 '정통' 관념을 이용하여 작용을 일으킨 결과였다. 『삼국연의』 제103회를 보자. 제갈량이 두건과 여자 옷으로 사마의에게 모욕을 주었지만 사마의는 꿈쩍하지 않았다. 장수들이 화가 나서 당장 싸우자고 했으나 사마의는 천자의 명령 없이는 싸울 수 없다면서 "너희들이 나가 싸우고 싶다면 내가 먼저 천자께 여쭈어본 다음 출전하는 것이 어떻겠냐."며 글을 써서 천자에게 보냈다. 글을 본 황제 조예曹叡가 신하들에게 사마의가 어째서 이런 글을 보냈냐고 물었다. 위위衛尉 신비辛毗는 "사마의가 원래 싸울 마음이 없습니다. 제갈량의 모욕에 장수들이 화를 내기 때문에 이 글로 분명한 답을 얻어 장수들의 심기를

89　王夫之, 『讀通鑑論』 권20, '唐高祖'. (저자)

진정시키려는 것입니다."라고 해석해주었다. 이에 조비는 신비에게 "출전하자는 자는 명령을 거역한 죄로 다스리겠다."는 명령을 전하게 했다. 장수들은 명령에 따르는 수밖에 없었다. 사마의는 신비에게 슬그머니 "공이야말로 내 마음을 잘 아는구려."라고 했다. 그리고 모두에게 어명을 전달했다.

촉의 장수가 이 정보를 얻어듣고 공명에게 보고하자 공명은 웃으면서 "사마의가 군사들의 마음을 안정시키려는 방법이구나."라고 했다. 강유姜維가 "승상께서 그것을 어찌 아십니까?" 하고 묻자 공명은 "사마의는 원래 응전할 마음이 없었다. 그래서 응전 여부를 물어서 사람들이 듣게 한 것이다. 사마의가 '장수가 전쟁터에 있으면 군주의 명령이라도 받지 않는다'는 것을 어찌 모르겠는가? 천리 밖에서 응전 여부에 대한 명령을 구하는 자가 어디 있단 말인가? 사마의는 장수들의 불만을 잠재우기 위해 황제 조예의 명령을 빌린 것이다. 그리고 지금 우리에게까지 그 소식을 듣게 한 것은 우리 군심을 흩어놓으려는 것이다."라고 했다.

이연이 '정통'의 명분을 지키려 한 것이나 사마의가 황제의 위세를 빌려 장수들을 굴복시킨 것은 전통적 관념과 심리상의 습성을 이용하여 목적을 달성한 모략이었다. 전통의 힘을 빌려 모략을 만들 때는 주로 고대의 성현, 제왕과 장상, 황제의 권위, 종교나 미신 등과 오랜 시간을 통해 깊게 박힌 전통적 습관과 관념을 이용한다.

역사상 수많은 모략가들이 그렇게 했다. 진승陳勝과 오광吳廣이 이끈 진나라 말기의 농민봉기도 억울하게 자살한 진시황의 큰아들 부소扶蘇라는 깃발을 들었고, 삼국시대 조조는 아예 "천자를 끼고 제후들에게 명령"했다. 조조는 헌제獻帝의 명의로 천하 사람들에게 호소하여 여론이란 면에서 우위를 차지했다. 유비도 "한 황실의 후손"으로 자처하며 한 왕조를 되찾자는 기치로 천하의 호걸들을 불러모았다. 원나라 말기 농민봉기군의 우두머리들 중 한 사람이었던 한산동韓山童은 "이 산동은 송 왕조 휘종徽宗의 8대손이다."라고 공언하면서 군중들의 투쟁을 부추겼다. 근대의 청 왕조에 반항하면서 내세운 '반청복명反淸復明'이라는 기치 역시 마찬가지였다.

이렇듯 계급투쟁과 민족투쟁이 격렬한 사회의 대전환기에 전통의 힘을 빌려 모략을 꾀하고 전통적인 사상과 관념을 이용함으로써 생각지 못한 효과를 일쑤 거두었다. 인간은 역사를 뛰어넘을 수 없고, 전통적인 관념의 역량을 뛰어넘기도 쉽지 않다. 관련하여 마르크스는 다음과 같은 돋보이는 통찰력을 남겼다.

인간은 자신의 역사를 창조한다. 그러나 자기 마음대로 창조하는 것이 아니며, 자신이 고른 조건하에서 창조하는 것도 아니다. 직접 부딪쳐서, 이미 정해진 것에서, 과거로부터 계승되어온 조건하에서 창조하는 것이다. 죽은 선배들의 모든 전통은 마치 악몽처럼 살아 있는 사람들의 머리를 휘감고 있다. 인간들이 자신과 주위의 사물을 개조하고 전에 없던 사물을 창조하려 할 때가 마침 이런 혁명적 위기의 시대와 맞물린다. 이때 그들은 전전긍긍하며 망령들을 되살려내어 도움을 받고 그 이름, 투쟁의 구호, 복장 따위를 빌린다. 이렇게 빌린 언어를 이용하여 역사의 새로운 장면을 연출한다.[90]

---

90 『마르크스-엥겔스선집』제1권, 603쪽. (저자)

제24장
창조는 모략의 생명

"백락伯樂이 말을 감정한다."는 '백락상마伯樂相馬'[91], "황주黃冑 당나귀 그리기"의 '황주

화려黃冑畵驢'[92], "니인상泥人常이 흙 인형 만들기"[93], 매란방梅蘭芳[94]의 경극 연기 등은

중국 사람이라면 모르는 사람이 없을 정도로 유명한 이야기이자 인물들이다. 이런

---

91 백락은 춘추시대의 이름난 명마 감정사로 알려져 있다. 실존 여부는 확실치 않지만 일설에는 춘추시대 진晉나라 실권자 조간자趙簡子의 말을 몰았다고 한다. 좋은 말을 감정하는 데 탁월한 능력을 보였다고 한다.

92 황주(1925-1997)는 중국의 이름난 화가로 당나귀 그림을 잘 그렸다. 특히 단 몇 시간 만에 당나귀 여러 마리가 담긴 대작을 남겨서 '황주화려'라는 말이 나오게 되었다.

93 니인상의 '니인'은 흙으로 빚어 만든 인형이란 뜻이다. 여기에 상청산常靑山이라는 예술가의 성을 뒤에 붙여 니인상이란 단어가 되었다. 상가벽常家壁은 대대로 흙으로 인형을 비롯하여 다양한 사물을 빚는 예술가 집안에서 태어났다. 그의 선조인 상청산은 청나라 건륭제의 눈에 들어 황궁에서 황제를 비롯하여 황궁 사람들을 흙으로 빚는 일을 했다. 이 때문에 건륭제는 그를 '니인상'이라 불렀다. 이 상씨 집안에 얽힌 이야기가 민간에 많이 떠돌았고, 훗날 이를 소재로 한 영화와 드라마 등 관련 작품들이 많이 만들어졌다.

94 매란방(1894-1961)은 전설적인 경극 배우이다. 그는 20세 약관의 나이 때부터 명배우로 이름을 떨쳤고, 전 세계에 경극을 알리는 데 큰 역할을 했다. 우리에게는 〈패왕별희霸王別姬〉가 잘 알려져 있다. 북경에 그를 기념하는 박물관이 있다.

전문가들의 기예는 끊임없이 변하고 발전하고 진보한다. 그러나 그중 많은 부분들은 아무리 변해도 그 근본에서 벗어나지 않는다. 심지어 어떤 부분들은 '과거의 규칙에 따라' 오랫동안 변하지 않고 그 전통과 풍격을 지키고 있다. 물론 모략은 이런 기예의 영역과는 차이가 많다. 모략 활동은 특수한 창조적 사유 활동이다.

모략은 창조가 귀중하다. 창조는 인간의 모든 체력과 지력이 고도의 긴장 상태에 있을 때 나타나는 활동이다. 창조로 새로운 방법을 생각해내고, 새로운 이론을 세우고, 새로운 성적을 낸다. 창조 과정에서 인간의 심리 활동은 최고 수준에 이른다. 창조 활동이 진행될 때는 창조력이 최고라는 이른바 '천재'를 포함하여 모든 개개인의 심리 활동에 비슷한 규율이 나타난다. 모략의 생산은 인간 사유의 창조성을 가장 많이 드러낸다.

고대 그리스 신화에 지혜의 여신인 아테나가 있다. 그녀는 특유의 지혜로 방직·야금·주철을 비롯하여 선박과 수레 제조 및 조각 등을 창조해낸다. 이는 전례 없는 일이었다. 모략은 인류의 전통문화라는 보물창고에서도 가장 귀중한 보물이자 전대미문의 창조이며, 사유와 영감, 실천과 경쟁이 맹렬히 부딪히면서 뿜어내는 눈부신 지혜의 불꽃이자 인류 최고 지혜의 결정체다.

수천 년 동안 무수히 많은 사람들이 이 분야를 개척하고 탐구하고 개괄하고 제련하여 아무리 써도 끝이 없는 모략 보물을 창조해왔다. 과거가 되었건 현재가 되었건 모략은 창조라는 동반자와 떨어질 수 없다. 세상에는 완전히 똑같은 두 가지 사물이란 있을 수 없다. 천 가지의 일을 성취하는 데는 수천 가지의 계책이 있을 수 있다. 사물은 공간·시간·환경·조건에 따라 변하지 않는 것이 없다. 모략의 생산과 운용 역시 영원히 단순 중복되지 않는다. 성공하는 모략가의 모략에는 늘 창조정신이 침투하기 때문이다. 시간과 조건 등을 따지지 않고 한번 성공한 계책을 그대로 답습했다가는 밑천을 다 드러내어 패배할 수밖에 없다.

1. 모략은 새로운 것을 추구한다

뛰어난 모략가는 다른 사람은 배우지 못하는 것을 배우고, 다른 사람은 생각하지 못하는 것을 생각한다. 가장 새로운 지식을 장악하고 새로운 방법을 기획해낸다. 새로운 모략의 생산과 운용은 늘 만족스러운 수확을 얻는다. 1941년 소련과 독일의 전쟁에서 소련군이 키예프 전역을 펼칠 때의 일이다. 소련군 사령관 주코프Georgy Konstantinovich Zhukov(1896-1974)는 밤중에 진격하는 모든 탱크의 전조등을 켜고 경보를 울리게 했다. 수백 개의 전조등이 내뿜는 불빛에 독일군은 눈을 뜰 수 없었다. 으르렁거리는 탱크 소리와 경보 소리까지 더해져 독일군은 아연실색했다. 명령은 먹히지 않고 협동은 균형을 잃어 심리적으로 흔들릴 수밖에 없었다. 여기에 맹렬하게 포격을 가하니 독일군의 병사와 차량은 모두 부서지고, 다들 진지와 무기를 버린 채 뿔뿔이 달아났다.

2. 모략은 엽기獵奇가 소중하다

모략을 기획하는 사람은 다른 사람은 생각하지도 못하는 방법을 과감하게 생각해내야 한다. 다른 사람에게도 익숙한 길을 걷고, 다른 사람이 먹던 빵을 먹으면 날로 격렬해지는 경쟁에서 성공할 확률은 아주 낮다. 승리는 비정상적인 모략을 사용하는 데에 과감한 지혜로운 자의 몫이다.

모략은 평상 속에서 평상과는 다른 방법을 창조해내는 것을 중시한다.

우리는 일상적인 정치·경제활동 가운데서 방법을 생각하고 계책을 세우면서 신기한 것을 추구하려 하지만 늘 그렇게 하지는 못한다. 평상 속에서 평상과는 다른 요소를 발견하고, 이 요소를 개발하고 이용하여 뜻밖의 계책을 생각해내는 것은 뛰어난 모략가의 특별한 능력이다. 상품 판매를 위한 전시회를 보면, 사실 그 전시회에 참여할 사람은 별로 없는데도 그 전시회를 조직하는 사람은 이런저런 조건을 붙여 특정한 사람만 입장권을 얻을 수 있다고 대대적으로 선전한다. 그렇게 해서 그 전시회에 참석할 수 있느냐가 정치·경제·사회적 상징처럼 바뀌어 많은 사람들이 갖은 방법으로 그 전시회에 참석하려 한다. 이런 경우도 있다. 영업이 잘 안 되는 호텔이나 카지노임에도 문 앞에다가는 "입장하려면 먼저 기록하고 줄을 서서 신분증을 제시하시오"라는 팻말을 세운다. 얻기 어려운 물건일수록 더 가지고 싶어 하는 인간의 몸에 밴 심리를 이용하는 것이다. 사유 습관과 사유의 일정한 형세를 이용하여 신기한 방법으로 고객을 끌어들이고 수익을 높이려는 것이다.

사람들은 뛰어난 지도자와 지혜로운 인물이 위험한 상황에서 발휘하는 작용에 대해 "기울어진 대세를 만회하고 삼군을 위험한 고비에서 구해낸다."는 식으로 꾸민다. 이런 작용의 발휘는 특정한 사람의 명망과 물질적 역량에서만 나오는 것이 결코 아니다. 가장 중요한 것은 그 사람의 뛰어난 모략이다. 국가와 민족은 화약이나 나침반 등과 같은 기술의 발명과 창조가 있어야만 역사를 진보시킬 수 있지만 동시에 "싸우지 않고 상대를 굴복시키는" 책략이 있어야만 당 태종, 송 태조, 칭기즈칸 등과 같은 역사를 이끌고 나가는 풍운아들이 있을 수 있다.

정치가, 군사전문가, 전략가 또는 외교가, 기업가의 사업이 전성기를 맞이하는 때는 다름 아닌 그가 창조해내는 모략이 최고봉에 올랐을 때다. 상품 가운데 오랫동안 변하지 않는 것들이 있고, 어떤 것들은 심지어 오래되면 될수록 더 좋은 것들도 있다. 그래서 많은 사람들이 "믿고 오래된 것을 좋아한다."는 경향을 추종한다. 하지만 모략가에게는 새롭고 신기한 것이 중요하다. 모략의 가치관은 끊임없이 창조하는 데 있다. 세상을 떨게 한 풍운아도, 지혜로 천하를 놀라게 만든 뛰어난 책략가도 창조력이 마르면 그 모략이 경직된 주장으로 변질되어 성공할 희망이 아주 적어진다. 모략이 창조성을 잃으면 그 정치 생애도 절정기에서 추락하고, 사회에 대한 공헌 역시 끝난다. 스스로 그것을 유지하지 못하면 갈수록 보수화되고 굳어진 모략 때문에 사회와 조직에 만회하기 힘든 재앙과 손실을 가져다준다.

지혜의 화신을 상징하는 제갈량은 모략을 창조해내던 최고 절정기에는 "융중을 벗어나지도 않고 천하삼분을 알았고", 약한 병력과 부족한 장병들을 가지고도 신야新野와 박망博望과 적벽赤壁을 불사르는 한 편 한 편의 드라마를 연출했다. 동오에서는 많은 인재들과 설전을 벌여 물리쳤으며, 공성계空城計로 사지에서 벗어났다. 그러나 그가 보수화되면서 몇 푼 되지도 않는 돈과 씨름하고, 군영과 보초 따위에 신경을 쓰면서 치국과 용병은 내리막길을 걸었다. 매일 바쁘게 땀을 비 오듯 흘렸지만 효과는 나지 않고 기반은 점점 줄어들었다. 장수들도 관우, 장비, 조운 외에는 더 이상 등용할 사람이 없었고, 부하들의 좋은 모략도 과감하게 채용하지 못하여 결국은 사마의에게 잠식당하고 계책은 갈수록 메말랐다. 촉의 멸망은 아두阿斗라는 무능한 통치자 때문이었지만, 무엇보다 아보阿父로 불렸던 조타수 제갈량의 모략이 갈수록 보수화되고 경직된 사실과 직접 관련이 있었다.

역사와 사회의 발전을 종횡으로 훑어보면 모략에서 창조인가 수구인가는 그 정치·군사적 업적은 말할 것 없고 그 밖의 모든 업적을 가늠하는 온도계이자 리트머스 시험지다. 나라를 다스리고 군대를 이끌거나, 사업을 하고 사람을 사귀거나, 모든 일은 반드시 창조적으로 모략을 운용하는 것으로 시작해야 한다는 점을 배워야 한다.

바둑은 지난 수천 년 동안 단 한 판도 같은 판이 없었다. 모략의 설계도 수만 가지가 다 달랐다. 모략에서 창조를 빼놓고는 할 말이 없다. 창조는 모략의 생명이자 영혼이다.

제25장
모택동의 창조적 모략

인류 역사에서 창조를 이루고 발명을 이룩한 정치가, 군사가, 외교가, 과학자, 예술가 그리고 수를 헤아리기 힘든 뛰어난 장인들이 인류에 남긴 공헌은 곧바로 눈에 띈다. 중국인의 조상으로 불리는 황제黃帝와 염제炎帝를 비롯하여 주나라를 건국한 문왕文王과 무왕武王, 최초로 중국을 통일한 진시황秦始皇, 초한쟁패에서 승리한 유방劉邦, 역사상 최고의 명군으로 꼽히는 이세민李世民 등과 같은 제왕들, 이윤伊尹과 여상呂尙을 필두로 노자老子·공자孔子·손무孫武·손빈孫臏·한비韓非 등과 같은 제자백가는 모략이라는 보물창고에 놀랍고 눈부신 보물들을 가득 남겼다.

　모략의 창조사를 깊게 연구해보면 춘추전국 이후 2천 년이 넘는 역사에서 일련의 새로운 모략체계를 창조해낸 인물로 모택동毛澤東(1893-1976)이 떠오른다. "군막 안에서 전략과 전술을 세워 천리 밖 승부를 결정지은" 장량張良, '지혜의 화신'으로 불리는 제갈량 등이 발휘한 지혜와 모략을 잘 살펴보면 춘추전국시대 제자백가들이 남긴 이론의 흔적을 발견할 수 있다. 그들은 옛 선배들의 모략을 계승하고 발휘한 뚜렷한 특징을 보이지만 동시에 독자적인 깃발을 꽂았다고 하기에는 무언가 부족하다. 그들의 정치모략은 공자를 뛰어넘지 못했고, 전략과 전술은 손무를 넘어서지 못했으며, 통치모략은 노자와 한비를 앞서지 못했다. 모택동은 달랐다. 그의 모략사상에는 시종일관 창조적 특색이 두드러지게 나타나 있다. 모택동은 중국 역사에서 대표적이고 걸출한 모략 창조의 대가라 해도 지나치지 않다. 그는 마르크스주의의 보편적인 원리를 중국 혁명전쟁이라는 객관적 실제와 결합하고, 고대 모략사상의 정수를 비판적으로 섭취하여 절묘한 계산, 뛰어난 모략과 정확한 판단으로 천리 밖 승부를 결정지어 승리를 거머쥐었다. 그는 중국 인민의 총명함과 지혜를 집중적으로 체현하여 웅대하고 장엄한 전쟁 드라마를 연출해냈다. 이는 인류 역사의 기적을 창조한 것으로 모략사의 찬란한 한 페이지를 장식하고 있다. 중국의 혁명전쟁을 승리로 이끌고 그 후 중화민국을 안정시켜나가는 실천 과정에서 형성된 모택동의 모략사상은 절묘한 창조, 활발한 운용이란 면에서 최고 경지를 이루었다. 역대 어떤 정치가도 군사가도 전략가도 모략가도 따를 수 없는 경지라 할 수 있다.

1. 모택동의 정치모략

에드가 스노Edgar Snow(1905-1972)[95]는 모택동을 이렇게 평가한 바 있다.

---

[95] 에드가 스노는 미국의 저널리스트로 서방 기자로는 처음으로 중국 공산당의 혁명 성지인 연안을 방문하여 모택동 등 공산당과 그 지도부를 취재하여 『중국의 붉은 별(Red Star Over China)』을 출간, 서방 세계에 중국 공산당과 모택동을 알리는 데 큰 역할을 했다. 특히 모택동에 대한 심층 취재는 당시 큰 반향을 불러일으켰다.

모택동이 위대한 것은 그가 공산당의 리더일 뿐만 아니라 순수한 의미에서 수억 중국 인민의 선생님이자, 정치가이자, 전략가이자, 철학가이자, 시인이자, 인민의 영웅이자, 역사상 가장 위대한 해방자이기 때문이다.

모략가로서 모택동을 이야기할 때 그의 정치모략은 모략의 보물창고에서 가장 큰 작용을 발휘한 부분이자 모략의 개척성이 가장 두드러진 부분이다. 그 모략들은 다양한 정치 분석법을 폭넓게 운용하는 것으로 나타났다. 이제 그 점들을 상세히 알아본다.

1) 계급 분석의 방법으로 전선을 명확히 하다

일찍이 중국 공산당 창립 초기에 중국 사회의 각 계급을 어떻게 분석할 것인가는 중국 공산당 지도부 앞에 놓인 중대한 과제였다. 중국 민주혁명이 기대야 할 힘, 주도권, 동맹군 등과 같은 문제와 직결되기 때문이었다. 누가 적이고 누가 친구이며, 누구와 힘을 합치고 누구와 싸워야 하는가 등등의 중대한 문제를 어떻게 해결하느냐는 혁명의 성패를 결정할 수 있는 요인들이었다.

초창기 중국 공산주의 이론가인 진독수陳獨秀(1879-1942)의 중국 사회계급에 대한 분석은 마르크스-레닌주의와 완전히 어긋나는 것이었다. 그는 중국 프롤레타리아 계급이 민주혁명에서 주도권을 쥐는 것을 극도로 부정하면서 농민은 "혁명운동에 가담하기 어렵다."고 했다. 그는 민족주의 부르주아계급을 과대평가하여 그들을 민주혁명의 '사회적 기초'로 보았다. 이는 실제에서 한참 벗어난 주관적 유심주의이자 형이상학적 분석으로, 진독수가 정치적으로 기회주의에서 투항주의로 변질하는 사상적 근원이었다.

1926년 3월 모택동은『중국사회 각 계급의 분석中國社會各階級的分析』이란 글을 발표했다. 이 글은 마르크스주의의 보편적 원리와 이를 중국혁명의 구체적인 실제와 결합하는 모범을 세웠고, 중국 사회 각 계급의 경제 상황과 혁명에 대한 태도를 구체적으로 분석한 강령과 같은 문장이었다. 또 '좌'의 우경화라는 잘못에 반대하는 강령과도 같았다. 모택동은 마르크스주의의 입장과 관점 그리고 방법을 운용하고, 여기에 "사회의 존재가 사회의 의식을 결정한다."는 원리를 응용하여 중국의 복잡한 계급관계를 치밀하고 조리 있게 그리고 아주 철두철미하게 분석해냈다. 그는 문장 첫 부분부터 다음과 같은 문제들을 제기했다.

"누가 우리의 적이고, 누가 우리의 친구인가? 이 문제는 혁명에서 가장 중요한 문제다. 중국이 과거의 전쟁에서 효과를 크게 거두지 못한 근본적인 원인은 진정한 친구와 단결하여 진짜 적을 공격하지 못했기 때문이다."
"우리는 진정한 적과 친구를 가려서 중국 사회 각 계급의 경제적 지위와 혁명에 대한 그들의 태도에 대해 큰 틀에서 분석해내지 않으면 안 된다."
"제국주의와 결탁한 모든 군벌·관료·매판계급·대지주와 그들의 앞잡이가 된 일부 반동 지식인들이 우리의 적이다. 공장노동자 프롤레타리아는 우리 혁명의 주도적 역량이다. 모든 쁘띠부르주아지와 쁘띠프롤레타리아 계급은 가장 가까운 친구다. 갈팡질팡하는 중산계급의 우익은 우리의 적일 가능성이 크고, 좌익은 우리의 친구가 될 수 있다. 하지만 늘 이들에 대한 방비를 늦추어서는 안 된다. 그들이 우리 전선을 어지럽히게 해서는 안 되기 때문이다."

모택동의 이 글은 마치 사회 전체에 촉매제를 뿌린 것처럼 압박받고 착취당해온 노동인민들을 즉시 혁명의 깃발 아래로 모이게 만들었다. 또한 부패하고 몰락한 자들은 계급 분석이라는 이 요술 거울을 통해 그 정체가 완전히 폭로되어 인민군중들이 혁명을 진행하는 대상이 되었다. 모택동의 이와 같은 계급 분석은 중국 공산당이 토지혁명을 이끄는 데 수많은 참여자와 지지자들을 이끌어냈다. 나아가 항일전쟁, 해방전쟁, 항미원조抗美援朝전쟁[96]과 건국 초기의 정치투쟁과 경제변혁의 와중에서도 엄청난 힘이 되어 인민들을 최대한 단결시켜 광대한 혁명 진영을 형성하게 했다.

2) 정치 분석의 방법으로 사물을 통찰하다

정치적 입장에서 출발하여 문제를 분석하고 연구하는 것은 동서고금의 모든 정치가들에게서 발견되는 공통점이다. 정치가·군사가·전략가·모략가의 재능을 한몸에 지닌 모택동의 분석과 연구는 아주 특수한 작용을 해냈다.

(1) 정치 분석의 방법으로 전쟁을 대하다

전쟁은 정치의 연속이다. 이는 군사이론서의 고전인 『전쟁론』의 저자 클라우제비츠의 관점이다. 1938년 5월 모택동이 『지구전을 논함論持久戰』[97]을 발표할 당시는 클라우제비츠의 원작을 보지 못한 상황이었고, 모택동은 레닌의 책에서 간접적으로 이

---

96 '항미원조전쟁'은 한국전쟁 또는 6·25전쟁에 대한 중국의 공식 용어다. 미국에 대항하고 조선(북한)을 도운 전쟁이란 뜻이다.

97 『지구전을 논함』은 1938년 5월 16일부터 6월 3일까지 연안延安의 항일전쟁연구회에서 진행한 모택동의 강연이다. 이 강연의 원고가 그해 7월 1일 『해방解放』 제43·44 합집에 수록되었고, 1952년 인민출판사에서 출간한 『모택동선집』 제2권에 다시 수록되었다. 이 강연과 문장은 항일전쟁의 실천 강령이 되었고, 전쟁의 승리로 모택동의 이론과 주장 및 예견이 정확했음이 입증되었다.

관점을 취하는 한편 한 걸음 더 나아가 다음과 같은 관점들을 제기했다.

"전쟁은 정치를 한시라도 떠날 수 없다."

"정치는 피를 흘리지 않는 전쟁이고, 전쟁은 피를 흘리는 정치다."

"역사상 전쟁은 두 가지 부류로 나눌 수 있다. 하나는 정의로운 것이고, 하나는 정의롭지 못한 것이다. 진보적인 모든 전쟁은 정의로운 것이고, 진보를 가로막는 모든 전쟁은 정의롭지 못한 것이다. 우리 공산당원은 진보를 가로막는 모든 정의롭지 못한 전쟁은 반대하지만, 진보적이고 정의로운 전쟁은 반대하기는커녕 적극 참가한다."

"전쟁으로 전쟁을 반대하고, 정의로운 전쟁으로 정의롭지 못한 전쟁을 반대한다."

모택동은 이런 주장으로 전국 인민들을 동원하여 적극적으로 정의로운 전쟁에 투신하여 정의로운 전쟁으로 정의롭지 못한 전쟁에 반대해야 한다고 했다. 모든 병사, 모든 시민들에게 전쟁을 왜 하는지 알게 하고, 자신과 어떤 관계가 있는지 알게 해야 한다는 것이었다. 정치에서 출발하여 전쟁을 분석함으로써 전쟁을 싫어하는 사람에게 전쟁을 없애려면 전쟁에 참가해야 한다는 사실을 인식하게 했다. 또 마음이 약하고 비관적인 사람들에게는 정의로운 전쟁이 반드시 승리한다는 사실을 인식시켰다. 전쟁에 나서게 하는 이 방법은 수백만 군대와 무기보다 더 큰 위력이었다. 모택동은 항일전쟁에서 이를 폭넓게 운용하여 큰 효과를 거두었을 뿐 아니라 중국 공산당이 이끄는 여러 차례의 전쟁에서도 큰 작용을 일으켰다. 관련하여 모택동은 다음과 같은 정확한 인식을 남겼다.

"전쟁에서 정치적 동원을 평상시의 운동처럼 바꾸어야 한다. 이는 절대 필요한 일이다. 전쟁은 먼저 그것으로 승리해야 한다."

(2) 정치 분석의 방법으로 정세를 분석하다

국제 형세나 국내 형세에 대한 분석이든, 전쟁과 경제 형세 심지어 사상 형세에 대한 분석도 모택동은 정치에서 출발하여 객관적으로 마주하고 투지를 북돋아 인민들이 최대한 적극성과 창조성을 발휘할 수 있도록 도왔다. 항일전쟁 시기에 무기를 비롯한 모든 전력에서 우세에 있던 적에 대해 모택동은 앞서 말한『지구전을 논함』이란 글에서 이렇게 말했다.

> 무기는 전쟁의 중요한 요소이긴 하지만 결정적 요소는 아니다. 결정적 요소는 사람이지 사물이 아니다. 역량의 대비는 군사력과 경제력의 대비일 뿐만 아니라 인력과 인심의 대비다. 군사력과 경제력도 사람이 장악해야 하는 것이다.

이런 인식은 전력 면에서 열세였던 상황에서 필승의 믿음을 고취하고 주관적이고 능동적인 작용을 발휘하게 하는 데 아주 중요한 의미로 작용했다. 이 논단은 항일전쟁 시기에 중요하게 작용했고, 해방전쟁 때 미국의 최신 무기로 무장한 430만 장개석 군대에 맞서 좁쌀과 보병용 총으로 무장한 100만의 팔로군八路軍과 신사군新四軍이 인간의 주관적 능동성을 최대한 발휘하여 서서히 전력과 공수진퇴의 형세를 바꾸고 나아가 적을 섬멸하는 데도 큰 영향을 주었다. '항미원조전쟁'에서도 정의로운 전쟁이 반드시 승리한다는 필승의 신념으로 병사들은 보병용 총과 미숫가루로 폭격기에 대포로 무장한 미군을 '38선' 이남으로 몰아냈다.

정치로 형세를 분석하는 방법은 전쟁에만 응용되는 것이 아니다. 모택동은 그것을 거의 모든 영역에 응용하였고, 모두 좋은 효과를 거두었다. 1949년 신중국이 건국된 이후 중국은 국제 반동세력의 중국 봉쇄와 포위 그리고 이런저런 공격에 직면했다. 모택동은 자력갱생을 앞세워 중국을 부강하게 만드는 데 분투해야 이 난관과 압박을 이길 수 있다면서 중국을 보다 더 강력하게 단련해야 한다고 주장했다. 이로써 전국의 정치 형세는 상당히 안정되었다. 정치적 관점으로 문제를 분석하여 당과 인민들의 사상을 통일시키지 않았다면 큰 곤경과 복잡한 형세 속에서 인민들은 믿음과 심리적 균형을 잃었을 것이고, 나아가 더 많은 불안 요소가 터져 물리적 힘으로는 통제할 수 없는 정치적 상황이 초래되었을 것이다.

(3) 정치 분석의 방법으로 문제를 처리하다

모택동은 공산당의 지도자, 군의 통수권자, 건국의 주역으로 군사투쟁이든 경제건설이든 또는 의식 형태 영역인 혁명에서든 정치 분석의 방법으로 모든 상황을 빠르게 관찰하고 투철하게 분석하여 문제를 과감하게 처리하여 뚜렷한 성과를 냈다.

군대 건설 초기 홍사군紅四軍의 공산당 내부에 '단순한 군사적 관점', '극단적 민주화', '비조직적 관점', '절대 평균주의', '개인주의', '떠돌이주의', '모험주의 잔당' 등등과 같은 반 프롤레타리아사상이 드러났다. 모택동은 홍사군 제9차 당대표회의에서 이런 사상과 경향들의 근원과 해독을 심각하게 분석하면서 중국 홍군이 진정한 인민군대가 되려면 이런 사상과 경향들을 철저히 고쳐야 한다고 주장했다. 당시 회의에서 제기한 '고전회의결의古田會議決議'[98]는 군대 정치사업의 수십 년 강령과 같은 성격의 문건이 되었다.

공산당 내의 학풍과 기풍이 불량한 경향을 보이자 모택동은 적시에 정치적 관점에서 착안하여 문제의 위험성을 분석하고 연안延安에서 벌였던 정풍整風운동과 같은 정치운동을 일으켜 모두에게 전체적인 국면을 크게 돌아볼 것을 요구하면서 "모

---

98 '고전회의'는 1929년 12월 28일부터 29까지 이틀 동안 복건성 상항현上杭縣 고전촌古田村에서 열린 대회로 중국 공산당과 홍군의 발전사에 지극히 중요한 의미를 가진다. 이 회의에서 모택동의 의견과 주장은 『당내의 잘못된 사상을 바로잡는 일에 관하여關于糾正黨內的錯誤思想』라는 문건으로 보고되었고, 모택동은 당서기로 선출되었다.

든 공산당원, 모든 사업, 모든 언론 또는 행동은 당 전체의 이익을 출발점으로 삼아야지 이 원칙을 어겨서는 절대 안 된다."고 했다. 이로부터 전체 인민의 응집력을 높여 항일전쟁에서 철저하게 승리할 수 있는 기초가 닦였다.

모택동은 문학과 예술의 문제를 대할 때도 정치라는 높이에서 분석하고 평가했다. 예를 들어 1942년에 발표한 『연안 문예 좌담회의에서의 강연在延安文藝座談會上的講話』에서 그는 이런 말들을 했다.

"문예 비평에는 두 가지 표준이 있다. 하나는 정치적 표준이고 다른 하나는 예술적 표준이다."

"계급사회의 모든 계급은 서로 다른 정치적 표준과 서로 다른 예술적 표준이 있다. 그러나 어떤 계급사회가 되었건 언제나 첫자리는 정치적 표준이고 예술적 표준은 그다음 자리다."

정치로부터 우선 착안하여 예술을 평가하는 이런 원칙과 방법은 우리가 몇 십 년 동안 줄곧 지켜온 것이다. 이 원칙은 문학과 예술은 처음부터 끝까지 프롤레타리아계급의 정치에 복무해야 한다는 근본적이고 큰 뜻을 관철하는 데 강력한 보증이 되었다. 즉, 지금 우리가 말하는 "인민을 위해 복무한다."와 "사회주의를 위해 복무한다."는 "두 가지를 위하여"라는 방침이다.

숱한 실천이 입증하고 있다. 정치적 분석법으로 사물을 통제하도록 인민들을 이끌면 눈앞의 번거롭고 복잡한 일에 막히지 않고 문제의 본질을 쉽게 파악하고, 나아가 정치에서 당과 군 그리고 인민의 사상을 통일하는 데 더욱 유리하다. 또 인민들이 근본적인 문제에서 시종 같은 방향을 취할 수 있게 하여 강력한 응집력과 향심력向心力을 이끌어낸다. 이는 모택동이 "한 정당이 혁명을 승리로 이끌려면 반드시 자신의 정확한 정치노선과 단단한 조직에 힘입어야 한다."고 한 말과 일치한다.

본질적인 의미에서 볼 때 정치적 분석법을 폭넓게 응용하는 것은 공산당의 강령과 여러 행동준칙이 당내에서 일치된 의견을 얻고 인민의 광범한 동정과 지지를 얻는 보증서와도 같다. 이런 모략은 모택동의 위대한 창조라고 하기에 손색이 없으며, 2,500년 전 손무가 제기한 "도道란 백성과 상부의 생각을 같게 만드는 것이다."(『손자병법』「계」편)라는 정치모략의 정수를 제대로 호응하고 발전시킨 것이다.

3) 모순 분석의 방법으로 관건을 파악하다

나라·단체·군대의 지도자가 내리는 결정이나 호소가 아랫사람들의 동의를 받고 나아가 그들의 자각적인 행동으로 나타나기까지는 어느 정도 시간이 필요하고, 복잡하고 많은 선전과 홍보도 필요하다. 일반적으로 리더의 결심과 결단이 아랫사람의 행동으로 바뀌는 시간이 짧을수록 그들의 행동은 보다 자발적이 되고 리더의 명망은 더욱 높아진다. 리더가 내린 결정의 진정한 의도를 이해하지 못했어도 자진해서 그 결정을 실행하는 큰 흐름에 뛰어들게 할 수 있다. 리더에 대한 굳은 믿음과 자발적 행동이 바로 권위의 실현이다. 웅대한 목표를 실현하려면 웅대한 대오가 동원되어야 하고, 웅대한 대오를 동원하려면 웅대한 권위가 필요하다. 이런 권위에는 관념적인 것도 있고 이론적인 것도 있으며, 인물의 정신과 이미지의 여러 유형이기도 하다.

무수한 인민들로부터 높은 권위를 얻어내는 것은 유전적 요소나 감정적 요소 등과 같은 원인들 외에 '우민愚民' 또는 '지민智民'의 두 가지 방법에 의존할 수밖에 없다. 인민을 어리석게 하는 '우민'이라는 방법으로 명성을 얻은 사람은 대부분 다른 사람은 모르는 영역에서 상상하기 힘든 어떤 방법, 이를테면 신·귀신 등과 같은 미신적 수단과 사람들의 정신적 의지를 부추겨서 이성이 아닌 감정으로 맹종하게 만든다. '우민'의 수단과 방법은 너무 많기 때문에 장황하게 늘어놓지는 않겠다.

인민을 현명하고 지혜롭게 이끄는 '지민'의 방법은 가장 간단하고 명확하여 "백성들과 지도자의 마음을 하나로 만든다." 이 수준 높은 방법이 바로 모택동이 제기한 모순 분석법이다. 이 방법은 일·사람·전쟁 등 어떤 것을 꾀하든, 전체 국면을 꾀하든 한 구역만을 꾀하든, 최고 단계의 통일사상이 되었건, "수만 명의 마음을 하나"로 만드는 일이 되었건 모두 적용할 수 있다. 그 의의는 모택동이 "숱한 학자와 실천가들이 이 방법을 이해하지 못하면 짙은 연기 자욱한 바닷속에 빠진 것처럼 중심을 찾지 못하고, 모순을 해결하는 방법 또한 찾을 수 없다."고 말한 바와 같다. 여기서는 아래 세 가지 점을 중점적으로 이야기해보겠다.

첫째, 모순은 언제 어디서나 나타난다. 모택동은 1937년 8월에 발표한『모순론矛盾論』에서 이렇게 말하고 있다.

> 모순은 보편적이고 절대적이어서 사물이 발전하는 모든 과정에 존재하며, 모든 과정의 처음과 끝을 관통한다.

이는 모순으로 가득 찬 세계에서 길을 돌아 모순이 없는 길을 찾기란 불가능하다는 말이다. 모순을 인정하고 모순을 직시해야 모순을 해결하는 정확한 방법을 연구해낼 수 있다. 모순이 언제 어디에든 존재한다는 사실을 인정하는 전제하에서 모순을 연구하려면 주관성·단편성·표면성이라는 세 가지 경향을 방지해야 한다.

이는 모택동이 말한 것처럼 "문제를 연구하려면 주관성·단편성·표면성을 갖지 않도록 해야 한다. 주관성이란 객관적으로 문제를 볼 줄 모르는, 즉 유물론적 관점으로 문제를 볼 줄 모르는 것을 말한다.… 단편성이란 전면적으로 문제를 볼 줄 모르는 것을 말한다.… 표면성이란 모순의 전체적 특징과 각 방면의 특징을 다 보지 않고, 사물의 이면으로 깊게 들어가 상세하게 모순의 특징을 연구해야 할 필요성을 부정하고 그저 멀찌감치 서서 모순의 겉모습만 대충 보고 모순을 해결(문제에 답하고, 분쟁을 해결하고, 일을 처리하고, 전쟁을 지휘하는)하려는 것을 말한다. 이런 방법으로는 혼란이 일어나지 않을 수 없다." 이는 생존하고 진보하고 나아가 문제를 해결하거나 전쟁에서 승리하려면 모순을 진지하게 연구하되 주관성·단편성·표면성을 버려야 한다는 점을 말하고 있다.

둘째, 아무리 복잡한 사물이라도 주요 모순과 부차적인 모순이 있다. 주요 모순을 움켜쥐면 그와 관련된 다른 문제들은 쉽게 해결할 수 있다. 모택동은 『모순론』에서 이렇게 말한다.

"복잡한 사물이 발전하는 과정에는 많은 문제가 존재한다. 그중에는 반드시 주요 모순이 있다. 주요 모순이 존재하고 발전하기 때문에 다른 모순의 존재와 발전을 규정하거나 영향을 준다."

"그러나 어쨌든 간에 발전하는 과정의 각 단계에는 하나의 주요 모순이 주도적으로 작용한다는 사실은 전혀 의심할 바가 없다."

모택동은 중국 인민을 이끌며 진행한 여러 차례의 혁명에서 이 주요 모순의 이론을 활용했다. 이를 통해 각 시기의 주된 임무를 규정하고 나아가 누가 주적이며, 힘을 합칠 친구는 누구인가를 확정했다. 예를 들어 국민당이 손중산孫中山의 지도 아래 소련과 연합하고, 공산당과 연합하고, 노동자 농민을 돕는다는 3대 정책을 실행하자 중국 공산당은 그들과 적극 협력하여 제국주의와 봉건세력을 타파했다. 1927년 이후 국민당은 갈수록 대지주와 부르주아계급을 대변하는 반동세력으로 전락하고,

공산당을 무력으로 진압하려는 등 혁명의 주요한 걸림돌이 되고 결국 공산당의 주적이 되었다. 일본 제국주의가 중국을 침략하자 계급모순은 민족모순의 뒤로 밀려났고, 이에 공산당은 주도적으로 국민당과 힘을 합쳐 '서안사변西安事變'을 잘 처리함으로써 국민당이 내전을 멈추고 함께 일본에 맞서게 만들었다. 일본 제국주의가 패배한 뒤 관료 매판계급을 대표하는 국민당 반동세력은 다시 인민의 주적이 되었다.

무수한 역사적 사실이 입증하듯이 주요 모순을 움켜쥔다는 것은 복잡한 문제를 해결하는 열쇠를 찾은 것과 같다. 모택동은 이렇게 지적했다.

이로부터 알 수 있듯이 어떤 과정이든 많은 모순이 존재하면 그중에는 틀림없이 주요한 것이 있어 주도적이고 결정적인 작용을 하고, 다른 것들은 부차적이고 복종하는 지위에 있다. 어떤 과정을 연구하든 모순에 두 개 이상의 복잡한 과정이 존재한다면 있는 힘을 다해 그 주요 모순을 찾아내야 한다. 주요 모순을 움켜쥐면 다른 문제는 순조롭게 해결된다.

이와 동시에 모순의 발전이 불균형하다는 점도 보아야 한다. 모순되는 두 방면에 하나가 주된 것이라면 나머지 하나는 부차적인 것이다. 이는 모순이론에 대한 보다 깊은 인식이다. 이 이론의 응용도 폭넓은 의미를 갖고 있다. 항일전쟁에서 이 이론에 근거하여 완고한 세력은 공격하고, 중간세력은 분열시키고, 진보세력은 쟁취하는 전략을 취했다. 해방전쟁에서 이 이론에 근거하여 적의 책략을 단호히 공격하고 분산 와해시켰다. 이렇게 해서 중점적으로 타격할 적을 최소한으로 줄였던 것이다.

셋째, 사물의 내부 모순은 사물이 발전하고 변화하는 근본적인 원인이다. 모택동은 "조건이 딸린 상대적 동일성과 조건이 없는 절대적 투쟁성이 결합하여 모든 사물의 모순운동을 구성한다."고 했다. 여기서 말하는 '동일성'과 '투쟁성'이 모순을 가진 쌍방의 변화를 촉진한다. 모든 것의 발전과 변화는 사물에 내재된 요소의 변화와 객관적 환경으로부터 영향을 받는다. 모순운동의 이런 기본적 규칙을 유기적으로 파악하고 원활하게 운용하면 실천을 이끄는 데 헤아릴 수 없는 큰 의미를 갖는다. 모택동은 늘 이런 규칙과 관련한 학설을 빌려 당 전체의 사상과 행보를 통일시켰다. 예를 들어 그는 국민당에 대해 분석하면서 이렇게 말했다.

중국 근대사의 한 단계에서 나름대로 적극적인 작용을 해낸 국민당은 그 고유의 계급성과 제국주의의 유혹(이런 것들이 바로 조건이다) 때문에 1927년 이후 반혁명으로 변질되었다. 그러나 중국과 일본의 모순이 첨예화되고 공산당의 통일전선 정책(이런 것들이 바로 조건이다) 때문에 마지못해 항일에 찬성한 것이다.

이런 규칙들을 제대로 운용했기에 공산당은 중요한 많은 문제들, 특히 적과 친구를 가려내는 문제에서 결정한 중대한 투쟁전략이 넓은 옹호와 지지를 얻어 불패의 위치에 설 수 있었던 것이다.

2. 모택동의 군사모략

모택동의 군사모략은 아주 풍부한 내용을 담고 있다. 프롤레타리아의 전쟁관으로부터 시작하여 전쟁에 대한 인식론과 방법론까지, 새로운 인민군을 건설하는 것으로부터 일련의 인민전쟁의 전략전술에 이르기까지 모두 손무를 대표로 하는 고대의 우수한 전통적 모략이론을 광범위하게 계승하는 한편, 외국 모략의 정수를 섭취한 위에 중국 혁명의 실천 경험에 근거하여 자기만의 특색 있는 군사모략이론을 수립했다. 이런 모략이론과 실천을 여러 방법과 관점으로 투시하면 적어도 다섯 가지의 큰 내용, 다섯 개의 비결, 세 분야의 예술로 귀납할 수 있다.

1) 다섯 가지의 큰 내용

(1) 무장투쟁, 정권은 총구에서 나온다

첫째, 무장투쟁의 길로 나아가는 것은 중국혁명 투쟁의 역사적 요구다.

"싸우지 않고 상대의 군대를 굴복시킨다."는 손무의 명언은 군사모략이 추구하는 최고의 경지가 되었다. 이 말에 함축된 뜻은 두 가지다. 하나, 자신은 대가를 치르지 않은 상황에서 전쟁의 목적을 실현한다. 둘, 상대가 격파되거나 파괴당하지 않은 상황에서 온전히 나에게 굴복하는 전쟁의 목적을 달성한다. 이 두 가지 목적을 이루려면 역시 두 가지가 필요하다. 첫째, 자신의 강력한 군사적 실력에 의존해야 한다. 둘째, 교묘한 지혜를 운용하여 적을 압박하고 싸우지 않고 적을 굴복시키는 객관적 태세를 창조해야 한다. 그런데 전쟁의 목적이 되었건, 전쟁 초기 아군의 실력과 태세가 되었건, 중국의 혁명전쟁 전체 국면에서는 이런 기회가 없었고, 오로지 싸워 승리하는 책략을 채택할 수밖에 없었다.

우선, 이는 중국 혁명전쟁의 근본적인 목적에 따라 결정된 것이었다. 중국 혁명전쟁의 근본적 목적은 정권 탈취였다. 제국주의·관료주의·봉건주의와 결탁한 반동정권을 뒤엎고 오로지 인민 민주적으로 정치를 하는 새로운 정권을 세우는 것이었다. 이는 한 계급이 다른 계급을 뒤엎는 생사를 건 싸움이었다. 생사가 걸린 이 싸움에서 낡은 국가기구를 분쇄하고, 낡은 폭력기구를 없애야 한다. 그러나 반동계급과 반동정권은 역사 무대에서 결코 저절로 물러나려 하지 않는다. 저들은 반동통치의 권력을 지키기 위해 폭력기구를 사용하여 잔혹하게 혁명을 탄압하려 했다. 이런 상황에서 중국혁명은 "싸우지 않고 상대를 굴복시키는" 길을 통해 정권 탈취라는 목적을 이루기란 불가능했다. 폭력으로 폭력을 꺾고, 무장투쟁을 통해 정권을 탈취하는, 즉 싸워 승리하는 길밖에 없었다. 이는 다음과 같은 모택동의 지적과 정확하게 일치했다.

"중국혁명의 주요한 방법과 형태는 평화적일 수 없으며 반드시 무력적이어야 한다."[99]

"중국은 무장투쟁을 떠나서는 프롤레타리아계급과 공산당이 설 자리는 없으며 어떤 혁명의 임무도 완수할 수 없다."(509쪽)

다음, 이 선택은 또한 중국혁명의 기본적인 특징에 따라 결정되었다. 중국 혁명전쟁의 기본적인 특징은 적이 강하고 공산당은 약했다는 것이다. 혁명전쟁 초기 홍군은 아주 작은 부대였고, 무기와 장비도 한참 뒤떨어졌다. 반면 중국 혁명의 적은 막강했다. 모택동은 『중국 혁명전쟁의 전략문제中國革命戰爭的戰略問題』에서 홍군의 적인 국민당에 대해 이렇게 분석한 바 있다.

"국민당은 정권을 탈취하여 그것을 상대적으로 안정시킨 당이다. 이 당은 전 세계의 주요한 반혁명국가들의 원조를 받고 있다. 이 당은 이미 군대를 개조했다. 즉, 중

99 『毛澤東選集』 合訂本, 597쪽. (저자). 이하 인용문은 모두 이 책에서 나왔기 때문에 해당 페이지를 본문의 인용문 뒤에 괄호로 넣어둔다. (역자)

국 역사상 그 어떤 시대의 군대와도 다르며, 세계 현대국가의 군대와 대체로 같다. 무기와 군수물자 등의 공급은 홍군보다 훨씬 풍부하고, 군대의 숫자 또한 중국 역사상 그 어떤 군대보다 많으며, 세계 어떤 나라의 상비군보다 많다. 홍군과 비교하면 말 그대로 하늘과 땅 차이다. 또한 이 당은 전 중국의 정치·경제·교통·문화의 중추 또는 명맥을 움켜쥐고 있는 전국적인 정권이다."(173쪽)

역량이란 면에서 상대와 뚜렷하게 대비되는 상황에서 공산당의 군대는 싸우지 않고 승리할 수 있는 힘이 없었고, 적을 압박하여 싸우지 않고 항복하게 만드는 태세는 더더욱 형성되어 있지 않았다. 중국 혁명전쟁의 승리는 장기적인 무장투쟁을 통해 적을 철저하게 섬멸하는 수밖에 없었다.

(2) 중국 혁명전쟁은 새로운 무장투쟁 책략을 창조해야만 했다

중국 혁명전쟁 중 군사적 역량의 대항에서 두드러진 특징은 국민당이 강하고 공산당은 약하며, 국민당이 우세를 차지하고 공산당이 열세에 있었다는 점이다. 토지혁명을 위한 전쟁에서는 "약소한 홍군"이 "막강한 국민당 군대"에 대처했고, 항일전쟁이 시작되자 4~5만에 불과한 팔로군과 신사군이 엄청난 일본 침략자들에 맞서 결사 투쟁에 투입되었으며, 해방전쟁에서 120여만의 "좁쌀에 보병용 총"을 맨 해방군은 430만의 "비행기에 대포"로 무장한 국민당 군대의 미친 듯한 공격을 이겨내고 끝내 승리했다.

이런 일련의 뚜렷한 대비는 반半봉건, 반半식민지의 농업대국이 초라한 장비의 약소한 혁명의 역량으로 우세한 장비로 무장한 강력한 적을 어떻게 물리치고 민주혁명을 승리로 이끌 것인가 하는 문제를 제기하고 있다. 당시 이 문제는 공산당과 군이 반드시 해답을 내놓아야 하는 극단적으로 곤란한 혁명 과제였다. 이런 과제는 역사상 전례가 없었다. 역대 어떤 정치가·군사가·모략가도 이런 난제에 부딪혀본 적은 없었다. 또 프롤레타리아혁명의 지도자들도 경험해본 적이 없었다. 레닌은 이 난제를 다음과 같이 묘사한 바 있다.

"(당신들은) 전 세계 공산주의자들이 만나본 적 없는 임무에 직면하고 있다. 반드시 일반적인 공산주의의 이론과 실천을 근거로 삼고 유럽 각국에는 없는 특수한 조건에 적응해야 한다. 이론과 실천을 잘 운용해야 할 주된 군중은 농민이며, 해결해야 할 투쟁 임무는 자본에 반대하는 것이 아니라 중세의 찌꺼기와 같은 조건이라는 사실을 알아야 한다. 이는 어렵고도 특수한 임무이며 동시에 특별히 숭고한 임무이기도 하다."[100]

이 혁명 과제를 해결하려면 정확한 이론의 지도와 정확한 정치·군사적 노선 및 원활하고 기민한 전략·전술이 필요하다는 것은 의심의 여지가 없다. 정확한 책략을 탐구하고 고도의 군사모략을 운용하여 절묘하게 승리하고, 최소의 대가로 최대의 이익을 거두는 것이 필요하다. 그런데 이런 문제의 해결책은 기존의 군사모략 저술이나 어떤 공산주의 서적에서도 찾을 수 없었다.

이처럼 지극히 곤란한 혁명 과제를 해결하려면 위대한 이론적 창조와 위대한 모략의 창조가 요구된다. 이 위대하고 힘든 임무가 역사적으로 모택동을 대표로 하는 1세대 프롤레타리아 혁명가들의 어깨 위에 떨어졌다. 그들은 마르크스-레닌주의의 기본 원리를 지도사상으로 삼고 고대 중국의 군사모략사상을 참고하여 중국 혁명전쟁의 객관적 실제 상황을 긴밀히 연계시켜서 과감히 투쟁하고, 용감하게 승리하는

---

100 『레닌선집』 제4권, 104쪽. (저자)

전례 없는 모략을 내놓았다. 또한 잘 싸우고, 제대로 승리하고, 앞사람들이 생각하지 못한 모략을 내놓아 중국 혁명전쟁을 위한 정확한 정치·군사노선과 인민전쟁의 계통적인 전략·전술을 제정했다. 이렇게 천리 밖에서 승부를 결정하는 웅대한 모략을 운용함으로써 중국 혁명전쟁의 위대한 승리를 거둘 수 있게 이끌었다.

(3) 무장투쟁 모략사유의 기본 특징

모택동을 대표로 하는 1세대 프롤레타리아 혁명가들이 중국 혁명전쟁을 위하여 창조한 무장투쟁 책략을 모략이란 각도에서 개괄해보면 그것은 다름 아닌 '이우위직以迂爲直'이었다. 글자 뜻대로 풀이하자면 "돌아가는 것처럼 해서 곧장 간다."는 것이다. 말하자면 "돌아가는 것이 빠르다."는 것인데 그 기본 정신은 이런 것이었다. 적이 강하고 내가 약한 중국 혁명전쟁에서 당과 군대가 쉬지 않고 공세를 취해 빠르게 승리를 거두려는 시도는 불가능했다. 농촌에서부터 도시를 포위해 들어가며 야금야금 국토의 공간을 점령하고, 적극적인 방어로 적을 섬멸하는 전략적 지구전으로 전쟁의 목적을 실현해야만 했다.

'이우위직'은 손무가 제기한 유명한 군사모략의 원칙이다. 『손자병법』 「군쟁軍爭」 편의 관련 대목을 풀이하자면 이렇다.

승리를 달성하는 주도권을 쥐기가 쉽지 않은 것은 에둘러 가야 할 길을 지름길로 만들고 불리한 것을 유리하게 만들어야 하기 때문이다. 그래서 짐짓 돌아가는 것처럼 속이고, 여기에 작은 이익을 미끼로 던져 유인할 수 있으면 상대보다 늦게 출발해도 먼저 도착할 수 있다. 이러면 돌아가는 것처럼 보이게 하면서 곧장 지름길로 가는 계책을 안다고 할 수 있다.

보기에는 구불구불한 길을 통해 더 빨리 목적지에 이른다는 것은 상식에 포함된 진리다. 그러나 하나의 모략 원칙을 전략적 지위로 끌어올려 그것을 중국 혁명전쟁을 이끄는 원대한 책략으로 삼기까지는 큰 대가를 치러야 했다.

공산당이 독립적으로 혁명전쟁을 이끌던 초기는 아직 유년기라 이론적 준비가 모자랐고, 중국 사회와 중국 혁명전쟁의 특징에 대한 투철한 인식이 부족했다. 그리고 당시 국제 공산주의 운동에서는 마르크스-레닌주의의 교조화와 소련의 경험을 신성시하는 경향이 성행했다. 이 때문에 당에서도 구추백瞿秋白과 이립삼李立三, 특히 왕명王明을 대표로 하는 '좌'경적 착오가 전후 세 차례나 나타났다. 이 세 차례의 '좌'경적 착오의 공통된 특징은 중국의 국내 정세는 전혀 고려하지 않고 마르크스-레닌의 저작 중 폭력혁명에 대한 대목을 기계적으로 모방하고 외국의 경험을 그대로 답습하여 '도시 중심론'을 완고하게 견지하면서 끊임없는 공격으로 혁명전쟁의 신속한 승리를 꾀한다는 것이었다. 결국 혁명의 역량이 여러 차례 좌절을 겪었고, 심지어 당과 군대를 거의 멸망 직전까지 내몰았다.

세 차례의 '좌'경적 착오와는 반대로 모택동을 대표로 하는 1세대 프롤레타리아의 중국 혁명전쟁에 대한 책략은 상대는 강하고 내가 약하다는 중국 혁명전쟁의 특징을 기초로 펼쳐나간 것이었다. 모택동은 이렇게 말했다.

"1차 대혁명을 겪은 결과 정치·경제적으로 불균형한 반半식민지 대국, 강대한 적, 약소한 홍군, 토지혁명이라는 중국 혁명전쟁의 네 가지 주요한 특징이 나타났다."
"첫 번째와 네 번째 특징은 중국 홍군이 발전할 가능성과 적에게 승리할 가능성을 규정하고 있다. 두 번째와 세 번째 특징은 중국 홍군이 빠르게 발전할 수 없으며, 따라서 적을 빠르게 물리칠 수 없다는 것을 규정하고 있다. 즉, 전쟁은 오래갈 것이며, 자칫 실수하면 실패할 가능성도 있다는 점을 규정한다."(175쪽)

모택동은 바로 이런 특징들이 중국 혁명전쟁의 지도노선을 규정한다고 인식했고, 홍군의 작전은 일반 전쟁, 소련의 내전, 북벌 전쟁 등과 많은 차이점을 규정한다고 보았다. 중국 혁명전쟁의 책략은 상대가 강하고 내가 약한 첨예한 대비 속에서 생산된 것이었다. 이런 특징들은 중국 혁명전쟁이 쭉 뻗은 곧은길로 순조롭게 나아갈 수 없고 우여곡절의 길을 겪을 수밖에 없다는 것을 규정했다.

국토라는 공간으로부터 볼 때 혁명전쟁에서 승리하려면 반드시 적들이 통제하고 있는 모든 국토를 빼앗아야 한다. 하지만 적이 강한 상황에서는 하나하나 부분적으로 빼앗을 수밖에 없다. 국토라는 공간에서 적들의 중점은 중심 도시를 통제하여 도시를 그들의 반동 통치의 중심으로 만드는 데 있다. 따라서 국토 공간을 탈취하는 중점은 당연히 도시를 탈취하는 것이었다. 그런데 도시는 적들의 통치 역량의 중심지였다. 적이 강력한 형세에서는 우선 그 공간을 탈취할 힘이 없었고, 또 도시에서 발을 딛고 뿌리를 내릴 수도 없었다. 국토 공간을 빼앗으려면 저들의 통치 역량이 상대적으로 약한 농촌을 빼앗아야 했다. 농촌에서 도시를 포위해 들어가며 최종적으로 도시를 빼앗는, 즉 돌아가는 길을 택하는 것이었다.

먼저 저들의 통치 역량이 약한 광대한 농촌을 빼앗는다면 다음과 같은 유리한 점들이 있었다.

첫째, 무엇보다 홍군이 생존하고 발전하는 데 유리했다. 활동 지역이 넓고 지형이 복잡한 농촌을 기반으로 홍군은 공격과 방어가 가능해지고, 불리한 조건에서 군사력을 보존하면서 기회를 기다렸다가 적을 깰 수 있었다. 이렇게 해서 유리한 조건에서 싸우기 좋은 전쟁터를 선택하여 적을 섬멸할 수 있다. 무엇보다 전체 인구의 80% 이상을 차지하는 농민들은 우리 군이 믿고 의지할 수 있는 무한한 원천이다.

둘째, 적의 통치 기반을 파괴할 수 있다. 광대한 농촌 지역에 깊이 들어가 토지개혁을 단행하면 국민당의 반동통치를 지지하는 기반인 봉건지주계급을 근본적으로 제거할 수 있기 때문이었다. 이렇게 해서 농촌혁명 근거지에서 뚜렷한 성과를 올리면 적이 점령하고 있는 다른 지역에 심각한 영향을 줄 수밖에 없다. 각 계층의 광대한 민중은 공산당과 혁명전쟁에 대한 인식을 달리할 것이고, 이것이 적의 보루를 갈라놓고 와해시키는 힘으로 작용한다. 이런 모순을 잘 이용하여 힘을 모아 주적을 공격할 수 있다. 이는 모택동이 "이렇게 해야만 소련이 전 세계에 한 것처럼 전국 혁명군중의 신뢰를 얻어낼 수 있다. 이렇게 해야만 반동 지배계급에게 심각한 곤란을 조성하고 그 뿌리를 뒤흔들어 내부의 와해를 촉진할 수 있다."(95쪽)고 한 것과 같다.

셋째, 공산당이 국토 공간을 관리하고 정권을 장악하는 능력을 단련시킬 수 있다. 혁명 근거지의 건설을 통하여 나라를 다스리는 정책을 끊임없이 점검하고, 나라를 다스리는 경험을 쌓고, 나라를 다스리는 간부를 배양할 수 있다. 이는 공산당이 전국의 국토 공간을 빼앗아 신속히 다스리는 기초를 마련하였다.

넷째, 최종적으로 도시를 탈취하고 전국의 국토 공간을 탈취하는 절차를 가속화하는 데 유리하다. 먼저 광대한 농촌 지역을 점령하는 것은 "튼튼한 곳을 피하고 비어 있는 곳을 공격하는" '피실격허避實擊虛'의 모략으로, 성공하기가 상대적으로 쉽다. 그런 다음 도시를 차지하고 있는 적들을 '사면초가四面楚歌'로 몰아넣어, 인민전쟁이라는 거대한 파도 속에서 사방으로 포위된 '외로운 섬'으로 만들면 쉽게 빼앗을 수 있다. 농촌에서 도시를 포위하는 방법으로 국토 공간을 탈취하는 이 전략은 비록 돌아가는 길이긴 했지만, 동시에 교묘한 방법으로 승리하고 작은 대가로 큰 이익을 얻어 전쟁의 목적을 실현하는 평탄한 길이기도 했다.

적들을 섬멸한다는 점에서 볼 때 국민당 통치의 폭력 도구인 반동 군대를 철저히 소멸하지 않으면 안 되었다. 그러나 적이 강한 상황에서 서둘러 섬멸할 수 없었으며, 자칫 잘못하면 적에게 당할 가능성도 있었다. 따라서 적극적인 방어를 기본으로 전역과 전투의 섬멸전으로 하나하나 부분적으로 소멸시켜가며 작은 승리를 모아 큰 승리로 만들어야 했다. 이렇게 역량 대비를 역전시켜 전략적 공세로 바꾸어 적을 철저히 섬멸시켜야 했다. 이 또한 돌아가는 길이었지만 반드시 필요한 것이었다. 그 까닭은 이랬다.

첫째, 진공進攻은 적을 섬멸하는 기본 수단이다. 적이 강한 형세에서 "우선적으로 엄중한 문제는 어떻게 나의 역량을 보전하면서 기회를 잡아 적을 격파할 것인가"였다. 이 때문에 먼저 전략적 방어를 취하지 않으면 안 되었다. 이 점은 모택동이 다음과 같이 지적한 바와 같았다.

> "혁명과 혁명전쟁은 진공이지만 거기에는 방어와 후퇴도 있다. 이는 전적으로 옳은 말이다. 진공을 위한 방어, 전진을 위한 후퇴, 정면으로 전진하기 위한 측면으로의 전진, 직진을 위한 우회는 수많은 사물의 자기발전 과정에서 피할 수 없는 현상이려니와 군사행동에서는 더더욱 그렇다."(180쪽)

때문에 적들을 소멸하기 위하여 진공하고 방어하는 수단의 사용에서 우리는 먼저 전략 방어를 한 다음에 전략적 반격과 전략적 진공을 취하는 우여곡절의 길을 걷는 단계로 넘어가야 한다.

둘째, 우세한 병력은 적을 소멸하는 물질적 기초다. 하지만 적이 강한 상황에서 적을 단번에 섬멸할 수 있는 조건이 갖추어져 있지 않았다. "우세한 병력을 집중하여 적들을 각개격파하는" 방법을 취해야만 전역과 전투에서 절대적으로 우세한 병력을 집중하여 적을 사방으로 포위함으로써 하나 남김없이 깨끗하게 섬멸할 수 있다. 모택동은 이렇게 말했다.

"이렇게 하면 전체적으로는 우리가 (수적으로) 열세이지만 부분 부분과 구체적 전역에서는 우리가 절대적으로 우세를 유지하여 전역에서의 승리를 보장할 수 있다. 그리고 시간이 흐르면서 전체적으로도 우세로 바뀌어 결국 적을 섬멸하게 될 것이다."(1191쪽)

따라서 적을 소멸하는 과정에서 우리는 한 판 한 판씩 싸워 적의 한 부분 한 부분을 차례로 소멸시키는 돌아가는 길을 취해야만 했다.

적이 강한 중국 혁명전쟁에서 공간 탈취와 적의 섬멸 사이에는 늘 모순이 발생하여 대부분의 경우 이 둘을 동시에 진행하기는 아주 어려웠다. 지방을 고수하려면 병력을 집중하여 적을 섬멸하기 어렵고, 병력을 집중하여 적을 섬멸하려면 어느 한 곳을 포기할 수밖에 없었기 때문이다. 이 둘의 관계를 제대로 처리하기 위해 모택동은 깊은 모략사유를 통해 다음과 같이 강조했다.

"땅을 잃는다는 문제에 관하여 말하자면, 잃어야만 잃지 않게 되는 경우가 흔히 있다. 이것이 '갖고 싶으면 먼저 주어라'는 원칙이다. 만일 우리가 잃은 것이 땅이고 얻은 것이 적에 대한 승리고, 여기에다 땅의 회복, 땅의 확장까지 얻는다면 이는 남는 장사다."
"(따라서) 생겨나는 적의 역량에 대한 섬멸이 주요 목표가 되어야지 지방을 고수하거나 탈취하는 것이 주요 목표가 되어서는 안 된다."(195쪽)

이 역시 돌아가는 길이지만 걷지 않으면 안 되는 길이었다. 당시 홍군이 지방 고수를 위주로 했다면 모든 곳을 지키기 위해 병력을 분산하지 않으면 안 되었을 것이고, 그랬을 경우 적에게 각개격파당하는 것은 물론 지방까지 잃었을 것이다. 반면 급하게 성과 지방을 빼앗으려는 적의 전략적 진공과 성과 지방을 고수하려는 전략적 방어를 잘 가늠하여 성과 지방을 마치 보따리처럼 적에게 던져준다면 적의 병력은 분산되어 기동성이 약해지고, 이때 아군의 우수한 병력을 집중하여 적의 취약한 부분을 각개격파할 수 있었다.

혁명전쟁의 목적을 실현하려면 모든 국토 공간을 탈취하고 모든 적을 소멸해야 한다. 그러나 적이 강하고 내가 약했기 때문에 이 둘의 모순을 제대로 처리하기 위해서는 돌아가는 길을 택할 수밖에 없었다. 중국 혁명전쟁의 총체적 책략은 "돌아가는 것이 빠르다"는 '이우위직以迂爲直'밖에 없었다.

(4) 시세時勢를 잘 헤아려 역사가 준 기회를 몰다

시기와 형세, 즉 "시세를 잘 헤아린다."는 '심시도세審時度勢'는 군사모략가들이 객관적 형세에 대한 정확한 판단에 기초하여 즉시 합당한 처치 방법을 취하는 재능이다. 여기에는 형세에 대한 객관적인 분석과 정확한 판단이 포함되며, 적당한 시기를 파악하여 기회를 몰아서 정확하게 처리하는 능력이 포함된다. 성숙한 군사모략가는 시세를 잘 관찰하고 기회를 판단할 줄 아는 예리한 안목이 있어야 하며, 시기를 파악하고 기회를 지배하여 결단을 내리는 기백과 임기응변의 능력이 있어야 한다. 시세 판단에 대한 중시는 중국 군사모략사상의 중요한 내용이다.

시세를 잘 판단하는 것은 예로부터 뛰어난 군사모략가들의 공동된 특징이었다. 규모가 거대하고 투쟁이 복잡하고 지극히 어려웠던 중국 혁명전쟁은 전쟁을 이끄는 지도자들에게 시세를 판단하는 능력에 대하여 높은 수준을 요구할 수밖에 없었다. 모택동과 같은 1세대 프롤레타리아들은 이 역사적 요구에 부응하여 시세를 잘 판단하고 역사적 기회를 잘 몰아가는 면에서 비범한 재능을 보여주어 중국 군사모략사상을 풍부하게 발전시키는 데 창조적인 공헌을 해냈다.

① 시세를 헤아리는 것은 모략을 짜내는 사유의 기점이다

모택동과 같은 1세대 프롤레타리아들은 중국 혁명전쟁을 이끌면서 시세를 헤아리는
문제를 아주 중시했다. 그들은 복잡한 군사대항이라는 활동에서 형세에 대한 뚜렷하
고 투철한 분석과 환경에 대한 통찰이 모략을 제정하는 근거이자 모략을 확정하는
주춧돌이라고 생각했다. 시세 판단의 정확성은 모략의 정확성 여부에 직접적인 영향
을 준다. 때문에 시세를 헤아리는 것은 모략을 짜내는 사유의 기점이라는 사실을 시
종 견지했다. 이 방면의 두드러진 특징들은 다음과 같았다.

첫째, 변증법적 유물주의 인식론의 높이에서 시세의 중요성을 논술하였다. 모
택동은 "시세를 헤아린다."의 '심시도세審時度勢'에서 '시時'와 '세勢'는 객관적 실제에 속
하고, 헤아린다는 뜻의 '심審'과 '도度'는 전쟁 지휘자의 주관적인 인식에 속한다고 했
다. 시세를 헤아리고 판단하는 과정은 실질상 전쟁 형세에 대한 인식 과정이다. 군사
에서 승리를 많이 거두고 패배를 줄이는 관건은 시세를 정확하게 판단하는 데 있고,
"주관과 객관, 이 둘을 잘 맞추어야 하는 것이다." 관련하여 모택동은 이 점을 강조하
여 지적했다.

> "실제 정황에 따라 일의 방침을 결정한다는 이 점은 모든 공산당원들이 명심하지
> 않으면 안 될 가장 기본적인 방법이다. 우리가 범했던 잘못들이 일어난 원인을 연구
> 해보면 그때 그곳의 실제 상황에서 벗어나 주관적으로 자기 일의 방침을 결정했기
> 때문이다."(1251쪽)

시세를 정확하게 판단하여 전쟁 형세에 대한 주객관적 통일을 이루어야만 비로

소 정확한 모략을 제정하여 전쟁에서 승리를 거둘 수 있다는 점을 분명히 한 것이다.

둘째, 역사 유물주의의 원리를 운용하여 시세 판단에 대한 내용을 발전시켰다. 정확한 모략의 결정은 과학적인 시세 판단을 요구한다. 그렇다면 언제 어떤 형세를 살펴야 하나? 중국은 아주 오랫동안 봉건제 속에서 사회가 장기적인 안정 상태를 유지하긴 했지만 이 때문에 혁신과 진취적인 정신이 부족했다. 관문과 국경을 폐쇄함으로써 세상과 격리되었고, 교통과 통신수단은 뒤떨어져 정보가 바로바로 전달되지 못했다.

역대 군사모략가들이 시세를 헤아리는 범위는 국내를 벗어나지 못했고, 그 내용도 기본적으로 천시天時·지리地利·인화人和 등과 같은 방면에 지나지 않았다. 모택동은 중국 혁명전쟁을 이끄는 실천 속에서 역사 유물주의의 원리를 운용하여 역대 군사전문가들이 갖고 있는 사유의 한계를 돌파하여 시세 판단에 완전히 새로운 의미를 부여했다. 우선 시세를 관찰하는 범위를 중국을 벗어나 세계로 확대했다. 중국 혁명을 세계 혁명의 하나로 간주하여 세계가 처한 '제국주의와 프롤레타리아 계급혁명의 시대' 속에서 중국 혁명전쟁을 연구했다.

다음으로 그는 시세를 살피는 기본적인 관점을 프롤레타리아의 입장과 혁명의 입장에 두었고, 이 때문에 시시각각 시세의 본질과 주된 흐름을 파악할 수 있었다. 그다음으로 모택동은 시세 관찰의 내용을 전략으로는 시대·국정·시국·시세·시기를 연구하고, 전술로는 '적의 형세, 나의 형세, 지세' 등을 연구했다. 아울러 대적하고 있는 쌍방의 정치·경제·군사·지리 등 네 가지 기본 요소에 대한 분석을 통하여 상술한 내용의 정확한 판단을 강조했다. 이로써 시세 판단의 조작성을 확보하여 전쟁을 이끄는 지도자들이 편하게 장악할 수 있었다.

셋째, 중국 혁명전쟁을 이끌면서 시종 시세 판단을 모략 결정의 전제로 삼았다. 중국 혁명전쟁의 역사를 돌이켜보면, 시세 판단은 처음부터 끝까지 모택동이 전쟁을 이끄는 중요한 내용이었다. 이 점은 『모택동선집毛澤東選集』에 잘 반영되어 있는데, 국제 형세, 국내 형세, 정치 형세, 군사 형세, 시국 등에 대한 논술은 긴 문장뿐만 아니라 대부분의 문장에 다 포함되어 있다. 예를 들면 토지혁명전쟁 초기 모택동은 시세를 과학적으로 판단하여 "중국 홍색정권의 발생과 존재의 원인"을 제시했고, 토지혁명 후기에는 "정치 형세가 이미 큰 변화를 일으키고 있다."는 객관적 현실에 근거하여 항일민족통일전선을 건립하자는 책략을 제기했다.

항일전쟁 초기에 모택동은 상해와 태원太原이 함락된 이후 항일전쟁 형세에 대한 정확한 판단에 근거하여 "당과 전국에서 모두 투항주의에 반대해야 한다."는 임무를 제때에 제기했다. 1945년 4월 23일부터 6월 11일까지 연안에서 열린 공산당 제7차 대표대회에서 모택동은 국내외 형세에 대한 과학적 분석을 통해 "중국 인민은 모든 난관을 극복하고 위대한 역사의 기본적 요구를 실현할 시기에 이미 와 있다."고 했다. 일본 제국주의가 항복하기 전날 밤 항일전쟁 승리 이후의 시국에 대한 과학적인 예견을 통하여 당과 군에게 "날카롭게 맞서서 단 한 뼘의 땅이라도 반드시 빼앗아야 한다."는 방침을 제정했다. 해방전쟁 시기 모택동은 전쟁 형세의 신속한 발전에 따라 끊임없이 정확한 판단을 내려 당과 군을 위한 큰 모략을 제정함으로써 승리의 속도를 크게 높였다.

② 본질을 잘 파악하고, 과학적으로 예견하다

사람들은 늘 "높은 곳에서 멀리 바라보다." "모든 것을 꿰뚫어보다." "현명한 예견성이 있다." "귀신같이 예측을 잘하다." 등과 같은 말로 시세를 잘 판단했던 모택동의 모략 예술을 나타내곤 한다. 모택동은 어떻게 그런 것들을 해냈을까? 그는 복잡다단한 전쟁이란 환경 속에서 어떻게 정확하게 시세를 잘 판단하였을까? 가장 근본적인 원인은 모택동이 유물론적 변증법을 시세 판단에 운용하는 능력이 순도 100%의 경지에 이르렀기 때문이다. 두드러진 점 몇 가지를 소개한다.

첫째, 전체 국면을 관통하고, 전면적으로 분석하다.

모택동은 중국 혁명전쟁의 전체 국면을 이끄는 전략가로서 늘 전체 국면의 높이에서 시세를 살폈다. 전체 국면의 시세를 살필 때는 상대와 나 쌍방의 정치·경제·군사·지리 등 각 방면의 정황을 전면적으로 분석하고 그 내재적인 관계로부터 시세에 대해 정확한 판단을 내렸다. 전체 국면의 시세에 영향을 주는 부분과 여러 요소에 대해 전면적인 분석을 진행할 때는 전체 국면에 결정적인 작용을 하는 부분과 요소의 상황을 분명하게 밝히는 데 중점을 두었다.

중국 혁명전쟁의 시세를 살필 때는 중국을 세계라는 범위에 넣어 연구하는 데 주목을 했고, 세계의 시세가 중국 혁명전쟁에 미칠 영향을 잘 파악했다. 그는 "객관적이고 전면적인 관점으로 전쟁을 고찰해야만 전쟁이란 문제에서 정확한 결론을 얻을 수 있다."고 했다. 예를 들어 항일전쟁 초기, 항일전쟁의 형세를 어떻게 볼 것인가 하는 문제가 당과 군 안팎의 보편적인 관심사였다. 일본군이 대거 공격을 가하고 국민당은 속속 패퇴하면서 넓은 국토가 끊임없이 함락당하는 엄중한 국면에 직면하자 많은 사람들이 중국의 앞날에 대해 실망하고 비관했다. 이럴 때 모택동은, 승리는 우리 중국의 것이라고 자신 있게 말했다.

그는 항일전쟁의 시세를 살펴서 중·일 쌍방의 정황에 대해 전면적으로 분석했다. 그 결과 적이 강하고 우리 군이 약하며, 적이 물러나면 우리는 진공하고, 적이 작고 우리가 크며, 적의 원조는 적고 우리의 원조가 많다는 네 가지 모순되는 특징을 찾아내어 중국이 멸망하지 않을 것이라고 확신했다. 다음으로 전쟁의 전체 국면에 결정적인 작용을 일으키는 중국의 항전 역량에 대하여 중점적으로 분석하여 중국은 "역사의 진보 단계에 있다." "각성했거나 각성하고 있는 광대한 인민이 있고, 공산당이 있고, 정치적으로 진보한 군대, 즉 공산당이 이끄는 중국 홍군이 있으며, 수십 년 혁명의 전통적 경험이 있으며, 특히 인민을 이끌며 일본에 맞서는 공산당이라는 믿음직한 힘이 있다."고 보았다. 이는 중국이 항일전쟁에서 반드시 승리할 수 있는 결정적인 조건이었다.

이어, 모택동은 중국 항일전쟁을 세계사의 큰 흐름과 당시의 반파시즘 전쟁이라는 큰 국면 속에 놓고 연구한 뒤 "중국의 전쟁은 고립된 것이 아니며" "오늘날 세계에서 벌어지고 있는 인민운동은 전례가 없을 정도고 규모가 크고 심각하며" "소련의 존재는 국제 정치에서 아주 중요한 요소로 틀림없이 최대한 열정적으로 중국을 원조할 것이고" "국민당은 영국과 미국에 의존하고 있기 때문에 그들이 투항하지 말라고 하면 투항하지 않을 것이다."라고 전망했다.

둘째, 현상을 투과하여 본질을 파악하다.

클라우제비츠는 "전쟁은 불확실성으로 가득 찬 영역으로 전쟁 중 행동의 근거가 되는 상황의 3/4은 안개 속에 가려져 있고, 많고 적건 간에 불확실한 것이다."라고 지적한 바 있다. 이 말은 아주 복잡한 전쟁 상황에서는 날카로운 지력과 깊이 있는 통찰력으로 현상을 투과하여 본질을 파악할 수 있어야만 시세를 정확하게 제대로 판단할 수 있다는 점을 지적한 것이다. 모택동은 "우리는 사물을 관찰함에 반드시 그 실질을 보아야 한다. 그 현상은 문으로 들어가는 길잡이로만 보아야 하고, 문안에 들어서면 바로 그 본질을 파악할 수 있어야 한다."(420쪽)고 지적하였다.

모택동은 사물의 본질을 움켜쥐고 시세를 판단하는데서 대가이다. 그는 우선 사물의 내재적 관계에 대한 분석을 통해 그 본질을 잘 드러냈다. 예를 들면 토지혁명 전쟁의 초기 혁명 역량이 약했을 때 "특히 홍군에 종사하는 사람들은 싸움에서 패하거나 포위당하거나 강한 적에게 추격을 당하면 이런 한순간의 특수하고 사소한 환경을 자각하지 못하고 이를 확대 해석하여 전국과 전 세계의 형세가 모두 이렇게 낙관적이지 못하여 혁명의 앞날이 아주 아득하다고 느꼈다." 모택동은 이런 비관적 생각은 실질을 살피지 않고 표면적 현상에 홀려 생겨난 것으로 인식했다. 그는 혁명이 고조될 때 발생하는 각종 모순이 진짜 앞으로 발전할 것인가를 본질적으로 상세하게 관찰해야만 "한 점의 불꽃"이 "들불처럼 타오를" 시기가 한 점의 의심 없이 그리 멀지 않다는 것을 알 수 있다고 지적했다. 혁명의 "한 점 불꽃"은 "지금은 비록 아주 작은 역량에 지나지 않으나 매우 빠르게 발전할 것이다. 중국이란 환경에서 그것은 발전의 가능성뿐만 아니라 발전의 필연성까지 갖추고 있다."(97쪽)

다음으로 그는 전쟁 과정의 주요 모순과 주요 모순의 각 방면을 파악하고 그 본질을 제대로 제시했다. 예를 들면 1942년 10월 모택동은 제2차 세계대전의 형세를 분석했는데, 세계대전의 주요 전쟁터인 소련과 독일의 전쟁터, 반파시즘 주력군인 소련 붉은군대의 투쟁 형세를 분석하면서 스탈린그라드 전역의 승리가 갖는 의미를 분석하여 히틀러가 이미 멸망의 전환점에 들어섰다는 것을 제시했다. 모택동은 많은 사람들이 이 점을 제대로 알아보지 못하는 까닭은 "겉으로 보기에는 강하지만 속은 비어 있는 이런 현상에 일시적으로 홀려서 적의 소멸과 나의 승리가 머지않다는 실질을 간파하지 못하기"(840쪽) 때문이라고 지적했다.

그다음 모택동은 장기적 관점으로 문제를 보아, 전쟁 중에 일시적인 작용과 장기적인 작용을 일으키는 요소를 구별하여 본질을 제대로 제시했다. 예를 들면 해방전쟁 초기의 형세를 분석하여 모택동은 다음과 같이 지적한 바 있다.

장개석의 우세한 군사력은 일시적 현상으로, 잠시 작용하는 요소에 지나지 않는다. 미 제국주의의 원조 또한 일시적으로 작용하는 요소에 지나지 않는다. 계속 작용하는 요소는 장개석이 저지르고 있는 반인민적 전쟁의 성격과 민심의 향배인데, 그

점에서는 인민해방군이 우위를 차지하고 있다. 인민해방군이 벌이고 있는 전쟁은 애국이자 정의이며, 혁명의 성격을 띠고 있으므로 반드시 전국 인민의 지지와 옹호를 받는다. 이것이 장개석을 물리칠 수 있는 정치적 기반이다."(1189~1190쪽)

셋째, 발전에 착안하여 과학적으로 예견하다.

과학적 예견은 모택동의 뛰어난 모략 예술에 나타나는 두드러진 특징의 하나이다. 모택동은 전쟁 형세에서 과학적 예견을 아주 중시했다. 그는 이렇게 지적한 바 있다.

전략을 지도하는 사람은 하나의 전략 단계에서 그 후의 여러 단계를, 적어도 그다음 단계는 예견해야 한다. 앞으로의 변화를 추측하기 어렵고 또 멀면 멀수록 더 막연하기는 하지만 대체적인 계산은 가능하며, 먼 앞날의 전망을 예측하는 것도 필요하다. 한 걸음 나아간 다음 한 걸음 쳐다보는 지도 방식은 정치에도 불리하고 전쟁에도 불리하다.(205쪽)

그는 또한 "전쟁 추세의 윤곽을 그려내는 일은 전략적 지도에 필요하다."(430쪽)고 강조했다. 이처럼 모택동은 전쟁에 대한 과학적 예견에 뛰어났는데, 그 구체적인 방법들은 다음과 같다.

하나, 전쟁의 객관적 법칙에 근거하여 예견했다. 예를 들면 항일전쟁에서 반드시 겪어야 할 세 개의 발전 단계에 대한 예견은 전쟁 중에 적과 나의 역량이 커지고 줄어드는 증감의 법칙에 의거하여 예견해낸 합리적 구상이었다. 이 세 단계에서 중국은 열세에서 평형으로 갔다가 우세에 이르고, 일본은 우세에서 평형으로 갔다가 열세에 이른다. 또 중국은 방어에서 대치로 갔다가 반격으로 나아가고, 일본은 공세에서 수비로 갔다가 퇴각에 이른다. 이상의 예측은 항일전쟁에서 중·일의 모순이 양적 변화에서 질적 변화로 바뀌는 운동 과정을 과학적으로 반영한 것이었다.

둘, 전쟁 중인 적과 아군의 역량에 대한 정확한 계산에 의거하여 예측했다. 모택동은 정확하게 시세를 헤아리려면 "가슴속에 숫자가 있어야" 한다고 했다. "정황과 문제에 대하여 그것의 수량이라는 면에 반드시 주의해야 하며, 기본적인 수량 분석이 있어야 한다."(1380쪽)는 것이다. 해방전쟁의 진전 과정에 대한 모택동의 예측은 쌍방의 역량 변화에 따른 정확한 계산에서 나온 것이었다. 예를 들면 1948년 11월 '요심 전역遼沈戰役'이 끝난 후 모택동은 역량 변화의 새로운 통계에 의거하여 "중국의 군사 형세는 이미 새로운 전환점에 들어섰다. 즉, 전쟁 쌍방의 역량 대비에서 근본적인 변화가 일어났다. 인민해방군은 질적인 면에서 우위를 차지하였을 뿐만 아니라 수적인 면에서도 우세를 차지하고 있다."고 했다. 모택동은 그로부터 다음과 같이 예견했다.

이렇게 해서 전쟁의 진행 과정은 우리가 당초 예상했던 것보다 훨씬 단축할 수 있게 되었다. 원래 1946년 7월부터 대략 5년 정도의 시간이면 국민당 반동정부를 뿌리째 타도할 수 있을 것으로 예상했다. 그러나 지금은 1년 정도면 국민당 반동정부를 뿌리째 타도할 수 있을 것이다.(1300~1301쪽)

그 후 중국 군사 형세의 발전은 모택동의 이 예측을 완전히 입증했다.

셋, '대항 반응론'에 근거하여 예견했다. '대항 반응론'이란 전쟁 중인 쌍방이 서로 맞서는 가운데 한쪽의 행동이 상대방으로 하여금 그에 상응하는 행동을 불러일으킬 수밖에 없다는 법칙이다. 이 법칙에 따라 작전 행동의 앞날과 발전 추세를 추정하고 예견하는 것인데, 반드시 필요하고 또 가능한 일이다. 예를 들면 1947년 6월, 모택동은 유백승劉伯承과 등소평鄧小平이 이끄는 '유등대군劉鄧大軍'에게 대별산大別山으로 진군하라고 지시하면서 '대항 반응론'에 의거하여 적이 결사적으로 이 전략적 요충지를 빼앗을 것으로 판단하고 아군이 취할 수 있는 세 가지 방안을 예견했다. 첫째는 대가를 치르고도 발을 붙이지 못하고 되돌아오는 것, 둘째는 대가를 치르고 발을 붙일 수 없어 주변에서 유격전을 벌이는 것, 셋째는 대가를 치르고 발을 단단히 붙이는 것이었다. 쟁탈해야 할 여러 가능성을 판단하여 우리 군의 세 가지 전망을 예견해냈다. 모택동은 '유등대군'에게 사상적 준비를 철저히 한 뒤 가장 나쁜 결과를 염두에 두되 가장 좋은 길을 쟁취하도록 노력하라고 했다.

넷, 역사·계급적 분석 방법으로 예견했다. 예를 들면 항일전쟁에서 승리하기 직전 모택동은 전면적 내전이 폭발할 수밖에 없을 것으로 예견했는데, 이는 그가 장개석에 대해 역사적으로 그리고 계급적으로 분석했기 때문이다. 당시 모택동은 이렇게 말했다.

"국민당은 어떤가? 그 과거를 보면 그 현재를 알 수 있고 그 과거와 현재를 보면 그 미래를 알 수 있다."

"정치적으로 중국의 대지주계급과 대자산계급High Bourgeoisie을 대표하는 장개석은 모두 아는 바와 같이 아주 잔인하고 음험한 자이다."

"이자는 옛날부터 은혜라는 것을 모르는 자이다."

"북벌전쟁과 제1차 국공합작 당시만 해도 인민들이 아직 그의 진상을 제대로 알지 못하여 옹호했다. 그런데 일단 권력을 쥐자 인민에게 감사는커녕 인민의 뺨을 후려갈겼고, 인민을 10년 내전의 피바다 속으로 처넣었다."

"이번 항일전쟁에서 중국 인민은 또 그를 지켜주었다. 지금 항일전쟁에서 승리하고 일본은 투항했는데 그는 인민에게 감사는 고사하고 오히려 1927년의 낡은 문서를 뒤지면서 그대로 하려고 한다."

"결국은 반인민적인 내전을 도발하여 인민을 학살하려 할 것이다."(이상 1070-1071쪽)

③ 시기를 잘 틀어쥐고 역사적 기회를 잘 지배하다

시세를 살피는 일은 모략의 우선이다. 모든 정확한 전략, 모략의 제정은 시국 환경에 대한 과학적 분석과 밀접하게 관련되어 있다. 하지만 시세를 살피는 일에서 전략과 모략의 확정에 이르기까지는 역사의 기회를 지배해야 하는 문제가 있다. "역사의 기회를 지배한다."는 말은 역사가 주는 기회를 자신이 원하는 방향으로 몰고 갈 줄 알아야 한다는 뜻이다. 시기와 시국만 분석하고 기회를 제대로 이용하지 못하면 아무 일도 성사시키지 못한다. 시세를 살피고 기회를 가려내려면 혜안이 있어야 한다. 기회를 지배하고 이용하려면 과감한 박력과 원활한 임기응변의 능력에 의지해야 한다. 이 방면에서 모택동은 중국 혁명전쟁을 실천하면서 역사적 기회를 대담하게 지배하는 위대한 혁명적 담력과 원활한 투쟁 예술을 충분히 체현했다. 그 두드러진 점들은 다음과 같다.

첫째, 시기를 잡고 형세를 유리하게 이끌어 형세가 자신에게 유리한 방향으로 바뀌도록 적극 촉진했다.

중국 혁명전쟁의 진행 과정에서는 쌍방의 정치·경제·군사·지리 등 여러 요소가 끊임없이 변했기 때문에 전쟁 단계에 따라 형세·시국·구성 등이 때로는 우리에게 유리하고 때로는 불리했는가 하면 심지어 위기가 잠복되어 있었다. 모택동은 이미 변화하고 있는 형세를 적시에 통찰하고 드러내어 변화로 변화에 대응하고, 변화로 변화를 제압하는 군사모략을 취하여 형세를 유리한 쪽으로 이끌었다. 그는 이 점에 대해 "혁명의 형세가 바뀌었을 때에는 혁명의 전술, 혁명의 지도방법도 그에 따라 바뀌어야 한다."(138쪽)고 강조했다.

불리한 형세에 직면하였을 때는 정확한 모략을 운용하여 이익을 추구하고 손해를 피하며, 위험한 상태를 안정시켜 형세를 자신에게 유리한 방향으로 바꾸었다. 형세에 중대한 변화가 일어나면 적시에 새로운 모략을 제정하여 군대를 이끌어 새로운 투쟁 형세에 적응하게 했고, 유리한 형세가 나타나면 기회를 장악하고 정확한 모략으로 이 형세를 더욱 크게 발전시켰다.

이 방면의 가장 대표적인 사례가 나라 안팎을 놀라게 한 '서안사변西安事變'[101]이었다. 그는 이 중대한 역사적 기회를 장악하여 항일민족통일전선의 초보적 형성을 촉진시켰다. 1936년 12월 12일 '서안사변'이 발생하자 국민당 내부의 친일파인 왕정위汪精衛와 하응흠何應欽이 내전을 일으킬 음모를 꾸몄다. 우리 당내에서도 장국도張國燾 등이 극'좌'의 모습을 보이며 "장개석을 죽이자."니 "동관潼關으로 쳐들어가자."니 하는 잘못된 주장을 제기했다.

이런 급변하는 형세와 복잡하고 긴장된 국면에 직면하여 공산당은 어떤 방침을 취해야 했을까? 모택동은 모든 국면을 관찰한 다음 국민당 친일파의 음모를 간파하는 한편 당의 잘못된 주장을 부정했다. 그리고 이것이야말로 국민당과 공산당 두 당의 제2차 합작을 추진하여 항일민족통일전선을 세울 수 있는 역사적인 기회로 판단했다. 이에 평화적으로 서안사변을 해결하는 모략 방침을 확정했다. 주은래周恩來 등을 대표로 하는 협상단을 서안에 보내 서안사변의 평화적인 해결을 성공적으로 실

---

101 '서안사변'은 1936년 12월 12일 동북군(만주군)의 지휘관인 장학량張學良이 공산당을 토벌하러 서안에 온 장개석을 감금하고 내전 중지와 항일투쟁을 호소한 사건을 가리킨다. 일본의 중국 침략이 본격화되면서 군벌 내부에는 공산당에 대한 공격보다는 항일이 먼저라는 여론이 높아졌으나 장개석은 이를 묵살했다. 이에 장학량과 양호성楊虎成 등이 화청지華淸池 내에 있던 장개석의 숙소를 급습하여 그를 잡아 감금하고 국공합작을 요구하여 제2차 국공합작이 이루어졌다.

현하고, 장개석으로 하여금 내전을 중지하고 함께 항일에 나서도록 설득했다. 이 사례는 형세가 급격하게 변하여 혁명이란 임무에 큰 역전 현상이 나타나는 역사적 고비에서 역사적 사건에 대한 정확한 시세 판단과 깊은 통찰력 및 모든 전투 과정의 중요한 고리를 파악하여 확고한 원칙과 고도의 융통성으로 서로를 합쳐나간 모택동의 뛰어난 모략 예술을 잘 말해주고 있다.

둘째, 시기를 장악하여 기선 제압의 유리함을 쟁취했다.

전쟁의 전체 국면의 발전은 시간이 오래 걸린다. 모략 사고에서 이 점은 중대한 문제이다. 전쟁 중에 때로는 전체 국면의 발전에 결정적인 의미를 가지는 시기가 나타날 수 있다. 그 시기는 쌍방 모두가 이용할 수 있지만 뜬구름처럼 슬그머니 사라지기도 한다. 이 시기를 잘 장악하여 기선을 잡는다면 전쟁의 마지막 승자가 될 수 있는 큰 힘이 된다. 반면 이 시기를 놓치면 막대한 난관을 가져다준다. 모택동은 이런 역사적 기회를 파악하면서 기선 제압으로 유리한 위치를 선점하는 데 수준 높은 모략을 보여주었다. 항일전쟁에서 승리한 뒤 홍군은 "북으로 발전하고 남으로 방어한다."는 방침을 실행하여 적보다 앞서 동북을 통제한 경우가 대표적인 사례였다.

1945년 8월, 소련군은 동북에 출병하여 일본 관동군을 섬멸했다. 일본군은 무조건 항복을 선포했고, 14년이나 함락되었던 동북지구가 광복을 맞이했다. 그 후 상당기간 동북은 권력의 공백 지역이 되었는데, 이는 국민당과 공산당이 모두 이용할 수 있는 역사적인 기회였다. 동북의 전략적 위치는 대단히 중요했다. 장개석이 먼저 동북을 통제한다면 공산당 해방지구들은 남북에서 포위 협공당하는 태세가 되었을 것이다. 공산당이 먼저 통제한다면 이런 태세에서 벗어날 수 있을 뿐만 아니라, 당시 동북지구의 열하熱河와 찰합이察哈爾 두 성을 하나로 연결하고 배후로 소련·몽고·조선에 기대고, 동북의 발달한 공업과 풍부한 물산에 힘입어 공산당과 군의 전략적 기지를 만듦으로써 아주 유리한 위치를 차지할 수 있었다. 동북은 쌍방이 서로 빼앗고자 하는 전략적 중점지가 되었다.

이와 같은 상황을 감안하여 모택동과 당 중앙은 이를 천년에 한 번 만나는 좋은 기회로 판단하여 즉시 빠르고 단호하게 동북을 쟁취하여 동북에서 당의 강력한 역량을 발전시키겠다는 중대한 결정을 내렸다. 그리하여 일련의 전략적 조치를 취하여 팽진彭眞을 서기로 하는 동북국東北局을 재빨리 세웠다. 이어 전후 4인의 정치국 위원과 1/4 이상의 중앙위원, 후보 중앙위원 및 2만 명의 간부를 파견하여 동북으로 진입했다. 또 서둘러 명령을 내려 산동 군사지역 기관과 그에 속하는 제1, 제2, 제3, 제5, 제6 등의 사단 약 5만 명과 새로운 사단 제3사의 약 3만 명, 그리고 섬서·감숙·영하·하북 동부와 기타 해방구에서 선발한 13만 명 장병들을 밤낮없이 길을 재촉하여 동북으로 진입시켰다. 이때 당 지도부는 다음과 같은 점들을 강조했다.

"시간이 아주 절박하다."

"기동성 있게 동북으로 진입하고, 장병들을 보내는 일은 지금 전국적인 국면에 영향을 미치는 전략적 행동으로 향후 우리 당과 중국 인민의 투쟁에 결정적으로 작용할 수 있다. 지금은 시간이 모든 것을 결정한다. 하루 늦으면 하루 손실이 난다."

"단 1초도 늦어서는 안 된다."

"(그렇지 않으면) 역사의 징벌을 피할 수 없다."

대군의 동북 진입을 엄호하기 위하여 당 중앙에서는 남쪽에 대한 방어 작전을 효과적으로 조직했다. 그 중점은 도로 교통에 대한 작전을 통하여 적이 육상을 통해 동북으로 장병들을 보내는 계획을 분쇄하는 데 두었다. 11월 하순, 장개석이 미국의 도움을 받아 공중과 해상을 통해 금주錦州에 장병들을 운송할 무렵 공산당군은 이미

22만 명의 대군이 동북에 진주하여 기선 제압의 이점을 확보했다.

셋째, 제때에 즉시 결단하여 적시에 적과 결전을 벌였다.

전략적 결전은 쌍방의 주력군이 진행하여 전쟁의 승부를 결정하는 작전이다. 전체 국면의 형세에 대한 엄밀한 분석을 거친 기초 위에서 어떻게 시기를 잘 잡아 결전을 벌일 것인가는 전쟁의 승패에 관계될 뿐만 아니라 역사적인 기회를 이끌어가는 관건이 되는 문제다. 조건이 성숙되지 않았는데 결전을 서두르면 수동적 위치로 몰리고, 심하면 전세가 역전될 수 있다. 반면 결전이 늦어지면 적에게 숨 돌릴 기회를 주어 향후 작전이 어려워진다. 모택동은 결전하려면 반드시 성공에 대한 자신이 있어야 한다고 강조했다. 그가 직접 지휘한 해방전쟁의 전략적 결전은 바로 조건이 성숙되고 승리에 대한 자신이 확실할 때를 파악하여 머뭇거리지 않고 중대한 역사적 결단을 내린 것이었다.

당시의 정황은 1948년 6월로 해방전쟁은 이미 2년 동안의 작전을 거친 뒤라 쌍방의 역량에 뚜렷한 변화가 일어났다. 공산당 홍군은 전쟁 초기 120만이었던 전력이 280만으로 늘었다. 국민당 군대는 430만에서 365만으로 줄었고, 제1전선의 규모는 120만에 불과했다. 홍군은 수와 장비 면에서 아직 약했지만 전투력은 크게 높아져 있었다. 노획한 대량의 현대화된 무기는 장비를 강화시켰고, 강력한 포병과 공병을 구축하여 공격력을 높였다. 이동을 통한 전투가 되었건 진지를 지키면서 벌이는 전투가 되었건 다 제대로 수행할 수 있었다. 군부대에 대한 새로운 방식의 정비와 집단 훈련을 통해 내부의 단결력이 강화되었고, 부대의 행정력도 높아졌다.

또한 각 해방구가 서로 연계됨으로써 전국 총면적의 1/4, 전체 인구의 1/3을 차지했다. 해방구에서는 토지개혁을 통하여 생산을 발전시켰고, 혁명에 대한 군중의 적극성을 높였다. 생활이 전보다 훨씬 나아진 농민들은 너 나 할 것 없이 군에 입대하고 전투에 참여함으로써 군 후방이 더욱 탄탄해졌다. 이로써 혁명전쟁은 마르지 않는 인적 자원과 물자 지원을 얻을 수 있었다. 이렇게 되자 국민당 군대는 '전면적 방어'와 '구역 방어'의 계획을 포기하고 이른바 '중점적 방어'로 전략상 중요한 지점을 지킬 수밖에 없었다. 이렇게 해서 5대 전략적 집단이 5개 전장에서 홍군에게 견제당함으로써 전략상 전면적으로 수동적 위치에 처하게 되었다. 후방에는 36개 여단 병력 약 23만 명밖에 남지 않았는데 역시 홍군의 유격전 공격을 받아 움직이지 못하게 되었다.

쌍방 역량에서 이와 같이 대비되는 형세가 나타난 것은 전략적으로 결전할 시기가 왔다는 뜻이었다. 당연히 결전에 대한 결단이 중요한 문제로 대두되었다. 바로 이때 국민당은 1948년 8월 군사회의에서 동북에서 철수하여 화중 지역을 확보하고, 10월 말까지 심양에서 지키되, 국면의 발전을 지켜보면서 원칙적으로 심양을 포기하지 않고 동시에 철수를 준비한다는 계획을 논의했다. 이런 정황에서 적들이 현재 보유한 병력을 관내 또는 강남으로 철수시키는 계획을 실현시킨다면 이후 작전은 여러 가지 난관에 부딪혔을 것이다. 따라서 적이 미처 도망가지 못하고 있는 이 기회를 잡아 전략적 결전을 결행할 것이냐가 핵심이었다. 기회는 놓치면 다시 오지 않는다.

모택동은 전쟁 형세에 대한 과학적인 분석을 통해 이 절호의 기회를 장악하여 적시에 요심遼沈·회해淮海·평진平津 등 3대 전역을 조직했다. 이렇게 프롤레타리아 전략가들은 역사적 기회를 잘 몰아서 승리를 거두는 위대한 혁명적 담력과 탁월한 모략 수준을 유감없이 발휘했다.

(5) 시세와 형세를 만들어내어 역량을 높이다

군사모략학에서는 시세나 형세를 만들어내는 '조세造勢'를 강조한다. 이 '조세'를 모략의 근본이자 계책을 실시하는 큰 방법으로서 중요한 위치에 올려놓았다. 누가 더 잘 국면을 꾀하고 형세를 정하는가는 전쟁의 승부에 직접적인 영향을 주기 때문이다.

'조세'란 전쟁을 이끄는 사람이 쌍방의 실력과 작전구역의 정치·경제·지리 등과 같은 기본적인 조건에서, 자기 노력으로 자신의 힘을 증강시킬 수 있는 공간적 위치를 적극 구하고 차지하여 주동적으로 자신에게 유리하고 상대에게 불리한 환경·구조·태세를 창조하는 것이다. '조세'의 취지는 자기 역량을 키워 전장에서의 주도권과 자유권을 쟁취하고 확보하는 데 있다. 즉, 모략가는 '세勢'를 이용하여 승리를 쟁취한다.

'조세'는 모택동의 모략사상에서 중요한 위치를 차지한다. 그의 모략사유 활동이 모두 이 '세'를 둘러싸고 진행되었다고 할 수 있다. 중국 혁명전쟁을 이끄는 과정에서 모택동은 '조세'를 중시하여 형세를 능수능란하게 만들어냈다. 모택동의 '조세' 모략에서 핵심적인 문제는 장비와 전력이 약한 아군이 어떻게 하면 유리한 형세를 만들어 적을 철저하게 섬멸할 수 있을까, 하는 것이었다. 모택동은 전략·전역·전술 모두에 '조세'라는 문제가 존재하며, 전략과 전술은 더더욱 그렇다고 인식했다. 이하 전략이란 측면에서 모택동의 '조세' 모략 예술을 중점적으로 분석해보기로 한다.

① 적이 강하고 우리가 약하다는 사실에서 출발하여 "먼저 적이 나를 이길 수 없게 했다"

일반적으로 모략가들이 형세를 만들고 대책을 세울 때 먼저 자신의 이익은 잃지 않는다는 기본을 확보한 다음 더 많은 이익을 꾀하는 것이 필요하다. 즉, 상대에게 패하지 않는다는 전제에서 조건을 창조하여 상대를 물리치는 것이다. 『손자병법』에서 말하는 "먼저 적이 나를 이길 수 없게 한다."는 이치다. 장비가 취약하고 전력이 약한 군대에게 이 점은 특히 중요하다. 약한 군대가 강한 군대와 싸우면서 "먼저 선수를 써서 상대를 제압"할 수는 없다. 관건은 어떻게 하면 "상대에게 제압당하지 않는" 수를 낼 것인가에 있다. 또 곧장 달려들어 유리한 형세를 쟁취하여 적을 사지에 몰아넣을 수도 없다. 따라서 자신을 지키고 튼튼하게 뿌리를 내리는 형세를 창조한 후에 승리를 얻는 거시적인 모략을 도모해야 한다.

토지혁명이 시작될 무렵 홍군의 힘은 아주 약소했다. 당시 정세는 모택동이 다음과 같이 지적한 바와 같았다.

적은 전국을 통치하고 있고, 우리는 얼마 안 되는 소부대밖에 없다. 우리는 처음부터 '포위해서 소탕'하려는 적과 힘겹게 싸워야 한다. 우리의 운명은 적의 이 전략을 격파하느냐에 달려 있다. '포위해서 소탕'하는 적의 전략을 깨부수는 과정은 순조롭지 않고 우여곡절이 많을 수밖에 없다. 가장 먼저 그리고 가장 중대한 문제는 어떻게 역량을 보존하면서 시기를 기다려 적을 격파할 것인가이다. 따라서 전략적 방어라는 문제가 홍군의 작전에서 가장 복잡하고 중요하다.(181쪽)

이렇듯 모택동은 적이 강하고 우리가 약한 조건에서 스스로를 지키는 형세를 창출하는 데 중점을 두었다. 전쟁을 수행하면서도 모택동은 어떻게 이런 형세를 만들어낼 것인가의 문제를 정확하게 해결했는데, 다음 몇 가지로 요약해본다.

첫째, 유리하고 의지할 수 있는 '민세民勢'를 강구한다.

"힘은 약하지만 인민들과 연계되어 있으면 강하다. 힘이 강해도 인민과 척을 지면 약하다." 이는 불가항력의 역사법칙이다. 약소한 혁명 역량으로 스스로를 지키는 형세를 창조함에 첫 번째 조건은 인민군중과의 결합이다. 당시 홍군은 입지, 즉 혁명의 근거지로 군중의 기초가 좋은 지방을 선택하지 않으면 안 되었다. 모택동은 중국에서 붉은 정권이 왜 사천四川·귀주貴州·운남雲南과 북방의 각 성이 아니라 호남湖南·광동廣東·호북湖北·강서江西 등지에서 먼저 일어나고 존재할 수 있었냐는 질문에 다음과 같이 분석했다.

이 성들은 "1926년과 1927년의 부르주아민주혁명 과정에서 노동자·농민·군인이 주축이 된 군중이 대대적으로 일어났던 곳이기 때문이며", "아주 넓은 노동자·농민조직이 있으며, 노동자·농민계급이 지방의 유지나 토호 등 부르주아계급과 정치·경제적으로 투쟁을 벌였던 곳이기 때문이다." 요컨대 그곳에는 비교적 각성한 광대한 혁명군중이 있었기 때문이다.

실천이 증명하다시피 "가장 적극적으로 홍군을 원조하고 백군을 반대하는" 인민군중이 있었기에 홍군이 자신의 전력을 보존하면서 적을 섬멸할 수 있었다. 모택동이 지적한 바와 같이 "근거지의 면적은 작지만 정치적 위력을 갖추고 있어 방대한 국민당 정권의 공세에 맞서 군사적으로 막대한 타격을 줄 수 있었는데, 이는 우리에게는 농민의 도움이 있었기 때문이다."(174쪽)

둘째, 유리한 '지세地勢'를 차지하여 '높은 위세'로 '낮은 위세'를 제압한다.

속담에도 "사람은 높은 곳으로 가고, 물은 낮은 곳으로 흐른다."는 말이 있다. 사람은 생존과 발전을 위해 높은 자리를 적극 차지하려 한다. 물이 아래로 흐른다는 것은 그 역량이 높은 자리에 있음을 비유하는 말로, 그럴 경우 에너지를 더 높여 낮은 곳을 향해 방출함으로써 낮은 자리를 제압할 수 있다는 것이다.

모택동은 "약한 군대가 강한 군대를 이기려면 진지陣地라는 조건을 언급하지 않을 수 없다."고 강조했다. 그는 '작전에 유리한 지세'를 근거지로 선택하는 것을 하나의 조건으로 삼고 "백색 정권이 사방으로 포위한 가운데 분산되어 있는 붉은군대는 산지의 험준함을 이용할 필요가 있다."(67쪽)고 했다. 중국 홍군이 정강산井崗山으로 들어가 유리한 지세를 차지한 것이 전형적인 사례였다. 관련하여 모택동은 이렇게 말했다.

나소羅霄산맥의 모든 곳을 우리는 다 돌아다녔다. 각 부분을 비교하면 영강寧岡을 중심으로 한 나소산맥의 중부가 군사적 거점으로 삼기에 가장 유리하다.(78쪽)

그곳은 지형이 험하여 수비는 쉽고 공격은 힘들었다. 여기에 사방 약 25km 이상을 활용할 여지가 있었다. 진공하면 혁명 역량을 키울 수 있고, 물러나도 역량을 보존할 수 있었다. 또 호남성과 강서성의 접경지이기 때문에 호남과 강서는 물론 호북성까지 영향을 미칠 수 있었다.

셋째, 공격과 수비의 수단을 원활하게 운용하여 자기 역량을 보존하면서 적을 소멸시킨다.

인민군중의 세력과 지형상의 유리한 형세를 차지하는 것은 자신의 역량을 보존하는 형세 창출에 객관적 기반을 갖춘 것에 지나지 않는다. 사실상 자신의 역량을 보존하는 형세를 만들어내려면 실질적으로 공격과 방어의 수단을 자유자재로 활용해야 한다. 모택동은 이렇게 말했다.

공격은 적을 직접 소멸시킴과 동시에 자기 역량을 보존하기 위해서이다. 적을 소멸시키지 않으면 내가 소멸당하기 때문이다. 수비는 직접 자기 역량을 보존함과 동시에 공격을 보조하여 공격 단계에 들어가기 위한 준비 단계의 수단이다.

이를 위해 모택동은 "적이 강하고 내가 약한" 형세에서 전략적 방어는 필연적이며, 전략적 전투 과정에서는 조건을 창조하여 공격을 실행하되, 강력한 공격 앞에서는 전략적 후퇴를 실행해야 한다는 점을 강조했다. 그는 '전략적 후퇴'란 "열세에 놓인 군대가 우세한 군대의 공격에 맞서 그 공격을 빠른 시간에 격파할 수 없다는 것을 알았을 때 자신의 군사력을 보존한 다음 때를 기다려 적을 격파하는 계획적이고 전략적인 조치이다."라고 했다.

중국 혁명전쟁의 역사를 돌이켜보면 모택동은 민중의 위세와 지세가 뒷받침되어 있는 양호한 근거지에 기대어 적이 공격하면 후퇴하고, 적이 멈추면 교란시키고, 적이 지치면 공격하고, 적이 후퇴하면 추격한다는 방침[102]과 적을 깊숙이 끌어들이는 방침을 정확하고 원활하게 운용하도록 이끌었다. 이렇게 해서 강력하고 끈질긴 자기 역량을 보존하는 형세가 만들어졌고, 그 결과 홍군은 자기 역량을 효과적으로 보존하면서 끊임없이 적을 공격하여 소멸시켜나갔고, 아울러 약세를 강세로, 규모가 작은 근거지를 큰 근거지로 발전시켜나갔다.

② "우세하면 이기고 열세면 패한다."는 법칙을 운용하여 전역과 전투에서 우세한 태세를 조성했다

"전쟁은 힘겨루기다." 강하면 이기고 약하면 패한다. 이는 인간의 의지로 바꿀 수 없는 객관적 법칙이다. 전역이 되었건, 전투가 되었건, 전쟁의 최종 결과가 되었건 상대를 압도할 우세한 힘이 없으면 싸워 이길 수 없다. 중국 혁명전쟁의 기본적인 특징은 적이 강하고 내가 약했다는 점이다. 이런 정황에서는 전쟁의 객관적 법칙을 어떻게 운용하여 약한 힘으로 강한 힘을 물리친다는 목적을 이룰 수 있을까? 이에 대하여 모택동은 심오한 모략적 사고를 진행했다. 그는 동서양의 역사에서 강한 군대가 패하고 약한 군대가 승리한 실제 경험을 연구한 끝에 이 문제를 해결할 수 있는 길을

---

102 이 방침을 '16자 비결'이라 하는데, '적진아퇴敵進我退, 적주아교敵駐我攪, 적피아타敵疲我打, 적퇴아추敵退我追'를 말한다.

찾아냈다. 관련하여 그는 이렇게 말했다.

적은 병력으로 많은 병력을 격파하고, 열세로 우세에 맞서 승리를 거둔다. 이는 부
분적으로 우세한 나의 힘을 주동적으로 활용하여 부분적으로 열세하고 수동적인
적에 맞서 한번 싸워 이긴 뒤 그 나머지는 각개격파하여 전반적으로 주동적 우세
의 국면으로 바꾸는 것이다.(458쪽)

이는 약한 군대가 전략을 이끌면서 할 수 있고 또 반드시 운용해야 하는 법칙이
다. 전쟁의 실제 상황과 객관적 조건에 따라 전체 국면에서는 약하지만 부분적인 강
세를 조성하여 그 부분적 강세로 상대의 약한 부분을 공략하여 승리를 실현하는 것
이다. 이런 부분적 승리가 어느 정도 쌓이면 전체 국면에 질적인 변화를 일으키게 되
고 결국 약한 것으로 강한 것을 이길 수 있다.

이처럼 모택동은 부분적 강세로 약세를 꺾는 방법을 통하여 궁극적으로 전체
국면의 약세를 승세로 바꾸는 강약의 전환 법칙을 제시하는 한편, 승리를 위한 형세
와 시세를 만들어내는 '조세造勢'의 모략 방침을 세웠다. 즉, "상대적으로 많은 우리의
부분적 우세와 주동적 지위를 인위적으로 조성하여 적의 부분적 우세와 지위를 빼
앗고 적을 열세와 수동적 입장으로 몰아넣는 것이다."(457쪽) 그렇다면 어떻게 인위적
으로 전역과 전투에서 우세를 차지하여 적을 열세에 빠뜨릴 수 있는가.

첫째, 내 병력을 제대로 집중시키고 적의 병력은 분산시켜 한 개 방향으로 적들
의 여러 방향을 제약하여야 한다.

손무는 "나를 하나로 합치고 적을 열로 분산시키면 열로 하나를 치는 격이 된
다."고 했다. 손빈孫臏도 "적들의 병력을 분산시키고 우리의 군사를 단합시키면 적은

병력으로도 충분하고", "적의 병력을 분산시키지 못하고 우리의 군사를 단합시키지 못한다면 적보다 병력이 배를 넘어도 소용이 없다."고 했다. 때문에 내 병력을 어떻게 집중시키고, 적의 병력을 어떻게 분산시킬 것인가는 전역과 전투에서 내가 우세를 취하고 적을 열세로 모는 중요한 과제가 아닐 수 없다. 그래서 모택동은 내 병력을 집중시키는 중요성에 대해 "전략적 방어에서의 승리 여부가 기본적으로 병력 집중이라는 이 한 수에 달려 있다."(208쪽)고 강조했던 것이다. 관련하여 모택동은 다음과 같이 지적했다.

"우리가 주장하는 병력의 집중이란 작전에서 절대적 또는 상대적 우세를 보장하는 원칙에 입각한 것이다. 강한 적이나 긴급하고 중요한 작전에서는 절대적으로 우세한 병력으로 나서야 한다. 예를 들어 1930년 12월 30일, 제1차 '반反 포위소탕'[103]의 첫 전투에서 4만 명을 집중하여 장휘찬張輝瓚 부대의 9,000명을 쳤다. 약한 적이나 그다지 급하지 않은 작전에서는 상대적으로 우세한 병력으로 나서도 된다. 예를 들면 1931년 5월 31일 제2차 '반 포위소탕'의 마지막 전투 때 건녕建寧에서 유화정劉和鼎 군대 7,000명을 치는 데 홍군은 만 명 남짓한 병력밖에 사용하지 않았다."(211쪽)

그 후 해방전쟁 중에도 모택동은 다시 "우리가 집중하는 병력이 적의 6배, 5배, 4배, 적어도 3배는 되어야 적을 효과적으로 섬멸할 수 있다."(1151쪽)고 강조했다. 그러나 집중은 분산과 상대되는 말이다. 서로 우세와 주도권을 잡으려는 전쟁에서는 약

---

103 '반反 포위소탕'이란 장개석의 군대가 공산당 군대에 대해 취한 작전. 즉 "포위하여 괴롭힌다."는 '위초圍剿'에 맞선 군사행동을 가리킨다.

한 쪽도 강한 쪽도 모두 집중한다. 갖은 방법으로 약한 군대의 집중을 막고 파괴하려 한다. 약한 군대가 병사 하나, 총 한 자루라도 분산시키지 않으려 하면 강한 군대는 집중해서 약한 군대의 집중에 대응하여 강경하게 나올 것이다. 이는 약한 군대에 아주 불리하다. 때문에 모택동은 약한 군대가 전역이나 전투에서 우세하려면 반드시 온갖 방법으로 강한 군대의 병력을 분산시켜야 한다고 했다. 강한 군대를 분산시키려면 먼저 전략적으로 필요한 분산을 효과적으로 실행해야 한다. 인위적으로 나의 분산은 소규모로, 적의 분산은 대규모로 만들어야만 전투에서 나의 집중으로 적을 분산시켜 한 방향의 형세로 여러 방향의 형세를 통제하는 국면을 만들어낼 수 있다.

예를 들면 항일전쟁에서 승리한 후 장개석은 오로지 화북을 치고 동북을 선점하고자 했다. 그는 세 개 군의 병력을 하나로 모아 정주鄭州·신향新鄕에서 평한平漢 전선을 따라 북으로 진군했다. 홍군은 섬서·하북·산동·하남의 주력군을 집중시켜 적을 공격하기 위하여 각 해방구의 군대로 하여금 동시에 진포津浦, 동포同蒲 남단, 동백桐柏, 평수平綏, 하북과 요녕 등 여러 갈래의 전략적 방향으로 일제히 출격하게 했다. 당시 장개석은 다섯 손가락을 다 벌려 전면 대응하고 있었기 때문에 병력을 다시 뽑아내서 평한 전선에 빠르게 전력을 증원할 수 없었다. 이에 따라 섬서·하북·산동·하남의 부대는 6만의 야전군과 10만의 민병을 집중함으로써 평한 전선의 3만 남짓한 적에 비해 부분적으로 우세를 차지하여 두 개의 적군을 삼킬 수 있었다.

둘째, 적의 강세를 잘 분석하여 전체 국면의 강한 기세를 부분적 약세로 만들어야 한다.

중국 혁명전쟁을 지도하는 과정에서 모택동은 전쟁이라는 모순이 전개되는 과정에 드러나는 적의 부분적 약점을 적시에 잘 포착했다. 그는 전쟁의 초기에는 전체적인 국면에서 적이 강했지만 그 전개 과정에서 흩어진 전투 구역, 전략 방향, 전선,

부대는 서로 다른 주객관적 조건 때문에 그 역량이 늘 똑같지 않을 것이기 때문에 반드시 약한 부분이 드러나기 마련이라고 보았다. 따라서 아군이 우세를 차지하려면 반드시 "약한 부분을 골라서 때려야 한다." 또 "먼저 흩어지고 고립된 적을 친 다음 집중된 강한 적을 쳐야 하며" "주력을 피하고 허약한 부분을 때려야 한다."고 했다.

이렇게 역량을 집중하여 적을 공격해야 전략과 전투에서 나의 강한 기세와 적의 약한 기세가 뚜렷하게 드러나 승리를 확보할 수 있다. 전쟁이 진행되면 적은 여러 갈래로 일제히 진격해 오기 때문에 순간 강약을 구분하기 어렵다. 이럴 때는 고의로 약하게 보여 적을 착각하게 만드는 일도 반드시 필요하다. 이 문제는 다음에 전문적으로 논하기 때문에 더 깊이 이야기하지는 않겠다.

셋째, 포위하고 우회하는 전술을 잘 운용하여 부분적으로 적을 제약하는 '외세 外勢'를 만들어내야 한다.

아군이 포위당한 내선에서의 작전 형세를 '내세內勢'라고 하고, 적의 군대를 포위한 외선의 작전 형세를 '외세外勢'라 한다. 당연히 '내세'에 처하면 수동적으로 될 수밖에 없다. 반면 '외세'에 처하면 주동적으로 되어 '외세'가 '내세'를 통제한다. 모택동은 전략상 내선의 작전 형태, 즉 '내세'에 처한 우리 군이 대단히 불리하다고 인정했다. 그러나 아군은 전투에서 적을 포위하고 우회하는 작전으로 '외세'가 '내세'를 제약하는 유리한 태세를 만들어냈다. 모택동은 우세한 병력을 중시하는 것과 동시에 포위하고 우회하는 전술의 실행을 강조하면서 "사방에서 적을 포위하여 단 한 명도 놓치지 말고 모조리 섬멸"할 것을 요구했다. 홍군의 전쟁사를 돌이켜보면 홍군의 섬멸전 승리는 모두 우세한 병력을 집중시킨 물질적 기초 위에서 사방으로 적을 포위하여 '외세'로 '내세'를 제약한 결과였다.

③ 전체적인 효과와 이익에 착안하여 전체 국면을 조화시키는 추세를 조성했다

중국 혁명전쟁의 중요한 특징은 전쟁이 다수의 혁명 근거지와 전투 구역에서 각각의 주력부대가 동시에 적들과 작전하는 것이었다. 적이 강하고 내가 약한 형세에서 이렇게 역량을 여러 갈래로 나누어 작전하는 상황은 적과 싸울 때 힘을 합치기 어려울 뿐더러 적에게 각개격파당할 위험성이 높았다. 이 때문에 각 구역에 흩어져 있는 무장력을 어떻게 유기적으로 합치고 배합하여 작전에 임할 것인가 하는 방안을 세우고 형세와 시세를 만들어나가는 '조세造勢'가 중요한 문제였다.

모택동은 전체적인 효과와 이익이란 관점에서 출발하여 전체의 조화를 만들어 내는 일을 아주 중시했다. 그는 전국적으로 역량을 조화시키고 기세를 조성하면 전략상 적을 분산시키고 적의 우세를 약화시켜 수동적인 위치로 몰 수 있다고 보았다. 그리고 여러 곳에 흩어져 있는 아군의 역량을 전략상 전체적으로 합쳐 우세를 높여 주동적 위치를 쟁취하고, 나아가 적을 섬멸할 수 있는 형세로 전환시킬 수 있는 조건을 창출할 수 있다고 인식했다. 이 방면에서 모택동의 주요한 '조세' 모략은 다음과 같았다.

첫째, 우리 군의 '면세面勢'로 적의 '점세點勢'와 '선세線勢'를 제약한다.

유백승劉伯承 원수는 모택동의 이런 '조세' 모략을 거론하면서 "우리는 면으로 점과 선에 맞서는 것이고, 장개석은 점과 선으로 면에 맞서는 전쟁이다." "모택동은 중앙 소비에트 지구에 있을 때 큰 도시를 공격하는 것은 정확한 방법이 아니라고 했다. 우리는 민중과 잘 지내고, 토지 분배를 잘 하면 그 성벽은 저절로 무너질 것이라고 했는데 아주 제대로 본 것이다. 10년 내전에서 지금까지 우리는 면으로 점과 선에 맞서는 투쟁을 벌여왔다. 우리의 면이 넓으면 넓을수록 좋고, 그것으로 점과 선을 포위할 수 있다."고 했다. 유백승이 말한 면이란 주로 광활한 농촌이고, 점과 선이란 인구가 많은 크고 작은 도시와 도로가 지나는 주변이다. 이는 '조세'의 각도에서 볼 때 도시의 도로를 농촌이 포위하고 있는 모습을 비유한 것이다. 국내 혁명전쟁과 항일전쟁에서 적의 주된 역량은 주로 크고 작은 도시와 교통 노선을 통제하는 '점세'와 '선세'를 형성했다. 반면 우리 군은 혁명 근거지와 항일 근거지를 세워 광대한 향촌 지역을 통제했다. 고립된 근거지 한 곳만을 놓고 볼 때는 적으로부터 3면 또는 4면으로 포위당한 모습이었지만 여러 근거지를 연계시킬 경우 전체 국면에서 우리가 적의 점과 선을 포위한 형세였다. 이처럼 중국 혁명전쟁은 '면세面勢'로 '점세点勢'와 '선세線勢'를 제약하는 독특하고 거대한 태세를 형성했던 것이다. 모택동은 이런 태세를 끊임없이 강화하기 위해 전쟁을 이끌면서 늘 더 많은 근거지 확보를 지시하고 각각의 근거지를 서로 배합하여 싸울 것을 강조하는 한편 점차 이 근거지 모두가 하나로 이어져야 한다고 했다.

둘째, 우리의 '요혈세要穴勢'로 적의 '면세面勢'와 '선세線勢'를 제약한다.

사람에게는 혈이라는 것이 있다. 그중 중요한 혈인 요혈要穴을 찌르면 죽을 수도 있고 살릴 수도 있다. 군사에서 전체 국면에 결정적으로 작용할 수 있는 점으로 형성된 태세나 형세를 '요혈세要穴勢'라 한다. 모택동은 전략을 이끌 때는 늘 전체 국면을 잘 살려 이 '요혈세'로 적을 사지로 몰았다. 예를 들면 요심遼沈 전역戰役이 시작되기 전에 모택동은 동북 야전군에게 먼저 금주錦州를 공격하라고 거듭 지시했는데, 금주가 바로 '요혈'이었기 때문이다. 금주를 점령하여 동북의 적과 화북의 적이 연합하는 것을 끊는다면 동북의 적들은 문이 닫힌 채 개처럼 두들겨 맞는 꼴이 되기 때문이다. 또 평진平津 전역戰役의 작전 방침에서 모택동은 "…(가장 중요한) 당고塘沽와 신보안新保安만 점령하면 전체 국면을 되살릴 수 있다."고 지적했다. 당고와 신보안이 평진 전역에서 두 개의 '중요한 혈'로서 한 일자로 뱀처럼 늘어진 적의 진을 부술 수 있었기 때문이다. 또 항일전쟁 초기에 우리 군이 태항산太行山을 통제한 것, 해방전쟁에서 전략적 반격에 나서 대별산大別山으로 진군한 것도 모두 '요혈세'로 '면세'와 '선세'를 통제한 빛나는 사례였다.

셋째, 나의 '외세'로 불리한 '내세'의 위치에서 빠져나온다.

적이 강한 형세에서는 전략상 적은 '외세', 나는 '내세'에 처하게 된다. '내세'는 '외세'의 제약을 받기 때문에 불리한 태세다. 전략상 '내세'라는 불리한 위치에 있는 내가 어떻게 하면 주도적이고 유리한 위치를 쟁취할 것인가. 모택동은 나의 '외세'를 제대로 창출하여 확대하고 적의 '외세'를 축소시켜 '내세'로 몰아야 하는 것이 관건이라고 보았다. 그렇다면 어떻게 나의 '외세'를 창출하고 확대할 것인가.

모택동은 이에 대해 깊은 모략사유를 진행했다. 예를 들어 항일전쟁에서 쌍방의 태세를 분석하면서 이렇게 지적했다.

전쟁 전반을 놓고 보면 적은 전략적 진공과 외선 작전을 펼치고 있고, 우리는 전략적 방어와 내선 작전의 위치에 있기 때문에 의심할 바 없이 우리가 적의 전략적 포위 안에 들어 있다. 이는 우리에 대한 첫 번째 형태의 포위 상황이다. 전략상 외선에서 여러 갈래를 통해 우리를 향해 진격하는 적에 대해 우리는 수적으로 우세한 병력으로 이에 맞서고 있기 때문에 여러 갈래로 진격하는 적의 한 갈래 또는 몇 갈래를 우리가 포위하여 몰아넣을 수 있다. 이는 적에 대한 우리의 첫 번째 형태의 포위다. 여기에 적의 후방에서 벌이는 유격전의 근거지를 보면 각각의 고립된 근거지는 적으로부터 4면 또는 3면으로 포위당한 형세다.… 이것이 우리에 대한 적의 두 번째 형태의 포위다. 그런데 유격전의 근거지들을 연결하고, 이를 정규군의 진지와 다시 연결해보면 우리가 많은 적을 포위한 모습이다.… 이는 적에 대한 우리의 두 번째 포위다.… 세계를 바둑판이라 생각하고 다시 보면 쌍방 간에 세 번째 형태의 포위도 발견할 수 있다. 침략 전선과 평화 전선과의 관계가 그것이다. 적들은 중국, 소련, 프랑스, 체코슬로바키아 등 여러 나라를 포위하고 있고, 우리는 독일, 일본, 이탈리아를 포위하고 있다. 그런데 우리의 포위는 (서유기에 나오는) 부처님의 손바닥과 같아 결국은 우주를 가로지르는 오행산五行山으로 바뀌어 이들 새로운 손오공, 즉 파쇼 침략주의자들은 그 산에 짓눌려 영원히 일어나지 못하게 될 것이다.(440쪽)

모택동의 이런 투철한 인식은 뒤엉켜 있는 복잡한 국면에서 우리가 처한 '내세'라는 불리한 조건을 정확하게 보아야 하고 동시에 전쟁의 전체적 상황에서 우리가 갖고 있는 '외세'의 유리한 조건도 볼 수 있어야 한다는 점을 잘 보여주었다. 즉, 주관적 능동성을 충분히 발휘하여 외선에서는 거듭 속전속결전을 벌이고, 후방의 근거지를 최대한 발전시키면서 투쟁의 국제적 통일전선을 강화하여 우리의 '외세'를 끊임없이 창조하고 확대함으로써 적의 '외세'를 축소시키고 끝내 '내세'로 몰아 철저히 섬멸시키는 상황에 이를 수 있었던 것이다.

넷째, 우리의 '그물망 태세'로 적의 '그물망 태세'를 파괴한다.

'그물망 태세'란 이런 것을 말한다. 즉, 전쟁의 역량이 광활한 공간에서 여러 개의 점처럼 배치될 때 이 점들 사이에는 막힘없는 정보 유통과 역량의 자유로운 기동성이 있어 여러 점이 서로 의지하고 지원하고 협조하여 하나의 통일체가 되거나 각점이 발휘하는 기능이 직접 연속 연계되어 이루어진 '세'를 말한다.

전쟁에서 쌍방은 자신의 역량 배치가 그물망처럼 형세를 갖추도록 최선을 다한다. 따라서 적의 그물망을 어떻게 파괴할 것인가가 형세를 만들어내는 데서 중요한 문제가 된다. 특히 근거지, 전투 구역, 주력부대가 각각 상대적으로 독립해서 작전을 펼쳐야 하는 특징을 가졌던 중국 혁명전쟁에서 나의 그물망 형세를 조성하는 일은 더욱 필요했다. 모택동 역시 이 형세의 창조를 대단히 중시했다. 그 주요한 방법은 이러했다.

하나, 전쟁의 전체적인 국면을 이끄는 전략 방침으로 각 근거지, 각 전구, 각 부대의 사상을 통일시켜 각 지점에 처해 있는 우리의 역량을 전략 방침에 따라 협조하고 일치된 힘으로 적을 공격했다.

둘, 전군을 움직일 때 작전 배치를 끊임없이 조화시켜 각 지점의 역량이 단단히 배합하여 전체적으로 힘을 합치게 했다. 예를 들어 해방전쟁이 전략적 진공의 단계로 넘어갈 때 모택동이 제시한 "삼군을 배합하여 두 날개를 견제"하는 전략적 배치는 자랑할 만한 사례였다. 1947년 6월, 전쟁을 국민당이 통치하는 지구로 끌어들이기 위해 모택동은 우선 '유등대군'은 남선 중앙의 적들의 취약한 부분을 돌파하고 하남과 안휘 변방 지구를 거쳐 대별산으로 진군한다는 방침을 확정했다. 이어 진사陳謝와 진속陳粟 두 갈래의 대군은 하남·호남·섬서와 하남·안휘·소주 변방 지구로 진입하여 '유등대군'을 뒤쫓는 적을 견제하도록 적시에 조종했다. 또 '유등대군'과 중원지구에서는 '品'자 형태의 삼군을 배합하는 진을 쳐서 협동작전으로 중원을 공략했다. 동시에 서북 야전군과 화동 야전군 동쪽 병단에 지시하여 섬서 북쪽과 산동 전투지에서 적의 주력을 압박하게 함으로써 삼군이 중원에서 벌이는 작전을 엄호하게 했다. 이 밖에 모택동은 산서·하북·산동·하남 등지와 동북 전투지의 홍군에게 적극 공세에 나서 적을 섬멸할 것을 지시함으로써 전략상 협동작전으로 삼군을 외선 작전으로 전환시켰다. 이렇게 중앙에서 돌파하고, 삼군이 진입하고, 두 날개를 묶어두고, 내선과 외선을 배합하는 그물망 형세를 만들어 적을 효과적으로 견제하고 이동시키고 분산시켰다. 적은 목숨 부지에 급급해서 이것을 챙기다 저것을 놓치는 등 수동적 태세에 빠졌다.

셋, 전군을 대상으로 전체 국면에 대한 관념 교육을 실시했다. 이를 통해 각각의 근거지, 전투 구역, 부대가 알아서 전체 국면에 따르고, 전체의 이익과 목표를 실현하기 위해 주도적으로 협동해야 한다는 자각심을 높였다. 모택동은 늘 군대는 "전반적인 형세를 돌아볼 수 있게 해야 한다. 모든 당원, 모든 사업, 모든 언론 그리고 모든 행동은 당 전체의 이익을 출발점으로 삼아야 하며, 이 원칙을 어겨서는 안 된다."고 강조했다.

모택동의 지도에 따라 각 지점에 위치해 있었던 홍군은 전체 국면이라는 높이에 서서 자신이 처한 부분적인 위치와 작용을 정확하게 이해함으로써 전체 국면에 유리한 기회를 추구하고 파악하여 자신의 행동을 결정했다. 전체 국면의 이익을 위해 무거운 책임을 자발적으로 원했고, 심지어 기꺼이 부분적 이익을 희생하기까지 했다. 이처럼 홍군의 그물망 형세는 튼튼한 기초 위에 우뚝 설 수 있었다.

(6) 교묘한 '궤도詭道'로 뜻하지 않은 착각을 일으키게 하다

모략학에서는 전쟁 중에는 쌍방 사이에 믿음이니 하는 어떤 말도 있을 수 없다고 한다. 적을 상대할 때 교묘한 권모술수는 필수적이다. 이것이 『손자병법』에서 말하는 '궤도詭道'[104]란 것이고, 그래서 "전투란 적을 속이는 것으로 성립한다."고 강조하는 것이다.

역대 군사모략가들도 이론적으로 이 원칙이 옳다는 점을 이야기했고, 전쟁을 실행하면서 '성동격서聲東擊西', '위위구조圍魏救趙', '만천과해瞞天過海', '금선탈각金蟬脫殼',

---

104 '궤도'는 속임수·변칙·기습 등 정상적이지 않은 거의 모든 방법·전략·전술 등을 포괄하는 개념이다.

'명수잔도明修棧道, 암도진창暗渡陳倉' 등과 같은 영원히 시들지 않는 기발한 모략을 창조해냈다. '궤도'를 잘 활용하는 것은 중국 군사모략사상의 두드러진 특징이다. 모택동을 대표로 하는 1세대 프롤레타리아 혁명가들은 중국 혁명전쟁을 이끌면서 전쟁의 법칙을 반영하는 이런 군사모략의 원칙들을 계승하였을 뿐만 아니라 대대적으로 발전시켰다.

① '궤도'의 운용은 모택동 모략 방침의 중요한 내용이다

중국 혁명전쟁을 이끌면서 모택동은 '궤도'의 운용을 매우 중시했다. '궤도'의 모략 방침을 전체 모략 방침의 중요한 내용으로 삼았다는 점에서 모택동이 보여준 두드러진 공헌은 다음과 같았다.

첫째, 혁명전쟁에서 궤도의 사용은 합리적이라 여겼다.

중국 군사의 역사에서 손무가 "전쟁은 궤도, 즉 속임수다." "전쟁은 속임수로 성립한다."는 모략의 원칙을 명확하게 제기한 이후로 진보적이고 구체적인 모든 사업에 힘쓰는 군사전문가들은 이를 하나의 법으로 간주하여 계승하고 발전시켜왔다. 예를 들어 『한비자』 「난일難一」에서 "전쟁터에서 싸울 때에는 속임수를 마다하지 않는다."고 했고, 『손빈병법孫臏兵法』 「위왕문威王問」에서는 "모략은 적이 대비할 수 있는 길을 막을 수 있고, 속임수는 적을 곤경에 빠뜨릴 수 있다."고 했다. 조조도 "병법은 정해진 형상이 없고, 교묘한 속임수를 방법으로 삼는다."고 강조했다. 이들은 모두 군사투쟁에서는 교묘한 속임수로 적을 물리쳐야 한다고 주장했다. 교묘한 속임수라는 이 군사모략의 중대한 문제에서 춘추시대 송나라 양공襄公 같은 인물은 "적이 대열을 갖추지 않으면 공격하지 않고", "중상하지 않고", "험지로 몰아넣지 않는다."는 등 인의도덕을 내세우며 속임수를 반대했다. 그러나 "어진 사람의 군대는 속임수를 쓸 수 없다."

는 식의 주장은 완전히 잘못된 것이고, 수천 년 전쟁의 경험에 의해 완전히 부정되었다.

중국 혁명전쟁에서 '궤도'는 일반적인 전쟁법칙으로서 군사모략 원칙에 여전히 적용될 수 있는가라는 문제를 반영하고 있다. 다시 말해 프롤레타리아 혁명전쟁에서 '궤도'의 모략을 운용할 수 있는가였다. 이는 군사와 인식의 노선이 만날 때 회피할 수 없는 문제다. 모택동의 대답은 명확했다. "우리는 송 양공이 아니므로 돼지같이 미련한 그런 인의도덕은 필요 없다."(460쪽) 모택동이 송 양공의 '미련한 인의도덕'을 선명한 정치적 태도로 비판한 것은 프롤레타리아가 혁명전쟁을 수행할 때 '궤도'의 모략을 쓸 수 있고, 또 반드시 써야 한다는 뜻이었다. 모택동은 전쟁은 계급투쟁의 최고 형식이며, 중국 혁명전쟁은 이 계급이 저 계급을 뒤엎는 격렬한 행동이자 생사가 걸린 계급 싸움이라고 했다. 이 싸움은 마치 『수호지』의 무송武松이 호랑이를 때려잡는 것과 같아 "호랑이를 때려죽이거나 호랑이한테 먹히거나 둘 중 하나다." 때문에 적에 대해서는 냉혹하고 무자비해야 하며, 굳세게 투쟁하되 '인의도덕' 따위는 손톱만큼도 지킬 필요가 없고, '온화·선량·공경·절검·겸양'의 덕은 손톱만큼도 베풀어서는 안 된다고 했다.

적을 소멸하기 위하여 군사투쟁에서 '궤도'의 모략을 써서 권모술수로 속이고 유혹하는 수단 등은 대단히 필요하고, 마르크스주의 계급투쟁의 이치와도 맞다. 이는 유백승 원수가 "정치는 공개적이고 명확하게 주장하고, 군사행동은 은밀하고 교묘해야 한다."고 말한 것과 같다. "만약 군사행동이 은밀하지 못하거나 교묘하게 속임수를 쓰지 못하면 손해를 피해 유리한 곳을 차지하는 기동성을 발휘하지 못하고, 적의 병력을 소모시키고 나를 발전시킨다는 목적을 이루지 못한다." 모택동은 중국혁명에서 '궤도' 운용의 합리성을 긍정하여 당과 군이 혁명전쟁에서 대담하게 '궤도'의 모략을 운용하여 적을 물리친다는 인식 노선의 이론적 기초를 닦았다.

둘째, "열세로 우세를 이긴다."는 난제를 해결하는 각도에서 혁명전쟁과 '궤도' 운용의 필요성을 밝혔다.

어떻게 열세의 전력으로 우세한 적을 물리칠 수 있는가는 중국 혁명전쟁에서 가장 어려운 과제였다. 이 과제를 해결하려면 주관적 리더십 발휘에서 서로 대립되면서도 통일되는 두 개의 측면을 고려하지 않으면 안 되었다. 하나는 "부분적 우세와 부분적 주도권을 인위적으로 다수 조성하는" 것이었고, 또 하나는 "적의 다수의 부분적 우세와 주도권을 빼앗아 열세와 수동으로 모는"(457쪽) 것이었다. 이래야만 아군의 약점을 줄이고 강점을 늘릴 수 있고, 반면 적의 강점은 약화시키고 약점을 늘려 끝내 우리는 약세에서 강세로, 적은 강세에서 약세로 역전시킬 수 있기 때문이다. 모택동은 '궤도'의 교묘한 운용이야말로 이 역전을 실현하는 중요한 방법으로 인식하여 다음과 같이 말했다.

> "착각을 일으키게 하고, 뜻하지 않은 불의의 공격으로 우세와 주도권을 잃게 만들 수 있다. 따라서 계획적으로 적을 착각에 빠뜨리고 불의의 공격을 가하는 것은 우세를 조성하고 주도권을 빼앗는 중요한 방법이다."
>
> "민중이란 우월한 조건을 갖추고, 정보의 누설을 방지할 수 있는 상황에서 적을 속이는 다양한 방법을 쓴다면 효과적으로 적의 판단 착오와 행동 착오를 유도하여 곤경에 빠뜨릴 수 있으며, 그에 따라 우세와 주도권을 잃게 만들 수 있다. '병법은 속임수를 꺼리지 않는다'는 말이 바로 이것이다."(459쪽)

사실이 증명하다시피 전쟁을 이끌면서 '궤도'의 모략을 운용하여 의도적으로 적의 착각을 유도하고 적을 약하게 만드는 것은 강약과 우열을 역전시킬 수 있는 효과적인 방법이다. 진짜와 가짜, 허와 실로 적이 나의 진짜 의도를 알 수 없게 만들어 내가 언제 어디서 어떤 방법으로 공격할 것인가를 모르게 함으로써 적이 나한테 끌려다니도록 만들어야 한다. 적을 주동에서 수동으로, 집중에서 분산으로, 유리한 지형에서 벗어나게 만들어 전체적으로 우세에서 부분 열세로 바꾸는 것이다. 이렇게 되면 불의의 습격으로 적을 섬멸하는 데 유리하다. 모택동은 전체적으로 '궤도' 모략을 쌍방의 강약을 역전시키는 중요한 수단으로 운용했고, 모략의 운용을 전략이라는 높은 수준으로 끌어올렸다.

셋째, 혁명전쟁의 특수성을 정확하게 인식하고 인민군중에 의지하여 '궤도'의 운용을 강조했다.

혁명전쟁은 철저한 정의성과 혁명성에서 일반 전쟁과 확실히 달랐다. 혁명전쟁은 광대한 군중의 이익을 최대한 대표했기 때문에 인민군중을 동원하고 조직하여 전쟁에 투입할 수 있었다. 혁명전쟁의 이런 특수성 때문에 모택동은 인민군중에 의지하여 '궤도'의 모략을 잘 운용하자고 강조했다. 모택동의 '궤도' 모략이 역사상 일반적인 '궤도' 모략과 근본적으로 다른 점이다. 모택동은 궤도 모략을 논하면서 다음과 같이 분명하게 지적했다.

"이렇게 하기 위한 선결 조건은 훌륭한 민중조직이다. 적을 반대하는 모든 민중을 동원하고, 그들을 무장시켜 적에게 광범위한 습격을 가하는 동시에 정보의 누설을 방지하면서 아군을 엄호하게 함으로써 적으로 하여금 아군이 언제 어디서 자기들을 공격할 것인가를 알 수 없게 하여 착각을 일으키고 불시에 습격할 수 있는 객관적 기초를 조성하는 것이 아주 중요하다."
"오로지 모든 민중을 단호히 그리고 광범위하게 동원해야만 전쟁에 필요한 모든 것을 무한대로 공급할 수 있다. 이는 적의 착각을 유도하고 불시에 습격할 수 있는 기

반을 조성하여 승리한다는 전쟁의 방법에서 큰 작용을 해낼 것이다."(459-460쪽)

중국 혁명전쟁의 역사가 충분히 증명하다시피 인민군중을 믿고 의지한 것은 홍군이 '궤도'의 모략을 성공적으로 운용할 수 있었던 기초였다.

② 가짜 모습을 보여 계획적으로 조종하다

우리의 조종에 적이 따르지 않을 수 없게 만드는 것은 모택동의 뛰어난 군사모략에서 두드러진 표현들 중 하나였다. 이를 실현하려면 "교묘하게 가짜나 거짓 모습을 보이는" 이른바 '시형示形'을 통해야만 효과를 거둘 수 있다. 모습을 보인다는 것은 적을 속이는, 즉 진짜를 감추고 가짜와 거짓 모습을 보여주는 것으로 의도적으로 여러 가상을 만들어서 적을 착각에 빠뜨리는 전형적인 군사모략이다. 그 목적은 자신의 진정한 의도를 감추고 형세를 만들어 상대가 어쩔 수 없이 따르게 하는 데 있다.

모택동은 중국 혁명전쟁을 이끌면서 이 '시형' 모략을 잘 활용하여 적의 코를 꿰고 다닐 수 있었다. 적은 우리가 동쪽으로 끌면 동쪽으로 끌려오고, 서쪽으로 가라 하면 서쪽으로 갈 수밖에 없었다. 모택동의 이 '시형' 모략은 적의 지휘관들도 감탄해 마지 않았다. 모택동이 '시형' 모략으로 적을 마음대로 조종했던 예술의 특징은 구체적으로 아래 세 가지 정도로 요약된다.

첫째, 적의 심리를 잘 예측하여 형세에 맞추어 유리하게 이끌었다.

군사 대결에서 군의 행동은 지휘관의 결심에 달려 있고, 지휘관의 결심에는 늘 심리적 요인이라는 제약이 있기 마련이다. '시형'은 위장을 통해 적을 속이는 활동이다. 적의 심리적 특징, 의도와 욕구, 사유방식 등을 잘 파악해야만 적을 착각하게 만들어 그릇된 행동을 저지르게 할 수 있다. 속담에 "소를 끌려면 소의 코를 끌어야 한다."고 했다. '시형'으로 적을 조종하려면 적의 심리적 특징을 장악하는, 즉 '소의 코'를 잡아야만 내 의도대로 조종할 수 있다. 모택동을 비롯한 1세대 프롤레타리아 혁명가들은 중국 혁명전쟁을 이끌면서 적의 심리적 특징을 정확하게 파악했기 때문에 정확한 예측을 내릴 수 있었다. 이렇게 해서 손무가 말한 '적의 사령관'이 되어 "모습을 드러내면 적이 반드시 따르는" 효과를 거둘 수 있었다.

적의 심리적 특징을 정확하게 파악하기 위해 1세대 혁명가들은 적을 연구하는 사업을 중시했다. 이들은 여러 경로로 전략과 전역을 조직적으로 정찰하여 적의 상황을 광범위하게 이해하는 한편, 적의 신문, 빼앗은 문서와 편지, 포로의 자백은 물론 심지어 개인 일기에서도 자료를 찾았다. 이를 통해 적의 의도, 군사 배치, 병력, 장비와 행동법칙 등을 손금 보듯 훤히 꿰뚫었고, 적군 사령관의 파벌, 출신, 이력, 작전상의 특징, 지휘 수준, 성격, 기호, 신체 상황, 성격의 특징 등에 대해서도 아주 구체적으로 파악했다. 이는 '시형' 모략을 통해 효과적으로 적을 조종할 수 있는 튼튼한 기초가 되었다. 이렇게 적의 심리적 특징을 정확하게 파악한 기초를 바탕으로 1세대 혁명가들은 '시형'으로 적을 조종하면서 구체적으로 다음과 같은 전략을 실행했다.

하나, 적의 서로 다른 심리적 특징에 맞추어 형세에 따라 유리하게 이끌었다.

적이 다르면 그 심리도 다르다. 일본군의 심리적 특징과 국민당 군대의 심리적 특징이 같을 수 없다. 또한 국민당 군대 안에서도 적통이냐 아니냐에 따라 심리적 특징이 다르게 나타난다. 나아가 지방 부대의 심리적 특징도 다르고, 지휘관에 따라 심리적 특징은 더더욱 다르게 나타난다. 따라서 '시형'으로 적을 유인하려면 서로 다른 심리적 특징에 맞추고 여기에 형세에 따라야만 예상한 목적을 이룰 수 있다.

예를 들어보자. 산서山西의 군벌 염석산閻錫山은 매우 교활하고 간사하여 '오뚝이'라는 별명으로 불렸다. 그는 우리 군의 전략전술을 오래 연구하고서 대책을 세웠다. 때문에 이 약아빠진 여우를 착각하게 만들어 함정으로 끌어들이기란 여간 어려운 일이 아니었다. 그러나 상당上黨 전역에서 유백승과 등소평은 염석산의 군대가 "성을 수비하는 데 주력하고" "야전에 서툰" 약점, 항일전쟁에서 승리한 후 일본군이 점령했던 장치長治를 중심으로 하는 진동남晉東南 전략을 급하게 실행하고 싶어 하는 심리를 파악했다. 이에 "적을 공격하여 구원 부대를 파견하게 만들어 그 구원 부대를 섬멸하고, 그들을 유인하여 우리와 야전을 벌이게 만드는" 모략을 취하기로 했다. 이렇게 해방군은 성을 포위하여 빼앗고, 구원하러 온 부대를 섬멸하고, 포위를 뚫고 도망가는 적을 소멸함으로써 염석산 군대 13개 사단 3만8천 중 도주자 2천 명과 흩어진 1천 명을 제외한 나머지를 섬멸했다. 대부분이 유인책으로 끌려 나와 야전에서 섬멸당했다.

둘, 전쟁 단계에 따라 달라지는 적의 심리적 특징에 의거하여 형세에 맞추어 유리한 방향으로 이끌었다. 전쟁이 진행되면 형세의 변화와 발전에 따라 전쟁 단계가 달라질 수밖에 없고, 적의 심리적 특징도 달라진다. 우세했던 초기의 적은 교만하고 건방질 수 있다. 선수를 쳐서 상대를 제압하려는 전략으로 성급하게 싸움을 걸어 승리하려는 심리가 다분하다. 하지만 전쟁이 진행되면서 쓴맛을 보고 난관에 부딪히면 이를 인정하지 않고 기회를 잡아 보복하려는 정서가 쉽게 생겨난다. 전쟁 막바지에 좌절을 당하고 기가 꺾이면 공포심이 생기고 우유부단해진다. 아니면 죽기 살기로 최후의 발악을 하기도 한다. 퇴로를 찾거나 도망칠 길을 찾기도 한다. 물론 이는 일반적 상황일 뿐이다. 전쟁의 상황이 달라지면 적의 심리는 사람에 따라, 시기에 따라, 지역에 따라 달라진다. '시형'으로 적을 유인할 때는 이런 달라진 상황에 정확하게 맞추고 여기에 형세를 잘 살펴 유리한 방향으로 이끌어야만 목적을 이룰 수 있다.

예를 들어보자. 1947년 3월, 국민당 호종남胡宗南은 23만 명의 병력을 집중하여 섬서·감숙·영하 변방 지구를 대거 공격해 왔다. 당시 적은 공세를 중점으로 하던 단계였고, 호종남은 매우 교만하여 서둘러 우리 주력군을 찾아나서 속전속결하려고 했다. 모택동은 당시 적의 심리적 상황에 맞추어 자진해서 연안에서 철수하여 적을 깊이 유인하고, '버섯' 전술을 운용하여 적을 끌고 다니면서 섬서 북부 고원 지역을 빙빙 돌았다. ('버섯' 전술의 내용은 바로 뒤에 나온다.) 그리고 유리한 기회를 만들어 연속 세 번 승리를 거두었다.

그런데 1948년 6월 하순에 이르러 우리 군이 서북에 성공적으로 진공하는 형세가 되자 호종남의 심리 상태는 2년 전과 크게 달라졌다. 당시 호종남은 어쩔 수 없이 섬서 중남 쪽으로 철수해 있었다. 그는 청해와 영하 두 곳의 힘을 빌려 연합작전으로 우리 군에 반격을 가하려고 하는 한편, 전력을 보존하여 형세가 불리해지면 바로 사천으로 철수함으로써 섬멸의 위기를 벗어나려 했다. 따라서 호종남의 주력군을 섬서 중남에서 섬멸시키려면 그를 이곳에 눌러놓는 일이 관건이 되었다. 이에 중앙군사위원회에서는 '부미扶郿 전역'을 수립하면서 주저하며 결단을 선뜻 내리지 못하는 호종남의 심리상태에 맞추어 "도적 호종남이 사천으로 도망치지 못하게 하려면 지금 한중漢中 지구를 점령하는 것은 시기가 좋지 않다. 한중을 잠시 호종남 수중에 그대로 두어 자신들이 유리하다는 착각을 일으켜야 한다."고 판단했다. 또한 호종남이 청해·영하 두 지역과 연합하여 우리 군을 공격하려는 심리도 정확하게 파악하여 이 두 지역을 공략하여 호종남을 고립시켰다. 호종남은 고군분투할 수밖에 없었고, 우리 군은 4일이라는 짧은 시간에 적 4개 군단 4만여 명을 섬멸하고 섬서를 해방시켰다.

둘째, '시형'을 구사하되 고정적이어서는 안 된다.

'시형'은 중국 군사모략에서 전통적인 원칙의 하나다. 이에 대해서는 많은 언급이 있어왔다. 『손자병법』에서는 할 수 있지만 할 수 없는 것처럼 보여주고, 쓸 수 있지만 쓸 수 없는 것처럼 보여주고, 가깝지만 먼 것처럼 보여주고, 멀지만 가까이 있는 것처럼 보여주는 방법을 이야기하고 있다. 하지만 이런 것은 일반적인 원칙이다. 지휘관이 이런 일반적 원칙만 알아 습관대로 '시형'으로 적을 속이려 한다면 적을 믿게 만들기 힘들다. 적이 나의 '시형'을 믿지 않으면 적을 유인하여 속이지 못한다.

　모택동을 비롯한 1세대 프롤레타리아 혁명가들이 전쟁에서 '시형'으로 적을 조종하는 데 성공한 까닭은 하나의 격식에 매이지 않고 원활하게 '시형'을 구사했기 때문이다. 수시로 변하는 상황에서 적은 진짜와 가짜를 가려내기 어려웠고, 우리 군의 진정한 의도를 판단하기 어려웠기 때문에 자신도 모르게 올가미에 걸려들었던 것이다.

　예를 들어보자. "동쪽에서 고함을 지르고 서쪽을 친다."는 '성동격서聲東擊西'는 모택동이 자주 쓰는 '시형'으로 적을 조종하는 모략이다. 사실 적도 이런 모략을 잘 알고 있다. 그러나 모택동의 '성동격서'는 운용할 때마다 그 나름의 특징을 보였기 때문에, 적은 소리가 나는 쪽이 어디고 공격하는 쪽은 어딘지를 분간하지 못하고 늘 속임수에 당했다. 유명한 "적수를 네 번 건너기"에 앞서 금사강金沙江을 먼저 건너는 작전에서 모택동은 매번 '성동격서'로 성공을 거두었다. 매번 서로 다른 내용과 특징 때문이었다. 첫 번째는 '고함'을 서쪽 찰서扎西에서 질러 적들을 유인하고 '공격'은 귀주貴州에서 한 후에 다시 돌아온 준의遵義 전역이었다. 두 번째는 '고함'을 준의 지역을 돌면서 질러대며 적을 유인하다가 적수를 세 번이나 건너 적을 뿌리친 '공격'이었다. 세 번째는 북쪽으로 장강長江을 건너는 척 '고함'을 질러 적을 유인한 후에 적들을 뿌리치고 귀주로 다시 진입하는 '공격'이었다. 네 번째는 동쪽 상서湘西로 진입하는 척 '고함'을 쳐서 적들을 동쪽으로 조종한 후에 남쪽으로 오강烏江을 건너 귀양貴陽으로 직진한 '공격'이었다. 다섯 번째는 거짓으로 귀양을 공격하는 척 '고함'을 질러 장개석을 놀라게 하여 장개석이 전군을 동원하여 자신을 호위하게 만든 뒤에 서쪽으로 진입하는 통로를 개척하는 기회를 마련한 '공격'이었다. 이렇게 적의 달라진 심리 상태에 맞추어 내용을 바꿔가며 '성동격서'를 했으니 적이 넘어가지 않을 수 없었다.

셋째, 적을 조종하는 새로운 방법을 과감하게 창조했다.

중국 군사모략의 보물창고에는 '시형'으로 적을 조종하는 방법은 수없이 많다. 예를 들면 이런 것들이다. "비어 있는 것 같은데 사실은 꽉 차 있거나, 꽉 차 있는 것 같은데 실은 비어 있는" '허허실실虛虛實實'을 비롯하여 "잡고 싶으면 일부러 놓아주어라."는 '욕금고종慾擒故縱', "하늘을 속이고 바다를 건너는" '만천과해瞞天過海', "무에서 유를 만들어내는" '무중생유無中生有', "황금 매미가 껍질을 벗는다."는 '금선탈각金蟬脫殼' 등등이다. 1세대 혁명가들은 이런 모략들을 능숙하게 운용하면서 혁명전쟁의 특징에 맞추어 '시형'으로 적을 유인하는 새로운 모략을 많이 창조해냈다. 그 주요한 방법들을 보면 이렇다.

"적을 깊숙이 끌어들이다." 이는 강력한 적의 공세에 맞서 계획적으로 근거지 일부를 포기하여 적을 그 지역으로 유인한 뒤 섬멸하는 모략이다. 이 방법은 적의 전력 소모를 증대시키고 병력을 흩어놓아 실수를 유발함으로써 적을 불리한 태세로 몰고 갈 수 있다. 우리 군은 유리한 조건을 이용하여 우세한 병력을 집중시켜 적을 각개격파할 수 있다. 이 모략은 모택동이 중앙 소비에트 지구에서 제1차 '반 포위토벌'을 진행할 때 처음 제기되었다. 그 후 '반 포위토벌' 전쟁에서 여러 차례 성공적으로 운용했다. 항일전쟁 시기에 각 근거지에서 투쟁을 벌일 때 이 모략을 운용하여 성공했고, 해방전쟁 초기에도 역시 성공적으로 운용한 바 있다. 이 모략은 이처럼 실천을 통해 반복해서 검증을 받은 효과적인 모략의 원칙이다.

다음, '마고蘑菇', 즉 '버섯 전술'이다. 이것은 전략적 전투에서 양호한 민중 조건, 유리한 지형, 쌍방의 구체적인 태세를 이용하여 적을 빙빙 돌게 하여 기진맥진하게 만든 후 섬멸하는 모략이다. '마고'는 버섯이다. 버섯은 알다시피 식용 식품이다. 한자로 '마고蘑菇'라 한다. 사람들은 흔히 사물의 이름에서 그 발음을 따서 거기에 다른 의미를 부여한다. 버섯의 '蘑'는 '갈다'는 뜻의 '磨'와 발음이 같다. 여기서 '적의 시간을 간다, 즉 '시간을 끈다'는 뜻으로 바뀌었고, '嬷'는 '일부러' '고의로'라는 뜻의 '故'와 발음이 같다. 이 둘을 합치면 고의로 시간을 끌면서 적을 끌고 다니며 전력을 소모시킨다는 뜻을 가진 전술이 된다. 모택동은 이런 의미에서 이 모략을 '마고 전술'이라 했고, 비유가 절묘했다.

이 모략은 모택동이 1947년 3월, 「서북 전장의 작전 방침에 관하여關於西北戰場的 作戰方針」라는 글을 통해 제기되었다. 1947년 3월, 호종남 군대 34개 여단 23만 명이 섬서·감숙·영하 변방 지역을 중점 공격할 때 모택동은 이 전술을 이용하여 아군은 감춘 채 적을 끌고 빙빙 돌았다. 적군은 망망한 섬서 북부의 고원을 넘고 강을 건너고 산을 넘으면서 양식은 다 떨어지고 지칠 대로 지쳤다. 이런 기회를 움켜쥐고 우세한 병력을 집중하여 3전 3승 할 수 있었다.

다음, "외선에서 출격한다." 이는 내선에서의 작전을 외선으로 옮기고, 근거지에서의 작전을 적의 점령구로 옮김으로써 아군의 근거지를 포위하려는 적의 모략을 포기하게 만드는 것이다. 이 모략은 "위나라를 포위해서 조나라를 구한다."는 '위위구조 圍魏救趙'의 모략을 창조적으로 발전시킨 것으로, 적이 강하고 아군이 약한 중국 혁명 전쟁에서 위력을 발휘했다. 제5차 '반 포위토벌' 기간에 '복건사변福建事變'이 발생한 뒤 모택동이 제출한 것이다. 모택동은 홍군의 주력을 "절강浙江을 중심으로 하는 강소· 절강·안휘·귀주 지구로 돌진하여 종횡으로 항주杭州·소주蘇州·남경南京·무호蕪湖·남창南 昌·복주福州 사이에서 활동하게 하고, 전략적 방어에서 전략적 공세로 전환하여 적의 근본이 되는 중심지를 위협함으로써 단단한 참호가 없는 광대한 지역에서 작전하도록 만들고" 이 때문에 "강서 남부와 복건 서부 지구로 진공하던 적이 자신의 중심지를 원조하기 위해 하는 수 없이 되돌아가게 만들어 강서 근거지에 대한 적의 공격을 분쇄할 수 있을 것"(219쪽)이라고 건의했다. 이것이 '외선 출격' 모략의 운용이다.

항일전쟁 시기에 적의 후방 군단이 채용한 '번변전술翻邊戰術', 즉 적들의 '소탕'이 시작되자 우리 군은 즉각 '반 소탕'으로 맞섰다. 우리 군은 일부 병력을 남겨 지방의 무장과 배합시켜 내선에서의 투쟁을 유지하는 한편, 지도부는 주력군으로 적시에 적의 포위망에서 벗어나 적의 외선으로 이동했다. 여기서 아군은 적의 수비가 가장 약하고 우리 내선과 연결되어 있는 거점과 교통로를 습격했다. 적은 근거지에서 퇴각하여 다시 돌아와 원조에 나설 수밖에 없었다. 적이 원조를 위해 되돌아오자 아군은 다시 적의 약한 부분을 움켜쥐고 안팎에서 합동작전을 펼쳐 섬멸에 가까운 타격을 입혔다. 이때 적이 철수하지 않으면 아군은 적의 점령 구역을 끊임없이 습격하고 교란시키는 파괴 활동으로 적을 철수시킨다는 전략이었다. 이 역시 '외선 출격' 모략을 운용한 사례였다.

③ 익숙한 방법을 고수하지 않고 불시에 공격한다

모택동은 "불의不意란 무엇인가? 그것은 준비가 없는 상태를 말한다. 우세해도 준비가 없으면 진정한 우세가 아니며, 주도권도 없다. 열세에 있어도 준비된 군대는 적에게 불의의 공격을 가하여 우세한 상대를 꺾을 수 있다."(549쪽)고 지적했다. 힘을 사용함에 어떻게 기습병들을 잘 활용하여 적이 생각지도 못한 시간과 지점, 예상치 못한 방식으로 돌발 공격을 가할 것인가 하는 이른바 '궤도詭道' 모략의 운용은 중요한 내용이었다. 모택동은 정규군이 아닌 기습병을 잘 운용하는 모략의 대가였다. 그가 홍군을 이끌며 작전하면서 채택한 방법은 "너는 너의 것을, 나는 나의 것을 때리는", 즉 각자의 것을 때리는 것이었다. 완전히 주도적인 이런 작전은 정해진 절차가 없고 틀에 얽매이지 않았다. 불의에 적을 습격하여 적을 제압함으로써 하나하나 빛나는 전례를 창조해냈다. 유등대군이 대별산으로 돌진하여 전략적 공세의 서막을 활짝 연 사실은 이 문제를 충분히 설명해주고 있다.

우선, 우리 군은 적들이 생각지도 못했던 시간에 전략적 공세 단계로 진입했다.

주지하다시피 전략적 공세의 시기를 정확하게 파악하는 것은 전략을 이끄는 데 중대한 문제였다. 너무 이르면 조건이 성숙되지 못해 실패를 초래할 수 있고, 너무 늦으면 전쟁의 유리한 시기를 놓치게 되어 난관이 커진다. 일반적인 전쟁 규칙에 따르면 전략적 방어에서 전략적 공세로 전환하려면 대개 쌍방의 군사력에 근본적인 변화가 발생했을 때 방어하는 쪽이 상대의 공세를 분쇄하여 상대를 전략적 방어로 몰아넣은 후에 시작된다. 그러나 해방전쟁은 이런 관례를 깼다. 홍군이 전략적 공세로 적의 전면적 공세는 무너졌지만 군의 숫자와 역량 및 장비는 여전히 적이 우세했다. 적은 우리 군에 대해 중점적 공세를 취하여 해방군과 요충지인 연안延安·임기臨沂·장가구張家口가 여전히 적의 수중에 있었다. 비유하자면 먹구름이 여전히 하늘을 뒤덮고, 부분적 형세가 여전히 엄중한 상황에서 시작되었다.

이런 형세에서 감히 전략적 공세로 전환한 것은 적의 예상 밖이었다. 이것이 바로 전략의 전체 국면에서 출발하여 형세를 잘 살펴 전략적 공세로 넘어가는 조건이 성숙되었음을 통찰한 후에 모택동이 내린 적의 의표를 찌르는 결단이었다. 모택동은 쌍방의 역량을 철저하게 대비하여 적이 여전히 우세한 힘으로 전략적 공세를 취하고 있는 현상을 통해 다음과 같은 점을 통찰해냈다.

쌍방의 군사상 역량 대비가 이미 우리에게 유리한 쪽으로 변화를 일으켜 전략적 공세의 단계로 넘어가는 물질적 기초는 마련되었다. 장개석 관할 구역에서 두 번째 '반 장개석 전선'이 형성되어 장개석은 인민 전체로부터 포위를 당하게 됨으로써 전략적 공세로 넘어갈 수 있는 군중적 기초가 마련되었다. 전장에서도 전략적 공세로 넘어가는 데 유리한 형세가 나타나기 시작한 반면 적의 전략적 공세는 이미 김이 빠진 상태가 되었다. 저들은 머리와 꼬리는 비대하고 몸통은 비쩍 마른 이른바 '아령'과 같은 모습의 형세가 되었는데, 이는 우리 군이 중앙을 돌파하는 데 유리했다. 불시에 전략적 공세를 취하여 적의 전략적 부서들을 교란시키면 적은 '중점적 공세'를 포기하고 '전면적 방어'로 전환하지 않을 수 없을 것이고, 이렇게 되면 전쟁의 형세는 근본적으로 바뀔 수 있었다. 한마디로 말해서 전략적 공세로 넘어갈 수 있는 시기가 기본적으로 성숙되어 있었다. 이 중대한 시점에서 유백승 원수는 다음과 같이 지적했다.

"기회를 놓치지 마라. 때는 다시 오지 않는다. 모 주석의 의도는 이 상황에서 적의 공세가 완전히 분쇄될 때까지 기다렸다가 전력과 장비 등에서 적을 완전히 넘어선 다음 전략적 공세를 취할 것이 아니라 지금 이 유리한 시기를 움켜쥐고 적이 숨 돌릴 틈을 주지 않고 바로 전략적 방어에서 전략적 공세로 넘어가야 한다는 것이다."

다음으로 아군은 적이 전혀 예상치 못한 지점에서 전략적 공세를 취하고, 예기치 못한 노선을 따라 진격하고, 생각하지도 못한 목표를 향해 전략적 공세를 취했다. 그 구체적인 과정은 다음과 같았다.

첫째, 아군의 전략적 공세로 중앙을 돌파할 때 과연 어디에서 황하의 험준한 요새를 돌파할 것인가? 유등대군은 모택동의 지시에 따라 황하를 건너는 지점을 임복집臨濮集으로부터 장추진張秋鎮 사이 300여 리에 이르는 구간으로 선택했다. 여기는 강이 넓고 물이 깊기 때문에 적은 이 천혜의 험준한 지역을 '40만 대군'에 맞먹는다고 자신만만해했다. 남쪽 기슭에만 해안 상륙거점과 야전 방어시설을 구축하여 두 개 사단이 직접 황하의 요충을 지키고, 다른 한 개 사단은 가상嘉祥 지구에서 기동하고 있었다. 따라서 아군이 이곳에서 돌파를 시도하리라고는 생각지도 못했다. 아울러 아군은 적을 홀리기 위해 '성동격서'의 전술, 지원과 주력 작전을 배합하는 작전 방식을 취했다. 즉, 몰래 강을 건너는 것과 대놓고 강을 건너는 강행 전술을 함께 취했다. 1947년 6월 30일, 아군 12만 대군은 단번에 천혜의 험준한 황하를 돌파했다.

둘째, 아군의 전략적 공세는 적이 예상치 못하는 노선을 따라 전개되었다. 황범구黃泛區는 항일전쟁 시기에 장개석이 인민의 생사도 고려하지 않고 황하의 제방을 터뜨려 물길을 바꾸는 바람에 형성된 곳이다. 넓이가 30여 리에 곳곳이 고인 물과 진흙탕이었다. 얕은 곳도 무릎까지 오고, 깊은 곳은 배꼽을 넘었다. 게다가 주위에는 인가도 길도 없었다. 장개석은 이 천연의 장벽이 아군의 앞길을 막을 것이라 믿었다. 그는 아군이 이 황범구를 진격 노선으로 택할 줄은 꿈에도 생각하지 못했다. 시간을 빼앗아 적을 멀찌감치 떨구기 위해 아군의 지휘관들은 적의 비행기가 교대로 폭격을 가하고 습격하는 공격에도 아랑곳 않고, 또 연속 강행군으로 인한 피로도 무릅쓰고 태양이 쨍쨍 무더운 여름에 놀랍게도 황범구를 건넜다. 이로써 황범구에서 아군을 섬멸하려는 장개석의 악랄한 계책은 완전 분쇄되었다.

셋째, 아군의 전략적 공세의 창끝을 어디로 맞출 것인가? 모택동이 현명하게도 대별산 지구를 선택한 것 역시 적의 예상 밖이었다. 대별산은 국민당의 수도인 남경南京과 장강 중류 요충 사이의 호북·하남·안휘 세 성의 경계에 위치한 전략적으로 적의 가장 민감한 지구였다. 그래서 이곳을 장개석의 '침대 옆'이라고 부를 정도였고, 이 때문에 공산당이 여기까지는 들어오지 못할 것으로 생각했다. 모택동은 아군이 대별산을 점령하면 동쪽으로 남경을 위협하고 무한에 접근하여 중원을 견제할 수 있기에 아군에게 전략적으로 대단히 중요하다고 판단했다. 아울러 산동과 섬서 북쪽에 있는 장개석 부대가 본부를 원조하기 위해 움직이게 만들 수 있어 아군과 이 전략적 요충지를 놓고 싸우게 됨으로써 아군의 전략적 공세라는 목적을 제대로 이룰 수 있었다. 게다가 이곳은 적의 통치력이 약한 지역이자 오랜 혁명 근거지이기 때문에 아군이 발을 붙이고 뿌리를 내리기 쉬웠다. 사실이 증명했듯이 이 선택은 정확했다.

그다음, 아군의 전략적 공세의 방법도 적의 예상을 벗어났다. 일반적 전쟁 규칙에 따르면 전략적 공세는 보통 하나의 도시 또는 하나의 지역을 골라 하나하나씩 차례로 밀고 나가는 방식이다. 모택동은 아군의 전략적 공세는 약진의 방식을 취해야한다고 지시했다. 후방은 신경쓰지 말고 거침없이 몰아붙여 단숨에 적의 가장 깊은곳에 칼을 꽂고, 먼저 광대한 농촌을 점령하여 혁명 근거지를 세움으로써 농촌에서도시를 포위해가며 도시를 탈취하는 것이었다. 적은 상식을 뛰어넘은 이런 결단은꿈에도 생각하지 못했다. 아군의 이 전략적 공세에 직면하자 적의 지휘부는 극도의혼란에 빠졌고, 당연히 실패는 불가피했다.

(7) 민중에 착안하여 힘의 근원을 찾는다

전쟁은 힘겨루기다. 예로부터 지금까지 모든 정치가, 군사전문가들은 전쟁에서 승리를 얻기 위해 상대를 약하게 만들고 나의 힘을 강하게 하는 모략을 운용하면서 하나같이 전쟁을 수행하는 '힘의 근원'을 찾는 데 애를 썼다. 물론 역사와 계급의 한계 때문에 역사시대와 계급에 따라 전쟁에서 힘의 원천에 대한 이해는 정치가나 군사전문가마다 달랐다.

기나긴 중국 봉건사회에서 많은 군사전문가들이 보았던 것은 장수와 병사의 힘이었다. 초기 민주주의 혁명기에 손중산孫中山이 본 것은 애국 화교들의 힘이었고, 근대 서방 자본주의 국가의 많은 전략가들이 본 것은 새로운 과학기술을 이용하여 만들어낸 신식 무기장비의 힘이었다. 중국 혁명전쟁을 이끌면서 모택동 등 1세대 혁명가들 역시 힘의 근원이란 문제에 부딪힐 수밖에 없었다. 이에 그들은 역사 유물주의원리를 운용하여 이 문제에 대해 과학적으로 분석하고 정확한 해답을 찾았다. 바로"전쟁 위력의 가장 깊은 근원은 민중에 있다."(478쪽)는 것이었다.

① 인민의 역량을 승리의 근본으로 삼다

중국 역사에서 진보적인 정치가, 군사전문가들은 정도는 다르지만 '귀민貴民'과 '중민

重民' 사상을 가지고 있다. 인민군중이 전쟁에서 발휘하는 작용을 중시한 것은 중국 군사모략학의 두드러진 특징이다. 다만 역사와 계급의 한계 등과 특히 영웅이 역사를 창조한다는 유심주의 역사관의 지배를 받아 역대 정치가, 군사전문가, 모략가들은 인민군중이 전쟁의 힘의 원천이라는 사실을 제대로 인식하지 못했다. 한 걸음 더 나아가 군중들을 동원하고, 조직하고, 무장시켜 전쟁을 진행하지 못했다. 그들과 인민군중의 관계는 언제나 이용하는 관계이자 주인과 종의 관계였다.

모택동 등 1세대 프롤레타리아 혁명가들은 중국 군사모략에서 인민군중이 전쟁에서 발휘하는 작용을 중시하는 종래의 전통을 비판적으로 이어받고, 여기에 마르크스주의의 유물주의 역사관을 지침으로 삼아 중국 혁명전쟁의 실제에 연계시켜 힘의 근원 문제에 대하여 다음과 같은 심각한 모략사고를 진행했다.

첫째, "인민, 오직 인민만이 세계의 역사를 창조하는 동력"(932쪽)이라는 역사 유물주의의 근본적 원리로부터 출발하여 인민군중이 전쟁의 주체이고 전쟁 승리의 결정적 힘이라는 것을 제시했다. "전쟁의 위대한 힘의 제일 큰 근원은 민중에 있다."는 것을 명확히 하면서 "오직 전체 민중을 단호히 그리고 광범위하게 발동해야만 전쟁에 필요한 모든 것을 그들이 무한대로 공급할 수 있다.(460쪽)고 지적했다.

둘째, 무산계급의 사업은 천백만 군중이 자신들의 해방을 쟁취하는 사업이라는 역사 유물주의 원리로부터 출발하여 "혁명전쟁은 오로지 대중을 동원함으로써, 오직 대중에 의지함으로써 진행할 수 있는 대중의 전쟁이기 때문이다."(122쪽)고 제시하였다. 한 걸음 더 나아가 군중을 동원하고, 군중에 의지하고, 군중을 조직하고, 군중을 무장시켜야 전쟁을 진행할 수 있다는 근본적인 지도 노선을 확립했다.

셋째, 농민은 중국혁명의 주력군이고, 농민 문제는 중국혁명의 근본 문제라는 중국혁명의 특징으로부터 출발하여 중국 혁명전쟁의 실질은 무산계급이 이끄는 농민전쟁이라는 점을 제시하였다. 군중을 동원하고 의거하고 조직하고 무장시키는 중요 임무는 당시 중국 인구의 80%를 차지하는 농민군중들을 동원하고 조직하는 것이었다. 그리고 인민군중이 전쟁의 중심 역량이라는 것을 정치와 정책으로 구체화했다.

넷째, 인민군중이 전쟁에서 힘을 충분히 발휘하는 역량의 근원이라는 점에서 출발하여 "병사와 인민이 승리의 근본이다."는 것을 제시하면서, 군대와 인민이 단단히 결합하여야만 잠재된 인민군중의 에너지를 전쟁에 끊임없이 주입할 수 있으며, 나아가 혁명전쟁의 승리를 근본적으로 보증할 수 있다는 점을 강조했다.

종합하자면 혁명 역량을 기획하면서 모택동은 인민군중, 특히 중국 인구의 80%를 차지하는 광대한 농민군중의 위대한 힘을 믿고, 그들만이 그리고 그들이 군대와 긴밀히 결합하는 것만이 혁명전쟁 승리의 근본이라는 사실을 강조했다. 이렇게 해서 중국 군사모략사에서 처음으로, 또 근본적으로 '전쟁 역량의 근원'이라는 문제를 해결했다.

② 인민에게 이익을 줌으로써 민중들의 헌신을 격려하다

전쟁 역량의 근원이 인민군중, 특히 광대한 농민군중이라는 점을 탐구했다면 다음은 그들을 어떻게 동원하여 위대한 혁명전쟁에 투신하게 할 것인가의 문제가 떠올랐다. 이는 전쟁 역량에 대해 모략 방침을 세울 때 반드시 해결하여야 할 두 번째 문제였다. 이 문제를 어떻게 해결할 것인가.

모택동은 인민에게 이익을 주는 것이 관건이라고 보았다. 본질적으로 말해서 혁명전쟁의 정의성은 억만 군중을 동원하여 혁명전쟁에 투신하게 하는 정치적 기초다. 혁명전쟁의 목적이 어디까지나 광대한 군중의 희망과 요구를 반영하고, 군중들의 근본적인 이익에 부합해야만 그들의 옹호와 지지를 얻을 수 있기 때문이다.

하지만 정의성은 그저 군중들을 동원하여 참전시킬 수 있는 가능성만 갖추고 있을 뿐 그것을 현실로 만들려면 정확한 주관과 리더십이 있어야 한다. 우선, 적극적인 정치 동원을 진행해야 한다. 예를 들어 "전쟁의 정치적 목적을 군대와 인민에게 알려주는 것", "모든 병사와 인민에게 왜 싸워야 하며, 싸움이 자신들과 어떠한 관계가 있는가를 명백히 알리는 일", 항일전쟁의 정치적 목적은 "일본 제국주의를 몰아내고 자유·평등의 새 중국을 창건하는 것" 등이다. 이 목적을 모든 군대와 인민에게 알려주어야만 항일의 거센 물결을 일으켜 수억만 사람들로 하여금 일치단결하여 모든 것을 전쟁에 바치게 할 수 있다."(448-449쪽) 동원할 때 "목적을 설명하는 것만으로는 부족하므로 이 목적을 달성하기 위한 조치와 정책도 설명해주어야 한다."(449쪽) 이래야만 억만 군중의 사상을 통일시켜 승리할 수 있다.

다음으로, "우리가 인민을 동원하여 전쟁에 참가하게만 하고 다른 일은 하나도 하지 않으면" 군중들은 싸우러 나가지 않을 것이다. "군중들을 진심으로 생각하고", "진심으로 군중의 이익을 위하고, 군중들의 생산과 생활 문제를 해결하여" "광범한 대중에게 우리는 그들의 이익을 대표하고 있으며, 그들과 호흡을 같이하고 있다는 사실을 인식시켜야 한다. 그들이 우리가 제기하는 보다 높은 임무, 즉 혁명전쟁의 임무를 이해하고, 혁명을 지지하고, 혁명을 전국적으로 추진시켜 우리의 정치적 호소를 접수하고 혁명의 승리를 위하여 끝까지 투쟁하게 해야 한다."(124쪽)

전쟁에서 정치 동원을 잘 하고, 성심성의로 군중을 위하여 이익을 꾀한다는 두 가지 원칙으로부터 출발하여 우리 당은 지난 여러 차례의 혁명전쟁에서 선전 사업과 군중들의 생활을 돌보는 사업을 중시했다. 군중들의 생활을 돌보는 면에서 우리 당과 우리 군은 가는 곳마다 토지와 노동으로부터 땔감, 곡식, 기름, 소금 등 생활필수품에 이르기까지 군중의 이익과 관계되는 모든 실제 생활 문제를 의사일정의 중심에 두었다. 특히 농민의 주된 문제가 토지문제라는 점에 맞추어 변화하는 전쟁 시기마다 정확한 토지정책을 제정하여 농민들이 근본적인 이익을 얻게 했다.

예를 들면, 토지혁명전쟁 때 당에서는 혁명무장, 혁명근거지 건설과 토지혁명을 긴밀히 연계시켜 근거지를 창설하는 과정에서 토호들의 땅을 나누는 토지혁명운동을 적극적으로 전개하여 농민들이 확실한 혜택을 얻게 했다. 이로써 혁명전쟁을 지지하고 홍군에 참가하는 농민들의 적극성을 크게 불러일으켰다.

항일전쟁 시기에는 적의 후방 근거지에서 세금과 부채를 줄이는 운동을 전개하여 광대한 농민들의 적극성을 불러일으켰을 뿐만 아니라 항일 통일전선을 확대했다. 특히 항일전쟁이 대단히 어려웠던 시기에 추진한 대생산 운동은 인민들의 부담을 크게 줄였고, 당·군대와 인민군중의 관계를 더욱 가깝게 만들어 광대한 인민군중의 항일 열정을 북돋우고 추동했다.

해방전쟁 시기에는 해방구에서 세상을 흔드는 토지개혁운동을 전개하여 몇 천 년 동안 지속되어온 봉건제도를 철저히 뒤엎고 억만 농민들을 해방시켰다. 1946년 6월 통계에 따르면 해방구의 약 1억 농민이 3억7천5백만 무의 토지를 나누어 가짐으로써 농촌의 계급 관계를 근본적으로 바꾸었다.

토지혁명의 승리는 농민의 정치적 각오를 높여 생산에 적극 나서게 했을 뿐만 아니라 광대한 농민들이 적극 군에 들어와 전선을 지원하게 했다. 화북 해방구에서는 약 1백만 농민이 참군했고, 산동 해방구에서는 약 580만 이상의 민공이 전선을 지원했다. 이는 주은래周恩來가 토지혁명과 혁명전쟁의 관계를 말하면서 "토지개혁의 토대 위에서 위대한 중국 농민이 전쟁에 공헌한 것은 무엇인가? 그들은 자신의 자식과 남편을 인민해방전쟁에 참가시키고, 절약한 양식을 우리의 전방과 후방으로 날랐으며, 민병이 되고 민공이 되어 후방에서 질서를 유지시켰고, 많은 사람들이 부대를 따라 전선에 나가 전쟁에 협조하는 등 많은 일을 해냈다."고 지적한 바와 같다. "우리들은 위대하고 부지런하고 용감한 중국 농민에 의지하였기에 오늘의 승리를 얻을 수 있었다."[105]

　예로부터 지금까지 많은 정치가와 모략가들이 '애민의 길'을 힘겹게 추구해왔다. 많은 사람들이 "백성을 자식처럼 사랑하라." "그들이 굶는 것을 보면 걱정하고, 그들이 고생하는 것을 보면 슬퍼하고, 상벌이 자기 몸에 가해지는 것처럼 여기고, 세금이 자기에게 떨어지는 것처럼 하라." "인민을 사랑하지 않으면 안 되고, 인민을 위하지 않으면 안 된다." 등과 같은 빛나는 말들을 내놓았다. 그러나 근본적으로 그들은 인민군중과 대립적인 관계였기 때문에 인민을 사랑하고 인민을 위한 적이 없었다. 인민해방을 임무로 알고 인민군중과 혈육처럼 맺어진 중국 공산당만이 진정으로 인민을 사랑하고 인민을 위하였으며, 인민의 이익을 위한 일련의 계획을 세워 인민군중의 이익을 꾀할 수 있었다. 그렇게 해서 그들이 스스로를 해방시키고, 나아가 혁명전쟁에 헌신하는 극도의 적극성과 창조정신을 발휘하도록 격려했다.

③ 인민의 이익을 위한 전쟁으로 총체적 위력을 발휘하다

혁명전쟁에 참가하고자 하는 인민군중의 적극성을 불러일으키는 기초를 만들었다면 그들의 거대한 힘을 어떻게 합당하게 조직하고 운용할 것인가는 전쟁 역량에 대한 모략 방침을 세울 때 반드시 답해야 할 세 번째 문제다. 이 문제 역시 역대 정치가와 모략가들이 해결하지 못했고, 해결할 수 없었던 문제이다. 모택동 등 1세대 프롤레타리아 혁명가들은 중국 혁명전쟁을 실천하면서 이 문제에 대하여 위대하고 창조적인 모략을 발휘하여 인민군중의 작용을 발휘하는 '조직적 투쟁 형식'이라는 문제를 해결했다.

　인민군중을 혁명전쟁에 조직적으로 투입하려면 효과적인 조직 형식이 있어야

105　『周恩來選集』상권, 348쪽. (저자)

한다. 이에 모택동은 '세 개의 결합', 즉 '삼결합三結合'이라는 무장 역량 체제를 창조적으로 제출했다. 주력부대와 지방의 부대를 결합하고, 정규군과 유격대·민병을 결합하며, 무장된 군중과 무장되지 않은 군중을 결합하는 것이다. 이는 인민군중의 거대한 힘을 충분히 발휘하는 원대한 지략이었다. 그 주요 내용은 다음과 같았다.

첫째, 이는 여러 무장 역량의 작용을 충분히 발휘할 수 있는 방법으로 서로 배합하여 총체적 위력을 형성할 수 있었다. 이를 기하 도형으로 표시해본다면, 서로 연결되어 있는 네 개의 동심원으로 그릴 수 있다. 중심은 주력부대이고, 이로부터 바깥쪽 첫 번째 층은 지방부대, 두 번째 층은 군중 무장조직, 세 번째 층은 무장하지 않은 광대한 인민군중이다.

'삼결합'은 혁명전쟁이 주력부대를 중심으로 전체 인민들이 참가하는 층층으로 결합되어 서로 의존하는 전체 인민전과 총체전을 형성했다. 장기적인 혁명전쟁에서 우리 군은 수적으로 언제나 열세였다. 그러나 우리가 '삼결합'의 무장 역량 체제를 형

● '삼결합'의 모형도

성하자 우리 군의 힘은 극대화되었고, 우리 힘의 무게추도 적을 뛰어넘기 시작했다. 우리 군이 적고 약소한 군으로 강대한 적군에 맞서는 것이 아니라 군민 전체 위력으로 맞섰기 때문이다.

둘째, 적에 대한 작전의 주도권과 고도의 융통성을 형성할 수 있었다. 이 무장 역량 체제가 작전의 운용에서 분리와 결합이 빠르고 공격과 수비가 자유롭기 때문이다. 주력부대는 지방을 초월하는 작전 임무를 집행하여 고도의 기동작전을 실시하고, 지방부대는 한 구역에 정착해 있으면서 지방을 보호하고 후방을 공고히 하는 한편 주력부대와 결합하여 작전하는 임무를 진행했다. 민병 유격대는 보통 고향을 멀리 떠나지 않고 정규부대와 결합하여 작전하거나 단독으로 유격 활동을 벌이면서 생산을 보호하고 고향을 지켰다. 총체적으로 이 세 개의 무장 역량은 역할 분담과 상호 결합을 섞어가며 기동성 있게 적을 공격할 수 있었다.

셋째, 인민군대를 발전시키고 확대하는 데 유리했다. 세 무장 역량은 고·중·저 세 단계의 무장으로 구별이 되기도 하고, 투쟁의 필요성에 따라 서로 전환될 수 있었다. 특히 인민군대의 발전은 군인을 모집하는 형식이 아닌 인민들의 자원에 의지해야 한다. 중국 혁명전쟁의 특징에 맞게 인민군대를 확충시키는 방법이 있어야 하는데 '삼결합'의 무장 역량 체제가 이 문제를 해결하는 최적의 방법이었다. 우리 군은 가는 곳마다 우선 인민들을 도와 그 지방의 간부를 리더로 하는 민병과 자위대를 조직하는 동시에 투쟁 형세에 맞는 지방부대를 조직했다. 이런 기초 위에서 주력부대와 주력병단이 생산되었다. 이는 인민들이 자발적으로 군에 지원하는 특징에 부합했을 뿐만 아니라 인민군대의 정치·군사적 소질을 확보할 수 있었다.

인민군중의 거대한 힘을 충분히 발휘하여 적을 공격하려면 투쟁 형식이 정확해야 한다. 모택동은 군사투쟁을 위주로 정치·외교·경제·문화 등을 무장투쟁과 결합하는 투쟁 형식을 창조적으로 제기했다. 그는 "무장투쟁에 치중한다고 해서 다른 형태의 투쟁을 포기하여도 좋다는 말이 아니다. 무장투쟁 이외의 여러 가지 형태의 투쟁이 결합되지 않으면 무장투쟁이 승리할 수 없다."고 지적하였다. 그러므로 "무장투쟁을 노동자의 투쟁, 농민의 투쟁(이것이 주요한 것이다), 청년과 여성 및 일체 인민들의 투쟁, 정권을 위한 투쟁, 경제전선에서의 투쟁, 앞잡이 숙청전선에서의 투쟁, 사상전선에서의 투쟁 등등의 투쟁 형태를 전국적인 범위에서 직접 또는 간접적으로 배합"(572쪽)시켜야 한다고 했다.

실천이 입증하듯이 이렇게 하면 정치적으로 적을 고립무원의 지경으로 빠뜨릴 수 있고, 군사적으로도 적은 곳곳에서 저항을 받아 병력이 흩어지고 소모되기 때문에 아군이 병력을 집중하여 각개격파하는 데 유리했다. 경제적으로는 적의 경제발전을 저지하고 아군의 확실한 물자 공급원을 조성할 수 있으며, 문화적으로는 적의 실상을 폭로하고 인민을 교육하여 단결시킬 수 있었다. 한마디로 적을 우리의 전면적 공격으로 끌어들여 "머리끝까지 잠기는 망망한 대해에 처넣는" 상황을 만들어냈다.

2) 다섯 개의 비결

(1) 약세로 강세를 이기다

중국 공산당이 이끄는 인민군대는 제2차 국내 혁명전쟁, 항일전쟁, 해방전쟁 나아가 항미원조전쟁(6·25전쟁)에서도 같은 특징을 보였다. 즉, 전쟁 초기 쌍방의 역량은 상대는 강하고 내가 약한 형세가 뚜렷했다. 그러나 아군은 끝내 강력한 상대를 쳐부수었다. 그 원인은 여러 방면에서 찾을 수 있다. 예컨대 정의로운 전쟁, 인민들의 지지 등과 같은 것들이다. 그러나 가장 기본적인 요인은 "약세로 강세를 이기는 '이약승강

以弱勝强'의 모략을 사용했기 때문이다.

'이약승강'의 모략은 전장의 시간·공간적 조건, 인민이라는 조건, 지형 조건, 기후 조건 등과 같은 요소들을 한껏 활용하여 강적을 제약하여 약화시키면서 나의 힘을 충분히 발휘하여 최대한 적의 군사력과 경제력 그리고 병사들의 힘을 소모시키는 것이다. 이를 통해 전략적으로 적을 무너뜨리고, 전술적으로 적의 "날카로움을 피하고 적이 지치고 느슨해졌을 때 공격"했다. 공간이라는 조건에서는 넓은 전장을 충분히 이용하여 부지런히 움직이는 운동전과 "적을 깊숙이 유인하는" 등 다양한 전법을 전개했다. 작은 것은 과감하게 버리고 "얻고 싶으면 먼저 주어라."는 원칙을 취하여 꽉 움켜쥔 적의 주먹을 펴게 만들고, 점점 무거운 짐을 많이 지게 함으로써 강력하게 집중된 힘을 이리저리 흩어 힘 빠지고 때리기 좋은 적으로 바꾸어놓았다.

인민의 조건에서는 될수록 인민군중의 지원을 충분히 받을 수 있는 지역을 전장으로 선택하여 적을 '장님'과 '귀머거리'로 만들어 인민전쟁의 망망대해로 빠트렸다.

지형과 기후 등의 조건도 충분히 활용하여 우위에 있던 적의 무기와 장비를 약화시킨 뒤 아군의 우세로 적의 단점을 공격하는 특기를 발휘했다. 이렇게 여러 요건들이 유기적으로 결합됨으로써 강한 적을 약하게 만들 수 있었다.

이 모략에 대한 구체적인 운용과 관련하여 모택동은 『중국 혁명전쟁의 전략문제』에서 다음과 같이 생동감 넘치게 말한 바 있다.

만일 공격해 오는 적의 수와 그 강도가 아군을 훨씬 능가할 경우, 강약의 차이를 변화시키려면 적이 (우리) 근거지에 깊숙이 들어와 그곳에서 온갖 고초를 다 겪을 때까지 기다려야 한다. 예를 들면 제3차 '포위토벌' 당시 장개석 군대의 여단 참모장 하나가 "살찐 자는 시달려 마르고, 마른 자는 시달리다 죽는다."고 말할 때까지, 또 '포위토벌'군 서로총사령관 진명추陳銘樞가 "국민당군은 가는 곳마다 암흑이고, 홍군은 가는 곳마다 광명이다."라고 말한 것처럼 되었을 때까지 기다려야 한다. 그때가 되면 적은 강하지만 크게 약해지고, 병사들은 피로에 지쳐 사기가 떨어져 이런 저런 약점을 드러내기 마련이다.(192쪽)

약하고 작았던 홍군은 이렇게 강하고 커져 끝내 적을 물리치고 최후의 승리를 거두었다.

(2) 장점으로 단점을 치다

모택동은 전략으로 이끌던 전역에서의 전술로 "거지와 용왕이 보물을 겨루는" 방법이 아닌 적의 장단점, 우세와 약점, 아군의 우세와 열세 등 여러 가지 요소를 세심하게 분석하여 아군의 장점으로 적의 단점을 타격하는 전법을 찾아냈다. 예를 들면 항일전쟁의 전략을 이끌면서 일본 제국주의의 무기와 장비가 훌륭하고 훈련이 잘 되어 있는 등 장점을 충분히 인식한 다음, 침략전쟁이 정치적으로 민심을 얻지 못한다는 본질과 저들의 군사력과 경제력이 긴 전쟁의 소모를 견딜 수 없다는 약점까지 잘 분석해냈다.

또 아군은 인민의 조직이 부족하고 무기와 장비가 모자라다는 약점이 있지만 침략에 반대하는 정의로운 전쟁이 결국 인민의 지지를 얻을 수 있고, 넓은 국토를 돌면서 여러 요소들을 합쳐 '지구전' 전략을 펼치면 아군의 장점은 충분히 발휘하되 적의 단점은 남김없이 드러날 것으로 예측했다. 이렇게 해서 전역의 전술에서 장점을 적극 발휘하여 적의 단점을 타격하는 책략을 썼다. 여기에서 나온 지뢰전, 갱도전, 참새전[106], 습격전 등 여러 가지 유격전술은 모두 장점으로 단점을 타격한 구체적인

---

106 '참새전'은 중국어로 마작전麻雀戰이라 한다. '마작麻雀'이란 참새를 말한다. 때를 지어 정신없이 짹짹거리는 참새

모략전술이었다.

(3) 튼튼한 곳을 피하고 빈 곳을 치다

전략이든 전역의 전술이든 모택동은 줄곧 "적의 주력을 피하고 비어 있거나 약한 곳을 치는" 방침을 신봉했다. 우리 군이 여러 차례 '반反 포위토벌전'에서 승리한 것은 다 이 모략 덕분이었다. 이 모략을 가장 생생하게 활용한 경우가 제3차 '반 포위토벌' 전이었다. 당시 장개석은 직접 총지휘를 맡아 30만 대군을 집중시켜 미처 휴식도 취하지 못하고 전력 보충도 못 한 3만 홍군을 '포위토벌'하러 나섰다. 적이 길을 나누어 코앞으로 공격해 오자 아군은 만안萬安을 지나 부전富田을 돌파하여 적의 후방으로 들어가 연락선을 끊었다. 적이 이를 구원하기 위해 되돌아올 무렵 그들은 이미 기진맥진한 상태였다. 아군은 한밤에 적의 두 갈래 길 사이 약 17km의 비어 있는 지역에서 적의 뒤쪽을 넘었고, 흩어져 지칠 대로 지쳐 있는 두 갈래 적군 사이의 약 8km 산악 구간을 몰래 넘었다. 적이 이를 알았을 때는 아군은 이미 반 달 넘어 쉬고 전력을 정비한 뒤였다. 반면 적은 굶주림과 피로에 시달려 사기가 죽어 이러지도 저러지도 못한 채 퇴각했다. 이때 아군이 바로 추격하여 사단 하나와 여단 하나를 섬멸하고, 두 개 사단을 격퇴했다.

　적의 허점을 이용하고, 주력을 피하여 약한 곳을 골라 치는 이 모략을 두루 운용하여 거둔 전과는 대단히 많다. 이는 손무가 말한 "이익을 밝히면 유혹하고", "어지러우면 취하고" "강하면 피한다."는 모략의 바이블을 입신의 경지로 운용한 사례

처럼 상대가 정신을 못 차리게 공격을 가하는 유격전의 한 가지다. 흔히 해당 지역 민병들로 구성된 유격대는 지형에 익숙하다는 유리한 조건을 이용해서 몇 명씩 여러 떼를 지어 산림 지역·들·마을에 수시로 나타났다가 사라지면서, 적에게 갑자기 정확한 타격을 가해 적을 살상하거나 적의 역량을 소모시키거나 적을 현혹하거나 적을 지치게 한다.

였다.

(4) 힘을 집중시키다

모택동은 작전에서의 오묘함은 병력을 집중하는 것이라 했다. 모택동은 『중국 혁명
전쟁의 전략문제』에서 '병력의 집중문제'라는 단락을 따로 두었다. 그는 앞머리에서
이렇게 말했다.

> 병력의 집중은 보기에는 쉬운 것 같지만 실행하기는 자못 어려운 일이다. 다수로써
> 소수를 이기는 것이 가장 좋은 방법이라는 것은 누구나 다 알고 있다. 그러나 많은
> 사람들이 그렇게 하지 못하는 것은 물론, 그와는 반대로 번번이 병력을 분산시킨
> 다. 그 원인은 지도자에게 전략적 두뇌가 없어서 복잡한 환경에 홀리고, 그에 따라
> 환경의 지배를 받아 자주적 능력을 상실하여 상황에 맞추는 데만 급급하기 때문이
> 다.(206쪽)

그는 또 이렇게 말했다.

> 병력 집중은 쌍방의 형세를 바꾸기 위해 필요한 것이다. 적과 나의 형세를 바꾸기
> 위해서다. 첫째, 진퇴의 형세를 바꾸기 위해서다. 둘째, 공수의 형세를 바꾸기 위
> 해서다. 셋째, 내선과 외선의 형세를 바꾸기 위해서다. 우리의 전략은 "하나로 열을
> 당해내는" 것이고, 우리의 전술은 "열로 하나를 당해내는" 것이다.(206쪽)

홍군이 치른 전쟁의 역사를 보면 병력을 집중하여 적을 각개 섬멸시키는 모택동
의 이 원칙을 운용하여 성공한 사례는 매우 많다. 이런 방법을 인민군대의 적은 배울

수 없다. 관련하여 모택동은 이렇게 말했다.

"우리는 소수로 다수를 이긴 사람들이다. 우리는 전체 중국의 통치자들에게 이렇게 말했다. 또한 우리는 다수로 소수를 이긴 사람들이다. 우리는 전장에서 작전하는 각각의 적에게도 이렇게 말했다. 이는 이미 비밀이 아니었다. 적은 대체로 우리의 기질에 익숙했다. 그렇지만 적은 우리의 승리를 막을 수 없고, 자신의 손실을 면할 수도 없었다. 우리가 언제 어디서 이렇게 하는지 저들은 알지 못했기 때문이다."(211쪽)

"푹 쉬고 왕성한 정력과 드높은 사기로 적이 지치기를 기다린다. 이렇게 되면 쌍방의 대비는 대체로 어느 정도 균형이 잡혀 적의 절대적 우세가 상대적 우세로, 아군의 절대적 열세가 상대적 열세로 변하거나, 심지어 적이 아군에 비해 열세로 돌아서거나 아군이 적군에 비해 우세로 변할 수 있다."(192쪽)

(5) 속전속결로 전멸시키다

예로부터 병가에서는 신속을 추구했다. 손무는 이렇게 말했다.

"전쟁은 승리를 목적으로 하는 것이니 오래 끄는 것은 좋지 않다."
"군대는 빠를 때는 바람과 같고, 늦을 때는 숲과 같으며, 침략할 때는 불과 같고, 움직이지 않을 때는 산과 같다. 헤아리기 어려운 것은 흐린 날씨와 같고 움직일 때는 천둥번개와 같다."

모택동도 "군대는 속도가 으뜸이다."라고 했다. 하지만 전략을 지도할 때는 왕왕 이와는 거꾸로 사용하기도 했다. 적이 신속하게 나오면 우리는 지구전을 강구했고, 부분적으로는 신속을 꾀하면서 전체 국면으로는 지구전을 강구했다. 이는 적이 강하고 아군이 약한 형세에서 전체 역량 대비를 바꾸려면 긴 시간이 필요했기 때문이다.

전략에서는 반드시 '지구전'의 방침을 선택해야만 했다. 넓은 땅과 많은 인구라는 우세한 요소를 이용하여 군사력과 경제력이란 면에서 적을 지칠 대로 지치게 만들어 적의 우세를 약화시키는 한편 우리 힘을 키우는 조건을 창출해야 했기 때문이다.

적의 역량을 약화시키려면 반드시 적을 섬멸해야 한다. 총체적으로 역량이 열세에 있으면서 적을 섬멸하려면 속전속결하지 않으면 안 된다. 그러나 속전속결에 따른 기본적인 요구 사항에는 옛사람들이 늘 말하는 시간이란 관념 외에도 전부를 없애야 한다는 점이 포함되어 있다. 그 의미에 대해 모택동은 아주 실감나게 말했다.

"열 손가락을 다치게 하는 것보다 한 손가락을 끊어놓는 것이 낫다."
"열 개 사단을 격퇴시키는 것보다 한 개 사단을 섬멸하는 것이 낫다."

속전속결로 전부 섬멸한다는 목적을 이루기 위해서는 도망치는 자들이 없게 사방에서 포위해야 하며, 궁지에 몰린 적은 끝까지 쫓아 맹공을 퍼붓는 방법을 써야 하며, 남은 용맹한 병사로 적을 끝까지 몰아쳐야지 중도 포기한 항우를 따라 배워서는 안 된다. 이는 옛날 병가에서 말하는 "살길을 남겨주라." "퇴각하는 적은 공격하지 말라." "포위할 때는 한쪽을 비워놓아라." "궁지에 몰린 적을 지나치게 압박하지 말라."는 등과 비교할 때 참 대담하고 독특한 창조가 아닐 수 없다.

3) 세 분야의 예술

(1) 인민전쟁의 예술

인민전쟁의 실천은 최초의 통일제국 진나라 말기 진승陳勝과 오광吳廣의 봉기, 유방劉邦과 항우項羽의 봉기, 동한 시기의 황건봉기黃巾起義로부터 명조 말년 이자성李自成의 봉기에 이르기까지 수천 년의 역사를 가지고 있다. 손무도 인민들을 동원하여 전쟁을 지지해야 한다면서 "민과 위(나라, 군주, 지배층)가 같은 뜻이 되게 해야 한다."고 했다. 그러나 진정 완전한 모략이론으로 인민전쟁을 밝힌 것은 모택동이 유일했다. 모택동은 중국 공산당의 창건 초기부터 "민중을 동원하자." "민중을 무장하자."는 이론을 제출하였다. 1934년에 발표한 『군중의 생활에 관심을 갖고, 사업방법에 주목하자』라는 글에서 이런 말들을 남겼다.

> "혁명전쟁은 군중의 전쟁이다. 군중을 동원하여야만 전쟁을 진행할 수 있고, 군중에 의거하여야만 전쟁을 진행할 수 있다."
> "진정한 철옹성은 무엇인가? 군중이다. 성심성의로 혁명을 옹호하는 수억의 군중이다. 이것이 진정한 철옹성인바, 어떤 힘으로도 타파할 수 없고 타파될 수도 없다."

이 이론은 중국 공산당이 이끈 여러 차례의 승리에서 주춧돌과 같은 작용을 해냈다. 제2차 국내 혁명전쟁 시기, 우리 군이 열 배나 되는 적들의 '포위소탕'에 직면했을 때 아군은 인민군중에 의지하여 차례차례 '포위소탕'을 깨부수고 훨훨 타오르는 혁명의 불길로 온 들판을 태웠다. 안하무인 왜구들이 침략했을 때 인민전쟁으로 저들을 곤경에 빠뜨렸고, 3년에 걸친 해방전쟁 때도 인민해방군은 광대한 인민군중의 지지 아래 국민당 800만 대군을 공격하니 국민당 군대는 바람이 남은 구름을 휘몰아가듯, 개미구멍에 물을 부어넣은 듯 일격을 견디지 못했다. 인민전쟁의 예술은 중국 공산당이 이룩한 승리의 연원이자 인민군대가 가는 곳마다 승리할 수 있었던 근본적인 비법이었다. 이 비법의 남다른 점은 적은 가르쳐주어도 우리의 승리를 막을 수 없었다는 사실이다.

(2) 전체 국면을 운용하는 예술

동서고금을 통해 수많은 모략가들이 있었다. 그러나 모략을 사고하면서 모택동처럼 먼저 전략에서 착안하고 전체 국면에서 출발하여 처음부터 끝까지 이를 자유자재로 운용한 사람은 정말 찾기 힘들다. 일찍이 1936년 모택동이 발표한 『중국 혁명전쟁의 전략문제』에서는 이 문제를 상세하게 논술하였다.

"무슨 일을 하든 그 일의 정황, 그 일의 성질, 그것과 다른 일들의 관계를 모르면 그 일의 규율을 알 수 없고, 어떻게 해야 하는지 모르고, 결국 그 일을 제대로 해낼 수 없다."

"어떤 지휘자가 되었건 스스로 중요하다고 생각하는 무게중심을 자신이 이끄는 전체 국면에서 가장 중요하고 결정적 의미가 있는 문제나 움직임에 놓아야지 다른 문제나 움직임에 두어서는 안 된다."

"따라서 첫 싸움을 하기 전에 반드시 두 번째, 세 번째, 네 번째 싸움, 심지어 마지막 싸움은 어떻게 할 것인가를 생각하고 있어야 한다. 승리한다면 적의 전체 국면에 어떤 변화가 생길 것이며, 패한다면 어떤 변화가 생길 것인가를 생각하고 있어야 한다. 결과가 기대와 어긋나거나 완전히 다를 수도 있지만 반드시 쌍방의 전체 국면에 의거하여 꼼꼼하고 절실하게 생각해야 한다. 전체 판세가 마음에 그려져 있지 않으면 진정으로 좋은 바둑을 둘 수 없다."

"사정을 봐가며 한 걸음 한 걸음 지도하는 방식은 정치에도 불리하고 전쟁에도 불리하다."

역사상 전체 국면을 기획하는 이론과 실천이란 면에서 모택동에 견줄 만한 모략가는 찾기 힘들다. 국민당의 잔혹한 통치 아래 아군은 아주 약소했지만 정강산井崗山과 같은 혁명 근거지를 하나하나 개척했고, 국민당 군대의 강력한 포위와 추격으로 궁지에 몰린 상황에서도 아군은 그 위기를 안전하게 벗어났으며, 국민당 군대의 엄밀한 봉쇄에도 불구하고 섬서·감숙·영하 지구에 혁명정권을 단단히 세웠다. 나아가 해방전쟁에서 유등대군은 천리를 약진하여 대별산大別山으로 전진했고, 항미원조에도 출병하여 기세등등한 미국 침략자를 공격했다. 이런 사실들이 입증하듯이 모택동은 세상이 공인하는 전략가로서 손색이 없다.

(3) 원활하고 기동성 넘치는 예술

예로부터 병가에서는 융통성이 없는 것에 반대하지 않는 이가 없었다. 한결같이 원활함과 기동성을 주장했다. 손무는 "전쟁에 정해진 정황은 없고, 물은 정해진 형태가 없다. 적들의 변화에 따라 승리를 거두는 것을 신神이라 한다."고 했다. 모택동 역시 형세에 따른 변화에 능숙하고 귀신같은 용병의 큰 모략가였다.

인민군은 창건 초기에는 군사력이란 면에서 국민당 군대와는 비교할 바가 못 되었다. 아군은 적에게 '먹히는' 것을 방지하는 한편 이런저런 방법으로 자신의 힘을 키워야 했다. 모택동은 "흩어져 군중들을 동원하고, 집중하여 적에 대처하는" 방침을 제때에 제시했다. 절대 우세의 국민당이 우리 근거지에 대해 '포위소탕'을 진행했을 때 모택동은 고정된 구역을 나누어 차지하고 파도처럼 밀고 나간다는 책략을 채택했다. 또 강적의 꼬리를 추격할 때는 빙빙 돌면서 뒤쫓는 책략을 제기했다. 적이 근거지에 진입하고 나면 "굳건히 방어하면서 식량을 모조리 거두어들이는" '견벽청야堅壁

淸野와 "적을 깊숙이 끌어들여 각개격파"하는 책략을 채용했고, "적이 공격해 오면 나는 물러서고, 적이 멈추면 나는 어지럽히고, 적이 지치면 나는 공격하고, 적이 물러나면 나는 뒤쫓는다."는 방침을 제기했다.

1936년 12월, 아군은 토지혁명전쟁의 경험을 결산했다. 모택동은 곧 벌어질 항일민족전쟁을 대처하기 위해 『중국 혁명전쟁의 전략문제』라는 글을 발표했다. 이 글에서 모택동은 "농촌으로부터 도시를 포위하고, 운동전을 기본 작전 방식으로 하여 전략적으로는 지구전을, 전역에서의 전투는 속도전을 실행하는" 방침을 제기했다.

1937년 7월부터 일본 제국주의는 중국을 전면적으로 침략하는 전쟁을 발동했다. 민족의 생사존망이 걸린 엄중한 이 시기에 모택동은 『항일 유격전쟁의 전략문제抗日遊擊戰爭的戰略問題』,『지구전을 논함論持久戰』,『눈앞의 항일통일전선에서의 전술문제目前抗日統一戰線中的策略問題』 등의 중요한 글들을 잇달아 발표하여 다음과 같은 방침들을 제기했다. 먼저 "나를 보존하고 적을 소멸하는" 기본 원칙과 전술에서는 "기본은 유격전이지만 유리한 조건에서는 운동전도 늦추지 말아야 한다."고 했고, 적의 후방에 들어가서 근거지를 세운 다음 지뢰전·갱도전·참새전·바퀴전·맷돌전·신경전 등 유격전의 전술을 운용하여 적에 대한 '소탕'과 '잠식'을 강조했다. 조직에서는 항일민족통일전선을 확대하여 이를 다지면서 "단결할 수 있는 모든 힘을 단결하는" 방침과, 진보 세력은 발전시키고 중도 세력은 쟁취하며 완고한 세력은 반대한다는 책략을 채택했다.

항일전쟁이 승리로 끝난 뒤 내전이 터질 때까지 공산당은 평화·민주적으로 내전과 독재를 반대한다는 방침을 견지함으로써 인민의 폭넓은 동정과 지지를 얻었다. 국민당 반동파와의 투쟁에서는 정면으로 맞선다는 방법으로 혁명의 두 손으로 반혁명의 두 손을 상대하고, 인민을 교육하고, 중도 세력을 쟁취함으로써 광범위한 통일전선을 결성했다. 국민당 군대의 전면 공격에 직면해서는 즉시 "북으로 발전하고, 남으로 방어한다."는 방침을 채택하여 진지의 최전방을 안정시킴으로써 국민당의 전면 공격을 분쇄할 수 있는 조건을 창조했다.

모택동은 또한 "국민당의 살아 있는 역량을 섬멸하는 것을 위주로 하고 지방을 고수하는 것을 위주로 하지 않는다."는 정확한 전략 방침을 적시에 제기했다. 전법에서는 "병력을 집중하여 운동전을 전개하는 것을 위주로 하되 병력을 분산하여 유격전을 전개하는 것을 보조로 삼는다."는 방침을 제기하는 한편 "우세한 병력을 집중하여 적을 각개격파"할 것을 강조했다. 이렇게 전체 국면을 이끄는 책략은 해방전쟁에서 빠른 승리를 거두는 데 큰 작용을 해냈다.

이상에서 알 수 있듯이 모택동의 모략은 객관적 정황(예를 들면 적의 정황, 전쟁의 정황·지형·기후 등등)의 변화에 따라 원활하게 변화시켜 늘 자신의 책략을 객관적 실제에 맞춤으로써 적을 물리치고 승리를 거둘 수 있었다.

모택동의 원활하고 기동성 넘치는 모략은 내 힘이 약할 때 따라야 할 원칙이었고, 힘이 커졌을 때도 지켜야 할 규율이었다. 예를 들어 우리가 이미 전쟁의 전체 국면을 좌우할 수 있는 군사 역량을 가졌을 때 아군은 전후 '3대 전역'을 조직했는데 매번 지도방침이 달랐다. '요심 전역'에서는 "문을 걸어 잠그고 개를 두들기는" 책략을 썼다. 즉, 먼저 금주錦州를 탈취하여 적의 퇴로를 막은 다음 심양沈陽과 장춘長春을 공격했다. "회해 전역'에서는 "하나(황유黃維)는 먹고, 하나(두율명杜聿明)는 끼고, 하나(이연년李延年, 유여명劉汝明)는 관찰하는" 방침이었다. 즉, 황유는 생포했고, 두율명은 사로잡았으며, 구청천邱淸泉은 사살하는 철저한 승리를 거두었다. 반면 '평진전역平津戰役'에서는 "포위하되 치지 않고, 떨어뜨려놓고 포위하지 않으며", "먼저 양쪽 머리와 꼬리를 공격하여 중간을 고립시키는" 등등의 방침으로 부작의傅作義로 하여금 들고 일어나게 압박했다.[170]

모택동의 원활하고 기동성 넘치는 예술은 전체 전략으로부터 구체적인 전역·전술에 이르기까지 시종일관 관철되었다. 모택동은 『지구전을 논함』에서 이렇게 말했다.

옛사람들의 "운용의 묘는 마음 하나에 달려 있다."는 말에서 '묘'가 바로 우리가 말하는 원활함이다. 이는 총명한 지휘관이 만들어내는 것이다. 원활함은 경거망동이 아니다. 경거망동은 당연히 거부해야 한다. 원활함은 총명한 지휘관이 객관적 정황에 근거하여 "시기와 형세(여기에는 적의 형세, 나의 형세, 지세 등이 포함된다)를 살펴" 적시에 합당한 조치를 취하는 능력이다. 이것이 이른바 '운용의 묘'다.

모택동의 '운용의 묘'가 갖는 오묘함은 옛사람들의 방식에 얽매이지 않고, 또 책의 내용만 고집하지 않고 모든 방면의 상황을 머릿속에 넣고 자기만의 사유 기계를 작동시키는 창조적 노동을 통해 적보다 한층 뛰어난 모략을 제출한 데 있다.

4) 역사적 지위

위대한 이론은 시대의 요구에 의해 탄생한다. 탄생하면 반드시 사회적 실천에 심각한 영향을 일으킨다. 중국 혁명전쟁의 실천이라는 요구에 따라 탄생한 모택동의 군사모략사상은 중국 인민이 열악한 장비로 강대한 적을 쳐부수는 투쟁을 이끄는 데

---

107 부작의(1895-1974)는 국민당 군대의 사령관이었으나 항일전쟁에서 크게 활약하면서 공산당과 좋은 관계를 유지했고, 내전에서 공산당과 평화 교섭을 통해 북경에서 군대를 철수시켰다. 1949년 1월 31일 공산당에 투항함으로써 공산당 군대는 북경에 무혈입성할 수 있었다. 이 공으로 부작의는 신중국 수립 이후 수리부 장관에 임명되어 1974년 사망할 때까지 재직했다. 본문에서 "부작의로 하여금 들고 일어나게 압박했다."는 대목은 그가 장개석의 명령을 따르지 않고 공산당과 협상하게 했다는 뜻이다.

거대한 작용을 했을 뿐만 아니라 이론적으로도 전례가 없는 큰 성과로서 중국 군사모략의 보물창고와 마르크스-레닌주의의 군사 보물창고를 풍부하게 했다.

(1) 중국 혁명전쟁의 승리에 거대한 작용을 일으켰다

중국 혁명전쟁의 기본적인 특징은 여러 차례 언급한 바와 같이 적이 강하고 내가 약한 것이었다. 열악한 장비의 혁명 역량이 막강한 장비의 적과 싸워 이기려면 일련의 문제들을 해결해야 하는 방대한 계통적 공정이라 할 수 있었다. 우선 당의 지도, 통일전선, 무장투쟁이라는 세 개의 크고 기본적인 노선에 의거해야 했다. 무장투쟁에서는 정확한 군사노선으로 이끌어야 하고, 인민군대로 전쟁을 진행해야 하며, 원활하고 기동성 넘치는 전략과 전술을 활용해야만 했다. 하지만 이런 것들만으로는 부족했다. 여기에 보태어 일련의 원대한 지략과 정교한 계책을 세워야만 혁명전쟁에서 작은 대가로 큰 승리를 거둘 수 있었다.

모택동의 군사모략사상은 중국 혁명전쟁의 이와 같은 요구에 따라 탄생하고 발전했다. 실천으로 입증했다시피 모택동의 군사모략사상이 중국 혁명전쟁에서 보여준 작용은 거대한 것이었고, 그 주요 내용은 다음과 같았다.

첫째, 이 사상은 중국 혁명전쟁이 승리의 길로 나아가는 데 계획과 방침이 되어 승리의 절차를 크게 단축시켰을 뿐만 아니라 전쟁에 따른 대가를 크게 줄였다.

둘째, 이 사상으로 당을 이끌면서 시기와 형세를 살펴 기회를 포착함으로써 여러 차례 고비를 넘고 역사적 기회를 지배할 수 있게 했다.

셋째, 당과 군에 힘의 원천을 찾아주어 군과 인민군중을 단단히 결합시켜 전쟁의 모든 난관을 극복하여 불패의 위치에 서는 전제 조건이 되었다.

넷째, 열세인 우리 군을 우세로 전환하고, 열세로 우세를 이기는 묘책을 내게 하였으며, 절묘한 '조세造勢'와 속임수 등과 같은 수단으로 군사력을 키워 적을 곤경에 빠뜨렸다.

모택동의 군사모략사상의 정확한 지도는 엽검영葉劍英 원수가 다음과 같이 지적한 바와 같았다.

모 주석은 뛰어난 용병술로 장막 안에서 전략과 전술을 세워 천리 밖 승부를 결정하듯이 천군만마를 능숙하게 지휘했을 뿐만 아니라 적조차 우리의 조종을 받지 않을 수 없었다. 어떤 상황에서도 주도권을 쥐고 위험한 관문을 무사히 넘겼다.

(2) 전통적 군사모략사상에 대한 중대한 발전이다

모택동의 군사모략사상이 중국의 전통적인 군사모략사상에 끼친 공헌은 아주 컸다. 중국 혁명전쟁이 전례없이 전장은 넓고 규모가 컸고, 시간은 길었고, 상대는 교활했으며, 투쟁은 복잡했고, 전과는 찬란했기 때문이다. 이와 같은 군사투쟁의 실천에서는 군사모략이론의 발전을 크게 촉진할 수밖에 없다.

또 다른 면에서 모택동을 대표로 하는 중국 공산당은 마르크스-레닌주의 기본 원리를 창조적으로 잘 운용하는 한편, 중국 전통 군사모략사상의 정수를 비판적으로 잘 받아들여 군사모략의 수준을 높이고 그 사상을 참신한 단계로 발전시킬 수 있었다. 그 두드러진 내용은 다음과 같다.

첫째, 모택동 등 1세대 프롤레타리아 혁명가들은 과학적이고 변증법적인 유물주의를 사상의 무기로 삼고, 여기에 중국의 전통적인 군사모략사상을 연구하고 운용하고 발전시키되 전통 군사모략사상에 섞여 있는 유심주의, 형이상학, 종교미신과 같은 사상을 제거함으로써 변증법적 유물주의를 이론적 기초로 하는 군사모략으로 승화시켰다.

둘째, 모택동 등 1세대 프롤레타리아 혁명가들은 중국 인민을 해방시킨다는 목적을 가지고 전통적인 군사모략사상을 연구하고 운용하고 발전시키되 착취계급에 봉사한 전통적인 군사모략사상의 취지를 제거하여 프롤레타리아계급의 정치에 봉사하는 혁명적 군사모략으로 바꾸었다.

셋째, 모택동 등 1세대 프롤레타리아 혁명가들은 역사 유물주의 원리를 지도사상으로 삼아 전통적인 군사모략사상을 연구하고 운용하고 발전시키되 그중에 포함되어 있는 유심주의 역사관과 사상의 찌꺼기를 제거함으로써 인민군중이 군사모략 운용의 주체가 되는 인민대중의 군사모략으로 바꾸었다.

넷째, 모택동 등 1세대 프롤레타리아 혁명가들은 중국 혁명전쟁의 객관적인 실제로부터 출발하여 장비가 초라한 약소한 혁명 역량으로 막강한 적에 맞서 어떻게 승리할 것인가의 문제를 전통적인 군사모략사상을 연구하고 운용하고 발전시키는 과정에서 중심 과제로 삼고, 전통적 군사모략사상의 정수를 집대성함으로써 열세로 우세를 극복하는 군사모략으로 재탄생시켰다.

(3) 마르크스-레닌주의 군사 보물창고를 풍부하게 했다

프롤레타리아계급혁명의 역사에서 마르크스와 엥겔스는 마르크스주의 군사이론의 기초를 닦았다. 하지만 역사 조건의 제한으로 그들은 무산계급의 혁명전쟁에 직접 참가하여 전쟁을 이끌지 못했다. 서로 싸우고 죽이는 힘이 맞서는 무대가 없으면 군사모략사상은 발전할 수 없다. 마르크스와 엥겔스는 프롤레타리아계급의 군사모략사상을 세우고 발전시키는 데 공헌하지 못했다.

레닌은 "군사모략을 쓰지 않는 전쟁이 없다."고 했다. 10월 혁명을 이끌고 소비에트 정권을 지키는 전쟁을 이끌면서 그는 '브레스트-리토프스크 평화조약'[108]을 체결하여 한 걸음 물러섬으로써 생존을 꾀하는 등 적지 않은 모략을 제기했다. 스탈린도 조국 보위전쟁을 이끌면서 여러 방면에서 군사모략 방침을 세웠다. 그러나 이 두 사람 모두 군사모략의 이론에 관한 계통적인 논술은 없었다. 마르크스주의 사상이라는 무기를 운용하여 혁명전쟁의 경험을 과학적으로 개괄하고, 이를 심오한 군사모략의 이론으로 승화시켜 프롤레타리아계급이 이끄는 혁명전쟁을 지도한 모택동은 마르크스-레닌주의의 군사 보물창고에 확실히 위대한 공을 남겼다.

5) 현실적 의의

역사는 발전하고 시대는 전진한다. 새로운 역사 조건에서 혁명전쟁 시기에 탄생하고 발전한 모택동의 군사모략사상을 계속 견지해야 할 필요가 있는가? 물론이다. 그 까닭은 다음과 같다.

(1) 현대 전쟁에서도 군사모략사상의 지도가 필요하다

현대 전쟁은 무기와 장비의 현대화가 대대적으로 높아졌지만 전쟁의 본질과 속성은 변하지 않았다. 현대 전쟁의 본질 역시 정치의 계속이다. 현대 전쟁의 목적 역시 나를 보존하고 적을 없애는 것이다. 현대 전쟁의 기본 형식 역시 공격하고 수비하는 모순의 운동이다. 현대 전쟁 역시 힘겨루기이자 격렬한 힘의 대항이다.

이와 같은 점에서 현대 전쟁의 표현 형식이 과거 시대의 전쟁과 많이 달라졌지만 바뀐 중에서도 바뀌지 않은 속성이 있고, 어떤 것은 아무리 변해도 그 근본에서

---

108 1918년 3월 3일 소비에트 러시아의 볼셰비키 정권과 동맹국(독일 제국, 오-헝 제국, 불가리아 왕국, 오스만 제국) 사이에 맺은 평화조약을 가리킨다. 이 조약으로 러시아는 제1차 세계대전에서 이탈하고 동부전선이 마무리되었다. 당시 볼셰비키 정권은 동맹국의 진격을 막아낼 힘이 없었기 때문에 불리하지만 이 조약을 받아들일 수밖에 없었다. 그러나 레닌이 이끄는 볼셰비키 정권은 내부적으로 힘을 축적할 수 있는 기회를 벌었다.

벗어나지 않았다. 현대 전쟁을 이끄는 리더 역시 상대와 지혜를 겨루고 모략을 겨루어야 한다. 따라서 군사모략의 사상은 당연히 필요하다. 현대 전쟁에서도 여전히 군사모략사상의 지도가 필요하다면 가는 곳마다 승리를 거두었던 모택동의 군사모략사상을 지키고 운용하는 것은 당연히 큰 의미를 갖는다.

(2) 여전히 우리 미래의 반침략전쟁에 적용할 수 있다

모택동의 군사모략사상은 중국 땅에서 중국혁명을 실천하면서 탄생한 중국적 특색을 갖고 있는 프롤레타리아계급의 군사모략이론이다. 혹 있을지도 모르는 미래의 반反침략전쟁에서는 많은 조건이 달라지겠지만 그 또한 혁명전쟁이 될 것이며, 중국 땅에서 진행되는 전쟁일 수 있다. 열세의 장비로 강력한 장비를 갖춘 적에 대처하는 전쟁이 될 수 있으며, 여전히 인민에 의지하여 전쟁을 진행하여야 할 것이다. 때문에 모택동의 군사모략사상은 미래의 반침략전쟁에 여전히 적용될 수 있다. 미래의 반침략전쟁에서 나타날 새로운 정황, 새로운 특징에 근거하여 모택동의 군사모략사상을 끊임없이 계승하고 발전시켜야만 영원히 그 강대한 생명력을 유지할 수 있을 것이다.

(3) 군사모략사상의 연구는 중국 군사모략을 발전시키는 데 필요하다

모략학을 세우고 발전시키는 일은 아주 지난한 임무이다. 모략학에서 연구하려는 내용은 아주 넓다. 그중에서 가장 전형적인 의의를 가지고 있는 과제 중 하나가 모택동의 군사모략사상이다. 중국 군사모략사상의 발전사로 볼 때 모택동의 군사모략사상은 그 발전의 참신한 단계에 속한다. 그것을 연구하지 않는 것은 역사의 발전을 끊는 일이 된다. 모택동의 군사모략사상은 대단히 넓고 정교하다. 그것을 연구하지 않으면 정수를 잃어버리는 것과 같다. 중국 군사모략사상의 연구 방법으로 볼 때 모택동의 군사모략사상은 마르크스주의의 과학적인 연구 방법을 제공했다. 그것을 연구하지 않으면 지침을 잃는 것이다. 모략학을 세우고 발전시키려면 반드시 모택동의 군사모략사상을 깊이 연구해야 한다.

3. 모택동의 통솔모략

후세에 이름을 남긴 뛰어난 인물이나 장수들은 아랫사람들이 마음으로 우러러본다. 이런 존경을 받으려면 높은 자리를 이어받는 세습이 아닌 통솔자 자신의 능력과 행동, 타인을 감동시키는 덕과 뛰어난 통솔의 예술을 갖추어야 한다.

요·순·우를 비롯하여 주 문왕과 무왕 등과 같은 군주들은 어진 덕으로 천하를 다스렸기에 후대에 그 이름을 남길 수 있었다. 그들이 유능한 인재를 예와 겸손함으로 대하고, 집단의 이익을 위해 개인의 희생을 감수한 고사는 두고두고 세상 사람들의 칭송을 받고 있다. 우 임금이 홍수를 다스리는 13년 동안 세 번이나 집 앞을 지나면서도 집 안으로 들어가지 않은 일, 상나라 탕 임금이 이윤을 지극정성을 다해 다섯 번이나 초빙한 일, 주 문왕이 강태공을 모신 일 등등은 존경하지 않을 수 없는 행동이었다. 개인의 공명과 이익을 돌보지 않고 한마음으로 온 힘을 다한 군주들은 후손들의 영원한 사랑을 받는다.

진시황秦始皇과 같은 천년에 한 번 날까 말까 한 제왕은 문장으로 대중을 복종시키고, 무력으로 상대를 무찌르는 탁월한 능력으로 인심을 정복했다. 이 때문에 이사李斯나 위료尉繚 등 포부가 만만치 않았던 인재들이 고개를 숙이며 신하가 되어 그를 위해 순종하고 헌신했다. 뭇별들이 달을 에워싼 채 찬란한 빛을 뿌린 것과 같았다.

한 고조 유방劉邦, 촉한의 유비劉備는 문장력도 별 볼 일 없었고 무예도 출중하지 못했다. 그들의 비결은 능력 있는 인재를 예와 겸손으로 대하고 기회를 살피며 변화에 적응하는 것이었다. 유방은 장량張良·소하蕭何·한신韓信 등과 같이 지략이 뛰어난 문신과 무장을 거느렸다. 유비는 '삼고초려三顧草廬'라는 지극정성으로 신묘한 지략과 기묘한 계책을 갖춘 책사 와룡선생 공명을 청했다. 또한 도원결의를 통해 관우關羽·장비張飛 등 용맹한 장수들과 의형제를 맺었다. 이들이 합작하여 연출한 천고의 유명한 '해하垓下 전투', '적벽대전'은 역사서에 빛나는 한 페이지로 남아 있다.

역사상 별 볼 일 없었던 군왕과 지도자들이 통치자로서 자리를 지킬 수 있었던 것은 미신적인 방법, 흔한 기계적 균형론, 매수, 통제 따위를 사용했거나 『수호전』에서 무대武大가 잘나가는 상점을 시기하고 질투하여 그 옆에다 같은 업종의 상점을 차리는[109] 식의 간사한 계책을 썼기 때문이다.

모택동은 세계에서 인구가 가장 많고 당원이 가장 많은 정당의 지도자이자, 병력이 가장 많은 군대의 최고 통솔자이며 진정한 마르크스주의 혁명가이다. 그렇다면 그는 대체 어떤 통솔의 예술을 운용했을까? 이 방면을 좀더 깊게 연구해보면 아주 유익한 점이 있을 것이다.

1) 방략方略으로 군중을 이끌다

1921년 중국 공산당이 건립될 무렵 모택동은 28세였다. 모택동은 자격과 경력, 학식과 사회적 영향 등 여러 방면에서 그 당시 이미 교수라는 직함을 갖고 있던 진독수陳

---

109 중국어에서 이를 '무대랑개점武大郎開店'이라 하는데, 자기보다 잘났거나 능력이 뛰어난 사람을 시기하고 질투하여 갖은 방법으로 그 사람을 모함하고 해치는 것을 비유한다.

獨秀 등 오랜 지식인들과는 비할 바가 못 되었다. 그러나 투쟁을 위한 책략에서 모택동은 그들보다 한 수 위였다. 진독수가 받든 것은 우경 투항주의로 혁명의 주도권, 특히 무장투쟁의 주도권을 자진해서 포기하는 것이었다. 그 결과 반혁명의 공격 앞에 조직적인 저항을 하지 못하고 무기력하게 제1차 대혁명은 처참하게 실패했다. 장개석蔣介石은 자신이 통제하고 있는 40여 개군 70여만 명의 반동군대를 지휘하여 공산당에 대해 피비린내 나는 탄압을 진행하였는데 1천 명을 잘못 죽일지언정 공산당은 단한 명도 놓치지 않겠다는 식이었다. 1927년 벌어진 '4·12' 반혁명 정변으로부터 1928년 상반기에 이르기까지 33만 이상의 중국 공산당과 혁명군중이 살해되었다. 이 때문에 6만이 넘던 공산당이 1만으로 줄었다.

혁명의 이 요긴한 시각에 모택동은 일찍이 1926년 3월에 먼저 『중국사회 각 계급의 분석中國社會各階級的分析』을 발표하여 진독수를 대표로 하는 인사들이 국민당과의 합작만 중시하고 농민의 우경 기회주의를 잊었다는 점을 비판하는 한편 장국도張國燾를 대표로 하는 좌경 기회주의도 함께 비판했다. 또 1927년 봄에는 32일 동안 호남의 다섯 현을 살피고 『호남 농민운동 고찰 보고湖南農民運動考察報告』를 발표하여 당 안팎에서 나온 농민투쟁에 대한 비난을 반격하고, 진독수의 우경 기회주의를 한층더 비판하면서 다음과 같이 자신의 견해를 뚜렷하게 드러내며 호소했다.

"무수히 많은 노예-농민이 집단적으로 그곳에서 사람을 잡아먹는 그들의 적을 때려 엎고 있다. 농민들의 행동은 완전히 옳다. 그들의 행동은 참으로 좋다!"
"지주의 무장을 뒤엎고 농민을 무장시키자!"

1927년 8월 7일, 당 중앙에서 개최한 한구漢口 긴급회의에서 모택동은 발언 중에 당은 이후로 "군사 방면에 최대한 주의를 기울여야 하며, 정권은 총구에서 나온다는 사실을 알아야만 한다."고 지적했다. 이 회의에서 모택동은 지도자로서의 지위를 확립하진 못했지만 구추백瞿秋白·이유한李維漢·소조징蘇兆徵이 정치국 상무위원으로 뽑혔고, 구추백은 중앙의 사업을 주도하게 되었다. 이 회의에서 당중앙이 결의한 내용은 "공인工人운동과 농민운동을 결합하고", "총구에서 정권이 나온다."는 모택동이 제기한 책략의 결과물이었다. 회의를 전후하여 당은 '남창봉기南昌起義', '추수폭동秋收暴動', '광주봉기廣州起義' 등 백여 차례의 무장투쟁을 조직했다.

전국 각지에서 대규모의 무장봉기가 일어난 뒤 공인과 농민이 새로 조직한 무장 역량을 어느 쪽으로 발전시킬 것인가의 문제가 떠올랐다. 당내의 좌경 기회주의자들은 거세게 일어나는 혁명의 형세에 정신이 빠져 서둘러 대도시로 진공하여 국민당과 전면전을 벌이자고 주장했다. 모택동은 형세를 철저하게 분석한 뒤 혁명의 파도가 아직 최고조에 이르지 않았으며, 현재 군사력으로는 국민당 군대에 맞서지 못하니 발전의 방향을 국민당의 통치가 취약한 곳으로 발전시키지 않으면 안 된다고 주장하면서 "공인과 농민의 무장할거"와 "혁명 근거지를 건립하여 튼튼하게 만드는" 큰 전략을 제출했다. 그리하여 최초의 '공농혁명군'이 건립되었고, 혁명의 무장 역량을 보다 키울 수 있는 첫 붉은 근거지로 정강산井岡山 혁명 근거지가 창건되었다. 이 방략의 실행과 그로부터 거둔 탁월한 성과로 30세에 불과한 모택동은 공산당 내부에서 누구도 함부로 할 수 없는 중요한 위치에 서게 되었다.

혁명 근거지가 일단 건립되자 우세한 병력의 국민당 반동파의 '포위소탕'에 직면하여 어떻게 생존하고 발전할 것인가가 다음 문제로 떠올랐다. 모택동은 적시에 "병력을 분산시키고 군중들을 동원·집중시켜 적에 대처하며", "적이 공격해 오면 우리는 후퇴하고, 적이 멈추면 우리는 교란시키고, 적이 지치면 우리는 공격해 들어가고, 적이 후퇴하면 우리는 추격한다."는 유격전의 전략전술을 제기했다. 이 책략을 운용한 홍군과 각 근거지에서는 국민당의 세 차례에 걸친 '포위소탕'을 분쇄하고 근거지를 보다 확대시킴으로써 전국의 홍군은 15만 명으로 발전했다.

1931년 10월 강서江西 서금瑞金에서 개최된 제1차 전국공농대표대회에서는 '중화 소비에트공화국 임시 중앙정부'를 수립하고 모택동을 주석으로, 항영項英·장국도張國燾를 부주석으로 선출했다. 홍군이 제3차 '포위소탕'에 맞서 승리를 거둔 유리한 형세에서 박고博古를 비롯한 임시 중앙정부는 왕명王明의 좌경 모험주의를 보다 발전시켜 1932년 1월 9일에 "하나의 성, 여러 개의 성에서 우선 승리를 쟁취하는 혁명에 관한 결의"를 내려 이른바 '진공노선'을 실행했다. 모택동은 왕명의 좌경 모험주의의 아주 나쁜 결과에 대해 『중국 혁명전쟁의 전략문제』에서 다음과 같이 심각하게 지적했다.

그 후로 더는 이전 것을 정규라 부를 수 없었다. 그것은 부정된 '유격주의'였다. 반'유격주의'의 공기가 무려 3년을 지배했다. 첫 단계는 군사 모험주의였고, 두 번째 단계는 군사 보수주의로 옮겨갔고, 세 번째 단계는 도주주의로 변질되었다. 당 중앙은 1935년 1월 귀주貴州 준의遵義에서 열린 확대 정치국 회의에서야 비로소 이 잘못된 노선의 파산을 선고하고, 다시 과거 노선이 정확했음을 인정했다.

당 전체에서 모택동의 지도자적 위치는 1921년 7월 당이 건립되고 약 14년의 굴곡을 거친 뒤 1935년 1월 준의회의에서 제대로 조직적으로 확립되었다. 그때 모택동의 나이 42세였다. 모택동의 이 평범치 않은 혁명의 실천과 당·국가·군대에서의 지도자적 위치를 얻은 이후 몇 십 년 동안의 실천을 돌아보면 그의 위상은 자격과 경력(당시 진독수 등의 자격이나 경력에 비하면 아주 보잘것없었다)에 힘입은 것도 아니고, 명망(모택동은 '촌구석의 마르크스-레닌주의자'로 불렸고, 그 영향은 대도시에서 공인과 학생운동을 이끈 지도자들보다 약할 수밖에 없었다)에 의존한 것도 아니었다. 그는 세상 사람들이 인정하는 뛰어난 지략으로 군중을 설복시켰고, 정확한 노선으로 당 전체의 추대를 받은 것이다. 이는 '통제술'과 '기계적 균형론' 또는 미신을 이용하는 보잘것없는 재주 따위를 연구하는 데 열중하는 지도자들에 대한 좋은 교훈이 아닐 수 없다. 역사의 기나긴 여정에서 실천적 경험을 거친 지도자는 정당치 못한 '사악한 방법'에 의지해서는 절대 안 된다.

2) 정신으로 민중을 모으다

반세기가 넘는 모택동의 혁명 실천의 활동을 돌이켜보면 그는 호남성 구석진 산촌 농민의 아들에서 모든 사람의 사랑을 받는 혁명의 전도사가 되었다. 1935년 준의회의에서 모택동이 중국 공산당에서의 영도적 지위를 확립한 후 당은 줄곧 모택동 주석을 중심으로 긴밀히 단결되어 있었다. 그사이 여러 차례 힘겹고 고통스러운 시간을 보냈지만 당의 대오는 느슨해지기는커녕 갈수록 더 단단하고 세졌다. 많은 야심가와 음모가들이 당을 분열시키려 했지만 늘 부끄러운 실패를 맞보았고, 그럴수록 당의 대오는 더욱 커졌다. 무슨 힘에 기대어 천만 당원을 당 중심으로 단단히 뭉치게 했으며, 수억의 광대한 노동 인민군중을 단결하게 만들었을까?

이론적 기초는 당연히 마르크스-레닌주의의 정확한 지도로 귀결된다. 하지만 정확한 이론만으로는 부족하다. 이 정확한 이론이 수백만 당원들과 수억 군중의 실천으로 바뀌어야 하고, 지도자와 지도층의 정확한 통솔예술로 실현되어야 한다. 이런 통솔의 예술에는 매우 풍부한 내용이 포함되어 있기 때문에 사상과 정신으로부터 시작하는 것이 가장 기본적인 길이다. 이런 점에서 모택동은 "정신으로 민중을 모으는" 훌륭한 본보기다.

"정신으로 민중을 모은다."는 말은 군중의 가장 기본이 되는 이익에서 출발하여 군중이 주목하고 열렬히 추구하는 어떤 목표와 이론 또는 행동규범을 제기하여 이 것으로 사람들을 감화시키고 끌어들이고 단단히 묶어둠으로써 군중이 이런 정신적 기치 아래 스스로 깨달아 모이고 분투하게 하는 것이다.

"정신으로 민중을 모으는" 것은 모택동의 발명이 아니다. "내세의 덕을 쌓기 위해 현세에 기꺼이 고생한다."거나 우상에 엎드려 "성심을 다하면 영험이 있다."는 믿음은 많은 교파들이 정신으로 민중을 끌어모은 결과였다.

역대 농민봉기를 이끈 사람들 역시 정신으로 민중을 모으는 방법을 중시했다. 진승陳勝과 오광吳廣 봉기에서 나온 "대초가 일어나고 진승이 왕이 된다."는 '대초흥大楚興, 진승왕陳勝王'의 구호, 황건봉기에서 나온 "푸른 하늘은 이미 죽었고, 황천이 들어선다."는 '창천이사蒼天已死, 황천당립黃天當立'의 호소, 심지어 이자성李自成의 의용군들 사이에 널리 유행했던 "대문을 열고 틈왕闖王(이자성)을 영접하라. 틈왕이 오면 돈과 양식을 바치지 않아도 된다."는 민요에 이르기까지 모두 "정신으로 군중을 모은" 방법이었다. 『공산당선언』의 표지에 나오는 "전 세계 무산계급은 연합하라."는 구호, 〈인터내셔널가The Internationale〉의 "노예가 되지 않으려는 사람은 모두 일어나라."는 가사 역시 정신으로 민중을 모으는 전형적인 방법이다.

모택동은 중국혁명을 이끄는 전 과정에서 정권을 빼앗기 전이든 정권을 빼앗은 다음이든 처음부터 끝까지 "정신으로 민중을 모으는" 책략을 연구하고 운용하는 데 중점을 두었다. 이 책략은 공산당은 전 인류의 해방을 위하여 분투한다는 최고의 강령을 시간과 공간 그리고 사람에 맞추어 알맞게 끊임없이 구체화한 것이다. 예를 들면 공산당이 정권을 빼앗는 과정에서 피와 희생은 피할 수 없는 것이었고, 모택동은 늘 사심 없는 헌신을 제창했다. 1939년 12월, 모택동은 「노먼 배순을 기념하며」라는 문장에서 이렇게 말했다.[110]

"한 외국 사람이 이기적인 동기 하나 없이 중국 인민의 해방 사업을 자신의 일로 여겼으니 이는 어떤 정신인가? 이는 국제주의 정신이자 공산주의 정신이다. 당원들은 모두 이 정신을 따라 배워야 할 것이다."

"우리 모두가 그의 사심 없는 정신을 따라 배워야 한다. 이로부터 출발하면 인민에게 이로운 사람으로 바뀔 수 있다. 한 사람의 능력에는 한계가 있지만 이런 정신만 있으면 고상하고 순수하고 도덕적인 사람이 된다. 저급한 취미를 가진 사람에서 벗어난 인민에게 이익이 되는 사람이다."

개인의 이익을 터럭만큼도 생각하지 않고 타인을 위하는 이런 정신이 얼마나 많은 중화의 아들딸들을 격려했으며, 혁명을 위해 타인의 이익을 위해 어려움과 위험을 자신이 짊어진 채 안전과 편의를 타인에게 양보하게 했던가? 이런 정신적 깃발 아래 모인 사람들은 사익만 추구하는 일부와는 완전히 다르다.

평범한 전사였던 장사덕張思德은 여러 차례 혁명의 부름을 받았다. 그러다 목탄불을 피우는 임무를 수행하던 중 장렬하게 희생되었다. 공산당중앙 직속 기관에서는 장사덕 동지를 위한 추모회를 열었고 이 자리에서 모택동은 「인민을 위하여 봉사하라」라는 기념사를 통해 "사람은 누구나 한 번은 죽는다. 어떤 죽음은 태산보다 무겁고 어떤 죽음은 새털보다 가볍다. 죽음을 사용하는 방향이 다르기 때문이다."라는

---

110 노먼 베순Dr. Henry Norman Bethune(1890-1939)은 캐나다 출신의 외과의사로 스페인과 중국의 전장을 다니며 인도주의적 의료 활동을 펼쳤다. 1938년 홍콩을 통해 중국 공산당의 항일 기지인 연안으로 가서 모택동을 만났다. 그는 부상당한 사람들을 치료하기 위한 지원을 약속받고 전장으로 나가 구호 활동을 했다. 1939년 수술 중 손가락을 베였고 이것이 패혈증으로 번져 11월 13일 49세를 일기로 중국에서 세상을 떠났다. 중국에서는 그를 "흰머리의 은혜로운 사람"이란 뜻으로 '백구은白求恩'이라 부르며 존경을 나타낸다. 모택동은 1939년 12월 노먼 베순의 사망 소식을 듣고 그를 추모하는 이 글 「기념백구은紀念白求恩」을 발표했다.

위대한 역사가 사마천의 생사관을 인용하며 이렇게 말했다.[111]

> "사람은 누구나 한 번 죽기 마련이다. 하지만 죽음의 의미는 다 다르다."
> "인민의 이익을 위한 죽음은 태산보다 무거운 죽음이다."
> "분투가 있으면 희생이 있기 마련이다. 사람이 죽는 일은 늘 일어난다. 그러나 우리
> 가 인민의 이익을 생각하고, 대다수 인민들의 고통을 생각한다면 인민을 위해 죽는
> 일은 제대로 된 가치 있는 죽음이다."

"인민을 위하여 봉사하라"는 정신적 기치는 수천만 중화의 아들딸들을 격려했
고, 이들은 조국과 인민을 위해 사랑하는 가족과 가정을 떠나 전장에서 두려움 없이
앞장서서 희생을 감수했다.

중국 인민이 일본 제국주의에게 승리할 무렵 중국 공산당은 제7차 대표대회를
열었다. 모택동은 이 회의 폐막식에서 "우공이 산을 옮기다."는 '우공이산愚公移山'의 고
사를 폐막사로 언급하면서 난관을 겁내지 말고 끊임없이 산을 옮겨 끝내 승리를 이
룩한 우공의 정신을 드높이자고 호소했다. 장개석의 장가 왕조가 다 쓰러지고 전국
이 해방을 맞이하려는 때에 맞추어 모택동은 "철저히 혁명하자."는 정신을 내세워 전
군의 지휘관들을 격려함으로써 그들이 더욱더 힘을 내서 장강을 건너 전국을 해방시
키게 했다.

미 제국주의가 벌인 전쟁의 불길이 조선에까지 뻗쳐 직접 중국의 안정과 이익을
위협하자 모택동은 즉시 각지 인민들을 향해 프롤레타리아계급의 국제주의 정신을
발휘하여 '항미원조'로 나라를 지키자고 호소했다. 정권이 어느 정도 안정되자 모택

---

111 사마천의 생사관 부분은 역자가 보탰다.

동은 자력갱생과 분투분발로 치고 올라가며 근검절약으로 새로운 나라를 건설하자고 호소했다. 이 밖에 아랫사람에 물어도 부끄러워하지 않는다는 정신, 싫증내지 않고 타인을 이끄는 정신, 겸손과 신중의 정신, 자신을 엄격하게 단속하는 정신, 당에 헌신하다 23세의 젊은 나이로 순직한 뇌봉雷峰의 정신, 수고와 죽음을 두려워 않는 혁명정신 등등 모택동이 강조하고 외친 정신은 대단히 많다.

모택동의 지도 아래 중국 인민이 일구어낸 혁명과 건설의 역사를 되돌아보면 모택동이 매번 제창했던 정신은 언제나 당시 당의 중심 임무와 긴밀히 연결되어 있었고, 당시 혁명 대오에 필요한 사상의 경향에 얼마나 잘 맞추었는가를 잘 볼 수 있다. 어떤 정신을 앞장서서 제기하거나 재차 강조한 것은 목표를 명확하게 하고 투지를 자극하여 불량한 움직임을 누르고 안팎의 단결을 확고히 하는 등 여러 방면에서 큰 작용을 해냈다. 이 때문에 정신으로 민중을 모으는 모택동의 이런 방법은 매번 효과를 보았고 가는 곳마다 승리를 거두게 하는 비결이 되었다. 이것이 바로 모택동이 보여준 통솔모략의 기초였고, 모든 책략이 정확하게 실행될 수 있게 한 중대한 보증이기도 했다.

3) 모범을 보여 민중을 따르게 하다

모택동은 중화인민공화국의 창립자로서 전국 각지 인민의 사랑을 받았다. 그리고 어려운 세월 속에서 함께 분투한 오랜 전우들로부터 존경을 받았다. 이는 그가 남다른 지략으로 당·군대·국가를 위해 여러 차례 승리를 거두었기 때문이며, 또 다른 중요한 원인은 그가 솔선수범하는 행동으로 전체 공산당원의 본보기가 되었기 때문이다. 그 두드러진 점은 다음과 같았다.

먼저, 그는 사심이 없었다.

중국 공산당이 정권을 탈취하기 전이나 정권을 장악한 이후나 모택동은 언제나 사심 없는 정신을 보였다. 혁명 초기 그는 혁명 사업을 위하여 가정을 희생했다. 부인 양개혜楊開慧는 세 아이를 데리고 백색테러 속에서 힘들게 버티다가 적에게 살해당했고, 동생과 조카 역시 혁명을 위해 희생했다. 중국 공산당이 정권을 탈취하기 전에 혁명을 위해 생명을 바친 그의 친인척은 모두 여섯이나 된다.

1949년 신중국이 건립된 2년 뒤인 1950년, 미 제국주의가 멋대로 한반도에 출병하여 전쟁이 불길이 압록강鴨綠江에까지 타올랐다. 조선의 위기를 구하고, 중국의 안전과 세계 평화를 지키기 위해 정부는 참전을 통해 '항미원조'할 것을 단호히 결정했다. 수십만 중국의 우수한 아들딸이 막 맞이한 태평성세를 포기하고 다시 피가 튀고 불길이 치솟는 전투에 나섰다. 중화인민공화국의 최고 영도자로서 모택동은 솔선수범하여 아들 모안영毛岸英을 참전시켰다. 당시 일부 지도층 간부들이 관광을 위해 자식을 출국시킨 것과 얼마나 대조적인가! 모택동은 아들 모안영이 전장에서 장렬하게 전사했을 때 아들을 수만 명 지원군 열사들과 함께 이국땅에 묻기로 결정했다.[112] 이는 지금의 일부 권력자들이 자신과 자식을 위해 고위직을 탐하고, 좋은 집을 장만하고, 갖은 수단으로 부정한 돈을 끌어와 심지어 자신과 자식의 무덤을 미리 조성하는 것과 비교한다면 하늘과 땅 차이가 아닐 수 없다. 양심은 가장 공평한 저울이다. 사심 없는 정신은 모택동이 민중을 따르게 한 가장 중요한 요인이었다.

---

112 모안영의 무덤은 북한 평안북도 회창군에 조성되어 있는 '중국인민지원군 총사령부 열사릉원'에 중국의 참전 군인들과 함께 묻혀 있다. 중국 지도자들이 북한을 방문하면 거의 빼놓지 않고 모안영의 무덤을 참배한다.

(1) 헌신했다

모택동은 1919년 고향을 떠나 혁명 사업에 투신하여 1976년 서거할 때까지 60년 넘게 혁명에 몸을 바쳤다. 이 기간, 특히 중국 공산당과 인민군의 창건 초기에 모택동은 줄곧 포탄이 비처럼 쏟아지는 전장에 있었으며, 여러 차례 뜻하지 않은 재난을 당하기도 했다. 하지만 그는 개인의 안위를 돌보지 않고 언제나 혁명의 중대한 시각과 가장 중요한 자리에 나타났다. 항일전쟁에서 막 승리한 후 중화민족이 내전의 고통을 겪지 않게 하기 위해, 그리고 반동파가 내전을 발동시키려는 음모를 폭로하기 위해 모택동은 직접 중경重慶으로 가서 장개석과 담판을 진행했다. 당시 상황에서 모택동은 다른 사람을 보내거나 구실을 찾아 얼마든지 중경으로 가지 않을 수 있었다. 그러나 모택동은 개인의 안위를 뒤로한 채 혁명의 전체 국면에서 문제를 생각했다. 장개석이 연안을 대대적으로 공격할 때 모택동은 중앙기관과 함께 옮겨가지 않고 마지막 한 시간까지 버텼다. 적의 대포 소리와 전투기 폭격 앞에서도 침착하고 태연하게 철수했다. 전국이 해방된 다음에도 모택동은 늘 추위와 더위를 견디며 밤을 새워 일했다.

이런 헌신의 정신은 전쟁 때이건 평화기이건 숭고한 평가와 존경을 받기 마련이다. 그런데 지금 당의 일부 간부들은 혁명을 위해 어떻게 헌신할 것인가를 팽개치고 권력으로 사리사욕을 꾀하고, 사치와 무사안일로 지내며 부패타락하고 있다. 인민으로부터 자연스럽게 버림받을 것이다.

(2) 소박했다

모택동이 일하고 생활했던 혁명 유적지를 참관해본 사람은 누구나 같은 느낌을 받았을 것이다. 모택동이 얼마나 검소하게 살았는가 바로 볼 수 있기 때문이다. 이는 정권을 잡기 전이라 전쟁 상황에서 무엇인가를 누린다는 것은 불가능하다고 말하는 사람이 있을 수 있다. 사실은 그렇지 않다. 1949년, 모택동이 북경 향산香山에서 중남해 中南海 풍택원豊澤園으로 옮겼을 때의 일이다. 모택동 가까이에서 일하던 한 동지가 모택동이 앉는 나무걸상이 너무 낡은 것을 보고 좋은 마음에서 새것으로 바꿔놓았다. 모택동은 그것을 보자마자 화를 내며 그 동지를 찾아 의자를 가리키면서 야단을 쳤다. 그러고는 절대 바꾸지 말라며 두 번 세 번 당부했다.

모택동이 서거하기 전에 거주했던 중남해의 집을 보더라도 많은 느낌을 받는다. 그는 천으로 만든 평범한 신발을 신었고, 평범한 모기장을 쳤으며, 낡은 2인용 침대 위에는 자주 보는 책들이 자리의 1/3을 차지하고 있다.

지금 일부 간부들은 외제 차를 타고, 외제 담배를 피고, 외제 술을 마시며, 심지어 욕조와 변기까지도 외제를 골라 사용한다. 모택동의 생활에서 이런 것은 절대 찾아볼 수 없다. 모택동은 자신의 생활에 아주 엄격했고 소박했다. 자녀에 대해서도 편애하지 않았으며, 누리지 말아야 할 대우는 일절 못 누리게 했다. 연안에 있을 때 모택동의 작은딸 이눌李訥은 당시 일곱 살이었다. 식사 때면 다 함께 큰 식당에서 소금물에 끓인 검은콩을 하루에 두 끼씩 먹었다. 그런데 이눌은 그 콩을 먹고는 방귀만 나오고 대변을 눌 수 없어 배만 부르고 견디기 힘들어했다. 경호원은 이제 겨우 일곱 살 어린애이니 부모와 함께 밥을 먹게 하자는 의견을 냈지만 단칼에 거부당했다.

(3) 깊게 들어갔다

모택동은 일을 할 때면 늘 실제로 깊게 들어가 조사하고 연구하는 모범을 보였다. 『모택동선집毛澤東選集』의 제2편은 호남湖南 농민운동에 대한 시찰을 바탕으로 한 보고서이다. 1930년 5월에 발표한 『교조주의에 반대한다反對本本主義』에서 모택동은 다음과 같은 유명한 말을 남겼다.

조사를 진행하는 것은 마치 '10개월 임신'하는 것처럼 해야 하고, 문제를 해결하는 것은 마치 '하루아침에 분만'하는 것과 같이 해야 한다.

1941년 3월의 『〈농촌조사〉의 서문과 발문』에서는 이렇게 말했다.

"조사하지 않았으면 발언권이 없다."는 이 말은 일부 사람들로부터 '편협한 경험론'이라는 조롱을 받았지만 나는 그 말을 후회하지 않는다. 후회하지 않을 뿐 아니라 "조사가 없으면 발언권이 없다."는 입장을 여전히 견지한다. 많은 사람들이 "차에서 내리자마자" 왈가왈부 떠들고 의견을 제기하면서 이것도 비판하고 저것도 나무란다. 사실 이런 사람들은 열이면 열 다 실패한다. 이런 논의나 비판들은 주도면밀한 조사를 거친 것이 아니라 멋대로 떠드는 말들이기 때문이다. 우리 당이 이른바 '황제의 심부름꾼'인 '흠차대신欽差大臣'과 같은 자들로부터 받은 손실은 이루 말로 할 수 없을 정도다.

모택동은 이론으로도 이렇게 말했고 실천에서도 같았다. "참새 해부하기", "가짜를 버리고 진짜를 남기기" 등과 같은 일련의 구체적인 방법을 종합하여 당 전체를 향해 "눈 감고 참새 잡기", "장님 물고기 더듬기" 등과 같은 우물쭈물 대충대충 호언장담하며 적당히 만족해하는 나쁜 기풍을 적극 피할 것을 요구했다.

모택동은 혁명 사업의 모든 면에서 솔선수범하는 모습을 보여 당 전체에서 높은 명망을 얻었다. 아랫사람의 깊은 신뢰도 얻었고, 가장 중요한 1차 자료들을 확실하게 장악하여 진정한 영도권을 얻었다. 이런 통솔모략은 세상 사람들이 금방 보아서 이해할 수 있는 것이었지만 배우고 따라 하기란 아주 어려운 것이기도 했다.

4) 기예技藝로 민중을 거느리다

모택동이 당과 군대를 이끌고 나라를 다스렸던 역사가 증명하다시피 그는 완전히 마르크스주의의 과학적 영도 방법에 의거하여 수준 높은 리더로서의 재능으로 권한을 얻고 자기만의 독특한 리더십을 형성했음을 알 수 있다. 그것은 다름 아닌 이론과 실제를 결부시키기, 군중 속으로 깊이 들어가 조사하고 연구하기, 허튼소리 않고 실사구사의 정신 유지하기 등과 같은 자세를 굳게 지킨 것이었다. 그는 일에서 "전형典型을 잘 고르기", "1/3을 제대로 잡기", "지도자와 군중을 결합시키고, 일반과 개인을 결합시키기" 등과 같이 생생한 방법을 종합했다. 이러한 것들은 당, 국가, 군대의 각급 단위를 이끄는 간부들의 리더십과 전통적인 작업 방법이 되었고, 수많은 실천을 통해 매우 정확했다는 것이 입증되었다.

모택동의 리더십이 사람들의 감탄과 존경을 얻을 수 있었던 데는 리더십의 품격과 일 처리 방법 외에도 남다른 통솔모략이 많았기 때문이다. 이런 모략들은 봉건사회에서나 관료사회에서 흔히 쓰던 낡은 통치술과는 전혀 달랐다. 그것은 마르크스주의에 영혼을 부여한 독특한 것으로, 중국 공산당의 무장투쟁과 평화 건설에 필요한 리더십이었다. 예를 들면 이런 것들이었다.

⑴ '민주집중제民主集中制'를 견지했다

모택동은 『인민 내부의 모순을 정확하게 처리하는 문제에 관하여關於正確處理人民內部矛盾的問題』에서 다음과 같이 말했다.

"인민 내부에서 말하는 민주는 집중에 대한 것이고, 자유는 규율에 대한 것이다. 이는 통일체의 모순된 두 측면으로 모순되면서도 통일된 것이다. 따라서 우리는 한 측면만을 편파적으로 강조하고 다른 측면을 부정해서는 안 된다. 인민 내부에 자유가 없어서도 안 되고 규율이 없어서도 안 된다. 또 민주가 없어서도 안 되고 집중이 없어서도 안 된다. 민주와 집중의 통일, 자유와 규율의 통일이 바로 우리의 민주집중제다."

"우리는 리더와 리더십이 있는 자유를 주장하고, 집중적인 지도하의 민주를 주장한다."

'민주집중제'의 제출과 운용은 모택동이 발휘한 리더십 방면에서 전례가 없는 독창적인 것이었다. 여러 해 동안 당의 각급 단위에서는 이 '민주집중제'의 원칙을 정확하게 운용했고, 이 덕분에 군중의 뛰어난 재질이 지도자들에게 널리 채택될 수 있었으며 리더들의 적극성과 창조성 또한 충분히 발휘될 수 있었다. 또한 리더들은 언제나 군중의 감독 아래에 있기 때문에 개인의 독단적 전횡을 막을 수 있었고, 리더들이 순조롭게 권력을 운용하여 적시에 정책을 결정할 수 있었다.

(2) 당위원회 집단지도 체제하에 우두머리들의 분업 책임제를 견지했다

봉건제왕이 통제하는 군대가 되었건, 부르주아계급이 이끄는 군대가 되었건, 심지어 농민봉기 등 여러 무장봉기에서 늘 발생했던 문제가 있다. 바로 군 내부의 쿠데타였다. 역사상 군 내부의 쿠데타로 정권을 탈취하거나 탈취당한 사례는 무수히 많았다.

중국 공산당은 1927년 처음으로 인민무장이 생긴 이래 지금까지 무장경찰, 공안경찰 등 수백만 군사력으로 발전했다. 긴 시간을 거치면서 군은 작은 것에서 큰 것으로, 약한 것에서 강한 것으로 발전하여 복잡하고 힘든 임무를 수행해왔다. 군 내부에 장국도張國燾와 같은 분열주의자가 생기기도 했고, 임표林彪와 같은 음모가가 나타나기도 했고, '사인방四人幇'과 같은 반혁명 집단이 설치기도 했지만 전체적으로 군에는 봉건제에서 일어났던 쿠데타나 반란은 없었다.

많은 원인이 있겠지만 가장 기본적인 것은 무산계급을 바탕으로 하고 있는 군대의 성격 때문이다. 그러나 그중 중요한 한 가지 원인은 군을 건설한 처음부터 당이 군에 대하여 절대적인 지휘권을 행사했기 때문이다. 즉, "우리의 원칙은 당이 총을 지휘하는 것이지 총이 당을 지휘하는 것은 절대 허용하지 않았다."(535쪽) 이 원칙의 실행을 보증하는 기본적인 조치로 군의 각급 단위에 당 조직을 세웠다. "홍군이 그 어려움 속에서 투쟁하면서도 해체되지 않은 가장 중요한 원인의 하나는 '(당) 지부가 군부대 위에 세워져 있었다'는 것이다."(68쪽)

군대의 각 층에 당 조직을 건립했고, 정규적인 당의 조직과 생활제도를 건전하게 수립했다. 당위원회 제도를 실행하고, 그 안에서 상무위원회라는 집단지도 하의 최고 리더들이 일을 나누어 책임지는 제도를 실행했다. 그 작용에 대하여 모택동은 『당위원회 제도를 건전하게 만드는 것에 관하여關於健全党委製』에서 다음과 같이 명확하게 밝혔다.

> "당위원회 제도는 집단지도체제를 보증하고, 개인의 독점을 방지하는 당의 중요한 제도이다."
>
> "지금부터 중앙국으로부터 지방위원회, 전위前委로부터 여위旅委 및 군사구역(군사위원회 분회 또는 영도소조), 정부 당조직, 민중단체 당조직, 통신사와 신문사의 당조직에서는 모두 당위원회 회의제도를 건전하게 세워야 하며, 모든 중요한 문제(그다지 중요하지 않은 작은 문제나 혹은 회의에서 토론하고 해결하여 집행만 남은 문제가 아닌)는 반드시 위원회의 토론을 거쳐야 하고, 위원회 위원들이 의견을 충분히 발표하고 명확한 결정을 내린 후에 나누어 집행한다."

당위원회의 집단지도체제가 이끌고, 중대한 문제는 반드시 집단적으로 연구하고 결정하는 일을 확보하여 개인의 전권을 막고, 각자 일을 나누어 책임짐으로써 당위원회의 결정이 적시에 관철되고 집행되는 것을 확보하여 회의나 말로만 머무르지 않게 했다. 모택동은 "집단지도와 개개인의 책임 어느 하나 소홀히 해서는 안 된다. 군은 작전에서의 상황과 필요에 따라 리더가 임시로 일을 처리한 권한이 있다."(1344쪽)고 제기했다. 당위원회에서 집단지도체제로 이끌고 개개인이 일을 나누어 책임지는 것을 유기적으로 결합함으로써 당 조직이 중대한 문제에 대해 정확한 결정을 내릴 수 있게 보증하였을 뿐만 아니라 적시에 집행되는 것도 보증할 수 있었다.

(3) 군중 속에서 오고 군중 속으로 가는 원칙을 견지했다

모택동의 리더십이 굳게 발을 디디고 있는 지점의 하나가 바로 군중노선을 확고하게 관철하는 것이었다. 군중의 희망을 자신의 희망으로 여기고, 군중의 이익을 자신의 이익으로 삼아 군중의 이익과 필요 외에 어떤 이익과 필요도 없었다. 모택동은 1948년의 『진수일보사 편집원들에 대한 담화對晉綏日報編輯人員的談話』에서 이렇게 말한 바 있다.

> "군중이 아직 각성하지 못하고 있는데 우리가 밀고 들어가는 것은 모험주의다. 군중이 하기 싫어하는 일을 억지를 끌고 가려 한다면 실패는 뻔하다. 군중이 전진하라고 요구하는데 전진하지 않으면 우경 기회주의다."
>
> "이렇게 말할 수 있다. 공산당이 늘 패하지 않았던 것은 당의 정책을 군중의 행동으로 바꾸고, 우리의 운동 하나하나, 투쟁 하나하나를 리더들이 잘 알고 있었음은 물론, 광대한 군중도 잘 알고 쉽게 파악할 수 있었기 때문이다. 이것이 마르크스주의 리더십이다."

그렇다면 실제 사업에서 이 원칙을 어떻게 운용할 것인가. 이에 대해 모택동은 "군중 속에서 오고 군중 속으로 가라. 집중하고 견지하라."는 말로 생생하게 표현했다. 1943년에 발표한 『영도 방법에 관한 약간의 문제關於領導方法的若干問題』에서 그는 이렇게 말했다.

우리 당의 모든 실제 사업에서 정확한 리더십은 반드시 군중에서 오고 군중으로 가는 것이다. 즉, 군중의 의견(흩어져 계통성이 없는 의견)을 집중시켜(연구를 거쳐 집중된 계통적인 의견으로 만든다) 군중 속에 가서 선전하고 설명하여 군중의 의견으로 만들어 군중들이 지키게 하고, 그것을 다시 행동으로 옮기게 하며, 군중의 행동에서 그 의견들의 정확성 여부를 판단한다. 그런 다음 다시 군중으로부터 집중시켜 다시 군중 속에서 지켜나가게 한다. 이렇게 끊임없이 순환하면 그것은 더욱더 정확해지고, 더욱더 생생해지며, 더욱더 풍부해진다.

우리 당은 모택동의 군중노선 리더십을 보다 심도 있게 관철하고 널리 운용하여 당의 모든 결의와 행동이 절대다수의 근본적 이익을 대표할 수 있게 보증했다. 이렇게 절대다수의 옹호와 지지를 얻어 영원히 패할 수 없는 위치에 설 수 있는 기초를 마련했다.

(4) 단결-비평-단결의 방침을 견지했다

한 지도자 혹은 지도자 집단이 자기 조직의 일치단결을 효과적으로 확보할 수 있는가 여부는 사업의 성공과 실패를 가름하는 관건이 된다. 모택동은 관련하여 "국가의 통일, 인민의 단결, 국내 각 민족의 단결, 이는 우리 사업을 필승으로 이끄는 기본적 담보이다."[113]라고 했다.

모든 권력자는 자기 진영이 어떻게 하면 끝까지 좋은 단결 상태를 유지할 것인가에 대해 그 나름의 통제 방법을 사용한다. 예를 들어 고대의 봉건 통치자들은 '삼강오륜三綱五倫'을 제창했다. 신하는 임금을 섬기고, 아들은 아버지를 섬기고, 아내는 남편을 섬겨야 한다. 아들이 거역하고 아내가 거역하면 관에서 제지할 필요도 없이 아버지로서 남편으로서 아들과 아내를 엄격하게 혼내고 다스릴 수 있다. 이렇게 통제망을 만들면 "임금은 임금답게, 신하는 신하답게, 아비는 아비답게, 자식은 자식답게" 제자리를 지키며 도리를 다하게 된다는 것이다.

진시황秦始皇은 백성들을 보保와 갑甲으로 나누고 소속시켜 서로 감독하고 서로 통제하게 하는 연좌법으로 하극상의 난을 방지하고자 했다. 장개석은 파벌 체제로 국민당 내부를 통제했다. 각 파벌은 각자 집단을 형성하고, 장개석은 그 집단 위를 돌며 그들을 똑같이 통제하였다. 당 안에는 중통국中統局, 군대에는 군통국軍統局을 두어 특무 활동을 통해 은밀히 통제했다.

모택동의 리더십은 기본 입장에서 그들과 근본적으로 달랐다. 모택동 리더십의 출발점은 인민군중 이익과의 일치였다. 그는 지도자 집단 내부가 되었건, 인민군중 내부가 되었건 통제가 아닌 조직하고 이끄는 것을 주요한 방법으로 삼았다. 자기 진영 내부에 생긴 문제에 대해서는 이익을 통제하거나 이익을 기계적으로 고루 나누는 방법으로 해결하는 것이 아니라 늘 인민과 같은 입장에 서서 단결-비평-단결의 방법을 사용했다. 모택동은 이 방법에 대하여 다음과 같이 설명한 바 있다.

1942년 우리는 인민 내부의 모순을 해결하는 이 민주적 방법을 '단결-비평-단결'이라는 공식으로 구체화했다. 좀더 설명하자면 이것은 단결의 염원에서 출발하여 비

---

113 『인민 내부의 모순을 정확히 처리할 문제에 관하여關於正確處理人民內部矛盾的問題』(인민출판사). 1쪽. (저자)

평 또는 투쟁을 거쳐 모순을 해결하고, 새로운 기초 위에서 새로운 단결에 이르는 것이었다.[114]

이 방법은 인민 내부의 단결, 공산당 내부의 단결, 각급 정부조직 내부의 단결을 보증하는 것은 무원칙한 평화 공존이나 이익의 무조건 균형을 맞춘 결과가 아니라 당의 규율과 정부의 각종 법률과 법령이라는 규범 아래 '정화'를 거친 단결이라는 사실을 잘 보여주고 있다.

민중을 따르게 한 모택동의 리더십은 이 밖에 더 많은 예를 들 수 있다. '피아노를 연주하는' 예술, '당위원회 서기가 반장 노릇을 하는' 방법, '고급 미장이'의 재능, '소극적 요소를 적극적 요소로 바꾸는' 방법 등과 같은 것들도 있다.

이상에서 우리는 진정한 리더로서 모택동의 진면목을 보았다. 이는 모택동 자신이 갖다붙인 것이 아니라 혁명투쟁이라는 실천을 통해 자연스럽게 형성된 것이다. 또한 평범한 방법으로 얻어낸 것이 아니라 처음부터 끝까지 뛰어난 리더십을 통해 당과 인민의 분투를 이끈 결과였다.

4. 모택동의 경제 · 외교모략

이상, 모택동의 모략에 대하여 여러 방면에서 초보적인 연구를 진행해보았다. 다른 방면의 내용 역시 풍부하다. 예를 들면 경제모략 가운데서 연안延安 대생산 시기에

---

114 『인민 내부의 모순을 정확히 처리할 문제에 관하여』(인민출판사), 1쪽. (저자)

제기한 "스스로의 손을 움직여 의식을 풍족하게 하자."로부터 건국 이후 확정된 "농업을 기초로, 공업을 주도로" 하는 방침, 공업에서는 "강철을 기본으로", 농업에서는 "식량을 기본으로" 하여 농업·임업·목축업·부업·어업을 전면적으로 발전시키자는 방침으로 10대 관계를 잘 처리한 일련의 언급은 모두 국가경제 건설을 이끄는 작용을 했다.

역사상 국공합작으로 항일민족통일전선을 수립할 때 모택동은 "일리 있고, 이익 있고, 절도 있는" '유리有理·유리有利·유절有節'을 비롯하여 "모순을 이용하며", "소수를 고립시키고", "진보세력에 의지하고, 중간 세력은 단결시키고, 완고한 세력은 공격하는" 일련의 투쟁 책략을 제기했다. 또 '항미원조'를 지휘하고, 중국과 인도 국경에서 발생한 충돌을 지휘한 일, 중과 소련의 국경 분쟁을 지휘한 일, '패권주의에 반대한다', '제3세계론', '평화공존의 다섯 가지 원칙'에 대한 제출, '세계 대삼각大三角 관계'의 건립에 이르기까지 모택동은 모든 일을 여유 있게 처리하여 승리의 보증수표를 안정적으로 얻어냈다. 물론 그중 어떤 것은 군내 당파 사이의 투쟁이었기에 외교투쟁이라고는 할 수 없다. 하지만 그 안에서 모택동의 탁월한 외교모략이 얻어낸 승리의 요인을 충분히 찾아낼 수는 있을 것이다. 그 밖의 다른 방면에 대해서는 일일이 설명하지는 않겠다.

제26장
모략과 종교미신

종교는 인류사회의 의식 형태이자 일정한 역사 단계의 산물이다. 사물을 숭배하는 배물교拜物教로부터 여러 신을 믿는 다신교多神教를 거쳐 최후로 하나의 신만 믿는 일신교一神教가 생겨났다. 씨족의 토템 숭배로부터 민족신과 민족종교를 거쳐 최종적으로 세계적인 종교가 나타났다. 오늘날 주요한 세계적 종교로는 불교·기독교·이슬람교 등이 있다. 몇몇 나라에는 아직 민족종교가 남아 있다. 예를 들어 일본의 신도교神道教, 인도의 힌두교 등과 같은 것이다. 처음 종교 이론은 본질적으로 유물론이 아닌 유심론이었지만 그 후에 나타난 종교미신과는 많은 점에서 다르다. 종교미신은 통치자가 인민의 의식을 마비시키는 정신적 아편으로 이용한다. 그러나 처음에 종교는 인간의 주관적 희망으로 자연을 해석한 것이었다.

여기에서 불교 이론의 관점을 참고하고 변증법적 유물주의의 인식론으로 감별해보는 것도 의의가 있을 것 같다. 종교의 하나인 불교를 한번 보자. 중국불교협회 회장을 지낸 조박초趙朴初 선생의 관점으로는 부처는 사람이지 신이 아니다. 그의 이름은 실달다悉達多(싯다르타Siddhartha)이고 성은 교달마喬達摩(고타마Gautama)이다. 석가釋迦(샤카Sakya)족 사람이었기 때문에 샤카족의 성자란 뜻의 석가모니釋迦牟尼(샤카무니)라 부른다. 석가모니가 살았던 시대는 대략 기원전 6세기 중엽으로 중국의 노자나 공자와 같은 시대다. 그는 당시 가비라국迦毗羅國(카필라바스투Kapilavastu) 국왕의 맏아들이었다. 카필라 성은 지금의 네팔 경내에 있다. 어린 시절 석가모니는 당연히 좋은 교육을 받으며 자랐다. 하지만 그는 세상 만물이 태어나 늙고 병들고 죽으며, 강한 것이 약한 것을 잡아먹는 모습 등을 보고 그때까지 배운 지식, 미래의 왕위, 권력 등으로는 이런 문제를 해결할 수 없음을 깨달았다. 그는 모든 것을 버리고 출가하여 세상을 해석하고 중생을 구제하는 방법을 찾았다.

출가할 당시 그는 29세였다.(19세라는 설도 있다.) 많은 고행을 거치면서 그는 세 번이나 스승을 찾아 가르침을 구했지만 바라는 바를 얻지 못했다. 출가한 지 6년이 지난 어느 날, 그는 보리수 아래 길상초에 앉아 동쪽을 향해 가부좌를 하고는 "내가 오늘 큰 깨달음에 이르지 못하면 이 몸이 부서지더라도 일어나지 않으리라."고 맹서했다. 그는 보리수 아래에서 해탈의 길을 고민한 끝에 마침내 번뇌의 장애를 이겨내고 철저한 깨달음을 얻어 부처가 되었다.

석가모니가 성불한 곳은 지금의 인도 부다가야 남쪽 교외로, 관련 유적이 아직 남아 있다. 그로부터 약 천 년 뒤인 7세기 중국의 현장玄奘법사가 불경을 구하러 인도에 갔다 온 기록 『대당서역기大唐西域記』에도 이 역사적 사실이 기록되어 있다. 석가모니가 성불한 곳에 세워진 마하보디 대탑도 1,800년이 넘는 역사를 가지고 있다. 석가모니는 성불한 후 45년(50년이란 설도 있다) 동안 자신의 깨달음을 전파했고, 80세에 열반했다.

이상의 역사는 아직 고증이 충분하지는 못하다. 불교의 여러 경전들을 참고하여 아주 쉽게 그 기본 개념을 말해본다면 '부처'란 '철저히 깨달은 사람'이다. 불교에서는 과거에도 부처가 된 사람이 있기 때문에 미래에도 부처 될 사람이 있고, 모든 사람이 깨달음을 얻을 수 있다고 말한다. "모든 중생에게 부처의 본성이 있고, 부처의 본성이 있는 사람은 누구나 부처가 될 수 있다." 사람들이 "철저히 깨닫지 못하는" 까닭은 '무아無我', '개공皆空'의 경지에 이르지 못하고 '칠정七情'과 '육욕六欲'에 사로잡혀 있기 때문이라고 하였다.

이런 관점에 마르크스주의자라면 당연히 동의할 수 없다. 하지만 그 안에서 종교의 이론적 기원과 봉건적 미신이 같지 않다는 것을 읽어낼 수는 있다. 종교가 시작되었을 때 객관적 세계에 대한 인식과 해석은 유심론적이었지만 중국 춘추전국의 백가쟁명과 같은 시기에 발전한 사상이자 이론인 제자백가들처럼 연구할 가치는 있다. 모략이라는 관점에서 종교의 발전과 통치자에게 이용당한 사실 등을 분석하는 일은 의미가 크다고 할 수 있다.

1. 네 속에 내가 있고, 내 속에 네가 있다: 종교와 모략의 융합

보리라는 나무는 본래 없는 것이고	보리본무수菩提本無樹
거울 또한 받침이 없다.	명경역비대明鏡亦非臺.
본래 한 물건도 없거늘	본래무일물本來無一物
어디에 티끌이 쌓이리.	하처낙진애何處落塵埃.

위는 불교사에 전해오는 아주 유명한 시구이다. 중국의 불교인 선종禪宗을 대표하는 혜능慧能이 이 시 때문에 5조 홍인弘忍의 눈에 들었다.[115] 5조 홍인이 자신이 입던

가사를 혜능에게 전달할 때 한 가지 기교를 부렸다. 이를 공개적으로 한다면 혜능이 다른 제자들에게 해를 당할 수도 있었기에 홍인은 모두가 잠든 밤에 자신을 찾아오라고 암시했다. 그날 밤 혜능에게 가사를 전했다. 홍인은 혜능의 뛰어난 정신적 경지를 칭찬하며 선종이 그로 인해 더욱 크게 번성할 것을 굳게 믿었다. 홍인은 혜능에게 가능한 한 깊게 자신을 숨겼다가 적절한 때가 되면 불법을 널리 펼치라고 하면서 앞으로는 가사를 전수하는 방식으로 법맥을 전하지 말라고 했다. 당시 선종은 이미 외부로부터 널리 인정을 받고 있었기 때문이다. 그날 밤으로 혜능은 남쪽으로 내려갔다.

● 종교미신은 진정한 모략가라면 배척하지만 과거 모략의 제정과 운용에 종교미신이 널리 이용되었다는 사실은 분명하게 알고 있어야 한다. 중국 불교인 선종의 대중화를 위해 6조 혜능에게 5조 홍인이 사용한 방법은 종교에 모략이 어떻게 활용되었는가를 잘 보여준다. 초상화는 6조 혜능이다.

중국 불교사의 이 유명한 고사에서 우리는 5조 홍인이 두 가지 모략을 운용했음을 읽어낼 수 있다. 하나는 한밤에 가사를 혜능에게 전하며 빨리 떠나라고 한 것으로, 이는 선종의 생사존망과 발전이란 문제와 관련되어 있었다. 또 하나는 이후 가사를 전하는 방법으로 법맥을 전수하지 말라는 것인데, 이로써 선종은 더욱더 널리 보편화되고 사람들 마음 깊이 침투하게 되었다. 이는 종교가 발전하는 과정에서도 지략을 쓰고

---

115 이 시는 6조 혜능이 5조 홍인 밑에서 출가하여 수행하고 있을 때 지은 시로 전한다. 당시 홍인이 제자들에게 그때까지의 수행을 글로 써보라는 숙제를 냈다. 당시 홍인의 수제자로 자타가 공인하는 신수神秀가 모범 답안을 냈고, 홍인은 이를 제자들에게 외우게 했다. 신수가 지은 시의 내용은 이랬다. "몸은 보리수요, 마음은 맑은 거울 받침대와 같다. 수시로 부지런히 털고 닦아서 가벼운 티끌조차 앉지 않게 하라." 일자무식으로 당시 방아 찧는 허드렛일을 하고 있던 혜능이 이를 듣고는 마음에 차지 않아 말로 자신의 심경을 읊어 다른 제자에게 받아 적게 한 시가 바로 위의 시다. 신수의 시와는 경지가 달랐고, 다른 제자들이 이 때문에 동요했다. 이에 홍인은 혜능을 몰래 불러 자신이 입던 가사와 자신의 밥그릇인 바루를 주며 남방(지금의 광서성)으로 내려가 포교하게 했고, 훗날 홍인에 이에 6조가 되었다. 중국 불교인 선종은 6조 혜능에 이르러 크게 발전했고, 동시에 북방의 신수와 남방의 혜능으로 갈라지는 계기가 되기도 했다.

모략을 운용했음을 보여주는 좋은 사례다.

사실 중국인의 모략은 종교와 밀접한 관계를 가지고 있다. 종교미신 속에 모략사상이 관통하고 있고, 모략 자체도 흔히 미신과 종교의 겉옷을 걸치고 있기 때문이다. 옛날일수록 이런 종교적 색채는 더욱 짙다. 『주례周禮』「춘궁春宮」에 이런 대목들이 있다.

"풍상씨馮相氏는 12년, 12개월, 24시간, 28개 별자리를 관장하여 그 순서를 가리고 하늘의 자리를 안다."

"보장씨保章氏는 하늘의 별을 관장하여 해·달·별의 변화에 근거하여 길흉을 가리고, 별에 나타난 여러 가지 현상을 통하여 7주의 봉지封地를 가린다. 봉지마다 대응하는 별자리가 있는데 이를 근거로 좋고 나쁨을 살핀다."

전문 관리가 천문기상에 대한 관찰을 관장하여 관찰을 통해 인간사의 변화를 예측하고, 다시 천문기상의 변화 등에 의거하여 인간사의 모략으로 삼았다. 예를 들면 『여씨춘추呂氏春秋』「계하기季夏紀」'제락制樂' 편에 이런 대목이 있다.

상商나라 탕湯 임금 때 궁궐 뜰에 웬 곡식이 자라났는데 저녁에 싹이 트더니 다음 날 아침이 되자 손에 가득 찰 만큼 자랐다. 점쟁이가 그 까닭을 알아보려고 점을 쳐보자고 청했다. 탕 임금은 점쟁이를 물리고 말하길 "내가 듣기로는 길한 조짐은 복에 대한 예견이지만 이를 보고도 선하지 않은 행동을 하면 복이 오지 않는다. 괴이한 일은 재앙에 대한 예견이지만 이를 보고 선한 행동을 하면 재앙에 이르지 않는다."고 했다. 아침 조회를 마치고 백성을 위로하자 사흘 뒤 그 곡식이 없어졌다.

점을 치고 점괘로 길흉을 가린 일은 갑골문에 처음 기록되어 있다. 좋은 날을 택하고 천문기상에 나타난 대로 점을 쳤으며, 점복과 괘로 길흉을 예측한 다음 행동했다. 미신 색채가 농후한 모략이었다. 이런 점에서 『주역周易』은 점괘에 관한 책이자 세계에서 가장 오래된 정보와 모략 방면에 관한 책이기도 하다. 중국에서 가장 먼저 나타난 관리인 무巫와 사史 중 하나가 바로 점복과 제사를 담당한 '무술사巫術師'이다. 관련하여 여영시餘英時 선생은 "지금 발견되고 있는 갑골문의 복인卜人(또는 정인貞人)은 의심할 바 없이 지식을 갖춘 사람이었다."[116]고 했다.

종교미신은 자연과 사회 앞에서 인간의 무기력한 표현이자 자연과 사회에 대한 삐뚤어지고 뒤바뀐 의식의 반영이다. 마르크스는 종교의 본질을 언급하면서 "종교는 아직 자신을 얻지 못했거나 다시 자기를 잃은 사람의 자아의식과 자아감각이다. 하지만 인간은 이 세상 밖에서 추상적으로 살고 있는 존재가 아니다. 인간은 인간의 세계이고, 국가이고 사회이다."[117]라고 했다. 엥겔스도 "모든 종교는 인간의 일상생활을 지배하고 있는 외부의 힘으로 인간의 머릿속에만 존재하는 환상의 반영일 뿐이다. 이런 반영을 통해 인간의 힘은 초인적 힘이란 형식을 취했다."[118]고 했다.

모략은 인류 지혜의 산물이다. 그 방법은 유물변증법과 과학에 훨씬 가깝다. 유물주의자들에게서 종교미신과 모략은 전혀 관계가 없다. 이는 18세기 프랑스의 '백과전서파'를 대표한 디드로가 『철학가와 국왕의 담화哲學家同國王的談話』에서 "폐하, 만약 폐하께서 목사가 존재하기를 희망하신다면 철학가가 존재하기를 바라지 말아야 합니다. 폐하께서 철학가가 존재하기를 희망하신다면 목사가 존재하기를 바라지 말

---

116   餘英時, 『사와 중국문화士與中國文化』(上海人民出版社, 1998), 117쪽. (저자)

117   『마르크스-엥겔스 선집』 제1권, 1쪽. (저자)

118   마르크스-엥겔스 선집』 제3권, 354쪽. (저자)

아야 합니다. 그 자체의 직업을 놓고 볼 때 철학가는 이성적이고 과학적인 친구이지만 목사는 이성의 적이고 무지몽매를 비호하는 자입니다."[119]라고 말한 것과 같다.

그럼 어째서 모략이 종교미신과 연계되어 있으면서 "네 속에 내가 있고, 내 속에 네가 있다."는 식으로 말하는가. 여기에는 통치자가 종교미신을 이용하여 사람들을 통치해왔고, 사람들이 종교라는 겉옷을 입고 반기를 들고 일어났으며, 사람들이 자연을 인식하지도 파악하지도 못한 무지 등과 같은 원인이 있기 때문이다. 그러나 그 중에서도 가장 중요한 원인은 종교가 인간 인식의 산물로서 나름 합리적인 내용을 갖고 있어 모략이 그 안에서 발전할 수 있도록 용인하고 그를 위한 조건을 만들어주기 때문이다. 물론 이는 종교가 그 자체의 발전과 확대를 위해 작용한 결과이다.

루마니아의 학자인 질리안은 "신화는 원시인들이 세계를 인식하고 자신을 인식하고 싶어 하는 열망을 반영한다."[120]고 하면서 "그것은 아직 가공되지 않은 광석과 같다. 그 안에는 금빛 찬란한 지혜와 도덕, 미의 가치가 반짝인다."[121]고 강조한 바 있다. A. 테나쎄는 『문화와 종교文化與宗敎』에서 "전쟁에 직면하거나 항해에서 조난을 당하거나 유목 혹은 대규모의 수렵과 고기잡이 활동에서 인간은 마법에 도움을 청하지만 이는 사람들이 무능함을 표시하는 동시에 환상으로 주위 세계를 통제하려는 의도를 나타낸다."고 했다. 그는 폴란드 태생의 영국의 인류학자인 말리노프스키의 말을 빌려 "인간은 자기의 인식으로 가능성과 우연성을 정확하게 장악하지 못할 때 비로소 마법의 도움을 청한다."[122]고 했다. 레닌도 종교의 성직자주의는 "의심할 바 없이 열매 없는 꽃에 불과하다. 하지만 생생하게 살아 있고, 열매를 맺을 수 있고, 진

---

119 (소련) K.A 마끼체프 주편, 『정치학설사政治學說史』(上) (中國社會科學出版社, 1979), 222쪽. (저자)

120 (루마니아) A. 테나쎄, 『文化와 宗敎』 (中國社會科學出版社, 1984), 10쪽. (저자)

121 위의 책, 10쪽. (저자)

122 위의 책, 17쪽. (저자)

실되고, 강대하고, 전능하고, 객관적이고, 절대적인 인간의 인식이라는 이 생기 넘치는 나무의 열매 없는 꽃이다."[123]고 하였다.

프랭크는 "종교와 과학 사이에는 어떤 진정한 대립도 존재할 수 없다. 따라서 둘 사이의 하나는 다른 하나의 보완이다."[124]고 했다. 초기의 과학기술은 종교미신에서 잉태되고 포용되었다. 사실, 하늘에 대한 미신과 관찰은 최초의 천문학이 되었다. 풍수지리의 발전은 지리학의 탄생과 발전을 자극했다. 신비한 약을 제조한다는 연단술은 현대 화학의 씨앗이었다.

종교미신의 관념과 과학의 관념이 전혀 어울리지 않는 것은 아니다. 여영시餘英時는 이렇게 말한다.

> 인간 세상의 부지런한 창업을 하느님의 부름으로 이해한 것은 자본주의 정신이 일어나는 데 유리했다. 학술 사업을 기독교의 천직으로 이해한 것은 서방 근대의 인문교육과 인문학술의 발전을 촉진했다. 하느님이 창조한 우주는 법칙이 있고 질서가 있다. 그러나 인간이 할 일은 이성을 운용하여 우주의 질서와 법칙을 발견하는 것이다. 이는 근대의 많은 과학자들이 받아들인 기본적인 신념이었다. 뉴턴으로부터 아인슈타인에 이르기까지 모두 그랬다."[125]

일부 사상가들이 유럽 중세의 수도원 철학을 조롱하고 협공할 때 포이어바흐는 독특한 시각으로 다음과 같이 지적한 바 있다.

---

123 『레닌선집』 제2권, 715쪽. (저자)

124 『독서讀書』, 1990년 제8기, 54쪽에서 재인용. (저자)

125 위의 책, 55쪽. (저자)

수도원 철학은 교회를 위해 봉사한 것이었다. 교회의 원칙을 승인하고 논증하고 호위했기 때문이다. 그렇긴 하지만… 그들은 신앙의 대상을 사유의 대상으로 만들어 사람들을 절대적인 신앙의 영역으로부터 의심하고 연구하고 인식하는 영역으로 이끌었다. 그들은 권위 이상의 신앙 대상에 발을 붙이고 그것을 증명하려 했다. 그리하여―대부분 자신의 이해와 의지를 위반하지만― 이성의 권위로 세상에 낡은 교회의 원칙과 다른 원칙을 부여했고―독립적으로 사고하는 원칙, 이성의 자기의지의 원칙― 또는 이 원칙을 위하여 준비했다. 심지어 수도원 철학의 추악한 형태와 어두운 면, 심지어 일부 수도원 철학자들이 제기한 많지는 않지만 황당무계한 문제 등등을… 모두 이성의 원칙으로부터 이끌어냈고, 광명에 대한 갈망과 연구정신으로 이끌어냈다."[126]

포이어바흐는 변증 유물주의자가 아닐 뿐만 아니라 역사 유물주의자도 아니었다. 하지만 그는 수도원 철학이 '중세의 과학'이라는 점을 보았다. 그는 이성으로 종교의 신앙을 논증하여 종교신앙의 대립물, 즉 이성의 권위를 이끌어냈다.[127]

종교는 인간 인식의 산물로서 합리적인 내용이 있고, 인간의 지혜를 포함하고 있다. 그러나 종교가 성행하고 광범위한 군중의 기초가 생기면 인간은 종교를 이용하거나 종교라는 겉옷을 입고 자신의 목적을 달성하려 한다. 이렇듯 종교는 모략과 서로 배척하지 않을 뿐만 아니라 모략의 발전을 한 걸음 더 추동함으로써 둘의 관계는 더욱 가까워져 "네 속에 내가 있고 내 속에 네가 있는" 상황이 나타나게 된 것이다.

---

126 포이어바흐, 『철학사강연록(哲學史講演錄)』 제1권 (商務印書館, 1978), 12쪽. (저자)

127 『中國社會科學』 1986년 제3기, 8쪽. (저자)

2. 관세음보살이 남자에서 여자로 바뀌다: 불교의 중국화에 담긴 모략

세계의 다른 종교들처럼 불교가 거대한 생명력을 가지게 된 것은 불교가 중국에서 전파되는 과정에서 점차 중국화하면서 광범한 민중들과 결합하여 중국적 특색을 가졌기 때문이다.

인도에서 기원한 불교는 '외래문화'였다. 기원 전후로 불교가 막 전파되었을 때는 중국인의 관심을 크게 얻지 못했으며, 경건하고 정성스러운 신도들도 많지 않았다. 당시 불교는 일부 왕족이나 귀족들 사이에서 부처에게 기도하고 하늘과 땅에 비는 '신선한 종교' 정도로 취급되었다.

그 후 당나라 때 와서 현장玄奘(602-664)은 불경을 구하기 위해 인도로 떠났다. 그는 그 과정에서 100개가 넘는 나라와 지역을 거쳤는데 5만 리가 넘는 노정이었다. 그가 장안에 돌아왔을 때는 17년이 지나 있었다. 현장은 인도에서 불경 600여 부를 가지고 돌아왔다. 그는 박학다식하고 다재다능했다. 인도 지역 언어도 잘 알고 있어 불경을 대량 번역했다. 이에 대해 여징呂澂 선생은 "인도의 불교가 한나라 말기에 중국에 들어와 당나라 초기에 이르기까지 몇 백 년 동안 불교의 학설을 진짜 원래 모습대로 전파한 사람을 들라면 현장을 꼽아야 한다."[128]고 했다.

현장이 인도의 불경을 원래 모습대로 번역하긴 했지만 그가 처음 제시한 유식설唯識說과 인명론因明論은 중국에서 성행하지 못하고 몇 십 년 뒤 쇠퇴하여 제대로 전승되지 못했다. 그 근본적인 원인은 유식론이 견지한 '오종설五種說' 때문이었다. 이 설은 모든 중생에게 불성이 있다는 주장을 반대하고, 불교의 논리학이라 할 수 있는 '인

128　王志敏方珊, 『불교와 미학佛敎與美學』(寧人民出版社, 1989), 167쪽. (저자)

명因明'의 격식을 채용하여 '유식무경唯識無境'을 논증했는데 그 방법이 번잡하여 중국인의 구미에 맞지 않았다.[129]

현장은 중국에서 불교를 인도화하려고 했기 때문에 불교의 전파가 크게 제한되었다. 불교의 전파와 영향이 확대된 것은 중국의 전통문화와 융합되는 과정이 있었기 때문이다. 불교의 특징 중 하나는 도가의 학설과 어떤 면에서 통하는 점이 있다는 것이다. 한나라 초기 불교가 막 전파되었을 때 사람들은 불교를 신선방술로 여겼다. 그 후 위진시대(220-420)에 이르러 노장철학이 크게 일어나고, 이에 형이상학적인 철학 논변이라 할 수 있는 현학玄學이 한 시대를 풍미하면서 불교가 빠른 속도로 전파되기 시작했다.

불佛과 도道가 서로 통하는 점이라면 도교에서 제창하는 '무위無爲'와 '초탈超脫'과 불교에서 주장하는 '성공性空'과 '각오覺悟'가 모두 현학적인 논리에 심취해 있다는 것이다. 이는 다른 종교의 유파에도 보이는 공통점이다. 예를 들어 "훗날 기독교가 모습을 갖추게 된 것"에 대해 "고전문화와의 혼인을 통해 완성되었기"[130] 때문이라고 말한 것과 같다.

불교와 중국 전통문화의 결합은 봉건관료 사대부 계층으로 제한해서는 안 되고 일반 민중들이 받아들이게 해야 했다. 이 때문에 불교의 '중국화'는 모략의 도움을 받아야 했다. 동진 시기의 승려인 축도생竺道生은 4세기 말에 "모든 중생이 부처가 될 수 있고", "신심이 부족한 사람도 부처가 될 수 있다."면서 "한순간 깨달아 부처가 될 수 있다."는 돈오성불설頓悟成佛說을 내놓았다. 이 교의에 따르면 부처가 될 수 있는

---

129 '인명'이란 '원인과 이유에 대한 학문'이란 뜻으로 불교의 논리학을 가리킨다. '유식무경'은 간단히 말해 분별해서, 즉 가려내서 지어낸 대상은 객관적으로 실재하는 것이 아니라 인식의 작용에 지나지 않는다는 뜻이다.

130 (스페인) 미구엘 우나무노, 『생명의 비극의식』(上海文學雜誌社), 61쪽. (저자)

'권리'는 출가한 지주나 대단한 집안만 가질 수 있는 것이 아니다. 또 부처가 되는 '수속'도 이전처럼 복잡하고 까다로운 것이 아니며, 여러 세대에 걸쳐 공덕을 쌓아야 이룰 수 있는 것도 아니다. 이로써 모든 중생이 부처가 될 수 있는 가능성이 마련되었다. 이런 주장은 종교미신의 관념이 농후하여 사람들을 끌어들이는 흡인력이 대단했다.

당나라 때 5조 홍인의 수제자 신수神秀는 다음과 같은 시를 통해 오랜 고행을 거쳐 잡념을 없애야 각성하여 부처가 될 수 있다는 '점수설漸修說'을 주장했다.

몸은 보리수요,

마음은 맑은 거울 받침대와 같다.

수시로 부지런히 털고 닦아서

가벼운 티끌조차 앉지 않게 하라.

그러나 같은 시대 혜능慧能은 신수의 '점수설'에 반대했다. 혜능이 내세운 선종禪宗은 불교의 문을 더 활짝 열어 가난하고 고통받는 백성에게 부처가 될 수 있는 싼값의 입장권을 팔았다. 혜능은 "깨달음은 마음에서 찾아야지 왜 쓸데없이 밖에서 구하는가."라고 했다. "부처는 마음속에 있지 마음 밖에 있지 않다." "깨달음의 지혜는 세상 사람들이 본디 갖고 있는 것이니" "문득 깨달아 부처가 될 수 있다."는 '돈오설頓悟說'을 주장했다. 혜능은 자질이 총명한 사람이라면 문득 오묘한 불법의 지도를 받아 불가의 진리를 깨우칠 수 있고, 평범한 중생에서 부처에 이르는 본질적인 비약을 이룰 수 있다고 했다. 심지어 죄를 지은 사람도 악을 버리고 선심을 베풀며 일심으로 부처를 향하면 구원을 받아 불교의 과일을 얻을 수 있다고도 했다.

모든 중생이 부처가 될 수 있다는 요구에 부응하기 위해 혜능은 승려들이 지키던 기왕의 모든 계율을 깨고 "나무아미타불만 잘 외면 부처가 되고도 남는다. 다른 법을 배우지 않는다고 무슨 문제가 있겠는가."라고 하면서, 마음을 비우고 스스로 깨달음을 얻으면 좌선이나 출가와 같은 고행을 하지 않아도, 많은 불경을 읽지 않아도 한순간 깨달아 부처가 될 수 있다고 했다.

번잡한 예의규범 없이 간단하고 빠르게 부처가 되는 방법은 길이 보이지 않는 깊은 고통 속에 살고 있는 백성들을 크게 속이는 것이었다. 지주 관료의 입장에서 보자면 힘들이지 않고 천당으로 갈 수 있는 이 방법은 그들의 공허한 영혼의 의지처가 되었을 뿐만 아니라 백성들의 투지를 없애는 장점도 있었다.

혜능이 주장한 '돈오설'은 소수에게만 한정되어 있던 이런저런 복잡한 절차의 불교를 중생이 쉽고 편하고 빠르게 적용할 수 있는 선종으로 개조하였다. 이로써 선종은 중국 문화와 더욱더 결합되어 중국적 특색이 짙은 종교가 되었고, 모든 불교 세력들 중에서 가장 강력하고 영향력이 큰 종파가 되었다.

불교는 중국에 들어온 후 진화를 거듭하여 중국 민족의 문화습속과 윤리도덕 관념에 적응하는 과정을 거쳤다. 불교는 인도에서 탄생했다. 이 때문에 중국에서 초기 부처의 모습은 오똑한 코, 실눈, 얇은 입술을 한 외국인의 특징을 보였다. 그러다 불교가 점점 중국화되면서 부처의 얼굴도 중국화되었다. 콧대는 낮아지고 귓바퀴가 점점 커졌다. 부처의 형상이 중국인의 마음속에 자리잡고 있는 '복상福相'으로 바뀌어 사람들 앞에 나타났고, 중국의 복장을 하기에 이르렀다. 관세음보살도 원래는 남자였지만 중국에서는 여자로 바뀌었다. 이는 마치 러시아의 저명한 학자인 이오시프 아로노비치 크리벨레프가 『종교사宗敎史』에서 다음과 같이 언급한 것과 같다.

불교의 신들이 중국이라는 토양에서 대체 어떻게 그 모습과 정신이 바뀌었는가는 미륵彌勒을 보면 알 수 있다. 중국식의 미래불은 약간의 어리숙한 미소와 불룩 나

● 불교의 중국화는 불상에도 그대로 반영되었다. 사진은 중국인이 가장 좋아하는 중생의 근심걱정을 다 배 속에 넣어 웃음과 기쁨으로 뱉어낸다는 포대화상이다.

온 큰 배를 가진 우상으로 바뀌었다. 중국인의 관념에서 큰 배는 재물과 복의 상징이다. 이 때문에 미륵이 미래에 인간 세상에 내려오면 중생에게 재물과 복을 가져다준다는 것이다. 불교의 다른 신들도 중국식 역할을 얻었는데, 형체가 없는 '공空'과 '열반涅槃'을 갈구하는 것과는 거리가 멀었다. 예를 들어 아미타불은 신도들이 내세에 반드시 극락왕생할 수 있게 보장해야 한다. 관세음보살의 모습도 크게 바뀌었는데, 대략 8세기 무렵에 오면 여신으로 바뀌어 부녀자와 아이를 보호하고 불임을 치료하며 죽은 자의 영혼을 극락으로 데려가는 역할을 하게 되었다. 극락세계의 우두머리인 아미타불은 이 여신의 아버지가 되었다.[131]

---

131 王生平, 『천인합일과 신인합일天人合一與神人合一』(河北人民出版社, 1989), 9쪽. (저자)

3. 신격화된 왕권: 봉건통치의 모략

중국의 유가 전통문화에서는 '하늘'을 지고무상한 지위에 올려놓고 "하늘과 인간을 하나로 합하는" '천인합일天人合一'을 강구했다. 공자는 "군자는 세 가지 두려움이 있다. 천명을 두려워하고, 어른을 두려워하며, 성인의 말을 두려워한다."[132]고 했다. 또 "하늘에 죄를 지으면 기도할 길이 없다."[133]고도 했다. 군자가 제일 두려워하는 것이 '하늘의 뜻'이다. '하늘'에 죄를 지으면 기도를 드려도 소용이 없다.

'천인합일'은 아래와 같은 몇 개 층의 뜻을 포함하고 있다. 첫째, 형체상의 '천인합일'로 인간과 자연의 형체가 일치한다는 것이다. 즉, 하늘에는 사유四維가 있고 사람은 사지四肢가 있으며, 하늘에는 해와 달이 있고 사람은 두 개의 눈이 있다는 식이다. 그다음, 감정상의 '천인합일'이다. 하늘에 흐림과 갬이 있듯이 인간에게는 희로애락이 있다. 하늘에 우레와 번개가 있고 인간에게는 분노와 원한이 있다는 등등이다. 다음으로, 규율상의 '천인합일'이다. 하늘에 운행의 규율이 있듯이 인간에는 생활의 준칙이 있다. 하늘에는 봄에 싹이 트고 가을에 시드는 것이 있듯이 인간은 태어나서 자라고 늙고 죽는 것이 있다.[134]

'천인합일'과 같은 맥락으로 "하늘과 인간은 서로 감정이 통한다."는 '천인감응天人感應'이 있다. 이 설은 서한 시기의 동중서董仲舒가 제기했다. 동중서는 봉건통치를 옹호하기 위하여 자연계의 '하늘'을 의지를 가진 인격신人格神으로 형상화하여 인간의 모든 일은 하늘이 목적을 가지고 안배한 것이라 주장했다. 그는 "하늘은 모든 신들의

---

132 『論語』「季氏」. (저자)

133 『論語』「八佾」. (저자)

134 王生平. 앞의 책, 30쪽. (저자)

임금이다. 하늘을 잘 모시지 않으면 신일지라도 좋을 것이 없다."[135] "하늘은 만물의 조상이다. 만물은 하늘이 아니면 생겨날 수 없다."[136]고 하였다.

봉건 황제는 '천자天子'라고 자칭하면서 자신이 하늘의 뜻을 대표하여 백성들을 통치하러 온 존재라고 했다. "천자는 하늘의 명을 받고, 천하天下는 천인天人의 명령을 받으며"[137] "명령을 받은 군주는 하늘의 뜻을 전한다."[138] 사람들이 황제에게 복종하는 것은 하늘에 복종하는 것과 같고, 누구든 황제를 반대하는 것은 하늘에 반대하는 것과 같다는 논리로 황권의 신성함과 합리성을 내세웠다. 이에 대해 엥겔스는 다음과 같이 지적했다.

역사의 각 시기마다 절대다수의 인민들은 가지가지 형식으로 돈 벌고 부자가 된 소수 특권자를 만들어내는 도구에 지나지 않았다. 그러나 과거 모든 시대에서 이런 피를 빠는 제도의 실행은 각양각색의 도덕, 종교, 정치의 황당무계한 논리로 장식되었다. 목사, 철학자, 변호사, 국가를 위해 활동하는 자들은 항시 인민들에게 개인의 행복을 위해 굶주림을 참지 않으면 안 된다고 말했다. 그것이 하늘의 뜻이기 때문이라는 것이었다.[139]

'하늘'을 이용하고 종교미신을 이용하여 통치자의 지고무상한 권력의 신성함과 합리성을 증명하고, 이것으로 백성을 속이고 우롱한 것은 역대 통치자들의 한결같

---

135 『春秋繁露』「郊語」. (저자)

136 『春秋繁露』「順命」. (저자)

137 『春秋繁露』「爲人者天地」. (저자)

138 『春秋繁露』「深察名號」. (저자)

139 『마르크스-엥겔스 전집』 제7권, 269-270쪽. (저자)

은 수단이었다. 그리고 천하의 정세가 한바탕 요동을 치고, 낡은 왕조가 망하고 새 왕조가 들어서면 실패한 자들은 "운수가 다했다."거나 "하늘이 나를 돕지 않았다."거나 "하늘이 나를 버렸다."는 식으로 권력을 빼앗긴 자신을 위로했다. 정권을 빼앗고 승리한 자는 "하늘과 시세에 순응했다."거나 "하늘이 나를 도왔다."거나 "하늘의 뜻이 이미 정해져 있었다."는 따위로 권력을 탈취한 자신을 합리화했다.

이 둘의 공통점은 '하늘'에 대한 숭배로 귀납된다. 자연계와 사회의 모든 변화, 국가의 흥망은 전부 하늘의 의지가 표현된 것이며 하늘이 결정한 것으로 인식했다. "일은 인간이 도모하지만 그 성사는 하늘에 달려 있다."는 것이다. 또 인간은 무능해서 아무 일도 못 할 뿐만 아니라 어떤 것도 바꿀 수 없다고 말한다. 심지어 동한 시기의 유물론자로 유명한 왕충王充조차 나라에는 '나라의 운명'이 있으며, 그것은 하늘의 별자리에 의해 결정된다고 했다. 왕충은 "운명은 뭇별들에 달려 있고, 별자리의 길흉에 따라 나라의 화와 복이 있다."[140]며 다음과 같이 상세한 설명을 덧붙였다.

교화敎化의 가능성과 국가의 안위는 운명과 시운에 달려 있는 것이지 사람의 힘에 결정되지 않는다. 세상이 혼란하고 백성이 반역하며 나라가 위태롭고 재난에 허덕이는 것은 모두 하늘이 정한 것이므로 현명한 군주의 덕으로도 이를 물리칠 수가 없다.… 그러므로 세상이 태평한 것은 현명한 성인의 공로가 아니고, 천하가 혼란에 빠진 것도 군왕의 무도無道로 인한 것이 아니다. 나라가 쇠퇴하고 혼란스러워지면 현명한 성인이라도 이를 번창시키지 못하며, 세상이 태평하여야 할 때면 악인이라도 이를 어지럽히지 못한다. 천하의 태평과 동란은 시운時運으로 결정되는 것이지 정치에 의해 결정되지 않으며, 나라의 안위는 운명에 의해 결정되는 것이지 교

---

140   『論衡』「命義」. (저자)

화에 의해 결정되지 않는다. 군왕의 현명 여부와 정치의 밝음 여부로는 덜고 보탤 수 없다.[141]

나라가 망하는 것은 "천수가 다했기" 때문이고, 나라가 일어나는 것은 "하늘이 돕기" 때문이다. 『국어國語』 「주어周語」(상)에 유왕幽王 2년에 서주 삼천三川에서 지진이 일어나자 백양보伯陽甫가 했다는 다음과 같은 말이 남아 있다.[142]

"주가 망할 것 같습니다. 무릇 천지의 기운은 그 질서를 잃지 않아야 하는데, 질서를 잃었다면 이는 사람이 어지럽힌 것입니다. 양기가 밑으로 막혀 있어 나올 수 없는데 음기가 이를 눌러 상승하지 못하게 하면 지진이 발생합니다. 지금 삼천 유역에 지진이 일어난 것은 양기가 자기 자리를 잃고 음기에 눌렸기 때문입니다. 양기가 자기 자리를 잃고 음기 자리에 가 있으면 수원이 막히고, 수원이 막히면 나라가 망할 수밖에 없습니다. 물과 흙이 서로 통하여 스며들어야 만물이 자라는 것이고, 그래야 사람이 재물과 이익을 얻을 수 있는 것입니다. 흙이 통하여 스며들지 못하면 백성들이 사용할 재물이 부족해지니 망하는 것은 시간문제입니다. 과거 이수伊水와 낙수洛水가 마르자 하夏가 망했고, 황하가 마르자 상商이 망했습니다. 지금 주의 덕도 그 두 시대의 말기와 같아 하천의 원류가 막혔고 막혔으니 마를 것이 분명합니다. 모름지기 나라란 산천에 의지할 수밖에 없습니다. 산이 무너지고 물이 마르는 것은 망국의 징조입니다. 하천이 마르면 산이 무너집니다. 나라 망하는 것은 그나마 숫자의 마지막인 10을 채 넘기지 못할 것입니다. 하늘이 버리면 10년을 넘기

---

141 『論衡』 「治期」. (저자)

142 이 부분은 『사기』 「주본기」에도 같은 내용이 있다. 문장이 잘 정돈되어 있는 「주본기」의 대목을 인용한다.

지 못하는 법입니다."

'하늘'은 나라의 존망과 왕조의 성쇠를 결정할 뿐만 아니라 '기상'과 자연계의 재
난 및 좋은 징조 등을 통하여 제왕을 훈계하거나 징벌한다. 관련하여 묵적墨翟(묵자)
은 「천지天志」와 「명귀明鬼」 편을 통하여 같은 사상을 제기하고 있다.

"그러므로 묵자는 하늘의 뜻이 있음으로써, 위로는 천하의 왕과 귀족들이 정치를
행하는 법도로 삼고, 아래로는 천하 만백성이 읽고 말하는 기준이 되는 것이라 했
다.… 그러므로 이것을 놓고 법도로 삼고 이것을 세워놓고 기준으로 삼아 천하 왕
과 귀족 그리고 여러 관리들의 어질고 어질지 않음을 재려는 것이다."[143]
"그러므로 귀신은 밝기 때문에 으슥한 곳이나 넓은 호수, 산의 숲이나 깊은 골짜기
라도 가릴 수 없다. 귀신은 밝기 때문에 반드시 모든 일을 안다. 귀신이 내리는 벌은
부귀, 강한 무리, 용맹하고 강한 무력, 단단한 갑옷, 날카로운 무기로도 막을 수 없
다. 귀신이 내리는 벌은 반드시 이것들을 이긴다."[144]

또 동중서董仲舒는 「현량대책을 제출하며舉賢良對策」라는 글에서 이렇게 말했다.

"신이 『춘추春秋』의 기록에서 과거 지나온 일들을 보고 하늘과 인간 사이의 관계를
관찰했더니 몹시 두려웠습니다. 나라에 도에 어긋나는 정치가 있으면 하늘이 먼저
재앙을 내려 꾸짖습니다. 자성할 줄 모르면 다시 재앙을 내려 두렵게 만듭니다. 그

---

143 『墨子』「天志」(중). (저자)
144 『墨子』「明鬼」(하). (저자)

러고도 여전히 변화를 모르면 나라가 곧 상하고 실패합
니다. 이로써 하늘은 어짊과 사랑으로 군주를 대하고
그 혼란을 막으려는 것을 볼 수 있습니다."

'하늘'이 제왕에게 경고를 하기 때문에 봉건제왕은 '하
늘의 뜻'에 따라 행동하고, 하늘의 도움을 받기 위하여 '기
상'에 따라 점을 치며, 행동하기 전에 반드시 좋은 날을 택
한 다음 행동한 것이다. 인류의 모략은 이렇듯 굴절된 일련
의 종교미신의 의식으로 표현되었다.

● 동중서의 "하늘과 인간이 하나"라는 '천인
합일天人合一'과 "하늘과 인간이 서로 감응
한다."는 '천인감응天人感應'과 같은 종교미
신은 봉건왕조체제의 이데올로기로서 2천
년 동안 위력을 발휘했다.

『역전易傳』「계사繫辭」(상)에는 다음과 같은 대목이 보
인다.

"하늘이 신령스러운 상징물을 내리면 성인은 그것을 법칙으로 삼고, 천지가 운행하
면 성인은 그것을 본받고, 하늘이 (해와 달과 별의) 형상을 드리워 길흉의 징조를 드
러내면 성인은 그것을 형상화하며, 하수에서 용도龍圖가 나타나고 낙수에서 귀서龜
書가 나오니 성인이 이를 법칙으로 삼았다."
"이로써 하늘의 도를 밝히고 백성의 연고를 살펴서 신령스러운 상징물로 백성들 앞
에서 사용했다. 성인은 이를 위해 재계하고 신령으로 그 덕을 밝게 하셨다."

여기서 말하는 신령스러운 상징물은 점복 때 사용했던 산가지와 거북을 가리킨
다. 뜻인즉, 성인들은 하늘이 낳은 가새풀과 거북이로 점을 쳐서 천지의 변화를 본받
고 천상에서 나타낸 길흉과 '하도河圖'·'낙서洛書'로 팔괘와 『서경書經』「홍범洪範」을 지었

다는 것이다. 즉, 통치자는 하늘의 뜻에 따르면 하늘의 도움을 받을 수 있고, 믿음과 정성을 다하면 백성의 도움을 받을 수 있다. 성인은 바로 이런 천인감응의 법칙에 의거하여 길흉을 점치고 하늘의 덕을 신령스럽게 밝히는 존재라는 것이다.

통치자는 '하늘'을 이용하고 종교를 이용하여 백성들을 통치했다. 이는 의심할 바 없이 대단히 뛰어난 통치모략이었다. 모략을 운용하면서 종교라는 겉옷을 뒤집어 쓰고 그 신을 앞장세움으로써 사람들의 경외심을 불러일으키고, 바라보되 가까이할 수 없게 만들었다. 역사상 식견이 뛰어난 사람들도 이 하늘의 변화를 빌려 통치자에게 경고하고 충고하곤 했는데, 이 역시 뛰어난 모략이 아닐 수 없다. 당 태종의 만년을 예로 들어보자. 태종은 통치 후기로 갈수록 자기 멋대로 교만하게 자기 자랑만 늘어놓는 일이 심각해졌다. 정관 8년인 635년 농우산隴右山이 무너지고 뱀이 여기저기서 나타났으며, 산동山東과 강회江淮 지역에는 홍수가 났다. 남방에서는 혜성까지 나타나 100일이 넘어서야 사라졌다. 비서감秘書監 우세남虞世南은 이 기회를 빌려 태종에게 "옛사람보다 공이 크다고 해서 크게 자랑하지 마십시오. 태평성대가 오래간다고 해서 교만하지 마십시오."[145]라고 권했다. 영국의 정치 경제학자 콜린 레이는 이렇게 말한 바 있다.

직접 대놓고 정치를 비판하기가 위험하다고 생각하면 천문기상의 불길한 징조를 글로 올려 간접 비판하면 된다. (중략) 바이론스탄이라는 학자는 황제에게 천문기상의 상황에 대해 황제에게 올리는 글을 연구한 적이 있는데 다른 사람들과는 달랐다. 다른 사람들처럼 간명하고 객관적인 방식을 사용한 것이 아니라 하늘의 불길한 징조를 보고하는 방식으로 황제에게 "당신의 행위가 환영을 받지 못하고 있

---

145 『貞觀政要』 권10 「災祥」. (저자)

다. 당신이 지진, 유성, 일식을 대량으로 기록한 보고서를 발견한다면, 그것은 그들이 인심을 얻지 못하는 황제와 교섭하고 있다는 것을 뜻할 수 있다.”는 식으로 말했다.[146]

마르크스도 초기 기독교는 “노예와 석방노예, 가난한 사람과 권력 없는 자, 로마에 정복당하거나 쫓겨난 사람들의 종교”[147]였다고 말한 바 있다.

중국의 불교·도교 등과 미신관념도 아주 넓은 군중이란 기초를 가지고 있다. 통치계급이 종교미신을 통치 도구로 삼은 것은 종교미신에 인민을 통치하는 데 유리한 무엇이 있기 때문이다. 예를 들어 불교는 ‘생사윤회설’을 선전하면서 “착한 사람은 극락에서 다시 태어나고, 악한 자는 지옥에 간다.”고 말한다. 그리하여 중생에게 죽지 않는다는 불사의 경지를 그려서 ‘피안의 세계’에는 그들이 죽은 다음에 살 수 있는 ‘별장’, 즉 천당이 있다는 환상을 갖게 한다. 이는 한편으로는 ‘중생’이 살아 있는 통치자가 정한 선과 악의 기준에 맞추어 살도록 하기 위한 것이기도 하다. ‘인과응보’와 ‘생사윤회’의 교리는 ‘중생’이 생활에서 고난을 참고, 남의 재산을 함부로 얻으려 하지 않고, 법과 규율을 지키며 하극상의 난을 일으키지 않아야 죽은 다음 고통에서 벗어날 수 있다는 것을 요구하고 있는 것이다.

이 때문에 통치자는 종교의 대변자를 통해 “인생의 모든 만남은 신이 주재한다. 인생의 영욕과 빈부는 하늘의 안배이며 전생에 닦아 정해진 것이다.”라고 답했다. 도교에서 외치는 ‘불로장생술’은 통치계급이 대대손손 부귀영화를 누리기 위해 아낌없이 투자하게 한 부분이었다. 갈홍葛洪 등은 도교의 신선을 이론화하고 계통화하여 도

---

146 요한·모슨 著, 莊錫昌·冒景佩 譯, 『中國의 文化와 科學』(浙江人民出版社, 1988), 13쪽. (저자)
147 『마르크스-엥겔스 전집』 제22권, 525쪽. (저자)

교의 신도들은 유가에서 말하는 충효인신을 근본으로 삼아야만 도를 얻어 신선이 될 수 있다고 선전하면서 통치계급의 이익에 호응했다. 이 때문에 역대 통치자들은 너 나 할 것 없이 있는 힘을 다해 종교를 외쳤다. "480군데나 이르는 남조의 사찰, 헤아릴 수 없이 많이 솟아 있는 연기 속의 망루들"이라는 표현에서 보다시피 종교가 얼마나 성행했으며, 피운 향불과 연기가 얼마나 대단했는가를 알 수 있다.

4. 하늘이 나를 돕는다: 모략의 권위를 높이다

고대 제왕들은 종교미신을 인민을 통치하는 도구로 사용하였고, 그 행위에서도 종교미신의 겉옷을 씌워 통치모략의 권위를 높이려 했다. 상나라 무정武丁 때 재상을 지낸 부열傳說은 중국사에서 첫 번째로 떠받드는 '성인'이었다. 그는 노예 출신으로 부암산傳岩山 일대에서 다른 노예들과 함께 노동에 종사했고, 홍수의 범람을 다스리는 치수사업 때는 땅을 단단하게 다지는 '판축법版築法'을 발명한 것으로도 유명하다.

　　상나라가 몇 세대를 거쳐 무정에 이를 무렵 서융西戎이라는 외부 세력의 근심 등으로 조정이 갈수록 쇠약해지고 있었다. "무정이 즉위하여 상나라를 부흥시키려 했지만 자신을 보좌할 사람이 없었다."[148] 무정은 문무백관에게 전국 각지에서 유능한 인재를 찾게 했다. 무정은 부열이 유능하다는 사실을 이미 알고 있었고, 그래서 즉위하자마자 그를 조정으로 부르고자 했다. 그러나 부열의 출신이 천했기 때문에 바로 불러 큰 벼슬을 내리면 기득권 귀족들이 반대할 것이 뻔했다. 이에 무정은 한 가

148　이하 내용은 『사기』 제3 「은본기」의 내용을 바탕으로 정리했다.

지 방법을 생각해냈다. 어느 날 '천명'을 빙자하여 꿈에서 성
인을 만났는데 한 사람을 추천했다고 하면서 부열을 찾게
했다.

이래서 부험이란 곳에서 일하고 있던 부열을 찾아 재
상으로 임명했다. 부열은 그 후 무려 59년 동안 무정을 보
좌하여 상나라를 크게 다스려 역사상 이름난 중흥의 대명
사가 되었다. 등급과 계급에 대한 관념이 엄격했던 당시는
노예는커녕 일반인도 그렇게 조정에 발탁될 수 없었다. 귀
족들이 기를 쓰고 반대했을 것이고, 그러면 중흥은 말하나
마나였을 것이다. 무정은 당시 귀신을 숭배하고 점복이 일

● 상나라를 중흥시킨 무정은 당시 보편적
인 관습이었던 종교미신을 절묘하게 활
용하여 부열이란 인재를 얻었다. 종교미
신이 통치모략에 활용된 대표적인 사례
로 남아 있다.

상화되어 있던 상나라의 풍습을 이용하여 꿈과 성인을 빙자해서 귀족들이 흔쾌히
받아들이게 하는 통치모략을 적절하게 이용했다. 그렇지 않았더라면 상나라의 중흥
은 어려웠을 것이다.

명나라 때의 소설가 풍몽룡馮夢龍의『지낭보智囊補』에 보면 '하늘'의 권위를 빙자
하여 자신을 해치려는 자의 마음을 접게 만든 다음과 같은 이야기가 있다.

원나라 말기 저양왕滁陽王 곽자흥郭子興의 둘째아들은 태조(주원장)의 명성이 날
로 높아가는 것을 질투하여 독이 든 술로 태조를 해치려 하였으나 음모가 새어나갔
다. 그가 태조를 초청하러 왔고 태조는 이를 받아들여 함께 가는데 표정에 별다른
변화가 없었다. 둘째아들은 자신의 음모가 성공하리라 생각하고는 기뻤다. 도중에
태조가 갑자가 말에 뛰어올라 무엇인가를 본 듯 하늘을 우러러보았다. 잠시 뒤 말 머
리를 돌려 둘째아들을 향해 "이렇게 나쁜 놈이 있나!"라며 꾸짖었다. 둘째아들이 까
닭을 묻자 "네 놈이 독주로 나를 해치려 한다는 것을 하늘이 내게 알려주었다. 내
가 가지 않겠다."라고 했다. 둘째아들은 깜짝 놀라며 말에서 내려 자신이 어찌 감히

그런 짓을 할 수 있겠냐며 연신 애원했다. 이렇게 해서 태조를 해치려는 뜻은 사라졌다.

태조는 사전에 그 음모를 알았지만 일부러 '하늘'이 자신에게 알려주었다고 했다. 이는 저양왕의 둘째아들에게 자신은 성인으로 하늘이 돕고 있기 때문에 누구도 해칠 수 없다는 것을 알리기 위해서였다.

고대 군의 행군과 전투 때 병사들의 사기를 올리기 위해 일부러 종교미신의 형식을 이용하여 이번 출정은 '대길'이고 '하늘이 돕는다'고 선전하곤 했다. 풍몽룡의 『지낭보』에 나오는 다음과 같은 또 하나의 이야기가 이 문제를 잘 보여준다.

남쪽 지방에서는 귀신을 숭상했다. 적무양狄武襄이 농지고儂智高를 토벌하러 나섰다. 병사들이 계림 남쪽에 이르자 "승부를 알 방법이 없을까?"라고 하면서 돈 백 전을 꺼내 신과 약속하길 "만약 우리가 대승할 수 있으면 이 돈을 던졌을 때 돈이 모두 앞쪽을 향하도록 해주십시오."라고 하였다. 당연히 좌우에서는 모두 말렸다. 결과가 좋지 않으면 군에 불리할 것이 뻔했기 때문이다. 적무양은 그 말을 듣지 않고 동전 백 개를 땅에 던졌고, 놀랍게도 동전은 모두 앞면이 나왔다. 병사들이 일제히 환호성을 지르니 산중을 울렸다. 적무양도 기뻐하며 사람을 시켜 못 백 개를 가지고 와서 동전 위에 박아 어디로 가지 못하게 했다. 그리고 푸른 천을 위에 덮게 하고는 "승리한 뒤 돌아올 때 다시 신에게 감사를 드리고 동전을 가져가야 할 것이야."라고 했다. 그 후 옹주邕州를 평정하고 돌아오면서 못을 뽑고 동전을 거두었다. 막부의 막료들이 보았더니 100개 모두 앞면만 있는 동전이었다. 적무양은 계림桂林은 길이 험하여 병사들의 사기가 떨어질까 봐 이렇게 신을 빙자하여 사기를 끝까지 유지하게 했던 것이다.

전쟁에서는 종종 상대방의 미신 심리를 이용하여 상대를 압박하는, 즉 "기발한 전술로 승리를 거두는" 효과를 거두기도 했다. 기원전 279년, 제나라의 장군 전단田

單은 즉묵성卽墨城에서 연나라 군대에게 포위당해 있었다. 전단은 즉묵에 있는 소 1천여 마리를 모아 소 몸에다 오색의 용 문양을 그린 옷을 입히고, 뿔에는 날카로운 칼을 동여맨 다음 꼬리에다가는 기름에 담가놓았던 갈대를 매달았다. 정예병 5천에게는 귀신 분장을 시켰다. 소떼를 앞세우고 정예병은 소떼 뒤를 따르면서 꿈에 빠져 있는 연나라 군영을 향해 돌격했다. 꼬리에 불이 붙은 소떼는 고통을 못 이겨 앞쪽 연나라 군영을 향해 마구 달려갔다. 아무런 대비도 없던 연나라 군대는 순식간에 난장판이 되었다. 제나라는 이후 잇따라 승리를 거두며 빼앗겼던 70여 개 성을 되찾았다.

『삼국연의』 제102회에 이런 이야기가 있다. 제갈량이 목우유마木牛流馬를 만들고 일부러 사마의에게 이를 모방하게 하여 그것으로 군량과 마초를 나르게 했다. 촉나라 병사는 위나라의 군량과 마초를 빼앗았다가 위나라 병사에게 다시 빼앗겼다. 그런데 촉나라 병사는 목우유마의 입안에 있는 혓바닥 장치를 돌려 목우유마가 움직이지 못하게 했고, 다시 위나라 것도 빼앗아 장치를 돌렸다. 이어 병사 500명에게 귀신 머리와 짐승의 몸으로 분장하게 하고 얼굴은 오색을 칠한 다음 여러 가지 이상한 모양을 취하게 했다. 위나라의 장수 곽회郭淮가 이를 보고는 놀라며 "저건 틀림없이 신이 도운 것이다."라고 했다.

제갈량만 이런 묘책을 쓴 것이 아니다. 조조 역시 '하늘의 뜻'을 빌려 마초馬超를 압박한 적이 있다. 『삼국연의』 제59회에 이런 대목이 있다. 조조가 마초와 싸울 때 흙으로 성을 쌓을 수 없어 마초를 이기지 못하고 있었다. '몽매거사夢梅居士'라는 늙은 도사가 이런 계책을 올렸다.

"승상의 용병술은 귀신같은데 어찌 천시를 모르십니까? 며칠 동안 계속 먹구름이 끼었고, 이제 북풍이 불면 날이 몹시 추워질 것입니다. 바람이 불면 병사들을 시켜 흙을 나르게 하고 그 위에 물을 뿌려두면 이튿날 날이 밝을 즈음이면 토성은 이미 구축되어 있을 겁니다."

조조가 이 계책에 따라 병사들을 시켜 흙을 날라 물을 끼얹었다. 그러자 쌓자마자 바로 얼어버렸다. 이튿날 흙은 꽁꽁 얼어붙어 단단한 토성이 되어 있었다. 세작이 이 소식을 마초에게 알렸고, 마초는 병사를 데리고 와서 살폈다. 마초는 깜짝 놀라며 혹 신이 도운 것은 아닌지 의심했다.

다음 날 조조는 몸소 출전하여 채찍을 휘두르며 "이 맹덕이 홀로 여기까지 왔으니 마초는 나와서 응수하라."고 큰 소리를 쳤다. 마초가 창을 들고 나오자 조조는 "네가 우리 군영이 구축되지 않았다고 업신여겼는데 하룻밤 사이에 하늘이 이렇게 쌓아주셨다. 그러니 빨리 투항하는 것이 좋을 것이다."고 압박했다. 토성은 분명 사람의 힘으로 쌓았지만 하늘이 도와 쌓은 것처럼 꾸며 마초와 그 병사들을 압박한 것이다.

신이나 귀신 등 미신과 종교의 힘을 빌려 모략의 권위를 높인 것은 군사전문가와 정치가들이 운용한 수단이었다. 분명 자신이 만든 모략이지만 '신'의 계시라고 능을 친다. 실제로 조사를 하고 여러 사람의 의견을 모아 제정한 결과물이면서도 하늘의 '신'께서 내려주신 것이라고 거짓말을 한다. 사실 자신의 총명함과 재능을 발휘하여 성공시킨 모략이면서 신이나 하늘의 도움으로 돌린다. 자신의 목적과 필요를 이루기 위해 모든 것에 종교미신의 간판을 내걸고, 완전히 상반되는 두 가지 행위라도 종교미신으로 자신을 변호하고 나선다.

공자는 진陳나라에 있다가 포蒲로 가려고 했다. 그때 마침 공숙씨公叔氏가 포에서 반란을 일으켰다. 포 사람들이 공자를 막아서며 "당신이 위衛나라로 가지 않으면 우리가 당신을 모시겠습니다."라고 했다. 공자는 결코 위나라에 가지 않겠다고 약속했다. 포 사람들이 공자를 동문까지 모시고 가자 그길로 공자는 위나라로 가버렸다.

제자 자공子貢이 "약속을 어기면 됩니까?"라고 하자 공자는 "강요 때문에 한 약속이기 때문에 신도 인정하지 않을 것이다."[149]라고 하였다.

이와 비슷한 이야기가 또 있다. 왕경칙王敬則이 남사현南沙縣에서 벼슬을 하고 있을 때 전쟁으로 세상이 어수선했다. 남사현의 산중에는 날도적들이 떼로 몰려 있으면서 백성들을 해쳤지만 관청에서는 그들을 잡지 못했다. 왕경칙은 도적의 우두머리에게 사람을 보내 "만약 자수하면 용서할 것이다. 사당의 신에게 글로 맹서할 테니 어기지 않을 것이다."라고 전했다. 당시 현에서는 사당의 신에게 제사하는 풍조가 만연했고 사람들은 그것을 맹신했다. 도적의 우두머리도 그 말을 믿고 허락했다. 사당에 잔치를 베푸는 자리를 마련하여 우두머리를 맞이했다. 우두머리가 이르자 왕경칙은 자리를 거두게 하고 "내가 이미 신에게 말씀을 올려 약속했다. 약속을 어기면 신에게 목숨을 바치겠다고 했다."라고 했다. 그러고는 소 열 마리를 잡아 신에게 드리고 우두머리의 목을 베었다.[150] 공자와 왕경칙은 약속을 어겼지만 신을 앞장세워 자신을 위해 변명하고 권위를 높였을 뿐이다. 나를 위해 신을 이용한 것이다.

5. 푸른 하늘이 죽었으니 당연히 누른 하늘이 선다: 종교미신의 힘을 빌린 농민봉기

엥겔스는 『루트비히 포이어바흐와 독일 고전철학의 종말』에서 이렇게 말했다.

---

149 (明) 馮夢龍, 『智囊補』(下) (黑龍江人民出版社, 1987), 1022쪽. (저자)

150 (明) 馮夢龍, 『智囊補』(下) (黑龍江人民出版社, 1987), 1023쪽. (저자)

중세기에는 의식 형태와 기타 모든 형식—철학, 정치, 법학 등—을 신학에 합병시켜 신학의 한 과목이 되게 했다. 때문에 당시의 모든 사회운동과 정치운동도 신학의 형식을 취할 수밖에 없었다. 종교의 영향을 철저하게 받고 있는 군중의 감정을 놓고 볼 때 혁명이라는 거대한 폭풍이 일어나려면 반드시 군중의 직접적인 이익이 종교라는 겉옷을 걸친 채 나타나게 해야 한다.[151]

중국 역사에서 진나라 말기 진승陳勝과 오광吳廣의 농민봉기, 동한 말기 장각張角의 황건黃巾 봉기, 홍수전洪秀全의 태평천국太平天國 봉기, 그리고 의화단義和團운동에 이르기까지 모든 농민봉기와 전쟁은 종교의 형식을 이용하여 농민군중을 조직하여 일으켰으며, 종교미신의 겉옷을 빌려 자신들을 합리화하고 필승을 입증하려 했다.

통치자들은 종교미신을 이용하여 노동인민을 압박하고 노예로 만들었다. 반대로 노동인민도 종교미신을 이용하여 통치자들과 투쟁했다. 종교미신이 농민봉기와 농민전쟁에서 정치투쟁을 높이고, 조직과 규율 등을 강화하는 작용을 일으킬 수 있었기 때문이다. 종교는 일단 활동이 시작되면 그 교리가 국적·지역·가족을 가리지 않고 모든 활동을 결정하는 특징이 있다. 정신적으로 인간 세상의 공간을 무한대로 확대시킬 수 있고, 종교의 규정들은 사람을 과거와는 다른 생활로 이끌 수 있다. 종교의 열광과 맹목적 숭배는 오랫동안 눌렸던 농민군중의 혁명에 대한 욕구를 채워주었고, 종교의 계율은 물질적 조건이 떨어지는 농민혁명군에게 필요한 상당히 잘 갖추어진 엄격한 규율로 바뀌었다. 종교의 미신적 역량은 세속에서 옛날부터 내려오던 전통적인 생활방식까지 버리게 한다. 이는 엥겔스가 『독일 농민전쟁』에서 다음과 같이 말한 바와 같다.

---

151 『마르크스-엥겔스 선집』 제4권, 251쪽. (저자)

모든 봉기의 예언자는 자신을 참회하는 설교로 활동을 시작한다. 맹렬히 팔을 휘두르며 호소하는 참회 설교로써 활동을 시작하는 것이다. 맹렬하게 팔을 휘두르며 호소하고, 익숙해진 모든 생활방식을 한순간에 전부 포기해야만 아무런 관련 없이 사방에 흩어져 있으면서 어릴 때부터 맹목적으로 복종하는 데 길들여져 있는 농민을 깨워 일으킬 수 있다.[152]

기원전 209년, 진 왕조의 사회 모순이 이미 일촉즉발의 지경에 이르렀다. 그해 7월, 900명의 농민 무리가 어양漁陽(지금의 북경시 밀운현密雲縣 서남쪽)으로 가서 성을 쌓으라는 명에 따라 길을 나섰다. 일행이 기현蘄縣의 대택향大澤鄕(지금의 안휘성 숙현 동남)에 이르렀을 때 며칠 계속 쏟아진 폭우로 길이 물에 잠겨 더 이상 앞으로 나아갈 수 없게 되었다. 당시 진나라 법에 따르면 지정된 기간에 그 장소에 이르지 못하면 사형이었다. 진승과 오광 두 사람은 농민 무리를 이끄는 작은 우두머리였다. 두 사람은 은밀히 상의하길 어차피 제시간에 이르지 못해 죽을 바에는 구사일생의 각오로 한번 떨치고 일어나는 것이 낫겠다고 했다. 900명 농민 전부를 봉기에 동참시키기 위해 두 사람은 종교미신의 관념을 이용하기로 했다. 붉은 글씨로 '진승왕陳勝王'이란 세 글자를 천 조각에 써서 그 천 조각을 곧 솥에 들어갈 물고기 배 속에 넣었다. 누군가 물고기를 먹다가 이 천 조각을 보고 놀라서 이는 분명 '하늘의 뜻'이라고 여겼다. 그리고 오광은 캄캄한 밤에 근처 사당에 숨어서 모닥불을 피운 다음 여우가 우는 소리를 내며 "대초大楚가 일어나고, 진승이 왕이 된다."라고 외쳤다. 종교의 형식을 이용하여 일으킨 진승과 오광의 봉기는 중국 역사상 최초의 농민봉기를 떠받치는 정신적 지주가 되었다.

---

152 『마르크스-엥겔스 선집』 제7권, 421쪽. (저자)

● 중국사 최초의 농민봉기로 평가하는 진승의 봉기에도 미신을 이용한 모략이 활용되고 있다. 당시 사람들이 가진 사상과 인식의 한계를 잘 이용했기 때문에 이 모략은 주효했다. 사진은 진승의 무덤 앞에 조성되어 있는 봉기상이다.

184년 전후 동한 말기에 일어난 '황건 봉기'의 우두머리였던 장각 역시 종교를 이용하여 농민군중을 조직하고 움직였다. 장각은 각지의 지주 세력의 무력이 막강하다는 현실을 정확하게 인식하고 봉기를 위해 신중하게 10년이 넘는 준비 작업을 거쳤다. 당시 해마다 전염병이 발생했는데 장각은 자신이 갖고 있던 의학 지식과 "귀신을 몰아내고 병을 고치는" 도교의 신비한 물과 부적 등을 가지고 곳곳을 돌아다니며 병을 고쳐주는 한편 '태평도太平道'를 전파했다. 신도의 수가 순식간에 수십만으로 불어났다.

장각은 신도의 수에 따라 지방을 방方으로 나누었는데, 큰 방에는 1만 명, 작은 방에는 6, 7천 명씩 모두 36개 방으로 나누었다. 이 조직은 전국적으로 흩어져 있었다. 이 방마다 '거수'라는 우두머리를 두어 관할하게 하는 등 그 조직이 매우 치밀했다.

장각은 동한 정권에 대한 신도들의 투쟁심을 북돋우기 위해 종교 방식의 "푸른 하늘이 죽고 누런 하늘이 일어나니, 갑자년에 천하가 크게 길해지리라."는 구호를 내 걸었다. 여기서 '푸른 하늘'은 동한 정권을 상징한다. 통치자들이 늘 황제의 권력은 하늘이 내리신 것이고, 황제는 하늘의 아들 '천자'라고 선전한 것을 이용한 구호였다. 반면 '누런 하늘'은 '태평도'를 가리킨다. 즉, 하늘의 뜻과 명에 따라 지금의 통치자인 황제의 권력을 뒤엎는다는 뜻이었다. 장각은 이렇게 해서 동한 말기 농민봉기의 거대 한 파도를 일으킬 수 있었다.

원나라 말기의 농민봉기도 대부분 종교적 성격을 띤 비밀 조직을 이용했다. 당 시 북방의 민간에서 가장 유행하던 비밀 종교단체는 백련교白蓮敎였다. 한산동韓山童 은 백련교 교주의 신분으로 '명왕출세明王出世', 즉 "미륵불이 세상에 나타났다."고 선 전했다. '명왕'과 '미륵'은 당시 사람들의 환상 속 구세주로 명왕과 미륵이 세상에 오기 만 하면 백성들의 처지가 나아질 것으로 믿었다. 이런 종교적 호소는 극한 빈곤에 시 달리던 농민을 끌어들이는 힘이었다. 그리하여 "하남과 강회 지역의 어리석은 백성 들은 하나같이 이 말을 믿어 의심치 않았다."

1344년에 원나라 정권은 15만 명의 농민과 2만여 명의 군대를 황하의 치수공사 에 동원했다. 여기에 동원된 일꾼들은 재난과 굶주림에 허덕이는 가난한 농민들이었 다. 이들은 강제로 치수공사에 동원되어 군대의 감시를 받으며 힘겨운 노동에 시달 렸다. 시간이 흐를수록 농민들의 불만은 커져갔다.

한산동과 유복통劉福通 등은 이 기회를 이용하여 봉기를 일으키기로 결심했다. 그들은 '미륵불의 출현'과 '명왕의 출현'을 선전하면서 이 종교 전설에 새로운 의미를 갖다붙였다. 즉, 민족주의를 들고 나와 "한산동은 사실 송나라 휘종徽宗의 8대손이므 로 중국의 군주가 되는 것이 마땅하다."고 선전하는 동시에 "석인石人의 한쪽 눈이 황 하 천하를 뒤집는다."는 노래를 퍼뜨렸다. 그리고 몰래 돌로 외눈박이 사람 형상을 만들어 그 등에 "석인의 한쪽 눈을 말하지 말라. 이 물건이 나오면 천하가 뒤집어진다."라고 새겨놓고 치수공사가 시작되는 강기슭에 파묻었다. 치수공사를 하던 인부들이 외눈박이 석인을 발견하고 서로에게 이 사실을 알렸다. 이 때문에 사람들의 마음이 흔들리기 시작했고, 봉기의 조건은 갈수록 무르익었다.

근대에 와서도 종교미신을 이용한 농민봉기는 끊임없이 일어났다. 홍수전이 이끌었던 태평천국 농민운동은 그가 창립한 '배상제교拜上帝敎'라는 종교 조직을 통해 진행되었다. 봉기를 일으키기에 앞서 홍수전은 사람들의 투지를 확실하게 굳히기 위해 신도들을 향해 하느님이 꿈속에서 자신에게 "도광 30년(1850)에 인간에게 큰 재앙이 닥칠 터인데 믿음이 굳건한 신도만 구원을 받는다. 나를 믿지 않는 자는 역병에 걸릴 것이며, 8월 이후에는 밭이 있어도 갈 수 없고 집이 있어도 살 수 없다."고 말씀

● 태평천국 운동은 아예 출발부터 "하느님을 섬긴다."는 '배상제교'라는 종교를 앞세웠다. 태평천국이라는 이름 자체에도 종교적 색채가 농후하다. 사진은 이 운동을 이끈 홍수전의 흉상이다.

하셨다고 설교했다. 이렇게 해서 '배상제교'는 그해 1850년 6월에 총동원령을 내렸고, 홍수전은 '천부天父', 즉 하느님 아버지를 빙자하여 상제의 뜻대로 "각 현의 '배상제교' 교도들을 한곳에 모이게" 하여 마침내 금전金田에서 봉기했다.

의화단운동 역시 미신적 색깔이 짙었다. 주요 구성원은 백련교 신도로서 갖가지 귀신을 우상으로 삼는 전통과 부적을 삼키면 총칼을 피할 수 있는 습속을 계속 이어왔다. 이를 이용해 "부적을 그리고 주사朱砂를 삼키면" "신이 몸으로 강림하여" "총칼도 들어가지 않는다."는 등 신비주의 활동으로 구성원들의 투지를 자극했다. 그리하여 총과 대포로 무장한 외세의 침략자들 앞에서 두려움 없이 맨몸으로 저항하여 침략자들에게 큰 타격을 주기도 했다.

6. 미리 알려고 귀신을 찾아서는 안 된다: 모략의 종교미신 성분에 대한 비판

종교미신에는 인류의 모략 지혜가 포함되어 있다. 모략을 제정할 때 종교미신이란 겉옷의 도움을 받는 데 나름의 이유가 있다고 한다면 종교미신에 의거하여 '하늘'이나 '귀신'의 도움을 바라면서 모략을 운용하는 것은 비이성적이고 매우 황당한 방법이다. 고대 유물론자와 진보적 모략가들은 모략을 운용할 때 이런 비이성적인 것에 기대지 않은 것은 물론 이런 행위를 폭로하고 비판했다.

전국 시기의 순자荀子는 유물주의 사상과 관념에서 출발하여 "하늘에는 변함없는 자연의 법칙이 있다. 요·순 같은 성군을 위하여 존재하는 것도 아니며, 걸·주와 같은 폭군 때문에 없어지는 것도 아니다."고 하면서 "사람이 반드시 하늘을 이기고", "바깥 사물을 잘 빌렸을 뿐"이라는 것을 굳게 믿었다. 그는 사람들이 자연의 변화로 모략을 결정하는 행위에 대하여 비판하였다.

기우제를 지내면 비가 오는 것은 왜인가? 별다른 까닭이 있는 것이 아니다. 기우제를 지내지 않아도 비는 내린다. 일식과 월식이 일어나면 그 재난을 막는 의식을 행하고, 가뭄이 들면 기우제를 올리며, 점을 친 후 큰일을 결정하는데, 그렇게 하면 바라던 것을 얻는다고 여기는 것이 아니라 형식을 갖추어 위안을 얻으려는 것뿐이다."[153]

● 수천 년 전의 사상가였지만 일부는 귀신과 종교미신을 철저히 배격했다. 순자는 그중 대표적인 인물이었다.

뜻인즉 이렇다. 오래 가물면 언젠가는 비가 오기 마련이다. 이는 자연의 법칙이기 때문에 기우제를 올리든 그렇지 않든 마찬가지다. 일식이나 월식이 발생하면 북을 울리며 구원을 바라고, 날이 가물면 기우제를 지내며, 큰일을 결정할 때 점을 치는 것은 무엇을 얻을 수 있기 때문인 것이 아니라 일종의 겉치레와 같은 정치적 수단에 지나지 않는다.

사상가이자 모략가였던 공자는 귀신의 존재 여부를 의심하여 다음과 같은 분명한 입장을 보였다.

"공자께서는 괴이한 것, 폭력, 무질서, 귀신을 말하지 않았다."
"천명을 공경하고, 귀신을 멀리하며, 인간사를 중시한다."
"귀신은 공경하지만 멀리한다."

---

153 『荀子』「天論」편. (저자)

한비자도 신령에게 빌고 귀신을 믿는 행위에 대해 반대의 입장을 분명히 했다.

"거북점이나 산가지로 길흉을 점치거나 귀신을 섬겨도 승리하기에는 부족하다. 하늘의 별자리들이 왼쪽에 있든 오른쪽에 있든 전쟁을 치를 것인지를 결정하기에는 부족하다. 그런데도 이를 믿으니 어리석음이 이보다 더 클 수 없다."

"월왕 구천이 대붕이라는 거북의 징조만 믿고 오나라와 전쟁을 벌였다가 패배하고, 자신은 오나라의 신하로 들어가 섬겼다. 돌아온 뒤로 거북을 버리고 법을 밝히며 백성들을 가까이함으로써 오나라에 보복하여 오왕 부차를 사로잡을 수 있었다."(이상 『한비자』「식사飾邪」편)

"날을 받아 귀신을 섬기고, 점을 믿고, 제사를 좋아하면 망한다."(『한비자』「망징亡徵」편)

군사전문가였던 손무는 군사모략을 제기하면서 다음과 같은 점을 강조했다.

미리 (적의 정황을) 안다는 것은 귀신에게 얻을 수 있는 것도 아니고, 사례로 유추할 수 있는 것도 아니며, 해와 달 따위의 움직임을 헤아려 그 조짐을 알 수 있는 것도 아니다. 반드시 적의 정황을 아는 사람에게서 얻어야 한다.(『손자』「용간」편)

동한 시기의 이름난 무신론자 왕충王充은 종교미신으로 모략을 결정하는 것에 맹렬한 비판을 퍼부었다. 그는 대표적인 저서 『논형論衡』「복서卜筮」편에서 다음과 같이 말했다.

"점이란 쓸모가 없다. 점을 치는 자는 잘못된 것을 점친다."

"점의 징조는 그럴듯하지 않은 것이 없다. 하지만 길흉은 실제와 맞지 않다. 점이 맞지 않기 때문이다."

왕충은 근본적으로 신령은 없다고 반박했다. 신령이 없는데 하늘과 땅에 무엇을 묻는단 말인가? 하물며 하늘과 땅 어디에 입이 있고 귀가 있나? 어째서 하늘과 땅에 묻는가?

당나라 때 사람인 여재呂才는 오래전부터 내려오던 '풍수風水' 이론(주로 청오자靑烏子의 『장경葬經』)의 미신적 황당한 설에 대해 일일이 반박했다. 예컨대 낡은 '도택술圖宅術'에 이런 대목이 있다.

집에는 오음五音(궁·상·각·치·우)이 있고 성씨에는 오성五聲이 있다. 집과 성씨가 같아서는 안 된다. 성씨는 집과 상극이기 때문에 질병으로 죽거나 죄를 저지르고 화를 입는다.

● 보수적인 지식인이었던 사마광도 풍수와 같은 미신을 배척했다. 봉건시대에도 깨어 있는 사람들은 이와 같은 인식을 가졌다.

이에 대해 여재는 『복택卜宅』이라는 전문적인 글을 써서 이 황당한 설을 반박한 뒤 "맞는 말이 하나 없고" "점쟁이가 함부로 지껄인 것이다."라고 잘라 말했다.

송나라 때 사마광司馬光은 아버지를 안장하면서 '풍수선생'을 부르지 않아 친지들의 반대에 부딪힌 적이 있다. 그는 부인이 죽었을 때도 장례와 관련하여 음양가에게 한마디도 묻지 않았다. 그는 "음양가들이 요사스러운 말로 사람들을 홀리는 통에 세상의 근심거리가 되었다."고 몹시 증오하면서 "일찍이 장례에 관한 책들을 막자고 글을 올렸지만" "당시 집정자들이

대수롭지 않게 여겼다."고 했다. 사마광은 『장론葬論』이란 글을 써서 이런 것들을 비판했다.[154]

청나라 사람 오경재吳敬梓는 소설 『유림외사儒林外史』 제44회에서 지형산遲衡山이라는 인물의 입을 빌려 이렇게 풍자와 비판을 남긴 바 있다.

만약 옛날 사람들이 제후가 되고 재상이 되는 것을 풍수지리를 통해 보았다면 한 번 물어보자. 한신이 높고 너른 땅에 그 어머니를 묻었고 한신도 왕이 되었건만 한신은 삼족의 죽음을 피하지 못했다. 그 땅이 흉해서인가 길해서인가?

이렇게 '풍수술'을 비판한 까닭은 일부 미신에 빠진 자가 모략을 제정할 때 그 미신에 좌우되거나 영향을 받아 일을 그르쳤기 때문이다. 역사상 제대로 일을 해낸 모략가들은 귀신과 같은 미신관념이나 종교사상으로부터 전혀 영향을 받지 않고 인간사에 따라 모략을 운용했다.

역사 사례를 하나 보자. 주 무왕武王이 상의 주왕紂王을 치려고 점쟁이에게 점을 치게 했더니 모두 '대길'이었다. '하늘의 뜻'에 따른다면 무왕은 당연히 정벌에 나서야 했다. 그러나 강태공은 점을 치는 데 사용한 거북 껍질과 산가지를 땅에 내던져 발로 짓밟으며 "이런 뼈다귀와 풀이 어찌 길흉을 안단 말인가."라며 화를 내고 바로 출병하여 승리했다.[155]

점을 쳐서 '하늘의 뜻'이 강태공의 마음과 맞았다면 그는 조금도 주저하지 않고 '하늘의 뜻'에 따랐을 것이고, '하늘의 뜻'이 사람의 뜻과 어긋나면 그는 역시 주저하

---

154 《人民日報》 1991년 1월 30일 제8면. (저자)

155 東耳, 「占卜閑談」, 『瞭望』 1990년 제4기. (저자)

지 않고 '하늘의 뜻'을 밟아버렸을 것이다.

『삼국연의』 제102회에 이런 대목이 있다. 초주관譙周館에 태사太史가 살고 있는데 천문을 잘 알았다. 그가 공명이 또 출정하려는 것을 보고 후주 유선에게 이런 글을 올렸다.

"신은 지금 천문을 담당하고 있기에 화복이 있으면 아뢰지 않을 수 없습니다. 최근 수만 마리의 새가 남쪽에서 날아와 한수漢水에 뛰어들어 죽고 있습니다. 이는 불길한 징조입니다. 신이 천문관상을 보니 규성奎星이 태백 자리에서 운행하고 있는데, 성한 기운이 북쪽에 있기에 위나라를 토벌하기에 불리합니다. 또한 성도의 백성들이 모두 저녁에 측백나무가 우는 소리를 들었다고 합니다. 이런 이상한 재난이 여럿 나타나고 있으니 승상은 삼가 자리를 지켜야지 경거망동해서는 안 됩니다."

이에 공명은 "나는 선제(유비)로부터 위임을 받은 중대한 임무가 있어 있는 힘을 다해 적을 쳐야 한다. 어찌 허망한 재난의 징조 따위에 얽매여 나라의 큰일을 망칠 수 있겠는가."라며 대군을 거느리고 여섯 차례 기산祁山을 나서 위나라를 쳤다. 공명은 원래 '하늘'의 징조를 믿는 사람이었지만 자신의 뜻과 맞지 않으면 그런 것은 돌아보지 않았다.

당 왕조가 수립된 후 이세민李世民·이건성李建成·이원길李元吉 형제는 황위 계승권을 놓고 치열하게 싸웠다. 당시 건성과 원길을 우두머리로 하는 동영東營 집단의 세력이 장수와 병사 등 모든 면에서 이세민을 중심으로 한 진부秦府 집단의 세력보다 강했다. 이세민은 막료의 건의를 받아들여 무장 정변을 일으켜 건성과 원길을 죽이기로 결정했다. 그런데 '현무문玄武門의 정변'을 앞두고 이세민은 생각이 많아져 행동이 더뎠다. 실패할 경우를 자꾸 생각하다 보니 머뭇거리게 된 것이었다. 승부를 예측할 수 없는 중대한 고비에서 이세민은 '하늘의 뜻'에 따르려고 점을 쳐서 그 길흉 여부로 행동을 결정하기로 했다. 그가 거북 껍데기로 점을 치려 할 때 막료 장공근張公謹이 마침 밖에서 들어오다가 이 모습을 보았다. 그는 곧바로 "이번 일은 이미 결정한 것인데 무엇을 더 망설이십니까? 점이 무슨 소용이며, 불길하다고 나오면 어떻게 할 것입니까?"라고 반대하며 거북 껍데기를 땅에 내던졌다.

장공근의 뜻인즉 이랬던 것 같다. '하늘의 뜻'은 이미 결심한 사람의 마음을 바꿀 수 없다. 점을 쳐서 불길하다면 차라리 점을 치지 않아야 믿음이 흔들리지 않고 행동에 영향을 주지 않는다.

역사상 무슨 일을 해낸 인물들은 천명과 귀신 등 미신에 대해 다른 생각을 갖고 있었다. 당 태종은 봉건시대의 뛰어난 제왕으로 과거 수 문제나 수 양제가 상서로운 것을 좋아하는 등 미신에 빠져 있던 것을 늘 비웃었다. 정관 2년(628), 태종의 침궁 앞 큰 홰나무에 희귀한 흰 까치가 날아와 둥지를 틀었다. 누군가 이것을 보고 상서로운 징조라며 태종에게 축하를 올렸다. 태종은 엄숙하게 "유능한 인재를 얻는 것이 상서로운 일이지 이런 것이 어찌 상서로운 일이란 말인가."라며 새 둥지를 헐게 했다.(『자치통감』 제193 정관 2년조) 당시 각지의 관원들은 상서로운 일이 있으면 글을 올려 축하를 드리곤 했는데, 태종은 나라를 잘 다스리려면 사람의 힘에 의지해야지 신의 도움을 기대해서는 안 된다며 신하들에게 이렇게 말했다.

"짐의 생각과 같이 천하가 태평하고 집집마다 살림이 넉넉하고 사람마다 의식이 풍족하다면 상서로운 일이 없다 할지라도 그 덕은 요와 순에 비길 수 있을 것이다. 만약 그렇지 못한데도 여기저기서 신령스러운 봉황이 둥지를 튼다 한들 걸·주와 무엇이 다를까?"

"나는 임금으로서 정당한 도리로 천하를 다스리고 만백성들의 환심을 얻어야 한다.… 이런 것이 크게 상서로운 일이다."[156]

그리고 앞으로 지방에 상서로운 일이 나타나더라도 보고할 필요가 없다고 명령했다. 하늘의 조짐을 믿지 않으면 모략을 제정할 때 그 구속을 받지 않을 것이며, '하늘'의 징조에 따라 사람의 행동을 결정하지 않고 독립적으로 모략을 운용할 것이다.

『국어國語』와 『좌전左傳』에는 어떤 일을 앞두고 『역경易經』으로 점을 친 기록이 많다. 이때 모사들은 점을 쳐서 나온 괘에 대해 시간과 장소 그리고 자신의 주관적인 희망에 따라 괘를 해석하기 때문에 같은 점괘라도 전혀 다른 해석이 나오곤 했다. 『국어』 권10(「진어晉語」 4)에 이런 내용이 있다.

공자 중이重耳(문공)가 직접 점을 치며 말하기를 "반드시 진晉나라를 차지해야 한다."고 했다. 그가 얻은 괘는 '둔屯'과 '예豫'였다. 점쟁이가 점을 쳐보더니 모두 "막혀서 통하지 않으니 불길합니다."라고 했다. 그러나 사공계자司空季子는 '길하다'면서 완전히 다른 해석을 내놓았다.[157]

또 다른 사례 역시 점복의 진상을 반영하고 있다. 춘추 시기 노나라가 월나라를 치려고 했다. 이런 큰일은 관습대로라면 점을 치는 것이 마땅했다. 이 일을 책임진 사람이 공자의 제자 자공子貢이었다. 자공이 얻은 점괘는 세발솥인 '정鼎'이었는데 다리 하나가 끊어져 있었다. 자공은 군대가 움직이려면 다리가 필요한데 솥의 다리가 끊어진 것은 불길한 징조이므로 정벌하지 말자고 제안했다. 노나라 사람들이 점괘를 가지고 공자에게 물었다. 공자의 해석은 완전히 달랐다. 월나라는 강가에 살기 때문

---

156 『정관정요貞觀政要』 권10 「재상災祥」. (저자)
157 이 부분은 내용이 길고 번잡하여 생략했다. 요지는 진나라의 공자 중이가 나라를 가져 충분히 다스릴 수 있는 길한 괘라는 것이다.

에 문을 나서면 배를 쓰지 발로 움직이지 않는다는 것이었다. 얻은 세발솥의 다리가 끊어진 것은 월나라를 얻는다는 길한 징조라고 했다.

점친 결과를 자신에게 유리하게 해석했다는 것은 점복이 하늘의 뜻이 아니라 점을 치는 자의 지혜와 경험 및 정치적 입장에 따른 것이었음을 말한다. 이런 점에 대해 공자는 명확하게 지적한 바가 있다. 제자 자로子路가 짐승의 뼈와 나뭇가지 그리고 풀이라면 모두 징조와 운수를 나타낼 수 있는데 왜 점을 칠 때 하필 거북 껍데기와 산가지를 사용해야 하냐고 물었다. 공자는 다음과 같이 답했다.

> "그것은 이름 때문이다. 산가지의 '蓍기'자의 발음과 나이든 노인을 뜻하는 '耆기'가 발음이 같고, 거북의 '龜구'자와 오래되었다는 '舊구'가 발음이 비슷하기 때문이다. 거북 껍데기와 산가지를 사용한다는 것은 나이든 노인에게 가르침을 받는 것과 같다."

공자는 점복이란 하늘의 조짐을 나타내는 것이 아니라고 여겼고, 그가 인정한 것은 인간의 경력과 경험뿐이었다.

종교미신을 직업으로 하는 사람들은 자신의 이익에 도움이 되는 해석으로 자신을 변호했다. 장개석 집단에서 장개석에 반대하는 월계粵係의 한 사람이 출병에 앞서 점을 쳤다. 점쟁이가 "기회를 놓쳐서는 안 된다."고 했다. 월계의 그 장군은 서둘러 장개석에게 선전포고를 하고 가지고 있던 전부인 비행기 4대로 장개석을 폭격하게 했다. 그런데 비행기는 뜨자마자 바로 장개석에게 투항했고, 전선은 삽시간에 무너졌다. 점쟁이를 찾아가 따졌더니 점쟁이는 "기회를 놓쳐서는 안 된다는 말은 비행기의 '기機, 즉 비행기를 놓쳐서는 안 된다는 뜻이었습니다. 비행기를 잃었으니 실패하지 않을 리 있겠습니까?"라며 시치미를 뗐다. 풍수를 따지고, 관상을 보고, 문자로 점을 치고, 손금을 보는 점쟁이들은 자기만의 비법으로 밥 먹고 살기 마련이다.

명나라 때 이부상서를 지낸 장한張瀚이 어릴 때 선조의 장례를 치르고 매장을 하려는데 풍수 선생이 그 땅이 불길하다며 극구 반대했다. 이에 장한은 "자손들의 복은 따로 있습니다. 어찌 죽은 백골의 덕을 바라겠습니까?"라고 했다. 그 뒤 장한이 고관대작이 되자 이 풍수 선생은 그 조상의 묫자리가 큰 인물을 많이 낳았다며 능을 쳤다. 장한은 웃으며 "50년 전에는 왜 그런 말을 하지 않았습니까?"라고 한 뒤 시를 한 수 지었다.

당시 이곳에 선조의 무덤을 쓰려 했더니
모두들 몇 마디로 불길하다고 했다.
지금 높은 자리에 오르니
모두 좋은 땅이라 말하지 않는 사람이 없구나.

이상과 같은 사례들은 종교의 본질을 잘 말해준다. 큰일을 꾀할 때 '하늘의 징조'를 중시하지 말 것이며, 점과 같은 비이성적인 행위로 모략에 영향을 주거나 바꾸지 말 것을 지적하고 있다. 모략을 세우고 운용할 때는 '천명'이나 귀신 따위에 매달리지 말고 인간의 일을 중시하는 유물주의 태도를 굳게 지켜야 한다.

제5편

소양론 素養論

모략 성공의 확률을 높이는 조건과 자질

제27장
모략 자문법諸問法

'자문諸問'이란 단어에는 여러 뜻이 포함되어 있다. '묻다', '기획하다', '상의하다' 등의 뜻이 포함되어 있는데 통상적으로 '의견을 구한다'로 해석한다. 모략에서 자문에 대한 규정은 아직 통일된 정설은 없다. 자문의 뜻으로 추정하자면 '모략 방면에 대한 의견을 구한다' 정도로 해석할 수 있다. 자문의 유형은 아주 많고 '모략 자문'은 그중의 하나다. 자문은 어떤 유형이 되었건 지적 노동, 지적 서비스에 해당한다. 즉, 전문가의 지식·지혜·경험·기술을 활용하여 리더에게 판단과 결정을 내릴 수 있는 근거를 제공한다. 또 고객에게 자문 서비스를 제공하기도 한다.

자문은 유형이 많고 공통점도 있지만, 서비스에 따라 내용이 다르고 특수성을 가진다. 모략 자문 역시 마찬가지로 다른 유형의 자문과 함께 공통점과 특수성을 가진다. 따라서 모략 자문을 제대로 인식하려면 다른 자문과의 공통점에 주목해야 하며, 특히 중요한 것은 모략 자문을 인식한 기초 위에서 그 특수성을 인식해야 한다. 모략 자문의 진면목을 인식하여 그 활동과 발휘하는 작용의 규칙을 이해하면 모략 자문의 수준·질·효과를 높이는 데 아주 중요하고 큰 이익이 된다.

1. 모략 자문의 진면목

모략 자문은 끊임없이 생겨나고 자라면서 그 자체의 역사발전을 통해 기능과 특징을
펼쳐 보여왔다.

1) 운명에 따라 태어나 필요에 따라 성장한다

동서고금 모든 나라의 통치와 경제발전, 정치·외교·군사의 운용은 물론 도태를 위한
우열 경쟁 등은 송나라 때 사람 진량陳亮이 말한 대로 "일정한 모략이 있는 다음에라
야 그 나름의 공이 있다."는 것이었다. 거시적이든 미시적이든 각계각층이 필요로 하
는 모략에는 모략 자문과 그를 바탕으로 한 결정이 따르기 마련이다. 모략에서 자문
과 결정은 이란성 쌍둥이와 같아, 모략 결정의 필요에 따라 태어나 모략 결정의 중요
한 부분이자 뗄 수 없는 구성 부분이 된다. 역사가 발전할수록, 사회가 진보할수록,
상황이 복잡해질수록, 모략 결정의 양은 더 많아지고 모략 자문에 대한 요구도 높아
진다. 모략 자문은 모략 결정의 발전과 함께 발전한다. 낮은 단계에서 높은 단계로,
경험에서 과학으로, 원시에서 현대화로 발전한다.

　모략 자문은 역사가 아주 길다. 생산력의 발전과 계급사회가 탄생하면서 세계
역사에는 통치계급을 위해 전문적으로 계책과 모략을 제공하는 계층이 나타났다.

이윤伊尹은 무려 3천 년 전 상탕商湯의 모신으로, 재상 겸 군사軍師, 즉 군의 자문이었다. 서주의 문왕과 무왕 때의 군사 여상呂尙(강태공)은 기록으로 명확하게 남아 있는 최초의 군사로, 병법서를 후세에 남겼다고 전한다. 『육도六韜』가 그것인데, 대체로 후대 사람들이 그의 이름을 빌려 그가 시행한 여러 모략을 기록한 책으로 본다.

전국시대에 나타난 식객과 현사들은 제후들을 위해 전문적으로 계책을 냈다. 제나라의 군사 손빈孫臏은 참모라는 자리를 전담한 역사서에 보이는 최초의 참모였다. 참모기구의 원형은 동한 말기 원소袁紹와 조조曹操의 군대에서 나타났다. 당 태종은 "한 사람의 눈과 귀는

● 손빈은 기록상 최초의 본격적인 참모로 모략 자문의 역사에 큰 족적을 남겼다.

한계가 있어 두루 생각하기 어렵다. 여러 생각을 모으지 않으면 통치하기 어렵다."는 이치를 잘 알고 있었다. 그는 직신直臣 위징魏徵을 자신의 거울로 삼았다.

역대로 군웅이 쟁패할 때, 나라를 세우고 백성을 안정시킬 때, 나라를 경영하기 위한 큰 방략을 찾고, 정치·경제·외교·군사모략을 구하기 위해 모략 자문을 부르지 않은 경우가 없었고, 모략 자문의 도움을 빌리지 않은 경우가 없었다. 모략 자문은 모략을 운용할 때 전체 국면에 영향을 미치는 중요한 작용을 했다. 『전국책』은 모략 자문에 임했던 모사들의 역할을 다음과 같이 묘사하고 있다.

시기를 헤아려 행동하고, 기발한 책략과 뛰어난 지혜를 내어 위기를 안전으로, 멸망을 존속으로 바꾸었다.

초한쟁패 때 장량張良은 "장막 안에서 책략을 운용하여 천리 밖 승부를 결정짓

는" 역할로 유방이 패업을 이룩하는 데 절대적인 공을 세웠다. 삼국 시기 유비劉備는 양양襄陽의 융중隆中을 '삼고초려三顧草廬'하며 제갈량諸葛亮에게 천하를 통일하는 큰 계책에 대해 자문을 구했다. 제갈량은 유비에게 천하 형세를 다음과 같이 정확하게 분석해주었다.

조조는 이미 북방을 차지하고 백만 대군에 천자를 끼고 제후를 호령하고 있으므로 그와 맞설 수 없다. 손권孫權은 이미 3대째 강동을 차지하고 있는데, 나라는 험준하고 백성들이 따른다. 그러나 앞으로 서로 도우며 도모할 수는 있다. 제갈량은 유비에게 손권과 연합하여 조조에 맞서되 형주와 익주를 차지하고 파촉을 근거지로 삼아 군대를 기르고 식량을 비축한 후에 기회를 기다려 도모해야 한다면서 "이렇게 한다면 패업을 이루고 한 황실을 다시 일으킬 수 있습니다."라고 했다. 이것이 역사상 유명한 '융중대隆中對'로 유비를 위해 내놓은 천하삼분의 큰 계책이었다.

명 태조 주원장朱元璋이 안휘에서 정벌전쟁을 벌이고 있을 때 등유鄧愈가 주승朱升이라는 유생을 추천했다. 주원장은 주승에게 지금 형세에서 힘써야 할 점에 대해 가르침을 청했다. 주승은 근거지를 튼튼히 하고 식량을 두루 비축하며 목표를 축소해야 크게 발전하는 데 도움이 된다고 제안했다. 이것이 유명한 "성 담장을 높이 쌓고, 식량을 두루 비축하고, 칭왕稱王을 늦추라."는 전략으로 주원장의 사업이 그 뒤로 크게 발전하는 데 결정적인 작용을 했다.

이상과 같은 성공적인 모략 자문의 사례들은 모략 자문의 실천과 축적을 잘 보여주는 것들로 모략 자문이라는 사업의 발전에 아주 큰 영향을 남겼다.

모략 자문은 특정한 시대의 특정한 계급, 특정한 집단, 특정한 이익을 꾀하는 자를 위해 봉사했다. 이 때문에 시대의 흔적을 남길 수밖에 없었다. 고대의 모략 자문은 대부분 개인적 자문이었다. 즉, 개인의 지식과 경험 및 경력을 가지고 자문을 제공했다. 그 뒤 집단 자문이라는 형식이 나타나긴 했지만 경험 자문의 범위를 벗어나지 못하고 여전히 초급 단계에 머물렀다.

현대사회는 모든 방면에서 근본적인 변화가 일어나고 있다. 이에 따라 경험 자문은 이미 현대 모략의 요구에 적응하기에는 너무 멀리 뒤떨어졌다. 모략을 운용하는 요소의 급격한 증가와 모략이 포괄하는 범위의 확대로 인해 객관적으로 모략 자문에 대해 고급 단계로의 발전을 추동함으로써 현대적 의미의 '씽크 탱크Think Tank(두뇌집단)'가 출현했다.

현대사회는 과학기술이 날아갈 듯이 발전하고, 정치·경제·외교·군사 영역이 직면한 문제는 갈수록 많아지고 복잡해지고 있다. 현대국가와 군대의 관리, 리더십, 정책 결정은 전례 없이 복잡해졌고, 객관적 수요와 주관적 인식 사이의 모순은 상상하기 힘들 정도로 두드러지게 나타난다. 유한한 리더의 지식 저장량으로는 직면한 각종 복잡한 문제를 대응하기 어렵게 되었다. 정보를 접수하고 처리하는 리더의 능력 역시 한계가 있기 때문에 방대한 정보를 분석하고 처리하기 어려워졌다. 리더의 사유 공간에도 한계가 있기 때문에 역사·현실·미래와 얽힌 각종 요소의 복잡한 관계를 분명히 하기가 어려워졌다. 시간과 정력 면에서도 리더의 한계는 분명하다. 모든 문제를 리더가 생각하고 연구할 수 없게 되었다. 객관적 세계의 빠른 변화와 주관적 인식 사이의 모순을 해결하고, 부족한 리더의 지식·능력·시간·정력을 보완하고 정책 결정을 과학화하기 위해 일을 계획하고 결단하는 분업이 생겨났다. 이에 따라 씽크 탱크와 같은 기구들이 생겨났다.

당초 씽크 탱크는 군사와 밀접한 관계를 가지고 출현했다. 나폴레옹의 참모장 베르티에(1753-1815)가 창립한 참모부는 최초의 현대적 의미의 사령부였다. 19세기 초 프로이센의 군사 개혁가 샤른호르스트(1755-1813)는 프로이센 군대에서 비교적 완비된 참모본부 체제를 실행하여 전문적으로 전략 수립에 관한 일을 하는 씽크 탱크를 만들었다. 2차 세계대전 중에 미국 공군의 찬조로 창립된 랜드 연구소Rand

Construction Company는 전후 대형 연구기관으로 발전하여 '세계 제일의 씽크 탱크'로 불렸다. 씽크 탱크는 세계 여러 나라들이 앞다투어 발전시켰다. 중국에서도 씽크 탱크의 발전이 매우 빨랐다. 다양한 영역에서 여러 유형의 씽크 탱크가 건립되어 꽃을 피우기 시작했다. 현대 씽크 탱크는 규모와 종류는 말할 것 없고 직책과 기능 등 모든 방면에서 고대인의 한계를 멀찌감치 돌파했다. 발전하는 현대사회에서 씽크 탱크의 작용은 갈수록 더 중요해지고 있다.

2) 정책 결정을 돕고 리더를 보좌하다

모략 자문의 기능들 중 주요한 것을 골라보면 문제의 연구, 미래 예측, 건의 제출, 과학적 논증, 적시 피드백 등이다. 이 모든 것들이 모략의 운용을 둘러싸고 있으며, 목적은 리더를 보좌하는 데 있다.

먼저 '문제의 연구 기능'이다. 모략 자문은 문제의 발견과 문제의 제기로 시작된다. 문제를 발견하고 문제를 연구하는 일은 모략 자문의 첫 번째 고리다. 문제를 제기하는 일은 하나의 문제를 해결하는 일보다 더 중요하고 더 의미가 있을 수 있다. 문제 해결은 조건이 허락하고 결심이 정확하면 상대적으로 쉽게 성공할 수 있다. 새로운 문제의 제기는 새로운 가능성을 발견할 수 있고, 새로운 각도에서 낡은 문제를 보려면 창조적 사유가 필요하기에 모략의 진정한 진보를 가져올 수도 있다. 모략 자문에서 문제의 발견은 비유하자면 "산속에서 비가 오려면 바람이 누각에 가득 찬다."에서 '바람'을 발견하는 데 중점을 둔다. 즉, 전체 국면에 의미가 있는 문제, 관건이 되는 문제를 발견하는 것이다. 문제의 연구는 주로 문제의 약점이 어디에 있는지를 찾아내어 문제를 해결하는 방법을 찾는 데 주력한다. 문제를 연구하는 기능은 의사가 병을 찾아내는 것과 비슷하다. 먼저 진단한 다음 처방하는 것으로, 혹자는 이를 '진단 기능'이라고도 한다.

다음으로 '예측豫測 기능'이다. 예측은 멀리 보는 것이자 미래를 보는 것이다. 모략 자문의 예측 기능은 멀리 내다보는 '전망展望 기능'이라고도 한다. 『중용中庸』에 "모든 일은 예측하면 바로 서고, 예측하지 못하면 엉망이 된다."는 대목이 있다. 성공한 모든 모략은 미래를 바라보고 있으며, 과학적 예측이라는 기초 위에 있다. 예측이 없으면 목표를 확정할 길이 없고, 따라서 의사결정도 없다. 과학적 예측은 모략 자문에서 중요한 자리를 차지한다. 모략 자문은 의사결정을 위한 예측의 근거를 제공한다. 하나는 사물의 발전 추세를 예견하며, 또 하나는 모략 실시 이후의 결과를 예견한다.

예측은 사물의 발전 과정에 대해 진행하는 예견적 추리로서 역사와 현실 및 사물의 발전규칙에 근거한 역사·현실·미래의 통일이자 사물 존재의 연속 과정이다. 사물의 역사와 현실은 그 사물의 미래의 기초이자 원인이 된다. 미래는 역사와 현실 발전의 필연적 결과이다. 사물의 역사와 현상의 내재적 모순 및 그 필연적 발전 추세를 분석하면 총체적으로 사물의 미래를 예견할 수 있다.

예측은 100% 정확할 수 없지만 확실한 신뢰도를 갖추어야 한다. 그것은 현실의 모순과 징후를 기초로 하여 결론을 얻는 것으로 아무런 근거 없이 나오지 않는다. 예측의 추리는 믿을 만하며, 그것은 사물의 발전규칙을 따르는 합리적 추리다. 마르크스가 말한 대로 "관통하고 있는 강철과 같은 필연"이다.

다음 '건의建議 기능'이다. 문제를 연구하고 해결 방법을 탐색함에 목표를 정확하게 예측하고 가치 있는 모략 자문으로 건의하는 것은 중요한 의미를 갖는 단계다. 뛰어난 건의를 제출할 수 있느냐 여부는 씽크 탱크의 수준을 가늠하는 표지이자 모략에 따른 의사결정의 실효성을 결정한다. 건의를 제출하여 의사결정을 내리게 하려면 둘 이상의 방안을 제출하는 것이 가장 좋다. 리더의 반응을 고려할 필요도 없고, 리더의 반대를 걱정할 필요도 없다. 자신의 건의가 리더에게 쉽게 받아들여져 조화 절충되는 것에만 관심을 두고 결과야 어찌되었건 상관하지 않는다면 '외부의 두뇌'가 당연히 가져야 할 쓸모를 잃게 된다.

'논증論證 기능'도 있어야 한다. 모략을 통한 의사결정의 방안을 충분히 논증하는 일은 의사결정의 성공에 관건이 된다. 이를 위해 위에서는 아래에서 충분히 일을 할 수 있도록 기꺼이 대가를 치러야 한다. 송나라 때 사람 진량의 다음과 같은 말은 이런 점을 잘 지적하고 있다.

> 일을 꾀하는 사람은 갑자기 무엇을 제정해서는 안 되고, 공을 이루려는 사람은 요행으로 이루어서는 안 된다. 갑자기 무엇을 제정하면 오래갈 수 없고, 요행으로 공을 이루면 그 성공이 이어지지 않는다.[158]

성공에만 급급한 논증은 모략 자문에서 가장 꺼리는 금기사항이다. 의사결정 방안에 대한 논증은 객관적 논증이다. 하나의 방안에는 늘 유리한 점과 불리한 점이 공존한다. 논증은 이 둘을 분석하여 다 같이 제시해야지 특정 방안을 성사시키기 위해 유리한 쪽만 강조하고 불리한 쪽은 무시해서는 안 된다. 그 반대도 마찬가지다. 어느 한쪽만 강조하는 것은 모든 것을 떠나 실제로는 주관적 희망에 따른 논증이지 과학적 결정이 요구하는 논증이 아니다. 방안에 대한 논증은 '실행할 수 있다'는 논증이 있고, 또 '실행해서는 안 된다'는 논증도 있다. 어느 한쪽만 논증했다가는 실수와 부족함을 드러낼 수밖에 없기 때문에 이 부분을 중시하지 않으면 안 된다.

158　(송) 陳亮, 『古語精華』. (저자)

논증에는 과학이 요구되고, 이해관계를 따지는 일
도 소홀히 할 수 없는 측면이다. "이익을 얻을 생각이면
반드시 손해를 고려해야 하고, 성공을 생각한다면 반드
시 실패를 고려해야 한다."[159] 의사결정에는 항상 유불리
가 공존한다. 이익 중에서는 큰 것을, 손해 중에서는 작
은 것을 취할 뿐이다. 의사결정에 존재하는 불리한 점은
사전에 충분히 고려하고, 나중을 위해 준비하고 조치를
취하여 불리한 영향을 해소하거나 줄이는 적극적인 작
용을 확대해나가면 된다.

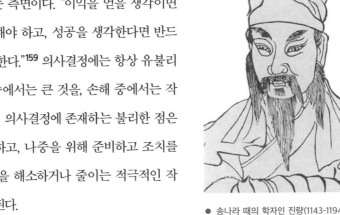

● 송나라 때의 학자인 진량(1143-1194)은 세상
을 경영하고 백성을 돕는 이른바 '성공학'을 제
창했다.

끝으로 '피드백feedback 기능'이다. 영어에서 피드백
은 '되돌려 먹인다'는 뜻이다. 중국어로는 '반궤反饋'라 하
는데 어떤 사물이 일으키는 반응을 돌이켜본다는 뜻이다. 통제론에서 피드백은 대
상에 작용하는 정보를 보내 그 작용의 결과에 대한 정보를 되돌려보내 오고, 다시
그 정보를 보내어 발생하는 영향을 파악해서 통제의 목적을 달성하는 계통적인 과
정이다. 모략에 따른 의사결정을 실시할 때는 통제가 필요하다. 제때에 피드백해야
주도면밀한 통제가 가능하다. 피드백은 의사결정의 중요한 고리로 모략 자문은 의
사결정자에게 제때에 피드백 정보를 제공하고 그에 따른 대책의 건의를 미루어서는
안 되는 책임이 있다. 결정을 집행하는 과정의 상황과 효과를 이해하기 위해서는 좋
은 효과와 반영되어 나온 문제를 포함한 피드백 정보를 분석하고 대응책을 고려해야
한다.

피드백 기능과 건의 기능은 연계되어 있다. 모략 자문은 피드백과 동시에 건의

---

159 諸葛亮, 『諸葛武侯集』 「便宜十六策」 '思慮'. (저자)

기능을 발휘해서 리더에게 실행 가능성과 신뢰성 있는 건의를 제출하여 결정된 목적을 리더가 보다 낫게, 보다 완전하게 달성하도록 도와야 한다.

정확하게 문제를 제기하고 연구하는 것으로 시작하여 효과적으로 피드백을 내놓는 것까지가 모략 자문의 전체 과정이다. 처음이 좋으면 끝이 좋고, 일을 잘 처리하면 제대로 성공한다. 이 전체 과정을 완주하는 일은 모략 자문이라는 일을 제대로 해내는 것이고, 당연히 해야 할 작용을 충분히 발휘하는 것이다.

3) 멀리 내다보면 좋고, 미리 내다보면 귀중하다

모략 자문을 인식하려면 그 특징을 이해해야만 한다. 사물의 특성은 왕왕 사물의 관계 속에서 표현되어 나온다. 모략 자문을 모략의 운용과 모략의 결정이라는 관계 속에서 깊게 파고들면 그것이 갖고 있는 풍부한 특성을 엿볼 수 있다.

첫 특성은 전체 국면을 중시한다는 것이다. "예로부터 만세를 도모하지 못하는 자는 한때를 도모하기 부족하고, 전체 국면을 도모하지 못하는 자는 한 구역을 도모하기 부족하다."[160]고 했다. 모략 자문이 가장 관심을 두는 것은 한 구역이 아닌 전체 국면에 대한 모략이다. 전체 국면을 중시하는 모략의 운용은 모략 자문 활동의 처음과 끝을 함께한다. 어떤 과제를 자문하든 그것이 전체 국면에 갖는 의미에 중점을 두고 주의를 기울인다. 한 구역을 도모하더라도 전체 국면에 서서 일을 꾀한다. 이는 바둑의 고수가 대국 전체를 내다보며 바둑돌 하나하나를 놓는 것과 같다.

두 번째 특성은 선견지명을 중시한다. 리더는 전체 국면의 주도권을 생명이 걸

---

[160] (청) 陳澹然, 『寤言』 「二遷都建藩議」. (저자)

린 일처럼 본다. 모략 운용의 본질은 전체 국면에서 주도권을 빼앗아 그것을 지키고 발휘하는 데 있다. "선착先着하면 패하지 않는다."는 명언이 있다. 여기서 말하는 '선先'이 주도권이다. 모략 자문은 리더가 추구하는 것을 추구한다. 특히 일을 재빨리 파악하는 것을 강구하며 선견지명을 중시한다. 이것이 사람들이 말하는 '사전事前 제갈량'이란 것이다. 지혜로운 사람은 싹이 트기 전에 생각하고, 통달한 사람은 형세가 갖추어지기 전에 규칙을 만든다. 리더에게는 선견지명이 가장 필요하다. 리더에게 선견지명의 도움을 주는 것, 이것이 모략 자문의 본성이다. 물론 모략 자문이 후견지명을 하찮게 생각하는 것은 결코 아니다. 리더에게 계발을 주고 귀감이 될 수 있는 후견지명에도 주의를 기울여야 한다. 다만 이런 '사후事後 제갈량'은 적을수록 좋다.

세 번째 특성은 멀리 내다보는 것을 중시하는 것이다. 모략 자문이라는 일은 앞을 내다보는 일이고 개척하는 일이다. 모략 자문은 리더가 하고자 하는 일을 위해 모략을 내는 것이고 오늘의 행동이 내일에 미칠 영향의 추세를 살피는 것이다. 그 착안점은 바로 앞이 아니라 더 먼 곳에 있다. 눈앞의 일을 걱정하는 것이 아니라 더 멀리 생각해야 한다. 모든 일을 한 걸음 더 멀리 한 층 더 깊이 보면서 높고 먼 곳을 볼 수 있는 식견을 강구한다. 즉, 멀리 내다봄으로써 가까운 걱정을 배제하는 데 중점을 둔다. 이런 까닭에 모략 자문은 문제와 겨룰 때 이미 알고 있는 것을 연구하거나 이미 해결한 문제를 중복하는 데 힘을 쏟지 않고, 알지 못하는 것을 탐색하고 해결되지 않은 문제를 해결하는 데 힘을 쏟는다.

네 번째 특성은 창조를 중시하는 것이다. 사물의 발전은 앞뒤가 서로 이어지는 역사 과정이다. 모략 자문은 이전의 성과와 수준을 계속 전진시켜 더 높은 곳으로 오르기 위한 계단을 쌓는 일이다. 모략 자문의 과제는 이전 또는 다른 사람의 성과를 기점으로 삼는다. 그러나 계승한다고 해서 앞사람 또는 다른 사람의 꽁무니를 따르는 것은 결코 아니다. 창조를 위해 앞사람과 다른 사람을 뛰어넘어야 한다. 모략 자문의 계승의 성격과 창조의 성격은 함께 앞으로 나아가며 계승하는 동시에 창조한다. 새로운 견해와 방법으로 새로운 문제와 모순을 해결한다. "하루하루 새롭게, 또 하루 새롭게"라는『대학』의 명구는 모략 자문의 이런 특징을 잘 나타내고 있다.

마지막 다섯 번째 특징은 실천을 중시하는 것이다. 모략 자문은 실천성이란 특징을 갖고 있다. 실천의 목소리를 듣고 실천의 맥박을 짚는다. 과제는 실천에서 나오고, 성과는 실천으로 답한다. 모든 일을 단단한 기초 위에서 실효를 거두는 데 중점을 둔다. 공상空想이나 빈 소리는 안 된다. 의견의 정확성 여부는 소수가 다수에 복종하는 것으로 판단하지 않고 실천으로 점검한다. 모략 자문은 모략의 실천 속에 깊게 뿌리를 내리고 '실천-인식-재실천-재인식'이라는 노선을 따라 영원히 멈추지 않는 경지를 향해 발전한다.

2. 모략 자문의 일반 과정

모략 자문의 연구 과정은 창조성이 풍부한 길이다. 거기에는 연구 과제의 선택, 자료의 수집과 분석, 연구 중 얻어낸 문제 해결의 결론, 자문의 보고서와 건의 또는 논문, 연구 성과에 대한 평가가 포함된다.

1) 연구 과제의 선택

모략 자문에서 연구 과제의 형성과 선택은 연구 활동의 중요한 단계이다. 연구 과제란 모략 영역에서 아직 인식하지 못하고 해결하지 못한 문제다. 과제를 고르는 일은 대단히 중요하다. 모략 자문의 연구 작업의 방향과 작용 여부와 관계되기 때문이다. "주제가 좋으면 논문 절반이다."라는 말이 이것이다. 주제의 선정이 좋고, 제기한 문제가 의의와 가치가 있으면 좋은 성과를 얻을 수 있는 전제조건이 되어 적어도 절반의 성공을 기대할 수 있다.

과제 선택은 실제를 향해야 하고, 필요에 따라 선택되어야 한다. 필요를 만족시키고 특히 절실하게 필요한 과제는 가장 생명력 있는 과제다. 과제 선택은 근거가 있어야 한다. 사실적 근거와 이론적 근거 모두를 갖추거나 둘 중 하나라도 갖추어야 한다. 과제 선택에서 가장 꺼려야 할 것은 구태의연한 답습이다. 선택한 과제는 다른 사람이 제기한 적 없는 과제, 다른 사람이 해결하지 못했거나 제대로 해결하지 못한 문제여야 한다. 누군가 이에 대한 자기만의 방법을 다음과 같이 요약한 바 있다.

다른 사람에게는 없고 내게는 있고, 다른 사람이 갖고 있지만 내 것이 더 새롭고, 다른 사람의 것이 새롭지만 내 것은 더 깊다. 다른 사람은 쉽게 말하면 나는 말하지 않고, 다른 사람이 말하기 어려워하면 나는 반드시 말한다.

과제 선택의 요령을 아주 잘 짚었다. 과제 선택은 또한 객관적 조건과 주관적 조건을 함께 고려해야 한다. 일정한 주객관적 조건을 갖춘 과제라야 성공할 가능성을 예상할 수 있다.

모략 자문의 연구 과제는 리더가 내는 경우도 있고, 조사 연구를 실천하는 중에 나올 수도 있다. 과제가 어떤 경로를 통해 나왔건 결국은 실천을 통해 나오는 데 중점을 두어야 한다.

모든 사물의 발전에 일정한 규율이 있듯이 모략 자문이라는 서비스의 영역에서 과제 선정 또한 고유한 규율이 있다.

첫째, 리더가 연구에 관심을 가지고 있는 중점 중에서 과제를 선정한다. 리더는 결정을 내리고 함께 일하는 사람을 이끄는 사람으로, 항상 전체 국면에 결정적인 의미를 가지는 부분에 주의력을 기울인다. 리더가 특별히 관심을 가지는 영역에 주목하여 상황을 이해하고 전체 국면을 두루 살피면 중대한 과제, 급히 필요한 과제, 관건이 되는 과제를 잡아낼 수 있다.

둘째, '모순'을 연구하여 과제를 선정한다. 무엇이 문제인가? 문제는 사물의 모순이다. 어디에 해결되지 않은 모순이 있다면 그곳에 문제가 있다. 사물의 모순을 연구하면 해결이 필요한 문제를 발견하고 연구의 제목을 찾을 수 있다.

셋째, '관계'를 연구하여 과제를 선정한다. 레닌은 "관계가 곧 규율이다."라고 했다. 사물의 규율은 그 내부와 외부의 관계 속에서 찾아내는 것이다. 사물의 보편적 상호작용에서 출발하여 사물의 인과관계를 분석하면 사물의 상호관계 안에 숨어 있는 규율을 찾아내서 연구 제목을 찾을 수 있다.

넷째, '계통'을 연구하여 과제를 선정한다. 복잡한 문제는 흔히 여러 개의 고리를 포함한 계통을 구성하고 있다. 크게 복잡하지 않은 문제에도 여러 측면이 있다. 이것이 사물의 층차이자 다양성의 통일이다. 사물의 층차를 연구하고 계통 문제의 각 고리와 측면을 연구하면 어렵지 않게 제목을 찾을 수 있다. 이를 달리 말하면 "과제를 깨면서" 과제를 얻는다고 할 수 있다.

다섯째, '정보'를 연구하여 과제를 선정한다. 가치 있는 정보에는 좋은 묘책을 낼 수 있는 문제가 반영되어 있다. 사방팔방으로 눈과 귀를 열면 박식한 정보를 넓게 수집할 수 있는 정보의 도사가 될 수 있다. 얻은 정보가 많으면 각종 정보가 상호작용을 일으키기 때문에 새로운 인식이 상대적으로 쉽게 나오고 그중에서 의미 있는 제목을 발굴할 수 있다.

여섯째, 진부함 속에서 새로운 것을 추출하여 과제를 선정한다. 본래 오래되고 평범하여 연구할 것이 전혀 없어 보이지만 실제로는 그렇지 않은 경우가 많다. 오래된 문제에 새로운 상황이 있고, 오래된 과제에 새로운 시각이 있을 수 있다. 평범하고 오래된 것도 달리 보이는 부분이 있을 수도 있다. 진부함 속에서 새로운 것을 발견한다면 새로운 의미로 충만한 제목을 찾기는 어렵지 않다.

일곱째, 모략 자문 연구 자체의 발전에서 과제를 선정한다. 모략 자문에 대한 연구는 끊임없이 발전하며 영원히 특정한 수준에 머물러 있지 않는다. 모략 자문 연구의 진전과 동태에 관심을 갖고 모략 자문이라는 영역의 전선에 서서 생각하고 탐색하면 제목을, 그것도 가장 신선한 제목을 찾을 수 있다.

가치 있는 연구 과제를 발견하고 선택하는 일은 조사와 연구에 깊이 들어가는 과정이자 창조적인 사유의 과정이다. 때문에 틀에 박힌 모델로 규정할 수 없다. 과제 선정이라는 기본 원칙을 장악하고 선정된 과제의 큰 규율을 이해하여 운용의 묘를 살리는 일은 각자의 능력에 달려 있다.

2) 자료의 수집과 분석

역사학자 오함吳晗은 "자료 작업과 연구 작업은 실제로는 하나다. 연구 작업에서 성과를 낸 사람치고 자료 작업을 못 한 경우는 지금까지 없었다."고 했다. 자료는 연구 성과의 피와 살이다. 모략 자문의 연구는 가지고 있는 자료를 중요한 단계로 삼아야 한다. 이 단계의 작업이 실제 효과를 내느냐 여부는 연구 성과의 성공과 실패에 관계된다. 충분한 자료는 좋은 성과를 낼 가능성이 크다. 그렇지 않으면 설익은 밥이 되어 아무리 솜씨 좋은 사람이라도 맛난 밥을 만들기 어렵다.

제목을 골랐으면 먼저 해야 할 일은 이 제목에 대해 이미 알고 있는 정황과 갖고 있던 생각을 정리해야 한다. 그리고 이 제목과 관련한 다른 사람의 연구는 어떤 것이 있는지도 밝혀야 한다. 그 결과 마음이 확실하게 정해지면 다시 이 과제에 대한 조사와 연구를 시작해야 한다.

과제 연구에 필요한 자료는 대체로 두 종류다. 하나는 '사실事實 자료'로 구체적 자료라 할 수 있다. 문제, 종합적 사실, 사례, 수치 등을 포함한다. 또 하나는 '사리事理 자료'로, 추상적 자료라 할 수 있다. 사상, 관점, 경험, 지식 등을 포함한다. 자료를 수집하고 분석한다는 것은 이 두 종류의 자료를 수집하고 분석하는 것이다.

과제를 둘러싼 보다 깊은 조사와 연구, 제1차 자료의 장악에는 큰 힘이 들어간다. 조사와 연구는 연구 대상의 역사, 현재 상황, 발전 추세를 밝히고 문제 해결의 방법을 위해 각 방면의 의견과 건의를 두루 들어야 한다. '사실 자료'의 수집은 새로운 사실과 현상에 대한 수집에 중점을 두되 그런 것들을 반영하는 일반적 자료와 사물의 본질과 규율을 나타내는 자료도 함께 수집한다. 바꾸어 말해 그것이 '점 하나'라면 "반점 하나로 표범 전체를 살필 수 있고", 그것이 머리카락 '한 올'이라면 "머리카락 한 올을 당겨 전신을 움직일 수 있는" 것이어야 한다. 이런 자료들은 많을수록 좋다. '사리 자료'의 수집은 새로운 사상·관점·견해·경험·지식에 중점을 두어야 한다. "연구는 부분적으로 지금의 합작을 조건으로 하고, 부분적으로 이전 사람의 노동을 이용하는 것을 조건으로 한다."는 말이 있다. 문헌과 자료를 두루 읽고 앞사람이 해놓은 노동 성과를 자신이 사용하는 자료로 장악하는 일도 조사와 연구의 범위에 포함된다. 한마디로 과제 연구와 관련한 모든 자료는 깊게 파고들수록, 많을수록 좋다.

과제의 연구에 사용되는 자료는 조사와 연구에만 의존해서는 부족하다. 평소에 '축적蓄積'해놓아야 한다. 축적은 '들어가는' 것이고, 사용은 '나오는' 것이다. "많이 쌓아놓으면 쉽게 발견하고, 오래 쌓아놓으면 우연히 얻는다."는 것인데 속된 말로 공부는 평소에 하라는 뜻이다.

모략 자문에 응하는 사람은 자료를 수시로 쌓아놓는 습관이 필요하다. "몸 가까이에 항상 연필과 공책을 지니고 다닌다."는 톨스토이의 말처럼 해야 한다. 자료를 축적하는 길은 아주 많다. 조사를 하는 중에 쌓을 수도 있고, 연구 활동 중에도 가능하며, 책을 읽는 중에도 가능하고, 생각하는 중에도 가능하다. 자료의 축적은 세심하고 끝까지 수집하고, 넓게 구해야 한다. 그리고 부지런히 정리해야 한다. 자잘한 물줄기들이 강으로 모이고, 흙이 쌓여 큰 산을 이루는 것과 같다. 자료의 축적에서 '적積'이란 글자는 모략 자문의 연구에서 중요한 작용을 한다. 오랫동안 축적의 자세를 유지하면 어떤 과제를 연구하든 큰 도움이 되기 때문이다.

과제 연구와 관련한 자료의 수집은 전면적이어야 하고 참신해야 하며, 특히 오차 없이 정확해야 한다. 역사학자 곽말약郭沫若은 『십비판서十批判書』에서 이렇게 말한 바 있다.

어떤 연구가 되었건 자료의 감별은 가장 필요한 기초 단계이다.

자료의 감별은 자료를 장악하는 중에 당연히 해야 할 일이다. 수집한 자료를 더 분석하고, 진위를 가리고, 더 검증해서 모든 의심을 제거해야 한다. 분석과 검증을 거쳐도 완전히 믿을 수 없고 명확하지 않은 자료라면 내버려야지 사용해서는 안 된다. 이런 자료를 사용했다가는 부정확한 결론을 내거나 정확한 결론에 손해를 끼친다. 자료의 문제에서 실사구시의 자세와 극단적 책임감은 매우 필요하고 유익하다.

3) 연구 중 얻어낸 문제 해결의 결론

연구 단계의 임무는 한마디로 말해 무엇, 왜, 어떻게에 대한 답을 내놓는 것이다. 바꾸어 말하자면, 자료를 소화하여 인식을 심화하고, 문제를 생각하고, 사상을 다듬어 견해를 형성함으로써 알맞은 결론을 얻어내는 단계다. 아울러 문제 해결에 관한 견해를 전면적으로 논증하고 결론을 얻는 것이다. 결론을 내는 것은 얻어내야 하는 연구의 최종 결과다. 이 단계는 연구에서 가장 힘들고 큰 단계이자 연구 과정에서 가장 의미가 있는 작업이기도 하다. 마르크스는 연구에 대해 이런 말을 한 적이 있다.

연구는 자료를 충분히 가지고 그것의 각종 형식을 분석하여 그 형식들의 내재적 관계를 찾아야만 한다. 이렇게 일을 완성해야만 현실에서의 운동이 비로소 적절하게 서술되어 나올 수 있다.

마르크스의 이 말은 연구 단계에서 해야 할 일을 제대로 요약하고 있다.

연구 단계에서 주의력은 반드시 '실사구시'에 놓여야 한다. 연구를 위해 수집한 모든 자료는 분석하고 비교하여 한 차례 거르고, 다시 진위 여부를 가리고, 이것에서 저것으로 겉에서 안으로 들어가는 가공 과정을 거쳐야만 한다. 여기서 관건은 연구 대상의 상황을 분명히 하고 주제의 기본적인 모순을 드러내어 해결해야 할 중심 문제를 둘러싼 복잡한 표현방식을 꿰뚫고 문제의 실질을 알아 그에 맞는 모략을 설계하여 문제 해결의 방법을 제시하는 데 있다.

문제 해결의 방법을 연구하려면 연구 방법을 연구해야 한다. 연구 방법은 인식의 도구로 연구 성과의 질과 양에 직접적인 영향을 미치기 때문에 주의하지 않을 수 없다. 연구 방법은 아주 많다. 어떤 방법이 좋은지는 사람마다 주제마다 다 다르다.

모략 자문의 연구는 대책이라는 이 실제의 연구로부터 출발해야 비교적 많은 것을 얻을 수 있는데 분석 방법, 종합 방법, 계통 방법이 있다.

분석과 종합은 인식을 통일하는 과정의 두 측면이다. 분석은 연구 대상을 몇 부분으로 나누고 이 부분들을 살피고 연구하는 것이다. 분석은 수단이다. 목적은 현상을 투과하여 사물의 본질을 움켜쥐는 데 있다. 종합은 분석의 기초 위에서 연구 대상의 각 측면에 대한 인식을 결합하여 고찰하고 분석의 결과를 과학적으로 개괄하여 총체적인 인식을 형성하는 것이다. "종합은 창조다."라는 말은 이런 점에서 옳은 관점이다. 종합 연구는 창조적 견해의 연구 성과를 획득할 수 있다. 모략과 의사결정이 직면한 상황이 복잡할수록 여러 목표에 대한 의사결정은 더욱 많아진다. 계통 방법은 연구 과정에서 갈수록 더 많은 사람이 주목하게 된다. 계통 방법은 계통적 관점으로 사물을 분석하고 종합하는 방법으로, 가장 기본적인 출발점과 착안점이 계통의 총체적 효능이자 문제 해결의 방법을 연구하는 것이다. 따라서 총체적 파악을 추구하는 데 힘을 집중한다. 계통 방법은 대책을 연구하는 유효한 방법이다. 문제 연구를 할 때는 이 방법을 잘 운용해야 한다.

연구 단계에서 얻어낸 문제 해결 결론의 가치는 양의 많고 적음이 아니라 내용의 질이 어떤가에 달려 있다. 문제 해결의 방법에 대한 연구, 특히 중대한 문제를 해결하는 방법에 대한 연구는 심사숙고, 현실성 강구, 미래 지향의 세 가지를 반드시 강구해야 한다. 연구 활동은 본질을 깊게 생각하고, 전체를 두루 고려하고, 현실을 마주 대하여 대책을 찾고, 앞을 돌아보되 멀리 내다봐야 한다. 이렇게 해서 이끌어낸 결론이라야 정확하고 투철한 결론이 될 수 있다.

4) 자문의 보고서와 건의 또는 논문

모략 자문의 연구 성과는 일반적으로 자문에 대한 보고서, 건의 또는 논문으로 나타낸다. 어떤 형식을 취하든 실제 상황과 필요에 따라 만들어진다. 어떤 형식을 운용하든 간에 목적은 단 하나, 연구 성과를 드러내기 위한 것이다.

모략 문제의 자문 보고와 건의는 주로 리더의 의사결정을 위한 참고용이다. 새로운 관점, 새로운 사상으로 그것의 현실적 의의와 영향력을 설명하는 것으로 이루어진다. 리더가 이에 대해 어떤 태도를 보일 것인가는 예측하기 어렵기 때문에 실제 방안을 상세하게 제출할 필요는 없다. 문제 해결을 위한 전문적인 자문 보고는 구체적이어야 한다. 문제 제기로부터 목표의 확정에서 방안의 제정에 이르기까지 간명하고 상세하고 또렷해야 한다. 자문에 따른 건의의 제출은 늘 리더가 받아들이길 바란다. 자문 결과에 따른 건의를 쓸 때는 문제를 투철하게 분석하여 그 기초 위에서 명확하게 건의하고 설득력 있는 이유를 제시해야 한다.

연구논문을 쓸 때는 과제 연구로 얻은 새로운 견해를 밝히는 데 중점을 두어야 한다. 논문은 제목, 머리말, 본론, 결론으로 구성된다. 긴 논문이라면 내용 요약이 필요하다. 논문의 제목은 과제의 내용을 고도로 개괄하여 한마디로 요점을 찾아 어떤 문제를 밝히려는지, 또는 논문의 중심 논점이 무엇인지를 바로 알게 해야 한다. 논문의 인용은 주로 문제 제기를 시작으로 연구의 목적과 의의를 설명하고 중심 논점을 밝힌다. 본론은 본 주제를 논술하는 논문의 중심 부분이자 연구의 핵심으로, 상세하고 주도면밀하게 써야 한다. 본론은 주로 논증으로, 연구자가 제기하고자 하는 중심 논점에 대한 논증이다. 본론은 기본적으로 관점과 자료의 통일, 관점으로 자료를 통솔하기, 자료로 관점을 설명하기 등을 요구한다. 문학가 노신의 "진정한 의도를 가지고, 분식을 제거하고, 조작을 줄이고, 가식을 부리지 말라."는 말을 따르고, 강력한 논리성도 갖추어야 한다. 읽는 사람이 그 뜻을 제대로 알 수 있게 써야 하고, 거듭 되돌아보며 깊게 생각할 수 있게 써야 한다. 결론 부분은 길지 않지만 대단히 중요하다. 연구 전체의 결정이자 논문의 정수이며, 연구자의 독창적인 견해가 드러나야 하는 곳이다. 문장은 "봉황의 머리, 코끼리의 배, 표범의 꼬리"처럼 쓸 수 있도록 노력해야 한다. 논문의 결론은 새로운 의미, 실질적인 의미, 깊은 의미를 가지도록 써야지 평범하게 무미건조하게 맺어서는 안 된다.

자문의 보고서가 되었건 건의가 되었건 논문이 되었건 다 쓴 다음 반복해서 수정해야 한다. "수정에서 좋은 작품이 나온다."는 말은 하나의 규칙과도 같다. 사물에 대한 인간의 인식은 얕은 곳에서 깊은 곳으로, 단편에서 전면으로의 과정을 거친다. 객관적 사물을 반영하는 보고, 건의, 논문도 이런 수정과 개선의 과정이 있다. 개정 역시 전체 국면을 가슴에 넣고 종합적으로 보아야 한다. 먼저 사상의 내용을 고려하고 표현 방식을 다시 생각해야 한다. 완성 후 바로 개정에 들어가면 부족한 부분을 발견하여 진전을 볼 수 있다. 또 완성 후 한쪽에 치워두었다가 글을 쓰겠다는 열정이 식은 한참 뒤 냉정하게 생각하여 개정에 들어가면 왕왕 더 많은 문제를 발견하고 더 많은 개정 방법을 생각해낼 수도 있다.

개정은 어떤 것이 되었건 자신이 직접 해야 하지만 다른 사람에게 보여주어 그의 의견을 듣고 개정할 수도 있다. 다음과 같은 일화가 좋은 예가 될 것 같다. 원나라 때 희극의 대가인 관한경關漢卿에게 '양보정楊補丁'이라는 별명으로 불리는 양현지楊顯之란 친구가 있었다. 그는 늘 관한경의 작품에서 문제점을 찾아내 보완하고 고쳤기 때

● 관한경(약 1234-약 1300)은 중국 역사상 최고의 희극 작가로 흔히 세익스피어에 비유되기도 한다. 그는 저잣거리 민중들의 이야기를 채록하고, 여러 사람의 생각과 이야기를 들으면서 작품을 창작했다. 60여 편의 희극이 이런 과정을 거쳐 나왔다. 대표작으로 『두아원竇娥冤』, 『구풍진救風塵』, 『배월정拜月亭』 등이 있다.

문에 '보정'이란 별명을 얻었다. 관한경 희극의 문장과 노래 가사는 '쌍절雙絶'이라는 최고 찬사를 얻었는데 여기에는 친구 양현지의 공이 컸다.

다른 사람의 의견을 많이 들으면 좋은 점이 많다. 물론 모략 연구의 결과는 때로는 장편의 논문일 필요도 없고 문장으로 만들지 않아도 된다. 시간, 장소, 사람에 따라 계획을 세우고 모략을 운용할 때는 얇은 창호지처럼 가벼워 막혀 있어도 바로 열수도 있다. 주유는 적벽대전 때 조조의 백만 대군에 맞서 전략을 강구하느라 극심한 고통과 고민에 시달렸다. 그런데 제갈량은 바람 '풍風' 한 글자로 주유를 문득 깨닫게 했고, 결국 적벽에서 조조를 대파했다. 제갈량의 바람 '풍' 한 글자는 아마 가장 뛰어나면서 가장 정제된 자문 보고서가 아닐까 한다.

5) 연구 성과에 대한 평가

연구 성과에 대한 평가는 모략 자문의 연구 과정에서 빠질 수 없는 고리다. 이 고리는 소홀히 하기 쉽고 심지어 잊어버리기까지 한다. 그래서는 안 된다. 연구 성과에 대한 평가는 아주 중요하고 필요하다. 연구 성과의 응용, 연구자의 적극성과 관계되기 때문에 반드시 중시해야 한다. 필요하다면 평가를 위한 시스템을 갖추어 이 일을 제대로 해내는 것은 의사결정자가 끝까지 맡아야 할 책임이다.

연구 성과의 평가는 주로 과제의 절박함과 중요성을 가리킨다. 또 전제 국면에서 연구 성과가 나타내는 작용과 영향, 과제의 난이도, 성과의 실행 가능성, 성과에 나타난 효과와 이익의 현실성과 미래성 등을 가리킨다.

가치 있는 연구 성과는 이상과 같은 요구에 당연히 부합해야 한다. 그러나 연구 성과는 그 나름의 특징이 있기 때문에 평가할 때는 실제로부터 출발해야 한다. 연구

성과 중에는 개척과 창조적인 것도 있고, 앞선 사람의 성과를 보충하고 개선하고 발전시킨 것도 있으며, 다른 사람의 관점이나 의사결정을 수정한 것도 있고, 이미 알고 있는 문제를 종합하면서 창조적인 결과를 얻어낸 것도 있다. 이와 같은 연구 성과는 리더가 의사결정을 내리고 리더십을 발휘하는 필요성에 적합해야 하고, 리더의 생각을 열어주는 데 의미를 가져야만 가치를 가질 수 있다. 명·청 교체기의 사상가 고염무顧炎武는 「입언불위일시立言不爲一時」라는 독서 일기를 한 편 남겼다. 말이나 글을 한 순간을 위해서 하지 말라는 뜻이다. 혹 한순간을 위해 말을 하거나 글을 썼더라도 그 효과는 미래에 나타날 수 있어야 한다. 이런 연구 성과를 내는 일은 매우 어렵지만 귀중한 태도임에는 분명하다. 연구 성과의 평가는 실제와 실용에 중점을 두어야 할 뿐만 아니라 멀리 내다보는 안목과 식견 그리고 지혜도 중요하다. 그렇지 않으면 좋은 성과를 묻어버릴 수 있다.

연구 성과를 정확하게 평가하면 모략 자문의 일을 하는 사람을 조직적으로 움직이고 격려하는 작용을 한다. 물론 모략 자문의 연구를 이끌고 나가는 작용도 한다. 먼 미래를 내다보는 리더의 자질은 당연히 이 위에서 발휘되어야 한다.

3. 모략 자문의 기본 원칙

모든 사물의 발전은 그 자체의 모순에서 기원한다. 모략 자문이라는 일도 예외일 수 없다. 리더의 의사결정에 필요한 것들과 모략 자문 사이에 발생하는 모순은 모략 자문이라는 일에서 기본적으로 일어나는 모순이다. 이 기본적인 모순은 수시로 어디에서나 발생하기 때문에 모략 자문 활동의 처음과 끝을 관통하면서 그 발전 동력이 된다. 이 기본적인 모순을 해결할 수 있느냐 여부는 모략 자문 활동의 작용 내지 생명력에 결정적인 영향을 미치기 때문에 모략 자문에 응하는 사람이 관심을 가질 수밖에 없다. 사람들은 이를 위해 노력하면서 모략 자문을 실천하는 중에 끊임없이 이 기본적인 모순을 해결하는 규칙적인 인식을 찾아내어 모략 자문 활동의 원칙과 요구를 형성해왔다. 이는 반드시 필요할 뿐만 아니라 능숙해야 한다. 그래야만 모략 자문 활동의 효능을 높여서 그것의 생기와 왕성한 활력을 유지할 수 있다.

1) 모든 것이 리더의 의사결정이라는 요구에 따르는 자세를 견지한다

모략 자문은 리더의 의사결정을 위한 것으로, 리더가 하고자 하는 일과 단단히 연계되어 돌아가는 본질적이고 집중적인 작업이다. 따라서 첫 원칙은 모든 것이 리더의 의사결정이라는 요구에 따라야 한다는 자세가 견지되어야 한다는 것이다. 이 원칙이 견지되고 어떻게 운용되느냐는 모략 자문의 수준과 효과를 가르는 경계선이 된다. 이 원칙을 견지하려면 구체적으로 다음과 같은 점들에 유의해야 한다.

첫째, 리더의 의사결정이라는 요구에 근거하여 연구 과제를 확정하고 연구 활동을 펼쳐야만 한다. 특정한 시기의 중심이 되는 공작과 중대한 활동은 실천에서 가장 절박하고 대중들이 가장 관심을 갖는 문제이자 전체 국면에 영향을 주는 문제이며, 계속 앞으로 나아갈 수 있는 기점이 될 수 있는 문제이자 '병목'과 같은 문제이다. 또 중대한 사건과 중대한 동향과 관련된 문제이기도 하다. 따라서 리더가 관심을 가질 수밖에 없는 문제이다. 이런 종류의 문제를 예민하게 발견하여 그 의미가 어디에 있는지를 보고 제때에 그것을 움켜쥐고 깊게 연구하면, 비교적 쉽게 리더의 의사결정에 부합하고, 비교적 쉽게 리더의 의향에 맞출 수 있는 결과를 낼 수 있다. 최소한 리더가 문제에 대해 생각할 수 있도록 자극할 수 있다.

둘째, 수동적 형식 속에서 능동적인 내용을 찾아내야 한다. 모략을 운용하고 의사를 결정할 때 리더가 주도이고 자문은 보조다. 따라서 모략 자문 활동은 형식상 수동적이다. 그러나 이런 수동적 형식 안에 능동적인 내용이 있다. 모략 자문을 하는 사람은 반드시 적극적이고 능동적인 자세로 수동적 임무를 능동적 임무로 바꾸어야 한다. 자문의 활동, 안목, 생각의 방향은 리더와 같이 움직여야 하는 한편 한 발 앞설 수 있어야 한다. 문제를 연구할 때는 리더가 생각하는 것을 생각하고 리더가 급하면 함께 급해야 하지만, 리더가 생각하지 못한 것을 생각하고 리더가 모르는 급한 것도 찾아내서 제때에 리더가 미처 생각하지 못했거나 자세하게 생각하지 않았던 문제를 고려할 수 있어야 한다. 그저 리더가 내뱉은 말에 따라서 받들기만 하고 기다리기만 해서는 안 된다.

리더의 의사결정은 오늘 이후의 행동을 결정하는 것이다. 한 발 앞서 연구한다는 것은 실제로는 리더의 걸음과 보조를 일치시키는 것이다. 한 발 앞선 연구는 실제를 벗어난 탈선이 아니라 실질적으로 발을 단단히 내딛는 앞선 걸음이다. 그러나 구체적으로 분석하지도 않고, 다음에 나타날 문제를 어떻게 해결할 것인가 하는 한 발 앞선 연구를 실제에서 벗어난 공상과 혼동하거나 심지어 한 발 앞선 연구의 필요성을 부정하는 사람도 있다. 이는 결코 안 될 일이다. 모략 자문은 한 발 앞선 연구를 필요로 한다. 이 점에 대해서는 이론과 실용 그리고 노력을 견지해야지 모략 자문의 본질에서 벗어난 논의에 흔들려서는 안 된다.

셋째, 리더의 위치에서 문제를 생각하고 연구해야 한다. 모략 자문은 리더를 위한 것이다. 문제를 생각하고 연구하는 시각의 높이는 리더와 같은 높이여야 한다. 어떤 수준의 리더를 위해 자문을 하든 간에 그 리더의 수준에 서 있어야 한다. 다른 고려는 필요 없다. 모략 자문을 맡은 사람은 문제를 제기하고 생각하고 연구할 때 리더와 같은 시각과 높이에 서서 전체 국면과 전체를 가슴에 넣고서 방법을 생각하고 건의해야만 리더에게 쓸모가 있고 의사결정에서 리더를 위한 좋은 참모가 될 수 있다. 자문을 맡은 사람은 리더의 일을 생각하는 사람이다. 이는 직무 이행의 요구이기도 하다. 자문을 맡은 사람은 연구를 진행하면서 반드시 '내가 리더다'라는 강렬한 의식이 있어야 한다. 이 '자리'에 반드시 앉아야 하고, 이 '높이'로 반드시 올라가야 한다. 모략 자문의 성패가 이 한 가지에 달려 있다고는 할 수 없지만, 이 한 가지가 대단히 중요하고 심상치 않은 일이기 때문에 제대로 해내지 않으면 안 된다.

넷째, 리더를 연구하고 리더를 잘 알아야 한다. 리더는 여러 유형이 있고 층도 다들 다르다. 리더가 맡은 직책도 다르고, 모략 자문에 대한 요구와 수요도 한 가지일 수 없다. 거듭 말하지만 모략 자문은 리더의 요구에 따르는 것이다. 리더의 직책 범위를 이해하고, 리더의 필요와 요구를 이해하고, 리더의 의사결정의 일반적인 과정을 이해해야 한다. 이는 모략 자문의 역할에서 벗어난 일이지만 모략 자문의 실효성을 높이기 위해서는 생략할 수 없는 것이다. 리더를 연구하고 잘 알아야 하는 일은 해당 리더에 한정되지 않는다. 실질적인 필요에 따라 그 리더 위에 있는 리더까지 연구하고 아는 일도 필요하다. 리더는 의사결정에서 등급을 뛰어넘을 수 없다. 이는 반드시 지켜야 할 규칙이다. 그러나 자문은 이 제한에서 자유롭다. 등급을 뛰어넘어 연구하고 피드백할 수 있다. 리더를 파악하는 시야를 넓게 가지고, 모략 자문 작업의 층차에 중점을 두고, 이 층차 사이의 접합점과 상호 촉진 등에 주목하면 계통적으로 자문에 응할 수 있는 효능을 증강시키는 데 큰 도움이 된다.

2) 실사구시의 원칙을 견지해야 한다

지나간 모략 자문의 실천을 돌이켜보면 그 성공과 실패, 효능 여부, 성적의 충족과 부족 등이 실사구시의 원칙을 견지했는가의 여부에서 기본적인 경험과 교훈을 찾을 수 있다. 모략 자문을 제대로 해내려면 실사구시의 원칙을 반드시 준수해야 한다. 실사구시의 견지는 말은 쉽지만 행동은 어렵다. 쉽지 않기 때문에 더욱 귀중하다. 이를 악물고 끝까지 변하지 않고 이 점에 노력을 기울여야 한다. 실사구시의 원칙을 견지하려면 다음 몇 가지에 주의해야 한다.

첫째, 객관을 중시해야지 주관주의로 흘러서는 안 된다. 실사구시는 기본적으로 두 가지를 요구한다. 하나는 실제와 실질을 요구하고, 또 하나는 옳은 것을 요구한다. 실제와 실질은 뿌리요, 옳은 것은 열매다. 실제와 실질을 추구해야 옳은 것을 추구할 수 있다.

실제를 추구하는 것은 유물주의 입장을 견지하는 것이다. 사물의 진면목에 따라 사물을 인식하는 것으로 다른 곳에서 온 어떤 성분도 덧붙여서는 안 된다. 문제의 연구는 객관적으로 분석하고 사실의 총화 중에서, 사실의 본질적 관계 중에서 사실을 운용해야지 사실을 함부로 잘라내거나 사례를 가지고 장난쳐서도 안 된다. 사실은 객관적인 것이다. 누가 연구하든 누가 그것에 흥미를 가지든 정성을 다해 인간의 인식만으로는 바꿀 수 없는 것에 집중해야 한다. 이런 과학적이고 객관적인 태도를 견지해야만 본질을 잡아 규율을 드러내고 대책을 찾을 수 있다. 이른바 옳은 것을 추구한다는 것은 객관적 사실에서 나온 근거 있는 과학적 연구의 결과로 다른 사람의 눈치나 자신의 득실을 돌보지 않고 과감하게 직언하는 것이다.

둘째, 리더에 봉사해야지 리더에 아부해서는 안 된다. 모략 자문을 위한 기구나 관련자는 집행기구와 그에 관련된 사람들과는 다르다. 전자는 뛰어난 성과로 리더에 봉사하는 자리이고, 후자는 리더의 뜻에 따라 단호하게 집행하는 것을 자기 임무로 삼는 자리이다. 집행은 리더의 의지에 복종하는 것이고, 연구는 진리에 복종하는 것이다. 이는 모략 자문이 리더의 의도를 관철할 필요가 없다는 말이 아니라 리더의 의도를 어떻게 대하느냐이다.

모략 자문에 응하는 사람이 리더의 의도를 관철하기 위해 치중해야 하는 것은 리더가 제기한 문제 자체이지 다른 것은 없다. 리더의 의도에 따라 연구를 진행하는 것은 독립적이고 객관적 연구이다. 또 사실을 존중하고 과학을 존중하는 연구이다. 사실 속에 무엇인가가 포함되어 있으면 어떤 결론을 얻을 수 있다. 틀에 매이지 말고, 리더의 싫고 좋음에 따라 바꾸어서도 안 된다. 이렇게 얻은 결론이 리더의 견해와 일치하건 그렇지 않건 리더의 의사결정에 가장 필요한 것이다. 이렇게 진리를 견지하고 과감하게 직언하는 도움이 리더에게 진짜 봉사하는 것이고 진정한 책임이다. 한순간 리더의 환심을 사려고 리더의 기분을 살펴가며 하는 일은 사실에서 벗어나 리더에게 영합하는 것으로, 리더를 거꾸로 돕는 짓이다.

모략 자문의 연구에는 '메아리 효과'라는 것이 있다. 리더가 어떤 의도와 생각을 가지고 있으면 연구자는 그에 맞추어 정보를 고른다. 그렇게 얻은 결론은 리더 자신의 메아리가 된다. 이런 메아리 현상은 당연히 경계해야 한다. 모략 자문은 리더의 사상에서 출발하는 것이 아니라 사실에서 출발한다. 모략 자문은 리더에 봉사해야 하는 것은 맞지만 리더에게 아부하기 위한 것이 결코 아니다. 이런 사상이 확실하게 서 있어야 하고, 이 원칙을 굳게 지켜야 한다. 리더를 위해 모략을 짜고 연구하는 과정의 독립성과 창조성이 강할수록 리더에 대한 그 성과의 가치도 커지며 실천적 경험도 더욱 튼튼해진다.

셋째, 필요와 가능 두 측면을 고려해야지 감정이나 희망사항을 내세워서는 안 된다. 모략 자문의 활동에서 의사결정을 위한 연구는 과학성과 실행 가능성의 결합에 중점을 두어야 한다. 필요라는 측면에서 보자면 절박할 수도 있지만 그것이 안 될 경우도 고려해야 하고, 가능성이 없을 경우도 살펴야 한다. 필요하고 그것이 가능해 야만 문제 해결의 방법이 통한다. 사람이 객관적 조건에 따른 자신의 한계를 제대로 보기란 쉽지 않고, 주관적 한계를 정확히 보기는 더 어렵다. 이렇기 때문에 문제를 연구할 때 뜨거운 가슴과 냉정한 머리가 동시에 필요한 것이다. 어떤 대책을 연구하 든 객관적 조건과 주관적 조건을 냉정하게 따질 수 있어야 한다. 객관적 조건이 어느 정도까지 허용될 것이며, 주관적 조건이 어느 정도까지 작용할 수 있는가는 단순히 열정과 희망으로는 안 된다. 감정과 희망으로 일해서는 안 된다. 모략 자문의 작업에 서는 성공이나 완성을 서두르는 잘못을 방지해야만 한다.

넷째, 실제에서 출발해야지 틀에 매여서는 안 된다. 수학 공식은 세상에 통용되 는 문제 해결의 방식으로, 아무리 어려운 문제도 공식이 있으면 풀린다. 모략에는 고 정된 틀이 없다. 성공한 모략이라도 연구에 참고하려면 대상을 보아야 하고 시세를 살펴야 한다. 대상이 다르면 필요성이 달라진다. 앞사람 또는 다른 사람의 성과를 참 고하려면 그 '의미'만 배우고 시세를 잘 살펴서 운용해야 한다. 상대의 의사결정에 맞 추어 말하자면 그 '의미'란 이런 것이다. 상대를 파악하여 그 장점은 제한하고 그 단점 은 공격한다. 자신을 파악하여 장점은 살리고 단점은 피한다. 나에 대한 상대의 인식 정도를 파악하여 모략을 짜서 상대가 예상할 수 없는 방법으로 승리를 거둔다. 이런 '의미'는 배우되 실제와 결합해야 한다. 새로운 상황과 결합하여 시세에 따라 상대에 따라 대책을 정해야만 남보다 높은 모략을 짜낼 수 있다. 실제는 따지지 않고 상투적 으로 또는 원칙은 원칙이라는 식으로 덤볐다가는 벽에 부딪힐 수밖에 없다. 참고의 목적은 자신의 필요를 만족시키기 위한 것으로 문제를 더 잘 해결하는 데 도움이 되 어야 한다. 시간, 공간, 조건은 언제든 바뀐다. 모략 자문에 임하는 사람이라면 이를 잊어서는 절대 안 된다.

3) 정확한 가치지향을 견지해야 한다

가치관은 문제에 대한 인간의 인식과 식별에 영향을 주며, 사물에 대한 판단과 선택에 영향을 준다. 당연히 모략 자문의 일에 중요한 작용을 할 수밖에 없다. 의사결정을 연구하는 과정은 비교에서 벗어날 수 없고, 이해의 저울질에서 떠날 수 없으며, 의사결정이 가져올 미래의 결과에 대한 고찰에서 떠날 수 없고, 경중과 완급에 대한 헤아림에서 벗어날 수 없다. 명확한 가치관 없이 정확한 목표를 확정하고 실행 가능한 방법을 찾아내려는 것은 가능성이 별로 없다.

모략 자문에 응한 사람은 문제를 연구하고 사고할 때 반드시 강렬한 필요성과 이해관을 가지고 눈앞의 필요성과 미래의 필요성에 대해, 눈앞의 이익과 미래의 이익에 대해, 특히 장기적 필요성과 이익에 대해 고도로 민감해야 한다. 이는 대단히 중요한 것으로 자각적으로 의식하여 모략 자문의 처음과 끝을 침투해야 한다.

가치관은 가치의 지향을 결정한다. 모략 자문의 가치지향 체계는 여러 방면과 연계되는데 여기서는 다음 몇 가지만 소개한다.

첫째, 총체적 지향이다. 문제 연구는 문제의 총체성을 똑바로 인식하여 총체적인 눈으로 문제를 보아야 한다. 방법을 찾는 일은 총체적으로 문제를 해결하는 데 착안하여 모든 방면을 돌아보는 데 힘을 쓰는 것이다. 그래야 가장 좋은 결과를 얻는다. 총체적으로 개선하면 유익하지만 일부 불리한 요소가 존재한다 해도 취할 만하다. 이를 제외한 나머지는 하책으로 취할 수 없다.

둘째, 주도적 지향이다. 모략을 짜고 의사결정을 내리는 목적은 일부 국면의 문제를 해결하기 위함이 아니라 전체 국면의 문제를 해결하여 주도권을 쟁취하기 위해서다. 의사결정을 위한 연구는 일부 국면의 문제를 고려하기도 하지만 그 주의력은 부분이 아니라 전체 국면에 놓아야 한다. 모든 면에서 완벽하고 완전한 문제 해결책을 생각해내는 것은 가능성이 크지 않다. 방안이 좋고, 방법도 좋고, 전체 국면의 주도권을 얻거나 유지하는 데 좋다면 일부 국면이 잠시 불리하더라도 실행 가능하다. 전체 국면이 살아 있어야 일부 국면도 살 수 있고, 오늘이 살아 있어야 내일이 살 수 있다. 전체 국면의 주도권에 착안해야 좋은 바둑을 버리지 않는다.

셋째, 미래 지향이다. 모략은 시간이라는 각도에서 보자면 현재에 발을 디디고 얼굴은 미래를 향하는 것이다. 다시 말해 발전에 착안하는 일이다. 의사결정 연구는 역사를 전체적으로 살피고 현실의 기초를 파악하여 미래를 좀더 멀리 좀더 뚜렷하게 보려는 것이다. 그래야 목표와 앞길을 어느 정도 정확하게 선택할 수 있다. "사람이 멀리 내다보지 못하면 가까운 곳에 근심이 생기기 마련이다." 미래의 선택은 가장 멀리 내다보는 선택이어야 한다. 여기서 중요한 것은 이성과 지혜로 문제를 대하는 것이다. 감성이 이성을 대신하게 해서는 안 된다.

넷째, 실용적 지향이다. 가치 있다고 해서 모두 실용적인 것은 아니다. 효과와 이익을 내야 실용적인 것이다. 실용이란 면에서 문제를 연구하고 대책을 찾을 때는 나라, 사회, 군대의 정황에서 출발하되 이상을 추구해서는 안 된다. 이상적인 것은 좋으니 무조건 좋다는 식으로, 그 전제가 없으면 아무것도 하지 못한다. 효과와 이익이라는 면에서 고려하여 절제된 대책을 내야 하고, 엄밀하되 순서를 갖추도록 해야 하며, 그 순서에 따라 진행해야 한다. 대책이 좋아도 절제가 없이 리듬이 마구 뒤섞이면 좋은 결과를 낼 수 없다.

4) 모략 자문 연구의 개방성을 견지한다

모략 자문의 일은 열려 있어야 한다. 막혀 있어서는 안 된다. 여는 사람은 누구든 한 발 앞으로 나아가고, 막는 사람은 누구든 뒤떨어진다. 이것은 법칙이다. 그 까닭은 이렇다.

닫혀 있는, 즉 폐쇄되었거나 봉쇄한 상황에 있으면 외부와 정보를 교류하고 새로운 정보를 받아들일 주도권과 적극성이 떨어져 인간의 사유 활동이 고정된 틀에 제한을 받게 된다. 그러면 뒤떨어질 수밖에 없다. 열려 있는 개방적 상태라면 이와는 반대로 비교하고, 가리고, 참고하고, 흡수하여 고정된 사유의 형세를 깰 수 있고, 따라서 끝없이 진보할 수밖에 없다. 개방적인 연구를 견지하는 일은 매우 필요하고 큰 의미를 갖는다.

개방식 연구는 종횡으로의 연계를 강화해야 한다. 상하좌우 사이에서 자료를 교환하고 정보를 교류하기 때문에 서로를 이해하고 배운다. 시야가 열리고, 생각이 살아 있고, 두뇌가 풍부해지고, 생각의 방향을 개척하여 모략 자문의 넓이와 깊이의 발전을 촉진한다. 오늘날 리더들이 의사결정을 내리는 문제는 상황이 매우 복잡하고 여러 방면에 걸쳐 있다. 일부는 여러 분야가 걸쳐 있는 공통적인 문제이기 때문에 합동 연구를 해야만 연구의 질을 높일 수 있다. 수평 연구는 가장자리에까지 이르러야 하고, 수직 연구는 가장 깊은 곳까지 다다라야 한다. 관계가 넓고 깊을수록 좋다. 필요한 시스템을 만들어 연계의 일상화를 보증하여 "사흘 고기 잡고 이틀 그물 말리는" 어정쩡한 상황을 바꾸어야 한다.

개방식 연구는 "여러 가지가 섞여 있는" 우세한 형세를 발휘해야 한다. 본인은 본인이 하는 일만 보기 때문에 한계를 벗어나기 어려운 경우가 종종 있다. 다른 일을 하는 사람이 함께해서 다른 지식과 시각으로 문제를 보면 서로의 장점이 한데 어울려 더 전면적이고 더 깊게 문제를 볼 수 있게 된다. 뿐만 아니라 다른 업종의 지식이 종합되고 침투하여 교류하면 새로운 생각이 나와 어려운 문제의 해결을 촉진하기도 한다. 미국 항공우주국 나사NASA의 국장 한 사람이 자리에서 물러날 때 기자가 "당신은 여러 해 우주항공과 관련한 일을 하면서 달로 사람도 보내곤 했는데 몸으로 깨달은 바가 없습니까?"라고 물었다. 그는 이렇게 대답했다고 한다.

"내가 몸으로 깨달은 것을 단 한마디로 하자면 같은 업종의 전문가들과 한 테이블에서 식사하지 말라는 것이다. 같은 업종의 전문가들과 식사하면 대화가 하나도 신선하지 않아 서로 계발되는 점이 크지 않다. 다른 업종의 사람들과 함께 있으면 상대방이 무슨 말을 하는지 귀를 기울이게 되어 신선감도 쉽게 느끼고 서로 계발하고 이끌어주는 작용을 할 수 있다."

여러 가지가 섞여 있으면 하나밖에 없는 것에 비해 우세하다. 모략 자문에서도 적용된다.

개방식 연구에는 논쟁이 있어야 한다. 세계적으로 이름난 씽크 탱크들은 논쟁 정신을 강조한다. 랜드 연구소는 논쟁을 즐거움으로 삼는 곳이다. 내부에 논쟁할 문제가 없으면 외부 사람을 모셔 와 엄격하고 꼼꼼하게 문제를 찾는다. 이것이 과학적인 태도다. 문제를 연구할 때 다른 시각과 의견이 있으면 논쟁이 생길 수 있다. 논쟁이 있으면 좋은 일이다. 논쟁의 과정은 모순을 분석하고 해결하는 과정이다. 여러 생각을 한데 모아 여러 각도에서 논쟁하여 유익한 결론을 얻는 과정이다. 논쟁은 서로를 밀어 올려 인식을 심화시켜 실제에 부합하고 진리에 접근하도록 한다. 논쟁 중에 비교가 있고 선택이 있고 향상이 있고 창조가 있다. 이것이 우량한 묘책을 생산하는 중요한 조건이 된다. 논쟁에 임하는 태도는 듣는 것을 기뻐해야 한다. 논쟁을 꺼리거나 두려워하는 것은 절대 금물이다. 서로 존중하고 이해해야 한다. 그래야 논쟁의 이익을 한껏 누릴 수 있다.

오늘날 세계의 어떤 자문기구나 그에 종사하는 사람은 자기만의 특정한 봉사

대상이 있고, 일정한 이익을 추구한다. 우리가 말하는 개방이란 특정한 범위 안에서의 개방이다. 전방위적이고 인류 전체를 대상으로 하는 개방은 불가능하다. 특히 적대 세력을 상대로 모략을 자문할 때 개방은 더더욱 어불성설이다. 철저하게 비밀을 유지해야 하고, 모든 주의력을 상대를 꺾는 데 집중해야 한다. 모략은 비밀을 유지할 때 성공하고 새어나가면 실패한다.

4. 꾀하고 판단하는 쌍방의 특유한 소질

현대의 의사결정은 모략을 꾀하는 '모謀'와 그것을 근거로 판단하고 결정하는 '단斷'의 분업이자 합작이며, 의사결정을 내리는 사람과 자문을 하는 사람이 공동으로 완성하는 일이다. 리더는 의사결정의 결과에 전적으로 책임을 지고 그 과정에서 주도적인 역할과 작용을 한다. 자문을 맡은 사람은 의사결정의 과학성과 신뢰성에 중요한 책임을 지고 그 과정에서 보좌 역할과 작용을 한다. '모'와 '단' 쌍방은 주종의 구분이 있지만 어느 한쪽도 없어서는 안 된다. 의사결정의 정확성과 유효성은 이 일을 총괄 책임진 리더의 수준으로 결정 나며, 자문자의 수준에서 결정이 난다. 리더와 자문자는 각자의 직책에 어울리는 소질을 갖추고 있어야 한다.

1) 모략을 자문하는 사람은 자문의 소질을 반드시 갖추어야 한다

모략 자문의 일은 현대 의사결정 과정에서 없어서는 안 될 구성 부분으로, 기준이 아주 높다. 일류의 능력과 수준을 갖추어야만 일류의 작업과 성과를 낼 수 있다. 모략 자문에 응한 사람은 작업의 목표를 확정하는 동시에 자신의 소질을 높이는 목표도 확정해야 한다. 대체로 다음과 같은 소질이 요구된다.

첫째, 정치적으로 확고한 입장을 견지해야 한다. 중국 공산당 지도부가 모략 자문에 대해 제기하는 기본적인 요구 사항이다. 모략을 꾀하고 운용하는 활동의 본질적인 문제의 하나는 그 방향성이다. 모략 자문에 응하는 사람은 강렬한 정치의식과 조직의 리더가 이끄는 정확한 리더십을 믿어야 한다. 공산당의 경우는 네 항목의 기본 원칙과 당의 노선·방침·정책을 이해하고, 시비를 명확하게 판단하고, 방향의 본령을 파악해야 한다. 언제 어디서든 분명한 안목과 깨끗한 심리 상태로 조금도 흔들리지 않고 정확한 정치 방향을 견지해야 한다. 시세를 정확하게 살피고 형세를 정확하게 분석하고 판단해야 하며, 복잡다단하고 변화무상한 형세에 대해 주류를 잘 가려내고 대세에 밝아야 한다. 표면적 현상에 홀리지 않고 시세에 순응하는 맑은 두뇌를 유지할 수 있어야 한다. 이상은 모략 자문에 나서는 사람이 역할을 발휘하는 데서 가장 근본적인 보증서와 같은 것이다. 정치적으로 애매하거나 바람에 이리저리 흔들려서는 모략 자문이라는 일에 나설 자격이 없다.

둘째, 날카로운 사상을 갖고 있어야 한다. 미세한 것까지 살피고, 새로운 사물과 새로운 사상이 나타날 때 그것을 발견하고 파악할 수 있는 실력이 있어야 한다. 문제가 막 생겨 그 모습을 드러낼 때, 바람이 불어 풀이 흔들리기 전에 그 추세와 결과를 예측할 수 있어야 한다. 다른 사람이 못 보는 것을 볼 수 있어야 하고, 다른 사람이 익숙하게 그냥 보아 넘기는 현상에서 문제의 가치를 발견할 수 있어야 하고, 다른 사람의 눈에는 작게 보이는 것에서 큰 것을 찾아낼 수 있어야 한다. 이런저런 어지러운 현상을 꿰뚫어 사물의 본질을 드러내야 하고, 사물의 겉을 통과하여 사물의 속을 드러내 보여야 한다, 한눈에 꿰뚫어보고, 한마디로 핵심을 찔러야 한다. 모략 자문의 연구 성과로 얻은 새로운 의미와 깊은 의미는 날카로운 안목을 기르는 데 도움이 된다. 사상의 날카로움을 단련하려면 당연히 노력하고 또 노력해야 한다.

셋째, 우월한 지혜가 있어야 한다. 모략은 지혜의 힘, 즉 지력智力과 뗄 수 없다. 흔히 하는 말로 "지혜가 충분하면 꾀가 많다." 충분한 지혜는 많은 모략의 기초이고, 많은 모략은 충분한 지혜의 결과이다. 모략 자문을 맡은 사람은 지혜에 의존하여 능력을 발휘하고 문제 해결에 봉사한다. 따라서 우월한 지혜가 당연히 필요하다. 우월한 지혜는 여러 요소로 구성되는데 주로 다음 세 방면에 주목해야 한다.

① 풍부한 지식이다. 지식은 지력 발전의 기초이자 지력의 영양분이자 에너지이다. 풍부한 지식과 경험을 갖춘 사람은 한 가지 지식과 한 가지 경험을 갖춘 사람에 비해 훨씬 더 쉽게 생각을 넓게 가지고, 훨씬 더 쉽게 전체 국면을 통제하고, 훨씬 더 쉽게 새로운 사상과 독창적인 견해를 내놓는다. 모략 자문에 응하는 사람은 넓은 지식을 바탕으로 집중을 통해 합리적이고 효과적인 지식체계를 형성해야 한다. 지식체계는 개방적이고 동태적이어야 하며, 지식의 변화는 실천의 변화와 서로 어울려야 한다. 독일의 화학자 리비히(1803-1873)는 '탈모脫毛'라는 두 글자로 보다 새로운 지식과 지식의 영역을 확대할 필요성에 대해 설명한 바 있다. '탈모'란 날기에 적합하지 않은 과거의 날개에서 떨어져 나와 그것을 대체해서 새로 난 깃털이라야 더 힘차고 가볍게 날 수 있다는 논리다. 이런 방법으로 지식을 늘리고, 풍부한 지식으로 자신의 두뇌를 무장하는 것이다.

② 그 나름의 이론적 소양이다. 모략 자문의 연구에는 정확한 이론적 지침이 있어야 한다. 이론적 지침이 없으면 높은 수준의 연구 성과를 낼 수 없다. 이론의 수준은 연구의 기점을 결정한다. 이론의 수준이 높을수록 높은 시점에 서서 문제를 제기할 수 있고, 보다 깊은 미지의 영역을 탐색할 수 있다. 이론의 수준은 자

료에 대한 사유와 가공의 수준을 결정한다. 같은 자료라도 이론의 지식적 배경 및 틀에 따라 다른 추론과 개괄 및 가공이 나타날 수 있고, 다른 인식과 결론이 나올 수도 있다. 공산당을 위해 모략 자문에 종사하는 사람이라면 마르크스주의라는 기본 이론, 특히 변증법적 유물주의와 역사 유물주의를 장악하고, 여기에 중국 특색의 사회주의 이론 및 과학적 연구이론을 장악하여 자신의 충실한 이론적 바탕을 갖추어야 한다.

③ 모략을 연구할 수 있는 능력이다. 연구 능력은 단순한 능력이 아니라 복잡한 능력을 말한다. 또한 다양한 능력의 유기적인 결합의 결과이다. 여기에는 문제를 발견하는 통찰력, 우열을 구분하는 판단 능력, 겉에서 안을 파고드는 분석 능력, 이것에서 저것을 떠올리는 연상 능력, 개별에서 일반을 끌어내는 종합 능력, 미래를 파악하는 예측 능력 및 정확한 문자와 언어의 표현 능력 등이 포함된다. 일정한 연구 능력이 있어야만 모략 자문의 요구에 응할 수 있다. 연구 능력은 고정적인 것이 아니라 실천의 발전에 따라 높아져야지 특정한 수준에 머물러서는 안 된다. 만족하고 머물러 있고 승리에 도취해 있으면 바로 패배로 돌아온다. 이런 점들을 정확하게 인식하고 있어야 한다.

넷째, 직언과 합작의 품격이다. 과감한 직언은 실질적인 것을 추구하는 표현이다. 모략 자문은 리더에게 주의를 주는 참모와 같다. 상황을 제대로 이해하여 어떤 견해를 얻어내든 사실대로 반영하고 솔직하게 자기 의견을 내야 한다. 우물쭈물 왔다갔다해서는 안 된다. 『사기』에 이런 말이 있다. "천 사람이 옳다고 지껄이는 것보다 한 사람의 반대가 낫다." 천 사람의 하나 마나 한 찬성보다는 한 사람의 용감한 직언이 낫다는 뜻이다. 과감한 직언을 하려면 사실을 말해야 하고, 논쟁이 될 만한 말을 해야 하고, 귀에 거슬리는 말을 할 수 있어야 하고, 걱정거리가 될 수 있는 말을 할 수 있어야 한다. 직언의 고상함은 바로 이런 점에서 집중적으로 나타난다. 집단 연구에서는 타인과 합작할 수 있는 품격이 있어야 한다. 타인을 존중할 줄 알고, 타인과 단결할 줄 알고, 타인의 장점을 취하여 자신의 단점을 보완할 줄 알아야 한다. 자신의 총명한 재능도 충분히 발휘해야 하고, 타인의 총명한 재능도 발휘할 수 있게 배려해야 한다. 과학적 연구에서 성취를 이룬 사람이라면 이런 협조와 합작의 정신을 다 갖추고 있다. 파블로프는 이렇게 말했다.

> 내가 이끄는 이 집단은 서로 돕는 분위기로 모든 것을 해결한다. 우리 모두가 하나의 공통된 사업에 연결되어 있고 모두가 자신의 역량에 따라 이 공통의 사업을 추진하는 데 힘을 쏟는다. 여기서 한 가지 주의할 점은 어느 것이 '내 것'이고 '너의 것'인가가 구별이 되지 않는 경우가 왕왕 있다는 사실이다. 그러나 바로 이 때문에 공통의 사업이 승리를 거둘 수 있다.

파블로프라는 과학자가 해낸 일이 모략 자문에 종사하는 사람이 몸으로 실천해야 할 일이다.

2) 리더는 의사결정의 소질을 반드시 갖추어야 한다

"지혜의 주머니에 아무리 많은 좋은 계책이 있어도 주인이 써주지 않으면 아무 소용이 없다."는 말이 있다. (오늘날은 '주인'을 '공복'으로 바꾸면 될 터이다.) 이 말은 리더의 의사결정 소질이 모략 자문을 맡은 사람의 적극성과 관계되며, '두뇌'의 작용을 충분히 발휘할 수 있느냐 여부와 관계되며, 의사결정의 질과 관계된다. 모략 자문에 응하는 사람의 소질도 중요하지만 리더의 의사결정 소질도 언급하지 않으면 안 된다. 리더가 갖추어야 할 소질은 대략 다음 몇 가지로 요약된다.

첫째, 높고 멀리 볼 수 있는 식견이 필요하다. 리더와 리더십의 본질은 전체 국면의 성격, 앞서가는 성격, 목적성에 있다. 중대한 문제를 결정하려면 전체 국면을 가슴에 통째로 넣고 눈은 미래로, 생각은 깊게, 한 걸음에 열 가지를 고려할 줄 알아야 한다. 눈앞의 직접적인 이익도 챙겨야 하지만 보이지 않는 먼 이익에 더 큰 관심을 기울여야 한다. 눈앞의 공과 눈앞의 일이 가져다줄 이익을 소홀히 해서도 안 되지만 이후의 공과 이익을 더 중시할 줄 알아야 한다. 당장은 이익이 되지만 멀리 보았을 때 불리하다면 바로 버려야 한다. 먼 미래의 이익을 위해 눈앞의 이익을 희생해야 한다면 당연히 그렇게 해야 한다. 리더는 단기적인 심리상태와 행동을 보여서는 안 된다.

둘째, 우수한 것을 잘 가려서 고르는 능력이 있어야 한다. 현대 리더의 의사결정 수준은 모든 것이 리더 자신의 두뇌에서 나오는 데 있지 않고 스스로 의견을 선택하는 능력에 있다. 즉, 서로 다른 여러 의견들 중에서 가장 좋은 의견을 선택해내는 것이다. 우수한 것을 선택하는 과정은 각종 방안을 과학적으로 비교하는 실질적인 과정이다. 의사결정의 최종 목표를 기준으로 삼고, 가치관을 핵심으로 삼아 종합적으로 분석한 다음 보다 이상적인 선택을 할 수 있어야 한다. 의사결정은 균형이 잡혀 있어야 하고, 초점을 정확하게 움켜쥐고 문제를 최대한 줄이고 이익을 최대한 거둘 수 있어야 한다. 끊어야 할 때는 바로 끊어야지 머뭇거리거나 우왕좌왕해서는 안 된다. 일을 꾀하고도 결단하지 못하면 꾀하지 않은 것과 같다. 끊어야 할 때 끊지 못하면 화를 당한다. 이런 현상이 나타나지 않도록 방지하는 데 주의를 기울여야 한다. 전략상으로는 심사숙고한 다음 결단하고, 전술상으로는 기회가 오면 바로 결단해야 하는 경우가 많다.

셋째, 여러 가지 생각을 두루 모으는 민주적 분위기를 조성할 줄 알아야 한다.

좋은 의사결정은 여러 사람들이 가고자 하는 노선이고 많은 의견을 널리 모은 결과이다. 비교가 있어야 가려낼 수 있다. 많은 의견 분출을 두려워해서는 안 된다. 의견이 많으면 많을수록 우수한 선택을 할 수 있는 여지도 넓어진다. 리더의 의사결정에는 각 방면 의견의 광범위한 청취가 전제되어야 한다. 리더와 자문 사이에는 말하지 않아도 생각이 일치하는 경우도 있고, 반대로 말을 나누고도 의견이 일치하지 않는 경우도 있다. 이런 상황에서 리더는 다른 의견을 잘 청취할 줄 알아야 한다. 다른 의견이란 실제로는 선택 가능한 방안이 많다는 뜻이기도 하다. 여러 의견들의 장점과 단점을 드러내어 각 방안의 이익과 손해가 충분히 드러나게 한다. 서로 다른 의견을 둘러싼 논쟁은 인식을 통일해나가는 하나의 과정이다. 서로 다른 의견은 의사결정의 신뢰성을 높인다. 좋은 의사결정은 이구동성을 통해 나오는 것이 아니라 서로 다른 의견의 정확하고 합리적인 부분을 집중함으로써 나온다. 가능한 한 많은 의견을 청취하고 결정을 내리는 것, 이것이 리더의 수준을 나타낸다. 모든 꽃이 일제히 피고, 모든 새가 다투어 울 수 있게 해야 한다. 진리는 때로 소수의 손에 있다.

넷째, 연계와 발전의 변증법적 사상을 갖추어야 한다. 의사결정은 연계와 발전의 관점으로 문제를 볼 줄 알아야 한다. 단기적 효과를 봐야 하는 것은 물론 장기적 영향을 고려해야 한다. 중점을 말하되 다른 점들도 말할 수 있어야 한다. 중점을 움켜쥐고 전체 국면을 함께 돌아봐야 한다. 모략 자문의 연구 성과를 운용할 때도 마찬가지로 정확한 사상이 필요하다. 의사결정과 연구는 변증법적으로 통일되어야 한다. 리더가 연구 성과의 운용을 중시할수록 정확한 의사결정에 대한 작용도 그만큼 커진다. 연구 성과의 획득과 응용을 함께 중시해야 한다. 성과를 내는 것만 중시하고 성과를 활용하는 것을 소홀히 해서는 안 된다.

다섯째, 학습·실천·종합은 소질을 높이는 세 개의 중요한 고리다. 이는 자문자는 말할 것 없고 의사결정을 내리는 사람에게도 마찬가지다. 의사결정과 자문에는 학습이 필요하다. 자신을 채우고 수준을 높이려면 실천에 용감해야 한다. 이를 통해 단련하여 능력을 높이려면 끊임없이 종합할 줄 알아야 한다. 그래야만 자각적 능력을 키우고 맹목적 추종을 줄일 수 있다. 이는 공동의 책임이다. 목적은 의사결정의 정확성과 의사결정에 따른 실행의 효과를 확보하기 위함이다.

5. 모략의 성공은 시도에 있다

무엇이 성공인가? 간명하게 말해 움직여 일을 하되 잘 해서 예상한 목적을 달성하는 것이다. 어떤 작가가 이런 말을 했다.

그 영역으로 들어가서 달릴 수 있을 것인가 여부는 생각하지 말라. 당장 필요한 것은 결심이다. 결심하면 한 걸음에 그곳에 들어갈 수 있다. 그곳은 개척을 기다리는 미지의 영역이다. 그곳에는 아주 많은 사람들이 있다. 길을 모르겠거든 길을 묻고, 어떤 일인지 알지 못하면 가르침을 청해라.

눈앞에 가야 할 먼길이 있고, 성공의 길을 밟으려면 용감하게 시도해야 한다. 시도가 있어야만 성공의 가능성이 있다. 시도하지 않으면 성공할 희망은 단 하나도 없다. 처음 모략 자문의 일에 나선 사람이 초보가 되었건 오랫동안 일해온 노장이 되었건 "예로부터 성공은 시도에 있었다."는 이 격언을 꼭 기억해야 한다.

행동은 아는 것으로 시작하고, 아는 것은 행동을 성사시킨다. 시도는 가서 해야 하는 것이다. 멈추지 말고 가서 해야 한다. 성공하는 사람은 멈추어 있지 않고 탐색하고 실천하며 성공을 기대한다. 그들은 한 걸음 한 걸음 발자국을 남기며 실질적으로 앞으로 나아간다. 모략 자문에 종사하는 사람은 활동하면서 나아가고, 일하면서 배우며, 배우면서 일한다. 이것이 쌓이고 쌓이면 모략 자문이라는 일의 규율을 알게 되어 모르는 것에서 알게 되고, 할 줄 모르는 것에서 할 줄 알게 되고, 많이 알지 못하던 것에서 많이 알게 되고, 해서 알던 것에서 하지 않고도 응수할 수 있게 된다. 세상에 나면서부터 아는 사람은 없고, 해보지도 않고 할 수 있는 사람은 없다. 모략 자문의 성과가 쌓이고 쌓인다는 것은 끊임없이 시도했다는 것이고, 힘써 애를 쓰는 중에 능력과 수준이 올라가고, 그 능력과 수준을 끌어올리면서 또 힘써 애를 쓴 결과다. 성공은 희망과 분투의 결합으로, 게으름 부리지 않고 부지런히 일하는 데서 온다. 성공은 게으름과 타성을 허용하지 않는다. 앉아서 기다리는 것, 멀리서 쳐다보는 것, 머뭇거리는 것을 허락하지 않는다. 한 번 기다리고, 두 번 의지하면 세 번째는 추락이다. 한 번 생각하고, 두 번 행동하면 그다음은 성공이다. 이것이 성공하는 자와 실패하는 자의 기본적인 경험과 교훈이다.

"일은 사람이 성사시키며 그렇게 세우는 공은 어렵지 않다." 시도를 위해서는 자신을 제대로 인식해야 한다. 자신의 장점과 단점을 알아야 하고, 자신의 강점과 약점을 알아야 한다. 자신을 제대로 아는 현명함 여부에 따라 결과는 다르게 나타난다. 자신을 제대로 알면 무엇을 해야 하는지, 무엇을 해서는 안 되는지를 안다. 어떻게 해야 하는지와 그렇게 해서는 안 되는지를 안다. 자신의 힘을 헤아려 행동하고, 있는 힘을 다해 모든 일을 주도적으로 한다. 자신을 제대로 모르면 장점을 발휘해야 할 때 장점을 발휘하지 못하고, 단점을 피해야 할 때 피하지 못해 맹목적이 된다. 자신을 연구하고 자신을 인식하는 일은 스스로 학습하고 스스로 일하는 생활에 적응하게 하는, 그리하여 모략 자문이라는 일에 나설 때 필요한 중요한 첫걸음이다. 이는 시도에서 성공으로 가는, 없어서는 안 될 조건이다. 자신을 인식하는 일은 다음 두 가지밖에 없다. 하나는 자신의 역사, 과거를 인식하는 것이고, 또 하나는 자신의 현실을 인식하는 것이다. 과거 걸었던 길에는 지금 받아들일 만한 경험과 교훈이 있다. 지금 걷고 있는 길이 어떤가는 차분히 잘 살피는 일이 필요하고 이때 과거가 큰 도움이 될 수 있다. 자신의 출발점과 도착점을 똑똑히 아는 일은 지금의 걸음을 제대로 걷기 위함이고 먼길을 잘 가기 위한 것이다. 형세는 발전하고, 일은 전진하며, 상황은 변화한다. 그때 '나'는 끊임없이 이때의 '나'를 위해 대체된다. 자신을 인식하려면 틀에 박힌 사유에 빠져서는 안 되고 끊임없이 다시 인식하여 이때의 '나'를 또렷하게 알아야 한다. 그래야만 자신의 실제 모습으로부터 출발하여 시도할 수 있다. 그렇게 해서 크게 결심하고 방법이 옳으면 좋은 효과를 거둔다.

시도는 모든 것을 처음부터, 모든 것을 자신으로부터 출발하는 것이 결코 아니다. 앞사람들이 성공한 성과를 적지 않게 쌓아놓았고, 다른 사람들도 평범치 않은 성공한 시도를 남겨놓았다. 앞사람과 다른 사람을 스승으로 삼아 그들에게 배우면서 자신의 식견을 늘리고 좌절하지 않고 지혜를 키울 수 있다. 이렇게 하면 성공하는 여정을 단축할 수 있다. 그러나 분명히 알아야 할 것이 있다. 앞사람과 다른 사람의 것을 배우는 일은 그들의 것을 반복하는 것이 아니다. 자신의 인식을 심화하고 자신의 창조력을 자극하기 위한 것이다. 그 정수를 얻어서 실제와 연계하여 소화하고 실제와 융합하여 개성을 불어넣어야 한다. 이렇게 해야 진짜 높은 수준의 정보를 얻어 자신의 특색을 형성하고 지킬 수 있다. 누군가 이와 관련하여 "세 가지 반드시 해야 할 것과 해서는 안 될 것"으로 요약한 바 있는데 귀담아들을 필요가 있는 계시이자 경고이다.

첫째, 자신의 견해를 반드시 갖고 있어야 한다. 앵무새가 말을 배우는 것처럼 누가 이렇게 말한다고 그대로 따라 해서는 안 된다.

둘째, 남에게 배워 자신을 키워야 한다. "남의 나라에 가서 걸음걸이를 배운다."는 '한단학보邯鄲學步'의 고사처럼 자기 것을 버리고 남의 것을 그대로 따라 배워서는 안 된다.

셋째, 그 뜻을 배워 정수를 얻어야 한다. "동시가 서시의 찡그림까지 따라 하는" '동시효빈東施效顰'처럼 형식적 모방은 안 된다.

'해야 할' 것은 보다 크게 드러내야 하고, '해서는 안 될' 것은 거울로 삼고 경계로 삼아야 한다.

시도는 성공할 수도 실패할 수도 있다. 성공의 과정에서 피하지 못한 실패도 성공 못지않은 가치를 갖는다. 실패는 성공의 어머니라는 말이 그것이다. 실패에는 성공의 요소가 가득 차 있다. 실패를 두려워 말라. 경험이 그 안에 있다. 진지하게 종합하고 총결하여 다시 시도하면 성공한다. 성공은 총결과 여러 차례 실패한 경험과 교훈을 흡수하는 데서 온다. 그 과정을 통해 사물의 인식에 대한 객관적 규율을 점차 얻어내기 때문이다. 단, 성공과 실패를 변증법적으로 인식하여 이 둘의 상호전환이라는 '일정한 조건'에 주의하여 실패에서 성공으로 바뀌는 '일정한 조건'을 줄 수 있어야 이번에는 실패하더라도 다음에는 성공하고, 오늘은 실패했더라도 내일은 성공할 수 있다. 중요한 문제는 믿음과 인내 그리고 변치 않는 마음이다. 그래야만 진취적인 뜻이 꺾이지 않는다. 실패했다고 위축되어 물러나거나 다른 사람의 비웃음이 두려워 자포자기한다면 성공이 눈앞에 닥쳐도 성공을 내 곁으로 다가오게 할 수 없다.

혹자는 가장 성공한 사람과 가장 성공하지 못한 사람을 대상으로 비교 분석하여 그 사이에 존재하는 다음과 같은 가장 큰 차이점들을 발견했다. 목표를 실현하기 위해 끊임없이 성과를 축적하는 능력, 자신감과 자기비하감을 극복하는 능력, 객관적 상황에 적응하는 능력, 최후의 성과를 얻어내는 굳센 의지력.

누군가는 성공한 사람의 경험을 종합하여 다음과 같이 개괄했다. 목표를 정확하게 고르고 바꾸지 않는 확고함, 넓은 사고와 고도의 민감성, 실천을 중시하고 진지하게 탐색하는 자세, 강인한 의지와 부지런한 노력, 주의력 집중과 때를 놓치지 않는 안목.

이상은 모략 자문에 종사하는 사람이라면 충분히 섭취하고 거울로 삼아 계시를 얻을 수 있는 것들이라 할 수 있다.

적극적으로, 전심전력으로 모략 자문의 일에 나서서 멈추지 말고 시도하라. 시도는 성공과 연결되어 있으며, 고통스러운 과정이 기다리고 있지만 그 열매는 달다. "하는 사람은 이루어내고, 가는 사람은 이른다." 시도를 멈추지 않고 쉬지 않고 분투하면 틀림없이 원대한 식견을 갖춘 모략 자문의 전문가가 될 수 있다.

제28장
모략 성공의 오차 구역

마르크스는 "내가 뿌린 것은 용의 이빨이고 거둔 것은 벼룩이었다."는 말을 한 적이 있다.[161] 현대 과학기술의 발전이 인류에게 큰 복과 혜택을 가져다주었지만 동시에 살인무기를 만들어 인류에게 엄청난 재난을 가져다준 것과 같다. 인류의 지혜로서 모략은 사회 문명의 발전과 진보를 촉진했지만 동시에 인류를 재난이라는 잘못된 구역으로 끌어들이기도 했다.

모략 자체는 계급성이 없다. 가치관과 도덕관이 다른 사람이라도 얼마든지 운용하여 자신의 목적을 이룰 수 있다. 군자가 이용하면 사회발전에 도움이 될 수 있고, 소인이 장악하면 사회에 위험한 손해를 끼칠 수도 있다. 적과 투쟁하면서 한 수 높고 남다른 묘책으로 승리를 거둘 수도 있고, 정쟁이나 내분을 일으키는 도구로 이용될

---

161 저자는 이 말을 마르크스가 한 것이라 했지만 다른 자료들에는 독일의 시인인 하인리히 하이네가 한 말로 나온다. 마르크스의 저작에 인용된 대목을 인용하는 과정에서 이런 착오가 생겼던 것 같다. 참고로 영어 문장을 인용해둔다. "I have sown dragon's teeth and reaped only fleas."

수도 있다.

대만의 학자 살맹무薩孟武는 중국 역사상 발생했던 당쟁을 예로 들어 중국 관료 사회의 권력 쟁탈에서 권모술수에 능란한 정객들이 높은 벼슬에 오르고 군자가 소인들에게 당한 일이 많았다고 지적한 바 있다. "악화가 양화를 구축한다."는 법칙처럼 소인이 모략(여기서는 모략보다는 권모술수가 더 합당한 표현이다)을 장악하여 역사상 얼마나 나쁜 작용과 영향을 미쳤는가를 잘 말해준다.

"도적은 소인배이지만 그 꾀는 군자를 뛰어넘는다."는 말이 있다. 이 말은 모략의 오차 구역을 가리키는 표현의 하나이다. 역사상 수많은 사람이 자신의 목적을 이루기 위해 수단과 방법을 가리지 않고, 사회의 공익을 돌아보지 않고 모략을 악용함으로써 모략 자체에 어두운 그림자를 드리웠다.

사냥감이었던 토끼를 잡고 나면 사냥개를 삶아 먹는다는 '토사구팽兎死狗烹'은 권력을 지키기 위해 봉건제왕들이 공신들을 마구 죽이고, 심지어 자신의 골육마저 봐주지 않았던 일을 풍자하는 표현이다. 한 사람의 사사로운 이익을 지키기 위해 천하 사람들의 큰 이익을 서슴지 않고 희생시킨 일도 있었다. 그래서 청 왕조 말기의 자희태후가 서양 열강들과 굴욕적인 조약을 체결하면서 "중화의 물력을 충분히 고려하여 저들 나라(서양 열강)의 환심을 사라."거나 "내가 천하를 위해 애를 쓰는데 보잘것없는 백성들을 어찌 아낄 수 있으랴." 따위와 같은 말을 마구 내뱉을 수 있었던 것이다. 모략을 운용하면서 백성의 생명은 아끼지 않고 자신의 승리를 위한 노름판 패처럼 여기는 경우, 자신의 불리한 상황을 벗어나기 위해 조조가 부하에게 '머리'를 빌리려 한 경우 등등… 이런 모략들은 보기만 해도 심장이 떨린다.

"지혜의 주머니에 아무리 많은 오묘한 계책이 들어 있어도 주인이 사용하지 않으면 쓸모가 없다." 수준 높고 뛰어난 모략이 없어 사업에 실패하고 전투에서 패하고 나라를 망쳤다면 하나 아쉬울 것이 없다. 그러나 그런 모략을 가지고도 사용하지 않아 좋지 않은 결과가 나왔다면 안타까움에 한숨이 절로 나온다. 리더가 주관적 편견과 진부한 관념에 속박되어 있고, 작은 이익을 탐내다 큰 이익을 잃고, 정서가 불안하고 감정에 휘둘려 이런 모략을 배척하고 거절하기 때문이다. 이는 모략가의 불행일 뿐만 아니라 모략 자체의 비극이고, 리더의 잘못일 뿐만 아니라 모략 자체의 오차 구역이기도 하다.

사회역사의 진보 과정에서 윤리도덕과의 모순이나 충돌을 피할 수 없다. 모략의 역사발전 역시 인류의 지혜와 그 오차 구역 사이의 모순과 충돌 및 발전으로 나타난다. 이것이 바로 인류의 역사이자, 역사발전에서 피할 수 없는 이율배반의 현상이다.

모략의 오차 구역 때문에 인류의 지혜를 부정할 뜻은 없다. 아니, 그와는 반대로 모략의 오차 구역과 그런 오차를 일으키는 규율을 찾아내서 보다 좋은 모략을 만들고 운용하는 데 도움을 주고, 모략의 오차 구역을 피해 모략의 수준을 끊임없이 높이는 데 최대한 도움을 주어 모략사상의 발전에 도움이 되고자 한다.

1. 수단과 방법을 가리지 않는 모략

군벌의 혼전으로 생명은 구렁텅이에 처박히고 백성들의 생활은 아무도 돌보지 않았다. 군벌들은 자신의 패업을 이루기 위한 기반을 차지하기 위해 백성들을 들풀만도 못한 존재로 여겨 마구 죽이고 약탈했다. 나관중羅貫中은 『삼국연의』(제4회)에서 이런 상황을 다음과 같이 묘사했다.[162]

---

162 『삼국연의』 해당 부분의 번역은 연변인민출판사 번역팀이 번역한 OLJE CLASSICS 2018년판을 인용하되 부분

한번은 동탁이 군사를 거느리고 성을 나가 양성 지방에 갔다. 이때가 2월이라 당굿이 있어서 온 고을 남녀노소가 모여 있었다. 동탁은 군사들에게 명령을 내려 그들을 사방으로 둘러싸고 남자는 다 죽여버리고, 부녀자와 재물을 모조리 약탈해서 수레에 그득 실었다. 수레 아래에다가는 머리 1,000여 개를 주렁주렁 매달고 수백 채 수레를 몰아 성으로 돌아왔다. 동탁은 도적 떼를 크게 이기고 돌아오는 길이라고 떠벌리며 머리들은 성문 아래서 모조리 불살라버리고 부녀와 재물은 군사들에게 다 나누어주었다.

또 제6회를 보면 동탁이 천도를 논의할 때 이런 대목이 나온다.

사도 양표가 말했다.

"관중은 이미 황폐해질 대로 황폐해졌습니다. 그런데 까닭 없이 종묘와 황릉을 버리시겠다면 백성들이 크게 놀라 동요할 것입니다. 천하의 동요를 일으키기는 쉬워도 안정시키기는 아주 어려운 법입니다. 승상(동탁)은 깊이 살피십시오."

"닥쳐라! 네가 감히 나라의 대계를 막으려는 것이냐?"

동탁이 성을 내는데 태위 황완도 거든다.

"양 사도의 말씀이 옳습니다. 옛날 왕망이 반역했을 때 갱시 연간 적미의 난이 계속되어 온 장안이 불타 잿더미가 되었고, 백성들은 다 흩어져 100에 한둘밖에 남지 않은 형편인데 이제 궁실을 버리고 그 황무지로 가려 하시니 이는 온당한 일이 아닙니다."

(중략)

적으로 수정했다.

동탁이 마침내 크게 화가 나서 "내가 천하를 위해 하는 일에 그까짓 백성 놈들을 생각하고 있겠느냐!"며 양표 등의 벼슬을 빼앗아 서민을 만들었다.

(중략)

동탁이 곧 철기 5천을 내어 낙양성의 부자들을 모조리 잡아들이게 하니 수천 호나 되었다. 그는 그들 머리 위에 큰 글씨로 '반신역당'이라 쓴 깃발을 꽂게 하고 성밖에서 목을 자르고는 가산을 몰수했다. 그리고 이각과 곽사를 시켜 낙양 백성 수백만을 몰고 장안으로 가게 하는데 대오를 나누어 백성 한 대오에 군사 한 대오를 붙여 앞에서 끌고 뒤에서 몰게 하니 물구렁텅이와 골짜기에 떨어져 죽는 사람이 셀 수 없었다. 또 군사들에게 남의 처자들을 겁탈하고 양식을 노략하는 것을 허락하니 울부짖는 소리가 하늘을 울렸다. 조금이라도 더디 걷는 사람은 뒤에서 3천 군사가 성화같이 재촉하며 뽑아든 칼을 휘둘러 길 위에서 그대로 쳐 죽였다. 동탁은 낙양을 떠날 때 모든 문에 동시에 불을 질러 민가들을 다 불사르고 종묘와 궁궐에도 불을 놓았다. 이 때문에 남궁과 북궁에 화염이 옮겨붙고 장락궁이 초토화되었다. 여포를 보내 선황과 후비들의 무덤을 파헤치고 그 안의 금은보화를 끄집어내게 하자 수하의 군사들이 이 기세를 몰아 관리와 백성의 무덤도 거의 다 파헤쳐놓았다. 이리하여 동탁은 금은보화와 비단이며 온갖 값진 물건을 수천 수레에 가득 싣고 천자와 후비들을 겁박하여 장안을 향해 떠났다.

동탁의 잔인한 행위는 실로 치를 떨게 만들지만 백성을 모략의 노름판 패로 여긴 자는 비단 동탁뿐만 아니었다. 『삼국연의』 제33회에는 이런 대목이 있다.

이때 곽도가 원담을 보고 이런 계교를 올렸다.

"내일 백성들을 모조리 몰아 앞장서게 하고 군사를 뒤이어 보내서 조조와 한번 죽기를 각오로 싸워보십시오."

원담은 그 말에 따라 이날 밤에 남피 백성들을 모조리 끌어내어 칼과 창을 잡고 명령을 듣게 했다. 이튿날 이른 새벽에 사방 대문을 활짝 열자 군사는 뒤에 서고 백성들은 앞에 서서 함성을 지르며 일제히 몰려 나가 조조의 영채로 달려들었다. 양쪽 군사는 서로 어울려 싸웠다. 진시부터 오시에 이르기까지 승부는 나지 않았고 시체가 땅에 깔렸다. 조조는 이 모양을 보자 말을 버리고 산 위로 올라가서 친히 북채를 들어 북을 쳤다. 장수와 군사들이 이것을 보고 분발해서 앞으로 나가니 원담의 군사는 크게 패하고 죽은 백성이 무수히 많았다.

자신의 이익을 위해 전쟁에서 백성을 마구 살해하고 공공의 이익을 해치는 이런 모략은 "사마소의 마음은 길 가는 사람이 다 안다."는 말처럼 사람들로부터 욕먹기 쉽다. 이와 마찬가지로 역사상 수단과 방법을 가리지 않는 모략을 절묘하게 구사한 자들이 적지 않았다. 춘추시대 위衞나라의 주우州吁는 배다른 형인 장공莊公을 죽이고 국군의 자리를 탈취했다. 주우는 백성들이 승복하지 않을까 두려워 자신의 친구인 석후石厚를 시켜 그의 아버지 석작石碏을 끌어들여 여론을 무마하려 했다. 석작은 원로대신으로 퇴직하여 집에 있었다. 석작은 이 사건의 자초지종을 듣고는 다른 사람의 손을 빌려 이 역적을 제거하려고 마음을 먹었다. 이에 석작은 이렇게 말했다.

"국군의 자리를 안정시키는 일은 어렵지 않다. 주우가 주 천자에게 인사를 드려 합법적인 지위를 얻기만 하면 백성들도 다른 말 하지 않을 것이다."

아들 석후는 어떻게 하면 주 천자를 만날 수 있겠냐고 물었고, 석작은 이렇게 말했다.

"진陳나라 국군 환공桓公이 마침 천자의 신임을 얻고 있다. 진나라는 위나라와 사이가 아주 좋다. 먼저 진 환공에게 인사를 드리고 환공이 나서서 대신 요청하게 하면 틀림없이 목적을 이룰 수 있을 것이다."

석작은 편지 한 통을 써서 몰래 진 환공에게 전하게 했다. 이 편지를 통해 석작은 주우가 국군을 죽이고 자리를 탈취했고 아들 석후가 그를 도와 악행을 저지르고 있다고 폭로했다. 자신은 이미 늙어 힘이 없으니 환공이 기회를 봐서 그들을 제거하라고 청했다. 얼마 뒤 주우와 석후가 진나라 환공을 찾았고, 환공은 바로 그들을 잡은 다음 위나라에 통지했다. 위나라는 사람을 보내 주우와 석후를 처결했다. 훗날 위 선공은 석작이 대의를 위해 혈육마저 버렸다며 그를 국가의 원로로 존중했다. 석작은 다른 사람의 손을 빌려 후환을 제거하고 좋은 명성까지 얻었다. 그러나 이와 같은 모략의 방식은 사실 사기성이 아주 농후하다.

황새와 조개가 서로 싸우는 틈에 "어부가 둘 다 잡는" 이익을 얻었다는 '어부지리漁父之利' 고사가 있다. 자신의 목적을 이루기 위해 다른 사람 사이의 모순을 이용·도발하여 서로 싸우고 죽이게 만들어 결국 둘 모두에게 상처를 입힘으로써 자신의 이익을 얻는 뜻을 가진, 말하자면 이 역시 수단을 가리지 않는 모략이다. 이 고사는 『전국책』「연책」(2)에 나오는데 그 줄거리는 이렇다.

조나라가 연나라를 공격하려고 하자 유세가遊說家 소대는 연나라를 위해 조나라 혜왕을 찾아가 말했다.

"신이 오늘 오면서 역수를 지나는데 조개가 입을 벌리고 햇볕을 쬐고 있었습니다. 황새가 조개를 쪼아 먹으려 하자 조개가 입을 닫아 황새의 주둥이를 물었습니다. 황새가 '오늘 내일 비가 안 오면 너는 죽는다'라고 하자 조개 역시 황새에게 '오늘 내일 못 빼면 너 역시 죽는다'고 했습니다. 그럼에도 둘 다 서로를 놓아주려 하지 않았습니다. 마침 지나가던 어부가 그 둘을 한꺼번에 잡았습니다."

『삼국연의』 제78회에도 이런 '어부지리'를 꾀한 대목이 있다. 손권은 강동에서 한 구역을 혼자 차지하여 황제가 되려는 야심을 진즉부터 품고 있었다. 그러던 중 관우를 죽인 일로 촉나라와의 동맹이 깨졌다. 이런 불리한 형세에서 손권은 위나라 조조에게 글을 보내 비굴하게 조조의 비위를 맞추며 유비를 소멸하라고 권하는 한편 자신은 신하들을 거느리고 가서 항복하겠다고 했다. 손권은 관우의 머리를 그날 밤으로 낙양의 조조에게 보냈다. 이런 행동은 조조가 시킨 것이라는 것을 유비에게 암시하여 유비가 조조에게 원한을 품게 만들자는 의도였다. 그렇게 해서 촉의 군대가 오나라가 아닌 위나라를 향하게 하자는 것이었다. 이런 식으로 '어부지리'를 얻으려 했다. 그러나 조조는 손권의 의도를 알아차리고 "이놈이 나더러 화로 위에 올라앉으라고 하는구나."며 도리어 오와 촉이 싸우도록 관우의 목을 고급 관에 모시고 왕후의 예로 장례를 치러주었다. 위나라 역시 촉과 오의 싸움을 부추겨 '어부지리'를 얻고자 한 것이다.

손권의 의도는 조조에게 간파당했다. 조조는 오·촉의 싸움에서도 '어부지리'를 취한 바 있다. 『삼국연의』 제59회를 보면 조조가 마초馬超와 한수韓遂 사이를 이간질하여 서로 싸우게 만드는 데 성공하여 '어부지리'를 취한 대목이 나온다. 당시 조조의 참모인 가후賈詡가 이런 계략을 제안한다.

"마초가 용맹하지만 기밀은 알지 못합니다. 승상(조조)께서는 글 한 통을 써서 한수에게 주되 군데군데 글씨는 흐릿하게 쓰고, 아주 중요한 대목은 먹으로 흐리게 고쳐 쓴 다음 단단히 봉해서 보내십시오. 그리고 짐짓 마초에게 이 일을 알게 만들면 마초가 틀림없이 한수에게 가서 글을 보여달라고 할 것입니다. 마초가 글을 읽다가 먹으로 흐리게 고쳐 쓴 중요한 대목들을 보면 한수가 무슨 기밀을 자기에게 알리고 싶지 않아 제 손으로 고쳐 쓴 것으로 의심할 것입니다. 한수가 오늘 왜 승상과 단독으로 만났는가도 의심이 들 것이고 해서 둘 사이에 분명 무슨 일이 생길 것입니다. 그때 우리는 다시 한수의 부장들에게 손을 뻗쳐 사이를 갈라놓으면 마초를 어찌할 수 있을 것입니다."

조조는 묘책이라 칭찬하고 글 한 통을 썼다. 과연 누군가 이 일을 마초에게 알렸고, 마초는 한수를 의심했다. 조조는 한수와 내통하여 마초를 술자리에 초청한 뒤 기회를 보아 마초를 공격했다.

『자치통감』「위기」에 나오는 또 다른 사례를 보자. 삼국시대 말기 위나라 대장 제갈탄諸葛誕은 사마소司馬昭의 전권에 반대하다가 사마소의 군대에 의해 수춘壽春에서 포위당했다. 동오의 손권은 제갈탄을 동정하고 지지했기 때문에 문흠文欽, 전역全懌, 주이朱異 및 대장군 손침孫綝 등을 잇달아 보내 구원하게 했다. 문흠과 전역이 수춘성으로 진입한 외에 주이와 손침은 사마소에게 패했다. 사마소는 적의 내부를 갈라놓기 위해 먼저 유언비어를 퍼뜨렸다. 동오의 구원병이 곧 닥칠 텐데 자신은 식량이 부족해 오래 버틸 수 없다며 일부러 늙고 힘없는 병사들을 보내 회수 북쪽 일대에서 식량을 가져오게 했다. 이에 제갈탄이 신임하는 장수 관장반官蔣班과 초이焦彝는 속전속결을 주장하다 문흠과 갈등을 빚었다. 제갈탄이 이 둘을 죽이려 하자 두 사람은 성을 나와 사마소에게 항복해버렸다.

다음으로, 사마소는 자신의 군중에 있는 전역의 조카 이름으로 전역에게 편지를 보내 동오의 손권이 수춘을 손에 넣지 못하면 건업에 있는 전역의 가족을 모두 죽이려 한다고 했다. 이 편지를 받은 전역은 수천 명을 데리고 성을 나와 사마소에게 투항했다.

세 번째 단계로, 사마소는 제갈탄과 문흠이 공격을 두고 갈등을 일으키다 문흠이 피살당하고 그 아들 문앙文鴦과 문호文虎가 투항한 것을 이용했다. 사마소는 수백 명의 기병을 보내 성밖에서 이 두 사람을 정중하게 맞이하게 하는 한편 성안에 있는 사람들에게 큰 소리로 "우리는 문흠의 아들들을 죽이지 않는다. 다른 사람들도 두려워할 필요 없다."고 외쳤다. 성안의 사람들이 이 때문에 마음이 흩어져 활을 쏘려 하지 않았다.

이렇게 사마소는 상대 내부의 모순과 갈등을 이용하여 갈라놓는, "적으로 적을 상대하는" 모략을 구사했다. 그리고 시기를 정확하게 예측하여 대대적으로 공격하여 제갈탄을 없애고 최후의 승리를 거두었다.

위에서 말한 모략들은 수단을 가리지 않은 사례, 백성을 도살한 사례, 적으로 적을 상대하게 하여 이간시키는 사례, 남의 손을 빌려 나의 상대를 제거하는 사례들이었다. 그런데 이보다 더 심하게 나의 적이 아닌데도, 나와 생각이 다른 사람이 아닌데도 죽여버린 사례도 있었다. 『삼국연의』 제17회에서 조조가 왕후王垕의 머리를 빌려 군사 쿠데타를 막은 사례는 수단을 가리지 않는 모략의 전형이었다. 관련 대목을 잠깐 보자.

조조가 한 달 남짓 적과 대치하는 중에 군량이 거의 다 떨어져서 손책에게 글을 보내 양미 10만 곡을 얻었으나 그것도 군사들을 먹이기에는 모자랐다. 이때 양식을 관장하는 관리인 임준의 부하 창관 왕후가 들어와 조조에게 "군사는 많고 양식은 적으니 어찌합니까?"라고 아뢰었다.

"되를 줄여서 나누어주어 일시 급한 것이나 면하도록 하라."

"군사들이 원망하면 어찌합니까?"

"그것은 내가 알아서 한다."

왕후는 조조의 분부대로 되를 줄여서 나누어주었다. 조조가 가만히 사람을 시켜 각 군영의 동정을 알아보게 했더니 승상이 우리들을 속였다며 원망하지 않는 사람이 없다고 했다. 조조는 은밀하게 왕후를 불러들였다.

"내가 자네한테 물건 하나를 빌려 그것으로 군심을 진정시키려 하는데 부디 인색하게 굴지 말고 빌려주게나."

"승상께서는 어떤 물건을 쓰시려 합니까?"

"군사들에게 보여주게 자네 머리를 빌리고 싶네."

왕후가 깜짝 놀라며 "소인은 아무런 죄가 없습니다."라고 답했다.

"나도 자네에게 죄가 없다는 것을 알지만 자네를 죽이지 않으면 변란이 생길 것이야. 죽은 뒤에 자네 처자식들은 내가 잘 돌봐줄 것이니 염려 말게."

왕후가 다시 뭐라 말하려 했으나 조조는 어느 틈에 망나니를 불러 그를 문밖으로 끌어내서 단칼에 목을 베었다. 그리고 장대 위에 그 머리를 높직이 매달고 방을 붙여 조리를 돌리며 "왕후가 마음대로 되를 줄이고 양곡을 도적질했기에 군법으로 처단했다."고 하니 그제야 사람들의 원망이 풀어졌다.

조조의 모략은 뛰어나긴 했지만, 왕후의 머리를 빌리면서 그의 동의를 얻지 않았다. 전국시대 말기 자객 형가荊軻가 진왕(훗날 진시황)을 암살하기에 앞서 진왕이 미워하던 장수 번오기樊於期의 머리를 빌려 진왕에게 바쳤을 때는 번오기의 동의를 얻었다. 그렇다 하더라도 수단을 가리지 않았다는 혐의를 피할 수는 없다. 자초지종은 이랬다.

번 장군을 죽이는 일에 대해 형가는 태자(연나라 태자 단)가 차마 손을 쓰지 못한다

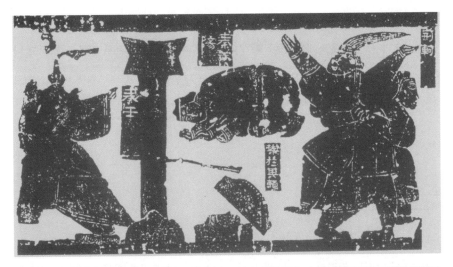

● 형가는 진시황에 접근하기 위해 진나라에서 도망친 장군 번오기의 머리를 자르는 수단을 택했다. 그림은 형가가 진시황을 찌르려는 장면을 묘사한 벽돌그림이다.

는 것을 알고 사사로이 번 장군을 만나 이렇게 말했다.

"진나라가 장군에게 하는 짓은 참으로 심합니다. 부모와 친척들까지 모두 죽이지 않았습니까! 지금 듣자하니 장군의 머리에 천금과 1만 호를 현상으로 걸었다고 합니다. 장군은 어찌하시렵니까?"

번 장군은 하늘을 우러러 탄식하고 눈물을 흘리며 "내가 매번 그것을 생각하면 언제나 골수에 사무치도록 괴로우나, 어찌해야 할 바를 모를 뿐입니다."라고 했다. 형가는 "지금 단 한마디로 연나라의 근심을 없애고, 장군의 원수를 갚을 방법이 있다면, 어떻게 하시겠습니까?"라고 했다. 번오기가 형가에게 다가가서 "어떻게 하자는 겁니까?"라고 물었다. 이에 형가는 이렇게 말했다.

"원컨대 장군의 목을 얻어 진나라 왕에게 바치고자 합니다. 그러면 진나라 왕은 반드시 기뻐하며 저를 만나볼 것이오니, 그때에 제가 왼손으로 그의 소매를 잡고, 오른손으로 그의 가슴을 찌르겠습니다. 그렇게 되면 장군의 원수를 갚고 연나라가 당한 모욕도 씻을 수 있을 것입니다. 장군께서는 어떻게 생각하십니까?"

번오기가 한쪽 옷소매를 걷어 붙여 어깨를 드러내고, 한손으로 팔을 움켜쥐고 다가서며 "이는 내가 밤낮으로 이를 갈며 가슴 태우던 일이었으나, 이제 비로소 가르침을 받게 되었습니다."라며 스스로 목을 찔러 죽었다.(『전국책』「연책」3)

2. 진부한 모략관

_____

피와 불이 튀기는 격렬한 군사투쟁, 너 죽고 나 살자며 권력과 이익을 다투는 정치투쟁은 상대를 꺾고 승리하는 것을 지상의 목표로 삼는다. 여기에서 선악, 염치, 시비, 호불호, 미추 등은 모두 목적 달성을 위해 작용하는 부차적인 것들이다. 이런 투쟁에서 왕왕 수단을 가리지 않는 방법이 보편적으로 채택되는 반면 예의, 윤리, 도덕에 부합하느냐는 거의 고려 대상이 되지 않는다. 여기에는 계급의 이익과 도덕만 있지 계급과 사회역사의 발전을 뛰어넘는 이익과 도덕은 없다. 우리에게는 그런 굳어 있고 공허한 윤리도덕은 필요 없다. 계급의 공리주의 원칙을 강구해야 한다. 우리가 직면한 사회 현실은 우리가 생각하는 질서 잡힌 사회가 아니라 욕망과 사악함이 충만한 불규칙한 사회다. 멍청한 자들만 딱딱하게 굳어 시체와 같은 윤리도덕의 관념을 끌어안고 있을 뿐이다. 그 최후는 나라는 깨지고, 군대는 패하고, 자기 몸은 죽는다. 모택동은 『지구전을 논함』이란 글에서 "우리는 宋송 양공襄公이 아니다. 그런 멍청한 돼지 같은 인의와 도덕은 필요 없다."고 잘라 말했다.

춘추시대인 기원전 639년, 송나라 양공은 초나라와 한바탕 싸우기로 결정했다. 대장 공손고公孫固는 출병에 반대했다. 송나라의 병력이 초나라에 미치지 못한다고 보았기 때문이다. 양공은 이렇게 말했다.

"무엇이 두렵단 말인가? 초나라가 병력은 남아돌지 모르지만 인의仁義가 부족하다. 우리가 병력은 부족하지만 인의는 남아돌지 않나. 병력이 어찌 인의를 당할 수 있겠는가?"

그러고는 초나라에 글을 보내 싸울 날짜를 잡았다. 양공은 오로지 '인의'만 떠들며 그것만 있으면 강적을 물리치고 패주가 될 수 있다고 생각했다. 그는 '인의'라는 두 글자를 크게 수놓은 깃발을 만들어 마치 요괴를 물리치는 주술이라도 되는 것처럼 내세우고 초나라에 맞섰다. 두 군대는 홍수泓水라는 곳에서 싸웠다. 공손고는 초나라 군대가 서둘러 홍수를 건너려는 모습을 보고 양공에게 초나라 군대가 강을 절반쯤 건넜을 때 공격하면 승리할 수 있다고 건의했다. 양공은 깃발의 '인의'라는 두 글자를 가리키며 "그것이 도리에 맞는 말인가? 적이 이제 막 강을 건너려는데 공격하는 것이 인의를 내세우는 군대가 할 짓인가?"라며 물리쳤다. 초나라 군대가 막 강을 다 건너 강기슭으로 오르면서 대오가 어지럽게 흩어진 모습을 본 공손고가 다시 지금이라도 공격하지 않으면 우리가 패할 것이라며 공격을 건의했다. 양공은 역시 인의를 내세우며 오히려 공손고를 나무랐다.

초나라 군대가 진열을 다 갖추고 송나라 군대를 향해 공격해 오자 송나라 군대는 별 힘도 쓰지 못하고 대패했다. 양공은 다리에 화살을 맞았고 다른 부상도 입었다. 송나라 사람들은 애당초 초나라와 싸우지 말았어야 한다며 양공을 원망했다. 이에 양공은 "인의를 앞세우는 싸움은 덕으로 사람을 복종시킨다. 이미 부상당한 사람을 보면 더 이상 그를 공격하지 않는 것이고, 머리가 하얀 노인은 포로로 잡는 것이 아니다."라며 황당한 소리를 늘어놓았다. 자어子魚는 다음과 같은 말로 양공이 고집

한 이른바 '인의'의 실체를 꼬집었다.(『좌전』 희공 22년)

"우리가 이번에 패한 것은 주군께서 싸움을 어떻게 해야 하는지 몰랐기 때문입니다. 싸우려면 모든 방법을 이용해서 적을 공격하여 적을 없애야만 합니다. 적이 다치는 것이 걱정된다면 차라리 싸우지 않는 것이 낫습니다. 머리가 하얀 사람을 만나 그를 잡지 않는다면 그에게 잡히는 것이 낫습니다!"

송 양공의 '인의'는 싸움에서 패하고 몸도 다쳤다. 그런데 역사상 윤리와 도덕관념에 얽매여 나라를 망하게 만든 사례가 또 있다. 『사기』 권63 「노자한비열전」에 이런 이야기가 있다.

춘추시대 정나라의 국군 무공武公이 호胡라는 나라를 없애고 싶었다. 무공은 자신의 딸을 호의 군주에게 시집보냈다. 그리고 신하들을 소집하여 "내가 군대를 동원하여 다른 나라를 치고 싶은데 그대들이 보기에 어느 나라를 공격하는 것이 좋겠는가?"라고 물었다. 대신 관기사關其思가 "호를 치는 것이 비교적 쉬울 겁니다."라고 건의했다. 무공은 관기사의 목을 베게 하고는 "호는 우리에게 형제와 같은 나라다. 그런 나라를 치자니 대체 무슨 속셈인가."라고 했다. 이 일을 들은 호는 정나라가 정말 자기들과 가깝고 좋은 사이인 줄 알고 경계를 하지 않았다. 이 틈에 정나라는 호를 기습하여 호를 없애버렸다.

무공이 호를 치자고 건의한 관기사를 죽인 목적은 호에게 보여주기 위한 것이었다. 호의 군주는 자신이 무공의 사위이기 때문에 정나라가 공격하지 않을 것이라 판단하여 정나라에 대한 경계를 소홀히 하다가 나라를 망쳤다. 윤리적 속박 때문에 큰 실수를 저지른 가장 좋은 사례였다.

『여씨춘추呂氏春秋』 「효행람孝行覽」 '장공長攻' 편에도 도덕관념에 사로잡혀 직언을 거부하고 대책을 소홀히 하다가 자신을 망치고 나아가 나라를 망하게 만든 고사가 있다. 그 줄거리는 대략 이렇다.

월나라에 크게 흉년이 들었다. (중략) 이에 사람을 보내 오나라로부터 식량을 얻어 오게 했다. 오왕(부차)이 식량을 주려고 하자 오자서가 나서 반대했다.

"주어서는 안 됩니다. 오나라는 월나라와 이웃나라이고 길에 험난한 장애물이 없어 백성들이 쉽게 왕래할 수 있습니다. 그러나 서로 적으로 여기는 원수와 같은 사이이기 때문에 월나라를 없애지 않으면 월나라가 우리 오나라를 없앨 것입니다. (중략) 그런데 곡식을 보내 그들에게 식량을 제공한다면 이는 우리 원수를 키우고 적을 기르는 일입니다. 재물이 다 없어지면 백성들이 원망할 것이고, 그때 가서 후회하면 늦습니다. 곡식을 주지 말고 차라리 공격해서 천명을 굳히는 쪽이 낫습니다. 이것이 돌아가신 선군께서 패주가 되셨던 방법입니다."

그러자 오왕 부차는 이런 말로 오자서의 건의를 물리쳤다.

"그렇지 않소, 내가 듣기에 '의로운 군대는 복종하는 자를 공격하지 않고, 어진 이는 굶주린 자를 먹여준다'고 했소. 이제 복종했는데 도리어 공격한다면 의로운 군대가 아니고, 굶주리고 있는데 먹이지 않으면 인을 실천하지 않는 일이오. 어질지 않고 의롭지 않으면 월나라 열 개를 얻는다 해도 나는 갖지 않겠소. 흉년이란 교대로 바뀌는 일로서 이는 마치 못과 언덕의 관계와도 같으니 어느 나라인들 이런 일이 생기지 않겠소?"

오왕 부차는 끝내 월나라에 식량을 제공했다. 그로부터 3년 뒤 오나라에 흉년이 들었으나 월나라는 오나라에 식량을 주지 않고 오나라를 공격했고, 오왕 부차는 붙잡혀 죽었다. 물론 나라도 망했다.

오왕은 '인의'를 내세워 월나라에 식량을 주면서 "복종했는데 공격하는 것은 의로운 군대가 아니다."라고 했다. 이 말에는 월나라가 오나라를 공격하지 않을 것이라는 생각이 깔려 있었다. 그러나 월나라는 '인의'는커녕 오나라가 굶주리고 있을 때 식량을 빌려주는 대신 오나라를 공격했다. 오왕 부차가 내세운 '인의'에 대한 절묘한 풍자가 아닐 수 없는 사건이었다.

역사상 유명한 '홍문연鴻門宴'에서 항우項羽는 유방劉邦을 죽이라는 책사 범증范增의 모략을 듣지 않았다. 항우 역시 '인자仁慈'라는 관념의 속박에 매여 있었기 때문이다. 그 사건으로 돌아가보자.

기원전 206년, 유방이 진나라 도성 함양咸陽을 먼저 공략하여 진나라를 멸망시키고 함곡관函谷關에 군대를 주둔시켰다. 이윽고 항우가 40만 대군을 이끌고 하북을 평정한 뒤 함곡관을 돌파하고 홍문에 주둔했다. 유방을 공격할 태세였다. 10만에 불과한 유방의 전력으로는 항우를 상대하기에 역부족이었다. 유방은 장량張良의 계책을 받아들여 장량 등을 데리고 항우의 군영이 있는 홍문으로 가서 항우에게 화해의 성의를 보였다. 항우는 술자리를 마련하여 유방 일행을 대접했다. 이 술자리에서 책사 범증은 항우를 향해 세 차례나 유방을 죽이라고 암시했지만 항우는 이를 실행하지 못했다. 이에 범증은 항장項莊에게 칼춤을 추게 하다가 틈을 봐서 유방을 찔러 죽이라고 했다. 장량과 친분이 있던 항우 진영의 항백項伯이 나서 함께 칼춤을 추며 유방을 지켰다. 이 상황에서 유방의 장수 번쾌가 검과 방패를 들고 술자리에 진입하여 시간을 벌었고, 이사이에 유방은 샛길로 빠져나가 군영으로 돌아갔다. 뒷수습은 장량이 맡았다.

항우는 이 절호의 기회를 살리지 못했고, 결국 유방에게 패했다. 항우가 실패한 원인에 대해 일찍이 한신韓信은 항우가 어질다고 하지만 그것은 아녀자의 마음이고, 용감하다고 하지만 보통 남자의 용기에 지나지 않는다고 분석한 바 있다. 아녀자의 마음이란 차마 하지 못하는 위선적인 자비에 불과했다. 반면 유방에게 그런 자비란 없었다. 항우는 유방에게 패하자 스스로 목숨을 끊고 말았다.

모략을 연구해온 역대 연구자들은 홍문연에서 항장이 검을 빼들어 유방의 목을 베었더라면 황제 유방은 없었을 것이라고 논평했다. 항우는 우물쭈물 결단을 내리지 못하다가 결국 유방을 놓치고 말았다. 그리고 해하垓下에서 패했을 때 강동으로 돌아가 재기를 노리라는 권유에도 불구하고 다음과 같은 엉뚱한 소리를 늘어놓은 뒤 스스로 목숨을 끊었으니 잘못도 한참 잘못이 아닐 수 없었다.[163]

"하늘이 나를 망하게 하려는데 내가 건너서 무얼 하겠느냐! 게다가 강동의 젊은이 8,000명이 나와 함께 강을 건너 서쪽으로 갔다가 지금 한 사람도 돌아오지 못했다. 설사 강동의 부형들이 불쌍히 여겨 나를 왕으로 삼는다 한들 내가 무슨 면목으로 그들을 대하겠는가. 그들이 말하지 않는다 해도 이 항적(항우)의 마음이 부끄럽지 않을 수 있겠는가."

진부한 관념은 모략에 방해가 된다. 전통적인 도덕과 인의 같은 관념에 속박되는 외에 종교와 미신의 관념에 영향을 받아도 모략은 실책을 범하게 된다. 동서고금의 역사에서 하늘이니 귀신이니 하는 것에 기대다가 전쟁에서 실패한 모략의 사례는 적지 않다.

기원전 50년 무렵, 로마의 카이사르는 게르만과 전쟁에서 상대의 주력은 군영에서 꼼짝 않고 일부 군대만 전투에 나서는 모습을 발견했다. 게르만의 주력이 전투에 나선다면 카이사르의 군대는 전멸의 위기에 몰릴 상황이었다. 결과는 그와 반대로

---

163 이상 『사기』 「항우본기」를 바탕으로 관련 내용을 좀더 보완했다.

● 홍문연은 초한쟁패에서 항우와 유방 두 사람의 개인적 운명은 물론 천하형세를 뒤바꾸는 중대한 사건이었다. 이 술자리에서 항우는 자신의 관대함을 과시하려는 얄팍한 심리 때문에 유방을 제거할 절호의 기회를 놓쳤고, 결국 다 잡았던 천하의 대권도 놓쳤다. 사진은 홍문연이 있었던 자리에 조성되어 있는 초·한 양 진영 참석자들의 상이다.

승리를 거둘 수 있었다. 그 후 전투에서 사로잡은 포로의 입에서 게르만이 전투에 나서지 않은 까닭을 들을 수 있었다. 그것은 다름 아닌 당시 "초승달이 나오기 전에 싸우면 신이 게르만에게 승리를 주시지 않을 것"이라는 점괘 때문이었다.[164] 미신이란 관념이 모략에 미치는 영향이 얼마나 큰지 잘 보여주는 사례였다.

중국 역사에도 이런 미신의 관념이 모략에 영향을 주고 모략을 방해하여 실패한 것은 물론 나라까지 망친 못난 사례가 적지 않았다. 멀리 갈 것도 없이 근대 청 왕조의 참찬參贊대신이었던 양방楊芳이란 자가 연출한 "똥통으로 영국에 맞선다."는 웃지 못할 사건이었다. 광주를 침공한 영국과 싸우기 위해 온 양방은, 포를 쏘아대며 거침없이 밀려오는 영국의 군함을 보고 영국에게 틀림없이 '요사스러운 술법'이 있을

164 카이사르, 『갈리아 전쟁기』(商務印書館, 1982), 40-41쪽. (저자)

것이라며 이름하여 "요사는 요사로 제압한다."는 묘책(?)을 내서 민간으로부터 똥통을 거두어 뗏목에 실은 뒤 영국의 군함을 향해 띄워 보내게 했다. 결과는 보지 않아도 뻔했다. 영국의 함대는 곧장 광주로 밀어닥쳤고, 당시 사람들은 똥통을 묘책이라고 떠드는 더러운 소리가 광주를 떠돌았다고 비꼬았다. 미신의 관념에 영향을 받고 그런 사상에 끌려다니는 모략이 어떤 결과를 초래하는지 잘 보여준 사례였다. 미신과 종교에 끌려다니는 모략은 해보나 마나 한 실패의 모략이다.

3. 모략의 힘겨운 우여곡절

1) 주군의 독단과 충고 거부

제2차 세계대전 때의 일로 이런 이야기가 전한다. 당시 독일의 한 장관이 물리학자들을 모아 원자폭탄을 연구하기 위한 조직을 만들면서 히틀러에게 지지와 도움을 요청했다. 히틀러는 모든 신무기 연구는 6주 안에 전투에 투입되지 못하면 연구하지 말라며 크게 화를 내고 욕을 했다. 히틀러의 독단과 전횡으로 원자폭탄은 독일에서 사형 선고를 받았다. 반면 미국은 원자폭탄 연구를 위한 '맨해튼 프로젝트'를 완성하여 제2차 세계대전을 끝내는 데 중대한 작용을 해냈다.

중국 역사에서 모사는 주인에 딸린 존재로서 자신의 지력智力 활동으로 주인을 위해 모략을 내는 일을 했다. 모사는 모략을 내면서 주인의 심기를 잘 살피며 움직여서 주인의 의도를 관철해야 했다. 말하자면 모략이 받아들여져 활용되는가 여부는 완전히 주인의 의지에 달려 있었다. 역사상 비교적 깨어 있는 주인들은 마음을 열어

놓고 직언을 청취하고 모사의 의견을 듣고 모사의 모략을 받아들였다. 그러나 독단적인 주인들은 모사의 의견을 아무렇지 않게 부정하고, 모사가 올린 모략을 거들떠보지 않거나 거절했다. 뛰어난 모략이 주인의 독단 때문에 거절당하는 것은 모략가에게 정말 큰 불행이 아닐 수 없었다.

『전국책』「제책」(6)에 전국시대의 다음과 같은 일이 기록되어 있다. 제나라 즉묵卽墨 지방의 대부가 옹문雍門의 사마司馬가 올린 말을 듣고 해볼 만하다고 판단하여 바로 궁에 들어가 제왕을 만나 말했다.

"제나라는 땅이 사방 수천 리에 군대가 수백만입니다. 저 삼진(한·조·위)은 모두 진나라를 불편하게 여기니 아阿와 견郵 지역의 수백을 왕께서 거두어 백만 대군에 넣어 삼진의 옛 땅을 수습하면 임진臨晉의 관문으로 들어갈 수 있습니다. 또 언鄢과 영郢의 대부들도 진나라를 섬기려 하지 않습니다. 성 남쪽 아래 수백을 왕께서 거두어 백만 대군에 넣어 초나라 옛 땅을 수습하면 무관武關으로도 들어갈 수 있습니다. 이렇게 하면 제나라의 위세는 서고 진나라는 망할 수 있습니다. 남면하여 황제로 칭하는 것을 버리고 서쪽으로 진나라를 섬기는 일을 대왕께서는 취하셔서는 안 됩니다."

제왕은 이 말을 받아들이지 않았다. 진나라는 진치陳馳를 사신으로 보내 500리 땅을 주기로 약속하는 것으로 제왕을 유혹했다. 제왕은 즉묵 대부의 말을 듣지 않고 진치의 말을 듣고 진나라로 들어갔다. 제왕은 공共이라는 땅의 소나무와 측백나무 숲에서 굶어 죽었다. 제나라 사람들은 이를 두고 "소나무야! 측백나무야! 왕 건이 공 땅에 손님으로 오지 않았더냐."라는 노래를 불렀다. 제왕은 즉묵 대부의 모략을 듣지 않다가 진나라에서 객사하여 천하의 웃음거리가 되었다.

동한 말기 군벌의 혼전 중에 원소가 먼저 누구도 맞설 수 없는 강력한 세력으로 나섰지만 결국은 조조에게 패했다. 그 중요한 원인의 하나는 원소가 모사를 중시하지 않고 독단적으로 모사의 모략을 거절했기 때문이다.『삼국연의』제30회를 보면 원소가 모사의 모략을 두 차례나 물리친 사례가 있다. 첫 번째 사례는 이렇다.

(모사) 저수가 원소에 의해 군중에 감금되어 있었는데 그날 밤 하늘에 별이 총총한 것을 보고 감수더러 뜰로 데리고 나가달라고 해서 하늘을 우러러 기상을 살폈다. 문득 금성이 거꾸로 움직여 견우성과 북두성 사이를 침범했다. 저수는 깜짝 놀라며 "화가 닥치겠구나."라며 바로 원소를 만나고자 했다. 이때 원소는 술에 취해 자리에 누워 있다가 저수가 은밀히 할 말이 있다고 하자 불러 까닭을 물었다.

"방금 하늘의 기상을 살피니 태백이 역행하여 그 흐르는 빛이 견우성과 북두성을 침범하고 있었습니다. 적군이 기습해 올 징조가 아닌가 합니다. 오소는 우리의 양식과 풀을 쌓아둔 곳이어서 지키지 않으면 안 되니 서둘러 정예병과 맹장을 보내 지름길과 산길을 순찰하게 하여 조조의 계책을 깨뜨리십시오."

저주가 이렇게 말했으나 원소는 성을 내며 "네놈이 죄인 주제에 감히 허망한 수작으로 군심을 어지럽히려 하느냐."며 꾸짖고 감수에게 "단단히 가둬두라고 했거늘 어찌 네 마음대로 내놓았느냐."라고 호통치며 감수의 목을 베게 하고 다른 사람을 불러 저수를 끌어냈다. 저수는 밖으로 나와 울면서 "우리 군의 멸망이 눈앞에 닥쳤으니 이 몸 어디에 묻히려나."며 탄식했다. 훗날 사람들이 이를 안타까워하며 이런 시를 남겼다.

충언이 귀에 거슬린다고 도리어 원수로 삼다니
뽐내는 원소는 원래 꾀가 적었더라.

오소의 양식과 풀이 다 타버리고 주춧돌은 뽑혔는데

기주는 굳이 지켜서 무엇 한단 말이냐!

또 한 번은 허유와 관련된 일인데 그 자초지종은 다음과 같았다.

허유의 자는 자원으로 어려서 조조와 벗으로 사귄 일이 있었는데 이때는 원소의

모사로 있었다. 허유는 사신의 몸을 뒤져 군량을 재촉하는 서신을 찾아내자 바로

원소에게 가서 말했다.

"조조의 군대가 관도에 진을 치고 우리와 대치한 지 오래라 허창은 틀림없이 텅 비

어 있을 것입니다. 만일 군사를 나누어 빠르게 허창을 기습한다면 허창도 함락하

고 조조도 사로잡을 수 있습니다. 조조의 양식과 풀이 다 떨어진 지금이 두 길로 들

이칠 절호의 기회라 생각합니다."

그러나 원소는 "조조는 속임수와 꾀가 아주 많은 자로 이 서신은 우리를 꾀어보자

는 계책이다."라며 듣지 않았다. 허유가 다시 "지금 취하지 않으면 틀림없이 해를

입을 것입니다."라고 했다. 이런 얘기가 오가는데 업군에서 사신이 와서 심배의 글

을 올렸다. 그 글에는 군량에 대한 이야기가 있었고, 다음에는 허유가 기주에 있을

때 민간의 재물을 멋대로 받아먹었고, 또 자제와 조카들이 백성들에게 턱없는 세

금을 매겨 돈과 양식을 받아 사욕을 채웠음에도 못 본 체했으며, 자기가 허유의 자

제와 조카들을 잡아 옥에 가뒀다는 사실 등이 나와 있었다. 원소는 이 글을 보고

발끈 성을 내며 호통을 쳤다.

"이 더러운 놈! 이러고도 무슨 낯짝으로 내 앞에서 계책을 내미는 것이냐! 네가 전

에 조조와 친했으니 이번에 그놈의 뇌물을 받고 간사한 첩자가 되어 우리 군사를

속여 놀려보자는 속셈이지! 네 목을 베어야 마땅하겠지만 일단 살려주니 냉큼 물

러가 다시는 날 보러 오지 말아라!"

밖으로 나온 허유는 하늘을 우러러 "충언이 귀에 거슬리니 이런 자와 무슨 일을 함께할 수 있으랴! 자식과 조카들이 다 심배 손에 걸렸다니 내 무슨 낯으로 기주 사람들을 본단 말인가."라며 칼을 빼어 자기 목을 찌르려 했다. 옆에 있던 자들이 급히 칼을 뺏고는 "공은 어찌하여 이렇게 가볍게 죽으려 하십니까? 원소는 바른말을 귀에 거슬려 하니 훗날 틀림없이 조조에게 당할 것입니다. 공은 전부터 조조와 친한 사이인데 어찌하여 어리석은 주인을 버리고 밝은 주인에게 가지 않습니까?"라고 권했다. 이 두 마디에 허유는 문득 깨우쳤다. 허유는 그길로 조조를 찾았고, 후세 사람들은 이 일을 두고 다음과 같은 시로 탄식했다.

● 역사적 사실과 완벽하게 맞아떨어지지는 않지만 나관중이 『삼국연의』를 통해 원소의 패배 원인들 중 하나로 모사의 정확한 건의를 물리친 리더의 독단적 사례를 든 것은 여러모로 의미심장하다. 원소의 초상화이다.

본초의 장한 의기 중화를 덮었는데
관도에서 대치하며 한숨일랑 왜 쉬는가.
허유의 좋은 계책 들어주었던들
강산이 조씨에게 들어갔을 리 만무였지!

수나라 말기 조정은 어지럽고 천하는 싸움에 휘말렸다. 위징魏徵은 천하의 형세를 끊임없이 분석하여 자신의 견해를 제시했다. 그는 먼저 와강군瓦崗軍 우두머리 이밀李密을 따랐는데 이밀에게 10개 항목의 건의를 올렸다. 이밀은 "기발한 계책이라고 했지만 채용하지 않았다." 왕세충王世充이 낙구洛口에서 이밀을 공격할 때 위징은 다시 이밀의 장사長史 정정鄭頲에게 다음과 같이 건의했다.

"위공(이밀)이 승세를 타고 있지만 날랜 장수와 병사들이 많이 죽고 다쳤다. 또 군의 창고가 비어 공을 세워도 줄 상이 없어 병사들의 사기가 흩어져 있다. 이 두 가지 때문에 적을 상대하기 어렵다. 참호를 깊이 파고 보루를 높이 쌓아 지구전으로 나가느니만 못하다. 한 달 정도면 적은 양식이 다 떨어져 싸우지 못하고 물러갈 테니 그때 뒤쫓아 공격하는 것이 승리하는 길이다. 동도의 식량이 다 떨어지고 왕세충의 계책도 다 떨어지면 죽어라 싸우려 들 것인데 궁지에 몰린 적은 맞서 싸우기 어려우니 신중하게 생각해서 싸우지 말라."

위징의 건의에 정정은 생각해보지도 않고 가볍게 "그건 당신이 늘 하던 말에 지나지 않는다."며 무시했다. 위징은 "깊이 생각해서 낸 모략인데 어째서 흔히 하던 말이라 하는가."라고 화를 내며 정정을 떠나버렸다.(『구당서』 권71 「위징전」)

주인이 독단적으로 모략을 거부하는 까닭은 많다. 성격상 속이 좁아 사람을 받아들이지 못하여 자기와 다른 의견을 듣지 않는 경우도 있고, 이 방면에 무지하여 이해가 되지 않아 모략을 거부하기도 하고, 경험에 한계가 있어 자신이 보지 못하거나 생각하지 못한 것이어서 받아들이지 않는 경우도 있다. 또 내가 옳다는 교조주의에 매여서 모략을 거부하는 수도 있다. 『삼국연의』 제95회에는 마속이 가정을 잃는 유명한 대목이 나오는데, "어려서부터 많은 병법서를 읽어 병법을 잘 알았던" 마속이 자기만 옳다는 교조주의에 빠져 정확한 모략을 거부한 경우다. 그 과정은 대략 다음과 같다.

한편 마속과 왕평은 군사를 거느리고 가정에 이르렀다. (가정의) 지세를 본 마속이

웃는다.

"승상께서는 어찌 그리도 의심이 많으신지! 이런 궁벽한 산중으로 위나라 군대가 어떻게 쳐들어오겠소."

왕평이 말한다.

"위나라 군대가 감히 오지 못한다 해도 여기 다섯 갈래 입구에 군영을 세우고 군사를 시켜 나무를 베어 목책을 두르면 먼 앞날을 위한 계책이 되지 않겠소."

"길에 어떻게 군영을 세운단 말인가? 이곳 옆에 있는 산은 사방이 모두 이어져 있지 않고 나무가 아주 많으니 이야말로 하늘이 내린 요충이다. 이 산 위에 진을 치도록 하세."

● '읍참마속'은 지난 2천 년 가까이 수많은 사람들의 입에 오르내린 천고의 고사이다. 인재를 제대로 알아보지 못한 제갈량의 안목을 지적하는 평가들이 적지 않았지만 책에서만 배운 병법을 자신의 능력으로 착각한 마속의 독단과 자만심을 먼저 지적하지 않을 수 없다. 그림은 '읍참마속'의 장면이다.

"그건 잘못된 생각입니다. 요충지의 길목에 진을 쳐놓고서 성을 쌓으면 적병이 10만이라도 못 지나가겠지만, 이 요충지를 버리고 산 위에 진을 쳤다가 위나라 군사가 갑자기 들이닥쳐 사방이 포위되면 무슨 계책으로 지킨단 말입니까?"

왕평이 이치를 따져 말했으나 마속은 도리어 크게 웃을 뿐이었다.

"자네의 말은 참으로 아녀자의 소견일세. 병법에 '높은 곳에 기대어 아래를 보니 그 기세가 대나무를 쪼개는 것 같다'고 했지. 위나라 군대가 오기만 하면 내 단 한 놈도 돌려보내지 않을 것이네!"

"내가 여러 해 동안 승상을 따라 진을 치는 모습을 보았습니다. 가는 곳마다 승상께서 자세히 가르쳐주셨소. 지금 이 산을 보니 바로 끊어진 절지여서 위나라 군대가 와서 물을 긷는 길을 끊으면 싸우기도 전에 군사들이 절로 혼란에 빠질 것입니다."

"당치도 않은 수작하지 말게. 손자가 말하기를 '죽을 처지에 빠져야 산다'고 했듯이 위나라 병사가 물 긷는 길을 끊는다면 우리 군사가 어찌 죽기로 싸우지 않겠는가. 일당백이 될 걸세. 내가 본래 병법서를 읽었기 때문에 승상께서도 모든 일을 내게 물어서 하시는 터인데 자네가 어쩌겠다고 나서서 막는가!"

결과는 다 알다시피 가정을 잃었고, 제갈량은 "눈물을 흘리며 마속의 목을 베는" '읍참마속泣斬馬謖'을 할 수밖에 없었다.

2) 작은 이익을 탐하다 큰 모략을 잃다

『관자』「금장禁藏」 편에 이런 대목이 있다.

무릇 인간의 심정은 이익을 보면 달려가고 해로움을 보면 피하기 마련이다. 상인들이 장사를 하면서 하루에 이를 길을 가고, 밤낮을 가리지 않고, 천리를 멀다 않는 것은 이익이 앞에 있기 때문이다. 어부가 만 길이나 되는 바다의 파도에 맞서고 격류를 거슬러 백 리를 무릅쓰고 아침 일찍부터 밤늦게까지 바다에서 나오지 않는 것은 이익이 물에 있기 때문이다. 그러므로 이익이 있는 곳이라면 천 길이나 되는 높은 산도 마다않고, 아무리 깊은 물이라도 마다하지 않는다.

권력과 명예를 포함하여 더 많은 이익을 뒤좇는 것은 인간의 본성이다. 사람마다 그것을 위해 사용하는 방식과 수단이 다를 뿐이다. 역사상 먼 앞날을 내다보는 모략으로 성공한 사람들은 대부분 '큰 이익'에 눈을 돌렸지 눈앞의 작은 이익을 탐하다가 큰 모략을 놓치는 일은 절대 하지 않았다. 주원장은 금릉을 공략한 뒤 모사 주승이 제기한 "성 담장을 높이 쌓고, 양식을 비축하고, 칭왕은 천천히"라는 모략을 받아들였다. 이는 천하 대업을 세우는 데 착안했기 때문이다. 안목이 짧고 인식이 천박한 자들만이 눈앞의 작은 이익을 탐하고 기득권에 집착하다가 끝내 큰일을 그르친다.

수 왕조 말기 수 왕조에 반대하는 봉기 세력들 중 이밀李密이 가장 강했다. 이연李淵(훗날 당 고조)은 이밀에 맞서기는 역부족이라고 생각했다. 이연은 관중을 확보하고 자신의 정치적 야심을 감추기 위해 진군 도중에 이밀에게 편지를 보내 연합을 요청했다. 이 편지에서 이연은 주저 없이 이밀을 맹주로 인정하면서 그를 추켜세워 교만심을 부추겼다. 편지를 받은 이밀은 아무 생각 없이 의기양양하게 "당공(이연)조차 나를 떠받드는 것을 보니 천하는 쉽게 평정되겠구나."라며 큰소리를 쳤다.(『자치통감』권184) 그러고는 이연이 관중으로 진군하는 일에는 전혀 신경쓰지 않고 오로지 병력을 수나라 군대와 왕세충王世充의 군대에만 집중시켰다. 이밀은 이연이 자신을 맹주로 인정한 것에 만족하여 이연이 관중으로 진입하는 일에 대한 경계를 늦추었고, 이 때문에 훗날 불리한 처지에 놓였다가 결국 이연에게 당하고 말았다.

『여씨춘추』「신대람愼大覽」편에 나오는 유명한 '가도벌괵假道伐虢(길을 빌려 괵을 정벌하다)'은 작은 이익이 탐이 나서 모사의 정확한 모략은 받아들이지 않고 결국 나라까지 잃은 고사이다. 그 내용을 보면 이렇다.

진晉의 순식荀息이 괵虢을 치기 위해 굴屈에서 나는 말과 수극垂棘에서 나는 옥을 뇌물로 써서 우虞로부터 길을 빌리려 했다. 진 헌공獻公은 "그것들은 내 보물들이다."라며 난색을 표명했다. 순식은 "우가 만약 길을 빌려주기만 한다면 보물을 외부의 창고에 넣어두는 것이나 마찬가지입니다."라고 말했다.

결국 진 헌공은 순식으로 하여금 이 보물들을 뇌물로 하여 우의 길을 빌리도록 했다. 순식은 우 왕에게 "지난날 기冀가 무도해서 전령顚軨의 고개를 넘고 명郟의 삼문산三門山까지 공격해서 기를 이미 병든 신세로 만들 수 있게 된 것은 오로지 그 나라 임금 덕분이었습니다. 그런데 지금 괵이 무도하게도 귀국을 발판으로 우리의 남쪽 국경을 침범하고 있습니다. 괵을 치도록 길을 빌려주십시오."라고 했다.

우 왕은 이를 허락한 것은 물론 앞장서서 괵을 치기를 희망했다. 궁지기가 충고했으나 듣지 않았다. 마침내 여름, 진의 순식과 이극里克이 군사를 거느리고 우의 군대와 함께 괵을 치고 하양을 쳐 없앴다.

괵과 우는 본래 이웃한 작은 나라들이었다. 진은 이 두 나라를 모두 손아귀에 넣으려고 먼저 괵을 공격할 계획을 세웠다. 괵으로 가려면 우를 거쳐야만 했다. 우가 진을 막거나 나아가서는 괵과 연합하여 진에 맞선다면 진이 강하다 해도 성공하기 어려울 판이었다. 그래서 뇌물로 우의 임금을 꼬드겨 길을 빌려서 큰 힘 들이지 않고 괵국을 멸망시켰다.

진군은 승리를 거두고 돌아오는 길에 군대를 정돈한다는 구실로 우에 잠시 주둔했다. 우는 의심하지 않고 경계를 전혀 하지 않았다. 진군은 갑자기 군대를 동원하여 단숨에 우까지 멸망시켜버렸다. 우의 임금은 포로로 잡혔고, 뇌물로 주었던 귀중한 명마와 옥은 다시 진 헌공의 손으로 돌아갔다. 헌공은 "그사이에 옥은 더 좋아진 것 같고 말은 이빨이 더 길어진 것 같구나."라며 교활하게 웃었다.

작은 이익은 큰 이익을 해친다는 말이 있다. 우 왕은 말과 옥이 탐이 나 궁지기의 정확한 충고를 듣지 않다가 결국 나라가 망했다. 다음에 소개할 고사도 이 문제를 잘 설명해준다. 『전국책』과 『사기』 등의 관련 기록들을 참고로 정리해본다.

진秦 혜문왕惠文王 12년(기원전 313), 진나라가 제나라를 공격하려 하자 제나라와 초나라가 합종을 맺었다. 혜문왕은 장의張儀를 초나라로 보내 제나라와의 사이를 이간하도록 했다. 초 회왕懷王은 장의가 온다는 소식을 듣고 최상급의 객사를 비워두고 몸소 장의를 숙사로 안내하고 자신을 낮추어 겸손하게 물었다. "선생께서 구석지고 누추한 나라까지 와서 우리에게 무엇을 가르쳐주시겠습니까?" 장의가 말했다. "만약 대왕께서 진정 신의 말을 따라서 관문을 닫고 제나라와 합종의 맹약을 폐지하고 왕래하지 않으신다면, 신은 상오商於(지금의 하남성 석천현淅川縣 서남쪽) 일대의 땅 6백리를 대왕에게 바치고, 진나라의 미녀를 대왕의 시첩이 되게 할 것이며, 진나라와 초나라는 서로 며느리를 맞아오고 딸을 시집보내 영원히 형제의 나라가 되게 하겠습니다. 이는 북쪽으로 제나라를 약화시키고 서쪽으로는 진나라에 보탬이 되게 하는 좋은 계책입니다."

● '가도벌괵' 고사는 눈앞의 작은 이익에 눈이 멀어 나라까지 망친 대표적인 사례다. 역사상 성공한 모든 모략은 가까운 눈앞의 작은 이익과 미래의 큰 이익을 함께 고려하되 늘 미래의 큰 이익을 중시했다. 그림은 '가도벌괵'의 고사를 그린 것이다.

초왕은 듣고 매우 기뻐했다. 당시 초나라의 대신 중에 장의의 음모를 간파한 사람은 진진陳軫으로 장의에게 속지 말라고 권했다. 초 회왕은 진진의 말을 아예 듣지 않고 오히려 역정을 내며 말했다. "당신은 입을 다물고 말하지 마시오. 과인은 한 사람의 군사도 희생시키지 않고 6백 리의 땅을 얻은 것이오." 회왕은 재상의 인장을 장의에게 주고 많은 재물을 선물하며 즉각 제나라와 관계를 단절했다. 그리고 사람을 장의에게 딸려 보내 진나라로 가서 땅을 받아 오도록 하였다.

장의는 진나라에 도착하자 수레 줄을 놓쳐 수레에서 떨어져 다리가 다친 것처럼 가장하여 3개월 동안이나 조정에 나가지 않고 땅 문제도 거론하지 않았다. 어리석은 회왕이 그 소식을 듣고는 "장의가 과인이 제나라와 절교하는 것으로 부족하다고 여기는가." 하고는 용사를 송나라로 보내 송나라의 부절을 빌린 다음 북쪽으로 가서 제나라 임금을 비난하게 하였다. 제나라 임금은 몹시 화를 내면서 부절을 꺾어버리

● "작은 것을 탐내다 큰 것을 잃는다."는 '소탐대실小貪大失'은 모략에서 가장 경계해야 할 항목의 하나이다. 이것이 연쇄반응을 일으키는 경우가 많기 때문이다. 6백 리 땅 때문에 외교관계까지 단절한 초 회왕은 결국 진나라에 들어갔다가 구금되어 죽었고, 그로부터 얼마 뒤 초나라는 멸망했다.

고 진나라와 관계를 개선했다. 진나라와 초나라의 관계가 좋아지자 장의는 비로소 조정에 나가 아무렇지도 않게 초나라 사신에게 말했다. "제가 소유하고 있는 땅 6리를 초왕에게 바치고자 합니다." 초나라 사신이 깜짝 놀라 말했다. "내가 국왕의 명령을 받기로는 상오의 땅 6백 리이지 6리라고 들은 적이 없습니다." 사신은 돌아가 초왕에게 보고하니, 초왕은 노하여 장군 굴개屈匄로 하여금 출병하여 진나라를 치게 하였다. 이때 진나라와 제나라는 이미 친교를 맺었기 때문에 양국이 공동으로 반격을 가하여 초나라 병사 8만 명을 목베고 장군 굴개도 죽였다. 나아가 단양丹陽(지금의 섬서, 하남성의 단강丹江 이북)과 한중漢中(지금의 섬서 남부와 호북 서북)의 땅을 탈취했다. 초왕은 다시 더 많은 군사를 일으켜 진나라를 습격하여 남전南田(섬서성 남전현 서쪽)에서 큰 전투를 벌였으나 또다시 대패하고 말았다. 초나라는 고립무원의 신세가 되어 쇠락해갔다.

초 회왕은 6백 리 땅이 탐이 나서 제나라와 외교를 단절했으나 6백 리를 얻기는커녕 제나라의 후원을 얻지 못함으로써 진나라에 대패했다. 눈앞의 작은 이익이 탐이 나 큰 모략을 잃은 대표적인 사례였다.

정치투쟁에서 수준 높은 모략가는 '소탐대실' 때문에 큰 모략을 소홀히 하는 상대의 약점을 이용하여 상대를 꺾는다. "무엇인가를 얻고 싶으면 잠시 먼저 주라."는 말은 큰 이익을 얻기 위해서는 상대방에게 작은 이익을 주거나, 먼 미래의 이익을 위해 눈앞의 부분적 이익을 일시적으로 희생할 수 있어야 한다는 말이다. 기원전 403년 무렵 전국시대를 알리는 '삼가분진三家分晉'의 과정은 이 이치를 잘 보여준다.

전국시대가 시작될 무렵 한·조·위 세 정치집단은 연합해서 진晉나라를 공격하여 진나라를 셋으로 나누는 전쟁을 벌였다. 이것이 역사에서 말하는 '삼가분진'인데, 이 과정에서 "무엇인가를 얻고 싶으면 잠시 먼저 주라."는 모략의 전형적인 사례가 등장한다. 당시 진나라의 국군은 지백智伯(또는 지양자智襄子)이었는데 한의 강자康子에게 땅을 내놓으라고 압박했다. 강자는 이를 거절하려고 했지만 단규段規가 나서서 이렇게 말렸다.

　　"양자는 이익을 탐하는 데다 제멋대로입니다. 만약 땅을 떼어 주지 않으면 우리를 공격할 것이니 떼어주는 것이 낫습니다. 그가 여기에 맛을 들이면 틀림없이 이런 방법으로 다른 나라에도 땅을 요구할 것입니다. 다른 나라가 이를 거절하면 분명 군대를 동원하여 공격할 것이고, 그러면 우리는 전쟁으로 인한 화를 피할 수 있으며 때를 기다려 대응하면 됩니다."

　　강자는 단규의 말을 받아들여 1만 호의 땅을 떼어 양자에게 주었다. 지백은 아주 좋아했다. 그리고 위 환자桓子에게도 땅을 요구했다. 환자도 거절할 생각이었지만 재상 임장任章이 왜 거절하냐고 물었고 환자는 아무런 까닭 없이 땅을 요구하는데 그냥 줄 수 있냐고 했다. 임장이 말했다.

　　"아무런 이유 없이 땅을 요구하는 것은 우리를 겁주려는 것입니다. 우리가 땅을 주면 지백은 틀림없이 교만해집니다. 교만해지면 상대를 우습게 여기고, 우리는 두려우면 단결하게 됩니다. 단결된 군대로 상대를 가볍게 여기는 적을 상대하면 쉽게 이깁니다. 지양자의 통치는 결코 오래가지 못합니다. 『주서周書』에 '상대에게 이기고 싶으면 짐짓 도와주는 척해야 하고, 무엇인가를 얻고 싶으면 잠시 주어야 한다'고

했습니다. 그러니 땅을 주어 교만하게 만든 뒤 사이가 좋은 나라들과 연합하여 지백을 공격하는 것이 낫습니다. 땅을 주지 않아 지양자의 불만을 사고 이 때문에 화를 입으면 어찌합니까!"

환자는 이 말을 받아들여 1만 호의 땅을 지백에게 주었다. 그러자 지백은 조 양자襄子에게 아예 대놓고 채蔡와 고랑皐狼 두 지역을 달라고 압박했다. 조 양자는 이를 거절했고, 지백은 군대를 동원하여 진양晉陽을 포위했다. 조 양자는 한·위 두 집안과 손을 잡고 안팎에서 지백을 공격하여 지백을 죽였다. 이렇게 해서 진나라는 세 집안에 의해 쪼개졌다.

춘추시대인 기원전 700년, 초나라가 교絞라고 하는 작은 나라를 공격하는 사건이 있었다. 두 나라 군대가 교성의 남문에서 대치했다. 교의 군대는 성문을 굳게 닫고 수비에 들어갔다. 초나라 대부 막오굴하莫傲屈瑕는 "교는 약소하고 경솔합니다. 경솔하다는 것은 모략이 모자란다는 뜻입니다."라며 한 가지 꾀를 냈다. 먼저 일부 병사들을 나무꾼으로 변장시켜 교군을 유인한 뒤 매복으로 적을 섬멸하자는 것이었다. 초왕은 굴하의 건의를 받아들여 일부 병사들을 나무꾼으로 변장시켜 산에 올라가 나무를 해 오도록 했다. 그리고 돌아오는 길에 교군이 성을 나와 나무를 빼앗아 가도록 했다. 그러면서 병사들을 두 갈래로 나누어 산속에 매복시키는 한편, 퇴로를 차단했다. 단 하루 동안에만 교군은 나무꾼으로 변장한 초군을 30명이나 잡아 나무를 빼앗았다.

다음 날 교군은 앞다투어 나무꾼으로 변장한 초군을 잡기 위해 성을 나왔다. 일찌감치 교성 북문 밖 산속에 매복해 있던 초군은 교군이 쫓아오자 일제히 일어나 기습을 가했다. 또 한 부대는 퇴로를 끊어놓고 성을 맹렬히 공격했다. 초 무왕은 교의 항복을 받은 후 군대를 철수시켰다.

● 한·조·위 세 나라가 진나라를 셋으로 쪼개 나눠 가진 '삼가분진'은 전국시대를 알리는 상징적인 사건이었다. 이 과정에서 수많은 모략이 구사되었다. 지백은 눈앞의 작은 이익을 탐내다가 나라를 잃었고, 이는 역대 수많은 모략가들이 모략 운용에서 경계해야 할 사례로 거론했다. 사진은 진나라가 있었던 산서성 지역의 '삼가분진'을 나타낸 조형물이다.

교가 처음 성을 굳게 닫고 수비했을 때는 초군의 강한 공격에도 끄떡하지 않았다. 그야말로 철옹성이었다. 그렇게 몇 달을 끌었더라면 초군은 승리할 수 없었을 것이다. 그런데 막오굴하가 성안에 땔감이 부족하다는 사실을 알고 땔감으로 적을 유인해냈고, 교군은 그 미끼에 걸려든 것이다. 결과는 예상을 빗나가지 않았다. 교군이 낚싯바늘에 걸려든 것은 성안에 땔감이 떨어져 걱정하고 있었기 때문이었다. 이런 상황에서 나무꾼으로 변장한 초군이 삼삼오오 산에 나무를 하러 나오는데, 병사들의 호위를 받지도 않는 것을 보고 저들의 나무를 빼앗으면 된다는 생각을 했다. 초무왕은 며칠 동안 땔감·옷·식량 따위를 빼앗아가도록 그냥 내버려두었다. 교군의 배짱은 갈수록 커졌다. 보잘것없는 이익 때문에 이성이 흐려졌던 것이다. 초군이 왜 그런 행동을 하는지 생각해보지도 않았다. 그러다 결국은 나라가 망했으니 어찌 서글

픈 일이 아니겠는가!

『한비자』「설림」(하)에도 "어리석은 자가 나라를 잘못 이끈" '우인오국愚人誤國'의 우화가 실려 있다. 지백知伯이 구유仇由를 치려고 했으나 길이 험해 힘이 든다고 판단해서, 우선 큰 종을 만들어 구유의 군주에게 보냈다. 구유의 적장만지赤章曼枝는 "안 됩니다! 큰 종을 만들어 보내는 것은 작은 나라가 큰 나라를 섬길 때나 하는 행동인데, 지금은 그 반대이니 종을 보내고 나면 반드시 군대가 뒤따라 올 것입니다. 종을 받아서는 안 됩니다."라고 충고했다. 구유의 군주는 그의 말을 듣지 않고 종을 받아들였다. 적장만지는 제나라로 도망쳤다. 그가 제나라로 도망 온 지 7일째 되던 날 구유는 망하고 말았다.

『백전기법』「이전利戰」에 이런 대목이 있다.

적과 싸울 때 적장이 우둔하여 변화의 이치를 모르면 이익으로 그를 유인한다. 그가 이익을 탐내면서도 그 피해를 모르는 것 같으면 복병을 배치해 공격한다. 그런 군대의 패배는 뻔하다.

'이이유적以利誘敵'의 모략을 실시하는 데는 조건이 따른다. 이익을 탐하는 자에 대해서는 유인해서 낚싯바늘에 걸려들게 할 수 있다. 그러나 탐욕스럽지 않고 어리석지도 않은 적에게 이 모략은 효력을 발휘하기 힘들다. 중국 역사에는 늘 안목이 짧고 눈앞의 작은 이익을 탐한 어리석고 못난 자들이 존재했다. 이상의 여러 사례들에서 보았다시피 군사투쟁에서는 물론 정치투쟁에서도 "깨를 골라내려다가 수박을 떨어뜨리는", 즉 작은 이익 때문에 큰 모략을 잃는 일이 많았다.

3) 인정에 얽매여 모략을 쓰지 못하다

기원전 8세기, 주나라 유왕幽王은 미녀 포사褒姒의 환심을 사려고 봉화를 올려 제후를 희롱했다. 그 뒤 적이 진짜 쳐들어왔지만 제후들이 구하러 오지 않아 나라를 잃었다. 이 일을 두고 역사상 뜻있는 많은 사람들이 "영웅은 기가 약하고, 애정은 지나치구나." "영웅은 미인의 관문을 넘지 못한다."는 말로 모략의 실패로 사업을 망친 일들을 묘사했다. 춘추시대 진晉나라 양공襄公은 친척의 정 때문에 호랑이를 산으로 돌려보냈고, 여포는 "아내를 사랑하여 진궁의 직간을 받아들이지 않았으며", 원소는 아들을 아끼다가 전풍의 모략을 받아들이지 않았고, 유비는 동생(관우)의 죽음 때문에 별다른 대책 없이 동오를 공격했고…. 친인척의 정, 아내와 자식에 대한 사랑, 형제들의 의리는 누구나 갖고 있는 인정이지만 이 때문에 모략을 잃고, 모략을 거부하고, 직간을 배제한 채 자기 마음대로 일을 처리하다가 사업을 실패로 이끌었다. 이야말로 모략의 불행이자 오차 구역이 아닐 수 없다.

춘추시대 진秦나라는 효산崤山 전투에서 진晉나라에 패했다. 진晉 양공은 진의 대장 셋을 포로로 잡고는 죽일 준비를 했다. 양공의 계모인 문영文嬴(문공의 부인이자 진秦 목공穆公의 딸인 회영懷嬴)이 이 사실을 알고 두 나라의 관계가 더욱 나빠지지 않을까 걱정이 되어 양공에게 진나라 세 장수를 놓아주라고 부탁했다. 양공은 계모의 청을 받아들여 진의 세 장수를 석방했다. 이 사실을 안 선진先軫이 달려와 다음과 같이 직언했다.

"장군들과 병사들이 얼마나 힘들여 그 세 사람을 잡았습니까? 그런데 여자 말 한 마디에 그들을 풀어주다니 호랑이를 산으로 돌려보낸 뒤의 후환을 생각해보지 않으셨습니까?"

양공은 정신이 번쩍 들어 군사를 보내 세 장수를 뒤쫓게 했으나 이미 자기 나라로 떠난 뒤였다. 선진의 말대로 돌아간 세 장수는 그 후 여러 차례 진나라를 공격하여 진나라의 패주 지위를 심각하게 흔들었다. 양공은 계모의 말을 듣고 호랑이를 산으로 돌려보냄으로써 진짜 큰 화를 당했다.

여포의 고사는 『삼국연의』 제19회에 보인다. 관련 대목을 보면 이렇다. 진궁이 여포에게 말했다.

"조조가 먼길을 왔으므로 오래 버티지 못할 것이니 장군은 마보병을 이끌고 밖에 나가 진을 치고, 저는 남은 무리들을 데리고 성을 굳게 지키고 있다가 조조가 장군을 치면 제가 군사를 이끌고 성에서 나가 그 배후를 치고, 또 제가 성을 나와 공격하면 장군이 뒤에서 구원하시면 열흘도 못 되어 조조의 군량이 전부 바닥날 것입니다. 그때 우리가 내달아 들이치면 한 번 싸워 조조를 깰 수 있으니 이것이 이른바 '기각지세掎角之勢(다리를 끌어당기고 뿔을 잡는 형세라는 뜻으로 협공을 가리킨다)'라는 것입니다."

여포는 진궁의 말에 동의하고 준비를 갖추고 있는데 그의 아내 엄씨가 말렸다.

"당신이 성은 남에게 맡기고, 처자식을 버려둔 채 단신으로 멀리 나가셨다가 무슨 변이라도 당하면 이 첩이 어찌 다시 장군을 모실 수 있겠습니까?"

이 말에 여포는 주저하며 사흘 동안 밖에 나가지 않은 채 결단을 내리지 못했다. 이에 진궁은 두 번째 모략을 올렸다.

"최근 듣자하니 조조의 군량이 부족해 사람을 허도로 보내 가져오게 했다고 하니 조만간 군량이 온다고 합니다. 그러니 장군은 정예병을 거느리고 나가 적의 양식 운반로를 끊으십시오. 이 모략이 절묘합니다."

여포가 다시 이 일을 아내 엄씨에게 이야기하자 엄씨는 눈물을 흘리며 말렸고, 초선 역시 말렸다. 여포가 진궁에게 그 모략을 받아들일 수 없다고 하자 진궁은 밖으로 물러나와 "이제 우리는 죽어도 묻힐 땅조차 없게 되었구나."라며 탄식했다. 여포는 종일 안에 틀어박혀 엄씨와 초선을 상대로 술만 마셨다.

그 뒤 여포의 부장들이었던 후성, 위속, 송헌 등이 조조에게 투항한 다음 여포를 사로잡았다. 이들을 본 여포가 "내가 너희들에게 박하게 대하지 않았거늘 어떻게 이렇듯 배반할 수 있단 말인가."라고 나무라자 이들은 "처첩의 말만 듣고 장수들의 계책은 들으려고도 안 하고 무엇이 박하지 않았다는 말인가."라며 되받아쳤다. 조조는 여포를 목매어 죽이고 그 머리를 베어 조리를 돌렸다.

『삼국연의』 제24회에는 원소가 아들을 아끼다 전풍의 모략을 거부한 고사가 있다. 전풍이 원소에게 이렇게 말했다.

"지금 조조가 동으로 유현덕(유비)을 치러 나가서 허창이 텅 비었습니다. 만약 이 빈틈을 타서 우리가 군사를 거느리고 쳐들어간다면 위로는 천자를 보호할 수 있고, 아래로는 만민을 구제해낼 수 있으니 이는 참으로 얻기 어려운 기회입니다. 명공(원소)께서 영단을 내리십시오."

"나 역시 그것이 좋은 줄 알고 있으나 지금 내가 심란하니 군사를 일으키는 것이 아무래도 이롭지 못할 것만 같소."

"무엇 때문에 심란하단 말씀입니까?"

"내 다섯 아이 가운데 유독 이 아이가 가장 영특하게 생겼는데 만약 무슨 일이라도 당하면 나는 다 산 것이오."

원소는 끝내 군사를 내지 않기로 결단했다. 전풍은 지팡이를 들어 땅을 치면서 "이 절호의 때를 만났는데 어린아이 병 때문에 기회를 잃고 말다니, 대세는 이미 저 물었구나. 분하구나, 분하구나." 하고 발을 동동 구르며 장탄식을 하고 나갔다.

『삼국연의』에 논평을 단 모종강은 원소가 자식을 아끼는 사사로운 정에 얽매였으니 어찌 큰일을 이룰 수 있었겠냐고 지적했다.

유비가 동오를 무모하게 공격하게 된 원인의 하나는 동생 관우가 동오에 피살당했기 때문이었다. 당시 동오의 제갈근은 손권의 명을 받고 유비에게 와서 군대를 철수하라고 요구했다.

"신은 청컨대 경중과 대소를 따져 폐하께 한 말씀 올리고자 합니다. 폐하께서는 한 황실의 황숙이시면서 한 황실이 조비에게 찬탈당했건만 이자를 없앨 생각은 하지 않으시고 도리어 성이 다른 아우를 위해 만승의 귀한 몸을 굽히려 하시는데, 이는 대의를 버리고 소의를 취하시는 것이고, 중원으로 말씀드리면 천하의 중심이라는 장안과 낙양 모두 대한이 창업된 곳이건만 폐하께서는 이를 취하려 아니하시고 오로지 형주만 다루시니 이는 무거운 것을 버리고 가벼운 것을 취하려는 것입니다. 온 천하가 폐하께서 즉위하셨으며 이제 한 황실을 일으켜 강산을 회복하실 줄로 알고 있는 터에, 폐하께서는 위나라는 그대로 둔 채 묻지 않고 도리어 오나라를 치려고 하시니 이는 실로 폐하께서 취하실 바가 아닙니다."

"내 아우를 죽인 원수와는 같은 하늘을 이고 지낼 수 없다. 짐으로 하여금 군사를 철수하게 하려면 내가 죽기 전에는 못 할 줄 알아라! 만일 승상(제갈량)의 낯을 보

● 인정人情은 인간이라면 누구나 갖고 있는 가장 원초적인 감정이자 인성의 약점이기도 하다. 특히 큰일을 성취하기 위한 모략의 운용에서 사사로운 인정은 큰 장애물로 작용한다. 이를 극복하는 일이 모략의 성공 여부를 결정하는 관건이다. 유비는 형제의 의리에 집착하여 무모하게 대군을 동원했다가 처참하게 패하고 후퇴하는 도중에 숨을 거두었다. 사진은 그 장소인 백제성이다.

지 않았다면 먼저 그대 머리를 베었을 것이다. 짐이 이제 그대를 놓아 보낼 터이니 돌아가 손권더러 목을 씻고 칼 받을 차비를 하라고 일러라!"

마량도 이와 비슷한 의견을 제시했으나 유비는 먼저 오나라를 멸망시킨 후에 위나라를 없애겠다며 자신의 고집을 버리지 않았다. 그다음은 다 알다시피 동오 육손의 화공에 휘말려 700리 군영이 불타는 처절한 패배를 당했다. 유비는 패퇴하던 도중 백제성白帝城에서 숨을 거두었다.

제29장
모략의 수준을 높이는 빠른 길

동서고금의 모략가들이 자신의 재능을 발휘하는 과정을 전체적으로 살펴보면, 모략의 능력을 높이는 길과 방법은 천차만별이었지만 그 발전의 축은 기본적으로 같았다. 즉, 지식을 근본으로 하여 끊임없이 배우고 탐구했다. 또한 자신의 사유 자질을 높이기 위해 많이 생각하고, 잘 생각하고, 용감하게 생각하는 데 힘을 쏟았다. 구체적으로는 사유방법에 대한 연구와 파악을 중시하고, 객관적 조건이라는 기초 위에 자신의 풍부한 상상력을 세우는 데 노력했다. 이 때문에 사람들은 모략의 능력을 박학다식하고 깊은 지식, 양호한 사유, 능숙한 모략 기교, 활발한 학술 사상, 풍부한 상상력 등과 같은 요소들을 종합하여 완성한 총체적 능력으로 간주해왔다.

1. 지식구조를 설계하라

지식은 지혜의 바다이자, 모략의 토양이다. 모략가가 기이하고 뛰어난 모략을 만들어
내는 기초 과정이기도 하다. 어떤 모략이 되었건 풍부한 자연과학 지식과 사회과학
지식 및 각 분야의 지식을 정치·군사·경제투쟁과 각종 사회적 실천의 활동에서 종합
적으로 운용하고 실현한다. 역사상 성공한 모략, 즉 특별하고 좋은 모략의 생성은 풍
부한 지식에서 나오지 않는 경우가 없었다. 지식은 지혜로 전환되고 지혜에서 모략
이 태어난다. 이런 의미에서 말하자면 모략은 지식을 '촉발제觸發劑'로 삼아 인간의 풍
부한 연상을 통해 지식과 실천의 본질 관계를 움켜쥠으로써 생산되는 것이다.

사실이 증명하듯이 지식이 풍부할수록 좋은 모략이 태어날 수 있는 토양과 씨
앗을 더 많이 제공할 수 있다. 동서고금의 모략가들치고 넓고 깊은 지식을 요체로 삼
지 않은 사람은 없었다. 여기에 자신의 전문 지식을 핵심으로 세우고, 깊고 넓은 관
련 지식과 풍부한 주변 지식을 보조로 삼는 지식구조를 건립했다. 모략가는 모략의
수준을 높여야 하는바 먼저 모략형 지식구조를 갖추는 것이 필수적이다.

한 시대를 이끈 뛰어난 모략가로서 모택동의 지식구조를 보면 이런 점들을 발
견할 수 있다. 우선 광범위한 사회·자연·사유·심리 등과 같은 지식, 깊고 넓은 정치·역
사 지식, 치밀하고 깊은 마르크스주의 철학적 지식, 풍부한 문학적 지식 등등이 지식
구조의 주요한 틀을 이루고 있다. 깊고 넓은 역사적 지식 중에서도 특히 고대 모략에
대한 연구는 가장 정교하고 깊다. 이런 점에서 모택동의 지식구조는 통제와 전략적
특색을 가장 잘 갖추고 있는 모략형 지식구조라 할 수 있다.

어떤 등급의 리더가 되었건 그 등급에 맞는 지식구조를 갖추고 있어야 하고, 어
떤 리더십을 발휘하든 그 리더십 행위에 맞는 지식구조를 갖추어야 한다. 군사 방면

의 리더는 지방의 리더와는 다르고, 당의 리더는 행정 방면의 리더와는 다르며, 행정 방면의 리더는 기업의 리더와 다르다. 상급의 리더는 하위의 리더보다 우수해야 한다. 이는 당연한 사물의 객관적 규율이다.

각종 다양한 지식구조 중에서 모략형 지식구조는 다른 유형의 지식구조에 비해 주체가 되는 지식의 구체적 내용과 관련 지식 및 주변 지식이 얼마나 넓고 깊은가에서 큰 차이를 보인다. 모략형 지식구조의 주체가 되는 지식은 보다 정교하고 보다 깊고 보다 전면적이어야 하고, 관련 지식과 주변 지식 또한 보다 넓고 깊고 풍부해야 한다.

리더가 반드시 갖추어야 할 모략형 지식구조는 고정된 형식과 방법이 아니다. 불변의 틀은 더더욱 아니다. 여러 층으로 이루어진 발전적인 모습으로 동태성, 다양성, 전체성을 보이는 결합체이다. 누가 되었건 실제 작업의 필요성에 근거하여 목적을 가진 자기만의 지식구조를 수립할 수 있어야 한다.

박학다식이 요구된다고 해서 모르는 것이 없어야 한다는 말은 아니다. 그것은 근본적으로 불가능하기 때문이다. 전체를 고려한다는 원칙에 근거하여 일을 위해 가장 쓸모 있는 지식을 골라 먼저 학습하고, 가장 우수하지는 않지만 상대적으로 적용할 수 있는 지식구조를 세우도록 해야 한다. 그런 다음 다시 사유의 촉각을 다른 지식 영역으로 넓혀 점차 깊고 정교하게 다듬어가며 가장 우수한 것으로 넘어가야 한다. 이를 위해 제대로 뜻을 세운 사람은 자신의 지식구조를 세울 때 과학적이고 원활한 방법을 취하여 목표와 특정한 지식 영역을 결합하여 자신이 어디에 정통해야 하는지, 거칠게나마 어디와 통해야 하는지, 무엇을 두루 알아야 하는지를 결정해야 한다. 또 어떤 지식을 더 보충해야 하는지, 어떤 지식이 더 새로워야 하는지, 어떤 지식에 역량을 집중하여 견고하게 만드는 방법을 장악해야 하는지, 어떤 지식을 원활하고 기민하게 활용하여 버릴 것은 바로 버리고 취할 것은 바로 취해야 하는지를 결정해야 한다. 그런 후에 다시 이런 지식의 원소들을 서로 결합하여 알맞게 사용한다.

그렇다면 모략형 지식구조는 어떻게 세우는가?

하나, 넓게 두루 아는 박학博學이다. 노신은 "박학은 비유하자면 꿀과 같아서 많은 꽃에서 채취해야만 꿀이 모인다. 한곳에서만 채취하면 아주 제한적이고 말라버린다."고 했다. 넓다는 '박博'은 수염을 움켜쥐듯 한꺼번에 한 손에 움켜쥐는 것이 아니라 과학적으로 층차를 나누어야 한다. 첫째, 정통해야 한다. 리더는 자신이 맡은 일의 성질, 성공 목표에 근거하여 먼저 주요 공략 방향을 골라서 하나 아니면 둘 정도의 전문적 지식에 정통할 수 있도록 추구한다. 둘째, 대강 알아야 한다. 정통한 전문 분야와 가까운 주변 지식 또한 이해해야 한다. 기업을 이끄는 리더라면 기업 관리, 경제학, 인재학 등에 정통해야 할 뿐만 아니라 직업과 밀접하게 관련이 있는, 예컨대 심리학, 경쟁술, 기업 관련법 등과 같은 방면의 지식도 대강 알아서 시야를 넓히고 영감을 높이고 모략을 보조해야 한다. 셋째, 두루 알아야 한다. 깊이 들어가는 것이 아닌 일반적으로 넓게 알아야 한다는 뜻이다. 정통한 지식과 대강 아는 지식권 외에 '요점'들을 더 보태는 것이다. 비유하자면 서점이나 도서관에 가서 편하게 책을 펼쳐 흥미로운 부분을 몇 페이지 읽거나, 일상적으로 신문이나 잡지 따위를 읽어 이런저런 다양한 지식을 보태는 것이다. 이렇게 여러 가지 방면에 대해 듣고 이야기하고 읽어서 다른 영역들의 정보를 이해하고, 이로써 전체 국면을 보는 관점의 수준을 높이고, 풍부한 지식 정보를 활용하여 새로운 사유의 대문을 활짝 열어젖히는 것이다.

둘, 부지런히 힘들게 공부해야 한다. 고리키는 "천재는 부지런히 노력하는 데서 나온다."고 했다. 수학자 화라경華羅庚은 "지식은 요행수로 얻을 수 없다. 누구도 당신에게 베풀 수 있는 것이 아니다. 늘 부지런함을 견지할 수 있어야 한다."고 했다. 모택동은 "오늘 이 일을 알고, 내일 이 이치를 깨우친다. 이것이 쌓여 학문이 된다."고 했다. 성공에 대한 이들 결론은 부지런히 힘들게 단련해야 한다는 것이다. 인민해방군을 창건한 진의陳毅(1901-1972) 원수의 고학의 생애를 통해 이 점을 엿볼 수 있다. 1921년 10월, 진의는 프랑스에서 힘들게 일하면서 공부하는 유학생 조직의 애국운동에 참가하다가 중국과 프랑스 정부의 핍박을 받아 귀국했다. 이후 사천 낙지가향에 반년 정도 머물렀는데 이 기간에도 그는 엄격한 학습 계획을 세우고 매일 16시간 이상 공부, 노동, 단련의 시간을 가졌다. 그는 당시 자신의 이런 고학을 시로 남기기도 했다. 이 시에서 진의는 닭이 울 때 일어나 강가에서 외국어를 공부하고, 하루하루를 천금처럼 아끼면서 온 힘을 다했다고 고백했다. 넓고 깊은 지식을 바탕으로 헤아리기 힘들 정도의 깊은 모략사상을 가졌던 레닌 역시 뼈를 깎는 공부가 바탕이 되었다. 대학 졸업장조차 스스로 취득한 것이었다. 그는 17세 때 혁명 활동에 참가하다가 카잔대학에서 제적당했다. 하지만 공부에 대한 신념은 흔들리지 않았다. 그는 스스로 엄격한 계획을 세워 법학과 과정을 공부했다. 집 앞 나무 밑에 책상과 의자를 마련하여 매일 아침마다 책을 한아름 들고 혼자 공부했다. 점심 식사 후에는 이론서를 읽고, 잡지와 신문을 보았다. 저녁에는 호롱불을 밝히고 계속 공부했다. 이렇게 1년 반 동안 그는 법과의 10개 과정을 계통적으로 공부하여 제적생 자격으로 다시 페테르부르크 졸업 시험을 우수한 성적으로 통과했고, 학교는 우등생 졸업장을 주었다. 레닌은 이런 고학의 정신을 죽을 때까지 유지했다.

셋, 방법을 연구해야 한다. 독서와 학습은 지식을 쌓는 가장 기본적인 방법이다. 좋은 독서법은 힘은 덜 들이고 효과는 배로 올릴 수 있다. 이런 점에서 모택동의 '사다四多' 독서법은 충분히 본받을 만하다. 모택동은 독서와 공부에는 다음 '사다'가 중요하다고 강조했다.

① 다독多讀(많이 읽기): '많이 읽기'에는 여러 책을 많이 읽는 것 외에도 중요한 책과 문장을 여러 번 읽는 반복 읽기도 포함된다. 모택동은 근대의 걸출한 학자

양계초梁啓超의 『음빙실문집』을 비롯하여 한유韓愈의 고문, 당·송의 시사 등을 외울 때까지 반복해서 읽었다. 그는 시 읽기를 너무 좋아하여 외울 수 있는 옛 시가 400수가 넘었다고 한다.

② 다사多寫(많이 쓰기): '많이 쓰기'는 공부나 수업을 하면서 배우는 것을 쓰고, 끝난 뒤에 다시 읽고 쓰는 습관을 요구한다. 각종 기록 노트 외에도 문장 전체를 베껴보는 쓰기법도 필요하고, 요점만 골라 정리하는 공부도 병행해야 한다. 이렇게 여러 해 쌓이면 훌륭한 자료가 될 것이다. 모택동은 이런 쓰기 자세를 평생 버리지 않았고, 필기 노트가 큰 광주리로 몇 광주리가 되었다. 그는 책을 읽을 때 자기 생각을 책 곳곳에 써두곤 했는데 전체 10만 자가량의 『윤리학 원리』를 읽으면서 책 위아래에 필기한 글자가 1만2천 자나 되었다.

③ 다상多想(많이 생각하기): '많이 생각하기'는 공부하는 과정에서 어떤 관점이 정확한 것이며 어떤 시각이 잘못된 것이냐 하는 것을 마음속으로 생각하고 판단하여 토론이나 비판하는 자리에서 간단하게 찬성이냐 반대냐 의문이냐를 표시하는 것이다. 모택동은 여러 방면에서 역대 학자들의 다양한 견해에 근거하여 이를 종합·비교한 다음 자신의 견해를 제출했다고 한다.

④ 다문多問(많이 묻기): '많이 묻기'는 잘 이해가 안 가는 부분에 대해 때를 놓치지 않고 가르침을 청하는 자세를 말한다. 호남성 제1사범학교 시절 모택동은 학교에 남아 자습할 때에도 의문 나는 사항이 있으면 선생님을 찾아 질문한 것은 물론 그것으로 모자랄 때는 장사長沙까지 나와 사람들에게 가르침을 청했다고 한다.

2. 변증법을 장악하라

유물변증법은 자연과 인류사회, 사유의 운동과 발전에 관한 보편적 규율을 탐색하는 과학이다. 그것은 물질세계의 가장 보편적인 관계와 끊임없이 운동하고 변화하는 통일된 전체를 반영한다. 변증적 규율은 물질세계 자체의 운동 규율로서 인간이 각종 사물의 모순된 운동을 제대로 관찰하고 분석하도록 이끌며, 이에 근거하여 문제 해결의 방법을 찾도록 안내한다. 따라서 모략의 능력을 높이려면 유물변증법을 제대로 장악하지 않으면 안 된다. 유물변증법이 세계를 인식하고 개조하는 방법이자 수많은 방법들 중 가장 과학적이고 합리적이기 때문이다.

유물변증법은 먼저 "사물의 내부와 하나의 사물이 다른 사물과 맺고 있는 관계로부터 사물의 발전을 연구한다. 즉, 사물의 발전을 사물 내부의 필연적 자기 운동으로 간주하고, 모든 사람의 운동은 그 주위의 다른 사물과 서로 관계를 가지며 서로 영향을 준다고 본다. 사물이 발전하는 근본적인 원인은 사물의 외부가 아니라 사물의 내부, 특히 사물 내부의 모순성에 있다."[165]고 주장한다. 모략의 생성은 사물의 내부 및 그 상호 영향에 있는 여러 사물의 관계에 대한 파악에 의존하지 않는 경우는 없다. 다시 말해 사물 내부 발전의 규율을 파악해야만, 또 사물 사이의 상호관계에 존재하는 여러 모순들을 파악해야만 정확한 모략을 생산해낼 수 있다.

둘째, 유물변증법은 세계의 모든 것은 모순되면서 통일되고, 또한 상호 모순되면서도 대립되는 두 방면을 포함하고 있다고 인식한다. 그것들은 일정한 조건에서 하나의 통일체로 존재하면서 서로 연결·의존하는 동시에 서로 배척·투쟁한다. 또 일정

---

165 『모택동선집』 제1권 276쪽. (저자)

한 조건에서는 서로 바뀌기도 한다. 대립하면서 투쟁하여 대립 면이 바뀔 수 있기 때문에 사물은 비로소 질적 변화와 비약이 발생하고, 모순의 통일체도 비로소 분화하고 파열이 생긴다. 모략의 생성은 이런 규율의 활용이라는 기초 위에서 수립되기 때문에 대립하면서 통일되어 있는 이 규율을 운용하여 사물을 인식해야만 정확한 지도 원칙과 방법을 확정하여 뛰어난 모략을 생산해낼 수 있다. 따라서 모략의 능력을 높이려면 유물변증법을 제대로 장악해야 한다. 모략을 운용하는 리더가 갖추어야 할 구체적 자질로는 다음과 같은 것들이 있다.

하나, 리더는 자신의 모략 능력을 높이기 위해 먼저 '양분법兩分法'의 법칙을 정확하세 파악해야 한다. 즉, 문제를 전면적으로 보고, 사물의 정·반 두 방면을 다각도로 관찰하고 인식해야 한다. 쉽게 말해 나무도 보고 숲도 보아야 한다. 실제 작업에서는 성공뿐만 아니라 좌절도 보아야 하고, 유리한 요소뿐만 아니라 불리한 요소도 보아야 하며, 경험과 교훈을 함께 보아야 하고, 상대의 장점과 단점을 같이 볼 줄 알아야 한다. 이익과 폐단을 잘 저울질하고, 장점과 단점을 비교하고, 우수한 것을 선택하고 열악한 것은 버리는 변증적 사유가 필요하다. 손무는 "지혜로운 사람의 생각은 늘 이익과 손해 사이에 끼어 있다."(「구변」편)고 했다. 현명하고 지혜로운 리더는 문제를 고려할 때 사물의 이해 두 방면을 함께 돌아본다. 유리한 조건을 충분히 고려하여 그것을 이용하여 사업을 성공으로 이끈다. 동시에 손해가 나는 조건도 충분히 고려하여 그것을 제거함으로써 의외의 피해를 피한다. 이것이 리더가 모략을 운용할 때 파악해야 할 원칙의 하나다. 제갈량은 "그 이익을 생각하려면 반드시 그 손해를 고려하라."고 했고, 조조도 "이익에서 손해를 생각하고, 손해에서 이익을 생각하라."고 했다. 이는 변증법적으로 이해와 손해를 가늠하고, 연계되어 있는 발전적 관점으로 이해와 손해에 대처하라는 말이다.

둘, 구체적 상황을 정확하게 파악하여 구체적으로 대처해야 하는 원칙이다. 리더로서 비교적 높은 모략 능력을 갖추려면 문제를 발견하고 연구할 때 주관에 얽매여서는 안 된다. 문제를 개별적 일반적으로 파악하여 구체적 상황에 구체적으로 대처하는 방법을 운용해야 한다. 즉, 객관적이고 실사구시적으로 문제를 연구하고 해결해야 한다. 개별에서 일반을 찾아내고, 일반에서 개별을 잘 찾아내야 한다. 모략으로 상대를 제압할 수 있는 까닭은 모략이 보편성을 갖춘 위에 특수성을 더 갖추고 있기 때문이다. 그 특수성이 가리키는 방향이 특정한 환경 조건 하에서 공교롭게 모순의 주요 방면이 되어 사물의 내부에 질적인 변화의 발생을 촉진한다.

셋, 주요 모순의 규율을 정확하게 파악해야 한다. 모든 사물은 여러 모순으로 이루어진 종합 모순체이긴 하지만 그중에는 사물의 성질과 관련되어 있어 그것의 발전과 운동을 결정하고 다른 모순의 존재와 발전을 규정하거나 영향을 주는 주요 모순이 있기 마련이다. 모략이 지향하는 바는 이 주요 모순에 맞추어 구체적인 방법을 채택하는 것이다. 한 가지 예를 들어보겠다. 미국 텍사스주 법원은 대형 석유회사인 텍사코가 게티오일에 대한 합병을 강행하려면 상대에게 110억 달러를 배상하라는 판결을 내렸다. 배상액에 대한 담판이 진행되기에 앞서 텍사코의 맥킨리 회장에게는 세 가지 선택이 있었다. 즉, 110억 달러의 채권을 등록하여 배상하든가, 게티오일이 텍사코의 자산 350억 달러를 봉쇄하게 하든가, 파산을 선언하는 것이었다. 맥킨리는 이해관계를 저울질한 뒤 놀랍게도 파산을 선언했다. 미국의 법률은 파산에 따른 소송 신청 기간에는 텍사코가 정상적으로 영업할 수 있다고 되어 있어 영업 이익에 영향이 없기 때문이었다. 게티오일은 이 기간에는 텍사코의 자산에 대한 강제 권리를 행사할 수 없다. 맥킨리는 이런 처리 방법으로 귀중한 시간을 벌었다. 맥킨리의 이 모략은 주요 모순을 움켜쥐고 시간을 얻은 수준 높은 것이었다. 이처럼 뛰어난 모략가는 형이상학적으로나 추상적으로 이해관계에 대처하지 않는다. 경영에서의 경쟁도 그렇고 전투에서 서로 대치하고 있을 때도 마찬가지다. 일을 하면서 주요한 것과 부차적인 것을 가리지 않고 수염을 한 손에 움켜쥐듯 대충 하면 일의 효율이 떨어질 뿐만 아니라 사업에 큰 손실을 가져오기 일쑤다.

넷, 이익이 겹칠 때는 무거운 쪽을 택하고, 손해가 겹칠 때는 가벼운 쪽을 택할 수 있어야 한다. 뛰어난 모략가는 이익의 경중, 손해의 대소를 철저하게 따져 이익은 따라가고 손해는 피한다.

다섯, 현상을 꿰뚫고 본질을 볼 줄 알아야 한다. 모든 사물은 본질과 현상의 대립이자 통일이다. 뛰어난 모략가는 복잡한 모략 대상에 대해 표면적 현상에 머물러 있어서는 안 된다. 그저 감각기관에 의존하여 단순히 드러나는 사물의 겉모습만 알아서는 안 된다. 사물에 내재되어 있거나 숨어 있는 심각한 그 무엇을 열정적으로 파악할 줄 알아야 한다. 본질과 현상을 떼어놓으면 형이상학적 유심주의의 착오를 범하기 쉽다. 현상을 꿰뚫고 본질을 보아야만 사물에 내재되어 있는 규율을 정확하게 드러내 보일 수 있다. 뉴턴은 사과가 땅으로 떨어지는 것과 비슷한 현상들을 대량으로 연구하고서 추상적 사유로 그것의 본질과 내재적 원인이 다름 아닌 지구의 인력이라는 사실을 밝혀냈고, 이로써 만유인력의 법칙을 제시할 수 있었다. 뛰어난 모략가라면 깊이 있는 실천과 조사 연구로 대량의 현상적 자료를 장악한 전제 위에서 추상적 사유를 운용하여 각종 현상에 대해 분석하고 종합하고 감성적 인식을 이성적 인식으로 승화하여 사물의 본질과 규율을 파악한다. 그래야만 비로소 정확한 모략을 확정할 수 있다.

여섯, 전체 국면을 보는 관점을 수립하여 부분과 전체 국면의 관계를 정확하게 처리해야 한다. 일정한 관계와 범위 안에서 전체 국면과 부분은 늘 대립한다. 전체는 부분이 아니고, 부분 또한 전체가 아니다. 기획자는 모략을 짜고 운용하는 과정에서 주종, 경중, 대소, 선후, 완급을 분명히 나눌 줄 알아야 한다. 덜 중요한 것은 더 중요한 것을 따라야 하고, 덜 급한 것은 급한 것에 따라야 한다. 이래야만 전체 국면에서 출발하여 부분의 문제를 정확하게 관찰하고 처리할 수 있으며, 부분에서 출발하여 전체 국면의 요구를 제대로 완성하고 실현할 수 있다. 다른 측면에서 말하자면 부분과 전체의 관계를 정확하게 처리하는 것은 부분적인 일을 실시하는 지침을 이해해야 할 뿐만 아니라 전체적인 일을 이끄는 지침도 반드시 알아야만 정확한 작업지침을 가질 수 있고, 아울러 리더를 위한 모략의 정확한 입각점을 확립할 수 있다.

3. 다면적 사고를 길러라

사유는 지력 활동의 중추다. 사유는 객관적 세계에 대한 간접적 개괄을 반영한다. 리더의 사유가 어떤 바탕을 갖고 있느냐는 모략 능력의 심각성, 창조성, 광범성, 독립성 등을 직접 제약하는 작용으로 나타난다. 숱한 실천이 보여주듯 다면적 사고는 기발하고 우수한 모략을 만들어내는 가장 우수한 사유방식이다. 다면적 사유방식은 많은 사유의 기점·지향·방법, 논리적 규칙, 평가 기준과 결론, 여러 과학적 법칙 등이 조합된 그물 식의 입체적 사유의 모형이기 때문이다. 그것은 여러 사유 형식을 과학적으로 결합하여 각자의 장점을 충분히 발휘하도록 힘을 합치는 것으로 1+1이 2보다 크다는 총체적으로 우수한 사유 효과를 거두게 한다.

사실 비약식 사유가 되었건, 일방적 사유가 되었건, 역방향 사유가 되었건, 비교식 사유가 되었건, 기발한 사유가 되었건, 논리적 사유가 되었건 모두 한 방향 하나의 각도, 한 가지 방법으로 문제를 인식하고 분석한다. 다각도로 여러 방향에서 문제를 인식하고 분석하는 것이 아니라는 것이다. 이런 한 가지 시각과 방법에서 나온 모략은 여러 가지 부족함을 면키 어렵다. 입체적, 전면적, 다방식의 복합적 다면적 사유여야만 사물의 기본적 규율 및 특수한 규율을 전면적으로 파악하여 과학적으로 정확하게 그 발전 방향을 예측함으로써 자신의 모략을 비정할 수 있다.

리더는 다면적 사고를 할 수 있어야만 진짜와 가짜를 가리고, 겉에서 안으로 들어가 현상의 장막을 거두어 사물의 본질을 반영할 수 있다. 깊고 넓은 모략의 소유자였던 모택동 등 1세대 혁명가들은 중국의 혁명전쟁에서 강대한 적, 약소한 혁명 역량에 직면하여 다면적 사고방식을 운용하여 전면적 과학적 실사구시적인 분석·판단·종합적 귀납을 진행했다. 그 결과 중국혁명이 18세기 프랑스 대혁명, 러시아 10월 혁명과 다른 점을 파악하고, 중국혁명의 특수성에서 출발하여 적의 통치가 취약한 농촌지역을 돌파하여 농촌 혁명 근거지를 마련했다. 이로써 농촌으로 도시를 포위하여 도시를 탈취하고, 최종적으로 전국 정권을 빼앗음으로써 혁명을 승리로 이끌었다.

다면적 사고는 사물을 구체적으로 운용할 때 틀에 매이지 않고 과감하게 일상적 규칙을 돌파하여 남다르고 새로운 것을 수립한다. 끊임없이 발전하고 변화하는 사물의 객관적 규율로부터 이미 알고 있는 것에서 모르는 것을 추측하고, 횡적 관계로부터 사물의 전면을 파악하고, 종적 연계로부터 사물의 전체 과정을 파악하는 입체적이고 전방위적인 사고이다.

다면적 사고는 적극적이고 주동적으로 사유의 '촉각'을 사방팔방으로 뻗쳐 끊임없이 사유의 공간을 개척하는 데 힘을 써서 문제의 범위를 넓게 잡고 드넓은 세상의 수없이 많은 지식이라는 보물을 포착함으로써 자신의 모략을 위해 봉사하도록 하는 것이다. 앞서 언급한 바 있듯이 1960년대 일본은 중국이 《인민일보》와 《중앙TV》를 통해 공개한 정보만을 가지고 제때에 정확하게 중국 석유 개발의 상황을 파악했다. 그 비결은 "민감한 촉각과 치밀한 종합적 분석"에 있었다. 저들은 《중앙TV》를 통해 당시 중국이 대경大慶 유전을 찾고 있다는 사실을 알아냈다. 또 《인민일보》에 보도된 철인 왕진희王進喜가 폭설을 무릅쓰고 유전 개발과 관련한 운반기와 함께 찍은 사진을 철저하게 분석했다. 그 사유의 과정을 보면 다음과 같았다.

- 중국에 유전이 있다.
- 유전을 채굴하려면 설비가 필요하다.
- 중국에 그런 설비가 없으므로 수입해야 한다.
- 우리(일본)가 중국이 필요로 할 때 그것을 제공하면 큰돈을 벌 수 있다.
- 따라서 중국이 필요로 하는 채굴 설비를 서둘러 제조할 필요가 있다.
- 1965년 왕진희가 북경에서 대표대회에 참가한다는 소식을 접했다.
- 우리(일본)는 직감적으로 "대경에서 석유가 나왔고, 중국은 설비가 필요하다." 고 판단했다.

일본은 적시에 스페이드 킹이란 패를 내밀었다. 한쪽은 사고 싶어 하고, 한쪽은 팔고 싶어 하니 매매는 자연스럽게 성사되었다. 일본이 큰돈을 벌었음은 물어볼 것도 없다.

리더에게서 다면적 사고는 다음을 요구한다. 객관적 사실에 근거하여 차분하고 치밀하게 문제를 생각하여 문제를 해결할 수 있는 방법을 찾아라. 즉, 복잡하고 변화무상한 구체적인 사물을 처리함에 실제로부터 단단히 출발하여 과학에 근거를 두고 각별히 새로운 것을 추구하되 전통적 습속과 같은 제약을 두려워하지 않아야 하며, 남이 뭐라 한다고 흔들리거나 남들의 뒤를 따라서는 안 된다. 맹목적으로 모든 것을 긍정해서도 안 되고, 경솔하게 모든 것을 부정해서도 안 된다. 사업의 성공을 위한 가장 좋은 길을 찾도록 애를 써야 한다. 접촉한 사물에 대해 여러 의문부호를 제시해야 하고, 여러 각도에서 제대로 개발하여 문제 해결에 상응하는 대책을 제출해야 한다.

추리소설 『셜록홈즈』를 보면 이런 스토리가 있다. 은퇴한 선장 피트 캐리가 갑판 위에서 물고기를 잡는 삼지창에 찔려 사망한 사건이 있었다. 경찰은 현장에서 노트 한 권을 수습하여 이를 단서로 범인을 잡을 수 있을 것으로 판단했다. 그러나 홈즈는 달랐다. 그는 삼지창을 사용한 기술, 힘의 세기, 바다표범의 가죽으로 만든 담배주머니 등에 착안하여 범인이 고래를 잡는 힘이 센 어부일 것으로 추정했다. 홈즈는 나아가 모략을 운용하여 범인이 스스로 함정에 걸려들게 했다. 홈즈의 뛰어난 점은 그가 뛰어난 사유 능력을 운용하여 애매모호한 현상을 투과하여 사건의 핵심 고리를 정확하게 잡아 파죽지세로 문제를 헤쳐나갔다는 데 있다.

물론 기발하고 뛰어난 모략의 생성은 힘겨운 사유 노동의 과성이고, 그중에는 그 나름의 요점이 있다. 그 주요한 몇 가지를 귀납해보면 아래와 같다.

① 편견을 버려라. 새로운 사물이나 관점을 받아들이고, 다시 이와는 상반되는 새로운 의견을 들으면 더 이상 생각해보지 않고 본능적으로 반대하는 현상이 흔히 나타난다. 이는 좁은 시야에서 비롯된 편견이다. 편견은 사유를 좁고 작은 공간으로 밀어넣어 단순한 사유를 형성하게 한다. 반드시 뿌리를 뽑아야 한다. 그 방법은 가슴을 활짝 열고 여러 관점을 수용하여 자신의 분석과 판단을 내리는 것이다.

② 전반적으로 고려하라. 단편적 착오를 범해서는 안 된다. 단편은 사유를 기로岐路로 끌어들인다. 전면적으로 관련된 모든 요소를 고려해야만 단편성을 피할 수 있다.

③ 결과를 예상하라. 가장 과학적인 의사결정을 내리기에 앞서 미래의 시·공간 지점에 서서 자신이 내린 의사결정의 성공 여부, 합리성 여부를 판단해야 한다. 기업의 리더라면 지금까지 생산해오던 상품을 더 이상 생산하지 않거나 바꾸려

할 때 반드시 그 이후의 판매 상황, 기업의 기술과 자산 및 가장 중요한 이윤 등과 같은 문제를 고려하여 의사결정의 근거로 삼아야 한다.

④ 목표를 정확히 하라. 문제를 생각하고 해결하는 과정에서 이미 정한 목표를 수시로 파악하여 다른 현상 또는 허영과 독단이 끼어들지 않게 해야 한다.

⑤ 중점을 생각하라. 주요한 모순을 움켜쥐어야만 다른 문제들이 순조롭게 해결될 수 있다.

⑥ 자유롭게 상상하라. 대담한 상상은 창조에 과감해야 한다는 것이다. 시도는 보기에는 우습고 전통적인 문제 해결의 길과 상반된다. 예컨대 성냥개비 여섯 개로 네 개의 정삼각형을 만들 수 있냐고 했을 때 직감적이고 평면적으로 생각하면 가장 많이 만들어야 세 개이지 네 개는 불가능하다. 그러나 각도를 바꾸어 상상하면 여섯 개의 성냥개비로 피라미드를 만들면 문제가 해결된다.

⑦ 의문부호를 달아라. 통속적으로 말해 일을 만나면 여러 개의 '왜'라는 의문을 던지라는 것이다. 그는 왜 저렇게 빠르게 반응하는지, 왜 이렇게 오래 깊게 계산하는지, 왜 두루뭉술하게 일을 처리하려는지, 저 사업이 왜 저렇게 폭발적으로 발전하는지 등등. 의문을 품는 것은 예를 드는 것이다. 근원을 탐구해야 방향이 나오고, 문제 해결은 비로소 목적이 된다. '의문'은 쉽게 방향을 탐구하게 만들기 때문이다. 이런 탐구가 있으면 사유도 그에 맞추어 생겨난다. 좋은 상급학교로의 입학률이 특별히 높은 어떤 학교가 있었다. 그 원인을 살펴보았더니 '의문'에 있었다. 의문부호와 의문 품기를 시작으로 입학률이 높은 요인을 둘러싸고 보다 깊이 탐구했기 때문이다. 이 학교는 교육 수단이 앞서 있었고 교사의 수준도 높았다. 이를 기반으로 사유의 과정을 구성하고, 사유의 과정을 계통적으로 정비함으로써 문제를 발견하고 원인을 탐구하여 대책을 마련한 것이다. 이렇게 해서 모략이 형성된다.

⑧ 난제를 공략하라. 사유의 '속성'은 쉬운 문제와 싸우길 좋아하지 않고, 곤란한 문제와 친구 되기를 좋아한다. 수학자 화라경華羅庚은 "바둑은 고수를 찾고, 도끼를 휘두르려면 노반魯班166의 집으로 가라."고 했다. 이 말에는 세 가지 뜻이 함축되어 있다. 하나는 문제를 만나면 두려워 말라는 것이다. 적극적으로 사유 기제를 발동하여 어려움을 맞이하라는 뜻이다. 둘째는 어려움을 피하지 말라는 뜻이다. 모든 사물은 발전하고 서로 연계되어 있어 우발적인 요소가 많다. 문제를 처리하는 과정에서 늘 미처 생각하지 못했던 예민한 문제를 만난다. 이때 출로는 돌아가는 것과 공략하는 두 길뿐이다. 난제를 공략하라는 말은 당연히 공격해서 취하라는 뜻이다. 셋째는 적극적이고 주동적으로 난제를 찾으라는 뜻이다. 문제를 복잡하게 생각하는 만큼 곤란해진다. 하나의 상황을 놓고 여러 가지로 생각하고 여러 가지 처리 방안을 구상하여 자신이 만든 모략을 확실하게 실행될 수 있게 해야 한다.

4. 연구와 총결에 중점을 두어라

연구는 문제를 발견하고 문제를 분석하여 대책을 찾는 종합적이고 실질적인 사유의 과정이다. 당연히 모략의 능력을 높이는 효과적인 방법의 하나이다. 수천 년 중국의 문명사에서 경험을 총결하고, 역사를 연구하는 데 주목하여 이론으로 실천을 이끈 명장, 총수, 군사가, 모략가는 별처럼 많았다. 그들 중에는 전쟁터의 맹장도 있었고,

---

166 노반은 춘추전국시대의 기술자이자 과학자이다. 무엇인가를 만들려면 그를 찾아가라는 뜻이다.

문단의 호걸도 있었으며, 모략의 전문가이자 문장에 뛰어난 사람도 적지 않았다.

손무는 고대 군사모략가의 으뜸이었다. 그는 어려서부터 군사적 유산이 풍부한 제나라에서 생활했고, 거기에 할아버지는 제나라의 명장이었다. 이런 환경은 그가 군사전문가로 성장하는 기본적인 조건이 되었다. 더 중요한 것은 군사와 관련된 생활에 열정을 바치면서 춘추시대 제후국 사이의 전쟁을 관찰하고 연구하는 일을 매우 중시했다는 사실이다. 그는 병법을 깊게 연구했는데『군지軍志』나『군정軍政』과 같은 군사전문서는 물론 제자백가의 정수까지 흡수하여 영원히 시들지 않을『손자孫子』를 써냈다. 병가의 바이블로 불리는 이 병법서에서 손무는 전쟁, 군사 통치, 승리의 방법 등에 관한 규칙을 논술하여 보편적인 전쟁의 규율을 제시했다.

조조曹操는『손자』연구에 과학적 기초를 내린 최초의 인물이었다. 조조는 평생 병법과 병법서에 깊은 관심을 가졌다. 그는 자신의 군사모략을 결합하여『위무제주 손자魏武帝注孫子』라는 10만 자가 넘는 병법서를 남김으로써『손자』연구에 최초의 이 정표를 남겼다. 그는 50차례가 넘는 모략적 특색이 풍부한 전투를 지휘했다. 예를 들어 관도官渡 전투는 약한 전력으로 강한 전력에 승리한 경우였고, 서회徐淮 전투는 각개격파의 사례였고, 유성柳城에서는 기습적으로 요새를 나왔으며, 합비合肥에서는 '지피지기知彼知己'를 활용했고, 관서關西에서는 다양한 전술을 선보였다. 이 모두가 뛰어난 용병 예술을 유감없이 보여준 사례였다.

이렇듯 역사상 전형적인 사례들은『손자』에서 그 이론적 근거와 영향을 찾을 수 있다. 그렇다고 이 사례들이 모두『손자』의 고정된 모델인 것은 아니고, 손무에게 배우되 손무에게 구속되지 않은 결과였다. 연구를 통해 군사학의 재창조와 재발전을 거친 결과였다.

인식론의 관점에서 보자면 감성적 인식에서 이성적 인식으로 가는 과정은 일대 비약이었다. 연구의 공은 이 비약을 촉진시킨 데 있었다. 연구를 통해 모략가 자신의 지식·지능·기능을 해결해야 할 문제와 충분히 융합하고 연계하고 단련한 후에 이 기초 위에서 재생을 추구하여 새로운 사상을 형성하고 새로운 모략을 생성한다. 연구를 통해 모략가의 시야를 넓히고 새로운 사상과 교류를 강화하여 타인의 영양분을 섭취한다. 타인의 돌을 빌려 내가 필요로 하는 옥을 쪼아 자기 모략의 능력을 높인다는 목적을 달성한다.

5. 대담한 상상을 두려워 말라

풍부한 상상력은 기발하고 좋은 모략을 만들어내는 '금빛 날개'이자 '합성기'요 '가속기'이다. 아인슈타인은 이렇게 말했다.

상상력이 지식보다 더 중요하다. 지식은 한계가 있지만 상상력은 세상의 모든 것을 개괄하여 진보를 추동하는 지식 진보의 원천이기 때문이다.

상상력은 과학적인 의사결정의 중요한 요소다. 정치·군사·경제·교육 등의 영역에서 상상력 없이 광활한 천지를 달릴 수 없고, 상상력 없이 성공적인 모략을 획득할 수 없다. 상상력은 모략 능력의 핵심이다. 어떤 모략이 되었건 상상의 도움을 받아 태어나며, 상상의 과정은 모략이 처음으로 형성되는 과정이기도 하다.

현실에서 우수한 모략가의 두뇌는 장면을 단순히 재생만 하는 녹화기가 되어서는 절대 안 된다. 부딪히는 상황마다 따로 기록할 수 있어야만 똑같은 영상을 스크린에 재생하지 않을 수 있다. 그래야만 억만 개의 정보를 과학적으로 처리하는 살아 있는 컴퓨터가 되어 처리한 정보를 기초로 상상의 방법으로 대뇌라는 스크린 위에다 사물의 운동 모습을 구상하고, 이어 사물의 전모와 일을 성사시키는 계통적인 대책을 완전하게 비출 수 있다. 이 점이 부족하면 확보한 정보·자료·정황이 아무리 많아도 뛰어난 모략을 만들어낼 수 없다.

풍부한 상상력이 모략을 생성하는 '합성기'라고 말한 까닭은 이렇다. 인간의 두뇌는 모략·계획·명령 등처럼 제품을 생산하는 가공 공장과 같기 때문이다. 그리고 풍부한 상상력은 합성기와 같아서 끊임없이 각종 모순·정보·대책 등을 서로 다른 가공법에 따라 과학적으로 조화시켜 상대에게 승리할 수 있는 모략을 생산한다.

고양이는 군사 방면과는 아무런 상관이 없는 동물이다. 제1차 세계대전 중 독일의 군관이 우연히 프랑스 진지에 희귀한 페르시아 고양이 한 마리가 있다는 사실을 알게 되었다. 그 군관은 다음과 같은 상상력을 발휘했다. 저런 고양이는 귀족이어야만 기를 수 있다. 고양이의 주인은 상당히 높은 고위 군관일 것이다. 고위 군관이 있다면 프랑스군의 고위층 사령부 내지 지휘소가 있을 가능성이 크다. 그렇다면 이 고급 지휘소를 공격하는 일이 대단히 중요하다. 이리하여 맹렬하게 공격을 퍼부은 끝에 여단급 지휘부를 박살냈다. 이 사례에서 상상의 묘미는 고양이, 주인, 진지, 지휘 및 작전의 목적성을 결합하고 여기에 상상을 보탬으로써 예상한 목적을 달성했다는 데 있다.

풍부한 상상력은 좋은 모략을 생성하는 가속기와 같다고 말한 까닭은 이렇다. 상상력은 시간과 공간이라는 한계를 돌파하여 "생각은 1천 년을 싣고, 눈은 1만 리를 달리는" 기묘한 경지에 이를 수 있기 때문이다. 과학적 상상은 사물을 인식하고, 본질을 드러내고, 변화와 발전을 예측하고, 처리 과정을 시뮬레이션하고, 가장 우수한 방안을 고르는 데서 가장 편리하고 빠른 방법이다. 여기서 말하는 상상은 모략가의 기억에 따른 간단한 재현이 아니라 스스로 감지한 적이 없는 새로운 형상이다.

모략가가 갖추어야 할 상상력은 일반적으로 다음 네 종류로 요약된다. 첫째, 논리적 상상력이다. 즉, 사물이 갖고 있는 조건이나 환경과 사물이 발전하는 일반적 규율에 근거하여 논리적 사유방식으로 사물이 앞으로 드러낼 결과를 상상하여 사물의 일반적 발전 규율에 부합하는 예측을 내놓고, 이에 따라 자신의 승리 방책을 제정하는 것이다. 다음은 연계 상상력이다. 즉, 상상을 통해 해결해야 할 문제와 두뇌에 저장되어 있는 여러 경험적 지식 및 모략의 모델을 연계시켜 새로운 교차점에서 새로운 모략을 형성하는 것이다. 셋째는 판단 상상력이다. 즉, 다면적 사고를 운용하여 과감하게 차이점을 찾고 단순하고 틀에 박힌 사유를 돌파하여 일상과 평범을 초월한 상상을 진행하고 상식에 반하는 승리의 모략을 제정하는 것이다. 넷째는 상상을 창조하는 능력이다. 즉, 여러 경험과 모략의 모형을 초월하여 보지 못하고 듣지 못한 참신한 영역에서 독립적이고 신선하고 독창적인 승리의 길을 추구하는 것이다.

　　상상력을 기르는 일은 복잡한 과정이다. 따라서 아래 몇 가지 문제를 꼭 파악해야 한다.

　　첫째, 여러 가지에 두루 흥미를 가지도록 노력해야 한다. 모든 상상은 넓은 학식 위에 수립되고 풍부한 실천 경험 속에서 뿌리를 내린다. 인간의 두뇌는 신비한 '검은 상자'와 같고, 인간의 지능구조와 상상력도 다른 사람은 완전히 이해할 수 없는 '검은 상자'다. 흥미는 이 '검은 상자'를 여는 열쇠들 중 하나다. 일반인들은 "기억은 나이에 따라 늘었다가 쇠퇴한다."는 말을 어쩔 수 없는 생리적 결과로 받아들이지만 사실은 그렇지 않다. 연구에 따르면 나이가 많은 사람은 사물에 대한 호기심과 흥미가 상대적으로 떨어지기 때문에, 어떤 사물에 대한 인간의 흥미가 부족하면 두뇌의 반응은 느려지고 둔해진다고 한다. 반대로 흥미가 클수록 두뇌의 활동도 활발해지고 그에 따라 상상력도 풍부해진다는 것이다. 일본의 한 과학자는 네 단계의 10년, 즉 40년 동안 네 개의 흥미를 가져 모두 성공을 거두었다. 대학을 졸업한 후 첫 10년은 뛰어난 항공 기술자가 되었고, 그다음 10년은 그림에 흥미를 가져 노력 끝에 추상파 화가가 되었다. 그다음 10년은 생면부지의 생물학자가 되었고, 마지막 10년은 이름난 패션 디자이너가 되었다. 많은 사실이 증명하듯이 당신이 어떤 일을 해낼 수 있다고 자신할 때 두뇌는 상상의 날개를 펼치고, 이로부터 당신을 위한 성공의 길이 깔린다.

둘째는 새로운 것을 추구하는 데 각별히 신경을 써야 한다. 전통 따위에 당신의 두뇌가 마비되어서는 안 된다. 우물 안에 앉아서 하늘을 보아서는 안 되고, 걷지 않고 앉은 채로 자신을 봉쇄해서도 안 된다. 새로운 사상에 대해 열린 자세로 받아들이는 영원히 진취적인 사람이 되어야 한다.

셋째는 끊임없이 진취해야 한다. 일본의 한 기업은 "진취는 우리의 가장 중요한 상품이다."라는 구호를 내건 적이 있다. 제대로 된 모략가라면 진취를 가장 중요한 목표로 삼아 "내가 더 잘 할 수 있다."는 철학으로 무장해야 신기한 상상의 효용을 더욱더 갖출 수 있다. 스스로에게 "너는 어떻게 하면 더 잘 할 수 있는가?"라는 물음을 던질 때 당신의 창조력이 용솟음치며, 이 일을 어떻게 더 잘 할 수 있을까 하는 주의력도 따라서 일어난다.

넷째는 끊임없이 사상과 시야를 확대해야 한다. 사상과 시야가 활짝 열리면 더 많은 새로운 계발을 얻을 수 있다. 당신이 생각해낸 새로운 생각과 방법을 도울 수 있는 사람들과 적극 교류하고, 서로 다른 직업과 사회적 흥미와 관심이 다른 사람들과 교류하면서 시야를 더 넓히고 상상력을 자극할 줄 알아야 한다.

제30장
모략 수양

나폴레옹은 "고양이(양) 한 마리가 이끄는 사자 떼가 사자 한 마리가 이끄는 고양이(양) 떼보다 더 못할 수 있다."는 말을 남긴 바 있다. 리더의 작용에 대한 생동감 넘치는 비유라 할 수 있다. 비슷한 말로 "병사의 무능은 한 사람에 그치지만, 장수의 무능은 전체에 영향을 미친다."는 것이 있다. 리더의 모략 수준은 사업에서 성공과 실패의 가장 중요한 부분이라는 의미를 갖는다. 리더가 기묘한 모략을 펼치면 열세를 우세로 바꾸고, 약한 전력으로 강한 상대를 이기고, 위기를 안정으로 돌리고, 나가 싸우지 않고도 승리하는 효과를 거둘 수 있다.

역사상 기막힌 모략의 드라마를 연출한 모략가들, 예컨대 제갈량이나 유백온 등은 개인의 소질이 대단한 인물들이었다. 뛰어난 모략가에게는 많은 요구 조건이 따르는데 그 주요한 것들을 나열해보면 이렇다.

- 우선 요구의 수준이 상대적으로 높다.

- 여러 방면에서 높은 소질을 보여야 한다.

- 지식은 풍부해야 하고 학식은 깊어야 한다.

- 문제를 분석하고 해결하는 능력이 강해야 한다.

- 미세한 것을 보고 장차 드러날 것을 알고, 사물의 발전 방향을 예측할 줄 알아야 한다.

- 조직 능력이 있어야 한다.

- 남다른 담력과 용기, 굳건하고 과감한 품질을 갖추어야 한다.

- 창조정신이 있어야 한다.

- 타인에게 자신의 모략을 받아들이게 하는 능력을 반드시 갖추어야 한다.

1. 박학다식: 깊고 넓은 모략의 기초

철학자 베이컨의 "아는 것이 힘이다."라는 명언은 지난 수백 년 동안 전 세계에 알려져 수많은 사람들에게 지식을 배우고 지혜의 보물창고를 개척하여 인류문명사의 발전을 추동하도록 격려해왔다. 우리는 모략을 연구할 때 베이컨의 이 명언에 따라 지식과 지혜를 더 많이, 너 넓게 모략에 활용해야 한다. 많은 지식은 많은 모략의 기초이자 전제이기 때문이다.

지식이 없으면 당연히 모략도 없다. 화려한 모략의 꽃은 기름진 지식이라는 토양 위에서 생장한다. 예로부터 무엇인가를 성취한 모략가들은 지식을 갖춘 사람들이었다.

세상으로부터 '병가의 바이블'로 인정받는 『손자』는 정치·경제에서 군사·외교에 이르기까지, 천문·지리·역법에서 인정·동물에 이르기까지, 병기·장비에서 진법의 응용에 이르기까지 사회생활의 거의 모든 방면을 다루고 있다. 손무의 학식이 얼마나 넓고 깊은지를 잘 말해준다.

기원전 218년에서 201년까지 로마 제국은 지중해 시칠리아 섬에 있는 시라쿠사를 여러 차례 침략했다. 침략에 저항하기 위해 시라쿠사는 참혹한 대가를 치렀다. 대다수 청년 남자들은 전장에서 죽었고, 노인·여자·아동들만 남겨졌다. 유명한 과학자인 아르키메데스도 박차고 나와 자신의 지식과 지혜를 활용하여 적에게 큰 타격을 입혔다. 그는 큰 돌을 멀리까지 날릴 수 있는 투석기를 만들어 적이 공격해 오면 공중으로 돌을 날렸고, 적은 낭패하여 황급히 달아났다. 태양이 뜨겁게 내리쬐는 어느 날 침략자들은 범선을 타고 공격해 왔다. 아르키메데스는 금속으로 오목거울을 만들어 성 위에 올려놓고 태양빛을 거울에 반사시켜 그 초점을 적의 지휘선 돛에다 맞추었다. 돛에는 기름이 많이 묻어 있었기 때문에 거울에 반사된 뜨거운 초점이 금세 돛에 불을 붙였고 배는 순식간에 연기로 뒤덮였다. 적군은 물로 뛰어들어 목숨을 부지할 수밖에 없었고, 지휘선을 잃은 나머지 범선들은 서둘러 후퇴했다.

중국 춘추시대 제나라 환공桓公이 군대를 이끌고 고죽孤竹이란 나라를 공격했다. 봄에 원정을 나가 겨울에 돌아오게 되었는데 돌아오는 길을 잃어버렸다. 박학다식한 재상 관중이 나서서 "늙은 말의 지혜를 이용할 수 있습니다."라고 제안했다. 전투 경험이 많은 늙은 말을 풀어 길을 안내하게 했더니 과연 늙은 말은 제나라 군을 원래 왔던 길로 이끌었다. 또 행군 도중 물을 찾을 수 없어 목이 말라 죽을 어려움에 처했다. 환공은 대신들을 모아 방법을 상의했다. 대신 습붕隰朋이 "신이 듣기에 개미는 여름철에는 산의 음지에 살고 겨울에는 양지에 산다고 합니다. 개미집과 가까운 곳에 틀림없이 물이 있을 겁니다. 병사들에게 산의 남쪽 개미집을 깊게 파도록 하십시오."라고 했다. 병사들이 그 말에 따라 개미집 부근을 깊게 팠더니, 아니나 다를까 물을 얻어 군 전체를 구할 수 있었다.

넓고 깊은 지식은 타고나는 것이 아니라 부지런히 학습한 결과다. 중국인들이 지혜의 화신으로 존경하는 제갈량은 어려서 부모를 여의고 17세 때 난을 피해 융중隆中(지금의 호북성 양양襄陽 서쪽)에 은거했다. 그는 초가집을 짓고 손수 농사를 지으며 자력으로 청빈한 생활을 했다. 10년의 은거 생활에서 그는 가슴에 큰 뜻을 품고 뼈를 깎는 연구와 공부를 통해 사회역사로부터 제자백가에 이르기까지, 역대 병법에서 문학의 명저에 이르기까지 진지하게 학습했다. 이렇게 제갈량은 박학다식을 갖추었고, 융중을 나올 수 있는 튼튼한 기초가 마련되었다. 이후 그는 놀라운 모략으로 유비를 도와 촉한 정권 수립이라는 대업을 이루어 자기보다 힘이 훨씬 강했던 위·오에 맞서 천하삼분의 형세를 창출해낼 수 있었다. 제갈량은『장원將苑』이란 책도 남겼고, 『수서隋書』「경적지經籍志」, 『중흥서목中興書目』, 『제갈량집』에도 관련한 기록이 남아 후세에 전하고 있다.

사회가 진보하고 발전함에 따라 각종 새로운 과학·이론·기술이 끊임없이 출현하고 있다. 지식은 거의 폭발적인 속도로 대량 생산되고 있다. 이 새로운 것들의 출현은 모략 생산에 중대한 영향을 미치고 있다. 모략학은 이제 제갈량이나 방통처럼 뛰어난 몇몇 인물들이 장막 안에서 짜내고 운용하는 비밀스러운 일이 아니라 전문 인력들이 협동하여 진행하는 영역이 되었다. 원대한 모략을 만들어내는 조직자는 여러 사람의 지식과 지혜를 한데 모아 집단의 효과와 이익을 충분히 발휘할 수 있는 정확한 모략과 의사결정을 도출해내야 한다.

2. 과감한 결단: 모략의 날카로운 검

고대 소아시아에 프리기아라는 나라가 있었다. 이 나라의 왕 고르디우스는 나이가 들자 지혜롭고 용감한 사람들 중에서 자신의 왕위를 물려받게 할 생각을 했다. 고르디우스는 도저히 풀 수 없는 큰 매듭을 만들고, 이 매듭을 푸는 사람에게 왕위를 넘기겠다고 선포했다.[167] 내로라하는 지혜로운 사람들이 이 매듭을 풀기 위해 머리를 짜냈지만 풀 수가 없었다.

이 지역을 지나가던 알렉산드로스가 이 이야기를 듣고는 프리기아로 왔다. 그는 매듭을 자세히 살핀 끝에 이 매듭은 도저히 풀 수 없다는 것을 알았다. 알렉산드로스는 서슴없이 검을 뽑아 매듭을 잘라버렸다. 주위 사람들은 크게 깨달은 듯 감탄해 마지않았다. 이 고사에서 우리는 지혜는 용감한 결단과도 관련이 있다는 점을 읽어 낼 수 있다.

알렉산드로스는 검을 뽑아들기에 앞서 틀림없이 매듭을 관찰하여 도저히 풀 수 없는 문제임을 발견했을 것이다. 그러고는 바로 고르디우스의 진정한 뜻을 알아 차렸다. 보통 사람들은 그저 손으로만 매듭을 풀려 했지 칼로 그것을 잘라버릴 엄두를 내지 못했다. 담력이 남달라 용감하게 결단할 수 있는 사람이라야 과감하게 처리 할 수 있었다. 알렉산드로스는 매듭의 비밀을 발견하자 그 즉시 대담하게 처리하여 지혜와 용기를 함께 갖춘 자신의 진면목을 과시했다. 그에 앞서 이 매듭을 풀려 했던 많은 사람들 중에도 지혜롭고 꾀가 많은 사람도 분명 있었을 것이다. 그러나 용감하

---

[167] 그리스 신화에 따르면 고르디우스는 자신이 타고 내려온 마차를 제우스 신전에 모셔놓고 풀 수 없는 매듭으로 묶어놓았다고 한다.

고 과감한 결단에서는 알렉산드로스에 미치지 못했기 때문에 자신들의 지혜를 충분히 발휘하지 못했던 것이다.

모략과 결단은 상호 연관된 두 방면이다. 용기와 과감한 결단력을 갖추기만 하고 모략의 능력이 없다면 아둔함에 빠져 그 행동은 실패를 맛보게 된다. 지혜와 모략을 길잡이로 삼고 행동의 검으로 용기 있게 결단해야만 성공을 거둘 수 있다. 반면 모략은 가슴에 잔뜩 들어 있는데 용기와 결단력이 부족하다면 난관과 문제 앞에서 손발이 오그라들어 아무리 좋은 모략을 갖고 있어도 그 작용을 충분히 발휘할 수 없다. 동서고금을 통해 이와 관련한 설득력 넘치는 사례들이 많다.

전하는 바에 따르면 나폴레옹이 전장에 나서면 병사들의 힘이 배는 증강되었다고 한다. 군대의 전투력은 장수에 대한 병사들의 믿음에서 나왔고, 더 중요하게는 나폴레옹의 확고하고 과감한 결단력과 자신감 그리고 용기라는 리더십에서 비롯되었다.

내로라하는 모략가에게 자신감, 과감한 결단력, 평범을 뛰어넘는 담력과 식견 그리고 용기는 대단히 필요하다. 이것들은 모략에 필요한 커다란 기세를 만들어낼 뿐만 아니라 자신감을 세우고 필승의 용기를 높이는 데 도움이 된다. 삼국시대 '관도지전'은 약세인 조조가 강한 원소와 맞붙은 전쟁이었다. 전역 전체 과정을 보면 조조 쪽의 모략가들은 비범하고 원대한 모략을 실현했다. 처음 원소는 황하를 건너 남쪽으로 내려가겠다고 호언장담했다. 이 상황에서 조조는 전력의 열세를 통감하며 싸우려 하지 않았다. 이때 모사 곽가는 용감하게 열 가지 대책을 올리며 겉으로만 강한 원소의 실제 모습을 구체적으로 통찰하고 분석해냈다. 적이 월등한 전력으로 기세등등하게 압박해 오는 상황에서, 그 내부를 가르고 약점을 잡아내는 능력은 모략가 자신의 담력에서 비롯되는 것이다. 적의 기세에 눌려 우왕좌왕한다면 아무리 좋은 모략이나 대책도 쓸모가 없어진다. 그리고 모사 곽가가 올린 대책이 조조의 마음을 사로잡지 못했다면, 즉 순식간에 사라질 이 중대한 전략적 기회를 움켜쥐고 나아가지 못했다면 승리는 미지수였을 것이다. 이윽고 조조와 원소의 군대가 관도에서 대치하기에 이르렀다. 엄중한 형세를 본 조조는 허도許都로 후퇴하여 다시 계획을 세울 생각을 했다. 조조는 허도로 사람을 보내 모사 순욱의 의견을 구했다. 순욱은 글을 보내와 차분하게 다음과 같은 대책을 올렸다.

> "명을 받들어 진퇴에 대하여 결단해볼까 합니다. 저의 어리석은 소견으로는 원소가 전군을 관도에 모아 공(조조)과 승부를 결단하려 하는 터이니 공께서는 아주 약한 형세로 매우 강한 적을 대하는 바로서, 이를 막지 못하면 적이 승리할 수밖에 없습니다. 이야말로 천하의 고비입니다. 그러나 원소의 군사가 많기는 해도 쓸 줄 모르니 공의 힘과 현명함으로 어찌 그를 깨부술 수 없으리오. 지금 군사가 적은 것은 사실이지만 그 옛날 초와 한이 형양과 성고에서 싸울 때와는 다릅니다. 공께서는 땅을 그어 지키면서 그(원소)의 목을 졸라 더 나가지 못하게 하면 형세는 끝내 변화가 생길 것입니다. 기이한 계책을 쓸 때를 결단코 놓쳐서는 안 되니 바라옵건대 공께서는 이를 살펴 결단하십시오."

조조는 순욱의 말을 받아들여 마음을 다잡고 전기를 마련하여 원소를 대파했다.

다시 적벽대전의 경우를 보자. 당시 손권과 유비 쪽의 모사였던 노숙과 주유 그리고 제갈량 등은 적을 압도하는 기개와 담력으로 태연자약하게 모략을 절묘하게 운용하여 대승을 거두었다. 훗날 소동파는 「적벽회고」에서 이 당시 상황을 노래했다.

두건을 쓰고 학익선(부채)을 흔들며 웃고 이야기하는 사이에 배와 노는 재가 되어 날아갔네.

　　동오의 손권은 뛰어난 모략과 과감한 결단으로 후대의 칭찬을 들었다. 확실히 손권은 정치와 군사 방면에서 뛰어난 책략의 소유자였다. 208년, 절대적으로 우세한 조조의 공격을 앞두고 손권은 밖으로는 유비와 연합하고 내부적으로는 의견들을 통일하는 데 노력하면서 전쟁에 대비했다. 대책을 논의할 때 동오 정권의 내부는 주전파와 투항파로 나뉘어 있었다. 투항파는 조조가 천자를 끼고 사방을 정벌하러 나섰으니 그 기세를 당할 수 없는바 항복하면 안전할 것이고 싸우면 망할 것이라고 했다. 반면 주전파는 동오가 나라를 연 지 3대가 되었고 군대는 강하고 식량은 풍부하며 지리적으로 유리하기 때문에 싸우면 반드시 이긴다고 주장했다. 두 파가 서로의 주장을 내세우고 싸우면서 민심이 동요할 때 손권은 검을 꺼내 눈앞 탁자의 한쪽을 베

● 관도지전과 적벽대전의 승부를 가른 요인은 다양하지만 리더의 과감한 결단과 참모의 지략이 결합되는 것이 가장 중요했다. 모략의 능력에서 리더의 지혜와 과감한 결단력은 필수 요소임을 잘 보여주었다. 사진은 적벽대전이 일어났던 오림烏林의 모습이다.

어내며 "조조에게 항복하자는 말을 꺼내는 장수가 있다면 이 탁자처럼 될 것이다."고 고함을 질렀다. 그러고는 그 검을 주전파를 대표하는 주유에게 주었다. 손권의 과감한 결단은 투항파의 기세를 꺾고 주전파의 투지를 크게 높여 조조에게 맞서겠다는 병사들의 결심을 굳히게 했다. 결과적으로 적벽대전을 대승으로 이끌어 삼국정립을 이끌어냈고, 조조는 더 이상 동오를 감히 넘보지 못했다.

수 왕조 말기 천하가 혼란에 빠지자 이연李淵(훗날 당 고조)은 태원太原에서 기병하여 천하를 차지하기로 결정했다. 그러나 이연은 생각이 너무 많아 마지막 결단을 내리지 못하고 있었다. 이때 모사 유문정劉文靜과 배구裵寇는 즉각 쿠데타를 일으키라고 권했다. 당시 수 양제는 태원에 특사를 보내 이연을 억류시키려 했다. 유문정과 배구는 이연을 만나 수 양제로부터 이런저런 의심을 받고 있는 오갈 데 없는 상황에서 바로 군대를 일으켜야만 걸려 있는 급한 문제가 해결될 수 있다고 했다. 두 사람은 이연이 걱정하고 있는 문제를 해소하기 위해 쿠데타가 유리한 조건임을 상세히 분석했다. 여기에 아들 이세민李世民(훗날 당 태종)까지 거들고 나서 두 사람의 분석에 힘을 보태며 "민심에 따라 의로운 깃발을 들어 전화위복을 만들어야 합니다. 이는 하늘이 내리신 기회입니다."라고 했다.[168] 리더의 과감하고 단호한 결단은 모사의 과감한 결단과 믿음에서 비롯되는 경우가 있다. 모사의 과감한 모략은 이연의 행동에 영향을 주어 지나치게 신중한 자세와 너무 많은 생각을 극복하고 마침내 기회를 잡아 태원에서 기병하게 함으로써 당 왕조 건국을 위한 기초를 놓을 수 있었다.

세상에 모든 사람이 다 만족하고 옹호하는 완벽한 모략은 없다. 아무리 뛰어난 모략이라도 만인의 동의와 지지를 받기란 불가능하다. 모든 모략에는 장단점이 있기 마련이고, 갑돌이 말에도 일리가 있고 갑순이 말에도 일리가 있을 수 있다. 모략가에

---

168 이상 袁英光·王界云,『唐太宗傳』(天津人民出版社, 1983), 21쪽. (저자)

게는 자기의 주관이 있어야 하고, 진리를 견지하며 꿋꿋하게 자신의 길을 걸어야 한다. 또 확고한 자신의 신념으로 모략이 받아들여지고 실현될 수 있게 해야 한다.

이연은 태원에서 기병한 뒤 대군을 이끌고 서쪽 관중으로 나가다가 도중에 가로막혔다. 군량미도 딸리기 시작했고, 여기에 돌궐突厥이 유무주劉武周와 연합하여 비어 있는 태원을 공격하려 한다는 정보까지 들려왔다. 누군가 태원으로 돌아가자고 주장하자 이세민은 대의를 위해 거사해놓고 작은 적 때문에 군대를 돌린다면 따르는 사람들이 하루아침에 흩어질 것이라며 강하게 반대했다. 그러나 이연은 회군을 명령했다. 날이 어두워지자 일부 군대가 벌써 전선에서 흩어지기 시작했다. 이세민은 즉각 이연이 쉬고 있는 장막 앞에서 대성통곡을 했다. 이연이 이세민을 불러 사정을 묻자 이세민은 후퇴하면 군사들이 흩어지고 뒤에는 적이 버티고 있는 상황이라 죽을 것이 뻔하니 어찌 통곡하지 않을 수 있겠냐고 했다. 이연은 군대가 이미 철수를 시작했는데 어찌하냐고 되묻자 이세민은 우군은 떠나지 않았고, 떠난 좌군도 멀리 가지 않았으니 되돌리면 된다고 했다.[169]

그날 밤으로 이세민과 이건성은 빠른 말로 좌군을 뒤쫓아 모두 되돌아오게 했다. 상상하기 어렵겠지만 이세민이 자신의 모략을 끝까지 지키지 않았더라면, 자신의 모략을 실현시키기 위해 노력하지 않았더라면, 이연이 관중으로 들어가 당 왕조를 세우는 역사는 쓰이지 않았을 것이다. 모략가의 확고하고 굳센 품성, 좌우에 흔들리지 않는 성격이 모략에서 얼마나 중요한가를 충분히 알게 하는 사례였다.

모략을 짜고 운용해놓고도 득실이 걱정되어 결단하지 못해 좋은 기회를 놓치면 수동적인 위치에 놓이게 된다. 최초의 통일제국 진나라가 망한 뒤 초한쟁패 과정에서 항우는 유방을 죽일 수 있는 기회가 여러 차례 있었지만 머뭇거리며 결단하지 못

---

169 위의 책, 38쪽. (저자)

했다. 특히 두 사람이 만나 가진 홍문鴻門의 술자리는 절호의 기회였다. 항우의 책사 범증范增은 세 차례나 몸에 차고 있는 옥을 들어 보이며 눈짓으로 유방을 죽이라고 했지만 항우는 끝내 유방을 죽이지 못했다. 참다못한 범증이 항장項莊에게 칼춤을 추다가 기회를 봐서 찔러 죽이라고 했지만 항백項伯의 방해로 이 또한 뜻을 이루지 못했다. 유방은 틈을 타서 술자리를 빠져나와 달아났고, 강산은 끝내 유방의 수중에 들어갔다. 항우는 하늘을 탓하며 자결했다. 항우의 실패는 자업자득이었다. 책사 범증은 단호한 태도로 과감한 결단을 내렸지만, 주군에 대한 책사의 영향과 작용은 빈말뿐이었다.

인도에 이런 우화가 있다. 아버지와 아들이 노새 한 마리에 함께 타고 있자 옆에 있던 사람이 가축을 학대한다고 했다. 아버지가 타고 아들은 걸어가자 아버지가 인자하지 못하다고 나무랐다. 아들이 타고 아버지는 걷자 아들이 불효라고 나무랐다. 아버지와 아들이 모두 노새를 타지 않고 걸어가자 멍청하다고 놀렸다. 아버지와 아들은 하는 수 없이 노새를 들쳐업고 갔다.

모략가가 다른 사람의 이런저런 비평에 흔들려 자신의 모략을 버리고 세상 언론에 굴복하거나 권위와 편견에 굴복하여 우왕좌왕한다면 그 결과 노새를 들쳐업었던 그 아버지와 아들처럼 비웃음을 살 뿐이다.

속담에 "기술이 뛰어난 사람은 담도 크다."는 말이 있다. 용감하고 과감한 결단력은 한 개인의 타고난 품성에서 나오지만 동시에 지식 수준의 차이, 능력의 크기와도 밀접한 관계가 있다. 모략가가 지식을 풍부하게 비축하고 있다면 문제를 분석하고 해결하는 능력은 상대적으로 강할 것이다. "태산에 오르면 천하가 작아 보인다."고 했듯이 모략을 짜낼 때 높은 곳에 설 수 있다면 미래를 예견할 수 있고, 사물에 대해 보다 깊게 거시적으로 인식하고 파악할 수 있다. 또 이해득실을 제대로 고려하여 과감하게 모략을 운용한다면 자신의 모략을 견지할 수 있는 충분한 이유와 승리를

● 항우는 마지막 죽는 순간에도 자신의 실패는 자기 탓이 아니라 하늘이 자신을 망하게 하려고 작정했기 때문이라는 엉뚱한 소리를 늘어놓았다. 아무리 뛰어난 모략가의 모략이라도 그것을 행사하는 리더가 어리석고 못나면 무용지물이라는 점을 잘 보여준 사례였다. 사진은 항우의 고향 마을 앞에 조성되어 있는 항우의 상이다.

거둘 자신감을 갖게 된다.

반면 모략가의 지식이 얕고 능력이 떨어지면 복잡한 모략에서 사물을 투철하게 인식하여 전체 국면을 파악하는 수준 높은 모략을 내놓을 수 없다. 이런 상황에서 나오는 모략으로는 굳건하고 과감한 결단을 생각할 수도 없고, 의심과 득실을 걱정하다 끝이 난다. 수준 높은 모략을 기초로 과감한 결단과 굳건한 의지로 일을 꾀하지 못하면 "눈먼 고양이가 죽은 쥐를 만나는" 것처럼 과감한 결단은 무모한 결단이 되고, 굳건한 의지는 고집이 된다. 모략의 수준을 높이려면 여기에 용감하고 과감한 결단이라는, 기질에 대한 수양을 강화하지 않으면 안 된다.

사회적 실천, 군인의 전투, 탐험가의 선택, 투자가의 결정 방향, 정치가가 취하는 정책 등등이 모두 용감하고 과감한 결단력을 요구한다. 특히 실천 과정에서 나타나는 중대한 위기 때 당황하여 실수를 하거나 경솔하게 일을 처리하면 실패의 재앙을

불러온다. 지혜와 용기를 갖춘 사람만이 용기라는 날카로운 검을 빼들고 과감하게
난관을 베어버리고 승리의 정상에 오를 수 있다.

3. 강인한 정신력: 견고한 모략의 방패

19세기 초의 이름난 군사이론가 클라우제비츠는 『선쟁론』에서 이렇게 말한 바 있다.

> 자신이 바라는 바를 실현하려는데 충분한 이유 없이 그 목표를 부정하는 느낌이
> 들 때 강인한 정신으로 그에 대항하는 것이 아주 필요하다. 하물며 전쟁에서 위대
> 한 많은 공적은 무한한 노력과 힘겨운 고통 없이 얻어지는 것은 하나도 없다.… 대
> 대로 칭찬을 받아온 이와 같은 강인한 정신적 의지력이 있어야만 그 목표 달성으로
> 이끌 수 있다.

강인한 정신적 의지는 사업의 성공과 실패에 지극히 중요하다. 클라우제비츠의
이런 뛰어난 지적은 모든 분야의 일에 종사하는 사람에게도 그대로 적용된다. 오늘
날 사회의 격렬한 경쟁에서 돌발적인 상황이 발생하고, 정세가 급변하며, 사방이 경
쟁 상대이고, 위기와 위험이 잠복해 있으며, 심지어 막다른 골목에 몰리는 등등에 직
면할 때, 의지가 약한 사람은 뒤로 물러서고 굴복하고 어찌할 바를 몰라 하며 결국
실패한다. 강인함과 확고한 의지를 가진 사람은 새로운 노력으로 패배를 승리로 바
꾸는 기적을 창출해낼 수 있다.

강인함은 고집과는 다르다. 강인함은 굳센 의지력의 표현이자 깊고 오래가는 지

력의 표출이기도 하다. 강인함은 큰 지혜의 용기이자 큰 용기의 지혜이다. "눈썹을 한 번 치켜올리는 순간 계책이 마음에서 바로 나온다."는 말로 기지에 넘치는 사람을 형용하곤 하지만, 실제로 성공한 모략은 예외 없이 미리 준비된 것이었다. 순간적으로 묘책이 나왔다 하더라도 그 상황에 대한 장악은 사고와 선택의 오랜 과정 속에서 무르익고 길러진 것이다. 어떤 사업 또는 구체적 활동을 확정하여 목표를 달성하려면 실천 중에 이런저런 곤란과 좌절에 부딪히게 된다. 이때 정한 계획을 포기하지 않고 굳세게 해이해지지 않고 일을 진행하면서 새로운 상황에 빨리 적응하여 문제를 해결할 수 있는 새로운 방법을 찾아 끝내 바라던 목적을 실현한다.

　제2차 세계대전에서 '사막의 여우'로 불린 독일의 원수 롬멜은 전쟁에서의 업적이 탁월한 군인이었다. 그는 수습하기 힘든 수동적 국면을 만회하라는 명령을 받았다. 그는 누구도 예상하지 못할 정도의 빠른 속도로 부대를 지휘했다. 1940년 2월, 히틀러는 롬멜을 장갑차부대 사령관으로 임명했다. 롬멜에게 장갑차부대는 완전히 생소한 영역이었다. 그러나 그는 전혀 기죽지 않고 대담하게 이 명령을 받아들이고 밤을 새워가며 관련 지식을 배우고 작전 방법 등을 연구했다. 석 달 뒤 독일은 프랑스 동북 마스강江으로 진공했다. 롬멜의 장갑차사단이 막 강을 건너려는데 다리가 폭파되었다. 보트로 도하를 강행하자니 프랑스 군대의 포격으로 큰 타격을 입을 것이 뻔했다. 도하의 가능성이 거의 없어 보였다. 이 위기 국면에서 롬멜은 냉정하고 차분하게 공격 방식을 바꾸었다. 그는 직접 강 입구에 와서 쏟아지는 포탄을 무릅쓰고 새로운 공격 방식과 노선을 조직하여 마침내 프랑스군의 방어망을 뚫고 프랑스군을 대파했다. 롬멜이 이끄는 부대는 사막에서 적과 장기 대치하면서 늘 물·기름·식량·탄환 부족이라는 절망적인 상황에 직면했지만 그때마다 강인한 의지력으로 그 난관을 하나하나 헤쳐나갔다. 수없이 많은 사례가 말해주듯이 적대하고 있는 쌍방은 모두 자신의 역량을 극한까지 다 사용한다. 따라서 최후의 순간까지 버티는 쪽이 승리할 수밖에 없다.

　기발하고 좋은 모략은 그것을 굳세게 유지하는 중에 생산되고, 그 속에서 효과를 낼 수 있다. 작은 계책으로 곧장 성공하길 바라는 것은 실현 불가능하다. 어떤 모략이 되었건 그것을 실시하려면 조건이 있고, 그 객관적 조건이 성숙해야만 작용할 수 있기 때문이다. 거기에는 시기의 문제가 있는데, 시기가 왔을 때는 주관적 노력을 창조적으로 발휘해야만 할 때가 있다. 일격을 견디지 못하는 약한 군대는 아무리 좋은 전법과 기회가 있어도 승리할 수 없다. 완강한 자세로 공격을 가할 수 있는 부대라야 강적에게 치명적인 반격을 가할 수 있다.

　결론적으로, 누구도 꺾을 수 없는 강인한 의지력이 없이는 모략을 정확하게 운용할 수 없다. 다른 사람이 나를 위해 절묘한 수를 낸다 해도 그 실행을 관철하지 못한다. 그것은 그저 바람을 타는 것일 뿐 난관을 향해 앞으로 나아가지 못한다. 군세게 잘 싸우지 못하는 사람은 모략의 신이 미소 짓는 모습을 결코 보지 못한다.

4. 신중함과 치밀함: 믿을 만한 모략의 사슬

큰 담력과 세심함은 모략을 펼치는 데 필수적인 자격이다. 용감함과 과감한 결단, 완강한 의지력은 모략을 사유 단계에서 행동의 단계로 바꾸고, 희망을 현실로 바꾼다. 자동차가 시동을 걸고 목적지를 향해 달려갈 때 핸들과 엔진 등과 같은 장치가 없어서는 안 된다. 또한 도로의 구체적인 상황에 따라 언제든 방향을 바꾸고 속도를 조절할 줄 알아야 한다. 모략의 전개 역시 용기와 결단, 강인한 정신 외에 신중함과 치밀함이 필수적이다. 이 둘은 모략의 성공을 보증하는 안전한 열쇠와 같다.

뛰어난 모략가는 문제의 모든 부분을 두루 고려하여 모략 속에서 모략을 찾아내고 모략 밖에서 모략을 강구하면서 모든 곳을 조심한다. 거친 가지의 큰 잎과 같이 구멍이 숭숭 뚫려서는 모략을 제대로 설계할 수 없다. 또 남이 전수해준 모략으로는 실행 중 온갖 구멍이 다 생기는 졸렬한 것이 될 수밖에 없다.

그리스 신화에 이런 이야기가 있다. 아테네의 한 섬에 있는 미로의 궁전에 미노타우루스라는 괴수가 살고 있었다. 그는 아테네 사람들에게 9년마다 일곱 쌍의 젊은 남녀를 바치게 하여 이들을 먹어 치웠다. 이를 거부하면 큰 재앙을 내리겠다고 했다. 이 괴수를 잡으러 간 사람들은 죄다 미로로 된 궁궐에서 길을 잃고 괴수에게 잡아먹혔다. 남녀를 바칠 해가 또 돌아왔다. 사람들은 울면서 일곱 쌍의 젊은 남녀를 보냈다. 아테네 국왕의 아들 테세우스는 이 비통한 이별 상황에 울분을 터뜨리며 국왕을 설득하여 이들과 함께 가서 괴수를 죽여 아테네의 재앙을 영원히 없애겠다고 했다. 떠나기에 앞서 국왕과 테세우스는 괴물을 죽이는 데 성공하면 돌아오는 배의 검은 돛대를 흰 돛대로 바꾸어 달겠노라 약속했다. 흰 돛대를 왕자가 살아 돌아온다는 표시로 삼겠다는 것이었다.

테세우스는 괴수가 살고 있는 섬에 도착하여 아름다운 아리아드네의 도움을 받아 마침내 괴수를 죽일 수 있었다. 돌아오는 배에서 테세우스는 너무 흥분한 나머지 아테네를 얼마 남겨두지 않고 아버지 국왕과의 약속을 그만 잊어버렸다. 검은 돛대를 흰 돛대로 바꿔 다는 일을 잊어버린 것이다. 바닷가에서 아들을 기다리던 국왕은 배의 돛대가 여전히 검은 돛대인 것을 보고는 아들이 괴수에게 잡아먹혔다고 생각했다. 국왕은 슬픔을 이기지 못하고 바다에 몸을 던졌다.

사실 이 비극은 일어날 수 없는 일이었다. 왕자 테세우스의 소홀함 때문에 빚어진 어처구니없는 비극이었다. 소홀함은 인간의 특수한 심리 활동이다. 그것의 특징은 주의력 분산, 주의력 감소, 주의력 소실이다. 소홀함 때문에 인간은 잘못된 감각과 의식을 보이고, 이로써 그릇된 행동을 일으킨다. 소홀함을 일으키는 원인은 여러 방면이다. 주관적으로 보자면 인간의 습관과 성격적 결함 때문이다. 대충 하는 성격이라서 큰일이나 두드러진 일, 크게 의미 있는 것 아니면 마음을 쓰지 않는다. 반면 소소한 사물에는 신경을 쓰지 않거나 주의력이 안정되어 있지 못해 아주 짧은 시간 안에 주의력이 확 바뀌거나 금세 줄어들어버린다. 또 한편으로는 사명감이 부족하여 본래 해야 할 일에 열정과 의지를 가지지 못하거나 자신에 엄격하지 못해 대충 일을 처리하기 때문이다.

소홀함은 객관적 상황 때문에 일어나기도 한다. 예컨대 일이 너무 번거롭거나 긴장되면 머리를 돌려 꼬리를 보지 못하고 무엇인가를 빠뜨린다. 일이 마무리 단계에 이르거나 승리를 눈앞에 두고 마음이 흩어져 다 된 일을 그르친다. 또 일부 가상이나 허상에 홀려서 경각심을 잃고 느긋하게 마음을 놓고 있다가 재앙을 초래하기도 한다.

신중하고 치밀하려면 책임을 높이고 경각심을 키우는 일 외에 심리적 훈련을 강화하여 처음부터 끝까지 꼼꼼하게 살피는 좋은 습관을 길러야 한다.

5. 넓은 도량: 모략의 기름진 토양

도량度量이란 일반적으로 인간의 가슴과 그릇을 가리킨다. 도량의 크기는 그 사람의 사업이 성공하느냐 실패하느냐에 지극히 중요하게 작용할 수 있다. 너그럽고 넓고 커야만 깊고 넓은 가슴으로 경륜을 품을 수 있고, 한결같이 굳세게 정확한 목표를 향해 전진할 수 있고, 자신의 재능과 지혜를 충분히 펼칠 수 있다. 속담에 "재상의 배

속에는 배 한 척이 들어갈 수 있어야 하고, 장수의 이마 위에서는 말이 달릴 수 있어야 한다."고 했다. 이는 리더에 대한 요구다.

역사에는 늘 쥐꼬리만 한 짧은 안목, 변화무상한 심기를 가진 소인배들이 얄팍한 재주로 성공한 사례도 적지 않았다. 그러나 이들은 끝내 전광석화처럼 순식간에 사라졌다. 도량이 수양된 사람만이 전체 국면을 장악하고 냉정하게 움직여 무릎을 치게 하는 절묘한 수를 낼 수 있었다.

진秦과 진晉 사이에 벌어진 비수淝水 전투에서 진秦의 100만 대군이 진晉의 도성을 압박했다. 조야가 공포에 휩싸였지만 사도司徒(재상에 상당함) 사안謝安은 전혀 두려움 없이 태연자약했다. 그는 당황하지 않고 병력을 배치하여 적을 막게 하고 별장에 가서 손님과 바둑을 두었다. 적 대군을 물리쳤다는 기쁜 보고가 날아들었음에도 사안은 그 보고서를 탁상에 올려놓고 전혀 표정 변화 없이 두던 바둑을 계속 두었다. 손님이 떠나고 나서야 사안은 기쁜 마음으로 실내로 돌아가다가 너무 흥분해서 문지방에 걸려 넘어져 이가 부러졌다. 훗날 사람들은 사안을 두고 "조정을 지탱할 도량"을 가졌다고 칭찬했다.

도량은 이성과 지성의 기초이자 모략을 잉태하고 기르는 비옥한 땅이다. 넓은 도량을 가진 사람은 높은 곳에 서서 먼 곳을 바라볼 수 있고, 그 행동은 이성적이고 유리하고 절도가 있다. 역사적 사례로 전국시대 손빈孫臏과 방연龐涓은 도량이라는 면에서 아주 뚜렷한 대조를 보였다.

손빈은 어려서부터 병법서를 무척 좋아했고 모략에 대해서도 깊은 조예를 가졌다. 속 좁은 방연은 손빈을 몹시 시기하고 질투하여 그를 모함하여 무릎 아래를 자르는 형벌로 그를 폐인으로 만들었다. 손빈은 이런 액운에 굴복하지 않고 미치광이를 가장하여 사지를 벗어났다. 그 뒤 손빈은 제나라의 군대를 위한 참모로 중용되었다.

손빈은 방연이 이끄는 위나라 군대와의 싸움에서 명예와 공을 탐내는 방연의 심리를 이용하여 자신이 쳐놓은 그물로 야금야금 끌어들여 마릉馬陵에서 끝내 그를 물리쳤다. 손빈은 크게 지혜로운 사람은 어리석어 보이며 크게 용감한 사람은 겁을 먹은 것 같은 모습으로 방연을 홀렸고, 방연은 죽는 순간까지 손빈을 질투하며 자결했다.

손빈의 승리는 그의 병법 모략 외에 넓은 가슴과 큰 도량이 있었기 때문이다. 이를 바탕으로 손빈은 차분히 모략을 세우고 장기적 계획을 세워 부드러움으로 단단함을 극복했다. 필부처럼 치욕을 당했다고 바로 검을 빼들었다면 그 결말은 또 다른 모습으로 나타났을 것이다.

큰 도량이 있어야만 안정되고 적극적이고 건강한 정서를 유지할 수 있다. 인간의 정서는 그 능력의 발휘와 직접 관계된다. 성공은 사람을 격동, 흥분시키지만 동시에 정서를 마비시키고 느슨하게도 만든다. 실패는 사람을 비관적으로 만들고 기를 죽이지만 동시에 냉정하게 지난 일을 되돌아보게 만든다. 성공과 실패를 눈앞에 두고 기쁨과 분노가 지나쳐서는 안 된다. 그래서 옛사람들은 자신을 수양할 때 분노와 쾌락을 억제할 것을 강조했고, 승리 앞에서 교만하지 말 것과 실패했다고 기죽지 말 것을 주문했다. 삼국지 적벽대전의 영웅 주유가 화를 이기지 못하고 죽은 것이나 남송의 명장 우고牛皐가 크게 웃다가 죽은 일과 같은 비극이 역사에서 결코 드물지 않았는데, 그 주요한 원인은 도량의 부족 때문이었다.

도량은 도덕적 인품으로 매우 중요하다. 정확하고 적극적인 모략은 고상한 도덕적 인품과 단단히 연계되어 있다. 모략은 간사하고 비열하다는 말과 같은 뜻이 결코 아니다. 정치가에게 정책과 책략은 생명이다. 가장 먼저 해야 할 일이 정책의 정확성을 제정하는 것이고, 정확한 정책이라야 정의로운 사람들의 지지를 얻을 수 있다. 경영인에게 계산기에 『논어』를 더 보태라는 주장은 도덕 경영을 강조하는 것이다. 사회에 필요한 공공의 도덕과 부합하지 않는 일을 하지 말라는 뜻이며, 부도덕한 돈은 탐내지 말하는 지적이다. 군사가에게 '미인계'와 같은 간교한 계책은 일반적인 상황이라면 사용하지 말라고 한다. 아무리 좋은 모략이라도 도덕적 기준을 잃으면 실패한 모략이며 취해서는 안 될 모략이다.

한 사람의 도량이 크고 넓어서 타인을 너그럽고 후하게 대하며, 겸허하고 신중하다면 그는 더 많은 사람을 단결시킬 수 있고 더 많은 지지를 얻을 수 있다. 이것이야말로 가장 좋은 모략이 아니겠는가. 덕이 없는 사람의 안목은 쥐꼬리처럼 짧을 수밖에 없다. 이런 사람은 사사로운 이익만 탐하고 전체 국면은 돌아보지 못한다. 얄팍한 잔기술을 배우는 데 열중하고, 내부 투쟁을 위한 술수만 연구한다. 이렇게 해서는 대업을 이룰 수 없다.

항일전쟁 시기에 진의陳毅(1901-1972)가 이끄는 신사군新四軍은 경제와 문화가 발달하고 적의 통제가 엄밀했던 소주蘇州에 진입했다. 중앙의 홍군과 멀리 떨어져 있는 데다 적절한 대응책도 구할 수 없는 상황에서 진의는 두루 우군을 찾아 친분을 맺고 갖은 방법으로 많은 지지자를 얻어 적의 역량을 와해시켰다. 우군과 마찰이 생기면 교육부대로 하여금 주동적으로 양보하고 무기 등을 보냈다. 우군들은 이런 진의를 '대장의 풍모'를 지녔다고 했고, 이렇게 우군의 믿음과 지지를 얻었다. 완고파들이 군대를 신사군 쪽으로 보내 공격을 가하자 우군들은 자발적으로 나서 신사군에게 보다 편리한 조건을 제공함으로써 빠른 시간에 적의 주력부대를 섬멸하고 강소성 북부에서 새로운 항전 국면을 열 수 있었다.

● 중국 인민해방군 창건자의 한 사람이자 중화민국 10대 원수의 한 사람인 진의는 적대 세력마저도 우군으로 만드는 넓고 큰 도량으로 항일과 혁명전쟁을 이끌었다.

6. 내 모략을 받아들이게 하라: 모략 성공의 기틀

이런 말이 있다.

"세상에 남다른 인재가 왜 없을까? 초야에 묻혀 있을 뿐."

역사상 출몰했던 수많은 모략가들이 뛰어난 재능과 절묘한 모략을 소유했다. 그런데 그들은 그 자리에 있지 못하고 그 모략을 사용하지 못했다. 심지어 그런 모략가 집단에 진입조차 하지 못했다. 남다르고 절묘한 모략을 올렸지만 그 주인이 받아들이지 않은 경우도 많았다. 여기에는 주인이라는 요인 외에 자신을 상대에게 이해시키지 못해 자신의 모략을 주인이 받아들지 못한 중요한 요인도 있을 것이다.

좋은 말재주는 나의 모략을 받아들이게 하고 모략을 실현하는 데 도움이 된다. 『삼국연의』 제43회의 한 대목을 보자. 적벽대전에 앞서 오나라에 간 제갈량은 먼저 일부러 조조의 병력을 부풀려서 손권에게 "여러 모사들이 의논한 대로 군사를 파하고 북면해서 조조를 섬기시는 것이 좋을 줄로 압니다."라며 투항을 권했다. 그러면서 "그렇다고 어찌 몸을 굽혀 남의 밑에서 구차하게 지내시겠습니까?"라고 자극했다. 이 말에 손권은 저로 모르게 발끈해서 옷을 떨치고 벌떡 일어나 후당으로 들어가버렸다. 공명이 또다시 이런저런 말로 손권을 자극하고는 서로 사과하고 진지하게 대화를 나누기 시작했다. 손권이 먼저 물었다.

"나라를 들어서 남의 통제를 받고 지낼 수는 도저히 없는 일 아니오. 이미 결단을 내렸소이다. 지금 유 예주(유비)가 아니고는 조조를 대적할 사람이 없는데, 예주께서 얼마 전 조조에게 패했는데 무슨 수로 이 대적을 당해낼 수 있겠소?"

이에 제갈량은 이렇게 형세를 분석하며 승리를 확신했다.

"예주께서 이번에 패하시긴 했지만 관운장이 아직 정예병 1만을 거느리고 있고, 유기가 거느린 강한 군사 또한 적어도 1만은 됩니다. 조조의 군사는 멀리서 오느라 지칠 대로 지쳤고, 얼마 전 예주의 뒤를 쫓을 때도 날랜 기병으로 하루 낮밤에 300리를 달렸다 합니다. 이것이 이른바 아무리 강한 화살의 기세도 끝에 가면 천도 뚫지 못한다는 말입니다. 또 북방 사람들이 본래 수전에 익숙하지 못하여 이번에 형주 백성들로서 조조에게 붙은 자들은 형세가 어쩔 수 없이 그런 것이고 본심이 아니니 이제 장군께서 참으로 유 예주와 한마음으로 힘을 합친다면 조조의 군사를 반드시 깰 수 있습니다. 조조의 군사가 패하면 틀림없이 북으로 돌아갈 것이고 그러면 형주와 동오의 세력이 강성해져서 세발솥의 형세가 이루어질 것입니다. 성패의 기틀은 바로 오늘에 있으니 장군께서 결단하십시오."

공명은 자신의 세 치 혀로 "동오와 연합하여 조조에 맞서" 삼국의 정립을 끌어 낸다는 모략을 받아들이게 했다.

당나라 초기 방현령房玄齡과 두여회杜如晦는 이세민이 이건성과 이원길을 죽이는 모략을 받아들이게 하기 위하여 장수를 자극하는 이른바 '격장법激將法'을 취했다. 방·두 두 사람은 그 전에도 여러 차례 같은 모략을 건의했지만 받아들여지지 않았다. 게다가 집으로 쫓겨나기까지 했다. 이들은 이세민이 머뭇거리다가 자칫 일이 틀어질까 두려워 장손무기長孫無忌에게 죽는 한이 있어도 명령을 받들 수 없다며 강경하게 나섰다. 장손무기는 이 일을 이세민에게 사실대로 알렸고, 이세민은 "방현령과 두여회

● 방현령과 두여회는 이세민을 황제로 만드는 데 큰 역할을 해냈다. 특히 중대한 고비에서 과감한 모략을 제시하고 이를 결행하도록 자극했다. 훗날 이 두 사람과 관련하여 '방모두단房謀杜斷'이라는 고사성어까지 나왔다. "방현령이 일을 꾸미면 두여회가 결단을 내린다"는 뜻이다. 사진의 앞쪽 두 사람이 방현령(왼쪽)과 두여회이다.

가 나에게 반기를 드는구나." 하고 벼락같이 화를 내며 검을 빼서 위지경덕尉遲敬德에게 주면서 "공이 가서 보시오. 만약 돌아올 마음이 없어 보이면 그 자리에서 목을 베시오."라고 명령했다. 위지경덕은 장손무기와 함께 방현령과 두여회를 찾아가 "왕(이세민)께서 이미 결심하셨으니 빨리 가서 함께 일을 꾀합시다."라고 했다.[170]

이들은 함께 궁으로 들어와 그날 밤으로 상의 끝에 큰 계획을 확정했다. 이세민은 이 계획에 따라 '현무문의 정변'을 일으켜 건성과 원길을 죽이고 대권을 잡았다. 방현령과 두여회는 격장법을 활용하여 이세민을 자극했고, 이세민은 그 모략을 받아들였다. 이렇게 해서 이세민은 끝내 황제 자리에 오를 수 있었다. 모략가가 자신의 모략을 누군가에게 받아들이게 하는 능력이 모략에서 얼마나 중요한가를 볼 수 있다.

자신의 모략을 누군가에게 받아들이게 한 좋은 사례이자 방법으로 '모수자천毛遂自薦'을 들지 않을 수 없다. 모수는 전국시대 조나라 사람으로 조나라의 유력가 평원군平原君의 식객으로 있었다. 기원전 257년, 서방의 강국 진나라가 조나라 도성 한단邯鄲을 포위 공격해 왔다. 평원군은 초나라에 구원병을 요청하기로 했다. 이때 모수가 자신도 초나라에 동행하게 해달라고 요청했다. 두 사람의 대화다.

---

170   위의 책, 83쪽. (저자)

"선생은 내 집에서 몇 년이나 계셨소?"

"3년째입니다."

"유능한 인재가 세상에 나오는 것은 송곳이 자루에 있는 것과 같아 그 끝이 바로 튀어나오옵니다. 그런데 선생께서는 3년 동안 우리 집에 있었는데 주위에서 별다른 이야기가 들려오지 않고 나도 들은 바가 없소이다. 그러니 선생은 가실 수 없으니 그냥 계십시오."

"신이 그래서 지금 자루에 넣어주길 청하는 것입니다. 이 모수를 자루에 넣어주시면 그 끝은 물론 자루 통째로 튀어나올 것입니다."

평원군은 미심쩍었지만 모수의 말에 동의하는 수밖에 없었고, 그렇게 해서 모수는 다른 수행원들과 동행할 수 있게 되었다.

모수는 자신의 호언장담과 기대를 저버리지 않았다. 평원군과 초왕의 담판이 지지부진해지자 모수는 과감하게 담판장에 나서 두 나라의 이해관계를 바로 밝힘으로써 초나라가 조나라와 합종하여 공동으로 진나라 군대에 맞서는 데 동의하게 만들었다. 모수가 스스로를 추천하지 않았더라면 그의 남다른 지혜와 담력을 나타낼 수 없었을 것이다. 어쩌면 그 후로도 두각을 드러내지 못한 채 소리도 없이 사라졌을 수도 있었다.

자신이 중용되어 모략을 실현하기 위해 모략가들은 '모수자천'처럼 그 나름의 방법을 취했다. 강태공은 위수 가에서 낚싯대를 드리운 채 '자신을 낚아줄 사람', 즉 주 문왕을 기다렸다가 중용되었다. 강태공은 주 문왕이 이 일대로 사냥을 나온다는 것을 알았기 때문인데, 이는 "나무 그루터기를 지키며 토끼를 기다린" '수주대토守株待兔' 방식의 또 다른 모수자천이었다.

삼국시대 서서徐庶가 자신을 유비에게 추천한 방법은 더 독특했다. 하루는 유비가 말을 타고 큰길을 가고 있었다. 서서는 유비 쪽을 향해 가면서 "한 황실이 망하고 천지가 뒤집히려 하는구나. 큰 집이 기우니 나무 하나로 지탱하기 어렵구나. 산속에 인재가 있어 현명한 주인에게 몸을 맡기려 하고, 현명한 주인은 인재를 구하려는데 어찌 제대로 돌아보지 않을까."라는 노래를 불렀다. 이 노래를 들은 유비는 속으로 감탄하면서 혹시 사람들이 말하는 와룡臥龍(제갈량)이나 봉추鳳雛(방통) 같은 인재가 아닐까 하는 생각을 했다. 유비는 말에서 내려 예를 갖추어 물었다. 서서는 세상을 구하고자 하는 마음과 인재를 포용하는 아량을 갖춘 유비이거늘 인재를 추천하는 사람이 없어 이렇게 길거리에서 노래를 불렀다고 했다. 이렇게 서서는 유비의 군사가 되었고, 그 후 유비가 신야新野에서 조인曹仁을 기습하여 조인이 차지하고 있던 번성樊城을 빼앗는 데 큰 역할을 했다.

역사상 많은 모략가들이 누군가의 추천을 받아 자신의 재능을 펼치고 그 모략을 실현했다. 춘추시대 제나라의 포숙아鮑叔牙는 관중管仲을 환공桓公에게 추천했고, 전국시대 조나라의 무현繆賢은 인상여藺相如를 추천했으며, 초한쟁패 때 위무지魏無知는 진평陳平을 유방劉邦에게 추천했다. 방현령은 두여회를 이세민에게 추천하면서 "막부에 막료들이 많이 있긴 하지만 대부분 부족합니다. 두여회는 총명하고 식견이 뛰어나 왕을 보좌할 인재입니다. 대왕께서 이 지역만 지키신다면 쓸 필요가 없지만 천하를 경영하시고자 한다면 이 사람 아니면 안 됩니다."라고 했다. 이세민은 크게 놀라며 "그대가 말하지 않았더라면 이 사람을 잃을 뻔했다."고 했다.

『삼국연의』제83회를 보면 동오의 감택闞澤이 손권에게 육손陸遜을 장수로 추천하는 대목이 있다. 당시 유비는 대군을 동원하여 동오 토벌에 나선 상황이었다. 이때 감택이 선뜻 반열에서 나와 "지금 하늘을 버틸 기둥이 있는데 주상은 어찌 써보려 하지 않으십니까?"라고 했다. 손권이 그게 누구인지 묻자 감택은 이렇게 말했다.

"전일 동오의 큰일은 모두 주랑(주유)이 맡았고, 그 뒤 노자경(노숙)이 그를 대신했으며, 자경이 죽은 뒤에는 여자명(여몽)이 결단했습니다. 지금 자명이 세상을 떠났지만 육백언(육손)이 형주에 있사옵니다. 이 사람이 유생이지만 사실 뛰어난 재주와 계책의 소유자라 신의 생각을 말하자면 그 재주가 주유 못지않습니다. 지난번 관공(관우)을 깨뜨린 그 계책 모두가 육손에게서 나왔습니다. 주상께서 그를 쓰신다면 촉의 군대를 틀림없이 깰 수 있습니다. 만약 패한다면 신이 육손과 함께 죄를 지겠습니다."

"덕윤(감택)의 말이 아니었더라면 큰일을 그르칠 뻔했다."

손권이 이렇게 말했으나 장소가 나서서 "육손은 일개 서생이라 유비의 적수가 아니니 쓰면 안 됩니다."라고 거들었다. 그러자 고옹도 "육손이 나이 어리고 명망이 적어 여러 장수들이 복종하려 하지 않을 것이고, 복종하지 않으면 변란이 일어날 것이라 대사를 그르치기 십상입니다."라고 했다. 보즐도 "육손의 재주는 그저 고을 하나 맡아서 다스릴 정도이니 그에게 큰일을 맡기면 감당하지 못할 것입니다."라고 했다. 듣고 있는 감택이 큰 소리로 이렇게 외쳤다.

"육손을 쓰지 않으신다면 동오는 바로 멸망할 것입니다. 바라옵건대 신이 전 가족의 목숨을 걸고서라도 그의 보증을 서겠습니다."

손권도 "과인도 육손이 남다른 인재임을 익히 아는 터라 이미 뜻을 결정했으니 경들은 여러 소리 말라." 하고는 육손을 불러들였다.

감택이 굳세게 육손을 추천하지 않았더라면 육손의 뛰어난 계책은 없었을 것이며, 700리에 걸쳐 군영들을 불태우는 이릉夷陵 전투의 승리도 없었을 것이다.

● 역사상 수많은 인재들이 자신의 재능을 펼치지 못하고 사라졌다. 이들의 재능을 제대로 발견하지 못했기 때문이다. 아니, 이들의 재능을 알면서도 추천하지 않았던 탓이 더 컸다. 그래서 인재들은 늘 천리마를 단번에 알아보았던 백락을 갈망했다.

　　"세상에 백락伯樂(천리마 감정사)이 있은 다음 천리마가 있다. 천리마는 언제든 있지만 백락은 늘 있지 않다." 세상에는 기발하고 절묘한 계책과 크고 남다른 모략을 가진 인재는 수도 없이 많았다. 그러나 역사상 화려한 빛을 발산한 인재는 소수에 지나지 않았다. 왜? 백락의 눈에 띄어 추천되었기 때문이다.

　　"권력 가진 자, 누가 나를 이끌어줄 것인가.
　　나를 아는 세상 사람이 정말 드물구나!"(맹호연)

　　"평생을 힘겹게 홀로 노래 불렀건만
　　나를 진정 이해하는 사람 만나지 못했다."(두보)

"한평생 살면서 만호후에 봉해질 필요 있나

그저 한형주 한 사람만 알 수 있으면 그만이지."(이백)

"내게 오와 월의 노래가 있건만

이 소리를 아는 사람이 없구나.

세상을 구할 대책을 올리려 해도

이 마음 누가 제대로 볼 수 있으랴."(이백)

모략가가 백락의 눈에 띄어 추천받지 못하면 모략을 낼 수 없고 그 기묘한 모략이 다른 사람에게 받아들여지지도 못한다. 백락은 이처럼 모략을 내는 모략가와 모략을 받아들이는 모주 사이에서 중요한 다리 역할을 한다. 그렇다고 백락이 자신을 발견하고 추천하길 소극적 수동적으로 기다리고만 있을 것인가? 역사상 일부 모략가들은 이에 대해 서로 다른 선택을 했다. 자천 외에 그들은 주동적으로 조건을 창조하고 각종 관계와 경로를 이용하여 백락이 자신들을 발견하고 추천하게 했다. 이로써 통치자가 결국 자신의 모략을 받아들이는 목적을 이루어냈다.

서한 초기 제나라 사람 누경婁敬(유경劉敬)은 유방이 낙양에 머물고 있을 때 수레를 몰아 유방에게 자신의 의견을 건의하려고 했다. 그러나 그의 신분으로는 유방의 접견이 불가능했다. 그는 같은 고향 사람인 우虞 장군을 찾았다. 관련하여 『사기』 「유경숙손통열전」 기록을 보자.

누경은 수레의 앞에서 끄는 가로막대를 내려놓고 양털 가죽옷을 입은 채 제나라 출신인 우 장군을 만나 말했다. "소인은 폐하를 뵙고 국가에 유익한 일에 관해 말씀드리고 싶습니다."

그러자 우 장군이 그에게 좋은 새 옷을 주려고 하니 누경은 이렇게 말했다. "소인은 현재 비단옷을 입고 있으면 비단옷을 입은 채 황상을 뵐 것이고, 베옷을 입고 있으면 베옷을 입은 채로 뵐 것입니다. 절대 옷을 바꿔 입지 않겠습니다."

우 장군이 안으로 들어가 황상께 아뢰자, 황상은 그를 불러서 알현하게 하고 음식을 하사했다. 그런 후에 황제가 누경에게 만나고자 한 이유를 물으니 누경이 말했다.

"폐하께서는 낙양을 도읍으로 삼으려 하시는데, 그것은 주周 왕실과 융성함을 견주려고 하신 것입니까?"

"그렇다."

"폐하께서 천하를 얻으신 것은 주 왕실과는 다릅니다. 주나라의 선조는 후직后稷인데, 요堯 임금이 그를 태邰에 봉해 그곳에서 덕을 쌓고 선정을 베푼 지 10여 대가 지났습니다. 공류公劉는 하夏나라의 걸왕桀王을 피해 빈豳에 살고 있었습니다. 그 뒤 태왕太王은 오랑캐의 침략으로 인해서 빈을 떠나 말채찍을 잡고 기岐로 옮겨와 살게 되었는데, 빈의 사람들은 앞을 다투어 그를 따랐습니다. 문왕文王이 서백西伯이 되어 우虞나라와 예芮나라의 소송을 해결해주고 비로소 천명을 받자 여망呂望과 백이伯夷도 바닷가에서 찾아와 문왕에게 귀의했습니다. 무왕武王이 은殷 주왕紂王을 정벌할 때 미리 약속을 하지 않았는데도 천하의 제후들이 맹진孟津의 해안가에 회합하니 그 수가 800이나 되었습니다. 그들 제후는 한결같이 '주왕을 정벌해야 한다'고 말했습니다. 그리하여 마침내 은나라를 멸망시켰습니다. 성왕成王이 즉위하자 주공周公의 사람들이 성왕을 보좌해 성주成周의 도읍을 낙읍洛邑에 건설했는데, 이는 낙읍이 천하의 중심으로 각지의 제후들이 조공을 바치고 부역을 바치기에 거리가 비슷한 곳이라고 생각했기 때문입니다. 낙읍은 덕이 있는 사람이면 왕 노릇을 하기가 쉽고, 덕이 없는 사람이면 쉽게 망할 곳이기도 했습니다. 무릇 이 낙읍에 도읍을 정한 것은 주나라가 덕으로써 천하의 백성을 이끌도록 한 것으로, 험준한 지형을 믿고 후세의 자손들이 교만과 사치로 백성을 학대하는 일이 없고자 했기 때문이었습니다. 주나라가 흥성할 때에는 천하가 화합했고, 사방의 오랑캐들이 교화에 이끌려서 주나라의 의와 덕을 사모하며 모두 다 같이 천자를 섬겼습니다. 한 사람의 병사도 주둔시키지 않았고, 한 사람의 병사도 싸우지 않고서도 팔방 대국의 이민족들이 복종하지 않는 사람이 없었고, 주나라에 조공이나 부역을 바치지 않는 사람이 없었습니다. 그러나 주나라가 쇠퇴해지자 서주西周와 동주東周로 분열되었고, 천하에 입조하는 제후들도 없었으며, 주나라는 그들을 제어할 수 없게 되었습니다. 이것은 그들의 덕이 박해서 그런 것이 아니라 그들의 형세가 쇠약했기 때문입니다.

지금 폐하께서는 풍豊과 패沛에서 일어나 3천 명의 군사를 모아 진격해 촉蜀과 한漢을 석권하시고, 삼진三秦을 평정하시고, 항우項羽와 더불어 형양滎陽에서 교전하시고, 성고成皐의 요충지를 장악하기 위해 70차례의 큰 전투를 하고 40차례의 작은 전투를 치르셔서, 천하 백성들의 간과 골을 대지에 뒹굴게 하고 아버지와 자식의 뼈가 함께 들판에 뒹굴게 한 것이 이루 헤아릴 수 없는 지경입니다. 통곡하는 소리가 끊이지 아니하고 부상을 당한 사람들이 아직 일어나지도 않은 형편인데 주나라의 성왕成王과 강왕康王 때와 융성함을 비교하려 하시니, 소인은 아직은 서로 비교할 수 없다고 생각합니다.

게다가 진나라의 땅은 산에 에워싸여 있고 황하를 끼고 있어 사면이 천애의 요새로 견고하게 막혀 있는바 갑자기 위급한 사태가 있더라도 1백만의 군사를 동원해 배치할 수 있었습니다. 진나라의 옛 터전을 차지해 더없이 비옥한 땅을 소유한다면 이것이 이른바 천연의 곳간이라고 할 수 있습니다. 폐하께서 함곡관函谷關으로 들어가셔서 그곳에 도읍하신다면 산동이 비록 어지러워도 진나라의 옛 땅은 보존할 수 있을 것입니다. 대저 다른 사람과 싸울 때 목을 조르고 등을 치지 않으면 완전한 승리를 얻을 수가 없습니다. 지금 폐하께서 함곡관에 들어가셔서 도읍하시고 진나라의 옛 땅을 차지하시는 것이 바로 천하의 목을 조르는 것이며, 천하의 등을 치는 것이옵니다."

누경의 말에 유방은 신하들에게 의견을 물었으나 여전히 낙양을 주장하는 사람들이 많았다. 유방이 결정을 하지 못하고 있다가 장량張良이 함곡관으로 들어가는 것이 유리하다고 분명히 말하자, 그날로 수레를 서쪽으로 몰아 장안에 도읍하기로 했다.

누경은 같은 고향 사람인 우 장군의 추천을 받아 유방을 만났고, 정확한 정세 분석으로 유방으로 하여금 관중(장안)을 도읍으로 정하는 모략을 받아들이게 했다. 이 또한 모수자천의 방법이다.

일이 잘되도록 여러 가지 방법으로 힘을 쓰는 것 역시 모략가가 잘 하는 일이다. 마르크스는 "개인이 주관적으로 각종 관계를 어떻게 뛰어넘든 간에 그는 사회적 의미에서 늘 이런 관계들의 산물이다,"[171]라고 했다. 사회 속에 있는 한 인간은 사회관계의 영향과 견제를 받지 않을 수 없다. 이런 사회관계들 속에서 인간관계는 모략에 중요한 영향을 미친다. 모략은 모략가 개인의 사정일 뿐만 아니라 사회 속에서 다른 사람들에 의해 자신의 모략이 받아들여져야 하고 실천을 통해 실현되어야 하기 때문이다. 좋은 인간관계는 모략을 운용할 때 여러 사람의 장점으로부터 도움을 받을 수 있게 하고, 모략이 접수되어 실천될 수 있는 조건을 창조하는 데 아주 유리하다. 따라서 인간관계를 잘 처리할 수 있는 능력은 모략가가 반드시 갖추어야 할 소질의 하

---

171 『마르크스-엥겔스전집』 제23권 12쪽. (저자)

나이다.

고대 중국에서 모략가가 인간관계를 처리함에 가장 먼저 해야 할 것은 군주와의 관계였다. 역사상 나름대로 일을 해낸 모략가는 특정한 시기에 군주와 개인적으로 좋은 관계를 유지했다. 그들은 군주를 위해 모략을 세웠고, 국가 권력을 직접 장악하여 군주의 정무 처리를 도왔다. 예를 들어 유방과 장량의 관계는 상호 신뢰가 바탕이 되어 있었다. 이 덕분에 장량은 평소에도 거리낌 없이 자신이 품고 있는 모든 모략을 다 쏟아낼 수 있었다. 기원전 203년, 유방과 항우의 싸움이 최고 절정에 이르렀다. 이때 명장 한신은 제나라 지역을 공격하여 차지한 뒤 유방에게 사신을 보내 자신을 제나라의 임시 왕으로 봉해달라고 요구했다. 유방은 벼락같이 화를 냈다. 자신은 이곳에 갇혀 한신이 구원하러 오기만을 기다리고 있는데 한신은 엉뚱하게 왕이 되고 싶어 했기 때문이다. 이 순간 장량은 유방의 발을 밟으며 귓속말로 지금 형세로 보아 한신을 놓치면 천하 대권이 다 날아갈 판이라며, 그냥 그를 왕으로 봉해 그의 마음을 잡아놓는 것이 좋겠다고 했다. 순간 유방은 크게 깨달은 바가 있어 사신을 향해 큰 소리로 "대장부가 제후의 땅을 평정했으면 진짜 왕이 되어야지 임시 왕이 뭐냐."며 한신을 제나라 왕으로 봉했다. 이로써 천하삼분을 놓고 흔들리던 한신의 마음은 안정을 되찾았고, 천하의 형세는 유방 쪽으로 기울었다. 한신을 붙잡을 수 있었던 것은 평소 격 없이 무슨 말이든 할 수 있었던 유방과 장량의 친밀한 관계가 크게 작용했기 때문이다.

이세민과 위징은 정치적 관점에서 공통된 부분이 적지 않아 서로 보완하여 더욱 도움이 될 수 있었다. 위징은 당 태종의 심리적 특징까지 깊이 이해했고, 이 때문에 과감하게 직언할 수 있었다. 태종이 크게 화를 내도 위징은 전혀 흔들리지 않았고, 태종도 결국은 평정심을 찾았다. 아부를 모르는 위징의 강직함을 태종은 좋아하면서도 두려워했다. 군주와 신하로서 두 사람의 관계는 그 어떤 관계보다 친밀했다.

명 태조 주원장朱元璋과 유기劉基도 서로 존중하고 믿는 관계였다. 유기가 주원장을 따라 구강九江을 수복하자 진우량陳友諒의 부하인 강서의 호정서胡廷瑞는 사태를 이리저리 관망하다가 주원장에게 투항하려 했다. 호정서는 사신을 보내 주원장의 의중을 탐색하고, 자신이 거느리고 있는 부대를 그대로 두는 것을 조건으로 내걸었다. 이에 대해 주원장은 몹시 난처한 태도를 보였다. 순간 유기는 주원장이 앉아 있는 의자를 발로 툭툭 찼다. 조건을 얼른 받아들이라는 신호였다. 화들짝 깨달은 주원장은 바로 상대의 조건을 받아들였고, 이로써 호정서의 투항을 이끌어내어 좋은 결과를 거두었다. 유기와 주원장이 평소 좋은 관계를 유지하고 있었기에 가능한 일이었나. 『명사』는 유기와 주원장의 관계를 다음과 같이 기록하고 있다.

"공경하면서 믿었기에 그의 큰 모략을 받아들였다."
"서쪽으로 강한을 평정하고, 동쪽으로 오회를 평정하니 천하의 대세가 굳어졌다. 중원을 석권하여 군웅을 정리하고 사해를 통일하니 이 모두가 선생(유기)의 계책이었다."

미국의 링컨 대통령은 좋은 인간관계를 가지려면 인내와 양보를 배워야 한다면서 다음과 같은 비유의 말을 남겼다.

"좁은 길에서 개 한 마리를 만났다. 내 권리를 내세우기 위해 개와 길을 다투면 틀림없이 개에게 물린다. 이보다는 개를 먼저 지나가게 하는 것이 낫다. 싸우지 않고 우아하게 몸도 다치지 않는 것, 이것이 총명한 방법이다. 개에게 물려 화가 나 개를 죽이려 한다면 더 안 될 말이다. 그렇게 얻은 상처는 아주 오랫동안 치료해야 한다."

● 봉건 전제사회에서 군신관계는 마치 곡예사가 외줄을 타듯 대단히 아슬아슬하다. 중심과 균형을 잘 잡지 못하면 줄에서 떨어질 수밖에 없다. 장량은 군주의 개성은 물론 그 심기까지 정확하게 파악하여 이 위험한 관계를 절묘하게 유지했다. 사진은 그의 이런 처세를 칭송하는 현판들이다.(섬서성 유패현 장량의 사당)

중국 전제사회에서 군주는 무한한 권력을 가진 존재였다. 말 한마디가 천금의 무게를 가졌고, 공신과 모략가의 생사여탈권도 그 손안에 있었다. 모략가로서 군주와 좋은 관계를 가지려면 말 한마디라도 조심해야 한다. 군주가 자신의 모략을 받아들였더라도 군주에게 복종하고 치욕을 참으며 몸을 보전할 줄 알아야 한다. 군주가 직언을 받아들여도 군주를 화나게 자극해서는 안 된다. 역사상 군주의 심기를 건드려가며 직언하다가 죽음을 면치 못한 비극도 적지 않았다. 어리석고 못난 군주에게는 말할 것 없고 "물러났다가 나아가는" 방식을 통해 개인적으로 좋은 관계를 유지한다면 자신의 모략이 어찌 군주에게 받아들여지지 않겠는가. 이와 동시에 잠시 군주의 심기를 건드리지 않고 자신의 목숨을 안전하게 보전하는 이중의 효과를 거둘 수 있다.

7. 건강한 신체와 두뇌: 모략의 배를 만들다

인재학을 연구하는 전문가들은 모략의 대가들이 다양한 기호와 흥미를 갖고 있다는 사실을 발견했다. 모택동은 하루에 무수히 많은 일을 처리하면서도 붓과 펜을 놓지 않고 뛰어난 시를 많이 남겼다. 진의는 바둑을 아주 좋아해서 화약 연기 자욱한 전쟁터에서도 자리를 깔고 한 판을 두어야 직성이 풀렸다. 공산혁명가이자 군인이었던 하룡賀龍(1896-1969)은 낚시를 좋아하여 틈이 나면 물로 달려갔다.

누구나 자기만의 기호와 흥미를 갖고 있다. 여기서 말하는 기호와 흥미란 자신의 일 외에 좋아하는 것을 가리킨다. 심리학자들은 기호와 흥미는 적극적인 심리 취향으로, 기꺼이 어떤 사물이나 활동에 시간과 정신을 소비하며 그것에서 큰 즐거움을 누린다고 말한다.

세련되고 건강한 기호와 흥미는 인간의 지·덕·체에 직접 영향을 준다. 기호와 흥미는 상식을 풍부하게 해서 어떤 분야의 전문 지식을 능숙하게 장악하고 그 안의 깊은 이치를 깨닫게 한다. 또 오락 속에서 교육적 요소와 계발을 얻는다. 유익한 기호와 흥미는 인간의 열정과 발전하고자 하는 정신을 격려하여 안목과 가슴을 넓혀준다. 정신적 압박과 간섭을 물리치고 지조와 정서를 길러 편안하고 느긋한 감정과 흥분감을 일으킨다. 예를 들어 바둑은 인간의 사유 능력을 높이고 깊은 생각을 길러 먼저 계획한 다음 행동으로 옮기는 습관을 갖추게 한다. 그림과 서예, 시 짓기 등은 상상력과 표현력을 높이고 치밀한 기풍을 기른다. 낚시는 관찰력과 세심함 그리고 인내력을 높여준다. 등산, 수영, 사냥 등과 같은 격렬한 운동은 체질을 강화시키고 꺾이지 않는 강인한 의지를 기른다.

기호와 취향 그리고 흥미는 모략가가 갖추어야 할 수양의 한 부분이다. 이를 선택할 때는 당연히 다음 몇 가지 문제에 주의하지 않으면 안 된다.

첫째, 폭넓어야 한다. 기호와 흥미가 단순하면 생활이 무미건조해진다. 가치가 없거나 해결할 수 없는 문제에 끝까지 매달리는 기호 역시 시야를 제한하고 좁혀서 잃는 것이 많다. 반대로 기호와 취향이 폭넓으면 다양하고 새로운 사물을 더 많이 접촉하여 새로운 영양분을 두루 섭취할 수 있다.

둘째, 안정성이다. 기호와 흥미의 형성은 과정이 있기 마련이다. 새롭고 이상한 것을 보면 생각이 그곳으로 옮겨간다. 이러저리 왔다갔다 중도에 그만둔다면 그것을 누리지도 즐기지도 못한다. 기호와 흥미를 꾸준하게 안정적으로 유지하면서 실천을 통해 끊임없이 기술적 수준을 높이면 적극적인 작용을 해낼 수 있다.

셋째, 실제와의 결합이다. 자신의 직업과 조건 그리고 발전 추세 등에 근거하여 기호와 흥미를 정확하게 선택하고 기르려면 실제를 고려하지 않을 수 없다.

요컨대 기호와 흥미는 건강한 육체와 건전한 두뇌를 위해서라는 목적을 이루게 하며, 심신의 건강한 발전을 촉진해야만 모략을 짜고 실시하기 위해 기댈 수 있는 몸체와 본전이 될 수 있다.

찾아보기

서책, 논설, 시詩, 영화, 노래, 신문잡지 등

인물